CB076608

Suma
teológica
IX
Tomás de Aquino

Tomás de Aquino

Suma
teológica

Volume IX
III Parte – Questões 60-90

OS SACRAMENTOS DA FÉ
O BATISMO
A CONFIRMAÇÃO
A EUCARISTIA
A PENITÊNCIA

Edições Loyola

© Introdução e notas:
Thomas d'Aquin – Somme théologique,
Les Éditions du Cerf, Paris, 1984
ISBN 2-204-02-229-2

Texto latino de *Editio Leonina*, reproduzido na Edição Marietti
(ed. Cl. Suermondt, OP), Marietti, Turim, Roma, 1948ss.

Dados Internacionais de Catalogação na Publicação (CIP)
(Câmara Brasileira do Livro, SP, Brasil)

Tomás de Aquino, Santo, 1225-1274.
    Suma teológica : os sacramentos : III parte - questões 60-90 : volume 9 / Santo Tomás de Aquino. -- 4. ed. -- São Paulo : Edições Loyola, 2021.

    ISBN 978-85-15-03197-9

    1. Igreja Católica - Doutrinas - Obras anteriores a 1800 2. Sacramento - Igreja Católica 3. Teologia dogmática 4. Tomás de Aquino, Santo, 1225?-1274. Suma de teologia I. Título.

15-05560   CDD-230.2

Índices para catálogo sistemático:
  1. Igreja Católica : Doutrina   230.2

Edições Loyola Jesuítas
Rua 1822, 341 – Ipiranga
04216-000 São Paulo, SP
T 55 11 3385 8500/8501 • 2063 4275
editorial@loyola.com.br
vendas@loyola.com.br
www.loyola.com.br

Todos os direitos reservados. Nenhuma parte desta obra pode ser reproduzida ou transmitida por qualquer forma e/ou quaisquer meios (eletrônico ou mecânico, incluindo fotocópia e gravação) ou arquivada em qualquer sistema ou banco de dados sem permissão escrita da Editora.

ISBN 978-85-15-03197-9

4ª edição: 2021
© EDIÇÕES LOYOLA, São Paulo, Brasil, 2006

PLANO GERAL DA OBRA

Volume I I Parte – Questões 1-43
Teologia como ciência
O Deus único
Os três que são o Deus único

Volume II I Parte – Questões 44-119
O Deus criador
O anjo
A obra dos seis dias
O homem
A origem do homem
O governo divino

Volume III I Seção da II Parte – Questões 1-48
A bem-aventurança
Os atos humanos
As paixões da alma

Volume IV I Seção da II Parte – Questões 49-114
Os hábitos e as virtudes
Os dons do Espírito Santo
Os vícios e os pecados
A pedagogia divina pela lei
A lei antiga e a lei nova
A graça

Volume V II Seção da II Parte – Questões 1-56
A fé – A esperança – A caridade
A prudência

Volume VI II Seção da II Parte – Questões 57-122
A justiça
A religião
As virtudes sociais

Volume VII II Seção da II Parte – Questões 123-189
A fortaleza
A temperança
Os carismas a serviço da Revelação
A vida humana

Volume VIII III Parte – Questões 1-59
O mistério da encarnação

Volume IX III Parte – Questões 60-90
Os sacramentos da fé
O batismo
A confirmação
A eucaristia
A penitência

COLABORADORES DA EDIÇÃO BRASILEIRA

Direção:
Pe. Gabriel C. Galache, SJ
Pe. Danilo Mondoni, SJ

Coordenação geral:
Carlos-Josaphat Pinto de Oliveira, OP

Colaboraram nas traduções:

Aldo Vannucchi
Bernardino Schreiber
Bruno Palma
Carlos-Josaphat Pinto de Oliveira
Carlos Palacio
Celso Pedro da Silva
Domingos Zamagna
Eduardo Quirino
Francisco Taborda
Gilberto Gorgulho
Henrique C. de Lima Vaz
Irineu Guimarães
João B. Libanio

José de Ávila
José de Souza Mendes
Luiz Paulo Rouanet
Marcio Couto
Marcos Marcionilo
Maurílio J. Camello
Maurilo Donato Sampaio
Odilon Moura
Orlando Soares Moreira
Oscar Lustosa
Romeu Dale
Yvone Maria de Campos Teixeira da Silva
Waldemar Valle Martins

Diagramação:
So Wai Tam

Editor:
Joaquim Pereira

SIGLAS E ABREVIATURAS

Chamadas de notas, no rodapé

Formuladas em letras, referem-se às notas da tradução e das introduções.
Formuladas em algarismos, referem-se ao texto latino.

Referências bíblicas

Aparecem no texto com as siglas da Tradução Ecumênica da Bíblia — TEB.
As referências dadas por Sto. Tomás ou por seus editores foram adaptadas às bíblias traduzidas do hebraico e do grego que todos temos em mãos, hoje. A numeração dos salmos é, portanto, a do hebraico.
Após uma referência bíblica, a sigla Vg (Vulgata) não concerne à referência, mas assinala que Sto. Tomás funda-se em uma tradução cujo sentido não se encontra exatamente em nossas bíblias traduzidas do hebraico ou do grego.

Referência à *Suma teológica*

Seu título não é chamado. Suas partes são designadas por algarismos romanos.
— I, q. 1, a. 2, obj. 1 lê-se: *Suma teológica*, primeira parte, questão 1, artigo 2, objeção 1.
— I-II, q. 3, a. 1, s.c. lê-se: *Suma teológica*, primeira seção da segunda parte, questão 3, artigo 1, argumento em sentido contrário.
— II-II, q. 5, a. 2, rep, lê-se: *Suma teológica*, segunda seção da segunda parte, questão 5, artigo 2, resposta (ou "corpo do artigo").
— III, q. 10, a. 4, sol. 3 lê-se: *Suma teológica*, terceira parte, questão 10, artigo 4, solução (da objeção) 3.

Principais obras de Sto. Tomás

Com. = comentários sobre...
— IV Sent. d. 2, q. 3 lê-se: *Livro das sentenças*, de Pedro Lombardo, quarto livro, distinção 2, questão 3.
— III CG, 12 lê-se: *Suma contra os gentios*, terceiro livro, capítulo 12.

Referências aos Padres da Igreja

— PL 12, 480 significa: MIGNE, *Patrologia latina*, tomo 12, coluna 480.
— PG 80, 311 significa: MIGNE, *Patrologia grega*, tomo 80, coluna 311.
Com frequência, deu-se a referência a edições contendo uma tradução francesa dos textos citados por Sto. Tomás:
— SC 90, 13 significa: Coleção *Sources Chrétiennes*, n. 90, p. 13.
— BA 10, 201 significa: *Bibliothèque Augustinienne*, tomo 10, p. 201.
— BL 7, 55 significa: *Correspondance de S. Jérôme*, por J. Labourt, aux éditions des Belles-Lettres, tomo 7, p. 55.

Referências ao magistério da Igreja

— DS 2044 significa: DENZINGER-SCHÖNMETZER, *Enchiridion Symbolorum*... n. 2044 (em latim)
— DUMEIGE 267 significa: GERVAIS DUMEIGE, *La Foi Catholique*... n. 267 (em francês).

OS SACRAMENTOS DA FÉ

Introdução e notas por Aimon-Marie Roguet

INTRODUÇÃO

I

Em seu tratado da virtude de religião, Sto. Tomás havia assinalado que os sacramentos podiam ser incluídos ali (II-II, q. 89, Prólogo), e não se deve esquecer com efeito que se tratam de atos do culto. O autor o lembra no presente tratado (q. 60, a. 5, Resp.).

Mas o principal problema que os sacramentos põem para o teólogo é o de sua eficácia: de que modo atos humanos, dos quais alguns exigem a utilização de elementos sensíveis — água, pão e vinho, óleo — podem produzir um efeito sobrenatural, dar a graça? É certo que sua eficácia deriva da de Cristo, homem-Deus. Assim, seu lugar na Suma foi postergado até aqui: após o tratado do Verbo encarnado, e o da vida de Jesus, que engloba uma teologia da redenção.

A dificuldade de explicar a eficácia sobrenatural desses ritos realizados por homens aumenta em virtude de sua radical variedade. Uns empregam uma matéria exterior, mas outros prescindem dela; uns só se dão uma vez, outros se renovam; uns se celebram instantaneamente, outros exigem celebrações sucessivas e intercaladas, etc. Como unificar tal diversidade, englobada pela prática da Igreja sob o nome comum de sacramentos, num estudo que convenha a todos?

II
O primado do signo

Para começar, Sto. Tomás reúne todas essas práticas díspares na categoria de signo. Em sua linguagem, *sacramentum* conota sempre significação. É por isso que muitas vezes ele acrescenta a essa palavra um determinativo: sacramentos (signos) da fé, sacramentos (signos) da Igreja...

Uma vantagem dessa posição é que ela reduz, ao avaliá-los, o seu aspecto de eficácia: não se tratam de práticas mágicas. Sem dúvida, são causas, mas causas limitadas pelo que significam. "Causam significando, e significam causando". Não basta ao cristão, portanto, recebê-los com boas disposições morais, ele deve igualmente contemplar seu mistério, mistério que nos supera, mas que nos é apresentado para nossa instrução.

III
A causalidade instrumental

A eficácia dos sacramentos é real, não redutível à causalidade de um signo. De fato, um signo não causa nada, ele se restringe a dar a conhecer. Essa eficácia é ao mesmo tempo justificada e limitada pela noção de causalidade instrumental, que ocupa um papel importante na teologia tomista, particularmente a respeito da Encarnação (q. 8, a. 1) e da redenção (q. 48, a. 6).

O Concílio de Trento definiu solenemente essa causalidade direta objetiva do sacramento, afirmando que este confere a graça *ex opere operato* (Sessão VII, cânon 8), ou seja, "em virtude da obra operada", e não em virtude dos méritos ou da piedade daquele que opera. Essa distinção fôra defendida por Sto. Agostinho em sua luta contra os donatistas, que subordinavam a eficácia do sacramento à dignidade do ministro. Essa expressão de *opus operatum* se encontra nos autores anteriores a Sto. Tomás, por exemplo no tratado do *Sacramento do altar* (1. II, cap. 5), de Inocêncio III, + 1216; e nas *Sentenças*, de P. Lombardo (IV, D. 1, q. 1, a. 5). No entanto, não se encontra nos escritos pessoais de Sto. Tomás. Sua utilização exige certa precaução, sem o que corre-se o risco de favorecer a ideia ainda muito difundida de um sacramento de efeito automático, quando não mágico.

IV
O organismo sacramental

Graças à flexibilidade proporcionada pela noção de signo associada à de instrumento, e que se manifesta igualmente na utilização de noções analógicas de matéria e de forma, a teologia pode abarcar com um só olhar, como formando um verdadeiro conjunto, "os sacramentos em geral". No entanto, sua diversidade é tão forte que nosso tratado vale mais imediatamente para o batismo: sacramento constituído de maneira sensível, de água e de palavras; sacramento que confere um caráter. Isso também se explica pela história: a teologia sacramentar tem entre suas principais fontes os tratados de Sto. Agostinho,

o qual, devido ao cisma donatista, era particularmente confrontado com o problema da validade do batismo.

Nos tratados concernentes a cada sacramento, especialmente à eucaristia, as objeções se fundarão muitas vezes sobre o contraste entre o primeiro sacramento e aquele que vem à frente de todo o organismo sacramental.

Este último não foi construído pelo teólogo, que deve aqui, mais do que em qualquer outro lugar, aceitar o *dado* da vida cristã tal como a experimenta a Igreja.

Durante muito tempo, o número de sacramentos fôra indeterminado; incluía-se todo tipo de ritos, como a consagração de uma Igreja, a profissão monástica, os funerais. A lista de sete ainda não havia se imposto no século XIII. A distinção entre sacramentos maiores e menores permitira eliminar os ritos menos imediatamente eficazes em relação à graça: os "sacramentais". Por outro lado, tinha-se dificuldade em aceitar o casamento como um verdadeiro sacramento: via-se nele um ofício da natureza, instituído desde a criação do homem e da mulher; era considerado como um remédio para a concupiscência, sem concebê-lo como portador de graça.

Sto. Tomás procura organizar essa diversidade. Ele cita de memória duas teorias bastante artificiais, e fornece um princípio de unificação e de ordem que seduz por sua simplicidade e naturalidade: a analogia das necessidades da vida sobrenatural com as da vida natural (q. 65, a. 1 e 2). Além disso, ele mostra as relações diversas que unem todos os sacramentos àquele que é seu centro e ponto mais alto: a eucaristia (q. 65, a. 3).

Com isso, o tratado dos sacramentos justifica em geral sua existência. Por diversos que sejam, os sacramentos não formam um conjunto díspar, mas sim um verdadeiro organismo. Além disso, graças à analogia que os une, é possível constituir um tratado "dos sacramentos em geral" que reúne as noções comuns a todos, embora analogicamente.

Não é de surpreender portanto que a teologia tomista dos sacramentos tenha praticamente se tornado a da Igreja.

QUAESTIO LX
QUID SIT SACRAMENTUM
in octo articulos divisa

Post considerationem eorum quae pertinent ad mysteria Verbi incarnati, considerandum est de Ecclesiae sacramentis, quae ab ipso Verbo incarnato efficaciam habent. Et prima consideratio erit de sacramentis in communi; secunda de unoquoque sacramentorum in speciali.

Circa primum quinque consideranda sunt: primo, quid sit sacramentum; secundo, de necessitate sacramentorum; tertio, de effectibus sacramentorum; quarto, de causa eorum; quinto, de numero.

Circa primum quaeruntur octo.

Primo: utrum sacramentum sit in genere signi.
Secundo: utrum omne signum rei sacrae sit sacramentum.
Tertio: utrum sacramentum sit signum unius rei tantum, vel plurium.
Quarto: utrum sacramentum sit signum quod est res sensibilis.
Quinto: utrum ad sacramentum requiratur determinata res sensibilis.
Sexto: utrum ad sacramentum requiratur significatio quae est per verba.
Septimo: utrum requirantur determinata verba.
Octavo: utrum illis verbis possit aliquid addi vel subtrahi.

QUESTÃO 60
O QUE É SACRAMENTO
em oito artigos

Depois de estudar os mistérios do Verbo Encarnado, devemos tratar dos sacramentos da Igreja, pois têm sua eficácia do Verbo encarnado. Primeiro se considerarão os sacramentos de forma geral; depois, cada sacramento em particular.

Na primeira parte deverão considerar-se cinco temas: 1º o que é sacramento; 2º a necessidade dos sacramentos; 3º seus efeitos; 4º sua causa; 5º seu número.

Na primeira questão fazem-se oito perguntas:

1. O sacramento pertence ao gênero de sinal?
2. Todo sinal de uma realidade sagrada é sacramento?
3. O sacramento é sinal só de uma realidade ou de várias?
4. O sinal sacramental é uma realidade sensível?
5. O sacramento requer determinada realidade sensível?
6. Requer-se que o significado dos sacramentos se expresse em palavras?
7. Requerem-se palavras determinadas?
8. Pode-se acrescentar ou subtrair algo às palavras que constituem a forma dos sacramentos?

Articulus 1
Utrum sacramentum sit in genere signi

Ad primum sic proceditur. Videtur quod sacramentum non sit in genere signi.

1. Videtur enim sacramentum dici a *sacrando*: sicut medicamentum a *medicando*. Sed hoc magis videtur pertinere ad rationem causae quam ad rationem signi. Ergo sacramentum magis est in genere causae quam in genere signi.

2. Praeterea, sacramentum videtur occultum aliquid significare: secundum illud Tb 12,7: *Sacramentum regis abscondere bonum est*; et Eph 3,9: *Quae sit dispensatio sacramenti absconditi a saeculis in Deo*. Sed id quod est absconditum,

Artigo 1
O sacramento pertence ao gênero de sinal?[a]

Quanto ao primeiro artigo, assim se procede: parece que o sacramento **não** pertence ao gênero de sinal.

1. Com efeito, sacramento deriva de sagrar, como medicamento de remediar. Ora, é uma derivação mais relacionada à causalidade que à significação. Logo, sacramento pertence antes ao gênero de causa do que de sinal.

2. Além disso, sacramento significa algo oculto, conforme os textos das Escrituras: "É bom manter escondido o segredo do rei"; "qual seja a administração do mistério mantido oculto desde os séculos em Deus". Ora, o estar escondido não

---

1 Parall.: IV *Sent.*, dist. 1, q. 1, a. 1, q.la 1; a. 4, q.la 1, ad 1; dist. 3, q. 1, a. 1, ad 3.

a. Na linha de Sto. Agostinho, Tomás irá definir o sacramento antes de mais nada como um signo. Dissemos na Introdução as vantagens dessa posição para evitar toda aparência de magia ou automatismo.

videtur esse contra rationem signi: nam *signum est quod, praeter speciem quam sensibus ingerit, facit aliquid aliud in cognitionem venire*, ut patet per Augustinum, in II *de Doct. Christ.*[1]. Ergo videtur quod sacramentum non sit in genere signi.

3. PRAETEREA, iuramentum quandoque sacramentum nominatur: dicitur enim in Decretis, XXII caus., qu. 5[2]: *Parvuli qui sine aetate rationabili sunt, non cogantur iurare: et qui semel periuratus fuerit, nec testis sit post hoc, nec ad sacramentum*, idest ad iuramentum, *accedat*. Sed iuramentum non pertinet ad rationem signi. Ergo videtur quod sacramentum non sit in genere signi.

SED CONTRA est quod Augustinus dicit, in X *de Civ. Dei* [3]: *Sacrificium visibile invisibilis sacrificii sacramentum, idest sacrum signum, est*.

RESPONDEO dicendum quod omnia quae habent ordinem ad unum aliquid, licet diversimode, ab illo nominari possunt: sicut a sanitate quae est in animali, denominatur sanum non solum animal, quod est sanitatis subiectum, sed dicitur medicina sana inquantum est sanitatis effectiva, diaeta vero inquantum est conservativa eiusdem, et urina inquantum est significativa ipsius. Sic igitur *sacramentum* potest aliquid dici vel quia in se habet aliquam sanctitatem occultam, et secundum hoc sacramentum idem est quod *sacrum secretum*: vel quia habet aliquem ordinem ad hanc sanctitatem, vel causae vel signi vel secundum quamcumque aliam habitudinem. Specialiter autem nunc loquimur de sacramentis secundum quod important habitudinem signi. Et secundum hoc sacramentum ponitur in generi signi.

AD PRIMUM ergo dicendum quod, quia medicina se habet ut causa effectiva sanitatis, inde est quod omnia denominata a medicina dicuntur per ordinem ad unum primum agens: et per hoc, medicamentum importat causalitatem quandam. Sed sanctitas, a qua denominatur sacramentum, non significatur per modum causa efficientis, sed magis per modum causae formalis vel finalis. Et ideo non oportet quod sacramentum semper importet causalitatem.

AD SECUNDUM dicendum quod ratio illa procedit secundum quod sacramentum idem est quod

se coaduna com a razão de sinal, que Agostinho define como "aquilo que, para além da imagem que traz aos sentidos, faz conhecer uma realidade outra". Logo, sacramento não pertence ao gênero de sinal.

3. ADEMAIS, às vezes se chama sacramento à ação de jurar. Assim nos Decretos de Graciano: "Crianças que não chegaram à idade da razão, não estão obrigadas a jurar; e quem alguma vez tiver jurado falso, depois não poderá mais ser testemunha, nem dele se aceite sacramento" (isto é: juramento). Ora, juramento não tem razão de sinal. Logo, tampouco sacramento.

EM SENTIDO CONTRÁRIO, Agostinho afirma: "O sacrifício visível é sacramento do sacrifício invisível", isto é, seu sinal sagrado[b].

RESPONDO. Tudo quanto está, embora de diversas formas, orientado a uma só e mesma realidade, pode ser denominado a partir daquilo a que está orientado. Assim a saúde que o animal tem, permite chamar de são não só o animal que a possui, mas também o remédio que a produz, a dieta que a conserva, a urina que a atesta. Do mesmo modo, pode-se designar sacramento primeiramente algo que tem em si uma santidade oculta, e então é sinônimo de segredo sagrado. Mas também se pode chamar sacramento o que de algum modo está orientado a essa santidade, seja como causa, sinal ou por outra relação qualquer. Aqui, porém, falamos de sacramento especificamente enquanto implica a relação de sinal. E nesse sentido sacramento se classifica no gênero de sinal.

QUANTO AO 1º, portanto, como o remédio é causa eficiente da saúde, deve-se dizer que todos os derivados de remediar se denominam por referência a esse primeiro agente. Por isso, a palavra "medicamento" implica causalidade. Mas a santidade, da qual deriva a palavra "sacramento", não é significada como causa eficiente, mas antes como causa formal ou final. Por isso a palavra sacramento nem sempre implica causalidade.

QUANTO AO 2º, deve-se dizer que a objeção procede da equivalência entre sacramento e segredo

---

1. C. 1, n. 1: ML 34, 35.
2. GRATIANUS, *Decretum*, p. II, causa 22, q. 5, can. 14: ad. Richter-Friedberg, I, 886.
3. C. 5: ML 41, 282. — Vide II-II, q. 81, a. 7, ad 2.

b. A raiz da palavra "sacramento" evoca a noção de sagrado, de santidade. Mas qual a relação do sacramento com tal noção? É uma relação de signo, mais do que uma de causa eficiente. O sacramento parece primeiramente como um signo visível, adaptado a nossa natureza de homens. Sua eficácia sobrenatural só será percebida a partir do signo, que permitirá apreender seus contornos, e seu estudo ocupará as Q. 62 a 64.

sacrum secretum. Dicitur autem non solum Dei secretum, sed etiam regis, esse sacrum et sacramentum. Quia secundum antiquos sancta vel sacrosanta dicebantur quaecumque violari non licebat: sicut etiam muri civitatis, et personae in dignitatibus constitutae. Et ideo illa secreta, sive divina sive humana, quae non licet violari quibuslibet publicando, dicuntur sacra vel sacramenta.

AD TERTIUM dicendum quod etiam iuramentum habet quandam habitudinem ad res sacras: inquantum scilicet est quaedam contestatio facta per aliquod sacrum. Et secundum hoc dicitur esse sacramentum: non eadem ratione qua nunc loquimur de sacramentis; non tamen aequivoce sumpto nomine sacramenti, sed analogice, scilicet secundum diversam habitudinem ad aliquid unum, quod est res sacra.

sagrado. Não só o segredo de Deus, mas também o do rei é denominado sagrado e sacramento. Antigamente, dizia-se santo e sacrossanto tudo quanto não era lícito violar, até mesmo os muros da cidade e as pessoas constituídas em dignidade. Por isso, os segredos divinos ou humanos que não se podiam violar revelando-os a outros, chamavam-se sagrados ou sacramentos.

QUANTO AO 3º, deve-se dizer que o juramento[c] também tem certa relação com realidades sagradas por ser uma confirmação feita em nome de algo sagrado. Sob esse ponto de vista, pode-se falar em sacramento; mas não no sentido como agora falamos. Não se usa a palavra equivocamente, mas analogamente, isto é, conforme as diferentes relações a uma e mesma realidade, a realidade sagrada.

ARTICULUS 2
Utrum omne signum rei sacrae sit sacramentum

AD SECUNDUM SIC PROCEDITUR. Videtur quod non omne signum rei sacrae sit sacramentum.

1. Omnes enim creaturae sensibiles sunt signa rerum sacrarum: secundum illud Rm 1,20: *Invisibilia Dei per ea quae facta sunt intellecta conspiciuntur*. Nec tamen omnes res sensibiles possunt dici sacramenta. Non ergo omne signum rei sacrae est sacramentum.

2. PRAETEREA, omnia quae in veteri lege fiebant, Christum figurabant, qui est *Sanctus Sanctorum*: secundum illud 1Cor 10,11: *Omnia in figura contingebant illis*; et Cl 2,17: *Quae sunt umbra futurorum, corpus autem Christi*. Nec tamen omnia gesta Patrum veteris Testamenti, vel etiam omnes caeremoniae legis, sunt sacramenta, sed quaedam specialiter: sicut in Secunda Parte[1] habitum est. Ergo videtur quod non omne signum sacrae rei sit sacramentum.

3. PRAETEREA, etiam in novo Testamento multa geruntur in signum alicuius rei sacrae, quae tamen non dicuntur sacramenta: sicut aspersio aquae

ARTIGO 2
Todo sinal de uma realidade sagrada é sacramento?

QUANTO AO SEGUNDO, ASSIM SE PROCEDE: parece que **nem** todo sinal de uma realidade sagrada seja sacramento.

1. Com efeito, todas as criaturas sensíveis são sinais de realidades sagradas como diz a Carta aos Romanos: "As perfeições invisíveis de Deus as conhecemos pelas suas obras". Ora, nem todas as realidades sensíveis podem ser consideradas sacramento. Logo, não todo sinal de uma realidade sagrada é sacramento.

2. ALÉM DISSO, tudo o que acontecia na Lei Antiga, prefigurava Cristo, o Santo dos Santos conforme diz o Apóstolo: "Esses fatos lhes aconteciam para servir de exemplo". "Tudo isso não passa de sombra do que devia vir, mas a realidade provém de Cristo". Ora, as ações dos Patriarcas do Antigo Testamento e as cerimônias da Lei não são sacramentos, exceto casos especiais tratados na II Parte. Logo, parece que não todo sinal de uma realidade sagrada é sacramento.

3. ADEMAIS, também sob a vigência do Novo Testamento muitas coisas atuam como sinais de uma realidade sagrada sem que sejam sacramen-

---

2 PARALL.: IV *Sent*., dist. 1, q. 1, a. 1, q.la 1.
   1. I-II, q. 101, a. 4.

c. O primeiro sentido do latim *sacramentum* era efetivamente o de "juramento" militar. Esse sentido está muitas vezes presente ao espírito de Sto. Agostinho quando ele fala do caráter comparando-o ao signo (incisão ou tatuagem) do soldado (ver q. 63, a. 1, Resp.; a. 5, *s.c.*). Em francês, "juramento" (*serment*) e "sacramento" (*sacrement*) são ambos derivados de *sacramentum*.

benedictae, consecratio altaris, et consimilia. Non ergo omne signum rei sacrae est sacramentum.

SED CONTRA est quod definitio convertitur cum definito. Sed quidam definiunt sacramentum per hoc quod est *sacrae rei signum*: et hoc etiam videtur ex auctoritate Augustini supra[2] inducta. Ergo videtur quod omne signum rei sacrae sit sacramentum.

RESPONDEO dicendum quod signa dantur hominibus, quorum est per nota ad ignota pervenire. Et ideo proprie dicitur sacramentum quod est signum alicuius rei sacrae ad homines pertinentis: ut scilicet proprie dicatur sacramentum, secundum quod nunc de sacramentis loquimur, quod est signum rei sacrae inquantum est sanctificans homines.

AD PRIMUM ergo dicendum quod creaturae sensibiles significant aliquid sacrum, scilicet sapientiam et bonitatem divinam, inquantum sunt in seipsis sacra: non autem inquantum nos per ea sanctificamur. Et ideo non possunt dici sacramenta secundum quod nunc loquimur de sacramentis.

AD SECUNDUM dicendum quod quaedam ad vetus Testamentum pertinentia significabant sanctitatem Christi secundum quod in se sanctus est. Quaedam vero significabant sanctitatem eius inquantum per eam nos sanctificamur: sicut immolatio signi paschalis significabat immolationem Christi, qua sanctificati sumus. Et talia dicuntur proprie veteris legis sacramenta.

AD TERTIUM dicendum quod res denominantur a fine et complemento. Dispositio autem non est finis, sed perfectio. Et ideo ea quae significant dispositionem ad sanctitatem, non dicuntur sacramenta, de quibus procedit obiectio; sed solum ea quae significant perfectionem sanctitatis humanae.

tos, tais a água benta, a consagração de um altar etc. Portanto, não todo sinal de uma realidade sagrada é sacramento.

EM SENTIDO CONTRÁRIO consta que a definição equivale ao definido. Ora, alguns definem sacramento como sinal de uma realidade sagrada, com o apoio do texto de Agostinho acima citado. Logo, parece que todo sinal de uma realidade sagrada é sacramento.

RESPONDO. Os sinais existem para os homens, aos quais é próprio chegar ao que não conhecem mediante aquilo que conhecem. Por isso, diz-se propriamente sacramento o sinal de uma realidade sagrada que diz respeito aos homens, de forma que, em sentido próprio, o sacramento de que falamos aqui, é o sinal de uma realidade sagrada enquanto santifica os homens.

QUANTO AO 1º, portanto, deve-se dizer que as criaturas sensíveis significam as realidades sagradas da sabedoria e bondade divinas, enquanto estas são em si mesmas sagradas e não enquanto nos santificam. Assim não se podem chamar sacramentos no sentido em que falamos aqui.

QUANTO AO 2º, deve-se dizer que alguns fatos do Antigo Testamento significavam a santidade de Cristo, enquanto ele é santo em si mesmo. Outros significavam sua santidade enquanto nos santifica. Tal é o caso da imolação do cordeiro pascal que significava a imolação de Cristo, pela qual fomos santificados. Só esses são propriamente sacramentos da Antiga Lei[d].

QUANTO AO 3º, deve-se dizer que caracteriza-se algo pelo fim e acabamento. Ora, a disposição não é fim, mas sua perfeição. A objeção se refere a coisas que apenas dispõem para a santidade e por isso não se chamam sacramentos. Reserva-se o nome de sacramento ao que significa a santidade plenamente constituída no sujeito humano[e].

---

2. A. 1, a. *sed c.*

    d. O signo implica uma relação entre dois termos: o objeto significante e o ser capaz de perceber o signo como tal; esse ser é antes de mais nada o homem, que conhece a verdade pelo raciocínio, a partir dos dados sensíveis. Dessa adaptação ao homem do sacramento signo de santidade Sto. Tomás deduz que todo signo de uma realidade santa não é sacramento se não significa para o homem uma ação santificante. Isto permite distinguir no Antigo Testamento "figuras" interessantes e instrutivas, mas também "sacramentos" que santificam os homens da antiga aliança. Uma teologia que definia os sacramentos em primeiro lugar como signos eficazes da graça não podia admitir a existência de "sacramentos" sob a antiga lei, pois eles não produziam a graça, quando essa existência era reconhecida por toda a tradição.

    e. Chama-se a esses ritos, com frequência, de "sacramentais". Sto. Tomás voltará a tratar disso (q. 65, a. 1, sol. 6 e 8). Esse nome, que ele raramente emprega, fora dado por Pedro Lombardo ao que se chamava também de "sacramentos menores".

Articulus 3
Utrum sacramentum sit signum unius rei tantum

AD TERTIUM SIC PROCEDITUR. Videtur quod sacramentum non sit signum nisi unius rei.

1. Id enim quo multa significantur, est signum ambiguum, et per consequens fallendi occasio: sicut patet de nominibus aequivocis. Sed omnis fallacia debet removeri a Christiana religione: secundum illud Cl 2,8: *Videte ne quis vos seducat per philosophiam et inanem fallaciam.* Ergo videtur quod sacramentum non sit signum plurium rerum.

2. PRAETEREA, sicut dictum est[1], sacramentum significat rem sacram inquantum est humanae sanctificationis causa. Sed una sola est causa sanctificationis humanae, scilicet sanguis Christi: secundum illud Hb 13,12: *Iesus, ut sanctificaret per suum sanguinem populum, extra portam passus est.* Ergo videtur quod sacramentum non significet plura.

3. PRAETEREA, dictum est[2] quod sacramentum proprie significat ipsum finem sanctificationis. Sed finis sanctificationis est vita aeterna: secundum illud Rm 6,22: *Habetis fructum vestrum in sanctificatione, finem vero vitam aeternam.* Ergo videtur quod sacramenta non significent nisi unam rem, scilicet vitam aeternam.

SED CONTRA est quod in sacramento Altaris est duplex res significata, scilicet corpus Christi verum et mysticum: ut Augustinus dicit, in libro *Sententiarum Prosperi*[3].

RESPONDEO dicendum quod, sicut dictum est[4], sacramentum proprie dicitur quod ordinatur ad significandam nostram sanctificationem. In qua tria possunt considerari: videlicet ipsa causa sanctificationis nostrae, quae est passio Christi; et forma nostrae sanctificationis, quae consistit in gratia et virtutibus; et ultimus finis nostrae sanctificationis, qui est vita aeterna. Et haec omnia per sacramenta signficantur. Unde sacramentum est et signum rememorativum

Artigo 3
O sacramento é sinal só de uma realidade ou de várias?

QUANTO AO TERCEIRO, ASSIM SE PROCEDE: parece que o sacramento é sinal só de uma realidade.

1. Com efeito, o que significa várias coisas é um sinal ambíguo e, consequentemente, ocasião de engano, como o mostram as palavras equívocas. Ora, tudo que se presta a engano deve ser afastado da religião cristã, conforme o Apóstolo: "Vigiai para que ninguém vos apanhe no laço da filosofia e do vão embuste". Logo, parece que o sacramento não é sinal de várias realidades.

2. ALÉM DISSO, o sacramento significa uma realidade sagrada enquanto é causa da santificação humana. Ora, o sangue de Cristo é a única causa da santificação humana como se lê na Carta aos Hebreus: "Jesus, para santificar o povo com seu próprio sangue, sofreu do lado de fora da porta". Portanto, o sacramento não significa várias realidades.

3. ADEMAIS, sacramento significa propriamente a santificação plenamente realizada, seu fim. Ora, o fim da santificação é a vida eterna, conforme o Apóstolo: "Produzis os frutos que conduzem à santificação e cujo fim é a vida eterna". Portanto, os sacramentos significam uma única realidade, a vida eterna.

EM SENTIDO CONTRÁRIO, no sacramento do altar é significada uma dupla realidade: o corpo verdadeiro e o corpo místico de Cristo, como diz uma citação de Agostinho no livro das Sentenças de Próspero[f].

RESPONDO. O sacramento em sentido próprio se ordena a significar nossa santificação. Podem-se considerar três aspectos de nossa santificação: sua causa que é a paixão de Cristo; sua forma que consiste na graça e nas virtudes; seu fim último que é a vida eterna. Os sacramentos significam esses três aspectos. O sacramento é, pois, sinal rememorativo do que o precedeu, a paixão de Cristo; demonstrativo do efeito da paixão de

---

3 PARALL.: IV *Sent.*, dist. 1, q. 1, a. 1, q.la 1, ad 4.

1. A. 2.
2. A. 2, ad 3.
3. Cfr. LANFRANCUM, *De Corp. et Sang. Dom.*, c. 14: ML 150, 424 A; GRATIANUM, *Decretum*, p. III, dist. 2, can. 48: ed. Richter-Friedberg, I, 1331.
4. A. praec.

f. Não se deve deixar-se enganar pela oposição entre "corpo verdadeiro" e "corpo místico". O "corpo verdadeiro" é o corpo físico, histórico de Cristo. Seu "corpo místico" é constituído pelos mistérios: a Igreja, que é seu corpo (Cl 1, 18, 24), foi engendrada pelo batismo, nutrida e manifestada pela eucaristia, estruturada pela confirmação e pela ordem.

eius quod praecessit, scilicet passionis Christi; et demonstrativum eius quod in nobis efficitur per Christi passionem, scilicet gratiae; et prognosticum, idest praenuntiativum, futurae gloriae.

AD PRIMUM ergo dicendum quod tunc est signum ambiguum, praebens occasionem fallendi, quando significat multa quorum unum non ordinatur ad aliud. Sed quando significat multa secundum quod ex eis quodam ordine efficitur unum, tunc non est signum ambiguum, sed certum: sicut hoc nomen *homo* significat animam et corpus prout ex eis constituitur humana natura. Et hoc modo sacramentum significat tria praedicta secundum quod quodam ordine sunt unum.

AD SECUNDUM dicendum quod sacramentum, in hoc quod significat rem sanctificantem, oportet quod significet effectum, quia intelligitur in ipsa causa sanctificante prout est causa sanctificans.

AD TERTIUM dicendum quod sufficit ad rationem sacramenti quod significet perfectionem quae est forma: nec oportet quod solum significet perfectionem quae est finis.

Cristo em nós, a vida da graça; prognóstico ou prenunciador da glória futura[g].

QUANTO AO 1º, portanto, deve-se dizer que um sinal é ambíguo e dá ocasião de engano, quando significa várias coisas desconexas. Mas, quando significa várias coisas unificadas por certa ordem de relações, não é ambíguo, mas preciso. Assim a palavra "homem" significa alma e corpo como elementos constitutivos da natureza humana. Da mesma forma sacramento significa as três realidades ditas anteriormente, enquanto unificadas por certa ordem de relações.

QUANTO AO 2º, deve-se dizer que ao significar uma realidade que santifica, o sacramento necessariamente significa seu efeito compreendido na própria causa santificante enquanto tal.

QUANTO AO 3º, deve-se dizer que basta que a razão de sacramento signifique a perfeição que é a forma, não sendo necessário que só signifique a perfeição que é o fim.

ARTICULUS 4
Utrum sacramentum semper sit aliqua res sensibilis

AD QUARTUM SIC PROCEDITUR. Videtur quod sacramentum non semper sit aliqua res sensibilis.

1. Quia secundum Philosophum, in libro *Priorum*[1], omnis effectus suae causae signum est. Sed sicut sunt quidam effectus sensibiles, ita etiam sunt quidam effectus intelligibiles: sicut scientia est effectus demonstrationis. Ergo non omne signum est sensibile. Sufficit autem ad rationem sacramenti quod sit signum alicuius rei sacrae inquantum homo per eam sanctificatur, ut supra[2] dictum est. Non ergo requiritur ad sacramentum quod sit aliqua res sensibilis.

2. PRAETEREA, sacramenta pertinent ad regnum Dei et cultum Dei. Sed res sensibiles non videntur pertinere ad cultum Dei: dicitur enim Io 4,24: *Spiritus est Deus: et eos qui adorant eum, in spiritu et veritate adorare oportet*; et Rm 14,17: *Non est*

ARTIGO 4
O sinal sacramental é uma realidade sensível?

QUANTO AO QUARTO, ASSIM SE PROCEDE: parece que **nem** sempre o sacramento é uma realidade sensível.

1. Com efeito, segundo o Filósofo, "todo efeito é sinal de sua causa". Ora, como há efeitos sensíveis, também os há inteligíveis, como a ciência é efeito da demonstração. Logo, não todo sinal é sensível. Para a noção de sacramento basta que ele seja sinal de uma realidade sagrada enquanto o homem é santificado por ela. Portanto, não é necessário que o sacramento seja algo sensível.

2. ALÉM DISSO, os sacramentos dizem respeito ao Reino de Deus e ao culto a Deus, aos quais são alheias as realidades sensíveis. Lê-se no Evangelho de João: "Deus é espírito, e por isso os que o adoram devem adorar em espírito e verdade". E o Apóstolo

---

4 PARALL.: Infra, q. 61, a. 1; IV *Sent.*, dist. 1, q. 1, a. 2, q.la 1; a. 3; dist. 14, q. 1, a. 1, q.la 1; *Cont. Gent.* IV, 56; *in Ioan.*, c. 3, lect. 1.

1. Cfr. l. II, c. 29: 70, a, 7-10.
2. A. 2.

g. Essa tripla significação é essencial a toda celebração sacramental: é o memorial do passado (a paixão de Cristo, mas também todos os seus anúncios e preparações na Lei Antiga), signo que realiza um efeito presente (a graça específica do sacramento), o qual anuncia e inaugura os bens dos últimos tempos: a felicidade e a glória, cujo sacramento é ao mesmo tempo o germe e as primícias.

regnum Dei esca et potus. Ergo res sensibiles non requiruntur ad sacramenta.

3. PRAETEREA, Augustinus dicit, in libro *de Lib. Arbit.*[3], quod *res sensibiles sunt minima bona, sine quibus homo recte vivere potest.* Sed sacramenta sunt de necessitate salutis humanae, ut infra[4] patebit: et ita sine eis homo recte vivere non potest. Non ergo res sensibiles requiruntur ad sacramenta.

SED CONTRA est quod Augustinus dicit, *super Ioan.*[5]: *Accedit verbum ad elementum, et fit sacramentum.* Et loquitur ibi de elemento sensibili, quod est aqua. Ergo res sensibiles requiruntur ad sacramenta.

RESPONDEO dicendum quod divina sapientia unicuique rei providet secundum suum modum: et propter hoc dicitur, Sap 8,1, quod *suaviter disponit omnia.* Unde et Mt 25,15 dicitur quod dividit *unicuique secundum propriam virtutem.* Est autem homini connaturale ut per sensibilia perveniat in cognitionem intelligibilium. Signum autem est per quod aliquis devenit in cognitionem alterius. Unde, cum res sacrae quae per sacramenta significantur, sint quaedam spiritualia et intelligibilia bona quibus homo sanctificatur, consequens est ut per aliquas res sensibiles significatio sacramenti impleatur: sicut etiam per similitudinem sensibilium rerum in divina Scriptura res spirituales nobis describuntur. Et inde est quod ad sacramenta requiruntur res sensibiles: ut etiam Dionysius probat, in 1 cap. *Caelestis Hierarchiae* [6].

AD PRIMUM ergo dicendum quod unumquodque praecipue denominatur et definitur secundum illud quod convenit ei primo et per se: non autem per id quod convenit ei per aliud. Effectus autem sensibilis per se habet quod ducat in cognitionem alterius, quasi primo et per se homini innotescens: quia omnis nostra cognitio a sensu initium habet. Effectus autem intelligibiles non habent quod possint ducere in cognitionem alterius nisi inquantum sunt per aliud manifestati, idest per aliqua sensibilia. Et inde est quod primo et prin-

acrescenta: "O Reino de Deus não é questão de comida ou bebida". Logo, não se requerem realidades sensíveis para os sacramentos.

3. ADEMAIS, Agostinho afirma que "as realidades sensíveis são os menores dentre os bens, pois também sem elas o homem pode viver retamente". Ora, os sacramentos são necessários à salvação humana como será demonstrado abaixo, e assim, sem eles, o homem não pode viver retamente. Logo, não se requerem realidades sensíveis para os sacramentos.

EM SENTIDO CONTRÁRIO, está a frase de Agostinho: "Acrescenta-se a palavra ao elemento, e eis um sacramento". Ele fala aqui de um elemento sensível, a água. Logo, requerem-se realidades sensíveis para os sacramentos.

RESPONDO. A sabedoria divina provê a cada um segundo seu modo de ser. Por isso diz a Escritura: "Dispõe tudo harmoniosamente". E o Evangelho de Mateus acrescenta que dividiu "a cada um de acordo com suas capacidades". Chegar pelo sensível ao conhecimento do inteligível é conatural ao homem. Ora, o sinal é o meio de chegar ao conhecimento de outra coisa. Por isso, como as realidades sagradas significadas pelos sacramentos são bens espirituais e inteligíveis pelos quais o homem é santificado, a significação do sacramento se cumprirá por meio de realidades sensíveis. Da mesma forma também a Divina Escritura nos descreve realidades espirituais por comparação com realidades sensíveis. Segue-se que se requerem realidades sensíveis para os sacramentos, como também o comprova Dionísio[h].

QUANTO AO 1º, portanto, deve-se dizer que cada ser se denomina e define em primeiro lugar por aquilo que lhe convém primariamente e por si e não por aquilo que lhe convém por outro. O efeito sensível é capaz por si mesmo de levar ao conhecimento de outra coisa. Pois é conhecido pela pessoa em primeiro lugar e por si: porque todo nosso conhecimento tem início nos sentidos. Os efeitos inteligíveis, porém, não são capazes de levar ao conhecimento de outra coisa, a não ser que já tenham sido manifestados por algo sensível.

---
3. L. II, c. 19, n. 50: ML 32, 1268.
4. Q. 61, a. 1.
5. Tract. 80, n. 3, super 15, 3: ML 35, 1840.
6. § 3: MG 3, 121 B.

---
h. Três autoridades convergem aqui, mas em virtude de concepções bem diferentes. Agostinho analisa o sacramento tal como o vê em ação no cristianismo. A palavra, para ele, é *verbum*, o que implica o Verbo encarnado. Aristóteles (que não é nomeado) fornece a Sto. Tomás sua teoria do conhecimento humano, extraído dos dados sensíveis. Sua influência é visível na solução 1. Quanto a Dionísio, toda sua construção teológica mostra a luz divina chegando até nós por uma espécie de filtro, com símbolos adaptados à nossa condição, que nos situa no degrau mais baixo da hierarquia dos espíritos.

cipaliter dicuntur signa quae sensibus offeruntur: sicut Augustinus dicit, in II *de Doct. Christ.*[7], quod *signum est quod, praeter speciem quam ingerit sensibus, facit aliquid aliud in cognitionem venire*. Effectus autem intelligibiles non habent rationem signi nisi secundum quod sunt manifestati per aliqua signa. Et per hunc etiam modum quaedam quae non sunt sensibilia, dicuntur quodammodo sacramenta, inquantum sunt significata per aliqua sensibilia: de quibus infra[8] agetur.

Ad secundum dicendum, quod res sensibiles, prout in sua natura considerantur, non pertinent ad cultum vel regnum Dei: sed solum secundum quod sunt signa spiritualem rerum, in quibus regnum Dei consistit.

Ad tertium dicendum quod Augustinus ibi loquitur de rebus sensibilibus secundum quod in sua natura considerantur: non autem secundum quod assumuntur ad significandum spiritualia, quae sunt maxima bona.

Segue-se, pois, que se chama sinal, em sentido primeiro e primordial, o que se oferece aos sentidos, como diz Agostinho: "Sinal é aquilo que, além da imagem que traz para os sentidos, faz conhecer outra coisa". Assim os efeitos inteligíveis não têm razão de sinal, a não ser que sejam manifestados por sinais propriamente ditos. Por essa via, coisas não sensíveis podem de certo modo ser chamadas sacramentos, enquanto significadas por realidades sensíveis como se tratará adiante.

Quanto ao 2º, deve-se dizer que consideradas em sua natureza, as realidades sensíveis não pertencem ao culto ou ao Reino de Deus, mas só como sinais de realidades espirituais, em que consiste o Reino de Deus.

Quanto ao 3º, deve-se dizer que no texto citado, Agostinho fala de realidades sensíveis, considerando-as em sua natureza e não enquanto servem para significar bens espirituais que são os bens mais elevados.

Articulus 5
Utrum requirantur determinatae res ad sacramenta

Ad quintum sic proceditur. Videtur quod non requirantur determinatae res ad sacramenta.

1. Res enim sensibiles requiruntur in sacramentis ad significandum, ut dictum est[1]. Sed nihil prohibet diversis rebus sensibilibus idem significari: sicut in sacra Scriptura Deus aliquando metaphorice significatur per lapidem, quandoque per leonem, quandoque per solem, aut aliquid huiusmodi. Ergo videtur quod diversae res possint congruere eidem sacramento. Non ergo determinatae res in sacramentis requiruntur.

2. Praeterea, magis necessaria est salus animae quam solus corporis. Sed in medicinis corporalibus, quae ad salutem corporis ordinantur, potest una res pro alia poni in eius defectu. Ergo multo magis in sacramentis, quae sunt medicinae spirituales ad salutem animae ordinatae, poterit una res assumi pro alia quando illa defuerit.

3. Praeterea, non est conveniens ut hominum salus arctetur per legem divinam: et praecipue per legem Christi, qui venit omnes salvare. Sed

Artigo 5
O sacramento requer determinada realidade sensível?

Quanto ao quinto, assim se procede: parece que **não** se requerem determinadas realidades para os sacramentos.

1. Com efeito, as realidades sensíveis são necessárias nos sacramentos para expressar seu significado. Ora, nada impede que diversas coisas sensíveis tenham o mesmo significado. Assim, a Sagrada Escritura emprega diversas metáforas para designar Deus: pedra, leão, sol e assim por diante. Logo, realidades diversas podem ser congruentes com o mesmo sacramento e não se requerem realidades determinadas nos sacramentos.

2. Além disso, a salvação da alma é mais necessária que a saúde do corpo. Ora, no caso dos remédios corporais, destinados à saúde do corpo, uma coisa pode suprir a falta de outra. Logo, com muito mais razão nos sacramentos que são remédios espirituais em vista da salvação da alma, uma coisa pode assumir o lugar de outra, quando esta falta.

3. Ademais, não convém que a salvação humana seja limitada pela Lei divina, menos ainda pela Lei de Cristo que veio salvar a todos. Ora, sob o

---

7. C. 1, n. 1: ML 34, 35.
8. Q. 63, a. 1, ad 2; a. 3, ad 2; q. 73, a. 6; q. 84, a. 1, ad 3.

Parall.: Infra, q. 64, a. 2, ad 2.
1. A. 4.

in statu legis naturae non requirebantur in sacramentis aliquae res determinatae, sed ex voto assumebantur: ut patet Gn 28,20sqq., ubi se Iacob vovit Deo decimas et hostias pacificas oblaturum. Ergo videtur quod non debuit arctari homo, et praecipue in nova lege, ad alicuius rei determinatae usum in sacramentis.

SED CONTRA est quod Dominus dicit, Io 3,5: *Nisi quis renatus fuerit ex aqua et Spiritu Sancto, non potest introire in regnum Dei.*

RESPONDEO dicendum quod in usu sacramentorum duo possunt considerari, scilicet cultus divinus, et sanctificatio hominis: quorum primum pertinet ad hominem per comparationem ad Deum, secundum autem e converso pertinet ad Deum per comparationem ad hominem. Non autem pertinet ad aliquem determinare quod est in potestate alterius, sed solum illud quod est in sua potestate. Quia igitur sanctificatio hominis est in potestate Dei sanctificantis, non pertinet ad hominem suo iudicio assumere res quibus sanctificetur, sed hoc debet esse ex divina institutione determinatum. Et ideo in sacramentis novae legis, quibus homines sanctificantur, secundum illud 1Cor 6,11, *Abluti estis, sanctificati estis*, oportet uti rebus ex divina institutione determinatis.

AD PRIMUM ergo dicendum quod, si idem possit per diversa signa significari, determinare tamen quo signo sit utendum ad significandum, pertinet ad significantem. Deus autem est qui nobis significat spiritualia per res sensibiles in sacramentis, et per verba similitudinaria in Scripturis. Et ideo, sicut iudicio Spiritus Sancti determinatum est quibus similitudinibus in certis Scripturae locis res spirituales significentur, ita etiam debet esse divina institutione determinatum quae res ad significandum assumantur in hoc vel in illo sacramento.

AD SECUNDUM dicendum quod res sensibiles habent naturaliter sibi inditas virtutes conferentes ad corporalem salutem: et ideo non refert, si duae earum eandem virtutem habeant, qua quis utatur. Sed ad sanctificationem non ordinantur ex aliqua virtute naturaliter indita, sed solum ex institutione divina. Et ideo oportuit divinitus

regime da lei da natureza não se requeriam nos sacramentos coisas determinadas, mas se escolhia como se quisesse. É o que se mostra, quando Jacó prometeu a Deus oferecer o dízimo e sacrifícios pacíficos. Logo, o homem, especialmente na Nova Lei, não deveria estar obrigado a usar determinadas realidades nos sacramentos.

EM SENTIDO CONTRÁRIO, diz o Senhor diz: "Ninguém, a não ser que nasça da água e do Espírito Santo, pode entrar no Reino de Deus".

RESPONDO. Podem-se considerar dois aspectos na prática dos sacramentos: o culto divino e a santificação do homem. O primeiro diz respeito ao homem em relação a Deus e, vice-versa, o segundo diz respeito a Deus em relação ao homem. A ninguém compete determinar o que depende do poder de outrem, mas só o que está em seu poder. Como a santificação do homem está no poder de Deus que o santifica, não cabe ao homem escolher a seu arbítrio a realidade por que é santificado. Deve ser determinada por instituição divina. Por isso, nos sacramentos da Nova Lei, que santificam o homem, — conforme diz o Apóstolo: "fostes lavados, fostes santificados" —, as realidades que neles se usam dependem da instituição divina[i].

QUANTO AO 1º, portanto, deve-se dizer que a mesma realidade pode ser significada por diversos sinais. Mas determinar que sinal usar para significar, depende do significante. Deus é quem significa para nós nos sacramentos realidades espirituais por meio de realidades sensíveis e nas Escrituras por expressões metafóricas. Portanto, assim como foi determinado pelo Espírito Santo que comparações usar para significar realidades espirituais em tais ou tais passagens da Escritura, assim também deve ser determinado por instituição divina que realidades significativas escolher neste ou naquele sacramento.

QUANTO AO 2º, deve-se dizer que as realidades sensíveis possuem por natureza a capacidade de contribuir para a saúde corporal. Pouco importa qual delas usar, quando as duas têm a mesma capacidade. Mas elas não se orientam à santificação por uma capacidade natural que lhes fosse inerente, senão por instituição divina. Por isso

---

i. Este artigo lembra um ponto importante: os sacramentos visam o culto prestado a Deus pelo homem. Em virtude disso, como dirá Sto. Tomás adiante, a organização da celebração sacramental pertence à Igreja, que tem portanto um grande poder para determinar, ou mesmo mudar a liturgia em sua parte cerimonial e pedagógica. O mais fundamental, porém, é que os sacramentos trazem ao homem uma santificação que provém de Deus. No que possuem de essencial, os sacramentos são determinados pela instituição divina, que escolhe os elementos necessários dos sacramentos, sobretudo as realidades sensíveis dos principais deles: água para o batismo, pão e vinho para a eucaristia.

determinari quibus rebus sensibilibus sit in sacramentis utendum.

AD TERTIUM dicendum quod, sicut Augustinus dicit, XIX *contra Faust*.[2], diversa sacramenta diversis temporibus congruunt: sicut etiam diversis verbis significantur diversa tempora, scilicet praesens, praeteritum et futurum. Et ideo, sicut in statu legis naturae homines, nulla lege exterius data, solo interiori instinctu movebantur ad Deum colendum, ita etiam ex interiori instinctu determinabatur eis quibus rebus sensibilibus ad Dei cultum uterentur. Postmodum vero necesse fuit etiam exterius legem dari: tum propter obscurationem legis naturae ex peccatis hominum; tum etiam ad expressiorem significationem gratiae Christi, per quam humanum genus sanctificatur. Et ideo etiam necesse fuit res determinari quibus homines uterentur in sacramentis. Nec propter hoc arctatur via salutis: quia res quarum usus est necessarius in sacramentis, vel communiter habentur, vel parvo studio adhibito haberi possunt.

era preciso que Deus determinasse que realidades sensíveis usar nos sacramentos.

QUANTO AO 3º, deve-se dizer que a tempos diversos, segundo Agostinho, convém sacramentos diversos, da mesma forma como diversos tempos são expressos por formas verbais diversas (presente, passado, futuro). Sob o regime da lei da natureza, os homens se orientavam no culto a Deus só pelo instinto interior, sem nenhuma lei dada por determinação exterior; assim também por instinto interior determinavam que realidades sensíveis usar no culto a Deus. Depois, tornou-se necessária uma lei exterior devido ao obscurecimento da lei da natureza pelos pecados humanos e também para significar de forma mais expressiva a graça de Cristo, que santifica o gênero humano. Por isso foi preciso determinar que realidades se usariam nos sacramentos. Nem por esse motivo se estreita o caminho da salvação, pois as realidades, cujo uso é necessário nos sacramentos, são corriqueiras ou pelo menos se podem conseguir facilmente.

ARTICULUS 6
Utrum in significatione sacramentorum requirantur verba

AD SEXTUM SIC PROCEDITUR. Videtur quod in significatione sacramentorum non requirantur verba.

1. Dicit enim Augustinus, *contra Faustum*, libro XIX[1]: *Quid sunt aliud quaeque corporalia sacramenta nisi quasi quaedam verba visibilia?* Et sic videtur quod addere verba rebus sensibilibus in sacramentis sit addere verba rebus sensibilibus in sacramentis sit addere verba verbis. Sed hoc est superfluum. Non ergo requiruntur verba cum rebus sensibilibus in sacramentis.

2. PRAETEREA, sacramentum est aliquid unum. Ex his autem quae sunt diversorum generum, non videtur posse aliquid unum fieri. Cum igitur res sensibiles et verba sint diversorum generum, quia res sensibiles sunt a natura, verba autem a ratione; videtur quod in sacramentis non requirantur verba cum rebus sensibilibus.

3. PRAETEREA, sacramenta novae legis succedunt sacramentis veteris legis: quia, *illis ablatis, ista sunt instituta*, ut Augustinus dicit, XIX *contra Faustum*[2].

ARTIGO 6
Para expressar o significado dos sacramentos são necessárias palavras?

QUANTO AO SEXTO, ASSIM SE PROCEDE: parece que **não** são necessárias palavras para expressar o significado dos sacramentos.

1. Com efeito, Agostinho escreve: "Que outra coisa são os sacramentos corporais senão palavras visíveis?" Nesse caso, acrescentar palavras às realidades sensíveis dos sacramentos seria juntar palavras a outras palavras. Ora, isso é supérfluo. Logo, não se requer que se acrescentem palavras às realidades sensíveis dos sacramentos.

2. ALÉM DISSO, o sacramento é algo uno. Ora, de realidades de diversos gêneros não se pode constituir uma unidade. Logo, como realidades sensíveis e palavras são de gêneros diversos, pois as primeiras provêm da natureza, as segundas da razão, parece que não se requerem palavras que se acrescentem às realidades sensíveis dos sacramentos.

3. ADEMAIS, os sacramentos da Nova Lei sucederam aos da Antiga, pois "supressos aqueles, foram instituídos estes", como diz Agostinho. Ora,

---

2. C. 16: ML 42, 356.

6 PARALL.: IV *Sent*., dist. 1, q. 1, a. 3; dist. 13, q. 1, a. 2, q.la 6, ad 2; *De Verit*., q. 27, a. 4, ad 10.

1. C. 16: ML 42, 356-357.
2. C. 13: ML 42, 355.

Sed in sacramentis veteris legis non requirebatur aliqua forma verborum. Ergo nec in sacramentis novae legis.

SED CONTRA est quod Apostolus dicit, Eph 5,25-26: *Christus dilexit Ecclesiam, et tradidit semetipsum pro ea, ut illam sanctificaret, mundans eam lavacro aquae in verbo vitae*. Et Augustinus dicit, *super Ioan*.[3]: *Accedit verbum ad elementum, et fit sacramentum*.

RESPONDEO dicendum quod sacramenta, sicut dictum est[4], adhibentur ad hominum sanctificationem sicut quaedam signa. Tripliciter ergo considerari possunt: et quolibet modo congruit eis quod verba rebus sensibilibus adiungantur. Primo enim possunt considerari ex parte causae sanctificantis, quae est Verbum incarnatum: cui sacramentum quodammodo conformatur in hoc quod rei sensibili verbum adhibetur, sicut in mysterio incarnationis carni sensibili est Verbum Dei unitum.

Secundum possunt considerari sacramenta ex parte hominis qui sanctificatur, qui componitur ex anima et corpore: cui proportionatur sacramentalis medicina, quae per rem visibilem corpus tangit, et per verbum ab anima creditur. Unde Augustinus dicit[5], super illud Io 15,3, *Iam vos mundi estis propter sermonem* etc.: *Unde ista est tanta virtus aquae ut corpus tangat et cor abluat, nisi faciente verbo, non quia dicitur, sed quia creditur?*

Tertio potest considerari ex parte ipsius significationis sacramentalis. Dicit autem Augustinus, in II *de Doct. Christ.*[6], quod *verba inter homines obtinuerunt principatum significandi*: quia verba diversimode formari possunt ad significandos diversos conceptus mentis, et propter hoc per verba magis distincte possumus exprimere quod mente concipimus. Et ideo ad perfectionem significationis sacramentalis necesse fuit ut significatio rerum sensibilium per aliqua verba determinaretur. Aqua enim significare potest et ablutionem propter suam humiditatem, et refrigerium propter suam frigiditatem: sed cum dicitur, *Ego te baptizo*, manifestatur quod aqua utimur in baptismo ad significandam emundationem spiritualem.

AD PRIMUM ergo dicendum quod res visibiles sacramentorum dicuntur verba per similitudinem

nos sacramentos da Antiga Lei não era necessária forma constituída por palavras. Logo, tampouco nos da Nova Lei.

EM SENTIDO CONTRÁRIO, o Apóstolo diz: "Cristo amou a Igreja e se entregou por ela; ele quis com isto torná-la santa, purificando-a com a água que lava pela Palavra da vida". E Agostinho: "Acrescenta-se a palavra ao elemento, e eis um sacramento".

RESPONDO. Os sacramentos empregam determinados sinais para significar a santificação do homem. A partir daí, podem-se fazer três considerações mostrando, cada vez, a conveniência de acrescentar palavras às realidades sensíveis.

Em primeiro lugar, sob o ponto de vista da causa santificante, que é o Verbo Encarnado. O sacramento de certa maneira se conforma ao Verbo Encarnado por juntar palavra e realidade sensível, à semelhança do mistério da encarnação pelo qual o Verbo de Deus se uniu à carne sensível.

Em segundo lugar, sob o ponto de vista do homem que é santificado pelos sacramentos. O remédio sacramental é adequado ao homem composto de alma e corpo: pela realidade visível atinge o corpo, pela palavra é crido pela alma. Por isso, a respeito daquele texto do Evangelho de João "Vós já estais purificados pela palavra...", Agostinho escreve: "De onde vem tanto poder para a água a ponto de, tocando o corpo, purificar o coração? A não ser pela palavra que age não por ser pronunciada, mas porque nela se crê?"

Em terceiro lugar, do ponto de vista da significação sacramental. Segundo Agostinho, "para os homens as palavras têm a primazia entre todos os sinais", porque podem compor-se entre si de diversos modos, de maneira a significar diversos conceitos da mente. Por isso, pelas palavras podemos expressar mais claramente o que concebemos com a mente. Portanto, para uma significação sacramental mais perfeita, era necessário que o significado das realidades sensíveis fosse determinado por palavras. Por ser líquida, a água pode significar lavar; por ser fresca, refrescar; mas, quando se diz "Eu te batizo", fica evidente que se usa a água no batismo para significar purificação espiritual.

QUANTO AO 1º, portanto, deve-se dizer que chamar de palavras as realidades visíveis dos

---

3. Tract. 80, n. 3, super 15, 3: ML 35, 1840.
4. A. 2, 3.
5. *In Ioan*., tract. 80, n. 3, super 15, 3: ML 35, 1840.
6. C. 3: ML 34, 37.

quandam, inquantum scilicet participant quandam vim significandi, quae principaliter est in ipsis verbis, ut dictum est[7]. Et ideo non est superflua ingeminatio verborum cum in sacramentis rebus visibilibus verba adduntur: quia unum eorum determinatur per aliud, ut dictum est[8].

AD SECUNDUM dicendum quod, quamvis verba et aliae res sensibiles sint in diverso genere quantum pertinet ad naturam rei, conveniunt tamen ratione significandi. Quae perfectius est in verbis quam in aliis rebus. Et ideo ex verbis et rebus fit quodammodo unum in sacramentis sicut ex forma et materia: inquantum scilicet per verba perficitur significatio rerum, ut dictum est[9]. — Sub rebus autem comprehenduntur etiam ipsi actus sensibiles, puta ablutio et unctio et alia huiusmodi: quia in his est eadem ratio significandi et in rebus.

AD TERTIUM dicendum quod, sicut Augustinus dicit, *contra Faustum*[10], alia debent esse sacramenta rei praesentis, et alia rei futurae. Sacramenta autem veteris legis praenuntia erant Christi venturi. Et ideo non ita expresse significabant Christum sicut sacramenta novae legis, quae ab ipso Christo effluunt, et quandam similitudinem ipsius in se habent, ut dictum est[11]. — Utebantur tamen in veteri lege aliquibus verbis in his quae ad cultum Dei pertinent, tam sacerdotes, qui erant sacramentorum illorum ministri, secundum illud Nm 6,23-24, *Sic benedicetis filiis Israel: et dicetis eis, Benedicat tibi Dominus*, etc.; quam etiam illi qui illis sacramentis imbuebantur, secundum illud Dt 26,3: *Profiteor hodie coram Domino Deo tuo*, etc.

sacramentos é uma metáfora, que se fundamenta em que as realidades visíveis participam da capacidade de significar que é própria primeiramente das palavras. Não é supérfluo que se acrescentem palavras às realidades sensíveis dos sacramentos, porque uma é especificada por outra.

QUANTO AO 2º, deve-se dizer que embora palavras e realidades sensíveis sejam de gêneros distintos no que diz respeito a sua natureza, coincidem em que são capazes de significar algo, no que, aliás, as palavras levam vantagem sobre as outras realidades. Assim, nos sacramentos, de palavras e coisas se constitui como que uma unidade, à maneira de forma e matéria, no sentido de que pelas palavras se completa o significado das coisas[j]. — Por "coisas" entendem-se também as ações sensíveis, como ablução, unção e semelhantes, porque nelas há a mesma capacidade de significar que nas coisas.

QUANTO AO 3º, deve-se dizer com Agostinho[k] que entre os sacramentos das realidades presentes e os das futuras tem que haver diferença. Ora, os sacramentos da Antiga Lei prenunciavam a vinda de Cristo. Por isso não significavam a Cristo tão explicitamente como os sacramentos da Nova Lei que provêm do próprio Cristo e têm certa semelhança com ele, como foi dito. — No entanto, mesmo na Antiga Lei se usavam palavras nas cerimônias do culto divino, tanto os sacerdotes que eram ministros daqueles sacramentos, como os que os recebiam. O primeiro é atestado pelo Livro dos Números: "Eis com que termos abençoareis os filhos de Israel: 'O Senhor te abençoe...'"; o segundo, pelo Deuteronômio: "Declaro hoje diante do Senhor, teu Deus...".

---

7. In corp.
8. Ibid.
9. In corp.
10. L. XIX, c. 16: ML 42, 356.
11. In corp.

---

j. Na linha do terceiro motivo alegado em sua Resposta (no plano do signo, as palavras vêm especificar a significação ainda vaga das coisas sensíveis) Sto. Tomás traz aqui a noção de matéria e de forma, das quais a teologia sacramental por vezes fez um uso indiscreto, esquecendo com que precauções ele introduzira essa comparação Isto só é válido se tivermos presente ao espírito a noção aristotélica desse par. Não há uma matéria preexistente, que a forma viria modificar (como a forma que o escultor dá a um bloco de pedra). Na verdade, matéria e forma são duas realidades que coexistem uma para a outra. Aliás, como judiciosamente observa Sto. Tomás, essa comparação não vale apenas para os sacramentos que possuem uma matéria sensível, mas para todos eles, que são ações. Alguns empregam necessariamente um elemento sensível: batismo, eucaristia, confirmação, unção dos doentes; outros têm por "matéria" uma ação humana: penitência, casamento e ordem. Existe aí uma composição comparável à da matéria e da forma, na medida em que podemos distinguir no sacramento um elemento que o esboça de maneira mais ou menos determinada, e uma palavra que conclui sua determinação.

k. Sto. Tomás cita o livro de Sto. Agostinho, *Contra Faustum* de Milevo, chefe da seita maniqueísta, para a qual todo o Antigo Testamento devia ser rejeitado como produzido pelo princípio do mal. Essa refutação é portanto uma defesa do judaísmo, uma óptica cristã, a qual, longe de desprezar a antiga aliança, vê nela uma preparação ao Evangelho. Nosso tratado citará essa obra com frequência, na perspectiva de uma ligação dinâmica, mas real, entre a sacramentalidade ainda pouco determinada da lei da natureza, a da lei mosaica, mais institucional, e os sacramentos de Cristo (ver q. 60, a. 6, obj. e sol. 3; q. 60, a. 1, *s.c.*; a. 3, obj. 2; a. 4, *s.c.* e Resp.).

Artigo 7
Nos sacramentos requerem-se palavras determinadas?

QUANTO AO SÉTIMO, ASSIM SE PROCEDE: parece que **não** se requerem nos sacramentos palavras determinadas.

1. Com efeito, como diz o Filósofo, "os vocábulos não são os mesmos para todos". Ora, a salvação que se busca pelos sacramentos, é a mesma para todos. Logo, não se requerem palavras determinadas nos sacramentos.

2. ALÉM DISSO, os sacramentos precisam de palavras, enquanto a elas cabe a primazia na função de significar. Ora, pode-se significar o mesmo por palavras diversas. Logo, não se requerem determinadas nos sacramentos.

3. ADEMAIS, o que deforma algo, faz variar sua espécie. Ora, há quem deforme as palavras ao pronunciá-las. É inaceitável que por isso se impeça o efeito dos sacramentos. Do contrário, frequentemente os sacramentos administrados por iletrados ou por gagos se tornariam nulos. Logo, seria melhor afirmar que não se requerem palavras determinadas nos sacramentos.

EM SENTIDO CONTRÁRIO, o Senhor pronunciou palavras determinadas na consagração do sacramento da eucaristia, dizendo: "Isto é o meu corpo". Semelhantemente, mandou que os discípulos batizassem com palavras determinadas: "Ide, pois; de todas as nações fazei discípulos, batizando-as em nome do Pai e do Filho e do Espírito Santo".

RESPONDO. Nos sacramentos as palavras assumem um papel semelhante ao da forma, enquanto as realidades sensíveis exercem a função de matéria. Ora, em tudo que é composto de matéria e forma, a forma é o princípio de determinação; ela é de certo modo o fim e o termo da matéria. E por isso, para que algo exista, o principal requisito é uma forma determinada e não uma matéria determinada; esta se requer apenas para que seja proporcionada à forma determinada. Portanto, como nos sacramentos requerem-se realidades sensíveis determinadas que exerçam a função de matéria, tanto mais se requerem neles uma forma determinada de palavras.

---

1. *Peri Herm.*, l. I, c. 1: 16, a, 5-6.
2. A. 6.
3. A. 6, ad 2.

AD PRIMUM ergo dicendum quod, sicut Augustinus, dicit, *super Ioan.*[4], verbum operatur in sacramentis, *non quia dicitur*, idest, non secundum exteriorem sonum vocis: *sed quia creditur*, secundum sensum verborum qui fide tenetur. Et hic quidem sensus est idem apud omnes, licet non eaedem voces quantum ad sonum. Et ideo, cuiuscumque linguae verbis proferatur talis sensus, perficitur sacramentum.

AD SECUNDUM dicendum quod, licet in qualibet lingua contingat diversis vocibus idem significari, semper tamen aliqua illarum vocum est qua principalius et communius homines illius linguae utuntur ad hoc significandum. Et talis vox assumi debet in significatione sacramenti. Sicut etiam inter res sensibiles illa assumitur ad significationem sacramenti cuius usus est communiter ad actum per quem sacramenti effectus significatur: sicut aqua communius utuntur homines ad ablutionem corporalem, per quam spiritualis ablutio significatur; et ideo aqua assumitur ut materia in baptismo.

AD TERTIUM dicendum quod ille qui corrupte profert verba sacramentalia, si hoc ex industria facit, non videtur intendere facere quod facit Ecclesia: et ita non videtur perfici sacramentum.

Si autem hoc faciat ex errore vel lapsu linguae, si sit tanta corruptio quae omnino auferat sensum locutionis, non videtur perfici sacramentum. Et hoc praecipue contingit quando fit corruptio ex parte principii dictionis: puta si, loco eius quod est *in nomine Patris*, dicat, *in nomine matris*. — Si vero non totaliter auferatur sensus locutionis per huiusmodi corruptelam, nihilominus perficitur sacramentum. Et hoc praecipue contingit quando fit corruptio ex parte finis: puta si aliquis dicat *patrias et filias*. Quamvis enim huiusmodi verba corrupte prolata nihil significent ex virtute impositionis, accipiuntur tamen ut significantia ex accommodatione usus. Et ideo, licet mutetur sonus sensibilis, remanet tamen idem sensus.

Quod autem dictum est de differentia corruptionis circa principium vel finem dictionis, rationem habet quia apud nos variatio dictionis

QUANTO AO 1º, portanto, deve-se dizer que, como diz Agostinho, as palavras agem nos sacramentos não por serem pronunciadas, isto é, não pelo som exterior do vocábulo, mas porque nelas se crê, pelo sentido das palavras que se aceita na fé. Este sentido é o mesmo para todos, embora os vocábulos não soem igualmente. Por isso, qualquer que seja a língua que se use para expressar tal sentido, realiza-se o sacramento[1].

QUANTO AO 2º, deve-se dizer que sem dúvida, em todas as línguas se pode significar o mesmo com vocábulos diversos. Entretanto, cada língua emprega de preferência certo vocábulo como mais significativo e mais comum para expressar determinada realidade. Tal vocábulo se deve assumir para significar o sacramento. É o que acontece com as realidades sensíveis: escolhe-se a de uso mais comum para a ação, pela qual é significado o efeito do sacramento. Para significar a ablução espiritual usa-se a água, pois é o elemento mais comumente empregado para lavar o corpo. Assim a água é a matéria do batismo.

QUANTO AO 3º, deve-se dizer que quem propositadamente deforma as palavras sacramentais ao pronunciá-las, é forçoso admitir-se que não tem intenção de fazer o que a Igreja faz e, portanto, é possível que não se realize o sacramento.

No caso de um erro ou um lapso de língua de tanta monta que tire totalmente o sentido da frase, tampouco é viável admitir que o sacramento se realize. É o que acontece principalmente quando se deforma o início da palavra. Por exemplo, se, em lugar de "in nomine Patris", se diz: "in nomine Matris". — Mas, se a deformação não tira totalmente o sentido da frase, realiza-se o sacramento. É o que acontece quando a deformação atinge a desinência. Por exemplo, se alguém diz "in nomine Patrias et Filias". Embora tais palavras corrompidas não signifiquem nada na lógica da estrutura da língua, recebem significado quando o uso torna o erro costumeiro. E assim, embora o som mude para os ouvidos, permanece o mesmo sentido.

O que ficou dito sobre a diferença entre a deformação no começo ou no fim da palavra, explica-se pelo fato de, para nós, a variação na pronúncia no

---

4. Tract. 80, n. 3, super 15, 3: ML 35, 1840.

1. Essa proeminência concedida ao signo, que ilumina todo o nosso tratado, tem a vantagem de excluir todo materialismo sacramental. Os sacramentos são sempre os sacramentos *da fé*. Suas palavras não agem pelo som, como uma fórmula cabalística, que opera pelo peso de suas sílabas, ou como uma chave pela inserção de suas ranhuras. Elas agem em virtude da fé. Não há tampouco uma língua sagrada no cristianismo, e podemos dizer até que a significação sacramental é favorecida pelo uso de uma língua conhecida dos fiéis.

ex parte principii mutat significationem, variatio autem ex fine dictionis ut plurimum non mutat consignificationem. Quae tamen apud Graecos variatur etiam secundum principium dictionis in declinatione verborum.

Magis tamen videtur attendenda quantitas corruptionis ex parte dictionis. Quia ex utraque parte potest esse tam parva quod non aufert sensum verborum: et tam magna, quod aufert. Sed unum horum facilius accidit ex parte principii, aliud ex parte finis.

começo mudar o significado, enquanto a mudança no final em geral não o faz. Em grego há ainda essa variação no final por força do princípio que rege a declinação das palavras.

Entretanto, deve-se dar mais atenção à grandeza da corrupção na pronúncia das palavras. Seja no começo ou no fim das palavras, ela pode ser tão pequena que não tire o sentido e tão grande que o tire. Mas um dos casos acontece mais facilmente no princípio e o outro no fim.

Articulus 8
Utrum aliquid liceat addere verbis in quibus consistit forma sacramentorum

Artigo 8
Pode-se acrescentar ou subtrair algo às palavras que constituem a forma dos sacramentos?

Ad octavum sic proceditur. Videtur quod nihil liceat addere verbis in quibus consistit forma sacramentorum.

1. Non enim minoris sunt necessitatis huiusmodi verba sacramentalia quam verba sacrae Scripturae. Sed verbis sacrae Scripturae nihil licet addere vel minuere: dicitur enim Dt 4,2: *Non addetis ad verbum quod vobis loquor, nec auferetis ab eo*; et Ap 22,18-19: *Contestor omni audienti verba prophetiae libri huius: Si quis apposuerit ad haec, apponet super eum Deus plagas scriptas in libro isto; et si quis diminuerit, auferet Deus partem eius de libro vitae.* Ergo videtur quod neque in formis sacramentorum liceat aliquid addere vel minuere.

2. Praeterea, verba se habent in sacramentis per modum formae, ut dictum est[1]. Sed in formis quaelibet additio vel subtractio variat speciem, sicut et in numeris: ut dicitur in VIII *Metaphys.*[2]. Ergo videtur quod, si aliquid addatur vel subtrahatur a forma sacramenti, non erit idem sacramentum.

3. Praeterea, sicut ad formam sacramenti determinatus numerus dictionum requiritur, ita etiam requiritur determinatus ordo verborum, et etiam orationis continuitas. Si ergo additio vel subtractio non aufert sacramenti veritatem, videtur

Quanto ao oitavo, assim se procede: parece que **não** se pode acrescentar nada às palavras que constituem a forma dos sacramentos.

1. Com efeito, essas palavras não são menos essenciais que as palavras da Sagrada Escritura. Ora, a estas nada se pode acrescentar nem subtrair. Diz o Deuteronômio: "Nada acrescentareis às palavras dos mandamentos que eu vos dou, e nada tirareis". E o Apocalipse: "Eu atesto a todo o que ouvir as palavras proféticas deste livro: Se alguém lhes fizer qualquer acréscimo, Deus lhe acrescentará as pragas escritas neste livro. E se alguém tirar qualquer coisa das palavras deste livro profético, Deus lhe retirará a sua parte do livro da vida". Logo, tampouco na forma dos sacramentos se pode acrescentar ou tirar algo.

2. Além disso, as palavras têm nos sacramentos a função de forma. Ora, qualquer acréscimo ou subtração na forma acarreta variação na espécie, o mesmo ocorrendo com os números, como diz Aristóteles. Logo, parece que, se se acrescenta ou subtrai algo à forma do sacramento, já não será o mesmo sacramento[m].

3. Ademais, a forma do sacramento requer, além de determinado número de sílabas, que as palavras sejam pronunciadas numa determinada ordem e certa continuidade na frase. Se o acréscimo ou subtração não destrói a verdade do sacramento,

---

8 Parall.: IV *Sent.*, dist. 3, a. 2, q.lis 2-4.

1. A. 6, ad 2; a. 7.
2. C. 3: 1043, b, 36-1044, a, 2.

m. É um princípio aristotélico, invocado com frequência por Sto. Tomás, que as formas não admitem mais ou menos pois, como os números, são indivisíveis. Na Resposta, porém, vemos o quanto é aproximativa a assimilação das palavras à forma. O que faz que a fala sacramental aja "como uma forma" não são as palavras que a compõem, mas o sentido que ela exprime.

quod pari ratione nec transpositio verborum, aut etiam interpolatio pronuntiationis.

SED CONTRA est quod in formis sacramentorum quaedam apponuntur a quibusdam quae ab aliis non ponuntur: sicut Latini baptizant sub hac forma. *Ego te baptizo in nomine Patris et Filii et Spiritus Sancti*; Graeci autem sub ista, *Baptizatur servus Christi N. in nomine Patris*, etc. Et tamen utrique verum conferunt sacramentum. Ergo in formis sacramentorum licet aliquid addere vel minuere.

RESPONDEO dicendum quod circa omnes istas mutationes quae possunt in formis sacramentorum contingere, duo videntur esse consideranda. Unum quidem ex parte eius qui profert verba, cuius intentio requiritur ad sacramentum, ut infra[3] dicetur. Et ideo, si intendat per huiusmodi additionem vel diminutionem alium ritum inducere qui non sit ab Ecclesia receptus, non videtur perfici sacramentum: quia non videtur quod intendat facere id quod facit Ecclesia.

Aliud autem est considerandum ex parte significationis verborum. Cum enim verba operentur in sacramentis quantum ad sensum quem faciunt, ut supra[4] dictum est, oportet considerare utrum per talem mutationem tollatur debitus sensus verborum: quia sic manifestum est quod tollitur veritas sacramenti. Manifestum est autem quod, si diminuatur aliquid eorum quae sunt de substantia formae sacramentalis, tollitur debitus sensus verborum: et ideo non perficitur sacramentum. Unde Didymus dicit, in libro *de Spiritu Sancto*[5]: *Si quis ita baptizare conetur ut unum de praedictis nominibus praetermittat*, scilicet Patris et Filii et Spiritus Sancti, *sine perfectione baptizabit*. — Si autem subtrahatur aliquid quod non sit de substantia formae, talis diminutio non tollit debitum sensum verborum, et per consequens nec sacramenti perfectionem. Sicut in forma Eucharistiae, quae est, *Hoc est enim corpus meum*, ly *enim* sublatum non tollit debitum sensum verborum, et ideo non impedit perfectionem sacramenti: quamvis possit contingere quod ille qui praetermittit, peccet ex negligentia vel contemptu.

Circa additionem etiam contingit aliquid apponi quod est corruptivum debiti sensus: puta si aliquis dicat, *Ego te baptizo in nomine Patris maioris et*

pode-se aceitar que, pela mesma razão, tampouco a transposição de palavras ou sua proclamação descontínua a alterem.

EM SENTIDO CONTRÁRIO, não todos usam as mesmas palavras na forma dos sacramentos. Os latinos batizam com a fórmula "Eu te batizo em nome do Pai e do Filho e do Espírito Santo"; os gregos, dizendo: "O servo de Cristo N. N. é batizado em nome do Pai etc." Contudo, ambos na verdade conferem o sacramento. Portanto, é lícito acrescentar ou subtrair algo na forma sacramental.

RESPONDO. Sobre essas mudanças que podem acontecer na forma dos sacramentos, devem-se fazer duas considerações: 1º. A intenção por parte de quem pronuncia as palavras, é um requisito para a realização do sacramento, como adiante se dirá. E, portanto, se por esse acréscimo ou subtração houver intenção de introduzir outro rito que não o recebido pela Igreja, não parece que se realize o sacramento, pois parece não haver intenção de fazer o que faz a Igreja[n].

2º. É preciso considerar a significação das palavras. As palavras atuam nos sacramentos de acordo com o sentido que expressam. Convém, pois, perguntar se a mudança suprime o sentido devido, porque nesse caso é claro que fica invalidada a verdade do sacramento. Ora, se se omite algo que pertence à substância da forma sacramental, é óbvio que se deturpa o sentido das palavras e, portanto, não se realiza o sacramento. Por isso, Dídimo escreve: "Se alguém pretende batizar omitindo um dos nomes antes mencionados (a saber: Pai, Filho e Espírito Santo), não realiza o batismo". — Mas, se se omite algo que não pertence à substância da forma, não se deturpa o sentido das palavras e, consequentemente, tampouco deixa de realizar-se o sacramento. Assim, na forma da eucaristia "Hoc est enim corpus meum" a omissão do "enim" não deturpa o sentido das palavras e, portanto, não impede a realização do sacramento, embora possa acontecer que quem o omite peque por negligência ou irreverência.

Semelhantemente se diga com relação aos acréscimos. Pode-se acrescentar algo que deforma o sentido devido. Por exemplo, se alguém diz:

---

3. Q. 64, a. 8.
4. A. 7, ad 1.
5. Interprete Hieron., n. 24: MG 39, 1054 A (= ML 23, 130 A).

n. Ver-se-á adiante (q. 64, a. 8) a importância da *intenção*, a qual, ligando o ministro à vontade da Igreja e à instituição de Cristo faz dele uma causa instrumental, mas real, da eficácia sacramental.

Filii minoris, sicut Ariani baptizabant. Et ideo talis additio tollit veritatem sacramenti. — Si vero sit talis additio quae non auferat debitum sensum sacramenti, non tollitur sacramenti veritas. Nec refert utrum talis additio fiat in principio, medio vel fine. Ut, si aliquis dicat, *Ego te baptizo in nomine Dei Patris omnipotentis, et Filii eius unigeniti, et Spiritus Sancti Paracleti*, erit verum baptisma. Et similiter, si quis dicat, *Ego te baptizo in nomine Patris et Filii et Spiritus Sancti, et beata Virgo te adiuvet*, erit verum baptisma.

Forte autem si diceret, *Ego te baptizo in nomine Patris et Filii et Spiritus Sancti et Beatae Virginis Mariae*, non esset baptismus: quia dicitur 1Cor 1,13: *Numquid Paulus pro vobis crucifixus est? aut in nomine Pauli baptizanti estis?* — Sed hoc verum est si sic intelligatur in nomine Beatae Virginis baptizari sicut in nomine Trinitatis, quo baptismus consecratur: talis enim sensus esset contrarius verae fidei, et per consequens tolleret veritatem sacramenti. Si vero sic intelligatur quod additur, *et in nomine Beatae Virginis*, non quasi nomen Beatae Virginis aliquid operetur in baptismo, sed ut eius intercessio prosit baptizato ad conservandam gratiam baptismalem, non tollitur perfectio sacramenti.

AD PRIMUM ergo dicendum quod verbis sacrae Scripturae non licet aliquid apponere quantum ad sensum: sed quantum ad expositionem sacrae Scripturae, multa verba eis a doctoribus apponuntur. Non tamen licet etiam verba sacrae Scripturae apponere ita quod dicantur esse de integritate sacrae Scripturae: quia hoc esset vitium falsitatis. Et similiter si quis diceret aliquid esse de necessitate formae quod non est.

AD SECUNDUM dicendum quod verba pertinent ad formam sacramenti ratione sensus significati. Et ideo, quaecumque fiat additio vel subtractio vocum quae non addat aliquid aut subtrahat debito sensui, non tollitur species sacramenti.

AD TERTIUM dicendum quod, si sit tanta interruptio verborum quod intercipiatur intentio pronuntiantis, tollitur sensus sacramenti, et per consequens veritas eius. Non autem tollitur quando est parva interruptio proferentis, quae intentionem et intellectum non aufert.

Et idem etiam dicendum est de transpositione verborum. Quia, si tollit sensum locutionis, non perficitur sacramentum: sicut patet de negatione

"Eu te batizo em nome do Pai que é maior, e do Filho que é menor", como batizavam os arianos. Tal acréscimo destrói a verdade do sacramento. — Mas, se o acréscimo não desfaz o devido sentido do sacramento, não destrói sua verdade, pouco importa que a adição se faça no começo, no meio ou no fim. Se alguém disser: "Eu te batizo em nome do Pai onipotente e de seu Filho unigênito e do Espírito Santo Paráclito", haverá verdadeiro batismo. O mesmo vale, se disser: "Eu te batizo em nome do Pai e do Filho e do Espírito Santo, e que a Santíssima Virgem te ajude".

No entanto, se alguém dissesse: "Eu te batizo em nome do Pai e do Filho e do Espírito Santo e da Santíssima Virgem Maria", não seria batismo, pois Paulo enfatiza: "Porventura Paulo foi crucificado por vós? Foi acaso em nome de Paulo que fostes batizados?". — Para que essa adição do nome da Virgem Maria invalide o batismo, seria preciso que se entendesse o "em nome da Santíssima Virgem Maria" da mesma forma como a invocação do nome da Trindade, pela qual o batismo é consagrado. Tal sentido seria contrário à fé ortodoxa e, consequentemente, destruiria a verdade do sacramento. Mas, se se entende o acréscimo não como se o nome da Santíssima Virgem realizasse algo no batismo, mas no sentido de que sua intercessão seja de proveito ao batizado para que conserve a graça batismal, não se excluiria a realização do sacramento.

QUANTO AO 1º, portanto, deve-se dizer que não é lícito acrescentar algo às palavras da Sagrada Escritura para dar-lhe um novo sentido, mas o é quando se trata de explicá-la, pois neste caso os doutores acrescentam muitas palavras. Entretanto, tais palavras não se podem apresentar com a pretensão de pertencerem à integridade da Escritura: seria uma falsificação. O mesmo vale dos sacramentos, se alguém afirmasse ser essencial à forma aquilo que não o é.

QUANTO AO 2º, deve-se dizer que as palavras pertencem à forma do sacramento em razão do sentido que significam. Por isso, todo vocábulo que se acrescente ou subtraia sem deturpar o devido sentido, não muda a espécie do sacramento.

QUANTO AO 3º, deve-se dizer que se a interrupção das palavras é tão significativa que intervenha na intenção de quem as pronuncia, desaparece o sentido do sacramento e, em consequência, sua verdade. O mesmo não acontece, quando a interrupção é tão breve que não exclui a intenção nem que se compreenda o sentido da frase.

O mesmo se diga da transposição de palavras. Se tira o sentido da frase, não se realiza o sacramento; um caso evidente é o da negação posta

praeposita vel postposita signo. Si autem sit talis transpositio quae sensum locutionis non variat, non tollitur veritas sacramenti: secundum quod Philosophus dicit[6] quod *nomina et verba transposita idem significant*.

6. *Peri Herm.*, c. 10: 20, b, 1-2.

antes ou depois de uma palavra significativa. Se a transposição é de tal natureza que não modifica o sentido da frase, tampouco destrói a verdade do sacramento, segundo a afirmação do Filósofo: "Os substantivos e verbos, mesmo quando transpostos, conservam seu significado".

QUAESTIO LXI
DE NECESSITATE SACRAMENTORUM
in quatuor articulos divisa

Deinde considerandum est de necessitate sacramentorum.
Et circa hoc quaeruntur quatuor.
Primo: utrum sacramenta sint necessaria ad salutem humanam.
Secundo: utrum fuerint necessaria in statu ante peccatum.
Tertio: utrum fuerint necessaria in statu post peccatum ante Christum.
Quarto: utrum fuerint necessaria post Christi adventum.

QUESTÃO 61
A NECESSIDADE DOS SACRAMENTOS[a]
em quatro artigos

Em seguida, deve-se tratar da necessidade dos sacramentos.
A esse respeito, são quatro as perguntas:
1. Os sacramentos são necessários à salvação humana?
2. Eram necessários no estado anterior ao pecado?
3. Eram necessários no estado posterior ao pecado mas anterior a Cristo?
4. Eram necessários depois da vinda de Cristo?

ARTICULUS 1
Utrum sacramenta fuerint necessaria ad humanam salutem

AD PRIMUM SIC PROCEDITUR. Videtur quod sacramenta non fuerint necessaria ad humanam salutem.
1. Dicit enim Apostolus, 1Ti 4,8: *Corporalis exercitatio ad modicum utilis est*. Sed usus sacramentorum pertinet ad corporalem exercitationem: eo quod sacramenta perficiuntur in significatione sensibilium rerum et verborum, ut dictum est[1]. Ergo sacramenta non sunt necessaria ad humanam salutem.
2. PRAETEREA, 2Cor 12,9, Apostolo dicitur: *Sufficit tibi gratia mea*. Non autem sufficeret si

ARTIGO 1
Os sacramentos são necessários à salvação humana?

QUANTO AO PRIMEIRO ARTIGO, ASSIM SE PROCEDE: parece que os sacramentos **não** são necessários à salvação humana.
1. Com efeito, o Apóstolo diz: "O exercício corporal é de escassa utilidade". Ora, os sacramentos implicam um exercício corporal, pois seu significado é expresso por realidades sensíveis acompanhadas de palavras. Logo, os sacramentos não são necessários à salvação humana.
2. ALÉM DISSO, na Carta aos Coríntios é dito: "A minha graça te basta". Não bastaria, se os sacramen-

---

1 PARALL.: IV *Sent.*, dist. 1, q. 1, a. 2, q.la 1; *Cont. Gent.* III, 119; IV 55, 56.
1. Q. 60, a. 6.

a. Sto. Tomás aponta com frequência, e sempre com o uso dos mesmos exemplos, que existem duas espécies de necessidade: uma absoluta, como a de comer para viver, e uma relativa, da ordem de uma melhor adaptação ao fim, como de ter um cavalo para viajar. É neste último sentido que ele afirma a "necessidade" da Encarnação do Verbo (III, q. 1, a. 2). Ver-se-á que a necessidade de sacramentos — tanto mais que estes decorrem da Encarnação — é da mesma ordem: a de uma perfeita adequação à condição e às necessidades de nossa natureza. A mesma distinção, com os mesmos exemplos, encontra-se na q. 65, a. 4, onde se trata da necessidade dos diversos sacramentos; e o problema será novamente estudado em relação ao batismo (q. 68, a. 2), à confirmação (q. 72, a. 8), à eucaristia (q. 73, a. 3), à penitência (q. 84, a. 5). Aqui, trata-se da necessidade da instituição sacramental como um todo para a salvação dos homens em geral.
De qualquer modo, é bom lembrar que "a força de Deus não está ligada aos sacramentos visíveis" (q. 68, a. 2m Resp.).

sacramenta essent necessaria ad salutem. Non sunt ergo sacramenta saluti humanae necessaria.

3. PRAETEREA, posita causa sufficienti, nihil aliud videtur esse necessarium ad effectum. Sed passio Christi est sufficiens causa nostrae salutis: dicit enim Apostolus, Rm 5,10: *Si, cum inimici essemus, reconciliati sumus Deo per mortem Filii eius, multo magis, reconciliati, salvi erimus in vita ipsius*. Non ergo requiruntur sacramenta ad salutem humanam.

SED CONTRA est quod Augustinus dicit, XIX contra Faust.[2]: *In nullum nomen religionis, seu verum seu falsum, coadunari homines possunt, nisi aliquo signaculorum vel sacramentorum visibilium consortio colligentur*. Sed necessarium est ad humanam salutem homines adunari in unum verae religionis nomen. Ergo sacramenta sunt necessaria ad humanam salutem.

RESPONDEO dicendum quod sacramenta sunt necessaria ad humanam salutem triplici ratione. Quarum prima sumenda est ex conditione humanae naturae, cuius proprium est ut per corporalia et sensibilia in spiritualia et intelligibilia deducatur. Pertinet autem ad divinam providentiam ut unicuique rei provideat secundum modum suae conditionis. Et ideo convenienter divina sapientia homini auxilia salutis confert sub quibusdam corporalibus et sensibilibus signis, quae sacramenta dicuntur.

Secunda ratio sumenda est ex statu hominis, qui peccando se subdidit per affectum corporalibus rebus. Ibi autem debet medicinale remedium homini adhiberi ubi patitur morbum. Et ideo conveniens fuit ut Deus per quaedam corporalia signa hominibus spiritualem medicinam adhiberet: nam, si spiritualia nuda ei proponerentur, eius animus applicari non posset, corporalibus deditus.

Tertia ratio sumenda est ex studio actionis humanae, quae praecipue circa corporalia versatur. Ne igitur esset homini durum si totaliter a corporalibus actibus abstraheretur, proposita sunt ei corporalia exercitia in sacramentis, quibus salubriter exerceretur, ad evitanda superstitiosa exercitia, quae consistunt in cultu daemonum, vel qualitercumque noxia, quae consistunt in actibus peccatorum.

Sic igitur per sacramentorum institutionem homo convenienter suae naturae eruditur per sensibilia; humiliatur, se corporalibus subiectum

tos fossem necessários à salvação. Logo, os sacramentos não são necessários à salvação humana.

3. ADEMAIS, se a causa é suficiente, nada mais é preciso para produzir o efeito. Ora, a paixão de Cristo é causa suficiente de nossa salvação, pois diz o Apóstolo: "Se, quando éramos inimigos de Deus, fomos reconciliados com ele pela morte do seu Filho, com muito maior razão, reconciliados, seremos salvos por sua vida". Logo, não se requerem os sacramentos para a salvação humana.

EM SENTIDO CONTRÁRIO, Agostinho afirma: "Não se podem congregar homens sob nenhuma denominação religiosa, falsa ou verdadeira, se não se unem pela participação em manifestações ou sacramentos visíveis". Ora, é necessário à salvação que os homens se reúnam sob a égide da verdadeira religião. Logo, os sacramentos são necessários à salvação humana.

RESPONDO. Os sacramentos são necessários à salvação humana por três razões. A primeira provém da condição da natureza humana. É-lhe próprio proceder do corporal e sensível ao espiritual e inteligível. Ora, cabe à divina providência prover a cada um segundo sua condição e modo próprios. A sabedoria divina age, pois, harmoniosamente quando atribui ao homem os auxílios necessários à salvação sob sinais corporais e sensíveis que se chamam sacramentos.

A segunda razão é tomada do estado em que de fato se encontra o homem: tendo pecado, submeteu-se às realidades corporais, pondo nelas seu afeto. Ora, aplica-se o remédio no lugar onde se sofre a doença. Era, pois, conveniente que Deus se servisse de sinais corporais para administrar ao homem um remédio espiritual que, proposto de maneira puramente espiritual, seria inacessível a seu espírito, entregue às realidades corporais.

A terceira razão se propõe, tendo em vista que a ação humana se desenvolve predominantemente no âmbito da realidade corporal. Seria demasiado duro para o homem renunciar totalmente às ocupações corporais. Por isso, nos sacramentos foram-lhe propostas atividades corporais que o habituam salutarmente a evitar que se entregue a atividades supersticiosas — o culto aos demônios —, ou a qualquer ação nociva como são os atos pecaminosos.

Assim, pois, pela instituição dos sacramentos o homem é instruído mediante o sensível, de modo adaptado a sua natureza; humilha-se recorrendo às

---

2. C. 11: ML 42, 355.

recognoscens, dum sibi per corporalia subvenitur; praeservatur etiam a noxiis corporalibus per salubria exercitia sacramentorum.

AD PRIMUM ergo dicendum quod corporalis exercitatio, inquantum est corporalis, non multum utilis est. Sed exercitatio per usum sacramentorum non est pure corporalis, sed quodammodo est spiritualis: scilicet per significationem et causalitatem.

AD SECUNDUM dicendum quod gratia Dei est sufficiens causa humanae salutis. Sed Deus dat hominibus gratiam secundum modum eis convenientem. Et ideo necessaria sunt hominibus sacramenta ad gratiam consequendam.

AD TERTIUM dicendum quod passio Christi est causa sufficiens humanae salutis. Nec propter hoc sequitur quod sacramenta non sint necessaria ad humanam salutem: quia operantur in virtute passionis Christi, et passio Christi quodammodo applicatur hominibus per sacramenta, secundum illud Apostoli, Rm 6,3: *Quicumque baptizati sumus in Christo Iesu, in morte ipsius baptizati sumus.*

realidades corporais, às quais se reconhece assim submetido; enfim, é preservado de danos corporais pelo atividade salutar que são os sacramentos.

QUANTO AO 1º, portanto, deve-se dizer que o exercício corporal, enquanto corporal, não é de grande utilidade. Mas os sacramentos não são puramente corporais; de certo modo são espirituais por seu significado e por sua causalidade.

QUANTO AO 2º, deve-se dizer que a graça de Deus é causa suficiente da salvação humana. Mas Deus dá a graça aos homens segundo o modo adaptado a sua natureza. Por isso os sacramentos são necessários para obter a graça.

QUANTO AO 3º, deve-se dizer que a paixão de Cristo é causa suficiente da salvação humana. Mas daí não se segue que os sacramentos não sejam necessários, pois atuam na força da paixão de Cristo que por eles como que se aplica aos homens, conforme diz o Apóstolo: "Nós todos, batizados em Jesus Cristo, é na sua morte que fomos batizados".

ARTICULUS 2
Utrum ante peccatum fuerint homini necessaria sacramenta

AD SECUNDUM SIC PROCEDITUR. Videtur quod ante peccatum fuerint homini necessaria sacramenta.

1. Quia, sicut dictum est[1], sacramenta sunt necessaria homini ad gratiam consequendam. Sed etiam in statu innocentiae homo indigebat gratia: sicut in Prima Parte[2] habitum est. Ergo etiam in statu illo erant necessaria sacramenta.

2. PRAETEREA, sacramenta sunt convenientia homini secundum conditionem humanae naturae, sicut dictum est[3]. Sed eadem est natura hominis ante peccatum et post peccatum. Ergo videtur quod ante peccatum homo indiguerit sacramentis.

3. PRAETEREA, matrimonium est quoddam sacramentum: secundum illud Eph 5,32: *Sacramentum hoc magnum est: ego autem dico in Christo et Ecclesia.* Sed matrimonium fuit institutum ante peccatum, ut dicitur Gn 2,22sqq. Ergo sacramenta erant necessaria homini ante peccatum.

SED CONTRA est quod medicina non est necessaria nisi aegroto: secundum illud Mt 9,12: *Non*

ARTIGO 2
Antes do pecado os sacramentos eram necessários ao homem?

QUANTO AO SEGUNDO, ASSIM SE PROCEDE: parece que antes do pecado os sacramentos **teriam** sido necessários ao homem.

1. Com efeito, os sacramentos são necessários aos homens para alcançarem a graça. Ora, também no estado de inocência o homem precisava da graça, como se viu na I Parte. Logo, também nesse estado os sacramentos eram necessários.

2. ALÉM DISSO, os sacramentos são convenientes ao homem pela própria condição da natureza humana. Ora, a natureza humana é a mesma, antes como depois do pecado. Logo, parece que o homem precisava de sacramentos também antes do pecado.

3. ADEMAIS, o matrimônio é um sacramento, como ensina o Apóstolo: "Este mistério é grande: eu, por mim, declaro que ele concerne ao Cristo e à Igreja". Ora, o matrimônio foi instituído antes do pecado. Logo, os sacramentos eram necessários ao homem já antes do pecado.

EM SENTIDO CONTRÁRIO, a medicina só é necessária ao doente. Lê-se no Evangelho de Mateus:

---

2 PARALL.: II *Sent.*, dist. 23, q. 2, a. 1, ad 1; IV, dist. 1, q. 1, a. 2, q.la 2.

1. A. 1, ad 2.
2. Q. 95, a. 4, ad 1. — Cfr. I-II, q. 109, a. 2; q. 114, a. 2.
3. A. 1.

est opus sanis medicus. Sed sacramenta sunt quaedam spirituales medicinae, quae adhibentur contra vulnera peccati. Ergo non fuerunt necessaria ante peccatum.

RESPONDEO dicendum quod in statu innocentiae sacramenta necessaria non fuerunt. Cuius ratio accipi potest ex rectitudine status illius, in quo superiora inferioribus dominabantur, et nullo modo dependebant ab eis: sicut enim mens suberat Deo, ita menti suberant inferiores animae vires, et ipsi animae corpus. Contra hunc autem ordinem esset si anima perficeretur, vel quantum ad scientiam vel quantum ad gratiam, per aliquid corporale: quod fit in sacramentis. Et ideo in statu innocentiae homo sacramentis non indigebat, non solum inquantum sacramenta ordinantur in remedium peccati, sed etiam inquantum ordinantur ad animae perfectionem.

AD PRIMUM ergo dicendum quod homo in statu innocentiae gratia indigebat: non tamen ut consequeretur gratiam per aliqua sensibilia signa, sed spiritualiter et invisibiliter.

AD SECUNDUM dicendum quod eadem est natura hominis ante peccatum et post peccatum, non tamen est idem naturae status. Nam post peccatum anima, etiam quantum ad superiorem partem, indiget accipere aliquid a corporalibus rebus ad sui perfectionem: quod in illo statu homini necesse non erat.

AD TERTIUM dicendum quod matrimonium fuit institutum in statu innocentiae, non secundum quod est sacramentum, sed secundum quod est in officium naturae. Ex consequenti tamen aliquid significabat futurum circa Christum et Ecclesiam: sicut et omnia alia in figura Christi praecesserunt.

"Não são os que têm saúde que precisam de médico". Ora, os sacramentos são remédios espirituais que se empregam contra as feridas do pecado. Logo, não eram necessários antes do pecado.

RESPONDO. No estado de inocência os sacramentos não eram necessários, dada a reta ordem vigente naquela situação. Nela o superior dominava sobre o inferior e não dependia dele de forma alguma. Como a alma racional era submissa a Deus, as potências inferiores da alma eram submissas à alma racional, e o corpo à alma. Seria contra essa ordem se a alma fosse aperfeiçoada, quanto ao conhecimento ou quanto à graça, por algo corporal, como acontece nos sacramentos. Por isso, no estado de inocência o homem não precisava de sacramentos, não só enquanto destinados a ser remédio do pecado, mas também enquanto visam à perfeição da alma.

QUANTO AO 1º, portanto, deve-se dizer que sem dúvida, também no estado de inocência o homem precisava da graça. Entretanto, não de forma que necessitasse alcançá-la por sinais sensíveis, e sim de um modo espiritual e invisível[b].

QUANTO AO 2º, deve-se dizer que antes e depois do pecado a natureza humana é a mesma, mas não seu estado. Depois do pecado, a alma, também quanto a sua parte superior, precisa para sua perfeição recorrer às realidades corporais, o que não era necessário no estado de inocência[c].

QUANTO AO 3º, deve-se dizer que o matrimônio foi instituído no estado de inocência não enquanto é sacramento, mas enquanto é obrigação da natureza. Contudo, por via de consequência, significava um mistério futuro com respeito a Cristo e à Igreja, como todas as figuras que precederam a Cristo.

ARTICULUS 3
Utrum post peccatum, ante Christum, sacramenta debuerint esse

AD TERTIUM SIC PROCEDITUR. Videtur quod post peccatum, ante Christum, sacramenta non debuerunt esse.

ARTIGO 3
Depois do pecado, antes de Cristo, devia haver sacramentos?

QUANTO AO TERCEIRO, ASSIM SE PROCEDE: parece que depois do pecado, antes de Cristo, **não** deveria haver sacramentos.

---

3   PARALL.: IV *Sent.*, dist. 1, q. 1, a. 2, q.lis 3, 4.

b. O estado de inocência comportava a vida sobrenatural da graça: esta é implicada pela introdução do homem no paraíso terrestre, sua familiaridade com Deus, o fato de que sua nudez não lhe inspirava vergonha.

c. Desde o início, antes do pecado original, a natureza do homem era aperfeiçoada pela justiça original, na qual havia sido criada; depois do pecado, a perda dessa justiça original faz com que essa natureza seja despojada e ferida (tais imagens provêm da parábola do bom samaritano, Lc 10,30). Além disso, o homem se sujeitou à dominação do sensível, e os sacramentos se lhe tornaram necessários para reencontrar em parte a perfeição de sua natureza (2ª razão fornecida na Resposta do artigo precedente).

1. Dictum est enim[1] quod per sacramenta passio Christi hominibus applicatur: et sic passio Christi comparatur ad sacramenta sicut causa ad effectum. Sed effectus non praecedit causam. Ergo sacramenta non debuerunt esse ante Christi adventum.

2. PRAETEREA, sacramenta debent esse convenientia statui humani generis: ut patet per Augustinum, XIX *contra Faustum* [2]. Sed status humani generis non fuit mutatus post peccatum usque ad reparationem factam per Christum. Ergo nec sacramenta debuerunt immutari, ut, praeter sacramenta legis naturae, alia statuerentur in lege Moysi.

3. PRAETEREA, quanto magis est aliquid propinquum perfecto, tanto magis debet ei assimilari. Sed perfectio salutis humanae per Christum facta est, cui propinquiora fuerunt sacramenta veteris legis quam ea quae fuerunt ante legem. Ergo debuerunt esse similiora sacramentis Christi. Cuius tamen contrarium apparet, ex eo quod sacerdotium Christ praedicitur esse futurum *secundum ordinem Melchisedech, et non secundum ordinem Aaron*, ut habetur Hb 7,11. Non ergo convenienter fuerunt disposita ante Christum sacramenta.

SED CONTRA est quod Augustinus dicit, XIX *contra Faust.*[3], quod *prima sacramenta, quae celebrabantur et observabantur ex lege, praenuntia erant Christi venturi*. Sed necessarium erat ad humanam salutem ut adventus Christi praenuntiaretur. Ergo necessarium erat ante Christum sacramenta quaedam disponi.

RESPONDEO dicendum quod sacramenta necessaria sunt ad humanam salutem inquantum sunt quaedam sensibilia signa invisibilium rerum quibus homo sanctificatur. Nullus autem sanctificari potest post peccatum nisi per Christum, *quem proposuit Deus propitiatorem per fidem in sanguine ipsius, ad ostensionem iustitiae suae, ut sit ipse iustus et iustificans eum qui ex fide est Iesu Christi* [4]. Et ideo oportebat ante Christi adventum esse quaedam signa visibilia quibus homo fidem suam protestaretur de futuro Salvatoris adventu. Et huiusmodi signa sacramenta dicuntur. Et sic patet quod ante Christi adventum necesse fuit quaedam sacramenta institui.

AD PRIMUM ergo dicendum quod passio Christi est causa finalis veterum sacramentorum: quae sci-

1. Já foi dito que pelos sacramentos aplica-se a paixão de Cristo aos homens. Destarte, a paixão de Cristo se relaciona aos sacramentos como a causa ao efeito. Ora, o efeito não precede a causa. Logo, não devia haver sacramentos antes da vinda de Cristo.

2. ALÉM DISSO, os sacramentos devem corresponder ao estado do gênero humano, como mostra Agostinho. Ora, do pecado até a reparação realizada por Cristo o estado do gênero humano não mudou. Logo, tampouco os sacramentos deviam mudar, de modo que além dos sacramentos da lei natural, outros fossem instituídos na lei de Moisés.

3. ADEMAIS, quanto mais algo está próximo do perfeito, tanto mais se lhe deve assemelhar. Ora, a perfeição da salvação humana foi realizada por Cristo, de quem os sacramentos da Antiga Lei estavam mais perto do que os existentes antes da Lei. Logo, deviam ser mais semelhantes aos sacramentos de Cristo. Entretanto, verifica-se o contrário, pois estava predito que o sacerdócio de Cristo seria na linhagem de Melquisedec e não na linhagem de Aarão como está na Carta aos Hebreus. Logo, os sacramentos antes de Cristo não foram dispostos convenientemente.

EM SENTIDO CONTRÁRIO, segundo Agostinho, "os primeiros sacramentos que se celebravam e observavam por força da Lei, prenunciavam a vinda de Cristo". Ora, era necessário à salvação humana que a vinda de Cristo fosse anunciada previamente. Logo, era necessário haver sacramentos antes de Cristo.

RESPONDO. Os sacramentos são necessários à salvação humana enquanto sinais sensíveis das realidades invisíveis, pelas quais o homem é santificado. Ora, depois do pecado ninguém pode ser santificado a não ser por Cristo, "que Deus destinou" para autor da expiação "por seu sangue, por meio da fé, para mostrar o que era a justiça, a fim de ser justo e de justificar aquele que vive da fé em Jesus Cristo". Por isso, já antes da vinda de Cristo convinha houvesse sinais sensíveis, pelos quais o homem professasse sua fé na vinda futura do Salvador. Tais sinais se chamam sacramentos. Destarte fica claro que era necessário que fossem instituídos sacramentos antes do advento de Cristo.

QUANTO AO 1º, portanto, deve-se dizer que a paixão de Cristo é a causa final dos sacramentos anti-

---

1. A. 1, ad 3.
2. Cc. 16, 17: ML 42, 356, 357.
3. C. 13: ML 42, 355.
4. *Rom.* 3, 25-26.

licet ad ipsam significandam sunt instituta. Causa autem finalis non praecedit tempore, sed solum in intentione agentis. Et ideo non est inconveniens aliqua sacramenta ante Christi passionem fuisse.

AD SECUNDUM dicendum quod status humani generis post peccatum et ante Christum dupliciter potest considerari. Uno modo, secundum fidei rationem. Et sic semper unus et idem permansit: quia scilicet iustificabantur homines per fidem futuri Christi adventus.

Alio modo potest considerari secundum intensionem et remissionem peccati, et expressae cognitionis de Christo. Nam per incrementa temporum et peccatum coepit in homine magis dominari, in tantum quod, ratione hominis per peccatum obtenebrata, non sufficerent homini ad recte vivendum praecepta legis naturae, sed necesse fuit determinari praecepta in lege scripta; et cum his quaedam fidei sacramenta. Oportebat etiam ut per incrementa temporum magis explicaretur cognitio fidei: quia, ut Gregorius dicit[5], *per incrementa temporum crevit divinae cognitionis augmentum.* Et ideo etiam necesse fuit quod in veteri lege etiam quaedam sacramenta fidei quam habebant de Christo venturo, determinarentur; quae quidem comparantur ad sacramenta quae fuerunt ante legem sicut determinatum ad indeterminatum; quia scilicet ante legem non fuit determinate praefixum homini quibus sacramentis uteretur, sicut fuit per legem. Quod erat necessarium et propter obtenebrationem legis naturalis; et ut esset determinatio fidei significatio.

AD TERTIUM dicendum quod sacramentum Melchisedech, quod fuit ante legem, magis assimilatur sacramento novae legis in materia: inquantum scilicet obtulit *panem et vinum*, ut habetur Gn 14,18, sicut etiam sacrificium novi Testamenti oblatione panis et vini perficitur. Sacramenta tamen legis Mosaicae magis assimilantur rei significatae per sacramentum, scilicet passioni Christi: ut patet de agno paschali et aliis huiusmodi. Et hoc ideo ne, propter continuitatem temporis, si permaneret eadem sacramentorum species, videretur esse sacramenti eiusdem continuatio.

gos, pois foram instituídos para significá-la. A causa final não precede no tempo, mas só na intenção do agente. Por isso não é inadequada a existência de alguns sacramentos antes da paixão de Cristo.

QUANTO AO 2º, deve-se dizer que o estado do gênero humano depois do pecado e antes de Cristo pode ser considerado sob dois pontos de vista. Por uma parte, sob o ponto de vista da fé. Sob esse aspecto permaneceu uno e idêntico, pois os homens eram justificados pela fé na futura vinda de Cristo.

Por outra parte, pode considerar-se sob o ponto de vista da intensificação do pecado e de sua remissão e do conhecimento expresso de Cristo. Pois, com o passar do tempo, o pecado começou a dominar mais sobre o homem e a obscurecer-lhe a razão, a ponto de os preceitos da lei natural já não lhe serem suficientes para viver retamente, sendo necessário que fossem estabelecidos preceitos por lei positiva e, com eles, alguns sacramentos da fé. Também convinha que, com o passar do tempo, se explicitasse mais o conhecimento da fé, pois, como diz Gregório, "com o decorrer do tempo aumentou o conhecimento de Deus". Por isso, também foi necessário que se estabelecessem na Lei Antiga alguns sacramentos da fé no Cristo que haveria de vir. Eles se relacionam aos sacramentos anteriores à Lei como o determinado ao indeterminado, no sentido de que antes da Lei não foi fixado com clareza que sacramentos se deviam utilizar, como o foi pela Lei. Tal maior determinação foi necessária devido ao obscurecimento da lei natural e para que o significado da fé fosse mais preciso[d].

QUANTO AO 3º, deve-se dizer que o sacramento de Melquisedec, anterior à Lei, assemelha-se mais ao sacramento da Nova Lei pela matéria, pois, como se lê no livro do Gênesis, ele ofereceu pão e vinho e também o sacrifício do Novo Testamento se realiza pela oblação de pão e vinho. Os sacramentos da Lei Mosaica, porém, se assemelham mais à realidade significada pelo sacramento, ou seja: à paixão de Cristo, como se vê no caso do cordeiro pascal e em outros semelhantes. Com isso se evitava que viessem a pensar que havia mero prolongamento do mesmo sacramento, como seria

---

5. *In Ezechiel.*, l. II, hom. 4, n. 12: ML 76, 980 B.

d. Esta solução completa a Resposta, mostrando a diferença entre estas duas fases: antes e depois da lei de Moisés. Por meio desta foram instituídos ritos mais determinados, e que se assemelham mais a nossos sacramentos. Poderíamos acrescentar que a lei de Moisés tinha por principal efeito constituir o povo de Deus: também nisso seus ritos — principalmente a Páscoa, alegada na solução 3 —, prefiguravam e preparavam o sacramentalismo cristão.

Articulus 4
Utrum post Christum debuerint esse aliqua sacramenta

AD QUARTUM SIC PROCEDITUR. Videtur quod post Christum non debuerint esse aliqua sacramenta.

1. Veniente enim veritate, debet cessare figura. Sed *gratia et veritas per Iesum Christum facta est*, ut dicitur Io 1,17. Cum igitur sacramenta sint veritatis signa sive figurae, videtur quod post Christi passionem sacramenta esse non debuerint.

2. PRAETEREA, sacramenta in quibusdam elementis consistunt, ut ex supra[1] dictis patet. Sed Apostolus dicit, Gl 4,[3,4,7], quod, *cum essemus parvuli, sub elementis mundi eramus servientes*: nunc autem, *temporis plenitudine veniente*, iam non sumus parvuli. Ergo videtur quod non debeamus Deo servire sub elementis huius mundi, corporalibus sacramentis utendo.

3. PRAETEREA, apud Deum *non est transmutatio nec vicissitudinis obumbratio*, ut dicitur Iac 1,17. Sed hoc videtur ad quandam mutationem divinae voluntatis pertinere, quod alia sacramenta nunc exhibeat hominibus ad sanctificationem tempore gratiae, et alia ante Christum. Ergo videtur quod post Christum non debuerunt institui alia sacramenta.

SED CONTRA est quod Augustinus dicit, *contra Faust*. XIX[2], quod sacramenta veteris legis *sunt ablata, quia impleta: et alia sunt instituta virtute maiora, utilitate meliora, actu faciliora, numero pauciora*.

RESPONDEO dicendum quod, sicut antiqui Patres salvati sunt per fidem Christi venturi, ita et nos salvamur per fidem Christi iam nati et passi. Sunt autem sacramenta quaedam signa protestantia fidem qua homo iustificatur. Oportet autem aliis signis significari futura, praeterita seu praesentia: ut enim Augustinus dicit, XIX *contra Faust*.[3], *eadem res aliter annuntiatur facienda, aliter facta: sicut ipsa verba "passurus" et "passus" non similiter sonant*. Et ideo oportet quaedam alia sa-

o perigo, se permanecessem as mesmas aparências sacramentais em épocas sucessivas.

Artigo 4
Depois de Cristo deveria haver alguns sacramentos?

QUANTO AO QUARTO, ASSIM SE PROCEDE: parece que depois de Cristo **não** deveria haver alguns sacramentos.

1. Com efeito, tendo vindo a verdade, cessa a figura. Ora, diz o Evangelho de João: "A graça e a verdade vieram por Jesus Cristo". Sendo os sacramentos sinais ou figuras da verdade, parece que não deviam mais existir depois da paixão de Cristo.

2. ALÉM DISSO, os sacramentos consistem em certos elementos. Ora, o Apóstolo diz: "Quando éramos crianças sujeitas aos elementos do mundo, éramos escravos", agora, porém, "ao chegar a plenitude dos tempos", já não somos crianças. Logo, parece que não devemos servir a Deus sob os elementos deste mundo, utilizando sacramentos corporais.

3. ADEMAIS, diz a Carta de Tiago que em Deus "não existe hesitação nem sombra devida ao movimento". Ora, parece haver mudança na vontade divina, pelo fato de agora, no tempo da graça, oferecer para a santificação humana sacramentos diferentes de antes de Cristo. Logo, parece que depois de Cristo não deviam ter sido instituídos outros sacramentos.

EM SENTIDO CONTRÁRIO, Agostinho diz que os sacramentos da Antiga Lei "foram abolidos, porque chegaram a seu cumprimento; em seu lugar foram instituídos outros, maiores por sua força, melhores por sua utilidade, mais fáceis de praticar, menos numerosos".

RESPONDO. Como nossos antepassados foram salvos pela fé no Cristo que haveria de vir, assim nós somos salvos pela fé no Cristo que já nasceu e sofreu. Os sacramentos são sinais que professam a fé pela qual o homem é justificado. Convém que as realidades futuras sejam significadas por outros sinais do que pelas passadas ou presentes. Como diz Agostinho: "Enuncia-se de modo diverso a mesma realidade, conforme ainda esteja por realizar-se ou já se tenha realizado. Assim até as

---

4 PARALL.: IV *Sent*., dist. 1, q. 1, a. 2, q.la 5; dist. 2, q. 1, a. 4, q.la 1; *Cont. Gent*. IV, 57.

1. Q. 60, a. 4.
2. C. 13: ML 42, 355.
3. C. 16: ML 42, 356.

cramenta in nova lege esse, quibus significentur ea quae praecesserunt in Christo, praeter sacramenta veteris legis, quibus praenuntiabantur futura.

AD PRIMUM ergo dicendum quod, sicut Dionysius dicit, in 5 cap. *Eccl. Hier.*[4], status novae legis medius est inter statum veteris legis, cuius figurae implentur in nova lege; et inter statum gloriae, in qua omnis nude et perfecte manifestabitur veritas. Et ideo tunc nulla erunt sacramenta. Nunc autem, quandiu *per speculum in aenigmate* cognoscimus, ut dicitur 1Cor 13,12, oportet nos per aliqua sensibilia signa in spiritualia devenire. Quod pertinet ad rationem sacramentorum.

AD SECUNDUM dicendum quod sacramenta veteris legis Apostolus vocat *egena et infirma elementa*, quia gratiam nec continebant, nec causabant. Et ideo utentes illis sacramentis dicit Apostolus *sub elementis mundi* Deo servisse: quia scilicet nihil erant aliud quam elementa huius mundi. Nostra autem sacramenta gratiam continent et causant. Et ideo non est de eis similis ratio.

AD TERTIUM dicendum quod, sicut paterfamilias non ex hoc habere monstratur mutabilem voluntatem quod diversa praecepta familiae suae proponit pro temporum varietate, non eadem praecipiens hieme et aestate; ita non ostenditur aliqua mutatio esse circa Deum ex hoc quod alia sacramenta instituit post Christi adventum, et alia tempore legis; quia illa fuerunt congrua gratiae praefigurandae, haec autem sunt congrua gratiae praesentialiter demonstrandae.

palavras 'que sofrerá' e 'que sofreu' soam diferentemente". Portanto, convém que os sacramentos da Nova Lei que significam o que aconteceu em Cristo, sejam diferentes dos sacramentos da Antiga Lei, que anunciavam realidades futuras.

QUANTO AO 1º, portanto, deve-se dizer que segundo Dionísio, o estado da Nova Lei está a meio caminho entre o da Antiga Lei, cujas figuras se cumprem na Nova, e o estado da glória, quando toda a verdade se manifestará de modo descoberto e perfeito. Então não haverá sacramentos. Agora, porém, enquanto conhecemos "em espelho e de modo confuso", como diz a Carta aos Coríntios convém que por sinais sensíveis cheguemos às realidades espirituais. É a razão dos sacramentos.

QUANTO AO 2º, deve-se dizer que o Apóstolo chama os sacramentos da Antiga Lei de "elementos fracos e pobres", porque não continham nem causavam a graça. Por isso, Paulo diz que os que utilizam esses sacramentos, servem a Deus "sob os elementos do mundo"; eles não eram de fato mais do que elementos deste mundo. Mas, nossos sacramentos contém e causam a graça. Por isso o argumento não é o mesmo.

QUANTO AO 3º, deve-se dizer que não se acusa de capricho um pai de família pelo fato de dar ordens diversas conforme as diversas estações do ano, não mandando o mesmo no inverno que no verão. Semelhantemente, não se manifesta mudança em Deus por ter instituído depois da vinda de Cristo outros sacramentos que os do tempo da Lei. Os da Lei Antiga eram aptos para prefigurar a graça, enquanto os da Nova Lei são aptos para mostrá-la presente[e].

---

4. P. I, § 2: MG 3, 501 CD.

e. As três objeções apresentadas por este artigo procedem de um mesmo raciocínio. Uma vez que Cristo é a realização da Lei Antiga, seu advento deveria pôr um fim a uma economia sacramental que só tinha valor de prefiguração e de preparação. É esquecer que o primeiro advento de Cristo não nos introduz ainda no regime definitivo do face a face com Deus. Vivemos ainda sob uma economia transitória, na qual as realidades divinas só podem nos alcançar por intermédio dos signos. Mas estes, doravante, não estão mais inteiramente voltados para o futuro. Já contêm a graça, realidade velada mas presente e efetiva. Desse modo, este artigo destaca o alcance escatológico de nossos sacramentos, e introduz-nos ao problema que irão tratar as duas questões seguintes: a eficácia efetiva de nossos sacramentos.

QUAESTIO LXII

DE EFFECTU PRINCIPALI SACRAMENTORUM, QUI EST GRATIA

in sex articulos divisa

Deinde considerandum est de effectu Sacramentorum. Et primo, de effectu eius principali, qui est gratia; secundo de effectu secundario, qui est character.

Circa primum quaeruntur sex.

QUESTÃO 62

O EFEITO PRINCIPAL DOS SACRAMENTOS QUE É A GRAÇA

em seis artigos

Em seguida, deve-se tratar do efeito dos sacramentos. Em primeiro lugar, de seu efeito principal: a graça; depois, de seu efeito secundário: o caráter.

Sobre o primeiro ponto, são seis as perguntas:

Primo: utrum sacramenta novae legis sint causa gratiae.
Secundo: utrum gratia sacramentalis aliquid addat super gratiam virtutum et donorum.
Tertio: utrum sacramenta contineant gratiam.
Quarto: utrum sit in eis aliqua virtus ad causandum gratiam.
Quinto: utrum talis virtus in sacramentis derivetur a passione Christi.
Sexto: utrum sacramenta veteris legis gratiam causarent.

1. Os sacramentos da Nova Lei são causa da graça?
2. A graça sacramental acrescenta algo à graça das virtudes e dos dons?
3. Os sacramentos contêm a graça?
4. Há neles uma força que causa a graça?
5. Tal força nos sacramentos deriva da paixão de Cristo?
6. Os sacramentos da Antiga Lei causavam a graça?

Articulus 1
Utrum sacramenta sint causa gratiae

AD PRIMUM SIC PROCEDITUR. Videtur quod sacramenta non sint causa gratiae.
1. Non enim idem videtur esse signum et causa: eo quod ratio signi videtur magis effectui competere. Sed sacramentum est signum gratiae. Non igitur est causa eius.
2. PRAETEREA, nullum corporale agere potest in rem spiritualem: eo quod *agens est honorabilius patiente*, ut Augustinus dicit, XII *super Gen. ad litt.*[1]. Sed subiectum gratiae est mens hominis, quae est res spiritualis. Non ergo sacramenta possunt gratiam causare.
3. PRAETEREA, illud quod est proprium Dei, non debet alicui creaturae attribui. Sed causare gratiam est proprium Dei: secundum illud Ps 83,12: *Gratiam et gloriam dabit Dominus.* Cum ergo sacramenta consistant in quibusdam verbis et rebus creatis, non videtur quod possint gratiam causare.

SED CONTRA est quod Augustinus dicit, *super Ioan.*[2], quod aqua baptismalis *corpus tangit et cor abluit.* Sed cor non abluitur nisi per gratiam. Ergo causat gratiam: et pari ratione alia Ecclesiae sacramenta.

RESPONDEO dicendum quod necesse est dicere sacramenta novae legis per aliquem modum gratiam causare. Manifestum est enim quod per sacramenta novae legis homo Christo incorporatur: sicut de baptismo dicit Apostolus, Gl 3,27: *Quotquot in Christo baptizati estis, Christum induistis.* Non autem efficitur homo membrum Christi nisi per gratiam.

Quidam tamen dicunt quod non sunt causa gratiae aliquid operando: sed quia Deus, sacramentis adhibitis, in anima gratiam operatur. Et

Artigo 1
Os sacramentos são causa da graça?

QUANTO AO PRIMEIRO ARTIGO, ASSIM SE PROCEDE: parece que os sacramentos **não** são causa da graça.
1. Com efeito, sinal e causa não são idênticos, pois a definição de sinal parece convir mais ao efeito do que à causa. Ora, o sacramento é sinal da graça. Logo, não é causa dela.
2. ALÉM DISSO, algo corporal não pode atuar sobre uma realidade espiritual, porque "o agente é mais nobre que o paciente", como diz Agostinho. Ora, o sujeito da graça é a alma racional do homem que é uma realidade espiritual. Logo, os sacramentos não podem causar a graça.
3. ADEMAIS, o que é próprio de Deus não deve ser atribuído à criatura alguma. Ora, causar a graça é próprio de Deus, como diz o Salmo: "O Senhor dá a graça e a glória". Logo, como os sacramentos consistem em palavras e realidades criadas, não poderiam causar a graça.

EM SENTIDO CONTRÁRIO, Agostinho afirma que a água batismal "toca o corpo e purifica o coração". Mas o coração só se purifica pela graça. Portanto, a água batismal causa a graça; o mesmo vale dos outros sacramentos da Igreja.

RESPONDO. É preciso afirmar que os sacramentos da Nova Lei, de alguma maneira, causam a graça. É conhecido que por eles o homem é incorporado a Cristo, como o Apóstolo diz sobre o batismo: "Vós todos que fostes batizados em Cristo vos revestistes de Cristo". Mas, ninguém se torna membro de Cristo, senão pela graça.

Alguns dizem que os sacramentos não são causa da graça por efetuarem algo, mas porque Deus, quando usamos os sacramentos, produz

---

1 PARALL.: Infra, a. 6; I-II, q. 112, a. 1, ad 2; IV *Sent.*, dist. 1, q. 1, a. 4, q.la 1; dist. 18, q. 1, a. 3, q.la 1, ad 1; *Cont. Gent.* IV, 57; *De Verit.*, q. 27, a. 4; *Quodlib.* XII, q. 10; *De Eccles. Sacram.; ad Galat.*, c. 2, lect. 4.

1. C. 16, n. 33: ML 34, 467. — Cfr. ARISTOT., *De anima*, l. III, c. 5: 430, a, 17-19.
2. Tract. 80, n. 3, super 15, 3: ML 35, 1840.

ponunt exemplum de illo qui, afferens denarium plumbeum, accipit centum libras ex regis ordinatione: non quod denarius ille aliquid operetur ad habendum praedictae pecuniae quantitatem; sed hoc operatur sola voluntas regis. Unde et Bernardus dicit, in quodam sermone *in Cena Domini* [3]: *Sicut investitur canonicus per librum, abbas per baculum, episcopus per anulam, sic divisiones gratiarum diversae sunt traditae sacramentis.*

Sed si quis recte consideret, iste modus non transcendit rationem signi. Nam denarius plumbeus non est nisi quoddam signum regiae ordinationis de hoc quod pecunia recipiatur ab isto. Similiter liber est quoddam signum quo designatur traditio canonicatus. Secundum hoc igitur sacramenta novae legis nihil plus essent quam signa gratiae: cum tamen ex multis Sanctorum auctoritatibus habeatur quod sacramenta novae legis non solum significant, sed causant gratiam.

Et ideo aliter dicendum: quod duplex est causa agens, principalis et instrumentalis. Principalis quidem operatur per virtutem suae formae, cui assimilatur effectus: sicut ignis suo calore calefacit. Et hoc modo non potest causare gratiam nisi Deus: quia gratia nihil est aliud quam quaedam participata similitudo divinae naturae, secundum illud 2Pe 1,4: *Magna nobis et pretiosa promissa donavit, ut divinae simus consortes naturae.* — Causa vero instrumentalis non agit per virtutem suae formae, sed solum per motum quo movetur a principali agente. Unde effectus non assimilatur instrumento, sed principali agenti: sicut lectus non assimilatur securi, sed arti quae est in mente artificis. Et hoc modo sacramenta novae legis gratiam causant: adhibentur enim ex divina ordinatione ad gratiam in eis causandam. Unde Augustinus dicit, XIX *contra Faust.*[4]: *Haec omnia,* scilicet sacramentalia, *fiunt et transeunt: virtus tamen,* scilicet Dei, *quae per ista operatur, iugiter manet.* Hoc autem proprie dicitur instrumentum, per quod aliquis operatur. Unde et Ti 3,5 dicitur: *Salvos nos fecit per lavacrum regenerationis.*

a graça na alma. Dão como exemplo o homem que, apresentando uma senha de chumbo, recebe cem reais por ordem do rei: não que a senha faça algo para ele obter aquela quantia de dinheiro; a única causa é a vontade do rei. Nesse sentido, diz Bernardo: "Como o cônego recebe sua investidura pelo livro, o abade pelo báculo, o bispo pelo anel, assim as diversas distribuições das graças são conferidas pelos sacramentos".

Mas, considerando bem, tal explicação ainda permanece no âmbito do sinal. Pois a senha de chumbo é apenas um sinal da ordem do rei para que o portador da senha receba tal dinheiro. Semelhantemente o livro é um sinal da transmissão da dignidade de cônego. Dentro dessa perspectiva, os sacramentos da Nova Lei seriam meros sinais da graça. No entanto, a autoridade de muitos Santos confirma que os sacramentos da Nova Lei não só significam, mas causam a graça.

Deve-se, pois, entender de outro modo. Há duas maneiras de considerar a causa agente: como causa principal e como causa instrumental. A causa principal atua por força de sua forma à qual se assemelha o efeito, como o fogo que aquece com seu calor. A causa principal da graça só pode ser Deus, porque a graça é uma semelhança participada da natureza divina, como diz a Carta de Pedro: "Foram-nos concedidos os bens do mais alto valor que nos tinham sido prometidos, para que, graças a eles, entrásseis em comunhão com a natureza divina". — Entretanto, a causa instrumental não atua por força de sua forma própria, mas só pelo movimento que lhe imprime o agente principal. Em consequência, o efeito não se assemelha ao instrumento, mas ao agente principal, como o leito não se parece com o machado, mas com o projeto que está na mente do artesão. É deste modo que os sacramentos da Nova Lei causam a graça: por ordem de Deus são utilizados para causar a graça nos homens. Por isso Agostinho afirma: "Tudo isso (a saber: o gesto sacramental) realiza-se e passa, mas a força que atua por eles, (por ser de Deus), permanece perenemente". Chama-se propriamente instrumento aquilo pelo qual alguém atua. Por isso se lê: "Ele nos salvou pelo banho do novo nascimento"[a].

---

3. Al. *De baptismo*, etc., n. 2: ML 183, 272 A.
4. C. 16: ML 42, 357.

a. Por esclarecedora que seja essa distinção, não se deve pensar que ela explique completamente o mistério sacramental. A fé cristã sempre viu no sacramento um signo eficaz da graça. O texto de Sto. Agostinho, alegado *em sentido contrário*, reconhece-o sem explicá-lo. De fato, no plano natural, significação ou eficácia pertencem a domínios radicalmente estranhos uma à outra. O signo pertence à ordem do conhecimento, a eficácia à ordem da ação. Além dos sacramentos e do mistério da

AD PRIMUM ergo dicendum quod causa principalis non proprie potest dici signum effectus, licet occulti, etiam si ipsa sit sensibilis et manifesta. Sed causa instrumentalis, si sit manifesta, potest dici signum effectus occulti: eo quod non solum est causa, sed quodammodo effectus, inquantum movetur a principali agente. Et secundum hoc, sacramenta novae legis simul sunt causa et signa. Et inde est quod, sicut communiter dicitur, *efficiunt quod figurant*. Ex quo etiam patet quod habent perfecte rationem sacramenti: inquantum ordinantur ad aliquid sacrum non solum per modum signi, sed etiam per modum causae.

AD SECUNDUM dicendum quod instrumentum habet duas actiones: unam instrumentalem, secundum quam operatur non in virtute propria, sed in virtute principalis agentis; aliam autem habet actionem propriam, quae competit sibi secundum propriam formam; sicut securi competit scindere ratione suae acuitatis, facere autem lectum inquantum est instrumentum artis. Non autem perficit actionem instrumentalem nisi exercendo actionem propriam; scindendo enim facit lectum. Et similiter sacramenta corporalia per propriam operationem quam exercent circa corpus, quod tangunt, efficiunt operationem instrumentalem ex virtute divina circa animam: sicut aqua baptismi, abluendo corpus secundum propriam virtutem, abluit animam inquantum est instrumentum virtutis divinae; nam ex anima et corpore unum fit. Et hoc est quod Augustinus dicit[5], quod *corpus tangit et cor abluit*.

AD TERTIUM dicendum quod ratio illa procedit de eo quod est causa gratiae per modum principalis agentis: hoc enim est proprium Dei, ut dictum est[6].

QUANTO AO 1º, portanto, deve-se dizer que propriamente não se pode dizer que a causa principal seja sinal de seu efeito, mesmo que este fosse oculto e aquela sensível e manifesta. Mas, da causa instrumental, se for manifesta, se pode dizer que é sinal de um efeito oculto, por não ser somente causa, mas também de certo modo efeito, enquanto é movida pelo agente principal. De acordo com isso, os sacramentos da Nova Lei são, ao mesmo tempo, causa e sinais. Por isso se diz comumente que realizam o que representam. Daí também fica claro que têm perfeitamente a qualificação de sacramento: enquanto se orientam a algo sagrado não só como sinal, mas também como causa.

QUANTO AO 2º, deve-se dizer que um instrumento tem dois tipos de ações: uma instrumental, com que atua não por força própria, mas por força do agente principal; e também uma ação própria que lhe compete por sua própria forma. Assim ao machado cabe cortar em razão de ser afiado, mas fazer o leito enquanto é instrumento da técnica. Mas só realiza sua ação instrumental fazendo a ação que lhe é própria: cortando faz o leito. Semelhantemente os sacramentos corporais: pela ação própria com que atuam sobre o corpo que tocam, fazem sua ação instrumental que provém do poder de Deus e atinge a alma. A água do batismo, lavando o corpo como lhe cabe por força própria, lava a alma enquanto é instrumento da força divina, pois alma e corpo constituem uma unidade. É a afirmação de Agostinho: "Toca o corpo e purifica o coração".

QUANTO AO 3º, deve-se dizer que o argumento é procedente com relação a quem é causa da graça como agente principal. E este é Deus.

ARTICULUS 2
Utrum gratia sacramentalis addat aliquid supra gratiam virtutum et donorum

AD SECUNDUM SIC PROCEDITUR. Videtur quod gratia sacramentalis non addat aliquid supra gratiam virtutum et donorum.

ARTIGO 2
A graça sacramental acrescenta algo à graça das virtudes e dos dons?[b]

QUANTO AO SEGUNDO, ASSIM SE PROCEDE: parece que a graça sacramental **não** acrescentaria nada à graça das virtudes e dos dons.

---

5. Loc. cit. in arg. *sed c*.
6. In corp.

2 PARALL.: Infra, q. 72, a. 7, ad 3; II *Sent*., dist. 26, a. 6, ad 5; IV, dist. 1, q. 1, a. 4, q.la 5; dist. 7, q. 2, a. 2, q.la 3; *De Verit*., q. 27, a. 5, ad 12.

Encarnação, da qual derivam, não conhecemos signo que seja realmente eficaz. Signo e causa só podem se unir numa ação divina, pois é somente em Deus que a essência e a existência são de fato idênticas.
   b. Essa questão pode surpreender. É posta pelo plano da Suma. A graça é nela estudada entre os elementos gerais da conduta humana (ver sobretudo I-II, q. 110, a. 3 e 4). O estudo dos sacramentos nos conduz a falar de graça sacramental. Será

1. Per gratiam enim virtutum et donorum perficitur anima sufficienter et quantum ad essentiam animae, et quantum ad eius potentias: ut patet ex his quae in Secunda Parte[1] dicta sunt. Sed gratia ordinatur ad animae perfectionem. Ergo gratia sacramentalis non potest aliquid addere super gratiam virtutum et donorum.

2. PRAETEREA, defectus animae ex peccatis causantur. Sed omnia peccata sufficienter excluduntur per gratiam virtutum et donorum: quia nullum est peccatum quod non contrarietur alicui virtuti. Gratia ergo sacramentalis, cum ordinetur ad defectus animae tollendos, non potest aliquid addere super gratiam virtutum et donorum.

3. PRAETEREA, omnis additio vel subtractio in formis variat speciem, ut dicitur in VIII *Metaphys.*[2]. Si igitur gratia sacramentalis addat aliquid super gratiam virtutum et donorum, sequitur quod aequivoce dicatur gratia. Et sic nihil certum ostenditur ex hoc quod sacramenta dicuntur gratiam causare.

SED CONTRA est quod, si gratia sacramentalis non addit aliquid super gratiam donorum et virtutum, frustra sacramenta habentibus et dona et virtutes conferrentur. In operibus autem Dei nihil est frustra. Ergo videtur quod gratia sacramentalis aliquid addat super gratiam virtutum et donorum.

RESPONDEO dicendum quod, sicut in Secunda Parte[3] dictum est, gratia, secundum se considerata, perficit essentiam animae, inquantum participat quandam similitudinem divini esse. Et sicut ab essentia animae fluunt eius potentiae, ita a gratia fluunt quaedam perfectiones ad potentias animae, quae dicuntur virtutes et dona, quibus potentiae perficiuntur in ordine ad suos actus. Ordinantur autem sacramenta ad quosdam speciales effectus necessarios in vita Christiana: sicut baptismus ordinatur ad quandam spiritualem regenerationem, qua homo moritur vitiis et fit membrum Christi; qui quidem effectus est aliquid speciale praeter actus potentiarum animae. Et eadem ratio est in aliis sacramentis. Sicut igitur virtutes et dona addunt super gratiam communiter dictam quandam perfectionem determinate ordinatam ad proprios actus potentiarum, ita gratia sacramentalis addit super gratiam communiter dictam, et super

1. Com efeito, pela graça das virtudes e dos dons a alma é suficientemente aperfeiçoada quanto a sua essência e quanto a suas potências, como fica claro a partir do que se disse na II Parte. Ora, a graça visa à perfeição da alma. Logo, a graça sacramental não pode acrescentar nada à graça das virtudes e dos dons.

2. ALÉM DISSO, os defeitos da alma são causados pelos pecados. Ora, a graça das virtudes e dos dons exclui suficientemente todos os pecados, porque não há pecado que não se oponha a alguma virtude. Logo, a graça sacramental, visando a suprimir os defeitos da alma, não pode acrescentar nada à graça das virtudes e dos dons.

3. ADEMAIS, todo acréscimo ou subtração nas formas faz mudar de espécie, como diz Aristóteles. Portanto, se a graça sacramental acrescenta algo à graça das virtudes e dos dons, o conceito de graça é empregado de modo equívoco. E então não é garantido sobre o que se fala, quando se diz que os sacramentos causam a graça.

EM SENTIDO CONTRÁRIO, se a graça sacramental não acrescenta nada à graça dos dons e virtudes, em vão se confeririam os sacramentos a quem já tem os dons e virtudes. Mas nas obras de Deus nada se faz em vão. Logo, a graça sacramental deve acrescentar algo à graça das virtudes e dos dons.

RESPONDO. A graça, considerada em si, aperfeiçoa a essência da alma, comunicando-lhe certa semelhança com o ser divino. Como da essência da alma fluem suas potências, assim da graça fluem para as potências da alma certas perfeições que se chamam virtudes e dons. Estes aperfeiçoam as potências em vista de seus atos. Os sacramentos visam a certos efeitos especiais necessários na vida cristã: o batismo visa à regeneração espiritual, pela qual o homem morre para os vícios e se torna membro de Cristo. Esse efeito é algo especial, diferente dos atos das potências da alma. O mesmo argumento vale para os outros sacramentos. Como as virtudes e os dons acrescentam à graça tomada em geral certa perfeição que visa especificamente aos atos das potências, assim a graça sacramental acrescenta à graça tomada em geral e às virtudes e dons um auxílio divino para alcançar o fim do sacramento.

---

1. I-II, q. 110, a. 3, 4.
2. C. 3: 1043, b, 36-1044, a, 2.
3. I-II, q. 110, a. 3, 4.

ela uma nova graça, diferente da graça das virtudes e dons? Assim como esta era idêntica à graça considerada em geral, mas destinava sua aplicação aos atos das diferentes faculdades, a graça sacramental não faz mais do que especificar a graça das virtudes e dons, aplicando-a às diversas necessidades da vida cristã que nos revela a diversidade dos signos sacramentais.

virtutes et dona, quoddam divinum auxilium ad consequendum sacramenti finem. Et per hunc modum gratia sacramentalis addit super gratiam virtutum et donorum.

AD PRIMUM ergo dicendum quod gratia virtutum et donorum sufficienter perficit essentiam et potentias animae quantum ad generalem ordinationem actuum. Sed quantum ad quosdam effectus speciales qui requiruntur in Christiana vita, requiritur sacramentalis gratia.

AD SECUNDUM dicendum quod per virtutes et dona sufficienter excluduntur vitia et peccata quantum ad praesens et futurum: inquantum scilicet impeditur homo per virtutes et dona a peccando. Sed quantum ad praeterita peccata, quae transeunt actu et permanent reatu, adhibetur homini remedium specialiter per sacramenta.

AD TERTIUM dicendum quod ratio sacramentalis gratiae se habet ad gratiam communiter dictam sicut ratio speciei ad genus. Unde, sicut non aequivoce dicitur *animal* communiter dictum et pro homine sumptum, ita non aequivoce dicitur gratia communiter sumpta et gratia sacramentalis.

Dessa maneira a graça sacramental acrescenta algo à graça das virtudes e dos dons.

QUANTO AO 1º, portanto, deve-se dizer que a graça das virtudes e dos dons aperfeiçoa suficientemente a essência e as potências da alma no que diz respeito à boa disposição geral dos atos da alma. Mas a graça sacramental é necessária para certos efeitos especiais que se requerem na vida cristã.

QUANTO AO 2º, deve-se dizer que as virtudes e dons excluem suficientemente os vícios e pecados para o presente e para o futuro, impedindo o homem de pecar. Quanto aos pecados pretéritos, que como atos já passaram, mas cuja culpabilidade permanece, o homem encontra remédio contra eles especialmente nos sacramentos.

QUANTO AO 3º, deve-se dizer que a graça sacramental se relaciona à graça tomada em geral como a espécie ao gênero. Ora, o termo "animal" não é equívoco pelo fato de aplicar-se ao animal em geral e ao homem, assim tampouco é equívoco usar o mesmo termo "graça" para a graça em geral e para a graça sacramental.

ARTICULUS 3
Utrum sacramenta novae legis contineant gratiam

AD TERTIUM SIC PROCEDITUR. Videtur quod sacramenta novae legis non contineant gratiam.

1. Contentum enim videtur esse in continente. Sed gratia non est in sacramento: neque sicut in subiecto, quia subiectum gratiae non est corpus sed spiritus; neque sicut in vase, quia *vas est locus mobilis*, ut dicitur in IV *Physic.*[1], esse autem in loco non convenit accidenti. Ergo videtur quod sacramenta novae legis non contineant gratiam.

ARTIGO 3
Os sacramentos da Nova Lei contêm a graça?[c]

QUANTO AO TERCEIRO, ASSIM SE PROCEDE: parece que os sacramentos da Nova Lei **não** contêm a graça.

1. Com efeito, o conteúdo está naquilo que o contém. Ora, a graça não está no sacramento: nem como num sujeito, porque o sujeito da graça não é um corpo, mas um espírito; nem como num recipiente ou vaso, porque, segundo a definição de Aristóteles, "um vaso é um lugar móvel", e a um acidente não cabe estar num lugar. Logo, parece que os sacramentos da Nova Lei não contêm a graça.

---

3 PARALL.: Part. I, q. 43, a. 6, ad 4; I *Sent.*, dist. 15, q. 5, a. 1, q.la 1, ad 2; IV, dist. 1, q. 1, a. 4, q.la 4; *De Verit.*, q. 27, a. 7.
1. C. 4: 212, a, 14-15.

c. Uma teologia anterior, a de Hugo de São Vitor, ordenara de maneira simples a dialética entre causa e signo nos sacramentos. Sua eficiência provinha da graça, considerada como remédio. Os sacramentos eram como vasos que "continham" esse remédio e davam a conhecer sua natureza. Sto. Tomás rejeita essa teoria, na qual o signo tem um papel apenas acessório, mas mantém uma maneira de falar natural, que sublinha o realismo da eficácia sacramental, fazendo-lhe passar por um tratamento rigoroso: sim, "os sacramentos contêm a graça", não como um elemento imóvel contido num recipiente, mas como signo, isto é, segundo um dinamismo instrumental, um pouco como um pensamento que está "contido" num texto, como uma sinfonia está "contida" em um disco. Os sacramentos não possuem uma existência estática e localizada: só existem no uso que deles se faz, em sua aplicação ao sujeito. O pensamento se revela a quem lê o texto, a sinfonia se faz ouvir quando o disco gira. O caso da eucaristia constitui exceção, pois é o sacramento supremo: é o único sacramento que contém de maneira permanente não a graça, mas o autor da graça, em pessoa. E ainda seria preciso falar de tal localização com muitas precauções (ver q. 76, a. 4 e 5).

2. PRAETEREA, sacramenta ordinantur ad hoc quod homines per ea gratiam consequantur. Sed gratia, cum sit accidens, non potest transire de subiecto in subiectum. Ergo pro nihilo esset gratia in sacramentis.

3. PRAETEREA, spirituale non continetur a corporali, etiam si in eo sit: non enim anima continetur a corpore, sed potius continet corpus. Ergo videtur quod gratia, cum sit quoddam spirituale, non contineatur in sacramento corporali.

SED CONTRA est quod Hugo de Sancto Victore dicit[2], quod *sacramentum ex sanctificatione invisibilem gratiam continet.*

RESPONDEO dicendum quod multipliciter dicitur aliquid esse in alio: inter quos duplici modo gratia est in sacramentis. Uno modo, sicut in signis: nam sacramentum est signum gratiae. — Alio modo, sicut in causa. Nam, sicut dictum est[3], sacramentum novae legis est instrumentalis gratiae causa. Unde gratia est in sacramento novae legis, non quidem secundum similitudinem speciei, sicut effectus est in causa univoca; neque etiam secundum aliquam formam propriam et permanentem proportionatam ad talem effectum, sicut sunt effectus in causis non univocis, puta res generatae in sole; sed secundum quandam instrumentalem virtutem, quae est fluens et incompleta in esse naturae, ut infra[4] dicetur.

AD PRIMUM ergo dicendum quod gratia non dicitur esse in sacramento sicut in subiecto; neque sicut in vase prout vas est locus quidam: sed prout vas dicitur instrumentum alicuius operis faciendi, secundum quod dicitur Ez 9,1: *Unusquisque vas interfectionis habet in manu sua.*

AD SECUNDUM dicendum quod, quamvis accidens non transeat a subiecto in subiectum, transit tamen a causa per instrumentum aliqualiter in subiectum: non ut eodem modo sit in eis, sed in unoquoque secundum propriam rationem.

2. ALÉM DISSO, os sacramentos visam a que por eles os homens alcancem a graça. Ora, a graça, sendo um acidente, não pode passar de um sujeito a outro. Logo, de nada adiantaria que ela estivesse nos sacramentos.

3. ADEMAIS, o que é espiritual não pode ser contido pelo que é corporal, mesmo que esteja nele: assim a alma não é contida pelo corpo, mas antes o contém. Logo, a graça, sendo espiritual, não deve estar contida no sacramento, que é corporal.

EM SENTIDO CONTRÁRIO, Hugo de São Vítor afirma que "o sacramento, por sua santificação, contém a graça invisível".

RESPONDO. Há muitas maneiras de uma coisa estar na outra. A graça está nos sacramentos de dois modos. Um primeiro modo é como num sinal, pois o sacramento é sinal da graça. — Outro modo é como numa causa, pois, como foi dito, o sacramento da Nova Lei é causa instrumental da graça. A graça está no sacramento da Nova Lei não por serem da mesma espécie, como o efeito está contido na causa unívoca; nem tampouco como uma forma própria e permanente, proporcionada a tal efeito, como os efeitos estão nas causa não unívocas, por exemplo: do modo como todos os seres vivos produzidos por geração estão no sol. A graça se encontra nos sacramentos como uma força instrumental que está em devir e de modo incompleto em seu ser natural, como se dirá adiante.

QUANTO AO 1º, portanto, deve-se dizer que não se afirma que a graça está no sacramento como em seu sujeito, nem como num recipiente, enquanto este é um lugar, mas enquanto o recipiente é instrumento de uma ação a ser feita. Como diz Ezequiel: "Cada um tenha em mãos seu recipiente de extermínio"[d].

QUANTO AO 2º, deve-se dizer que embora o acidente não passe de um sujeito a outro, por meio de um instrumento passa de algum modo da causa ao sujeito; não que esteja num e noutro do mesmo modo, mas em cada um segundo o modo apropriado a suas características[e].

---

2. *De Sacram.*, l. I, p. IX, c. 2: ML 176, 317 D.
3. A. 1.
4. A. 4.

---

d. O termo hebraico que a Vulgata traduz habitualmente por "vaso" possui um sentido bem mais amplo do que o de recipiente; significa instrumento, arma, um meio qualquer.

e. Um remédio não muda de natureza se o tiramos de seu recipiente. A graça que passa do sacramento a seu destinatário não muda de natureza — podemos dizer, portanto, que elas está "contida" no sacramento —, mas muda seu modo de ser. No sacramento, ela existe em estado perfeito e dinâmico de virtude instrumental; no crente, permanece a título de acidente que o santifica de maneira durável.

AD TERTIUM dicendum quod spirituale existens perfecte in aliquo, continet ipsum, et non continetur ab eo. Sed gratia est in sacramento secundum esse fluens et incompletum. Et ideo non inconvenienter sacramentum dicitur gratiam continere.

QUANTO AO 3º, deve-se dizer que o que é espiritual e existe perfeitamente em outro, contém-no e não é contido por ele. Mas a graça está no sacramento segundo um modo de ser em devir e incompleto. Por isso se pode dizer sem contradição que o sacramento contém a graça.

ARTICULUS 4
Utrum in sacramentis sit aliqua virtus gratiae causativa

AD QUARTUM SIC PROCEDITUR. Videtur quod in sacramentis non sit aliqua virtus gratiae causativa.

1. Virtus enim gratiae causativa est virtus spiritualis. Sed in corpore non potest esse virtus spiritualis: neque ita quod sit propria ei, quia virtus fluit ab essentia rei, et ita non potest eam transcendere; neque ita quod recipiat eam ab alio, quia quod recipitur ab aliquo, est in eo per modum recipientis. Ergo in sacramentis non potest esse aliqua virtus gratiae causativa.

2. PRAETEREA, omne quod est, reducitur ad aliquod genus entis, et ad aliquem gradum boni. Sed non est dare in quo genere entis sit talis virtus: ut patet discurrenti per singula. Nec etiam potest reduci ad aliquem gradum bonorum: neque enim est inter minima bona, quia sacramenta sunt de necessitate salutis; neque etiam inter media bona, cuiusmodi sunt potentiae animae, quae sunt quaedam potentiae naturales; neque inter maxima bona, quia nec est gratia nec virtus mentis. Ergo videtur quod in sacramentis nulla sit virtus gratiae causativa.

3. PRAETEREA, si talis virtus est in sacramentis, non causatur in eis nisi per creationem a Deo. Sed inconveniens videtur quod tam nobilis creatura statim esse desinat sacramento perfecto. Ergo videtur quod nulla virtus sit in sacramentis ad gratiam causandam.

4. PRAETEREA, idem non potest esse in diversis. Sed ad sacramenta concurrunt diversa, scilicet verba et res: unius autem sacramenti non potest esse nisi una virtus. Ergo videtur quod in sacramentis nulla sit virtus.

ARTIGO 4
Nos sacramentos há uma força que causa a graça?[f]

QUANTO AO QUARTO, ASSIM SE PROCEDE: parece que nos sacramentos **não** haveria nenhuma força que cause a graça.

1. Com efeito, a força que causa a graça é uma força espiritual. Ora, num corpo não pode haver uma força espiritual, nem de maneira que lhe seja própria, porque a força flui da essência da realidade e assim não a pode transcender; nem recebendo-a de outro, porque o que é recebido de outro, está no receptor à maneira de quem recebe. Logo, nos sacramentos não pode haver força que cause a graça.

2. ALÉM DISSO, tudo que é, se reduz a algum gênero de ente ou a algum grau de bem. Ora, pode-se passar em revista todos os gêneros de ente sem encontrar onde localizar essa força sacramental. Tampouco se reduz a algum grau de bem: não está entre os bens menores, porque os sacramentos são necessários à salvação; nem entre os bens intermédios, como as potências da alma que são potências naturais; nem entre os bens supremos, porque não é graça nem força espiritual. Logo, parece que nos sacramentos não há uma força que cause a graça.

3. ADEMAIS, se existe nos sacramentos tal força que cause a graça, só pode existir por criação de Deus. Ora, seria ininteligível que tal criatura tão nobre cessasse de existir tão pronto se realiza o sacramento. Logo, não há uma força nos sacramentos destinada a causar a graça.

4. ADEMAIS, a mesma realidade não pode existir em diversas. Ora, diversos elementos concorrem para que haja sacramento: palavras e realidades, além disso, não pode haver mais que uma força por sacramento. Logo, não existe tal força nos sacramentos.

---

4 PARALL.: Infra, q. 78, a. 4; IV *Sent.*, dist. 1, q. 1, a. 4, q.la 2; dist. 8, q. 2, a. 3; *De Verit.*, q. 27, a. 4, ad 4; *Quodlib.* XII, q. 10.

f. Este artigo não traz nada de verdadeiramente novo, mas especifica como o sacramento possui uma eficiência instrumental real em relação à graça, virtude que provém de Deus; pois é Deus que age no sacramento, o qual resulta na recepção da graça pelo sujeito. Deve-se admitir portanto a presença de uma virtude eficaz em todos os instrumentos intermediários, a menos que se imagine para cada um deles a repetição dessa causalidade puramente convencional, que foi excluída em seu princípio desde o artigo 1.

SED CONTRA est quod Augustinus dicit, *super Ioan.*[1]: *Quae tanta vis aquae ut corpus tangat et cor abluat?* Et Beda[2] dicit quod *Dominus tactu suae mundissimae carnis vim regenerativam contulit aquis.*

RESPONDEO dicendum quod illi qui ponunt quod sacramenta non causant gratiam nisi per quandam concomitantiam, ponunt quod in sacramento non sit aliqua virtus quae operetur ad sacramenti effectum: est tamen virtus divina sacramento coassistens, quae sacramentalem effectum operatur. Sed ponendo quod sacramentum est instrumentalis causa gratiae, necesse est simul ponere quod in sacramento sit quaedam virtus instrumentalis ad inducendum sacramentalem effectum. Et haec quidem virtus proportionatur instrumento. Unde comparatur ad virtutem absolutam et perfectam alicuius rei sicut comparatur instrumentum ad agens principale. Instrumentum, enim, ut dictum est[3], non operatur nisi inquantum est motum a principali agente, quod per se operatur. Et ideo virtus principalis agentis habet permanens et completum esse in natura: virtus autem instrumentalis habet esse transiens ex uno in aliud, et incompletum; sicut et motus est actus imperfectus ab agente in patiens.

AD PRIMUM ergo dicendum quod virtus spiritualis non potest esse in re corporea per modum virtutis permanentis et completae, sicut ratio probat. Nihil tamen prohibet in corpore esse virtutem spiritualem instrumentalem: inquantum scilicet corpus potest moveri ab aliqua substantia spirituali ad aliquem effectum spiritualem inducendum; sicut etiam in ipsa voce sensibili est quaedam vis spiritualis ad excitandum intellectum hominis, inquantum procedit a conceptione mentis. Et hoc modo vis spiritualis est in sacramentis, inquantum ordinantur a Deo ad effectum spiritualem.

AD SECUNDUM dicendum quod, sicut motus, eo quod est actus imperfectus, non proprie est in aliquo genere, sed reducitur ad genus actus perfecti, sicut alteratio ad qualitatem: ita virtus instrumentalis non est, proprie loquendo, in aliquo genere, sed reducitur ad genus et speciem virtutis perfectae.

AD TERTIUM dicendum quod, sicut virtus instrumentalis acquiritur instrumento ex hoc ipso quod

EM SENTIDO CONTRÁRIO, Agostinho pergunta: "Que tanta força tem a água, a ponto de tocar o corpo e purificar o coração?". E Beda observa: "Ao tocar as águas com sua carne puríssima, o Senhor lhes conferiu uma força regenerativa".

RESPONDO. Para os que afirmam que os sacramentos causam a graça apenas por uma espécie de concomitância, não há neles força alguma que atue para produzir o efeito do sacramento, mas sim uma força divina que se acrescenta ao sacramento e produz o efeito sacramental. Mas, admitindo que o sacramento é causa instrumental da graça, é preciso admitir também que no sacramento há certa força instrumental para induzir o efeito sacramental. Tal força é proporcional ao instrumento. Ela está para a força absoluta e perfeita de uma realidade na mesma relação em que o instrumento para o agente principal. Pois o instrumento só atua movido pelo agente principal, ao passo que este age por si mesmo. Por isso a força do agente principal tem um ser estável e completo em sua natureza, porém a força instrumental tem um ser transitivo (vai de um a outro) e incompleto, como o movimento é um ato imperfeito por passar do agente ao paciente.

QUANTO AO 1º, portanto, deve-se dizer que uma força espiritual não pode estar numa realidade corpórea como força permanente e completa, como o prova a razão. Contudo, nada impede que haja num corpo uma força espiritual instrumental, pois um corpo pode ser movido por uma substância espiritual para produzir um efeito espiritual. É como na palavra sensível: existe nela certa força espiritual para despertar a inteligência humana, pois a palavra procede de uma concepção da alma racional. Deste modo uma força espiritual está nos sacramentos, porque Deus os orienta a um efeito espiritual.

QUANTO AO 2º, deve-se dizer que o movimento, por ser um ato imperfeito, não está propriamente em nenhum gênero, mas se reduz ao gênero do ato perfeito como alteração da qualidade. Do mesmo modo, a força instrumental não está, propriamente falando, em nenhum gênero, mas se reduz ao gênero e à espécie da força perfeita.

QUANTO AO 3º, deve-se dizer que a força instrumental advém ao instrumento pelo fato de ser

---

1. Tract. 80, n. 3, super 15, 3: ML 35, 1840.
2. *In Luc.*, l. I, super 3, 21: ML 92, 358 BC.
3. Ibid.

movetur ab agente principali, ita et sacramentum consequitur spiritualem virtutem ex benedictione Christi et applicatione ministri ad usum sacramenti. Unde Augustinus dicit, in quodam sermone *de Epiphania* [4]: *Nec mirum quod aquam, hoc est substantiam corporalem, ad purificandam animam dicimus pervenire. Pervenit plane, et penetrat conscientiae universa latibula. Quamvis enim ipsa sit subtilis et tenuis, benedictione tamen Christi subtilior, occultas vitae causas ad secreta mentis subtili rore pertransit.*

AD QUARTUM dicendum quod, sicut eadem vis principalis agentis instrumentaliter invenitur in omnibus instrumentis ordinatis ad effectum, prout sunt quodam ordine unum; ita etiam eadem vis sacramentalis invenitur in verbis et rebus, prout ex verbis et rebus perficitur unum sacramentum.

movido pelo agente principal. Assim também o sacramento adquire força espiritual pela bênção de Cristo e pelo uso que o ministro dele faz. É a explicação de Agostinho: "Nem cause surpresa se dizemos que a água, substância corporal, atinge a alma para purificá-la. Vem a purificá-la, sim, e penetra os esconderijos da consciência. Pois, se já é sutil e tênue por natureza, a bênção de Cristo a torna mais sutil ainda, a ponto de atravessar como um orvalho fino os princípios mais profundos da vida até os recônditos da alma".

QUANTO AO 4º, deve-se dizer que a mesma força do agente principal se encontra de modo instrumental em todos os instrumentos que visam ao efeito, enquanto são um todo por sua estrutura. Do mesmo modo, a mesma força sacramental se encontra nas palavras e realidades, pois ambas unidas perfazem um só sacramento.

ARTICULUS 5
Utrum sacramenta novae legis habeant virtutem ex passione Christi

AD QUINTUM SIC PROCEDITUR. Videtur quod sacramenta novae legis non habeant virtutem ex passione Christi.

1. Virtus enim sacramentorum est ad gratiam causandam in anima, per quam spiritualiter vivit. Sed, sicut Augustinus dicit, *super Ioan.*[1]: *Verbum prout erat in principio apud Deum, vivificat animas: secundum autem quod est caro factum, vivificat corpora*. Cum igitur passio Christi pertineat ad Verbum secundum quod est caro factum, videtur quod non possit causare virtutem sacramentorum.

2. PRAETEREA, virtus sacramentorum videtur ex fide dependere: quia, sicut Augustinus dicit, *super Ioan.*[2], *verbum Dei perficit sacramentum, non quia dicitur, sed quia creditur*. Sed fides nostra non solum respicit passionem Christi, sed etiam alia mysteria humanitatis ipsius, et principalius etiam divinitatem eius. Ergo videtur quod sacramenta non habeant specialiter virtutem a passione Christi.

3. PRAETEREA, sacramenta ordinantur ad hominum iustificationem: secundum illud 1Cor 6,11: *Abluti estis, et iustificati estis*. Sed iustificatio attribuitur resurrectioni: secundum illud Rm 4,25: *Resurrexit propter iustificationem nostram*. Ergo

ARTIGO 5
A força dos sacramentos da Nova Lei deriva da paixão de Cristo?

QUANTO AO QUINTO, ASSIM SE PROCEDE: parece que os sacramentos da Nova Lei **não** têm sua força da paixão de Cristo.

1. Com efeito, a força sacramental é para causar a graça na alma, pela qual esta vive espiritualmente. Ora, Agostinho escreve: "O Verbo, enquanto estava no início voltado para Deus, vivifica as almas; enquanto se fez carne, vivifica os corpos". Logo, como a paixão de Cristo pertence ao Verbo feito carne, não pode causar a força dos sacramentos.

2. ALÉM DISSO, a força dos sacramentos dependeria da fé, porque, como diz Agostinho, a palavra de Deus realiza o sacramento, "não porque é dita, mas porque é crida". Ora, nossa fé não se limita à paixão de Cristo, mas diz respeito também aos outros mistérios de sua humanidade e sobretudo de sua divindade. Logo, a força dos sacramentos não provém especialmente da paixão de Cristo.

3. ADEMAIS, os sacramentos visam à justificação do homem. Como diz Paulo: "Fostes lavados, fostes justificados". Ora, a justificação é atribuída à ressurreição, segundo o Apóstolo: "Ressuscitado para nossa justificação". Logo, a força dos sa-

---

4. Cfr. MAXIMUM TAURIN., Serm. 12, al. *de Baptismo Christi*, serm. 2: ML 57, 557 A.

5 PARALL.: Infra, q. 64, a. 1, ad 2; IV *Sent*., dist. 1, q. 1, a. 4, q.la 3.

1. Tract. 19, n. 15, super 5, 26: ML 35, 1552-1553.
2. Tract. 80, n. 3, super 15, 3: ML 35, 1840.

videtur quod sacramenta magis habeant virtutem a resurrectione Christi quam ab eius passione.

SED CONTRA est quod, super illud Rm 5,14, *In similitudinem praevaricationis Adae* etc., dicit Glossa[3]: *Ex latere Christi dormientis fluxerunt sacramenta, per quae salvata est Ecclesia*. Sic ergo videntur sacramenta virtutem habere ex passione Christi.

RESPONDEO dicendum quod, sicut dictum est[4], sacramentum operatur ad gratiam causandam per modum instrumenti. Est autem duplex instrumentum: unum quidem separatum, ut baculus; aliud autem coniunctum, ut manus. Per instrumentum autem coniunctum movetur instrumentum separatum: sicut baculus per manum. Principalis autem causa efficiens gratiae est ipse Deus, ad quem comparatur humanitas Christi sicut instrumentum coniunctum, sacramentum autem sicut instrumentum separatum. Et ideo oportet quod virtus salutifera derivetur a divinitate Christi per eius humanitatem in ipsa sacramenta.

Gratia autem sacramentalis ad duo praecipue ordinari videtur: videlicet ad tollendos defectus praeteritorum peccatorum, inquantum transeunt actu et remanent reatu; et iterum ad perficiendum animam in his quae pertinent ad cultum Dei secundum religionem Christianae vitae. Manifestum est autem ex his quae supra[5] dicta sunt, quod Christus liberavit nos a peccatis nostris praecipue per suam passionem, non solum efficienter et meritorie, sed etiam satisfactorie. Similiter etiam per suam passionem initiavit ritum Christianae religionis, offerens seipsum *oblationem et hostiam Deo*, ut dicitur Eph 5,2. Unde manifestum est quod sacramenta Ecclesiae specialiter habent virtutem ex passione Christi, cuius virtus quodammodo nobis copulatur per susceptionem sacramentorum. In cuius signum, de latere Christi pendentis in cruce fluxerunt aqua et sanguis, quorum unum pertinet ad baptismum, aliud ad Eucharistiam, quae sunt potissima sacramenta.

AD PRIMUM ergo dicendum quod Verbum prout erat in principio apud Deum, vivificat animas sicut agens principale: caro tamen eius, et mysteria in ea perpetrata, operantur instrumentaliter ad animae vitam. Ad vitam autem corporis non

cramentos provém antes da ressurreição que da paixão de Cristo.

EM SENTIDO CONTRÁRIO, a Glosa diz a respeito do texto: "Por uma transgressão idêntica à de Adão" etc.: "Do lado de Cristo dormido na cruz jorraram os sacramentos, pelos quais a Igreja foi salva". Assim, da paixão de Cristo provém a força dos sacramentos.

RESPONDO. Para causar a graça, o sacramento atua como instrumento. Há dois tipos de instrumento: o instrumento separado, como o bastão; e o unido, como as mãos. O instrumento unido põe em movimento o instrumento separado: a mão move o bastão. A causa eficiente principal da graça é Deus mesmo; para quem a humanidade de Cristo é um instrumento unido e o sacramento um instrumento separado. Por isso, é preciso que a força salvífica provenha da divindade de Cristo pela sua humanidade até os sacramentos.

A graça sacramental parece visar principalmente a dois fins: tirar as faltas dos pecados pretéritos (pois, se já passaram como atos, permanece a culpabilidade), e aperfeiçoar a alma no que respeita o culto a Deus conforme a religião cristã. É evidente que Cristo nos libertou dos pecados sobretudo por sua paixão, não só devido à eficácia e méritos da mesma, mas também a seu valor expiatório. Do mesmo modo, também por sua paixão iniciou o sistema ritual da religião cristã, oferecendo-se a si mesmo a Deus como "oblação e vítima" como está na Carta aos Efésios. É, pois, evidente que a força dos sacramento da Igreja provém especialmente da paixão de Cristo; a recepção dos sacramentos, por sua vez, como que nos põe em comunicação com a força da paixão de Cristo. Como sinal dessa conexão, do lado de Cristo pendente na cruz fluíram água e sangue: a água se refere ao batismo, o sangue à eucaristia, que são os principais sacramentos[g].

QUANTO AO 1º, portanto, deve-se dizer que o Verbo, enquanto estava no início voltado para Deus, vivifica as almas como agente principal; mas sua carne e os mistérios que nela realizou, atuam instrumentalmente para a vida da alma. Para

---

3. Ordin.: ML 114, 486 B; LOMBARDI: 191, 1392 C.
4. A. 1.
5. Q. 48, a. 1, 2, 6; q. 49, a. 1, 3.

g. Nada impede de atribuir a virtude dos sacramentos à Encarnação ou à Ressurreição. A Encarnação já envolvia a Paixão, como se vê principalmente em São João (10, 17-18; 13, 31; 19, 34, e *passim*). Mas os dois fins primordiais que Sto. Tomás atribui aos sacramentos: retirar o pecado do mundo e inaugurar o culto cristão são, em primeiro lugar, realizados pela Paixão.

solum instrumentaliter, sed etiam per quandam exemplaritatem, ut supra[6] dictum est.

AD SECUNDUM dicendum quod *per fidem Christus habitat in nobis*, ut dicitur Eph 3,17. Et ideo virtus Christi copulatur nobis per fidem. Virtus autem remissiva peccatorum speciali quodam modo pertinet ad passionem ipsius. Et ideo per fidem passionis eius specialiter homines liberantur a peccatis: secundum illud Rm 3,25: *Quem proposuit Deus propitiatorem per fidem in sanguine eius*. Et ideo virtus sacramentorum, quae ordinatur ad tollendum peccata, praecipue est ex fide passionis Christi.

AD TERTIUM dicendum quod iustificatio attribuitur resurrectioni ratione termini ad quem, qui est novitas vitae per gratiam. Attribuitur tamen passioni ratione termini a quo, scilicet quantum ad dimissionem culpae.

ARTICULUS 6
Utrum sacramenta veteris legis gratiam causarent

AD SEXTUM SIC PROCEDITUR. Videtur quod sacramenta veteris legis gratiam causarent.

1. Quia, sicut dictum est[1], sacramenta novae legis habent efficaciam ex fide passionis Christi. Sed fides passionis Christi fuit in veteri lege, sicut et in nova: habemus enim *eundem Spiritum fidei*, ut habetur 2Cor 4,13. Sicut ergo sacramenta novae legis conferunt gratiam, ita etiam sacramenta veteris legis gratiam conferebant.

2. PRAETEREA, sanctificatio non fit nisi per gratiam. Sed per sacramenta veteris legis homines sanctificabantur: dicitur enim Lv 8,31: *Cumque sanctificasset eos*, Moyses scilicet Aaron et filios eius, *in vestitu suo*, etc. Ergo videtur quod sacramenta veteris legis gratiam conferebant.

a vida do corpo cooperam não só instrumentalmente, mas também a título de exemplo.

QUANTO AO 2º, deve-se dizer com a Carta aos Efésios que "pela fé Cristo habita em nós". A força de Cristo nos é, pois, comunicada pela fé. A força de perdoar os pecados, porém, compete de certo modo especial a sua paixão. Por isso, os homens são libertos dos pecados especialmente pela fé em sua paixão, como lemos na Carta aos Romanos: "Foi a ele que Deus destinou para ser autor da expiação por seu sangue, por meio da fé". Por isso, a força dos sacramentos que visa a tirar os pecados, provém sobretudo da fé na paixão de Cristo.

QUANTO AO 3º, deve-se dizer que a justificação é atribuída à ressurreição em razão de seu termo final que é a novidade de vida efetuada pela graça. Mas é atribuída à paixão em razão de seu ponto de partida, que é o perdão da culpa.

ARTIGO 6
Os sacramentos da Antiga Lei causavam a graça?[h]

QUANTO AO SEXTO, ASSIM SE PROCEDE: parece que os sacramentos da Antiga Lei **causavam** a graça,

1. Com efeito, a eficácia dos sacramentos da Nova Lei provém da fé na paixão de Cristo. Ora, essa fé existiu na Lei Antiga como existe na Nova, pois diz o Apóstolo que temos o "mesmo espírito de fé". Logo, como os sacramentos da Nova Lei conferem a graça, também os da Antiga Lei a conferiam.

2. ALÉM DISSO, a santificação só se realiza pela graça. Ora, os sacramentos da Antiga Lei também santificavam, pois se lê na Escritura: "Tendo Moisés santificado a Aarão e seus filhos e as vestes deles" etc. Logo, os sacramentos da Antiga Lei conferiam a graça.

---

6. Q. 56, a. 1, ad 3.

6 PARALL.: Infra, q. 72, a. 5, ad 3; I-II, q. 103, a. 2; IV *Sent.*, dist. 1, q. 1, a. 5, q.la 1; dist. 18, a. 3, q.la 1, ad 1; *Cont. Gent.* IV, 57; *De Verit.*, q. 27, a. 3, ad 20; q. 28, a. 2, ad 12; *De Eccles. Sacram.; ad Galat.*, c. 2, lect. 4.

1. A. 5, ad 2.

h. Depois de tudo o que se disse sobre a eficácia dos sacramentos, nós nos vemos diante de um dilema. Ou os sacramentos da Lei Antiga operam como os sacramentos da Nova Lei, pois uns e outros implicam a fé em Cristo, mas então sua paixão teria sido santificante antes de realizar-se. Ou então os ritos da Lei Antiga não possuem eficácia alguma, nem merecem o nome de sacramentos, o que é afirmado por toda a tradição.

A solução reside na distinção entre causa eficiente e causa final. Esta opera antes da realização de seu objeto, na medida em que já existe no espírito. Os sacramentos da Antiga Lei deviam sua eficácia à fé no Cristo a vir, que eles exprimiam. Enquanto signos, mereciam portanto o nome de sacramentos. Os sacramentos da lei nova, posteriores à Paixão, possuem uma eficácia real, que decorre da Paixão, e que se exerce não só pela fé, mas pelo uso de realidades exteriores, o que garante um a eficácia bem mais clara e bem mais certeira.

3. Praeterea, Beda dicit, in homilia *Circumcisionis*[2]: *Idem salutiferae curationis auxilium circumcisio in lege contra originalis peccati vulnus agebat quod baptismus agere revelatae tempore gratiae consuevit.* Sed baptismus nunc confert gratiam. Ergo circumcisio gratiam conferebat. Et pari ratione alia sacramenta legalia: quia sicut baptismus est ianua sacramentorum novae legis, ita circumcisio erat ianua sacramentorum veteris legis; propter quod Apostolus dicit, Gl 5,3: *Testificor omni circumcidenti se, quoniam debitor est universae legis faciendae.*

Sed contra est quod dicitur Gl 4,9: *Convertimini iterum ad infirma et egena elementa?* Glossa[3]: *idest ad legem, quae dicitur infirma, quia perfecte non iustificat.* Sed gratia perfecte iustificat. Ergo sacramenta veteris legis gratiam non conferebant.

Respondeo dicendum quod non potest dici quod sacramenta veteris legis conferrent gratiam iustificantem per seipsa, idest propria virtute: quia sic non fuisset necessaria passio Christi, secundum illud Gl 2,21: *Si ex lege est iustitia, Christus gratis mortuus est.*

Sed nec potest dici quod ex passione Christi virtutem haberent conferendi gratiam iustificandi. Sicut enim ex praedictis[4] patet, virtus passionis Christi copulatur nobis per fidem et sacramenta, differenter tamen: nam continuatio quae est per fidem, fit per actum animae; continuatio autem quae est per sacramenta, fit per usum exteriorum rerum. Nihil autem prohibet id quod est posterius tempore, antequam sit, movere, secundum quod praecedit in actu animae: sicut finis, qui est posterior tempore, movet agentem secundum quod est apprehensus et desideratus ab ipso. Sed illud quod nondum est in rerum natura, non movet secundum usum exteriorum rerum. Unde causa efficiens non potest esse posterior in esse, ordine durationis, sicut causa finalis. Sic igitur manifestum est quod a passione Christi, quae est causa humanae iustificationis, convenienter derivatur virtus iustificativa ad sacramenta novae legis, non autem ad sacramenta veteris legis.

Et tamen per fidem passionis Christi iustificabantur antiqui Patres, sicut et nos. Sacramenta

3. Ademais, Beda afirma: "Sob a Lei a circuncisão oferecia a mesma ajuda medicinal salvífica contra a ferida do pecado original que o batismo no tempo da revelação da graça". Ora, atualmente o batismo confere a graça. Logo, também a circuncisão a conferia outrora. O mesmo vale dos demais sacramentos da Lei, porque, como o batismo é a porta dos sacramentos da Nova Lei, a circuncisão era a porta dos sacramentos da Antiga Lei, razão pela qual o Apóstolo escreve: "E eu atesto mais uma vez a todo homem que se faz circuncidar que ele é obrigado a praticar a lei integralmente".

Em sentido contrário, Paulo pergunta: "Como podeis ainda voltar a elementos fracos e pobres?" e a Glosa completa: "isto é, à Lei que se diz fraca, porque não justifica perfeitamente". Ora, a graça justifica perfeitamente. Logo, os sacramentos da Antiga Lei não conferiam a graça.

Respondo. Não se pode dizer que os sacramentos da Antiga Lei conferiam a graça santificante por si mesmos, isto é: por força própria, porque senão não teria sido necessária a paixão de Cristo, conforme a palavra do Apóstolo: "Se é pela Lei que se alcança a justiça, foi para nada que Cristo morreu".

Mas tampouco se pode dizer que pela paixão de Cristo tinham força de conferir a graça justificante. É evidente, pelo que se disse antes, que somos postos em comunicação com a força da paixão de Cristo pela fé e pelos sacramentos, mas de modos diferentes: pois a conexão que se dá pela fé, se faz por um ato da alma, enquanto a que se dá pelos sacramentos, se realiza pelo uso de realidades exteriores. Não há problema em que algo temporalmente posterior mova já antes de existir realmente, sob a condição de ser anterior no ato da alma. Assim a finalidade é posterior no tempo, mas move o agente na medida em que é apreendida e desejada por ele. Mas, quando se trata de realidades externas, o que ainda não existe realmente, não provoca nenhum efeito. Daí que, ao contrário da causa final, a causa eficiente não pode existir cronologicamente só depois do efeito. Assim, portanto, é óbvio que a paixão de Cristo que é a causa da justificação humana, produz sem dúvida uma força justificante para os sacramentos da Nova Lei, não porém para os sacramentos da Antiga Lei.

Não obstante, os antigos Patriarcas foram justificados pela fé na paixão de Cristo, como nós.

---

2. *Hom.*, l. II, hom. 10, *in festo Circumcisionis*: ML 94, 54 B.
3. Ordin.: ML 114, 579 B; Lombardi: ML 192, 141 B.
4. A. praec. — Cfr. q. 48, a. 6, ad 2; q. 49, a. 1, ad 4, 5.

autem veteris legis erant quaedam illius fidei protestationes, inquantum significabant passionem Christi et effectus eius. Sic ergo patet quod sacramenta veteris legis non habebant in se aliquam virtutem qua operarentur ad conferendam gratiam iustificantem: sed solum significabant fidem, per quam iustificabantur.

AD PRIMUM ergo dicendum quod antiqui Patres habebant fidem de passione Christi futura, quae, secundum quod erat in apprehensione animae, poterat iustificare. Sed nos habemus fidem de passione Christi praecedenti, quae potest iustificare etiam secundum realem usum sacramentalium rerum, ut dictum est[5].

AD SECUNDUM dicendum quod illa sanctificatio erat figuralis: per hoc enim sanctificari dicebantur quod applicabantur cultui divino secundum ritum veteris legis, qui totus ordinabatur ad figurandum passionem Christi.

AD TERTIUM dicendum quod de circumcisione multiplex fuit opinio. Quidam enim dixerunt quod per circumcisionem non conferebatur gratia, sed solum auferebatur peccatum. — Sed hoc non potest esse: quia homo non iustificatur a peccato nisi per gratiam, secundum illud Rm 3,24: *Iustificati gratis per gratiam ipsius*.

Et ideo alii dixerunt quod per circumcisionem conferebatur gratia quantum ad effectus remotivos culpae, sed non quantum ad effectus positivos. — Sed hoc etiam videtur esse falsum. Quia per circumcisionem dabatur pueris facultas perveniendi ad gloriam, quae est ultimus effectus positivus gratiae. Et praeterea, secundum ordinem causae formalis, priores sunt naturaliter effectus positivi quam privativi, licet secundum ordinem causae materialis sit e converso: forma enim non excludit privationem nisi informando subiectum.

Et ideo alii dicunt quod circumcisio conferebat gratiam etiam quantum ad aliquem effectum positivum, qui est facere dignum vita aeterna: non tamen quantum ad hoc quod est reprimere concupiscentiam impellentem ad peccandum. Quod aliquando mihi visum est[6]. — Sed diligentius consideranti apparet hoc etiam non esse verum: quia minima gratia potest resistere cuilibet concupiscentiae et mereri vitam aeternam.

Os sacramentos da Antiga Lei eram como que profissão de tal fé, enquanto significavam a paixão de Cristo e seus efeitos. É claro, portanto, que os sacramentos da Antiga Lei não tinham em si uma virtude capaz de conferir a graça justificante; limitavam-se a significar a fé, por meio da qual eram justificados.

QUANTO AO 1º, portanto, deve-se dizer que os antigos Patriarcas tinham fé na paixão de Cristo a realizar-se no futuro, que, sendo apreendida pela alma, podia justificar. Mas nós temos fé na paixão de Cristo já acontecida que pode, portanto, justificar também pelo emprego objetivo de realidades sacramentais.

QUANTO AO 2º, deve-se dizer que aquela santificação era figurativa. Nesse sentido, diziam-se santificadas as pessoas e coisas destinadas ao culto divino segundo o regime ritual da Antiga Lei, que todo ele visava a prefigurar a paixão de Cristo.

QUANTO AO 3º, deve-se dizer que foram muitas as opiniões sobre a circuncisão. Alguns pensavam que ela não conferia a graça e se limitava a tirar o pecado. — Mas isso é impossível, porque o homem só é justificado do pecado pela graça, conforme o Apóstolo: "Gratuitamente justificados por sua graça".

Assim, outros sustentaram que a circuncisão conferia a graça quanto aos efeitos de remoção da culpa, não quanto aos efeitos positivos. — Mas essa opinião também parece ser falsa, porque a circuncisão dava aos meninos a faculdade de chegar à glória que é o último efeito positivo da graça. Além disso, no âmbito da causa formal, os efeitos positivos têm, por natureza, prioridade sobre os privativos, embora, no âmbito da causa material, valha o inverso, porque a forma só exclui a privação dando forma ao sujeito.

Por isso, ainda outros afirmam que a circuncisão conferia a graça também quanto ao efeito positivo de fazer digno da vida eterna, mas não quanto ao efeito de reprimir a concupiscência que impele ao pecado. Essa já foi minha opinião[i]. — Mas, considerando melhor, tampouco está aqui a verdade, porque, por pequena que seja, a graça pode resistir a toda concupiscência e merecer a vida eterna.

---

5. In corp.
6. IV *Sent.*, dist. 1, q. 2, a. 4, q.la 3.

i. Sto Tomás destaca o abandono de uma opinião que ele professara uns vinte anos antes ao comentar o Livro das Sentenças de Pedro Lombardo (4. dist. 1. q. 2 a 4). Ele retomará a eficácia da circuncisão no tratado sobre o Batismo, Q. 70.

Et ideo melius dicendum videtur quod circumcisio erat signum fidei iustificantis: unde Apostolus dicit, Rm 4,11, quod Abraham *accepit signum circumcisionis, signaculum iustitiae fidei*. Et ideo in circumcisione conferebatur gratia inquantum erat signum passionis Christi futurae, ut infra[7] patebit.

Por isso agora me parece melhor dizer que a circuncisão era sinal da fé justificante. Daí se explica o que diz o Apóstolo: "o sinal da circuncisão foi dado a Abraão como sinete da justiça recebida pela fé". E, portanto, a circuncisão conferia a graça enquanto era sinal da futura paixão de Cristo.

7. Q. 70, a. 4.

QUAESTIO LXIII
DE ALIO EFFECTU SACRAMENTORUM, QUI EST CHARACTER
in sex articulos divisa

Deinde considerandum est de alio effectu sacramentorum, qui est character.
Et circa hoc quaeruntur sex.
Primo: utrum ex sacramenti causetur character aliquis in anima.
Secundo: quid sit ille character.
Tertio: cuius sit character.
Quarto: in quo sit sicut in subiecto.
Quinto: utrum insit indelebiliter.
Sexto: utrum omnia sacramenta imprimant characterem.

QUESTÃO 63
O OUTRO EFEITO DOS SACRAMENTOS QUE É O CARÁTER
em seis artigos

Em seguida, deve-se tratar do outro efeito dos sacramentos, que é o caráter.
São seis perguntas:
1. Os sacramentos causam caráter na alma?
2. O que é caráter?
3. De quem o caráter é marca?
4. Em que sujeito reside o caráter?
5. Ele se imprime de forma indelével?
6. Todos os sacramentos imprimem caráter?

ARTICULUS 1
Utrum sacramentum imprimat aliquem characterem in anima

AD PRIMUM SIC PROCEDITUR. Videtur quod sacramentum non imprimat aliquem characterem in anima.
1. *Character* enim significare videtur quoddam signum distinctivum. Sed distinctio membrorum Christi ab aliis fit per aeternam praedestinationem, quae non ponit aliquid in praedestinato, sed solum in Deo praedestinante, ut in Prima Parte[1] habitum est: dicitur enim 2Ti 2,19: *Firmum fundamentum Dei stat, habens signaculum hoc: Novit Dominus qui sunt eius*. Ergo sacramenta non imprimunt characterem in anima.
2. PRAETEREA, character signum est distinctivum. Signum autem, ut Augustinus dicit, in II *de Doct. Christ.*[2], est *quod, praeter speciem quam ingerit sensibus, facit aliquid aliud in cognitionem venire*. Nihil autem est in anima quod aliquam speciem sensibus ingerat. Ergo videtur

ARTIGO 1
O sacramento imprime caráter na alma?

QUANTO AO PRIMEIRO ARTIGO, ASSIM SE PROCEDE: parece que o sacramento **não** imprime caráter na alma.
1. Com efeito, caráter parece significar sinal distintivo. Ora, os membros de Cristo se distinguem dos demais pela predestinação eterna que não põe nada nos predestinados, mas só em Deus que predestina, como se estabeleceu na I Parte. Diz o Apóstolo: "Permanece o sólido fundamento assentado por Deus. Serve-lhe de selo esta palavra: O Senhor conhece os seus". Logo, os sacramentos não imprimem caráter na alma.
2. ALÉM DISSO, caráter é um sinal distintivo. Ora, Agostinho define sinal como "aquilo que, além da imagem que fornece aos sentidos, faz conhecer algo diferente". Ora, nada há na alma que forneça alguma imagem aos sentidos. Logo, parece que os sacramentos não imprimem caráter na alma.

1 PARALL.: IV *Sent.*, dist. 4, q. 1, a. 1; a. 4, q.la 1, ad 1; *De Eccles. Sacram.*
1. Q. 23, a. 2.
2. C. 1, n. 1: ML 34, 35.

quod in anima non imprimatur aliquis character per sacramenta.

3. PRAETEREA, sicut per sacramenta novae legis distinguitur fidelis ab infideli, ita etiam per sacramenta veteris legis. Sed sacramenta veteris legis non imprimebant aliquem characterem: unde et dicuntur *iustitiae carnis*, secundum Apostolum, Hb 9,10. Ergo videtur quod nec sacramenta novae legis.

SED CONTRA est quod Apostolus dicit, 2Cor 1,21-22: *Qui unxit nos, Deus est: et qui signavit nos, et dedit pignus Spiritus in cordibus nostris.* Sed nihil aliud importat character quam quandam signationem. Ergo videtur quod Deus per sacramenta nobis suum characterem imprimat.

RESPONDEO dicendum quod, sicut ex praedictis[3] patet, sacramenta novae legis ad duo ordinantur: videlicet ad remedium contra peccata; et ad perficiendum animam in his quae pertinent ad cultum Dei secundum ritum Christianae vitae. Quicumque autem ad aliquid certum deputatur, consuevit ad illud consignari: sicut milites qui adscribebantur ad militiam antiquitus solebant aliquibus characteribus corporalibus insigniri, eo quod deputabantur ad aliquid corporale. Et ideo, cum homines per sacramenta deputentur ad aliquid spirituale pertinens ad cultum Dei, consequens est quod per ea fideles aliquo spirituali charactere insigniantur. Unde Augustinus dicit, in II *contra Parmenianum*[4]: *Si militiae characterem in corpore suo non militans pavidus exhorruerit, et ad clementiam Imperatoris confugerit, ac, prece fusa et venia impetrata, militare iam coeperit: nunquid, homine liberato atque correcto, character ille repetitur, ac non potius agnitus approbatur? An forte minus haerent sacramenta Christiana quam corporalis haec nota?*

AD PRIMUM ergo dicendum quod fideles Christi ad praemium quidem futurae gloriae deputantur signaculo praedestinationis divinae. Sed ad actus convenientes praesenti Ecclesiae deputantur quodam spirituali signaculo eius insignito, quod character nuncupatur.

AD SECUNDUM dicendum quod character animae impressus habet rationem signi inquantum

3. ADEMAIS, como o fiel se distingue do infiel pelos sacramentos da Nova Lei, também pelos da Antiga Lei. Ora, estes não imprimiam caráter e por isso são chamados pelo Apóstolo de "ritos humanos". Logo, tampouco os sacramentos da Nova Lei imprimem caráter.

EM SENTIDO CONTRÁRIO, está o que o Apóstolo diz: "Aquele que nos dá a unção é Deus, ele que nos marcou com o seu sinete e depôs em nossos corações o penhor do Espírito". Ora, o caráter não acarreta nada mais que a impressão de um sinete. Logo, parece que pelos sacramentos Deus imprime em nós seu caráter[a].

RESPONDO. Os sacramentos da Nova Lei visam a um duplo fim: ser remédio contra o pecado e aperfeiçoar a alma no que respeita ao culto a Deus segundo o rito da vida cristã. Quem é incumbido de determinada tarefa, costuma ser marcado por um sinal apropriado, como na antiguidade os soldados inscritos no exército costumavam ser marcados com tatuagens no corpo, já que eram incumbidos de uma tarefa corporal. Por isso, como os homens pelos sacramentos são incumbidos do serviço espiritual do culto a Deus, é lógico que os sacramentos marquem os fiéis com um certo caráter espiritual. Agostinho diz: "Suponhamos um soldado que, tomado de medo, foge ao combate, negando assim o caráter impresso em seu corpo; se ele recorre à clemência do imperador e, obtido o perdão graças a esse pedido, volta a lutar, uma vez que esse homem foi liberado e se corrigiu, será por acaso preciso repetir o caráter e não simplesmente reconhecê-lo existente? Os sacramentos cristãos estariam menos profundamente impressos que essa marca corporal?"

QUANTO AO 1º, portanto, deve-se dizer que os fiéis cristãos são, de fato, destinados ao prêmio da glória futura pelo sinete da predestinação divina. Mas são incumbidos dos atos que convém à Igreja no presente por um sinete espiritual com que são marcados e se denomina caráter.

QUANTO AO 2º, deve-se dizer que o caráter impresso na alma inclui a ideia de sinal por ser

---

3. Q. 62, a. 5.
4. C. 13, n. 29: ML 43, 71-72.

a. Contrariamente ao que muitas vezes se pensa, o argumento *em sentido contrário* não contém uma autoridade decisiva, da qual a Resposta se contentaria em desenvolver as implicações. Esse argumento não faz mais do que preparar a via para a Resposta, que muitas vezes lhe dá as especificações necessárias. O texto de São Paulo situa o caráter num contexto de vocabulário sacramental bastante vago. A única prova real da existência do caráter sacramental é que a Igreja, guiada pelo instinto do Espírito Santo, jamais admitiu a renovação dos três sacramentos. Isso será tratado no artigo 6. Nosso artigo se limita a mostrar as conveniências desse fato.

per sensibile sacramentum imprimitur: per hoc enim scitur aliquis baptismali charactere insignitus, quod est ablutus aqua sensibili. Nihilominus tamen character, vel signaculum, dici potest per quandam similitudinem omne quod figurat alicui, vel distinguit ab alio, etiam si non sit sensibile: sicut Christus dicitur *figura* vel *character paternae substantiae*, secundum Apostolum, Hb 1,3.

AD TERTIUM dicendum quod, sicut supra[5] dictum est, sacramenta veteris legis non habebant in se spiritualem virtutem ad aliquem spiritualem effectum operantem. Et ideo in illis sacramentis non requirebatur aliquis spiritualis character, sed sufficiebat ibi corporalis circumcisio, quam Apostolus *signaculum* nominat, Rm 4,11.

impresso por um sacramento sensível: sabe-se que alguém está marcado com o caráter batismal pelo fato de ter sido lavado pela água perceptível aos sentidos. Não obstante, também se pode chamar metaforicamente de caráter ou sinete tudo o que representa a algo ou o distingue de outro, mesmo não sendo perceptível aos sentidos. Assim Cristo é chamado na Carta aos Hebreus, "expressão" ou "caráter da substância do Pai"[b].

QUANTO AO 3º, deve-se dizer que os sacramentos da Antiga Lei não tinham em si a força espiritual de produzir um efeito espiritual. Por isso, naqueles sacramentos não era preciso um caráter espiritual, mas era suficiente a circuncisão corporal que o Apóstolo chama de "sinete".

ARTICULUS 2
Utrum character sit spiritualis potestas

AD SECUNDUM SIC PROCEDITUR. Videtur quod character non sit spiritualis potestas.

1. *Character* enim idem videtur esse quod *figura*: unde Hb 1,3, ubi dicitur, *figura substantiae eius*, in graeco habetur loco *figurae "character"*. Sed figura est in quarta specie qualitatis; et ita differt a potestate, quae est in secunda specie qualitatis. Character ergo non est spiritualis potestas.

2. PRAETEREA, Dionysius dicit, 2 cap. *Eccles. Hier.*[1] quod *divina beatitudo accedentem ad beatitudinem in sui participationem recipit, et proprio lumine, quasi quodam signo, ipsi tradit suam participationem*. Et sic videtur quod character sit quoddam lumen. Sed lumen pertinet magis ad tertiam speciem qualitatis. Non ergo character est potestas, quae videtur ad secundum speciem qualitatis pertinere.

3. PRAETEREA, a quibusdam character sic definitur: *Character est signum sanctum communionis fidei et sanctae ordinationis, datum a hierarcha*. Signum autem est in genere relationis, non autem in genere potestatis. Non ergo character est spiritualis potestas.

ARTIGO 2
O caráter é uma potência espiritual?[c]

QUANTO AO SEGUNDO, ASSIM SE PROCEDE: parece que o caráter **não** é uma potência espiritual.

1. Com efeito, caráter parece ser sinônimo de figura, tanto que na Carta aos Hebreus, onde Cristo é chamado de "figura de sua substância", o grego traz "caráter" em vez de "figura". Ora, figura é da quarta espécie de qualidade e difere de potência que é da segunda espécie. Logo, o caráter não é uma potência espiritual.

2. ALÉM DISSO, Dionísio escreve: "A Divindade bem-aventurada concede que dela participe quem se aproxima da bem-aventurança e lhe confere essa participação por sua própria luz, como por um sinal". Assim parece que o caráter é um tipo de luz. Ora, a luz pertence à terceira espécie de qualidade. Logo, o caráter não é uma potência, pois esta pertence à segunda espécie de qualidade.

3. ADEMAIS, alguns definem caráter como "um sinal sagrado da comunhão de fé e da santa ordenação, dado pelo hierarca". Ora, sinal é do gênero da relação, não do gênero da potência. Logo, o caráter não é uma potência espiritual.

---

5. Q. 62, a. 6.

2   PARALL.: IV *Sent.*, dist. 4, q. 1, a. 1.
    1. P. III, § 4: MG 3, 400 CD.

b. O caráter invisível tem indiretamente função de signo, mas também de maneira indubitável, pois constitui a *res et sacramentum* nos sacramentos que o comportam. Ora, num sacramento válido, essa realidade intermediária é sempre produzida pelo *sacramentum tantum* (ver abaixo, n. 5).

c. Este artigo procura classificar o caráter nas categorias aristotélicas. Trata-se aqui de uma teologia bastante técnica, e que pouco contribui para a compreensão da fé.

4. PRAETEREA, potestas habet rationem causae et principii: ut patet in V *Metaphys*.[2]. Sed *signum*, quod ponitur in definitione characteris, magis pertinet ad rationem effectus. Character ergo non est spiritualis potestas.

SED CONTRA, Philosophus dicit, in II *Ethic*.[3]: *Tria sunt in anima: potentia, habitus et passio*. Sed character non est passio: quia passio cito transit, character autem indelebilis est, ut infra[4] dicetur. Similiter etiam non est habitus. Quia nullus habitus est qui se possit ad bene et male habere. Character autem ad utrumque se habet: utuntur enim eo quidam bene, alii vero male. Quod in habitibus non contingit: nam habitu virtutis *nullus utitur male*, habitu malitiae nullus bene. Ergo relinquitur quod character sit potentia.

RESPONDEO dicendum quod, sicut dictum est[5], sacramenta novae legis characterem imprimunt inquantum per ea deputamur ad cultum Dei secundum ritum Christianae religionis. Unde Dionysius, in 2 cap. *Eccles. Hier*.[6], cum dixisset quod Deus *quodam signo tradit sui participationem accedenti*, subiungit: *perficiens eum divinum et communicatorem divinorum*. Divinus autem cultus consistit vel in recipiendo aliqua divina, vel in tradendo aliis. Ad utrumque autem horum requiritur quaedam potentia: nam ad tradendum aliquid aliis, requiritur potentia activa; ad recipiendum autem requiritur potentia passiva. Et ideo character importat quandam potentiam spiritualem ordinatam ad ea quae sunt divini cultus.

Sciendum tamen quod haec spiritualis potentia est instrumentalis: sicut supra[7] dictum est de virtute quae est in sacramentis. Habere enim sacramenti characterem competit ministris Dei: minister autem habet se per modum instrumenti, ut Philosophus dicit, in I *Polit*.[8]. Et ideo, sicut virtus quae est in sacramentis, non est in genere per se, sed per reductionem, eo quod est quiddam fluens et incompletum; ita etiam character non proprie est in genere vel specie, sed reducitur ad secundam speciem qualitatis.

AD PRIMUM ergo dicendum quod figuratio est quaedam terminatio quantitatis. Unde, proprie loquendo, non est nisi in rebus corporeis: in spi-

4. ADEMAIS, segundo fica claro em Aristóteles, a potência inclui a ideia de causa e princípio. Ora, o "sinal" que entra na definição de caráter, parece incluir antes a ideia de efeito. Logo, caráter não é uma potência espiritual.

EM SENTIDO CONTRÁRIO, o Filósofo ensina: "Há três realidades na alma: potência, hábito e paixão". Ora, o caráter não é uma paixão, porque a paixão passa logo e o caráter é indelével como se explicará adiante. Tampouco é um hábito, porque não existe hábito que seja indeterminado para o bem ou para o mal; mas o caráter é indeterminado, pois alguns o usam bem, outros mal, o que não acontece com os hábitos, já que ninguém faz mau uso do hábito virtuoso, nem bom uso do hábito vicioso. Logo, resta que o caráter seja uma potência.

RESPONDO. Os sacramentos da Nova Lei imprimem caráter, enquanto nos incumbem do culto a Deus segundo o rito da religião cristã. Por isso, Dionísio, depois de dizer que Deus, por um sinal, confere ao batizado participação em sua natureza, acrescenta: "fazendo-o divino e comunicador de realidades divinas". Ora, o culto divino consiste em receber o que é divino ou em transmiti-lo aos outros. Para ambas as ações requer-se uma potência: para transmitir aos outros, uma potência ativa; para receber, uma potência passiva. Portanto, o caráter comporta certa potência espiritual que visa a tudo quanto diz respeito ao culto divino.

Saiba-se, porém, que essa potência espiritual é instrumental, como se disse acima da força que há nos sacramentos. Pois possuir o caráter sacramental cabe aos ministros de Deus. Ora, conforme o Filósofo, o ministro se comporta à maneira de instrumento. Portanto, como a força que há nos sacramentos só por redução pertence a um gênero determinado, pelo fato de ser instável e incompleta, assim também o caráter não pertence propriamente a gênero ou espécie, mas se reduz à segunda espécie de qualidade.

QUANTO AO 1º, portanto, deve-se dizer que a figura dá, por assim dizer, acabamento à quantidade. Daí que, propriamente, só exista nas realidades cor-

---

2. C. 12: 1019, a, 15-20.
3. C. 4: 1105, b, 20.
4. A. 5.
5. A. 1.
6. P. III, § 4: MG 3, 400 D.
7. Q. 62, a. 4.
8. C. 2: 1253, b, 30.

ritualibus autem dicitur metaphorice. Non autem ponitur aliquid in genere vel specie nisi per id quod de eo proprie praedicatur. Et ideo character non potest esse in quarta specie qualitatis: licet hoc quidam posuerint.

AD SECUNDUM dicendum quod in tertia specie qualitatis non sunt nisi sensibiles passiones, vel sensibiles qualitates. Character autem non est lumen sensibile. Et ita non est in tertia specie qualitatis, ut quidam dixerunt.

AD TERTIUM dicendum quod relatio quae importatur in nomine signi, oportet quod super aliquid fundetur. Non autem relatio huius signi quod est character, potest fundari immediate super essentiam animae: quia sic conveniret omni animae naturaliter. Et ideo oportet aliquid poni in anima super quod fundetur talis relatio. Et hoc est essentia characteris. Unde non oportebit quod sit in genere relationis, sicut quidam posuerunt.

AD QUARTUM dicendum quod character habet rationem signi per comparationem ad sacramentum sensibile a quo imprimitur. Sed secundum se consideratus, habet rationem principii, per modum iam dictum[9].

porais; nas espirituais apenas em sentido metafórico. Ora, algo só pertence a um gênero ou espécie pelo que se diz dele em sentido próprio. Por isso, o caráter não pode estar na quarta espécie de qualidade, embora alguns assim o tenham afirmado.

QUANTO AO 2º, deve-se dizer que na terceira espécie de qualidade só estão as paixões sensíveis ou as qualidades sensíveis. O caráter, porém, não é uma luz perceptível aos sentidos. Portanto, não está na terceira espécie de qualidade, como alguns o queriam.

QUANTO AO 3º, deve-se dizer que a relação que a palavra "sinal" conota, precisa fundamentar-se sobre algo. A relação do sinal que é o caráter, não pode ter por fundamento imediato a essência da alma, porque então caberia por natureza a toda alma. Daí a necessidade de admitir na alma algo sobre que se fundamente essa relação: eis a essência do caráter. Por isso, não convém que esteja no gênero da relação, como alguns afirmaram.

QUANTO AO 4º, deve-se dizer que o caráter inclui a ideia de sinal por sua relação com o sacramento sensível que o imprime. Mas, considerado em si, inclui a ideia de princípio, do modo como já foi dito acima.

ARTICULUS 3
Utrum character sacramentalis sit character Christi

AD TERTIUM SIC PROCEDITUR. Videtur quod character sacramentalis non sit character Christi.

1. Dicitur enim Eph 4,30: *Nolite contristare Spiritum Sanctum Dei, in quo signati estis*. Sed consignatio importatur in ratione characteris. Ergo character sacramentalis magis debet attribui Spiritui Sancto quam Christo.

2. PRAETEREA, character habet rationem signi. Est autem signum gratiae quae per sacramentum confertur. Gratia autem infunditur animae a tota trinitate: unde dicitur in Ps 83,12: *Gratiam et gloriam dabit Dominus*. Ergo videtur quod character sacramentalis non debeat specialiter attribui Christo.

3. PRAETEREA, ad hoc aliquis characterem accipit ut eo a ceteris distinguatur. Sed distinctio sanctorum ab aliis fit per caritatem, quae *sola distinguit inter filios Regni et filios perditionis*, ut Augustinus dicit, XV *de Trin*.[1]: unde et ipsi perditionis filii *characterem bestiae* habere dicuntur, ut

ARTIGO 3
O caráter sacramental é caráter de Cristo?

QUANTO AO TERCEIRO, ASSIM SE PROCEDE: parece que o caráter sacramental **não** é caráter de Cristo.

1. Com efeito, a Carta aos Efésios diz: "Não contristeis o Espírito Santo com o qual Deus vos marcou". Ora, ser marcado está contido na ideia de caráter. Logo, deve-se atribuir o caráter antes ao Espírito Santo que a Cristo.

2. ALÉM DISSO, o caráter inclui a ideia de sinal, pois é sinal da graça conferida pelo sacramento. Ora, a graça é infundida na alma por toda a Trindade como está no Salmo: "O Senhor dá a graça e a glória". Logo, não parece que se deva atribuir o caráter sacramental especialmente a Cristo.

3. ADEMAIS, se alguém recebe um caráter, é para distinguir-se dos demais. Ora, os santos se distinguem dos demais pela caridade que, conforme Agostinho, "é a única que distingue entre os filhos do Reino e os filhos da perdição". Por isso se diz que os filhos da perdição têm "a marca

---
9. In corp.

3 PARALL.: IV *Sent*., dist. 4, q. 1, a. 2; a. 3, q.la 5; a. 4, q.la 4.

1. C. 18: ML 42, 1082.

patet Ap 13,16-17. Caritas autem non attribuitur Christo, sed magis Spiritui Sancto, secundum illud Rm 5,5: *Caritas Dei diffusa est in cordibus nostris per Spiritum Sanctum, qui datus est nobis*; vel etiam Patri, secundum illud 2Cor 13,13, *Gratia Domini nostri Iesu Christi et caritas Dei*. Ergo videntur quod character sacramentalis non sit attribuendus Christo.

SED CONTRA est quod quidam sic definiunt characterem: *Character est distinctio a charactere aeterno impressa animae rationali, secundum imaginem consignans trinitatem creatam Trinitati creanti et recreanti, et distinguens a non configuratis, secundum statum fidei*. Sed character aeternus est ipse Christus: secundum illud Hb 1,3: *Qui cum sit splendor gloriae et figura*, vel character, *substantiae eius*. Ergo videtur quod character proprie sit attribuendus Christo.

RESPONDEO dicendum quod, sicut ex supra[2] dictis patet, character proprie est signaculum quoddam quo aliquid insignitur ut ordinandum in aliquem finem: sicut charactere insignitur denarius ad usum commutationum, et milites charactere insigniuntur quasi ad militiam deputati. Homo autem fidelis ad duo deputatur. Primo quidem, et principaliter, ad fruitionem gloriae. Et ad hoc insigniuntur signaculo gratiae: secundum illud Ez 9,4: *Signa thau super frontes virorum gementium et dolentium*; et Ap 7,3: *Nolite nocere terrae et mari neque arboribus, quoadusque signemus servos Dei nostri in frontibus eorum*.

Secundo autem deputatur quisque fidelis ad recipiendum vel tradendum aliis ea quae pertinent ad cultum Dei. Et ad hoc proprie deputatur character sacramentalis. Totus autem ritus Christiane religionis derivatur a sacerdotio Christi. Et ideo manifestum est quod character sacramentalis specialiter est character Christi, cuius sacerdotio configurantur fideles secundum sacramentales characteres, qui nihil aliud sunt quam quaedam participationes sacerdotii Christi, ab ipso Christo derivatae.

AD PRIMUM ergo dicendum quod Apostolus ibi loquitur de configuratione secundum quam aliquis deputatur ad futuram gloriam, quae fit per gratiam. Quae Spiritui Sancto attribuitur,

da besta". Ora, a caridade não se atribui a Cristo, mas antes ao Espírito Santo de acordo com a Carta aos Romanos: "O amor de Deus foi derramado em nossos corações pelo Espírito Santo que nos foi dado"; ou também ao Pai na Carta aos Coríntios: "A graça do Senhor Jesus Cristo, o amor de Deus…". Logo, parece que não se deve atribuir o caráter a Cristo.

EM SENTIDO CONTRÁRIO, alguns[d] definem caráter do seguinte modo: "Caráter é uma marca distintiva impressa pelo Caráter eterno na alma racional, configurando a modo de imagem a trindade criada à Trindade criadora e recriadora e distinguindo os fiéis dos que não são configurados segundo o condição permanente da fé". Ora, o caráter eterno é o próprio Cristo, conforme aquela passagem da Carta aos Hebreus: Ele "é o resplendor de sua glória e a figura — ou caráter — de sua substância". Logo, deve-se atribuir o caráter propriamente a Cristo.

RESPONDO. O caráter é propriamente um sinete com que alguém é marcado para que se oriente a determinado fim: assim o denário é marcado com um caráter para ser usado no comércio, e os soldados são marcados com um caráter por serem incumbidos do serviço militar. O fiel cristão é incumbido de duas tarefas. A primeira e principal é a fruição da glória. Para tanto, é marcado com o sinete da graça, como diz a Escritura: "Faze uma marca na fronte dos homens que gemem e se lamentam", e: "Não façais dano à terra, nem ao mar, nem às árvores, até que tenhamos marcado com o selo a fronte dos servos do nosso Deus".

Em segundo lugar, cada fiel é incumbido de receber ou transmitir aos outros o que diz respeito ao culto de Deus. Aqui reside propriamente a tarefa de que se é incumbido pelo caráter sacramental. Ora, todo rito da religião cristã decorre do sacerdócio de Cristo. Por isso, é evidente que o caráter sacramental é especificamente caráter de Cristo, a cujo sacerdócio os fiéis são configurados conforme os caracteres sacramentais, que nada mais são que modos de participação no sacerdócio de Cristo, derivados do próprio Cristo.

QUANTO AO 1º, portanto, deve-se dizer que aqui o Apóstolo fala da configuração pela qual alguém é destinado à glória futura. Essa configuração é obra da graça, atribuída ao Espírito Santo, enquan-

---

2. A. 1.

---

d. "Alguns". Trata-se de uma "definição magistral" da qual se ignora o autor, que encontramos em Sto. Alberto, o grande, e em São Boaventura. Será retomada no argumento *em sentido contrário* do artigo seguinte.

inquantum ex amore procedit quod Deus nobis aliquid gratis largiatur, quod ad rationem gratiae pertinet: Spiritus autem Sanctus amor est. Unde et 1Cor 12,4 dicitur: *Divisiones gratiarum sunt, idem autem Spiritus.*

AD SECUNDUM dicendum quod character sacramentalis est res respectu sacramenti exterioris: et est sacramentum respectu ultimi effectus. Et ideo dupliciter potest aliquid characteri attribui. Uno modo, secundum rationem sacramenti. Et hoc modo est signum invisibilis gratiae, quae in sacramento confertur. — Alio modo, secundum characteris rationem. Et hoc modo signum est configurativum alicui principali, apud quem residet auctoritas eius ad quod aliquis deputatur: sicut milites, qui deputantur ad pugnam, insigniuntur signo ducis, quo quodammodo ei configurantur. Et hoc modo illi qui deputantur ad cultum Christianum, cuius auctor est Christus, characterem accipiunt quo Christo configurantur. Unde proprie est character Christi.

AD TERTIUM dicendum quod charactere distinguitur aliquis ab alio per comparationem ad aliquem finem in quem ordinatur qui characterem accipit: sicut dictum est[3] de charactere militari, quo in ordine ad pugnam distinguitur miles regis a milite hostis. Et similiter character fidelium est quo distinguuntur fideles Christi a servis diaboli, vel in ordine ad vitam aeternam, vel in ordine ad cultum praesentis Ecclesiae. Quorum primum fit per caritatem et gratiam, ut obiectio procedit: secundum autem fit per characterem sacramentalem. Unde et *character bestiae* intelligi potest, per oppositum, vel obstinata malitia, qua aliqui deputantur ad poenam aeternam; vel professio illiciti cultus.

to por amor Deus nos concede o que é gratuito. Que o gratuito nos vem por amor, está contido na ideia de graça. Ora, o Espírito Santo é amor. Por isso diz o Apóstolo: "Há diversidade de dons da graça, mas o Espírito é o mesmo".

QUANTO AO 2º, deve-se dizer que o caráter sacramental é realidade com relação ao sacramento exterior, e é sinal com relação ao efeito último[e]. Por isso, algo pode ser atribuído ao caráter em dois sentidos. Num primeiro sentido, segundo a razão de sacramento. E deste modo o caráter é sinal da graça invisível conferida no sacramento. — Em outro sentido, segundo a razão de caráter. Ele é então um sinal que configura ao que é principal, o qual possui autoridade sobre aquilo para o que alguém é delegado. Assim os soldados, incumbidos de combater, são marcados com o sinal de seu chefe militar e lhe são como que configurados. Assim também, os que são incumbidos do culto cristão, cujo autor é Cristo, recebem um caráter, que os configura a Cristo. Por isso é propriamente caráter de Cristo.

QUANTO AO 3º, deve-se dizer que o caráter distingue uma pessoa de outra levando em consideração a finalidade a que está orientado quem o recebe, como foi dito do caráter militar que, em vista do combate, distingue o soldado do rei do soldado inimigo. De modo semelhante, o caráter dos fiéis distingue os fiéis de Cristo dos servos do diabo, seja em vista da vida eterna, seja em vista do culto atual da Igreja. No primeiro caso, a distinção provém da caridade e da graça, e nesse sentido a objeção é procedente; no segundo caso, a distinção se faz pelo caráter sacramental. Assim, por contraste, se pode entender a "marca da besta" ou como maldade obstinada, devido à qual alguém é destinado à pena eterna, ou como prática de um culto ilícito.

---

3. A. 1.

e. Sto. Tomás utiliza com frequência uma distinção bastante esclarecedora, que ele toma emprestado a Sto. Agostinho. Este dá por objeto a toda ciência, no início do tratado *Da Doutrina* Cristã (1. I, cap. II, 2), seja as coisas (*res*), seja os signos (*signa*).
Distingue-se desse modo, no sacramento, um triplo nível de eficácia: *sacramentum tantum* (o que é somente signo); *res et sacramentum* (o que já é realidade e ainda signo) e *res tantum* (o que é somente realidade).
O *sacramentum tantum* é o rito exterior: no batismo, a abluição e a invocação trinitária; na eucaristia, sua celebração litúrgica, na qual o padre pronuncia sobre o pão e o vinho as palavras da instituição. Isso, que é visível e pode ser controlado por todas as testemunhas, mesmo incrédulos, opera infalivelmente a *res et sacramentum*, que é uma realidade invisível, mas certa pois é necessariamente produzida pelo *sacramentum tantum*. É nesse ponto que age a eficácia *ex opere operato* que garante a visibilidade e a estabilidade da Igreja, constituída pelos sacramentos.
Em contrapartida, a produção da *res tantum* (o efeito último do sacramento, a razão de ser de sua instituição) depende das boas disposições do sujeito dos sacramentos, e não é tão infalível.

ARTICULUS 4
Utrum character sit in potentiis animae sicut in subiecto

AD QUARTUM SIC PROCEDITUR. Videtur quod character non sit in potentiis animae sicut in subiecto.
1. Character enim dicitur esse dispositio ad gratiam. Sed gratia est in essentia animae sicut in subiecto, ut in Secunda Parte[1] dictum est. Ergo videtur quod character sit in essentia animae, non autem in potentiis.
2. PRAETEREA, potentia animae non videtur esse subiectum alicuius nisi habitus vel dispositionis. Sed character, ut supra[2] dictum est, non est habitus vel dispositio, sed magis potentia: cuius subiectum non est nisi essentia animae. Ergo videtur quod character non sit sicut in subiecto in potentia animae, sed magis in essentia ipsius.
3. PRAETEREA, potentiae animae rationalis distinguuntur per cognitivas et appetitivas. Sed non potest dici quod character sit tantum in potentia cognoscitiva, nec etiam tantum in potentia appetitiva: quia non ordinatur neque ad cognoscendum tantum, neque ad appetendum. Similiter etiam non potest dici quod sit in utraque: quia idem accidens non potest esse in diversis subiectis. Ergo videtur quod character non sit in potentia animae sicut in subiecto, sed magis in essentia.

SED CONTRA est quod, sicut in praemissa[3] definitione characteris continetur, character imprimitur animae rationali *secundum imaginem*. Sed imago Trinitatis in anima attenditur secundum potentias. Ergo character in potentiis animae existit.

RESPONDEO dicendum quod, sicut dictum est[4], character est quoddam signaculum quo anima insignitur ad suscipiendum vel aliis tradendum ea quae sunt divini cultus. Divinus autem cultus in quibusdam actibus consistit. Ad actus autem proprie ordinantur potentiae animae, sicut essentia ordinatur ad esse. Et ideo character non est sicut in subiecto in essentia animae, sed in eius potentia.

AD PRIMUM ergo dicendum quod subiectum alicui accidenti attribuitur secundum rationem

ARTIGO 4
O sujeito do caráter são as potências da alma?

QUANTO AO QUARTO, ASSIM SE PROCEDE: parece que o sujeito do caráter **não** são as potências da alma.
1. Com efeito, o caráter é considerado como disposição para a graça. Ora, a graça está na essência da alma como em seu sujeito, como se disse na II Parte. Logo, o caráter deve estar na essência e não nas potências da alma.
2. ALÉM DISSO, uma potência da alma só pode ser sujeito de um hábito ou de uma disposição. Ora, o caráter não é nem hábito nem disposição, mas potência, e o sujeito da potência é a essência da alma. Logo, parece que o caráter não está numa potência, mas na essência da alma.
3. ADEMAIS, as potências da alma racional se distinguem em cognitivas e apetitivas. Ora, não se pode dizer nem que o caráter está só numa potência cognitiva, nem só numa potência apetitiva, pois não se orienta nem só ao conhecimento, nem só ao apetite. Mas tampouco se pode dizer que esteja em ambas, porque o mesmo acidente não pode estar em sujeitos diversos. Logo, parece que o sujeito do caráter é a essência da alma e não uma de suas potências.

EM SENTIDO CONTRÁRIO, na definição de caráter dada anteriormente, dizia-se que o caráter se imprime na alma "a modo de imagem". Ora, reconhece-se a imagem da Trindade na alma considerando suas potências. Logo, o caráter está nas potências da alma.

RESPONDO. Caráter é um sinete, com que se marca a alma para receber ou transmitir aos demais o que concerne ao culto divino. Ora, o culto divino consiste em determinados atos. São as potências que se orientam aos atos, como a essência se orienta ao existir. Portanto, o caráter não tem por sujeito a essência da alma, mas uma de suas potências[f].

QUANTO AO 1º, portanto, deve-se dizer que se atribui a um acidente um sujeito segundo a razão

---
4 PARALL.: IV *Sent.*, dist. 4, q. 1, a. 3, q.la 1.
1. I-II, q. 110, a. 4.
2. A. 2.
3. A. 3, *sed c*.
4. A. 3.

f. O caráter estando subordinado ao culto, à ação, tem sua sede nas faculdades da alma ligadas à ação, pois o culto é um "protesto de fé pelos signos exteriores". Sua sede será portanto a inteligência, uma vez que esta é a sede da fé (ver II-II, q. 4, a. 2). Pelo contrário, a graça tem por sede a essência da alma, que ela eleva à vida sobrenatural (ver I-II, q. 110, a. 4).

eius ad quod propinque disponit: non autem secundum rationem eius ad quod disponit remote vel indirecte. Character autem directe quidem et propinque disponit animam ad ea quae sunt divini cultus exequenda: et quia haec idonee non fiunt sine auxilio gratiae, quia, ut dicitur Io 4,24, *eos qui adorant Deum, in spiritu et veritate adorare oportet*, ex consequenti divina largitas recipientibus characterem gratiam largitur, per quam digne impleant ea ad quae deputantur. Et ideo characteri magis est attribuendum subiectum secundum rationem actuum ad divinum cultum pertinentium, quam secundum rationem gratiae.

AD SECUNDUM dicendum quod essentia animae est subiectum potentiae naturalis, quae ex principiis essentiae procedit. Talis autem potentia non est character: sed est quaedam spiritualis potentia ab extrinseco adveniens. Unde, sicut essentia animae, per quam est naturalis vita hominis, perficitur per gratiam, qua anima spiritualiter vivit; ita potentia naturalis animae perficitur per spiritualem potentiam, quae est character. Habitus enim et dispositio pertinent ad potentiam animae, eo quod ordinantur ad actus, quorum potentiae sunt principia. Et eadem ratione omne quod ad actum ordinatur, est potentiae tribuendum.

AD TERTIUM dicendum quod, sicut dictum est[5], character ordinatur ad ea quae sunt divini cultus. Qui quidem est quaedam fidei protestatio per exteriora signa. Et ideo oportet quod character sit in cognitiva potentia animae, in qua est fides.

daquilo a que o acidente dispõe proximamente, e não daquilo a que dispõe remota ou indiretamente. Direta e proximamente o caráter dispõe a alma a realizar o que diz respeito ao culto divino. Mas, como não se cumpre dignamente o culto sem o auxílio da graça, pois o Evangelho de João diz que "os que adoram a Deus, devem adorar em espírito e verdade", segue-se que, aos que recebem o caráter, a liberalidade divina prodigaliza a graça para se desempenharem dignamente da incumbência que lhes foi dada. Por isso, deve-se atribuir ao caráter um sujeito segundo a razão dos atos pertinentes ao culto divino mais do que segundo a razão da graça.

QUANTO AO 2º, deve-se dizer que a essência da alma é o sujeito da potência natural que se origina dos princípios da essência. Mas o caráter não é desse tipo de potência, senão uma potência espiritual que vem de fora. Como a essência da alma, princípio da vida natural do homem, é aperfeiçoada pela graça, que dá à alma a vida espiritual, assim a potência natural da alma é aperfeiçoada pela potência espiritual que é o caráter. O hábito e a disposição pertencem à potência da alma, pelo fato de se orientarem aos atos, cujos princípios são as potências. Pela mesma razão, tudo quanto se ordena aos atos, deve ser atribuído à potência.

QUANTO AO 3º, deve-se dizer que o caráter visa ao culto divino, que consiste numa profissão de fé mediante sinais exteriores. Por isso, convém que o caráter esteja na potência cognitiva da alma em que está a fé.

ARTICULUS 5
Utrum character insit animae indelebiliter

AD QUINTUM SIC PROCEDITUR. Videtur quod character non insit animae indelebiliter.

1. Quanto enim aliquod accidens est perfectius, tanto firmius inhaeret. Sed gratia est perfectior quam character: quia character ordinatur ad gratiam sicut ad ulteriorem finem. Gratia autem amittitur per peccatum. Ergo multo magis character.

2. PRAETEREA, per characterem aliquis deputatur divino cultui, sicut dictum est[1]. Sed aliqui a cultu divino transeunt ad contrarium cultum per

ARTIGO 5
O caráter se imprime na alma de forma indelével?

QUANTO AO QUINTO, ASSIM SE PROCEDE: parece que o caráter **não** se imprime na alma de forma indelével.

1. Com efeito, quanto mais perfeito é o acidente, tanto mais firmemente adere ao sujeito. Ora, a graça é mais perfeita que o caráter, pois este se ordena à graça como a seu fim ulterior. Mas a graça se perde pelo pecado. Logo, com muito mais razão o caráter.

2. ALÉM DISSO, pelo caráter a pessoa é incumbida do culto divino. Ora, alguns passam do culto divino a um culto contrário, apostatando

---

5. In corp.

PARALL.: Infra, q. 66, a. 9; q. 82, a. 8; IV *Sent.*, dist. 4, q. 1, a. 3, q.la 4; *ad Rom.*, c. 7, lect. 1.

1. Articulis praec.

apostasiam a fide. Ergo videtur quod tales amittant characterem sacramentalem.

3. PRAETEREA, cessante fine, cessare debet et id quod est ad finem, alioquin frustra remaneret: sicut post resurrectionem non erit matrimonium, quia cessabit generatio, ad quam matrimonium ordinatur. Cultus autem exterior, ad quem character ordinatur, non remanebit in patria, in qua nihil agetur in figura, sed totum in nuda veritate. Ergo character sacramentalis non remanet in perpetuum in anima. Et ita non inest indelebiliter.

SED CONTRA est quod Augustinus dicit, in II contra Parmenianum[2]: *Non minus haerent sacramenta Christiana quam corporalis nota militiae.* Sed character militaris non repetitur, sed *agnitus approbatur*, in eo qui veniam meretur ab imperatore post culpam. Ergo nec character sacramentalis deleri potest.

RESPONDEO dicendum quod, sicut dictum est[3], character sacramentalis est quaedam participatio sacerdotii Christi in fidelibus eius: ut scilicet, sicut Christus habet plenam spiritualis sacerdotii potestatem, ita fideles eius ei configurentur in hoc quod participant aliquam spiritualem potestatem respectu sacramentorum et eorum quae pertinent ad divinum cultum. Et propter hoc etiam Christo non competit habere characterem: sed potestas sacerdotii eius comparatur ad characterem sicut id quod est plenum et perfectum ad aliquam sui participationem. Sacerdotium autem Christi est aeternum: secundum illud Ps 109,4: *Tu es sacerdos in aeternum secundum ordinem Melchisedech.* Et inde est quod omnis sanctificatio quae fit per sacerdotium eius, est perpetua, re consecrata manente. Quod patet etiam in rebus inanimatis: nam ecclesiae vel altaris manet consecratio semper, nisi destruatur. Cum igitur anima sit subiectum characteris secundum intellectivam partem, in qua est fides, ut dictum est[4]; manifestum est quod, sicut intellectus perpetuus est et incorruptibilis, ita character indelebiliter manet in anima.

AD PRIMUM ergo dicendum quod aliter est in anima gratia, et aliter character. Nam gratia est

da fé. Logo, esses parecem perder o caráter sacramental.

3. ADEMAIS, quando cessa a finalidade, deve cessar também o que se orienta a essa finalidade, do contrário permaneceria em vão. Assim, depois da ressurreição, não haverá matrimônio, porque cessou a geração que é a finalidade do matrimônio. Ora, o culto exterior, que é a finalidade do caráter, não permanecerá na pátria, onde nada acontecerá em figura, mas tudo será verdade desvelada. Logo, o caráter sacramental não permanece perpetuamente na alma e, portanto, não se lhe imprime indelevelmente.

EM SENTIDO CONTRÁRIO, diz Agostinho: "Os sacramentos cristãos não estão menos profundamente impressos que a marca corporal do serviço militar. Ora, o caráter militar não se repete, mas "é reconhecido existente" naquele que, depois da culpa, merece o perdão do chefe militar. Logo, tampouco o caráter sacramental pode apagar-se[g].

RESPONDO. O caráter sacramental é uma certa participação no sacerdócio de Cristo em seus fiéis. Significa que, como Cristo tem o pleno poder do sacerdócio espiritual, assim seus fiéis são configurados a ele pela participação em certo poder espiritual no que diz respeito aos sacramentos e ao que pertence ao culto divino. Por isso, a Cristo não cabe ter um caráter; seu poder sacerdotal se relaciona com o caráter como o que é pleno e perfeito ao que é participação no pleno e perfeito. Ora, o sacerdócio de Cristo é eterno. Conforme o Salmo: "Tu és sacerdote para sempre, à maneira de Melquisedec". Daí que toda santificação realizada por seu sacerdócio seja perpétua, desde que permaneça a realidade consagrada. Isso vale já dos objetos inanimados: a consagração de uma Igreja ou de um altar permanece sempre, a não ser que sejam destruídos. Portanto, como a alma é o sujeito do caráter, em sua parte intelectiva onde reside a fé, é evidente que, sendo o intelecto perpétuo e incorruptível, também o caráter permanece indelevelmente na alma.

QUANTO AO 1º, portanto, deve-se dizer que a graça está na alma de outra maneira que o cará-

---

2. C. 13, n. 29: ML 43, 71-72.
3. A. 3.
4. A. 4, ad 3.

g. Esse texto de Sto. Agostinho apresenta aparentemente uma comparação simples. Mas esta, tomada de seu tratado *Contra Parmeniano*, é a ilustração de toda sua refutação do donatismo. Esse cisma, bastante difundido na África, professava praticamente uma estreita ligação entre o caráter e a graça: se esta estivesse perdida pelo pecado grave, o pecador não tinha mais o poder de batizar e ordenar, e os donatistas renovavam batismos e ordenações que toda a tradição católica considera como válidos.

ter. Pois a graça está na alma como uma forma que tem nela o ser completo, enquanto o caráter aí está como certa força instrumental. Ora, uma forma completa assume no sujeito a condição do sujeito. Já que a alma é mutável devido a seu livre-arbítrio, enquanto está na peregrinação terrestre, segue-se que a graça está na alma de uma maneira passível de mutação. Mas, tratando-se de força instrumental, considera-se mais segundo a condição do agente principal. Por isso o caráter é impresso indelevelmente na alma, não por causa de uma perfeição que lhe fosse própria, mas por causa da perfeição do sacerdócio de Cristo do qual decorre o caráter como força instrumental.

Quanto ao 2º, deve-se dizer que como diz Agostinho no mesmo lugar, "vemos que nem os próprios apóstatas são privados de seu batismo, pois não se lhes confere de novo, quando voltam pela penitência, porque se julga que não o podiam perder". A razão é o fato de o caráter ser uma força instrumental. Ora, a característica do instrumento consiste em ser movido por outro e não mover-se por si, o que é próprio da vontade. Por isso, por mais que a vontade se mova em direção contrária, o caráter não é removido, devido à imutabilidade do agente principal.

Quanto ao 3º, deve-se dizer que embora depois desta vida não permaneça o culto exterior, permanece, no entanto, a finalidade desse culto. Por isso, após esta vida, permanece o caráter, nos bons para sua glória, nos maus para sua ignomínia, como também o caráter militar permanece nos soldados depois de alcançada a vitória: nos que venceram para glória, nos que foram vencidos para castigo[h].

Articulus 6

Utrum per omnia sacramenta novae legis imprimatur character

Ad sextum sic proceditur. Videtur quod per omnia sacramenta novae legis imprimatur character.

Artigo 6

Todos os sacramentos da Nova Lei imprimem caráter?

Quanto ao sexto, assim se procede: parece que todos os sacramentos da Nova Lei **imprimem** caráter.

---

5. A. 2.
6. Loc. cit. in arg. *sed c.*
7. Ad 1.

6 Parall.: IV *Sent.*, dist. 4, q. 1, a. 4, q.lis 2, 3; dist. 7, q. 2, a. 1, q.la 1; dist. 23, q. 1, a. 2, q.la 3; *De Eccles. Sacram.; ad Heb.*, c. 11, lect. 7.

h. A existência do caráter e a impossibilidade de renovar os sacramentos de caráter são verdades de fé. Sua eternidade é uma conclusão teológica fundada sobretudo na doutrina tomista de sua sede na inteligência incorruptível.

1. Per omnia enim sacramenta novae legis fit aliquis particeps sacerdotii Christi. Sed character sacramentalis nihil est aliud quam participatio sacerdotii Christi, ut dictum est[1]. Ergo videtur quod per omnia sacramenta novae legis imprimatur character.

2. Praeterea, character se habet ad animam in qua est, sicut consecratio ad res consecratas. Sed per quodlibet sacramentum novae legis homo recipit gratiam sanctificantem, ut supra[2] dictum est. Ergo videtur quod per quodlibet sacramentum novae legis imprimatur character.

3. Praeterea, character est res et sacramentum. Sed in quolibet sacramento novae legis est aliquid quod est res tantum, et aliquid quod est sacramentum tantum, et aliquid quod est res et sacramentum. Ergo per quodlibet sacramentum novae legis imprimitur character.

Sed contra est quod sacramenta in quibus imprimitur character, non reiterantur, eo quod character est indelebilis, ut dictum est[3]. Quaedam autem sacramenta iterantur: sicut patet de poenitentia et matrimonio. Ergo non omnia sacramenta imprimunt characterem.

Respondeo dicendum quod, sicut supra[4] dictum est, sacramenta novae legis ad duo ordinantur: scilicet in remedium peccati, et ad cultum divinum. Est autem omnibus sacramentis commune quod per ea exhibetur aliquod remedium contra peccatum, per hoc quod gratiam conferunt. Non autem omnia sacramenta ordinantur directe ad divinum cultum: sicut patet de poenitentia, per quam homo liberatur a peccato, non autem per hoc sacramentum exhibetur homini aliquid de novo pertinens ad divinum cultum, sed restituitur in statum pristinum.

Pertinet autem aliquod sacramentum ad divinum cultum tripliciter: uno modo, per modum ipsius actionis; alio modo, per modum agentis; tertio modo, per modum recipientis. Per modum quidem ipsius actionis pertinet ad divinum cultum Eucharistia, in qua principaliter divinus cultus consistit, inquantum est Ecclesiae sacrificium. Et per hoc idem sacramentum non imprimitur homini character: quia per hoc sacramentum non ordinatur homo ad aliquid aliud ulterius agendum vel recipiendum in sacramentis, cum potius sit

1. Com efeito, todos os sacramentos da Nova Lei concedem certa participação no sacerdócio de Cristo. Ora, o caráter nada mais é que participação no sacerdócio de Cristo. Logo, todos os sacramentos da Nova Lei imprimem caráter.

2. Além disso, a relação entre o caráter e a alma em que está impresso é como a de consagração e objeto consagrado. Ora, todos os sacramentos da Nova Lei dão a graça santificante. Logo, todos imprimem caráter.

3. Ademais, o caráter é realidade e sinal. Ora, em todo sacramento da Nova Lei há algo que é só realidade, algo que é só sinal e algo que é realidade e sinal. Logo, todo sacramento da Nova Lei imprime caráter.

Em sentido contrário, os sacramentos que imprimem caráter, não se repetem porque o caráter é indelével. Ora, alguns sacramentos se repetem, como a penitência e o matrimônio. Logo, não todos os sacramentos imprimem caráter[i].

Respondo. Os sacramentos da Nova Lei se orientam a dois fins: o remédio do pecado e o culto divino. É comum a todos os sacramentos que ofereçam remédio contra o pecado pelo fato de conferirem a graça. Mas não todos os sacramentos visam diretamente ao culto divino, como é evidente da penitência, que livra o homem do pecado, mas não suscita nele nada de novo com respeito ao culto divino; só o restitui ao estado primeiro.

Um sacramento diz respeito ao culto divino de três modos: primeiro, pela própria ação sacramental; segundo, proporcionando agentes dos sacramentos; terceiro, proporcionando-lhes beneficiários. A eucaristia é o sacramento que concerne ao culto divino pela própria ação, pois nela sobretudo consiste o culto divino, por ser o sacrifício da Igreja. Esse sacramento não imprime caráter, porque por ele o homem não é orientado a atuar ou a receber no âmbito sacramental; antes, a eucaristia é, como diz Dionísio, "o fim e a

---

1. A. 3, 5.
2. Q. 62, a. 1.
3. A. 5.
4. Q. 62, a. 1, 5.

i. Esse argumento funda-se solidamente na prática da Igreja. Uma vez que o caráter explica o fato de certos sacramentos não terem jamais se renovado, deduz-se que os sacramentos renováveis não imprimem caráter. Sto. Tomás, na Resposta, justificará essa diferença por meio de uma diferença na relação com o culto divino.

finis et consummatio omnium sacramentorum, ut Dionysius dicit, 3 cap. *Eccles. Hier.*[5]. Continet tamen in seipso Christum, in quo non est character, sed tota sacerdoti plenitudo.

Sed ad agentes in sacramentis pertinet sacramentum ordinis: quia per hoc sacramentum deputantur homines ad sacramenta aliis tradenda. Sed ad recipientes pertinet sacramentum baptismi, per quod homo accipit potestatem recipiendi alia Ecclesiae sacramenta: unde baptismus dicitur esse *ianua sacramentorum*. Ad idem etiam ordinatur quodammodo confirmatio: ut infra[6] suo loco dicetur. Et ideo per haec tria sacramenta character imprimitur, scilicet baptismum, confirmationem et ordinem.

AD PRIMUM ergo dicendum quod per omnia sacramenta fit homo particeps sacerdotii Christi, utpote percipiens aliquem effectum eius: non tamen per omnia sacramenta aliquis deputatur ad agendum aliquid vel recipiendum quod pertineat ad cultum sacerdotii Christi. Quod quidem exigitur ad hoc quod sacramentum characterem imprimat.

AD SECUNDUM dicendum quod per omnia sacramenta sanctificatur homo, propter hoc quod sanctitas importat munditiam a peccato, quod fit per gratiam. Sed specialiter per quaedam sacramenta, quae characterem imprimunt, homo sanctificatur quadam consecratione, utpote deputatus ad divinum cultum: sicut etiam res inanimatae sanctificari dicuntur inquantum divino cultui deputantur.

AD TERTIUM dicendum quod, licet character sit res et sacramentum, non tamen oportet id quod est res et sacramentum, esse characterem. Quid autem sit res et sacramentum in aliis sacramentis, infra[7] dicetur.

5. P. I: MG 3, 424 D.
6. Cfr. q. 65, a. 3.
7. Q. 73, a. 1, ad 3; q. 84, a. 1, ad 3.

consumação de todos os sacramentos". Entretanto, contém em si a Cristo, no qual não há caráter, mas toda a plenitude do sacerdócio.

O sacramento que se refere ao culto divino por proporcionar-lhe ministros é o sacramento da ordem, pelo qual determinados homens são incumbidos de distribuir os sacramentos aos demais.

O sacramento que diz respeito ao culto divino para proporcionar-lhe beneficiários, é o batismo, que confere o poder de receber os outros sacramentos da Igreja, razão pela qual o batismo é chamado "a porta dos sacramentos". Ao mesmo fim se orienta, de certo modo, a confirmação, como se dirá a seu tempo. Por isso, três sacramentos imprimem caráter: batismo, confirmação e ordem.

QUANTO AO 1º, portanto, deve-se dizer que por todos os sacramentos o homem se torna participante do sacerdócio de Cristo, enquanto recebe algum efeito do mesmo. Mas não em todos os sacramentos é incumbido de atuar ou de receber no âmbito do culto sacerdotal de Cristo. E é isso que se exige para que um sacramento imprima caráter.

QUANTO AO 2º, deve-se dizer que todos os sacramentos santificam o homem, pelo fato de a santidade implicar a purificação dos pecados, obra da graça. Mas, de modo especial, os sacramentos que imprimem caráter, santificam o homem por uma consagração, incumbindo-o do culto divino, como também se diz que os objetos inanimados são santificados, quando destinados ao culto divino.

QUANTO AO 3º, deve-se dizer que embora o caráter seja realidade e sinal, não necessariamente tudo quanto é realidade e sinal, é igualmente caráter. Sobre realidade e sinal nos demais sacramentos, se dirá mais adiante.

QUAESTIO LXIV
DE CAUSIS SACRAMENTORUM
in decem articulos divisa

Deinde considerandum est de causis sacramentorum, sive per auctoritatem sive per ministerium.

QUESTÃO 64
AS CAUSAS DOS SACRAMENTOS
em dez artigos

Em seguida, deve-se tratar das causas dos sacramentos, seja pelo poder de autoridade seja pelo poder de ministério[a].

a. Eis o principal problema de todo estudo dos sacramentos. Parece vir muito tarde. Mas se o tratado tivesse começado pelo exame da causalidade, a pesquisa ficaria bloqueada em virtude do realismo maciço e unívoco da causa eficiente. Ao tomar por ponto de partida a noção de sinal, que cria uma relação analógica, salvaguardou-se a diversidade dos sacramentos, reagrupa-

Et circa hoc quaeruntur decem.
Primo: utrum solus Deus interius operetur in sacramentis.
Secundo: utrum institutio sacramentorum sit solum a Deo.
Tertio: de potestate quam Christus habuit in sacramentis.
Quarto: utrum illam potestatem potuerit aliis communicare.
Quinto: utrum potestas ministerii in sacramentis conveniat malis.
Sexto: utrum mali peccent dispensando sacramenta.
Septimo: utrum angeli possint esse ministri sacramentorum.
Octavo: utrum intentio ministri requiratur in sacramentis.
Nono: utrum requiratur ibi recta fides; ita scilicet quod infidelis non possit tradere sacramentum.
Decimo: utrum requiratur ibi recta intentio.

A questão será tratada em dez artigos:
1. Só Deus atua interiormente para produzir o efeito dos sacramentos?
2. Só Deus institui sacramentos?
3. Cristo teve poder em relação aos sacramentos?
4. Cristo podia comunicar a outros seu poder sobre os sacramentos?
5. Os maus podem ter poder ministerial sobre os sacramentos?
6. Os maus pecam administrando os sacramentos?
7. Os anjos podem ser ministros dos sacramentos?
8. A intenção do ministro é exigida nos sacramentos?
9. A fé verdadeira é exigida de modo que um infiel não pode administrar um sacramento?
10. Nesse caso a intenção reta é exigida?

Articulus 1
Utrum solus Deus, vel etiam minister, interius operetur ad effectum sacramenti

AD PRIMUM SIC PROCEDITUR. Videtur quod non solus Deus, sed etiam minister, interius operetur ad effectum sacramenti.

1. Interior enim effectus sacramenti est ut homo purgetur a peccatis, et illuminetur per gratiam. Sed ad ministros Ecclesiae pertinet *purgare, illuminare* et *perficere*: ut patet per Dionysium, in 5 cap. *Cael. Hier.*[1]. Ergo videtur quod non solus Deus, sed etiam ministri Ecclesiae operentur ad sacramenti effectum.

2. PRAETEREA, in collatione sacramentorum quaedam orationum suffragia proponuntur. Sed orationes iustorum sunt magis apud Deum exaudibiles quam quorumcumque: secundum illud Io 9,31: *Si quis Dei cultor est, et voluntatem Dei facit, hunc* Deus *exaudit.* Ergo videtur quod maiorem effectus sacramenti consequitur ille qui recipit illum a bono ministro. Sic ergo minister

Artigo 1
Só Deus atua interiormente para produzir o efeito do sacramento, ou também o ministro?

QUANTO AO PRIMEIRO ARTIGO, ASSIM SE PROCEDE: parece que **não** é só Deus que atua interiormente para produzir o efeito do sacramento, mas também o ministro.

1. Com efeito, o efeito interior do sacramento consiste em que o homem seja purificado dos pecados e iluminado pela graça. Ora, cabe aos ministros da Igreja "purificar, iluminar e levar à perfeição", como diz Dionísio. Logo, não só Deus, mas também os ministros da Igreja atuam para produzir o efeito do sacramento.

2. ALÉM DISSO, na celebração dos sacramentos há orações de caráter impetratório. Ora, as orações dos justos têm mais chances de serem ouvidas por Deus que as de quaisquer outros. Como está no Evangelho de João: "Se um homem é cheio de piedade e faz a sua vontade Deus o ouve". Logo, alcança um efeito maior do sacramento quem o recebe de um ministro bom. Assim, pois, o mi-

---

1 PARALL.: Supra, q. 62, a. 1; IV *Sent.*, dist. 1, q. 1, a. 4, q.la 1.
  1. Cfr. *De eccles. hier.*, c. 5, p. 1, § 3: MG 3, 504 A.

dos num conjunto sob certos aspectos bastante díspares, como veremos na q. 65, sobre seu número e sua diversidade. Por ora, estudemos nossa cadeia de causalidades, soberanas e instrumentais, que operam no sacramento. Os artigos de 1 a 3 reservam a Deus toda causalidade interior e principal. Os artigos de 4 a 7 estudam a causalidade dos ministros. Os artigos de 8 a 10 mostram em que medida os ministros transmitem a causalidade divina, começando a discussão pelas intenções.

operatur aliquid ad interiorem effectum, et non solus Deus.

3. PRAETEREA, dignior est homo quam res inanimata. Sed res inanimata aliquid operatur ad effectum interiorem: nam *aqua corpus tangit et cor abluit*, ut Augustinus dicit, *super Ioan.*[2]. Ergo homo aliquid operatur ad interiorem effectum sacramenti, et non solus Deus.

SED CONTRA est quod dicitur Rm 8,33: *Deus qui iustificat*. Cum igitur interior effectus omnium sacramentorum sit iustificatio, videtur quod solus Deus operetur interiorem effectum sacramenti.

RESPONDEO dicendum quod operari aliquem effectum contingit dupliciter: uno modo, per modum principalis agentis; alio modo, per modum instrumenti. Primo igitur modo solus Deus operatur interiorem effectum sacramenti. Tum quia solus Deus illabitur animae, in qua sacramenti effectus consistit. Non autem potest aliquid immediate operari ubi non est. — Tum quia gratia, quae est interior sacramenti effectus, est a solo Deo, ut in Secunda Parte[3] habitum est. Character etiam, qui est interior quorundam sacramentorum effectus, est virtus instrumentalis, quae manat a principali agente, quod est Deus.

Secundo autem modo homo potest operari ad interiorem effectum sacramenti, inquantum operatur per modum ministri. Nam eadem ratio est ministri et instrumenti[4]: utriusque enim actio exterius adhibetur, sed sortitur effectum interiorem ex virtute principalis agentis, quod est Deus.

AD PRIMUM ergo dicendum quod purgatio, secundum quod attribuitur ministris Ecclesiae, non est a peccato: sed dicuntur diaconi purgare, inquantum vel immundos eiiciunt a coetu fidelium, vel eos sacris admonitionibus disponunt ad sacramentorum receptionem. Similiter etiam sacerdotes illuminare dicuntur sacrum populum, non quidem gratiam infundendo, sed sacramenta gratiae tradendo: ut patet per Dionysium ibidem[5].

AD SECUNDUM dicendum quod orationes quae dicuntur in sacramentorum collatione, proponun-

nistro atua de algum modo sobre o efeito interior do sacramento e não apenas Deus.

3. ADEMAIS, o homem é mais digno que as realidades inanimadas. Ora, há realidades inanimadas que contribuem para o efeito interior dos sacramentos, pois, segundo Agostinho, "a água toca o corpo e purifica o coração". Logo, o homem atua para realizar o efeito interior do sacramento, e não somente Deus.

EM SENTIDO CONTRÁRIO, está a afirmação da Carta aos Romanos: "Deus justifica". Sendo, pois, a justificação o efeito interior de todos os sacramentos, parece que só Deus o realiza.

RESPONDO. Há dois modos de alguém atuar na produção de um efeito: como agente principal ou como instrumento. Como agente principal só Deus realiza o efeito interior do sacramento. Primeiramente, porque só ele penetra na alma, que é onde se situa o efeito do sacramento. De fato, ninguém nem nada pode agir imediatamente onde não está. — Depois, porque a graça, que é o efeito interior do sacramento, só pode provir de Deus, como se disse na II Parte. Também o caráter que é o efeito interior de alguns sacramentos, é uma força instrumental que dimana do agente principal que é Deus.

Como instrumento, o homem pode atuar na produção do efeito interior do sacramento, agindo na qualidade de ministro. Pois ministro e instrumento têm a mesma característica: a ação de ambos se exerce exteriormente, mas obtém um efeito interior pela força do agente principal que é Deus[b].

QUANTO AO 1º, portanto, deve-se dizer que a purificação que se atribui aos ministros da Igreja não é a purificação do pecado. Diz-se que os diáconos purificam, porque expulsam os impuros da assembleia dos fiéis ou os dispõem com santas admoestações a receberem os sacramentos. Semelhantemente, afirma-se que os sacerdotes iluminam o povo santo, não por infundirem a graça, mas por administrarem os sacramentos da graça. Dionísio deixa-o claro no lugar citado.

QUANTO AO 2º, deve-se dizer que as orações pronunciadas na celebração dos sacramentos não

---

2. Tract. 80, n. 3, super 15, 3: ML 35, 1840.
3. I-II, q. 112, a. 1.
4. ARISTOT., *Polit.*, l. I, c. 4: 1253, b, 30.
5. Loc. cit.: MG 3, 504 B.

---

b. Não só o agente principal é anterior em relação a seu instrumento, que não faria jamais qualquer coisa se não fosse movido por ele, como o agente principal conduz a ação até o seu fim, que supera em muito as capacidades do instrumento. Este contribui de fato para a ação, mas por efeitos ou modalidades secundárias; o fim sobrenatural, para o qual o sacramento foi instituído, tem Deus, e só ele, por autor.

tur Deo non ex parte singularis personae, sed ex parte totius Ecclesiae: cuius preces sunt apud Deum exaudibiles, secundum illud Mt 18,19: *Si duo ex vobis consenserint super terram de omni re quamcumque petierint, fiet eis a Patre meo.* Nihil tamen prohibet quin devotio viri iusti ad hoc aliquid operetur.

Illud tamen quod est sacramenti effectus, non impetratur oratione Ecclesiae vel ministri, sed ex merito passionis Christi, cuius virtus operatur in sacramentis, ut dictum est[6]. Unde effectus sacramenti non datur melior per meliorem ministrum. Aliquid tamen annexum impetrari potest recipienti sacramentum per devotionem ministri: nec tamen minister operatur illud, sed impetrat operandum a Deo.

AD TERTIUM dicendum quod res inanimatae non operantur ad interiorem effectum nisi instrumentaliter, ut dictum est[7]. Et similiter homines non operantur ad sacramentorum effectum nisi per modum ministerii, ut dictum est[8].

ARTICULUS 2
Utrum sacramenta sint solum ex institutione divina

AD SECUNDUM SIC PROCEDITUR. Videtur quod sacramenta non sint solum ex institutione divina.
1. Ea enim quae sunt divinitus instituta, traduntur nobis in sacra Scriptura. Sed quaedam aguntur in sacramentis de quibus nulla fit mentio in sacra Scripturae: puta de chrismate quo homines confirmantur, et de oleo quo sacerdotes inunguntur, et de multis aliis tam verbis quam factis, quibus utimur in sacramentis. Non ergo sacramenta sunt solum ex institutione divina.
2. PRAETEREA, sacramenta sunt quaedam signa. Res autem sensibiles naturaliter quaedam significant. Nec potest dici quod Deus quibusdam significationibus delectetur, et non aliis: quia ipse omnia quae fecit approbat. Hoc autem proprium videtur esse daemonum, ut quibusdam signis ad aliquid alliciantur: dicit enim Augustinus, XXI *de Civ. Dei*[1]: *Illiciuntur daemones per creaturas, quas non ipsi, sed Deus*

são apresentadas a Deus em nome de uma pessoa particular, mas da parte de toda a Igreja, cujas preces são agradáveis a Deus conforme o texto do Evangelho de Mateus: "Se dois dentre vós, na terra, se puserem de acordo para pedir seja o que for, isto lhes será concedido por meu Pai". Nada obsta, no entanto, que a devoção do justo contribua para esse resultado.

Mas, o que é propriamente efeito do sacramento não é obtido pela oração da Igreja ou do ministro, mas pelo mérito da paixão de Cristo, cuja força atua nos sacramentos. Em consequência, o efeito do sacramento não se torna melhor pela ação de um ministro melhor. Entretanto, um bem suplementar pode ser alcançado pela devoção do ministro para quem recebe o sacramento. Contudo não é o ministro que o realiza, mas obtém de Deus que o realize.

QUANTO AO 3º, deve-se dizer que as realidades inanimadas só realizam instrumentalmente o efeito interior do sacramento. Semelhantemente, na produção do efeito sacramental os homens só atuam como ministros.

ARTIGO 2
Os sacramentos existem só por instituição divina?

QUANTO AO SEGUNDO, ASSIM SE PROCEDE: parece que os sacramentos **não** existem só por instituição divina.
1. Com efeito, o que é instituído por Deus nos é transmitido pela Sagrada Escritura. Ora, há elementos dos ritos sacramentais que não são mencionados na Sagrada Escritura, como, por exemplo, o crisma com que se confere a confirmação, e o óleo com que os sacerdotes são ungidos, e muitas outras palavras e ações que se usam nos sacramentos. Logo, os sacramentos não existem só por instituição divina.
2. ALÉM DISSO, sacramentos são sinais. Ora, as realidades sensíveis têm um significado natural. Não se pode dizer que Deus se agrade de alguns significados e não de outros, pois ele próprio aprova tudo que fez. Ser atraídos por certos sinais para alguma coisa, isso parece ser próprio dos demônios, como diz Agostinho: "os demônios são atraídos pelas criaturas, que Deus, e não eles,

---

6. Q. 62, a. 5.
7. In corp.
8. Ibid.

2 PARALL.: I-II, q. 108, a. 2; IV *Sent.*, dist. 2, q. 1, a. 4, q.la 4; dist. 7, q. 1, a. 1, q.la 1, ad 1; dist. 13, q. 1, a. 2, q.la 6, ad 1, 3; dist. 17, q. 3, a. 1, q.la 5; *in Ioan.*, c. 1, lect. 14.

1. C. 6, n. 1: ML 41, 717.

condidit, delectabilibus pro sua diversitate diversis, non ut animalia cibis, sed ut spiritus signis. Non ergo videtur quod sacramenta indigeant esse ex institutione divina.

3. Praeterea, Apostoli vicem Dei gesserunt in terris: unde Apostolus dicit, 2Cor 2,10: *Nam et ego quod donavi, si quid donavi, propter vos in persona Christi,* idest, ac si ipse Christus donasset. Sic vero videtur quod Apostoli, et eorum successores, possint nova sacramenta instituere.

Sed contra est quod ille instituit aliquid qui dat ei robur et virtutem: sicut patet de institutoribus legum. Sed virtus sacramenti est a solo Deo, ut ex dictis[2] patet. Ergo solus Deus potest instituere sacramentum.

Respondeo dicendum quod, sicut ex supra[3] dictis patet, sacramenta instrumentaliter operantur ad spirituales effectus. Instrumentum autem habet virtutem a principali agente. Agens autem respectu sacramenti est duplex: scilicet instituens sacramentum; et utens sacramento instituto, applicando scilicet ipsum ad inducendum effectum. Virtus autem sacramenti non potest esse ab eo qui utitur sacramento: quia non operatur nisi per modum ministerii. Unde relinquitur quod virtus sacramenti sit ab eo qui instituit sacramentum. Cum igitur virtus sacramenti sit a solo Deo, consequens est quod solus Deus sit sacramentorum institutor.

Ad primum ergo dicendum quod illa quae aguntur in sacramentis per homines instituta, non sunt de necessitate sacramenti: sed ad quandam solemnitatem, quae adhibetur sacramentis ad excitandam devotionem et reverentiam in his qui sacramenta suscipiunt. Et vero quae sunt de necessitate sacramenti, sunt ab ipso Christo instituta, qui est Deus et homo. Et licet non omnia sint tradita in Scripturis, habet tamen ea Ecclesia e familiari Apostolorum traditione: sicut Apostolus dicit, 1Cor 11,34: *Cetera cum venero disponam.*

Ad secundum dicendum quod res sensibiles aptitudinem quandam habent ad significandum

fez em razão das delícias muitas segundo a sua diversidade; não como animais atraídos pelos alimentos, mas como o espírito atraído por sinais". Logo, não parece que os sacramentos precisem existir por instituição divina.

3. Ademais, os apóstolos foram na terra vigários de Deus. Por isso o Apóstolo escreve: "Se eu perdoei — na medida em que tive de fazê-lo —, era por vós, na pessoa de Cristo"; isto é, como se o próprio Cristo fizesse esse dom. Assim parece, pois, que os apóstolos e seus sucessores podem instituir novos sacramentos.

Em sentido contrário: Institui algo quem lhe dá vigor e força, como se pode ver no caso da instituição de leis. Ora, a força do sacramento vem só de Deus. Logo, só Deus pode instituir sacramentos[c].

Respondo. Os sacramentos atuam instrumentalmente na realização de efeitos espirituais. Ora, um instrumento obtém sua força do agente principal. No caso dos sacramentos há dois agentes: por um lado, quem institui o sacramento; por outro, quem usa o sacramento instituído, aplicando-o para produzir o efeito. A força do sacramento não pode vir de quem usa o sacramento, pois atua meramente como ministro. Resta, pois, que venha de quem o instituiu. Provindo a força do sacramento somente de Deus, segue-se que só Deus institui sacramentos.

Quanto ao 1º, portanto, deve-se dizer que os elementos do rito sacramental que são de instituição humana, não são necessários ao sacramento. Servem para conferir-lhe certa solenidade em vista a excitar a devoção e a reverência em quem os recebe. Os elementos necessários aos sacramentos foram instituídos pelo próprio Cristo que é Deus e homem. Embora nem tudo tenha sido transmitido pelas Escrituras, a Igreja o recebeu da tradição dos apóstolos, como escreve Paulo: "Quanto ao resto, eu o regularei quando chegar"[d].

Quanto ao 2º, deve-se dizer que as realidades sensíveis têm, por natureza, certa aptidão para

---

2. A. praec.; q. 62, a. 1.
3. Ibid.

c. A *instituição* do sacramento não deve ser considerada sob um aspecto histórico e de certo modo anedótico. Não a conhecemos apenas pelo que os evangelhos nos dizem da inauguração ou promulgação de um rito por Cristo. Se permanecêssemos nesse ponto de vista, não veríamos como foram instituídos vários sacramentos, como a confirmação e o casamento. Mas, considerando o sacramento tal como existe na Igreja, com seus efeitos sobrenaturais, devemos afirmar que só Deus é o seu autor responsável e primeiro agente.

d. Essa distinção justifica as variações que a Igreja pôde efetuar nos ritos sacramentais de acordo com o tempo e o lugar, ainda que os elementos "necessários ao sacramento" sejam de instituição divina e não possam ser mudados.

spirituales effectus ex sui natura: sed ista aptitudo determinatur ad specialem significationem ex institutione divina. Et hoc est quod Hugo de Sancto Victore dicit[4], quod *sacramentum ex institutione significat*. Praeelegit tamen Deus quasdam res aliis ad significationes sacramentales, non quia ad eas contrahatur eius affectus, sed ut sit convenientior significatio.

AD TERTIUM dicendum quod Apostoli, et eorum successores, sunt vicarii Dei quantum ad regimen Ecclesiae institutae per fidem et fidei sacramenta. Unde, sicut non licet eis constituere aliam ecclesiam, ita non licet eis tradere aliam fidem, neque instituere alia sacramenta: sed per *sacramenta quae de latere Christi pendentis in cruce fluxerunt*, dicitur esse fabricata Ecclesia Christi.

significar efeitos espirituais, mas essa aptidão será direcionada, por instituição divina, a um significado especial. é o que diz Hugo de São Vítor: "o sacramento significa por instituição". Deus escolheu determinadas realidades, de preferência a outras, para significarem no âmbito sacramental, não que ele limite seu agrado só a esses significados, mas para que a significação seja mais conveniente.

QUANTO AO 3º, deve-se dizer que os apóstolos e seus sucessores são vigários de Deus para o governo da Igreja que é instituída pela fé e pelos sacramentos. Como não podem constituir outra Igreja, também não lhes é lícito transmitir outra fé ou instituir outros sacramentos, mas "pelos sacramentos que fluíram do lado de Cristo pendente da cruz" se afirma ter sido criada a Igreja de Cristo[e].

ARTICULUS 3

Utrum Christus, secundum quod homo, habuerit potestatem operandi interiorem effectum sacramentorum

AD TERTIUM SIC PROCEDITUR. Videtur quod Christus, secundum quod homo, habuit potestatem operandi interiorem effectum sacramentorum.

1. Dicit enim Ioannes Baptista, ut habetur Io 1,33: *Qui me misit baptizare in aqua, ille mihi dixit: Super quem videris Spiritum descendentem et manentem super eum, hic est qui baptizat in Spiritu Sancto*. Sed baptizare in Spiritu Sancto est interius gratiam Spiritus Sancti conferre. Spiritus autem Sanctus descendit super Christum inquantum homo, non inquantum Deus: quia sic ipse dat Spiritum Sanctum. Ergo videtur quod Christus, secundum quod homo, habuit potestatem interiorem effectum sacramentorum causandi.

2. PRAETEREA, Mt 9,6 Dominus dicit: *Sciatis quod Filius hominis habet in terra potestatem dimittendi peccata*. Sed remissio peccatorum est interior effectus sacramenti. Ergo videtur quod Christus, secundum quod homo, interiorem effectum sacramentorum operatur.

3. PRAETEREA, institutio sacramentorum pertinet ad eum qui tanquam principale agens operatur ad interiorem sacramenti effectum. Manifestum est autem quod Christus sacramenta instituit. Ergo

ARTIGO 3

Cristo, enquanto homem, tinha poder de produzir o efeito interior dos sacramentos?

QUANTO AO TERCEIRO, ASSIM SE PROCEDE: parece que Cristo, enquanto homem, **tinha** poder de produzir o efeito interior dos sacramentos.

1. Com efeito, João Batista declara: "Aquele que me mandou batizar na água foi quem me disse: Aquele sobre o qual vires o Espírito descer e permanecer sobre ele, é ele que batiza no Espírito Santo". Ora, batizar no Espírito Santo é conferir interiormente a graça do Espírito Santo. Mas o Espírito Santo desceu sobre Cristo enquanto homem, não enquanto Deus, pois, enquanto Deus, é ele quem dá o Espírito Santo. Logo, Cristo, enquanto homem, teve o poder de causar o efeito interior dos sacramentos.

2. ALÉM DISSO, disse o Senhor: "Sabei que o Filho do Homem tem autoridade na terra para perdoar os pecados". Ora, o perdão dos pecados é o efeito interior do sacramento. Logo, Cristo, como homem, produz o efeito interior dos sacramentos.

3. ADEMAIS, a instituição dos sacramentos pertence a quem atua como agente principal na produção do efeito interior do sacramento. Ora, é óbvio que Cristo instituiu os sacramentos. Logo,

---

4. *De Sacram.*, l. I, p. 9, c. 2: ML 176, 317 D.

3   PARALL.: IV *Sent.*, dist. 5, q. 1, a. 1; *in Ioan.*, c. 1, lect. 14; I *ad Cor.*, c. 1, lect. 2.

e. A Igreja, sociedade visível e sacramental, é "fabricada pelos sacramentos", como diz nosso texto. Os Apóstolos teriam instituído, uma outra Igreja, portanto, caso tivessem criado eles próprios outros sacramentos.

ipse est qui interius operatur sacramentorum effectum.

4. Praeterea, nullus potest sine sacramento effectum sacramenti conferre, nisi propria virtute sacramenti effectum operetur. Sed Christus sine sacramento contulit sacramenti effectum: ut patet in Magdalena, cui dixit, *Dimittuntur tibi peccata*. Ergo videtur quod Christus, secundum quod homo, operetur interiorem sacramenti effectum.

5. Praeterea, illud in cuius virtute sacramentum operatur, est principale agens ad interiorem effectum. Sed sacramenta habent virtutem ex passione Christi et invocatione nominis eius: secundum illud 1Cor 1,13: *Numquid Paulus pro vobis crucifixus est? Aut in nomine Pauli baptizati estis?* Ergo Christus, inquantum homo, operatur interiorem sacramenti effectum.

Sed contra est quod Augustinus dicit[1]: *In sacramentis divina virtus secretius operatur salutem*. Divina autem virtus est Christi secundum quod est Deus, non autem secundum quod est homo. Ergo Christus non operatur interiorem sacramenti effectum secundum quod est homo, sed secundum quod est Deus.

Respondeo dicendum quod interiorem sacramentorum effectum operatur Christus et secundum quod est Deus, et secundum quod est homo: aliter tamen et aliter. Nam secundum quod est Deus, operatur in sacramentis per auctoritatem. Secundum autem quod est homo, operatur ad interiores effectus sacramentorum meritorie, et efficienter, sed instrumentaliter. Dictum est[2] enim quod passio Christi, quae compelit ei secundum humanam naturam, causa est nostrae iustificationis et meritorie, et effective, non quidem per modum principalis agentis, sive per auctoritatem, sed per modum instrumenti, inquantum humanitas est instrumentum divinitatis eius, ut supra[3] dictum est.

Sed tamen, quia est instrumentum coniunctum divinitati in persona, habet quandam principalitatem et causalitatem respectu instrumentorum extrinsecorum, qui sunt ministri Ecclesiae et ipsa sacramenta, ut ex supra[4] dictis patet. Et ideo, sicut Christus, inquantum Deus, habet potestatem *auctoritatis* in sacramentis, ita, inquantum homo, habet potestatem ministerii principalis, sive potestatem *excellentiae*. Quae quidem consistit in

é ele quem realiza interiormente o efeito dos sacramentos.

4. Ademais, ninguém pode sem sacramento conferir o efeito do sacramento, a não ser que realize por própria força o efeito sacramental. Ora, Cristo conferiu, sem sacramento, seu efeito, como se vê com relação a Madalena a quem diz: "Os teus pecados te são perdoados". Logo, Cristo, enquanto homem, realiza o efeito interior do sacramento.

5. Ademais, aquele, por cuja força se realiza o sacramento, é o agente principal do efeito interior. Ora, os sacramentos haurem sua força da paixão de Cristo e da invocação de seu nome, como argumenta o Apóstolo: "Porventura Paulo foi crucificado por vós? Foi acaso em nome de Paulo que fostes batizados?". Logo, Cristo, enquanto homem, realiza o efeito interior do sacramento.

Em sentido contrário, Agostinho diz: "Nos sacramentos a força divina opera secretamente a salvação". Ora, a força divina é de Cristo enquanto é Deus, não enquanto é homem. Logo, Cristo não realiza o efeito interior do sacramento enquanto homem, mas enquanto Deus.

Respondo. Cristo realiza o efeito interior dos sacramentos tanto enquanto Deus como enquanto homem, mas de modos diversos.

Enquanto Deus, Cristo atua nos sacramentos com o poder de autoridade. Enquanto homem, realiza o efeito interior dos sacramentos por seus méritos e assim eficientemente, mas se trata então de uma eficiência instrumental. Com efeito, a paixão de Cristo que ele sofreu em sua natureza humana é a causa de nossa justificação por ela merecida e realizada efetivamente, não como agente principal ou autor soberano, mas à maneira de instrumento, enquanto sua humanidade é instrumento de sua divindade.

Contudo, por ser instrumento unido à divindade na unidade de uma só pessoa, sua humanidade goza de um primado e é causa com relação aos instrumentos exteriores que são os ministros da Igreja e os próprios sacramentos. Por isso, como Cristo, enquanto Deus, tem *poder de autoridade* sobre os sacramentos, assim, enquanto homem, tem poder de ministro principal ou *poder de excelência*. Esse poder consiste em quatro coisas:

---

1. Cfr. Isidorum, *Etymol.*, l. VI, c. 19, n. 40: ML 82, 255 C.
2. Q. 48, a. 1, 6; q. 49, a. 1.
3. Q. 13, a. 2, 3; q. 19, a. 1.
4. A. 1.

quatuor. Primo quidem, in hoc quod meritum et virtus passionis eius operatur in sacramentis, ut supra⁵ dictum est. — Et quia virtus passionis copulatur nobis per fidem, secundum illud Rm 3,25, *Quem proposuit Deus propitiatorem per fidem in sanguine eius*, quam fidem per invocationem nominis Christi protestamur: ideo, secundo, ad potestatem excellentiae quam Christus habet in sacramentis, pertinet quod in eius nomine sacramenta sanctificantur. — Et quia ex institutione sacramenta virtutem obtinent, inde est quod, tertio, ad excellentiam potestatis Christi pertinet quod ipse, qui dedit virtutem sacramentis, potuit instituere sacramenta. — Et quia causa non dependet ab effectu, sed potius e converso, quarto, ad excellentiam potestatis Christi pertinet quod ipse potuit effectum sacramentorum sine exteriori sacramento conferre.

Et per hoc patet responsio AD OBIECTA: utraque enim pars obiectionum vera est, ut dictum est⁶, secundum aliquid.

1ª Em que o mérito e a força de sua paixão atuam nos sacramentos. — 2ª. Em que a força de sua paixão se comunica conosco pela fé: "Foi a ele que Deus destinou para servir de expiação por seu sangue, por meio da fé" que proclamamos pela invocação do nome de Cristo. Por isso, o fato de os sacramentos serem consagrados em seu nome diz respeito ao poder de excelência que Cristo exerce nos sacramentos. — 3ª. Em que os sacramentos recebem sua força da instituição. Disso se segue que pertence à excelência do poder de Cristo que ele, que deu a força aos sacramentos, pôde também instituí-los. — 4ª. Em que, não dependendo a causa do efeito, mas, pelo contrário, o efeito da causa, cabe a Cristo por seu poder de excelência poder conferir o efeito dos sacramentos sem o rito sacramental exterior^f.

As respostas às OBJEÇÕES são evidentes, porque, há algo de verdade tanto nas objeções como no argumento em sentido contrário.

ARTICULUS 4
Utrum Christus potestatem suam quam habuit in sacramentis, potuerit ministris communicare

AD QUARTUM SIC PROCEDITUR. Videtur quod Christus potestatem suam quam habuit in sacramentis, non potuerit ministris communicare.

1. Ut enim argumentatur Augustinus, *contra Maximinum*¹, *si potuit et non voluit, invidus fuit*. Sed invidia longe fuit a Christo, in quo fuit summa plenitudo caritatis. Ergo, cum Christus non communicaverit suam potestatem ministris, videtur quod non potuerit communicare.

2. PRAETEREA, super illud Io 14,12, *Maiora horum faciet*, dicit Augustinus²: *Prorsus maius hoc esse dixerim*, scilicet ut ex impio iustus fiat, *quam creare caelum et terram*. Sed Christus non potuit

ARTIGO 4
Cristo podia transmitir a ministros o poder que tinha sobre os sacramentos?

QUANTO AO QUARTO, ASSIM SE PROCEDE: parece que Cristo **não** podia transmitir a ministros o poder que tinha sobre os sacramentos.

1. Com efeito, Agostinho argumenta: "Se podia e não quis, era mesquinho". Ora, em Cristo não havia mesquinhez, pois possuía toda a plenitude da caridade. Logo, já que Cristo não comunicou seu poder a ministros, não podia comunicá-lo.

2. ALÉM DISSO, sobre as palavras do Evangelho de João, "Fará até obras maiores", Agostinho diz: "Afirmo" que tornar justo um ímpio "é algo maior do que criar o céu e a terra". Ora, Cristo não po-

---

5. Q. 62, a. 5.
6. In corp.

4 PARALL.: IV *Sent.*, dist. 5, q. 1, a. 2; a. 3, q.la 1, 2; *De Verit.*, q. 27, a. 3, ad 17; *in Ioan.*, c. 1, lect. 14; I *ad Cor.*, c. 1, lect. 2.

1. L. II, al. 1. III, c. 7: ML 42, 762.
2. *In Ioan.*, tract. 72, n. 3, super 14, 12: ML 35, 1823.

f. A distinção entre causa principal e causa instrumental se enriquece de uma nuance importante. Cristo, como homem, é um instrumento da ação divina, mas é um "instrumento conjunto". Do mesmo modo, o operário utiliza um instrumento separado: sua ferramenta, por meio de um instrumento conjunto: sua mão. Em virtude da união, nele, da natureza divina e da natureza humana, Cristo possui, enquanto homem, "um poder de excelência" sobre os sacramentos, o de um "instrumento principal". E isso não só quando os instituiu, mas a cada vez que eles são celebrados. É por isso que se pode dizer que todo sacramento é um "ato de Cristo".

communicare suis discipulis quod crearent caelum et terram. Ergo neque quod iustificent impium. Cum igitur iustificatio impii fiat per potestatem Christi quam habet in sacramentis, videtur quod potestatem suam quam habet in sacramentis, non potuerit ministris communicare.

3. PRAETEREA, Christo inquantum est caput Ecclesiae, competit ut ab ipso gratia derivetur ad alios: secundum illud Io 1,16: *De plenitudine eius omnes accepimus*. Sed hoc non fuit aliis communicabile: quia sic Ecclesia esset monstruosa, multa capita habens. Ergo videtur quod Christus suam potestatem non potuerit ministris communicare.

SED CONTRA est quod, super illud Io 1,31, *Ego nesciebam eum*, dicit Augustinus[3] quod *non noverat potestatem baptismi ipsum Dominum habiturum et sibi retenturum*. Hoc autem non ignorasset Ioannes si talis potestas communicabilis non esset. Potuit ergo potestatem suam Christus ministris communicare.

RESPONDEO dicendum quod, sicut dictum est[4], Christus in sacramentis habuit duplicem potestatem. Unam auctoritatis, quae competit ei secundum quod Deus. Et talis potestas nulli creaturae potuit communicari: sicut nec divina essentia.

Aliam potestatem habuit excellentiae, quae competit ei secundum quod homo. Et talem potestatem potuit ministris comunicare: dando scilicet eis tantam gratiae plenitudinem ut eorum meritum operaretur ad sacramentorum effectus; ut ad invocationem nominum ipsorum sanctificarentur sacramenta; et ut ipsi possent sacramenta instituere; et sine ritu sacramentorum effectum conferre solo imperio. Potest enim instrumentum coniunctum, quanto fuerit fortius, tanto magis virtutem suam instrumento separato tribuere: sicut manus baculo.

AD PRIMUM ergo dicendum quod Christus non ex invidia praetermisit potestatem excellentiae ministris communicare, sed propter fidelium utilitatem: ne in homine spem ponerent, et essent diversa sacramenta, ex quibus divisio in Ecclesia oriretur; sicut apud illos qui dicebant, *Ego sum Pauli, Ego autem Apollo, Ego vero Cephae*, ut dicitur 1Cor 1,12.

dia transmitir a seus discípulos o poder de criar o céu e a terra. Logo, tampouco o de justificar um ímpio. Portanto, como a justificação do ímpio se realiza pelo poder que Cristo exerce nos sacramentos, parece que não podia transmitir a ministros esse poder.

3. ADEMAIS, compete a Cristo como cabeça da Igreja que dele derive para outros a graça como está no Evangelho de João: "De sua plenitude todos nós recebemos". Ora, isso não era comunicável a outros, porque senão a Igreja seria monstruosa com muitas cabeças. Logo, parece que Cristo não podia transmitir a ministros seu poder.

EM SENTIDO CONTRÁRIO, diz Agostinho, refletindo sobre o texto do Evangelho de João: "Eu mesmo não o conhecia": "Não conhecia o poder batismal que haveria de ter o próprio Senhor e de reter para si". Ora, João Batista não o teria ignorado, se tal poder não fosse comunicável. Logo, Cristo podia transmitir seu poder a ministros.

RESPONDO. Cristo tinha um duplo poder sobre os sacramentos: um de autoridade, que lhe competia por ser Deus. Esse poder não o podia transmitir a nenhuma criatura, como tampouco podia comunicar-lhe sua essência divina.

Outro era o poder de excelência que tinha enquanto homem. E esse podia comunicar a ministros, dando-lhes tal plenitude de graça que o mérito deles atuasse para obter o efeito dos sacramentos, e que os sacramentos fossem consagrados pela invocação do nome deles, e que pudessem instituir sacramentos e conferir o efeito sacramental sem seus ritos, mas só por sua ordem. Pois quanto mais forte é o instrumento unido, tanto mais pode atribuir sua força ao instrumento separado, como a mão ao cajado[g].

QUANTO AO 1º, portanto, deve-se dizer que não foi por inveja que Cristo se absteve de transmitir a ministros seu poder de excelência, mas para utilidade dos fiéis, para que não pusessem no homem sua esperança, nem houvesse uma diversidade de sacramentos de onde se pudessem originar divisões dentro da Igreja, como entre os que diziam "Eu sou de Paulo. Eu, de Apolo. Eu, de Cefas".

---

3. *In Ioan.*, tract. 5, n. 9, super 1, 31: ML 35, 1419.
4. A. 3.

g. Esta resposta e a solução 2 dizem apenas que Cristo *teria podido* comunicar a seus ministros seu poder de excelência sobre os sacramentos. Deve-se limitar tal afirmação pela negação manifestada pelas soluções 1 e 3: Jesus não o fez, para evitar que os fiéis atribuíssem (como faziam os donatistas) uma importância excessiva ao valor pessoal do ministro, e porque isso introduziria a divisão na Igreja.

AD SECUNDUM dicendum quod obiectio illa procedit de potestate auctoritatis, quae convenit Christo secundum quod est Deus. — Licet et potestas excellentiae possit auctoritas nominari per comparationem ad alios ministros. Unde super illud 1Cor 1,13, *Divisus est Christus?* dicit Glossa[5] quod *potuit eis dare auctoritatem baptismi, quibus contulit ministerium*.

AD TERTIUM dicendum quod ad hoc inconveniens evitandum, ne scilicet multa capita in Ecclesia essent, Christus noluit potestatem suae excellentiae ministris communicare. Si tamen communicasset, ipse esset caput principaliter, alii vero secundario.

ARTICULUS 5
Utrum per malos ministros sacramenta conferri possint

AD QUINTUM SIC PROCEDITUR. Videtur quod per malos ministros sacramenta conferri non possint.

1. Sacramenta enim novae legis ordinantur ad enundationem culpae et collationem gratiae. Sed mali, cum sint immundi, non possunt alios a peccato mundare: secundum illud Eccli 34,4: *Ab immundo quis mundabitur?* Et etiam, cum gratiam non habeant, non videtur quod gratiam conferre possint: quia *nullus dat quod non habet*. Non ergo videtur quod per malos sacramenta conferri possint.

2. PRAETEREA, tota virtus sacramentorum derivatur a Christo, ut dictum est[1]. Sed mali sunt praecisi a Christo: quia non habent caritatem, per quam membra capiti uniuntur, secundum illud 1Io 4,16: *Qui manet in caritate, in Deo manet, et Deus in eo*. Ergo videtur quod per malos sacramenta conferri non possint.

3. PRAETEREA, si desit aliquid horum quae debitum est esse in sacramentis, non perficitur sacramentum: sicut si desit debita forma vel materia. Sed debitus minister sacramenti est ille qui caret macula peccati: secundum illud Lv 21,17-18: *Homo de semine tuo per familias qui habuit maculam, non offeret panes Deo tuo, nec accedet*

QUANTO AO 2º, deve-se dizer que a objeção é procedente, se se entende do poder de autoridade que cabe a Cristo enquanto Deus. — É verdade que também o poder de excelência pode ser chamado de autoridade em comparação com os poderes dos outros ministros. Por isso, comentando o texto de Paulo: "Acaso o Cristo está dividido?", a Glosa diz: "Poderia dar autoridade sobre o batismo, àqueles a quem conferiu o ministério".

QUANTO AO 3º, deve-se dizer que para evitar o inconveniente de a Igreja ter muitas cabeças, Cristo não quis transmitir a ministros seu poder de excelência. Mas, se o tivesse comunicado, seria ele a cabeça a título principal, os outros seriam-no de modo secundário.

ARTIGO 5
Maus ministros podem conferir sacramentos?

QUANTO AO QUINTO, ASSIM SE PROCEDE: parece que maus ministros **não** podem conferir sacramentos.

1. Com efeito[h], os sacramentos da Nova Lei têm por finalidade purificar da culpa e conferir a graça. Ora, os maus, sendo imundos, não podem purificar os outros do pecado, segundo o livro do Eclesiástico: "Do impuro, que pode sair de puro?". Além disso, não tendo a graça, como poderão conferi-la, pois "ninguém dá o que não tem"? Logo, os maus não poderiam conferir os sacramentos.

2. ALÉM DISSO, a força dos sacramentos deriva toda de Cristo. Ora, os maus estão separados de Cristo, porque não têm a caridade pela qual os membros se unem à cabeça como diz a primeira Carta de João: "Quem permanece no amor, permanece em Deus, e Deus permanece nele". Logo, parece que os sacramentos não podem ser conferidos por pessoas más.

3. ADEMAIS, se falta algum dos elementos requeridos, não se realiza o sacramento, como se, por exemplo, falta a devida forma ou matéria. Ora, o ministro que se requer para o sacramento, é o isento da mancha do pecado, como diz a Escritura: "Nenhum dos teus descendentes que for defeituoso se aproxime para apresentar o alimento de seu Deus, nem tenha

---

5. LOMBARDI: ML 191, 1539 B.

5   PARALL.: Infra, a. 9; IV *Sent*., dist. 5, q. 2, a. 2, q.la 1, 2; dist. 7, q. 3, a. 1, q.la 1, ad 2; *Cont. Gent*. IV, 77; *ad Heb*., c. 7, lect. 2.
   1. A. 3; q. 60, prol.; q. 62, a. 5.

h. As três objeções retomam os argumentos dos donatistas, que subordinavam a eficácia do sacramento ao valor do ministro. Sua refutação se funda ainda sobre a doutrina da causalidade instrumental, que atribui a eficácia essencial ao agente principal.

ad ministerium eius. Ergo videtur quod, si minister sit malus, nihil efficiatur in sacramento.

SED CONTRA est quod Augustinus dicit[2], super illud Io 1,33, *Super quem videris Spiritum* etc., quod *non noverat Ioannes potestatem baptismi ipsum Dominum habiturum et sibi retenturum, sed ministerium plane transiturum in bonos et malos. Quid tibi facit malus minister, ubi bonus est Dominus?*

RESPONDEO dicendum quod, sicut dictum est[3], ministri Ecclesiae instrumentaliter operantur in sacramentis, eo quod quodammodo eadem est ratio ministri et instrumenti. Sicut autem supra[4] dictum est, instrumentum non agit secundum propriam formam, sed secundum virtutem eius a quo movetur. Et ideo accidit instrumento, inquantum est instrumentum, qualemcumque formam vel virtutem habeat, praeter id quod exigitur ad rationem instrumenti: sicut quod corpus medici, quod est instrumentum animae habentis artem, sit sanum vel infirmum; et sicut quod fistula per quam transit aqua, sit argentea vel plumbea. Unde ministri Ecclesiae possunt sacramenta conferre etiam si sint mali.

AD PRIMUM ergo dicendum quod ministri Ecclesiae neque a peccatis mundant homines ad sacramenta accedentes, neque gratiam conferunt, sua virtute: sed hoc facit Christus sua potestate per eos sicut per quaedam instrumenta. Et ideo effectus consequitur in suscipientibus sacramenta non secundum similitudines ministrorum, sed secundum configurationem ad Christum.

AD SECUNDUM dicendum quod per caritatem membra Christi uniuntur suo capiti ut ab eo vitam recipiant: quia, ut dicitur 1Io 3,14, *qui non diligit, manet in morte*. Potest autem aliquis operari per instrumentum carens vita, et a se separatum quantum ad corporis unionem, dummodo sit coniunctum per quandam motionem: aliter enim operatur artifex per manum, et aliter per securim. Sic igitur Christus operatur in sacramentis et per malos, tanquam per instrumenta carentia vita; et per bonos, tanquam per membra viventia.

AD TERTIUM dicendum quod aliquid est debitum esse in sacramento dupliciter. Uno modo, sicut existens de necessitate sacramenti. Quod quidem si desit, non perficitur sacramentum: sicut si desit debita forma vel debita materia. — Alio modo

acesso a seu ministério". Logo, parece que se o ministro é mau, nada se realizaria no sacramento.

EM SENTIDO CONTRÁRIO, Agostinho escreve, comentando o texto do Evangelho de João: "Aquele sobre o qual vires o Espírito" etc.: "João Batista não conhecia o poder batismal que haveria de ter o próprio Senhor e reter para si, mas o ministério que haveria de ser transmitido a bons e maus. Que te pode fazer um mau ministro, quando o Senhor é bom?".

RESPONDO. Os ministros da Igreja atuam nos sacramentos instrumentalmente, porque de certo modo a ideia de ministro coincide com a de instrumento. Ora, o instrumento não atua segundo sua forma própria, mas conforme a força daquele que o move. Por isso, é indiferente ao instrumento, enquanto instrumento, ter esta ou aquela forma ou força, exceto aquilo que é exigido por sua razão de instrumento: pouco importa que o corpo do médico esteja são ou enfermo, pois é instrumento da alma que possui a arte; pouco importa que os canos que levam a água, sejam de prata ou de chumbo. Assim os ministros da Igreja podem conferir os sacramentos, embora sejam maus.

QUANTO AO 1º, portanto, deve-se dizer que os ministros da Igreja não purificam os homens que se aproximam dos sacramentos, nem lhe conferem a graça por própria virtude; é Cristo que o faz por seu poder por meio deles como por instrumentos. Por isso, quem recebe os sacramentos obtém seu efeito não por semelhança com os ministros, mas por configuração a Cristo.

QUANTO AO 2º, deve-se dizer que pela caridade os membros de Cristo se unem a sua cabeça para dele receberem a vida, porque, como diz a primeira Carta de João, "quem não ama permanece na morte". Ora, pode-se atuar por meio de um instrumento privado de vida e separado de si por não pertencer a seu corpo, desde que esteja unido a este por algum movimento: o artesão não atua da mesma maneira quando usa as próprias mãos ou quando usa o machado. Assim, pois, Cristo atua nos sacramentos pelos maus, como por meio de um instrumento privado de vida, e pelos bons, como por seus membros vivos.

QUANTO AO 3º, deve-se dizer que em dois sentidos algo pode ser requerido pelo sacramento. Num primeiro sentido, como condição necessária ao sacramento. Se falta, não se realiza o sacramento, como quando falta a devida forma ou a

---

2. *In Ioan.*, tract. 5, nn. 9, 11, super 1, 33: ML 35, 1419.
3. A. 1.
4. Q. 62, a. 1, 4.

est aliquid debitum esse in sacramento secundum quandam decentiam. Et hoc modo debitum est ut ministri sacramentorum sint boni.

ARTICULUS 6
Utrum mali ministrantes sacramenta peccent

AD SEXTUM SIC PROCEDITUR. Videtur quod mali ministrantes sacramenta non peccent.
1. Sicut enim ministratur Deo in sacramentis, ita per opera caritatis: unde dicitur Hb 13,16: *Beneficentiae et communionis nolite oblivisci: talibus enim hostiis promeretur Deus.* Sed mali non peccant si ministrent Deo in operibus caritatis: quinimmo hoc est consulendum, secundum illud Dn 4,24: *Consilium meum regi placeat: peccata tua eleemosynis redime.* Ergo videtur quod mali non peccent in sacramentis ministrando.

2. PRAETEREA, quicumque communicat alicui in peccato, etiam ipse est reus peccati: secundum illud Rm 1,32: *Dignus est morte non solum qui peccatum agit, sed etiam qui consentit facientibus.* Sed si mali ministri peccent sacramenta ministrando, illi qui ab eis sacramenta recipiunt, eis in peccato communicant. Ergo etiam ipsi peccarent. Quod videtur inconveniens.
3. PRAETEREA, nullus videtur esse perplexus: quia sic homo cogeretur desperare, quasi non posset peccatum evadere. Sed si mali peccarent sacramenta tradendo, essent perplexi: quia etiam quandoque peccarent si sacramenta non traderent, puta cum eis ex officio incumbit necessitas; dicitur enim 1Cor 9,16: *Vae mihi est si non evangelizavero: necessitas enim mihi incumbit.* Quandoque etiam propter periculum: sicut si puer, in periculo mortis existens, offeratur alicui peccatori baptizandus. Ergo videtur quod mali non peccent sacramenta ministrando.

SED CONTRA est quod Dionysius dicit, 1 cap. *Eccles. Hier.*[1], quod *malis non est fas neque tangere*

matéria requerida. — Em outro sentido, algo é exigido pelo sacramento por razão de conveniência. Nesse sentido requer-se que os ministros dos sacramentos sejam bons.

ARTIGO 6
Os maus ministros pecam administrando os sacramentos?

QUANTO AO SEXTO, ASSIM SE PROCEDE: parece que os maus **não** pecam administrando os sacramentos.
1. Com efeito[i], da mesma maneira como se serve a Deus nos sacramentos, serve-se também por obras de caridade. Por isso, diz a Carta aos Hebreus: "Não olvideis a beneficência e o mútuo auxílio comunitário, pois são estes sacrifícios que agradam a Deus". Ora, os maus não pecam, se servem a Deus por obras de caridade. Pelo contrário, devem ser aconselhados a que o façam, de acordo com o texto do livro de Daniel: "Meu conselho seja aceito" pelo rei. "Resgata teus pecados pelas esmolas". Logo, os maus não pecariam administrando os sacramentos.
2. ALÉM DISSO, quem se solidariza com um pecador, torna-se réu de pecado, pois diz o Apóstolo: "é digno de morte não só quem comete pecado, mas também quem aprova os que o cometem". Ora, se os maus ministros pecam administrando os sacramentos, quem de suas mãos recebe os sacramentos, participa de seu pecado. Logo, também este pecaria, o que não parece conveniente.
3. ADEMAIS, ninguém deve viver perplexo, porque assim seria coagido a desesperar como se não pudesse evitar o pecado. Ora, se os maus pecassem administrando os sacramentos, estariam perplexos porque, por vezes também pecariam, se não os administrassem, por exemplo, quando houvesse uma necessidade que se lhes impõe por ofício, pois Paulo escreve: "Ai de mim se não anunciar o Evangelho; é uma necessidade que se me impõe". Outras vezes, a necessidade se impõe também pelo perigo, como quando a um pecador se apresenta para batizar uma criança em perigo de morte. Logo, os maus não pecam administrando os sacramentos.

EM SENTIDO CONTRÁRIO, Dionísio ensina que "aos maus não é permitido nem sequer tocar os

---

6   PARALL.: IV *Sent.*, dist. 5, q. 2, a. 2, q.la 4; dist. 24, q. 1, a. 3, q.la 5.
    1. P. I, § 5: MG 3, 377 A.

i. As objeções tomam a posição contrária às posições donatistas refutadas no artigo precedente: não haverá inconveniente algum em que "maus" administrem os sacramentos. Sem pôr em dúvida a validade destes. Sto. Tomás lembra que os sacramentos são ações santas, e que sua celebração por "maus" é uma verdadeira profanação, logo um pecado grave em tais ministros. No que concerne ao sacramento, ele não peca enquanto lhe é permitido reconhecer nesse pecador um autêntico ministro da Igreja.

symbola, idest sacramentalia signa. Et in Epistola *ad Demophilum*[2] dicit: *Talis*, scilicet peccator, *audax videtur sacerdotalibus manum imponens; et non timet neque verecundatur, divina praeter dignitatem exequens, et Deum putans ignorare quod ipse in seipso cognovit; et decipere existimat falso nomine Patrem ab ipso appellatum; et audet immundas infamias, non dicam orationes super divina signa Christiformiter enuntiare.*

RESPONDEO dicendum quod aliquis in agendo peccat ex hoc quod operatur *non secundum quod oportet*: ut patet per Philosophum, in libro *Ethicorum*[3]. Dictum est tamen[4] conveniens esse ut sacramentorum ministri sint iusti: quia ministri debent Domino conformari, secundum illud Lv 19,2: *Sancti eritis, quoniam ego sanctus sum*; et Eccli 10,2: *Secundum iudicem populi, sic et ministri eius*. Et ideo non est dubium quin mali exibentes se ministros Dei et Ecclesiae in dispensatione sacramentorum, peccent. Et quia hoc peccatum pertinet ad irreverentiam Dei et contaminationem sanctorum, quantum est ex parte ipsius hominis peccatoris, licet sancta secundum seipsa incontaminabilia sint: consequens est quod tale peccatum ex genere suo est mortale.

AD PRIMUM ergo dicendum quod opera caritatis non sunt aliqua consecratione sanctificata, sed ipsa pertinent ad iustitiae sanctitatem sicut quaedam iustitiae partes. Et ideo homo qui se exhibet Deo ministrum in operibus caritatis, si sit iustus, amplius sanctificabitur: si vero sit peccator, per hoc ad sanctitatem disponitur. Sed sacramenta in seipsis sanctificationem quandam habent per mysticam consecrationem. Et ideo praeexigitur in ministro sanctitas iustitiae, ut congruat suo ministerio. Et ideo incongrue agit et peccat, si in peccato existens ad tale ministerium accedat.

AD SECUNDUM dicendum quod ille qui ad sacramenta accedit, suscipit quidem sacramentum a ministro Ecclesiae, non inquantum est talis persona, sed inquantum est Ecclesiae minister. Et ideo, quandiu ab Ecclesia toleratur in ministerio, ille qui ab eo suscipit sacramentum, non communicat peccato eius, sed communicat Ecclesiae, quae eum tanquam ministrum exhibet. Si vero ab Ecclesia non toleretur, puta cum degradatur

símbolos", isto é, os sinais sacramentais. E na Epístola a Demófilo escreve: "Este [o pecador] é bem audacioso de impor as mãos nos ritos sacerdotais. Não teme nem se envergonha de executar os mistérios divinos sem dignidade, julgando que Deus ignora o que ele conhece dentro de si mesmo. Pensa enganar aquele que falsamente chama de Pai e ousa proferir sobre os divinos sinais à semelhança de Cristo, já não digo orações, mas infâmias imundas".

RESPONDO. Alguém peca ao agir, porque não atua "como deve", como escreve o Filósofo. Ora, convém que os ministros dos sacramentos sejam justos, porque devem conformar-se ao Senhor, conforme adverte a Escritura: "Sede santos, pois eu sou santo"; e: "Tal o juiz do povo e tais os seus ministros". Por isso, não há dúvida de que os maus pecam, apresentando-se como ministros de Deus e da Igreja na distribuição dos sacramentos. Esse pecado deve ser considerado como falta de reverência a Deus e desonras das coisas santas, pelo menos quanto depende do pecador, já que as coisas santas em si não podem ser maculadas. Segue-se daí que tal pecado, por seu gênero, é mortal.

QUANTO AO 1º, portanto, deve-se dizer que as obras de caridade não são santificadas por consagração, senão que contribuem à santidade de uma vida justa por serem componentes da virtude da justiça. Por isso, quem se mostra ministro de Deus por obras de caridade, se é justo, se santifica ainda mais; se é pecador, predispõe-se à santidade. Os sacramentos, porém, comportam em si mesmos uma certa santificação por consagração mística. Como condição para que seja digno de seu ministério, exige-se, pois, que o ministro possua a santidade de uma vida justa. Assim, age com incongruência e peca, se, estando em pecado, se aproxima de tal ministério.

QUANTO AO 2º, deve-se dizer que quem se aproxima dos sacramentos, recebe-os do ministro da Igreja, não por ser esta ou aquela pessoa, mas por ser ministro da Igreja. Por isso, enquanto a Igreja o tolera no ministério, quem dele recebe o sacramento, não participa do pecado dele, mas se põe em comunhão com a Igreja que o apresenta como seu ministro. Mas, se a Igreja não o tolerar mais, por exemplo, degradando-o,

---

2. Epist. 8, § 2: MG 3, 1092 BC.
3. L. II, cc. 2, 5: 1104, b, 21-28; 1106, b, 20-23.
4. A. 5, ad 3.

vel excommunicatur vel suspenditur, peccat qui ab eo accipit sacramentum, quia communicat peccato ipsius.

AD TERTIUM dicendum quod ille qui est in peccato mortali, non est perplexus simpliciter, si ex officio ei incumbat sacramenta dispensare: quia potest poenitere de peccato et licite ministrare. Non est autem inconveniens quod sit perplexus supposito quodam, scilicet quod velit remanere in peccato.

In articulo tamen necessitatis non peccaret baptizando in casu in quo etiam posset laicus dispensare. Sic enim patet quod non exhibet se ministrum Ecclesiae, sed subvenit necessitatem patienti. Secus autem est in aliis sacramentis, quae non sunt tantae necessitatis sicut baptismus, ut infra[5] patebit.

ARTICULUS 7
Utrum angeli possent sacramenta ministrare

AD SEPTIMUM SIC PROCEDITUR. Videtur quod angeli possent sacramenta ministrare.

1. Quidquid enim potest minister inferior, potest et superior, sicut quidquid potest diaconus, potest et sacerdos: sed non convertitur. Sed angeli sunt superiores ministri in ordine hierarchico quam etiam quicumque homines: ut patet per Dionysium, in libro *Cael. Hier.*[1]. Ergo, cum homines possint ministrare in sacramentis, videtur quod multo magis angeli.

2. PRAETEREA, homines sancti assimilantur angelis in caelo, ut dicitur Mt 22,30. Sed aliqui sancti in caelo existentes possunt ministrare in sacramentis: quia character sacramentalis est indelebilis, ut dictum est[2]. Ergo videtur quod etiam angeli in sacris possint ministrare.

3. PRAETEREA, sicut supra[3] dictum est, diabolus est caput malorum, et mali sunt membra eius. Sed per malos possunt dispensari sacramenta. Ergo videtur quod etiam per daemones.

SED CONTRA est quod dicitur Hb 5,1: *Omnis pontifex, ex hominibus assumptus, pro hominibus constituitur, in his quae sunt ad Deum.* Sed angeli boni vel mali non sunt ex hominibus. Ergo ipsi non constituuntur ministri in his quae sunt ad Deum, idest in sacramentis.

excomungando-o ou suspendendo-o, quem dele recebe o sacramento peca, porque entra em comunhão com seu pecado.

QUANTO AO 3º, deve-se dizer que quem está em pecado mortal não está inevitavelmente coagido a pecar, só porque lhe cabe por ofício administrar os sacramentos, pois pode arrepender-se de seu pecado e oficiar licitamente. Mas não é inconcebível que fique perplexo, suposto que queira permanecer em seu pecado.

Numa situação extrema, não pecaria batizando, no caso em que também um leigo poderia batizar. Pois aí fica claro que não se apresentaria como ministro da Igreja, mas viria em socorro da necessidade de quem precisa do sacramento. Não assim no caso dos outros sacramentos que não são de tanta necessidade como o batismo.

ARTIGO 7
Os anjos podem administrar os sacramentos?

QUANTO AO SÉTIMO, ASSIM SE PROCEDE: parece que os anjos **podem** administrar os sacramentos.

1. Com efeito, tudo o que pode um ministro inferior, pode também o superior, como o sacerdote pode tudo o que pode o diácono, mas não inversamente. Ora, segundo Dionísio, na ordem hierárquica os anjos são ministros superiores a qualquer homem. Logo, se os homens podem administrar sacramentos, tanto mais os anjos.

2. ALÉM DISSO, como está no Evangelho de Mateus, os santos são semelhantes aos anjos no céu. Ora, alguns santos que estão no céu podem administrar os sacramentos, porque o caráter sacramental é indelével. Logo, também os anjos podem exercer o ministério com relação aos sacramentos.

3. ADEMAIS, como foi dito, o diabo é a cabeça dos maus e estes são seus membros. Ora, também os maus podem administrar os sacramentos. Logo, igualmente os demônios.

EM SENTIDO CONTRÁRIO, diz a Carta aos Hebreus: "Todo sumo sacerdote, tomado dentre os homens, é constituído em favor dos homens no que respeita às relações com Deus". Ora, os anjos, bons ou maus, não são tomados dentre os homens. Logo, não são constituídos ministros no que respeita às relações com Deus, isto é, nos sacramentos.

---

5. Q. 65, a. 3, 4; q. 67, a. 3.

7 PARALL.: IV *Sent.*, dist. 5, q. 2, a. 3; *Cont. Gent.* IV, 74.

1. C. 9, § 2: MG 3, 260 B.
2. Q. 63, a. 5.
3. Q. 8, a. 7.

RESPONDEO dicendum quod, sicut supra[4] dictum est, tota virtus sacramentorum a passione Christi derivatur, quae est Christi secundum quod homo. Cui in natura conformantur homines, non autem angeli: sed potius secundum passionem dicitur *modico ab angelis minoratus*, ut patet Hb 2,9. Et ideo ad homines pertinet dispensare sacramenta et in eis ministrare, non autem ad angelos.

Sciendum tamen quod, sicut Deus virtutem suam non alligavit sacramentis quin possit sine sacramentis effectum sacramentorum conferre, ita etiam virtutem suam non alligavit Ecclesiae ministris, quin etiam angelis possit virtutem tribuere ministrandi in sacramentis. Et quia boni angeli sunt nuntii veritatis, si aliquod sacramentale ministerium a bonis angelis perficeretur, esset ratum habendum, quia deberet constare hoc fieri voluntate divina: sicut quaedam templa dicuntur angelico ministerio consecrata. Si vero daemones, qui sunt *spiritus mendacii*, aliquod sacramentale ministerium exhiberent, non esset ratum habendum.

AD PRIMUM ergo dicendum quod illud quod faciunt homines inferiori modo scilicet per sacramenta sensibilia, quae sunt proportionata naturae ipsorum, faciunt angeli, tanquam superiores ministri, superiori modo, scilicet invisibiliter *purgando, illuminando* et *perficiendo*.

AD SECUNDUM dicendum quod sancti qui sunt in caelo, sunt similes angelis quantum ad participationem gloriae: non autem quantum ad conditionem naturae. Et per consequens neque quantum ad sacramenta.

AD TERTIUM dicendum quod mali homines non habent quod possint ministrare in sacramentis ex hoc quod per malitiam sunt membra diaboli. Et ideo non sequitur quod diabolus, qui est eorum caput, magis hoc possit.

RESPONDO. A força dos sacramentos deriva da paixão de Cristo que cabe a Cristo enquanto homem. A ele se configuram os homens, não os anjos, pois é precisamente em relação à paixão que se diz: "tornou-se um pouco inferior aos anjos". Assim cabe aos homens e não aos anjos dispensarem os sacramentos e serem seus ministros.

Mas saiba-se que[j], como Deus não vinculou sua força aos sacramentos de forma que não possa sem eles conferir o efeito sacramental, tampouco ligou sua força aos ministros da Igreja de forma que não pudesse dar aos anjos servi-lo nos sacramentos. Já que os anjos bons são mensageiros da verdade, se algum ministério sacramental fosse realizado por anjos bons, deveria ser considerado autêntico, pois sem dúvida o realizam por vontade divina. Assim houve Igrejas consagradas pelo ministério dos anjos, segundo se conta. Mas, se demônios, que são espíritos da mentira, se apresentassem no exercício de ministério sacramental, não deveria ser tido por autêntico.

QUANTO AO 1º, portanto, deve-se dizer que o que os homens fazem de modo inferior, pelos sacramentos sensíveis proporcionados a sua natureza, os anjos, como ministros superiores, fazem-no de modo superior, "purificando, iluminando e aperfeiçoando" invisivelmente.

QUANTO AO 2º, deve-se dizer que os santos que estão no céu são semelhantes aos anjos por participarem da mesma glória, não por possuírem a mesma natureza. Por conseguinte, não são semelhantes no tocante aos sacramentos.

QUANTO AO 3º, deve-se dizer que os maus não podem administrar os sacramentos pelo fato de, por sua maldade, serem membros do diabo. Por isso, não se segue que o diabo, que é sua cabeça, possa com mais razão fazê-lo.

ARTICULUS 8
Utrum intentio ministri requiratur ad perfectionem sacramenti

AD OCTAVUM SIC PROCEDITUR. Videtur quod intentio ministri non requiratur ad perfectionem sacramenti.

ARTIGO 8
A intenção do ministro é exigida para que se realize um sacramento?

QUANTO AO OITAVO, ASSIM SE PROCEDE: parece que **não** se requer a intenção do ministro para que se realize um sacramento.

---

4. A. 3; q. 62, a. 5.

8 PARALL.: Supra, q. 60, a. 8; IV *Sent*., dist. 6, q. 1, a. 2, q.la 1; dist. 7, q. 3, a. 1, q.la 1, ad 3; dist. 8, q. 2, a. 4, q.la 3, ad 1; dist. 30, q. 1, a. 3, ad 3.

---

j. Sto. Tomás está embaraçado aqui por certas tradições lendárias. Na Idade Média, concedia-se uma importância excessiva ao rito da consagração das igrejas. Chegou-se ao ponto, quando não havia traço algum desse rito para um igreja ilustre, de declarar que ela havia sido "consagrada pelas mãos dos anjos". Mas essa consagração é um mero sacramental. Do mesmo

1. Minister enim in sacramento instrumentaliter operatur. Sed actio non perficitur secundum intentionem instrumenti, sed secundum intentionem principalis agentis. Ergo intentio ministri non requiritur ad perfectionem sacramenti.

2. Praeterea, non potest homini esse nota intentio alterius. Si igitur intentio ministri requiratur ad perfectionem sacramenti, non posset homini ad sacramentum accedenti esse notum quod sacramentum suscepisset. Et ita non posset habere certitudinem salutis: praecipue cum quaedam sacramenta sint de necessitate salutis, ut infra[1] dicetur.

3. Praeterea, intentio hominis non potest esse ad id circa quod non est attentus. Sed aliquando illi qui in sacramentis ministrant, non attendunt ad ea quae dicunt vel faciunt, alia cogitantes. Ergo, secundum hoc, non perficitur sacramentum, propter intentionis defectum.

Sed contra est quod ea quae sunt praeter intentionem, sunt casualia. Quod non est dicendum de operatione sacramentorum. Ergo sacramenta requirunt intentionem ministri.

Respondeo dicendum quod, quando aliquid se habet ad multa, oportet quod per aliquid determinetur ad unum, si illud effici debeat. Ea vero quae in sacramentis aguntur, possunt diversimode agit: sicut ablutio aquae, quae fit in baptismo, potest ordinari et ad munditiam corporalem et ad sanitatem corporalem, et ad ludum, et ad multa alia huiusmodi. Et ideo oportet quod determinetur ad unum, idest ad sacramentalem effectum, per intentionem abluentis. Et haec intentio exprimitur per verba quae in sacramentis dicuntur: puta cum dicit, *Ego te baptizo in nomine Patris*, etc.

Ad primum ergo dicendum quod instrumentum inanimatum non habet aliquam intentionem respectu effectus: sed loco intentionis est motus quo movetur a principali agente. Sed instrumentum animatum, sicut est minister, non solum movetur,

1. Com efeito, o ministro atua instrumentalmente no sacramento. Ora, a ação não se efetua pela intenção do instrumento, mas do agente principal. Logo, a intenção do ministro não é exigida para que um sacramento se realize.

2. Além disso, ninguém pode conhecer a intenção de outrem. Ora, se fosse requerida a intenção do ministro para a realização do sacramento, quem se aproximasse do sacramento não poderia saber se o estaria recebendo ou não. Assim não poderia ter certeza da salvação, principalmente considerando que certos sacramentos são necessários à salvação como se dirá adiante.

3. Ademais, a intenção é inseparável da atenção. Ora, às vezes os ministros dos sacramentos, não estão atentos ao que dizem ou fazem, mas pensando em outras coisas. Logo, nessa hipótese, não se realizaria o sacramento por falta de intenção.

Em sentido contrário, o que se realiza sem intenção é obra do acaso, o que não se deve dizer da atuação dos sacramentos. Logo, os sacramentos requerem a intenção do ministro.

Respondo. Quando algo se refere a muitas coisas, é preciso que, por algum meio, seja determinado a uma, para se obter o resultado que se quer. As realidades que se usam nos sacramentos podem atuar de diversos modos. Assim a ablução com água que se faz no batismo, pode visar à limpeza e saúde corporal, ao lazer e a muitas outras coisas. Por isso, é preciso que, pela intenção de quem realiza a ablução, ela seja determinada num sentido, o do efeito sacramental. Essa intenção se exprime pelas palavras que se dizem no sacramento, como, por exemplo, "Eu te batizo em nome do Pai" etc[k].

Quanto ao 1º, portanto, deve-se dizer que o instrumento inanimado não tem intenção alguma com relação ao efeito que produz; em lugar da intenção entra o movimento com que é movido pelo agente principal. Mas o instrumento animado,

---

1. Q. 65, a. 4.

modo, a concessão da comunhão por um anjo, da qual teriam se beneficiado alguns santos, não é um ato sacramental em sentido estrito. Em todo caso, é evidente que o celebrante propriamente dito de um sacramento só pode ser um homem. Toda a teologia sacramental se baseia na economia da Encarnação.

k. A intenção do ministro é requerida segundo dois pontos de vista, uma vez que os sacramentos são ao mesmo tempo signos e causas, significam o que causam, e causam o que significam. A ação sacramental, como matéria, não manifesta um fim rigorosamente determinado; é preciso acrescentar-lhe a determinação das palavras, que exprimem o efeito próprio do sacramento. Esse raciocínio não é de modo algum conclusivo. Pois a criança que "brinca de batismo" pode muito bem empregar exatamente a mesma forma sacramental.

Deve-se portanto reter o argumento, fundado ainda mais sobre a causalidade, enunciado na solução 2: por sua intenção, isto é, pela vontade de "fazer o que fazem Cristo e a Igreja", o ministro subordina sua intenção à de Cristo, de maneira a ser levado por ele a produzir o efeito buscado pela instituição sacramental.

sed etiam quodammodo movet seipsum, inquantum sua voluntate movet membra ad operandum. Et ideo requiritur eius intentio, qua se subiiciat principali agenti: ut scilicet intendat facere quod facit Christus et Ecclesia.

AD SECUNDUM dicendum quod circa hoc est duplex opinio. Quidam enim dicunt quod requiritur mentalis intentio in ministro: quae si desit, non perficitur sacramentum. Sed hunc defectum in pueris, qui non habent intentionem accedendi ad sacramentum, supplet Christus, qui interius baptizat. In adultis autem, quia intendunt sacramenta suscipere, supplet illum defectum fides et devotio.

Sed hoc satis posset dici quantum ad ultimum effectum, qui est iustificatio a peccatis: sed quantum ad effectum qui est *res et sacramentum*, scilicet quantum ad characterem, non videtur quod per devotionem accedentis possit suppleri; quia character nunquam imprimitur nisi per sacramentum.

Et ideo alii melius dicunt quod minister sacramenti agit in persona totius Ecclesiae, cuius est minister; in verbis autem quae proferuntur, exprimitur intentio Ecclesiae; quae sufficit ad perfectionem sacramenti, nisi contrarium exterius exprimatur ex parte ministri et recipientis sacramentum.

AD TERTIUM dicendum quod, licet ille qui aliud cogitat, non habeat actualem intentionem, habet tamen habitualem, quae sufficit ad perfectionem sacramenti: puta si, cum sacerdos accedit ad baptizandum, intendit facere circa baptizandum quod facit Eccleisa. Unde, si postea in ipso exercitio actus cogitatio eius ad alia rapiatur, ex virtute primae intentionis perficitur sacramentum. Quamvis studiose curare debeat sacramenti minister ut etiam actualem intentionem adhibeat. Sed hoc non totaliter est positum in hominis potestate: quia praeter intentionem, cum homo vult multum intendere, incipit alia cogitare; secundum illud Ps 39,13: *Cor meum dereliquit me*.

como é o ministro, não só é movido; ele também se move a si mesmo, enquanto por sua vontade movimenta seus membros para atuar. Por isso, requer-se sua intenção, pela qual se submete ao agente principal, ou seja: requer-se a intenção de fazer o que fazem Cristo e a Igreja.

QUANTO AO 2º, deve-se dizer que sobre este ponto há duas opiniões[1]. Uns dizem que se requer a intenção mental do ministro. Na sua falta, não se realizaria o sacramento. No entanto, a falta de intenção pode ser suprida: nas crianças que não podem ter intenção de aproximar-se do sacramento, a falta é suprida por Cristo que batiza interiormente; nos adultos que pretendem receber os sacramentos, a fé e a devoção suprem a falta de intenção.

Se essa resposta satisfaz no que respeita ao efeito último do sacramento que é a justificação dos pecados, não vale o mesmo no que toca o efeito intermédio que já é realidade mas ainda é sinal sacramental, isto é: o caráter. Não se pode admitir que seja suprido pela devoção de quem se aproxima ao sacramento, porque o caráter jamais se imprime sem sacramento.

Por isso, outros dizem, com mais razão, que o ministro do sacramento age como representante de toda a Igreja, da qual é ministro. Nas palavras que são proferidas, exprime-se a intenção da Igreja que é suficiente para a realização do sacramento, a não ser que o ministro ou quem recebe o sacramento expresse exteriormente o contrário.

QUANTO AO 3º, deve-se dizer que embora quem pensa em outra coisa não tenha intenção atual, tem-na habitual, o que é suficiente para que o sacramento se realize. Por exemplo, um sacerdote vai batizar tendo a intenção de, ao batizar, fazer o que a Igreja faz. Se depois, ao executar o ato, seu pensamento se dispersa, o sacramento, contudo, se realiza por força da primeira intenção. Não obstante, o ministro do sacramento deve diligentemente procurar ter intenção atual. Mas isso não está totalmente no poder de um homem, pois, por mais que o queira, pode acabar pensando em outras coisas como está no Salmo: "Meu coração me abandona"[m].

---

1. Os teólogos discutiram longamente sobre a necessidade, para a validade de um sacramento, de uma intenção *interna* ou *externa* no ministro. O ministro deve esforçar-se em ter uma intenção interna, ou seja, não só a vontade de cumprir corretamente o rito, mas ainda a vontade de realizar um ato sagrado e de fazer o que querem fazer Cristo e a Igreja. Mas, uma vez celebrado o sacramento, não se pode exigir para reconhecer sua validade que o ministro tenha tido a intenção interna, que não pode ser provada e que aliás escapa ao domínio da sacramentalidade, constituída por signos visíveis. Mas pode-se prudentemente admitir que a presença dessa intenção interna esteja suficientemente manifesta pelo cuidado e seriedade com os quais foram cumpridas as ações e palavras exigidas pela Igreja.

m. Ninguém está a salvo de uma distração! Se esta impede a intenção *efetiva*, não impede o que a linguagem de Sto. Tomás chama de intenção *habitual*, e que os modernos chamam de intenção virtual. Todo ministro que vem celebrar um sacramento

Articulus 9
Utrum fides ministri sit de necessitate sacramenti

AD NONUM SIC PROCEDITUR. Videtur quod fides ministri sit de necessitate sacramenti.

1. Sicut enim dictum est[1], intentio ministri est necessaria ad sacramenti perfectionem. Sed *fides intentionem dirigit*: ut Augustinus dicit, *contra Iulianum*[2]. Ergo, si desit vera fides in ministro, non perficitur sacramentum.

2. PRAETEREA, si minister Ecclesiae veram fidem non habeat, videtur esse haereticus. Sed haeretici, ut videtur, non possunt sacramenta conferre. Dicit enim Cyprianus, in Epistola *contra haereticos*[3]: *Omnia quaecumque faciunt haeretici, carnalia sunt et inania et falsa: ita ut nihil eorum quae illi gesserint, a nobis debeat probari*. Et Leo Papa dicit, in Epistola *ad Leonem Augustum*[4]: *Manifestum est per crudelissimam et insanissimam vesaniam in Alexandrina sede omnium caelestium sacramentorum lumen extinctum. Intercepta est sacrificii oblatio, defecit chrismatis sanctificatio, et paricidalibus manibus impiorum omnia sese subtraxere mysteria*. Ergo vera fides ministri est de necessitate sacramenti.

3. PRAETEREA, illi qui non habent veram fidem, videntur esse per excommunicationem ab Ecclesia separati: dicitur enim in secunda Canonica Ioannis [10], *Si quis venit ad vos et hanc doctrinam non affert, nolite recipere eum in domum, nec Ave dixeritis*; et Tt 3,10: *Haereticum hominem, post primam et secundam correctionem, devita*. Sed excommunicatus non videtur conferre posse Ecclesiae sacramentum: cum sit ab Ecclesia separatus, ad cuius ministerium pertinet sacramentorum dispensatio. Ergo videtur quod vera fides ministri sit de necessitate sacramenti.

SED CONTRA est quod Augustinus dicit, *contra Petilianum Donatistam*[5]: *Mementote sacramentis Dei nihil obesse mores malorum hominum, quod illa vel non sint, vel minus sancta sint*.

Artigo 9
A fé do ministro é necessária para o sacramento?

QUANTO AO NONO, ASSIM SE PROCEDE: parece que a fé do ministro é necessária para o sacramento.

1. Com efeito, a intenção do ministro é necessária para a execução do sacramento. Ora, "a fé dirige a intenção", como ensina Agostinho. Logo, se no ministro falta a fé ortodoxa, o sacramento não se realiza.

2. ALÉM DISSO, se um ministro da Igreja não tem a fé ortodoxa, é herege. Ora, os hereges, tudo indica, não podem conferir os sacramentos. Cipriano diz: "Todas as obras dos hereges são carnais, sem valor e falsas, tanto que não devemos aprovar nenhum de seus atos". E o papa Leão, por sua vez, afirma: "Pela aberração tão cruel e vã reinante na sé de Alexandria, é óbvio que se extinguiu toda luz dos celestes sacramentos. Foi interrompida a oblação do sacrifício, cessou a consagração do crisma, pelas mãos parricidas dos ímpios suprimiram-se todos os mistérios". Logo, a fé ortodoxa do ministro é necessária ao sacramento.

3. ADEMAIS, quem não tem a fé ortodoxa, está separado da Igreja por excomunhão, pois ordena a Escritura: "Se alguém vem ter convosco sem ser portador desta doutrina, não o recebais em vossa casa, nem lhe desejeis as boas-vindas"; e: "Se alguém for herético, afasta-o depois de uma primeira e uma segunda advertência". Ora, um excomungado não pode conferir um sacramento da Igreja, já que está separado da Igreja, a cujo ministério cabe a dispensação dos sacramentos. Logo, parece que a fé ortodoxa é necessária ao sacramento.

EM SENTIDO CONTRÁRIO, Agostinho afirma, tendo em vista os donatistas: "Lembrai-vos: os maus costumes dos homens não são obstáculo aos sacramentos, nem os fazem nulos nem sequer menos santos".

---

9 PARALL.: IV *Sent.*, dist. 6, q. 1, a. 3, q.la 2, 3.

1. A. praec.
2. *Enarr. in Ps.*, in ps. 31, enarr. 2, n. 4: ML 36, 259. — Cfr. *Contra Iulian.*, l. IV, c. 3, n. 30: ML 44, 754.
3. Cfr. epist. 70 *ad Ianuarium*, etc.: ML 3, 1084 B (= ML 4, 412 AB).
4. Epist. 156, al. 125, c. 5: ML 54, 1131 A.
5. Al. *Contra litteras Petilian.*, l. II, c. 47, n. 110: ML 43, 298.

quer ser Cristo pelo sacramento. Se o hábito, no sentido de rotina, é um fator de degradação para o ato humano, o *habitus*, que caracteriza a intenção "habitual", assegura a nossa conduta uma continuidade e uma habilidade cujo valor é positivo. (Ver o tratado dos hábitos (*habitus*), I-II, q. 49-54).

RESPONDEO dicendum quod, sicut supra[6] dictum est, quia minister in sacramentis instrumentaliter operatur, non agit in virtute propria, sed in virtute Christi. sicut autem pertinet ad propriam virtutem hominis caritas, ita et fides. Unde, sicut non requiritur ad perfectionem sacramenti quod minister sit in caritate, sed possunt etiam peccatores sacramenta conferre, ut supra[7] dictum est; ita non requiritur fides eius, sed infidelis potest verum sacramentum praebere, dummodo cetera adsint quae sunt de necessitate sacramenti.

AD PRIMUM ergo dicendum quod potest contingere quod aliquis patiatur defectum fidei circa aliquid aliud, et non circa veritatem sacramenti quod exhibet: puta si aliquis credat iuramentum esse in omni casu illicitum, et tamen credat baptismum efficaciam habere ad salutem. Et sic talis infidelitas non impedit intentionem conferendi sacramentum.

Si vero patiatur fidei defectum circa ipsum sacramentum quod exhibet, licet credat per id quod agitur exterius nullum sequi interiorem effectum, non tamen ignorat quod Ecclesia Catholica intendit per huiusmodi quae exterius aguntur, sacramentum praebere. Unde, non obstante infidelitate, potest intendere facere id quod facit Ecclesia, licet existimet id nihil esse. Et talis intentio sufficit ad sacramentum: quia, sicut supra[8] dictum est, minister sacramenti agit in persona totius Ecclesiae, ex cuius fide suppletur id quod deest fidei ministro.

AD SECUNDUM dicendum quod haereticorum quidam in collatione sacramentorum formam Ecclesiae non servant. Et tales neque sacramentum conferunt, neque rem sacramenti. — Quidam vero servant Ecclesiae formam. Et tales conferunt quidem sacramentum, sed non conferunt rem sacramenti. Et hoc dico, si sunt manifeste ab Ecclesia praecisi. Quia ex hoc ipso quod aliquis accipit sacramenta ab eis, peccat: et per hoc impeditur ne effectum sacramenti consequatur. Unde Augustinus dicit, in libro *de Fide ad Petrum*[9]: *Firmissime tene, et nullatenus dubites, extra Ecclesiam baptizatis, si ad Ecclesiam non*

RESPONDO. O ministro atua nos sacramentos instrumentalmente; não age por própria força, mas na força de Cristo. Ora, a fé, como a caridade, pertence à força própria do homem. Segue-se, pois, que, como não se requer para a execução dos sacramentos que o ministro viva na caridade, mas também os pecadores podem conferir os sacramentos, tampouco se requer a fé. Mesmo quem não crê pode administrar um verdadeiro sacramento, contanto que preencha os demais requisitos necessários ao sacramento.

QUANTO AO 1º, portanto, deve-se dizer que pode acontecer que alguém tenha falta de fé com respeito a algo distinto da verdade do sacramento que administra. Por exemplo, se alguém crê que o juramento é sempre ilícito e, contudo, crê na eficácia do batismo para a salvação. Essa falta de fé não impede a intenção de conferir o sacramento.

Mas suponhamos que a falta de fé do ministro diga respeito precisamente ao sacramento que está celebrando: não crê que de sua ação exterior se siga um efeito interior. Contudo, não ignora que a Igreja Católica por essa ação exterior tem a intenção de realizar um sacramento. Nesse caso, não obstante sua falta de fé, o ministro pode ter a intenção de fazer o que a Igreja faz. Tal intenção é suficiente para o sacramento, porque o ministro do sacramento age como representante de toda a Igreja, cuja fé supre o que falta à fé do ministro[n].

QUANTO AO 2º, deve-se dizer que alguns hereges não mantêm na administração dos sacramentos a forma da Igreja. Esses não conferem nem o sinal sacramental nem a realidade do sinal sacramental. — Outros, porém, observam a forma da Igreja e assim conferem o sinal sacramental, mas não sua realidade. Isso vale, se estão claramente rompidos com a Igreja, porque então, pelo próprio fato de alguém receber deles os sacramentos, já peca, e assim está impedido de alcançar o efeito do sacramento. Por isso Agostinho diz: "Mantém firmemente e não duvides de modo nenhum de que, para quem foi batizado fora da Igreja, se não volta

---

6. A. 5.
7. Ibid.
8. A. 8, ad 2.
9. C. 36, al. Reg. 33: ML 40, 776. — (Inter Opp. Aug.).

n. Isto desenvolve o argumento já empregado pela solução do artigo precedente. O ministro não deve ser considerado como um indivíduo cujas virtudes pessoais estariam necessariamente na eficácia do sacramento. É preciso considerá-lo, portanto, tal como ele o manifesta, como representante da Igreja; se os sacramentos são, segundo uma expressão cara a Sto. Tomás, *sacramenta fidei*, os signos da fé, essa fé é a da Igreja, e repara as insuficiências que poderiam se encontrar na fé do ministro.

redierint, baptismo cumulari perniciem. Et per hunc modum dicit Leo Papa[10] *in sede Alexandrina sacramentorum lumen esse extinctum*: scilicet, quantum ad rem sacramenti, non autem quantum ad ipsum sacramentum.

Cyprianus autem nec sacramentum conferre haereticos credebat: sed in hoc eius sententia non tenetur. Unde Augustinus dicit[11]: *Martyrem Cyprianum, qui apud haereticos vel schismaticos datum baptismum nolebat cognoscere, tanta merita, usque ad triumphum martyrii, secuta sunt, ut caritatis qua excellebat luce obumbratio illa fugaretur, et, si quid purgandum erat, passionis falce tolleretur.*

AD TERTIUM dicendum quod potestas ministrandi sacramenta pertinet ad spiritualem characterem, qui indelebilis est, ut ex supra[12] dictis patet. Et ideo per hoc quod aliquis ab Ecclesia suspenditur vel excommunicatur, vel etiam degradatur, non amittit potestatem conferendi sacramentum, sed licentiam utendi hac potestate. Et ideo sacramentum quidem confert, sed tamen peccat conferendo. Et similiter ille qui ab eo accipit sacramentum: et sic non percipit rem sacramenti, nisi forte per ignorantiam excusetur.

à Igreja, seu batismo só lhe acumulou perdição". Nesse sentido o papa Leão dizia que "na sé de Alexandria se extinguira toda luz dos sacramentos", entendendo sob esta metáfora a realidade do sacramento, mas não o sinal sacramental.

Cipriano nem mesmo acreditava que os hereges pudessem conferir o sacramento, mas nesse ponto sua opinião não se sustenta. Por isso Agostinho afirma: "O mártir Cipriano que não queria reconhecer o batismo dado por hereges ou cismáticos, acumulou tantos méritos a ponto de alcançar mesmo o triunfo do martírio; a luz da caridade que o distinguia, dissipa essa leve sombra. E mesmo que algo precisasse ser purificado, lhe foi podado pela foice de seu sofrimento" [o].

QUANTO AO 3º, deve-se dizer que o poder de administrar sacramentos pertence ao caráter espiritual que é indelével. Portanto, pelo fato de alguém ser suspenso ou excomungado pela Igreja, ou mesmo degradado, não perde o poder de conferir os sacramentos, mas a licença de usar desse poder. Por isso certamente confere o sacramento, mas nesse ato peca. Igualmente peca quem aceita o sacramento de suas mãos, por isso mesmo não recebe a realidade do sacramento, a não ser que a ignorância o desculpe[p].

ARTICULUS 10

Utrum intentio recta ministri requiratur ad perfectionem sacramenti

AD DECIMUM SIC PROCEDITUR. Videtur quod intentio recta ministri requiratur ad perfectionem sacramenti.

1. Intentio enim ministri debet conformari intentioni Ecclesiae, ut ex dictis[1] patet. Sed intentio Ecclesiae semper est recta. Ergo de necessitate

ARTIGO 10

A reta intenção do ministro é exigida para que um sacramento se realize?

QUANTO AO DÉCIMO, ASSIM SE PROCEDE: parece que a reta intenção do ministro é exigida para que um sacramento venha a realizar-se.

1. Com efeito, a intenção do ministro deve conformar-se à intenção da Igreja. Ora, a intenção da Igreja é sempre reta. Logo, para que o sacra-

---

10. Epist. 156 *ad Leonem Aug.*, c. 5: ML 54, 1131 A.
11. *De unic. Baptism., cont. Petilian.*, c. 13, n. 22: ML 43, 606.
12. Q. 63, a. 3, 5.

10 PARALL.: Infra, q. 74, a. 2, ad 2; IV *Sent.*, dist. 6, q. 1, a. 2, q.la 2; Expos. litt.; dist. 11, q. 2, a. 1, q.la 3, ad 1; dist. 30, q. 1, a. 3, ad 3.

1. A. 8, ad 1.

o. Com Sto. Agostinho, Sto. Tomás desculpa o erro de São Cipriano, em virtude de sua grande caridade, manifestada até no martírio, que ele sofre sob a perseguição de Valeriano (258). Com os outros bispos da África, ele professara a invalidade do batismo, conferida pelos heréticos, contra a tradição da Igreja de Roma, mantida pelo papa Estevão I. Naturalmente, o donatismo, cisma africano, apoiava-se no prestígio de São Cipriano.

Quanto ao texto do papa Santo Leão, o grande, ele não tem por objeto propor uma doutrina teológica, mas de relatar, numa carta ao imperador do oriente Leão I, fatos lamentáveis. Em Alexandria, uma facção de heréticos monofisistas haviam assassinado na quinta-feira santa, no batistério, o bispo legítimo, no momento em que este ia consagrar o crisma santo para a celebração do batismo na noite pascal. Daí a ausência de sacramentos, a interrupção da oferenda eucarística e a falta do crisma consagrado.

p. É fácil constatar que se o caráter sacramental podia ser apagado pela excomunhão, ou por uma falta de fé, a consistência visível da Igreja seria destruída. Era a isso que conduzia a doutrina, à primeira vista profundamente religiosa, dos donatistas.

ad sacramenti perfectionem requiritur intentio recta ministri.

2. Praeterea, perversa intentio deterior esse videtur quam intentio iocosa. Sed intentio iocosa tollit sacramentum: puta si aliquis non serio, sed ludo aliquem baptizaret. Ergo multo magis perversa intentio aufert sacramentum: puta si aliquis aliquem baptizaret ut postmodum eum occideret.

3. Praeterea, perversa intentio facit totum opus vitiosum: secundum illud Lc 11,34: *Si oculus tuus fuerit nequam, totum corpus tuum tenebrosum erit*. Sed sacramenta Christi non possunt inquinari per malos homines: sicut Augustinus dicit, *contra Petilianum*[2]. Ergo videtur quod, si sit perversa intentio ministri, non sit ibi verum sacramentum.

Sed contra est quod perversa intentio pertinet ad malitiam ministri. Sed malitia ministri non tollit sacramentum. Ergo nec perversa intentio.

Respondeo dicendum quod intentio ministri potest perverti dupliciter. Uno modo, respectu ipsius sacramenti: puta cum aliquis non intendit sacramentum conferre, sed delusorie aliquid agere. Et talis perversitas tollit veritatem sacramenti: praecipue quando suam intentionem exterius manifestat.

Alio modo potest perverti intentio ministri quantum ad id quod sequitur sacramentum: puta si sacerdos intendat aliquam feminam baptizare ut abutatur ea; vel si intendat conficere corpus Christi ut eo ad veneficia utatur. Et quia prius non dependet a posteriori, inde est quod talis intentionis perversitas veritatem sacramenti non tollit: sed ipse minister ex tali intentione graviter peccat.

Ad primum ergo dicendum quod Ecclesiae intentio recta est et quantum ad sacramenti perfectionem, et quantum ad sacramenti usum: sed prima rectitudo perficit sacramentum, secunda operatur ad meritum. Et ideo minister qui conformat intentionem suam Ecclesiae quantum ad primam rectitudinem, non autem quantum ad secundam, perficit quidem sacramentum, sed non est sibi ad meritum.

Ad secundum dicendum quod intentio ludicra vel iocosa excludit primam rectitudinem intentionis, per quam perficitur sacramentum. Et ideo non est similis ratio.

mento se realize requer-se necessariamente a reta intenção do ministro.

2. Além disso, a intenção perversa é pior que a intenção jocosa. Ora, a intenção jocosa anula o sacramento, por exemplo se alguém não batizasse seriamente a outrem, mas por brincadeira. Logo, com muito mais razão a intenção perversa faz cessar o sacramento, por exemplo, se alguém batizasse a outrem para depois matá-lo.

3. Ademais, a intenção perversa vicia a ação inteira. Como diz o Evangelho de Lucas: "Se o teu olho for mau, também o teu corpo está nas trevas". Ora, os sacramentos de Cristo não podem ser desonrados por maldade humana, como ensina Agostinho. Logo, parece que, se a intenção do ministro for perversa, não há aí um sacramento verdadeiro.

Em sentido contrário: A intenção perversa pertence à maldade do ministro. Ora, a maldade do ministro não suprime o sacramento. Logo, tampouco a intenção perversa.

Respondo. A intenção do ministro pode ser perversa de dois modos: 1º. Com respeito ao próprio sacramento. Por exemplo, quando alguém não tem intenção de conferir o sacramento, mas de agir por burla. Tal perversidade anula a verdade do sacramento, principalmente quando sua intenção se manifesta exteriormente.

2º Com respeito ao que se segue do sacramento. Por exemplo, se um sacerdote tem intenção de batizar uma mulher para abusar dela, ou se consagra o corpo de Cristo com a intenção de usá-lo para feitiçaria. Já que o que vem antes não depende do que vem depois, a perversidade da intenção não suprime a verdade do sacramento. Mas, tendo tal intenção, o ministro peca gravemente.

Quanto ao 1º, portanto, deve-se dizer que a intenção da Igreja é reta quanto à realização do sacramento e quanto a seu uso: no primeiro sentido, a retidão de intenção realiza o sacramento; no segundo, gera mérito. Por isso, o ministro que conforma sua intenção à da Igreja no tocante ao primeiro sentido de retidão, mas não quanto ao segundo, realiza, sim, o sacramento, mas não adquire mérito.

Quanto ao 2º, deve-se dizer que a intenção por brincadeira ou jocosa exclui a reta intenção no primeiro sentido, de realizar o sacramento. Por isso, a comparação entre os dois casos não é procedente.

---

2. Al. *Cont. litteras Petilian.*, l. II, c. 39, n. 94: ML 43, 293. — Cfr. *Cont. epist. Parmeniani*, l. II, c. 13: ML 43, 69-73.

AD TERTIUM dicendum quod perversa intentio pervertit opus intendentis, non autem opus alterius. Et ideo ex perversa intentione ministri pervertitur id quod agit in sacramentis inquantum est opus eius: non inquantum est opus Christi, cuius est minister. Et est simile si minister alicuius hominis prava intentione deferret pauperibus eleemosynam, quam dominus recta intentione mandaret.

QUANTO AO 3º, deve-se dizer que a má intenção perverte a obra de quem tem a intenção, não a obra de outrem. Por isso, pela intenção perversa do ministro se perverte na ação sacramental, o que é obra dele, não o que é obra de Cristo, do qual é ministro. É como se o administrador distribuísse com má intenção a esmola que seu senhor destinara com reta intenção aos pobres.

QUAESTIO LXV
DE NUMERO SACRAMENTORUM
in quatuor articulos divisa

Deinde considerandum est de numero sacramentorum.
Et circa hoc quaeruntur quatuor.
Primo: utrum sint septem sacramenta.
Secundo: de ordine eorum ad invicem.
Tertio: de comparatione eorum.
Quarto: utrum omnia sint de necessitate salutis.

QUESTÃO 65
O NÚMERO DOS SACRAMENTOS
em quatro artigos

Em seguida, deve-se tratar do número dos sacramentos.
Sobre isso são quatro as perguntas:
1. Os sacramentos são sete?
2. Como eles se ordenam entre si?
3. Comparação dos sacramentos entre si.
4. Todos são necessários à salvação?

ARTICULUS 1
Utrum debeant esse septem sacramenta

AD PRIMUM SIC PROCEDITUR. Videtur quod non debeant esse septem sacramenta.
1. Sacramenta enim efficaciam habent ex virtute divina, et ex virtute passionis Christi. Sed una est virtus divina, et una est Christi passio: *una* enim *oblatione consummavit sanctificatos in sempiternum*, ut dicitur Hb 10,14. Ergo non debuit esse nisi unum sacramentum.

2. PRAETEREA, sacramentum ordinatur contra defectum peccati. Hic autem est duplex: scilicet poena et culpa. Ergo sufficeret esse duo sacramenta.

3. PRAETEREA, sacramenta pertinent ad actiones ecclesiasticae hierarchiae: ut patet per Dionysium[1]. Sed, sicut ipse dicit, tres sunt actiones hierarchicae: *purgatio, illuminatio et perfectio*. Ergo non debent esse nisi tria sacramenta.

ARTIGO 1
Os sacramentos devem ser sete?[a]

QUANTO AO PRIMEIRO ARTIGO, ASSIM SE PROCEDE: parece que os sacramentos **não** devem ser sete.
1. Com efeito, os sacramentos têm eficácia pela força de Deus e pela força da paixão de Cristo. Ora, a força de Deus é única e uma também é a paixão de Cristo. Diz a Carta aos Hebreus: "Por uma única oblação levou para sempre à perfeição os que santificou". Logo, não deve haver senão um único sacramento.

2. ALÉM DISSO, o sacramento visa a remediar a rebelião do pecado. Ora, esta é dupla: a pena e a culpa. Logo, seriam suficientes dois sacramentos.

3. ADEMAIS, os sacramentos são ações da hierarquia eclesiástica, como afirma Dionísio. Ora, como ele diz, são três as ações próprias da hierarquia: purificação, iluminação e perfeição. Logo, os sacramentos devem ser três.

---

1 PARALL.: IV *Sent.*, dist. 2, q. 1, a. 2; *Cont. Gent.* IV 58; *De Eccles. Sacram.*
1. *De eccl. hier.*, c. 5, p. 1, § 2: MG 3, 501 D.

a. Estamos diante de uma questão de fato. A Igreja, pelo menos desde o século XII, reconhece sete de seus ritos como sacramentos principais. Resta ao teólogo expor as conveniências desse número. As objeções nos dois sentidos (sete, é demais — não é suficiente) provêm de simbolismos e de princípios artificiais cujo interesse é mínimo. Nós apontaremos algumas das soluções fornecidas por Sto. Tomás.

4. Praeterea, Augustinus dicit, XIX *contra Faustum*[2]: Sacramenta novae legis sunt *numero pauciora* quam sacramenta veteris legis. Sed in veteri lege non erat aliquod sacramentum quod responderet confirmationi et extremae unctioni. Ergo neque debent numerari inter sacramenta novae legis.

5. Praeterea, luxuria non est gravius inter cetera peccata: ut patet ex his quae in Secunda Parte[3] dicta sunt. Sed contra alia peccata non instituitur aliquod sacramentum. Ergo neque contra luxuriam debuit institui sacramentum matrimonii.

Sed contra, videtur quod sint plura sacramenta. Sacramenta enim dicuntur quaedam *sacra signa*. Sed multae aliae sanctificationem fiunt in Ecclesia secundum sensibilia signa: sicut aqua benedicta, consecratio altaris, et alia huiusmodi. Ergo sunt plura sacramenta quam septem.

2. Praeterea, Hugo de Sancto Victore dicit[4] quod sacramenta veteris legis fuerunt oblationes, decimae et sacrificia. Sed sacrificium Ecclesiae est unum sacramentum, quod dicitur Eucharistia. Ergo etiam oblationes et decimae debent dici sacramenta.

3. Praeterea, tria sunt genera peccatorum: originale, mortale et veniale. Sed contra originale peccatum ordinatur baptismus; contra mortale autem poenitentia. Ergo deberet esse aliud, praeter septem, quod ordinetur contra veniale.

Respondeo dicendum quod, sicut supra[5] dictum est, ordinantur sacramenta Ecclesiae ad duo: scilicet, ad perficiendum hominem in his quae pertinent ad cultum Dei secundum religionem Christianae vitae; et etiam in remedium contra defectum peccati. Utroque autem modo convenienter ponuntur septem sacramenta.

Vita enim spiritualis conformitatem aliquam habet ad vitam corporalem: sicut et cetera corporalia similitudinem quandam spiritualium habent. In vita autem corporali dupliciter aliquis perficitur: uno modo, quantum ad personam propriam; alio modo, per respectum ad totam communitatem societatis in qua vivit, quia homo naturaliter est animal sociale. Respectu autem sui ipsius perficitur homo in vita corporali dupliciter: uno modo, per se, acquirendo scilicet aliquam vitae perfectionem; alio modo, per accidens, scilicet removendo

4. Ademais, segundo Agostinho, os sacramentos da Nova Lei são menos numerosos que os da Lei Antiga. Ora, na Antiga Lei não havia sacramentos que correspondessem aos da confirmação e da extrema unção. Logo, tampouco devem enumerar-se entre os da Nova Lei.

5. Ademais, a luxúria não é o mais grave dentre os pecados, como se viu na II Parte. Ora, contra outros pecados não foi instituído nenhum sacramento. Logo, tampouco deve ter sido instituído o sacramento do matrimônio para combater a luxúria.

Em sentido contrário, os sacramentos seriam muitos. 1. Chamam-se sacramentos determinados "sinais sagrados". Ora, há na Igreja muitas outras realidades santas expressas através de sinais sensíveis, como a água benta, a consagração de um altar e outras semelhantes. Logo, há mais sacramentos que os sete.

2. Ademais, segundo Hugo de São Vítor eram sacramentos da antiga lei as oblações, os dízimos e os sacrifícios. Ora, o sacrifício da Igreja é um sacramento: a eucaristia. Logo também as oblações e os dízimos devem chamar-se sacramentos.

3. Ademais, há três gêneros de pecado: o original, o mortal e o venial. O batismo se dirige contra o pecado original e a penitência, contra o mortal. Logo, deveria haver algum outro, além dos sete, que visasse ao pecado venial.

Respondo. Os sacramentos da Igreja visam a duas finalidades: aperfeiçoar o homem no que concerne ao culto divino de acordo com a religião da vida cristã e apresentar um remédio contra a rebelião do pecado. O número de sete sacramentos se justifica sob os dois pontos de vista.

A vida espiritual tem alguma semelhança com a vida corporal, como aliás também as demais realidades corporais têm certa semelhança com as espirituais. A vida corporal comporta dois modos de aperfeiçoamento: um pessoal, outro em relação a toda a comunidade social em que se vive, porque o homem é por natureza um animal social.

Com respeito a si próprio, o homem se aperfeiçoa na vida corporal de dois modos: essencialmente, adquirindo alguma perfeição vital; acidentalmente, removendo impedimentos à vida,

---

2. C. 13: ML 42, 355.
3. I-II, q. 73, a. 5; II-II, q. 154, a. 3.
4. *De Sacram.*, l. I, p. 11, c. 3; p. 12, c. 4: ML 176, 344 B, 351 D.
5. Q. 62, a. 5; q. 63, a. 1.

impedimenta vitae, puta aegritudines, vel aliquid huiusmodi. Per se autem perficitur corporalis vita tripliciter. Primo quidem, per generationem, per quam homo incipit esse et vivere. Et loco huius in spirituali vita est baptismus, qui est spiritualis regeneratio: secundum illud Tt 3,5: *Per lavacrum regenerationis*, etc. — Secundo, per augmentum, quo aliquis perducitur ad perfectam quantitatem et virtutem. Et loco huius in spirituali vita est confirmatio, in qua datur Spiritus Sanctus ad robur. Unde dicitur discipulis iam baptizatis, Lc 24,49: *Sedete in civitate quousque induamini virtute ex alto*. — Tertio, per nutritionem, qua conservatur in homine vita et virtus. Et loco huius in spirituali vita est Eucharistia. Unde dicitur Io 6,54: *Nisi manducaveritis carnem filii hominis et biberitis eius sanguinem, non habebitis vitam in vobis*.

Et hoc quidem sufficeret homini si haberet et corporaliter et spiritualiter impassibilem vitam: sed quia homo incurrit interdum et corporalem infirmitatem et spiritualem, scilicet peccatum, ideo necessaria est homini curatio ab infirmitate. Quae quidem est duplex. Una quidem est sanatio, quae sanitatem restituit. Et loco huius in spirituali vita est poenitentia: secundum illud Ps 40,5: *Sana animam meam, quia peccavi tibi*. — Alia autem est restitutio valetudinis pristinae per convenientem diaetam et exercitium. Et loco huius in spirituali vita est extrema unctio, quae removet peccatorum reliquias, et hominem paratum reddit ad finalem gloriam. Unde dicitur Iac 5,15: *Et si in peccatis sit, dimittetur ei*.

Perficitur autem homo in ordine ad totam communitatem dupliciter. Uno modo, per hoc quod accipit potestatem regendi multitudinem, et exercendi actus publicos. Et loco huius in spirituali vita est sacramentum ordinis: secundum illud Hb 7,27, quod sacerdotes hostias offerunt non solum pro se, sed etiam pro populo. — Secundo, quantum ad naturalem propagationem. Quod fit per matrimonium, tam in corporali quam in spirituali vita: eo quod est non solum sacramentum, sed naturae officium.

Ex his etiam patet sacramentorum numerus secundum quod ordinantur contra defectum peccati. Nam baptismus ordinatur contra carentiam vitae spiritualis; confirmatio contra infirmitatem animi quae in nuper natis invenitur; Eucharistia contra labilitatem animi ad peccandum; poenitentia contra actuale peccatum post baptismum commissum; extrema unctio contra reliquias peccatorum, quae scilicet non sunt sufficienter per poenitentiam sublatae, aut ex negligentia aut ex ignorantia; ordo

por exemplo doenças ou coisas semelhantes. Essencialmente, a vida corporal se aperfeiçoa de três maneiras:

1º. Pela geração, pela qual o homem começa a existir e viver. Na vida espiritual corresponde a ela o batismo que é novo nascimento espiritual, como diz Paulo: "Pelo banho do novo nascimento" etc.

2º. Por crescimento, pelo qual se atinge a estatura e força perfeitas. É o que acontece na vida espiritual pela confirmação, em que o Espírito Santo é dado para a fortaleza. Daí esta palavra aos discípulos já batizados: "Permanecei na cidade até que sejais revestidos, do alto, de poder".

3º. Pela nutrição, que conserva no homem a vida e a força. Na vida espiritual corresponde a ela a eucaristia. O Evangelho de João diz: "Se não comerdes a carne do Filho do Homem e não beberdes o seu sangue, não tereis a vida em vós".

Isso seria suficiente, se o homem tivesse uma vida impassível corporal e espiritualmente. Mas, porque o homem incorre às vezes em enfermidade corporal e espiritual, sendo esta o pecado, é necessário que seja curado da doença. A cura é dupla. Há uma cura que restitui a saúde, e na vida espiritual é a penitência. Como diz o Salmo: "Cura-me, pequei contra ti". — A outra é a restituição da saúde anterior por uma dieta e exercício adequados. A ela corresponde, na vida espiritual a extrema unção que remove as sequelas do pecado e prepara o homem para a glória final. Por isso, diz a Carta de Tiago: "Se tiver pecados, ser-lhes-ão perdoados".

Com relação a toda a comunidade o homem se aperfeiçoa de duas maneiras. A primeira consiste em receber o poder de reger a multidão e de exercer funções públicas. Corresponde a ela, na vida espiritual o sacramento da ordem, pois a Carta aos Hebreus diz que os sacerdotes oferecem sacrifícios não só por si, mas também pelo povo. — Uma segunda maneira diz respeito à propagação natural que se realiza pelo matrimônio tanto na vida corporal como na espiritual, por não ser apenas sacramento, mas função natural.

A partir daí, fica clara a questão do número dos sacramentos também enquanto visa à rebelião do pecado, pois o batismo se dirige contra a falta de vida espiritual; a confirmação contra a fraqueza de alma que se encontra nos recém-nascidos; a eucaristia contra a fragilidade da alma diante do pecado; a penitência contra o pecado atual cometido depois do batismo; a extrema unção contra as sequelas do pecado não suficientemente tiradas pela penitência ou provenientes de negligência ou

contra dissolutionem multitudinis; matrimonium in remedium contra concupiscentiam personalem, et contra defectum multitudinis qui per mortem accidit.

Quidam vero accipiunt numerum sacramentorum per quandam adaptationem ad virtutes, et ad defectus culparum et poenalitatum: dicentes quod fidei respondet baptismus, et ordinatur contra culpam originalem; spei extrema unctio, et ordinatur contra culpam venialem; caritati Eucharistia, et ordinatur contra poenalitatem malitiae; prudentiae ordo, et ordinatur contra ignorantiam; iustitiae poenitentia, et ordinatur contra peccatum mortale; temperantiae matrimonium, et ordinatur contra concupiscentiam; fortitudini confirmatio, et ordinatur contra infirmitatem.

AD PRIMUM ergo dicendum quod idem agens principale utitur diversis instrumentis ad diversos effectus, secundum congruentiam operum. Et similiter virtus divina et passio Christi operatur in nobis per diversa sacramenta quasi per diversa instrumenta.

AD SECUNDUM dicendum quod culpa et poena diversitatem habent et secundum speciem, inquantum sunt diversae species culparum et poenarum; et secundum diversos hominum status et habitudines. Et secundum hoc oportuit multiplicari sacramenta, ut ex dictis[6] patet.

AD TERTIUM dicendum quod in actionibus hierarchicis considerantur et agentes, et recipientes, et actiones. Agentes autem sunt ministri Ecclesiae. Ad quos pertinet ordinis sacramentum. — Recipientes autem sunt illi qui ad sacramenta accedunt. Qui producuntur per matrimonium. — Actiones autem sunt *purgatio, illuminatio* et *perfectio*. Sed sola purgatio non potest esse sacramentum novae legis, quod gratiam confert: sed pertinet ad quaedam sacramentalia, quae sunt catechismus et exorcismus. Purgatio autem et illuminatio simul,

ignorância; a ordem contra a desorganização da multidão; o matrimônio contra a concupiscência pessoal e contra o desaparecimento da humanidade que acontece pela morte.

Alguns estabelecem o número dos sacramentos por referência às virtudes e aos defeitos produzidos pela culpa e por seus castigos. À fé corresponderia o batismo, dirigido contra o pecado original; à esperança, a extrema unção, contra a culpa venial; à caridade a eucaristia, contra a ferida da malícia; à prudência a ordem, contra a ignorância; à justiça a penitência, contra o pecado mortal; à temperança o matrimônio, contra a concupiscência; à fortaleza a confirmação, contra a fraqueza[b].

QUANTO AO 1º, portanto, deve-se dizer que o mesmo agente principal usa diversos instrumentos para obter efeitos diversos, em harmonia com a obra a fazer. Semelhantemente a força divina e a paixão de Cristo atuam em nós pelos diversos sacramentos como por instrumentos diversos.

QUANTO AO 2º, deve-se dizer que culpa e pena diferem segundo a espécie, posto que há diversas espécies de culpas e penas, e diferem também segundo os diversos estados e atitudes do homem. Segundo isso foi preciso multiplicar os sacramentos, como se vê claramente pelo que foi dito na resposta.

QUANTO AO 3º, deve-se dizer que nas ações hierárquicas é preciso considerar os agentes, os beneficiados e as ações mesmas. Os agentes são os ministros da Igreja, que se tornam tais pelo sacramento da ordem. — Os beneficiados são os que se aproximam dos sacramentos; eles resultam do matrimônio. — As ações são purificar, iluminar e aperfeiçoar. Mas a purificação, tomada isoladamente, não pode ser sacramento da Nova Lei porque estes conferem a graça; cabe, porém, aos sacramentais da catequese e do exorcismo.

---

6. In corp.

b. A primeira explicação que dá Sto. Tomás da conveniência do setenário sacramental (pois só podemos justificar *a posteriori* o que é um fato da Igreja, não a conclusão de uma teoria) é de uma exatidão e de uma modéstia notáveis. Funda-se sobre um princípio ao mesmo tempo bastante simples e bastante aberto para reunir os sacramentos num só organismo, sem uniformizar sua diversidade radical. Esse princípio consiste na analogia entre a vida natural e a vida sobrenatural, no plano individual e no plano social. Daí uma divisão lógica do setenário em três grupos. Os três sacramentos que constituem o cristão; os dois sacramentos capazes de remediar a suas falhas individuais; enfim, os dois sacramentos necessários à manutenção e ao desenvolvimento da sociedade cristã.

As duas outras justificações do setenário sacramental são menos esclarecedoras, e possuem o inconveniente de insistir sobre a relação entre sacramento e pecado. Ao que parece, a Sto. Tomás julgou tão tradicional a noção de sacramento-remédio que, embora a tenha excluído de início (q. 60, a. 1, sol. 1), não pôde desembaraçar-se dela completamente. Ele não assume em seu nome a terceira enumeração ("alguns justificam o número de sacramentos..."). São os maiores teólogos da época: Alexandre de Hales, São Boaventura, Sto. Alberto, o Grande etc.). A associação dos sacramentos às três virtudes teologais e às quatro virtudes cardeais, e ao mesmo tempo ao defeitos da culpas e das penas, é bastante laboriosa e não nos convence.

secundum Dionysium⁷, pertinet ad baptismum, et, propter recidivum, secundario pertinet ad poenitentiam et extremam unctionem. Perfectio autem, quantum ad virtutem quidem, quae est quasi perfectio formalis, pertinet ad confirmationem: quantum autem ad consecutionem finis, pertinet ad Eucharistiam.

AD QUARTUM dicendum quod in sacramento confirmationis datur plenitudo Spiritus Sancti ad robur; in extrema autem unctione praeparatur homo ut recipiat immediate gloriam; quorum neutrum competit veteri testamento. Et ideo nihil potuit his sacramentis in veteri lege respondere. — Nihilominus tamen sacramenta veteris legis fuerunt plura numero, propter diversitatem sacrificiorum et caeremoniarum.

AD QUINTUM dicendum quod contra concupiscentiam venereorum oportuit specialiter remedium adhiberi per aliquod sacramentum: primo quidem, quia per huiusmodi concupiscentiam non solum vitiatur persona, sed etiam natura; secundo, propter vehementiam eius, qua rationem absorbet.

AD SEXTUM (Sed contra 1) dicendum quod aqua benedicta et aliae consecrationes non dicuntur sacramenta, quia non perducunt ad sacramenti effectum, qui est gratiae consecutio. Sed sunt dispositiones quaedam ad sacramenta: vel removendo prohibens, sicut aqua benedicta ordinatur contra insidias daemonum, et contra peccata venialia; vel idoneitatem quandam faciendo ad sacramenti perceptionem, sicut consecratur altare et vasa propter reverentiam Eucharistiae.

AD SEPTIMUM (Sed contra 2) dicendum quod oblationes et decimae erant, tam in lege naturae quam in lege Moysi, ordinatae non solum in subsidium ministrorum et pauperum, sed etiam in figuram: et ideo erant sacramenta. Nunc autem non remanserunt inquantum sunt figuralia: et ideo non sunt sacramenta.

Purificação e iluminação simultaneamente, segundo Dionísio, se dão no batismo e, por causa da reincidência, acontecem secundariamente na penitência e na extrema unção. O aperfeiçoamento no tocante à força que é como que uma perfeição formal, remete à confirmação; no tocante à consecução do fim, cabe à eucaristia.

QUANTO AO 4º, deve-se dizer que no sacramento da confirmação recebe-se a plenitude do Espírito Santo para a fortaleza; na extrema unção prepara-se o homem para que receba imediatamente a glória. Nenhum desses efeitos cabe na antiga aliança. Por isso esses sacramentos não podiam ter correspondentes na antiga lei. — Não obstante, os sacramentos da antiga lei foram mais numerosos por causa da diversidade de sacrifícios e cerimônias.

QUANTO AO 5º, deve-se dizer que contra a concupiscência em questões de sexo convinha especialmente empregar o remédio de um sacramento. Primeiro, porque essa concupiscência corrompe não só a pessoa, mas também a natureza; segundo, por causa de sua veemência que absorve a razão[c].

QUANTO AO 6º, deve-se dizer que a água benta e outras consagrações não se chamam sacramentos, porque não levam ao efeito do sacramento que é a obtenção da graça. Mas dispõem para os sacramentos, ou porque removem o que os impede, como a água benta que se dirige contra as insídias do demônio e contra os pecados veniais; ou tornam os objetos dignos da recepção do sacramento: consagram-se o altar e os vasos sagrados por reverência pela eucaristia[d].

QUANTO AO 7º, deve-se dizer que as oblações e dízimos, tanto na lei natural como na Lei de Moisés, não tinham por fim somente a ajuda aos ministros e aos pobres, mas eram também uma prefiguração. Por isso, eram sacramentos. Não permaneceram, porém, na Nova Lei por serem meramente prefigurativos. Eis por quê não são sacramentos.

---

7. *De eccl. hier.*, c. 5, p. 1, § 3: MG 3, 504 BC.

c. A solução se restringe aos limites da objeção. Não se deve tampouco concluir que Sto. Tomás não vê nada mais, no casamento, senão o remédio para a concupiscência. Ele dirá adiante (a. 3, Resp. e sol. 2) que o casamento se une à eucaristia, pois simboliza a união entre Cristo e Igreja, o que lhe dá, no plano de significação que é primordial neste tratado, uma excelência toda particular.

d. A constituição do setenário sacramental exigia que se excluísse diversos ritos santificantes, que os teólogos anteriores classificavam entre os sacramentos, como a bênção de um padre, os funerais, a consagração das igrejas etc. Sto. Tomás traça a linha que os separa dos sacramentos propriamente ditos: estes são diretamente produtores de graça, ao passo que esses ritos secundários são apenas dispositivos da graça. Ele não teria podido empregar essa distinção se tivesse permanecido em sua posição do *Comentário sobre as Sentenças*, no qual ele atribuía aos sacramentos uma causalidade meramente dispositiva em relação à graça (livro IV, dist. 1, a. 4, 1 m).

AD OCTAVUM (Sed contra 3) dicendum quod ad deletionem venialis peccati non requiritur infusio gratiae. Unde, cum in quolibet sacramento novae legis gratia infundatur, nullum sacramentum novae legis instituitur directe contra veniale; quod tollitur per quaedam sacramentalia, puta per aquam benedictam, et alia huiusmodi. — Quidam tamen dicunt extremam unctionem contra veniale peccatum ordinari. Sed de hoc suo loco dicetur[8].

QUANTO AO 8º, deve-se dizer que não se requer a infusão da graça para apagar o pecado venial. Por isso, como todo sacramento da Nova Lei infunde a graça, não foi instituído nenhum diretamente contra o pecado venial. Alguns sacramentais[e] bastam para tirá-lo, por exemplo a água benta e outros semelhantes. Contudo, alguns afirmam que a extrema unção se dirige contra o pecado venial. Mas sobre isso se falará a seu tempo[f].

ARTICULUS 2
Utrum sacramenta convenienter ordinentur secundum modum praedictum

AD SECUNDUM SIC PROCEDITUR. Videtur quod inconvenienter sacramenta ordinentur secundum modum praedictum.

1. Ut enim Apostolus dicit, 1Cor 15,46, *prius est quod est animale, deinde quod spirituale*. Sed per matrimonium generatur homo prima generatione, quae est animalis: per baptismum autem regeneratur homo secunda generatione quae est spiritualis. Ergo matrimonium debet praecedere baptismum.

2. PRAETEREA, per sacramentum ordinis aliquis accipit potestatem agendi actiones sacramentales. Sed agens est prior sua actione. Ergo ordo debet praecedere baptismum et alia sacramenta.

3. PRAETEREA, Eucharistia est spirituale nutrimentum: confirmatio autem comparatur augmento. Nutrimentum autem est causa augmenti: et per consequens prius. Ergo Eucharistia est prior confirmatione.

4. PRAETEREA, poenitentia praeparat hominem ad Eucharistiam. Sed dispositio praecedit perfectionem. Ergo poenitentia debet praecedere Eucharistiam.

ARTIGO 2
Os sacramentos se ordenam convenientemente segundo a ordem acima dita?[g]

QUANTO AO SEGUNDO, ASSIM SE PROCEDE: parece que os sacramentos **não** se ordenam convenientemente segundo a ordem acima dita.

1. Com efeito, como diz o Apóstolo, "o que existe primeiro é o ser animal, o ser espiritual vem depois". Ora, o matrimônio gera o homem numa primeira geração que é a animal; o batismo o regenera num segundo nascimento espiritual. Logo, o matrimônio deve preceder o batismo na lista dos sacramentos.

2. ALÉM DISSO, o sacramento da ordem confere o poder de realizar ações sacramentais. Ora, o agente é anterior a sua ação. Logo, a ordem deve ser o primeiro sacramento da lista, precedendo o batismo e os demais sacramentos.

3. ADEMAIS, a eucaristia é o alimento espiritual e a confirmação se compara ao crescimento. Ora, o alimento é causa do crescimento e, por conseguinte, vem primeiro. Logo, a eucaristia é anterior à confirmação.

4. ADEMAIS, a penitência prepara o homem para a eucaristia. Ora, a disposição precede a perfeição. Logo, a penitência deve preceder a eucaristia.

---

8. *Suppl.*, q. 30, a. 1.

2 PARALL.: IV *Sent.*, dist. 2, q. 1, a. 3.

e. Sto. Tomás emprega aqui o termo "sacramentais" (*sacramentalia*), o que ele faz raramente, para designar esses ritos aos quais ele usualmente chama de dispositivos, preparatórios ou ainda destinados a favorecer a piedade dos fiéis, ou a destacar a solenidade do rito.

f. O tratado da extrema-unção teria seguido o da penitência, caso a Suma teológica tivesse podido ser terminada. O "Suplemento", compilado por Reginaldo de Piperno, companheiro de Sto. Tomás, reunindo textos extraídos do *Comentário sobre as Sentenças* de Pedro Lombardo, tem o inconveniente de sustentar opiniões que, vinte anos depois, Sto. Tomás teria revisto. Mas já então ele havia se recusado a considerar como efeito da extrema-unção a supressão dos pecados veniais, o que incitava a dar à extrema-unção o mais tarde possível, e portanto a fazer o sacramento dos moribundos. Ele próprio o considerava destinado a apagar as últimas sequelas do pecado. No estudo que lhe consagra, no livro IV da *Summa contra gentiles* (cap. 73), posterior em cerca de dez anos ao *Comentário sobre as Sentenças*, Sto. Tomás já evoluíra. Ainda via o sacramento vinculado à "extremidade da vida", mas reconhecia-lhe efeitos físicos, como se faz hoje, em virtude da estreita união entre alma e corpo.

g. Este artigo se limita a confirmar a ordem entre os sacramentos seguida nas três explicações do artigo anterior. Apresenta porém o interesse de mostrar que os sacramentos têm entre si uma ordem objetiva, que por sua própria desigualdade constituem um organismo. Isso se verá sobretudo no artigo 3, que mostra o lugar central e primordial da eucaristia nesse organismo.

5. PRAETEREA, quod est propinquius fini ultimo, est posterius. Sed extrema unctio, inter omnia sacramenta, propinquior est ultimo fini beatitudinis. Ergo debet habere ultimum locum inter sacramenta.

IN CONTRARIUM est quod communiter ordinantur ab omnibus sacramenta sicut dictum est.

RESPONDEO dicendum quod ratio ordinis sacramentorum apparet ex his quae supra[1] dicta sunt. Nam sicut unum est prius quam multitudo, ita sacramenta quae ordinantur ad perfectionem unius personae, naturaliter praecedunt ea quae ordinantur ad perfectionem multitudinis. Et ideo ultimo inter sacramenta ponuntur ordo et matrimonium, quae ordinantur ad multitudinis perfectionem: matrimonium tamen post ordinem, eo quod minus participat de ratione spiritualis vitae, ad quam ordinantur sacramenta.

Inter ea vero quae ordinantur ad perfectionem unius personae, naturaliter sunt priora illa quae per se ordinantur ad perfectionem spiritualis vitae, quam illa quae ordinantur per accidens, scilicet ad removendum nocivum accidens superveniens: cuiusmodi sunt poenitentia et extrema unctio. Posterior tamen est naturaliter extrema unctio, quae conservat sanationem quam poenitentia inchoat.

Inter alia vero tria, manifestum est quod baptismus, qui est spiritualis regeneratio, est primum; et deinde confirmatio, quae ordinatur ad formalem perfectionem virtutis; et postmodum Eucharistia, quae ordinatur ad perfectionem finis.

AD PRIMUM ergo dicendum quod matrimonium, secundum quod ordinatur ad animalem vitam, est naturae officium. Sed secundum quod habet aliquid spiritualitatis, est sacramentum. Et quia minimum habet de spiritualitate, ultimo ponitur inter sacramenta.

AD SECUNDUM dicendum quod, ad hoc quod aliquid sit agens, praesupponitur quod sit in se perfectum. Et ideo priora sunt sacramenta quibus aliquis in seipso perficitur, quam sacramentum ordinis, in quo aliquis constituitur perfector aliorum.

AD TERTIUM dicendum quod nutrimentum et praecedit augmentum, sicut causa eius; et subsequitur augmentum, sicut conservans hominem in perfecta quantitate et virtute. Et ideo potest Eucharistia praemitti confirmationi, ut Dionysius

5. ADEMAIS, o que está mais perto do fim último, vem no final. Ora, a extrema unção é, entre todos os sacramentos, o que está mais próximo ao fim último que é a bem-aventurança. Logo, deve estar no último lugar da lista dos sacramentos.

EM SENTIDO CONTRÁRIO: Todos enumeram comumente os sacramentos na ordem adotada no artigo anterior.

RESPONDO. A razão da ordem dos sacramentos aparece do que acima foi dito. Pois, como o uno é anterior ao múltiplo, os sacramentos que visam ao aperfeiçoamento pessoal, naturalmente precedem os que visam ao aperfeiçoamento do grupo. Por isso, enumeram-se em último lugar os sacramentos da ordem e do matrimônio. Este vem depois daquele por corresponder menos à noção de vida espiritual, que é a vida a que os sacramentos se orientam.

Entre os que visam ao aperfeiçoamento pessoal, os que visam essencialmente ao aperfeiçoamento da vida espiritual são por natureza anteriores aos que a ela visam só acidentalmente, removendo o acidente nocivo que lhe sobrevém, o que é o caso da penitência e da extrema unção. Esta última que conserva a cura começada pela penitência, vem por suposto depois da penitência.

Entre os outros três sacramentos, é óbvio que o batismo, novo nascimento espiritual é o primeiro; depois vem a confirmação, orientada ao aperfeiçoamento formal da força; finalmente, menciona-se a eucaristia que visa à perfeição final.

QUANTO AO 1º, portanto, deve-se dizer que o matrimônio, enquanto visa à vida animal, é uma obrigação natural. Mas, enquanto contém algo de espiritualidade, é sacramento. Como é o sacramento com menos espiritualidade, vem em último lugar na lista.

QUANTO AO 2º, deve-se dizer que antes de agir, é preciso ser perfeito em si mesmo. Por isso, os sacramentos que aperfeiçoam o ser pessoal precedem o sacramento da ordem, que constitui uma pessoa na função de aperfeiçoar as demais.

QUANTO AO 3º, deve-se dizer que o alimento precede o crescimento para causá-lo e segue-o para conservar o homem na corpulência e força já atingidas. Por isso pode-se pôr a eucaristia antes

---

1. A. praec.

facit, in libro *Eccl. Hier.*²: et potest postponi, sicut Magister facit, in IV *Sententiarum*³.

AD QUARTUM dicendum quod ratio illa recte procederet si poenitentia ex necessitate requireretur ut praeparatoria ad Eucharistiam. Sed hoc non est verum: nam si aliquis esset sine peccato mortali, non indigeret poenitentia ad sumptionem Eucharistiae. Et sic patet quod per accidens poenitentia praeparat ad Eucharistiam, scilicet, supposito peccato. Unde dicitur 2Par ult.: *Tu, Domine iustorum, non posuisti poenitentiam iustis.*

AD QUINTUM dicendum quod extrema unctio, propter rationem inductam, est ultimum inter sacramenta quae ordinantur ad perfectionem unius personae.

da confirmação, como Dionísio, ou depois, como o Mestre das Sentenças.

QUANTO AO 4º, deve-se dizer que o argumento procederia se a penitência fosse requerida necessariamente como preparação à eucaristia. Mas não é o caso, pois, se alguém estivesse sem pecado mortal, não precisaria de penitência para receber a eucaristia. Vê-se, pois, que a penitência prepara para a eucaristia só acidentalmente, suposto o pecado. Por isso diz o segundo livro dos Paralipômenos[h]: "Tu, Senhor dos justos, não impuseste penitência aos justos".

QUANTO AO 5º, deve-se dizer que a extrema unção, pela razão alegada, é o último entre os sacramentos que visam ao aperfeiçoamento pessoal.

ARTICULUS 3
Utrum sacramentum Eucharistiae sit potissimum inter sacramenta

AD TERTIUM SIC PROCEDITUR. Videtur quod sacramentum Eucharistiae non sit potissimum inter sacramenta.
1. Bonum enim commune potius est quam bonum unius, ut dicitur I *Ethic.*¹. Sed matrimonium ordinatur ad bonum commune speciei humanae per viam generationis: sacramentum autem Eucharistiae ordinatur ad bonum proprium sumentis. Ergo non est potissimum sacramentorum.
2. PRAETEREA, digniora sacramenta esse videntur quae per maiorem ministrum conferuntur. Sed sacramentum confirmationis et sacramentum ordinis non conferuntur nisi per episcopum, qui est maior minister quam simplex minister, qui est sacerdos, per quem confertur Eucharistiae sacramentum. Ergo illa sacramenta sunt potiora.
3. PRAETEREA, sacramenta tanto sunt potiora quanto maiorem virtutem habent. Sed quaedam sacramenta imprimunt characterem, scilicet baptismus, confirmatio et ordo: quod non facit Eucharistia. Ergo illa sacramenta sunt potiora.
4. PRAETEREA, illud videtur esse potius ex quo alia dependent et non e converso. Sed ex baptismo dependet Eucharistia: non enim potest aliquis

ARTIGO 3
A eucaristia é o principal sacramento?

QUANTO AO TERCEIRO, ASSIM SE PROCEDE: parece que o sacramento da eucaristia **não** é o principal sacramento:
1. Com efeito, o bem comum é maior que o bem individual, como diz Aristóteles. Ora, o matrimônio visa ao bem comum da espécie humana realizado pela geração, enquanto a eucaristia visa ao bem próprio de quem a recebe. Logo, não é o principal sacramento.
2. ALÉM DISSO, mais dignos deveriam ser os sacramentos conferidos por um ministro de maior categoria. Ora, os sacramentos da confirmação e da ordem são conferidos exclusivamente pelo bispo que é superior ao simples sacerdote, ministro do sacramento da eucaristia. Logo, aqueles sacramentos são mais importantes.
3. ADEMAIS, os sacramentos têm tanto maior valor quanto maior sua força. Ora, o batismo, a confirmação e a ordem imprimem caráter, não porém a eucaristia. Logo, aqueles sacramentos são mais importantes.
4. ADEMAIS, é mais digno aquilo do qual os outros dependem e não ao contrário. Ora, a eucaristia depende do batismo, pois ninguém pode receber

---

2. C. 3, p. 1; c. 4, p. 1: MG 3, 424 CD, 472 C.
3. Dist. 2, c. 1; dist. 8, c. 1.

3   PARALL.: IV *Sent.*, dist. 7, q. 1, a. 1, q.la 3; dist. 8, q. 1, a. 1, q.la 1; *De Verit.*, q. 27, a. 4.
    1. C. 1: 1094, b, 8-10.

h. Esse texto foi tirado da *Oração de Manassés*, texto judeu apócrifo que se encontra no 2º livro das Crônicas, e que algumas edições Vulgata reproduzem. Foi às vezes utilizado pela liturgia.

Eucharistiam accipere nisi fuerit baptizatus. Ergo baptismus est potior Eucharistia.

SED CONTRA est quod Dionysius dicit, 3 Cap. *Eccles. Hier.*[2], quod *non contingit aliquem perfici perfectione hierarchica nisi per divinissimam Eucharistiam*. Ergo hoc sacramentum potissimum et perfectivum est omnium aliorum.

RESPONDEO dicendum quod, simpliciter loquendo, sacramentum Eucharistiae est potissimum inter alia sacramenta. Quod quidem tripliciter apparet.

Primo quidem, ex eo quod in eo continetur ipse Christus substantialiter: in aliis autem sacramentis continetur quaedam virtus instrumentalis participata a Christo, ut ex supra[3] dictis patet. Semper autem quod est per essentiam, potius est eo quod est per participationem.

Secundo hoc apparet ex ordine sacramentorum ad invicem: nam omnia alia sacramenta ordinari videntur ad hoc sacramentum sicut ad finem. Manifestum est enim quod sacramentum ordinis ordinatur ad Eucharistiae consecrationem. Sacramentum vero baptismi ordinatur ad Eucharistiae receptionem. In quo etiam perficitur aliquis per confirmationem, ut non vereatur se subtrahere a tali sacramento. Per poenitentiam etiam et extremam unctionem praeparatur homo ad digne sumendum corpus Christi. Matrimonium autem saltem sua significatione attingit hoc sacramentum, inquantum significat coniunctionem Christi et Ecclesiae, cuius unitas per sacramentum Eucharistiae figuratur: unde et Apostolus dicit, Eph 5,32: *Sacramentum hoc magnum est: ego autem dico in Christo et in Ecclesia*.

Tertio hoc apparet ex ritu sacramentorum. Nam fere omnia sacramenta in Eucharistia consummantur, ut dicit Dionysius, 3 Cap. *Eccles. Hier.*[4]: sicut patet quod ordinati communicant, et etiam baptizati si sint adulti.

Aliorum autem sacramentorum comparatio ad invicem potest esse multipliciter. Nam in via necessitatis, baptismus est potissimum sacramentorum; in via autem perfectionis, sacramentum

a eucaristia se não for batizado. Logo, o batismo é mais digno que a eucaristia.

EM SENTIDO CONTRÁRIO, Dionísio ensina: "Nenhuma função sacramental atinge seu termo sem a santíssima eucaristia". Logo, este sacramento é, entre todos, o mais importante e o que remata os demais[i].

RESPONDO. Falando em absoluto, o sacramento da eucaristia é o principal sacramento. Três argumentos o mostram.

1º. Porque nela está contido substancialmente o próprio Cristo; enquanto os outros sacramentos contêm apenas uma força instrumental que participa de Cristo. Ora, em todos os âmbitos, o que é por essência é mais digno do que aquilo que é por participação.

2º. Pela ordem recíproca dos sacramentos, pois todos os demais sacramentos parecem orientar-se a este como a seu fim. O sacramento da ordem visa à consagração da eucaristia. O batismo se orienta à recepção da eucaristia e recebe uma última demão no sacramento da confirmação, que visa a que ninguém, por respeito a tão grande sacramento, deixe de recebê-lo. Pela penitência e pela extrema unção o homem se prepara para tomar dignamente o corpo de Cristo. O matrimônio, pelo menos por seu significado, está próximo a este sacramento, enquanto significa a união de Cristo com a Igreja, cuja unidade é figurada pelo sacramento da eucaristia. Por isso o Apóstolo escreve: "Este mistério é grande: eu, por mim, declaro que ele concerne ao Cristo e à Igreja".

3º. Pelo rito dos sacramentos, pois quase todos os sacramentos atingem seu termo na eucaristia, como diz Dionísio. Isso fica claro pelo fato de os neo-ordenados comungarem e também os neobatizados, se são adultos[j].

Os demais sacramentos podem hierarquizar-se sob muitos aspectos. Do ponto de vista da necessidade, o batismo é o principal sacramento; do ponto de vista da perfeição, o sacramento da

---

2. P. 1: MG 3, 424 D.
3. Q. 62, a. 4, ad 3; a. 5.
4. P. 1: MG 3, 424 CD.

---

i. Como ocorre muitas vezes, o argumento *em sentido contrário* é insuficiente. O lugar da eucaristia ao final de toda celebração sacramental sugere a excelência desse sacramento, o que será solidamente estabelecido pela Resposta.

j. O signo de superioridade fornecido por Dionísio (*em sentido contrário*) tem por fundamento o papel de fim que possui a eucaristia em relação a todos os sacramentos, e esse papel de fim se funda por sua vez no fato de que Cristo esteja substancialmente presente nesse "santo sacramento". Todos os outros sacramentos tendo uma participação meramente relativa e limitada à virtude de Cristo, forçosamente só possuem uma função de meio em relação ao que contém de fato seu autor e seu fim. Como é evidente, essa afirmação se repetirá muitas vezes neste tratado da eucaristia (q. 73, a. 1, sol. 2 e 3, e *passim*).

ordinis; medio autem modo se habet sacramentum confirmationis. Sacramentum vero poenitentiae et extremae unctionis sunt inferioris gradus a praedictis sacramentis: quia, sicut dictum est[5], ordinantur ad vitam Christianam non per se, sed quasi per accidens, scilicet in remedium supervenientis defectus. Inter quae tamen extrema unctio comparatur ad poenitentiam sicut confirmatio ad baptismum: ita scilicet quod poenitentia est maioris necessitatis, sed extrema unctio est maioris perfectionis.

AD PRIMUM ergo dicendum quod matrimonium ordinatur ad bonum commune corporaliter. Sed bonum commune spirituale totius Ecclesiae continetur substantialiter in ipso Eucharistiae sacramento.

AD SECUNDUM dicendum quod per ordinem et confirmationem deputantur fideles Christi ad aliqua specialia officia: quod pertinet ad officium principis. Et ideo tradere huiusmodi sacramenta pertinet ad solum episcopum, qui est quasi princeps in Ecclesia. Per sacramentum vero Eucharistiae non deputatur homo ad aliquod officium: sed magis hoc sacramentum est finis omnium officiorum, ut dictum est[6].

AD TERTIUM dicendum quod character sacramentalis, sicut supra[7] dictum est, quaedam participatio est sacerdotii Christi. Unde sacramentum quod ipsum Christum coniungit homini, est dignius sacramento quod imprimit Christi characterem.

AD QUARTUM dicendum quod ratio illa procedit ex parte necessitatis. Sic enim baptismus, cum sit maximae necessitatis, est potissimum sacramentorum. Sicut ordo et confirmatio habent quandam excellentiam ratione ministerii; et matrimonium ratione significationis. Nihil enim prohibet aliquid esse secundum quid dignius, quod tamen non est dignius simpliciter.

ordem; no meio entre ambos se situa o sacramento da confirmação. Os sacramentos da penitência e da extrema unção estão num grau inferior com relação aos sacramentos citados, porque, como foi dito, se orientam à vida cristã não essencialmente, mas como por acidente, para remediar a deficiência que lhe sobrevém. Entre ambos, a extrema unção se compara à penitência como a confirmação ao batismo, de modo que a penitência é mais necessária, mas a extrema unção confere maior perfeição.

QUANTO AO 1º, portanto, deve-se dizer que o matrimônio visa ao bem comum corporal. Mas o bem comum espiritual de toda a Igreja está contido substancialmente no próprio sacramento da eucaristia.

QUANTO AO 2º, deve-se dizer que a ordem e a confirmação destinam fiéis cristãos para determinada função especial, o que pertence à função do príncipe. Por isso, administrar esses sacramentos cabe só ao bispo que, na Igreja, é como o príncipe. O sacramento, porém, da eucaristia não destina para nenhuma função; antes este sacramento é a finalidade de todas as funções.

QUANTO AO 3º, deve-se dizer que o caráter sacramental é uma participação no sacerdócio de Cristo. Por isso, o sacramento que une o homem ao próprio Cristo é mais digno que o que imprime o caráter de Cristo.

QUANTO AO 4º, deve-se dizer que o argumento procede do ponto de vista da necessidade: o batismo é o principal sacramento por ser o mais necessário. Do mesmo modo a ordem e a confirmação gozam de certa preeminência por causa do ministro que os administra, e o matrimônio, por seu significado. Pois nada impede que algo seja sob determinado ponto de vista o mais digno e, no entanto, tomado em absoluto, não o seja.

---

5. A. 2.
6. In corp.
7. Q. 63, a. 3.

Articulus 4
Utrum omnia sacramenta sint de necessitate salutis

Ad quartum sic proceditur. Videtur quod omnia sacramenta sunt de necessitate salutis.

1. Id enim quod non est necessarium, videtur esse superfluum. Sed nullum sacramentum est superfluum: quia *Deus nihil facit frustra*. Ergo omnia sacramenta sunt de necessitate salutis.

2. Praeterea, sicut de baptismo dicitur, *Nisi quis renatus fuerit ex aqua et Spiritu Sancto, non potest introire in regnum Dei*, ita de Eucharistia dicitur, Io 6,54: *Nisi manducaveritis carnem Filii hominis et biberitis eius sanguinem, non habebitis vitam in vobis*. Ergo, sicut baptismus est sacramentum necessitatis, ita et Eucharistia.

3. Praeterea, sine sacramento baptismi potest aliquis salvus fieri, dummodo non contemptus religionis, sed necessitas sacramentum excludat, ut infra[1] dicetur. Sed in quolibet sacramento contemptus religionis impedit hominis salutem. Ergo, pari ratione, omnia sacramenta sunt de necessitate salutis.

Sed contra est quod pueri salvantur per solum baptismum, sine aliis sacramentis.

Respondeo dicendum quod necessarium respectu finis, de quo nunc loquimur, dicitur aliquid dupliciter. Uno modo, sine quo non potest esse finis: sicut cibus est necessarius vitae humanae. Et hoc est simpliciter necessarium ad finem. — Alio modo dicitur esse necessarium id sine quo non habetur finis ita convenienter: sicut equus necessarius est ad iter. Hoc autem non est simpliciter necessarium ad finem.

Primo igitur modo necessitatis sunt tria sacramenta necessaria. Duo quidem personae singulari: baptismus quidem simpliciter et absolute; poenitentia autem, supposito peccato mortali post baptismum. Sacramentum autem ordinis est necessarium Ecclesiae: quia, *ubi non est gubernator, populus corruet*, ut dicitur Pr 11,14.

Artigo 4
São todos os sacramentos necessários à salvação?[k]

Quanto ao quarto, assim se procede: parece que todos os sacramentos **são** necessários à salvação.

1. Com efeito, o que não é necessário, é supérfluo. Ora, nenhum sacramento é supérfluo, pois "Deus nada faz em vão". Logo, todos os sacramentos são necessários à salvação.

2. Além disso, como se diz do batismo: "Ninguém, a não ser que nasça da água e do Espírito, pode entrar no Reino de Deus", diz-se também da eucaristia no Evangelho de João: "Se não comerdes a carne do Filho do Homem e não beberdes o seu sangue, não tereis a vida em vós". Logo, a eucaristia é tão necessária à salvação como o batismo.

3. Ademais, alguém pode salvar-se sem o sacramento do batismo, contanto que tenha sido a necessidade e não o desprezo da religião que excluiu o sacramento, como se dirá abaixo. Ora, o desprezo da religião em qualquer sacramento impede a salvação. Logo, por igual razão, todos os sacramentos são necessários à salvação.

Em sentido contrário: As crianças se salvam só pelo batismo, sem outros sacramentos.

Respondo. O que é necessário com relação ao fim, do qual agora falamos, se diz de duas maneiras. Primeiro, sem a qual o fim não pode ser obtido: assim o alimento é necessário à vida humana. É a necessidade absoluta em vista do fim. — Segundo, aquilo sem o qual o fim não se obtém do modo adequado: assim o cavalo é necessário para a viagem. Mas essa necessidade não é absoluta em vista do fim.

Três sacramentos são necessários no primeiro sentido. Dois são necessários para o indivíduo: o batismo de modo absoluto; a penitência na suposição de a pessoa haver pecado depois do batismo. O sacramento da ordem é necessário para a Igreja, porque, "sem governador, um povo declina", como está nos livro dos Provérbios.

---

4 Parall.: IV *Sent.*, dist. 7, q. 1, a. 1, q.la 2; dist. 8, q. 1, a. 2, q.la 1; dist. 23, q. 1, a. 1, q.la 3, ad 1; *De Eccles. Sacram.* 1. Q. 68, a. 2.

k. Ver a nota 1 sobre a questão 61, consagrada à necessidade dos sacramentos em geral segundo as diferentes etapas da economia da salvação. Fizemos referências ali ao estudo da necessidade de cada sacramento, aqui examinada rapidamente, não sendo a eucaristia nem mesmo mencionada. Essa lacuna será preenchida (q. 73, a. 3): a *res* da eucaristia, "a unidade do corpo místico, sem a qual não pode haver salvação", está incluída na recepção do batismo como seu fim, em virtude do "voto" da eucaristia no adulto batizado, ou do "voto" que a Igreja "empresta" aos bebês que ela batiza, como "empresta" sua fé.

Sed secundo modo sunt necessaria alia sacramenta. Nam confirmatio perficit baptismum quodammodo; extrema unctio poenitentiam; matrimonium vero Ecclesiae multitudinem per propagationem conservat.

AD PRIMUM ergo dicendum quod ad hoc quod aliquid non sit superfluum, sufficit necessarium primo vel secundo modo. Et sic sunt necessaria sacramenta, ut dictum est².

AD SECUNDUM dicendum quod illud verbum Domini est intelligendum de spirituali manducatione, et non de sola sacramentali: ut Augustinus exponit, *super Ioannem*³.

AD TERTIUM dicendum quod, licet omnium sacramentorum contemptus sit saluti contrarius, non tamen est contemptus sacramenti ex hoc quod aliquis non curat accipere sacramentum quod non est de necessitate salutis. Alioquin qui non accipiunt ordinem, et qui non contrahunt matrimonium, contemnerent huiusmodi sacramenta.

Os outros sacramentos são necessários no segundo sentido. A confirmação de certo modo leva a termo o batismo; a extrema unção, a penitência; o matrimônio conserva a comunidade da Igreja por propagação.

QUANTO AO 1º, portanto, deve-se dizer que em qualquer dos dois sentidos de necessidade indicados na resposta, algo deixa de ser supérfluo. E assim os sacramentos são necessários.

QUANTO AO 2º, deve-se dizer que aquela palavra do Senhor deve ser entendida da manducação espiritual e não só da sacramental, como explica Agostinho.

QUANTO AO 3º, deve-se dizer que embora todo desprezo dos sacramentos seja contrário à salvação, não é desprezo deixar de receber algum sacramento que não é necessário à salvação. Do contrário, todos os que não recebem o sacramento da ordem e todos os que não contraem matrimônio, desprezariam esses sacramentos.

---

2. In corp.
3. Tract. 26, n. 18, super 6, 54: ML 35, 1614.

O BATISMO

Introdução e notas por Pierre-Thomas Camelot

INTRODUÇÃO

Abordando a seguir cada um dos sete sacramentos, Sto. Tomás o faz segundo a ordem daí em diante tradicional, admitida por todos (q. 65, 1. 2), que logo será consagrada pelo Magistério (Concílio de Lyon, 1274. Profissão de fé imposta a Miguel Paleólogo).

Muitas vezes os dois primeiros, batismo e confirmação, são agrupados. Com razão: são os sacramentos da iniciação cristã, que conduzem à eucaristia, termo e cumulação dessa iniciação. Além disso, estão estreitamente unidos na prática antiga, e ainda mais em nossos dias nas liturgias orientais. No entanto, serão apresentados aqui em separado, a fim de discernir o caráter específico da confirmação, o que permite considerá-la como um sacramento distinto.

O tratado do batismo se desenvolverá em seis questões, segundo um esquema bastante simples, numa ordem mais rigorosa do que aquela seguida por Sto. Tomás no *Comentários sobre as Sentenças*.

QUAESTIO LXVI
DE SACRAMENTO BAPTISMI
in duodecim articulos divisa

Deinde considerandum est de singulis sacramentis in speciali. Et primo, de baptismo; secundo, de confirmatione; tertio, de Eucharistia; quarto, de poenitentia; quinto, de extrema unctione; sexto, de ordine; septimo, de matrimonio.

Circa primum occurrit duplex consideratio: prima, de ipso baptismo; secunda, de praeparatoriis baptismi.

Circa primum quatuor consideranda occurrunt: primo, de his quae pertinent ad sacramentum baptismi; secundo, de ministro huius sacramenti; tertio, de recipientibus hoc sacramentum; quarto, de effectu huius sacramenti.

Circa primum quaeruntur duodecim.
Primo: quid sit baptismus, utrum sit ablutio.
Secundo: de institutione huius sacramenti.
Tertio: utrum aqua sit propria materia huius sacramenti.
Quarto: utrum requiratur aqua simplex.
Quinto: utrum haec sit conveniens forma huius sacramenti: *Ego te baptizo in nomine Patris et Filii et Spiritus Sancti.*
Sexto: utrum sub hac forma possit aliquis baptizari: *Ego te baptizo in nomine Christi.*
Septimo: utrum immersio sit de necessitate baptismi.
Octavo: utrum requiratur trina immersio.
Nono: utrum baptismus possit iterari.
Decimo: de ritu baptismi.
Undecimo: de distinctione baptismatum.
Duodecimo: de comparatione baptismatum.

Articulus 1
Utrum baptismus sit ipsa ablutio

Ad primum sic proceditur. Videtur quod baptismus non sit ipsa ablutio.

QUESTÃO 66
O SACRAMENTO DO BATISMO
em doze artigos

Em seguida, deve-se tratar de cada um dos sacramentos em particular: batismo, confirmação, eucaristia, penitência, extrema unção, ordem, matrimônio. A respeito do batismo cabem duas séries de considerações: sobre o próprio batismo e sobre seus preparativos.

O primeiro tema leva a considerar primeiramente o próprio sacramento do batismo; em segundo lugar, seu ministro; em terceiro, os que o recebem; em quarto, seus efeitos.

A respeito do primeiro são doze as perguntas:
1. O que é o batismo? É uma ablução?
2. Sobre a instituição deste sacramento.
3. A água é a matéria própria deste sacramento?
4. Requer-se água sem mistura?
5. A forma "Eu te batizo em nome do Pai e do Filho e do Espírito Santo" é apropriada?
6. É possível batizar alguém com a forma "Eu te batizo em nome de Cristo"?
7. A imersão é necessária para o batismo?
8. Requer-se uma tríplice imersão?
9. Pode-se repetir o batismo?
10. Sobre o rito batismal.
11. Sobre a distinção entre os batismos.
12. Sobre a comparação entre os batismos.

Artigo 1
O batismo[a] é a própria ablução?

Quanto ao primeiro artigo, assim se procede: parece que o batismo **não** é a própria ablução.

1   Parall.: IV *Sent.*, dist. 3, a. 1; Expos. litt.

a. Sobre o *sacramento* propriamente dito (q. 66), Sto. Tomás retoma para aplicar ao batismo o que ele havia dito a respeito do sacramento em geral (q. 60). O batismo é um signo, uma realidade sensível; melhor dizendo: é um gesto cujo sentido é determinado e especificado por uma palavra. Reconhece-se a doutrina de Sto. Agostinho, segundo a qual se construiu a teologia dos sacramentos; e na água que a palavra justifica. Sem a palavra, a água é apenas água; a palavra se acrescenta ao elemento, e eis o sacramento (*In Joan*, tr. 80 sobre 15, 3, PL 35, 1840, citado aqui a. 1, obj. 3).

Logo de saída, apresenta-se a questão: esse signo que é o elemento, é a água mesmo, ou a ablução? É mais do que uma mera sutileza de escola: toca-se na essência dos sacramentos.

Não é somente na água, na água que jorra da fonte ou que repousa na pia batismal, que se realiza a santificação, que se efetua o batismo, mas na ablução (ou imersão): o sacramento se realiza num gesto, num rito, numa celebração. Veem-se as consequências, tanto litúrgicas e pastorais como teológicas e espirituais, de tal concepção. Se em caso de urgência, pode-se

1. Ablutio enim corporalis transit. Baptismus autem permanet. Ergo baptismus non est ipsa ablutio, sed potius *regeneratio et sigillum et custodia et illuminatio*, ut Damascenus dicit, in IV libro[1].

2. PRAETEREA, Hugo de sancto Victore dicit[2] quod *baptismus est aqua diluendis criminibus sanctificata per verbum Dei*. Aqua autem non est ipsa ablutio, sed ablutio est quidam usus aquae.

3. PRAETEREA, Augustinus dicit, *super Ioan.*[3]: *Accedit verbum ad elementum et fit sacramentum*. Elementum autem est ipsa aqua. Ergo baptismus est ipsa aqua, non autem ablutio.

SED CONTRA est quod dicitur Eccli 34,30: *Qui baptizatur a mortuo et iterum tangit mortuum, quid proficit lotio eius?* Videtur ergo quod baptismus sit ipsa ablutio, sive lotio.

RESPONDEO dicendum quod in sacramento baptismi est tria considerare: aliquid scilicet quod est *sacramentum tantum*; aliquid autem quod est *res et sacramentum*; aliquid autem quod est *res tantum*. Sacramentum autem tantum est aliquid visibile exterius existens, quod scilicet est signum interioris effectus: hoc enim pertinet ad rationem sacramenti. Exterius autem suppositum sensui est et ipsa aqua, et usus eius, qui est ablutio. Quidam ergo existimaverunt quod ipsa aqua sit sacramentum. Quod quidem sonare videntur verba Hugonis de sancto Victore. Nam ipse in communi definitione sacramenti[4] dicit quod est *materiale elementum*: et in definitione baptismi dicit quod est *aqua*.

Sed hoc non est verum. Cum enim sacramenta novae legis sanctificationem quandam operentur, ibi perficitur sacramentum ubi perficitur sanctificatio. In aqua autem non perficitur sanctificatio: sed est ibi quaedam sanctificationis virtus instrumentalis, non permanens, sed fluens in hominem, qui est verae sanctificationis subiectum. Et ideo sacramentum non perficitur in ipsa aqua, sed in

1. Com efeito, a ablução corporal passa, mas o batismo permanece. Logo, o batismo não é a ablução enquanto tal, mas "o novo nascimento, o selo, a salvaguarda e a iluminação", como diz Damasceno.

2. ALÉM DISSO, Hugo de São Vítor afirma: "O batismo é a água santificada pela palavra de Deus para desfazer os delitos". Ora, a água não é a ablução mesma. Logo, esta é um uso da água.

3. ADEMAIS, Agostinho escreve: "Acrescenta-se a palavra ao elemento, e eis um sacramento". Ora, o elemento é a água. Logo, o batismo é a água, não a ablução.

EM SENTIDO CONTRÁRIO, está escrito: "Quem se lava do contato com um morto e de novo o toca, de que lhe serviu ter tomado banho?". Parece, pois, que o batismo é a ablução mesma, o tomar banho.

RESPONDO. No sacramento do batismo há que considerar três aspectos: o que é *somente sinal sacramental*, o que é simultaneamente *realidade e sinal sacramental* e o que é *somente realidade*. O que é somente sinal sacramental é algo visível e exterior, sinal do efeito interior; isto pertence à razão de sacramento. O exterior, pertencente ao âmbito sensível, é a própria água e seu uso como ablução. Por isso, alguns pensaram que a própria água era o sacramento. Assim parecem soar as palavras de Hugo de São Vítor, pois na definição geral de sacramento ele diz que é "um elemento material" e na definição de batismo diz que é a água.

Mas não é assim, pois, dado que os sacramentos da Nova Lei têm como efeito determinada santificação, o sacramento se realiza onde se realiza essa santificação. Ora, isso não acontece na água, embora exista nela certa força instrumental de santificação que não é permanente, mas flui sobre o homem, verdadeiro sujeito da santificação. O sacramento não se realiza, pois, na água mesma,

---

1. *De fide orth.*, l. IV, c. 9: MG 94, 1121 C.
2. *De Sacram.*, l. II, p. 6, c. 2: ML 176, 443 A.
3. Tract. 80, n. 3, super 15, 3: ML 35, 1840.
4. *De Sacram.*, l. I, p. 9, c. 2: ML 176, 317 D.

reduzir o sacramento a seu mínimo, reduzir o signo a ponto de torná-lo um mero sinal algébrico, o sacramento deve conservar toda a riqueza de seu simbolismo. Por sóbria que seja a exposição, Sto. Tomás é sensível a esse simbolismo, por exemplo a propósito da significação da água, "transparente e aberta à luz" (q. 66, a. 3), ou da tripla imersão (a. 7 e 8: nisso ele é fiel a toda a tradição dos Padres), ou as cerimônias de batismo (a. 10). De questões da escola, que poderiam ser apenas pequenos problemas litúrgicos ou canônicos, ele deriva sua significação teológica e espiritual. Por exemplo, a respeito da fórmula trinitária (a. 5); mas nos surpreendemos de não vê-lo sublinhar a esse respeito que o batismo, "sacramento da fé", é profissão de fé na Trindade. Ou, a respeito da não reiteração do batismo: o uso da Igreja implica toda a teologia do caráter (a. 91 cf. q. 63). Perguntando-se se o batismo foi instituído antes da paixão de Cristo (a. 2), ele lembra que "o batismo configura a paixão e a ressurreição de Cristo…". Em outra passagem, ainda (a. 1), a lembrança do nomes dados ao batismo por São João Damasceno (IV, 9; PG 94, 1121): selo, proteção, regeneração, iluminação… permite-lhe esboçar rapidamente toda uma "espiritualidade" do batismo, abrindo perspectivas sobre os efeitos do batismo, a vida cristã que ele inaugura, o papel desempenhado pela fé.

applicatione aquae ad hominem, quae est ablutio. Et ideo Magister, in 3 dist. IV *Sent.*[5], dicit quod baptismus est ablutio corporis exterior facta sub forma praescripta verborum.

Res autem et sacramentum est character baptismalis: qui est res significata per exteriorem ablutionem, et est signum sacramentale interioris iustificationis. Quae est res tantum huius sacramenti, scilicet, significata et non significans.

AD PRIMUM ergo dicendum quod id quod est sacramentum et res, scilicet character, et id quod est res tantum, scilicet interior iustificatio, permanent: sed character permanet indelebiliter, ut supra[6] dictum est; iustificatio autem permanet, sed amissibiliter. Damascenus ergo baptismum definivit, non quantum ad id quod exterius agitur, quod est sacramentum tantum: sed quantum ad id quod est interius. Unde posuit duo pertinentia ad characterem, scilicet *sigillum* et *custodiam*: inquantum ipse character, qui sigillum dicitur, quantum est de se, custodit animam in bono. Duo etiam ponit pertinentia ad ultimam rem sacramenti, scilicet *regenerationem*, quae ad hoc pertinet quod per baptismum homo inchoat novam vitam iustitiae; et *illuminationem*, quae pertinet specialiter ad fidem, per quam homo spiritualem vitam accipit, secundum illud Hab 2,4: *Iustus autem ex fide vivit*; baptismus autem est quaedam fidei protestatio. Unde dicitur *fidei sacramentum*.

Et similiter Dionysius baptismum definivit per ordinem ad alia sacramenta, dicens, 2 cap. *Eccles. Hier.*[7], quod est *quoddam principium sanctissimorum mandatorum sacrae actionis, ad eorum susceptivam opportunitatem formans nostros animales habitus*. Et iterum in ordine ad caelestem gloriam, quae est universalis finis sacramentorum, cum subdit: *ad supercaelestis quietis anagogen nostrum iter faciens*. Et iterum quantum ad principium spiritualis vitae, per hoc quod subdit: *sacrae et divinissimae nostrae regenerationis traditio*.

mas na aplicação da água sobre o homem, que é a ablução. Por isso o Mestre das Sentenças diz que "o batismo é a ablução exterior do corpo, feita junto com as palavras prescritas como forma".

O que é ao mesmo tempo realidade e sinal sacramental é o caráter batismal que é realidade significada pela ablução exterior e sinal sacramental da justificação interior. Esta última, sim, é a realidade deste sacramento, a saber: aquilo que é significado e não significa nenhuma realidade ulterior[b].

QUANTO AO 1º, portanto, deve-se dizer que o que é sinal sacramental e realidade, a saber: o caráter, e o que é realidade somente, a saber: a justificação interior, permanecem. O caráter permanece indelevelmente; a justificação permanece, mas pode perder-se. Damasceno definiu, portanto, o batismo, não quanto à ação exterior, que é sinal sacramental somente, mas quanto ao que é interior. Por isso, cita dois elementos que dizem respeito ao caráter: "selo" e "salvaguarda", pois, em si, o caráter que se denomina "selo", guarda a alma no bem. Outros dois elementos dizem respeito à realidade última do sacramento: ela é "novo nascimento", porque pelo batismo o homem inicia uma vida nova de justiça; e "iluminação" que se refere especialmente à fé, pela qual o homem recebe a vida espiritual, conforme a palavra do profeta: "Um justo vive por sua fé". Ora, o batismo é profissão de fé e por isso se chama sacramento da fé.

Semelhantemente, Dionísio definiu o batismo em relação aos demais sacramentos, dizendo que é "como o princípio das mais santas prescrições da ação sagrada que dá à nossa alma as disposições que a capacitam para recebê-las". Em relação à glória celeste, que é a finalidade de todos os sacramentos, acrescenta que o batismo abre o caminho que nos faz subir ao repouso do céu. Em relação ao princípio da vida espiritual, chama-o de "transmissão de nossa regeneração sagrada e diviníssima"[c].

---

5. C. 1.
6. Q. 63, a. 5.
7. P. 1, § 1: MG 3, 391 A.

b. Para toda uma tradição que remonta aos Padres (por exemplo, São Basílio, Sto. Ambrósio), há na água batismal por assim dizer uma presença real do Espírito Santo, que explica que ela possa purificar e santificar: a água contém a graça, independentemente do uso que dela se faz. — Visão demasiado material das coisas: existe sacramento quando há santificação, e esta se opera no momento em que escorre a água batismal, instrumento pelo qual passa a virtude da paixão de Cristo. O sacramento se realiza num gesto ritual, numa ação sagrada (q. 62, a. 2, sol. 3). O sacramento é inseparável da liturgia.

c. Definições tradicionais, que remontam à Escritura (2 Cor 1,22; Ef 1,13; 4,20: o *selo*. — Hb 6,4; 10,22: a *iluminação*), ou à mais antiga tradição (Hermes, 2 Clementes, Justino).

AD SECUNDUM dicendum quod, sicut dictum est[8], opinionem Hugonis de sancto Victore in hac parte sequi non oportet. — Potest tamen verificari ut baptismus dicatur aqua esse, quia aqua est materiale baptismi principium. Et sic erit praedicatio per causam.

AD TERTIUM dicendum quod, accedente verbo ad elementum fit sacramentum, non quidem in ipso elemento, sed in homine, cui adhibetur elementum per usum ablutionis. Et hoc etiam significat ipsum verbum quod accedit ad elementum, cum dicitur: *Ego te baptizo*, etc.

QUANTO AO 2º, deve-se dizer que neste ponto não convém seguir a opinião de Hugo de São Vítor. — Mas pode acontecer de se chamar de água o batismo, porque a água é o princípio material do batismo. Seria defini-lo por sua causa[d].

QUANTO AO 3º, deve-se dizer que se o sacramento se constitui pela junção de palavra e elemento, o sacramento não se realiza no elemento mesmo, mas no homem, sobre o qual se aplica o elemento, usando-o para abluição. É o que também significa a palavra que se acrescenta ao elemento: "Eu te batizo..."

ARTICULUS 2
Utrum baptismus fuerit institutus post Christi passionem

AD SECUNDUM SIC PROCEDITUR. Videtur quod baptismus fuerit institutus post Christi passionem.

1. Causa enim praecedit effectum. Sed passio Christi operatur in sacramentis novae legis. Ergo passio Christi praecedit institutionem sacramentorum novae legis. Et praecipue institutionem baptismi: cum Apostolus dicat, Rm 6,3: *Quicumque baptizati sumus in Christo Iesu, in morte ipsius baptizati sumus*, etc.

2. PRAETEREA, sacramenta novae legis efficaciam habent ex mandato Christi. Sed Christus mandatum baptizandi dedit discipulis post passionem et resurrectionem suam, dicens: *Euntes, docete omnes gentes, baptizantes eos in nomine Patris*, etc., ut habetur Mt 28,19. Ergo videtur quod post passionem Christi baptismus fuerit institutus.

3. PRAETEREA, baptismus est sacramentum necessitatis, ut supra[1] dictum est: et ita videtur quod ex quo baptismus institutus fuit, homines obligarentur ad baptismum. Sed ante passionem Christi homines non obligabantur ad baptismum: quia adhuc circumcisio suam virtutem habebat, in cuius loco successit baptismus. Ergo videtur quod baptismus non fuerit institutus ante passionem Christi.

ARTIGO 2
O batismo foi instituído depois da paixão de Cristo?

QUANTO AO SEGUNDO, ASSIM SE PROCEDE: parece que o batismo **foi** instituído depois da paixão de Cristo.

1. Com efeito, a causa precede o efeito. Ora, a paixão de Cristo atua nos sacramentos da Nova Lei. Logo, a paixão de Cristo precede a instituição dos sacramentos da Nova Lei, principalmente a instituição do batismo, já que o Apóstolo diz: "Nós todos, batizados em Jesus Cristo, é na sua morte que fomos batizados" etc.

2. ALÉM DISSO, os sacramentos da Nova Lei recebem sua eficácia do preceito de Cristo. Ora, Cristo deu aos discípulos o mandato de batizar depois de sua paixão e ressurreição, dizendo: "Ide, pois; de todas as nações fazei discípulos, batizando-as em nome do Pai" etc., como está no Evangelho de Mateus. Logo, parece que o batismo foi instituído depois da paixão de Cristo.

3. ADEMAIS, o batismo é um sacramento necessário à salvação. Assim parece que, desde sua instituição, há obrigação de recebê-lo. Ora, antes da paixão de Cristo, não havia essa obrigação, porque a circuncisão a que sucedeu o batismo, ainda mantinha sua força. Logo, parece que o batismo não foi instituído antes da paixão de Cristo.

---

8. In corp.

PARALL.: Infra, q. 73, a. 5, ad 4; IV *Sent.*, dist. 3, a. 5, q.la 2, 3.

1. Q. 65, a. 4.

d. Cristo instituiu os sacramentos por meio de seus gestos e suas ações, assim como por suas palavras (ver q. 72, a. 1, sol. 4). Ele inaugurou sua vida pública de Messias, de Servidor sofredor, pelo batismo, que já prefigurava sua paixão; do mesmo modo, o batismo inaugura a nova vida do Cristão (ver ainda a. 6; q. 73, a. 5, sol. 4).

SED CONTRA est quod Augustinus dicit, in quodam *Sermone Epiphaniae*[2]: *Ex quo Christus in aquis immergitur, ex eo omnium peccata abluit aqua*. Sed hoc fuit ante Christi passionem. Ergo baptismus ante Christi passionem fuit institutus.

RESPONDEO dicendum quod, sicut dictum est supra[3], sacramenta ex sui institutione habent quod conferant gratiam. Unde tunc videtur aliquod sacramentum institui, quando accipit virtutem producendi suum effectum. Hanc autem virtutem accepit baptismus quando Christus est baptizatus. Unde tunc vere baptismus institutus fuit, quantum ad ipsum sacramentum.

Sed necessitas utendi hoc sacramento indicta fuit hominibus post passionem et resurrectionem. Tum quia in passione Christi terminata sunt figuralia sacramenta, quibus succedit baptismus et alia sacramenta novae legis. — Tum etiam quia per baptismum configuratur homo passioni et resurrectioni Christi, inquantum moritur peccato et incipit novam iustitiae vitam. Et ideo oportuit Christum pati prius et resurgere quam hominibus indiceretur necessitas se configurandi morti et resurrectioni eius.

AD PRIMUM ergo dicendum quod etiam ante passionem Christi baptismus habebat efficaciam a Christi passione, inquantum eam praefigurabat: aliter tamen quam sacramenta veteris legis. Nam illa erant figurae tantum: baptismus autem ab ipso Christo virtutem habebat iustificandi, per cuius virtutem etiam ipsa passio salutifera fuit.

AD SECUNDUM dicendum quod homines non debebant multiplicibus figuris arctari per Christum, qui venerat sua veritate figuras impletas auferre. Et ideo ante passionem suam baptismus institutum non posuit sub praecepto: sed voluit ad eius exercitium homines assuefieri; et praecipue in populo Iudaeorum, apud quem omnia facta figuralia erant, ut Augustinus dicit, *contra Faustum*[4]. Post passionem vero et resurrectionem, non solum iudaeis, sed etiam gentibus suo praecepto necessitatem baptismi imposuit, dicens: *Euntes, docete omnes gentes*.

AD TERTIUM dicendum quod sacramenta non sunt obligatoria nisi quando sub praecepto ponuntur. Quod quidem non fuit ante passionem, ut dictum est[5]. Quod enim dominus ante passionem

EM SENTIDO CONTRÁRIO, Agostinho afirma: "Por Cristo ter imergido na água, lavou com a água os pecados de todos". Ora, isso aconteceu antes da paixão de Cristo. Logo, o batismo foi instituído antes da paixão de Cristo.

RESPONDO. Os sacramentos conferem a graça em razão de sua instituição. Recebem, pois, a força de produzir seu efeito ao serem instituídos. Ora, o batismo recebeu essa força, quando Cristo foi batizado. Então, portanto, o batismo foi verdadeiramente instituído como sacramento.

Mas a necessidade de receber este sacramento foi notificada à humanidade depois da paixão e ressurreição. Primeiro, porque na paixão de Cristo cessaram os sacramentos prefigurativos, substituídos pelo batismo e demais sacramentos da Nova Lei. — Depois, porque pelo batismo o homem é configurado à paixão e ressurreição de Cristo, morrendo para o pecado e começando uma vida nova de justiça. Por isso, era necessário que Cristo primeiro padecesse e ressurgisse, antes que se notificasse aos homens a necessidade de configurar-se a sua morte e ressurreição.

QUANTO AO 1º, portanto, deve-se dizer que mesmo antes da paixão de Cristo o batismo recebia dela sua eficácia, prefigurando-a de uma maneira diferente dos sacramentos da Antiga Lei, pois estes eram só figura, enquanto o batismo tirava sua força justificadora do próprio Cristo, do qual também a paixão hauriu sua força salvífica.

QUANTO AO 2º, deve-se dizer que não convinha que Cristo obrigasse os homens a observar múltiplas figuras, ele que por sua verdade viera suprimir as figuras já realizadas. Por isso, antes da sua paixão não obrigou sob preceito ao batismo que instituíra. Quis, porém, que os homens pouco a pouco se acostumassem a essa prática, principalmente o povo judeu, cujas ações todas eram figurativas, como diz Agostinho. Mas, depois da paixão e ressurreição, impôs sob preceito a obrigação do batismo, não só para os judeus, mas também para os pagãos, dizendo: "Ide, pois; de todas as nações fazei discípulos".

QUANTO AO 3º, deve-se dizer que os sacramentos só se tornam obrigatórios, quando mandados sob preceito, o que não aconteceu antes da paixão. Por conseguinte, o que o Senhor diz a Nicodemos

---

2. Serm. supposit., serm. 135, al. *de Tempore* 36, n. 4: ML 39, 2012.
3. Q. 62, a. 1.
4. L. IV, c. 2: ML 42, 218.
5. In corp. et ad 2.

Nicodemo dixit, Io 3,5, *Nisi quis renatus fuerit ex aqua et Spiritu Sancto, non potest introire in regnum Dei*, magis videtur ad futurum respicere quam ad praesens tempus.

Articulus 3
Utrum aqua sit propria materia baptismi

AD TERTIUM SIC PROCEDITUR. Videtur quod aqua non sit propria materia baptismi.
1. Baptismus enim, secundum Dionysium[1] et Damascenum[2], habet vim illuminativam. Sed illuminatio maxime competit igni. Ergo baptismus magis debet fieri in igne quam in aqua: praesertim cum Ioannes Baptista, praenuntians Christi baptismum, dicat: *Ille vos baptizabit in Spiritu Sancto et igni*.
2. PRAETEREA, in baptismo significatur ablutio peccatorum. Sed multa alia sunt ablutiva quam aqua: sicut vinum et oleum et alia huiusmodi. Ergo etiam in his potest fieri baptismus. Non ergo aqua est propria materia baptismi.
3. PRAETEREA, sacramenta Ecclesiae fluxerunt de latere Christi pendentis in cruce, ut supra[3] dictum est. Sed inde fluxit non solum aqua, sed etiam sanguis. Ergo videtur quod etiam in sanguine possit fieri baptismus. Quod etiam magis videtur convenire cum effectu baptismi: quia dicitur Ap 1,5: *Lavit nos a peccatis nostris in sanguine suo*.
4. PRAETEREA, sicut Augustinus[4] et Beda[5] dicunt, *Christus tactu suae mundissimae carnis vim regenerativam et purgativam contulit aquis*. Sed non omnis aqua continuatur cum aqua Iordanis, quam Christus tetigit sua carne. Ergo videtur quod non in omni aqua possit fieri baptismus. Et ita aqua, inquantum huiusmodi, non est propria materia baptismi.
5. PRAETEREA, si aqua secundum se esset propria baptismi materia, non oporteret aliquid aliud fieri circa aquam, ad hoc quod in ea baptismus fieret. Sed in solemni baptismo aqua in qua debet cele-

Artigo 3
A água é a matéria própria do batismo?[e]

QUANTO AO TERCEIRO, ASSIM SE PROCEDE: parece que a água **não** é a matéria própria do batismo.
1. Com efeito, segundo Dionísio e Damasceno, o batismo tem força iluminadora. Ora, iluminar cabe especialmente ao fogo. Logo, o batismo deveria ser feito no fogo e não na água, principalmente se se considera que João Batista, prenunciando o batismo de Cristo, diz: "Ele vos batizará no Espírito Santo e no fogo".
2. ALÉM DISSO, o batismo significa ablução dos pecados. Ora, pode-se lavar também com muitos outros líquidos, além da água: vinho, óleo e outros semelhantes. Logo, estes também poderiam ser usados no batismo e a água não é sua matéria própria.
3. ADEMAIS, os sacramentos da Igreja fluíram do lado de Cristo pendente na cruz. Ora, do lado de Cristo não saiu só água; também sangue. Logo, também se poderia batizar com sangue. O que, aliás, estaria mais de acordo com o efeito do batismo, pois o Apocalipse diz: "Lavou-nos dos nossos pecados por seu sangue".
4. ADEMAIS, Agostinho e Beda ensinam: "Pelo contato de sua carne puríssima, Cristo conferiu às águas poder regenerador e purificador". Ora, não toda água tem continuidade com a água do Jordão que Cristo tocou com sua carne. Logo, não se poderia batizar com qualquer água. E, nesse caso, a água, enquanto tal, não é a matéria própria do batismo.
5. ADEMAIS, se a água como tal fosse a matéria própria do batismo, não seria necessário realizar sobre ela outros ritos, antes de usá-la no batismo. Ora, exorciza-se e benze-se a água para a adminis-

---

[3] PARALL.: Infra, q. 67, a. 3; q. 74, a. 1; IV *Sent.*, dist. 3, a. 3, q.la 1; Expos. litt.; dist. 5, q. 2, a. 1, q.la 1, 3; dist. 17, q. 3, a. 4, q.la 3; *Cont. Gent.* IV, 59; *Quodlib.* I, q. 6, a. 1; *in Ioan.*, c. 3, lect. 1.

1. *De eccl. hier.*, c. 5, p. 1, § 3: MG 3, 504 B.
2. *De fide orth.*, l. IV, c. 9: MG 94, 1121 C.
3. Q. 62, a. 5, *sed c*.
4. Serm. supposit., serm. 134, n. 4; q. 135, n. 4; q. 136: ML 39, 2011, 2012, 2013.
5. *In Luc.*, l. I, super 3, 21; *In Marcum*, l. I, super 1, 9: ML 92, 358 B, 138 A.

e. O teólogo não tem de provar que a água é a matéria do batismo, mas o fato lhe sendo dado pela instituição divina, ele procura mostrar suas conveniências. O que lhe possibilita penetrar em seu simbolismo e seu significado.

brari baptismus, exorcizatur et benedicitur. Ergo videtur quod aqua secundum se non sit propria materia baptismi.

SED CONTRA est quod Dominus dicit, Io 3,5: *Nisi quis renatus fuerit ex aqua et Spiritu Sancto, non potest introire in regnum Dei.*

RESPONDEO dicendum quod ex institutione divina aqua est propria materia baptismi. Et hoc convenienter. Primo quidem, quantum ad ipsam rationem baptismi, qui est regeneratio in spiritualem vitam, quod maxime congruit aquae. Unde et semina, ex quibus generantur omnia viventia, scilicet plantae et animalia, humida sunt, et ad aquam pertinent. Propter quod quidam philosophi posuerunt aquam omnium rerum principium.

Secundo, quantum ad effectus baptismi, quibus competunt aquae proprietates. Quae sua humiditate lavat: ex quo conveniens est ad significandum et causandum ablutionem peccatorum. Sua frigiditate etiam temperat superfluitatem caloris: et ex hoc competit ad mitigandum concupiscentiam fomitis. Sua diaphanitate est luminis susceptiva: unde competit baptismo inquantum est *fidei sacramentum*.

Tertio, quia convenit ad repraesentandum mysteria Christi, quibus iustificamur. Ut enim dicit Chrysostomus [6], super illud *Ioan.*, *Nisi quis renatus fuerit* etc.: *Sicut in quodam sepulcro, in aqua, submergentibus nobis capita, vetus homo sepelitur, et submersus deorsum occultatur, et deinde novus rursus ascendit.*

Quarto, quia ratione suae communitatis et abundantiae est conveniens materia necessitati huius sacramenti: potest enim ubique de facili haberi.

AD PRIMUM ergo dicendum quod illuminatio pertinet ad ignem active. Ille autem qui baptizatur, non efficitur illuminans, sed illuminatus per fidem, quae est *ex auditu*, ut dicitur Rm 10,17. Et ideo magis competit aqua baptismo quam ignis.

Quod autem dicitur, *Baptizabit vos in Spiritu Sancto et igni*: potest per ignem, ut Hieronymus dicit[7], intelligi Spiritus Sanctus, qui super discipulos in igneis linguis apparuit, ut dicitur At 2,3. — Vel per ignem potest intelligi tribulatio, ut Chrysostomus dicit, *super Matth.*[8]: quia tribulatio

tração do batismo solene. Logo, não seria a água como tal a matéria própria do batismo.

EM SENTIDO CONTRÁRIO, o Senhor diz: "Ninguém, a não ser que nasça da água e do Espírito, pode entrar no Reino de Deus".

RESPONDO. Por instituição divina a água é a matéria própria do batismo. E é conveniente que o seja.

1º. Pela razão mesma do batismo que é novo nascimento para a vida espiritual, o que é sumamente congruente com a água. De fato, também os germes, dos quais nascem todos os viventes, plantas e animais, são úmidos e têm relação com a água. Por isso mesmo, alguns filósofos afirmaram a água como o princípio de todas as coisas.

2º. Pelos efeitos do batismo aos quais concernem as propriedades da água. Por ser úmida é usada para lavar; é, pois, adequada para significar e causar a ablução dos pecados. Por sua frescura abranda o excesso de calor e assim corresponde ao efeito de mitigar o estímulo da concupiscência. Por sua diafanidade é capaz de receber a luz; com isso concerne ao batismo enquanto sacramento da fé.

3º. Porque está em condições de representar os mistérios de Cristo, pelos quais somos justificados. Diz Crisóstomo, comentando aquele texto do Evangelho de João "Ninguém, a não ser que nasça...": "Ao submergirmos a cabeça na água como num sepulcro, o velho homem é sepultado; submerso, é ocultado nas profundezas e daí volta a subir o novo".

4º. Porque, em razão de ser um elemento comum e abundante, é matéria adequada à necessidade deste sacramento, pois se pode obter facilmente em toda parte.

QUANTO AO 1º, portanto, deve-se dizer que a iluminação cabe ao fogo como a seu princípio ativo. Mas quem é batizado não se torna fonte de luz, senão que é iluminado pela fé que "vem pelo ouvido", segundo a Carta aos Romanos. Por isso, a água convém mais ao batismo que o fogo.

Quanto à frase "Ele vos batizará no Espírito Santo e no fogo", com Jerônimo se pode entender pela palavra "fogo" o Espírito Santo que apareceu sobre os discípulos em línguas de fogo. — Ou se pode entender por "fogo" a tribulação, como o faz Crisóstomo, porque a tribulação purifica os

---

6. Homil. 25, al. 24, *in Ioan.*, n. 2: MG 59, 151.
7. *In Matth.*, l. I, super 3, 12: ML 26, 30 B.
8. *Opus imperf. in Matth.*, hom. 3, super 3, 11: MG 56, 654.

peccata purgat, et concupiscentiam diminuit. — Vel quia, ut Hilarius dicit, *super Matth.*[9], *baptizatis in Spiritu Sancto reliquum est consummari igne iudicii.*

AD SECUNDUM dicendum quod vinum et oleum communiter non sumuntur ad usum ablutionis, sicut aqua. Nec etiam ita perfecte abluunt: quia ex illorum ablutione remanet aliqua infectio quantum ad odorem, quod non contingit de aqua. Illa etiam non ita communiter et abundanter habentur sicut aqua.

AD TERTIUM dicendum quod ex latere Christi fluxit aqua ad abluendum, sanguis autem ad redimendum. Et ideo sanguis competit sacramento Eucharistiae: aqua autem sacramento baptismi. Qui tamen habet vim ablutivam ex virtute sanguinis Christi.

AD QUARTUM dicendum quod virtus Christi derivata est ad omnem aquam, non propter continuitatem loci, sed propter similitudinem speciei: ut dicit Augustinus, in quodam Sermone *Epiphaniae*[10]: *Quae de Salvatoris baptismate benedictio fluxit, tanquam fluvius spiritalis, omnium gurgitum tractus, universorum fontium venas implevit.*

AD QUINTUM dicendum quod illa benedictio quae adhibetur aquae, non est de necessitate baptismi, sed pertinet ad quandam solemnitatem, per quam excitatur devotio fidelium, et impeditur astutia daemonis, ne impediat baptismi effectum.

ARTICULUS 4
Utrum ad baptismum requiratur aqua simplex

AD QUARTUM SIC PROCEDITUR. Videtur quod ad baptismum non requiratur aqua simplex.

1. Aqua enim quae apud nos est, non est aqua pura: quod praecipue apparet de aqua maris, in qua plurimum admiscetur de terrestri, ut patet per Philosophum, in libro *Meteorol.*[1]. Et tamen in tali aqua potest fieri baptismus. Ergo non requiritur aqua simplex et pura ad baptismum.
2. PRAETEREA, in solemni celebratione baptismi aquae infunditur chrisma. Sed hoc videtur impe-

pecados e amaina a concupiscência — Ou ainda, seguindo Hilário, entender que a frase recorda que "aos batizados no Espírito Santo resta ainda serem consumados pelo fogo do juízo".

QUANTO AO 2º, deve-se dizer que comumente não se usam para abluções vinho e óleo, mas água. Aqueles nem lavam direito, pois deixam um odor que a água não deixa. Tampouco se obtêm tão comum e abundantemente como esta.

QUANTO AO 3º, deve-se dizer que do lado de Cristo fluiu água para nos lavar e sangue para nos remir. O sangue corresponde ao sacramento da eucaristia; a água, ao do batismo que, no entanto, tem poder purificador pela força do sangue de Cristo.

QUANTO AO 4º, deve-se dizer que a força de Cristo fluiu sobre todas as águas, não por estarem localmente contíguas, mas por semelhança de espécie, como diz Agostinho: "A bênção que fluiu do batismo do Salvador, abasteceu como um rio espiritual os leitos de todos os rios e os veios de todas as fontes".

QUANTO AO 5º, deve-se dizer que a bênção da água batismal não é necessária para o batismo. É um modo de solenizar a celebração para excitar a devoção dos fiéis e impedir que a astúcia do demônio ponha obstáculo ao efeito do batismo.

ARTIGO 4
Requer-se água sem mistura[f] para o batismo?

QUANTO AO QUARTO, ASSIM SE PROCEDE: parece que **não** se requer a água sem mistura para o batismo.

1. Com efeito, a água disponível para nós nunca é pura, como é evidente em especial da água do mar, em que há muita mistura de elementos terrestres, como mostra o Filósofo. No entanto, pode-se batizar com essa água. Logo, não se requer água pura e sem mistura para o batismo.
2. ALÉM DISSO, na celebração solene do batismo infunde-se óleo do crisma na água. Ora, isso pa-

---

9. C. 2, n. 4: ML 9, 926 B.
10. Serm. supposit., serm. 135, al. *de Tempore* 36, n. 4: ML 39, 2012.

4 PARALL.: IV *Sent.*, dist. 3, a. 3, q.la 2, 3.
1. L. II, c. 3: 358, a, 14-15.

f. Água *natural* e *pura*, qualquer que seja. Tudo o que não é água natural, ou toda mistura que não fosse mais água, não seria matéria válida.

dire puritatem et simplicitatem aquae. Ergo aqua pura et simplex non requiritur ad baptismum.

3. PRAETEREA, aqua fluens de latere Christi pendentis in cruce fuit significativa baptismi, ut dictum est². Sed aqua illa non videtur fuisse aqua pura: eo quod in corpore mixto, cuiusmodi fuit corpus Christi, non sunt elementa in actu. Ergo videtur quod non requiratur aqua pura vel simplex ad baptismum.

4. PRAETEREA, lixivium non videtur esse aqua pura: habet enim contrarias proprietates aquae, scilicet calefaciendi et desiccandi. Et tamen in lixivio videtur posse fieri baptismus: sicut et in aquis balneorum, quae transeunt per venas sulphureas, sicut et lixivium colatur per cineres. Ergo videtur quod aqua simplex non requiratur ad baptismum.

5. PRAETEREA, aqua rosacea generatur per sublimationem a rosis: sicut etiam aquae alchimicae generantur per sublimationem ab aliquibus corporibus. Sed in his aquis, ut videtur, potest fieri baptismus: sicut et in aquis pluvialibus, quae per sublimationem vaporum generantur. Cum igitur huiusmodi aquae non sint purae et simplices, videtur quod aqua pura et simplex non requiratur ad baptismum.

SED CONTRA est quod propria materia baptismi est aqua, ut dictum est³. Sed speciem aquae non habet nisi aqua simplex. Ergo aqua pura et simplex ex necessitate requiritur ad baptismum.

RESPONDEO dicendum quod aqua suam puritatem et simplicitatem potest amittere dupliciter: uno modo, per mixtionem alterius corporis; alio modo, per alterationem. Utrumque autem horum contingit fieri dupliciter: scilicet per artem, et per naturam. Ars autem deficit ab operatione naturae: quia natura dat formam substantialem, quod ars facere non potest, sed omnes formae artificiales sunt accidentales; nisi forte apponendo proprium agens ad propriam materiam, sicut ignem combustibili, per quem modum a quibusdam quaedam animalia per putrefactionem generantur.

Quaecumque igitur transmutatio circa aquam facta est per artem, sive commiscendo sive alterando, non transmutatur species aquae. Unde in tali aqua potest fieri baptismus: nisi forte aqua admisceatur per artem in tam parva quantitate alicui corpori quod compositum magis sit aliud quam

rece prejudicar a pureza e simplicidade da água. Logo, não se requer água pura e sem mistura para o batismo.

3. ADEMAIS, a água que fluiu do lado de Cristo pendente da cruz significava o batismo. Ora, aquela água não parece ter sido pura, pois num corpo composto, como era o corpo de Cristo, os elementos não estão em estado puro. Logo, parece que não se requer água pura ou sem mistura para o batismo.

4. ADEMAIS, lixívia não parece ser água pura, pois tem propriedades contrárias à água, como aquecer e secar. Contudo, seria possível batizar com lixívia, como se pode batizar com águas termais que, passando por veios sulfurosos, são semelhantes à lixívia, filtrada através das cinzas. Logo, não se requereria água sem mistura para o batismo.

5. ADEMAIS, a água de rosas se origina da destilação de rosas, como também as águas da alquimia provêm da destilação de certos corpos. Ora, parece que se pode batizar com essas águas, como com as águas da chuva que vem da condensação de vapores. Como essas águas não são puras e sem mistura, poderia concluir-se que não se requer água pura e sem mistura para o batismo.

EM SENTIDO CONTRÁRIO. A matéria própria do batismo é a água. Ora, só a água sem mistura pertence à espécie água. Logo, requer-se necessariamente água pura e sem mistura para o batismo.

RESPONDO. De dois modos a água pode perder sua pureza e simplicidade: ou por mistura com outro corpo, ou por alteração. Ambas as coisas podem acontecer de duas maneiras: ou artificial ou naturalmente. A arte distingue-se da atuação da natureza, porque a natureza dá a forma substancial, o que a arte não pode fazer. Assim todas as formas artificiais são acidentais, a não ser que a arte aplique sobre a matéria devida um agente apropriado, como fogo sobre o combustível. Desse modo alguns animais nascem da matéria em putrefação.

Qualquer modificação artificial da água, seja por mistura ou por alteração, não modifica a espécie água. Por isso, pode-se batizar com essa água, a não ser que talvez a algum corpo se acrescente artificialmente água em tão pequena quantidade que a composição seja mais outra coisa do que

---
2. A. 3, ad 3.
3. A. 3.

aqua; sicut lutum magis est terra quam aqua, et vinum lymphatum magis est vinum quam aqua.

Sed transmutatio quae fit a natura, quandoque quidem speciem aquae solvit: et hoc fit quando aqua efficitur per naturam de substantia alicuius corporis mixti; sicut aqua conversa in liquorem uvae est vinum, unde non habet speciem aquae. Aliquando autem fit per naturam transmutatio aquae sine solutione speciei: et hoc tam per alterationem, sicut patet de aqua calefacta a sole; quam etiam per mixtionem, sicut patet de aqua fluminis turbida ex permixtione terrestrium partium. Sic igitur dicendum est quod in qualibet aqua, qualitercumque transmutata, dummodo non solvatur species aquae, potest fieri baptismus. Si autem solvatur species aquae, non potest fieri baptismus.

AD PRIMUM ergo dicendum quod transmutatio facta in aqua maris, et in aliis aquis quae penes nos sunt, non est tanta quae solvat speciem aquae. Et ideo in huiusmodi aquis potest fieri baptismus.

AD SECUNDUM dicendum quod admixtio chrismatis non solvit speciem aquae. Sicut nec etiam aqua decoctionis carnium, aut aliorum huiusmodi, nisi forte sit facta tanta resolutio corporum lixatorum in aqua quod liquor plus habeat de aliena substantia quam de aqua; quod ex spissitudine perspici potest. Si tamen ex liquore sic inspissato exprimatur aqua subtilis, potest in ea fieri baptismus: sicut et in aqua quae exprimitur ex luto, licet in luto baptismus fieri non possit.

AD TERTIUM dicendum quod aqua fluens de latere Christi pendentis in cruce non fuit humor phlegmaticus, ut quidam dixerunt. In tali enim humore non posset fieri baptismus: sicut nec in sanguine animalis, aut in vino, aut in quocumque liquore alicuius plantae. Fuit autem aqua pura miraculose egrediens a corpore mortuo, sicut et sanguis, ad comprobandam veritatem Dominici corporis, contra Manichaeorum errorem: ut scilicet per aquam, quae est unum quatuor elementorum, ostenderetur corpus Christi vere fuisse compositum ex quatuor elementis; per sanguinem vero ostenderetur esse compositum ex quatuor humoribus.

AD QUARTUM dicendum quod in lixivio, et in aquis sulphureorum balneorum, potest fieri baptismus: quia tales aquae non incorporantur per artem vel naturam aliquibus corporibus mixtis, sed solum alterationem quandam recipiunt ex hoc quod transeunt per aliqua corpora.

água, como o lodo é mais terra do que água, e o vinho aguado é mais vinho do que água.

Mas a modificação que acontece por natureza, às vezes muda a espécie água. É o que acontece quando por um processo natural a água se torna parte da substância de um corpo composto, como a água mudada em suco da uva é vinho e, portanto, não pertence mais à espécie água. Por vezes a modificação por processo natural se dá sem que mude a espécie, quer se trate de alteração, como na água aquecida pelo sol, ou de composição, como é o caso da água fluvial turva pela mistura de partículas de terra. Assim, portanto, deve-se afirmar que se pode batizar com qualquer água, modificada do modo que seja, contanto que não tenha mudado sua espécie. Mas, se deixou de pertencer à sua espécie, não serve para batizar.

QUANTO AO 1º, portanto, deve-se dizer que a modificação verificada na água do mar e em muitas outras águas disponíveis não é tão grande que mude a espécie água. Por isso, pode-se batizar com tais águas.

QUANTO AO 2º, deve-se dizer que a mistura de crisma não muda a espécie água. Tal é também o caso da água com que se cozinham carne ou outros preparados semelhantes, a não ser que o material que se cozinha na água se dissolva nela de tal modo que o líquido obtido tenha mais de substância estranha do que de água, o que se pode verificar por sua espessura. Contudo, se desse líquido espesso se pode tirar água límpida, pode servir para o batismo, como se pode batizar com a água que sai do lodo, embora não se possa batizar com lodo.

QUANTO AO 3º, deve-se dizer que a água que fluiu do lado de Cristo pendente da cruz não era humor linfático, como afirmaram alguns autores. Tal humor não serviria para batizar, como tampouco o sangue de um animal, ou o vinho, ou qualquer líquido proveniente de uma planta. Ela foi água pura, que saiu milagrosamente do corpo morto, como o sangue, para comprovar a verdade do corpo do Senhor, contra o erro dos maniqueus. A água, que é um dos quatro elementos, mostrava que o corpo de Cristo era verdadeiramente composto dos quatro elementos; e o sangue mostrava que era composto dos quatro humores.

QUANTO AO 4º, deve-se dizer que pode batizar com lixívia ou com águas termais sulfurosas, porque tais águas não são incorporadas nem artificial nem naturalmente a corpos compostos, mas apenas sofrem certa alteração pelo fato de terem passado por determinados corpos.

AD QUINTUM dicendum quod aqua rosacea est liquor rosae resolutus. Unde in ea non potest fieri baptismus. Et, eadem ratione, nec in aquis alchimicis: sicut in vino. Nec est eadem ratio de aquis pluvialibus, quae generantur ex maiori parte ex subtiliatione vaporum resolutorum ex aquis, minimum autem ibi est de liquoribus corporum mixtorum: qui tamen per huiusmodi sublimationem, virtute naturae, quae est fortior arte, resolvuntur in veram aquam, quod ars facere non potest. Unde aqua pluvialis nullam proprietatem retinet alicuius corporis mixti: quod de aquis rosaceis et de aquis alchimicis dici non potest.

QUANTO AO 5º, deve-se dizer que a água de rosas é um líquido extraído das rosas. Por isso, não pode ser usado para batizar. Pela mesma razão, tampouco as águas da alquimia e o vinho. Não vale o mesmo das águas da chuva que provêm, na maior parte, da condensação do vapor de água e, em menor proporção, de líquidos originados de corpos compostos. Estes, porém, pela força da natureza, que é mais forte que a arte, nessa condensação voltam a ser verdadeira água, o que a arte não pode fazer. Por isso, a água da chuva não retém nenhuma propriedade dos corpos compostos, o que não se pode dizer das águas de rosas nem das águas da alquimia.

ARTICULUS 5
Utrum haec sit conveniens forma baptismi: *Ego te baptizo in nomine Patris et Filii et Spiritus Sancti*

AD QUINTUM SIC PROCEDITUR. Videtur quod haec non sit conveniens forma baptismi: *Ego te baptizo in nomine Patris et Filii et Spiritus Sancti*.

1. Actus enim magis debet attribui principali agenti quam ministro. Sed in sacramento minister agit ut instrumentum, ut supra[1] dictum est: principale autem agens in baptismo est Christus, secundum illud Io 1,33: *Super quem videris Spiritum descendentem et manentem, hic est qui baptizat*. Inconvenienter ergo minister dicit, *Ego te baptizo*: praesertim quia in hoc quod dicitur *baptizo*, intelligitur *ego*, et sic videtur superflue apponi.

2. PRAETEREA, non oportet quod ille qui aliquem actum exercet, de actu exercito faciat mentionem: sicut ille qui docet, non oportet quod dicat, *Ego vos doceo*. Dominus autem simul tradidit praeceptum baptizandi et docendi, dicens: *Euntes, docete omnes gentes*, etc. Ergo non oportet quod in forma baptismi fiat mentio de actu baptismi.

3. PRAETEREA, ille qui baptizatur, quandoque non intelligit verba: puta si sit surdus aut puer. Frustra autem ad talem sermo dirigitur: secundum illud Eccli 32,6: *Ubi non est auditus, non effundas sermonem*. Ergo inconvenienter dicitur, *Ego te baptizo*, sermone directo ad eum qui baptizatur.

4. PRAETEREA, contingit simul plures baptizari a pluribus: sicut Apostoli baptizaverunt una die tria

ARTIGO 5
"Eu te batizo em nome do Pai e do Filho e do Espírito Santo" é a forma adequada do batismo?

QUANTO AO QUINTO, ASSIM SE PROCEDE: parece que **não** é a forma adequada do batismo a expressão: Eu te batizo em nome do Pai, do Filho e do Espírito Santo.

1. Com efeito, a ação deve ser atribuída antes ao agente principal que ao ministro. Ora, como foi dito, no sacramento o ministro age como instrumento e o agente principal é Cristo, como diz o Evangelho de João: "Aquele sobre o qual vires o Espírito descer e permanecer sobre ele, é ele que batiza". Logo, não convém que o ministro diga "Eu te batizo", principalmente considerando que, ao dizer "batizo", já se entende "eu" e assim parece supérfluo acrescentar o pronome pessoal.

2. ALÉM DISSO, não é necessário que quem realiza um ato, faça menção dele ao realizá-lo. Quem ensina, não precisa dizer "Eu vos ensino". Ora, o Senhor transmitiu ao mesmo tempo o preceito de batizar e o de ensinar, dizendo: "Ide, pois; ensinai todas as nações" etc. Logo, não é preciso que na forma do batismo se faça menção do ato de batizar.

3. ADEMAIS, às vezes quem é batizado não entende as palavras, por exemplo, se for surdo ou criança pequena. Em vão se dirige a palavra a ele, como diz o livro do Eclesiástico: "Onde não és escutado, não gastes discursos". Logo, não convém dizer "Eu te batizo" em linguagem dirigida a quem é batizado.

4. ADEMAIS, pode acontecer que vários sejam simultaneamente batizados por vários ministros.

---

5 PARALL.: Supra, q. 60, a. 8; infra, q. 84, a. 3; IV *Sent.*, dist. 3, a. 2, q.la 1, 2; I *ad Cor.*, c. 1, lect. 2.
1. Q. 64, a. 1.

millia, et alia die quinque millia, ut dicitur At 2,41 et 4,4. Non ergo debet forma baptismi determinari in singulari numero, ut dicatur, *Ego te baptizo*: sed potest dici, *Nos vos baptizamus*.

5. PRAETEREA, baptismus virtutem habet a passione Christi. Sed per formam baptismus sanctificatur. Ergo videtur quod in forma baptismi debeat fieri mentio de passione Christi.

6. PRAETEREA, nomen designat proprietatem rei. Sed tres sunt proprietates personales divinarum personarum, ut in Prima Parte[2] dictum est. Non ergo debet dici, *in nomine Patris et Filii et Spiritus Sancti*, sed, *in nominibus*.

7. PRAETEREA, persona Patris non solum significatur nomine Patris, sed etiam nomine *Innascibilis* et *Genitoris*; Filius etiam significatur nomine *Verbi* et *Imaginis* et *Geniti*; Spiritus etiam Sanctus potest significari nomine *Doni* et *Amoris*, et nomine *Procedentis*. Ergo videtur quod etiam his nominibus utendo perficitur baptismus.

SED CONTRA est quod Dominus dicit, Mt 28,19: *Euntes, docete omnes gentes, baptizantes eos in nomine Patris et Filii et Spiritus Sancti*.

RESPONDEO dicendum quod baptismus per suam formam consecratur: secundum illud Eph 5,26: *Mundans* eam *lavacro aquae in verbo vitae*, et Augustinus dicit, in libro de *Unico Baptismo*[3] quod *baptismus verbis evangelicis consecratur*. Et ideo oportet quod in forma baptismi exprimatur causa baptismi. Est autem eius duplex causa: una quidem principalis, a qua virtutem habet, quae est sancta Trinitas; alia autem est instrumentalis, scilicet minister, qui tradit exterius sacramentum. Et ideo debet in forma baptismi de utraque fieri mentio. Minister autem tangitur cum dicitur, *Ego te baptizo*: causa autem principalis, cum dicitur, *in nomine Patris et Filii et Spiritus Sancti*. Unde haec est conveniens forma baptismi: Ego te baptizo in nomine Patris et Filii et Spiritus Sancti.

AD PRIMUM ergo dicendum quod actio attribuitur instrumento sicut immediate agenti: attribuitur autem principali agenti sicut in cuius virtute instrumentum agit. Et ideo in forma baptismi convenienter significatur minister ut exercens actum baptismi, per hoc quod dicitur, *Ego te baptizo*: et

Num só dia os apóstolos batizaram uma vez três mil, outra vez cinco mil. Portanto, a forma do batismo não deve ser fixada no singular, "Eu te batizo", mas se deveria poder dizer: "Nós vos batizamos".

5. ADEMAIS, o batismo recebe sua força da paixão de Cristo. Ora, o batismo é santificado pela forma. Logo, parece que na forma do batismo se deveria fazer menção da paixão de Cristo.

6. ADEMAIS, o nome designa a propriedade da realidade em questão. Ora, são três as propriedades pessoais das Pessoas divinas, como se disse na I Parte. Logo, não se deve dizer "Em nome do Pai e do Filho e do Espírito Santo", mas "nos nomes".

7. ADEMAIS, a pessoa do Pai não é designada pelo nome de Pai, também pelo nome de Não nascível e de Genitor; o Filho também é designado com o nome de Verbo, Imagem e Gerado; o Espírito Santo pode ser designado com o nome de Dom, Amor, Aquele que procede. Logo, parece que pode realizar-se o batismo também usando esses nomes.

EM SENTIDO CONTRÁRIO, o Senhor diz: "Ide, pois; de todas as nações fazei discípulos, batizando-as em nome do Pai e do Filho e do Espírito Santo".

RESPONDO. O batismo é consagrado por sua forma de acordo com a palavra de Efésios: "Purificando-a com a água que lava, e isto pela Palavra de vida". E Agostinho escreve: "O batismo é consagrado pelas palavras evangélicas". É, pois, necessário que a forma expresse a causa do batismo. Ora, sua causa é dupla: a causa principal, da qual obtém sua força, é a Santíssima Trindade; a causa instrumental é o ministro que realiza o rito sacramental. De ambas as causas a forma do batismo deve fazer menção: designa o ministro quando diz "Eu te batizo"; a causa principal, com as palavras "Em nome do Pai e do Filho e do Espírito Santo". Segue-se que convém que a forma do batismo seja "Eu te batizo em nome do Pai e do Filho e do Espírito Santo"[g].

QUANTO AO 1º, portanto, deve-se dizer que a ação se atribui ao instrumento como agente imediato e ao agente principal, como aquele em cuja força o instrumento age. Por isso, na forma do batismo convém designar o ministro que realiza a ação batismal, o que se faz pelas palavras "Eu

---

2. Q. 32, a. 3.
3. Al. *de Baptismo cont. Donat.*, l. IV, c. 15: ML 43, 168.

g. "O que faz do batismo um rito sagrado são as palavras do Evangelho." As palavras são a *forma*, e fazem do rito um *signo sagrado* (sacramento), pois determinam e exprimem seu significado (ver q. 60, a. 6, sol. 2). Sem essa palavra, o rito sacramental (derramar água...) seria um gesto vazio, sem significado nem eficácia.

ipse Dominus baptizandi actum attribuit ministris, dicens: *Baptizantes eos*, etc. Causa autem principalis significatur ut in cuius virtute sacramentum agitur, per hoc quod dicitur, *in nomine Patris et Filii et Spiritus Sancti*: non enim Christus baptizat sine Patre et Spiritu Sancto.

Graeci autem non attribuunt actum baptismi ministris, ad evitandum antiquorum errorem, qui virtutem baptismi baptistis attribuebant, dicentes, *Ego sum Pauli, et ego Cephae*. Et ideo dicunt: *Baptizetur servus Christi talis in nomine Patris*, etc. Et quia exprimitur actus exercitus per ministrum cum invocatione Trinitatis, verum perficitur sacramentum.

Quod autem additur *Ego* in forma nostra, non est de substantia formae, sed ponitur ad maiorem expressionem intentionis.

AD SECUNDUM dicendum quod, quia ablutio hominis in aqua propter multa fieri potest, oportet quod determinetur in verbis formae ad quid fiat. Quod quidem non fit per hoc quod dicitur, *in nomine Patris et Filii et Spiritus Sancti*: quia omnia in tali nomine facere debemus, ut habetur Cl 3,17. Et ideo, si non exprimatur actus baptismi, vel per modum nostrum vel per modum Graecorum, non perficitur sacramentum: secundum illam decretalem Alexandri III[4]: *Si quis puerum ter in aquam merserit in nomine Patris et Filii et Spiritus Sancti Amen, et non dixerit, Ego te baptizo in nomine Patris et Filii et Spiritus Sancti Amen, non est puer baptizatus*.

AD TERTIUM dicendum quod verba quae proferuntur in formis sacramentorum, non pronuntiantur solum causa significandi, sed etiam causa efficiendi, inquantum habent efficaciam ab illo Verbo *per quod facta sunt omnia*. Et ideo convenienter diriguntur non solum ad homines, sed etiam ad creaturas insensibiles: ut cum dicitur, *Exorcizo te, creatura salis*[5].

AD QUARTUM dicendum quod plures simul non possunt unum baptizare: quia actus multiplicatur secundum multiplicationem agentium, si perfecte ab unoquoque agatur. Et sic, si convenirent duo quorum unus esset mutus, qui non posset proferre verba, et alius carens manibus, qui non posset

te batizo". Aliás, o próprio Senhor atribui aos ministros o ato de batizar, dizendo: "batizando-as" etc. Pelas palavras "em nome do Pai e do Filho e do Espírito Santo" designa-se a causa principal como aquela em cuja força o sacramento age, pois Cristo não batiza sem o Pai e o Espírito Santo.

Os gregos não atribuem o ato do batismo aos ministros para evitar o erro dos antigos que atribuíam a força do batismo aos que batizavam, dizendo: "Eu sou de Paulo. Eu, de Cefas". Por isso dizem: "Este servo de Cristo seja batizado em nome do Pai" etc. Já que expressam o ato realizado pelo ministro com a invocação da Trindade, realiza-se verdadeiro sacramento[h].

Que se acrescente "Eu" em nossa forma, não pertence à substância da forma, mas se usa para expressar com mais vigor a intenção.

QUANTO AO 2º, deve-se dizer que já que uma ablução com água se pode fazer por muitos motivos, é preciso que as palavras da forma determinem para que se faz a ablução. Isso não acontece simplesmente por dizer-se "em nome do Pai e do Filho e do Espírito Santo", porque tudo devemos fazer nesse nome, como diz Paulo. Por isso, se não se expressa a ação de batizar, seja de nosso modo, seja do modo dos gregos, não se realiza o sacramento, como define uma decretal de Alexandre III: "Se se mergulhar uma criança três vezes na água em nome do Pai e do Filho e do Espírito Santo Amém sem dizer: 'Eu te batizo em nome do Pai e do Filho e do Espírito Santo Amém, a criança não estará batizada".

QUANTO AO 3º, deve-se dizer que as palavras que se proferem nas formas sacramentais não se dizem só para significar, mas para produzir um resultado, enquanto sua eficácia provém daquela Palavra por meio de quem tudo se fez. Assim convém que se dirijam não somente aos homens, mas também às criaturas inanimadas, como quando se diz: "Eu te exorcizo, criatura sal".

QUANTO AO 4º, deve-se dizer que vários ministros não podem batizar ao mesmo tempo uma única pessoa, porque o ato se multiplica pela multiplicação dos agentes se cada um deles o faz perfeitamente. Assim, se houvesse dois ministros, dos quais um fosse mudo, não podendo proferir as

---

4. Cfr. *Decretal. Greg. IX*, l. III, tit. 42, c. 1: ed. Richter-Friedberg, II, 644.
5. *Missale Rom.* in Benedict. Aquae.

---

h. A fórmula grega, exemplificada no início do século V por Teodoro de Mopsueste, foi longamente suspeita aos latinos. Na verdade, só existe entre as duas fórmulas uma diferença verbal, e o Concílio de Florença (1439) reconheceu a validade da forma oriental.

exercere actum, non possent ambo simul baptizare, uno dicente verba et alio exercente actum.

Possunt autem, si necessitas exigit, plures simul baptizari: quia nullus eorum recipiet nisi unum baptismum. Sed tunc oportebit dicere, *Ego baptizo vos*. Nec erit mutatio formae: quia *vos* nihil aliud est quam *te et te*. — Quod autem dicitur *nos*, non est idem quod *ego et ego*, sed, *ego et tu*: et sic iam mutaretur forma.

Similiter autem mutaretur forma si diceretur, *Ego baptizo me*. Et ideo nullus potest baptizare seipsum. Propter quod etiam Christus a Ioanne voluit baptizari: ut dicitur Extra, *de Baptismo et eius effectu*, cap. *Debitum*[6].

AD QUINTUM dicendum quod passio Christi, etsi sit principalis causa respectu ministri, est tamen causa instrumentalis respectu sanctae Trinitatis. Et ideo potius commemoratur Trinitas quam passio Christi.

AD SEXTUM dicendum quod, etsi sint tria nomina personalia trium Personarum, est tamen unum nomen essentiale. Virtus autem divina, quae operatur in baptismo, ad essentiam pertinet. Et ideo dicitur *in nomine*, et non *in nominibus*.

AD SEPTIMUM dicendum quod, sicut aqua sumitur ad baptismum quia eius usus est communior ad abluendum, ita ad significandum tres Personas in forma baptismi assumuntur illa nomina quibus communius consueverunt nominari Personae in illa lingua. Nec in aliis nominibus perficitur sacramentum.

ARTICULUS 6
Utrum in nomine Christi possit dari baptismus

AD SEXTUM SIC PROCEDITUR. Videtur quod in nomine Christi possit dari baptismus.

1. Sicut enim una est fides, et unum baptisma, ut dicitur Eph 4,5. Sed At 8,12 dicitur quod *in nomine Iesu Christi baptizabantur viri et mulieres*.

palavras, e o outro não tivesse mãos para poder realizar o gesto, não poderiam batizar a dois, um dizendo as palavras e o outro realizando a ação.

Mas, se a necessidade o exige, várias pessoas podem ser batizadas simultaneamente, porque cada uma delas receberia um só batismo. Mas então será preciso dizer: "Eu vos batizo". Isso não é mudança da forma, porque o pronome "vos" não significa mais que a repetição do pronome "te". Mas, quando se diz "nós", não é o mesmo que repetir o pronome "eu", mas dizer "eu e tu", o que mudaria a forma.

Também se mudaria a forma, se se dissesse: "Eu me batizo". Por isso ninguém pode batizar-se a si mesmo. Eis por quê também Cristo quis ser batizado por João, como diz a decretal de Gregório.

QUANTO AO 5º, deve-se dizer que a paixão de Cristo, embora seja a causa principal em relação ao ministro, é causa instrumental em relação à Santíssima Trindade. Por isso, menciona-se a Trindade e não a paixão de Cristo.

QUANTO AO 6º, deve-se dizer que embora sejam três os nomes pessoais das três Pessoas, contudo um só é o nome essencial. Ora, a força divina que atua no batismo, pertence à essência. Por isso, diz-se "em nome" e não "nos nomes".

QUANTO AO 7º, deve-se dizer que como se usa água para o batismo por ser o elemento mais comumente usado em abluções, assim também para designar as três Pessoas na forma do batismo empregam-se os nomes com que são mais comumente designados na língua em questão. Usando outros nomes, não se realiza o sacramento.

ARTIGO 6
Pode-se batizar em nome de Cristo?[i]

QUANTO AO SEXTO, ASSIM SE PROCEDE: parece que poderia **haver** batismo, realizando-o em nome de Cristo.

1. Com efeito, como uma só é a fé, assim também é um só o batismo como está na Carta aos Efésios. Ora, o livro dos Atos dos Apóstolos conta que "em nome de Jesus Cristo eles recebiam

---

6. *Decretal. Greg. IX*, l. III, tit. 42, c. 4: ed. cit., II, 647.

6 PARALL.: IV *Sent.*, dist. 3, a. 2, q.la 2, ad 3; Expos. litt.; in *Matth.*, c. 28; I *ad Cor.*, c. 1, lect. 2.

i. Os Atos aludem em diversas ocasiões ao batismo "no nome do Senhor Jesus" (2,38; 8,16; 10,48; 19,5; 22,16. Ver 1Cor 1,13). Segundo os exegetas e historiadores, não se trata de uma fórmula sacramental propriamente dita, mas essas palavras exprimem o significado do rito, por comparação com o batismo de João (ver At 19,3); o batismo cristão é profissão de fé no Cristo, a quem o batizado está doravante consagrado.

É absolutamente infundado supor aqui uma "revelação especial" feita aos apóstolos.

Ergo etiam nunc potest dari baptismus in nomine Christi.

2. PRAETEREA, Ambrosius dicit[1]: *Si Christum dicas, et Patrem, a quo unctus est, et ipsum qui unctus est, Filium, et Spiritum, quo unctus est, designasti.* Sed in nomine Trinitatis potest fieri baptismus. Ergo et in nomine Christi.

3. PRAETEREA, Nicolaus Papa, *ad consulta Bulgarorum* respondens[2], dicit: *Qui in nomine sanctae Trinitatis, vel tantum in nomine Christi, sicut in Actibus Apostolorum legitur, baptizati sunt, unum quippe idemque est, ut sanctus ait Ambrosius[3], rebaptizari non debent.* Rebaptizarentur autem si in hac forma baptizati sacramentum baptismi non reciperent. Ergo potest consecrari baptismus in nomine Christi sub hac forma: *Ego te baptizo in nomine Christi*.

SED CONTRA est quod Pelagius Papa scribit Gaudentio Episcopo[4]: *Si hi qui in locis Dilectionis tuae vicinis commorari dicuntur, se solummodo in nomine Domini baptizatos fuisse confitentur, sine cuiusquam dubitationis ambiguo, eos ad fidem Catholicam venientes in sanctae Trinitatis nomine baptizabis.* — Didymus etiam dicit, in libro *de Spiritu Sancto*[5]: *Licet quis possit existere mentis alienae qui ita baptizaret ut unum de praedictis nominibus*, scilicet trium Personarum, *praetermittat, sine perfectione baptizabit*.

RESPONDEO dicendum quod, sicut supra[6] dictum est, sacramenta habent efficaciam ab institutione Christi. Et ideo, si praetermittatur aliquid eorum quae Christus instituit circa aliquod sacramentum, efficacia caret: nisi ex speciali dispensatione eius, qui virtutem suam sacramentis non alligavit. Christus autem instituit sacramentum baptismi dari cum invocatione Trinitatis. Et ideo quidquid desit ad invocationem plenam Trinitatis, tollit integritatem baptismi.

Nec obstat quod in nomine unius Personae intelligitur alia, sicut in nomine Patris intelligitur Filius; aut quod ille qui nominat unam solam Personam, potest habere rectam fidem de tribus. Quia ad sacramentum, sicut requiritur materia sensibilis, ita et forma sensibilis. Unde non sufficit intellectus vel fides Trinitatis ad perfectionem sacramenti, nisi sensibilibus verbis Trinitas exprimatur. Unde

o batismo, homens e mulheres". Logo, também hoje pode-se batizar em nome de Cristo.

2. ALÉM DISSO, Ambrósio diz: "Se dizes Cristo, designaste também o Pai, pelo qual foi ungido, e aquele que foi ungido, o Filho, e o Espírito, com que foi ungido". Ora, o batismo pode realizar-se em nome da Trindade. Logo, também em nome de Cristo.

3. ADEMAIS, o papa Nicolau I, respondendo à consulta dos búlgaros, diz: "Quem foi batizado em nome da Santíssima Trindade ou só em nome de Cristo, como se lê nos Atos dos Apóstolos, não deve ser rebatizado, pois, como diz Ambrósio, é uma só e mesma coisa". Ora, deveriam ser rebatizados, se batizados sob essa forma, não tivessem recebido o sacramento do batismo. Logo, pode-se administrar o batismo em nome de Cristo sob a forma "Eu te batizo em nome de Cristo".

EM SENTIDO CONTRÁRIO, o papa Pelágio I escreve ao bispo Gaudêncio: "Se os que moram em tua vizinhança, declaram, sem qualquer hesitação, que foram batizados só em nome do Senhor, se passarem à fé católica, deverás batizá-los em nome da Trindade". — Também Dídimo ensina: "Embora possa existir quem tenha a estranha ideia de batizar omitindo um dos nomes citados — de uma das três Pessoas —, batizará de modo imperfeito".

RESPONDO. Os sacramentos obtêm sua eficácia da instituição por Cristo. Por isso, se se omite algo do que Cristo instituiu com respeito a algum sacramento, este fica privado de eficácia, a não ser por especial dispensação de Cristo que não vinculou sua força aos sacramentos. Ora, Cristo instituiu que o sacramento do batismo se administrasse sob a invocação da Trindade. Por conseguinte, tudo o que falta à plena invocação da Trindade, tira a integridade do batismo.

Nada impede que, sob o nome de uma Pessoa se subentendam as outras, como o nome Pai subentende o Filho; ou que quem designa uma só Pessoa possa ter a reta fé sobre as três. Mas, já que para o sacramento se requerem tanto uma matéria como uma forma perceptíveis pelos sentidos, a compreensão da Trindade ou a fé nela não bastam para realizar-se o sacramento, se não se menciona a

---

1. *De Spiritu S.*, l. I, c. 3, n. 44: ML 16, 715 A.
2. Cfr. GRATIANUM, *Decretum*, p. 3, dist 4, can. 24: ed. Richter-Friedberg, I, 1368.
3. *De Spiritu S.*, l. I, c. 3, n. 42: ML 16, 713 B.
4. Cfr. GRATIANUM, op. cit., p. 3, dist. 4, can. 30: ed. cit., I, 1370.
5. N. 24: MG 39, 1054 A (= ML 23, 124 A).
6. Q. 64, a. 3.

et in baptismo Christi, ubi fuit origo sanctificationis nostri baptismi, affuit Trinitas sensibilibus: scilicet Pater in voce, Filius in humana natura, Spiritus Sanctus in columba.

AD PRIMUM ergo dicendum quod ex speciali Christi revelatione Apostoli in primitiva Ecclesia in nomine Christi baptizabant: ut nomen Christi, quod erat odiosum Iudaeis et gentibus, honorabile redderetur, per hoc quod ad eius invocationem Spiritus Sanctus dabatur in baptismo.

AD SECUNDUM dicendum quod Ambrosius assignat rationem quare convenienter talis dispensatio fieri potuit in primitiva Ecclesia: quia scilicet in nomine Christi tota Trinitas intelligitur; et ideo servabatur ad minus integritate intelligibili forma quam Christus tradidit in Evangelio.

AD TERTIUM dicendum quod Nicolaus Papa dictum suum confirmat ex duobus praemissis. Et ideo eius responsio patet ex primis duabus solutionibus.

Trindade com palavras perceptíveis pelos sentidos. Por isso, também no batismo de Cristo, no qual reside a origem da santificação de nosso batismo, a Trindade se deu a conhecer de modo perceptível pelos sentidos: o Pai pela voz, o Filho por sua natureza humana, o Espírito Santo pela pomba.

QUANTO AO 1º, portanto, deve-se dizer que por especial revelação de Cristo os apóstolos na Igreja primitiva batizavam em nome de Cristo, para que a esse nome, odiado por judeus e pagãos, fosse atribuída honra pelo fato de, por sua invocação, dar-se o Espírito Santo no batismo.

QUANTO AO 2º, deve-se dizer que Ambrósio assinala a razão por que pôde ser possível tal dispensa na Igreja primitiva: sob o nome de Cristo se subentendia toda a Trindade. Assim se conservava, ao menos em sua integridade inteligível, a forma que Cristo transmitiu no Evangelho.

QUANTO AO 3º, deve-se dizer que o papa Nicolau I apoia seu dito nas duas autoridades precedentes. Por conseguinte, as duas soluções anteriores já respondem à objeção.

ARTICULUS 7
Utrum immersio in aqua sit de necessitate baptismi

AD SEPTIMUM SIC PROCEDITUR. Videtur quod immersio in aqua sit de necessitate baptismi.

1. Ut enim dicitur Eph 4,5, *una fides, unum baptisma*. Sed apud multos communis modus baptizandi est per immersionem. Ergo videtur quod non possit esse baptismus sine immersione.

2. PRAETEREA, Apostolus dicit, Rm 6,3-4: *Quicumque baptizati sumus in Christo Iesu, in morte ipsius baptizati sumus: consepulti enim sumus cum illo per baptismum in morte*. Sed hoc fit per immersionem: dicit enim Chrysostomus[1], super illud Io 3,5, *Nisi quis renatus fuerit ex aqua et Spiritu Sancto*, etc.: *Sicut in quodam sepulcro, in aqua, submergentibus nobis capita, vetus homo sepelitur, et submersus deorsum occultatur, deinde novus rursus ascendit*. Ergo videtur quod immersio sit de necessitate baptismi.

ARTIGO 7
A imersão na água é necessária para o batismo?[j]

QUANTO AO SÉTIMO, ASSIM SE PROCEDE: parece que a imersão na água é necessária para o batismo.

1. Com efeito, diz a Carta aos Efésios: "uma só fé, um só batismo". Ora, a imersão é o modo comum de batizar em muitas partes. Logo, não poderia haver batismo sem imersão.

2. ALÉM DISSO, o Apóstolo diz: "Nós todos batizados em Jesus Cristo, é na sua morte que fomos batizados, pois pelo batismo, nós fomos sepultados com ele em sua morte". Isso se realiza por imersão, como diz Crisóstomo, comentando a frase de João "Ninguém, a não ser que nasça da água e do Espírito Santo" etc.: "Ao submergirmos a cabeça na água como num sepulcro, o velho homem é sepultado; submerso, é ocultado nas profundezas e daí volta a subir como novo". Logo, a imersão é necessária ao batismo.

---

7 PARALL.: IV *Sent.*, dist. 3, a. 4, q.la 1.

1. Homil. 25, al. 24, *in Ioan.*, n. 2: MG 59, 151.

j. O costume antigo é o de batizar por imersão (em grego, *baptizein*, "mergulhar, imergir"; ver Rm 6,2-4; Cl 2,12). Ainda para Sto. Tomás, a imersão é o costume "mais antigo e mais recomendável" (sol. 2). — Desde a Antiguidade, no entanto (*Didaché*, 7.3), conhece-se o batismo "por infusão" (derramando a água sobre a cabeça), para os doentes, por exemplo (batismo "clínico"). O uso moderno começou a prevalecer na Igreja latina no século XII, e é notável que Sto. Tomás ainda se acredite obrigado a justificá-lo. A imersão subsistiu no Ocidente até os séculos XV e XVI, e os gregos conservaram-no até nossos dias. O Código de direito canônico de 1983 (can. 854) reconhece sua legitimidade.

3. Praeterea, si sine immersione totius corporis posset fieri baptismus, sequeretur quod pari ratione sufficeret quamlibet partem aqua perfundi. Sed hoc videtur inconveniens: quia originale peccatum, contra quod praecipue datur baptismus, non est in una tantum corporis parte. Ergo videtur quod requiratur immersio ad baptismum, et non sufficiat sola aspersio.

Sed contra est quod Hb 10, dicitur: *Accedamus ad eum vero corde in plenitudine fidei, aspersi corda a conscientia mala, et abluti corpus aqua munda.*

Respondeo dicendum quod aqua assumitur in sacramento baptismi ad usum ablutionis corporalis, per quam significatur interior ablutio peccatorum. Ablutio autem fieri potest per aquam non solum per modum immersionis, sed etiam per modum aspersionis vel effusionis. Et ideo, quamvis tutius sit baptizare per modum immersionis, quia hoc habet communior usus; potest tamen fieri baptismus per modum aspersionis; vel etiam per modum effusionis, secundum illud Ez 36,25, *Effundam super vos aquam mundam*, sicut et beatus Laurentius legitur baptizasse[2]. Et hoc praecipue propter necessitatem. Vel quia est magna multitudo baptizandorum: sicut patet At 2,41 et 4,4, ubi dicitur quod crediderunt una die tria millia, et alia quinque millia. Quandoque autem potest imminere necessitas propter paucitatem aquae; vel propter debilitatem ministri, qui non potest sustentare baptizandum; vel propter debilitatem baptizandi, cui posset imminere periculum mortis ex immersione. Et ideo dicendum est quod immersio non est de necessitate baptismi.

Ad primum ergo dicendum quod ea quae sunt per accidens, non variant substantiam rei. Per se autem requiritur ad baptismum corporalis ablutio per aquam: unde et baptismus *lavacrum* nominatur, secundum illud Eph 5,26: *Mundans eam lavacro aquae in verbo vitae*. Sed quod fiat ablutio hoc vel illo modo, accidit baptismo. Et ideo talis diversitas non tollit unitatem baptismi.

Ad secundum dicendum quod in immersione expressius repraesentatur figura sepulturae Christi: et ideo hic modus baptizandi est communior et laudabilior. Sed in aliis modis baptizandi repraesentatur aliquo modo, licet non ita expresse: nam, quocumque modo fiat ablutio, corpus hominis, vel

3. Ademais, se se pudesse batizar sem a imersão do corpo inteiro, seguir-se-ia que por igual razão seria suficiente derramar água em qualquer parte do corpo. Ora, não convém, porque o pecado original, contra o qual principalmente se administra o batismo, não se localiza só numa parte do corpo. Logo, deveria concluir-se que, para o batismo, se requer a imersão e a aspersão não é suficiente.

Em sentido contrário, diz a Carta aos Hebreus: "Aproximemo-nos pois com um coração reto e na plenitude da fé, os corações aspergidos de toda falta de consciência e o corpo lavado por uma água pura".

Respondo. No sacramento do batismo adota-se a água para usar na ablução corporal, que significa a ablução interior dos pecados. Ora, a ablução com água se pode fazer não só por imersão, mas também por aspersão ou efusão. Por conseguinte, embora seja mais seguro batizar por imersão, porque é de uso mais comum, contudo se pode administrar o batismo por aspersão ou também por efusão, conforme as palavras do livro de Ezequiel: "Farei sobre vós uma aspersão de água pura" e como se lê que São Lourenço batizava. O motivo principal é a necessidade. Ou por ser grande o número dos candidatos ao batismo, como está nos Atos, onde se diz que creram num dia três mil, em outro dia, cinco mil pessoas. Outras vezes a necessidade pode provir da pouca água disponível, ou pelo fato de o ministro não ter força para sustentar a pessoa a ser batizada, ou da fraqueza do candidato ao batismo, para quem a imersão poderia significar perigo de morte. Deve-se, pois, dizer que a imersão não é necessária ao batismo.

Quanto ao 1º, portanto, deve-se dizer que o que é acidental não faz variar a substância da realidade. Essencialmente se requer para o batismo a ablução corporal com água. Por isso, o batismo se chama "banho" como está na Carta em Efésios: "Purificando-a com o banho da água na Palavra de vida". Ora, desde que se realize uma ablução, seja deste ou daquele modo, acontece batismo. E essa diversidade não destrói a unidade do batismo.

Quanto ao 2º, deve-se dizer que pela imersão se significa mais explicitamente a sepultura de Cristo e, por isso, esse modo de batizar é mais comum e mais recomendável. Mas também nos outros modos de batizar se representa de algum modo a sepultura, embora não tão explicitamente,

---

2. Homil. 91, *de Sancto Laurentio*: ML 94, 492 D (inter Opp. Bedae).

aliqua pars eius, aquae supponitur, sicut corpus Christi fuit positum sub terra.

AD TERTIUM dicendum quod principalis pars corporis, praecipue quantum ad exteriora membra, est caput, in quo vigent omnes sensus et interiores et exteriores. Et ideo, si totum corpus aqua non possit perfundi, propter aquae paucitatem vel propter aliquam aliam causam, oportet caput perfundere, in quo manifestatur principium animalis vitae.

Et licet per membra quae generationi deserviunt peccatum originale traducatur, non tamen sunt membra illa potius aspergenda quam caput, quia per baptismum non tollitur transmissio originalis in prolem per actum generationis, sed liberatur anima a macula et reatu peccati quod incurrit. Et ideo debet praecipue lavari illa pars corporis in qua manifestantur opera animae.

In veteri tamen lege remedium contra originale peccatum institutum erat in membro generationis: quia adhuc ille per quem originale erat amovendum, nasciturus erat ex semine Abrahae, cuius fidem circumcisio significabat, ut dicitur Rm 4,11.

pois, faça-se a ablução do modo que for, o corpo humano ou alguma parte dele é recoberto de água como o corpo de Cristo foi posto sob a terra.

QUANTO AO 3º, deve-se dizer que a parte principal do corpo, em especial com relação aos membros exteriores, é a cabeça, sede dos sentidos interiores e exteriores. Se não se pode derramar água sobre o corpo todo por causa da pouca água ou por outra causa, convém derramá-la sobre a cabeça, onde se manifesta o princípio da vida animal.

Embora o pecado original se transmita pelos órgãos que servem à geração, não se deve preferir a aspersão destes membros à da cabeça, porque pelo batismo não se suprime a transmissão do pecado original à prole pelo ato de geração, mas se liberta a alma da mancha e da culpabilidade do pecado em que ela incorre. Por conseguinte, deve-se lavar de preferência aquela parte do corpo em que se manifestam as obras da alma.

Na Lei Antiga, porém, o remédio contra o pecado original foi instituído no órgão da geração, porque aquele que deveria remover o pecado original ainda haveria de nascer do sêmen de Abraão, cuja fé a circuncisão significava, como diz o Apóstolo.

ARTICULUS 8
**Utrum trina immersio
sit de necessitate baptismi**

AD OCTAVUM SIC PROCEDITUR. Videtur quod trina immersio sit de necessitate baptismi.

1. Dicit enim Augustinus, in quodam sermone *de Symbolo ad Baptizatos*[1]: *Recte tertio mersi estis: quia accepistis baptismum in nomine Trinitatis. Recte tertio mersi estis: quia accepistis baptismum in nomine Iesu Christi, qui tertia die resurrexit a mortuis. Illa enim tertio repetita immersio typum Dominicae exprimit sepulturae, per quam Christo consepulti estis in baptismo.* Sed utrumque videtur ad necessitatem baptismi pertinere: scilicet et quod significetur in baptismo Trinitas Personarum; et quod fiat configuratio ad sepulturam Christi. Ergo videtur quod trina immersio sit de necessitate baptismi.

2. PRAETEREA, sacramenta ex mandato Christi efficaciam habent. Sed trina immersio est ex

ARTIGO 8
**Uma tríplice imersão
é necessária para o batismo?**

QUANTO AO OITAVO, ASSIM SE PROCEDE: parece que é necessária uma tríplice imersão para que haja batismo.

1. Com efeito, Agostinho diz num sermão aos neófitos: "Foi correto terdes sido submergidos três vezes na água, pois recebestes o batismo em nome da Trindade. Foi correto, sim, pois recebestes o batismo em nome de Jesus Cristo, que ressuscitou ao terceiro dia. Assim, pois, aquela imersão repetida três vezes, pela qual fostes sepultados com Cristo no batismo, é figura da sepultura do Senhor". Ora, ambas as coisas pertencem necessariamente ao batismo: que se expresse a trindade de Pessoas e que o neófito seja configurado à sepultura de Cristo. Logo, a tríplice imersão seria necessária ao batismo.

2. ALÉM DISSO, os sacramentos têm sua eficácia graças ao preceito de Cristo. Ora, a tríplice imersão

---

8 PARALL.: IV *Sent.*, dist. 3, a. 4, q.la 2, 3; dist. 23, q. 1, a. 1, q.la 2.

1. Al. *ad Neophyt. de Mysterio Baptismi*, serm. 3: ML 40, 1211. (Inter Opp. Aug.).

mandato Christi: scripsit enim Pelagius Papa Gaudentio Episcopo[2]: *Evangelicum praeceptum, ipso Domino Deo et Salvatore nostro Iesu Christo tradente, nos admonet in nomine Trinitatis, trina etiam immersione, sanctum baptismum unicuique tribuere.* Ergo, sicut baptizare in nomine Trinitatis est de necessitate baptismi, ita baptizare trina immersione videtur esse de necessitate baptismi.

3. PRAETEREA, si trina immersio non sit de necessitate baptismi, ergo ad primam immersionem aliquis baptismi consequitur sacramentum. Si vero addatur secunda et tertia, videtur quod secundo vel tertio baptizetur: quod est inconveniens. Non ergo una immersio sufficit ad sacramentum baptismi, sed trina videtur esse de necessitate ipsius.

SED CONTRA est quod Gregorius scribit Leandro Episcopo[3]: *Reprehensibile esse nullatenus potest infantem in baptismate vel tertio vel semel immergere: quoniam et in tribus immersionibus Personarum trinitas, et una potest divinitatis singularitas designari.*

RESPONDEO dicendum quod, sicut prius[4] dictum est, ad baptismum per se requiritur ablutio aquae, quae est de necessitate sacramenti: modus autem ablutionis per accidens se habet ad sacramentum. Et ideo, sicut ex praedicta auctoritate Gregorii patet, quantum est de se, utrumque licite fieri potest, scilicet et semel et ter immergere: quia unica immersione significatur unitas mortis Christi, et unitas deitatis; per trinam autem immersionem significatur triduum sepulturae Christi, et etiam Trinitas Personarum.

Sed diversis ex causis, secundum ordinationem Ecclesiae, quandoque institutus est unus modus, quandoque alius. Quia enim a principio nascentis Ecclesiae quidam de Trinitate male sentiebant, Christum purum hominem aestimantes, nec dici Filium Dei et deum nisi per meritum eius, quod praecipue fuit in morte, ideo non baptizabant in nomine Trinitatis, sed in commemorationem mortis Christi, et una immersione[5]. Quod reprobatum fuit in primitiva Ecclesia. Unde in *Canonibus Apostolorum*[6] legitur: *Si quis presbyter aut episcopus non trinam immersionem unius ministerii, sed semel mergat in baptismate, quod dari a quibusdam dicitur in morte domini, deponatur: non enim nobis dixit Dominus, "In morte mea*

consta no mandato de Cristo, pois o papa Pelágio I escreveu ao bispo Gaudêncio: "O preceito evangélico transmitido pelo mesmo Jesus Cristo, Senhor Deus e Salvador nosso, adverte-nos a administrar a cada pessoa o santo batismo em nome da Trindade e também por tríplice imersão". Logo, como é necessário batizar em nome da Trindade, também o seria batizar por tríplice imersão.

3. ADEMAIS, se a tríplice imersão não é necessária ao batismo, o sacramento já fica conferido pela primeira imersão. Se se acrescentam uma segunda e terceira, parece que a pessoa é batizada duas e até três vezes, o que não convém. Portanto, uma única imersão não é suficiente para o sacramento do batismo; seriam necessárias três.

EM SENTIDO CONTRÁRIO, Gregório escreve ao bispo Leandro: "De modo algum pode ser repreensível mergulhar a criança no batismo três vezes ou uma vez, porque as três imersões significam a trindade das Pessoas e a imersão única pode significar a unidade da divindade".

RESPONDO. Para o batismo requer-se a ablução com água que é necessária ao sacramento, mas o modo da ablução é secundário. Assim, segundo a autoridade de Gregório citada anteriormente, em si, seja a imersão única, sejam três imersões, ambas são lícitas, porque a imersão única significa a unidade da morte de Cristo e a unidade da divindade, enquanto a tríplice imersão significa os três dias da sepultura de Cristo e também a trindade das Pessoas.

Mas, por diversas causas, a legislação da Igreja estabeleceu às vezes que o batismo se realizasse de um modo, outras vezes de outro. No início da Igreja nascente houve quem pensasse erroneamente da Trindade, julgando que Cristo fosse puro homem que, especialmente por sua morte, tivesse merecido ser chamado Filho de Deus e Deus. Por isso não batizavam em nome da Trindade, mas em memória da morte de Cristo e por uma única imersão. Isso foi desaprovado pela Igreja primitiva, como se lê nos Cânones dos Apóstolos[k]: "Deponha-se o presbítero ou o bispo que não batizar por tríplice imersão, mas mergulhar o candidato ao batismo apenas uma vez, como alguns fazem, dizendo referir-se à morte do

---

2. Cfr. GRATIANUM, op. cit., p. III, dist. 4, can. 82: ed. cit., I, 1389.
3. *Registrum*, l. I, indict. 9, epist. 43, *ad Leandrum episc.*: ML 77, 498 A.
4. A. 7, ad 1.
5. Sic Eunomaei et Aëtiani.
6. Cann. 49, 50: ed. Mansi, I, 39. — Cfr. GRATIANUM, op. cit., p. III, dist. 4, can. 79: ed. cit., I, 1388.

k. Apócrifo conservado nas *Constituições apostólicas*, conjunto de prescrições canônicas e litúrgicas do final do século IV.

baptizate", *sed,* "*In nomine Patris et Filii et Spiritus Sancti*".

Postmodum vero inolevit quorundam schismaticorum et haereticorum error homines rebaptizantium: sicut de Donatistis Augustinus narrat, *super Ioan.*[7]. Et ideo, in detestationem erroris eorum, fuit statutum in Concilio Toletano[8] quod fieret una sola immersio, ubi sic legitur: *Propter vitandum schismatis scandalum, vel haeretici dogmatis usum, simplam teneamus baptismi immersionem.*

Sed, cessante tali causa, communiter observatur in baptismo trina immersio. Et ideo graviter peccaret aliter baptizans, quasi ritum Ecclesiae non observans. Nihilominus tamen esset baptismus.

AD PRIMUM ergo dicendum quod Trinitas est sicut agens principale in baptismo. Similitudo autem agentis pervenit ad effectum secundum formam, et non secundum materiam. Et ideo significatio Trinitatis fit in baptismo per verba formae. Nec est de necessitate quod significetur Trinitas per usum materiae: sed hoc fit ad maiorem expressionem.

Similiter etiam mors Christi figuratur sufficienter in unica immersione. Triduum autem sepulturae non est de necessitate nostrae salutis: quia etiam si una die fuisset sepultus vel mortuus, suffecisset ad perficiendam nostram redemptionem; sed triduum illud ordinatur ad manifestandam veritatem mortis, ut supra[9] dictum est.

Et ideo patet quod trina immersio nec ex parte Trinitatis, nec ex parte passionis Christi, est de necessitate sacramenti.

AD SECUNDUM dicendum quod Pelagius Papa intelligit trinam immersionem esse ex mandato Christi in suo simili: in hoc scilicet quod Christus praecepit baptizari *in nomine Patris et Filii et Spiritus Sancti.* Non tamen est similis ratio de forma et de usu materiae, ut dictum est[10].

AD TERTIUM dicendum quod, sicut supra[11] dictum est, intentio requiritur ad baptismum. Et ideo ex intentione ministri Ecclesiae, qui intendit unum baptismum dare trina immersione, efficitur

Senhor. Mas o Senhor não nos disse: 'Batizai em minha morte', mas 'em nome do Pai e do Filho e do Espírito Santo'".

Posteriormente espalhou-se o erro de alguns cismáticos e hereges que rebatizavam, como dos donatistas narra Agostinho. Assim, em desabono do erro deles, o Concílio de Toledo estabeleceu que se fizesse uma única imersão, determinando: "Para evitar o escândalo dos cismáticos ou a prática da doutrina herética, atenhamo-nos à imersão simples no batismo".

Mas, uma vez cessada essa causa, observa-se comumente no batismo a tríplice imersão. Por isso, pecaria gravemente quem batizasse de outro modo, não observando o rito da Igreja. Não obstante, batizar de outro modo seria verdadeiro batismo.

QUANTO AO 1º, portanto, deve-se dizer que no batismo a Trindade é como o agente principal. A semelhança do agente se imprime ao efeito graças à forma, não graças à matéria. Por conseguinte, o sentido trinitário se dá no batismo pelas palavras da forma, não sendo necessário que seja representada pelo uso que se faz da matéria, mas se pode fazê-lo para maior explicitação.

Semelhantemente, a morte de Cristo é representada suficientemente na imersão única. Os três dias de Cristo na sepultura não eram necessários a nossa salvação, porque mesmo que ele tivesse estado sepultado ou morto apenas um dia, teria sido suficiente para levar a cabo nossa redenção; aqueles três dias visam a manifestar a verdade de sua morte.

Portanto, é óbvio que a tríplice imersão não é necessária ao sacramento, nem da parte da Trindade, nem da parte da paixão de Cristo.

QUANTO AO 2º, deve-se dizer que o papa Pelágio entendeu que a tríplice imersão pertencia ao mandato de Cristo por sua semelhança com as palavras do preceito de batizar "em nome do Pai e do Filho e do Espírito Santo". Mas não se pode adotar um argumento que diz respeito à forma como se valesse semelhantemente para o uso da matéria.

QUANTO AO 3º, deve-se dizer que o batismo exige intenção. Pela intenção do ministro da Igreja que deseja administrar um único batismo por tríplice imersão, esta se torna um único batismo.

---

7. Cfr. *De haer.*, § 69: ML 42, 43.
8. Quarto. — Cfr. GRATIANUM, op. cit., p. III, dist. 4, can. 5: ed. cit., I, 1390.
9. Q. 53, a. 2.
10. Ad 1.
11. Q. 64, a. 8.

unum baptisma. Unde Hieronymus dicit, *super Epistolam ad Philipp*.[12]: *Licet ter baptizetur*, idest immergatur, *propter mysterium Trinitatis, tamen unum baptisma reputatur*.

Si vero intenderet ad unamquamque immersionem unum baptisma dare, ad singulas immersiones repetens verba formae, peccaret, quantum in se est, pluries baptizans.

Articulus 9
Utrum baptismus possit iterari

Ad nonum sic proceditur. Videtur quod baptismus possit iterari.

1. Baptismus enim videtur institutus ad ablutionem peccatorum. Sed peccata iterantur. Ergo multo magis baptismus debet iterari: quia misericordia Christi transcendit hominis culpam.

2. Praeterea, Ioannes Baptista praecipue fuit a Christo commendatus: cum de eo dictum sit, Mt 11,11: *Inter natos mulierum non surrexit maior Ioanne Baptista*. Sed baptizati a Ioanne iterum rebaptizantur: ut habetur At 19,1-7, ubi dicitur quod Paulus baptizavit eos qui erant baptizati baptismo Ioannis. Ergo multo fortius illi qui sunt baptizati ab haereticis vel peccatoribus, sunt rebaptizandi.

3. Praeterea, in Nicaeno Concilio[1] statutum est, *si quis confugeret ad Ecclesiam Catholicam de Paulinistis et Cataphrygis, baptizari eos debere*. Videtur autem esse eadem ratio de haereticis aliis. Ergo baptizati ab haereticis debent esse rebaptizati.

4. Praeterea, baptismus est necessarius ad salutem. Sed de quibusdam baptizatis aliquando dubitatur an sint baptizati. Ergo videtur quod debeant iterum rebaptizari.

5. Praeterea, Eucharistia est perfectius sacramentum quam baptismus, ut supra[2] dictum est. Sed sacramentum Eucharistiae iteratur. Ergo multo magis baptismus potest iterari.

Sed contra est quod dicitur Eph 4,5: *Una fides, unum baptisma*.

É o que diz Jerônimo: "Embora se batize a pessoa três vezes, — isto é: mergulhe-se a pessoa três vezes —, por causa do mistério da Trindade, considera-se ser um só batismo".

Mas, se o ministro tivesse a intenção de, a cada imersão, administrar um batismo, repetindo a cada vez as palavras da forma, pecaria, quanto depende dele, batizando várias vezes.

Artigo 9
Pode-se repetir o batismo?

Quanto ao nono, assim se procede: parece que **pode-se** repetir o batismo.

1. Com efeito, o batismo foi instituído para a ablução dos pecados. Ora, os pecados se repetem. Logo, muito mais o batismo deve repetir-se, porque a misericórdia de Cristo ultrapassa a culpa humana.

2. Além disso, João Batista foi especialmente elogiado por Cristo, que disse a respeito dele: "Dentre os que nasceram de mulher, não surgiu ninguém maior que João, o Batista". Ora, os que tinham sido batizados por João eram de novo batizados: o livro dos Atos dos Apóstolos narra que Paulo batizou os que tinham recebido o batismo de João. Logo, com muito mais razão, devem ser rebatizados os que foram batizados por hereges ou pecadores.

3. Ademais, no Concílio de Niceia ficou estabelecido: "Se alguém vier para a Igreja Católica proveniente dos paulianistas e dos catafrígios, deve ser batizado". Parece que o mesmo deveria valer dos outros hereges. Logo, os batizados por hereges devem ser rebatizados.

4. Ademais, o batismo é necessário à salvação. Ora, há alguns batizados cujo batismo é duvidoso. Logo, deveriam ser batizados outra vez.

5. Ademais, a eucaristia é um sacramento mais perfeito que o batismo. Ora, o sacramento da eucaristia se pode receber repetidamente. Logo, com muito mais razão se pode repetir o batismo.

Em sentido contrário, diz a Carta aos Efésios: "Uma só fé, um só batismo".

---

12. Super epist. *ad Ephes*., c. 4, vv. 5, 6: ML 26, 496 C.

9 Parall.: Supra, q. 49, a. 3, ad 2; infra, q. 80, a. 10, ad 1; q. 84, a. 10, ad 1, 5; IV *Sent*., dist. 2, q. 1, a. 2, ad 2; dist. 6, q. 2, a. 1, q.la 1; dist. 12, q. 3, a. 1, q.la 1, ad 2; dist. 14, q. 1, a. 4, q.la 3; *Cont. Gent*. IV, 59, 71; *in Ioan*., c. 3, lect. 1; *ad Ephes*., c. 4, lect. 2; *ad Heb*., c. 6, lect. 1.

1. Primo: can. 19: ed. Mansi, II, 675.
2. Q. 65, a. 3.

RESPONDEO dicendum quod baptismus iterari non potest. Primo quidem, quia baptismus est quaedam spiritualis regeneratio: prout scilicet aliquis moritur veteri vitae, et incipit novam vitam agere. Unde dicitur Io 3,5: *Nisi quis renatus fuerit ex aqua et Spiritu Sancto, non potest videre regnum Dei.* Unius autem non est nisi una generatio. Et ideo non potest baptismus iterari, sicut nec carnalis generatio. Unde Augustinus dicit[3], super illud Io 3,4, *Nunquid potest in ventrem matris suae iterato introire et renasci: Sic tu,* inquit, *intellige nativitatem spiritus, quo modo intellexit Nicodemus nativitatem carnis. Quo modo enim uterus non potest repeti, sic nec baptismus.*

Secundo, quia *in morte Christi baptizamur*, per quam morimur peccato et resurgimus in novitatem vitae. Christus autem *semel tantum mortuus est*. Et ideo nec baptismus iterari debet. Propter quod, Hb 6,6, contra quosdam rebaptizari volentes dicitur: *Rursus crucifigentes sibimetipsis Filium Dei*: ubi Glossa[4] dicit: *Una Christi mors unum baptisma consecravit.*

Tertio, quia baptismus imprimit characterem, qui est indelebilis, et cum quadam consecratione datur. Uunde, sicut aliae consecrationes non iterantur in Ecclesia, ita nec baptismus. Et hoc est quod Augustinus dicit, in II *contra Epistolam Parmeniani* [5], quod *character militaris non repetitur*; et quod *non minus haeret sacramentum Christi quam corporalis haec nota, cum videamus nec apostatas carere baptismate, quibus utique per poenitentiam redeuntibus non restituitur.*

Quarto, quia baptismus principaliter datur contra originale peccatum. Et ideo, sicut originale peccatum non iteratur, ita etiam nec baptismus iteratur: quia, ut dicitur Rm 5,18, *sicut per unius delictum in omnes homines in condemnationem, sic per unius iustitiam in omnes homines in iustificationem vitae.*

AD PRIMUM ergo dicendum quod baptismus operatur in virtute passionis Christi, sicut supra[6]

RESPONDO. Não se pode repetir o batismo[1].

1º. Porque o batismo é um novo nascimento espiritual, em que a pessoa morre para a vida velha e começa a viver uma vida nova. Como está no Evangelho de João: "Ninguém, a não ser que nasça da água e do Espírito, pode entrar no Reino de Deus". Ora, cada homem nasce apenas uma vez. Como não se repete o nascimento carnal, tampouco se pode repetir o batismo. Agostinho, comentando a frase do Evangelho de João "Poderia o homem entrar uma segunda vez no seio de sua mãe e nascer?", diz: "Deves entender o nascimento espiritual do mesmo modo como Nicodemos entendeu o nascimento carnal: como não se pode reentrar no útero materno, tampouco se pode repetir o batismo".

2º. "Porque na morte de Cristo fomos batizados". Por ela morremos para o pecado e ressurgimos para uma vida nova. Mas Cristo "morreu uma vez por todas". Por conseguinte, tampouco o batismo deve ser repetido. Eis por que a Carta aos Hebreus diz contra alguns que queriam ser rebatizados que eles tornavam a pôr na cruz para si mesmos o Filho de Deus. A respeito a Glosa diz: "A única morte de Cristo consagrou o único batismo".

3º. Porque o batismo imprime um caráter indelével que é conferido com uma certa consagração. Na Igreja as demais consagrações não se repetem. Pois tampouco o batismo. É o que diz Agostinho: "O caráter militar não se repete". E acrescenta: "Os sacramentos cristãos não estão menos profundamente impressos que essa marca corporal. Vemos que nem os apóstatas são privados de seu batismo, pois não se lhes confere de novo, quando voltam pela penitência".

4º. Porque o batismo se administra principalmente para nos livrar do pecado original. Como este não se repete, tampouco aquele, como diz o Apóstolo: "Assim como pela falta de um só sucedeu para todos os homens a condenação, assim pela obra de justiça de um só sucede para todos os homens a justificação que dá a vida".

QUANTO AO 1º, portanto, deve-se dizer que o batismo atua na força da paixão de Cristo. Como

---

3. *In Ioan.*, tract. 11, n. 6, super 3, 4: ML 35, 1478.
4. Ordin.: ML 114, 653 D; LOMBARDI: ML 192, 442 D.
5. C. 13: ML 43, 71-72.
6. A. 2, ad 1. — Cfr. q. 62, a. 5.

1. Essa doutrina é constante na Igreja. Se São Cipriano, no século III, e os donatistas, nos séculos IV e V, rebatizavam os heréticos, é que eles consideravam seu batismo como inválido, mas não entendiam com isso que um batismo válido deva ser reiterado. A principal razão fornecida por Sto. Tomás dessa doutrina baseia-se na teologia do caráter: o batismo confere um caráter indelével, uma consagração definitiva e irrevogável que não poderia ser reiterada (q. 63, principalmente a. 5; Concílio de Trento, sess. VII, can. 9, 13). Os anabatistas do século XVI e alguns pentecostais de nossos dias, que rebatizam na idade adulta os que foram batizados na infância, estão absolutamente fora da tradição da Igreja.

dictum est. Et ideo, sicut peccata sequentia virtutem passionis Christi non auferunt, ita etiam non auferunt baptismum, ut necesse sit ipsum iterari: sed, poenitentia superveniente, tollitur peccatum, quod impediebat effectum baptismi.

AD SECUNDUM dicendum quod, sicut Augustinus dicit[7], super illud Io 1,33, *Sed ego nesciebam eum: Ecce, post Ioannem baptizatum est, post homicidam non est baptizatum: quia Ioannes dedit baptismum suum, homicida dedit baptismum Christi; quia sacramentum tam sanctum est ut nec homicida ministrante polluatur.*

AD TERTIUM dicendum quod Pauliani[8] et Cataphrygae[9] non baptizabant in nomine Trinitatis. Unde Gregorius dicit, scribens Quirico Episcopo[10]: *Hi haeretici qui in Trinitatis nomine minime baptizantur, sicut sunt Bonosiani*[11] *et Cataphrygae*, qui scilicet idem sentiebant cum Paulianis, *quia et isti Christum Deum non credunt*, existimantes scilicet ipsum esse purum hominem, *et isti*, scilicet Cataphrygae, *Spiritum Sanctum perverso sensu esse purum hominem, Montanum* scilicet, *credunt: — qui cum ad sanctam Ecclesiam veniunt, baptizantur, quia baptisma non fuit quod, in errore positi, sanctae Trinitatis nomine minime perceperunt.* Sed, sicut in Regulis Ecclesiasticis[12] dicitur: *si qui apud illos haereticos baptizati sunt qui in sanctae Trinitatis confessione baptizant, et veniunt* ad Catholicam fidem, *recipiantur ut baptizati.*

AD QUARTUM dicendum quod, sicut dicit Decretalis Alexandri III[13]: *De quibus dubium est an baptizati fuerint, baptizentur his verbis praemissis, "Si baptizatus es, non te rebaptizo: sed si non baptizatus es, ego te baptizo, etc." Non enim videtur iterari quod nescitur esse factum.*

AD QUINTUM dicendum quod utrumque sacramentum, scilicet baptismi et Eucharistiae, est repraesentativum Dominicae mortis et passionis: aliter tamen et aliter. Nam in baptismo commemoratur mors Christi inquantum homo Christo commoritur ut in novam vitam regeneretur. Sed in sacramento Eucharistiae commemoratur mors

os pecados subsequentes não desfazem a força da paixão de Cristo, tampouco por eles cessa o batismo, de modo que seja necessário repeti-lo. Mas a penitência posterior suprime o pecado que impedia o efeito do batismo.

QUANTO AO 2º, deve-se dizer que Agostinho, comentando o Evangelho de João "Eu não o conhecia", diz: "Eis, pois: batiza-se alguém depois de João tê-lo batizado, mas não se batiza depois de ter sido batizado por um homicida, porque João conferiu seu batismo; o homicida, o batismo de Cristo. O sacramento é tão santo que nem o ministro homicida é capaz de maculá-lo".

QUANTO AO 3º, deve-se dizer que os paulianos e os catafrígios não batizavam em nome da Trindade. Por isso Gregório escreve ao bispo Quirico: "Há hereges que não são batizados em nome da Trindade, porque não creem que Cristo é Deus", julgando-o mero homem. "É o caso dos bonosianos e catafrígios" — que, de resto, tinham a mesma percepção que os paulianos. Os catafrígios, por sua vez, "creem com sentimento perverso que o Espírito Santo é simples homem, o próprio Montano. Quando tais hereges retornam à santa Igreja, são batizados, porque o que, quando jaziam no erro, receberam sem a invocação do nome da Trindade, na realidade não foi batismo". Mas lê-se nas Regras eclesiásticas: "Se voltam à fé católica pessoas batizadas por hereges que batizam na confissão da Santíssima Trindade, sejam recebidos como já batizados".

QUANTO AO 4º, deve-se dizer que uma decretal de Alexandre III diz: "Os que se duvida se foram ou não batizados, batizem-se antepondo-se as seguintes palavras: 'Se estás batizado, não te rebatizo, mas se não estás batizado, eu te batizo etc.'. Isso não é repetir, pois não se sabe se já foi feito".

QUANTO AO 5º, deve-se dizer que ambos os sacramentos, batismo e eucaristia, representam a morte e paixão do Senhor, mas cada um à sua maneira. O batismo recorda a morte de Cristo, fazendo morrer com Cristo para renascer para uma vida nova; o sacramento da eucaristia recorda a morte de Cristo, apresentando-nos o próprio

---

7. *In Ioan.*, tract. 5, n. 19, super 1, 33: ML 35, 1424.
8. Cfr. INNOCENTIUM I, Epist. 17, *ad Rufum*, etc., c. 5, n. 10: ML 20, 533 A; AUGUSTINUM, *De haer.*, § 44: ML 42, 34.
9. Cfr. DIDYMUM ALEXANDR., *De Trin.*, l. II, c. 15: MG 39, 720 A.
10. *Registrum*, l. XI, indict. 4, epist. 67: ML 77, 1206 A-1207 A.
11. Cfr. GENNADIUM, *De eccl. dogmat.*, c. 52: ML 58, 993 A.
12. GENNADIUS, *De eccl. dogmat.*, c. 52: ML 58, 993 B.
13. Cfr. *Decretal. Greg. IX*, l. III, tit. 42, c. 2: ed. Richter-Friedberg, II, 644.

Christi inquantum ipse Christus passus exhibetur nobis quasi paschale convivium: secundum illud 1Cor 5,7-8: *Pascha nostrum immolatus est Christus: itaque epulemur*. Et quia homo semel nascitur, multoties autem cibatur, semel tantum datur baptismus, multoties autem Eucharistia.

Cristo em sua paixão como banquete pascal, como diz Paulo: "Cristo, nossa páscoa, foi imolado. Banqueteemo-nos, pois". E como o homem nasce uma só vez, mas se alimenta muitas vezes, o batismo só se confere uma vez, mas a eucaristia muitas vezes.

ARTICULUS 10
Utrum sit conveniens ritus quo Ecclesia utitur in baptizando

ARTIGO 10
O rito usado pela Igreja ao batizar é adequado?

AD DECIMUM SIC PROCEDITUR. Videtur quod non sit conveniens ritus quo Ecclesia utitur in baptizando.

1. Ut enim dicit Chrysostomus[1], *nunquam aquae baptismi purgare peccata credentium possent, nisi tactu dominici corporis sanctificatae fuissent*. Hoc autem factum fuit in baptismo Christi, qui celebratur in festo Epiphaniae. Ergo magis deberet celebrari solemnis baptismus in festo epiphaniae quam in vigilia Paschae et in vigilia Pentecostes.

2. PRAETEREA, ad idem sacramentum non videtur pertinere diversarum materiarum usus. Sed ad baptismum pertinet ablutio aquae. Inconvenienter igitur ille qui baptizatur bis inungitur oleo sancto, primum in pectore, deinde inter scapulas, tertio, chrismate in vertice.

3. PRAETEREA, *in Christo Iesu non est masculus neque femina, barbarus et Scytha*: et eadem ratione nec aliquae aliae huiusmodi differentiae. Multo igitur minus diversitas vestium aliquid operatur in fide Christi. Inconvenienter ergo baptizatis traditur candida vestis.

4. PRAETEREA, sine huiusmodi observantiis potest baptismus celebrari. Haec igitur quae dicta sunt, videntur esse superflua: et ita inconvenienter ab Ecclesia instituta esse in ritu baptismi.

SED CONTRA est quod Ecclesia regitur Spiritu Sancto, qui nihil inordinatum operatur.

RESPONDEO dicendum quod in sacramento baptismi aliquid agitur quod est de necessitate sacramenti, et aliquid est quod ad quandam solemnitatem sacramenti pertinet. De necessitate quidem sacramenti est et forma, quae designat principalem causam sacramenti; et minister, qui est causa instrumentalis; et usus materiae, scilicet

QUANTO AO DÉCIMO, ASSIM SE PROCEDE: parece que **não** é adequado o rito usado pela Igreja ao batizar.

1. Com efeito, segundo Crisóstomo: "As águas do batismo nunca poderiam purificar os pecados dos fiéis, se não tivessem sido santificadas pelo contato com o corpo do Senhor". Ora, isso aconteceu no batismo de Cristo que se celebra na festa da Epifania. Logo, o batismo solene deveria ser celebrado antes nesta festa que nas vigílias de Páscoa e Pentecostes.

2. ALÉM DISSO, não parece pertinente usar diversas matérias para o mesmo sacramento. Ora, a ablução com água é parte do batismo. Logo, não é adequado que o batizando seja duas vezes ungido com óleo santo, primeiro no peito, depois nas costas, e uma terceira com o óleo do crisma no vértice da cabeça.

3. ADEMAIS, "em Cristo Jesus não há mais homem e mulher, bárbaro e cita" e pela mesma razão tampouco qualquer outra diferença semelhante. Portanto, muito menos a diversidade de vestes importa algo para a fé em Cristo. Logo, não convém entregar a veste branca aos recém-batizados.

4. ADEMAIS, pode-se celebrar o batismo sem as cerimônias mencionadas. Portanto, todas elas parecem supérfluas e não convinha que tivessem sido introduzidas pela Igreja no rito do batismo.

EM SENTIDO CONTRÁRIO: A Igreja é dirigida pelo Espírito Santo que não faz nada desordenado.

RESPONDO. No sacramento do batismo há coisas que são necessárias para que o sacramento se realize e outras que apenas conferem uma certa solenidade ao mesmo. Necessárias ao sacramento são a forma que designa a causa principal do sacramento; o ministro que é a causa instrumental; o uso da matéria, a ablução com água, que designa

---
10 PARALL.: IV *Sent.*, dist. 6, q. 2, a. 1, q.la 2, 3.

1. Cfr. CHROMATIUM, *In Matth.*, tract. I, n. 1, super 3, 15: ML 20, 329 B.

ablutio in aqua, quae designat principalem sacramenti effectum. Cetera vero omnia quae in ritu baptizandi observat Ecclesia, magis pertinent ad quandam solemnitatem sacramenti.

Quae quidem adhibentur sacramento propter tria. Primo quidem, ad excitandam devotionem fidelium, et reverentiam ad sacramentum. Si enim simpliciter fieret ablutio in aqua, absque solemnitate, de facili ab aliquibus aestimaretur quasi quaedam communis ablutio.

Secundo, ad fidelium instructionem. Simplices enim, qui litteris non erudiuntur, oportet erudire per aliqua sensibilia signa, puta per picturas, et aliqua huiusmodi. Et per hunc modum per ea quae in sacramentis aguntur, vel instruuntur, vel sollicitantur ad quaerendum de his quae per huiusmodi sensibilia signa significantur. Et ideo, quia, praeter principalem sacramenti effectum, oportet quaedam alia scire circa baptismum, conveniens fuit ut etiam quibusdam exterioribus signis repraesentarentur.

Tertio, quia per orationes et benedictiones et alia huiusmodi cohibetur vis daemonis ab impedimento sacramentalis effectus.

AD PRIMUM ergo dicendum quod Christus in Epiphania baptizatus est baptismo Ioannis, ut supra[2] dictum est: quo quidem baptismo non baptizantur fideles, sed potius baptismo Christi. Qui quidem habet efficaciam ex passione Christi, secundum illud Rm 6,3, *Quicumque baptizati sumus in Christo Iesu, in morte ipsius baptizati sumus*; et ex Spiritu Sancto, secundum illud Io 3,5, *Nisi quis renatus fuerit ex aqua et Spiritu Sancto*. Et ideo solemnis baptismus agitur in Ecclesia et in vigilia Paschae, quando fit commemoratio Dominicae sepulturae, et resurrectionis eiusdem; propter quod et Dominus post resurrectionem praeceptum de baptismo discipulis dedit, ut habetur Mt 28,19: — et in vigilia Pentecostes, quando incipit celebrari solemnitas Spiritus Sancti; unde et Apostoli leguntur ipso die Pentecostes, quo Spiritum Sanctum receperant, tria millia baptizasse.

AD SECUNDUM dicendum quod usus aquae adhibetur in baptismo quasi pertinens ad substantiam sacramenti: sed usus olei vel chrismatis adhibetur ad quandam solemnitatem. Nam primo, baptizandus inungitur oleo sancto et in pectore et in scapulis, *quasi athleta Dei*, ut Ambrosius dicit, in libro *de Sacramentis*[3]: sicut pugiles

o efeito principal do sacramento. Todas as demais cerimônias que a Igreja observa no rito de batizar, concernem mais à solenidade do sacramento.

Empregam-se no sacramento por três motivos: 1º. Para despertar a devoção dos fiéis e a reverência ao sacramento. Se se fizesse simplesmente a ablução com água, sem solenidade alguma, facilmente alguns considerariam ser como uma ablução qualquer.

2º Para instrução dos fiéis. As pessoas simples, não versadas nas letras, têm necessidade de serem instruídas por sinais sensíveis, por exemplo, pinturas e meios semelhantes. Desse modo, os ritos sacramentais os instruem ou incitam a buscar a verdade significada pelos sinais sensíveis. Por isso, como, além de conhecer o efeito principal do sacramento, é preciso saber outras coisas sobre o batismo, convinha que também fossem representadas por sinais exteriores.

3º. Porque as orações, bênçãos e ações semelhantes coíbem o poder do demônio de opor obstáculo ao efeito sacramental.

QUANTO AO 1º, portanto, deve-se dizer que na Epifania Cristo foi batizado com o batismo de João; os fiéis não são batizados com esse batismo, mas com o de Cristo. Este obtém sua eficácia da paixão de Cristo, como diz Paulo: "Nós todos, batizados em Jesus Cristo, é na sua morte que fomos batizados", e do poder do Espírito Santo, como está no Evangelho de João: "Ninguém, a não ser que nasça da água e do Espírito Santo". Por isso, o batismo solene se celebra na Igreja em duas oportunidades: 1) Na vigília de Páscoa, quando se comemora a sepultura e ressurreição do Senhor. E porque o Senhor deu aos discípulos depois da ressurreição o preceito de batizar, como está no Evangelho de Mateus. 2) Na vigília de Pentecostes, quando se começa a celebrar a solenidade do Espírito Santo, pois se lê que os apóstolos, no próprio dia de Pentecostes, em que receberam o Espírito Santo, batizaram três mil.

QUANTO AO 2º, deve-se dizer que o uso da água no batismo pertence à substância do sacramento; o óleo ou o crisma se empregam para conferir certa solenidade à celebração. O catecúmeno é primeiro ungido com óleo santo no peito e nas costas, "como um atleta de Deus", — diz Ambrósio —, pois assim se costumavam ungir os lutadores.

---

2. Q. 39, a. 2.
3. L. I, c. 2, n. 4: ML 16, 419 A.

inungi consueverunt. — Vel, sicut Innocentius dicit, in quadam Decretali *de sacra Unctione*[4], *baptizandus in pectore inungitur, ut Spiritus Sancti donum recipiat, errorem abiiciat et ignorantiam, et fidem rectam suscipiat, quia iustus ex fide vivit; inter scapulas autem inungitur, ut Spiritus Sancti gratiam induat, exuat negligentiam et torporem, et bonam operationem exerceat; ut per fidei sacramentum sit munditia cogitationum in pectore, et fortitudo laborum in scapulis.*

Post baptismum vero, ut Rabanus dicit[5], *statim signatur in cerebro a presbytero cum sacro chrismate, sequente simul et oratione, ut Christi regni particeps fiat,et a Christo Christianus possit vocari.* — Vel, sicut Ambrosius dicit[6], *unguentum super caput effunditur, quia sapientis sensus in capite eius: ut* scilicet *sit paratus omni petenti de fide reddere rationem.*

AD TERTIUM dicendum quod vestis illa candida traditur baptizato, non quidem ea ratione quod non liceat ei aliis vestibus uti: sed in signum gloriosae resurrectionis, ad quam homines per baptismum regenerantur; et ad designandam puritatem vitae, quam debent post baptismum observare, secundum illud Rm 6,4: *In novitate vitae ambulemus.*

AD QUARTUM dicendum quod ea quae pertinent ad solemnitatem sacramenti, etsi non sint de necessitate sacramenti, non tamen sunt superflua, quia sunt ad bene esse sacramenti, ut supra[7] dictum est.

Ou, conforme Inocêncio numa decretal: "O catecúmeno é ungido no peito para que receba o dom do Espírito Santo, rejeite o erro e a ignorância e receba a fé ortodoxa, porque o justo vive pela fé; é ungido nas costas para que se revista da graça do Espírito Santo, se despoje da negligência e da preguiça e realize boas ações. Enfim, para que, pelo sacramento da fé, haja pureza de pensamento no peito e fortaleza para o trabalho nas costas".

Depois do batismo, explica Rabano, "ele é logo assinalado na cabeça pelo presbítero com o santo crisma, acompanhando o gesto com uma oração para que se torne participante do reino de Cristo e possa ser chamado com o nome de cristão, que vem de Cristo". — Ou, segundo Ambrósio: derrama-se óleo perfumado sobre a cabeça, porque "o sentido do sábio está em sua cabeça e para que esteja preparado a dar razão da fé a quem o peça"[m].

QUANTO AO 3º, deve-se dizer que a veste branca é entregue ao neófito não pela razão de não lhe ser lícito usar outras vestes, mas como sinal da ressurreição gloriosa, para a qual os homens renascem pelo batismo, e também para designar a pureza de vida que devem observar depois do batismo, segundo diz o Apóstolo: "Levemos uma vida nova".

QUANTO AO 4º, deve-se dizer que as cerimônias que solenizam o batismo, embora não sejam necessárias à realização do sacramento, não são supérfluas, porque contribuem a uma boa celebração.

ARTICULUS 11
Utrum convenienter describantur tria baptismata, scilicet aquae, sanguinis et flaminis

AD UNDECIMUM SIC PROCEDITUR. Videtur quod inconvenienter describantur tria baptismata, sci-

ARTIGO 11
A distinção de três batismos: de água, de sangue e de desejo é adequada?[n]

QUANTO AO DÉCIMO PRIMEIRO, ASSIM SE PROCEDE: parece **inadequada** a distinção de três batismos:

---

4. *Regesta*, l. VII, epist. 3, *ad archiepisc. Trinovitan*: ML 215, 285 A.
5. *De Cleric. instit.*, l. I, c. 28: ML 107, 313 A.
6. *De Sacram.*, l. III, c. 1, n. 1: ML 16, 431 A.
7. In corp.

11 PARALL.: IV *Sent.*, dist. 4, q. 3, a. 3, q.la 1, 2, 3; *Quodlib.* VI, q. 3, a. 1; *in Ioan.*, c. 3, lect. 1.

m. As unções batismais já estão presentes na *Tradição apostólica* de Sto. Hipólito (início do século III). A unção antes do batismo é um rito de exorcismo (para preparar o candidato à luta contra o demônio, diz Sto. Ambrósio). A unção do santo crisma após o batismo é uma unção sacerdotal e real, que exprime a consagração do *cristão* ("Cristo", *ungido*), e sua participação no sacerdócio e na realeza de Cristo e da Igreja.

n. Uma antiga tradição já se referia ao "batismo de sangue" (Tertuliano), "no espírito" (Sto. Ambrósio, São Gerônimo, etc.).
Pode-se justificar teologicamente essas expressões. O batismo santifica por intermédio da paixão de Cristo, causa instrumental, e por intermédio da Trindade, causa principal, mais especialmente para o Espírito Santo, a quem se atribui, "por apropriação", os efeitos da graça. Sem ser configurado *sacramentalmente* à Paixão pelo batismo de água, pode-se sê-lo *realmente* pelo martí-

licet *aquae, sanguinis* et *flaminis*, scilicet Spiritus Sancti.

1. Quia Apostolus dicit, Eph 4,5: *Una fides, unum baptisma.* Sed non est nisi una fides. Ergo non debent tria baptismata esse.

2. PRAETEREA, baptismus est quoddam sacramentum, ut ex supra[1] dictis patet. Sed solum baptismus aquae est sacramentum. Ergo non debent poni alii duo baptismi.

3. PRAETEREA, Damascenus, in IV libro[2], determinat plura alia genera baptismatum. Non ergo solum debent poni tria baptismata.

SED CONTRA est quod, super illud Hb 6,2, *baptismatum doctrinae*, dicit Glossa[3]: *Pluraliter dicit: quia est baptismus aquae, poenitentiae, et sanguinis.*

RESPONDEO dicendum quod, sicut supra[4] dictum est, baptismus aquae efficaciam habet a passione Christi, cui aliquis configuratur per baptismum; et ulterius, sicut a prima causa, a Spiritu Sancto. Licet autem effectus dependeat a prima causa, causa tamen superexcedit effectum, nec dependet ab effectu. Et ideo, praeter baptismum aquae, potest aliquis consequi sacramenti effectum ex passione Christi, inquantum quis ei conformatur pro Christo patiendo. Unde dicitur Ap 7,14: Hi *sunt qui venerunt ex tribulatione magna, et laverunt stolas suas et dealbaverunt eas in sanguine Agni.*

Eadem etiam ratione aliquis per virtutem Spiritus Sancti consequitur effectum baptismi, non solum sine baptismo aquae, sed etiam sine baptismo sanguinis: inquantum scilicet alicuius cor per Spiritum Sanctum movetur ad credendum et diligendum Deum, et poenitendum de peccatis; unde etiam dicitur *baptismus poenitentiae.* Et de hoc dicitur Is 4,4: *Si abluerit Dominus sordes filiarum Sion, et sanguinem Ierusalem laverit de medio eius, in spiritu iudicii et spiritu ardoris.*

Sic igitur utrumque aliorum baptismatum nominatur baptismus, inquantum supplet vicem baptismi. Unde dicit Augustinus, in iv libro *de*

de água, de sangue e de desejo (ou do Espírito Santo).

1. Com efeito, o Apóstolo proclama: "Uma só fé, um só batismo". Ora, só há uma fé. Logo, não deve haver três batismos.

2. ALÉM DISSO, o batismo é um sacramento. Ora, só o batismo de água é sacramento. Logo, não devem acrescentar-se os outros dois.

3. ADEMAIS, Damasceno enumera muitos outros gêneros de batismo. Logo, não se devem mencionar só três.

EM SENTIDO CONTRÁRIO, a Glosa diz a respeito da passagem da Carta aos Hebreus que menciona a "doutrina dos batismos": "Fala no plural, porque há o batismo de água, o batismo de penitência e o batismo de sangue".

RESPONDO. O batismo de água obtém sua eficácia, por um lado, da paixão de Cristo, a quem a pessoa é configurada pelo batismo e, por outro, do Espírito Santo, como da causa primeira. Embora o efeito dependa da causa primeira, a causa excede de muito o efeito e não depende dele. Por isso, além do batismo de água, uma pessoa pode conseguir da paixão de Cristo o efeito do sacramento, pelo fato de se conformar com Cristo em sua paixão. A respeito diz o Apocalipse: "Eles vêm da grande tribulação. Lavaram suas vestes e as alvejaram no sangue do Cordeiro".

Pela mesma razão, uma pessoa pode conseguir o efeito do batismo pela força do Espírito Santo, sem batismo de água e até sem batismo de sangue, quando seu coração é movido pelo Espírito Santo a crer e amar a Deus e a arrepender-se de seus pecados; por isso, também se chama "batismo de penitência". Eis porque diz o livro de Isaías: "Se o Senhor limpar por abluição as imundícies das filhas de Sião e lavar Jerusalém do sangue nela derramado, num espírito de julgamento e num espírito de ardor".

Assim, portanto, os dois outros batismos são chamados de batismo, enquanto suprem a ausência do batismo. Agostinho diz: "São Cipriano adota

---

1. Q. 65, a. 1.
2. *De fide orth.*, l. IV, c. 9: MG 94, 1124.
3. LOMBARDI: ML 192, 440 C.
4. A. 2, ad 1; a. 9, ad 1; q. 62, a. 5.

rio, e receber desse modo a graça da Paixão. E mesmo sem essa configuração material, pode-se receber essa graça diretamente do Espírito Santo, pela fé, pelo amor e pela penitência.

A expressão usual "batismo de desejo" é excessivamente débil para traduzir as palavras de nossos textos, *baptismus flaminis*, "batismo de sopro", sopro do Espírito ou sopro ardente da caridade. Não se trata evidentemente do mero "desejo de batismo" — com o que, todo catecúmeno estaria justificado pela mera intenção de se fazer batizar —, mas de uma moção do Espírito, que suscita na alma a fé, a caridade, o arrependimento, e um impulso à conversão. Seria melhor dizer "batismo do Espírito".

Unico Baptismo Parvulorum[5]: *Baptismi vicem aliquando implere passionem, de latrone illo cui non baptizato dictum est, "Hodie mecum eris in paradiso", beatus Cyprianus non leve documentum assumit. Quod etiam atque etiam considerans, invenio non tantum passionem pro nomine Christi id quod ex baptismo deerat posse supplere: sed etiam fidem conversionemque cordis, si forte ad celebrandum mysterium baptismi in angustiis temporum succurri non potest.*

AD PRIMUM ergo dicendum quod alia duo baptismata includuntur in baptismo aquae, qui efficaciam habet et ex passione Christi et ex Spiritu Sancto. Et ideo per hoc non tollitur unitas baptismatis.

AD SECUNDUM dicendum quod, sicut supra[6] dictum est, sacramentum habet rationem signi. Alia vero duo conveniunt cum baptismo aquae, non quidem quantum ad rationem signi, sed quantum ad effectum baptismatis. Et ideo non sunt sacramenta.

AD TERTIUM dicendum quod Damascenus ponit quaedam baptismata figuralia. Sicut *diluvium*, quod fuit signum nostri baptismi quantum ad salvationem fidelium in Ecclesia, sicut *tunc paucae animae salvae factae sunt in arca*, ut dicitur 1Pe 3,20. — Ponit etiam *transitum maris Rubri*: qui significat nostrum baptisma quantum ad liberationem a servitute peccati; unde Apostolus dicit, 1Cor 10,2, quod *omnes baptizati sunt in nube et in mari*. — Ponit etiam *ablutiones diversas quae fiebant in veteri lege*, praefigurantes nostrum baptisma quantum ad purgationem peccatorum. — Ponit etiam *baptismum Ioannis*, qui fuit praeparatorius ad nostrum baptisma.

um argumento não sem peso para aceitar que, às vezes, o martírio toma o lugar do batismo. É o caso daquele ladrão não batizado a quem Cristo disse: 'Hoje estarás comigo no paraíso'. Refletindo repetidamente sobre isso, acho que não só o sofrimento suportado pelo nome de Cristo pode suprir o que faltava ao batismo, mas também a fé e a conversão do coração, se por acaso não se pode acudir à celebração do mistério do batismo dada a situação crítica do momento".

QUANTO AO 1º, portanto, deve-se dizer que os outros dois batismos estão incluídos no batismo de água que recebe sua eficácia da paixão de Cristo e do Espírito Santo. Com isso não se desfaz a unidade do batismo.

QUANTO AO 2º, deve-se dizer que o sacramento tem a característica de sinal. Os outros dois têm em comum com o batismo de água não a característica de sinal e sim o efeito do batismo. Por isso não são sacramentos.

QUANTO AO 3º, deve-se dizer que Damasceno fala de sacramentos em sentido figurado. Assim menciona o dilúvio que foi sinal de nosso batismo com referência à salvação que os fiéis experimentam na Igreja, como então na arca "poucos foram salvos", como está na primeira Carta de Pedro. — Cita também a passagem do Mar Vermelho que significa nosso batismo que liberta da escravidão do pecado. Por isso o Apóstolo diz que "todos foram batizados na nuvem e no mar". — Refere-se ainda às diversas abluções que se faziam na Antiga Lei, prefigurando nosso batismo que nos dá a remissão dos pecados. — Igualmente o batismo de João que foi preparação para o nosso batismo.

ARTICULUS 12

Utrum baptismus sanguinis sit potissimus inter baptismata

AD DUODECIMUM SIC PROCEDITUR. Videtur quod baptismus sanguinis non sit potissimus inter tria baptismata.

1. Baptismus enim aquae imprimit characterem. Quod quidem baptismus sanguinis non facit. Ergo baptismus sanguinis non est potior quam baptismus aquae.

ARTIGO 12

O batismo de sangue é o mais importante?

QUANTO AO DÉCIMO SEGUNDO, ASSIM SE PROCEDE: parece que o batismo de sangue **não** é o mais importante dos três.

1. Com efeito, o batismo de água imprime caráter, o que o batismo de sangue não faz. Logo, o batismo de sangue não é mais importante que o batismo de água.

---

5. *De Baptism. cont. Donatist.*, l. IV, c. 22: ML 43, 173.
6. Q. 60, a. 1.

12 PARALL.: IV *Sent.*, dist. 4, q. 3, a. 3, q.la 4; *ad Heb.*, c. 6, lect. 1.

2. Praeterea, baptismus sanguinis non valet sine baptismo flaminis, qui est per caritatem: dicitur enim 1Cor 13,3: *Si tradidero corpus meum ita ut ardeam, caritatem autem non habuero, nihil mihi prodest.* Sed baptismus flaminis valet sine baptismo sanguinis: non enim soli martyres salvantur. Ergo baptismus sanguinis non est potissimus.

3. Praeterea, sicut baptismus aquae habet efficaciam a passione Christi, cui, secundum praedicta[1], respondet baptismus sanguinis, ita passio Christi efficaciam habet a Spiritu Sancto: secundum illud Hb 9,14: *Sanguis Christi, qui per Spiritum Sanctum obtulit semetipsum pro nobis, emundabit conscientias nostras ab operibus mortuis*, etc. Ergo baptismus flaminis potior est quam baptismus sanguinis. Non ergo baptismus sanguinis est potissimus.

Sed contra est quod Augustinus, *ad fortunatum*[2], loquens de comparatione baptismatum, dicit: *Baptizatus confitetur fidem suam coram sacerdote: martyr coram persecutore. Ille post confessionem suam aspergitur aqua: hic sanguine. Ille per impositionem manus pontificis recipit Spiritum Sanctum: hic templum efficitur Spiritus Sancti.*

Respondeo dicendum quod, sicut dictum est[3], effusio sanguinis pro Christo, et operatio interior Spiritus Sancti, dicuntur baptismata inquantum efficiunt effectum baptismi aquae. Baptismus autem aquae efficaciam habet a passione Christi et a Spiritu Sancto, ut dictum est[4]. Quae quidem duae causae operantur in quolibet horum trium baptismatum: excellentissime autem in baptismo sanguinis. Nam passio Christi operatur quidem in baptismo aquae per quandam figuralem repraesentationem; in baptismo autem flaminis vel poenitentiae per quandam affectionem; sed in baptismo sanguinis per imitationem operis. Similiter etiam virtus Spiritus Sancti operatur in baptismo aquae per quandam virtutem latentem; in baptismo autem poenitentiae per cordis commotionem; sed in baptismo sanguinis per potissimum dilectionis et affectionis fervorem, secundum illud Io 15,13: *Maiorem hac dilectionem nemo habet, ut animam suam ponat quis pro amicis suis.*

Ad primum ergo dicendum quod character est res et sacramentum. Non autem dicimus quod baptismus sanguinis praeeminentiam habeat se-

2. Além disso, o batismo de sangue não tem valor sem o batismo de desejo que consiste na caridade. O Apóstolo ensina: "Mesmo que entregue o meu corpo às chamas, se me falta o amor, nada lucro com isso". Ora, o batismo de desejo tem valor mesmo sem o batismo de sangue, pois não só os mártires se salvam. Logo, o batismo de sangue não é o principal.

3. Ademais, o batismo de água obtém sua eficácia da paixão de Cristo, à qual corresponde o batismo de sangue. Mas a paixão de Cristo, por sua vez, recebe sua eficácia do Espírito Santo. Diz a Carta aos Hebreus: "Quanto mais o sangue de Cristo, que pelo Espírito Santo se ofereceu a Deus como vítima sem mancha, purificará nossa consciência das obras mortas" etc. Logo, o batismo de desejo é mais importante que o batismo de sangue. O batismo de sangue não é, pois, o principal.

Em sentido contrário, Agostinho, comparando os três batismos, diz: "O batizado confessa sua fé diante do sacerdote; o mártir, diante do perseguidor. Aquele, depois de sua confissão, é aspergido com água; este, com sangue. Aquele, pela imposição das mãos do pontífice, recebe o Espírito Santo; este torna-se templo do Espírito Santo".

Respondo. A efusão do sangue por Cristo e a ação interior do Espírito Santo chamam-se batismo, na medida em que produzem o efeito do batismo de água. Mas o batismo de água recebe sua eficácia da paixão de Cristo e do Espírito Santo. As duas causas, portanto, atuam em qualquer dos três batismos, mas de modo mais excelente no de sangue. Pois a paixão de Cristo atua no batismo de água por certa representação figurativa; no batismo de desejo ou penitência, por uma disposição de ânimo; mas no batismo de sangue, imitando a ação de Cristo. Semelhantemente a força do Espírito Santo atua no batismo de água por uma força que está oculta no sacramento; no batismo de penitência, por um movimento do coração; mas no batismo de sangue, por um fortíssimo ímpeto de amor e sentimento, como diz o Evangelho de João: "Ninguém tem maior amor do que aquele que se despoja da vida por aqueles a quem ama".

Quanto ao 1º, portanto, deve-se dizer que o caráter é realidade e sinal sacramental. Não dizemos que o batismo de sangue tenha sua superioridade

---
1. A. praec.
2. Gennadius, *De eccl. dogmat.*, c. 74: ML 58, 997 C.
3. A. praec.
4. Ibid.

cundum rationem sacramenti: sed quantum ad sacramenti effectum.

AD SECUNDUM dicendum quod effusio sanguinis non habet rationem baptismi si sit sine caritate. Ex quo patet quod baptismus sanguinis includit baptismum flaminis, et non e converso. Unde ex hoc probatur perfectior.

AD TERTIUM dicendum quod baptismus sanguinis praeeminentiam habet non solum ex parte passionis Christi, sed etiam ex parte Spiritus Sancti, ut dictum est[5].

pela razão de sacramento, mas quanto ao efeito do sacramento.

QUANTO AO 2º, deve-se dizer que a efusão de sangue não se caracteriza como batismo, se não houver caridade. Assim fica claro que o batismo de sangue inclui o batismo de desejo e não vice-versa. E nisso se comprova mais perfeito.

QUANTO AO 3º, deve-se dizer que o batismo de sangue recebe sua superioridade não só da paixão de Cristo, mas da ação do Espírito Santo.

---

5. In corp.

QUAESTIO LXVII
DE MINISTRIS PER QUOS TRADITUR BAPTISMI SACRAMENTUM
in octo articulos divisa

Deinde considerandum est de ministris per quos traditur sacramentum baptismi.
Et circa hoc quaeruntur octo.
Primo: utrum ad diaconum pertineat baptizare.
Secundo: utrum pertineat ad presbyterum, vel solum ad episcopum.
Tertio: utrum laicus possit sacramentum baptismi conferre.
Quarto: utrum hoc possit facere mulier.
Quinto: utrum non baptizatus possit baptizare.
Sexto: utrum plures possint simul baptizare unum et eundem.
Septimo: utrum necesse sit esse aliquem qui baptizatum de sacro fonte recipiat.
Octavo: utrum suscipiens aliquem de sacro fonte obligetur ad eius instructionem.

QUESTÃO 67
OS MINISTROS PELOS QUAIS SE CONFERE O BATISMO
em oito artigos

Em seguida, deve-se tratar dos ministros que conferem o sacramento do batismo.
Sobre isso são oito as perguntas:
1. Cabe ao diácono batizar?
2. Cabe ao presbítero ou só ao bispo?
3. Um leigo pode conferir o sacramento do batismo?
4. Uma mulher pode fazê-lo?
5. Um não batizado pode batizar?
6. Vários ministros podem batizar ao mesmo tempo uma só e mesma pessoa?
7. É preciso que alguém receba o que foi batizado ao sair da pia batismal?
8. Quem assim recebe o batizado está obrigado a instruí-lo?

ARTICULUS 1
Utrum ad officium diaconi pertineat baptizare

AD PRIMUM SIC PROCEDITUR. Videtur quod ad officium diaconi pertineat baptizare.

1. Simul enim iniungitur a domino officium praedicandi et baptizandi: secundum illud Mt 28,19: *Euntes, docete omnes gentes, baptizantes eos*, etc. Sed ad officium diaconi pertinet evangelizare. Ergo videtur quod etiam ad officium diaconi pertineat baptizare.

ARTIGO 1
Batizar é função do diácono?

QUANTO AO PRIMEIRO ARTIGO, ASSIM SE PROCEDE: parece que batizar é função do diácono.

1. Com efeito, o Senhor uniu a função de pregar e de batizar ao dizer: "Ide, pois; ensinai todas as nações, batizando-as" etc. Ora, a função de diácono inclui a evangelização. Logo, também pertenceria a seu ministério batizar.

---

1 PARALL.: IV *Sent.*, dist. 5, q. 2, a. 1, q.la 2.

2. Praeterea, secundum Dionysium, 5 cap. *Eccl. Hier.*[1], *purgare* pertinet ad officium diaconi. Sed purgatio a peccatis maxime fit per baptismum: secundum illud Eph 5,26: *Mundans eam lavacro aquae in verbo vitae.* Ergo videtur quod baptizare pertineat ad diaconum.

3. Praeterea, de beato Laurentio legitur[2] quod, cum ipse esset diaconus, plurimos baptizabat. Ergo videtur quod ad diacones pertinet baptizare.

Sed contra est quod Gelasius Papa dicit, et habetur in Decretis, XCIII dist.[3]: *Diacones propriam constituimus observare mensuram.* Et infra: *Absque episcopo vel presbytero baptizare non audeant, nisi, praedictis ordinibus longius constitutis, necessitas extrema compellat.*

Respondeo dicendum quod, sicut caelestium ordinum proprietates et eorum officia ex eorum nominibus accipiuntur, ut dicit Dionysius, 7 cap. *Cael. Hier.*[4]; ita etiam ex nominibus ecclesiasticorum ordinum accipi potest quid ad unumquemque pertineat ordinem. Dicuntur autem *diacones* quasi *ministri*: quia videlicet ad diacones non pertinet aliquod sacramentum principaliter et quasi ex proprio officio praebere, sed ministerium adhibere aliis maioribus in sacramentorum exhibitione. Et sic ad diaconem non pertinet quasi ex proprio officio tradere sacramentum baptismi: sed in collatione huius sacramenti et aliorum assistere et ministrare maioribus. Unde Isidorus dicit[5]: *Ad diaconum pertinet assistere et ministrare sacerdotibus in omnibus quae aguntur in sacramentis Christi, in baptismo scilicet, in chrismate, in patena et calice.*

Ad primum ergo dicendum quod ad diaconum pertinet recitare evangelium in ecclesia, et praedicare ipsum per modum catechizantis: unde et Dionysius dicit[6] quod diaconi habent officium super immundos, inter quos ponit catechumenos. Sed docere, id est exponere evangelium, pertinet proprie ad episcopum, cuius actus est *perficere*, secundum Dionysium, 5 cap. *Eccl. Hier.*[7]; perficere autem idem est quod docere. Unde non sequitur quod ad diacones pertineat officium baptizandi.

Ad secundum dicendum quod, sicut Dionysius dicit, 2 cap. *Eccl. Hier.*[8], baptismus non solum habet

2. Além disso, segundo Dionísio, "purificar" pertence às funções do diácono. Ora, a purificação dos pecados se faz principalmente no batismo como está na Carta aos Efésios: "Purificando-a com a água que lava, e isto pela Palavra da vida". Logo, parece que cabe ao diácono batizar.

3. Ademais, de São Lourenço se lê que, sendo diácono, batizou a muitos. Logo, batizar caberia aos diáconos.

Em sentido contrário, o papa Gelásio diz: "Estabelecemos que os diáconos observem seus limites próprios". E mais adiante: "Não ousem batizar na ausência do bispo ou do presbítero, a não ser que, estando estes muito distantes, uma necessidade extrema os obrigue".

Respondo. Como, segundo Dionísio, as propriedades e funções da hierarquia celeste deduzem-se de seus nomes, assim dos nomes das ordens eclesiásticas pode-se deduzir o que cabe a cada uma delas. O nome "diácono" significa "servidor", porque não cabe a ele conferir nenhum sacramento a título principal e por função própria, mas auxiliar os ministros superiores na administração dos sacramentos. Assim não cabe ao diácono como por ofício próprio conferir o sacramento do batismo, mas assistir e servir aos ministros superiores na administração deste e dos demais sacramentos. Por isso diz Isidoro: "Cabe ao diácono assistir e ministrar aos sacerdotes em todas suas funções sacramentais, a saber: no batismo, na crisma, na patena e no cálice".

Quanto ao 1º, portanto, deve-se dizer que ao diácono cabe ler o Evangelho na Igreja e pregá-lo como catequista. Por isso Dionísio diz que os diáconos têm poder sobre os impuros, entre os quais inclui os catecúmenos. Mas ensinar, isto é, explicar o Evangelho, cabe propriamente ao bispo, cuja ação, segundo Dionísio, é "aperfeiçoar", o que significa o mesmo que ensinar. Não se segue, pois, que caiba aos diáconos o ofício de batizar.

Quanto ao 2º, deve-se dizer que segundo Dionísio, o batismo não é só purificação, mas tem também força iluminadora. Assim excede

---

1. P. I, §§ 6, 7: MG 3, 508 AD.
2. Homil. 91, *de Sancto Laurentio*: ML 94, 491-493 (inter Opp. Bedae).
3. Gratianus, op. cit., p. I, dist. 93, can. 13: ed. cit., I, 323.
4. § 1; cfr. c. 8, § 1; c. 9, § 1: MG 3, 205 B, 237 BC, 257 B.
5. Epist. I *ad Leudefredum*, n. 8: ML 83, 508 AB.
6. *De eccl. hier.*, c. 5, p. 1, § 6: MG 3, 508 AB.
7. P. 1, §§ 6, 7: MG 3, 505 D, 508 C.
8. P. 1, § 3: MG 3, 504 B.

vim *purgativam*, sed etiam *illuminativam* virtutem. Et ideo excedit officium diaconi, ad quem pertinet solum purgare: scilicet vel repellendo immundos, vel disponendo eos ad sacramenti susceptionem.

AD TERTIUM dicendum quod, quia baptismus est sacramentum necessitatis, permittitur diaconis, necessitate urgente in absentia maiorum, baptizare: sicut patet ex auctoritate Gelasii super inducta. Et hoc modo beatus Laurentius, diaconus existens, baptizavit.

o ofício do diácono, a quem só cabe purificar, seja afastando os impuros, seja dispondo-os para receberem o sacramento.

QUANTO AO 3º, deve-se dizer que como o batismo é um sacramento de primeira necessidade, permite-se aos diáconos batizar em casos urgentes e na ausência de ministros superiores. é o que mostra o texto de Gelásio acima citado. Desse modo, São Lourenço batizou, sendo diácono[a].

ARTICULUS 2
Utrum baptizare pertineat ad officium presbyterorum, vel solum episcoporum

AD SECUNDUM SIC PROCEDITUR. Videtur quod baptizare non pertineat ad officium presbyterorum, sed solum episcoporum.

1. Quia, sicut dictum est[1], sub eodem praecepto iniungitur, Mt 28,19, officium docendi et baptizandi. Sed docere, quod est *perficere*, pertinet ad officium episcopi: ut patet per Dionysium, 5[2] et 6[3] cap. *Eccl. Hier*. Ergo et baptizare pertinet tantum ad officium episcopi.

2. PRAETEREA, per baptismum annumeratur aliquis populo Christiano: quod quidem videtur ad officium solius principis pertinere. Sed principatum in Ecclesia tenent episcopi, ut dicitur in Glossa[4] Lc 10,1: qui etiam tenent locum Apostolorum, de quibus dicitur in Ps 44,17: *Constitues eos principes super omnem terram*. Ergo videtur quod baptizare pertineat solum ad officium episcopi.

3. PRAETEREA, Isidorus dicit[5] quod *ad episcopum pertinet basilicarum consecratio, unctio altaris, et confectio chrismatis: ipse ordines ecclesiasticos distribuit, et sacras virgines benedicit*. Sed his omnibus maius est sacramentum baptismi. Ergo videtur quod multo magis ad officium solius episcopi pertinet baptizare.

SED CONTRA est quod Isidorus dicit, in libro *de Officiis*[6]: *Constat baptisma solis sacerdotibus esse traditum*.

ARTIGO 2
Batizar é função dos presbíteros ou só do bispo?

QUANTO AO SEGUNDO, ASSIM SE PROCEDE: parece que batizar **não** é função dos presbíteros, mas só do bispo.

1. Com efeito, Cristo uniu num mesmo preceito o ofício de ensinar e de batizar. Ora, ensinar, que é "aperfeiçoar", é função do bispo, como esclarece Dionísio. Logo também batizar cabe só ao bispo.

2. ALÉM DISSO, pelo batismo a pessoa é incorporada ao povo cristão, o que parece ser função só do príncipe. Ora, na Igreja os bispos possuem o principado, como diz a Glosa ao texto do Evangelho de Lucas. São eles ainda que estão no lugar dos apóstolos, sobre os quais o Salmo diz: "Farás deles príncipes sobre toda a terra". Logo, batizar pertenceria só ao ofício episcopal.

3. ADEMAIS, Isidoro ensina: "Cabe ao bispo consagrar as basílicas, ungir o altar, consagrar o crisma, distribuir as ordens eclesiásticas e abençoar as virgens". Ora, o sacramento do batismo é superior a todos esses ritos. Logo, com muito mais razão, caberia exclusivamente ao bispo.

EM SENTIDO CONTRÁRIO, diz Isidoro: "Consta que o batismo foi confiado só aos sacerdotes".

---

2 PARALL.: Infra, a. 3, ad 1, 2; IV *Sent*., dist. 17, q. 3, a. 3, q.la 2; dist. 24, q. 2, a. 2, ad 1.

1. A. praec., 1 a; q. 66, a. 5, 2 a.
2. P. 1, § 6: MG 3, 505 CD.
3. P. 1, § 3: MG 3, 532 D.
4. Ordin.: ML 114, 284 A.
5. Epist. I *ad Leudefredum*, n. 10: ML 83, 895 C-896 A.
6. L. II, c. 25, n. 9: ML 83, 822 C.

a. Sto. Tomás, na tradição "dionisiana" (obj. 2), tende a limitar o papel do diácono na preparação dos catecúmenos; só reconhece seu direito de batizar em caso de urgência, como poderia fazê-lo qualquer um em tal caso. No entanto, desde a época apostólica (ver At 8,12; 38), e em toda a tradição, vê-se o diácono participar com o bispo e o padre da administração do batismo. O *Pontifical romano* diz que a função do diácono é de "servir ao altar, *batizar* e pregar".

RESPONDEO dicendum quod sacerdotes ad hoc consecrantur ut sacramentum Corporis Christi conficiant, sicut supra[7] dictum est. Illud autem est sacramentum ecclesiasticae unitatis: secundum illud Apostoli, 1Cor 10,17: *Unus panis et unum corpus multi sumus, omnes qui de uno pane et de uno calice participamus.* Per baptismum autem aliquis fit particeps ecclesiasticae unitatis: unde et accipit ius accedendi ad mensam Domini. Et ideo, sicut ad sacerdotem pertinet consecrare Eucharistiam, ad quod principaliter ordinatur sacerdotium, ita ad proprium officium sacerdotis pertinet baptizare: eiusdem enim videtur esse operari totum, et partem in toto disponere.

AD PRIMUM ergo dicendum quod utrumque officium, scilicet docendi et baptizandi, Dominus Apostolis iniunxit, quorum vicem gerunt episcopi: aliter tamen et aliter. Nam officium docendi commisit eis Christus ut ipsi per se illud exercerent, tanquam principalissimum: unde et ipsi Apostoli dixerunt, Act 6,2: *Non est aequum nos relinquere verbum Dei et ministrare mensis.* Officium autem baptizandi commisit Apostolis ut per alios exercendum: unde et Apostolus dicit, 1Cor 1,17: *Non misit me Christus baptizare, sed evangelizare.* Et hoc ideo quia in baptizando nihil operatur meritum et sapientia ministri, sicut in docendo, ut patet ex supra[8] dictis. In cuius etiam signum, nec ipse Dominus baptizavit, *sed discipuli eius,* ut dicitur Io 4,2. — Nec tamen per hoc excluditur quin episcopi possint baptizare: quia quod potest potestas inferior, potest et superior. Unde et Apostolus ibidem dicit se quosdam baptizasse.

AD SECUNDUM dicendum quod in qualibet republica ea quae sunt minora, pertinent ad minora officia, maiora vero maioribus reservantur: secundum illud Ex 18,22: *Quidquid maius fuerit, referent ad te, et ipsi tantummodo minora iudicent.* Et ideo ad minores principes civitatis pertinet disponere de infimo populo: ad summos autem pertinet disponere ea quae pertinent ad maiores

RESPONDO. Os sacerdotes são consagrados para fazer o sacramento do corpo de Cristo, que é o sacramento da unidade da Igreja, como diz o Apóstolo: "Visto haver um só pão, todos nós somos um só corpo; porque todos participamos desse pão único" e do único cálice. Ora, o batismo nos torna participantes da unidade da Igreja e nos confere o direito de aproximar-nos da mesa do Senhor. Por isso, como cabe ao sacerdote consagrar a eucaristia, principal finalidade de sua ordenação, assim também é próprio de sua função batizar, pois a quem cabe realizar o todo, cabe também organizar as partes no todo[b].

QUANTO AO 1º, portanto, deve-se dizer que o Senhor conferiu aos apóstolos, de quem os bispos assumem o lugar, ambas as funções, tanto de ensinar como de batizar, mas de maneiras distintas. A tarefa de ensinar Cristo lhes confiou para que a exercessem por si mesmos, como sua tarefa principal. Por isso os apóstolos declararam: "Não convém que nós descuidemos a Palavra de Deus por causa do serviço das mesas". Mas o ofício de batizar confiou aos apóstolos para que o exercessem mediante outros, como diz Paulo: "Cristo não me enviou para batizar, mas para anunciar o Evangelho". Como se pode ver pelo que já foi dito, ao batizar não atua o mérito nem a sabedoria do ministro, como ao ensinar. Em vista disso, o Senhor "não batizava, mas os seus discípulos". — Com isso não se exclui a possibilidade de os bispos batizarem, porque o que está no poder do inferior, está no do superior. Por isso, o Apóstolo diz, no mesmo lugar, que batizou alguns.

QUANTO AO 2º, deve-se dizer que em qualquer sociedade, as tarefas menos importantes são deixadas ao escalão inferior e as mais importantes se reservam ao escalão superior. Diz o Êxodo: "A ti apresentarão só os assuntos mais graves; o que for menos importante, eles mesmos julgarão". Por isso, numa cidade aos funcionários subalternos cabe decidir sobre as questões das classes inferio-

---

7. Q. 65, a. 3.
8. Q. 64, a. 1, ad 2; a. 5, 9.

b. Cabe usualmente ao bispo, chefe e pai da comunidade cristã, conferir o batismo, que introduz nessa comunidade (ver Sto. Inácio de Antióquia, *Ad Smirn.* 8, 2). Mas já os apóstolos deixavam a outros o cuidado de batizar (At 10,48; 17,33; 19,5. Ver também a posição bem clara de São Paulo, 1Cor 1,17). Todos os documentos mostram o bispo batizando ele próprio pelo menos alguns candidatos, deixando aos padres ou diáconos batizar os outros, e reservando-se conferir o crisma ou confirmação.

Para Sto. Tomás, que relaciona diretamente o sacerdócio à eucaristia (q. 65, a. 3), é ao padre, ministro da eucaristia, sinal da unidade da Igreja, que cabe conferir o batismo, que introduz nessa unidade, e dá o direito de se aproximar da mesa do Senhor. Essas considerações, bastante ricas, aliás, não excluem que o bispo, que possui a plenitude do sacerdócio, seja de direito, e em primeiro lugar, ministro do batismo!

civitatis. Per baptismum autem non adipiscitur aliquis nisi infimum gradum in populo Christiano. Et ideo baptizare pertinet ad minores principes Ecclesiae, idest presbyteros, qui tenent locum septuaginta duorum discipulorum Christi, ut dicit Glossa Lc 10.

AD TERTIUM dicendum quod, sicut supra[9] dictum est, sacramentum baptismi est potissimum necessitate: sed quantum ad perfectionem, sunt quaedam alia potiora, quae episcopis reservantur.

res e aos primeiros dignitários resolver o que diz respeito aos mais importantes na sociedade. Ora, pelo batismo se alcança apenas o grau ínfimo no povo cristão. Por isso, batizar cabe aos ministros subalternos da Igreja, ou seja: aos presbíteros, que ocupam o lugar dos setenta e dois discípulos de Cristo, como diz a Glosa ao texto de Lucas.

QUANTO AO 3º, deve-se dizer que o sacramento do batismo é o mais importante por sua necessidade, mas, do ponto de vista da perfeição, há outras coisas de maior valor que se reservam aos bispos.

ARTICULUS 3
Utrum laicus baptizare possit

AD TERTIUM SIC PROCEDITUR. Videtur quod laicus baptizare non possit.
1. Baptizare enim, sicut dictum est[1], proprie pertinet ad ordinem sacerdotalem. Sed ea quae sunt ordinis, non possunt committi non habenti ordinem. Ergo videtur quod laicus, qui non habet ordinem, baptizare non possit.
2. PRAETEREA, maius est baptizare quam alia sacramentalia baptismi perficere: sicut catechizare et exorcizare et aquam baptismalem benedicere. Sed haec non possunt fieri a laicis, sed solum a sacerdotibus. Ergo videtur quod multo minus laici possint baptizare.
3. PRAETEREA, sicut baptismus est sacramentum necessitatis, ita et poenitentia. Sed laicus non potest absolvere in foro poenitentiali. Ergo neque potest baptizare.
SED CONTRA est quod Gelasius Papa et Isidorus[2] dicunt, quod *baptizare, necessitate imminente, laicis Christianis plerumque conceditur.*
RESPONDEO dicendum quod ad misericordiam eius qui *vult omnes homines salvos fieri*, pertinet ut in his quae sunt de necessitate salutis, homo de facili remedium inveniat. Inter omnia autem alia sacramenta maximae necessitatis est baptismus, qui est regeneratio hominis in vitam spiritualem: quia pueris aliter subveniri non potest; et adulti non possunt aliter quam per baptismum plenam remissionem consequi et quantum ad culpam et quantum ad poenam. Et ideo, ut homo circa remedium tam necessarium defectum pati non possit, institutum est ut et materia baptismi sit

ARTIGO 3
Um leigo pode batizar?

QUANTO AO TERCEIRO, ASSIM SE PROCEDE: parece que um leigo **não** pode batizar.
1. Com efeito, batizar cabe propriamente à ordem sacerdotal. Ora, o que é próprio de uma ordem não pode ser confiado a quem não tem essa ordem. Logo, um leigo, que não recebeu as ordens, não poderia batizar.
2. ALÉM DISSO, batizar é algo maior que outros sacramentais que completam o batismo, tais como a catequese, os exorcismos, a bênção da água batismal. Ora, os leigos não podem administrar esses sacramentais, mas só os sacerdotes. Logo, muito menos poderiam batizar.
3. ADEMAIS, a penitência como o batismo é um sacramento de primeira necessidade. Ora, um leigo não pode absolver no foro penitencial. Logo, tampouco pode batizar.
EM SENTIDO CONTRÁRIO, o papa Gelásio e Isidoro dizem que "se concede ordinariamente aos cristãos leigos batizar em caso de extrema necessidade".
RESPONDO. Convém à misericórdia de quem "quer que todos os homens se salvem", que permita encontrar-se facilmente o remédio necessário para a salvação. Ora, o batismo é o sacramento mais necessário de todos, pois é o novo nascimento do homem para a vida espiritual. Às crianças não se pode socorrer de outra maneira e os adultos só pelo batismo podem alcançar a plena remissão da culpa e da pena. Por isso, para que o homem não corra o risco de ficar privado de remédio tão necessário, ficou estabelecido que a matéria do batismo seja uma matéria comum, a água, que

---

9. Q. 65, a. 3.

3 PARALL.: II-II, q. 100, a. 2, ad 1; IV *Sent.*, dist. 5, q. 2, a. 1, q.la 1; dist. 17, q. 3, a. 3, q.la 2, ad 3; dist. 20, a. 1, q.la 2, ad 3; dist. 23, q. 2, a. 1, q.la 1.

1. A. 2.
2. *De eccl. officiis*, l. II, c. 25, n. 9: ML 83, 822 C.

communis, scilicet aqua, quae a quolibet haberi potest; et minister baptismi etiam sit quicumque, etiam non ordinatus; ne propter defectum baptismi homo salutis suae dispendium patiatur.

AD PRIMUM ergo dicendum quod baptizare pertinet ad ordinem sacerdotalem secundum quandam convenientiam et solemnitatem: non autem hoc est de necessitate sacramenti. Unde etiam si extra necessitatis articulum laicus baptizet, peccat quidem, tamen sacramentum baptismi confert, nec est rebaptizandus ille qui sic est baptizatus.

AD SECUNDUM dicendum quod illa sacramentalia baptismi pertinent ad solemnitatem, non autem ad necessitatem baptismi. Et ideo fieri non debent nec possunt a laico, sed solum a sacerdote, cuius est solemniter baptizare.

AD TERTIUM dicendum quod, sicut supra[3] dictum est, poenitentia non est tantae necessitatis sicut baptismus: potest enim per contritionem suppleri defectus sacerdotalis absolutionis quae non liberat a tota poena, nec etiam pueris adhibetur. Et ideo non est simile de baptismo, cuius effectus per nihil aliud suppleri potest.

qualquer um pode obter, e o ministro do batismo seja também qualquer um, mesmo não ordenado, para que ninguém venha a sofrer a perda de sua salvação por falta do batismo[c].

QUANTO AO 1º, portanto, deve-se dizer que reserva-se à ordem sacerdotal batizar por motivo de conveniência e solenidade, mas isto não é necessário ao sacramento. Por isso, se um leigo batiza fora do caso de necessidade, certamente peca, mas administra o sacramento do batismo, e quem tiver sido assim batizado não deve ser rebatizado.

QUANTO AO 2º, deve-se dizer que os sacramentais citados pertencem à solenidade do batismo; não lhe são necessários. Por conseguinte, não devem nem podem ser realizados por um leigo, mas só por um sacerdote, a quem cabe administrar o batismo solene.

QUANTO AO 3º, deve-se dizer que a penitência não é de tanta necessidade como o batismo, pois a contrição pode suprir a falta da absolvição sacerdotal, embora não liberte de toda a pena, nem se aplique a crianças. Não é, pois, semelhante ao batismo, cujo efeito não pode ser suprido por nada.

ARTICULUS 4
Utrum mulier possit baptizare

AD QUARTUM SIC PROCEDITUR. Videtur quod mulier non possit baptizare.

1. Legitur enim in Carthaginensi Concilio[1]: *Mulier, quamvis docta et sancta, viros in conventu docere, vel alios baptizare non praesumat.* Sed nullo modo licet mulieri docere in conventu: secundum illud 1Cor 15,35: *Turpe est mulieri in ecclesia loqui.* Ergo videtur quod nec etiam aliquo modo liceat mulieri baptizare.

2. PRAETEREA, baptizare pertinet ad officium praelationis: unde a sacerdotibus habentibus curam animarum debet accipi baptismus. Sed hoc non potest competere feminae: secundum illud 1Ti

ARTIGO 4
Uma mulher pode batizar?

QUANTO AO QUARTO, ASSIM SE PROCEDE: parece que uma mulher **não** pode batizar.

1. Com efeito, lê-se no Concílio de Cartago: "Uma mulher, embora douta e santa, não ouse ensinar a homens na assembleia nem batizar". Ora, de modo algum é lícito a uma mulher ensinar publicamente como lemos na Carta aos Coríntios: "Não convém que uma mulher fale nas assembleias". Logo, parece que de modo algum é lícito que uma mulher batize.

2. ALÉM DISSO, batizar cabe a quem é prelado. Por isso se deve receber o batismo de sacerdotes que têm cura de almas. Ora, isso não cabe às mulheres, pois diz Paulo: "Não permito à mulher

---

3. Q. 65, a. 3, 4.

1. Quarto (a. 398), cann. 99-100: ed. Mansi, III, 959.

c. Que, em caso de urgência, um leigo possa batizar, Sto. Tomás só justifica aqui em face dessa urgente necessidade do batismo para a salvação. No artigo 4, depois ainda no artigo 5, ele dirá que o ministro é apenas o instrumento da virtude de Cristo. O homem que batiza contribui somente com seu ministério externo, mas é Cristo que batiza no interior, e pode se servir de qualquer instrumento, mesmo deficiente. Não ligou sua potência unicamente aos batizados, nem aos sacramentos.

Depois de muita hesitação, a prática da Igreja se fixou nesse ponto (Gregório III, 721; Nicolau I, 886). Portanto, mesmo um não batizado pode batizar em caso de necessidade; deve ter a intenção de fazer o que faz a Igreja, e conformar-se a seu rito (a. 5, sol. 2).

2,12: *Docere mulieri non permitto, nec dominari in viros, sed subditam esse*. Ergo mulier baptizare non potest.

3. PRAETEREA, in spirituali regeneratione videtur aqua habere locum materni uteri: ut Augustinus dicit[2], super illud Io 3,4, *Nunquid homo potest in ventrem matris suae iterato introire et renasci?* Ille autem qui baptizat, videtur magis habere patris officium. Sed hoc non competit mulieri. Ergo mulier baptizare non potest.

SED CONTRA est quod Urbanus Papa dicit, et habetur in Decretis. XXX, qu. 3[3]: *Super quibus consuluit nos tua Dilectio, hoc videtur nobis hac sententia respondendum: ut baptismus sit si, necessitate instante, femina puerum in nomine Trinitatis baptizaverit.*

RESPONDEO dicendum quod Christus est qui principaliter baptizat: secundum illud Io 1,33, *Super quem videris Spiritum descendentem et manentem, hic est qui baptizat*. Dicitur autem Cl 3 quod *in Christo non est masculus neque femina*. Et ideo, sicut masculus laicus potest baptizare, quasi minister Christi, ita etiam et femina.

Quia tamen *caput mulieris est vir, et caput viri Christus*, ut dicitur 1Cor 11,3; non debet mulier baptizare si adsit copia viri. Sicut nec laicus praesente clerico, nec clericus praesente sacerdote. Qui tamen potest baptizare praesente episcopo: eo quod hoc pertinet ad officium sacerdotis.

AD PRIMUM ergo dicendum quod, sicut mulieri non permittitur publice docere, potest tamen privata doctrina vel monitione aliquem instruere; ita non permittitur publice et solemniter baptizare, sed tamen potest baptizare in necessitatis articulo.

AD SECUNDUM dicendum quod, quando baptismus solemniter et ordinate celebratur, debet aliquis sacramentum baptismi suscipere a presbytero curam animarum habente, vel ab aliquo vice eius. Hoc tamen non requiritur in articulo necessitatis, in quo potest mulier baptizare.

AD TERTIUM dicendum quod in generatione carnali masculus et femina operantur secundum virtutem propriae naturae: et ideo femina non potest esse principium generationis activum, sed

que ensine, nem que domine o homem. Que seja submissa". Logo, a mulher não pode batizar.

3. ADEMAIS, no novo nascimento espiritual a água substitui o seio materno, como diz Agostinho, comentando o texto: "Poderia ele entrar uma segunda vez no seio de sua mãe e nascer?" Quem batiza parece ter antes o papel de pai, o que não cabe à mulher. Logo, ela não pode batizar.

EM SENTIDO CONTRÁRIO, diz o papa Urbano: "A respeito do assunto sobre o qual me consultaste, eis minha resposta: há batismo, se, em caso de necessidade, uma mulher batizar uma criança em nome da Trindade".

RESPONDO. Cristo é o ministro principal do batismo. Diz a Escritura: "Aquele sobre o qual vires o Espírito descer e permanecer sobre ele, é ele que batiza". E ainda: "em Cristo não há mais homem e mulher". Assim, do mesmo modo como um leigo do sexo masculino pode batizar na qualidade de ministro de Cristo, também a mulher.

Entretanto, já que "a cabeça da mulher é o homem, a cabeça do homem é o Cristo", uma mulher não deve batizar se há um homem que possa fazê-lo; como tampouco um leigo, se estiver presente um clérigo, nem o clérigo, se houver um sacerdote presente. Este, porém, pode batizar, mesmo que um bispo esteja presente, pois batizar é ofício do sacerdote[d].

QUANTO AO 1º, portanto, deve-se dizer que à mulher não é permitido ensinar publicamente, mas pode instruir alguém em privado por sua doutrina ou por sua admoestação. Assim, não se permite que batize pública e solenemente, mas pode batizar em caso de necessidade.

QUANTO AO 2º, deve-se dizer que quando o batismo é celebrado solenemente e segundo as prescrições, deve ser recebido de quem tem cura de almas ou de alguém que o substitui. Não se requer isso em caso de necessidade. Então, uma mulher pode batizar.

QUANTO AO 3º, deve-se dizer que na geração carnal homem e mulher atuam segundo a força de sua natureza própria. Nesse âmbito, a mulher não pode ser princípio ativo de geração, mas só

---

2. *In Ioan.*, tract. 11, n. 6, super 3, 4: ML 35, 1478.
3. GRATIANUS, op. cit., p. II, causa 30, q. 3, can. 4: ed. cit., I, 1101.

d. Apesar de certas reservas (sol. 1), a posição de Sto. Tomás, baseada na Escritura, é firme, como a prática da Igreja (Urbano II, final do século XI, citado aqui).

passivum tantum. Sed in generatione spirituali neuter operatur virtute propria, sed instrumentaliter tantum per virtutem Christi. Et ideo eodem modo potest et vir et mulier in casu necessitatis baptizare.

Si tamen mulier extra casum necessitatis baptizaret, non esset rebaptizandus: sicut et de laico dictum est[4]. Peccaret tamen ipsa baptizans, et alii qui ad hoc cooperarentur, vel baptismum ab ea suscipiendo, vel ei baptizandum aliquem offerendo.

passivo. Mas na geração espiritual nem homem nem mulher atuam por força própria, mas só instrumentalmente pela força de Cristo. Por isso, tanto o homem como a mulher podem batizar em caso de necessidade.

Entretanto, se uma mulher batizasse fora de caso de necessidade, a pessoa não precisaria ser batizada de novo, como se disse do leigo. Mas pecaria batizando; ela e os que cooperassem com ela, seja recebendo dela o batismo, seja apresentando alguém para que ela o batizasse.

Articulus 5
Utrum ille qui non est baptizatus possit sacramentum baptismi conferre

Artigo 5
Um não batizado pode batizar?

Ad quintum sic proceditur. Videtur quod ille qui non est baptizatus, non possit sacramentum baptismi conferre.

1. *Nullus* enim *dat quod non habet*. Sed non baptizatus non habet sacramentum baptismi. Ergo non potest ipsum conferre.

2. Praeterea, sacramentum baptismi confert aliquis inquantum est minister ecclesiae. Sed ille qui non est baptizatus, nullo modo pertinet ad Ecclesiam, scilicet nec re nec sacramento. Ergo non potest sacramentum baptismi conferre.

3. Praeterea, maius est sacramentum conferre quam suscipere. Sed non baptizatus non potest alia sacramenta suscipere. Ergo multo minus potest aliquod sacramentum conferre.

Sed contra est quod Isidorus dicit[1]: *Romanus Pontifex non hominem iudicat qui baptizat, sed Spiritum Dei subministrare gratiam baptismi, licet paganus sit qui baptizat*. Sed ille qui est baptizatus, non dicitur paganus. Ergo non baptizatus potest conferre sacramentum baptismi.

Respondeo dicendum quod hanc quaestionem Augustinus indeterminatam reliquit. Dicit enim, in II *contra Epistolam Parmeniani*[2]: *Haec quidem alia quaestio est, utrum et ab his qui nunquam fuerunt Christiani, possit baptismus dari: nec aliquid hinc temere affirmandum est, sine auctoritate tanti sacri concilii quantum tantae rei sufficit*. Postmodum vero per Ecclesiam determinatum est quod non baptizati, sive sint Iudaei sive pagani,

Quanto ao quinto, assim se procede: parece que um não batizado **não** pode conferir o sacramento do batismo.

1. Com efeito, ninguém dá o que não tem. Ora, um não batizado não tem o sacramento do batismo. Logo, não pode conferi-lo.

2. Além disso, quem administra o sacramento do batismo, fá-lo enquanto ministro da Igreja. Ora, o não batizado não pertence de modo nenhum à Igreja, nem na realidade nem pelo sacramento. Logo, não pode conferir o sacramento do batismo.

3. Ademais, conferir o sacramento é mais que recebê-lo. Ora, os não batizados não podem receber os outros sacramentos. Logo, muito menos administrar um sacramento.

Em sentido contrário, Isidoro diz: "O Romano Pontífice julga que quem subministra a graça do batismo não é o homem, mas o Espírito de Deus, embora seja um pagão quem batiza". Ora, aquele que é batizado não se chama pagão. Logo, um não batizado pode conferir o sacramento do batismo.

Respondo. Agostinho se esquiva dessa questão. Ele diz: "Saber se quem nunca foi cristão pode administrar o batismo, já é bem outra questão. Nesse ponto é preciso evitar uma afirmação temerária, sem o amparo da autoridade de um grande concílio para assunto tão delicado". Posteriormente, porém, a Igreja determinou que não batizados, fossem judeus ou pagãos, poderiam conferir o sacramento do batismo, contanto que batizassem na

---

4. A. 3, ad 1.

5 Parall.: IV *Sent.*, dist. 5, q. 2, a. 1, q.la 3.

1. Cfr. Gratianum, *Decretum*, p. II, causa 1, q. 1, can. 59: ed. Richter-Friedberg, I, 380; p. III, dist. 4, can. 23: ed. cit., I, 1368.
2. C. 13, n. 30: ML 43, 72.

possunt sacramentum baptismi conferre, dummodo in forma Ecclesiae baptizent. Unde Nicolaus Papa respondet *ad Consulta Bulgarorum*[3]: *A quodam nescitis Christiano an pagano, multos in patria vestra baptizatos asseritis. Hi si in nomine Trinitatis baptizati sunt, rebaptizari non debent.* Si autem forma Ecclesiae non fuerit observata, sacramentum baptismi non confertur. Et sic intelligendum est quod Gregorius II scribit Bonifacio Episcopo[4]: *Quos a paganis baptizatos asseruisti, scilicet Ecclesiae forma non servata, ut de novo baptizes in nomine Trinitatis, mandamus.*

Et huius ratio est quia, sicut ex parte materiae, quantum ad necessitatem sacramenti, sufficit quaecumque aqua, ita etiam sufficit ex parte ministri quicumque homo. Et ideo etiam non baptizatus in articulo necessitatis baptizare potest. Ut sic duo non baptizati se invicem baptizent, dum prius unus baptizaret alium, et postea baptizaretur ab eodem: et consequeretur uterque non solum sacramentum, sed etiam rem sacramenti. Si vero extra articulum necessitatis hoc fieret, uterque graviter peccaret, scilicet baptizans et baptizatus, et per hoc impediretur baptismi effectus, licet non tolleretur ipsum sacramentum.

AD PRIMUM ergo dicendum quod homo baptizans adhibet tantum exterius ministerium: sed Christus est qui interius baptizat, qui potest uti omnibus hominibus ad quodcumque voluerit. Et ideo non baptizati possunt baptizare: quia, ut Nicolaus Papa[5] dicit, baptismus *non est illorum,* scilicet baptizantium, *sed eius,* scilicet Christi.

AD SECUNDUM dicendum quod ille qui non est baptizatus, quamvis non pertineat ad Ecclesiam re vel sacramento, potest tamen ad eam pertinere intentione et similitudine actus, inquantum scilicet intendit facere quod facit Ecclesia, et formam Ecclesiae servat in baptizando, et sic operatur ut minister Christi, qui virtutem suam non alligavit baptizatis, sicut nec etiam sacramentis.

AD TERTIUM dicendum quod alia sacramenta non sunt tantae necessitatis sicut non baptismus. Et ideo magis conceditur quod non baptizatus possit baptizare, quam quod possit alia sacramenta suscipere.

forma da Igreja. Daí a resposta do papa Nicolau à consulta dos búlgaros: "Afirmais que há em vosso país muitos que foram batizados por alguém que não sabeis se é cristão ou pagão. Se tiverem sido batizados em nome da Trindade, não devem ser rebatizados". Mas, se a forma da Igreja não tiver sido observada, não foi conferido o sacramento do batismo. Assim se deve entender o que Gregório II escreveu ao bispo Bonifácio: "Os que afirmaste terem sido batizados por pagãos — entende-se: sem observar a forma da Igreja — ordenamos que batizes de novo em nome da Trindade".

Eis a razão dessa decisão: do mesmo modo como por parte da matéria, dada a necessidade do sacramento, basta qualquer água, também por parte do ministro basta qualquer homem. Por conseguinte, também um não batizado pode batizar em caso de necessidade. A ponto de ser possível dois não batizados se batizarem um ao outro, quando um batizasse primeiro o outro e depois fosse por ele batizado. Ambos receberiam não só o sacramento, mas também a realidade do sacramento. Se, porém, o fizessem fora de caso de necessidade, ambos pecariam gravemente, tanto o que batiza como o que é batizado, e assim impediriam o efeito do batismo, embora não suprimissem o próprio sacramento.

QUANTO AO 1º, portanto, deve-se dizer que quem batiza exerce só exteriormente o ministério; é Cristo quem batiza interiormente, e ele pode servir-se de todos os homens para o que bem quiser. Por isso, os não batizados podem batizar, porque, como diz o papa Nicolau, o batismo "não é deles", dos que batizam, "mas dele", de Cristo.

QUANTO AO 2º, deve-se dizer que quem não é batizado, embora não pertença à Igreja nem na realidade nem pelo sacramento, pode contudo pertencer a ela pela intenção ou pela semelhança de sua ação, quando tem a intenção de fazer o que faz a Igreja e observa a forma da Igreja ao batizar. Nesse caso, atua como ministro de Cristo, que não limitou sua força aos batizados, como tampouco a ligou aos sacramentos.

QUANTO AO 3º, deve-se dizer que os outros sacramentos não são de tanta necessidade como o batismo. Por isso, antes se concede que o não batizado possa batizar do que possa receber os outros sacramentos.

---

3. GRATIANUS, op. cit., p. III, dist. 4, can. 24: ed. Richter-Friedberg, I, 1368.
4. Cfr. GRATIANUM, op. cit., p. III, dist. 4, can. 52: ed. cit., t. I, p. 1382.
5. Cfr. can. cit. in corp.

Articulus 6
Utrum plures possint simul baptizare

AD SEXTUM SIC PROCEDITUR. Videtur quod plures possint simul baptizare.

1. In multitudine enim continetur unum, sed non convertitur. Unde videtur quod quidquid potest facere unus, possint facere multi, et non e converso: sicut multi trahunt navem quam unus trahere non posset. Sed unus homo potest baptizare. Ergo et plures possunt simul unum baptizare.

2. PRAETEREA, difficilius est quod unum agens agat in plura quam quod plures agentes agant simul in unum. Sed unus homo potest simul baptizare plures. Ergo multo magis plures possunt simul unum baptizare.

3. PRAETEREA, baptismus est sacramentum maximae necessitatis. Sed in aliquo casu videtur esse necessarium quod plures simul unum baptizarent: puta si aliquis parvulus esset in articulo mortis, et adessent duo quorum alter esset mutus, et alter manibus et brachiis careret; tunc enim oporteret quod mutilatus verba proferret, et mutus baptismum exerceret. Ergo videtur quod plures possint simul unum baptizare.

SED CONTRA est quod unius agentis una est actio. Si ergo plures unum baptizarent, videretur sequi quod essent plures baptismi. Quod est contra id quod dicitur Eph 4,5: *Una fides, unum baptisma*.

RESPONDEO dicendum quod sacramentum baptismi praecipue habet virtutem ex forma, quam Apostolus nominat *verbum vitae*, Eph 5,26. Et ideo considerare oportet, si plures unum simul baptizarent, qua forma uterentur. Si enim dicerent, *Nos te baptizamus in nomine Patris et Filii et Spiritus Sancti*, dicunt quidam quod non conferretur sacramentum baptismi eo quod non servaretur forma Ecclesiae, quae sic habet, *Ego te baptizo in nomine Patris et Filii et Spiritus Sancti*. — Sed hoc excluditur per formam baptizandi qua utitur Ecclesia Graecorum. Possent enim dicere, *Baptizatur servus Christi* N. *in nomine Patris, et Filii et Spiritus Sancti*, sub qua forma Graeci baptismum suscipiunt: quae tamen forma multo

Artigo 6
Vários ministros podem ao mesmo tempo batizar uma única pessoa?

QUANTO AO SEXTO, ASSIM SE PROCEDE: parece que vários ministros **podem** ao mesmo tempo batizar uma única pessoa.

1. Com efeito, o uno está contido no múltiplo, mas não vice-versa. Assim sendo, parece que o que um pode fazer sozinho, podem muitos fazê-lo e não vice-versa: muitos arrastam um barco que um sozinho não pode arrastar. Ora, uma pessoa sozinha pode batizar. Logo, também várias podem ao mesmo tempo batizar um único sujeito.

2. ALÉM DISSO, é mais difícil a um único agente agir sobre muitas coisas, do que a vários agir juntos sobre uma só. Ora, uma só pessoa pode batizar várias ao mesmo tempo. Logo, com muito mais razão podem vários batizar um único sujeito.

3. ADEMAIS, o batismo é sacramento da maior necessidade. Ora, em alguns casos parece necessário que vários juntos batizem a uma só pessoa. Por exemplo, se uma criança pequena estivesse em perigo de morte e junto a ela estivessem duas pessoas, das quais uma fosse muda e a outra não tivesse mãos nem braços; nesse caso, seria preciso que o mutilado proferisse as palavras, enquanto o mudo realizasse o gesto batismal. Logo, parece que vários podem juntos batizar a um só sujeito.

EM SENTIDO CONTRÁRIO. A ação de um único agente é una. Se, portanto, vários agentes batizassem a uma única pessoa, haveria de seguir-se que seriam vários batismos, o que vai contra o dito da Carta aos Efésios: "Uma só fé, um só batismo".

RESPONDO. A força do sacramento do batismo vem principalmente de sua forma, denominada pelo Apóstolo "Palavra de vida". Por isso, se vários batizassem a uma única pessoa ao mesmo tempo, é preciso considerar que forma usariam. Se dissessem: "Nós te batizamos em nome do Pai e do Filho e do Espírito Santo", alguns opinam que não conferem o sacramento do batismo, por não observarem a forma da Igreja que soa: "Eu te batizo em nome do Pai e do Filho e do Espírito Santo". — Mas esse raciocínio fica excluído dada a forma de batizar usada na Igreja Grega. Pois poderiam dizer: "O servo de Cristo N. é batizado em nome do Pai e do Filho e do Espírito Santo", que é a forma que observam os gregos e que,

---

6 PARALL.: Supra, q. 66, a. 5, ad 4; IV *Sent.*, dist. 3, a. 2, q.la 2, ad 2; dist. 6, q. 2, a. 1, q.la 1, ad 3.

magis dissimilis est formae qua nos utimur, quam si diceretur, *Nos te baptizamus*.

Sed considerandum est quod ex tali forma, *Nos te baptizamus*, exprimitur talis intentio quod plures conveniunt ad unum baptismum conferendum. Quod quidem videtur esse contra rationem ministerii: homo enim non baptizat nisi ut minister Christi et vicem eius gerens; unde, sicut unus est Christus, ita oportet esse unum ministrum qui Christum repraesentet. Propter quod signanter Apostolus dicit, Eph 4,5: *Unus dominus, una fides, unum baptisma*. Et ideo contraria intentio videtur excludere baptismi sacramentum.

Si vero uterque diceret, Ego te baptizo in nomine Patris et Filii et Spiritus Sancti, uterque exprimeret suam intentionem quasi ipse singulariter baptismum conferret. Quod posset contingere in eo casu in quo contentiose uterque aliquem baptizare conaretur. Et tunc manifestum est quod ille qui prius verba proferret, daret baptismi sacramentum. Alius vero, quantumcumque ius baptizandi haberet, etsi verba pronuntiare praesumeret, esset puniendus tanquam rebaptizator. Si autem omnino simul verba proferrent et hominem immergerent aut aspergerent, essent puniendi de inordinato modo baptizandi, et non de iteratione baptismi: quia uterque intenderet non baptizatum baptizare, et uterque, quantum est in se, baptizaret. Nec traderent aliud et aliud sacramentum: sed Christus, qui est unus interius baptizans, unum sacramentum per utrumque conferret.

AD PRIMUM ergo dicendum quod ratio illa locum habet in his quae agunt propria virtute. Sed homines non baptizant propria virtute, sed virtute Christi, qui, cum sit unus, per unum ministrum perficit suum opus.

AD SECUNDUM dicendum quod in casu necessitatis unus posset simul plures baptizare sub hac forma, *Ego vos baptizo*: puta si immineret ruina aut gladius aut aliquid huiusmodi, quod moram omnino non pateretur, si singillatim omnes baptizarentur. Nec per hoc diversificaretur forma Ecclesiae, quia plurale non est nisi singulare geminatum: praesertim cum pluraliter dicatur, Mt 28,19, *Baptizantes eos*, etc. — Nec est simile de baptizante et baptizato. Quia Christus, qui principaliter baptizat, est unus: sed multi per baptismum efficiuntur unum in Christo.

no entanto, seria muito mais dissemelhante da forma usada por nós do que se dissessem: "Nós te batizamos".

Deve-se considerar que, com a forma "Nós te batizamos", se exprime a intenção de vários convirem em administrar um único batismo. Isso, no entanto, parece contra a ideia de ministério: quem batiza, só o faz como ministro de Cristo e fazendo-lhe as vezes. Por conseguinte, como Cristo é um só, também é preciso que o ministro que representa Cristo, seja um só. Por isso significativamente o Apóstolo diz: "Um só Senhor, uma só fé, um só batismo". Assim, a intenção contrária parece excluir o sacramento do batismo.

Mas se ambos os ministros dissessem "Eu te batizo em nome do Pai e do Filho e do Espírito Santo", ambos exprimiriam sua intenção, como se cada um administrasse individualmente o batismo. Isso poderia acontecer no caso em que os dois disputassem entre si na tentativa de cada um batizar o mesmo sujeito. Então, é claro que quem primeiro proferisse as palavras, daria o sacramento do batismo. E o outro, por muito direito de batizar que tivesse e embora se arrogasse pronunciar as palavras, deveria ser punido como quem rebatiza. Se, porém, ambos, exatamente ao mesmo tempo, proferissem as palavras e mergulhassem ou aspergissem o sujeito, deveriam ser punidos pelo modo desordenado de batizar e não pela repetição do batismo, pois ambos teriam a intenção de batizar um não batizado e ambos, quanto dependesse de cada um, o batizariam. Não administrariam sacramentos distintos, senão que Cristo, que batiza interiormente, conferiria por ambos o único sacramento.

QUANTO AO 1º, portanto, deve-se dizer que aquele conceito vale dos que atuam por força própria. Mas os homens não batizam por força própria, mas pela força de Cristo que, sendo um, realiza sua obra por um único ministro.

QUANTO AO 2º, deve-se dizer que em caso de necessidade, um só ministro poderia batizar vários sob a forma "Eu vos batizo". Por exemplo, se fosse iminente um desabamento ou uma batalha ou algo semelhante que não deixasse tempo para batizar a todos, um por um. Neste caso, não haveria divergência em relação à forma da Igreja, porque o plural nada mais é que o singular duplicado, principalmente considerando que o Senhor diz no plural: "batizando-as" etc. — Mas não se pode comparar o que diz respeito ao que batiza e com o que se refere a quem é batizado, porque Cristo que é o ministro principal do batismo, é

AD TERTIUM dicendum quod, sicut supra[1] dictum est, integritas baptismi consistit in forma verborum et in usu materiae. Et ideo neque ille qui tantum verba profert baptizat, neque ille qui immergit. Et ideo, si unus verba proferat et alius immergit, nulla forma verborum poterit esse conveniens. Neque enim poterit dici, *Ego te baptizo*: cum ipse non immergat, et per consequens non baptizet. Neque etiam poterit dicere, *Nos te baptizamus*: cum neuter baptizet. Si enim duo sint quorum unus unam partem libri scribat et alius aliam, non est propria locutio, *Nos scripsimus librum istum*, sed synecdochica, inquantum totum ponitur pro parte.

QUANTO AO 3º, deve-se dizer que a integridade do batismo consiste na forma das palavras e no uso da matéria. Portanto, quem só profere as palavras não batiza, quem só mergulha o sujeito, tampouco. Se um profere as palavras e o outro o mergulha, não há forma que possa expressar o que acontece. Não se poderia dizer: "Eu te batizo", já que quem está falando não mergulha o sujeito e, consequentemente, não batiza. Não se poderia dizer: "Nós te batizamos", porque nenhum dos dois batiza. Pois, se dois escrevem juntos um livro, um uma parte, outro outra, não podem dizer em sentido próprio: "Nós escrevemos este livro", mas só por sinédoque, tomando o todo pela parte.

ARTICULUS 7
Utrum in baptismo requiratur aliquis qui baptizatum de sacro fonte levet

AD SEPTIMUM SIC PROCEDITUR. Videtur quod in baptismo non requiratur aliquis qui baptizatum de sacro fonte levet.

1. Baptismus enim noster per baptismum Christi consecratur, et ei conformatur. Sed Christus baptizatus non est ab aliquo de fonte susceptus, sed, sicut dicitur Mt 3,16, *Baptizatus Iesus confestim ascendit de aqua*. Ergo videtur quod nec in aliorum baptismo requiratur aliquis qui baptizatum de sacro fonte suscipiat.

2. PRAETEREA, baptismus est spiritualis regeneratio, ut supra[1] dictum est. Sed in carnali generatione non requiritur nisi principium activum, quod est pater, et principium passivum, quod est mater. Cum igitur in baptismo locum patris obtineat ille qui baptizat, locum autem matris ipsa aqua baptismi, ut Augustinus dicit, in quodam sermone *Epiphaniae*[2]; videtur quod non requiratur aliquis alius qui baptizatum de sacro fonte levet.

3. PRAETEREA, in sacramentis Ecclesiae nihil derisorium fieri debet. Sed hoc derisorium videtur,

ARTIGO 7
Requer-se no batismo que alguém recolha o batizado da fonte batismal?[e]

QUANTO AO SÉTIMO, ASSIM SE PROCEDE: parece que **não** requer-se que haja no batismo alguém que recolha o batizado da fonte batismal.

1. Com efeito, nosso batismo é consagrado pelo batismo de Cristo e se conforma a ele. Ora, Cristo ao ser batizado não foi recolhido por ninguém da fonte, mas diz o Evangelho de Mateus: "Logo que foi batizado, Jesus saiu da água". Logo, parece que tampouco no batismo dos outros se requer alguém que receba o batizado ao sair da fonte batismal.

2. ALÉM DISSO, o batismo é um novo nascimento espiritual. Ora, na geração carnal só se requer um princípio ativo que é o pai, e um princípio passivo, que é a mãe. Como no batismo, segundo Agostinho, quem batiza ocupa o lugar de pai e a água batismal, o lugar de mãe, parece que não se requer alguém outro que recolha o batizado da pia batismal.

3. ADEMAIS, nos sacramentos da Igreja não deve haver nada que provoque o riso. Ora, parece derri-

---

1. Q. 66, a. 1.

7

1. A. 3; q. 65, a. 1, 2.
2. Serm. 135, al. *de Tempore* 36, n. 1: ML 39, 1012.

e. Trata-se inicialmente dos que ajudam o batizado a descer na pia batismal, e depois voltar, e dos que seguram a criança durante a ablução (devem pelo menos tocá-la com a mão: é desse modo que se tornam padrinhos e adquirem os vínculos daí decorrentes).
Para simplificar, diremos aqui os *padrinhos*. Mas já se fala a partir de agora da missão espiritual e de sua responsabilidade na formação cristã do neófito. Volta-se a tratar disso no artigo 8, e adiante na q. 71, a. 4).

quod adulti baptizati, qui seipsos sustentare possunt et de sacro fonte exire, ab alio suscipiantur. Ergo videtur quod non requiratur aliquis, praecipue in baptismo adultorum, qui baptizatum de sacro fonte levet.

SED CONTRA est quod Dionysius dicit, 2 cap.[3] *Eccl. Hier.*, quod *sacerdotes, assumentes baptizatum, tradunt adductionis susceptori et duci.*

RESPONDEO dicendum quod spiritualis regeneratio, quae fit per baptismum, assimilatur quodammodo generationi carnali, unde dicitur 1Pe 2,2: *Sicut modo geniti infantes rationabiles sine dolo lac concupiscite.* In generatione autem carnali parvulus nuper natus indiget nutrice et paedagogo. Unde et in spirituali generatione baptismi requiritur aliquis qui fungatur vice nutricis et paedagogi, informando et instruendo eum qui est novitius in fide, de his quae pertinent ad fidem et ad vitam Christianam, ad quod praelati Ecclesiae vacare non possunt, circa communem curam populi occupati: parvuli enim et novitii indigent speciali cura praeter communem. Et ideo requiritur quod aliquis suscipiat baptizatum de sacro fonte quasi in suam instructionem et tutelam. Et hoc est quod Dionysius dicit, ult. cap.[4] *Eccl. Hier.: Divinis nostris ducibus*, idest Apostolis, *ad mentem venit et visum est suscipere infantes secundum istum modum quod parentes pueri traderent puerum cuidam docto in divinis paedagogo, et reliquum sub ipso puer ageret, sicut sub divino patre et salvationis sanctae susceptore.*

AD PRIMUM ergo dicendum quod Christus non est baptizatus ut ipse regeneraretur, sed ut alios regeneraret. Et ideo ipse post baptismum non indiguit paedagogo tanquam parvulus.

AD SECUNDUM dicendum quod in generatione carnali non requiritur ex necessitate nisi pater et mater: sed ad facilem partum, et educationem pueri convenientem, requiritur obstetrix et nutrix et paedagogus. Quorum vicem implet in baptismo ille qui puerum de sacro fonte levat. Unde non est de necessitate sacramenti, sed unus solus potest in aqua baptizare, necessitate imminente.

AD TERTIUM dicendum quod baptizatus non suscipitur a patrino de sacro fonte propter imbecillitatem corporalem, sed propter imbecillitatem spiritualem, ut dictum est[5].

sório que adultos batizados que podem ficar de pé por si mesmos e assim sair da pia batismal, sejam recebidos por outrem. Logo, parece que, principalmente no batismo de adultos, não se requer que alguém recolha o batizado da pia batismal.

EM SENTIDO CONTRÁRIO, Dionísio diz que "os sacerdotes, recebendo o batizado, o entregam a seu padrinho".

RESPONDO. O novo nascimento espiritual realizado no batismo é comparável à geração carnal. Por isso, diz a primeira Carta de Pedro: "Como crianças recém-nascidas, desejai o leite puro da palavra". Mas na geração carnal o pequenino recém-nascido precisa da nutriz e do preceptor. Portanto, também na geração espiritual do batismo requer-se alguém que exerça a função de nutriz e preceptor, informando e instruindo o noviço na fé sobre o que diz respeito à fé e à vida cristã. Os responsáveis pela Igreja não podem dedicar-se a essa tarefa por estarem ocupados com o cuidado comum do povo, enquanto os pequenos e os neófitos exigem um cuidado especial, além do comum. Por isso, requer-se que alguém receba o batizado da pia batismal para sua instrução e tutela. É o que diz Dionísio: "Ocorreu a nossos divinos chefes, os apóstolos, e pareceu-lhes bem acolher as crianças sob a condição de que seus pais as entreguem a algum preceptor versado nas coisas divinas, para que a criança viva sob seus cuidados, como sob os cuidados de um pai espiritual encarregado de sua santa salvação".

QUANTO AO 1º, portanto, deve-se dizer que Cristo não foi batizado para que ele próprio nascesse de novo, mas para que levasse outros a um novo nascimento. Por isso, depois do batismo não precisou de um preceptor como uma criança.

QUANTO AO 2º, deve-se dizer que na geração carnal não se requer necessariamente mais que o pai e a mãe, mas para facilitar o parto e para uma educação conveniente da criança, requer-se parteira, ama e preceptor. No batismo, essas funções são assumidas por quem recebe a criança da pia batismal. Mas não é que seja necessário ao sacramento, pois, havendo necessidade, basta um único ministro que batize com água.

QUANTO AO 3º, deve-se dizer que o batizado não é recebido pelo padrinho da pia batismal por causa da debilidade corporal, mas por causa da debilidade espiritual.

---

3. P. II, § 7: MG 3, 396 D.
4. C. 7, p. 3, § 11: MG 3, 568 B.
5. In corp.

Articulus 8
Utrum ille qui suscepit aliquem de sacro fonte obligetur ad eius instructionem

AD OCTAVUM SIC PROCEDITUR. Videtur quod ille qui suscipit aliquem de sacro fonte, non obligetur ad eius instructionem.
1. Quia nullus potest instruere nisi instructus. Sed etiam quidam non instructi sed simplices admittuntur ad aliquem de sacro fonte suscipiendum. Ergo ille qui suscipit baptizatum,non obligatur ad eius instructionem.
2. PRAETEREA, filius magis a patre instruitur quam ab alio extraneo: nam filius habet a patre, *esse et nutrimentum et disciplinam*, ut Philosophus dicit, VIII *Ethic*.[1]. Si ergo ille qui suscipit baptizatum, tenetur eum instruere, magis esset conveniens quod pater carnalis filium suum de baptismo suscipiat quam alius. Quod tamen videtur esse prohibitum: ut habetur in Decretis, XXX, qu. 1, cap. *Pervenit* et *Dictum est*[2].
3. PRAETEREA, plures magis possunt instruere quam unus solus. Si ergo ille qui suscipit aliquem baptizatum, teneretur eum instruere, magis deberent plures suscipere quam unus solus. Cuius contrarium habetur in decreto Leonis Papae[3]: *Non plures*, inquit, *ad suscipiendum de baptismo infantem quam unus accedant, sive vir sive mulier.*

SED CONTRA est quod Augustinus dicit, in quodam sermone Paschali[4]: *Vos ante omnia, tam viros quam mulieres, qui filios in baptismate suscepistis, moneo ut vos cognoscatis fideiussores apud Deum exstitisse pro illis quos visi estis de sacro fonte suscipere.*

RESPONDEO dicendum quod unusquisque obligatur ad exequendum officium quod accipit. Dictum est autem[5] quod ille qui suscipit aliquem de sacro fonte, assumit sibi officium paedagogi. Et ideo obligatur ad habendam curam de ipso, si necessitas immineret: sicut eo tempore et loco in quo baptizati inter infideles nutriuntur. Sed ubi nutriuntur inter Catholicos Christianos, satis possunt ab hac cura excusari, praesumendo quod a suis parentibus diligenter instruantur. Si tamen quocumque modo sentirent contrarium, tenerentur secundum suum modum saluti spiritualium filiorum curam impendere.

Artigo 8
Quem recolhe o batizado da fonte batismal está obrigado a instruí-lo?

QUANTO AO OITAVO, ASSIM SE PROCEDE: parece que quem recolhe o batizado da fonte batismal **não** está obrigado a instruí-lo.
1. Com efeito, ninguém pode instruir se não for instruído. Ora, também alguns não instruídos, gente simples, são admitidos como padrinhos. Logo, os padrinhos não estão obrigados a instruir os afilhados.
2. ALÉM DISSO, um filho é melhor instruído pelo pai que por um estranho, pois o filho recebe do pai "a existência, o alimento e a disciplina", como diz o Filósofo. Se, pois, o padrinho está obrigado a instruir o afilhado, seria mais conveniente que o pai carnal, antes que qualquer outro, fosse o padrinho de seu filho. Mas isso parece ser proibido, como está nos Decretos de Graciano.

3. ADEMAIS, vários mestres podem instruir melhor que um só. Se, pois, o padrinho tem a obrigação de instruir seu afilhado, seria melhor que fossem vários os padrinhos e não um só. Mas isso seria contrário ao que o papa Leão determinou: "Não venham muitos padrinhos receber a criança ao sair do batismo, mas só um, seja homem ou mulher".

EM SENTIDO CONTRÁRIO, Agostinho diz: "Vós, homens e mulheres que recebestes filhos no batismo, advirto-vos, antes de tudo, que vos reconheçais fiadores diante de Deus por aqueles que nós vimos terdes acolhido da fonte batismal".

RESPONDO. Cada qual é obrigado a desempenhar-se da função que recebeu. Quem acolhe alguém da pia batismal, assume a função de preceptor. Portanto, está obrigado a cuidar dele, se o exige a necessidade. é o caso naqueles tempos e lugares em que os batizados crescem entre os infiéis. Mas, quando crescem entre cristãos católicos, os padrinhos podem eximir-se, com fundamento, desse cuidado, presumindo que os afilhados são instruídos diligentemente por seus pais. Se, porém, de qualquer maneira, percebessem o contrário, teriam a obrigação de, a sua maneira, despender cuidados pela salvação de seus filhos espirituais.

---

8 PARALL.: IV *Sent*., dist. 6, q. 2, a. 2, q.la 3, ad 3.

1. C. 14: 1162, a, 6-7.
2. GRATIANUS, *Decretum*, p. II, causa 30, q. 1, cann. 1, 4: ed. Richter-Friedberg, I, 1097.
3. GRATIANUS, op. cit., p. III, dist. 4, can. 101: ed. cit., I, 1394.
4. Serm. 168, al. *de Temp*. 163, n. 3: ML 39, 2071.
5. A. 7.

AD PRIMUM ergo dicendum quod, ubi immineret periculum, oporteret esse *aliquem doctum in divinis*, sicut Dionysius dicit[6], qui baptizandum de sacro fonte susciperet. Sed ubi hoc periculum non imminet, propter hoc quod pueri nutriuntur inter Catholicos, admittuntur quicumque ad hoc officium: quia ea quae pertinent ad Christianam vitam et fidem, publice omnibus nota sunt.

Et tamen ille qui non est baptizatus non potest suscipere baptizatum, ut est declaratum in Concilio Maguntino[7], licet non-baptizatus possit baptizare: quia persona baptizantis est de necessitate sacramenti, non autem persona suscipientis, sicut dictum est[8].

AD SECUNDUM dicendum quod, sicut est alia generatio spiritualis a carnali, ita etiam debet esse alia disciplina: secundum illud Hb 12,9: *Patres quidem carnis nostrae habuimus eruditores, et reverebamur eos. Non multo magis obtemperabimus patri spirituum, et vivemus?* Et ideo alius debet esse pater spiritualis a patre carnali, nisi necessitas contrarium exigat.

AD TERTIUM dicendum quod confusio disciplinae esset nisi esset unus principalis instructor. Et ideo in baptismo unus debet esse principalis susceptor. Alii tamen possunt admitti quasi coadiutores.

QUANTO AO 1º, portanto, deve-se dizer que diante de um perigo iminente, seria conveniente que "alguém versado nas coisas divinas", como diz Dionísio, fosse o padrinho. Mas onde não há esse perigo, porque as crianças crescem num meio católico, admite-se qualquer um para essa função, já que o que pertence à fé e vida cristãs é publicamente conhecido por todos.

Contudo, quem não é batizado não pode ser padrinho, como declarou o Concílio de Mainz, embora o não batizado possa batizar, porque a pessoa que batiza é necessária ao sacramento, não porém a pessoa do padrinho.

QUANTO AO 2º, deve-se dizer que como a geração espiritual é diferente da carnal, assim também deve ser outra a educação. Diz a Carta aos Hebreus: "Tivemos como educadores nossos pais terrenos e lucramos disso um bom proveito; com mais razão não havemos de nos sujeitar ao pai dos espíritos e receber dele a vida?". Por isso o pai espiritual deve ser outro que o pai carnal, a não ser que a necessidade exija o contrário.

QUANTO AO 3º, deve-se dizer que haveria confusão na educação, se não houvesse um único instrutor principal. Por isso, no batismo deve haver apenas um padrinho principal. Contudo, podem-se admitir outros como auxiliares.

---

6. *De eccl. hier.*, c. 7, p. 3, § 11: MG 3, 568 B.
7. Cfr. GRATIANUM, op. cit., p. III, dist. 4, can. 102: ed. cit., I, 1394.
8. A. praec., ad 2.

QUAESTIO LXVIII
DE SUSCIPIENTIBUS BAPTISMUM
in duodecim articulos divisa

Deinde considerandum est de suscipientibus baptismum.
Et circa hoc quaeruntur duodecim.
Primo: utrum omnes teneantur ad suscipiendum baptismum.
Secundo: utrum aliquis possit salvari sine baptismo.
Tertio: utrum baptismus sit differendus.
Quarto: utrum peccatores sint baptizandi.
Quinto: utrum peccatoribus baptizatis sint imponenda opera satisfactoria.
Sexto: utrum requiratur confessio peccatorum.
Septimo: utrum requiratur intentio ex parte baptizati.
Octavo: utrum requiratur fides.

QUESTÃO 68
OS QUE RECEBEM O BATISMO
em doze artigos

Em seguida, deve-se tratar dos que recebem o batismo.
Sobre isso são doze as perguntas:
1. Todos estão obrigados a receber o batismo?
2. Alguém pode salvar-se sem batismo?
3. Deve-se adiar o batismo?
4. Devem-se batizar os pecadores?
5. Devem-se impor obras de satisfação aos pecadores que recebem o batismo?
6. Requer-se a confissão dos pecados?
7. Requer-se a intenção de parte do batizado?
8. Requer-se a fé?

Nono: utrum pueri sint baptizandi.
Decimo: utrum pueri iudaeorum sint baptizandi invitis parentibus.
Undecimo: utrum aliqui sint baptizandi in maternis uteris existentes.
Duodecimo: utrum furiosi et amentes sint baptizandi.

9. Devem-se batizar crianças?
10. Devem-se batizar os filhos dos judeus contra a vontade de seus pais?
11. Devem-se batizar os que ainda estão no seio materno?
12. Devem-se batizar os loucos e dementes?

Articulus 1
Utrum teneantur omnes ad susceptionem baptismi

AD PRIMUM SIC PROCEDITUR. Videtur quod non teneantur omnes ad susceptionem baptismi.

1. Per Christum enim non est hominibus arctata via salutis. Sed ante Christi adventum poterant homines salvari sine baptismo. Ergo etiam post Christi adventum.
2. PRAETEREA, baptismus maxime videtur esse institutus in remedium peccati originalis. Sed ille qui est baptizatus, cum non habeat originale peccatum, non videtur quod possit transfundere in prolem. Ergo filii baptizatorum non videntur esse baptizandi.
3. PRAETEREA, baptismus datur ad hoc quod aliquis per gratiam a peccato mundetur. Sed hoc consequuntur illi qui sunt sanctificati in utero, sine baptismo. Ergo non tenentur ad suscipiendum baptismum.

SED CONTRA est quod dicitur Io 3,5: *Nisi quis renatus fuerit ex aqua et Spiritu Sancto, non potest introire in regnum Dei.* Et in libro de *Ecclesiasticis Dogmatibus*[1] dicitur: *Baptizatis tantum iter salutis esse credimus.*

RESPONDEO dicendum quod ad illud homines tenentur sine quo salutem consequi non possunt. Manifestum est autem quod nullus salutem potest consequi nisi per Christum: unde et Apostolus dicit, Rm 5,18: *Sicut per unius delictum in omnes homines in condemnationem, sic et per unius iustitiam in omnes homines in iustificationem vitae.* Ad hoc autem datur baptismus ut aliquis, per ipsum regeneratus, incorporetur Christo, factus membrum ipsius: unde dicitur Gl 3,27: *Quicumque in Christo baptizati estis, Christum induistis.* Unde manifestum est quod omnes ad

Artigo 1
Todos estão obrigados a receber o batismo?

QUANTO AO PRIMEIRO ARTIGO, ASSIM SE PROCEDE: parece que todos **não** estão obrigados a receber o batismo.

1. Com efeito, Cristo não tornou mais estreito o caminho da salvação. Ora, antes da vinda de Cristo os homens podiam salvar-se sem batismo. Logo, também depois de sua vinda.
2. ALÉM DISSO, o batismo parece ter sido instituído fundamentalmente como remédio contra o pecado original. Ora, quem foi batizado, pois que não tem pecado original, não pode transmiti-lo a sua descendência. Logo, parece que não é preciso batizar os filhos dos batizados.
3. ADEMAIS, o batismo é dado para que, pela graça, sejamos purificado do pecado. Ora, os que são santificados desde o útero materno, já o conseguem sem batismo. Logo, não estão obrigados a recebê-lo.

EM SENTIDO CONTRÁRIO, diz o Evangelho de João: "Ninguém, a não ser que nasça da água e do Espírito Santo, pode entrar no Reino de Deus". E o livro dos Dogmas Eclesiásticos: "Cremos que só para os batizados está aberto o caminho da salvação".

RESPONDO. Os homens estão obrigados a usar os meios sem os quais não podem conseguir a salvação. Ora, é óbvio que ninguém pode obter a salvação, senão por Cristo, como diz o Apóstolo: "Assim como pela falta de um só sucedeu para todos os homens a condenação, assim pela obra de justiça de um só sucede para todos os homens a justificação que dá a vida". Ora, o batismo é dado para que, nascidos de novo por ele, nos incorporemos a Cristo tornando-nos membros seus. É o que diz a Epístola aos Gálatas: "Vós todos que fostes batizados em Cristo vos revestistes de Cristo". É,

---

1 PARALL.: Supra, q. 65, a. 4; infra, q. 70, a. 2, ad 3; q. 84, a. 5; IV *Sent.*, dist. 4, q. 3, a. 3, q.la 2, ad 3; dist. 6, q. 1, a. 1, q.la 3; dist. 9, q. 1, a. 5, q.la 4, ad 2; *in Ioan.*, c. 3, lect. 1.

1. GENNADIUS, *De eccl. dogmat.*, c. 74: ML 58, 997 C.

baptismum tenentur; et sine eo non potest esse salus hominibus.

AD PRIMUM ergo dicendum quod nunquam homines potuerunt salvari, etiam ante Christi adventum, nisi fierent membra Christi: quia, ut dicitur At 4,12, non est *aliud nomen datum hominibus in quo oporteat nos salvos fieri*. Sed ante adventum Christi, homines Christo incorporabantur per fidem futuri adventus: cuius fidei *signaculum* erat circumcisio, ut Apostolus dicit, Rm 4,11. Ante vero quam circumcisio institueretur, *sola fide*, ut Gregorius dicit[2], cum sacrificiorum oblatione, quibus suam fidem antiqui Patres profitebantur, homines Christo incorporabantur. Post adventum etiam Christi, homines per fidem Christo incorporantur: secundum illud Eph 3,17: *Habitare Christum per fidem in cordibus vestris*. Sed alio signo manifestatur fides rei iam praesentis quam demonstrabatur quando erat futura: sicut aliis verbis significatur praesens, praeteritum et futurum. Et ideo, licet ipsum sacramentum baptismi non semper fuerit necessarium ad salutem, fides tamen, cuius baptismus sacramentum est, semper necessaria fuit.

AD SECUNDUM dicendum quod, sicut in Secunda Parte[3] dictum est, illi qui baptizantur, renovantur per baptismum secundum spiritum, corpus tamen remanet subiectum vetustati peccati: secundum illud Rm 8,10: *Corpus quidem mortuum est propter peccatum, spiritus vero vivit propter iustificationem*. Unde Augustinus probat, in libro *contra Iulianum*[4], quod *non baptizatur in homine quidquid in eo est*. Manifestum est autem quod homo non generat generatione carnali secundum spiritum, sed secundum carnem. Et ideo filii baptizatorum cum peccato originali nascuntur. Unde indigent baptizari.

AD TERTIUM dicendum quod illi qui sunt sanctificati in utero, consequuntur quidem gratiam emundantem a peccato originali, non tamen ex hoc ipso consequuntur characterem, quo Christo configurentur. Et propter hoc, si aliqui nunc sanctificarentur in utero, necesse esset eos baptizari, ut

pois, claro que todos são obrigados ao batismo e sem ele não pode haver salvação para os homens.

QUANTO AO 1º, portanto, deve-se dizer que os homens nunca se puderam salvar, mesmo antes da vinda de Cristo, sem se tornarem membros de Cristo, porque, como está no livro dos Atos, "não há nenhum outro nome oferecido aos homens, que seja necessário à nossa salvação". Mas antes da vinda de Cristo, os homens se incorporavam a Cristo pela fé na vinda futura, fé cujo "sinal" era a circuncisão, como diz o Apóstolo. Antes da instituição da circuncisão, os homens se incorporavam a Cristo "só pela fé", diz Gregório, com a oblação de sacrifícios, que era o modo de os antigos patriarcas professarem sua fé. Também depois da vinda de Cristo, os homens se incorporam a Cristo pela fé, conforme diz a Carta aos Efésios: "Habitar Cristo em vossos corações pela fé". Mas a fé numa realidade já presente se expressa por um sinal diferente do que aquele que a manifestava quando era ainda uma realidade futura, do mesmo modo como presente, passado e futuro se significam por diferentes palavras. Por isso, embora o sacramento do batismo não sempre tenha sido necessário à salvação, a fé, da qual o batismo é o sacramento, sempre foi necessária[a].

QUANTO AO 2º, deve-se dizer que os que se batizam se renovam espiritualmente, mas o corpo permanece sujeito à velhice do pecado. Diz a Carta aos Romanos: "O vosso corpo, sem dúvida, está destinado à morte por causa do pecado, mas o Espírito é vossa vida por causa da justiça". Daí conclui Agostinho que "não se batiza no homem tudo o que há nele". Ora, é evidente que o homem não gera na geração carnal segundo o espírito, mas segundo a carne. Por conseguinte, os filhos dos batizados nascem com pecado original e precisam ser batizados[b].

QUANTO AO 3º, deve-se dizer que os que são santificados desde o seio materno, recebem, sim, a graça que purifica do pecado original, mas não obtém o caráter que os configura a Cristo. Por isso, se alguém fosse agora santificado no seio materno, seria necessário batizá-lo para que,

---

2. *Moral.*, l. IV, c. 3, al. 2: ML 75, 635 B.
3. I-II, q. 81, a. 3, ad 2.
4. L. VI, c. 17, n. 52: ML 44, 853.

a. Só se pode ser salvo pela *fé* em Cristo, único Salvador (At 4,12). Antes de Cristo, era pela fé no Cristo a vir, e pelo signo dessa fé, a circuncisão. Depois de Cristo, é ainda pela fé que o homem se incorpora a Cristo, mas por meio de um novo signo, o batismo (q. 70, a. 4). Desse modo, mesmo que o sacramento do batismo não tenha sido sempre necessário, a fé, da qual o batismo é o sacramento, sempre foi necessária.

b. A prática constante da Igreja é batizar os filhos de pais cristãos. Poder-se-ia contrapor o dito de São Paulo: "Os vossos filhos são *santos*" (1Cor 7,14). Não se trata de santidade moral, mas de uma pertença à comunidade cristã, à comunidade dos *santos* (nota da Tradução Ecumênica da Bíblia – T.E.B. – Edições Loyola/Paulinas).

per susceptionem characteris aliis membris Christi conformarentur.

Articulus 2
Utrum sine baptismo aliquis possit salvari

AD SECUNDUM SIC PROCEDITUR. Videtur quod sine baptismo nullus possit salvari.

1. Dicit enim Dominus, Io 3,5: *Nisi quis renatus fuerit ex aqua et Spiritu Sancto, non potest introire in regnum Dei*. Sed illi soli salvantur qui regnum Dei intrant. Ergo nullus potest salvari sine baptismo, quo aliquis regeneratur ex aqua et Spiritu Sancto.

2. PRAETEREA, in libro de *Ecclesiasticis Dogmatibus*[1] dicitur: *Nullum catechumenum, quamvis in bonis operibus defunctum, aeternam vitam habere credimus, excepto martyrio, ubi tota sacramenta baptismi complentur*. Sed si aliquis sine baptismo possit salvari, maxime hoc haberet locum in catechumenis bona opera habentibus, qui videntur habere *fidem per dilectionem operante*. Videtur ergo quod sine baptismo nullus possit salvari.

3. PRAETEREA, sicut supra[2] dictum est, baptismi sacramentum est de necessitate salutis. Necessarium autem est *sine quo non potest aliquid esse*, ut dicitur in V *Metaphys*.[3]. Ergo videtur quod sine baptismo nullus possit consequi salutem.

SED CONTRA est quod Augustinus dicit, *super Levit*.[4], *invisibilem sanctificationem quibusdam affuisse et profuisse sine visibilibus sacramentis: visibilem vero sanctificationem, quae fit sacramento visibili, sine invisibili posse adesse, sed non prodesse*. Cum ergo sacramentum baptismi ad visibilem sanctificationem pertineat, videtur quod sine sacramento baptismi aliquis possit salutem consequi per invisibilem sanctificationem.

RESPONDEO dicendum quod sacramentum baptismi dupliciter potest alicui deesse. Uno modo, et re et voto: quod contingit in illis qui nec baptizantur nec baptizari volunt. Quod manifeste ad contemptum sacramenti pertinet, quantum ad illos qui habent usum liberi arbitrii. Et ideo hi quibus

recebendo o caráter, se conformasse aos outros membros de Cristo.

Artigo 2
Alguém pode salvar-se sem o batismo?[c]

QUANTO AO SEGUNDO, ASSIM SE PROCEDE: parece que **ninguém** pode se salvar sem o batismo.

1. Com efeito, o Senhor diz: "Ninguém, a não ser que nasça da água e do Espírito Santo, pode entrar no Reino de Deus". Ora, só se salva quem entra no Reino de Deus. Logo, ninguém pode salvar-se sem o batismo, pelo qual nascemos de novo pela água e pelo Espírito Santo.

2. ALÉM DISSO, no livro dos Dogmas Eclesiásticos se lê: "Cremos que catecúmeno algum, embora tenha falecido em boas obras, terá a vida eterna, exceto em caso de martírio, no qual se realiza o sentido do sacramento do batismo". Ora, se alguém se pudesse salvar sem batismo, seriam principalmente os catecúmenos ricos em boas obras, que parecem ter "a fé que age pelo amor". Logo, parece que sem o batismo ninguém pode salvar-se.

3. ADEMAIS, o sacramento do batismo é necessário à salvação. Ora, necessário é "aquilo sem o qual algo não pode ser", como diz Aristóteles. Logo, sem o batismo ninguém pode conseguir a salvação.

EM SENTIDO CONTRÁRIO, diz Agostinho que "houve quem recebesse e se beneficiasse de uma santificação invisível sem sacramentos visíveis, mas a santificação visível que se realiza pelo sacramento visível, pode dar-se sem a invisível, mas então nada vale". Como o sacramento do batismo concerne à santificação visível, sem ele se poderia obter a salvação por uma santificação invisível.

RESPONDO. Há dois modos de não ser batizado. Há os que não são batizados nem na realidade nem no desejo, o que acontece naqueles que nem são batizados nem querem batizar-se. Em quem tem o uso do livre-arbítrio, isso obviamente manifesta desprezo do sacramento. Por conseguinte, aqueles

---

2 PARALL.: IV *Sent.*, dist. 4, q. 3, a. 3, q.la 2; *Cont. Gent.* IV, 72; *Quodlib.* VI, a. 4; *in Ioan.*, c. 3, lect. 1; c. 6, lect. 7.

1. GENNADIUS, *De eccl. dogmat.*, c. 74: ML 58, 997 C.
2. A. praec.; q. 65, a. 4.
3. C. 5: 1015, a, 20.
4. *Quaest. in Heptat.*, l. III, q. 84, super *Lev.* 21, 15: ML 34, 713.

c. Sobre o batismo "de desejo", ver acima Q. 66, a. 11 e n. 14. — Se Sto. Tomás pretende referir-se aqui a um desejo explícito, podemos pensar igualmente num desejo *implícito*, e numa possibilidade de salvação para aqueles que ignoram o batismo. "Deus não está preso a seus sacramentos".

hoc modo deest baptismus, salutem consequi non possunt: quia nec sacramentaliter nec mentaliter Christo incorporantur, per quem solum est salus.

Alio modo potest sacramentum baptismi alicui deesse re, sed non voto: sicut cum aliquis baptizari desiderat, sed aliquo casu praevenitur morte antequam baptismum suscipiat. Talis autem sine baptismo actuali salutem consequi potest, propter desiderium baptismi, quod procedit ex *fide per dilectionem operante*, per quam Deus interius hominem sanctificat, cuius potentia sacramentis visibilibus non alligatur. Unde Ambrosius dicit[5] de Valentiniano, qui catechumenus mortuus fuit: *Quem regeneraturus eram, amisi: veruntamen ille gratiam quam poposcit, non amisit.*

AD PRIMUM ergo dicendum quod, sicut dicitur 1Reg 16,7, *homines vident ea quae parent, Dominus autem intuetur cor.* Ille autem qui desiderat per baptismum *regenerari ex aqua et Spiritu Sancto*, corde quidem regeneratus est, licet non corpore: sicut et Apostolus dicit, Rm 2,29, quod *circumcisio cordis est in spiritu, non in littera; cuius laus non ex hominibus, sed ex Deo est.*

AD SECUNDUM dicendum quod nullus pervenit ad vitam aeternam nisi absolutus ab omni culpa et reatu poenae. Quae quidem universalis absolutio fit in perceptione baptismi, et in martyrio: propter quod dicitur quod in martyrio *omnia sacramenta baptismi complentur*, scilicet quantum ad plenam liberationem a culpa et poena. Si quis ergo catechumenus sit habens desiderium baptismi (quia aliter in bonis operibus non moreretur, quae non possunt esse sine *fide per dilectionem operante*), talis decedens non statim pervenit ad vitam aeternam, sed patietur poenam pro peccatis praeteritis, *ipse tamen salvus erit sic quasi per ignem*, ut dicitur 1Cor 3,15.

AD TERTIUM dicendum quod pro tanto dicitur sacramentum baptismi esse de necessitate salutis, quia non potest esse hominis salus nisi saltem in voluntate habeatur: quae *apud Deum reputatur pro facto.*

ARTICULUS 3
Utrum baptismus sit differendus

AD TERTIUM SIC PROCEDITUR. Videtur quod baptismus sit differendus.

a quem falta o sacramento do batismo deste modo, não podem conseguir a salvação, porque nem sacramentalmente nem espiritualmente estão incorporados a Cristo, que é o único que nos salva.

Há, porém, outro modo de não ser batizado: não ser batizado na realidade, mas sê-lo no desejo, como quando alguém deseja batizar-se, mas por acaso a morte o surpreende antes de receber o batismo. Ele pode alcançar a salvação sem o ato do batismo por causa do desejo do batismo que procede da "fé que age pelo amor", pela qual Deus, cujo poder não está ligado aos sacramentos visíveis, santifica o homem interiormente. Assim Ambrósio diz de Valentiniano que morreu como catecúmeno: "Perdi a quem haveria de dar novo nascimento, mas ele não perdeu a graça que buscava".

QUANTO AO 1º, portanto, deve-se dizer que como diz a Escritura, "os homens veem aquilo que salta à vista, mas o Senhor vê o coração". Quem pelo batismo deseja "nascer de novo da água e do Espírito Santo", já nasceu de novo em seu coração, embora não no corpo, como diz o Apóstolo: "A circuncisão do coração é segundo o Espírito e não segundo a letra. O seu louvor vem não dos homens, mas de Deus".

QUANTO AO 2º, deve-se dizer que ninguém chega à vida eterna, se não for absolvido de toda culpa e de toda pena. Essa absolvição total acontece ao receber o batismo e no martírio. Eis por quê, se diz que no martírio "se realiza o sentido do sacramento do batismo", a saber: quanto à plena libertação da culpa e da pena. Se, pois, algum catecúmeno tem o desejo do batismo (porque do contrário não morreria em boas obras que não podem existir sem "a fé que age pelo amor") e vem a morrer, não chegará de imediato à vida eterna, mas sofrerá a pena pelos pecados passados, porém "ele mesmo será salvo, mas como quem o é pelo fogo", como diz Paulo.

QUANTO AO 3º, deve-se dizer que o sacramento do batismo é necessário à salvação, porque o homem não pode ser salvo, se não o tiver recebido, pelo menos em seu desejo, e "Deus reputa esse desejo por coisa feita".

ARTIGO 3
Deve-se diferir o batismo?

QUANTO AO TERCEIRO, ASSIM SE PROCEDE: parece que **se deve** diferir o batismo.

---

5. *De obitu Valentiniani Consol.*, nn. 29-30: ML 16, 1368 BC.

3 PARALL.: Supra, q. 39, a. 3, ad 1; IV *Sent.*, dist. 4, q. 3, a. 1, q.la 2; dist. 6, q. 2, a. 1, q.la 2, ad 1; dist. 17, q. 3, a. 1, q.la 4.

1. Dicit enim Leo Papa[1]: *Duo tempora, idest Pascha et Pentecoste, ad baptizandum a Romano Pontifice legitima praefixa sunt. Unde Dilectionem vestram monemus ut nullos alios dies huic observationi misceatis.* Videtur ergo quod oporteat non statim aliquos baptizari, sed usque ad praedicta tempora baptismum differri.

2. PRAETEREA, in Concilio Agathensi[2] legitur: *Iudaei, quorum perfidia frequenter ad vomitum redit, si ad leges Catholicas venire voluerint, octo menses inter catechumenos Ecclesiae limen introeant: et, si pura fide venire noscantur, tunc demum baptismi gratiam mereantur.* Non ergo statim sunt homines baptizandi, sed usque ad certum tempus est differendum baptisma.

3. PRAETEREA, sicut dicitur Is 27,9: *Iste est omnis fructus, ut auferatur peccatum.* Sed magis videtur auferri peccatum, vel etiam diminui, si baptismus differatur. Primo quidem, quia peccantes post baptismum gravius peccant: secundum illud Hb 10,29: *Quanto magis putatis deteriora mereri supplicia qui sanguinem testamenti pollutum duxerit, in quo sanctificatus est,* scilicet per baptismum? Secundo, quia baptismus tollit peccata praeterita, non autem futura: unde, quanto baptismus magis differtur, tanto plura peccata tollet. Videtur ergo quod baptismus debeat diu differri.

SED CONTRA est quod dicitur Eccli 5,8: *Ne tardes converti ad Dominum: et ne differas de die in diem.* Sed perfecta conversio ad Deum est eorum qui regenerantur in Christo per baptismum. Non ergo baptismus debet differri de die in diem.

RESPONDEO dicendum quod circa hoc distinguendum est utrum sint baptizandi pueri vel adulti. Si enim pueri sint baptizandi, non est differendum baptisma. Primo quidem, quia non expectatur in eis maior instructio, aut etiam plenior conversio. — Secundo, propter periculum mortis, quia non potest alio remedio subveniri nisi per sacramentum baptismi.

Adultis vero subveniri potest per solum baptismi desiderium, ut supra[3] dictum est. Et ideo adultis non statim cum convertuntur, est sacramentum baptismi conferendum, sed oportet differre usque ad aliquod certum tempus. Primo quidem, propter cautelam Ecclesiae, ne decipiatur, ficte accedenti-

1. Com efeito, o papa Leão diz: "O Romano Pontífice fixou duas datas para batizar legitimamente: Páscoa e Pentecostes. Assim te admoestamos a não acrescentar outros dias a essa prescrição". Conclui-se, pois, que convém não batizar imediatamente, mas diferir o batismo até as datas acima mencionadas.

2. ALÉM DISSO, nas atas do Concílio de Agde se lê: "Se judeus, cuja infidelidade faz frequentemente voltar sobre o próprio vômito, quiserem passar às leis católicas, fiquem durante oito meses entre os catecúmenos no limiar da Igreja, e, se se reconhecer que vêm com intenção pura, julguem-se finalmente dignos da graça do batismo". Portanto, não se deve batizar imediatamente, mas diferir o batismo por certo tempo.

3. ADEMAIS, Isaías diz: "Este será todo o fruto: que se tire o pecado". Ora, parece que o pecado é tirado ou pelo menos diminui, se o batismo é adiado. Primeiro, porque quem peca depois do batismo, peca mais gravemente de acordo com a Carta aos Hebreus: "Podeis imaginar que castigo ainda mais severo não merecerá aquele que tiver calcado aos pés o Filho de Deus, que tiver profanado o sangue da aliança em que foi santificado" pelo batismo? Segundo, porque o batismo tira os pecados passados, mas não os futuros. Assim, quanto mais se adia o batismo, mais pecados ele perdoa. Logo, o batismo deveria ser diferido por longo tempo.

EM SENTIDO CONTRÁRIO, diz a Escritura: "Volta ao Senhor sem demora e não adies de um dia para outro". Mas a perfeita conversão a Deus é daqueles que renascem em Cristo pelo batismo. Logo, o batismo não deve ser adiado de um dia para outro.

RESPONDO. Neste ponto é preciso distinguir se os candidatos ao batismo são crianças ou adultos. No primeiro caso, não se deve diferir o batismo, já porque não se pode esperar delas uma instrução mais aprofundada ou uma conversão mais plena. Depois, por causa do perigo de morte, pois nenhum outro remédio pode vir-lhes em socorro, senão o sacramento do batismo.

Já os adultos podem ser socorridos pelo mero batismo de desejo. Por isso, não se lhes deve conferir o sacramento do batismo logo após sua conversão, mas convém adiá-lo por certo tempo. Primeiramente, por cautela da Igreja para que não se veja defraudada ao batizar candidatos que a

---

1. Leo I, Epist. 16, al. 4, *ad univ. Episc.*, c. 5: ML 54, 700 B.
2. Anno 506, can. 34: ed. Mansi, VIII, 330.
3. A. 2.

bus conferens, secundum illud Io 4,1: *Nolite omni spiritui credere, sed probate spiritus si ex Deo sunt*. Quae quidem probatio sumitur de accedentibus ad baptismum, quando per aliquod spatium eorum fides et mores examinantur. — Secundo, hoc est necessarium ad utilitatem eorum qui baptizantur: quia aliquo temporis spatio indigent ad hoc quod plene instruantur de fide, et exercitentur in his quae pertinent ad vitam Christianam. — Tertio, hoc est necessarium ad quandam reverentiam sacramenti: dum in solemnitatibus praecipuis, scilicet Paschae et Pentecostes, homines ad baptismum admittuntur, et ita devotius sacramentum suscipiunt.

Haec tamen dilatio est praetermittenda duplici ratione. Primo quidem, quando illi qui sunt baptizandi, apparent perfecte instructi in fide et ad baptismum idonei: sicut Philippus statim baptizavit Eunuchum, ut habetur At 8,36; et Petrus Cornelium et eos qui cum ipso erant, ut habetur At 10,47-48. — Secundo, propter infirmitatem, aut aliquod periculum mortis. Unde Leo Papa dicit[4]: *Hi qui necessitate mortis, aegritudinis, obsidionis et persecutionis et naufragii, urgentur, omni tempore debent baptizari*.

Si tamen aliquis praeveniatur morte, articulo necessitatis sacramentum excludente, dum expectat tempus ab Ecclesia institutum, salvantur, licet *per ignem*, ut supra[5] dictum est. Peccat autem si ultra tempus ab Ecclesia statutum differret accipere baptismum, nisi ex causa necessaria et licentia praelatorum Ecclesiae. Sed tamen et hoc peccatum cum aliis deleri potest per succedentem contritionem, quae supplet vicem baptismi, ut supra[6] dictum est.

AD PRIMUM ergo dicendum quod illud mandatum Leonis Papa de observantis duobus temporibus in baptismo, intelligendum est, *excepto tamen periculo mortis* (quod semper in pueris est timendum), ut dictum est[7].

AD SECUNDUM dicendum quod illud de Iudaeis est statutum ad Ecclesiae cautelam, ne simplicium

buscam fingidamente de acordo com o Evangelho de João: "Não deis crédito a qualquer espírito, mas examinai os espíritos, para ver se são de Deus". Para os candidatos ao batismo essa prova consiste em examinar sua fé e seus costumes durante certo tempo. — Em segundo lugar, o adiamento é necessário para proveito dos que se batizam, pois precisam de certo espaço de tempo para serem plenamente instruídos sobre a fé e se exercitarem na vida cristã. — Terceiro, é necessário pelo respeito devido ao sacramento: admitidos ao batismo nas principais solenidades, Páscoa e Pentecostes, os candidatos o recebem mais devotamente.

Mas essa prorrogação pode ser supressa por duas razões. Primeiro, quando os que devem ser batizados, se mostram perfeitamente instruídos na fé e idôneos para o batismo, como foi de caso de Felipe, batizando imediatamente o eunuco, e o de Pedro com Cornélio e os seus. — Em segundo lugar, pode-se renunciar ao adiamento por causa de enfermidade ou perigo de morte. Por isso, o papa Leão diz: "Quando for urgente por perigo de morte, doença, assédio, perseguição, naufrágio, devem ser batizados em qualquer época".

Mas, se, durante a espera do tempo estabelecido pela Igreja, alguém é surpreendido pela morte sem poder receber o batismo, salva-se, embora "pelo fogo", como se disse acima. Peca, porém, se difere o batismo para além do tempo estabelecido pela Igreja, a não ser por causa necessária e com licença das autoridades eclesiásticas. Contudo, este pecado pode ser apagado com os demais pela contrição subsequente que supre o lugar do batismo[d].

QUANTO AO 1º, portanto, deve-se dizer que a prescrição do papa Leão sobre as duas datas próprias para a administração do batismo deve ser entendida com a cláusula "salvo em perigo de morte" (que se deve temer sempre no caso das crianças).

QUANTO AO 2º, deve-se dizer que essa medida a respeito dos judeus foi estabelecida por cautela da

---

4. Leo I, Epist. 16, al. 4, *ad univ. Episc.*, c. 5: ML 54, 701 A.
5. A. 2, ad 2.
6. Q. 66, a. 11.
7. In corp.

d. Sobre os dias em que convém administrar o batismo (vigília da Páscoa ou do Pentecostes), ver q. 66, a. 10, sol. 1. — Quando se trata de crianças, a Igreja lembra aos pais a obrigação de fazê-los batizar *quamprimum*, "o quanto antes". Se a diminuição da mortalidade infantil, pelo menos no Ocidente, permite de compreender de maneira menos estrita esse *quanprimum*, isso não pode servir de pretexto para uma demora prolongada. Nada justificaria essa demora, e em caso de morte prematura, não existe para os bebês outro meio de salvação senão o sacramento.
Observe-se que Sto. Tomás não tem em vista aqui a possibilidade de uma substituição do batismo para as crianças pequenas, como não se preocupa tampouco a questão da destinação das crianças mortas sem batismo.

fidem corrumpant, si non fuerint plene conversi. Et tamen, ut ibidem subditur, *si infra tempus praescriptum aliquod periculum infirmitatis incurrerint, debent baptizari*.

AD TERTIUM dicendum quod baptismus per gratiam quam confert non solum removet peccata praeterita, sed etiam impedit peccata futura ne fiant. Hoc autem considerandum est, ut homines non peccent: secundarium est ut levius peccent, vel etiam ut eorum peccata mundentur: secundum illud 1Io 2,1-2: *Filioli mei, haec scribo vobis ut non peccetis. Sed et si quis peccaverit, advocatum habemus apud Patrem Iesum Christum iustum, et ipse est propitiatio pro peccatis nostris*.

Igreja, para que não corrompam a fé dos simples, se não se tiverem convertido plenamente. Contudo, acrescenta-se no mesmo cânon: "Se no decurso do tempo prescrito incorrerem em algum perigo de enfermidade, devem ser batizados".

QUANTO AO 3º, deve-se dizer que pela graça que confere, o batismo não só remove os pecados passados, mas também impede que se cometam no futuro. Que os homens não pequem, é o que deve ser considerado; que os pecados sejam menos graves ou que seus pecados sejam lavados, é secundário conforme diz a primeira Carta de João: "Meus filhinhos, eu vos escrevo isto para que não pequeis. Mas se acontece a alguém pecar, temos um defensor diante do Pai, Jesus Cristo, que é justo. Pois ele é vítima de expiação por nossos pecados".

ARTICULUS 4
Utrum peccatores sint baptizandi

AD QUARTUM SIC PROCEDITUR. Videtur quod peccatores sint baptizandi.
1. Dicitur enim Zc 13,1: *In die illa erit fons patens domui David et habitantibus Ierusalem in ablutionem peccatoris et menstruatae*: quod quidem intelligitur de fonte baptismali. Ergo videtur quod sacramentum baptismi sit etiam peccatoribus exhibendum.
2. PRAETEREA, Dominus dicit, Mt 9,12: *Non est opus valentibus medicus, sed male habentibus*. Male autem habentes sunt peccatores. Cum igitur spiritualis medici, scilicet Christi, medicina sit baptismus, videtur quod peccatoribus sacramentum baptismi sit exhibendum.
3. PRAETEREA, nullum subsidium peccatoribus debet subtrahi. Sed peccatores baptizati ex ipso charactere baptismali spiritualiter adiuvantur: cum sit quaedam dispositio ad gratiam. Ergo videtur quod sacramentum baptismi sit peccatoribus exhibendum.

SED CONTRA est quod Augustinus dicit[1]: *Qui creavit te sine te, non iustificabit te sine te*. Sed peccator, cum habeat voluntatem non dispositam, non cooperatur Deo. Ergo frustra adhibetur sibi baptismus ad iustificationem.

RESPONDEO dicendum quod aliquis potest dici peccator dupliciter. Uno modo, propter maculam et reatum praeteritum. Et sic peccatoribus est sacramentum baptismi conferendum: quia est ad

ARTIGO 4
Devem-se batizar os pecadores?

QUANTO AO QUARTO, ASSIM SE PROCEDE: parece que **se devem** batizar os pecadores.
1. Com efeito, diz a Escritura: "Brotará naquele dia uma fonte para a casa de Davi e os habitantes de Jerusalém, como remédio do pecado e da mancha", o que se entende da fonte batismal. Logo, o sacramento do batismo deveria ser administrado mesmo aos pecadores.
2. ALÉM DISSO, o Senhor diz: "Não são os que têm saúde que precisam de médico, mas os doentes". Ora, os doentes são os pecadores. Logo, sendo o batismo o remédio do médico espiritual que é Cristo, o sacramento do batismo deveria ser administrado aos pecadores.
3. ADEMAIS, não se deve negar auxílio algum aos pecadores. Ora, os pecadores batizados são ajudados espiritualmente pelo próprio caráter batismal que é certa disposição para a graça. Logo, parece que o sacramento do batismo deve ser administrado aos pecadores.

EM SENTIDO CONTRÁRIO, Agostinho diz: "Quem te criou sem ti, não te justificará sem ti". Ora, o pecador, que não tem a vontade bem disposta, não coopera com Deus. Logo, em vão se administra o batismo: não alcançará a justificação.

RESPONDO. Alguém pode ser chamado "pecador" em dois sentidos. Num primeiro sentido, por causa da mancha e culpa passadas. A esses pecadores deve ser conferido o sacramento do ba-

---

4 PARALL.: Infra, a. 8. ad 4.

1. Serm. 169, al. *de verbis Apostol.* 15, c. 11, n. 13: ML 38, 923.

hoc specialiter institutum ut per ipsum peccatorum sordes mundentur, secundum illud Eph 5,26: *Mundans* eam, scilicet Ecclesiam, *lavacro aquae in verbo vitae*.

Alio modo potest dici aliquis peccator ex voluntate peccandi et proposito persistendi in peccato. Et sic peccatoribus non est sacramentum baptismi conferendum. Primo quidem, quia per baptismum homines Christo incorporantur: secundum illud Gl 3,27: *Quicumque in Christo baptizati estis, Christum induistis*. Quandiu autem aliquis habet voluntatem peccandi, non potest esse Christo coniunctus: secundum illud 2Cor 6,14: *Quae participatio iustitiae cum iniquitate?* Unde et Augustinus dicit, in libro de *Poenitentia*[2], quod *nullus suae voluntatis arbiter constitutus potest novam vitam inchoare, nisi eum veteris vitae poeniteat.* — Secundo, quia in operibus Christi et Ecclesiae nihil debet fieri frustra. Frustra autem est quod non pertingit ad finem ad quem est ordinatum. Nullus autem habens voluntatem peccandi simul potest a peccato mundari, ad quod ordinatur baptismus: quia hoc esset ponere contradictoria esse simul. — Tertio, quia in sacramentalibus signis non debet esse aliqua falsitas. Est autem signum falsum cui res significata non respondet. Ex hoc autem quod aliquis lavandum se praebet per baptismum, significatur quod se disponat ad interiorem ablutionem. Quod non contingit de eo qui habet propositum persistendi in peccato. Unde manifestum est quod talibus sacramentum baptismi non est conferendum.

AD PRIMUM ergo dicendum quod illud verbum est intelligendum de peccatoribus qui habent voluntatem recedendi a peccato.

AD SECUNDUM dicendum quod spiritualis medicus, scilicet Christus, dupliciter operatur. Uno modo, interius per seipsum: et sic praeparat voluntatem hominis ut bonum velit et malum odiat. Alio modo operatur per ministros, exterius adhibendo sacramenta: et sic operatur perficiendo id quod est exterius inchoatum. Et ideo sacramentum baptismi non est exhibendum nisi ei in quo interioris conversionis aliquod signum apparet: sicut nec medicina corporalis adhibetur infirmo nisi in eo aliquis motus vitalis appareat.

AD TERTIUM dicendum quod baptismus est *fidei sacramentum*. Fides autem informis non sufficit ad salutem, nec ipsa est fundamentum, sed sola fides formata, *quae per dilectionem operatur*: ut

tismo, pois para eles especialmente foi instituído, para purificá-los da imundície dos pecados. Diz Paulo: "Purificando-a (a Igreja) com a água que lava, e isto pela Palavra da vida".

Num segundo sentido, pode-se chamar alguém de pecador por sua vontade de pecar e o propósito de persistir no pecado. A esses não se deve conferir o sacramento do batismo. Em primeiro lugar, porque o batismo nos incorpora a Cristo, como diz a Carta aos Gálatas: "Vós todos que fostes batizados em Cristo vos revestistes de Cristo". Ora, enquanto alguém tem vontade de pecar, não pode unir-se a Cristo. Diz Paulo: "Que associação pode haver entre a justiça e a impiedade?". Por isso diz Agostinho: "Ninguém que seja senhor de sua vontade pode iniciar uma vida nova, se não se arrepende da vida velha". — Em segundo lugar, porque nas obras de Cristo e da Igreja nada deve ser em vão. Ora, é em vão tudo o que não atinge o fim a que está ordenado. Ninguém que tenha vontade de pecar pode ao mesmo tempo ser purificado do pecado, que é o fim do batismo. Seria contraditório. — Em terceiro lugar, porque nos sinais sacramentais não deve haver falsidade. Ora, o sinal que não corresponde à realidade significada é um sinal falso. Pelo fato de alguém apresentar-se para ser lavado pelo batismo, dá a entender que se dispõe à ablução interior, o que não acontece naquele que tem o propósito de persistir no pecado. Obviamente a esses não se deve conferir o sacramento do batismo.

QUANTO AO 1º, portanto, deve-se dizer que o texto citado deve entender-se dos pecadores que têm vontade de afastar-se do pecado.

QUANTO AO 2º, deve-se dizer que Cristo, o médico espiritual, atua de dois modos. De um modo, interiormente, por si mesmo. E assim prepara a vontade humana para querer o bem e odiar o mal. De outro modo, atua pelos ministros, aplicando exteriormente os sacramentos. E assim atua levando a cabo o que começou exteriormente. Por conseguinte, o sacramento do batismo só deve ser administrado àquele que apresenta algum sinal de conversão interior, como o remédio corporal só se aplica ao enfermo em que há algum sinal de vida.

QUANTO AO 3º, deve-se dizer que o batismo é o sacramento da fé. Mas a fé informe não é suficiente para salvar, nem fundamenta a salvação, mas só a fé formada "que age pelo amor", como

---

2. Serm. 351, al. Hom. ult. inter *Quinquag. Homil.*, c. 2: ML 39, 1537.

Augustinus dicit, in libro *de Fide et Operibus*[3]. Unde nec sacramentum baptismi salutem conferre potest cum voluntate peccandi, quae fidei formam excludit. — Non autem est per impressionem characteris baptismalis aliquis disponendus ad gratiam, quandiu apparet in eo voluntas peccandi: quia, *Deus neminem ad virtutem compellit*, sicut Damascenus dicit[4].

Articulus 5
Utrum peccatoribus baptizatis sint opera satisfactoria imponenda

AD QUINTUM SIC PROCEDITUR. Videtur quod peccatoribus baptizatis sint opera satisfactoria imponenda.

1. Hoc enim ad iustitiam Dei pertinere videtur, ut pro quolibet peccato aliquis puniatur: secundum illud Eccle 12,14: *Cuncta quae fiunt adducet Deus in iudicium*. Sed opera satisfactoria imponuntur peccatoribus in poenam praeteritorum peccatorum. Ergo videtur quod peccatoribus baptizatis sint opera satisfactoria imponenda.

2. PRAETEREA, per opera satisfactoria exercitantur peccatores de novo conversi ad iustitiam, et subtrahuntur occasiones peccandi: nam *satisfacere est peccatorum causas excidere et peccatis aditum non indulgere*. Sed hoc maxime necessarium est nuper baptizatis. Ergo videtur quod opera satisfactoria sint baptizatis iniungenda.

3. PRAETEREA, non minus debitum est ut homo Deo satisfaciat quam proximo. Sed nuper baptizatis iniungendum est quod satisfaciant proximis, si eos laeserunt. Ergo etiam est eis iniungendum ut Deo satisfaciant per opera poenitentiae.

SED CONTRA est quod Ambrosius, super Rm 11,29, *Sine poenitentia sunt dona Dei et vocatio*, dicit[1], *Gratia Dei in baptismo non requirit gemitum neque planctum, vel etiam opus aliquod, sed solam fidem, et omnia gratis condonat*.

RESPONDEO dicendum quod, sicut Apostolus dicit, Rm 6,3-4: *Quicumque baptizati sumus in Christo Iesu, in morte ipsius baptizati sumus: consepulti enim sumus ei per baptismum in mortem*: ita scilicet quod homo per baptismum incorporatur ipsi morti Christi. Manifestum est autem ex

Artigo 5
Devem-se impor obras de satisfação aos pecadores que recebem o batismo?

QUANTO AO QUINTO, ASSIM SE PROCEDE: parece que **se devem** impor obras de satisfação aos pecadores que recebem o batismo.

1. Com efeito, parece próprio da justiça de Deus punir por todo pecado. Está no livro do Eclesiástico: "Deus há de chamar a julgamento toda obra". Ora, as obras de satisfação são impostas aos pecadores como pena por seus pecados passados. Logo, deveriam impor-se obras de satisfação aos pecadores que recebem o batismo.

2. ALÉM DISSO, pelas obras de satisfação se exercitam na justiça os pecadores recentemente convertidos e se afastam as ocasiões de pecar, pois "satisfazer é arrancar as causas dos pecados e não conceder entrada aos pecados". Ora, isso é extremamente necessário aos recém-batizados. Logo, deveriam impor-se-lhes obras de satisfação.

3. ADEMAIS, não é menos obrigação satisfazer a Deus que ao próximo. Ora, deve-se impor aos recém-batizados que satisfaçam os próximos, se os lesaram. Logo, também se lhes deve impor que satisfaçam a Deus por obras de penitência.

EM SENTIDO CONTRÁRIO, diz Ambrósio comentando o texto da Carta aos Romanos: "Os dons e o chamamento de Deus são irrevogáveis": "A graça de Deus no batismo não requer gemidos nem choros, ou qualquer outra obra, mas apenas a fé, e tudo perdoa gratuitamente".

RESPONDO. O Apóstolo diz: "Nós todos, batizados em Jesus Cristo, é na sua morte que fomos batizados. Pelo batismo, nós fomos sepultados com ele em sua morte". Assim, o homem, pelo batismo, é incorporado à morte mesma de Cristo. Ora, é patente que a morte de Cristo bastou como

---

3. C. 16: ML 40, 215. — Cfr. *Gal.* 5, 6.
4. *De fide orth.*, l. II, c. 30: MG 94, 972 A.

PARALL.: Supra, q. 49, a. 3, ad 2; III *Sent.*, dist. 19, a. 3, q.la 2, ad 1; *Cont. Gent.* IV, 59; *ad Rom.*, c. 11, lect. 4.

1. Ambrosiaster — *In Rom.*, super 11, 29: ML 17, 154 A.

supra[2] dictis quod mors Christi satisfactoria fuit sufficienter pro peccatis, *non solum nostris, sed etiam totius mundi*, ut dicitur 1Io 2,2. Et ideo ei qui baptizatur pro quibuscumque peccatis non est aliqua satisfactio iniungenda: hoc autem esset iniuriam facere passioni et morti Christi, quasi ipsa non esset sufficiens ad plenariam satisfactionem pro peccatis baptizandorum.

AD PRIMUM ergo dicendum quod, sicut Augustinus dicit, in libro *de Baptismo Parvulorum*[3], *ad hoc baptismus valet ut baptizati Christo incorporentur ut membra eius*. Unde ipsa poena Christi fuit satisfactoria pro peccatis baptizandorum: sicut et poena unius membri potest esse satisfactoria pro peccato alterius membri. Unde Is 53,4 dicitur: *Vere languores nostros ipse tulit, et dolores nostros ipse portavit*.

AD SECUNDUM dicendum quod nuper baptizati exercitandi sunt ad iustitiam, non per opera poenalia, sed per opera facilia: *ut quasi quodam lacte facilis exercitii promoveantur ad perfectiora*, ut Glossa[4] dicit, super illud Ps 130,2, *Sicut ablactatus super matre sua*. Unde et Dominus discipulos suos de novo conversos a ieiunio excusavit, ut patet Mt 9,14sq. Et hoc est quod dicitur 1Pe 2,2: *Sicut modo geniti infantes lac concupiscite, ut in eo crescatis in salutem*.

AD TERTIUM dicendum quod restituere male ablata proximis, et satisfacere de iniuriis illatis, est cessare a peccando: quia hoc ipsum quod est detinere aliena et proximum non placare, est peccatum. Et ideo peccatoribus baptizatis iniungendum est quod satisfaciant proximis, sicut et quod desistant a peccato. Non est autem eis iniungendum quod pro peccatis praeteritis aliquam poenam patiantur.

ARTICULUS 6

Utrum peccatores ad baptismum accedentes teneantur sua peccata confiteri

AD SEXTUM SIC PROCEDITUR. Videtur quod peccatores ad baptismum accedentes teneantur sua peccata confiteri.
1. Dicitur enim Mt 3,6 quod *baptizabantur multi a Ioanne in Iordane, confitentes peccata*

satisfação pelos pecados, "não somente pelos nossos, mas também pelos do mundo inteiro". Por isso, a quem se batiza, tenha os pecados que tiver, não se impõe satisfação, pois seria uma injúria à paixão e morte de Cristo, como se elas não tivessem bastado para a satisfação plena dos pecados dos que se batizam.

QUANTO AO 1º, portanto, deve-se dizer, como diz Agostinho: "O batismo serve para incorporar os batizados a Cristo, como seus membros". Logo, a própria pena de Cristo foi satisfatória pelos pecados dos batizados, como a pena de um membro pode ser satisfatória pelo pecado de outro membro. Por isso diz o livro de Isaías: "Na verdade, são nossos sofrimentos que ele carregou, foram as nossas dores que ele suportou".

QUANTO AO 2º, deve-se dizer que os recém-batizados devem exercitar-se na justiça não por obras penais, mas por obras fáceis, "como se pelo leite de uma prática fácil fossem conduzidos às mais perfeitas", como diz a Glosa sobre o Salmo: "Como uma criança [de peito] carregada pela mãe". Por isso, o Senhor dispensou seus discípulos recém-convertidos da prática do jejum. E diz a primeira Carta de Pedro: "Como crianças recém-nascidas, desejai leite a fim de que por ele possais crescer para a salvação".

QUANTO AO 3º, deve-se dizer que restituir a outrem aquilo que se lhe tirou indevidamente e reparar as injúrias cometidas é parar de pecar, porque o mesmo de conservar o que é de outrem e de não reconciliar-se com o próximo é pecado. Por isso, é preciso impor aos pecadores batizados que reparem o mal feito ao próximo, como se deve exigir que deixem de pecar. Mas não há por que se lhes impor qualquer pena pelos pecados passados.

ARTIGO 6

Os pecadores que se aproximam do batismo têm que confessar seus pecados?

QUANTO AO SEXTO, ASSIM SE PROCEDE: parece que os pecadores que se aproximam do batismo **têm** que confessar seus pecados.
1. Com efeito, o Evangelho narra que muitos "se faziam batizar" por João Batista "no Jordão,

---
2. Q. 48, a. 2, 4; q. 49, a. 3.
3. *De pecc. remiss. et bapt. parv.*, l. I, c. 26: ML 44, 131.
4. Ordin.: ML 113, 1050 B; LOMBARDI: 191, 1172 A.

PARALL.: *ad Rom.*, c. 11, lect. 4.

sua. Sed baptismus Christi est perfectior quam baptismus Ioannis. Ergo videtur quod multo magis illi qui sunt baptizandi baptismo Christi, debeant sua peccata confiteri.

2. Praeterea, Pr 28,13 dicitur: *Qui abscondit scelera sua, non dirigetur: qui autem confessus fuerit et reliquerit ea, misericordiam consequetur*. Sed ad hoc aliqui baptizantur ut de peccatis suis misericordiam consequantur. Ergo baptizandi debent sua peccata confiteri.

3. Praeterea, poenitentia requiritur ante baptismum, secundum illud At 2,38: *Agite poenitentiam, et baptizetur unusquisque vestrum*. Sed confessio est pars poenitentiae. Ergo videtur quod confessio peccatorum requiratur ante baptismum.

Sed contra est quod confessio peccatorum debet esse cum fletu: ut dicit Augustinus, in libro de Poenitentia[1]: *Omnis ista varietas consideranda est et deflenda*. Sed, sicut Ambrosius dicit[2], *gratia Dei in baptismo non requirit gemitum neque planctum*. Ergo a baptizandis non est requirenda confessio peccatorum.

Respondeo dicendum quod duplex est peccatorum confessio. Una quidem interior, quae fit Deo. Et talis confessio peccatorum requiritur ante baptismum, ut scilicet homo, peccata sua recogitans, de eis doleat: *non enim potest inchoare novam vitam, nisi poeniteat eum veteris vitae*, ut Augustinus dicit, in libro de Poenitentia[3].

Alia vero est confessio peccatorum exterior, quae fit sacerdoti. Et talis confessio non requiritur ante baptismum. Primo quidem, quia talis confessio, cum respiciat personam ministri, pertinet ad poenitentiae sacramentum, quod non requiritur ante baptismum, qui est *ianua omnium sacramentorum*. — Secundo, quia confessio exterior, quae fit sacerdoti, ordinatur ad hoc quod sacerdos confitentem absolvat a peccatis, et liget ad opera satisfactoria, quae baptizatis non sunt imponenda, ut supra[4] dictum est. Nec etiam baptizati indigent remissione peccatorum per claves Ecclesiae, quibus omnia remittuntur per baptismum. — Tertio, quia ipsa particularis confessio homini facta est poenosa, propter verecundiam confitentis. Baptizato autem nulla exterior poena imponitur. Et ideo a baptizatis non requiritur specialis confessio peccatorum: sed sufficit generalis, quam faciunt

confessando os pecados". Ora, o batismo de Cristo é mais perfeito que o de João. Logo, com muito mais razão os que forem batizados com o batismo de Cristo, devem confessar seus pecados.

2. Além disso, lemos no livro dos Provérbios que "quem oculta suas faltas não prosperará; quem as confessa e abandona obterá perdão". Ora, quem procura o batismo, fá-lo para obter o perdão de seus pecados. Logo, quem se aproxima do batismo deve confessar seus pecados.

3. Ademais, requer-se penitência antes do batismo, conforme aquela palavra do livro dos Atos: "Fazei penitência: receba cada um de vós o batismo". Ora, a confissão é uma parte da penitência. Logo, antes do batismo seria requerida a confissão dos pecados.

Em sentido contrário, a confissão dos pecados deve ser feita com lágrimas. Diz Agostinho: "Devemos considerar toda essa multidão de pecados e deplorá-la". Mas Ambrósio diz: "A graça de Deus no batismo não requer nem gemidos nem lamentações". Logo, não se requer a confissão dos pecados dos que vão ser batizados.

Respondo. Há dois tipos de confissão dos pecados. O primeiro tipo é a confissão interior que se faz a Deus. Essa se requer antes do batismo, para que o catecúmeno, recordando seus pecados, sinta dor por eles, "pois ninguém pode começar uma vida nova a não ser que se arrependa da vida velha", como diz Agostinho.

O segundo tipo é a confissão exterior feita ao sacerdote. Essa não se exige antes do batismo. Em primeiro lugar, porque essa confissão, que se dirige à pessoa do ministro, pertence ao sacramento da penitência que não se requer antes do batismo, "porta de todos os sacramentos". — Em segundo lugar, porque a confissão exterior se faz ao sacerdote para que absolva o penitente dos pecados e lhe imponha uma obra satisfatória que não cabe aos que se batizam. Além disso, quem se batiza recebe o perdão de todos os pecados e assim não precisa da remissão pelo poder das chaves da Igreja. — Em terceiro lugar, porque a confissão pormenorizada feita a um homem é algo penoso, devido à vergonha de se acusar dos pecados. Mas ao batizado não se impõe nenhuma pena exterior. Por isso, não se requer dos batizados uma confissão especial dos pecados; basta a confissão geral

---

1. *De vera et falsa poenit.*, c. 14: ML 40, 1124.
2. Ambrosiaster, *In Rom.*, super 11, 29: ML 17, 154 A.
3. Serm. 351, al. Homil. ult. inter *Quinquag. Homil.*, c. 2: ML 39, 1537.
4. A. 5.

cum, secundum ritum Ecclesiae, abrenuntiant Satanae et omnibus operibus eius. Et hoc modo dicit quaedam glossa[5] Mt 3,6, quod in baptismo Ioannis *exemplum datur baptizandis confitendi peccata et promittendi meliora*.

Si qui tamen baptizandi ex devotione sua peccata confiteri vellent, esset eorum confessio audienda: non ad hoc quod satisfactio eis imponeretur; sed ad hoc quod contra peccata consueta eis spiritualis vitae informatio tradatur.

AD PRIMUM ergo dicendum quod in baptismo Ioannis non remittebantur peccata, sed erat *baptismus poenitentiae*. Et ideo accedentes ad illud baptisma convenienter confitebantur peccata, ut secundum qualitatem peccatorum eis poenitentia determinaretur. Sed baptismus Christi est sine exteriori poenitentia, ut Ambrosius dicit[6]. Unde non est similis ratio.

AD SECUNDUM dicendum quod baptizatis sufficit confessio interior Deo facta, et etiam exterior generalis, ad hoc quod dirigantur et misericordiam consequantur: nec requiritur confessio specialis exterior, ut dictum est[7].

AD TERTIUM dicendum quod confessio est pars poenitentiae sacramentalis, quae non requiritur ante baptismum, ut dictum est[8]: sed requiritur interioris poenitentiae virtus.

que é feita, segundo o rito da Igreja, pela renúncia a satanás e a todas as suas obras. Deste modo, diz a glosa a Mateus que o batismo de João "dá aos que vão ser batizados o exemplo de confessar os pecados e prometer melhoria".

Mas se alguém que vai ser batizado quiser confessar os pecados por devoção sua, deveria ouvir-se sua confissão, não para se impor uma satisfação, mas para se transmitir os ensinamentos da vida espiritual contra os pecados costumeiros.

QUANTO AO 1º, portanto, deve-se dizer que no batismo de João não se perdoavam os pecados; era um "batismo de penitência". Por isso, convinha que os que se aproximavam dele confessassem seus pecados, para que, segundo o caso, se determinasse sua penitência. Mas o batismo de Cristo é sem penitência exterior, como diz Ambrósio. Por isso a razão não é o mesma.

QUANTO AO 2º, deve-se dizer que a confissão interior feita a Deus e a confissão geral exterior bastam para que os batizados sejam orientados e alcancem misericórdia. Não se requer confissão exterior especial.

QUANTO AO 3º, deve-se dizer que a confissão é parte da penitência sacramental que não se requer antes do batismo, mas requer-se a virtude interior da penitência.

ARTICULUS 7
Utrum ex parte baptizati requiratur intentio suscipiendi sacramentum baptismi

AD SEPTIMUM SIC PROCEDITUR. Videtur quod ex parte baptizati non requiratur intentio suscipiendi sacramentum baptismi.

1. Baptizatus enim se habet sicut patiens in sacramento. Intentio autem non requiritur ex parte patientis, sed ex parte agentis. Ergo videtur quod ex parte baptizati non requiratur intentio suscipiendi baptismum.

2. PRAETEREA, si praetermittatur id quod requiritur ad baptismum, homo est denuo baptizandus: sicut cum praetermittitur invocatio Trinitatis, sicut supra[1] dictum est. Sed ex hoc non videtur aliquis denuo baptizandus quod intentionem non habebat

ARTIGO 7
Requer-se do batizando a intenção de receber o sacramento do batismo?

QUANTO AO SÉTIMO, ASSIM SE PROCEDE: parece que **não** se requer do batizando a intenção de receber o sacramento do batismo.

1. Com efeito, o que é batizado se comporta passivamente no sacramento. Ora, de quem é passivo não se exige intenção, e sim da parte do agente. Logo, do batizando não se requereria a intenção de receber o batismo.

2. ALÉM DISSO, se se omite um elemento essencial do batismo, a pessoa precisa ser batizada de novo, como quando se omite a invocação da Trindade. Ora, não se deveria batizar alguém de novo pelo fato de não ter tido a intenção de

---

5. Ordin.: ML 114, 80 A.
6. Loc. cit. in arg. *sed c.*
7. In corp.
8. In corp.

7 PARALL.: Infra, q. 69, a. 9; IV *Sent.*, dist. 6, q. 1, a. 2, q.la 3; dist. 27, q. 1, a. 2, q.la 4.

1. Q. 66, a. 6, *sed c*; a. 9, ad 3.

suscipiendi baptismum: alioquin, cum de intentione baptizati non constet, quilibet posset petere se denuo baptizari propter intentionis defectum. Non videtur ergo quod intentio requiratur ex parte baptizati ut suscipiat sacramentum.

3. P<small>RAETEREA</small>, baptismus contra peccatum originale datur. Sed originale peccatum contrahitur sine intentione nascentis. Ergo baptismus, ut videtur, intentionem non requirit ex parte baptizati.

S<small>ED CONTRA</small> est quod, secundum ritum Ecclesiae[2], baptizandi profitentur se petere ab Ecclesia baptismum. Per quod profitentur suam intentionem de susceptione sacramenti.

R<small>ESPONDEO</small> dicendum quod per baptismum aliquis moritur veteri vitae peccati, et incipit quandam vitae novitatem: secundum illud Rm 6,4: *Consepulti sumus* Christo *per baptismum in mortem, ut, quomodo Christus resurrexit a mortuis, ita et nos in novitate vitae ambulemus*. Et ideo, sicut ad hoc quod homo moriatur veteri vitae, requiritur, secundum Augustinum[3], in habente usum liberi arbitrii, voluntas qua *eum veteris vitae poeniteat*; ita requiritur voluntas qua intendat vitae novitatem, cuius principium est ipsa susceptio sacramenti. Et ideo ex parte baptizati requiritur voluntas, sive intentio, suscipiendi sacramentum.

A<small>D PRIMUM</small> ergo dicendum quod in iustificatione, quae fit per baptismum, non est passio coacta, sed voluntaria. Et ideo requiritur intentio recipiendi id quod ei datur.

A<small>D SECUNDUM</small> dicendum quod, si in adulto deesset intentio suscipiendi sacramentum, esset rebaptizandus. Si tamen hoc non constaret, esset dicendum: *Si non es baptizatus, ego te baptizo*.

A<small>D TERTIUM</small> dicendum quod baptismus ordinatur non solum contra originale peccatum, sed etiam contra actualia, quae per voluntatem et intentionem causantur.

receber o batismo; do contrário, não constando a intenção do batizado, qualquer um poderia pedir para batizar-se de novo por falta de intenção. Logo, para receber o sacramento, não parece que se requeira intenção da parte do batizado.

3. A<small>DEMAIS</small>, confere-se o batismo contra o pecado original. Ora, o pecado original é contraído ao nascer sem que se tenha intenção. Logo, tampouco o batismo requer intenção da parte do batizado.

E<small>M SENTIDO CONTRÁRIO</small>. Segundo o rito da Igreja, os catecúmenos declaram publicamente que pedem o batismo à Igreja. Com isso, declaram sua intenção de receber o sacramento.

R<small>ESPONDO</small>. Pelo batismo morre-se à vida velha de pecado e começa-se uma vida nova, conforme o que diz Paulo: "Pelo batismo, nós fomos sepultados com Cristo em sua morte, a fim de que, assim como Cristo ressuscitou dos mortos, também nós levemos uma vida nova". Ora, para que alguém que goza de livre-arbítrio morra à vida velha se requer, segundo Agostinho, a vontade de arrepender-se da vida velha, assim se exige também a vontade de tender à vida nova que começa com a recepção deste sacramento. Portanto, da parte de quem é batizado se requer a vontade ou intenção de receber o sacramento.

Q<small>UANTO AO</small> 1º, portanto, deve-se dizer que na justificação que acontece pelo batismo, a passividade não é fruto de coação, mas voluntária. Por isso se requer a intenção de receber o que se lhe dá pelo batismo.

Q<small>UANTO AO</small> 2º, deve-se dizer que se na pessoa adulta faltasse a intenção de receber o sacramento, deveria ser rebatizado. Mas, se isso não constasse, deveria dizer-se: "Se não és batizado, eu te batizo".

Q<small>UANTO AO</small> 3º, deve-se dizer que o batismo não é só contra o pecado original, mas também contra os pecados atuais, causados pela vontade e intenção.

A<small>RTICULUS</small> 8
Utrum fides requiratur ex parte baptizati

A<small>D OCTAVUM SIC PROCEDITUR</small>. Videtur quod fides requiratur ex parte baptizati.

1. Sacramentum enim baptismi a Christo est institutum. Sed Christus, formam baptismi tradens,

A<small>RTIGO</small> 8
Requer-se do batizando a fé?

Q<small>UANTO AO OITAVO, ASSIM SE PROCEDE</small>: parece que do batizando, **requer-se** a fé.

1. Com efeito, o sacramento do batismo foi instituído por Cristo. Ora, Cristo, transmitindo

---

2. Cfr. *Rituale Rom.*, Ord. Baptismi sive parvulorum sive adultorum.
3. Serm. 351, al. Homil. ult. inter *Quinquag. Homil.*, c. 2: ML 39, 1537.

P<small>ARALL</small>.: IV *Sent.*, dist. 2, q. 2, a. 4; dist. 4, q. 2, a. 3, q.la 2, ad 2; q.la 3; dist. 6, q. 1, a. 3, q.la 1; q. 2, a. 2, q.la 3; dist. 9, a. 2. q.la 2, ad 2.

fidem baptismo praemittit, dicens, Mc 16,16: *Qui crediderit et baptizatus fuerit, salvus erit.* Ergo videtur quod, nisi sit fides, non possit esse sacramentum baptismi.

2. PRAETEREA, nihil frustra in sacramentis Ecclesiae agitur. Sed secundum ritum Ecclesiae, qui accedit ad baptismum de fide interrogatur, cum dicitur: *Credis in Deum Patrem omnipotentem?* Ergo videtur quod fides ad baptismum requiratur.

3. PRAETEREA, ad baptismum requiritur intentio suscipiendi sacramentum. Sed hoc non potest esse sine recta fide, cum baptismus sit rectae fidei sacramentum: per eum enim *incorporantur* homines *Christo*, ut Augustinus dicit, in libro *de Baptismo Parvulorum*[1]; hoc autem esse non potest sine recta fide, secundum illud Eph 3,17: *Habitare Christum per fidem in cordibus vestris.* Ergo videtur quod ille qui non habet rectam fidem, non possit suscipere sacramentum baptismi.

4. PRAETEREA, infidelitas est gravissimum peccatum, ut in Secunda Parte[2] habitum est. Sed permanentes in peccato non sunt baptizandi. Ergo nec etiam permanentes in infidelitate.

SED CONTRA est quod Gregorius, scribens Quirico Episcopo[3], dicit: *Ab antiqua Patrum institutione didicimus ut qui apud haeresim in Trinitatis nomine baptizantur, cum ad sanctam Ecclesiam redeunt, aut unctione chrismatis, aut impositione manus, aut sola professione fidei, ad sinum matris Ecclesiae revocentur.* Hoc autem non esset, si fides ex necessitate requireretur ad susceptionem baptismi.

RESPONDEO dicendum quod, sicut ex dictis[4] patet, duo efficiuntur in anima per baptismum, scilicet character et gratia. Dupliciter ergo aliquid ex necessitate requiritur ad baptismum. Uno modo, sine quo gratia haberi non potest, quae est ultimus effectus sacramenti. Et hoc modo recta fides ex necessitate requiritur ad baptismum: quia, sicut dicitur Rm 3,22, *iustitia Dei est per fidem Iesu Christi.*

Alio modo requiritur aliquid ex necessitate ad baptismum, sine quo character baptismi imprimi non potest. Et sic recta fides baptizati non requiritur ex necessitate ad baptismum, sicut nec recta fides baptizantis: dummodo adsint cetera quae sunt de necessitate sacramenti. Non enim sacramentum perficitur per iustitiam hominis dantis vel suscipientis baptismum, sed per virtutem Dei.

a forma do batismo, antepôs a fé ao batismo, dizendo: "Quem crer e for batizado será salvo". Logo, se não há fé, não poderia haver sacramento do batismo.

2. ALÉM DISSO, nada se faz em vão nos sacramentos da Igreja. Ora, segundo o rito da Igreja, quem se aproxima do batismo é interrogado sobre a fé, quando se pergunta: "Crês em Deus Pai todo-poderoso?". Logo, requer-se a fé para o batismo.

3. ADEMAIS, requer-se para o batismo a intenção de receber o sacramento. Ora, essa intenção não é possível sem a fé verdadeira, já que o batismo é o sacramento da fé verdadeira, pois por ele os homens são incorporados a Cristo, como diz Agostinho. Mas isso não é possível sem a fé verdadeira, como está na Carta aos Efésios: "Habitar Cristo em vossos corações pela fé". Logo, parece que quem não tem a fé verdadeira, não pode receber o sacramento do batismo.

4. ADEMAIS, a infidelidade é um pecado gravíssimo. Ora, não se deve batizar quem permanece no pecado. Logo, tampouco quem permanece na infidelidade.

EM SENTIDO CONTRÁRIO, Gregório escreve ao bispo Quirico: "Aprendemos das antigas determinações dos Padres que, quem foi batizado por hereges em nome da Trindade, quando volta à santa Igreja, é acolhido de novo no seio da mãe Igreja pela unção do crisma, pela imposição das mãos ou apenas pela profissão de fé". Não poderia ser assim, se a fé fosse necessariamente requerida para receber o batismo.

RESPONDO. Dois são os efeitos do batismo na alma: o caráter e a graça. Portanto, de dois modos algo é exigido necessariamente para o batismo. 1º, aquilo sem o qual não se pode ter a graça que é o efeito último do sacramento. Nesse sentido a fé verdadeira é necessária, porque "a justiça de Deus" se dá "pela fé em Jesus Cristo", como diz Paulo.

2º, aquilo sem o qual não se pode imprimir o caráter do batismo. Nesse sentido, não se requer necessariamente a fé verdadeira no batizado, como tampouco em quem o batiza, desde que se realize tudo quanto pertence necessariamente ao sacramento, pois o sacramento não se realiza pela justiça do homem que o confere ou o recebe, mas pela força de Deus.

---

1. Al. *De peccator. merit. et remiss. et de bapt. parvul.*, l. I, c. 26: ML 44, 131.
2. II-II, q. 10, a. 3.
3. *Registr.*, l. XI, indict. 4, epist. 67, al. 61: ML 77, 1205 A.
4. Q. 63, a. 6; q. 66, a. 9.

AD PRIMUM ergo dicendum quod Dominus loquitur ibi de baptismo secundum quod perducit homines ad salutem secundum gratiam iustificantem: quod quidem sine recta fide esse non potest. Et ideo signanter dicit: *Qui crediderit et baptizatus fuerit, salvus erit.*

AD SECUNDUM dicendum quod Ecclesia intendit homines baptizare ut emundentur a peccato, secundum illud Is 27,9: *Hic est omnis fructus, ut auferatur peccatum.* Et ideo, quantum est de se, non intendit dare baptismum nisi habentibus rectam fidem, sine qua non est remissio peccatorum. Et propter hoc interrogat ad baptismum accedentes, an credant. Si tamen sine recta fide aliquis baptismum suscipiat extra Ecclesiam, non percipit illud ad suam salutem. Unde Augustinus dicit[5]: *Ecclesia paradiso comparata indicat nobis posse quidem baptismum eius homines etiam foris accipere, sed salutem beatitudinis extra eam neminem percipere vel tenere.*

AD TERTIUM dicendum quod etiam non habens rectam fidem circa alios articulos, potest habere rectam fidem circa sacramentum baptismi: et ita non impeditur quin possit habere intentionem suscipiendi sacramentum baptismi. Si tamen etiam circa hoc sacramentum non recte sentiat, sufficit ad perceptionem sacramenti generalis intentio qua intendit suscipere baptismum sicut Christus instituit, et sicut Ecclesia tradit.

AD QUARTUM dicendum quod, sicut sacramentum baptismi non est conferendum ei qui non vult ab aliis peccatis recedere, ita nec etiam ei qui non vult infidelitatem deserere. Uterque tamen suscipit sacramentum si ei conferatur, licet non ad salutem.

QUANTO AO 1º, portanto, deve-se dizer que o Senhor fala ali do batismo enquanto leva os homens à salvação pela graça santificante, o que não pode acontecer sem a fé verdadeira. Por isso diz significativamente: "Quem crer e for batizado será salvo".

QUANTO AO 2º, deve-se dizer que a Igreja tem a intenção de batizar para purificar do pecado, como diz o livro de Isaías: "Este será todo fruto: o perdão do pecado". Assim, pois, quanto depende dela, só pretende dar o batismo a quem tem a fé verdadeira, sem a qual não há remissão dos pecados. Por isso pergunta a quem se aproxima do batismo se ele crê. Entretanto, se alguém recebe o batismo fora da Igreja sem ter a fé verdadeira, não o recebe para sua salvação. Por isso, diz Agostinho: "A comparação da Igreja com o paraíso nos indica que se pode receber seu batismo também estando fora, mas ninguém recebe ou possui a salvação da bem-aventurança fora dela".

QUANTO AO 3º, deve-se dizer que pode suceder que alguém não tenha a fé verdadeira com relação a alguns artigos, mas a tenha com relação ao sacramento do batismo, o que não impede de ter a intenção de receber o batismo. Mas, se também sobre esse sacramento não pensar retamente, basta, para receber o batismo, a intenção geral de receber o batismo como Cristo o instituiu e como a Igreja o confere.

QUANTO AO 4º, deve-se dizer que como o sacramento do batismo não deve ser conferido a quem não quer se afastar do pecado, tampouco a quem não quer deixar a infidelidade. Se, porém, se lhes confere o sacramento, ambos o recebem, embora não para sua salvação.

ARTICULUS 9
Utrum pueri sint baptizandi

AD NONUM SIC PROCEDITUR. Videtur quod pueri non sint baptizandi.

1. In eo enim qui baptizatur requiritur intentio suscipiendi sacramentum, ut supra[1] dictum est. Huiusmodi autem intentionem non possunt pueri habere: cum non habeant usum liberi arbitrii. Ergo videtur quod non possint suscipere sacramentum baptismi.

ARTIGO 9
As crianças devem ser batizadas?

QUANTO AO NONO, ASSIM SE PROCEDE: parece que as crianças **não** devem ser batizadas.

1. Com efeito, em quem vai ser batizado se requer a intenção de receber o sacramento. Ora, as crianças não podem ter tal intenção por não terem o uso do livre-arbítrio. Logo, não poderiam receber o sacramento do batismo.

---

5. *De baptism. cont. Donat.*, l. IV, c. 1, n. 1: ML 43, 153.

9 PARALL.: I-II, q. 113, a. 3, ad 1; IV *Sent.*, dist. 4, q. 3, a. 1, q.la 1; dist. 9, a. 5, q.la 4, ad 2; dist. 18, q. 1, a. 3, q.la 1; *De Malo*, q. 4, a. 1; *Quodlib.* IV, q. 7, a. 1; q. 12, a. 1.

1. A. 7.

2. PRAETEREA, baptismus est *fidei sacramentum*, ut supra[2] dictum est. Sed pueri non habent fidem, quae consistit in *credentium voluntate*, ut Augustinus dicit, *super Ioan*.[3]. Nec etiam potest dici quod salventur in fide parentum, quia quandoque parentes sunt infideles, et sic magis per eorum infidelitatem damnarentur. Ergo videtur quod pueri non possint baptizari.

3. PRAETEREA, 1Pe 3,21 dicitur quod homines *salvos facit baptisma, non carnis depositio sordium, sed conscientiae bonae interrogatio in Deum*. Sed pueri neque conscientiam habent bonam vel malam, cum non habeant usum rationis: neque etiam convenienter ipsi interrogantur cum non intelligant. Ergo non debent pueri baptizari.

SED CONTRA est quod Dionysius dicit, ult. cap. *Eccl. Hier*.[4]: *Divini nostri duces*, scilicet Apostoli, *probaverunt infantes recipi ad baptismum*.

RESPONDEO dicendum quod, sicut Apostolus dicit, Rm 5,17, *si unius delicto mors regnavit per unum*, scilicet per Adam, *multo magis abundantiam gratiae et donationis et iustitiae accipientes in vita regnabunt per unum, Iesum Christum*. Pueri autem ex peccato Adae peccatum originale contrahunt: quod patet ex hoc quod sunt mortalitati subiecti, quae per peccatum primi hominis *in omnes pertransiit*, ut ibidem Apostolus dicit. Unde multo magis pueri possunt per Christum gratiam suscipere, ut regnent in vita aeterna. Ipse autem Dominus dicit, Io 3,5: *Nisi quis renatus fuerit ex aqua et Spiritu Sancto, non potest introire in regnum Dei*. Unde necessarium fuit pueros baptizare, ut, sicut per Adam damnationem incurrerunt nascendo, ita per Christum salutem consequantur renascendo.

Fuit etiam conveniens pueros baptizari ut, a pueritia nutriti in his quae sunt Christianae vitae, firmius in ea perseverent: iuxta illud Pr 22,6: *Adolescens iuxta viam suam, etiam cum senuerit, non recedet ab ea*. Et hanc rationem assignat Dionysius, ult. cap. *Ecclesiasticae Hierarchiae*[5].

AD PRIMUM ergo dicendum quod regeneratio spiritualis, quae fit per baptismum, quodammodo similis est nativitati carnali, quantum ad hoc quod, sicut pueri in maternis uteris constituti non per seipsos nutrimentum accipiunt, sed ex nutrimento

2. ALÉM DISSO, o batismo é o sacramento da fé. Ora, as crianças não têm fé, pois esta consiste na "vontade dos que creem", como diz Agostinho. Nem se pode dizer que se salvam na fé dos pais, porque às vezes os pais são infiéis e, por aí, antes se condenariam por sua infidelidade. Logo, as crianças não poderiam ser batizadas.

3. ADEMAIS, diz a primeira Carta de Pedro que os homens são salvos pelo batismo em que "não se trata de purificar as manchas do corpo, mas da interrogação de uma boa consciência para Deus". Ora, crianças não têm consciência nem boa nem má por não terem o uso da razão, nem convém interrogá-las, porque não entendem. Logo, crianças não poderiam ser batizadas.

EM SENTIDO CONTRÁRIO, Dionísio informa: "Nossos divinos chefes, os apóstolos, aprovaram que as crianças fossem admitidas ao batismo".

RESPONDO. O Apóstolo escreve: "Se pela falta de um só (Adão) reinou a morte, com muito maior razão, pelo único Jesus Cristo, reinarão na vida aqueles que recebem a abundância da graça e do dom da justificação". Ora, pelo pecado de Adão as crianças contraem o pecado original, como é patente pelo fato de estarem submetidas à mortalidade que pelo pecado do primeiro homem "atingiu todos os homens", como diz o Apóstolo no mesmo lugar. Portanto, com muito mais razão, as crianças podem receber a graça por Cristo, para reinarem na vida eterna. Mas, o próprio Senhor diz: "Ninguém, a não ser que nasça da água e do Espírito Santo, pode entrar no Reino de Deus". Logo, é necessário batizar as crianças para que, como por Adão incorreram na condenação, renascendo por Cristo alcancem a salvação.

Também é conveniente que as crianças sejam batizadas, para que, alimentadas desde a infância no que é próprio da vida cristã, nela perseverem com maior firmeza. Como está no livro dos Provérbios: "Ensina bons hábitos ao jovem, em início de caminhada; não os deixará, nem quando envelhecer". Essa razão é aduzida por Dionísio.

QUANTO AO 1º, portanto, deve-se dizer que o novo nascimento espiritual realizado pelo batismo de algum modo se assemelha ao nascimento carnal: como as crianças no seio materno não se nutrem por si mesmas, mas se sustentam pelo ali-

---

2. A. 4, ad 3; q. 39, a. 5; q. 66, a. 1, ad 1.
3. Tract. 26, nn. 2, 3, super 6, 44: ML 35, 1607, 1608.
4. C. 7, p. 3, § 11: MG 3, 568 AB.
5. Loc. cit.

matris sustentantur, ita etiam pueri non habentes usum rationis, quasi in utero matris Ecclesiae constituti, non per seipsos, sed per actum Ecclesiae salutem suscipiunt. Unde Augustinus dicit, in libro *de Peccatorum Meritis et Remiss.*[6]: *Mater Ecclesia os maternum parvulis praebet, ut sacris mysteriis imbuantur: quia nondum possunt corde proprio credere ad iustitiam, nec ore proprio confiteri ad salutem. Si autem propterea recte fideles vocantur quoniam fidem per verba gestantium quodammodo profitentur, cur etiam non poenitentes habeantur, cum per eorundem verba gestantium diabolo et huic saeculo abrenuntiare monstrentur?* Et eadem ratione possunt dici intendentes, non per actum propriae intentionis, cum ipsi quandoque contranitantur et plorent: sed per actum eorum a quibus offeruntur.

AD SECUNDUM dicendum quod, sicut Augustinus, scribens Bonifacio[7], dicit, *in Ecclesia Salvatoris parvuli per alios credunt, sicut ex aliis quae in baptismo remittuntur peccata traxerunt.* Nec impeditur eorum salus si parentes sint infideles: quia, sicut Augustinus dicit, eidem Bonifacio scribens[8], *offeruntur parvuli ad percipiendam spiritualem gratiam, non tam ab eis quorum gestantur manibus (quamvis et ab ipsis, si et ipsi boni fideles sunt), quam ab universa societate sanctorum atque fidelium. Ab omnibus namque offerri recte intelliguntur, quibus placet quod offeruntur, et quorum caritate ad communionem Sancti Spiritus adiunguntur.* Infidelitas autem propriorum parentum, etiam si eos post baptismum daemoniorum sacrificiis imbuere conentur, pueris non nocet. Quia, ut ibidem[9] Augustinus dicit, *puer semel generatus per aliorum voluntatem, deinceps non potest vinculo alienae iniquitatis obstringi, ubi nulla sua voluntate consentit: secundum illud*, Ez 18,4, *"Sicut anima patris mea est, et anima filii: anima quae peccaverit, ipsa morietur". Sed ideo ex Adam traxit quod sacramenti illius gratia solveretur, quia nondum erat anima separata vivens.* Fides autem unius, immo totius Ecclesiae, parvulo prodest per operationem Spiritus Sancti, qui unit Ecclesiam et bona unius alteri communicat.

mento da mãe, também as crianças que não têm o uso da razão estão por assim dizer no seio da mãe Igreja e recebem a salvação não por si mesmas, mas pelos atos da Igreja. Por isso Agostinho diz: "A mãe Igreja subministra aos pequeninos sua boca materna, para que se embebam dos sagrados mistérios, porque ainda não podem crer com o próprio coração para a justiça nem confessar a fé com a própria boca para a salvação. Se, porém, se pode chamá-los corretamente de fiéis, porque de algum modo confessam a fé pelas palavras dos que os carregam, por que não são tidos também por penitentes, quando pelas mesmas palavras dos que os levam mostram que renunciam ao diabo e a este mundo?" Pela mesma razão, pode-se considerar que têm intenção de receber o batismo, não por um ato de intenção pessoal, pois às vezes se opõem e choram, mas pelo ato daqueles que os apresentam.

QUANTO AO 2º, deve-se dizer que escrevendo a Bonifácio, Agostinho diz: "Na Igreja do Salvador os pequeninos creem por meio dos outros, do mesmo modo que contraíram de outros os pecados que lhe são perdoados no batismo". Se os pais são infiéis nem por isso sua salvação fica impedida, pois, como diz Agostinho ao mesmo interlocutor: "Os pequeninos são apresentados para experimentarem a graça espiritual, não tanto por aqueles que os carregam nos braços (embora também por eles, se são bons fiéis), quanto por toda a comunidade dos santos e dos fiéis. Entenda-se corretamente: são apresentados por todos os que sentem agrado em apresentá-los e por cuja caridade são agregados à comunhão do Espírito Santo". E a infidelidade dos próprios pais, mesmo que depois do batismo tentem manchá-las com sacrifícios aos demônios, não prejudica as crianças. Pois, como Agostinho diz no mesmo lugar: "A criança, uma vez gerada pela vontade de outros, não pode ser depois amarrada pelo vínculo da iniquidade alheia, sem consentimento de sua vontade, segundo a afirmação do livro de Ezequiel: 'Sim, todas as vidas me pertencem; a vida do pai como a vida do filho, ambas me pertencem; quem pecar, esse morrerá'. E se de Adão contraiu o que viria a ser desfeito pela graça do sacramento, era por não viver ainda uma vida pessoal". Mas a fé de um só, e, mais ainda, a de toda a Igreja, é útil ao pequenino pela ação

---

6. L. I, c. 25, n. 38: ML 44, 131.
7. *Cont. duas epist. Pelagii*, l. I, c. 22: ML 44, 570.
8. Epist. 98, al. 23, n. 5: ML 33, 362.
9. N. 1: ML 33, 359.

AD TERTIUM dicendum quod, sicut puer, cum baptizatur, non per seipsum, sed per alios credit; ita non per seipsum, sed per alios interrogatur, et interrogati confitentur fidem Ecclesiae in persona pueri, qui huic fidei aggregatur per *fidei sacramentum*. Conscientiam autem bonam consequitur puer etiam in seipso, non quidem actu, sed habitu, per gratiam iustificantem.

do Espírito Santo que une a Igreja e comunica os bens de cada um a todos os outros[e].

QUANTO AO 3º, deve-se dizer que como a criança, ao ser batizada, não crê por si mesma, mas por meio de outros, também não é interrogada pessoalmente, mas por meio de outros, e os que são interrogados confessam a fé da Igreja como representantes da criança que se associa a essa fé pelo sacramento da fé. Quanto à boa consciência a criança a alcança também em si mesma, mas não em ato, e sim numa disposição, pela graça justificante.

ARTICULUS 10
Utrum pueri Iudaeorum vel aliorum infidelium sint baptizandi etiam invitis parentibus

ARTIGO 10
Os filhos de judeus ou de outros infiéis devem ser batizados mesmo contra a vontade dos pais?

AD DECIMUM SIC PROCEDITUR. Videtur quod pueri iudaeorum vel aliorum infidelium sint baptizandi, etiam invitis parentibus.

1. Magis enim debet homini subveniri contra periculum mortis aeternae quam contra periculum mortis temporalis. Sed puero in periculo mortis temporalis existenti est subveniendum, etiam si parentes per malitiam contraniterentur. Ergo multo magis est subveniendum pueris infidelium filiis contra periculum mortis aeternae, etiam invitis parentibus.

2. PRAETEREA, filii servorum sunt servi, et in potestate dominorum. Sed Iudaei sunt servi regum et principum, et quicumque etiam alii infideles. Ergo absque omni iniuria possunt principes iudaeorum filios, vel aliorum servorum infidelium, facere baptizari.

3. PRAETEREA, quilibet homo est magis Dei, a quo habet animam, quam patris carnalis, a quo habet corpus. Non est ergo iniustum si pueri infidelium filii parentibus carnalibus auferantur, et Deo per baptismum consecrentur.

SED CONTRA est quod in Decretis, dist. XLV, ex Concilio Toletano[1], sic dicitur: *De Iudaeis praecepit sancta Synodus nemini deinceps ad credendum vim inferre: non enim tales inviti salvandi sunt, sed volentes, ut integra sit forma iustitiae.*

QUANTO AO DÉCIMO, ASSIM SE PROCEDE: parece que os filhos de judeus ou de outros infiéis **devem** ser batizados mesmo contra a vontade dos pais.

1. Com efeito, é mais importante ir em auxílio de alguém em perigo de morte eterna que em perigo de morte temporal. Ora, deve-se ir em socorro da criança em perigo de morte temporal, mesmo que seus pais, por maldade, se oponham. Logo, com muito mais razão, é preciso, mesmo contra a vontade dos pais, ir em auxílio das crianças filhas de infiéis para preservá-las do perigo da morte eterna.

2. ALÉM DISSO, os filhos dos escravos são escravos e estão sob o poder do senhor. Ora, os judeus, como também os outros infiéis, são escravos dos reis e príncipes. Logo, sem qualquer injustiça, os príncipes podem fazer batizar os filhos dos judeus ou de outros escravos infiéis.

3. ADEMAIS, qualquer homem pertence mais a Deus, do qual recebeu a alma, que a seu pai carnal, do qual recebeu o corpo. Logo, não é injusto tirar de seus pais carnais as crianças, filhas de infiéis, e consagrá-las a Deus pelo batismo.

EM SENTIDO CONTRÁRIO, o IV Concílio de Toledo diz: "Sobre os judeus, o Santo Sínodo ordena que, de agora em diante, a ninguém se aplique força para chegar à fé, pois não devem ser salvos contra sua vontade, mas por própria decisão, para que a forma da justiça seja íntegra".

---

10 PARALL.: II-II, q. 10, a. 12; *Quodlib.* II, q. 4, a. 2; III, q. 5, a. 1.
 1. Conc. Tolet. IV, a. 633, can. 57: ed. Mansi, X, 633.

 e. A doutrina e a legislação da Igreja sempre foram bem firmes sobre esse ponto: "O direito divino que provém da graça não suprime o direito natural que provém da razão" (II-II, q. 10, a. 10). Ver aqui ainda a sol 2. A prática da Igreja foi fixada definitivamente por Benedito XIV (1747), que se refere a Sto. Tomás e apela como ele ao direito natural. No entanto, o batismo conferido a despeito dessa proibição da Igreja seria válido.

RESPONDEO dicendum quod pueri infidelium filii aut habent usum rationis, aut non habent. Si autem habent, iam, quantum ad ea quae sunt iuris divini vel naturalis, incipiunt suae potestatis esse. Et ideo propria voluntate, invitis parentibus, possunt baptismum suscipere, sicut et matrimonium contrahere. Et ideo tales licite moneri possunt et induci ad suscipiendum baptismum.

Si vero nondum habent usum liberi arbitrii, secundum ius naturale sunt sub cura parentum, quandiu ipsi sibi providere non possunt. Unde etiam et de pueris antiquorum dicitur quod *salvabantur in fide parentum*. Et ideo contra iustitiam naturalem esset si tales pueri, invitis parentibus, baptizarentur: sicut etiam si aliquis habens usum rationis baptizaretur invitus. Esset etiam periculosum taliter filios infidelium baptizare: quia de facili ad infidelitatem redirent, propter naturalem affectum ad parentes. Et ideo non habet hoc Ecclesiae consuetudo, quod filii infidelium, invitis parentibus, baptizentur.

AD PRIMUM ergo dicendum quod a morte corporali non est aliquis eripiendus contra ordinem iuris civilis: puta, si aliquis a suo iudice condemnetur ad mortem, nullus debet eum violenter a morte eripere. Unde nec aliquis debet irrumpere ordinem iuris naturae, quo filius est sub cura patris, ut eum liberet a periculo mortis aeternae.

AD SECUNDUM dicendum quod Iudaei sunt servi principum servitute civili, quae non excludit ordinem iuris naturalis vel divini.

AD TERTIUM dicendum quod homo ordinatur ad Deum per rationem, per quam Deum cognoscere potest. Unde puer, antequam usum rationis habeat, naturali ordine ordinatur in Deum per rationem parentum, quorum curae naturaliter subiacet, et secundum eorum dispositionem sunt circa ipsum divina agenda.

RESPONDO. As crianças filhas dos infiéis ou não têm o uso da razão ou o têm. Se o têm, já começam a dispor sobre si no que é de direito divino ou natural. E, portanto, podem receber o batismo por decisão própria, contra a vontade dos pais, como também contrair matrimônio. A esses se pode advertir licitamente a que recebam o batismo e induzi-los a tanto.

Se, porém, ainda não têm o uso do livre-arbítrio, estão sob o cuidado dos pais segundo o direito natural, enquanto não se podem governar a si mesmos. Por isso, também sob a Lei Antiga se diz que as crianças se salvavam na fé dos pais. Por isso, seria contra a justiça natural se tais crianças fossem batizadas sem o consentimento dos pais, como também o seria batizar contra sua vontade alguém que goza do uso da razão. Além disso, seria perigoso batizar assim os filhos dos infiéis, pois voltariam facilmente à infidelidade por causa do afeto natural para com os pais. Por isso o costume da Igreja não admite que os filhos dos infiéis sejam batizados contra a vontade dos pais.

QUANTO AO 1º, portanto, deve-se dizer que ninguém pode ser arrancado da morte corporal contra a ordem do direito civil; por exemplo, ninguém deve arrancar violentamente à morte quem foi condenado pelo juiz. Assim também, não é lícito, nem para libertar do perigo da morte eterna, violar a ordem do direito natural, pela qual o filho está sob os cuidados do pai.

QUANTO AO 2º, deve-se dizer que os judeus são escravos dos príncipes por escravidão civil que não derroga a ordem jurídica natural ou divina.

QUANTO AO 3º, deve-se dizer que o homem está orientado a Deus pela razão, pela qual pode conhecer a Deus. A criança, antes de ter o uso da razão, se orienta a Deus na ordem natural pela razão dos pais, a cujos cuidados está submetida por natureza. Segundo eles disponham, deve-se agir com relação à criança no que diz respeito às coisas divinas.

ARTICULUS 11
Utrum in maternis uteris existentes possint baptizari

AD UNDECIMUM SIC PROCEDITUR. Videtur quod in maternis uteris existentes possint baptizari.

ARTIGO 11
Quem ainda está no seio materno pode ser batizado?[f]

QUANTO AO DÉCIMO PRIMEIRO, ASSIM SE PROCEDE: parece que **se pode** batizar quem ainda está no seio materno.

---

11 PARALL.: III *Sent.*, dist. 3, q. 1, a. 1, q.la 3, ad 1; IV, dist. 1, q. 2, a. 6, q.la 2, ad 2; dist. 3, q. 1, a. 1, q.la 3, ad 1; dist. 6, q. 1, a. 1, q.la 1; q.la 2, ad 1; dist. 23, q. 2, a. 2, q.la 1, ad 1, 2.

f. Sto. Tomás pensa no batismo conferido a um mulher grávida, o que justificaria a criança que ela traz dentro de si. Não pensa evidentemente na possibilidade de um batismo *in utero*, por qualquer procedimento.

1. Efficacius est enim donum Christi ad salutem quam peccatum Adae ad damnationem, ut Apostolus dicit, Rm 5,15. Sed pueri in maternis uteris existentes damnantur propter peccatum Adae. Ergo multo magis salvari possunt per donum Christi. Quod quidem fit per baptismum. Ergo pueri in maternis uteris existentes possunt baptizari.

2. Praeterea, puer in utero matris existens aliquid matris esse videtur. Sed, baptizata matre, baptizatur quidquid est eius intra ipsam existens. Ergo videtur quod, baptizata matre, baptizetur puer in utero eius existens.

3. Praeterea, mors aeterna peior est quam mors corporalis. Sed de duobus malis minus malum eligendum est. Si ergo puer in utero matris existens baptizari non potest, melius esset quod mater aperiretur et puer vi eductus baptizaretur, quam quod puer aeternaliter damnaretur, absque baptismo decedens.

4. Praeterea, contingit quandoque quod aliqua pars pueri prius egreditur: sicut legitur Gn 38,27 quod, pariente Thamar, *in ipsa effusione infantium, unus protulit manum, in qua obstetrix ligavit coccinum, dicens, Iste egredietur prior. Illo vero manum retrahente, egressus est alter.* Quandoque autem in tali casu imminet periculum mortis. Ergo videtur quod illa pars debeat baptizari, puero adhuc in materno utero existente.

Sed contra est quod Augustinus, in Epistola *ad Dardanum*[1], dicit: *Nemo renascitur nisi primo nascatur.* Sed baptismus est quaedam spiritualis regeneratio. Non ergo debet aliquis baptizari priusquam ex utero nascatur.

Respondeo dicendum quod de necessitate baptismi est quod corpus baptizandi aliquo modo aqua abluatur: cum baptismus sit quaedam ablutio, ut supra[2] dictum est. Corpus autem infantis, antequam nascatur ex utero, non potest aliquo modo ablui aqua: nisi forte dicatur quod ablutio baptismalis qua corpus matris lavatur, ad filium in ventre existentem perveniat. Sed hoc non potest esse: tum quia anima pueri, ad cuius sanctificationem ordinatur baptismus, distincta est ab anima matris; tum quia corpus puerperii animati iam est formatum, et per consequens a corpore matris distinctum. Et ideo baptismus quo mater baptizatur, non redundat in prolem in utero existentem.

1. Com efeito, o dom de Cristo é mais eficaz para a salvação que o pecado de Adão para a condenação, como diz o Apóstolo. Ora, as crianças que ainda estão no seio materno se condenam por causa do pecado de Adão. Logo, com muito mais razão se podem salvar pelo dom de Cristo, o que acontece no batismo. Logo, as crianças que ainda estão no seio materno podem ser batizadas.

2. Além disso, a criança no seio materno seria como uma parte da mãe. Ora, batizando-se a mãe, batiza-se tudo quanto existe dentro dela. Logo, batizando-se a mãe, batizar-se-ia a criança que ela traz no ventre.

3. Ademais, a morte eterna é pior que a morte corporal. Ora, entre dois males é preciso escolher o menor. Portanto, se a criança que está no seio materno não pode ser batizada, seria melhor abrir a mãe e batizar a criança tirada à força, do que deixar a criança condenar-se eternamente, morrendo sem batismo.

4. Ademais, às vezes acontece que uma parte da criança sai primeiro. Como se lê a propósito de Tamar: "Durante o parto, um deles apresentou uma mão, e a parteira pegou e amarrou nessa mão um fio escarlate, dizendo: 'Este saiu primeiro. Depois ele recolheu a mão e saiu o irmão dele'. Às vezes, em tal caso, há perigo iminente de morte. Logo parece que se deve batizar a parte exposta, estando a criança ainda no útero materno.

Em sentido contrário, Agostinho escreve: "Ninguém renasce, se antes não nasce". Ora, o batismo é um novo nascimento. Logo, não se deve batizar quem não saiu do seio materno.

Respondo. Para batizar é necessário que o corpo de quem é batizado seja de algum modo lavado com água, já que o batismo é uma ablução. Mas o corpo de uma criança não pode ser lavado com água antes que saia do útero materno, a não ser que se admita que a ablução batismal com que se lava o corpo da mãe alcance o filho existente em seu ventre. Mas isso não é possível, tanto porque a alma da criança, a cuja santificação o batismo visa, é distinta da alma da mãe, como porque o corpo de uma criança dotada de alma já está formado e é, por conseguinte, distinto do corpo da mãe. Em consequência, o batismo com que a mãe é batizada não atinge o filho que traz no útero. É o

---

1. Epist. 187, al. 57, c. 9, n. 31: ML 33, 844.
2. Q. 66, a. 1.

Unde Augustinus dicit, *contra Iulianum*[3]: *Si ad matris corpus id quod in ea concipitur pertinet, ita ut eius pars imputetur, non baptizaretur infans cuius mater baptizata est, aliquo mortis urgente periculo, cum gestaret in utero. Nunc vero, cum etiam ipse*, scilicet infans, *baptizetur, non utique ad maternum corpus, cum esset in utero, pertinebat.* Et ita relinquitur quod nullo modo existentes in maternis uteris baptizari possunt.

AD PRIMUM ergo dicendum quod pueri in maternis uteris existentes nondum prodierunt in lucem, ut cum aliis hominibus vitam ducant. Unde non possunt subiici actioni humanae, ut per eorum ministerium sacramenta recipiant ad salutem. Possunt tamen subiici operationi Dei, apud quem vivunt, ut quodam privilegio gratiae sanctificationem consequantur: sicut patet de sanctificatis in utero.

AD SECUNDUM dicendum quod membrum interius matris est aliquid eius per continuationem et unionem materialis partis ad totum. Puer autem in utero matris existens est aliquid eius per quandam colligationem corporum distinctorum. Unde non est similis ratio.

AD TERTIUM dicendum quod *non sunt facienda mala ut veniant bona*, ut dicitur Rm 3,8. Et ideo non debet homo occidere matrem ut baptizet puerum. Si tamen mater mortua fuerit vivente puero in utero, aperiri debet, ut puer baptizetur.

AD QUARTUM dicendum quod expectanda est totalis egressio pueri ex utero ad baptismum, nisi mors immineat. Si tamen primo caput egrediatur, in quo fundatur sensus, debet baptizari, periculo imminente: et non est postea rebaptizandus, si eum perfecte nasci contigerit. Et videtur idem faciendum quaecumque alia pars egrediatur, periculo imminente. Quia tamen in nulla partium exteriorum integritas ita consistit sicut in capite, videtur quibusdam quod, propter dubium, quacumque alia parte corporis abluta, puer post perfectam nativitatem sit baptizandus sub hac forma: *Si non es baptizatus, ego te baptizo*, etc.

que afirma Agostinho: "Se o feto pertencesse ao corpo da mãe de modo que se pudesse considerar uma parte dele, não se batizaria a criança, cuja mãe foi batizada durante a gestação, em caso de perigo de morte. Agora, já que não obstante se batiza a criança, ela, portanto, não pertencia ao corpo materno, enquanto estava no útero". Resta, pois, que de nenhum modo se pode batizar as crianças que ainda estão no seio materno.

QUANTO AO 1º, portanto, deve-se dizer que as crianças no seio materno ainda não vieram à luz para poderem levar uma vida com os demais homens. Logo, não podem submeter-se à ação humana de modo a receberem por seu ministério os sacramentos que lhe dariam a salvação. Mas podem submeter-se à atuação de Deus, para quem vivem, de modo a conseguirem por privilégio a santificação da graça, como fica patente pelo exemplo das pessoas santificadas no ventre materno.

QUANTO AO 2º, deve-se dizer que os órgãos internos da mãe são dela por continuidade e união de uma parte material com o todo. Mas a criança que está no ventre materno é algo dela pelo vínculo que une dois corpos distintos. Logo, o sentido não é o mesmo.

QUANTO AO 3º, diz o Apóstolo que "não se há de fazer o mal para que daí resulte o bem". Por isso, não é lícito matar a mãe para batizar a criança. Porém, se a mãe estiver morta com a criança viva em seu ventre, então sim se deve abri-lo para batizar a criança.

QUANTO AO 4º, deve-se dizer que a menos que haja perigo de morte, deve-se esperar que a criança saia totalmente do seio materno para então batizá-la. Em caso de perigo, se sair primeiro a cabeça, que é a sede dos sentidos, a criança deve ser batizada e não se rebatiza depois, se acontecer de o nascimento vir a realizar-se com êxito. O mesmo parece que se deve fazer, em caso de perigo iminente, com qualquer outra parte do corpo que apareça. Como a integridade humana não reside em nenhuma parte exterior do corpo como na cabeça, alguns pensam que, devido à dúvida, a criança que foi batizada pela ablução de qualquer outra parte do corpo, depois do nascimento bem sucedido, deve ser batizada com a forma: "Se não estás batizada, eu te batizo" etc.

---

3. L. VI, c. 14, n. 43: ML 44, 847.

Articulus 12
Utrum furiosi et amentes debeant baptizari

AD DUODECIMUM SIC PROCEDITUR. Videtur quod furiosi et amentes non debeant baptizari.

1. Ad susceptionem enim baptismi requiritur intentio in eo qui baptizatur, ut supra[1] dictum est. Sed furiosi et amentes, cum careant usu rationis, non possunt habere nisi inordinatam intentionem. Ergo non debent baptizari.
2. PRAETEREA, homo bruta animalia superexcedit in hoc quod habet rationem. Sed furiosi et amentes non habent usum rationis: et quandoque etiam in eis non expectatur, sicut expectatur in pueris. Ergo videtur quod, sicut bruta animalia non baptizantur, ita etiam nec tales furiosi et amentes debeant baptizari.
3. PRAETEREA, magis ligatus est usus rationis in furiosis vel amentibus quam in dormientibus. Sed baptismus non consuevit dari dormientibus. Ergo non debet dari amentibus et furiosis.

SED CONTRA est quod Augustinus dicit, IV *Confess.*[2], de amico suo, qui, *cum desperaretur, baptizatus est*. Et tamen in ipso baptismus efficaciam habuit. Unde et carentibus usu rationis aliquando baptismus dari debet.

RESPONDEO dicendum quod circa amentes et furiosos est distinguendum. Quidam enim sunt a nativitate tales, nulla habentes lucida intervalla, in quibus etiam nullus usus rationis apparet. Et de talibus, quantum ad baptismi susceptionem, videtur esse idem iudicium et de pueris, qui baptizantur in fide Ecclesiae, ut supra[3] dictum est.

Alii vero sunt amentes qui ex sana mente quam habuerunt prius, in amentiam inciderunt. Et tales sunt iudicandi secundum voluntatem quam habuerunt dum sanae mentis existerent. Et ideo, si tunc apparuit in eis voluntas suscipiendi baptismum, debet exhiberi eis in furia vel amentia constitutis, etiam si tunc contradicant. Alioquin, si nulla voluntas suscipiendi baptismum in eis apparuit dum sanae mentis essent, non sunt baptizandi.

Artigo 12
Os loucos e dementes devem ser batizados?

QUANTO AO DÉCIMO SEGUNDO, ASSIM SE PROCEDE: parece que os loucos e dementes **não** devem ser batizados.

1. Com efeito, para receber o batismo se requer a intenção em quem é batizado. Ora, os loucos e dementes, privados do uso da razão, não podem ter uma intenção bem ordenada. Logo, não devem ser batizados.
2. ALÉM DISSO, o homem é superior aos animais pelo fato de ser dotado de razão. Ora, os loucos e dementes não têm o uso da razão e, por vezes, nem se pode esperar que venham a tê-lo, como se espera das crianças. Logo, parece que, como não se batizam os animais, tampouco se devem batizar os loucos e dementes.
3. ADEMAIS, o uso da razão está mais coarctado pela loucura e demência do que pelo sono. Ora, não se costuma conferir o batismo a quem está dormindo. Logo, tampouco se deve dá-lo aos dementes e loucos.

EM SENTIDO CONTRÁRIO, Agostinho conta nas Confissões de um amigo seu que foi batizado quando estava mergulhado em desespero. E, no entanto, esse batismo foi eficaz. Logo, também aos privados do uso da razão se deve por vezes dar o batismo.

RESPONDO. Com respeito aos dementes e loucos deve-se distinguir. Há os que o são desde o nascimento, sem ter nenhum intervalo de lucidez, nos quais não aparece nem resquício de uso da razão. Desses vale, quanto à recepção do batismo, o mesmo que das crianças que são batizadas na fé da Igreja.

Outros são dementes que caíram na demência depois de terem anteriormente gozado de sanidade mental. Esses devem ser julgados a partir da vontade que tiveram enquanto estavam com a mente sã. Se então manifestaram vontade de receber o batismo, deve ser-lhes conferido em seu estado de loucura ou demência, mesmo que então se oponham. Se, ao contrário, estando sãos, nunca tiveram vontade de receber o batismo, não devem ser batizados.

---

12 PARALL.: I-II, q. 113, a. 3, ad 1; IV *Sent.*, dist. 4, q. 3, a. 1, q.la 3; dist. 6, q. 1, a. 2, q.la 3, ad 1; dist. 23, q. 2, a. 2, q.la 3, ad 2; dist. 25, q. 2, a. 1, ad 2; dist. 34, a. 4, ad 1; *De Verit.*, q. 28, a. 3 ad 2.

1. A. 7.
2. C. 4, n. 8: ML 32, 696.
3. A. 9, ad 2.

Quidam vero sunt qui, etsi a nativitate fuerint furiosi et amentes, habent tamen aliqua lucida intervalla, in quibus recta ratione uti possunt. Unde, si tunc baptizari voluerint, baptizari possunt etiam in amentia constituti. Et debet eis sacramentum tunc conferri si periculum timeatur: alioquin melius est ut tempus expectetur in quo sint sanae mentis ad hoc quod devotius suscipiant sacramentum. Si autem tempore lucidi intervalli non appareat in eis voluntas baptismum suscipiendi, baptizari non debent in amentia constituti.

Quidam vero sunt qui, etsi non omnino sanae mentis existant, in tantum tamen ratione utuntur quod possunt de sua salute cogitare, et intelligere sacramenti virtutem. Et de talibus idem est iudicium sicut de his qui sanae mentis existunt, qui baptizantur volentes, non inviti.

AD PRIMUM ergo dicendum quod amentes qui nunquam habuerunt nec habent usum rationis, baptizantur ex intentione Ecclesiae, sicut ex ritu Ecclesiae credunt et poenitent: sicut supra[4] de pueris dictum est. Illi vero qui aliquo tempore habuerunt vel habent usum rationis, secundum propriam intentionem baptizantur, quam habent vel habuerunt tempore sanae mentis.

AD SECUNDUM dicendum quod furiosi vel amentes carent usu rationis per accidens, scilicet propter aliquod impedimentum organi corporalis: non autem propter defectum animae rationalis, sicut bruta animalia. Unde non est de eis similis ratio.

AD TERTIUM dicendum quod dormientes non sunt baptizandi nisi periculum mortis immineat. In quo casu baptizari debent si prius voluntas apparuit in eis suscipiendi baptismum, sicut et de amentibus dictum est[5]: sicut Augustinus narrat, in IV libro *Confess.*[6], de amico suo, qui *baptizatus est nesciens*, propter periculum mortis.

Outros ainda, embora loucos e dementes desde o nascimento, apresentam intervalos de lucidez, durante os quais podem usar da reta razão. Se então quiserem batizar-se, podem ser batizados mesmo quando tenham recaído na demência. E deve-se conferir o sacramento, se se teme perigo de vida; do contrário, é melhor esperar o momento em que estão de mente sã para que recebam o sacramento mais devotamente. Se, porém, no momento de lucidez não surgir neles vontade de receberem o batismo, não devem ser batizados quando estão em estado de demência.

Outros, por fim, embora não gozem totalmente de sanidade mental, têm suficiente uso da razão para pensar em sua salvação e entender a força do sacramento. Deles vale o que vale dos sãos que se batizam por própria decisão e não contra sua vontade.

QUANTO AO 1º, portanto, deve-se dizer que os dementes que nunca tiveram e não têm o uso da razão, são batizados com base na intenção da Igreja, como creem e se arrependem com base no rito da Igreja, como se disse acima das crianças. Os que em algum momento tiveram o uso da razão ou o têm atualmente, são batizados segundo a própria intenção que têm agora ou tiveram em seu momento de sanidade mental.

QUANTO AO 2º, deve-se dizer que os loucos ou dementes estão acidentalmente privados do uso da razão, por algum impedimento orgânico corporal e não por falta de alma racional, como é o caso dos animais. Logo, a razão não é o mesma.

QUANTO AO 3º, deve-se dizer que a quem está dormindo só se batiza em caso de perigo iminente de morte. Nesse caso devem ser batizados se anteriormente manifestaram a vontade de receber o batismo, como foi dito dos dementes e como Agostinho narra de um amigo seu que "foi batizado sem saber" devido ao perigo de morte.

---

4. A. 9, in respp. ad argg.
5. In corp.
6. Loc. cit. in arg. *sed c*.

QUAESTIO LXIX
DE EFFECTIBUS BAPTISMI
in decem articulos divisa
Deinde considerandum est de effectibus baptismi.
Et circa hoc quaeruntur decem.

QUESTÃO 69
OS EFEITOS DO BATISMO
em dez artigos
Em seguida, devemos tratar dos efeitos do batismo.
Sobre isso, são dez as perguntas:

Primo: utrum per baptismum auferantur omnia peccata.
Secundo: utrum per baptismum liberetur homo ab omni poena.
Tertio: utrum baptismus auferat poenalitatem huius vitae.
Quarto: utrum per baptismum conferantur homini gratiae et virtutes.
Quinto: de effectibus virtutum qui per baptismum conferuntur.
Sexto: utrum etiam parvuli in baptismo gratias et virtutes accipiant.
Septimo: utrum per baptismum aperiatur baptizatis ianua regni caelestis.
Octavo: utrum baptismus aequalem effectum habeat in omnibus baptizatis.
Nono: utrum fictio impediat effectum baptismi.
Decimo: utrum, recedente fictione, baptismus obtineat suum effectum.

1. O batismo tira todos os pecados?
2. O batismo liberta de toda pena?
3. O batismo tira os males desta vida?
4. O batismo confere as graças e as virtudes?
5. Os efeitos das virtudes conferidas pelo batismo.
6. Também os pequeninos recebem no batismo as graças e as virtudes?
7. O batismo abre aos batizados as portas do Reino dos Céus?
8. O batismo tem o mesmo efeito em todos os batizados?
9. A simulação impede o efeito do batismo?
10. Desaparecendo a simulação, o batismo obtém seu efeito?

Articulus 1
Utrum per baptismum tollantur omnia peccata

Ad primum sic proceditur. Videtur quod per baptismum non tollantur omnia peccata.
1. Baptismus enim est quaedam spiritualis regeneratio, quae contraponitur generationi carnali. Sed per generationem carnalem homo contrahit solum originale peccatum. Ergo per baptismum solvitur solum originale peccatum.
2. Praeterea, poenitentia est sufficiens causa remissionis actualium peccatorum. Sed ante baptismum in adultis requiritur poenitentia: secundum illud At 2,38: *Poenitentiam agite, et baptizetur unusquisque vestrum.* Ergo baptismus nihil operatur circa remissionem peccatorum actualium.
3. Praeterea, diversorum morborum diversae sunt medicinae: quia, sicut Hieronymus dicit[1], *non sanat oculum quod sanat calcaneum.* Sed peccatum originale, quod per baptismum tollitur, est aliud genus peccati a peccato actuali. Ergo non omnia peccata remittuntur per baptismum.

Sed contra est quod dicitur Ez 36,25: *Effundam super vos aquam mundam, et mundabimini ab omnibus inquinamentis vestris.*

Respondeo dicendum quod, sicut Apostolus dicit, Rm 6,3, *quicumque baptizati sumus in Christo Iesu, in morte ipsius baptizati sumus.* Et postea [v.

Artigo 1
O batismo tira todos os pecados?

Quanto ao primeiro artigo, assim se procede: parece que o batismo **não** tira todos os pecados.
1. Com efeito, o batismo é como um novo nascimento espiritual que se contrapõe à geração carnal. Ora, pela geração carnal o homem contrai só o pecado original. Logo, o batismo livra só do pecado original.
2. Além disso, a penitência é causa suficiente da remissão dos pecados atuais. Ora, nos adultos se requer penitência antes do batismo como está no livro dos Atos: "Fazei penitência: receba cada um de vós o batismo". Logo, o batismo não realiza nada com relação aos pecados atuais.
3. Ademais, para diferentes doenças, diferentes remédios. Como diz Jerônimo, "o que cura o calcanhar, não cura o olho". Ora, o pecado original que é tirado pelo batismo, pertence a outro gênero de pecado que o pecado atual. Logo, nem todos os pecados são perdoados pelo batismo.

Em sentido contrário, diz a Escritura: "Farei sobre vós uma aspersão de água pura e ficareis puros; eu vos purificarei de todas as vossas impurezas".

Respondo. O Apóstolo diz: "Nós todos, batizados em Jesus Cristo, é na sua morte que fomos batizados". E mais adiante conclui: "Do mesmo

---

1 Parall.: Infra, q. 79, a. 5, ad 1; II *Sent.*, dist. 32, q. 1, a. 1, arg. 1 *Sed cont.*; a. 2, ad 3; IV, dist. 4, q. 2, a. 1, q.la 1; dist. 12, q. 2, a. 2, q.la 1, ad 3; dist. 14, q. 2, a. 1, q.la 2, ad 3; dist. 17, q. 2, a. 2, q.la 6, ad 3; *Cont. Gent.* IV, 59, 72.

1. *Expos. in Marc.*, super 9, 27: ML 30, 616 C.

11] concludit: *Ita et vos existimate mortuos quidem esse peccato, viventes autem Deo in Christo Iesu domino nostro*. Ex quo patet quod per baptismum homo moritur vetustati peccati, et incipit vivere novitati gratiae. Omne autem peccatum pertinet ad pristinam vetustatem. Unde consequens est quod omne peccatum per baptismum tollatur.

AD PRIMUM ergo dicendum quod, sicut Apostolus dicit, Rm 5,15, peccatum Adae non tantum potest quantum donum Christi, quod in baptismo percipitur: *nam iudicium ex uno in condemnationem, gratia autem ex multis delictis in iustificationem*. Unde et Augustinus dicit, in libro *de Baptismo Parvulorum*[2], quod, *generante carne, tantummodo trahitur peccatum originale: regenerante autem Spiritu, non solum originalis, sed etiam voluntariorum fit remissio peccatorum*.

AD SECUNDUM dicendum quod nullius peccati remissio fieri potest nisi per virtutem passionis Christi: unde et Apostolus dicit, Hb 9,22, quod *sine sanguinis effusione non fit remissio*. Unde motus voluntatis humanae non sufficeret ad remissionem culpae, nisi adesset fides passionis Christi et propositum participandi ipsam, vel suscipiendo baptismum, vel subiiciendo se clavibus Ecclesiae. Et ideo, quando aliquis adultus poenitens ad baptismum accedit, consequitur quidem remissionem omnium peccatorum ex proposito baptismi, perfectius autem ex reali susceptione baptismi.

AD TERTIUM dicendum quod ratio illa procedit de particularibus medicinis. Baptismus autem operatur in virtute passionis Christi, quae est universalis medicina omnium peccatorum: et per baptismum omnia peccata solvuntur.

modo também vós: considerai que estais mortos para o pecado e vivos para Deus em Jesus Cristo Nosso Senhor". Assim se patenteia que pelo batismo o homem morre à vetustez do pecado e começa a viver na novidade da graça. Ora, todo pecado pertence à vetustez anterior. Por conseguinte, todo pecado é tirado pelo batismo.

QUANTO AO 1º, portanto, deve-se dizer que como diz o Apóstolo, o pecado de Adão não pode tanto quanto o dom de Cristo que se experimenta no batismo: "Com efeito a partir do pecado de um só, o julgamento conduz à condenação, ao passo que, a partir de numerosas faltas, o dom da graça conduz à justificação". Por isso, diz Agostinho: "Pela geração carnal só se contrai o pecado original; pelo novo nascimento no Espírito, recebe-se a remissão não só do pecado original, mas também dos pecados voluntários".

QUANTO AO 2º, deve-se dizer que nenhum pecado pode ser redimido a não ser pela força da paixão de Cristo. Por isso, diz o Apóstolo: "Sem efusão de sangue, não há remissão". O movimento da vontade humana não seria suficiente para a remissão da culpa, sem a fé na paixão de Cristo e o propósito de participar dela, seja recebendo o batismo, seja submetendo-se às chaves da Igreja. Portanto, quando um adulto arrependido se aproxima do batismo, alcança, sim, a remissão de todos os pecados pelo desejo do batismo, mas a obtém mais perfeitamente recebendo-o realmente[a].

QUANTO AO 3º, deve-se dizer que o argumento é procedente com relação a remédios específicos. Porém o batismo atua na força da paixão de Cristo que é o remédio universal para todos os pecados. Assim o batismo livra de todos os pecados.

ARTICULUS 2
Utrum per baptismum liberetur homo ab omni reatu peccati

AD SECUNDUM SIC PROCEDITUR. Videtur quod per baptismum non liberetur homo ab omni reatu peccati.

ARTIGO 2
O batismo livra de todo reato do pecado?

QUANTO AO SEGUNDO, ASSIM SE PROCEDE: parece que o batismo **não** livra de todo reato do pecado.

---

2. Al. *De peccat. merit. et remiss. et de bapt. parvul.*, l. I, c. 15, n. 20: ML 44, 120.

2   PARALL.: Supra, q. 49, a. 3, ad 2; q. 68, a. 5; infra, q. 79, a. 5, ad 1; q. 86, a. 4, ad 3; III *Sent.*, dist. 19, a. 3, q.la 2; Expos. litt.; IV, dist. 4, q. 2, a. 1, q.la 2; dist. 14, q. 2, a. 1, q.la 2, ad 3; dist. 18, q. 1, a. 3, q.la 2; *Cont. Gent.* IV, 59, 72; *ad Rom.*, c. 11, lect. 4.

a. Pensa-se aqui no caso daquele que recebe o batismo quando seus pecados já foram perdoados pela penitência (o arrependimento). Sto. Tomás observa que, nesse caso, o movimento do arrependimento só pode redimir o pecado pela fé na paixão de Cristo e pelo propósito de dela participar recebendo o batismo. A recepção do sacramento já está incluída nesse movimento de arrependimento, e só se alcança a justificação em referência ao sacramento. A recepção efetiva do batismo conclui e leva à sua perfeição o que já foi adquirido pelo arrependimento ligado ao desejo do sacramento.

1. Dicit enim Apostolus, Rm 13,1: *Quae a Deo sunt, ordinata sunt.* Sed culpa non ordinatur nisi per poenam, ut Augustinus dicit[1]. Ergo per baptismum non tollitur reatus poenae praecedentium peccatorum.

2. PRAETEREA, effectus sacramenti aliquam similitudinem habet cum ipso sacramento: quia sacramenta novae legis *efficiunt quod figurant,* ut supra[2] dictum est. Sed ablutio baptismalis habet quidem aliquam similitudinem cum ablutione maculae, nullam autem similitudinem habere videtur cum subtractione reatus poenae. Non ergo per baptismum tollitur reatus poenae.

3. PRAETEREA, sublato reatu poenae, aliquis non remanet dignus poena, et ita iniustum esset eum puniri. Si igitur per baptismum tollitur reatus poenae, iniustum esset post baptismum suspendere latronem, qui antea homicidium commisit. Et ita per baptismum tolleretur rigor humanae disciplinae: quod est inconveniens. Non ergo per baptismum tollitur reatus poenae.

SED CONTRA est quod Ambrosius dicit[3], super illud Rm 11,29, *Sine poenitentia sunt dona Dei et vocatio: Gratia,* inquit, *Dei in baptismo omnia gratis condonat.*

RESPONDEO dicendum quod, sicut supra[4] dictum est, per baptismum aliquis incorporatur passioni et morti Christi: secundum illud Rm 6,8: *Si mortui sumus cum Christo, credimus quia etiam simul vivemus cum Christo.* Ex quo patet quod omni baptizato communicatur passio Christi ad remedium ac si ipse passus et mortuus esset. Passio autem Christi, sicut supra[5] dictum est, est sufficiens satisfactio pro omnibus peccatis omnium hominum. Et ideo ille qui baptizatur liberatur a reatu omnis poenae sibi debitae pro peccatis, ac si ipse sufficienter satisfecisset pro omnibus peccatis suis.

AD PRIMUM ergo dicendum quod, quia poena passionis Christi communicatur baptizato, inquantum fit membrum Christi, ac si ipse poenam illam sustinuisset, eius peccata remanent ordinata per poenam passionis Christi.

AD SECUNDUM dicendum quod aqua non solum abluit, sed etiam refrigerat. Et ita suo refrigerio significat subtractionem reatus poenae, sicut sua ablutione significat emundationem a culpa.

1. Com efeito, o Apóstolo diz: "O que vem de Deus é bem ordenado". Ora, a culpa só é posta em ordem pela pena, diz Agostinho. Logo, o batismo não tira o reato da pena merecida pelos pecados anteriores.

2. ALÉM DISSO, o efeito do sacramento tem alguma semelhança com o próprio sacramento, porque os sacramentos da Nova Lei realizam o que representam. Ora, a ablução batismal tem, de fato, certa semelhança com a purificação de uma mancha, mas não parece ter nenhuma semelhança com a supressão do reato da pena. Logo, o batismo não tira o reato da pena.

3. ADEMAIS, tirado o reato da pena, a pessoa já não merece pena e seria injusto puni-la. Se, pois, o batismo tira o reato da pena, seria injusto depois do batismo, enforcar o ladrão que anteriormente cometera um homicídio. Mas assim pelo batismo se relaxaria o rigor da disciplina humana, o que não convém. Logo, o batismo não tira o reato da pena.

EM SENTIDO CONTRÁRIO, comentando o texto da Carta dos Romanos: "Os dons e os chamamentos de Deus são irrevogáveis", diz Ambrósio: "No batismo a graça de Deus perdoa tudo gratuitamente".

RESPONDO. Pelo batismo somos incorporados na paixão e morte de Cristo. Diz Paulo: "Se estamos mortos com Cristo, cremos que também viveremos com ele". Demonstra-se assim que a todo batizado a paixão de Cristo é comunicada para servir de remédio, como se ele próprio tivesse sofrido e morrido. Ora, a paixão de Cristo é satisfação suficiente para todos os pecados de todos os homens. Por isso, quem é batizado, é liberto do reato de toda pena devida por seus pecados, como se ele próprio tivesse oferecido uma satisfação suficiente por todos os seus pecados.

QUANTO AO 1º, portanto, deve-se dizer que já que o batizado, tornando-se membro de Cristo, participa da pena da paixão de Cristo, como se ele próprio a tivesse sofrido, seus pecados são postos em ordem pela pena da paixão de Cristo.

QUANTO AO 2º, deve-se dizer que a água não só lava; também refresca. Por sua qualidade de refrescar a água significa a supressão do reato da pena, do mesmo modo como pela ablução significa a purificação da culpa.

---

1. Epist. 140, al. 120, *ad Honorat.*, c. 2, n. 4: ML 33, 539.
2. Q. 62, a. 1, ad 1.
3. *Comment. in Epist. ad Rom.*, super 11, 29: ML 75, 154 A.
4. Q. 49, a. 3, ad 2; q. 68, a. 1, 4, 5.
5. Q. 68, a. 5. — Cfr. q. 48, a. 2, 4; q. 49, a. 3.

AD TERTIUM dicendum quod in poenis quae iudicio humano inferuntur, non solum attenditur qua poena sit homo dignus quoad Deum, sed etiam in quo sit obligatus quoad homines, qui sunt laesi et scandalizati per peccatum alicuius. Et ideo, licet homicida per baptismum liberetur a reatu poenae quoad Deum, remanet tamen adhuc obligatus quoad homines, quos iustum est aedificari de poena, sicut sunt scandalizati de culpa. Pie tamen talibus princeps posset poenam indulgere.

QUANTO AO 3º, deve-se dizer que nas penas impostas pela justiça humana não se considera só de que pena o homem é digno diante de Deus, mas também a dívida que contraiu para com os homens que foram prejudicados e escandalizados por seu pecado. Por isso, embora o homicida pelo batismo se livre do reato da pena diante de Deus, continua obrigado diante dos homens que é justo sejam edificados pela pena como foram escandalizados pela culpa. Contudo, em tal caso o príncipe poderia piedosamente perdoar a pena.

ARTICULUS 3
Utrum per baptismum debeant auferri poenalitates praesentis vitae

AD TERTIUM SIC PROCEDITUR. Videtur quod per baptismum debeant auferri poenalitates praesentis vitae.
1. Ut enim Apostolus dicit, Rm 5,15 donum Christi potentius est quam peccatum Adae. Sed per peccatum Adae, ut ibidem [v. 12] Apostolus dicit, *mors in hunc mundum intravit*, et per consequens omnes aliae poenalitates praesentis vitae. Ergo multo magis per donum Christi, quod in baptismo percipitur, homo a poenalitatibus praesentis vitae debet liberari.
2. PRAETEREA, baptismus aufert et culpam originalem et actualem, sicut supra[1] dictum est. Sic autem aufert actualem culpam quod liberat ab omni reatu poenae consequentis actualem culpam[2]. Ergo etiam liberat a poenalitatibus praesentis vitae, quae sunt poena originalis peccati.
3. PRAETEREA, remota causa, removetur effectus. Sed causa harum poenalitatum est peccatum originale, quod tollitur per baptismum. Ergo non debent huiusmodi poenalitates remanere.
SED CONTRA est quod, super illud Rm 6,6, *Destruatur corpus peccati*, dicit Glossa[2]: *Per baptismum id agitur ut vetus homo crucifigatur et corpus peccati destruatur, non ita ut in ipsa vivente carne concupiscentia respersa et innata repente absumatur et non sit, sed ne obsit mortuo*

ARTIGO 3
O batismo tira as penalidades desta vida?[b]

QUANTO AO TERCEIRO, ASSIM SE PROCEDE: parece que o batismo **tira** os males desta vida.

1. Com efeito, o Apóstolo diz que o dom de Cristo é mais poderoso que o pecado de Adão. Ora, pelo pecado de Adão, como diz o Apóstolo no mesmo lugar, a morte entrou no mundo e, por conseguinte, todas as outras penalidades da vida presente. Logo, com muito mais razão, pelo dom de Cristo que se experimenta no batismo, o homem deveria ser liberto das penalidades da presente vida.
2. ALÉM DISSO, o batismo tira a culpa original e a atual. E tira de tal modo a culpa atual que liberta de todo reato da pena que adviria em consequência dela. Logo, também liberta das penalidades da vida presente que são a pena do pecado original.
3. ADEMAIS, removida a causa, remove-se o efeito. Ora, a causa destas penalidades é o pecado original que se tira pelo batismo. Logo, não deveriam permanecer as penalidades desta vida.
EM SENTIDO CONTRÁRIO, diz a Glosa, comentando o texto da Carta aos Romanos: "Para que seja destruído esse corpo de pecado": "O batismo tem como efeito que o velho homem é crucificado e o corpo do pecado destruído, não no sentido de que a concupiscência, associada à vida carnal e

---

3 PARALL.: Supra, q. 49, a. 3, ad 3; q. 52, a. 5, ad 2; infra, a. 7, ad 3; I-II, q. 85, a. 5, ad 2; q. 87, a. 7, ad 1; q. 109, a. 9; II-II, q. 104, a. 6, ad 1; II *Sent.*, dist. 32, q. 1, a. 2; dist. 44, q. 2, a. 2, ad 2, 3; III, dist. 19, a. 3, q.la 2; IV, dist. 4, q. 2, a. 1, q.la 3; dist. 46, q. 2, a. 2; q.la 1, ad 3; *Cont. Gent.* IV, 55; *De Malo*, q. 4, a. 6, ad 4; *Quodlib.* VI, q. 9, a. 1.
1. A. 1.
2. LOMBARDI: ML 191, 1404 C.

b. Sto. Tomás já explicara, a propósito do pecado original, que o batismo deixa subsistir os sofrimentos da vida presente para que o cristão, incorporado a Cristo pelo batismo, possa ser-lhe conforme efetivamente no mistério de sua cruz (I-II, q. 85, a. 5, sol. 2).

quae inerat nato. Ergo pari ratione nec aliae poenalitates per baptismum tolluntur.

RESPONDEO dicendum quod baptismus habet virtutem auferendi poenalitates praesentis vitae: non tamen eas aufert in praesenti vita, sed eius virtute auferentur a iustis in resurrectione, quando *mortale hoc induet immortalitatem,* ut dicitur 1Cor 15,54. Et hoc rationabiliter. Primo quidem, quia per baptismum homo incorporatur Christo et efficitur membrum eius, ut supra[3] dictum est. Et ideo conveniens est ut id agatur in membro incorporato quod est actum in capite. Christus autem a principio suae conceptionis fuit plenus gratia et veritate, habuit tamen corpus passibile, quod per passionem et mortem est ad vitam gloriosam resuscitatum. Unde et Christianus in baptismo gratiam consequitur quantum ad animam, habet tamen corpus passibile, in quo pro Christo possit pati; sed tandem resuscitabitur ad impassibilem vitam. Unde Apostolus dicit, Rm 8,11: *Qui suscitavit Iesum Christum a mortuis, vivificabit et mortalia corpora nostra, propter inhabitantem Spiritum eius in nobis.* Et infra eodem [v. 17]: *Heredes quidem Dei, coheredes autem Christi: si tamen compatimur, ut et simul glorificemur.*

Secundo, hoc est conveniens propter spirituale exercitium, ut videlicet contra concupiscentiam et alias passibilitates pugnans homo victoriae coronam acciperet. Unde super illud Rm 6,6. *Ut destruatur corpus peccati,* dicit Glossa[4]: *Si post baptismum vixerit homo in carne, habet concupiscentiam cum qua pugnet, eamque, adiuvante Deo, superet.* In cuius figura dicitur Iudic. 3,(1-2): *Hae sunt gentes quas Dominus dereliquit ut erudiret in eis Israelem, et postea discerent filii eorum certare cum hostibus, et habere consuetudinem praeliandi.*

Tertio, hoc fuit conveniens ne homines ad baptismum accederent propter impassibilitatem praesentis vitae, et non propter gloriam vitae aeternae. Unde et Apostolus dicit, 1Cor 15,19: *Si in hac vita tantum sperantes sumus in Christo, miserabiliores sumus omnibus hominibus.*

AD PRIMUM ergo dicendum quod, sicut Glossa[5] dicit, Rm 6 super illud [v. 6], *Ut ultra non serviamus peccato: Sicut aliquis capiens hostem*

nascida com ela, de repente se aniquile e já não exista, mas no sentido de que, presente ao homem em seu nascimento, já não o prejudique na morte". Logo, por igual razão tampouco se suprimem pelo batismo as outras penalidades desta vida.

RESPONDO. O batismo tem a força de tirar as penalidades da vida presente; não as tira, porém, na vida presente, mas por sua força os justos são isentos delas na ressurreição, quando "este ser mortal tiver revestido a imortalidade" como está na primeira Carta aos Coríntios. E é razoável que assim seja. 1º, porque pelo batismo o homem é incorporado a Cristo e se torna seu membro. Convém que aconteça com o membro incorporado o que aconteceu com a cabeça. Ora, Cristo, desde o início de sua concepção foi pleno de graça e de verdade, mas teve um corpo capaz de sofrer que, por sua paixão e morte, ressuscitou para a vida gloriosa. Assim também o cristão no batismo alcança a graça em sua alma, mas tem um corpo capaz de sofrer, no qual pode sofrer por Cristo; no entanto, finalmente, ressuscitará para a vida sem sofrimento. Por isso, o Apóstolo diz: "Aquele que ressuscitou Jesus Cristo dentre os mortos dará também a vida aos nossos corpos mortais, por seu Espírito que habita em nós". E mais adiante: "Herdeiros de Deus, coerdeiros de Cristo, visto que, participando dos seus sofrimentos, também teremos parte na sua glória".

2º, é conveniente para o treinamento espiritual, para que, lutando contra a concupiscência e outras debilidades, o homem receba a coroa da vitória. Eis por quê, a respeito do texto "Para que seja destruído esse corpo de pecado", a Glosa diz: "Vivendo na carne depois do batismo, o homem tem a concupiscência com que lutar e a que superar com a ajuda de Deus". Figuradamente já se dizia: "Eis as nações que o Senhor deixou para, por meio delas, provar Israel e para que depois seus filhos aprendessem a combater os inimigos e guardassem o costume de lutar".

3º, foi conveniente para que os homens não procurassem o batismo por causa da ausência de sofrimento na vida presente e não por causa da glória da vida eterna. Diz o Apóstolo: "Se depositamos nossa confiança em Cristo somente para esta vida, somos os mais dignos de pena de todos os homens".

QUANTO AO 1º, portanto, deve-se dizer que a Glosa a propósito do texto "Para que não sejamos mais escravos do pecado", diz: "Como quem pren-

---
3. A. praec.; q. 68, a. 1, 5.
4. LOMBARDI: ML 191, 1404 C.
5. LOMBARDI: ML 191, 1405 C.

atrocissimum non statim interficit eum, sed patitur eum cum dedecore et dolore aliquantulum vivere; ita et Christus prius poenam alligavit, in futuro autem perimet.

AD SECUNDUM dicendum quod, sicut ibidem dicit Glossa[6], *duplex est poena peccati, gehennalis et temporalis. Gehennalem prorsus delevit Christus, ut eam non sentiant baptizati et vere poenitentes. Temporalem vero nondum penitus tulit: manet enim fames sitis et mors. Sed regnum et dominium eius deiecit,* ut scilicet haec homo non timeat: *et tandem in novissimo eam penitus exterminabit.*

AD TERTIUM dicendum quod, sicut in Secunda Parte[7] dictum est, peccatum originale hoc modo processit quod primo persona infecit naturam, postmodum vero natura infecit personam. Christus vero converso ordine prius reparat id quod personae est, postmodum simul in omnibus reparabit id quod naturae est. Et ideo culpam originalis peccati, et etiam poenam carentiae visionis divinae, quae respiciunt personam, statim per baptismum tollit ab homine. Sed poenalitates praesentis vitae, sicut mors, fames, sitis et alia huiusmodi, respiciunt naturam, ex cuius principiis causantur, prout est destituta originali iustitia. Et ideo isti defectus non tollentur nisi in ultima reparatione naturae per resurrectionem gloriosam.

ARTICULUS 4
Utrum per baptismum conferantur homini gratia et virtutes

AD QUARTUM SIC PROCEDITUR. Videtur quod per baptismum non conferantur homini gratia et virtutes.

1. Quia, sicut supra[1] dictum est, sacramenta novae legis *efficiunt quod figurant.* Sed per ablutionem baptismi significatur emundatio animae a culpa, non autem informatio animae per gratiam et virtutes. Videtur igitur quod per baptismum non conferantur homini gratia et virtutes.

de um inimigo crudelíssimo não o mata imediatamente, mas o deixa viver um tempo com desonra e dor, assim também Cristo primeiro sujeitou a pena do pecado, mas no futuro a destruirá".

QUANTO AO 2º, deve-se dizer que a Glosa diz ainda sobre a mesma passagem: "A pena do pecado é dupla: a da geena e a temporal. A pena da geena Cristo destruiu totalmente de modo que não a experimentam os batizados e os verdadeiros penitentes. A pena temporal ainda não a suprimiu inteiramente, pois permanecem a fome, a sede e a morte. Mas derrubou seu reino e domínio", para que o homem não mais os tema, "e finalmente no último dia os exterminará completamente".

QUANTO AO 3º, deve-se dizer que, o pecado original atuou de modo que primeiro a pessoa corrompeu a natureza, depois a natureza corrompeu a pessoa. Cristo, mudando a ordem, repara primeiro o que é da pessoa, depois reparará simultaneamente em todos o que é da natureza. Por isso, o batismo tira imediatamente do homem a culpa do pecado original e também a pena da privação da visão de Deus que dizem respeito à pessoa. Mas as penalidades da vida presente, como a morte, a fome, a sede e outras que tais, dizem respeito à natureza e são causadas por princípios que a constituem por estar destituída da justiça original. Eis por quê, essas deficiências só se suprimirão pela ressurreição gloriosa na última reparação da natureza[c].

ARTIGO 4
O batismo confere ao homem a graça e as virtudes?

QUANTO AO QUARTO, ASSIM SE PROCEDE: parece que o batismo **não** confere ao homem a graça e as virtudes.

1. Com efeito, os sacramentos da Nova Lei realizam o que representam. Ora, a ablução do batismo significa que a alma é purificada da culpa e não que ela é informada pela graça e pelas virtudes. Logo, o batismo não conferiria ao homem a graça e as virtudes.

---

6. LOMBARDI: ML 191, 1405 C.
7. I-II, q. 81, a. 1; q. 82, a. 1, ad 2.

PARALL.: IV *Sent.*, dist. 3, a. 1, q.la 3; dist. 4, q. 3, a. 1, q.la 2, ad 2; dist. 9, q. 1, q.la 2; dist. 18, q. 1, a. 3, q.la 1.

1. A. 2, 2a; q. 62, a. 1, ad 1.

c. Essas palavras tão densas resumem o que já fôra dito sobre o pecado original (*loc. cit.*). A falta de Adão foi uma falta pessoal, mas atingiu nele a *natureza,* da qual ele é o chefe. Essa natureza ferida, transmitida a todos os filhos de Adão, neles atinge a *pessoa*; o pecado original só é o pecado de determinada pessoa porque ela recebe a natureza ferida de Adão. A restauração segue uma ordem inversa: atinge primeiramente a pessoa, e a natureza só será plenamente restaurada na ressurreição gloriosa. — Notemos as perspectivas que se abrem aqui: o batismo é tentativa de alcançar a glória.

2. PRAETEREA, illud quod iam aliquis adeptus est, non indiget iterum suscipere. Sed aliqui accedunt ad baptismum iam habentes gratiam et virtutes: sicut At 10,1-2 legitur: *Vir quidam erat in Caesarea, nomine Cornelius, centurio cohortis quae dicitur Italica, religiosus et timens Deum*; qui tamen postea a Petro baptizatus est [v. 48]. Non ergo per baptismum conferuntur gratia et virtutes.

3. PRAETEREA, virtus est habitus, ad cuius rationem pertinet quod sit qualitas difficile mobilis, per quam aliquis faciliter et delectabiliter operetur. Sed post baptismum remanet in hominibus pronitas ad malum, per quod tollitur virtus; et consequitur difficultatem quis ad bonum, quod est actus virtutis. Ergo per baptismum non consequitur homo gratiam et virtutes.

SED CONTRA est quod, Ti 3,5-6, dicit Apostolus: *Salvos nos fecit per lavacrum regenerationis*, idest *per baptismum, et renovationis Spiritus Sancti, quem effudit in nos abunde*, idest *ad remissionem peccatorum et copiam virtutum*, ut Glossa[2] ibidem exponit. Sic ergo in baptismo datur gratia Spiritus Sancti et copia virtutum.

RESPONDEO dicendum quod, sicut Augustinus dicit, in libro *de Baptismo Parvulorum*[3], *ad hoc baptismus valet, ut baptizati Christo incorporentur ut membra eius*. A capite autem Christo in omnia membra eius gratiae et virtutis plenitudo derivatur, secundum illud Io 1,16: *De plenitudine eius nos omnes accepimus*. Unde manifestum est quod per baptismum aliquis consequitur gratiam et virtutes.

AD PRIMUM ergo dicendum quod, sicut aqua baptismi per suam ablutionem significat emundationem culpae, et per suum refrigerium significat liberationem a poena, ita per naturalem claritatem significat splendorem gratiae et virtutum.

AD SECUNDUM dicendum quod, sicut dictum est[4], remissionem peccatorum aliquis consequitur ante baptismum secundum quod habet baptismum in voto, vel explicite vel implicite et tamen, cum realiter suscipit baptismum, fit plenior remissio, quantum ad liberationem a tota poena. Ita etiam ante baptismum Cornelius et alii similes consequuntur gratiam et virtutes per fidem Christi et desiderium baptismi, implicite vel explicite: postmodum tamen in baptismo maiorem copiam gratiae et virtutum consequuntur. Unde super illud

2. ALÉM DISSO, o que já se alcançou, não se precisa receber de novo. Ora, alguns se aproximam do batismo já tendo a graça e as virtudes, como se lê nos Atos: "Havia em Cesareia um homem chamado Cornélio, centurião da coorte chamada a Itálica, piedoso e temente a Deus", o qual, contudo, depois é batizado por Pedro. Logo, o batismo não confere a graça e as virtudes.

3. ADEMAIS, a virtude é um hábito, a cuja razão pertence ser uma qualidade dificilmente amovível, pela qual a pessoa atua fácil e prazerosamente. Ora, depois do batismo permanece nos homens a inclinação para o mal, que destrói a virtude, e continua a dificuldade para o bem, que é o ato de virtude. Logo, pelo batismo o homem não alcança a graça e as virtudes.

EM SENTIDO CONTRÁRIO, escreve o Apóstolo: "Ele nos salvou pelo banho do novo nascimento" — isto é: pelo batismo — "e da renovação que o Espírito Santo produz. Este Espírito ele o difundiu sobre nós com profusão", a saber: "para a remissão dos pecados e a abundância das virtudes", como a Glosa expõe a propósito. Assim, pois, no batismo se dá a graça do Espírito Santo e abundância de virtudes.

RESPONDO. Diz Agostinho: "O batismo tem o efeito de incorporar a Cristo os batizados como membros seus". Ora, da cabeça que é Cristo deriva sobre seus membros a plenitude da graça e da virtude, conforme o Evangelho de João: "De sua plenitude todos nós recebemos". Com isso torna manifesto que pelo batismo se alcançam a graça e as virtudes.

QUANTO AO 1º, portanto, deve-se dizer que como a água do batismo pela ablução significa a purificação da culpa e, por sua qualidade de refrescar, a libertação da pena, assim por ser naturalmente clara significa o esplendor da graça e das virtudes.

QUANTO AO 2º, deve-se dizer que consegue-se antes do batismo a remissão dos pecados, quando se tem o desejo do batismo, explícita ou implicitamente. No entanto, quando se recebe realmente o batismo, a remissão se torna mais plena no sentido de que liberta de toda pena. Assim também, antes do batismo, Cornélio e outros em situação semelhante alcançam a graça e as virtudes pela fé em Cristo e pelo desejo, implícito ou explícito, do batismo; contudo, depois, no batismo alcançam maior abundância de graça e de virtudes. Assim,

---

2. Interl.; LOMBARDI: ML 192, 393 B.
3. Al. *De peccator. merit. et remiss. et de Bapt. parvul.*, l. I, c. 26: ML 44, 131.
4. A. 1, ad 2; q. 68, a. 2.

Ps 22,2, *Super aquam refectionis educavit me*, dicit Glossa[5]: *Per augmentum virtutis et bonae operationis educavit in baptismo*.

AD TERTIUM dicendum quod difficultas ad bonum et pronitas ad malum inveniuntur in baptizatis, non propter defectum habitus virtutum, sed propter concupiscentiam, quae non tollitur in baptismo. Sicut tamen per baptismum diminuitur concupiscentia, ut non dominetur, ita etiam diminuitur utrumque istorum, ne homo ab his superetur.

ARTICULUS 5

Utrum convenienter attribuantur baptismo pro effectibus quidam actus virtutum, scilicet incorporatio ad Christum, illuminatio, fecundatio

AD QUINTUM SIC PROCEDITUR. Videtur quod inconvenienter attribuantur baptismo pro effectibus quidam actus virtutum, scilicet, *incorporatio ad Christum, illuminatio, fecundatio*.
1. Non enim baptismus datur adulto nisi fideli: secundum illud Mc 16,16: *Qui crediderit et baptizatus fuerit, salvus erit*. Sed per fidem aliquis incorporatur Christo: secundum illud Eph 3,17: *Habitare Christum per fidem in cordibus vestris*. Ergo nullus baptizatur nisi iam Christo incorporatus. Non ergo est effectus baptismi incorporari Christo.
2. PRAETEREA, illuminatio fit per doctrinam: secundum illud Eph 3,8-9: *Mihi omnium minimo data est gratia haec, illuminare omnes*, etc. Sed doctrina praecedit baptismum in catechismo. Non ergo est effectus baptismi.
3. PRAETEREA, fecunditas pertinet ad generationem activam. Sed per baptismum aliquis regeneratur spiritualiter. Ergo fecunditas non est effectus baptismi.

SED CONTRA est quod Augustinus dicit, in libro *de Baptismo Parvulorum*[1], quod *ad hoc valet baptismus ut baptizati Christo incorporentur*. Dionysius etiam, 2 cap. *Eccl. Hier.*[2], *illuminationem* attribuit baptismo. Et super illud Ps 22,2, *Super aquam refectionis edu-*

a propósito daquele trecho do salmo "às águas do repouso me conduz", diz a Glosa: "No batismo me conduziu pelo aumento da virtude e das boas obras".

QUANTO AO 3º, deve-se dizer que a dificuldade para o bem e a inclinação ao mal se encontram nos batizados não por uma deficiência do hábito das virtudes, mas por causa da concupiscência que não é suprimida pelo batismo. Mas, como pelo batismo diminui a concupiscência para que não domine, assim também diminui a dificuldade para o bem e a inclinação para o mal, para que o homem não seja superado por elas.

ARTIGO 5

Alguns atos das virtudes, como a incorporação a Cristo, a iluminação, a fecundidade são atribuídas convenientemente ao batismo como seus efeitos?

QUANTO AO QUINTO, ASSIM SE PROCEDE: parece que **não** é conveniente atribuir ao batismo como seus efeitos alguns atos das virtudes, a saber, incorporação a Cristo, a iluminação e a fecundidade.
1. Com efeito, não se confere o batismo ao adulto, a não ser que ele creia, como está no Evangelho de Marcos: "Quem crer e for batizado será salvo". Ora, pela fé a pessoa é incorporada a Cristo. Diz a Carta aos Efésios: "Habitar Cristo em vossos corações pela fé". Logo, ninguém é batizado, se já não estiver incorporado a Cristo. E assim a incorporação a Cristo não é efeito do batismo.
2. ALÉM DISSO, a iluminação se realiza pela doutrina, como diz Paulo: "Eu, que sou o último dos últimos, recebi esta graça: iluminar a todos" etc. Ora, a doutrina se dá na catequese que precede o batismo. Logo, não é efeito do batismo.
3. ADEMAIS, a fecundidade é ação daquele que engendra. Ora, pelo batismo a pessoa nasce de novo espiritualmente. Logo, a fecundidade não é efeito do batismo.

EM SENTIDO CONTRÁRIO, diz Agostinho: "O batismo tem o efeito de incorporar a Cristo os batizados". Dionísio atribui ao batismo a iluminação. E sobre o versículo do salmo "às águas do repouso me conduz", comenta a Glosa: "A alma

---

5. LOMBARDI: ML 191, 242 D; cfr. Ordin.: ML 113, 876 A.

5 PARALL.: IV *Sent.*, dist. 3, q. 1, a. 1, q.la 4, ad 3; a. 3, q.la 1; dist. 4, q. 2, a. 2, q.la 3 sqq.; dist. 5, q. 2, a. 1, q.la 2; dist. 8, q. 1, a. 1, q.la 1, ad 1.

1. Al. *De peccat. merit. et remiss. et de Bapt. parvul.*, l. I, c. 26: ML 44, 131.
2. P. II, in tit.: MG 3, 393 A.

cavit, dicit Glossa[3] quod anima *peccatorum, ariditate sterilis, fecundatur per baptismum*.

RESPONDEO dicendum quod per baptismum aliquis regeneratur in spiritualem vitam, quae est propria fidelium Christi: sicut Apostolus dicit, Gl 2,20: *Quod autem nunc vivo in carne, in fide vivo Filii Dei*. Vita autem non est nisi membrorum capiti unitorum, a quo sensum et motum suscipiunt. Et ideo necesse est quod per baptismum aliquis incorporetur Christo quasi membrum ipsius. — Sicut autem a capite naturali derivatur ad membra sensus et motus, ita a capite spirituali, quod est Christus, derivatur ad membra eius sensus spiritualis, qui consistit in cognitione veritatis, et motus spiritualis, qui est per gratiae instinctum. Unde Io 1,14-16 dicitur: *Vidimus eum plenum gratiae et veritatis: et de plenitudine eius omnes accepimus*. Et ideo consequens est quod baptizati illuminentur a Christo circa cognitionem veritatis, et fecundentur ab eo fecunditate bonorum operum per gratiae infusionem.

AD PRIMUM ergo dicendum quod adulti prius credentes in Christum sunt ei incorporati mentaliter. Sed postmodum, cum baptizantur, incorporantur ei quodammodo corporaliter, scilicet per visibile sacramentum: sine cuius proposito nec mentaliter incorporari potuissent.

AD SECUNDUM dicendum quod doctor illuminat exterius per ministerium catechizando: sed Deus illuminat interius baptizatos, praeparans corda eorum ad recipiendam doctrinam veritatis, secundum illud Io 6,45: *Scriptum est in prophetis, Erunt omnes docibiles Dei*.

AD TERTIUM dicendum quod effectus baptismi ponitur fecunditas qua aliquis producit bona opera, non autem fecunditas qua aliquis generat alios in Christo, sicut Apostolus dicit, 1Cor 4,15, *In Christo Iesu per evangelium ego vos genui*.

ARTICULUS 6
Utrum pueri in baptismo consequantur gratiam et virtutes

AD SEXTUM SIC PROCEDITUR. Videtur quod pueri in baptismo non consequantur gratiam et virtutes.

dos pecadores, estéril pela aridez, é fecundada pelo batismo".

RESPONDO. Pelo batismo renascemos para a vida espiritual, própria dos que creem em Cristo, como diz o Apóstolo: "A minha vida presente na carne, vivo-a pela fé no Filho de Deus". Ora, a vida é a união dos membros com a cabeça, da qual recebem o sentido e o movimento. Por isso, é necessário que sejamos incorporados a Cristo como membros dele. — Da cabeça natural deriva para os membros o sentido e o movimento, assim também da cabeça espiritual que é Cristo deriva para seus membros o sentido espiritual que consiste no conhecimento da verdade, e o movimento espiritual que se dá por impulso da graça. Por isso diz a primeira Carta de João: "Nós o vimos cheio de graça e de verdade. De sua plenitude, com efeito, todos nós recebemos". Por conseguinte, os batizados são iluminados por Cristo para o conhecimento da verdade e por ele fecundados, pela infusão da graça, com a fecundidade das boas obras.

QUANTO AO 1º, portanto, deve-se dizer que os adultos que anteriormente ao batismo creem em Cristo estão incorporados a ele espiritualmente. Mas depois, quando se batizam, são incorporados como que corporalmente, isto é, pelo sacramento visível, sem cujo desejo não teriam podido incorporar-se nem mesmo espiritualmente[d].

QUANTO AO 2º, deve-se dizer que o doutor ilumina exteriormente pelo ministério da catequese, mas Deus ilumina interiormente os batizados, preparando-lhes os corações para receberem a doutrina da verdade, como está no Evangelho de João: "Nos profetas está escrito: 'Todos serão instruídos por Deus'".

QUANTO AO 3º, deve-se dizer que afirma-se como efeito do batismo a fecundidade que consiste em realizar boas obras, não a fecundidade de gerar outros em Cristo, segundo a expressão do Apóstolo: "Fui eu que, pelo Evangelho, vos gerei em Jesus Cristo".

ARTIGO 6
As crianças alcançam no batismo a graça e as virtudes?

QUANTO AO SEXTO, ASSIM SE PROCEDE: parece que as crianças **não** alcançam no batismo a graça e as virtudes.

---

3. Interl.; LOMBARDI: ML 191, 242 D.

6 PARALL.: II-II, q. 47, a. 14, ad 3; IV *Sent*., dist. 4, q. 2, a. 2, q.la 1.

d. Ver acima a. 2; Q. 69, a. 1, resp. 2; a, 3, resp. 3, e n. 2.

1. Gratia enim et virtutes non habentur sine fide et caritate. Sed *fides*, ut Augustinus dicit[1], *consistit in credentium voluntate*, et similiter etiam caritas consistit in diligentium voluntate: cuius usum pueri non habent, et sic non habent fidem et caritatem. Ergo pueri in baptismo non recipiunt gratiam et virtutes.

2. PRAETEREA, super illud Io 14,12, *Maiora horum faciet*, dicit Augustinus[2] quod ut ex impio iustus fiat, *in illo, sed non sine illo Christus operatur*. Sed puer, cum non habeat usum liberi arbitrii, non cooperatur Christo ad suam iustificationem: immo quandoque pro posse renititur. Ergo non iustificatur per gratiam et virtutes.

3. PRAETEREA, Rm 4,5 dicitur: *Ei qui non operatur, credenti autem in eum qui iustificat impium, reputabitur fides eius ad iustitiam, secundum propositum gratiae Dei*. Sed puer non est *credens in eum qui iustificat impium*. Ergo non consequitur gratiam iustificantem neque virtutes.

4. PRAETEREA, quod ex carnali intentione agitur, non videtur habere spiritualem effectum. Sed quandoque pueri ad baptismum deferuntur carnali intentione, ut scilicet corporaliter sanentur. Non ergo consequuntur spiritualem effectum gratiae et virtutum.

SED CONTRA est quod Augustinus dicit, in *Enchirid.*[3]: *Parvuli renascendo moriuntur illi peccato quod nascendo contraxerunt: et per hoc ad illos etiam pertinet quod dicitur, "Consepulti sumus cum illo per baptismum in mortem*, (subditur autem) *ut, quomodo resurrexit Christus a mortuis per gloriam Patris, ita et nos in novitate vitae ambulemus"*. Sed novitas vitae est per gratiam et virtutes. Ergo pueri consequuntur in baptismo gratiam et virtutes.

RESPONDEO dicendum quod quidam antiqui posuerunt quod pueris in baptismo non dantur gratia et virtutes, sed imprimitur eis character Christi, cuius virtute, cum ad perfectam aetatem venerint, consequuntur gratiam et virtutes.

Sed hoc patet esse falsum dupliciter. Primo quidem, quia pueri, sicut et adulti, in baptismo efficiuntur membra Christi. Unde necesse est quod a capite recipiant influxum gratiae et virtutis. — Secundo, quia secundum hoc pueri decedentes post baptismum non pervenirent ad vitam aeternam: quia, ut dicitur Rm 6,23, *gratia Dei est*

1. Com efeito, não há graça e virtudes sem fé e caridade. Ora, "a fé", diz Agostinho, "reside na vontade de quem crê". Semelhantemente a caridade reside na vontade de quem ama. As crianças não têm o uso de sua vontade e assim não têm nem fé nem caridade. Logo, as crianças não recebem no batismo a graça e as virtudes.

2. ALÉM DISSO, sobre o texto do Evangelho de João "Fará até obras maiores", diz Agostinho que, para que alguém, sendo ímpio, se torne justo, "Cristo age nele, mas não sem ele". Ora, a criança, não tendo o uso do livre-arbítrio, não coopera com Cristo para sua justificação e às vezes até resiste, quanto está em seu poder. Logo, não é justificada pela graça e pelas virtudes.

3. ADEMAIS, diz Paulo: "Para aquele que não realiza obras, mas crê naquele que justifica o ímpio, a sua fé é levada em conta de justiça, segundo o propósito da graça de Deus". Ora, a criança não "crê naquele que justifica o ímpio". Logo, não alcança nem a graça da justificação nem as virtudes.

4. ADEMAIS, o que se faz por intenção carnal, não tem efeito espiritual. Ora, às vezes as crianças são levadas ao batismo por intenção carnal, por exemplo: para que se curem corporalmente. Logo, não alcançam o efeito espiritual da graça e das virtudes.

EM SENTIDO CONTRÁRIO, ensina Agostinho: "Renascendo as crianças morrem àquele pecado que contraíram nascendo. Por isso, vale delas o que diz Paulo: 'Pelo batismo, nós fomos sepultados com ele em sua morte' — e acrescenta: 'a fim de que, assim como Cristo ressuscitou dos mortos pela glória do Pai, também nós levemos uma vida nova'". Ora, a vida nova é a vida da graça e das virtudes. Logo, as crianças no batismo alcançam a graça e as virtudes.

RESPONDO. Alguns autores antigos defenderam que o batismo não dá às crianças a graça e as virtudes, mas imprime-lhes o caráter de Cristo, por cuja força, quando chegam à idade perfeita, alcançam a graça e as virtudes.

Mas isso é evidentemente falso por dois motivos. Primeiro, porque, como os adultos, as crianças no batismo se tornam membros de Cristo. Segue-se que necessariamente recebem da cabeça o influxo da graça e das virtudes. — Segundo, porque nesse caso as crianças que morrem depois do batismo, não chegariam à vida eterna, já que

---

1. Epist. 98, al. 23, *ad Bonifac.*, n. 10: ML 33, 364.
2. *In Ioan.*, tract. 72, n. 3: ML 35, 1823.
3. C. 52: ML 40, 257.

vita aeterna. Et ita nihil profuisset eis ad salutem baptizatos fuisse.

Causa autem erroris fuit quia nescierunt distinguere inter habitum et actum. Et sic, videntes pueros inhabiles ad actus virtutum, crediderunt eos post baptismum nullatenus virtutem habere. Sed ista impotentia operandi non accidit pueris ex defectu habituum, sed ex impedimento corporali: sicut etiam dormientes, quamvis habeant habitus virtutum, impediuntur tamen ab actibus propter somnum.

AD PRIMUM ergo dicendum quod fides et caritas consistunt in voluntate hominum, ita tamen quod habitus harum et aliarum virtutum requirunt potentiam voluntatis, quae est in pueris; sed actus virtutum requirunt actum voluntatis, qui non est in pueris. Et hoc modo Augustinus dicit, in libro *de Baptismo Parvulorum*[4] quod *parvulum, etsi nondum illa fides quae in credentium voluntate consistit, iam tamen ipsius fidei sacramentum*, quod scilicet causat habitum fidei, *fidelem facit*.

AD SECUNDUM dicendum quod, sicut Augustinus dicit, in libro *de Caritate*[5], *nemo ex aqua et Spiritu Sancto renascitur nisi volens*. Quod non de parvulis, sed de adultis intelligendum est. Et similiter de adultis intelligendum est quod homo a Christo *sine ipso non iustificatur*.

Quod autem parvuli baptizandi, prout viribus possunt, reluctantur, *non eis imputatur, quia in tantum nesciunt quid faciunt, ut nec facere videantur*: ut Augustinus dicit, in libro *de Praesentia Dei ad Dardanum*[6].

AD TERTIUM dicendum quod, sicut Augustinus dicit[7], *parvulis mater Ecclesia aliorum pedes accommodat ut veniant, aliorum cor ut credant, aliorum linguam ut fateantur*. Et ita pueri credunt, non per actum proprium, sed per fidem Ecclesiae, quae eis communicatur. Et huius fidei virtute conferuntur eis gratia et virtutes.

AD QUARTUM dicendum quod carnalis intentio deferentium pueros ad baptismum nihil eis nocet: sicut nec culpa unius nocet alteri, nisi consentiat. Unde Augustinus dicit, in Epistola *ad Bonifa-*

como diz Paulo, "a graça de Deus é a vida eterna". E assim terem sido batizadas não lhes teria adiantado nada para a salvação.

A causa do erro foi não terem sabido distinguir entre hábito e ato. Reconhecendo as crianças incapazes de atos de virtude, acreditaram que depois do batismo não tinham a virtude de nenhuma maneira. Mas essa impotência para atuar não ocorre nas crianças por falta dos hábitos, mas por um impedimento corporal, como também quem está dormindo, embora tenha o hábito das virtudes, está contudo impedido pelo sono de realizar atos de virtude.

QUANTO AO 1º, portanto, deve-se dizer que a fé e a caridade residem na vontade dos homens, mas, se é verdade que os hábitos dessas e das outras virtudes requerem a potência volitiva que existe nas crianças, os atos de virtude requerem um ato de vontade, que não existe nas crianças. Deste modo, Agostinho escreve: "O que faz de um pequenino um fiel, ainda que não seja aquela fé que consiste na vontade dos que creem, contudo já é o sacramento da mesma fé" que causa o hábito da fé[e].

QUANTO AO 2º, deve-se dizer que a afirmação de Agostinho: "Ninguém renasce da água e do Espírito Santo se não o quiser", não se deve entender das crianças pequenas, mas dos adultos. Semelhantemente se deve entender como referida aos adultos a afirmação de que não somos justificados por Cristo sem nossa cooperação.

Que as crianças pequenas que vão ser batizadas, resistem quanto suas forças o permitem, "não se lhes imputa, porque de tal modo ignoram o que fazem, que nem parece que o fazem", como diz Agostinho.

QUANTO AO 3º, diz Agostinho: "A mãe Igreja oferece às crianças pequenas os pés dos outros para que venham, o coração dos outros para que creiam, a língua dos outros para que confessem". E assim as crianças creem não por ato próprio, mas pela fé da Igreja que lhes é comunicada. E pela força dessa fé lhe são conferidas a graça e as virtudes.

QUANTO AO 4º, deve-se dizer que a intenção carnal dos que trazem as crianças para o batismo não as prejudica, como a culpa de alguém não prejudica a outrem, a não ser que este consinta.

---

4. Epist. cit. in arg.
5. Al. *In Epist. Ioan. ad Parth.*, tract. III, n. 1: ML 35, 1997-1998.
6. Epist. 187, al. 57, c. 7, n. 25: ML 33, 841.
7. Serm. 176, al. *De verb. Apost.* 10, c. 2: ML 38, 950.

e. Sto. Tomás distingue *habitus* e *actus*: a criança pode receber o *habitus* das virtudes, inserido na força de vontade, que existe nela, por incapaz que seja de realizar os *atos*.

cium[8]: *Non illud te moveat quod quidam non ea fide ad baptismum percipiendum parvulos ferunt ut gratia spirituali ad vitam regenerentur aeternam, sed hoc eos putant remedio corporalem retinere vel recipere sanitatem. Non enim propterea illi non regenerantur, quia non ab istis hac intentione offeruntur.*

Por isso diz Agostinho: "Não te perturbe o fato de que alguns trazem os pequeninos para receberem o batismo, não porque creem que pela graça espiritual eles renascem para a vida eterna, mas porque julgam que com este remédio conservarão ou alcançarão a saúde corporal. As crianças não deixarão de nascer de novo por não terem sido trazidas com a intenção correta".

Articulus 7
Utrum effectus baptismi sit apertio ianuae regni caelestis

AD SEPTIMUM SIC PROCEDITUR. Videtur quod effectus baptismi non sit apertio ianuae regni caelestis.

1. Illud enim quod est apertum, non indiget apertione. Sed ianua regni caelestis est aperta per passionem Christi: unde Ap 4,1 dicitur: *Post haec vidi ostium magnum apertum in caelo*. Non est ergo effectus baptismi apertio ianuae regni caelestis.

2. PRAETEREA, baptismus omni tempore ex quo institutus fuit, habet suum effectum. Sed quidam baptizati sunt baptismo Christi ante eius passionem, ut habetur Io 3,22-26: quibus, si tunc decessissent, introitus regni caelestis non patebat, in quod nullus ante Christum introivit, secundum illud Mich 2,13: *Ascendit pandens iter ante eos*. Non est ergo effectus baptismi apertio ianuae regni caelestis.

3. PRAETEREA, baptizati adhuc sunt obnoxii morti et aliis poenalitatibus vitae praesentis, ut supra[1] dictum est. Sed nulli est apertus aditus regni caelestis quandiu est obnoxius poenae: sicut patet de illis qui sunt in purgatorio. Non ergo est effectus baptismi apertio ianuae regni caelestis.

SED CONTRA est quod super illud Lc 3,21, *Apertum est caelum*, dicit Glossa[2] Bedae: *Virtus hic baptismatis ostenditur: de quo quisque cum egreditur, ei regni caelestis ianua aperitur.*

RESPONDEO dicendum quod aperire ianuam regni caelestis est amovere impedimentum quo aliquis impeditur regnum caeleste intrare. Hoc autem impedimentum est culpa et reatus poenae. Ostensum est autem supra[3] quod per baptismum

Artigo 7
Abrir as portas do reino dos céus é efeito do batismo?

QUANTO AO SÉTIMO, ASSIM SE PROCEDE: parece que o batismo **não** abre as portas do reino dos céus.

1. Com efeito, não é preciso abrir o que já está aberto. Ora, as portas do reino dos céus foram abertas pela paixão de Cristo, como está no Apocalipse: "Depois disso, eu vi: Uma porta estava aberta no céu". Logo, abrir as portas do reino dos céus não é efeito do batismo.

2. ALÉM DISSO, o batismo tem seu efeito desde que foi instituído. Ora, há quem tenha sido batizado com o batismo de Cristo antes de sua paixão, como está no Evangelho de João. Mas, se estes morressem, a entrada no reino dos céus não lhes estaria franqueada, pois ninguém entrou nele antes de Cristo, segundo diz a Escritura: "Já subiu, diante deles, aquele que abre o caminho". Logo, não é efeito do batismo abrir as portas do reino dos céus.

3. ADEMAIS, os batizados ainda estão submetidos à morte e a outros males da vida presente. Ora, a ninguém está aberto o acesso ao reino dos céus, enquanto está submetido à pena, como fica claro dos que estão no purgatório. Logo, não é efeito do batismo abrir as portas do reino dos céus.

EM SENTIDO CONTRÁRIO, diz a Glosa de Beda a respeito do texto "O céu se abriu": "Aqui se mostra a força do batismo: as portas do reino dos céus se abrem, para cada um que sai do batismo".

RESPONDO. Abrir as portas do reino dos céus é remover os obstáculos que impedem de entrar nele. Tais são a culpa e o reato da pena. Ora, pelo batismo suprime-se completamente toda culpa e também todo reato da pena. Por conseguinte, o

---

8. Epist. 98, al. 23, n. 5: ML 33, 361.

7 PARALL.: Supra, q. 39, a. 5; III *Sent.*, dist. 18, a. 6, q.la 3, ad 2; IV, dist. 4, q. 2, a. 2, q.la 6; *Cont. Gent.* IV, 59.
1. A. 3.
2. *In Luc.*, l. I, super 3, 21: ML 92, 358 C.
3. A. 1, 2.

totaliter omnis culpa et etiam omnis reatus poenae tollitur. Unde consequens est quod effectus baptismi sit apertio regni caelestis.

AD PRIMUM ergo dicendum quod baptismus intantum aperit baptizato ianuam regni caelestis, inquantum incorporat eum passioni Christi, virtutem eius homini applicando.

AD SECUNDUM dicendum quod, quando passio Christi nondum erat realiter perfecta sed solum in fide credentium, baptismus proportionaliter causabat ianuae apertionem, non quidem in re, sed in spe. Baptizati enim tunc decedentes ex certa spe introitum regni caelestis expectabant.

AD TERTIUM dicendum quod baptizatus non est obnoxius morti et poenalitatibus vitae praesentis propter reatum personae, sed propter statum naturae. Et ideo propter hoc non impeditur ab introitu regni caelestis, quando anima separatur a corpore per mortem: quasi iam persoluto eo quod naturae debebatur.

ARTICULUS 8
Utrum baptismus habeat in omnibus aequalem effectum

AD OCTAVUM SIC PROCEDITUR. Videtur quod baptismus non habeat in omnibus aequalem effectum.

1. Effectus enim baptismi est remotio culpae. Sed in quibusdam plura peccata tollit quam in aliis, nam in pueris tollit solum peccatum originale; in adultis autem etiam actualia, in quibusdam plura, in quibusdam vero pauciora. Non ergo aequalem effectum habet baptismus in omnibus.
2. Praeterea, per baptismum conferuntur homini gratia et virtutes. Sed quidam post baptismum videntur habere maiorem gratiam et perfectiorem virtutem quam alii baptizati. Non ergo baptismus habet aequalem effectum in omnibus.
3. Praeterea, natura perficitur per gratiam sicut materia per formam. Sed forma recipitur in materia secundum eius capacitatem. Cum ergo in quibusdam baptizatis, etiam pueris, sit maior capacitas naturalium quam in aliis, videtur quod quidam maiorem gratiam consequantur quam alii.

batismo tem como efeito abrir as portas do reino dos céus.

QUANTO AO 1º, portanto, deve-se dizer que o batismo abre ao batizado as portas do reino dos céus, porque o incorpora à paixão de Cristo, aplicando-lhe sua força[f].

QUANTO AO 2º, deve-se dizer que enquanto a paixão de Cristo ainda não se tinha efetuado realmente, mas só na fé dos fiéis, o batismo causava proporcionalmente a abertura das portas, não na realidade, mas na esperança. Os batizados que então morressem esperariam com esperança segura a entrada no reino dos céus.

QUANTO AO 3º, deve-se dizer que o batizado está submetido à morte e aos males da vida presente não por culpabilidade pessoal, mas pelo estado da natureza. Por isso, nada impede que entre no reino dos céus, quando a alma se separa do corpo pela morte, já tendo, por assim dizer, cumprido com sua dívida para com a natureza.

ARTIGO 8
O batismo tem efeito igual para todos?

QUANTO AO OITAVO, ASSIM SE PROCEDE: parece que o batismo **não** tem efeito igual para todos.

1. Com efeito, o efeito do batismo é a remoção da culpa. Ora, de alguns tira mais pecados que de outros, pois nas crianças só tira o pecado original, enquanto nos adultos tira também os atuais e em alguns mais, em outros menos. Logo o batismo não tem efeito igual em todos.
2. Além disso, o batismo nos confere a graça e as virtudes. Ora, depois do batismo alguns batizados parecem ter graça mais abundante e virtude mais perfeita que outros. Logo, o batismo não tem igual efeito em todos.
3. Ademais, a graça aperfeiçoa a natureza como a forma aperfeiçoa a matéria. Ora, a matéria recebe a forma segundo sua capacidade. Logo, já que em alguns batizados, também crianças, há maior capacidade natural que em outros, alguns obteriam graça mais abundante que outros.

8 PARALL.: IV *Sent.*, dist. 4, q. 2. a. 3, q.la 1, 2, 3.

f. É toda a ordem sacramental que está em questão: o que foi adquirido de uma vez por todas, objetivamente, de maneira absoluta e universal, deve ser aplicado a cada um, subjetivamente, pela fé e pelos sacramentos da fé.
No *Comentário sobre as Sentenças* (IV, D. IV, a. 2; q. 6, resp. 2), Sto. Tomás relaciona o efeito com todo o conjunto dos atos redentores de Cristo. Causa instrumental, o batismo configura-nos à paixão de Cristo, enterrando-nos com ele; à sua ressurreição, pelo brilho de pureza que irradia do batizado ao sair da água batismal; à sua ascensão, quando o neófito remonta da fonte batismal à qual desceu, símbolo da entrada na glória. Simbolismo que não se deve forçar muito, mas que é esclarecedor.

4. PRAETEREA, quidam in baptismo consequuntur non solum spiritualem salutem, sed etiam corporalem: sicut patet de Constantino, qui in baptismo mundatus est a lepra[1]. Non autem omnes infirmi corporalem salutem consequuntur in baptismo. Ergo non habet aequalem effectum in omnibus.

SED CONTRA est quod dicitur Eph 4,5: *Una fides, unum baptisma*. Uniformis autem causae est uniformis effectus. Ergo baptismus habet aequalem effectum in omnibus.

RESPONDEO dicendum quod duplex est effectus baptismi: unus per se, et alius per accidens. Per se quidem effectus baptismi est id ad quod baptismus est institutus, scilicet ad generandum homines in spiritualem vitam. Unde, quia omnes pueri aequaliter se habent ad baptismum, quia non in fide propria, sed in fide Ecclesiae baptizantur, omnes aequalem effectum percipiunt in baptismo. Adulti vero, qui per propriam fidem ad baptismum accedunt, non aequaliter se habent ad baptismum: quidam enim cum maiori, quidam cum minori devotione ad baptismum accedunt. Et ideo quidam plus, quidam minus de gratia novitatis accipiunt: sicut etiam ab eodem igne accipit plus caloris qui plus ei appropinquat, licet ignis, quantum est de se, aequaliter ad omnes suum calorem effundat.

Effectus autem baptismi per accidens est ad quem baptismus non est ordinatus, sed divina virtus hoc in baptismo miraculose operatur: sicut super illud Rm 6,6, *Ut ultra non serviamus peccato*, dicit Glossa[2]: *Non hoc praestatur in baptismo, nisi forte miraculo ineffabili Creatoris, ut lex peccati, quae est in membris, prorsus extinguatur*. Et tales effectus non aequaliter suscipiuntur ab omnibus baptizatis, etiam si cum aequali devotione accedant: sed dispensantur huiusmodi effectus secundum ordinem providentiae divinae.

AD PRIMUM ergo dicendum quod minima gratia baptismalis sufficiens est ad delendum cuncta peccata. Unde hoc non est propter maiorem efficaciam baptismi quod in quibusdam plura, in quibusdam pauciora peccata solvit, sed propter conditionem subiecti: quia in quolibet solvit quodcumque invenerit.

AD SECUNDUM dicendum quod hoc quod in baptizatis maior vel minor gratia apparet, potest

4. ADEMAIS, há quem alcance no batismo não só a salvação espiritual, mas também a saúde corporal, como foi o caso de Constantino que no batismo foi purificado da lepra[g]. Ora, não todos os enfermos corporalmente obtêm a saúde no batismo. Logo, não tem igual efeito em todos.

EM SENTIDO CONTRÁRIO, diz Paulo: "Uma só fé, um só batismo". Causa igual produz igual efeito. Logo, o batismo tem igual efeito em todos.

RESPONDO. O efeito do batismo é duplo: um essencial, outro acidental. O efeito essencial do batismo é aquele para o qual o batismo foi instituído, ou seja: gerar os homens para a vida espiritual. Já que todas as crianças se encontram na mesma situação diante do batismo, porque não são batizadas na fé própria, mas na fé da Igreja, todas experimentam igual efeito. Mas os adultos, que se aproximam do batismo por sua própria fé, não se encontram na mesma situação diante do batismo: alguns se aproximam com maior, outros com menor devoção. E por isso alguns recebem mais, outros menos abundância da graça renovadora, como do mesmo fogo recebe mais calor quem se aproxima mais, embora o fogo, em si, difunda seu calor de igual modo para todos.

O efeito acidental do batismo é aquele a que o batismo não visa, mas que a força divina pode realizar milagrosamente no batismo. Assim diz a Glosa a propósito do texto "para que não sejamos mais escravos do pecado": "A não ser por um milagre inefável do Criador, só se subministra no batismo a extinção total da lei do pecado que está nos membros". Tais efeitos não são recebidos igualmente por todos os batizados, mesmo que se aproximem do batismo com igual devoção; mas são dispensados segundo os planos da divina providência.

QUANTO AO 1º, portanto, deve-se dizer que a menor graça batismal é suficiente para apagar todos os pecados. Daí que não é por maior eficácia que o batismo a uns livra de muitos, a outros de poucos pecados, mas por causa da condição do sujeito, porque a qualquer um livra de todos os que encontra.

QUANTO AO 2º, deve-se dizer que o fato de aparecer maior ou menor abundância de graça

---

1. Cfr. ANASTASIUM, *Hist. de vitis Rom. Pont.*, XXXIV: S. Silvester: ML 127, 1511-1512.
2. LOMBARDI: ML 191, 1404 C. — Vide AUG., *De pecc. remiss. et Bapt. Parv.*, l. I, c. 39: ML 44, 150.

g. Esse relato não tem nenhum fundamento histórico. Na verdade, Constantino foi batizado em Nicomédia, alguns dias antes de sua morte (337), por Eusébio, o bispo ariano dessa cidade. A lenda de seu batismo em Roma pelo papa Silvestre (14-335) e de sua cura milagrosa se formou em Roma, no final do século V, em torno do pretenso "batistério de Constantino", em Latrão.

dupliciter contingere. Uno modo, quia unus in baptismo percipit maiorem gratiam quam alius propter maiorem devotionem, ut dictum est³. Alio modo quia, etiam si aequalem gratiam percipiant, non aequaliter ea utuntur, sed unus studiosius in ea proficit, alius per negligentiam gratiae Dei deest.

AD TERTIUM dicendum quod diversa capacitas in hominibus non est ex diversitate mentis, quae per baptismum renovatur, cum omnes homines, eiusdem speciei existentes, in forma conveniant: sed ex diversa dispositione corporum. Secus autem est in angelis, qui differunt specie. Et ideo angelis dantur dona gratuita secundum diversam capacitatem naturalium: non autem hominibus.

AD QUARTUM dicendum quod sanitas corporalis non est per se effectus baptismi, sed est quoddam miraculosum opus providentiae divinae.

ARTICULUS 9
Utrum fictio impediat effectum baptismi

AD NONUM SIC PROCEDITUR. Videtur quod fictio non impediat effectum baptismi.
1. Dicit enim Apostolus, Gl 3,27: *Quicumque in Christo baptizati estis, Christum induistis*. Sed omnes qui baptismum Christi suscipiunt, baptizantur in Christo. Ergo omnes induunt Christum. Quod est percipere baptismi effectum. Et ita fictio non impedit baptismi effectum.

2. PRAETEREA, in baptismo operatur virtus divina, quae potest voluntatem hominis mutare in bonum. Sed effectus causae agentis non potest impediri per id quod ab illa causa potest auferri. Ergo fictio non potest impedire baptismi effectum.

3. PRAETEREA, baptismi effectus est gratia, cui peccatum opponitur. Sed multa sunt alia peccata graviora quam fictio, de quibus non dicitur quod effectum baptismi impediant. Ergo neque fictio impedit effectum baptismi.

SED CONTRA est quod dicitur Sap 1,5: *Spiritus Sanctus disciplinae effugiet fictum*. Sed effectus

nos batizados, pode acontecer por dois motivos. Por um lado, uma pessoa pode experimentar no batismo maior abundância de graça que outra por sua maior devoção. Por outro lado, embora todos recebam igual graça, não a utilizam igualmente, mas um a aproveita com mais diligência e o outro, por negligência, descuida da graça de Deus.

QUANTO AO 3º, deve-se dizer que a diversa capacidade nos homens não provém de uma diferença da alma que é renovada no batismo, já que os homens, sendo da mesma espécie, têm todos forma igual, mas da diversa disposição corporal. Nos anjos se dá de outro modo, pois diferem pela espécie. E assim aos anjos Deus dá dons gratuitos segundo a diversidade de suas capacidades naturais, mas não aos homensʰ.

QUANTO AO 4º, deve-se dizer que em si a saúde corporal não é efeito do batismo, mas uma obra milagrosa da providência divina.

ARTIGO 9
A simulação impede o efeito do batismo?

QUANTO AO NONO, ASSIM SE PROCEDE: parece que a simulação **não** impede o efeito do batismo.
1. Com efeito, o Apóstolo diz: "Vós todos que fostes batizados em Cristo vos revestistes de Cristo". Ora, todos que recebem o batismo de Cristo, são batizados em Cristo. Logo, todos se revestem de Cristo, o que significa que experimentam o efeito do batismo. E assim a simulação não impede o efeito do batismo.

2. ALÉM DISSO, a força divina que atua no batismo é capaz de mudar para o bem a vontade do homem. Ora, o efeito da causa agente não pode ser impedido por aquilo que pode ser tirado pela mesma causa. Logo, a simulação não pode impedir o efeito do batismo.

3. ADEMAIS, o efeito do batismo é a graça, à qual se opõe o pecado. Ora, muitos outros pecados são mais graves que a simulação, e deles não se diz que impeçam o efeito do batismo. Logo, tampouco a simulação o impede.

EM SENTIDO CONTRÁRIO, diz a Sabedoria: "O santo Espírito, educador, foge da simulação". Ora,

---

3. In corp.

9 PARALL.: Infra, q. 87, a. 3, ad 2; IV *Sent.*, dist. 4, q. 2, a. 1, q.la 1, ad 3; q. 3, a. 2, q.la 1, 2; dist. 12, q. 2, a. 1, q.la 3, ad 3.

h. Para os homens, diferentemente dos anjos, a diversidade não se situa na alma, mas no corpo. É a alma que é o sujeito da renovação operada pelo batismo; a diversidade das capacidades naturais não poderia portanto ser causa de uma diferença nos dons sobrenaturais.

baptismi est a Spiritu Sancto. Ergo fictio impedit effectum baptismi.

Respondeo dicendum quod, sicut Damascenus dicit¹, *Deus non cogit hominem ad iustitiam*. Et ideo ad hoc quod aliquis iustificetur per baptismum, requiritur quod voluntas hominis amplectatur et baptismum et baptismi effectum. Dicitur autem aliquis *fictus* per hoc quod voluntas eius contradicit vel baptismo, vel eius effectui. Nam secundum Augustinum², quatuor modis dicitur aliquis fictus: uno modo, ille qui non credit, cum tamen baptismus sit *fidei sacramentum*; alio modo, per hoc quod contemnit ipsum sacramentum; tertio modo, per hoc quod aliter celebrat sacramentum, non servans ritum ecclesiae; quarto, per hoc quod aliquis indevote accedit. Unde manifestum est quod fictio impedit effectum baptismi.

Ad primum ergo dicendum quod *baptizari in Christo* potest intelligi dupliciter. Uno modo, *in Christo*, idest, *in Christi conformitate*. Et sic quicumque baptizantur in Christo conformati ei per fidem et caritatem, induunt Christum per gratiam. — Alio modo dicuntur aliqui baptizari in Christo, inquantum accipiunt Christi sacramentum. Et sic omnes induunt Christum per configurationem characteris, non autem per conformitatem gratiae.

Ad secundum dicendum quod, quando Deus voluntatem hominis de malo in bonum mutat, tunc homo non accedit fictus. Sed non semper hoc Deus facit. Nec ad hoc sacramentum ordinatur, ut de ficto fiat aliquis non fictus: sed ut non fictus aliquis accedens iustificetur.

Ad tertium dicendum quod fictus dicitur aliquis ex eo quod demonstrat se aliquid velle quod non vult. Quicumque autem accedit ad baptismum, ex hoc ipso ostendit se rectam fidem Christi habere, et hoc sacramentum venerari, et velle se Ecclesiae conformare, et velle a peccato recedere. Unde cuicumque peccato vult homo inhaerere, si ad baptismum accedit, fictus accedit, quod est indevote

o efeito do batismo vem do Espírito Santo. Logo, a simulação impede o efeito do batismoⁱ.

Respondo. Damasceno ensina: "Deus não força o homem à justiça". Por isso, para que alguém seja justificado pelo batismo, requer-se que a vontade do homem acolha o batismo e seu efeito. Diz-se de alguém que é "fingido" porque sua vontade contradiz o batismo ou seu efeito. Segundo Agostinho, alguém é denominado fingido em quatro sentidos: primeiro, por não crer, quando o batismo é o sacramento da fé; segundo, por desprezar o sacramento; terceiro, por celebrar o sacramento de outro modo, não observando o rito da Igreja; quarto, por aproximar-se do sacramento sem devoção. Daí fica patente que a simulação impede o efeito do batismo.

Quanto ao 1º, portanto, deve-se dizer que "ser batizado em Cristo" pode ser entendido em dois sentidos. Num primeiro sentido, "em Cristo" significa "em conformidade com Cristo". Nesse sentido, todos os que são batizados em Cristo, conformados a ele pela fé e pela caridade, se revestem de Cristo pela graça. — Em outro sentido, diz-se que alguém é batizado em Cristo, quando recebe o sacramento de Cristo. Nesse sentido todos os batizados se revestem de Cristo configurados a ele pelo caráter, mas não conformados a ele pela graça.

Quanto ao 2º, deve-se dizer que quando Deus muda do mal para o bem a vontade do homem, este não se aproxima fingidamente do sacramento. Mas nem sempre Deus faz isso. E a finalidade do sacramento não é tornar alguém de fingido em sincero, mas justificar quem se aproxima do sacramento sem simulação.

Quanto ao 3º, deve-se dizer que alguém é fingido, quando dá mostras de querer o que não quer. Quem se aproxima do batismo, mostra, por isso mesmo, ter a fé verdadeira em Cristo, venerar o sacramento e querer conformar-se à Igreja e afastar-se do pecado. Assim, se alguém, apegado a qualquer que seja o pecado, se aproxima do batismo, aproxima-se com simulação, isto é,

---

1. *De fide orth*, l. II, c. 30: MG 94, 972 A.
2. Cfr. *De bapt. cont. Donat.*, l. VII, c. 53, n. 1101: ML 43, 242.

i. A tradução usual, *ficção*, requer especificações não fornecidas pelo texto de Sto. Agostinho aqui invocado. Pode se tratar de uma *simulação* propriamente dita, caso se finja a vontade de receber o batismo, quando ela não existe. Seria o "desprezo" ao qual se refere Sto. Agostinho. Nesse caso o sacramento seria nulo.
Pode tratar-se de *más disposições*, ausência de fé ou de penitência, persistência num pecado (mortal, resp. 3) que não se quer abandonar. Essa vontade rebelde impede absolutamente o efeito do batismo, que exige necessariamente um envolvimento da vontade (q. 68, a. 7). Em tais condições, o sacramento seria recebido validamente, e com ele o caráter q. 68, a. 4 e 8), mas não a graça, à qual é preciso dispor-se por um ato livre e voluntário, e que não poderia coexistir com o pecado.

accedere. Sed hoc intelligendum est de peccato mortali, quod gratiae contrariatur, non autem de peccato veniali. Unde *fictio* hic quodammodo includit omne peccatum.

sem devoção. Entenda-se isso de qualquer pecado mortal que é contrário à graça, mas não do pecado venial. Portanto, a palavra "simulação" inclui de certo modo todo e qualquer pecado.

Articulus 10
Utrum, fictione recedente, baptismus suum effectum consequatur

Artigo 10
Desaparecendo a simulação, o batismo obtém seu efeito?

AD DECIMUM SIC PROCEDITUR. Videtur quod, fictione recedente, baptismus suum effectum non consequatur.

1. Opus enim mortuum, quod est sine caritate, non potest unquam vivificari. Sed ille qui fictus accedit ad baptismum, recipit sacramentum sine caritate. Ergo nunquam potest vivificari hoc modo ut gratiam conferat.

2. PRAETEREA, fictio videtur esse fortior quam baptismus: cum impediat eius effectum. Sed fortius non tollitur a debiliori. Ergo peccatum fictionis non potest tolli per baptismum fictione impeditum. Et sic baptismus non consequetur suum effectum, qui est remissio omnium peccatorum.

3. PRAETEREA, contingit quod aliquis ficte accedit ad baptismum, et post baptismum multa peccata committit. Quae tamen per baptismum non tollentur: quia baptismus tollit peccata praeterita, non futura. Ergo baptismus talis nunquam consequetur suum effectum, qui est remissio omnium peccatorum.

SED CONTRA est quod Augustinus dicit, in libro *de Baptismo*[1]: *Tunc valere incipit ad salutem baptismus, cum illa fictio veraci confessione recesserit, quae, corde in malitia vel sacrilegio perseverante, peccatorum ablutionem non sinebat fieri.*

RESPONDEO dicendum quod, sicut supra[2] dictum est, baptismus est quaedam spiritualis regeneratio. Cum autem aliquid generatur, simul cum forma recipit effectum formae, nisi sit aliquid impediens; quo remoto, forma rei generatae perficit suum effectum: sicut simul cum corpus grave generatur, movetur deorsum, nisi sit aliquid prohibens; quo remoto, statim incipit moveri deorsum. Et similiter quando aliquis baptizatur, accipit characterem, quasi formam, et consequitur proprium effectum,

QUANTO AO DÉCIMO, ASSIM SE PROCEDE: parece que desaparecendo a simulação, o batismo **não** obtém seu efeito.

1. Com efeito, uma obra morta, isto é, realizada sem caridade, não pode jamais ser vivificada. Ora, quem se aproxima fingidamente do batismo, recebe o sacramento sem caridade. Logo, o sacramento nunca poderá ser vivificado de modo a vir a conferir a graça.

2. ALÉM DISSO, a simulação parece ser mais forte que o batismo, já que impede seu efeito. Ora, o mais forte não é suprimido pelo mais fraco. Logo, o pecado de simulação não pode ser tirado pelo batismo que é impedido pela simulação. E assim o batismo não alcança seu efeito, que é a remissão de todos os pecados.

3. ADEMAIS, pode acontecer de alguém aproximar-se fingidamente do batismo e depois do batismo cometer muitos pecados. Estes não são tirados pelo batismo, porque o batismo tira os pecados passados, não os futuros. Logo, o tal batismo nunca obtém seu efeito que é a remissão de todos os pecados.

EM SENTIDO CONTRÁRIO, Agostinho escreve: "O batismo começa a valer para a salvação, quando a simulação se desvanece por uma confissão sincera, pois, enquanto o coração perseverava na malícia ou no sacrilégio, a simulação não deixava acontecer a ablução dos pecados".

RESPONDO. O batismo é como um novo nascimento espiritual. Quando algo é gerado, juntamente com a forma recebe o efeito da forma, a não ser que haja um impedimento; removido este, a forma da realidade gerada produz seu efeito. Por exemplo: quando é gerado um corpo pesado, ele passa logo a ser atraído para baixo, a não ser que algo o detenha; removido o impedimento, imediatamente começa a cair. Semelhantemente, quando alguém é batizado, recebe o caráter como uma

---

10 PARALL.: IV *Sent.*, dist. 1, q. 2, a. 4, q.la 1, ad 3; dist. 4, q. 3, a. 2, q.la 3; dist. 15, q. 1, a. 3, q.la 3, ad 2.

1. *De Bapt. cont. Donat.*, l. I, c. 12, n. 18: ML 43, 119.
2. Q. 66, a. 9.

qui est gratia remittens omnia peccata. Impeditur autem quandoque per fictionem. Unde oportet quod, ea remota per poenitentiam, baptismus statim consequatur suum effectum.

AD PRIMUM ergo dicendum quod sacramentum baptismi est opus Dei, et non hominis. Et ideo non est mortuum in ficto, qui sine caritate baptizatur.

AD SECUNDUM dicendum quod fictio non removetur per baptismum, sed per poenitentiam: qua remota, baptismus aufert omnem culpam et reatum omnium peccatorum praecedentium baptismum, et etiam simul existentium cum baptismo. Unde Augustinus dicit, in libro *de Baptismo*[3]: *Solvitur hesternus dies, et quidquid superest solvitur, et ipsa hora momentumque ante baptismum et in baptismo. Deinceps autem continuo reus esse incipit.* Et sic ad effectum baptismi consequendum concurrit baptismus et poenitentia: sed baptismus sicut causa per se agens; poenitentia sicut causa per accidens, idest removens prohibens.

AD TERTIUM dicendum quod effectus baptismi non est tollere peccata futura, sed praesentia vel praeterita. Et ideo, recedente fictione, peccata sequentia remittuntur quidem, sed per poenitentiam, non per baptismum. Unde non remittuntur quantum ad totum reatum, sicut peccata praecedentia baptismum.

forma e obtém seu efeito próprio que é a graça que perdoa todos os pecados. Por vezes a simulação pode impedir este efeito. Assim que a penitência remova a simulação, o batismo imediatamente tem que alcançar seu efeito[j].

QUANTO AO 1º, portanto, deve-se dizer que o sacramento do batismo é obra de Deus e não do homem. Por isso não é obra morta em quem se batiza fingidamente, sem caridade.

QUANTO AO 2º, deve-se dizer que a simulação não é removida pelo batismo, mas pela penitência; removida a simulação, o batismo tira toda culpa e reato de todos os pecados precedentes ao batismo e também dos cometidos no batismo. É o que afirma Agostinho: "O dia de ontem é perdoado e tudo que resta também, e ainda a hora e o momento antes do batismo e no batismo. A partir de então imediatamente se começa a ser réu". Assim o batismo e a penitência concorrem para obter o efeito do batismo. O batismo como causa que age por si; a penitência como causa acidental, que remove o impedimento.

QUANTO AO 3º, deve-se dizer que o efeito do batismo não é tirar os pecados futuros, mas os presentes ou os passados. Por isso, afastada a simulação, os pecados seguintes são perdoados, sim, mas pela penitência, não pelo batismo. Por isso, o reato não é totalmente perdoado, como acontece com os pecados que antecederam ao batismo.

---

3. Loc. cit. supra, n. 20: ML 43, 120.

j. *A revivescência do batismo.* — A prática constante da Igreja é de não rebatizar os que tenham recebido o batismo nas disposições requeridas. Essa prática supõe que o efeito do sacramento, suspenso por más disposições do sujeito, é produzido, "revive" quando essa "ficção" é retirada.
Isso se justifica pela teologia do *caráter*, que é recebido mesmo na ausência de disposições requeridas (ver q. 68, a. 4 e 8). Se considerarmos o caráter como uma *causa*, *dispondo* à graça, da qual Deus é a causa eficaz (q. 64, a. 3, resp. 1), uma vez afastado o obstáculo, a causa age. Se considerarmos o caráter como uma *forma* substancial, diremos que o efeito próprio dessa forma é a graça, "regeneração espiritual"; se intervém um obstáculo, o efeito não se produz; se o obstáculo é retirado (aqui, pela penitência), o efeito é produzido. — Deve-se evitar que essas expressões (causa, forma...) sejam aqui desnecessariamente relativas.

QUAESTIO LXX
DE CIRCUMCISIONE
in quatuor articulos divisa

Deinde considerandum est de praeparatoriis ab baptismum. Et primo quidem, de praeparatorio quod

QUESTÃO 70
A CIRCUNCISÃO[a]
em quatro artigos

Em seguida, deve-se tratar do que prepara o batismo. Primeiro, da preparação que precedeu

---

a. A *circuncisão* é um rito muito antigo, praticado entre quase todos os povos, rito de iniciação ao casamento e à vida do clã, e também rito religioso, consagração à divindade das primícias da virilidade. — Desse rito, o Deus de Abraão faz o sinal da aliança que ele contrai com seu povo (Gn 17,10). Ver abaixo, a. 2.
Esse rito é também o signo do batismo (Cl 2,11-13, citado aqui). O que vincula a circuncisão ao batismo é a *fé*. O batismo é o sacramento da fé, pois constitui uma profissão de fé, e reúne ao povo dos crentes. A circuncisão também é, de certa maneira, o sacramento da fé. Costuma-se comparar Gn 17 (instituição da circuncisão) a Gn 15,6; "Abraão teve fé no Senhor, e por isso o Senhor o considerou justo" (ver Rm 9,9). Desse modo, a circuncisão é ao mesmo tempo uma afirmação da fé no Deus da

praecessit baptismum, scilicet de circumcisione; secundo, de praeparatoriis quae currunt simul cum baptismo, scilicet de catechismo et exorcismo.
Circa primum quaeruntur quatuor.
Primo: utrum circumcisio fuerit praeparatoria et figurativa baptismi.
Secundo: de institutione ipsius.
Tertio: de ritu eius.
Quarto: de effectu ipsius.

ARTICULUS 1
Utrum circumcisio fuerit praeparatoria et figurativa baptismi

Ad primum sic proceditur. Videtur quod circumcisio non fuerit praeparatoria et figurativa baptismi.
1. Omnis enim figura habet aliquam similitudinem cum suo figurato. Sed circumcisio nullam habet similitudinem cum baptismo. Ergo videtur quod non fuerit praeparativa et figurativa baptismi.
2. PRAETEREA, Apostolus dicit, 1Cor 10,2, de antiquis Patribus loquens, quod *omnes in nube et in mari baptizati sunt*: non autem dicit quod in circumcisione baptizati sint. Ergo protectio columnae nubis, et transitus maris Rubri, magis fuerunt praeparatoria ad baptismum et figurativa ipsius quam circumcisio.
3. PRAETEREA, supra[1] dictum est quod baptismus Ioannis fuit praeparatorius ad baptismum Christi. Si ergo circumcisio fuit praeparatoria et figurativa baptismi Christi, videtur quod baptismus Ioannis fuit superfluus. Quod est inconveniens. Non ergo circumcisio fuit praeparatoria et figurativa baptismi.

SED CONTRA est quod Apostolus dicit, Cl 2,11-12: *Circumcisi estis circumcisione non manu facta in exspoliatione corporis carnis: sed circumcisione Iesu Christi, consepulti ei in baptismo.*

RESPONDEO dicendum quod baptismus dicitur *sacramentum fidei*: inquantum scilicet in baptismo fit quaedam fidei professio, et per baptismum aggregatur homo congregationi fidelium. Eadem autem est fides nostra et antiquorum Patrum: secundum illud Apostoli, 2Cor 4,13: *Habentes eundem spiritum fidei credimus.* Circumcisio au-

o batismo, a saber: da circuncisão; depois, da preparação que se faz juntamente com o batismo, a saber: da catequese e do exorcismo.
A primeira questão compreende quatro artigos.
1. A circuncisão preparou e prefigurou o batismo?
2. A instituição da circuncisão.
3. Seu rito.
4. Seu efeito.

ARTIGO 1
A circuncisão preparou e prefigurou o batismo?

QUANTO AO PRIMEIRO ARTIGO, ASSIM SE PROCEDE: parece que a circuncisão **não** preparou e prefigurou o batismo.
1. Com efeito, toda figura tem alguma semelhança com aquilo que ela prefigura. Ora, a circuncisão não tem nenhuma semelhança com o batismo. Logo, parece que não foi preparação nem figura do batismo.
2. ALÉM DISSO, falando dos antigos patriarcas, o Apóstolo diz que "todos foram batizados na nuvem e no mar". Não diz que foram batizados na circuncisão. Logo a proteção da coluna de nuvem e a passagem do Mar Vermelho, mais que a circuncisão foram preparação e figura do batismo.
3. ADEMAIS, o batismo de João foi preparação para o batismo de Cristo. Portanto, se a circuncisão preparou e prefigurou o batismo de Cristo, o batismo de João foi supérfluo, o que não é apropriado dizer. Logo, a circuncisão não preparou nem prefigurou o batismo.

EM SENTIDO CONTRÁRIO, o Apóstolo escreve: "Fostes circuncidados com um circuncisão feita não pela mão do homem para vos despojar do corpo carnal: mas pela circuncisão de Jesus Cristo, sepultados com ele no batismo".

RESPONDO. O batismo se chama "sacramento da fé", enquanto no batismo fazemos uma profissão de fé e por ele nos agregamos à comunidade dos que creem. Mas nossa fé é a mesma dos antigos patriarcas, como diz o Apóstolo: "Tendo o mesmo espírito de fé, também nós cremos". Ora, a circuncisão era como uma profissão de fé e por

---

[1] PARALL.: I-II, q. 105, a. 1, ad 3; IV *Sent.*, dist. 8, q. 1, a. 2, q.la 2, ad 5.
  1. Q. 38, a. 1, 3.

aliança e das promessas e uma agregação ao povo dos crentes. Assim, a circuncisão pode ser chamada de *sacramentum*, signo sagrado (resp. 2).

tem erat quaedam protestatio fidei: unde et per circumcisionem antiqui congregabantur collegio fidelium. Unde manifestum est quod circumcisio fuerit praeparatoria ad baptismum et praefigurativa ipsius: secundum quod antiquis Patribus *omnia in figura* futuri *contingebant*, ut dicitur 1Cor 10,11, sicut et fides eorum erat de futuro.

AD PRIMUM ergo dicendum quod circumcisio habebat similitudinem cum baptismo quantum ad spiritualem effectum baptismi. Nam sicut per circumcisionem auferebatur quaedam carnalis pellicula, ita per baptismum homo exspoliatur a carnali conversatione.

AD SECUNDUM dicendum quod protectio columnae nubis, et transitus maris Rubri, fuerunt quidem figurae nostri baptismi, quo renascimur ex aqua, significata per mare Rubrum, et Spiritu Sancto, significato per columnam nubis: non tamen per haec fiebat aliqua professio fidei, sicut per circumcisionem. Et ideo praedicta duo erant tantum figurae, et non sacramenta. Circumcisio autem erat sacramentum, et praeparatorium ad baptismum: minus tamen expresse figurans baptismum, quantum ad exteriora, quam praedicta. Et ideo Apostolus potius fecit mentionem de praedictis quam de circumcisione.

AD TERTIUM dicendum quod baptismus Ioannis fuit praeparatorius ad baptismum Christi quantum ad exercitium actus. Sed circumcisio quantum ad professionem fidei, quae requiritur in baptismo, sicut dictum est[2].

ela os antigos se constituíam como comunidade de fiéis. Assim é óbvio que a circuncisão preparou e prefigurou o batismo, pois aos antigos patriarcas tudo lhes acontecia como figura do futuro, como diz Paulo, como também a fé que os animava era fé nas realidades vindouras.

QUANTO AO 1º, portanto, deve-se dizer que a circuncisão se assemelhava ao batismo pelo efeito espiritual do batismo. Pois, como a circuncisão tirava uma pele carnal, o batismo despoja o homem dos costumes carnais.

QUANTO AO 2º, deve-se dizer que a proteção da coluna de nuvem e a passagem do Mar Vermelho foram certamente figuras de nosso batismo, pelo qual renascemos da água, significada pelo Mar Vermelho, e do Espírito Santo, significado pela coluna de nuvem. Mas não se fazia, com isso, uma profissão de fé, como pela circuncisão. Por isso, os dois fatos citados eram só figuras, não sacramentos. A circuncisão, no entanto, era sacramento preparatório ao batismo, embora, do ponto de vista exterior, prefigurasse menos expressamente o batismo que os fatos antes citados. Por isso o Apóstolo os menciona em vez da circuncisão.

QUANTO AO 3º, deve-se dizer que o batismo de João preparou o batismo de Cristo quanto ao gesto exterior; a circuncisão, quanto à profissão de fé que se requer no batismo.

ARTICULUS 2

Utrum circumcisio fuerit convenienter instituta

AD SECUNDUM SIC PROCEDITUR. Videtur quod circumcisio fuerit inconvenienter instituta.

1. Sicut enim dictum est[1], in circumcisione fiebat quaedam professio fidei. Sed a peccato primi hominis nullus unquam salvari potuit nisi per fidem passionis Christi: secundum illud Rm 3,25: *Quem proposuit Deus propitiatorem per fidem in sanguine ipsius.* Ergo statim post peccatum primi hominis circumcisio institui debuit, et non tempore Abrahae.

ARTIGO 2

A circuncisão foi convenientemente instituída?[b]

QUANTO AO SEGUNDO, ASSIM SE PROCEDE: parece que a circuncisão **não** foi convenientemente instituída.

1. Com efeito, na circuncisão se fazia como uma profissão de fé. Ora, do pecado do primeiro homem jamais alguém se pôde salvar senão pela fé na paixão de Cristo. Conforme Paulo: "Foi ele que Deus destinou para servir de expiação por seu sangue, por meio da fé". Logo, a circuncisão deveria ter sido instituída logo depois do pecado do primeiro homem e não no tempo de Abraão.

---

2. In corp.

2 PARALL.: I-II, q. 102, a. 5, ad 1; IV *Sent.*, dist. 1, q. 1, a. 2, q.la 4; q. 2, a. 1, q.la 2, 3; a. 2, q.la 1, 2.

1. A. praec.

b. Rito muito antigo e quase universal, mas pode afirmar-se que Deus *instituiu* a circuncisão em Abraão, não como rito, em sua materialidade, mas como *signo*, em sua significação, sinal de sua aliança com seu povo.

2. Praeterea, in circumcisione profitebatur homo observantiam veteris legis, sicut in baptismo profitetur observantiam novae legis: unde Apostolus dicit, Gl 5,3: *Testificor omni homini circumcidenti se quoniam debitor est universae legis faciendae*. Sed legalis observantia non est tradita tempore Abrahae, sed magis tempore Moysi. Ergo inconvenienter instituta est circumcisio tempore Abrahae.

3. Praeterea, circumcisio fuit figurativa et praeparativa baptismi. Sed baptismus exhibetur omnibus populis: secundum illud Mt 28.19: *Euntes, docete omnes gentes, baptizantes eos*. Ergo circumcisio non debuit institui ut observanda tantum ab uno populo iudaeorum, sed ab omnibus populis.

4. Praeterea, carnalis circumcisio debet respondere spirituali sicut figura figurato. Sed spiritualis circumcisio, quae fit per Christum, indifferenter convenit utrique sexui: quia *in Christo Iesu non est masculus neque femina*, ut dicitur Cl 3,11. Ergo inconvenienter est circumcisio instituta, quae competit solum maribus.

Sed contra est quod, sicut legitur Gn 17,10, circumcisio est instituta a Deo, cuius *perfecta sunt opera*.

Respondeo dicendum quod, sicut dictum est[2], circumcisio erat praeparatoria ad baptismum inquantum erat quaedam professio fidei Christi, quam et nos in baptismo profitemur. Inter antiquos autem Patres, primus Abraham promissionem accepit de Christo nascituro, cum dictum est ei, Gn 22.18: *In semine tuo benedicentur omnes gentes terrae*. Et ipse etiam primus se a societate infidelium segregavit, secundum mandatum Domini dicentis sibi: *Egredere de terra tua et de cognatione tua*. Et ideo convenienter circumcisio fuit instituta in Abraham.

Ad primum ergo dicendum quod immediate post peccatum primi parentis, propter doctrinam ipsius Adae, qui plene instructus fuerat de divinis, adhuc fides et ratio naturalis vigebat in homine in tantum quod non oportebat determinari hominibus aliqua signa fidei et salutis, sed unusquisque pro suo libitu fidem suam profitentibus signis protestabatur. Sed circa tempus Abrahae diminuta erat fides, plurimis ad idololatriam declinantibus. Obscurata etiam erat ratio naturalis per augmentum carnalis concupiscentiae usque ad peccata contra

2. Além disso, na circuncisão o homem se comprometia a observar a Antiga Lei, como no batismo se compromete a observar a Nova Lei. Por isso, o Apóstolo diz: "Eu atesto mais uma vez a todo homem que se faz circuncidar que ele é obrigado a praticar a lei integralmente". Ora, a observância da lei não foi estabelecida no tempo de Abraão, mas no de Moisés. Logo, a circuncisão foi inadequadamente instituída no tempo de Abraão.

3. Ademais, a circuncisão prefigurou e preparou o batismo. Ora, o batismo foi dado a todos os povos, como está no Evangelho de Mateus: "Ide, pois; de todas as nações fazei discípulos, batizando-as". Logo, a circuncisão não devia ter sido instituída para ser observada só pelo povo judeu, mas por todos os povos.

4. Ademais, a circuncisão carnal deve corresponder à espiritual, como a figura àquilo que ela prefigura. Ora, a circuncisão espiritual que se faz por Cristo, convém igualmente a ambos os sexos, porque como está na Carta aos Colossenses, em Cristo Jesus "já não há mais homem e mulher". Logo, não convinha instituir a circuncisão que só pode realizar-se nos varões.

Em sentido contrário, como se lê no livro do Gênesis, a circuncisão foi instituída por Deus, cujas obras são todas perfeitas.

Respondo. A circuncisão preparou o batismo, enquanto era como uma profissão da fé em Cristo que também nós professamos no batismo. Mas entre os antigos patriarcas, Abraão foi o primeiro a receber a promessa de que Cristo haveria de nascer, quando lhe foi dito: Em tua descendência "se abençoarão todas as nações da terra". E também foi ele o primeiro a separar-se da sociedade dos infiéis, conforme a ordem de Deus: "Parte da tua terra, da tua família". Por isso, a circuncisão foi adequadamente instituída em Abraão.

Quanto ao 1º, portanto, deve-se dizer que logo depois do pecado do primeiro pai, dado o conhecimento que possuía o próprio Adão, que havia sido instruído plenamente sobre as coisas divinas, ainda floresciam a fé e a razão natural, de modo que não era preciso determinar aos homens sinais de fé e de salvação, mas cada qual, à vontade, professava sua fé por sinais que a declaravam. Mas, pelo tempo de Abraão, a fé havia diminuído, tendo muitos caído na idolatria. Também estava obscurecida a razão natural pelo

---

2. A. 1.

naturam. Et ideo convenienter tunc, et non ante, fuit instituta circumcisio, ad profitendum fidem et minuendum carnalem concupiscentiam.

AD SECUNDUM dicendum quod legalis observantia tradi non debuit nisi populo iam congregato: quia lex ordinatur ad bonum publicum, ut in Secunda Parte[3] dictum est. Populus autem fidelium congregandus erat aliquo signo sensibili: quod est necessarium ad hoc quod homines in quacumque religione adunentur, sicut Augustinus dicit, *contra Faustum*[4]. Et ideo oportuit prius institui circumcisionem quam lex daretur. Illi autem Patres qui fuerunt ante legem, familias suas instruxerunt de rebus divinis per modum paternae admonitionis. Unde et Dominus dicit de Abraham: *Scio quod praecepturus sit filiis suis et domui suae post se ut custodiant viam Domini.*

AD TERTIUM dicendum quod baptismus in se continet perfectionem salutis, ad quam Deus omnes homines vocat: secundum illud 1Ti 2,4: *Qui vult omnes homines salvos fieri.* Et ideo baptismus omnibus populis proponitur. Circumcisio autem non continebat perfectionem salutis, sed significabat ipsam ut fiendam per Christum, qui erat ex Iudaeorum populo nasciturus. Et ideo illi soli populo data est circumcisio.

AD QUARTUM dicendum quod circumcisionis institutio est ut signum fidei Abrahae, qui credidit se patrem futurum Christi sibi repromissi: et ideo convenienter solis maribus competebat. Peccatum etiam originale, contra quod specialiter circumcisio ordinabatur, a patre trahitur, non a matre, ut in Secunda Parte[5] dictum est. Sed baptismus continet virtutem Christi, qui est universalis salutis causa omnium, *et remissio omnium peccatorum*.

ARTICULUS 3
Utrum ritus circumcisionis fuerit conveniens

AD TERTIUM SIC PROCEDITUR. Videtur quod ritus circumcisionis non fuerit conveniens.
1. Circumcisio enim, ut dictum est[1], fidei quaedam professio est. Sed fides in vi apprehensiva

aumento da concupiscência carnal, a ponto de se praticarem pecados contra a natureza. Por isso, convinha que então, e não antes, fosse instituída a circuncisão como confissão de fé e remédio contra a concupiscência carnal.

QUANTO AO 2º, deve-se dizer que a observância da lei só devia ser imposta a um povo já reunido, porque a lei visa ao bem público, como se disse na II Parte. Ora, o povo fiel devia ser congregado sob um sinal sensível, necessário, como diz Agostinho, para reunir os homens em qualquer religião. Por isso foi preciso instituir a circuncisão antes de dar a lei. Mas os patriarcas que viveram antes da lei, instruíram suas famílias nas coisas divinas por meio de admoestações paternas. Assim o Senhor diz a Abraão: "Sei que prescreverá a seus filhos e à sua casa, que, depois dele, observem o caminho do Senhor".

QUANTO AO 3º, deve-se dizer que o batismo contém em si a perfeição da salvação a que Deus chama todos os homens: como está na primeira Carta a Timóteo, Deus "quer que todos os homens se salvem". Por isso, o batismo é proposto a todos os povos. A circuncisão, porém, não continha a perfeição da salvação, mas a significava como salvação a ser realizada por Cristo que haveria de nascer do povo judeu. Por isso só a esse povo foi dada a circuncisão.

QUANTO AO 4º, deve-se dizer que a instituição da circuncisão é um sinal da fé de Abraão que creu na promessa de ser ascendente de Cristo. Por isso, era conveniente que coubesse só a varões. Além disso, a circuncisão se orientava especialmente contra o pecado original que se transmite pelo pai, não pela mãe, como se disse na II Parte. Já o batismo contém a força de Cristo que é a causa universal da salvação de todos e a remissão de todos os pecados.

ARTIGO 3
O rito da circuncisão era adequado?

QUANTO AO TERCEIRO, ASSIM SE PROCEDE: parece que o rito da circuncisão **não** era adequado.
1. Com efeito, a circuncisão é como uma profissão de fé. Ora, a fé existe na potência apreen-

---
3. I-II, q. 90, a. 2.
4. L. XIX, c. 11: ML 42, 355.
5. I-II, q. 81, a. 5.

3 PARALL.: I-II, q. 102, a. 5, ad 1; IV *Sent.*, dist. 1, q. 2, a. 3; *ad Rom.*, c. 4, lect. 2.
1. A. 1, 2.

existit, cuius operationes maxime apparent in capite. Ergo magis debuit signum circumcisionis dari in capite quam in membro generationis.

2. PRAETEREA, ad usum sacramentorum sumimus ea quorum est communior usus: sicut aqua ad abluendum, et panem ad reficiendum. Sed ad incidendum communius utimur cultello ferreo quam petrino. Ergo circumcisio non debuit fieri cultello petrino.

3. PRAETEREA, sicut baptismus instituitur in remedium originalis peccati, ita et circumcisio, sicut Beda dicit[2]. Sed nunc baptismus non differtur usque ad octavum diem, ne pueris periculum damnationis immineat propter originale peccatum, si non baptizati decedant. Quandoque etiam tardatur baptismus post octavum diem. Ergo etiam circumcisioni non debuit determinari octavus dies, sed debebat quandoque praeveniri, sicut etiam quandoque tardabatur.

SED CONTRA est quod Rm 4, super illud, *Et signum accepit circumcisionis* [v. 11], determinatur in Glossa[3] praedictus circumcisionis ritus.

RESPONDEO dicendum quod, sicut dictum est[4], circumcisio quoddam signum fidei est institutum a Deo, *cuius sapientiae non est numerus*. Determinare autem convenientia signa est sapientiae opus. Et ideo concedendum est quod ritus circumcisionis fuit conveniens.

AD PRIMUM ergo dicendum quod circumcisio convenienter fiebat in membro generationis. Primo quidem, quia erat signum fidei qua Abraham credidit Christum ex suo semine nasciturum. — Secundo, quia erat in remedium peccati originalis, quod per actum generationis traducitur. — Tertio, quia ordinabatur ad diminutionem carnalis concupiscentiae, quae praecipue in membris illis viget, propter abundantiam delectationis venereorum.

AD SECUNDUM dicendum quod cultellus lapideus non erat de necessitate circumcisionis. Unde non invenitur tale instrumentum praecepto divino determinatum; neque communiter tali instrumento Iudaei utebantur ad circumcidendum; sed neque modo utuntur. Leguntur tamen aliquae circumcisiones famosae cultello lapideo factae: sicut legitur

siva, cujas operações se manifestam sobretudo na cabeça. Logo, o sinal da circuncisão devia fazer-se antes na cabeça do que no órgão genital.

2. ALÉM DISSO, tomamos para utilizar nos sacramentos o que é de uso mais comum, como a água para lavar, o pão para alimentar. Ora, para cortar é mais comum usar faca de ferro que de pedra. Logo, não se devia fazer a circuncisão com faca de pedra.

3. ADEMAIS, como a circuncisão, diz Beda, o batismo foi instituído como remédio do pecado original. Ora, atualmente não se difere o batismo até o oitavo dia[c], para que as crianças não incorram em perigo de condenação pelo pecado original, caso morram sem batizar-se. Às vezes também se adia o batismo para depois do oitavo dia. Logo, também não se devia ter determinado o oitavo dia para a circuncisão, mas se devia às vezes realizar antes, como também por vezes se realizava mais tarde.

EM SENTIDO CONTRÁRIO, sobre o texto da Carta aos Romanos "o sinal da circuncisão lhe foi dado", na Glosa se determina o rito da circuncisão como ficou dito.

RESPONDO. A circuncisão é como um sinal da fé instituído por Deus, cuja sabedoria não tem limites. Ora, determinar que sinais são adequados é obra da sabedoria. Portanto, é preciso conceder que o rito da circuncisão foi adequado.

QUANTO AO 1º, portanto, deve-se dizer que é adequado que a circuncisão se fizesse no órgão genital. Primeiro, porque era sinal da fé com que Abraão creu que Cristo nasceria de seu sêmen. — Segundo, porque servia de remédio contra o pecado original que se transmite pelo ato de gerar. — Terceiro, porque visava a diminuir a concupiscência carnal, cuja força reside principalmente naqueles membros devido à abundância de deleite venéreo.

QUANTO AO 2º, deve-se dizer que a faca de pedra não era necessária para a circuncisão. Esse instrumento não se encontra determinado no preceito divino, nem era o instrumento comumente usado pelos judeus para circuncidar e não se usa mais atualmente. Mas lê-se de algumas circuncisões famosas que foram feitas com faca de pedra. Assim

---

2. *Homil.*, l. I, hom. 10, *in festo Circumcisionis*: ML 94, 54 B.
3. Ordin.: ML 114, 482 D; LOMBARDI: ML 191, 1370 D-1373 A.
4. A. 2.

c. Para toda a tradição antiga, o número *oito* encerra um "mistério". *Sete*, o número da plenitude e da perfeição, é também o das atividades terrestres, que se desenrolam ao longo da semana. O *oitavo* dia, pelo contrário, é o dia da ressurreição de Cristo, que inaugura o novo mundo. Dessa forma, o número oito é com frequência relacionado ao batismo e à circuncisão, que era sua prefiguração. Basta lembrar a forma octogonal dos antigos batistérios.

Ex 4,25, quod *tulit Sephora acutissimam petram et circumcidit praeputium filii sui*; et Ios 5,2 dicitur: *Fac tibi cultros lapideos, et circumcide secundo filios Israel*. Per quod figurabatur circumcisionem spiritualem esse faciendam per Christum, de quo dicitur, 1Cor 10,4: *Petra autem erat Christus*.

AD TERTIUM dicendum quod octavus dies determinatus erat circumcisioni, tum propter mysterium: quia in octava aetate, quae est aetas resurgentium, quasi in octavo die, perficietur per Christum spiritualis circumcisio, quando auferet ab electis non solum culpam, sed etiam omnem poenalitatem. — Tum etiam propter teneritudinem infantis ante octavum diem. Unde etiam de aliis animalibus Lv 22,27, praecipitur: *Bos, ovis et capra, cum generata fuerint, septem diebus erunt sub ubere matris suae: die autem octavo et deinceps offerri poterunt Domino*.

Erat autem octavus dies de necessitate praecepti: ita scilicet quod octavum diem praetermittentes peccabant, etiam si esset sabbatum; secundum illud Io 7,23: *Circumcisionem accipit homo in sabbato, ut non solvatur lex Moysi*. Non tamen erat de necessitate sacramenti: quia, si aliqui essent omittentes octavum diem, postea poterant circumcidi.

Quidam etiam dicunt quod, propter periculum imminentis mortis, poterat octavus dies praeveniri. — Sed hoc nec ex auctoritate Scripturae, nec ex consuetudine Iudaeorum haberi potest. Unde melius est dicendum, sicut etiam Hugo de Sancto Victore dicit[5], quod octavus dies nulla necessitate praeveniebatur. Unde super illud Pr 4,3, *Unigenitus eram coram matre mea*, dicit Glossa[6] quod alius Bersabee parvulus non computabatur: quia, ante octavum diem mortuus, nominatus non fuit; et per consequens nec circumcisus.

temos, no livro do Êxodo, que "Siporá tomou uma pedra afiada e cortou o prepúcio de seu filho", e a Josué é dito: "Faze para ti facas de sílex e põe-te novamente a circuncidar os filhos de Israel". Por esses gestos se prefigurava a circuncisão espiritual a ser feita por Cristo, do qual se diz na primeira Carta aos Coríntios: "A pedra era Cristo".

QUANTO AO 3º, deve-se dizer que foi determinado o oitavo dia para a circuncisão, primeiro por causa do mistério: na oitava era do mundo, a era dos ressuscitados, como no oitavo dia, Cristo levará a cabo a circuncisão espiritual, quando livrará os eleitos não só da culpa, mas também de toda pena. — Segundo por causa da fragilidade da criança antes do oitavo dia, tanto que o Levítico ordena também sobre os animais: "Depois do nascimento, um novilho, um cordeiro ou um cabrito permanecerão sete dias com sua mãe; a partir do oitavo dia, eles serão aceitos se forem apresentados como oferendas para o Senhor".

A observância da circuncisão no oitavo dia era necessária de acordo com o preceito, de modo que pecava quem deixasse passar o oitavo dia, mesmo que este fosse um sábado. Lemos no Evangelho de João: "Um homem pode receber a circuncisão num dia de sábado, para que a lei de Moisés não seja violada". Mas não era necessária para o sacramento, porque, quem não tivesse sido circuncidado no oitava dia, podia sê-lo posteriormente.

Há quem diga que, por um perigo iminente de morte, se podia circuncidar antes do oitavo dia. — Mas isso não consta nem pela autoridade da Escritura, nem pelo costume dos judeus. Por isso é melhor dizer com Hugo de São Vítor que, por maior que fosse a necessidade, não se podia circuncidar antes do oitavo dia. Assim, sobre o texto dos Provérbios: "Minha mãe me amava como filho único", diz a Glosa que o outro filho de Bat-Sheba não contava, porque, tendo morrido antes do oitavo dia, não recebera um nome e, por conseguinte, tampouco fora circuncidado.

ARTICULUS 4
Utrum circumcisio conferret gratiam iustificantem

AD QUARTUM SIC PROCEDITUR. Videtur quod circumcisio non conferebat gratiam iustificantem.

ARTIGO 4
A circuncisão confereria a graça santificante?

QUANTO AO QUARTO, ASSIM SE PROCEDE: parece que a circuncisão **não** conferia a graça santificante.

---

5. *De Sacram.*, l. I, p. 12, c. 2: ML 176, 350 CD.
6. Ordin.: ML 113, 1086 C.

PARALL.: Supra, q. 62, a. 6, ad 3; IV *Sent.*, dist. 1, q. 2, a. 4, q.la 3; *De Verit.*, q. 28, a. 2, ad 12; *Ad Rom.*, c. 4, lect. 2.

1. Dicit enim Apostolus, Gl 2,21: *Si ex lege est iustitia, Christus gratis mortuus est*, idest sine causa[1]. Sed circumcisio erat quaedam obligatio legis implendae: secundum illud Gl 5,3: *Testificor omni homini circumcidenti se quoniam debitor est universae legis faciendae*. Ergo, si ex circumcisione est iustitia, *Christus gratis*, idest sine causa, *mortuus est*. Sed hoc est inconveniens. Non ergo ex circumcisione erat gratia iustificans a peccato.

2. PRAETEREA, ante institutionem circumcisionis sola fides ad iustificationem sufficiebat: dicit enim Gregorius, in *Moral.*[2]: *Quod apud nos valet aqua baptismatis, hoc egit apud veteres pro parvulis sola fides*. Sed virtus fidei non est imminuta propter mandatum circumcisionis. Ergo sola fides parvulos iustificabat, et non circumcisio.

3. PRAETEREA, Ios 5,5-6 legitur quod *populus qui natus est in deserto per quadraginta annos, incircumcisus fuit*. Si ergo per circumcisionem auferebatur peccatum originale, videtur quod omnes qui in deserto mortui sunt, tam parvuli quam adulti, fuerint damnati. Et eadem obiectio est de pueris qui moriebantur ante octavum diem circumcisionis, qui praeveniri non debebat, sicut dictum est[3].

4. PRAETEREA, nihil impedit introitum regni caelestis nisi peccatum. Sed circumcisi ante passionem impediebantur ab introitu regni caelestis. Non ergo per circumcisionem homines iustificabantur a peccato.

5. PRAETEREA, peccatum originale non dimittitur sine actuali: quia *impium est a Deo dimidiam sperare veniam*, ut Augustinus dicit[4]. Sed nunquam legitur quod per circumcisionem remitteretur actuale peccatum. Ergo neque etiam originale per eam dimittebatur.

SED CONTRA est quod Augustinus dicit, *ad Valerium contra Iulianum*[5]: *Ex quo instituta est circumcisio in populo Dei, quod erat "signaculum iustitiae fidei", ad sanctificationem purgationis valebat parvulis originalis veterisque peccati: sicut etiam baptismus ex illo coepit valere tempore ad innovationem hominis, ex quo institutus est*.

1. Com efeito, o Apóstolo diz: "Se é pela lei que se alcança a justiça, foi para nada que Cristo morreu", isto é, por causa de nada. Ora, a circuncisão implicava numa obrigação de cumprir a lei. Como está na Carta aos Gálatas: "Eu atesto mais uma vez a todo homem que se faz circuncidar que ele é obrigado a praticar a lei integralmente". Logo, se a justiça vem da circuncisão, "Cristo morreu para nada", isto é, por causa de nada, o que não é apropriado dizer. Logo, a graça que justifica do pecado não provinha da circuncisão.

2. ALÉM DISSO, antes da instituição da circuncisão, só a fé era suficiente para a justificação, como diz Gregório: "O que a água do batismo pode para nós, entre os antigos fazia-o para as crianças só a fé". Ora, o força da fé não diminuiu com o preceito da circuncisão. Logo, só a fé justificava as crianças, não a circuncisão.

3. ADEMAIS, lê-se na Escritura: "Todo o povo dos que nasceram no deserto por quarenta anos não fora circuncidado". Se, pois, a circuncisão tirava o pecado original, todos os que morreram no deserto, tanto crianças como adultos, teriam sido condenados. A mesma objeção vale das crianças que morriam antes do oitavo dia, pois a circuncisão não podia realizar-se antes.

4. ADEMAIS, só o pecado impede de entrar no Reino dos Céus. Ora, os circuncisos, antes da paixão, estavam impedidos de entrar no Reino dos Céus. Logo, a circuncisão não justificava do pecado.

5. ADEMAIS, o pecado original não é perdoado sem o pecado atual, porque "é ímpio esperar de Deus só meio perdão", diz Agostinho. Ora, não se lê em nenhuma parte que a circuncisão perdoasse o pecado atual. Logo, tampouco perdoava o original.

EM SENTIDO CONTRÁRIO, diz Agostinho: "Desde que a circuncisão foi instituída no povo de Deus, como 'sinete da justiça recebida pela fé', valia para santificar as crianças e purificá-las do antigo pecado original, do mesmo modo como também o batismo, desde que foi instituído, começou a valer para renovar o homem"[d].

---

1. Glossa LOMBARDI: ML 192, 117 C.
2. L. IV, c. 3: ML 75, 635 B.
3. A. 3, ad 3.
4. *De vera et falsa poenit.*, c. 9, n. 24: ML 40, 1121 (inter Opp. Aug.).
5. *De nupt. et concup.*, l. II, c. 11: ML 44, 450.

d. É pelo menos a opinião comum no Ocidente desde Sto. Agostinho, aqui citado. Ver por exemplo São Gregório, o Grande: "O que vale para nós a água do batismo, o mistério da circuncisão já o fazia entre os antigos" (*Moral.* IV, pref. 3). Para a tradição oriental, pelo contrário, é a fé que justifica, independentemente da circuncisão (ver Rm 4,11), Tal é a opinião dos teólogos modernos.

RESPONDEO dicendum quod ab omnibus communiter ponitur quod in circumcisione originale peccatum remittebatur. Quidam tamen dicebant quod non conferebatur gratia, sed solum remittebatur peccatum. Quod Magister ponit in 1 dist. IV *Sent.*, et Rm 4,11 in Glossa[6]. — Sed hoc non potest esse: quia culpa non remittitur nisi per gratiam, secundum illud Rm 3,24: *Iustificati gratis per gratiam ipsius*, etc.

Et ideo alii dixerunt quod per circumcisionem conferebatur gratia quantum ad effectus remissionis culpae, sed non quantum ad effectus positivos: ne dicere cogerentur quod gratia in circumcisione collata sufficiebat ad implendum mandata legis, et ita superfluus fuit adventus Christi. — Sed etiam haec positio stare non potest. Primo quidem, quia per circumcisionem dabatur pueris facultas suo tempore perveniendi ad gloriam, quae est ultimus effectus positivus gratiae. Secundo, quia priores sunt naturaliter, secundum ordinem causae formalis, effectus positivi quam privativi, licet secundum ordinem causae materialis sit e converso: forma enim non excludit privationem nisi informando subiectum.

Et ideo alii dixerunt quod in circumcisione conferebatur gratia etiam quantum ad aliquem effectum positivum, qui est facere dignum vita aeterna: sed non quantum ad omnes effectus, quia non sufficiebat reprimere concupiscentiam fomitis, nec etiam ad implendum mandata legis. Quod etiam aliquando mihi[7] visum est. — Sed diligenter consideranti apparet quod non est verum. Quia minima gratia potest resistere cuilibet concupiscentiae, et vitare omne peccatum mortale, quod committitur in transgressione mandatorum legis: minima enim caritas plus diligit Deum quam cupiditas *millia auri et argenti*.

Et ideo dicendum quod in circumcisione conferebatur gratia quantum ad omnes gratiae effectus, aliter tamen quam in baptismo. Nam in baptismo confertur gratia ex virtute ipsius baptismi, quam habet inquantum est instrumentum passionis Christi iam perfectae. Circumcisio autem conferebat gratiam inquantum erat signum fidei passionis Christi futurae: ita scilicet quod homo

RESPONDO. Em geral todos admitem que a circuncisão perdoa o pecado original. Alguns, porém, diziam que não conferia a graça, mas só perdoava o pecado. Assim o Mestre das Sentenças e a Glosa sobre texto da Carta aos Romanos. — Mas isso não é possível, porque a culpa só é perdoada pela graça, de acordo com o Apóstolo: "Gratuitamente justificados por sua graça" etc.

Por isso, outros, para não serem obrigados a dizer que a graça conferida na circuncisão era suficiente para cumprir os mandamentos da lei e assim teria sido supérflua a vinda de Cristo, afirmaram que a circuncisão conferia a graça em seu efeito de remissão da culpa, mas não em seus efeitos positivos. — Tampouco essa posição pode ser defendida. Primeiro, porque a circuncisão dava às crianças a faculdade de, a seu tempo, chegarem à glória, que é o último efeito positivo da graça. Segundo, porque, na ordem da causa formal, os efeitos positivos são naturalmente anteriores aos efeitos privativos (embora na ordem da causa material valha o inverso), pois a forma só exclui a privação, informando o sujeito.

Por isso outros ainda disseram que a circuncisão conferia a graça também quanto a algum efeito positivo, como é fazer digno da vida eterna, mas não quanto a todos os efeitos, porque não era suficiente para reprimir o estímulo da concupiscência nem para cumprir os mandamentos da lei. Outrora defendi esta opinião. — Mas, considerando com mais cuidado, vê-se que não é verdade, porque o mínimo de graça pode resistir a qualquer concupiscência e evitar todo pecado mortal que se comete transgredindo os mandamentos da lei, pois o mínimo de caridade ama mais a Deus que a cobiça é capaz de amar "milhões em ouro e prata".

Portanto, é preciso dizer que a circuncisão conferia a graça quanto a todos seus efeitos, mas de outra maneira que o batismo. Pois o batismo confere a graça por sua própria força que possui como instrumento da paixão de Cristo já realizada. A circuncisão conferia a graça, enquanto era sinal da fé na paixão futura de Cristo. Assim o homem que recebia a circuncisão, professava

---

6. Loc. cit. — Cfr. etiam Ordin.: ML 114, 482 D.
7. IV *Sent.*, dist. 1, q. 2, a. 4, q.la 3.

Tal é ainda o parecer de Sto. Tomás, o qual, após ter rejeitado outras teses, pensa que, se o batismo age por sua própria virtude, enquanto instrumento da paixão, a circuncisão conferiria a graça, enquanto signo da fé. Refere-se a São Paulo, Rm 4,11. Ver acima q. 68, a. 1, resp. 1, e q. 62, a. 6; I-II, q. 103, a. 2.

O povo de Deus, proveniente de Abraão, era agregado pela fé, da qual a circuncisão era seu signo ainda grosseiro. Na nova economia, as realidades espirituais tomam o lugar das realidades carnais: é a fé, com os sacramentos da fé, que forma o novo povo de Deus, Israel segundo o espírito.

qui accipiebat circumcisionem, profitebatur se suscipere talem fidem; vel adultus pro se, vel alius pro parvulis. Unde et Apostolus dicit, Rm 4,11, quod Abraham *accepit signum circumcisionis, signaculum iustitiae fidei*: quia scilicet iustitia ex fide erat significata, non ex circumcisione significante. Et quia baptismus operatur instrumentaliter in virtute passionis Christi, non autem circumcisio, ideo baptismus imprimit characterem incorporantem hominem Christo, et copiosiorem gratiam confert quam circumcisio: maior enim est effectus rei iam praesentis quam spei.

AD PRIMUM ergo dicendum quod ratio illa procederet si ex circumcisione esset iustitia aliter quam per fidem passionis Christi.

AD SECUNDUM dicendum quod, sicut ante institutionem circumcisionis fides Christi futuri iustificabat tam pueros quam adultos, ita et circumcisione data. Sed antea non requirebatur aliquod signum protestativum huius fidei: quia nondum homines fideles seorsum ab infidelibus coeperant adunari ad cultum unius Dei. Probabile tamen est quod parentes fideles pro parvulis natis, et maxime in periculo existentibus, aliquas preces Deo funderent, vel aliquam benedictionem eis adhiberent, quod erat quoddam *signaculum fidei*: sicut adulti pro seipsis preces et sacrificia offerebant.

AD TERTIUM dicendum quod populus in deserto praetermittens mandatum circumcisionis excusabatur, tum quia nesciebant quando castra movebantur; tum quia, ut Damascenus dicit[8], non necesse erat eos aliquod signum distinctionis habere quando seorsum ab aliis populis habitabant. Et tamen, ut Augustinus dicit[9], inobedientiam incurrebant qui ex contemptu praetermittebant.

Videtur tamen quod nulli incircumcisi mortui fuerint in deserto, quia in Ps 104,37 dicitur: *Non erat in tribubus eorum infirmus*: sed illi soli videntur mortui in deserto qui fuerant in Aegypto circumcisi. Si tamen aliqui ibi incircumcisi mortui sunt, eadem ratio est de his et de his qui moriebantur ante circumcisionis institutionem. Quod etiam intelligendum est de pueris qui moriebantur ante octavum diem tempore legis.

AD QUARTUM dicendum quod in circumcisione auferebatur originale peccatum ex parte personae:

receber tal fé: o adulto por si mesmo, um outro pelas crianças. Por isso, o Apóstolo escreve que Abraão recebeu "o sinal da circuncisão como sinete da justiça recebida pela fé", porque a justiça vinha da fé significada pela circuncisão e não da circuncisão que a significava. Já que o batismo, e não a circuncisão, atua instrumentalmente na força da paixão de Cristo, ele imprime o caráter que incorpora o homem a Cristo e confere uma graça mais copiosa que a circuncisão, pois maior é o efeito da realidade já presente que da esperança nela.

QUANTO AO 1º, portanto, deve-se dizer que o argumento seria procedente, se da circuncisão proviesse a justiça de outra maneira que pela fé na paixão de Cristo.

QUANTO AO 2º, deve-se dizer que como antes da instituição da circuncisão a fé no Cristo futuro justificava crianças e adultos, assim também depois de dada a circuncisão. Mas antes não se requeria um sinal que declarasse essa fé, porque os homens que criam ainda não haviam começado a reunir-se para o culto do único Deus separados dos que não criam. Contudo é provável que os pais que criam proferissem preces a Deus pelas crianças recém-nascidas, máxime quando se encontravam em perigo de vida, ou pronunciassem uma bênção sobre elas. Isso servia como "sinete da fé", de modo semelhante como os adultos ofereciam preces e sacrifícios por si próprios.

QUANTO AO 3º, deve-se dizer que o povo que no deserto não seguiu o preceito da circuncisão, estava escusado, tanto porque não sabiam quando se levantaria acampamento, quanto porque, como diz Damasceno, vivendo separados dos outros povos, não era necessário terem algum sinal distintivo. Contudo, como diz Agostinho, incorriam em desobediência os que omitiam a circuncisão por desprezo.

No entanto, parece que nenhum incircunciso morreu no deserto, pois o salmo diz: "Não havia enfermos em suas tribos". Parece que só morreram no deserto os que haviam sido circuncidados no Egito. Mas, se morreu algum incircunciso, vale para ele o mesmo raciocínio que para quem morria antes da instituição da circuncisão. O mesmo se deve entender das crianças que, no tempo da lei, morriam antes do oitavo dia.

QUANTO AO 4º, deve-se dizer que a circuncisão tirava o pecado original em suas consequências

---

8. *De fide orth.*, l. IV, c. 25: MG 94, 1213 A.
9. *Quaest. in Heptat.*, l. VI, q. 6, super *Iosue* 5, 2: ML 34, 778.

remanebat tamen impedimentum intrandi in regnum caelorum ex parte totius naturae, quod fuit sublatum per passionem Christi. Et ideo etiam baptismus ante passionem Christi non introducebat in regnum. Sed circumcisio, si haberet locum post passionem Christi, introduceret in regnum.

AD QUINTUM dicendum quod adulti, quando circumcidebantur, consequebantur remissionem non solum originalis, sed etiam actualium peccatorum, non tamen ita quod liberarentur ab omni reatu poenae, sicut in baptismo, in quo confertur copiosior gratia.

para a pessoa, mas permanecia o impedimento de entrar no Reino dos Céus que atingia toda a natureza, porque ainda não fora supresso pela paixão de Cristo. Por isso, também o batismo antes da paixão de Cristo não introduzia no Reino. E a circuncisão, se se tivesse mantido depois da paixão de Cristo, introduziria no Reino.

QUANTO AO 5º, deve-se dizer que os adultos, quando se circuncidavam, alcançavam a remissão não só do pecado original, mas também dos pecados atuais, mas não a ponto de serem libertos de todo reato da pena a eles devida, como o batismo, que confere graça mais copiosa.

QUAESTIO LXXI
DE CATECHISMO ET EXORCISMO
in quatuor articulos divisa
Deinde considerandum est de praeparatoriis quae simul currunt cum baptismo.
Et circa hoc quaeruntur quatuor.
Primo: utrum catechismus debeat praecedere baptismum.
Secundo: utrum baptismum debeat praecedere exorcismus.
Tertio: utrum ea quae aguntur in catechismo et exorcismo aliquid efficiant, vel solum significent.
Quarto: utrum baptizandi debeant catechizari vel exorcizari per sacerdotes.

QUESTÃO 71
A CATEQUESE E O EXORCISMO
em quatro artigos
Em seguida, deve-se tratar da preparação que se faz juntamente com o batismo.
Sobre isso, são quatro as perguntas:
1. A catequese deve preceder o batismo?

2. O exorcismo deve preceder o batismo?

3. O que se faz na catequese e no exorcismo têm alguma eficácia ou são meros sinais?

4. Os que vão ser batizados devem ser catequizados ou exorcizados por sacerdotes?

ARTICULUS 1
Utrum catechismus debeat praecedere baptismum

AD PRIMUM SIC PROCEDITUR. Videtur quod catechismus non debeat praecedere baptismum.

1. Per baptismum enim regenerantur homines ad vitam spiritualem. Sed prius accipit homo vitam quam doctrinam. Non ergo prius debet homo *catechizari*, idest doceri, quam baptizari.

2. PRAETEREA, baptismus exhibetur non solum adultis, sed etiam pueris, qui non sunt doctrinae perceptibiles, eo quod non habent usum rationis. Ergo ridiculum est eos catechizari.

ARTIGO 1
A catequese deve preceder o batismo?

QUANTO AO PRIMEIRO ARTIGO, ASSIM SE PROCEDE: parece que a catequese **não** deveria preceder o batismo.

1. Com efeito, o batismo faz os homens renascerem para a vida espiritual. Ora, o homem recebe primeiro a vida, depois a doutrina. Logo, não deve ser catequizado, isto é, ensinado, antes de batizar-se.

2. ALÉM DISSO, o batismo é conferido não só a adultos, mas também a crianças que não são capazes de captar a doutrina por não terem o uso da razão. Logo, é ridículo catequizá-los.

---
1 PARALL.: IV *Sent.*, dist. 6, q. 2, a. 2, q.la 1.

3. Praeterea, in catechismo confitetur catechizatus suam fidem. Confiteri autem fidem suam non potest puer, neque per seipsum, neque etiam aliquis alius pro eo: tum quia nullus potest alium ad aliquid obligare; tum quia non potest aliquis scire utrum puer, cum ad legitimam aetatem pervenerit, assentiat fidei. Non ergo debet catechismus praecedere baptismum.

Sed contra est quod Rabanus, *de Institutione Clericorum*[1], dicit: *Ante baptismum, catechizandi debet hominem praevenire officium, ut fidei primum catechumenus accipiat rudimentum.*

Respondeo dicendum quod, sicut supra[2] dictum est, baptismus est *fidei sacramentum*: cum sit quaedam professio fidei Christianae. Ad hoc autem quod aliquis fidem accipiat, requiritur quod de fide instruatur: secundum illud Rm 10,14: *Quomodo credent quem non audierunt? Quomodo autem audient sine praedicante?* Et ideo ante baptismum convenienter praecedit catechismus. Unde et Dominus, praeceptum baptizandi discipulis tradens, praemittit doctrinam baptismo, dicens: *Euntes, docete omnes gentes, baptizantes eos*, etc.

Ad primum ergo dicendum quod vita gratiae, in qua regeneratur aliquis, praesupponit vitam naturae rationalis, in qua potest homo particeps esse doctrinae.

Ad secundum dicendum quod, sicut mater Ecclesia, ut supra[3] dictum est, *accommodat pueris baptizandis aliorum pedes ut veniant, et aliorum cor ut credant*, ita etiam accommodat eis aliorum aures ut audiant, et intellectum ut per alios instruantur. Et ideo eadem ratione sunt catechizandi qua sunt baptizandi.

Ad tertium dicendum quod ille qui pro puero baptizato respondet, *Credo*, non praedicit puerum crediturum cum ad legitimos annos pervenerit, alioquin diceret, *Credet*: sed profitetur fidem Ecclesiae in persona pueri, cui communicatur, cuius sacramentum ei attribuitur, et ad quam obligatur per alium. Non est enim inconveniens quod aliquis obligetur per alium in his quae sunt de necessitate salutis. — Similiter etiam patrinus pro puero respondens promittit se operam daturum ad hoc quod puer credat. Quod tamen non sufficeret in adultis usum rationis habentibus.

3. Ademais, na catequese o catecúmeno confessa sua fé. Ora, uma criança não pode confessar sua fé, nem por si mesma, nem outrem por ela, pois ninguém pode obrigar outrem a algo, nem pode saber se a criança, quando chegar à idade adulta, dará seu assenso à fé. Logo, a catequese não deve preceder o batismo.

Em sentido contrário, diz Rabano: "Antes do batismo, é preciso catequizar o candidato, para que o catecúmeno receba os primeiros rudimentos da fé".

Respondo. O batismo é o sacramento da fé, por ser uma profissão da fé cristã. Mas, para que alguém receba a fé, requer-se que seja nela instruído, conforme a palavra do Apóstolo: "Como creriam nele, sem o terem ouvido? E como o ouviriam, se ninguém o proclama?". Portanto, é conveniente que a catequese preceda o batismo. Por isso, o Senhor, transmitindo aos discípulos o preceito de batizar, faz a doutrina preceder o batismo, dizendo: "Ide, pois; ensinai todos os povos, batizando-os" etc.

Quanto ao 1º, portanto, deve-se dizer que a vida da graça, a que renascemos, pressupõe a vida da natureza racional, que nos permite receber a instrução.

Quanto ao 2º, deve-se dizer que assim como "a mãe Igreja oferece às crianças" a serem batizadas "os pés dos outros para que venham, o coração dos outros para que creiam", também oferece os ouvidos dos outros para que ouçam e a inteligência para que sejam instruídas pelos outros. Devem ser, pois, catequizadas pela mesma razão por que devem ser batizadas.

Quanto ao 3º, deve-se dizer que quem responde "Creio" pela criança batizada, não prediz que a criança há de crer quando chegar à idade adulta, do contrário teria que dizer: "Crerá", mas professa, como representante da criança, a fé da Igreja, à qual a criança é associada, cujo sacramento lhe é conferido e à qual é obrigada por outrem. Nem é inconveniente que alguém seja obrigado por outrem naquilo que é necessário à salvação. — Semelhantemente o padrinho, respondendo pela criança, promete que se aplicará a que a criança creia. Contudo, isso não seria suficiente no caso de adultos que têm o uso da razão[a].

---

1. L. I, c. 25: ML 107, 310 C.
2. Q. 70, a. 1.
3. Q. 69, a. 6, ad 3.

a. Ver acima q. 68, a. 9.

Articulus 2
Utrum exorcismus debeat praecedere baptismum

AD SECUNDUM SIC PROCEDITUR. Videtur quod exorcismus non debeat praecedere baptismum.

1. Exorcismus enim est contra *energumenos*, idest arreptitios, ordinatus. Sed non omnes sunt tales. Ergo exorcismus non debet praecedere baptismum.
2. PRAETEREA, quandiu homo subiacet peccato, diabolus in eo potestatem habet: ut dicitur Io 8,34: *Qui facit peccatum, servus est peccati*. Sed peccatum tollitur per baptismum. Non ergo ante baptismum sunt homines exorcizandi.

3. PRAETEREA, ad arcendum daemonum potestatem est introducta aqua benedicta. Non ergo ad hoc oportebat aliud remedium adhiberi per exorcismos.

SED CONTRA est quod Caelestinus Papa dicit[1]: *Sive parvuli sive iuvenes ad regenerationis veniant sacramentum, non prius fontem vitae adeant quam exorcismis et exsufflationibus clericorum spiritus immundus ab eis abiiciatur.*

RESPONDEO dicendum quod quicumque opus aliquod sapienter facere proponit, prius removet impedimenta sui operis: unde dicitur Ier 4,3: *Novate vobis novale, et nolite serere super spinas*. Diabolus autem hostis est humanae salutis, quae homini per baptismum acquiritur; et habet potestatem aliquam in homine ex hoc ipso quod subditur originali peccato, vel etiam actuali. Unde etiam convenienter ante baptismum expelluntur daemones per exorcismos, ne salutem hominis impediant. Quam quidem expulsionem significat exsufflatio. Benedictio autem, cum manus impositione, praecludit expulso viam ne redire possit. Sal autem in os missum, et narium et aurium sputo linitio, significat receptionem doctrinae fidei quantum ad aures, et approbationem quantum ad nares, et confessionem quantum ad os. Olei vero inunctio significat aptitudinem hominis ad pugnandum contra daemones.

Artigo 2
O exorcismo deve preceder o batismo?[b]

QUANTO AO SEGUNDO, ASSIM SE PROCEDE: parece que o exorcismo **não** deveria preceder o batismo.

1. Com efeito, o exorcismo se dirige contra os energúmenos, isto é, os possessos. Ora, nem todos os catecúmenos são tais. Logo, o exorcismo não deve preceder o batismo.
2. ALÉM DISSO, enquanto o homem está submetido ao pecado, o diabo tem poder sobre ele, pois, como diz o Evangelho de João "aquele que comete o pecado é escravo do pecado". Ora, o batismo tira o pecado. Logo, os homens não devem ser exorcizados antes do batismo.

3. ADEMAIS, para conter o poder do demônio foi instituída a água benta. Logo, não era preciso empregar para isso outros remédios com os exorcismos.

EM SENTIDO CONTRÁRIO, o papa Celestino diz: "Quer se aproximem crianças quer venham jovens ao sacramento do novo nascimento, não tenham parte na fonte da vida sem que antes o espírito imundo tenha sido lançado para fora deles pelos exorcismos e pelo sopro dos clérigos".

RESPONDO. Quem quer que se proponha fazer sabiamente uma obra, remove antes os obstáculos que se lhe opõe. Diz o livro de Jeremias: "Arai para vós um campo, não semeeis entre os espinhos!". Ora, o diabo é o inimigo da salvação humana adquirida pelo batismo. Ele tem certo poder sobre os homens por estarem submetidos ao pecado original ou também ao pecado atual. Por isso, é conveniente antes do batismo expulsar os demônios por exorcismos, para que não impeçam a salvação do homem. O sopro significa a expulsão; a bênção com imposição das mãos obstrui o caminho ao demônio expulso, para que não possa voltar. O sal que se põe na boca e a unção do nariz e dos ouvidos com saliva significam que os ouvidos recebem a doutrina da fé, o nariz a aprova e a boca a confessa. A unção com óleo significa a preparação do homem para lutar contra os demônios.

---

2 PARALL.: Infra, a. 3, ad 3; IV *Sent*, dist. 6, q. 2, a. 3, q.la 1; q.la 2, ad 4.
   1. *Capitula* c. 9: ed. Mansi, IV, 462.

b. Os ritos preparatórios ao batismo são propriamente falando *exorcismos*. Para que o homem possa obter a salvação pelo batismo, é necessário que ele seja pelo exorcismo liberado da influência do demônio, que tem sobre ele, em virtude do pecado original ou atual, um certo poder. É o sentido do sinal da cruz, e das fórmulas imprecatórias das quais se serve a Igreja nessas cerimônias. Reportar-se às fórmulas do ritual que exprimem o sentido dessas palavras e gestos.

AD PRIMUM ergo dicendum quod *energumeni* dicuntur quasi *interius laborantes* extrinseca operatione diaboli. Et quamvis non omnes accedentes ad baptismum corporaliter ab eo vexentur, omnes tamen non baptizati potestati daemonum subiiciuntur, saltem propter reatum originalis peccati.

AD SECUNDUM dicendum quod in baptismo per ablutionem excluditur potestas daemonis ab homine quantum ad hoc quod impedit eum a perceptione gloriae. Sed exorcismi excludunt potestatem daemonis inquantum impedit hominem a perceptione sacramenti.

AD TERTIUM dicendum quod aqua benedicta datur contra impugnationes daemonum quae sunt ab exteriori. Sed exorcismus ordinatur contra impugnationes daemonum quae sunt ab interiori: unde *energumeni* dicuntur, quasi *interius laborantes*, illi qui exorcizantur.

Vel dicendum quod, sicut remedium contra peccatum secundo datur poenitentia, quia baptismus non iteratur; ita in remedium contra impugnationes daemonum secundo datur aqua benedicta, quia exorcismi baptismales non iterantur.

QUANTO AO 1º, portanto, deve-se dizer que "energúmenos" significa etimologicamente "os que padecem interiormente" por uma ação exterior do diabo. Embora não todos os que se aproximam do batismo sejam por ele atormentados corporalmente, contudo todos os não batizados estão submetidos ao poder do demônio, ao menos devido a serem réus do pecado original.

QUANTO AO 2º, deve-se dizer que a ablução batismal afasta do homem o poder do demônio enquanto este o impede de alcançar a glória. Mas os exorcismos afastam o poder do demônio enquanto este impede o homem de receber o sacramento.

QUANTO AO 3º, deve-se dizer que a água benta existe contra os assaltos dos demônios que vêm do exterior. Mas o exorcismo visa aos ataques que vêm do interior. Por isso, os que são exorcizados denominam-se "energúmenos" como se "padecessem interiormente.

Também se poderia responder dizendo que, como a penitência é um segundo remédio contra o pecado, porque o batismo não se repete, assim a água benta é um segundo remédio contra os assaltos do demônio, porque os exorcismos batismais não se repetem.

ARTICULUS 3
Utrum ea quae aguntur in exorcismo efficiant aliquid, vel solum significent

AD TERTIUM SIC PROCEDITUR. Videtur quod ea quae aguntur in exorcismo non efficiant aliquid, sed solum significent.

1. Si enim puer post exorcismos moriatur ante baptismum, salutem non consequitur. Sed ad hoc ordinatur effectus eorum quae in sacramentis aguntur, ut homo consequatur salutem: unde et Mc 16,16 dicitur: *Qui crediderit et baptizatus fuerit, salvus erit.* Ergo ea quae aguntur in exorcismo nihil efficiunt, sed solum significant.

2. PRAETEREA, hoc solum requiritur ad sacramentum novae legis ut sit signum et causa, sicut supra[1] dictum est. Si ergo ea quae aguntur in exorcismo aliquid efficiant, videtur quod singula sint quaedam sacramenta.

ARTIGO 3
Os ritos do exorcismo têm eficácia ou são meros sinais?

QUANTO AO TERCEIRO, ASSIM SE PROCEDE: parece que os ritos do exorcismo **não** teriam nenhuma eficácia; seriam meros sinais.

1. Com efeito, se uma criança morre depois dos exorcismos e antes do batismo, não alcança a salvação. Ora, o efeito dos ritos sacramentais visa à salvação do homem. Por isso, se diz: "Quem crer e for batizado será salvo". Logo, o rito do exorcismo não tem eficácia, é mero sinal.

2. ALÉM DISSO, para os sacramentos da Nova Lei só se requer que sejam sinal e causa. Se, pois, os ritos do exorcismo tivessem eficácia, cada um deles seria um sacramento[c].

---

3 PARALL.: IV *Sent.*, dist. 6, q. 2, a. 3, q.la 2.

1. Q. 62, a. 1.

c. Tem-se aqui uma definição bem precisa dos *sacramentais*, e de sua diferença em relação aos sacramentos. Para Sto. Tomás, ambos são verdadeiramente *causas*: os sacramentais não são meros signos, sem eficácia própria. Mas o que é específico dos sacramentos é produzir o efeito principal, que é a graça; os sacramentais se limitam a afastar os obstáculos em direção à graça.

3. Praeterea, sicut exorcismus ordinatur ad baptismum, ita, si aliquid in exorcismo efficitur, ordinatur ad effectum baptismi. Sed dispositio ex necessitate praecedit formam perfectam: quia forma non recipitur nisi in materia disposita. Sequeretur ergo quod nullus posset consequi effectum baptismi nisi prius exorcizatus: quod patet esse falsum. Non ergo ea quae aguntur in exorcismis aliquem effectum habent.

4. Praeterea, sicut quaedam aguntur in exorcismo ante baptismum, ita etiam quaedam aguntur post baptismum: sicut quod sacerdos baptizatum ungit in vertice. Sed ea quae post baptismum aguntur non videntur aliquid efficere: quia secundum hoc, effectus baptismi esset imperfectus. Ergo nec ea quae ante baptismum aguntur in exorcismo.

Sed contra est quod Augustinus dicit, in libro *de Symbolo*[2]: *Parvuli exsufflantur et exorcizantur, ut pellatur ab eis diaboli potestas inimica, quae decepit hominem.* Nihil autem agitur frustra per Ecclesiam. Ergo per huiusmodi exsufflationes hoc agitur ut daemonum potestas expellatur.

Respondeo dicendum quod quidam dicunt ea quae in exorcismo aguntur nihil efficere, sed solum significare. — Sed hoc patet esse falsum, per hoc quod Ecclesia in exorcismis imperativis verbis utitur ad expellendum daemonis potestatem: puta cum dicit, *Ergo, maledicte diabole, exi ab eo,* etc.

Et ideo dicendum est quod aliquem effectum habent: differenter tamen ab ipso baptismo. Nam per baptismum datur homini gratia ad plenam remissionem culparum. Per ea vero quae in exorcismo aguntur, excluditur duplex impedimentum gratiae salutaris percipiendae. Quorum unum est impedimentum extrinsecum, prout daemones salutem hominis impedire conantur. Et hoc impedimentum excluditur per exsufflationes, quibus potestas daemonis repellitur, ut patet ex inducta auctoritate Augustini: quantum scilicet ad hoc quod non praestet impedimentum sacramento suscipiendo. Manet tamen potestas daemonis in homine quantum ad maculam peccati et reatum poenae, quousque peccatum per baptismum tollatur. Et secundum hoc Cyprianus dicit[3]: *Scias diaboli nequitiam posse remanere usque ad aquam salutarem: in baptismo autem omnem nequitiam amittere.*

3. Ademais, já que o exorcismo prepara para o batismo, se o exorcismo tivesse alguma eficácia, também prepararia para o efeito do batismo. Ora, a disposição necessariamente precede a forma perfeita, porque a forma só se recebe na matéria já disposta. Seguir-se-ia, pois, que ninguém poderia conseguir o efeito do batismo se não fosse antes exorcizado, o que é evidentemente falso. Logo, os ritos do exorcismo não têm efeito algum.

4. Ademais, como há exorcismos antes do batismo, há também depois dele, como a unção na cabeça com que o batizado é ungido pelo sacerdote. Ora, o que se faz depois do batismo não poderia ter eficácia, porque senão o efeito do batismo teria sido imperfeito. Logo, tampouco têm eficácia os exorcismos antes do batismo[d].

Em sentido contrário, diz Agostinho: "Exorcizam-se as crianças pequenas e sopra-se sobre elas para expulsar delas o poder inimigo do demônio que enganou o homem". Como a Igreja não faz nada em vão, esse ato de soprar realiza a expulsão do poder dos demônios.

Respondo. Alguns autores dizem que o rito do exorcismo não tem eficácia, é mero sinal. — Mas isso é evidentemente falso, pelo fato de a Igreja nos exorcismos usar palavras imperativas para expulsar o poder do demônio, por exemplo: "Portanto, diabo maldito, sai dele etc."

Por isso é preciso dizer que os ritos do exorcismo têm algum efeito, mas diferente daquele do batismo. Pois o batismo dá ao homem a graça para remissão plena da culpa. Os ritos do exorcismo excluem dois impedimentos para receber a graça da salvação. O primeiro impedimento é exterior: os demônios tentam impedir a salvação do homem. Esse obstáculo é excluído pelo sopro, que repele o poder do demônio, como fica claro a partir da citação de Agostinho antes aduzida. Trata-se de que o demônio não ponha obstáculo à recepção do batismo. Mas, até que o batismo suprima o pecado, permanece o poder do demônio sobre o homem quanto à mancha do pecado e ao reato da pena. Nesse sentido diz Cipriano: "Saiba que a maldade do diabo pode permanecer até que recebas a água da salvação; o batismo, porém, manda embora toda maldade".

---

2. Al. *Serm. ad Catechum.* I, c. 1: ML 40, 628.
3. Epist. 76, *ad Magnum, de Haereticor. Baptism,* n. 15: ML 3, 1150 B (cfr. ML 4, 414 B).

d. É preciso substituir as cerimônias que, em caso de urgência, não poderiam ser cumpridas. Mesmo então elas não são inúteis: repelem as forças inimigas que poderiam impedir o efeito do batismo.

Aliud autem impedimentum est intrinsecum, prout scilicet homo ex infectione originalis peccati habet sensus praeclusos ad percipienda salutis mysteria. Unde Rabanus, *de Institutione Clericorum*[4], dicit quod *per salivam typicam et sacerdotis tactum sapientia et virtus divina salutem catechumenis operatur, ut aperiantur eis nares ad recipiendum odorem notitiae Dei, ut aperiantur aures ad audiendum mandata dei, ut aperiantur illis sensus in intimo corde ad respondendum.*

AD PRIMUM ergo dicendum quod per ea quae aguntur in exorcismo non tollitur culpa, propter quam homo punitur post mortem: sed solum tolluntur impedimenta recipiendi remissionem culpae per sacramentum. Unde post mortem exorcismus non valet sine baptismo.

Praepositinus autem dicit[5] quod pueri exorcizati, si moriantur ante baptismum, minores tenebras patientur. Sed hoc non videtur verum: quia tenebrae illae sunt carentia divinae visionis, quae non recipit magis et minus.

AD SECUNDUM dicendum quod de ratione sacramenti est quod perficiat principalem effectum, qui est gratia remittens culpam, vel supplens aliquem hominis defectum. Quod quidem non fit per ea quae aguntur in exorcismo: sed solum huiusmodi impedimenta tolluntur. Et ideo non sunt sacramenta, sed sacramentalia quaedam.

AD TERTIUM dicendum quod dispositio sufficiens ad suscipiendam gratiam baptismalem est fides et intentio, vel propria eius qui baptizatur, si sit adultus, vel Ecclesiae, si sit parvulus. Ea vero quae aguntur in exorcismo, ordinantur ad removendum impedimenta. Et ideo sine eis potest aliquis consequi effectum baptismi.

Non tamen sunt huiusmodi praetermittenda, nisi in necessitatis articulo. Et tunc, cessante periculo, debent suppleri: ut servetur uniformitas in baptismo. Nec frustra supplentur post baptismum: quia, sicut impeditur effectus baptismi antequam percipiatur, ita potest impediri postquam fuerit perceptus.

AD QUARTUM dicendum quod eorum quae aguntur post baptismum circa baptizatum, aliquid est quod non solum significat, sed efficit: puta inunctio quae fit in vertice, quae operatur con-

O outro impedimento é interior: o homem, imbuído do pecado original, tem os sentidos fechados para experimentar os mistérios da salvação. Assim diz Rabano: "Pelo simbolismo da saliva e pelo toque do sacerdote a sabedoria e a força divinas realizam a salvação dos catecúmenos, abrindo-lhes os narizes para que recebam o odor do conhecimento de Deus, abrindo-lhes os ouvidos para que ouçam os mandamentos de Deus, abrindo-lhes os sentidos para que respondam no íntimo do coração".

QUANTO AO 1º, portanto, deve-se dizer que os ritos do exorcismo não tiram a culpa, pela qual os homens são punidos depois da morte. Apenas tiram os impedimentos para receber a remissão da culpa pelo sacramento. Por isso, o exorcismo sem o batismo não vale nada para depois da morte.

Prepositino diz que o sofrimento das crianças exorcizadas, que morrem antes do batismo, consiste em trevas menos profundas. Mas isto não parece ser verdade, porque aquelas trevas são a privação da visão de Deus que não admite mais e menos.

QUANTO AO 2º, deve-se dizer que pertence à razão de sacramento que realize o efeito principal que é a graça que perdoa a culpa ou supre alguma carência do homem. Ora, os ritos do exorcismo não realizam isso, mas só tiram os impedimentos para tanto. Por isso não são sacramentos, mas sacramentais.

QUANTO AO 3º, deve-se dizer que a disposição suficiente para receber a graça batismal é a fé e a intenção daquele que é batizado, se for adulto, ou a intenção da Igreja, se for criança pequena. Os ritos do exorcismo visam a remover impedimentos. Por isso, também sem eles se pode alcançar o efeito do batismo.

Contudo não devem ser omitidos, a não ser em caso de necessidade. E mesmo então, cessando o perigo, devem ser supridos, para que se conserve a uniformidade no batismo. Sua realização depois do batismo não é inútil, pois, como pode haver obstáculos ao efeito do batismo antes de recebê-lo, também pode haver obstáculos depois de ter sido recebido.

QUANTO AO 4º, deve-se dizer que entre os ritos pós-batismais há os que não são meros sinais, senão que têm sua eficácia: por exemplo, a unção na cabeça que atua para conservar-se a graça ba-

---

4. L. I, c. 27: ML 107, 312 B.
5. *Summa*, p. IV, c. *de Exorcismo.*

servationem gratiae baptismalis. Aliquid autem est quod nihil efficit, sed solum significat: sicut quod datur eis vestis candida, ad significandam novitatem vitae.

tismal. Mas há também os que são meros sinais, sem eficácia, como a entrega da veste branca para significar a vida nova.

Articulus 4
Utrum sit sacerdotis catechizare et exorcizare baptizandum

AD QUARTUM SIC PROCEDITUR. Videtur quod non sit sacerdotis catechizare et exorcizare baptizandum.
1. Ad officium enim ministrorum pertinet habere operationem super immundos: ut Dionysius, 5 cap. *Eccl. Hier.*[1], dicit. Sed catechumeni, qui instruuntur in catechismo, et energumeni, qui purgantur in exorcismo, computantur inter immundos: ut Dionysius ibidem[2] dicit. Ergo catechizare et exorcizare non pertinet ad officium sacerdotis, sed potius ministrorum.
2. PRAETEREA, catechumeni instruuntur de fide per sacram Scripturam, quae in ecclesia per ministros recitatur: sicut enim per lectores in ecclesia legitur vetus Testamentum, ita etiam per diacones et subdiacones legitur novum. Et sic ad ministros pertinet catechizare. — Similiter etiam et exorcizare, ut videtur, ad ministros pertinet. Dicit enim Isidorus, in quadam Epistola[3]: *Ad exorcistam pertinet exorcismos memoriter retinere, manusque super energumenos et catechumenos in exorcismo imponere.* Non ergo pertinet ad officium sacerdotis catechizare et exorcizare.
3. PRAETEREA, *catechizare* idem est quod docere: et hoc idem est quod *perficere*. Quod ad officium episcoporum pertinet: ut dicit Dionysius, 5 cap. Eccl. Hier.[4]. Non ergo pertinet ad officium sacerdotis.

SED CONTRA est quod Nicolaus Papa[5] dicit: *Catechismi baptizandorum a sacerdotibus uniuscuiusque ecclesiae fieri possunt.* Gregorius etiam, super Ezech.[6], dicit: *Sacerdotes, cum per exorcismi gratiam manum credentibus imponunt, quid aliud faciunt nisi quod daemonia eiiciuntur?*

Artigo 4
Cabe ao sacerdote catequizar e exorcizar?

QUANTO AO QUARTO, ASSIM SE PROCEDE: parece que **não** deveria caber ao sacerdote catequizar e exorcizar quem vai ser batizado.
1. Com efeito, segundo Dionísio, pertence à função dos ministros ocupar-se com os impuros. Ora, os catecúmenos que são instruídos na catequese, e os energúmenos que são purificados no exorcismo, contam-se entre os impuros, conforme o mesmo Dionísio. Logo, catequizar e exorcizar não é função do sacerdote, mas dos ministros.

2. ALÉM DISSO, os catecúmenos são instruídos na fé pela Sagrada Escritura que é lida na Igreja pelos ministros: os leitores leem na Igreja o Antigo Testamento; os diáconos e subdiáconos, o Novo. Logo, cabe aos ministros catequizar. — Semelhantemente os exorcismos pertenceriam aos ministros, pois Isidoro escreve: "Cabe ao exorcista guardar de memória os exorcismos e impor as mãos sobre os energúmenos e catecúmenos no decurso do exorcismo". Logo, não pertence à função do sacerdote catequizar e exorcizar.

3. ADEMAIS, catequizar é o mesmo que ensinar; ensinar, por sua vez, é o mesmo que aperfeiçoar, que, segundo Dionísio, pertence à função dos bispos. Logo, não cabe ao sacerdote.

EM SENTIDO CONTRÁRIO, o papa Nicolau diz: "A catequese dos que vão ser batizados pode ser feita pelos sacerdote de cada Igreja". E Gregório Magno: "Quando os sacerdotes pela graça do exorcismo impõem as mãos sobre os que creem, que outra coisa fazem, senão expulsar os demônios?"

---

4 PARALL.: IV *Sent.*, dist. 6, q. 2, a. 2, q.la 2; a. 3, q.la 3.

1. P. I, § 6: MG 3, 508 AB.
2. C. 3, p. 3, § 7: MG 3, 433 B.
3. Epist. 1, *ad Leudefredum*, n. 4: ML 83, 895 A.
4. P. I, §§ 6, 7: MG 3, 505 C. 508 C.
5. Primus. — Cfr. GRATIANUM, *Decretum*, P. III, dist. 4, can. 57: ed. Richter-Friedberg, I, 1382.
6. Homil. 29 *in Evang.*, n. 4: ML 76, 1215 C.

RESPONDEO dicendum quod minister comparatur ad sacerdotem sicut secundarium et instrumentale agens ad principale: ut indicat ipsum nomen *ministri*. Agens autem secundarium non agit sine principali agente in operando. Quanto autem operatio est potior, tanto principale agens indiget potioribus instrumentis. Potior autem est operatio sacerdotis inquantum confert ipsum sacramentum, quam in praeparatoriis ad sacramentum. Et ideo supremi ministri, qui dicuntur diacones, cooperantur sacerdoti in ipsa collatione sacramentorum: dicit enim Isidorus[7] quod *ad diaconum pertinet assistere sacerdotibus et ministrare in omnibus quae aguntur in sacramentis Christi, in baptismo scilicet, in chrismate, patena et calice*. Inferiores autem ministri cooperantur sacerdoti in his quae sunt praeparatoria ad sacramenta: sicut lectores in catechismo, exorcistae in exorcismo.

AD PRIMUM ergo dicendum quod super immundos ministri habent operationem ministerialem et quasi instrumentalem, sed sacerdos principalem.

AD SECUNDUM dicendum quod lectores et exorcistae habent officium catechizandi et exorcizandi, non quidem principaliter, sed sicut in his sacerdoti ministrantes.

AD TERTIUM dicendum quod multiplex est instructio. Una conversiva ad fidem. Quam Dionysius attribuit episcopo, in 2 cap. *Eccl. Hier.*[8]: et potest competere cuilibet praedicatori, vel etiam cuilibet fideli. — Secunda est instructio qua quis eruditur de fidei rudimentis, et qualiter se debeat habere in susceptione sacramentorum. Et haec pertinet secundario quidem ad ministros, principaliter autem ad sacerdotes. — Tertia est instructio de conversatione Christianae vitae. Et haec pertinet ad patrinos. — Quarta est instructio de profundis mysteriis fidei, et perfectione Christianae vitae. Et haec ex officio pertinet ad episcopos.

RESPONDO. O ministro se compara ao sacerdote como o agente secundário e instrumental ao agente principal, como o indica o nome mesmo: "ministro". Mas o agente secundário ao atuar não age sem o agente principal. O agente principal precisa de instrumentos tanto mais qualificados, quanto mais importante for a ação. Ora, a ação do sacerdote é mais importante ao conferir o próprio sacramento do que na sua preparação. Por isso, os diáconos, ministros de ordem superior, colaboram com o sacerdote na administração mesma do sacramento. Diz Isidoro: "Cabe ao diácono assistir aos sacerdotes e servi-los em tudo que fazem nos sacramentos de Cristo: no batismo, no crisma, na patena e no cálice". Os ministros inferiores, porém, colaboram com o sacerdote nos ritos preparatórios aos sacramentos: os leitores na catequese e os exorcistas no exorcismo.

QUANTO AO 1º, portanto, deve-se dizer que sobre os impuros os ministros têm atuação ministerial e como que instrumental, enquanto o sacerdote tem a atuação principal.

QUANTO AO 2º, deve-se dizer que os leitores e exorcistas têm a função de catequizar e exorcizar, não como agentes principais, mas como auxiliares do sacerdote.

QUANTO AO 3º, deve-se dizer que há diversos modos de instrução. Há uma instrução para converter à fé. Dionísio a atribui ao bispo, mas pode ser da competência de qualquer pregador ou mesmo de qualquer fiel cristão. — Uma segunda instrução ensina os rudimentos da fé e o modo de receber os sacramentos. Esta incumbe principalmente aos sacerdotes e secundariamente aos ministros. — Uma terceira instrução versa sobre o modo de viver a vida cristã. Cabe aos padrinhos. — Por fim, uma quarta instrução trata dos mistérios profundos da fé e da perfeição da vida cristã. Esta, por ofício, cabe aos bispos.

---

7. Loc. cit. in arg. 2, n. 8: ML 83, 895 B.
8. P. II, § 1: MG 3, 393 A.

A CONFIRMAÇÃO

Introdução e notas por Pierre-Thomas Camelot

INTRODUÇÃO

Do batismo, Sto. Tomás passa sem transição ao segundo sacramento da iniciação cristã, que se chama no Ocidente, desde o século V, de *confirmação* (o Oriente diz *crismação*). Só lhe consagra uma questão, cujos doze artigos se seguem aproximadamente na mesma ordem seguida para o batismo: o sacramento propriamente dito, instituição, matéria e forma (a. 1-4); seus efeitos, e especialmente seu caráter (a. 5-7); o sujeito (a. 8-10); o ministro (a. 11); enfim, alguns pontos do rito (a. 12).

A confirmação suscita muitas questões, tanto ao historiador da liturgia como ao teólogo ou ao pastor. Sto. Tomás dispunha de uma documentação bem reduzida, emprestada em boa parte a textos apócrifos: só conhecia o rito latino de sua época, e ignorava a tradição oriental; assim, o que ele diz a respeito pode parecer bem sucinto, tendo em vista as questões que apresentamos. Para responder a elas, o pastor, bem como o teólogo, só encontrará princípios bastante gerais, dos quais será preciso mostrar como aplicá-los à problemática e à prática atuais da Igreja.

Para esclarecer um pouco o assunto, é bom, antes de abordar o texto da *Suma*, lembrar que, na prática litúrgica antiga, e ainda hoje nas liturgias orientais, é o mesmo rito que se realiza de uma só vez, de modo que não se vê bem em que momento finda o batismo e começa a "confirmação". Tudo ocorre no único batistério da cidade episcopal. Quando o neófito sai da pia batismal, apresenta-se ao bispo que lhe impõe as mãos e o unge com óleo santo, sinal do Espírito que desceu em plenitude sobre Cristo (ungido), após o batismo de João.

Quando as igrejas rurais se multiplicaram, e que se tornou impossível ao bispo ser o único ministro do batismo, o rito da imersão passou a ser conferido apenas pelo padre, e o segundo rito sempre reservado pelo bispo, o qual foi separado do batismo e retardado até o momento em que o bispo poderia vir em pessoa administrá-lo, às vezes bem tardiamente. — O Oriente adotou outra solução, conservando a unidade do rito, deixado inteiramente a cargo do padre, que deve sempre usar o crisma consagrado pelo bispo.

A separação entre os dois ritos leva a perguntar qual a significação e os efeitos próprios do segundo sacramento, que o distinguem do batismo. O próprio termo *confirmação* orienta para a ideia de que esse sacramento vem "confirmar", terminar e fortalecer o batismo.

QUAESTIO LXXII
DE SACRAMENTO CONFIRMATIONIS
in duodecim articulos divisa

Consequenter considerandum est de sacramento confirmationis.
Et circa hoc quaeruntur duodecim.
Primo: utrum confirmatio sit sacramentum.
Secundo: de materia eius.
Tertio: utrum sit de necessitate sacramenti quod chrisma fuerit prius per episcopum consecratum.
Quarto: de forma ipsius.
Quinto: utrum imprimat characterem.
Sexto: utrum character confirmationis praesupponat characterem baptismalem.
Septimo: utrum conferat gratiam.
Octavo: cui competat recipere hoc sacramentum.
Nono: in qua parte.
Decimo: utrum requiratur aliquis qui teneat confirmandum.
Undecimo: utrum hoc sacramentum per solos episcopos detur.
Duodecimo: de ritu eius.

Articulus 1
Utrum confirmatio sit sacramentum

Ad primum sic proceditur. Videtur quod confirmatio non sit sacramentum.

1. Sacramenta enim ex divina institutione efficaciam habent, sicut supra[1] dictum est. Sed confirmatio non legitur a Christo instituta. Ergo non est sacramentum.
2. Praeterea, sacramenta novae legis in veteri praefigurata fuerunt: ut Apostolus dicit, 1Cor 10,2sqq., quod *omnes in Moyse baptizati sunt in nube et in mari, et omnes eandem spiritualem escam manducaverunt, et omnes eundem potum spiritualem biberunt.* Sed confirmatio non fuit praefigurata in veteri Testamento. Ergo non est sacramentum.
3. Praeterea, sacramenta ordinantur ad hominum salutem. Sed sine confirmatione potest esse salus, nam pueri baptizati sine confirmatione decedentes salvantur. Ergo confirmatio non est sacramentum.

QUESTÃO 72
O SACRAMENTO DA CONFIRMAÇÃO
em doze artigos

Em seguida, devemos tratar do sacramento da confirmação.
Sobre isso, são doze as perguntas:
1. A confirmação é um sacramento?
2. Sua matéria.
3. É necessário para o sacramento que o crisma tenha sido antes consagrado pelo bispo?
4. A forma da confirmação.
5. A confirmação imprime caráter?
6. O caráter da confirmação pressupõe o caráter batismal?
7. A confirmação confere a graça?
8. A quem cabe receber este sacramento?
9. Em que parte do corpo?
10. É preciso que alguém segure o confirmando?
11. Só os bispos podem conferir este sacramento?
12. O rito sacramental.

Artigo 1
A confirmação é um sacramento?

Quanto ao primeiro artigo, assim se procede: parece que a confirmação **não** seria um sacramento.

1. Com efeito, os sacramentos têm sua eficácia pela instituição divina. Ora, não se lê que a confirmação tenha sido instituída por Cristo. Logo, não é sacramento.
2. Além disso, os sacramentos da Nova Lei foram prefigurados na Antiga, como diz o Apóstolo: "Todos foram, em Moisés, batizados na nuvem e no mar. Todos comeram do mesmo alimento espiritual, e todos receberam da mesma bebida espiritual". Ora, a confirmação não foi prefigurada no Antigo Testamento. Logo, não é sacramento.
3. Ademais, os sacramentos visam à salvação dos homens. Ora, sem a confirmação pode haver salvação, pois as crianças batizadas que morrem sem a confirmação, se salvam. Logo, a confirmação não é um sacramento.

---

1 Parall.: Supra, q. 65, a. 1; IV *Sent.*, dist. 2, q. 1, a. 2; dist. 7, q. 1, a. 1, q.la 1; *Cont. Gent.* IV, 58.
   1. Q. 64, a. 2.

4. Praeterea, per omnia sacramenta Ecclesiae homo Christo conformatur, qui est sacramentorum auctor. Sed per confirmationem homo Christo conformari non potest, qui non legitur esse confirmatus.

Sed contra est quod Melchiades Papa scribit Hispaniarum Episcopis[2]: *De his super quibus rogastis nos vos informari, idest, utrum maius sit sacramentum manus impositio episcoporum an baptismus, scitote utrumque magnum esse sacramentum*.

Respondeo dicendum quod sacramenta novae legis ordinantur ad speciales gratiae effectus: et ideo, ubi occurrit aliquis specialis effectus gratiae, ibi ordinatur speciale sacramentum. Quia vero sensibilia et corporalia gerunt spiritualium et intelligibilium similitudinem, ex his quae in vita corporali aguntur, percipere possumus quid in spirituali vita speciale existat. Manifestum est autem quod in vita corporali specialis quaedam perfectio est quod homo ad perfectam aetatem perveniat, et perfectas actiones hominis agere possit: unde et Apostolus dicit, 1Cor 13,11: *Cum autem factus sum vir, evacuavi quae erant parvuli*. Et inde etiam est quod, praeter motum generationis, quo aliquis accipit vitam corporalem, est motus augmenti, quo aliquis perducitur ad perfectam aetatem. Sic igitur et vitam spiritualem homo accipit per baptismum, qui est spiritualis regeneratio. In confirmatione autem homo accipit quasi quandam aetatem perfectam spiritualis vitae. Unde Melchiades Papa dicit[3]: *Spiritus Sanctus, qui super aquas baptismi salutifero descendit lapsu, in fonte plenitudinem tribuit ad innocentiam, in confirmatione augmentum praestat ad gratiam. In baptismo regeneramur ad vitam, post baptismum roboramur*. Et ideo manifestum est quod confirmatio est speciale sacramentum.

Ad primum ergo dicendum quod circa institutionem huius sacramenti est triplex opinio. Quidam enim dixerunt quod hoc sacramentum non fuit

4. Ademais, todos os sacramentos da Igreja conformam o homem a Cristo, autor dos sacramentos. Ora, a confirmação não pode conformá-lo a Cristo, pois não consta na Escritura que Cristo tenha sido confirmado.

Em sentido contrário, o papa Melquíades escreve aos bispos da Espanha: "A respeito do assunto sobre o qual pedistes informação, a saber: qual é o maior sacramento, a imposição das mãos pelos bispos ou o batismo, sabei que ambos são grandes sacramentos"[a].

Respondo. Os sacramentos da Nova Lei visam a produzir efeitos especiais da graça. Por conseguinte, onde ocorre algum efeito especial da graça, aí há um sacramento especial. Já que existe uma semelhança entre as coisas sensíveis e corporais, por um lado, e as coisas espirituais e inteligíveis, por outro, do que acontece na vida corporal podemos captar o que há de especial na vida espiritual. Na vida corporal chegar à idade perfeita e poder realizar perfeitamente ações de homem é evidentemente uma perfeição especial. Por isso o Apóstolo diz: "Quando me tornei homem, abandonei o que era próprio da criança". Daí também que, além do movimento da geração, pelo qual se recebe a vida corporal, há o do crescimento, que conduz à idade perfeita. Assim, portanto, também o homem recebe a vida espiritual pelo batismo que é um novo nascimento espiritual. Na confirmação recebe, por assim dizer, a idade perfeita da vida espiritual[b]. Por isso o papa Melquíades escreve: "O Espírito Santo, que desce sobre as águas do batismo para nossa salvação, nos concede na fonte batismal a plenitude da inocência e na confirmação nos dá o crescimento na graça. No batismo nascemos de novo para a vida; depois do batismo, somos fortalecidos". Assim é patente que a confirmação é um sacramento especial.

Quanto ao 1º, portanto, deve-se dizer que sobre a instituição deste sacramento há três opiniões. Alguns autores disseram que esse sacramento não

---

2. Epist. *ad Episcopos Hispan.*, cap. 2: ed. I. D. Mansi, II, 430.
3. Loc. cit. in arg. *sed c.*

a. Essa carta não é autêntica. É uma homilia sobre o Pentecostes de um bispo gaulês do final do século V (Fausto de Riez?). A Idade Média a atribuía a Eusébio de Emese. No século IX, o autor das "Falsas decretais" a atribuiu a um papa "Melquíades", que jamais existiu! — Passou aos *Decretos* de Graciano, depois às *Sentenças* de Pedro Lombardo, de onde a extraía Sto. Tomás.

b. Sto. Tomás responde aqui não na qualidade de historiador, mas na de teólogo. Extrai do ensinamento da Igreja que a confirmação é um sacramento. Conclui que só pode ter sido instituída por Cristo, que é o único a ter poder de excelência sobre os sacramentos (q. 54, a. 1, resp. 1).

Sto. Tomás pensa que Cristo instituiu esse sacramento, não conferindo-o ele próprio, mas anunciando o dom do Espírito, que só virá em plenitude após a ressurreição e ascensão (Jo 16,7; 7,39). Ver I-II, q. 108, a. 2. — Com isso ele dá a entender que, se não foram os próprios apóstolos que instituíram a confirmação, foi a eles que Jesus confiou a tarefa de determinar seus ritos.

institutum nec a Christo nec ab Apostolis, sed postea processu temporis in quodam concilio[4]. Alii vero dixerunt quod fuit institutum ab Apostolis. — Sed hoc non potest esse, quia instituere novum sacramentum pertinet ad potestatem excellentiae, quae competit soli Christo.

Et ideo dicendum quod Christus instituit hoc sacramentum, non exhibendo, sed promittendo, secundum illud Io 16,7: *Nisi ego abiero, Paraclitus non veniet ad vos: si autem abiero, mittam eum ad vos.* Et hoc ideo quia in hoc sacramento datur plenitudo Spiritus Sancti, quae non erat danda ante Christi resurrectionem et ascensionem: secundum illud Io 7,39: *Nondum erat Spiritus datus, quia Iesus nondum erat glorificatus.*

AD SECUNDUM dicendum quod confirmatio est sacramentum plenitudinis gratiae: et ideo non potuit habere aliquid respondens in veteri lege, quia *nihil ad perfectum adduxit lex*, ut dicitur Hb 7,19.

AD TERTIUM dicendum quod, sicut supra[5] dictum est, omnia sacramenta sunt aliqualiter necessaria ad salutem: sed quaedam sine quibus non est salus, quaedam vero sicut quae operantur ad perfectionem salutis. Et hoc modo confirmatio est de necessitate salutis: quamvis sine ea possit esse salus, dummodo non praetermittatur ex contemptu sacramenti.

AD QUARTUM dicendum quod illi qui confirmationem accipiunt, quae est sacramentum plenitudinis gratiae, Christo conformantur inquantum ipse a primo instanti suae conceptionis fuit *plenus gratiae et veritatis*, ut dicitur Io 1,14. Quae quidem plenitudo declarata est in baptismo, quando *Spiritus Sanctus descendit corporali specie super eum.* Unde et Lc 4,1 dicitur quod *Iesus plenus Spiritu Sancto regressus est a Iodane.* Non autem conveniebat dignitati Christi, qui est sacramentorum auctor, ut a sacramento plenitudinem gratiae acciperet.

foi instituído nem por Cristo nem pelos apóstolos, mas posteriormente, no decorrer dos tempos, por algum concílio. Outros disseram que foi instituído pelos apóstolos. — Mas isso não é possível, porque instituir um novo sacramento pertence ao poder de excelência que compete só a Cristo.

Por isso, deve-se dizer que Cristo instituiu esse sacramento, não suscitando-o, mas prometendo-o. Está no Evangelho: "Se eu não partir, o Paráclito não virá a vós; se, pelo contrário, eu partir, eu vo-lo enviarei". E isso porque este sacramento nos dá a plenitude do Espírito Santo, que não devia ser dada antes da ressurreição e ascensão de Cristo: "Ainda não havia Espírito, porque Jesus ainda não fora glorificado", diz o Evangelho de João.

QUANTO AO 2º, deve-se dizer que a confirmação é o sacramento da plenitude da graça e por isso não podia haver nada que lhe correspondesse na Antiga Lei, porque "a lei nada levou à perfeição", como está na Carta aos Hebreus.

QUANTO AO 3º, deve-se dizer que todos os sacramentos são de algum modo necessários à salvação. Mas há alguns sem os quais não há salvação, enquanto outros atuam para a perfeição da salvação. Deste segundo modo a confirmação é necessária à salvação, embora sem ela possa haver salvação, contanto que não se deixe de recebê-la por desprezo ao sacramento.

QUANTO AO 4º, deve-se dizer que quem recebe a confirmação que é o sacramento da plenitude da graça, conforma-se a Cristo enquanto este, desde o primeiro instante de sua concepção, foi "cheio de graça e de verdade", como diz João. Essa plenitude foi declarada no batismo, quando "o Espírito Santo desceu sobre ele sob uma aparência corporal". Por isso o Evangelho de Lucas diz que "Jesus, repleto do Espírito Santo, voltou do Jordão". Mas não convinha à dignidade de Cristo, autor dos sacramentos, receber de um sacramento a plenitude da graça.

ARTICULUS 2
Utrum chrisma sit conveniens materia huius sacramenti

AD SECUNDUM SIC PROCEDITUR. Videtur quod chrisma non sit conveniens materia huius sacramenti.

ARTIGO 2
O crisma é a matéria adequada deste sacramento?

QUANTO AO SEGUNDO, ASSIM SE PROCEDE: parece que o crisma **não** é a matéria adequada deste sacramento.

---

4. Scil. Meldensi (a. 845) vel Parisiensi (a. 829).
5. Q. 65, a. 4.

PARALL.: Infra, q. 84, a. 1, ad 1; IV *Sent.*, dist. 7, q. 1, a. 2, q.la 1, 2; *Cont. Gent.* IV, 60.

1. Hoc enim sacramentum, ut dictum est[1], institutum est a Christo promittente discipulis Spiritum Sanctum. Sed ipse misit eis Spiritum Sanctum absque chrismatis unctione. Ipsi etiam Apostoli hoc sacramentum conferebant per solam manus impositionem, absque chrismate: dicitur enim At 8,17 quod *Apostoli imponebant manus super baptizatos, et accipiebant Spiritum Sanctum*. Ergo chrisma non est materia huius sacramenti: quia materia est de necessitate sacramenti.

2. Praeterea, confirmatio quodammodo perficit sacramentum baptismi, sicut supra[2] dictum est: et ita debet ei conformari sicut perfectio perfectibili. Sed in baptismo est materia simplex elementum, scilicet aqua. Ergo huius sacramenti non est conveniens materia chrisma, quod conficitur ex oleo et balsamo.

3. Praeterea, oleum assumitur in materia huius sacramenti ad inungendum. Sed quolibet oleo potest fieri inunctio: puta oleo quod fit ex nucibus, et ex quibuscumque aliis rebus. Non ergo solum oleum olivarum debet assumi ad huiusmodi sacramentum.

4. Praeterea, supra[3] dictum est quod aqua assumitur ut materia ad baptizandum quia ubique de facili invenitur. Sed oleum olivarum non ubique invenitur: et multo minus balsamum. Non ergo chrisma, quod ex his conficitur, est conveniens materia huius sacramenti.

Sed contra est quod Gregorius dicit, in *Registro*[4]: *Presbyteri baptizatos infantes signare in frontibus sacro chrismate non praesumant*. Ergo chrisma est materia huius sacramenti.

Respondeo dicendum quod chrisma est conveniens materia huius sacramenti. Sicut enim dictum est[5], in hoc sacramento datur plenitudo Spiritus Sancti ad robur spirituale, quod competit perfectae aetati. Homo autem, cum ad perfectam aetatem pervenerit, incipit iam communicare actiones suas ad alios: antea vero quasi singulariter sibi ipsi vivit. Gratia vero Spiritus Sancti in oleo designatur: unde Christus dicitur esse *unctus oleo laetitiae*, propter plenitudinem Spiritus Sancti quam habuit. Et ideo oleum competit materiae huius sacramenti. Admiscetur autem balsamum propter fragrantiam odoris, quae redundat ad alios: unde et Apostolus dicit, 2Cor 2,15: *Christi bonus*

1. Com efeito, este sacramento foi instituído por Cristo, quando prometeu o Espírito Santo aos discípulos. Ora, ele lhes enviou o Espírito Santo sem utilizar a unção do crisma. E os mesmos apóstolos conferiam este sacramento só pela imposição das mãos, sem o crisma: "Os apóstolos impunham as mãos sobre os batizados e estes recebiam o Espírito Santo". Logo, o crisma não é a matéria deste sacramento, porque a matéria é necessária ao sacramento.

2. Além disso, a confirmação de certo modo aperfeiçoa o sacramento do batismo e assim deve conformar-se a ele como a perfeição ao perfectível. Ora, a matéria do batismo é um elemento simples, a água. Logo, o crisma, que se compõe de óleo e bálsamo, não é a matéria que convém a este sacramento.

3. Ademais, o óleo é usado como matéria deste sacramento para ungir. Ora, pode-se ungir com qualquer óleo, por exemplo, com o óleo que se extrai das nozes ou de qualquer outra origem. Logo, não se deve adotar só óleo de oliva para este sacramento.

4. Ademais, adota-se água como matéria do batismo, porque se pode encontrar facilmente em qualquer parte. Ora, o óleo de oliva não se encontra em toda parte, e muito menos o bálsamo. Logo, o crisma, que se compõe desses elementos, não é a matéria conveniente para este sacramento.

Em sentido contrário, diz Gregório: "Os presbíteros não se arroguem assinalar as crianças na fronte com o santo crisma". Logo, o crisma é a matéria deste sacramento.

Respondo. O crisma é a matéria que convém a este sacramento. Este sacramento confere a plenitude do Espírito Santo para o fortalecimento espiritual que compete à idade perfeita. Quando o homem chega à idade perfeita, já começa a partilhar suas ações com os outros; até então vivia como que isoladamente e para si mesmo. A graça do Espírito Santo é designada pelo óleo. Por causa da plenitude do Espírito Santo que possuía, diz-se de Cristo que foi ungido "com um óleo de alegria". Por isso também tem sentido que o óleo seja a matéria deste sacramento. Mistura-se com bálsamo por causa da fragrância do odor, que se espalha sobre os outros. Daí dizer o Apóstolo:

---

1. A. praec., ad 1.
2. Q. 65, a. 3, 4.
3. Q. 66, a. 3.
4. L. IV, epist. 9, *ad Ianuarium episc.*: ML 77, 677 A.
5. A. praec.; q. 65, a. 1.

odor sumus, etc. Et licet multa alia sint odorifera, tamen praecipue accipitur balsamum, propter hoc quod habet praecipuum odorem, et quia etiam incorruptionem praestat: unde Eccli 24,21 dicitur: *Quasi balsamum non mixtum odor meus.*

AD PRIMUM ergo dicendum quod Christus ex potestate quam habet in sacramentis, contulit Apostolis rem huius sacramenti, idest plenitudinem Spiritus Sancti, sine sacramento, eo quod ipsi *primitias* Spiritus Sancti acceperunt, sicut dicitur Rm 8,23.

Nihilominus tamen aliquid conforme materiae huius sacramenti exhibitum fuit Apostolis sensibiliter in collatione Spiritus Sancti. Quod enim Spiritus Sanctus sensibiliter super eos descendit in specie ignis, ad eandem significationem refertur ad quam refertur oleum: nisi quod ignis habet vim activam, oleum autem vim passivam, inquantum est materia et fomentum ignis. Et hoc satis competebat: nam per Apostolos gratia Spiritus Sancti erat ad alios derivanda. — Super Apostolos etiam Spiritus Sanctus descendit in figura linguae. Quod ad idem refertur significandum quod significat balsamum: nisi quod lingua per locutionem est communicativa ad alterum, balsamum vero per odorem; quia scilicet Apostoli replebantur Spiritu Sancto ut fidei doctores, alii vero fideles ut operatores eorum quae pertinent ad aedificationem fidelium.

Similiter etiam ad impositionem manus Apostolorum, et etiam ad eorum praedicationem, descendebat plenitudo Spiritus Sancti super fideles sub visibilibus signis, sicut a principio descenderat super Apostolos: unde Petrus dicit, At 11,15: *Cum coepissem loqui, cecidit Spiritus Sanctus*

"Somos o bom odor de Cristo" etc. Embora haja muitas outras essências odoríferas, escolheu-se esta porque tem um perfume peculiar e também porque comunica a incorruptibilidade. Por isso diz o livro do Eclesiástico: "Meu perfume é como bálsamo sem mistura"[c].

QUANTO AO 1º, portanto, deve-se dizer que pelo poder que tem sobre os sacramentos, Cristo conferiu aos apóstolos a realidade deste sacramento, isto é, a plenitude do Espírito Santo, sem o sinal sacramental, pelo fato de eles terem recebido as primícias do Espírito Santo, como diz a Carta aos Romanos.

Não obstante, algo que sugere a matéria deste sacramento foi mostrado de modo sensível quando os apóstolos receberam o Espírito Santo. O fato de o Espírito Santo ter descido sensivelmente sobre eles sob a espécie de fogo tem certa semelhança com o significado do óleo: só que o fogo tem a força ativa e o óleo a força passiva, enquanto é matéria e combustível do fogo. E nisto há bastante harmonia, pois pelos apóstolos a graça do Espírito Santo devia derivar para os outros. — Além disso, o Espírito Santo desceu sobre os apóstolos sob a figura de línguas, o que tem semelhança com o significado do bálsamo: só que a língua se comunica aos outros pela locução; o bálsamo, pelo perfume. Sem dúvida foi assim, porque os apóstolos foram repletos do Espírito Santo como doutores da fé, enquanto os outros fiéis o são como obreiros da edificação dos fiéis[d].

Semelhantemente, quando os apóstolos impunham as mãos ou quando pregavam, descia sobre os fiéis, sob sinais sensíveis, a plenitude do Espírito Santo, como no princípio descera sobre eles próprios. Eis como Pedro o expressa: "Apenas eu tomara a palavra, o Espírito Santo caiu sobre eles

---

c. O rito do segundo sacramento da iniciação cristão variou ao longo do tempo e segundo os costumes das Igrejas. O Ocidente só conheceu de início a imposição das mãos, gesto muito antigo de bênção e consagração, sinal de tomada de posse da alma pela força de Deus e pela plenitude do Espírito. No Oriente, em todos os documentos que conhecemos, a unção é o rito único. As catequeses dos Padres explicam o sentido disso, símbolo da efusão do Espírito, e lembrança da *unção* de Cristo (*Christos, Messiah*, ungido). — Do Oriente, a unção passou ao Ocidente, onde se tornou o rito essencial da confirmação. A Constituição Apostólica *Divinae consortium naturae*, de Paulo VI (15 de agosto de 1971) decretou que "o sacramento da confirmação é conferido pela unção do santo crisma sobre a testa, feita com a imposição das mãos...". Desse modo, sem esquecer a imposição das mãos, conserva-se a tradição da unção, que também assumira força de lei no Ocidente desde Inocêncio I (416). — Exemplo especialmente interessante da indeterminação na qual Cristo deixou tanto a forma como a matéria do sacramento, deixando à Igreja o cuidado de determinar que elemento material ou que gesto seria mais indicado a significar a graça (ver a. 1, resp. 1, e acima a. 4).

d. A unção de óleo é um rito bem antigo, exprimindo por sua suavidade penetrante a tomada de posse de um homem pelo Espírito de Deus: assim, na antiga lei eram ungidos os padres (Aarão, Ex 29,7 etc.) e os reis (Saul, 1Sm 20,11 David, 1Sm 17,12-13 etc.). A plenitude do Espírito que está no *Cristo* (ungido) é comunicada pelo rito do sacramento. O costume antigo de misturar ao óleo o bálsamo (*myron* dos gregos) faz pensar ao "bom odor" de Cristo (ver 2Cor 2,15).

Sto. Tomás explica sucintamente o simbolismo desse "crisma' (*chrisma*, unção), no qual ele vê já expresso o efeito próprio da confirmação, sacramento da idade adulta e da comunicação com os outros.

super eos, sicut et in nos in initio. Et ideo non erat necessaria sensibilis materia sacramentalis, ubi sensibilia signa miraculose exhibebantur divinitus.

Utebantur tamen Apostoli communiter chrismate in exhibitione sacramenti, quando huiusmodi visibilia signa non exhibebantur. Dicit enim Dionysius, 4 cap. *Eccl. Hier.*[6]: *Est quaedam perfectiva operatio, quam duces nostri*, idest Apostoli, *chrismatis hostiam nominant.*

AD SECUNDUM dicendum quod baptismus datur ad spiritualem vitam simpliciter consequendam: et ideo competit illi sacramento materia simplex. Sed hoc sacramentum datur ad plenitudinem consequendam Spiritus Sancti, cuius est multiformis operatio, secundum illud Sap 7,22: *Est autem in illa Spiritus Sanctus, unicus, multiplex*: et 1Cor 12,4 dicitur: *Divisiones gratiarum sunt, idem autem Spiritus.* Et ideo convenienter huius sacramenti est materia composita.

AD TERTIUM dicendum quod proprietates olei quibus significatur Spiritus Sanctus, magis inveniuntur in oleo olivarum quam in quocumque alio oleo. Unde et ipsa oliva, semper frondibus virens, virorem et misericordiam Spiritus Sancti significat.

Hoc etiam oleum proprie dicitur oleum, et maxime habetur in usu ubi haberi potest. Quilibet autem alius liquor ex similitudine huius oleum nominatur: nec est in usu communi, nisi in supplementum apud eos quibus deest oleum olivarum. Et ideo hoc oleum solum assumitur in usum huius et quorundam aliorum sacramentorum.

AD QUARTUM dicendum quod baptismus est sacramentum absolutae necessitatis: et ideo eius materia debet ubique inveniri. Sufficit autem quod materia huius sacramenti, quod non est tantae necessitatis, possit de facili ad omnia loca terrarum deferri.

como fizera sobre nós no início". Destarte não era necessário empregar uma matéria sacramental sensível, quando os sinais sensíveis se mostravam milagrosamente pela ação divina.

Contudo, os apóstolos usavam comumente o crisma ao conferir este sacramento, quando tais sinais visíveis não apareciam. Diz Dionísio: "Há uma certa ação aperfeiçoadora que nossos guias, isto é, os apóstolos, denominam o sacrifício do crisma"[e].

QUANTO AO 2º, deve-se dizer que o batismo é conferido para alcançarmos pura e simplesmente a vida espiritual e, por isso, lhe cabe uma matéria simples. Mas este sacramento é conferido para obtermos a plenitude do Espírito Santo, cuja atuação é multiforme, como diz a Sabedoria: "Há nela um espírito, santo, único, múltiplo". E na primeira Carta aos Coríntios: "Há diversidade de dons da graça, mas o Espírito é o mesmo". Assim convém que a matéria deste sacramento seja composta.

QUANTO AO 3º, deve-se dizer que as propriedades do óleo que significam o Espírito Santo, se encontram melhor no óleo de oliva do que em qualquer outro. A mesma oliveira, com sua folhagem sempre verde, significa o verdor e a misericórdia do Espírito Santo.

Além disso, esse é o óleo que se chama propriamente óleo e é o que está mais em uso onde se pode obtê-lo. Qualquer outro fluido se denomina óleo por semelhança a este, e não é de uso comum, servindo antes para substituí-lo onde falta o óleo de oliva. Por isso, só esse óleo se adota neste e em alguns outros sacramentos.

QUANTO AO 4º, deve-se dizer que o batismo é sacramento de necessidade absoluta e, por isso, sua matéria deve poder ser encontrada em toda parte. Mas para este sacramento que não é de tão grande necessidade, basta que sua matéria possa ser transportada facilmente para todas as partes da terra.

---

6. P. I: MG 3, 472 D.

e. De modo bastante sutil, Sto. Tomás vê no fogo e nas línguas do Pentecostes uma analogia com o simbolismo do óleo e do bálsamo. Note-se as palavras: os fiéis estavam plenos de Espírito Santo "como devendo por sua ação edificar os outros".
 A despeito da autoridade de Dionísio, nada permite pensar que os apóstolos quando administravam esse sacramento "se serviam em geral do crisma". Os *Atos* só registram a imposição das mãos (8,17; 19,6).

ARTICULUS 3

Utrum sit de necessitate huius sacramenti quod chrisma, quod est materia huius sacramenti, fuerit prius per episcopum consecratum

AD TERTIUM SIC PROCEDITUR. Videtur quod non sit de necessitate huius sacramenti quod chrisma, quod est materia huius sacramenti, fuerit prius per episcopum consecratum.

1. Baptismus enim, in quo fit plena remissio peccatorum, non est minoris efficaciae quam hoc sacramentum. Sed, licet quaedam sanctificatio adhibeatur aquae baptismali ante baptismum, non tamen est de necessitate sacramenti: quia in articulo necessitatis praeteriri potest. Ergo nec est de necessitate huius sacramenti quod chrisma fuerit per episcopum consecratum.

2. PRAETEREA, idem non debet bis consecrari. Sed materia sacramenti sanctificatur in ipsa collatione sacramenti per formam verborum qua confertur sacramentum: unde et Augustinus dicit, *super Ioan.*[1]: *Accedit verbum ad elementum et fit sacramentum.* Non ergo debet prius chrisma consecrari quam hoc sacramentum tradatur.

3. PRAETEREA, omnis consecratio quae fit in sacramentis, ad consecutionem gratiae ordinatur. Sed materia sensibilis confecta ex oleo et balsamo non est capax gratiae. Ergo non debet ei aliqua consecratio adhiberi.

SED CONTRA est quod Innocentius Papa dicit[2]: *Presbyteris, cum baptizant, ungere baptizatos chrismate liceat, quod ab episcopo fuerat consecratum: non tamen frontem ex eodem oleo signare, quod solis debetur episcopis, cum tradunt Paraclitum*; quod quidem fit in hoc sacramento. Ergo ad hoc sacramentum requiritur quod materia huius sacramenti prius per episcopum consecretur.

RESPONDEO dicendum quod tota sacramentorum sanctificatio a Christo derivatur, ut supra[3] dictum est. Est autem considerandum quod quibusdam sacramentis habentibus materiam corpoream Christus est usus, scilicet baptismo et etiam

ARTIGO 3

É necessário para este sacramento que o crisma, sua matéria, tenha sido antes consagrado pelo bispo?

QUANTO AO TERCEIRO, ASSIM SE PROCEDE: parece que **não** seria necessário à confirmação que o crisma, sua matéria, tivesse sido antes consagrado pelo bispo.

1. Com efeito, o batismo, no qual se realiza a remissão plena dos pecados, não possui eficácia menor que este sacramento. Ora, embora se use abençoar a água batismal antes do batismo, essa bênção não é necessária ao batismo, pois em caso de necessidade pode ser omitida. Logo, tampouco é necessário para este sacramento que o crisma tenha sido consagrado pelo bispo.

2. ALÉM DISSO, nada pode ser consagrado duas vezes. Ora, a matéria do sacramento é consagrada no próprio ato de conferir o sacramento pelas palavras da forma sacramental. Por isso Agostinho diz: "Acrescenta-se a palavra ao elemento, e eis um sacramento". Logo, não se deve consagrar o crisma antes de administrar este sacramento.

3. ADEMAIS, toda consagração que se faz nos sacramentos, visa a alcançar a graça. Ora, a matéria sensível elaborada de óleo e bálsamo não é capaz de receber a graça. Logo, não deve ser consagrada.

EM SENTIDO CONTRÁRIO, o papa Inocêncio diz: "Quando os presbíteros batizam, é-lhes permitido ungir os batizados com o crisma consagrado pelo bispo, mas não o façam na fronte, pois esta unção cabe só aos bispos, quando conferem o Paráclito", o que acontece na confirmação. Logo, requer-se para este sacramento que a sua matéria tenha sido antes consagrada pelo bispo[f].

RESPONDO. Toda santificação sacramental deriva de Cristo. Mas considere-se que em alguns sacramentos se usa uma matéria corpórea já usada por Cristo, como é o caso no batismo e na eucaristia. E assim, pelo fato mesmo de ter sido usada por

---

3 PARALL.: IV *Sent.*, dist. 2, q. 1, a. 1, q.la 2, ad 2; dist. 7, q. 1, a. 2, q.la 3; dist. 23, q. 1, a. 3, q.la 2, 3; *De Verit.*, q. 27, a. 4, ad 10.

1. Tract. 80, n. 3, super 15, 3: ML 35, 1840.
2. Epist. *ad Decentium Eugubin. episc.*: ed. Mansi, III, 1029.
3. Q. 64, a. 3.

f. Os textos antigos (já São Cipriano) aludem a essa prece (epiclese) para a consagração do óleo. Essa consagração prévia tem por objetivo determinar a matéria e especificá-la para dela fazer a matéria própria do sacramento. Deve-se notar (resp. 3) que, a despeito de certas expressões dos Padres, o óleo consagrado não *contém* a graça, é somente seu instrumento (q. 66, a. 1 e n. 1).

Eucharistia. Et ideo ex ipso usu Christi materiae horum sacramentorum aptitudinem acceperunt ad perfectionem sacramenti. Unde Chrysostomus dicit[4] quod *nunquam aquae baptismi purgare peccata credentium possent, nisi tactu Dominici corporis sanctificatae fuissent.* Et ipse similiter Dominus, *accipiens panem, benedixit: similiter autem et calicem,* ut habetur Mt 26,26-27 et Lc 22,19-20. Et propter hoc non est de necessitate horum sacramentorum quod materia prius benedicatur: quia sufficit benedictio Christi. Si qua vero benedictio adhibeatur, pertinet ad solemnitatem sacramenti, non autem ad necessitatem.

Unctionibus autem visibilibus Christus non est usus, ne fieret iniuria invisibili unctioni qua est *unctus prae consortibus suis.* Et ideo tam chrisma quam oleum sanctum et oleum infirmorum prius benedicuntur quam adhibeantur ad usum sacramenti.

AD PRIMUM ergo patet responsio ex dictis.

AD SECUNDUM dicendum quod utraque consecratio chrismatis non refertur ad idem. Sicut enim instrumentum virtutem instrumentalem acquirit dupliciter, scilicet quando accipit formam instrumenti, et quando movetur a principali agente ita etiam materia sacramenti duplici sanctificatione indiget, per quarum unam fit propria materia sacramenti, per aliam vero applicatur ad effectum.

AD TERTIUM dicendum quod materia corporalis non est capax gratiae quasi gratiae subiectum, sed solum sicut gratiae instrumentum, ut supra[5] dictum est. Et ad hoc materia sacramenti consecratur, vel ab ipso Christo, vel ab episcopo, qui gerit in Ecclesia personam Christi.

Cristo, a matéria desses sacramentos adquiriu aptidão para constituir um sacramento. Por isso diz Crisóstomo: "A água batismal jamais poderia livrar os fiéis de seus pecados, se não tivesse sido santificada pelo contato com o corpo do Senhor". Semelhantemente, o Senhor, "tomando o pão, pronunciou a bênção. E para a taça ele fez o mesmo". Por isso, não é necessário para estes sacramentos que a matéria seja abençoada anteriormente, pois basta a bênção de Cristo. Se por vezes se emprega uma bênção, pertence à solenidade do sacramento; mas não é necessária.

Mas Cristo nunca se serviu de unções visíveis, para não desonrar a unção invisível com que foi ungido de preferência a seus companheiros. Por isso, tanto o crisma como o óleo santo e o óleo dos enfermos são abençoados antes de serem usados no sacramento.

QUANTO AO 1º, portanto, deve-se dizer que a solução decorre do que ficou dito na resposta.

QUANTO AO 2º, deve-se dizer que as duas consagrações do crisma não correspondem à mesma finalidade. Um instrumento adquire força instrumental de dois modos: quando recebe a forma de instrumento e quando é movido pelo agente principal. Assim também a matéria do sacramento precisa de uma dupla consagração: por uma se torna matéria própria para o sacramento; por outra, é aplicada para produzir o efeito.

QUANTO AO 3º, deve-se dizer que a matéria corporal é capaz da graça não como sujeito da graça, mas só como seu instrumento. Para isso é consagrada a matéria do sacramento, seja pelo próprio Cristo, seja pelo bispo que o representa na Igreja.

ARTICULUS 4
Utrum haec sit conveniens forma huius sacramenti: *Consigno te signo crucis,* etc.

AD QUARTUM SIC PROCEDITUR. Videtur quod haec non sit conveniens forma huius sacramenti:

ARTIGO 4
A forma deste sacramento: "Selo-te com o sinal da cruz" etc. é adequada?[g]

QUANTO AO QUARTO, ASSIM SE PROCEDE: parece que **não** seria a forma adequada a este sacramento:

---

4. Cfr. CHROMATIUM, *In Matth.*, tract. I, n. 1, super 3, 15: ML 20, 329 B.
5. Q. 62, a. 3.

4 PARALL.: Infra, q. 84, a. 3; IV *Sent.*, dist. 87, q. 1, a. 3, q.la 1, ad 3; q.la 2; Opusc. XXII, *de Form. Absolut.*, c. 1.

g. Sto. Tomás comenta a fórmula do *Pontifical romano*, que surge no Ocidente nos século IX-X, e que oficialmente está em uso do século XII a nossos dias. O que é afirmado aqui a respeito do significado espiritual do sacramento, tal como se exprime nessa fórmula, não perdeu nada de seu valor. — A Constituição *Divinae consortium naturae*, de 1971, preferiu a antiga fórmula do rito bizantino "pelo qual é expresso o dom do Espírito Santo, e lembrada a efusão do Espírito sobrevinda no dia de Pentecostes: 'Recebe o signo (o selo) do Dom do Espírito Santo'". Não poderíamos, evidentemente, mesmo apelando à luz do arcano, atribuir essas fórmulas aos próprios apóstolos, como o faz Sto. Tomás seguindo Dionísio (resp. 1).

Consigno te signo crucis, confirmo te chrismate salutis, in nomine Patris et Filii et Spiritus Sancti, Amen.
1. Usus enim sacramentorum a Christo et ab Apostolis derivatur. Sed neque Christus hanc formam instituit, nec Apostoli ea usi leguntur. Ergo haec non est conveniens forma huius sacramenti.
2. Praeterea, sicut sacramentum est idem apud omnes, ita et forma debet esse eadem, quia quaelibet res habet unitatem, sicut et esse, a sua forma. Sed hac forma non omnes utuntur: quidam enim dicunt: *Confirmo te chrismate sanctificationis*. Ergo haec non est conveniens forma huius sacramenti.
3. Praeterea, sacramentum hoc debet conformari baptismo sicut perfectio perfectibili, ut supra[1] dictum est. Sed in forma baptismi non fit mentio de consignatione characteris; nec etiam de cruce Christi, cum tamen per baptismum homo Christo commoriatur, ut Apostolus dicit, Rm 6,3sqq.; nec etiam fit mentio de effectu salutis, cum tamen baptismus sit de necessitate salutis. In forma etiam baptismi ponitur unus actus tantum; et exprimitur persona baptizantis, cum dicitur, *Ego te baptizo*; cuius contrarium apparet in forma praedicta. Non ergo est conveniens forma huius sacramenti.

Sed contra est auctoritas Ecclesiae, quae hac forma communiter utitur.

Respondeo dicendum quod praedicta forma est conveniens huic sacramento. Sicut enim forma rei naturalis dat ei speciem, ita forma sacramenti continere debet quidquid pertinet ad speciem sacramenti. Sicut autem ex supra[2] dictis patet, in hoc sacramento datur Spiritus Sanctus ad robur spiritualis pugnae. Et ideo in hoc sacramento tria sunt necessaria, quae continentur in forma praedicta. Quorum primum est causa conferens plenitudinem roboris spiritualis, quae est sancta Trinitas. Quae exprimitur cum dicitur, *in nomine Patris* etc. — Secundum est ipsum robur spirituale, quod homini confertur per sacramentum materiae visibilis ad salutem. Quod quidem tangitur cum dicitur, *confirmo te chrismate salutis*. — Tertium est signum quod pugnatori datur, sicut et in pugna corporali: sicut milites signis ducum insigniuntur. Et quantum ad hoc dicitur, *Consigno te signo crucis*: in quo scilicet *Rex noster triumphavit*, ut dicitur Cl 2,15.

"Selo-te com o sinal da cruz e te confirmo com o crisma da salvação, em nome do Pai e do Filho e do Espírito Santo. Amém".
1. Com efeito, o uso dos sacramentos provém de Cristo e dos apóstolos. Ora, nem Cristo instituiu esta forma, nem se lê que os apóstolos a tenham usado. Logo, não é a forma adequada a este sacramento.
2. Além disso, assim como os sacramentos são os mesmos para todos, também a forma deve ser a mesma, porque toda realidade recebe de sua forma a unidade e o existir. Ora, esta forma não é usada por todos. Alguns dizem: "Confirmo-te com o crisma da santificação". Logo, esta não é a forma adequada a este sacramento.
3. Ademais, este sacramento deve conformar-se ao batismo como a perfeição ao perfectível. Ora, a forma do batismo não menciona nem o selo que é o caráter, nem a cruz de Cristo, embora pelo batismo o homem morra com Cristo, como diz o Apóstolo, nem ainda o efeito salvífico, apesar de o batismo ser necessário à salvação. Além disso, a forma do batismo designa só um ato e menciona a pessoa que batiza com as palavras "Eu te batizo". O contrário disso aparece na forma da confirmação. Logo, não é a forma adequada a este sacramento.

Em sentido contrário está a autoridade da Igreja que comumente usa esta forma.

Respondo. A forma mencionada é adequada a este sacramento, pois, como a forma de uma realidade natural lhe determina a espécie, assim a forma do sacramento deve conter tudo o que pertence à espécie do sacramento. Neste sacramento se dá o Espírito Santo para o fortalecimento do combate espiritual. Por isso, nele são necessárias três coisas que estão contidas na forma em questão. A primeira é a causa que confere a plenitude do fortalecimento espiritual: a Santíssima Trindade. Esta fica expressa nas palavras: "em nome do Pai" etc. — A segunda é o próprio fortalecimento espiritual, conferido ao homem para sua salvação pelo sacramento de uma matéria visível. É o que indicam as palavras: "e te confirmo com o crisma da salvação". — A terceira é o sinal dado ao combatente, como na luta corporal, quando os soldados são marcados com as insígnias de seus generais. Nesse sentido se diz: "Selo-te com o sinal da cruz", na qual nosso Rei triunfou, como diz a Carta aos Colossenses.

---

1. A. 2, 2 a.
2. A. 1, 2.

AD PRIMUM ergo dicendum quod, sicut supra[3] dictum est, per ministerium Apostolorum quandoque dabatur effectus huius sacramenti, scilicet plenitudo Spiritus Sancti, quibusdam visibilibus signis miraculose a Deo confectis, qui potest effectum sacramenti sine sacramento conferre. Et tunc non erat necessaria nec materia nec forma huius sacramenti.

Quandoque autem tanquam ministri sacramentorum hoc sacramentum praebebant. Et tunc, sicut materia, ita et forma ex mandato Christi utebantur. Multa enim servabant Apostoli in sacramentorum collatione quae in Scripturis communiter propositis non sunt tradita. Unde Dionysius dicit, in fine *Eccl. Hier.*[4]: *Consummativas invocationes, idest verba quibus perficiuntur sacramenta, non est iustum Scripturas interpretantibus, neque mysticum earum, aut in ipsis operatas ex Deo virtutes, ex occulto ad commune adducere: sed nostra sacra traditio sine pompa,* idest occulte, *edocet eas.* Unde et Apostolus dicit, loquens de celebratione Eucharistiae, 1Cor 11,34: *Cetera cum venero disponam.*

AD SECUNDUM dicendum quod sanctitas est salutis causa. Et ideo in idem redit quod dicitur *chrismate salutis,* et *sanctificationis.*

AD TERTIUM dicendum quod baptismus est regeneratio in spiritualem vitam, qua homo vivit in seipso. Et ideo non ponitur in forma baptismi nisi ipse actus ad ipsum hominem pertinens sanctificandum. Sed hoc sacramentum non solum ordinatur ad hoc quod homo sanctificetur in seipso, sed exponitur cuidam pugnae exteriori. Et ideo non solum fit mentio de interiori sanctificatione, cum dicitur, *confirmo te chrismate salutis*: sed etiam consignatur homo exterius, quasi vexillo crucis, ad pugnam exteriorem spiritualem, quod significatur cum dicitur, *Consigno te signo crucis.*

In ipso autem verbo *baptizandi*, quod ablutionem significat, potest intelligi et materia, quae est aqua abluens, et effectus salutis. Quae non intelliguntur in verbo *confirmandi*: et ideo oportuit haec ponere.

Dictum est autem supra[5] quod hoc quod dicitur, *Ego*, non est de necessitate formae baptismalis, quia

QUANTO AO 1º, portanto, deve-se dizer que pelo ministério dos apóstolos se dava às vezes o efeito deste sacramento, a plenitude do Espírito Santo, por sinais visíveis levados a cabo pelo próprio Deus que pode conferir o efeito do sacramento sem o sacramento. Então não era necessária nem matéria nem forma.

Às vezes os apóstolos conferiam este sacramento como ministros e então usavam tanto a matéria como a forma prescritas por Cristo. Com efeito, os apóstolos se serviam na administração dos sacramentos de muitos ritos que não nos foram transmitidos nas Escrituras comumente propostas. Por isso diz Dionísio: "Não é justo que os intérpretes da Escritura tirem do segredo, para apresentá-las ao vulgo, as invocações consecratórias", isto é, as palavras que realizam os sacramentos, "nem que revelem seu sentido místico nem as maravilhas operadas por Deus por meio delas, sentido e maravilhas que nossa tradição sagrada ensina sem pompa", isto é, em segredo. Assim o Apóstolo diz, falando da celebração da eucaristia: "Quanto ao resto, eu o regularei quando chegar".

QUANTO AO 2º, deve-se dizer que a santidade é a causa da salvação. Portanto, dá no mesmo dizer "com o crisma da salvação" ou "com o crisma da santificação".

QUANTO AO 3º, deve-se dizer que o batismo é o novo nascimento para a vida espiritual, pela qual o homem vive em si mesmo. Por isso na forma do batismo só se menciona o ato que diz respeito ao homem a ser santificado. Mas a confirmação não visa só a que o homem seja santificado em si mesmo, mas a que se exponha a um combate exterior. Por isso não se faz menção só da santificação interior, com as palavras: "e te confirmo com o crisma da salvação", mas também do sinal com que se sela o homem exterior, como com o estandarte da cruz, para o combate espiritual exterior, o que é significado pelas palavras: "Selo-te com o sinal da cruz".

Além disso, no próprio verbo "batizar", que significa abluição, pode-se subentender a matéria, que é a água que lava, e também o efeito salvífico. Mas isso não se subentende com o verbo "confirmar", sendo, pois, necessário afirmar essas coisas.

Dizer "eu" não é necessário à forma do batismo, porque se subentende com o verbo na

---
3. A. 2, ad 1.
4. C. 7, p. 3, § 10: MG 3, 565 C.
5. Q. 66, a. 5, ad 1.

intelligitur in verbo primae personae. Apponitur tamen ad exprimendam intentionem. Quod non est ita necessarium in confirmatione, quae non exhibetur nisi ab excellenti ministro, ut infra[6] dicetur.

Articulus 5
Utrum sacramentum confirmationis imprimat characterem

Ad quintum sic proceditur. Videtur quod sacramentum confirmationis non imprimat characterem.

1. Character enim importat quoddam signum distinctivum. Sed per sacramentum confirmationis non distinguitur homo ab infidelibus, hoc enim fit per baptismum: nec etiam ab aliis fidelibus, quia hoc sacramentum ordinatur ad pugnam spiritualem, quae omnibus fidelibus indicitur. Non ergo in hoc sacramento imprimitur aliquis character.

2. Praeterea, supra[1] dictum est quod character est quaedam potentia spiritualis. Potentia autem non est nisi activa vel passiva. Potentia autem activa in sacramentis confertur per sacramentum ordinis: potentia autem passiva, sive receptiva, per sacramentum baptismi. Ergo per sacramentum confirmationis nullus character imprimitur.

3. Praeterea, in circumcisione, quae est character corporalis, non imprimitur aliquis spiritualis character. Sed in hoc sacramento imprimitur quidam character corporalis: dum scilicet homo chrismate signatur signo crucis in fronte. Non ergo imprimitur in hoc sacramento character spiritualis.

Sed contra, in omni sacramento quod non iteratur, imprimitur character. Sed hoc sacramentum non iteratur: dicit enim Gregorius[2]: *De homine qui a pontifice confirmatus fuerit denuo, talis iteratio prohibenda est.* Ergo in confirmatione imprimitur character.

Respondeo dicendum quod, sicut supra[3] dictum est, character est quaedam spiritualis potestas ad

Artigo 5
O sacramento da confirmação imprime caráter?[h]

Quanto ao quinto, assim se procede: parece que o sacramento da confirmação **não** imprime caráter.

1. Com efeito, o caráter produz um sinal distintivo. Ora, o sacramento da confirmação não distingue os fiéis dos infiéis, como é o caso do batismo; nem os confirmados dos demais fiéis, porque este sacramento visa ao combate espiritual que se impõe a todos os fiéis. Logo, este sacramento não imprime caráter.

2. Além disso, o caráter é uma potência espiritual. Ora, uma potência ou é ativa ou é passiva. O sacramento da ordem confere uma potência ativa; o batismo, uma potência passiva ou receptiva. Logo, o sacramento da confirmação não imprime caráter.

3. Ademais, a circuncisão que é uma marca corporal, não imprime caráter espiritual. Ora, neste sacramento se imprime uma marca corporal, assinalando o homem na fronte com o sinal da cruz feito com o óleo do crisma. Logo, este sacramento não imprime caráter espiritual.

Em sentido contrário, todo sacramento que não se repete, imprime caráter. Ora, este sacramento não se repete, pois Gregório escreve: "A respeito do homem que foi confirmado de novo pelo pontífice, declaro: proíba-se tal repetição". Logo, a confirmação imprime caráter.

Respondo. O caráter é um poder espiritual ordenado a determinadas ações sagradas. Como o

---

6. A. 11.

Parall.: Supra, q. 63, a. 6; IV *Sent.*, dist. 7, q. 2, a. 1, q.la 1; q. 3, a. 3, q.la 3.

1. Q. 63, a. 2.
2. Gregorius II, epist. 13 *ad Bonifacium episc.*, § 4: ed. Mansi, XII, 245.
3. Q. 63, a. 12.

---

h. Da prática antiga e universal da Igreja, de não reiterar a confirmação, e muito menos o batismo, ao qual está estreitamente ligada, conclui-se que ela imprime um *caráter*, "o selo inefável do Espírito".
Mostrou-se acima (q. 63, a. 2 e 3) que esse caráter é uma "força espiritual", participação ao sacerdócio de Cristo, ligada aos atos do culto cristão. A confirmação dá "o poder de realizar certas ações sagradas além daquelas possibilidades pelo batismo". Professar publicamente sua fé no culto ou diante de incrédulos ou inimigos dessa fé é participar do culto cristão, que é testemunho e declaração de fé. Trata-se de ações *sagradas*. Reencontramos a doutrina geral do caráter, somos orientados para o significado próprio da confirmação (a. 6, resp. 1). — "Confirmação" do batismo, esse sacramento supõe que o sujeito já tenha sido batizado (a. 6).

aliquas sacras actiones ordinata. Dictum est autem supra[4] quod, sicut baptismus est quaedam spiritualis generatio in vitam Christianam, ita etiam confirmatio est quoddam spirituale augmentum promovens hominem in spiritualem aetatem perfectam. Manifestum est autem ex similitudine corporalis vitae quod alia est actio hominis statim nati, et alia actio competit ei cum ad perfectam aetatem pervenerit. Et ideo per sacramentum confirmationis datur homini potestas spiritualis ad quasdam actiones alias sacras, praeter illas ad quas datur ei potestas in baptismo. Nam in baptismo accipit potestatem ad ea agenda quae ad propriam pertinent salutem, prout secundum seipsum vivit: sed in confirmatione accipit potestatem ad agendum ea quae pertinent ad pugnam spiritualem contra hostes fidei. Sicut patet exemplo Apostolorum, qui, antequam plenitudinem Spiritus Sancti acciperent, erant *in cenaculo perseverantes in oratione*; postmodum autem egressi non verebantur fidem publice fateri, etiam coram inimicis fidei Christianae. Et ideo manifestum est quod in sacramento confirmationis imprimitur character.

AD PRIMUM ergo dicendum quod pugna spiritualis contra hostes invisibiles omnibus competit. Sed contra hostes visibiles, idest contra persecutores fidei pugnare, nomen Christi confitendo, est confirmatorum, qui iam sunt perducti spiritualiter ad virilem aetatem: secundum quod dicitur 1Io 2,14: *Scribo vobis, iuvenes, quoniam fortes estis, et verbum Dei in vobis manet, et vicistis malignum*. Et ideo character confirmationis est signum distinctivum, non infidelium a fidelibus, sed spiritualiter provectorum ab his quibus dicitur: *Sicut modo geniti infantes*.

AD SECUNDUM dicendum quod omnia sacramenta sunt quaedam fidei protestationes. Sicut igitur baptizatus accipit potestatem spiritualem ad protestandum fidem per susceptionem aliorum sacramentorum; ita confirmatus accipit potestatem publice fidem Christi verbis profitendi, quasi ex officio.

AD TERTIUM dicendum quod sacramenta veteris legis dicuntur *iustitia carnis*, ut patet Hb 9,10, quia scilicet interius nihil efficiebant. Et ideo in circumcisione imprimebatur character solum in corpore, non autem in anima. Sed in confirmatione cum charactere corporali imprimitur simul character spiritualis, eo quod est sacramentum novae legis.

batismo é uma geração espiritual para a vida cristã, assim a confirmação é um crescimento espiritual que faz o homem avançar até a idade perfeita espiritual. Da semelhança com a vida corporal fica claro que a ação do homem assim que nasce e a que lhe cabe quando chega à idade perfeita, são diferentes uma da outra. Assim, o sacramento da confirmação dá ao homem um poder espiritual para determinadas outras ações sagradas, além daquelas para as quais o batismo o qualifica. Pois no batismo o homem recebe o poder de realizar o que concerne à salvação pessoal, enquanto vive para si mesmo; mas na confirmação recebe o poder de realizar o que concerne ao combate espiritual contra os inimigos da fé. Como se patenteia pelo exemplo dos apóstolos que, antes de receberem a plenitude do Espírito Santo, estavam no cenáculo, "assíduos à oração"; depois, porém, saíram e não temiam confessar a fé publicamente, mesmo diante dos inimigos da fé cristã. Assim é patente que o sacramento da confirmação imprime caráter.

QUANTO AO 1º, portanto, deve-se dizer que o combate espiritual contra os inimigos invisíveis cabe a todos. Mas a luta contra os inimigos visíveis, isto é, contra os perseguidores da fé, pela confissão do nome de Cristo, é própria dos confirmados que já chegaram espiritualmente à idade viril. Diz a primeira Carta de João: "Eu vo-lo escrevi, jovens: 'Vós sois fortes, e a palavra de Deus permanece em vós, e sois vencedores do Maligno'". Assim o caráter da confirmação é um sinal distintivo, não entre infiéis e fiéis, mas entre os avançados espiritualmente e aqueles dos quais se diz: "Como crianças recém-nascidas…".

QUANTO AO 2º, deve-se dizer que todos os sacramentos são declarações de fé. Mas o batizado recebe o poder espiritual de confessar a fé em Cristo pela recepção dos demais sacramentos; o confirmado, porém, recebe, como por dever de ofício, o poder de professá-la com palavras, publicamente.

QUANTO AO 3º, deve-se dizer que os sacramentos da Antiga Lei são chamados de "justiça da carne", porque não tinham nenhuma eficácia interior. Por isso a circuncisão imprimia uma marca só no corpo e não na alma. Mas a confirmação, juntamente com a marca corporal, imprime um caráter espiritual, por ser um sacramento da Nova Lei.

---

4. A. 1; q. 65, a. 1.

Artigo 6
O caráter da confirmação pressupõe necessariamente o caráter batismal?

Quanto ao sexto, assim se procede: parece que o caráter da confirmação **não** pressupõe necessariamente o caráter batismal.

1. Com efeito, o sacramento da confirmação visa à confissão pública da fé em Cristo. Ora, muitos, mesmo antes do batismo, confessaram publicamente a fé em Cristo, derramando seu sangue por ela. Logo, o caráter da confirmação não pressupõe o caráter batismal.

2. Além disso, dos apóstolos não se lê que tenham sido batizados, principalmente considerando que se diz no Evangelho de João que Cristo mesmo não batizava, "mas os seus discípulos". E, contudo, foram depois confirmados pela vinda do Espírito Santo. Logo, semelhantemente, também outros podem ser confirmados antes de batizar-se.

3. Ademais, narra-se que "Pedro ainda estava expondo esses acontecimentos, quando o Espírito Santo caiu sobre todos os que tinham escutado a palavra" e "ouviam essas pessoas falar em línguas". A seguir, Pedro "deu ordem de os batizar". Logo, por razão similar, outros podem ser confirmados antes de batizar-se.

Em sentido contrário, Rabano escreve: "Por último, pela imposição das mãos do sumo sacerdote é transmitido o Paráclito, para que o batizado seja fortalecido pelo Espírito Santo para a pregação".

Respondo. O caráter da confirmação supõe necessariamente o caráter batismal, de modo que, se um não batizado fosse confirmado, não receberia nada e seria preciso repetir a confirmação depois do batismo. A razão é que a confirmação se relaciona com o batismo como o crescimento com a geração. Mas é óbvio que ninguém pode avançar para a idade perfeita se antes não tiver nascido. Semelhantemente, se a pessoa não for primeiro batizada, não pode receber o sacramento da confirmação.

Quanto ao 1º, portanto, deve-se dizer que a força de Deus não está ligada aos sacramentos. Pode, pois, sem o sacramento da confirmação, conferir ao homem fortalecimento espiritual para

---

6 Parall.: IV *Sent.*, dist. 7, q. II, a. 1, q.la 3.

1. L. I, c. 30: ML 107, 314 A.
2. A. 1; q. 65, a. 1.

nis: sicut etiam potest consequi remissionem peccatorum sine baptismo. Tamen, sicut nullus consequitur effectum baptismi sine voto baptismi, ita nullus consequitur effectum confirmationis sine voto ipsius. Quod potest haberi etiam ante susceptionem baptismi.

AD SECUNDUM dicendum quod, sicut Augustinus[3] dicit, ex hoc quod Dominus dicit, Io 13,10, *"Qui lotus est, non indiget nisi ut pedes lavet"*, intelligimus Petrum et alios Christi discipulos fuisse baptizatos, sive baptismo Ioannis, sicut nonnulli arbitrantur; sive, quod magis credibile est, baptismo Christi. Neque enim renuit ministerium baptizandi, ut haberet servos per quos ceteros baptizaret.

AD TERTIUM dicendum quod audientes praedicationem Petri acceperunt effectum confirmationis miraculose: non tamen sacramentum confirmationis. Dictum est autem[4] quod effectus confirmationis potest alicui conferri ante baptismum, non autem sacramentum confirmationis. Sicut enim effectus confirmationis, qui est robur spirituale, praesupponit effectum baptismi, qui est iustificatio, ita sacramentum confirmationis praesupponit sacramentum baptismi.

confessar publicamente a fé em Cristo, como também pode conceder a remissão dos pecados sem o batismo. Contudo, como ninguém alcança o efeito do batismo sem o desejo do batismo, tampouco obtém o efeito da confirmação sem desejá-la. E isso pode acontecer também antes de receber o batismo.

QUANTO AO 2º, eis o que diz Agostinho: Da palavra do Senhor "'Aquele que tomou banho só tem necessidade de lavar os pés', entendemos que Pedro e os demais discípulos de Cristo tinham sido batizados, ou com o batismo de João, como julgam alguns, ou, o que é mais provável, com o batismo de Cristo. Ele não renunciou ao ministério de batizar pelo fato de ter auxiliares que batizassem a outros".

QUANTO AO 3º, deve-se dizer que os que ouviam a pregação de Pedro receberam milagrosamente o efeito da confirmação, mas não o sacramento. O efeito da confirmação pode ser conferido antes do batismo, mas não o sacramento da confirmação. Pois, como o efeito da confirmação, que é o fortalecimento espiritual, supõe o efeito do batismo, que é a justificação, assim o sacramento da confirmação supõe o do batismo.

ARTICULUS 7
Utrum per hoc sacramentum gratia gratum faciens conferatur

AD SEPTIMUM SIC PROCEDITUR. Videtur quod per hoc sacramentum gratia gratum faciens non conferatur.
1. Gratia enim gratum faciens ordinatur contra culpam. Sed hoc sacramentum, sicut dictum est[1], non exhibetur nisi baptizatis, qui sunt a culpa mundati. Ergo per hoc sacramentum gratia gratum faciens non confertur.
2. PRAETEREA, peccatores maxime indigent gratia gratum faciente, per quam solam iustificari possunt. Si ergo per hoc sacramentum gratia gratum faciens confertur, videtur quod deberet dari hominibus in peccato existentibus. Quod tamen non est verum.
3. PRAETEREA, gratia gratum faciens specie non differt: cum ad unum effectum ordinetur. Sed duae formae eiusdem speciei non possunt

ARTIGO 7
Este sacramento confere a graça que faz o homem agradável a Deus?

QUANTO AO SÉTIMO, ASSIM SE PROCEDE: parece que este sacramento **não** confere a graça que faz o homem agradável a Deus.
1. Com efeito, a graça que faz o homem agradável a Deus se orienta contra a culpa. Ora, este sacramento só se confere a batizados já purificados da culpa. Logo, este sacramento não confere a graça que faz o homem agradável a Deus.
2. ALÉM DISSO, os pecadores são os que mais precisam da graça que faz o homem agradável a Deus, pois só ela os pode justificar. Se, pois, este sacramento confere essa graça, deveria administrar-se a homens em estado de pecado, o que não é verdade.
3. ADEMAIS, na graça que faz o homem agradável a Deus não há diferentes espécies, já que visa a um único efeito. Ora, duas formas da mesma

---

3. Epist. 265, al. 108, *ad Seleucianam*, n. 5: ML 33, 1088.
4. Ad 1; a. 2, ad 1; a. 4, ad 1.

7 PARALL.: IV *Sent*., dist. 7, q. 2, a. 2.
1. A. 6.

esse in eodem subiecto. Cum ergo gratia gratum faciens conferatur homini per baptismum, videtur quod per sacramentum confirmationis, quod non exhibetur nisi baptizato, gratia gratum faciens non conferatur.

SED CONTRA est quod Melchiades Papa dicit[2]: *Spiritus Sanctus in fonte baptismi plenitudinem tribuit ad innocentiam: in confirmatione augmentum praestat ad gratiam.*

RESPONDEO dicendum quod in hoc sacramento, sicut dictum est[3], datur baptizato Spiritus Sanctus ad robur: sicut Apostolis datus est in die Pentecostes, ut legitur At 2,2sqq.; et sicut dabatur baptizatis per impositionem manus Apostolorum, ut dicitur At 8,17. Ostensum est autem in Prima Parte[4] quod missio seu datio Spiritus Sancti non est nisi cum gratia gratum faciente. Unde manifestum est quod gratia gratum faciens confertur in hoc sacramento.

AD PRIMUM ergo dicendum quod gratiae gratum facientis est remissio culpae: habet tamen et alios effectus, quia sufficit ad hoc quod promoveat hominem per omnes gradus usque in vitam aeternam. Unde et Paulo dictum est, 2Cor 12,9: *Sufficit tibi gratia mea*: et ipse de se dicit, 1Cor 15,10: *Gratia Dei sum id quod sum*. Et ideo gratia gratum faciens non solum datur ad remissionem culpae, sed etiam ad augmentum et firmitatem iustitiae. Et sic confertur in hoc sacramento.

AD SECUNDUM dicendum quod, sicut ex ipso nomine apparet, hoc sacramentum datur *ad confirmandum* quod prius invenerit. Et ideo non debet dari his qui non habent gratiam. Et propter hoc, sicut non datur non baptizatis, ita non debet dari adultis peccatoribus, nisi per poenitentiam reparatis. Unde dicitur in Aurelianensi Concilio[5]: *Ut ieiuni ad confirmationem veniant, ut moneantur confessionem facere prius, ut mundi donum Spiritus Sancti valeant accipere.* Et tunc per hoc sacramentum perficitur poenitentiae effectus, sicut et baptismi: quia per gratiam collatam in hoc sacramento consequetur poenitens pleniorem remissionem peccati. — Et si aliquis adultus in

espécie não podem existir num mesmo sujeito. Logo, como a graça que faz o homem agradável a Deus é conferida no batismo, não seria conferida no sacramento da confirmação que só se administra a quem já foi batizado.

EM SENTIDO CONTRÁRIO, diz o papa Melquíades: "O Espírito Santo, na fonte batismal, dá a plenitude da inocência; na confirmação, concede o aumento da graça".

RESPONDO. Neste sacramento o Espírito Santo é dado à pessoa batizada para seu fortalecimento, como foi dado aos apóstolos no dia de Pentecostes e como era dado aos batizados pela imposição das mãos dos apóstolos, como consta no livro dos Atos. Mostrou-se na I Parte que a missão ou o dom do Espírito Santo não existe sem a graça que faz o homem agradável a Deus. Assim é evidente que na confirmação se recebe essa graça[i].

QUANTO AO 1º, portanto, deve-se dizer que a graça que faz o homem agradável a Deus perdoa a culpa, mas tem também outros efeitos, pois é suficiente para fazer o homem avançar por todos os graus até a vida eterna. Assim foi dito a Paulo: "A minha graça te basta", e ele diz de si mesmo: "O que sou, devo-o à graça de Deus". A graça que faz o homem agradável a Deus não se recebe, pois, só para remissão da culpa, mas também para aumentar e firmar a justiça. E assim é dada neste sacramento.

QUANTO AO 2º, deve-se dizer que como seu nome indica, este sacramento é dado para "confirmar" o que encontrou existindo anteriormente na pessoa. Por isso não deve ser administrado a quem não tem a graça. Eis também por que, como não se dá a não batizados, tampouco deve dar-se a adultos pecadores, a não ser que se tenham renovado pela penitência. Por isso diz o Concílio de Orléans: "Venham em jejum para a confirmação e sejam admoestados a fazer primeiro uma confissão, para que purificados possam receber o dom do Espírito Santo". Neste caso a confirmação leva à perfeição o efeito da penitência, como o do batismo, porque, pela graça nela conferida, o penitente alcança uma

---

2. Epist. *ad Episc. Hispan.*, c. 2: ed. Mansi, II, 430.
3. A. 1, 4; q. 65, a. 1.
4. Q. 43, a. 3.
5. Cfr. GRATIANUM, op. cit., p. III, dist. 5, can. 6: ed. cit., I, 1414.

i. Com toda a tradição latina ("Melquíades"!), Sto. Tomás considera que a confirmação vem "confirmar" o batismo, dando "um aumento de graça". A lembrança dos acontecimentos narrados pelos Atos (2,2; 8,17) lhe permite ver na confirmação uma "missão" do Espírito Santo, vinculada permanentemente à graça santificante. A teologia das "missões invisíveis" (I, q. 43, a. 3) vem explicar essa nova "efusão do Espírito".

peccato existens cuius conscientiam non habet, vel si etiam non perfecte contritus accedat, per gratiam collatam in hoc sacramento consequetur remissionem peccatorum.

AD TERTIUM dicendum quod, sicut dictum est[6], gratia sacramentalis addit super gratiam gratum facientem communiter sumptam aliquid effectivum specialis effectus, ad quod ordinatur sacramentum. Si ergo consideretur gratia in hoc sacramento collata quantum ad id quod est commune, sic per hoc sacramentum non confertur aliqua alia gratia quam per baptismum, sed quae prius inerat, augetur. Si autem consideretur quantum ad illud speciale quod superadditur, sic non est eiusdem speciei cum ipsa.

ARTICULUS 8
Utrum hoc sacramentum sit omnibus exhibendum

AD OCTAVUM SIC PROCEDITUR. Videtur quod hoc sacramentum non sit omnibus exhibendum.

1. Hoc enim sacramentum ad quandam excellentiam datur, ut dictum est[1]. Sed id quod ad excellentiam pertinet, non competit omnibus. Ergo hoc sacramentum non debet omnibus dari.
2. PRAETEREA, per hoc sacramentum augetur aliquis spiritualiter in perfectam aetatem. Sed perfecta aetas repugnat aetati puerili. Ergo ad minus pueris dari non debet.
3. PRAETEREA, sicut Melchiades Papa dicit[2], *post baptismum confirmamur ad pugnam*. Sed pugnare non competit mulieribus, propter fragilitatem

mais plena remissão do pecado. — E se um adulto em estado de pecado, mas sem ter consciência dele ou sem contrição perfeita, se apresentar para receber a confirmação, a graça conferida neste sacramento lhe perdoará os pecados.

QUANTO AO 3º, deve-se dizer que a graça sacramental acrescenta à graça que faz o homem agradável a Deus tomada em geral a capacidade de produzir o efeito especial, a que o sacramento visa. Se, pois, se considera a graça conferida neste sacramento no que ela tem de comum, a confirmação não confere outra graça que o batismo, mas aumenta a já existente. Mas, se se considera no que ela tem de especial que se acrescenta à graça batismal, ela não é da mesma espécie que esta.

ARTIGO 8
Este sacramento deve ser administrado a todos?[j]

QUANTO AO OITAVO, ASSIM SE PROCEDE: parece que este sacramento **não** deve ser administrado a todos.

1. Com efeito, este sacramento é dado em vista de certa superioridade. Ora, o que diz respeito à superioridade não cabe a todos. Logo, este sacramento não deve ser dado a todos.
2. ALÉM DISSO, por este sacramento cresce-se espiritualmente até a idade perfeita. Ora, a idade perfeita se opõe à infância. Logo, pelo menos às crianças não se deve dar este sacramento.
3. ADEMAIS, escreve o papa Melquíades: "Depois do batismo somos confirmados para o combate". Ora, combater não é próprio de mulheres,

---

6. Q. 62, a. 2.

8 PARALL.: IV *Sent.*, dist. 7, q. 3, a. 2, q.la 2, 3.

1. A. 2, ad 2. — Cfr. q. 65, a. 3, 4.
2. Epist. *ad omnes Hisp. Episc.*, c. 2: ed. Mansi, II, 431.

j. Para responder a questões de ordem pastoral, o teólogo volta a tratar do efeito próprio e específico desse sacramento: conduzir o homem à idade adulta em Cristo, armá-lo para as lutas desta vida, para o combate da fé. Todos os batizados devem normalmente atingir "a idade perfeita em Cristo" (Ef 4,13, citado na sol. 4): é o voto da natureza, e a intenção de Deus, e é por isso que todos *devem* receber a confirmação, e todos *podem* recebê-la, jovens ou velhos, homens ou mulheres, mesmo os moribundos, "para que na ressurreição apareçam em estado de homem perfeito" (resp. 4).

Quanto à *idade* em que convém receber a confirmação, Sto. Tomás se contenta em observar que o crescimento espiritual não está ligado ao desenvolvimento físico: pode-se portanto administrar esse sacramento até mesmo a crianças pequenas (resp. 2).

A sequência usual dos sacramentos de iniciação (batismo, confirmação, eucaristia) exige que a confirmação seja recebida antes da "primeira comunhão", mesmo que precoce. É o que lembrava em 1932 uma instrução da Congregação romana sobre os sacramentos, que situava a idade da confirmação por volta da idade da razão, logo, aos sete anos. Visava reagir contra o costume de admitir à comunhão antes da confirmação, e de adiar esta até os doze ou quinze anos. Hoje, na França pelo menos, a situação permanece confusa e, contrariamente à tradição e à teologia, há uma tendência a adiar ainda mais a confirmação. Essa tendência se liga a uma concepção dos efeitos do sacramento (ver n. 13). Mas a Constituição *Divinae consortium naturae*, sem insistir sobre esse ponto, diz claramente que a eucaristia "conclui plenamente a inserção no corpo de Cristo, para os fiéis *já* marcados pelo selo do batismo e da confirmação".

sexus. Ergo nec mulieribus hoc sacramentum debet dari.

4. PRAETEREA, Melchiades Papa dicit³: *Quamvis continuo transituris sufficiant regenerationis beneficia, victuris tamen confirmationis beneficia necessaria sunt. Confirmatio armat et instruit ad agones mundi huius et praelia reservandos. Qui autem post baptismum cum acquisita innocentia immaculatus pervenerit ad mortem, confirmatur morte: quia iam non potest peccare post mortem.* Ergo statim morituris non debet hoc sacramentum conferri. Et sic non debet omnibus dari.

SED CONTRA est quod dicitur At 2,2, quod Spiritus Sanctus veniens *replevit totam domum*, per quam significatur Ecclesia: et postea [v. 4] subditur quod *repleti sunt omnes Spiritu Sancto*. Sed ad illam plenitudinem consequendam hoc sacramentum datur. Ergo est omnibus qui sunt in ecclesia exhibendum.

RESPONDEO dicendum quod, sicut dictum est⁴, per hoc sacramentum promovetur homo spiritualiter in aetatem perfectam. Hoc autem est de intentione naturae, ut omnis qui corporaliter nascitur, ad perfectam aetatem perveniat: sed hoc quandoque impeditur propter corruptibilitatem corporis, quod morte praevenitur. Multo autem magis de intentione Dei est omnia ad perfectionem perducere, ex cuius imitatione hoc natura participat: unde et Dt 32,4 dicitur: *Dei perfecta sunt opera*. Anima autem, ad quam pertinet spiritualis nativitas et spiritualis aetatis perfectio, immortalis est: et potest, sicut tempore senectutis spiritualem nativitatem consequi, ita tempore iuventutis et pueritiae consequi perfectam aetatem; quia huiusmodi corporales aetates animae non praeiudicant. Et ideo hoc sacramentum debet omnibus exhiberi.

AD PRIMUM ergo dicendum quod hoc sacramentum datur ad quandam excellentiam, non quidem unius hominis ad alium, sicut sacramentum ordinis, sed hominis ad seipsum: sicut idem, perfectus vir existens, habet excellentiam ad se puerum.

AD SECUNDUM dicendum quod, sicut dictum est⁵, corporalis aetas non praeiudicat animae. Unde etiam in puerili aetate homo potest consequi perfectionem spiritualis aetatis: de qua dicitur

---

3. *Ibid.*
4. A. 1.
5. In corp.

por serem do sexo frágil. Logo, as mulheres não devem receber este sacramento.

4. ADEMAIS, diz ainda o papa Melquíades: "Embora para os que vão morrer logo sejam suficientes os benefícios do novo nascimento, para os que viverão são necessários os benefícios da confirmação. A confirmação arma e exercita os que estão reservados para os embates e batalhas deste mundo. Quem, depois do batismo, com a inocência adquirida chegar imaculado à morte, é confirmado pela própria morte, pois depois disso já não pode pecar". Logo, não se deve conferir o sacramento a quem está para morrer. E, portanto, não se deve dar a todos.

EM SENTIDO CONTRÁRIO, narra o livro dos Atos dos Apóstolos que, vindo o Espírito Santo, "encheu toda a casa", pela qual é significada a Igreja. Depois se acrescenta que "todos ficaram repletos do Espírito Santo". Ora, este sacramento se dá para que se obtenha aquela plenitude. Logo, deve ser administrado a todos os que estão na Igreja.

RESPONDO. Este sacramento faz o homem avançar espiritualmente para a idade perfeita. Esta é a intenção da natureza: que todos os que nascem corporalmente cheguem à idade perfeita. Entretanto, isso por vezes é impedido pela corruptibilidade do corpo que se introduz com a morte. Muito mais claramente é intenção de Deus conduzir tudo à perfeição; a natureza simplesmente participa dessa intenção, imitando-a. Por isso está escrito: "As obras de Deus são perfeitas". Ora, a alma, sujeito do nascimento e da idade perfeita no plano espiritual, é imortal e pode tanto alcançar o nascimento espiritual na velhice como a idade perfeita na juventude e na infância, porque a idade corporal não vem em prejuízo da alma. Assim este sacramento pode ser administrado a todos.

QUANTO AO 1º, portanto, deve-se dizer que este sacramento é dado em vista de certa superioridade, não a superioridade de um homem com relação a outro, como o sacramento da ordem, mas do homem com relação a si mesmo, enquanto a mesma pessoa, hoje homem perfeito, é superior a si próprio quando era criança.

QUANTO AO 2º, deve-se dizer que a idade corporal não vem em prejuízo da alma. Por isso, também na infância o homem pode alcançar a perfeição da idade espiritual. Diz o livro da Sabedoria: "Velhice

Sap 4,8: *Senectus venerabilis est non diuturna, neque numero annorum computata.* Et inde est quod multi in puerili aetate, propter robur Spiritus Sancti perceptum, usque ad sanguinem fortiter certaverunt pro Christo.

AD TERTIUM dicendum quod, sicut Chrysostomus dicit, in Homilia[6] *de Machabaeis, in mundanis agonibus aetatis et formae generisque dignitas requiritur: et ideo servis ac mulieribus, senibus ac pueris, ad eos aditus denegatur. In caelestibus autem omni personae et aetati et sexui indiscreta facultate stadium patet.* Et in Homilia *de Militia Spirituali*[7] dicit: *Apud Deum femineus etiam militat sexus: multae namque feminae animo virili spiritualem militiam gesserunt. Quaedam enim interioris hominis virtute viros aequaverunt in agonibus martyrum: quaedam etiam fortiores viris exstiterunt.* Et ideo mulieribus hoc sacramentum conferendum est.

AD QUARTUM dicendum quod, sicut dictum est[8], anima, ad quam pertinet spiritualis aetas, immortalis est. Et ideo morituris hoc sacramentum dandum est, ut in resurrectione perfecti appareant: secundum illud Eph 4,13: *Donec occurramus in virum perfectum, in mensuram aetatis plenitudinis Christi.* Et ideo Hugo de Sancto Victore dicit[9]: *Omnino periculosum esset, si ab hac vita sine confirmatione migrare contingeret:* non quia damnaretur, nisi forte per contemptum; sed quia detrimentum perfectionis pateretur. Unde etiam pueri confirmati decedentes maiorem gloriam consequuntur, sicut et hic maiorem obtinent gratiam. — Auctoritas autem illa intelligitur quantum ad hoc, quod morituris non est necessarium hoc sacramentum propter periculum pugnae praesentis.

honrada não é questão de longevidade; ela não se mede pelo número de anos". Assim muitos, ainda crianças, devido ao fortalecimento recebido do Espírito Santo, combateram intrepidamente por Cristo até o derramamento do sangue.

QUANTO AO 3º, eis o que diz Crisóstomo: "Nos combates mundanos requerem-se qualidades de idade, beleza e nascimento. Por isso se nega acesso aos servos e às mulheres, aos anciãos e às crianças. Mas nos combates para o céu, o estádio está aberto a todos, sem distinção de pessoa, idade ou sexo". E em outra homilia: "Diante de Deus também o sexo feminino milita, pois muitas mulheres se portaram na guerra espiritual com ânimo viril. E no combate do martírio, algumas, pela força do homem interior, igualaram-se aos varões; outras foram até mais valentes que eles". Por isso, este sacramento pode ser administrado a mulheres.

QUANTO AO 4º, deve-se dizer que a alma, sujeito da idade espiritual, é imortal. Este sacramento deve, pois, ser dado também aos que estão para morrer, para que na ressurreição apareçam com a perfeição de que fala o Apóstolo: "Até que cheguemos todos juntos ao homem perfeito, à estatura de Cristo em sua plenitude". Eis por que Hugo de São Vítor escreve: "Seria em verdade perigoso, se acontecesse de alguém partir desta vida sem a confirmação", não porque se condenaria, a não ser que a tivesse omitido por desprezo, mas porque sofreria dano na perfeição. Por isso, também as crianças que morrem confirmadas, alcançam uma glória maior como também aqui na terra recebem uma graça maior. — O argumento citado se entende no sentido de que, para os que estão para morrer, este sacramento não é necessário para enfrentar o combate da vida presente.

ARTICULUS 9

Utrum hoc sacramentum sit conferendum homini in fronte

AD NONUM SIC PROCEDITUR. Videtur quod hoc sacramentum non sit conferendum homini in fronte.

ARTIGO 9

Este sacramento deve ser conferido na fronte?

QUANTO AO NONO, ASSIM SE PROCEDE: parece que **não** se deve conferir este sacramento na fronte.

---

6. Hom. 1, n. 2: MG 50, 619.
7. *Hom. XI*, hom. 5, nn. 3, 4: MG 63, 488, 490.
8. In corp.
9. *De Sacram.*, l. II, p. 7, c. 3: ML 176, 460 D.

9 PARALL.: Infra, a. 11, ad 3; IV *Sent.*, dist. 7, q. 3, a. 3, q.la 2; *Cont. Gent.* IV, 60; *Quodlib.* XI, q. 7; *ad Rom.*, c. 1, lect. 5; c. 10, lect. 2.

1. Hoc enim sacramentum est perfectivum baptismi, ut supra¹ dictum est. Sed sacramentum baptismi confertur homini in toto corpore. Ergo hoc sacramentum non debet conferri solum in fronte.

2. Praeterea, hoc sacramentum datur ad robur spirituale, ut supra² dictum est. Sed spirituale robur maxime consistit in corde. Ergo hoc sacramentum magis debet conferri supra cor quam in fronte.

3. Praeterea, hoc sacramentum datur homini ad hoc quod libere fidem Christi confiteatur. Sed *ore fit confessio ad salutem*, ut dicitur Rm 10,10. Ergo hoc sacramentum magis debet conferri circa os quam in fronte.

Sed contra est quod Rabanus dicit, in libro *de Institut. Cleric.*³: *Signatur baptizatus chrismate in summitate capitis per sacerdotem, per pontificem vero in fronte*.

Respondeo dicendum quod, sicut supra⁴ dictum est, in hoc sacramento homo accipit Spiritum Sanctum ad robur spiritualis pugnae, ut fortiter etiam inter adversarios fidei fidem Christi confiteatur. Unde convenienter signatur chrismate signo crucis in fronte, propter duo. Primo quidem, quia insignitur signo crucis sicut miles signo ducis, quod quidem debet esse evidens et manifestum. Inter omnia autem loca corporis humani maxime manifestus est frons, qui quasi nunquam obtegitur. Et ideo linitur confirmatus chrismate in fronte, ut in manifesto demonstraret se esse Christianum: sicut et Apostoli post receptum Spiritum Sanctum se manifestaverunt, qui prius in cenaculo latebant.

Secundo, quia aliquis impeditur a libera confessione nominis Christi propter duo, scilicet propter timorem, et propter verecundiam. Utriusque autem horum signum maxime manifestatur in fronte, propter propinquitatem imaginationis, et propter hoc quod spiritus a corde directe ad frontem ascendunt: unde *verecundati erubescunt, timentes autem pallescunt*, ut dicitur in IV *Ethic.*⁵. Et ideo in fronte signatur chrismate, ut neque propter timorem neque propter erubescentiam nomen Christi confiteri praetermittat.

Ad primum ergo dicendum quod per baptismum regeneramur ad vitam spiritualem, quae ad totum

1. Com efeito, este sacramento é o aperfeiçoamento do batismo. Ora, o sacramento do batismo é conferido no corpo inteiro. Logo, este sacramento não deve ser conferido só na fronte.

2. Além disso, dá-se este sacramento para o fortalecimento espiritual. Ora, o fortalecimento espiritual toca principalmente o coração. Logo, este sacramento deveria ser conferido sobre o coração e não na fronte.

3. Ademais, este sacramento é dado para que o homem confesse livremente a fé em Cristo. Ora, diz Paulo que "confessar com a própria boca conduz à salvação". Logo, este sacramento deveria ser administrado sobre a boca e não sobre a fronte.

Em sentido contrário, Rabano escreve: "O batizado é assinalado com o crisma pelo sacerdote no alto da cabeça e pelo pontífice na fronte".

Respondo. Neste sacramento o homem recebe o Espírito Santo para fortalecimento no combate espiritual, de modo que mesmo entre adversários da fé confesse intrepidamente a fé em Cristo. Assim, por dois motivos é adequado que seja assinalado na fronte com o sinal da cruz feito com o óleo do crisma. Primeiro, porque é marcado com o sinal da cruz como o soldado com o sinal de seu general, sinal que deve ser visível e manifesto. Ora, o local do corpo humano que está mais à mostra é a fronte, que quase nunca se cobre. Assim o confirmado recebe a unção do crisma na fronte, para que mostre abertamente que é cristão, como os apóstolos que, antes escondidos no cenáculo, se mostraram em público, depois de receberem o Espírito Santo.

Em segundo lugar, porque duas atitudes impedem a livre confissão do nome de Cristo: o temor e a vergonha. O sinal de ambas as atitudes se mostra especialmente na fronte por causa da proximidade da imaginação e porque os espíritos sobem do coração diretamente à fronte. Por isso, como diz o Filósofo, "os que se envergonham, enrubescem; os que temem, empalidecem". Assinalam-se, pois, os confirmandos com crisma na fronte para que nem por temor nem por vergonha se omitam na confissão do nome de Cristo.

Quanto ao 1º, portanto, deve-se dizer que pelo batismo renascemos para a vida espiritual, o que

---

1. Q. 65, a. 3, 4.
2. A. 1, 2, 4; q. 65, a. 1.
3. L. I, c. 30: ML 107, 314 A.
4. A. 1, 4.
5. C. 15: 1128, b, 13-14.

hominem pertinet. Sed in confirmatione roboramur ad pugnam: cuius signum ferendum est in fronte, quasi in evidenti loco.

AD SECUNDUM dicendum quod principium fortitudinis est in corde, sed signum apparet in fronte: unde dicitur Ez 3,8: *Ecce, dedi frontem tuam duriorem frontibus eorum*. Et ideo sacramentum Eucharistiae, quo homo in seipso confirmatur, pertinet ad cor: secundum illud Ps 103,15: *Panis cor hominis confirmet*. Sed sacramentum confirmationis requiritur in signum fortitudinis ad alios. Et ideo exhibetur in fronte.

AD TERTIUM dicendum quod hoc sacramentum datur ad libere confitendum: non autem ad confitendum simpliciter, quia hoc fit etiam in baptismo. Et ideo non debet dari in ore, sed in fronte, ubi apparent signa passionum quibus libera confessio impeditur.

diz respeito ao homem todo. Mas a confirmação nos fortalece para o combate, cujo sinal deve ser levado na fronte, como num lugar bem visível.

QUANTO AO 2º, deve-se dizer que o princípio da fortaleza está no coração, mas seu sinal aparece na fronte. Diz Ezequiel: "Vê, vou tornar tua fronte, mais dura quanto a fronte deles". Por isso, o sacramento da eucaristia, que confirma o homem em seu interior, diz respeito ao coração, como está no Salmo: "O pão confirma o coração do homem". Mas o sacramento da confirmação se requer como sinal de fortaleza diante dos outros. Eis por que se administra na fronte.

QUANTO AO 3º, deve-se dizer que este sacramento é conferido para que se confesse livremente, não para que se confesse simplesmente, porque isto se faz também no batismo. Por isso, não deve ser administrado sobre a boca, mas sobre a fronte, onde aparecem os sinais das paixões que impedem a livre confissão.

ARTICULUS 10
Utrum ille qui confirmatur debeat teneri ab alio

AD DECIMUM SIC PROCEDITUR. Videtur quod ille qui confirmatur non debet ab alio teneri ad confirmationem.
1. Hoc enim sacramentum non solum pueris, sed etiam adultis exhibetur. Adulti autem per seipsos stare possunt. Ergo ridiculum est quod ab alio teneantur.
2. PRAETEREA, ille qui iam est de Ecclesia, liberum habet accessum ad Ecclesiae principem, qui est episcopus. Sed hoc sacramentum, sicut dictum est[1], non exhibetur nisi baptizato, qui iam est membrum Ecclesiae. Ergo videtur quod non debeat per alium exhiberi episcopo ad hoc sacramentum recipiendum.
3. PRAETEREA, hoc sacramentum datur ad robur spirituale. Quod magis viget in viris quam in mulieribus: secundum illud Pr 31,10: *Mulierem fortem quis inveniet?* Ergo ad minus mulier non debet tenere virum ad confirmationem.

SED CONTRA est quod Innocentius Papa dicit, et habetur in *Decretis*. XXX, qu. 4[2]: *Si quis ex coniugio filium aut filiam alterius de sacro fonte susceperit, aut ad chrisma tenuerit, etc.* Ergo,

ARTIGO 10
Quem é confirmado deve ser segurado por outro?

QUANTO AO DÉCIMO, ASSIM SE PROCEDE: parece que quem é confirmado **não** deve ser segurado por outro.
1. Com efeito, este sacramento não se confere só a crianças, mas também a adultos. Ora, os adultos podem ficar de pé por si mesmos. Logo, é ridículo que sejam segurados por outro.
2. ALÉM DISSO, quem já está na Igreja, tem livre acesso ao príncipe da Igreja, que é o bispo. Ora, este sacramento só se administra a quem é batizado e, portanto, já é membro da Igreja. Logo, para receber este sacramento, não deveria ser apresentado ao bispo por outro.
3. ADEMAIS, confere-se este sacramento para fortalecimento espiritual que floresce mais nos varões que nas mulheres como está no livro dos Provérbios: "Uma mulher forte, quem a encontrará?". Logo, pelo menos uma mulher não deveria segurar um varão para a confirmação.

EM SENTIDO CONTRÁRIO, diz o papa Inocêncio: "Se algum dos cônjuges receber ao sair da fonte sagrada ou segurar para a crisma o filho ou a filha de outra família" etc. Logo, como se exige que

---

10 PARALL.: IV *Sent.*, dist. 7, q. 3, a. 3, q.la 1.
   1. A. 6.
   2. GRATIANUS, *Decretum*, p. II, causa 30, q. 4, can. 3: ed. Richter-Friedberg, I, 1103.

sicut requiritur quod aliquis baptizatum de sacro fonte levet, ita debet aliquis teneri ad sacramentum confirmationis accipiendum.

RESPONDEO dicendum quod, sicut dictum est³, hoc sacramentum exhibetur homini ad robur pugnae spiritualis. Sicut autem aliquis de novo natus indiget instructore in his quae pertinent ad conversationem vitae, secundum illud Hb 12,9, *Patres quidem carnis nostrae habuimus eruditores, et obtemperabamus eis*; ita illi qui assumuntur ad pugnam, indigent eruditoribus a quibus instruantur de his quae pertinent ad modum certaminis; et ideo in bellis materialibus constituuntur duces et centuriones, per quos alii gubernentur. Et propter hoc etiam ille qui accipit hoc sacramentum, ab alio tenetur, quasi per alium in pugna erudiendus.

Similiter etiam, quia per hoc sacramentum confertur homini perfectio spiritualis aetatis, sicut dictum est⁴; ideo ille qui ad hoc sacramentum accedit, sustentatur, quasi adhuc spiritualiter imbecillis et puer.

AD PRIMUM ergo dicendum quod, licet ille qui confirmatur sit adultus corporaliter, nondum tamen est adultus spiritualiter.

AD SECUNDUM dicendum quod, licet baptizatus sit effectus membrum Ecclesiae, nondum tamen est adscriptus militiae Christianae. Et ideo episcopo, tanquam duci exercitus, per alium exhibetur iam militiae Christianae adscriptum. Non enim debet alium ad confirmationem tenere qui nondum est confirmatus.

AD TERTIUM dicendum quod, sicut dicitur Cl 3, *in Christo Iesu non est masculus neque femina*. Et ideo non differt utrum masculus vel femina teneat aliquem in confirmatione.

alguém receba o batizado ao sair da fonte sagrada, assim também alguém deve segurar quem recebe o sacramento da confirmação.

RESPONDO. Confere-se este sacramento para transmitir fortalecimento no combate espiritual. Assim como alguém nascido de novo precisa de um educador que o ensine como comportar-se na vida: "Tivemos como educadores nossos pais terrenos e lucramos disso um bom proveito", como está na Carta aos Hebreus, assim também quem é recebido para o combate, precisa de um instrutor que o instrua no modo de lutar. Para isso se instituem, nas guerras materiais, generais e centuriões que comandem os demais. Assim também, quem recebe este sacramento é segurado por outro, que deve como que exercitá-lo para o combate.

Semelhantemente, porque este sacramento confere ao homem a perfeição da idade espiritual, quem se aproxima para recebê-lo deve ser sustentado, como se ainda fosse espiritualmente uma débil criança.

QUANTO AO 1º, portanto, deve-se dizer que mesmo que o confirmando seja corporalmente um adulto, contudo ainda não o é espiritualmente.

QUANTO AO 2º, deve-se dizer que embora o batizado tenha sido feito membro da Igreja, contudo ainda não foi adscrito à milícia cristã. Por isso deve ser apresentado ao bispo que é como o general do exército, por outro já inscrito nessa milícia. Pois quem ainda não foi confirmado não deve segurar a outrem para a confirmação.

QUANTO AO 3º, deve-se dizer que o Apóstolo diz: "Em Cristo Jesus não há mais o homem e a mulher". Por isso, tanto faz que alguém seja segurado na confirmação por um varão ou por uma mulher.

ARTICULUS 11
Utrum solus episcopus hoc sacramentum conferre possit

AD UNDECIMUM SIC PROCEDITUR. Videtur quod non solus episcopus hoc sacramentum conferre possit.

ARTIGO 11
Só o bispo pode conferir este sacramento?[k]

QUANTO AO DÉCIMO PRIMEIRO, ASSIM SE PROCEDE: parece que **não** só o bispo deve poder conferir este sacramento.

---

3. A. 1, 4, 9.
4. A. 2, 5.

11 PARALL.: Supra, q. 65, a. 3, ad 3; IV *Sent*., dist. 2, q. 2, a. 4, ad 1; dist. 7, q. 3, a. 1; dist. 13, q. 1, a. 1, q.la 2, ad 2; dist. 25, q. 1, a. 1; *Cont. Gent*. IV, 60; Opusc. V, p. 2, *De Eccles. Sacram.; Quodlib*. XI, q. 7.

k. O teólogo explica essa prática da Igreja, lembrando que o bispo possui a plenitude do sacerdócio, e que lhe cabe concluir a iniciação cristã e conferir a plenitude do Espírito. (Assim já pensava Inocêncio I; ver Concílio de Trento, Sess. VII, *De Confirmatione*, can. 3). O Concílio do Vaticano II se refere a "ministros originários" da confirmação (*Lumen Gentium*, 3, 26).

Os textos dos papas Urbano I e Eusébio, citados, são apócrifos. Como a carta de "Melquíades", provêm das "Falsas Decretais".

1. Gregorius enim, scribens Ianuario Episcopo[1], dicit: *Pervenit ad nos quosdam scandalizatos fuisse quod presbyteros chrismate tangere eos qui baptizati sunt, prohibuimus. Et nos quidem secundum veterem usum nostrae ecclesiae fecimus: sed si omnino hac de re aliqui contristantur, ubi episcopi desunt, ut presbyteri etiam in frontibus baptizatos chrismate tangere debeant, concedimus*. Sed illud quod pertinet ad necessitatem sacramentorum, non est propter vitandum scandalum immutandum. Ergo videtur quod non sit de necessitate huius sacramenti quod ab episcopo conferatur.

2. PRAETEREA, sacramentum baptismi videtur esse maioris efficaciae quam sacramentum confirmationis: quia per baptismum fit plena remissio peccatorum et quantum ad culpam et quantum ad poenam, quod non fit in hoc sacramento. Sed simplex sacerdos ex suo officio potest tradere sacramentum baptismi: et in necessitate quilibet, etiam non ordinatus, potest baptizare. Ergo non est de necessitate huius sacramenti quod ab episcopo conferatur.

3. PRAETEREA, summitas capitis, ubi secundum medicos est locus rationis (scilicet particularis, quae dicitur virtus cogitativa), est nobilior fronte, ubi est locus imaginativae virtutis. Sed simplex sacerdos potest baptizatos chrismate ungere in vertice. Ergo multo magis potest eos chrismate signare in fronte, quod pertinet ad hoc sacramentum.

SED CONTRA est quod Eusebius Papa dicit[2]: *Manus impositionis sacramentum magna veneratione tenendum est, quod ab aliis perfici non potest nisi a summis sacerdotibus. Nec tempore Apostolorum ab aliis quam ab ipsis Apostolis legitur aut scitur peractum esse: nec ab aliis quam qui eorum locum tenent, unquam perfici potest, aut fieri debet. Nam si aliter praesumptum fuerit, irritum habeatur et vacuum, nec inter ecclesiastica unquam reputabitur sacramenta*. Est igitur de necessitate huius sacramenti, quod dicitur *sacramentum manus impositionis*, quod ab episcopo tradatur.

RESPONDEO dicendum quod in quolibet opere ultima consummatio supremae arti aut virtuti reservatur: sicut praeparatio materiae pertinet ad inferiores artifices, superior autem dat formam, supremus autem est ad quem pertinet usus, qui

1. Com efeito, Gregório escreve ao bispo Januário: "Chegou até nós que alguns se escandalizaram por termos proibido que presbíteros ungissem com crisma os batizados. Certamente fizemo-lo de acordo com o antigo uso de nossa Igreja. Mas, se por isso alguns se contristam muito, concedemos que, onde faltam bispos, presbíteros possam ungir os batizados com crisma, mesmo na fronte". Ora, o que pertence necessariamente aos sacramentos não se pode mudar para evitar escândalo. Logo, não seria necessário a este sacramento que seja conferido pelo bispo.

2. ALÉM DISSO, o sacramento do batismo parece ser de maior eficácia que o sacramento da confirmação, porque o batismo dá plena remissão dos pecados quanto à culpa e quanto à pena, o que não acontece neste sacramento. Ora, o simples sacerdote, por sua mesma função, pode administrar o sacramento do batismo e, em caso de necessidade, qualquer um, mesmo não ordenado, pode batizar. Logo, não é necessário que este sacramento seja conferido pelo bispo.

3. ADEMAIS, o cimo da cabeça, onde, segundo os médicos, radica a razão, essa razão particular que se chama potência cogitativa, é mais nobre que a fronte, onde se situa a potência imaginativa. Ora, o simples sacerdote pode ungir os batizados com crisma no cimo da cabeça. Logo, muito mais os pode assinalar na fronte com crisma, que é o rito deste sacramento.

EM SENTIDO CONTRÁRIO, escreve o papa Eusébio: "Tenha-se em grande veneração o sacramento da imposição das mãos que só pode ser realizado pelos sumos sacerdotes. No tempo dos apóstolos não se lê nem se sabe que tenha sido administrado por outros que não os próprios apóstolos; e nem pode nem deve ser realizado por outros que seus sucessores. Se alguém presumir fazer de outra maneira, que tal ato seja tido por sem efeito e sem valor e não se contará jamais entre os sacramentos da Igreja". É, portanto, necessário para este sacramento, aqui chamado "sacramento da imposição das mãos", que seja administrado pelo bispo.

RESPONDO. Em toda obra a última demão fica reservada à arte ou força suprema. Por exemplo: a preparação da matéria cabe aos operários inferiores, enquanto o artesão superior dá a forma e ao mestre cabe o uso que é a finalidade dos produtos

---

1. *Registrum*, l. IV, epist. 26: ML 77, 696 AB.
2. Epist. 3, *ad Episc. Tusc.*: ed. Mansi, II, 424.

est finis artificiatorum; et epistola quae a notario scribitur, a domino signatur. Fideles autem Christi sunt quoddam divinum opus, secundum illud 1Cor 3,9, *Dei aedificatio estis*: sunt etiam quasi quaedam *epistola Spiritu Dei scripta*, sicut dicitur 2Cor 3,2-3. Hoc autem confirmationis sacramentum est quasi ultima consummatio sacramenti baptismi: ita scilicet quod per baptismum aedificatur homo in domum spiritualem, et conscribitur quasi quaedam spiritualis epistola; sed per sacramentum confirmationis, quasi domus aedificata, dedicatur in templum Spiritus Sancti; et quasi epistola conscripta, signatur signo crucis. Et ideo collatio huius sacramenti episcopis reservatur, qui obtinent summam potestatem in Ecclesia: sicut in primitiva Ecclesia per impositionem manus Apostolorum, quorum vicem gerunt episcopi, plenitudo Spiritus Sancti dabatur, ut habetur At 8,14sqq. Unde Urbanus Papa dicit[3]: *Omnes fideles per manus impositionem episcoporum Spiritum Sanctum post baptismum accipere debent, ut pleni Christiani inveniantur.*

AD PRIMUM ergo dicendum quod Papa in Ecclesia habet plenitudinem potestatis, ex qua potest quaedam quae sunt superiorum ordinum, committere inferioribus quibusdam: sicut presbyteris concedit conferre minores ordines, quod pertinet ad potestatem episcopalem. Et ex hac plenitudine potestatis concessit beatus Gregorius Papa quod simplices sacerdotes conferrent hoc sacramentum, quandiu scandalum tolleretur.

AD SECUNDUM dicendum quod sacramentum baptismi est efficacius quam hoc sacramentum quantum ad remotionem mali: eo quod est spiritualis generatio, quae est mutatio de non esse in esse. Hoc autem sacramentum est efficacius ad proficiendum in bono: quia est quoddam spirituale augmentum de esse imperfecto ad esse perfectum. Et ideo hoc sacramentum digniori ministro committitur.

AD TERTIUM dicendum quod, sicut Rabanus dicit, in libro *de Institut. Cleric*.[4], *signatur baptizatus chrismate in summitate capitis per sacerdotem, per pontificem vero in fronte, ut priori unctione significetur super ipsum Spiritus Sancti descensio ad habitationem Deo consecrandam: in secunda quoque ut eiusdem Spiritus Sancti septiformis gra-*

da arte. Igualmente a carta escrita pelo amanuense é assinada por seu senhor. Pois bem. Os fiéis cristãos são como uma obra divina. Diz Paulo: "Vós sois a construção de Deus"; eles são também como uma "carta escrita com o Espírito de Deus". Ora, o sacramento da confirmação é como uma última demão ao sacramento do batismo, pois pelo batismo o homem é edificado como se fora uma casa espiritual e redigido como se fora uma carta espiritual; mas pelo sacramento da confirmação a casa já edificada é consagrada como templo do Espírito Santo e a carta já redigida é firmada com o sinal da cruz. Por isso, a administração deste sacramento é reservada aos bispos que detêm na Igreja o poder supremo, como na Igreja primitiva a plenitude do Espírito Santo era dada pela imposição das mãos dos apóstolos, cujos sucessores são os bispos. Eis por que o papa Urbano escreve: "Todos os fiéis devem depois do batismo receber o Espírito Santo pela imposição das mãos dos bispos, para que se tornem cristãos plenos".

QUANTO AO 1º, portanto, deve-se dizer que o Papa tem na Igreja a plenitude do poder, pelo qual pode confiar a ordens inferiores o que é próprio de ordens superiores. Concede, por exemplo, a presbíteros que administrem as ordens menores, o que pertence ao poder episcopal. Por essa plenitude de poder o papa São Gregório permitiu que simples sacerdotes conferissem este sacramento, até que cessasse o escândalo[1].

QUANTO AO 2º, deve-se dizer que o sacramento do batismo é mais eficaz que a confirmação quanto à remoção do mal, por ser um nascimento espiritual, ou seja: uma mudança do não-existir ao existir. Mas a confirmação é mais eficaz para progredir no bem, porque é um crescimento espiritual do imperfeito ao perfeito. Por isso este sacramento é confiado ao ministro mais digno.

QUANTO AO 3º, deve-se dizer que segundo Rabano, "o batizado é assinalado com crisma pelo sacerdote no cimo da cabeça e pelo pontífice na fronte, para que a primeira unção signifique a descida do Espírito Santo sobre ele para consagrar a habitação de Deus, e para que a segunda mostre que a graça septiforme do Espírito Santo vem ao

---

3. Cfr. GRATIANUM, op. cit., p. III, dist. 5, can. 1: ed. cit., I, 1413.
4. L. I, c. 30: ML 107, 314 AB.

---

1. O poder de confirmar pode ser delegado a simples padres, seja por direito comum, seja por indulto nos limites determinados. O decreto *Spiritus Sancti munera* (14 de setembro de 1946) confere ao vigário o direito de confirmar, em caso de perigo de morte, nos limites de seu território.
O padre que confirma deve sempre se servir do crisma consagrado pelo bispo.

tia, cum omni plenitudine sanctitatis et scientiae et virtutis, venire in hominem declaretur. Non ergo propter digniorem partem, sed propter potiorem effectum, haec unctio episcopis reservatur.

Articulus 12
Utrum ritus huius sacramenti sit conveniens

AD DUODECIMUM SIC PROCEDITUR. Videtur quod ritus huius sacramenti non sit conveniens.

1. Sacramentum enim baptismi est maioris necessitatis quam hoc sacramentum, ut supra[1] dictum est. Sed baptismo deputantur certa tempora, scilicet Pascha et Pentecoste. Ergo etiam huic sacramento aliquod certum tempus debet praefigi.

2. PRAETEREA, sicut hoc sacramentum requirit devotionem et dantis et recipientis, ita etiam et sacramentum baptismi. Sed in sacramento baptismi non requiritur quod a ieiunis sumatur vel conferatur. Ergo videtur inconvenienter statutum in Aurelianensi Concilio[2] *ut ieiuni ad confirmationem veniant*; et in Concilio Meldensi[3] *ut episcopi non nisi ieiuni per impositionem manus Spiritum Sanctum tradant.*

3. PRAETEREA, chrisma est quoddam signum plenitudinis Spiritus Sancti, ut supra[4] dictum est. Sed plenitudo Spiritus Sancti data est fidelibus Christi in die Pentecostes, ut habetur At 2,1. Magis ergo deberet chrisma confici et benedici in festo Pentecostes quam in Cena Domini.

SED CONTRA est usus Ecclesiae, quae a Spiritu Sancto gubernatur.

RESPONDEO dicendum quod Dominus, Mt 18,20, fidelibus suis promisit dicens: *Ubi fuerint duo vel tres congregati in nomine meo, ibi sum in medio eorum.* Et ideo firmiter tenendum est quod ordinationes Ecclesiae dirigantur secundum sapientiam Christi. Et propter hoc certum esse debet ritus quos Ecclesia observat in hoc et in aliis sacramentis, esse convenientes.

AD PRIMUM ergo dicendum quod, sicut Melchiades Papa dicit[5], *ita coniuncta sunt haec duo sacramenta*, scilicet baptismi et confirmationis, *ut ab invicem nisi morte praeveniente nullatenus possint segregari, et unum sine altero rite perfici non possit.* Et ideo eadem tempora sunt

Artigo 12
O rito deste sacramento é adequado?

QUANTO AO DÉCIMO SEGUNDO, ASSIM SE PROCEDE: parece que o rito deste sacramento **não** é adequado.

1. Com efeito, o sacramento do batismo é de maior necessidade que este sacramento. Ora, para o batismo designam-se tempos determinados, a saber: Páscoa e Pentecostes. Logo, também para este sacramento deve prefixar-se um tempo determinado.

2. ALÉM DISSO, como o batismo, este sacramento requer devoção em quem dá e em quem recebe. Ora, não se exige que o sacramento do batismo seja recebido nem administrado em jejum. Logo, é fora de propósito o que o Concílio de Orléans estabeleceu: "Venham em jejum para a confirmação". E o Concílio de Meaux: "Que os bispos só transmitam o Espírito Santo pela imposição das mãos estando em jejum".

3. ADEMAIS, o crisma é um sinal da plenitude do Espírito Santo. Ora, a plenitude do Espírito Santo foi dada aos fiéis cristãos no dia de Pentecostes. Logo, o crisma deveria ser preparado e consagrado na festa de Pentecostes e não na Ceia do Senhor.

EM SENTIDO CONTRÁRIO está o uso da Igreja que é governada pelo Espírito Santo.

RESPONDO. O Senhor prometeu a seus fiéis: "Onde dois ou três estiverem reunidos em meu Nome, eu estou no meio deles". Por isso, deve-se manter firmemente que as prescrições da Igreja são dirigidas pela sabedoria de Cristo. Por conseguinte é certo que os ritos que a Igreja observa neste e nos demais sacramentos são adequados.

QUANTO AO 1º, portanto, deve-se dizer que o papa Melquíades diz: "Estes dois sacramentos, batismo e confirmação, estão de tal modo unidos que não se podem separar de nenhuma maneira um do outro, a não ser em caso de morte, e um não pode realizar-se devidamente sem o outro". Assim

---

12 PARALL.: IV *Sent.*, dist. 7, Expos. litt.

1. A. 2, ad 4; q. 65, a. 3, 4.
2. Cfr. a. 7, ad 2.
3. Cfr. GRATIANUM, *Decretum*, p. III, dist. 5, can. 7: ed. Richter-Friedberg, I, 1414.
4. A. 2.
5. Epist. *ad Episc. Hispan*, c. 2: ed. Mansi, II, 430.

praefixa baptismo solemniter celebrando et huic sacramento. Sed quia hoc sacramentum a solis episcopis datur, qui non sunt semper praesentes ubi presbyteri baptizant, oportuit, quantum ad communem usum, sacramentum confirmationis etiam in alia tempora differri.

AD SECUNDUM dicendum quod ab illa prohibitione *excipiuntur infirmi et morte periclitantes*: sicut in statuto Meldensis Concilii legitur. Et ideo, propter multitudinem fidelium, et propter pericula imminentia, sustinetur ut hoc sacramentum, quod non nisi ab episcopis dari potest, etiam a non ieiunis detur vel accipiatur: quia unus episcopus, praecipue in magna dioecesi, non sufficeret ad omnes confirmandos, si ei tempus arctaretur. Ubi tamen congrue observari potest, convenientius est ut a ieiunis detur et accipiatur.

AD TERTIUM dicendum quod, sicut ex Concilio Martini Papae[6] habetur, *omni tempore licebat chrisma conficere*. Sed quia solemnis baptismus, ad quem requiritur usus chrismatis, in vigilia Paschae celebratur, congrue ordinatum est ut per biduum ante ab episcopo chrisma benedicatur, ut possit per dioecesim destinari. — Dies etiam ille satis congruit ad materias sacramentorum benedicendas, in quo fuit Eucharistiae sacramentum institutum, ad quod omnia alia sacramenta quodammodo ordinantur, sicut dictum est[7].

as mesmas datas previstas para a celebração solene do batismo valem para este sacramento. Mas, como a confirmação só é conferida pelos bispos, que nem sempre estão presentes onde os presbíteros batizam, foi necessário no uso comum transferir o sacramento da confirmação para outras datas.

QUANTO AO 2º, deve-se dizer que o Concílio de Meaux estabelece que se excetuam dessa proibição os enfermos e quem está em perigo de morte. Assim, devido à multidão de fiéis e por perigos iminentes admite-se que este sacramento que só pode ser administrado pelos bispos, possa ser conferido e recebido também por quem não está em jejum, pois um só bispo, especialmente numa diocese grande, não seria suficiente para confirmar a todos, se o premesse o tempo. Mas onde a prescrição se pode observar comodamente, é mais adequado que seja dado e recebido em jejum.

QUANTO AO 3º, deve-se dizer que num Concílio realizado sob o papa Martinho se dizia que "era lícito preparar o crisma em qualquer data". Ora, já que o batismo solene, para o qual se requer o uso do crisma, se celebra na Vigília da Páscoa, prescreveu-se corretamente que dois dias antes o bispo consagrasse o crisma, para poder ser distribuído na diocese. — O dia era, aliás, bem adequado para a bênção da matéria dos sacramentos, porque nesse dia foi instituído o sacramento da eucaristia, ao qual de algum modo se ordenam todos os demais sacramentos[m].

---

6. Vide MARTIN. BRACAR., *Capitula*, can. 51: ed. Mansi, IX, 856. Item Conc. Tolet. I, a. 400, c. 20: ed. Mansi, III, 1002.
7. Q. 65, a. 3.

m. Não é inútil resumir ao final desta questão 72, o que foi dito ao longo de seus doze artigos, dos *efeitos* da confirmação, e indicar dessa forma o que a distingue do batismo. Sto. Tomás pode falar a esse propósito de efeito *especial* (a. 7, resp. 3); nós poderíamos dizer *específico*.

É a conclusão, "a consumação última" (a. 11) do batismo. Essa relação aparece claramente no rito antigo, no qual o que se tornará um rito isolado vem imediatamente após o batismo na água. Esse laço é menos visível hoje, quando os dois sacramentos estão separados, muitas vezes por um intervalo de vários anos. — A confirmação consagra ao Espírito Santo o edifício espiritual já construído no batismo, e o *selo* do sinal da cruz. É um acréscimo da graça batismal, dá a plenitude da graça (a. 1, resp. 4), a plenitude do Espírito Santo (a. 2), e os que a recebem são postos em conformidade com Cristo, "cheio de graça e de verdade" (a. 1, resp. 4; ver Jo 1,14).

Por outro lado, como já pudemos verificar, (q. 65, a. 1), Sto. Tomás vê o progresso da vida espiritual à imagem do desenvolvimento da vida natural. Se o batismo é o nascimento para a vida cristã, a confirmação corresponde ao crescimento dessa vida, em direção à plenitude da idade de Cristo (a. 3, resp. 4, ver Ef 4,13) e à passagem do cristão à idade adulta (a. 1, e, 5).

Isto conduz a uma consequência importante: a criança, pensa Sto. Tomás, vive só para si, sem contato com o mundo exterior; chegada à idade adulta, entra por sua atividade em comunicação com os outros (a. 2). Pela confirmação, o cristão fica repleto do Espírito Santo "como se devesse, por sua atividade, edificar, 'construir' os outros", e difundir "o bom odor" de Cristo (a. 2 e resp. 1; ver 2Cor 2,15). Ele deverá enfrentar os inimigos da fé: a confirmação lhe dá em plenitude a força do Espírito, para fortalecê-lo no combate espiritual (a. 4 e 5). Ele está pleno "de audácia e de força" para confessar livremente e corajosamente o nome de Cristo (a. 9). E como a confirmação imprime um *caráter*, "poder de realizar certas ações sagradas", o confirmado dará testemunho de sua fé, "como que em virtude de uma tarefa recebida" (a. 5, resp. 2).

Note-se que essa doutrina voltará a aparecer no ensinamento do Vaticano II (por exemplo, em *Lumen Gentium*, 2, 11, que cita esta questão 72), e será retomada pela constituição apostólica *Divinae consortium naturae* (15 de agosto de 1971). Com duas palavras que não fazem parte do vocabulário de Sto. Tomás, mas que podem resumir seu pensamento a respeito, diríamos que o efeito próprio da confirmação é de dar um acréscimo de graça para a *missão* e o *testemunho*.

Acrescentemos, por fim, que estas reflexões não decidem nada a respeito da idade da confirmação.

A EUCARISTIA

Introdução e notas por Albert Raulin

INTRODUÇÃO

Sto. Tomás é considerado como o teólogo da eucaristia por excelência. A obra-prima que ele realizou ao compor a liturgia da Festa de Deus tem a ver com essa reputação; e explica que esperemos bastante do tratado da eucaristia na Suma teológica.

Um estudo aprofundado deste tratado mostrará que a reputação de Sto. Tomás não é exagerada; ao longo de todo este estudo reencontramos a marca de seu gênio.

O que não significa que estas onze questões constituam uma obra tão perfeitamente harmoniosa como o Ofício e a missa do Corpo de Cristo. E isso se deve à complexidade dos "lugares teológicos" utilizados na Suma por Sto. Tomás.

As fontes do tratado são múltiplas, de valor desigual e exploradas com maior ou menor felicidade.

A primeira dessas fontes é necessariamente escriturária, o Novo Testamento sendo, com toda evidência, o documento básico para essas matérias. Sto. Tomás está sempre à vontade com a Escritura, sobretudo com os livros que ele comentou explicitamente; o número de citações bíblicas é considerável neste tratado da eucaristia, e os textos essenciais estão amplamente representados. No entanto, é preciso reconhecer que a veia de Sto. Tomás não é imediatamente bíblica em suas questões; as matérias estudadas não se organizam a partir do dado neotestamentário. É o preço pago por Sto. Tomás por ter feito da Suma teológica, como o diz no prólogo geral da obra, um livro para iniciantes — admitindo que aquilo de que necessitam os estudantes é uma apresentação sistemática, breve, clara e, portanto, em certa medida, livre do caráter contingente da redação dos Livros santos.

Sto. Tomás foi mais feliz em sua utilização dos Padres da Igreja. Pois soube, nas articulações essenciais de seu estudo, apresentar e aplicar textos bastante extensos exprimindo de maneira sólida e simples a fé da Igreja. Na verdade, de modo bastante paradoxal, seu tratado progride mais na linha dos grandes temas patrísticos do que a partir dos textos da Escritura, todavia subjacentes à obra dos Padres. Vemo-nos aí diante de uma enorme tradição espiritual; gostaríamos que os artigos que nos transmitem esses tesouros fossem ainda mais amplos.

Normalmente, Aristóteles não teria muita coisa a fazer neste tratado; de fato, ele é utilizado com mais discrição do que de hábito. Mas de qualquer modo foi dele que Sto. Tomás recebeu a doutrina filosófica das Categorias, e portanto da divisão analógica do ser em substância e acidentes. A conversão eucarística (o pão e o vinho tornando-se o corpo e o sangue de Cristo) suscita um problema de ser, um problema ontológico. Sto. Tomás se vê obrigado a reservar um grande espaço a reflexões sobre a substância do pão (e do vinho) e seus acidentes, sobre a substância do Corpo (e do Sangue) e de seus acidentes. Sem dúvida, ele conclui que essas distinções não explicam o fundo do mistério, derivando unicamente da potência de Deus. Nem por isso ele deixa de estender tanto quanto possível, enquanto metafísico, as análises ontológicas. Ele o faz com uma mestria incomparável, mas isso não reforça o caráter espiritual e bíblico de seu trabalho. É ao mesmo tempo genial e decepcionante, na medida em que o instrumento racional utilizado é por demais inadequado.

O direito positivo da Igreja em matéria de liturgia ocupa igualmente um papel central neste tratado, no qual numerosas são as remissões aos *Decretos* e às *Decretais*. Tendo Sto. Tomás adotado a posição de sempre justificar a prática contemporânea de sua Igreja, seus comentários muitas vezes carecem de senso crítico.

Em suas explicações simbólicas da liturgia, por ignorar a história do culto cristão, Sto. Tomás segue a moda de seu tempo, que tinha uma propensão a utilizar o método alegórico sem grande discernimento. Ele confia demais em sua época, em relação à qual ele não tem o cuidado de tomar distâncias. E, infelizmente, sua época não era uma das idades de ouro da criação litúrgica.

Dito isto, resta o fato de que a unidade de nosso tratado é inestimável: a aplicação teológica da doutrina geral dos sacramentos ao caso bem específico da eucaristia. É nisto que reside a originalidade do trabalho.

Historicamente, teria sido natural estudar primeiramente cada um dos sacramentos em sua singularidade, para depois tentar derivar um conceito analógico de sacramento; teria sido a via da invenção. Sto. Tomás escolheu a ordem inversa: ele elabora em primeiro lugar uma dou-

trina (analógica) dos sacramentos, e em seguida aplica essa doutrina.

No domínio da eucaristia, ele é bastante feliz. Considerando a eucaristia do começo ao fim como um sacramento, ele exprime maravilhosamente ao mesmo tempo seu caráter de signo e seu realismo.

Ele relaciona o sacramento ao passado (a paixão de Cristo), ao presente (a unidade do Corpo místico) e ao futuro (a glória futura). Distingue os três níveis: o que só é signo (as espécies de pão e de vinho), o que é ao mesmo tempo signo e realidade (o corpo e o sangue de Cristo efetivamente presentes, mas signos eficazes da graça), o que é plenamente realidade (a graça). Ele reconhece o que há de específico nesse sacramento: que ele já se encontra realizado na consagração da matéria. Ele discerne na eucaristia, sem separá-los nem opô-los, o aspecto sacrificial e o aspecto sacramental.

São chaves para nos possibilitar a compreensão desse mistério da fé. Não se trata de temas filosóficos introduzidos subrepticiamente, mas do fruto da reflexão cristã sobre a natureza dos sacramentos em geral, e desse sacramento em particular. Encontramo-nos em presença de uma teologia sistemática, mas proveniente da via sacramental da Igreja, e não do pensamento profano. Fosse apenas por este aspecto, o presente tratado já seria uma obra-prima de inteligência e penetração teológicas.

QUAESTIO LXXIII
DE SACRAMENTO EUCHARISTIAE
in sex articulos divisa

Consequenter considerandum est de sacramento Eucharistiae. Et primo, de ipso sacramento; secundo, de materia; tertio, de forma; quarto, de effectu; quinto, de recipientibus hoc sacramentum; sexto, de ministro; septimo, de ritu.

Circa primum quaeruntur sex.
Primo: utrum Eucharistia sit sacramentum.
Secundo: utrum sit unum vel plura.
Tertio: utrum sit de necessitate salutis.
Quarto: de nominibus eius.
Quinto: de institutione ipsius.
Sexto: de figuris eius.

Articulus 1
Utrum Eucharistia sit sacramentum

Ad primum sic proceditur. Videtur quod Eucharistia non sit sacramentum.

1. Ad idem enim non debent ordinari duo sacramenta: quia unumquodque sacramentum efficax est ad suum effectum producendum. Cum ergo ad perfectionem ordinetur confirmatio et Eucharistia, ut Dionysius dicit, 4 cap[1]. *Eccl. Hier.*, videtur Eucharistia non esse sacramentum: cum confirmatio sit sacramentum, ut prius[2] habitum est.

2. Praeterea, in quolibet sacramento novae legis id quod visibiliter subiicitur sensui, efficit invisibilem effectum sacramenti: sicut ablutio

QUESTÃO 73
O SACRAMENTO DA EUCARISTIA
em seis artigos

Seguindo a ordem normal das coisas[a], deve-se tratar do sacramento da eucaristia: 1º do sacramento em si; 2º de sua matéria; 3º de sua forma; 4º de seu efeito; 5º dos que recebem este sacramento; 6º do ministro; 7º do rito[b].

Sobre o primeiro ponto, são seis questões:
1. A eucaristia é sacramento?
2. É um único sacramento ou são vários?
3. É necessária à salvação?
4. Seus nomes.
5. Sua instituição.
6. Suas figuras.

Artigo 1
A eucaristia é sacramento?

Quanto ao primeiro artigo, assim se procede: parece que a eucaristia **não** é sacramento.

1. Com efeito, não deve haver dois sacramentos para a mesma finalidade, porque cada sacramento é eficaz para produzir seu efeito próprio. Como a confirmação e a eucaristia visam à perfeição, como ensina Dionísio, a eucaristia não seria sacramento, já que a confirmação o é[c].

2. Além disso, em qualquer sacramento da Nova Lei, o que é submetido visivelmente aos sentidos, produz o efeito invisível do sacramento,

---

1 Parall.: Supra, q. 65, a. 1; infra, q. 79, a. 5, 7; IV *Sent.*, dist. 8, q. 1, a. 1, q.la 1; *Cont. Gent.* IV, 61; I *ad Cor.*, c. 11, lect. 5.

1. P. I: MG 3, 472 D.
2. Q. 65, a. 1; q. 72, a. 1.

a. A tradução aqui mantida ("a ordem normal das coisas") força um pouco o sentido, mas sem trair a intenção de Sto. Tomás, que emprega seus advérbios sabendo o que faz. Para passar de uma questão a outra, ele utiliza *deinde*, que indica uma mera sucessão.
Quando, como no presente caso, ele prefere utilizar *consequenter*, é que se trata de um encadeamento.
Para passar do estudo dos sacramentos em geral ao dos sacramentos em particular (q. 66), ele empregou *deinde*. Mas cada vez que ele passa de um sacramento ao seguinte (do batismo à confirmação, q. 72; desta à eucaristia, q. 73; desta última à penitência, q. 84) ele escreve *consequenter*.
Trata-se de um encadeamento que não se deve às preferências do teólogo, mas que responde à "ordem normal das coisas". A eucaristia é o terceiro sacramento da iniciação, aquele que, depois da confirmação, perfaz a inserção na Igreja de Cristo. Em boa lógica, portanto, deve-se agora falar dela.

b. Com base no que aprendemos no estudo dos sacramentos em geral, o plano deste tratado é límpido e convincente: natureza, matéria e forma, efeitos, os que recebem e os que administram, e enfim o rito, que é como a tela na qual é apresentada essa pedra preciosa que é o próprio sacramento.

c. Podemos nos perguntar se alguma vez algum cristão foi tentado a considerar a eucaristia como supérflua, sob pretexto de que já havia a confirmação. Pelo contrário, seríamos mais tentados a julgar a confirmação supérflua, em comparação com o batismo e a eucaristia. O protestantismo suprimiu o sacramento da confirmação, não o vendo suficientemente atestado na Escritura, diferentemente do batismo e da santa Ceia.
A objeção proposta por Sto. Tomás tem contudo a vantagem de nos indicar a importância da confirmação no organismo sacramental: ela conduz, sob um certo ângulo, a uma efetiva perfeição da iniciação cristã.

aquae causat et characterem baptismalem et ablutionem spiritualem, ut supra³ dictum est. Sed species panis et vini, quae subiiciuntur sensui in hoc sacramento, non efficiunt neque ipsum corpus Christi verum, quod est res et sacramentum, neque corpus mysticum, quod est res tantum in Eucharistia. Ergo videtur quod Eucharistia non sit sacramentum novae legis.

3. PRAETEREA, sacramenta novae legis habentia materiam in usu materiae perficiuntur: sicut baptismus in ablutione, et confirmatio in chrismatis consignatione. Si ergo Eucharistia sit sacramentum, perficeretur in usu materiae, non in consecratione ipsius materiae. Quod patet esse falsum: quia forma huius sacramenti sunt verba quae in consecratione materiae dicuntur, ut infra⁴ patebit. Ergo Eucharistia non est sacramentum.

Sed contra est quod in collecta⁵ dicitur: *Hoc tuum sacramentum non sit nobis reatus ad poenam.*

RESPONDEO dicendum quod sacramenta Ecclesiae ordinantur ad subveniendum homini in vita spirituali. Vita autem spiritualis vitae corporali conformatur: eo quod corporalia spiritualium similitudinem gerunt. Manifestum est autem quod, sicut ad vitam corporalem requiritur generatio, per quam homo vitam accipit, et augmentum, quo homo perducitur ad perfectionem vitae; ita etiam requiritur alimentum, quo homo conservatur in vita. Et ideo, sicut ad vitam spiritualem oportuit esse baptismum, qui est spiritualis generatio, et confirmationem, quae est spirituale augmentum; ita oportuit esse sacramentum Eucharistiae, quod est spirituale alimentum.

AD PRIMUM ergo dicendum quod duplex est perfectio. Una quae est in ipso homine, ad quam perducitur per augmentum. Et talis perfectio competit confirmationi. — Alia autem est perfectio quam homo consequitur ex adiunctione cibi vel indumenti, vel alicuius huiusmodi. Et talis perfectio competit Eucharistiae, quae est spiritualis refectio.

como a ablução da água causa o caráter batismal e a purificação espiritual. Ora, as espécies de pão e vinho que caem sob os sentidos neste sacramento, não produzem nem o corpo verdadeiro de Cristo, que na eucaristia é a realidade e o sinal sacramental, nem o corpo místico, que é só a realidade. Logo, a eucaristia não seria sacramento da Nova Lei.

3. ADEMAIS, os sacramentos da Nova Lei que têm matéria, chegam a seu termo no uso da matéria, como o batismo na ablução e a confirmação na assinalação com o crisma. Se, pois, a eucaristia fosse sacramento, chegaria a termo no uso da matéria e não em sua consagração. Ora, isto é evidentemente falso, pois a forma deste sacramento são as palavras que se dizem na consagração da matéria, como se verá depois. Logo, a eucaristia não é sacramento.

EM SENTIDO CONTRÁRIO se diz numa coleta: "Que este teu sacramento não nos torne réus de pena".

RESPONDO. Os sacramentos da Igreja visam a vir em socorro do homem na vida espiritual. Mas a vida espiritual se harmoniza com a vida corporal, porque as coisas corporais contêm sem si semelhança com as espirituais. Na vida corporal, é claro que, além da geração, pela qual o homem recebe a vida, e do crescimento, pelo qual o homem é conduzido à perfeição de sua vida, também se requer o alimento, pelo qual o homem se conserva em vida. Por conseguinte, como para a vida espiritual foi preciso haver o batismo, que é a geração espiritual, e a confirmação que é o crescimento espiritual, também foi necessário haver o sacramento da eucaristia, que é o alimento espiritualᵈ.

QUANTO AO 1º, portanto, deve-se dizer que há dois modos de perfeição. Uma está no próprio homem e a ela se chega pelo crescimento. Tal perfeição cabe à confirmação. — Outra perfeição o homem alcança pela adição de coisas exteriores como a comida ou a vestimenta. Tal perfeição cabe à eucaristia que é a refeição espiritual.

---

3. Q. 63, a. 6; q. 66, a. 1, 3, 7.
4. Q. 78, a. 1.
5. *Pro vivis et defunctis*, ad Postcomm.: *Missale Rom.*, Orat. div., n. 35.

d. Sto. Tomás não perde seu tempo em descrever-nos o que é a eucaristia. Sem citar a Escritura ou os concílios, toma logo uma posição em relação a sua natureza sacramental. Ele supõe que seus leitores estão informados, e basta-lhe por ora supor — o que todos sabem — que a eucaristia é um alimento espiritual. Na sequência, aprenderemos muitos mais, com certeza, sobre a natureza sacramental da eucaristia.

AD SECUNDUM dicendum quod aqua baptismi non causat aliquem spiritualem effectum propter ipsam aquam, sed propter virtutem Spiritus Sancti in aqua existentem: unde Chrysostomus dicit[6], super illud Io 5,4, *Angelus Domini secundum tempus* etc., *In baptizatis non simpliciter aqua operatur: sed, cum Spiritus Sancti susceperit gratiam, tunc omnia solvit peccata*. Sicut autem se habet virtus Spiritus Sancti ad aquam baptismi, ita se habet corpus Christi verum ad species panis et vini. Unde species panis et vini non efficiunt aliquid nisi virtute corporis Christi veri.

AD TERTIUM dicendum quod sacramentum dicitur ex eo quod continet aliquid sacrum. Potest autem aliquid esse sacrum dupliciter: scilicet absolute, et in ordine ad aliud. Haec est autem differentia inter eucharistiam et alia sacramenta habentia materiam sensibilem, quod Eucharistia continet aliquid sacrum absolute, scilicet ipsum Christum: aqua vero baptismi continet aliquid sacrum in ordine ad aliud, scilicet virtutem ad sanctificandum, et eadem ratio est de chrismate et similibus. Et ideo sacramentum Eucharistiae perficitur in ipsa consecratione materiae: alia vero sacramenta perficiuntur in applicatione materiae ad hominem sanctificandum.

Et ex hoc etiam consequitur alia differentia. Nam in sacramento Eucharistiae id quod est res et sacramentum, est in ipsa materia; id autem quod est res tantum, est in suscipiente, scilicet gratia quae confertur. In baptismo autem utrumque est in suscipiente: et character, qui est res et sacramentum; et gratia remissionis peccatorum, quae est res tantum. Et eadem ratio est de aliis sacramentis.

QUANTO AO 2º, deve-se dizer que a água batismal não causa um efeito espiritual por si própria, mas pela força do Espírito Santo existente na água. Eis o que diz Crisóstomo a propósito do texto do Evangelho de João: "Em dados momentos o anjo do Senhor" etc.: "Nos batizados não é simplesmente a água que atua, mas, tendo recebido a graça do Espírito Santo, a água apaga todos os pecados". Como a força do Espírito Santo em relação à água do batismo, assim se relaciona o verdadeiro corpo de Cristo com as espécies de pão e de vinho. Por isso as espécies de pão e de vinho não realizam nenhum efeito senão pela força do verdadeiro corpo de Cristo[e].

QUANTO AO 3º, deve-se dizer que chama-se sacramento o que contém algo sagrado. Algo pode ser sagrado de dois modos: em si mesmo, absolutamente, ou em vista de outra coisa. Eis a diferença[f] entre a eucaristia e os demais sacramentos que têm matéria sensível: a eucaristia contém algo sagrado em si mesmo, absolutamente, a saber: o próprio Cristo, enquanto a água do batismo contém algo sagrado em vista de outra coisa: a força de santificar. O mesmo se diga do crisma e semelhantes. Por isso, o sacramento da eucaristia chega a seu termo na consagração da matéria, enquanto os outros sacramentos só na aplicação da matéria para santificação do homem.

Daí decorre também outra diferença: no sacramento da eucaristia a realidade e sinal sacramental está na própria matéria; a realidade sozinha, isto é, a graça conferida, está em quem recebe a eucaristia. Mas no batismo ambos estão em quem o recebe: tanto o caráter que é realidade e sinal sacramental, como a graça da remissão dos pecados, que é a realidade sozinha. A mesma característica vale dos outros sacramentos.

---

6. *In Ioan.*, hom. 36, al. 35, n. 1: MG 59, 204.

e. No batismo, observamos: a) a água (a ablução), que é somente sinal, b) o caráter, que é realidade e sinal, c) a ablução espiritual, que só é realidade, e de modo algum sinal.
 Na eucaristia, observamos: a) as espécies de pão e vinho que são apenas seus sinais, b) o corpo e o sangue de Cristo realmente presentes, que são realidade e sinal, c) o Corpo místico (a r. 3 dirá: a graça), que é apenas realidade.
 Para o texto que comentamos aqui, basta constatar que o que é apenas sinal não basta jamais por si só para produzir um efeito espiritual; é necessária a virtude do Espírito Santo, e/ou, como é o caso para a eucaristia, do verdadeiro corpo de Cristo.
 f. Começaremos agora a descobrir a especificidade desse sacramento, tão diferente dos outros sob tantos aspectos. O sagrado contido na eucaristia, Cristo, é sagrado em si mesmo, isto é, bem diferentemente da água batismal ou do crisma, que só participam do sagrado tendo em vista uma santificação a efetuar. Observemos uma expressão-chave, que voltaremos a encontrar ao longo de todo este tratado: "O sacramento da eucaristia se realiza plenamente na consagração da matéria". Os outros derivarão em geral dessa especificidade. O que não significa que a eucaristia não seja um sacramento no sentido próprio (mas analógico) do termo.

Articulus 2
Utrum Eucharistia sit unum sacramentum vel plura

AD SECUNDUM SIC PROCEDITUR. Videtur quod eucharistia non sit unum sacramentum, sed plura.

1. Dicitur enim in collecta[1]: *Purificent nos, quaesumus, Domine, sacramenta quae sumpsimus*: quod quidem dicitur propter Eucharistiae sumptionem. Ergo eucharistia non est unum sacramentum, sed plura.
2. PRAETEREA, impossibile est, multiplicato genere, non multiplicari speciem: sicut quod unus homo sit plura animalia. Sed signum est genus sacramenti, ut supra[2] dictum est. Cum igitur in Eucharistia sint plura signa, scilicet panis et vini, videtur consequens esse quod sint plura sacramenta.
3. PRAETEREA, hoc sacramentum perficitur in consecratione materiae, sicut dictum est[3]. Sed in hoc sacramento est duplex materiae consecratio. Ergo est duplex sacramentum.

SED CONTRA est quod Apostolus dicit, 1Cor 10,17: *Unus panis et unum corpus multi sumus, omnes qui de uno pane* et uno calice *participamus*. Ex quo patet quod Eucharistia sit sacramentum ecclesiasticae unitatis. Sed sacramentum similitudinem gerit rei cuius est sacramentum. Ergo Eucharistia est unum sacramentum.

RESPONDEO dicendum quod, sicut dicitur V *Metaphys.*[4], unum dicitur non solum quod est indivisibile vel quod est continuum, sed etiam quod est perfectum: sicut cum dicitur una domus, et unus homo. Est autem unum perfectione ad cuius integritatem concurrunt omnia quae requiruntur ad finem eiusdem: sicut homo integratur ex omnibus membris necessariis operationi animae, et domus ex partibus quae sunt necessariae ad inhabitandum. Et sic hoc sacramentum dicitur unum. Ordinatur enim ad spiritualem refectionem, quae corporali

Artigo 2
A eucaristia é um só ou vários sacramentos?

QUANTO AO SEGUNDO, ASSIM SE PROCEDE: parece que a eucaristia **não** é um único sacramento, mas vários.

1. Com efeito, referindo-se à recepção da eucaristia, diz-se numa coleta: "Nós vos pedimos, Senhor: purifiquem-nos os sacramentos que recebemos". Logo, a eucaristia não é um único sacramento, mas vários.
2. ALÉM DISSO, uma vez multiplicado o gênero, é impossível que não se multiplique a espécie, como é impossível que um só homem seja vários animais. Ora, o sinal é o gênero do sacramento. Logo, havendo na eucaristia vários sinais, a saber: o pão e o vinho, haveria em consequência mais sacramentos[g].
3. ADEMAIS, este sacramento chega a termo na consagração da matéria. Ora, nele há uma dupla consagração de matéria. Logo, há dois sacramentos.

EM SENTIDO CONTRÁRIO, diz o Apóstolo: "Visto haver um só pão, todos nós somos um só corpo; porque todos participamos desse único pão" e desse único cálice. Assim é evidente que a eucaristia é o sacramento da unidade da Igreja. Ora, o sacramento contém semelhança com a realidade de que é sacramento. Logo, a eucaristia é um único sacramento.

RESPONDO. Aristóteles observa que se atribui a unidade não só ao que é indivisível ou contínuo, mas também ao que é perfeito, como quando se fala uma casa ou um homem. É uno por perfeição aquilo que é íntegro por ser composto de tudo que se requer para seu fim: a unidade de perfeição do homem consiste em ser ele constituído por todos os membros necessários para a atividade da alma; a unidade de perfeição de uma casa consiste em ter ela todas as partes necessárias para que seja habitada. Nesse sentido a eucaristia é um só sa-

---

2 PARALL.: Infra, q. 78, a. 6, ad 2; IV *Sent.*, dist. 8, q. 1, a. 1, q.la 2.

1. *Pro vivis et defunctis*, ad Postcomm.: *Missale Rom.*, Orat. div., n. 35.
2. Q. 60, a. 1.
3. A. 1, ad 3.
4. C. 6: 1015, b, 36-1016; 1016, a, 17-24; b, 9-11.

g. Em referência ao que foi dito na q. 60, o sacramento é considerado como uma espécie do gênero "sinal", da mesma forma que o homem é considerado como uma espécie do gênero "animal". Ora, se só existe um homem, não podem haver diversos animais. Logo, não poderia haver um só sacramento onde notoriamente há diversos sinais (o pão e o vinho).
A resposta de Sto. Tomás — e ela é importante — é que, formalmente, há um só sinal, o de uma refeição total (alimento e bebida).

conformatur. Ad corporalem autem refectionem duo requiruntur: scilicet cibus, qui est alimentum siccum; et potus, qui est alimentum humidum. Et ideo etiam ad integritatem huius sacramenti duo concurrunt, scilicet spiritualis cibus et spiritualis potus: secundum illud Io 6,56: *Caro mea vere est cibus, et sanguis meus vere est potus*. Ergo hoc sacramentum multa quidem materialiter est, sed unum formaliter et perfective.

AD PRIMUM ergo dicendum quod in collecta eadem et pluraliter dicitur primo, *Purificent nos sacramenta quae sumpsimus*; et postea singulariter subditur, *Hoc tuum sacramentum non sit nobis reatus ad poenam*: ad ostendendum quod hoc sacramentum quodammodo est multa, simpliciter autem unum.

AD SECUNDUM dicendum quod panis et vinum materialiter quidem sunt plura signa, formaliter vero et perfective unum, inquantum ex eis perficitur una refectio.

AD TERTIUM dicendum quod ex hoc quod est duplex consecratio huius sacramenti, non potest plus haberi nisi quod hoc sacramentum materialiter est multa, ut dictum est[5].

cramento, pois visa à refeição espiritual que se harmoniza com a corporal. Ora, para a refeição corporal requerem-se duas coisas: o alimento seco e a bebida que é o alimento úmido. Por isso, duas coisas concorrem à integridade deste sacramento: o alimento espiritual e a bebida espiritual, como diz o Evangelho de João: "A minha carne é verdadeira comida e o meu sangue verdadeira bebida"[h]. Portanto, este sacramento é múltiplo quanto à matéria, mas uno quanto à forma e à perfeição.

QUANTO AO 1º, portanto, deve-se dizer que na coleta citada fala-se primeiro no plural: "Purifiquem-nos os sacramentos que recebemos", e depois no singular: "Que este teu sacramento não nos torne réus de pena", para mostrar que, se este sacramento sob certo ponto de vista é múltiplo, em última análise é um só.

QUANTO AO 2º, deve-se dizer que o pão e o vinho tomados materialmente são mais de um sinal, porém tomados formalmente e do ponto de vista da perfeição são uma só refeição.

QUANTO AO 3º, deve-se dizer que do fato de haver uma dupla consagração neste sacramento, só se pode concluir que do ponto de vista da matéria é múltiplo.

ARTICULUS 3
Utrum hoc sacramentum sit de necessitate salutis

AD TERTIUM SIC PROCEDITUR. Videtur quod hoc sacramentum sit de necessitate salutis.
1. Dicit enim Dominus, Io 6,54: *Nisi manducaveritis carnem Filii hominis et biberitis eius sanguinem, non habebitis vitam in vobis*. Sed in hoc sacramento manducatur caro Christi et bibitur sanguis eius. Ergo sine hoc sacramento non potest homo habere salutem spiritualis vitae.
2. PRAETEREA, hoc sacramentum est quoddam spirituale alimentum. Sed alimentum corporale est de necessitate corporalis salutis. Ergo etiam hoc sacramentum est de necessitate salutis spiritualis.

ARTIGO 3
Este sacramento é necessário à salvação?

QUANTO AO TERCEIRO, ASSIM SE PROCEDE: parece que a eucaristia é necessária à salvação[i].
1. Com efeito, o Senhor diz: "Se não comerdes a carne do Filho do Homem e não beberdes o seu sangue, não tereis a vida em vós". Ora, neste sacramento se come a carne de Cristo e se bebe seu sangue. Logo, sem ele o homem não pode ter a salvação da vida espiritual.
2. ALÉM DISSO, este sacramento é um alimento espiritual. Ora, o alimento corporal é necessário para a saúde do corpo. Logo, também este sacramento é necessário à salvação espiritual.

---

5. In corp.

3 PARALL.: Infra, q. 80, a. 11; IV *Sent.*, dist. 9, a. 1, q.la 2; dist. 12, q. 3, a. 2, q.la 1, ad 1; *in Ioan.*, c. 6, lect. 7.

h. Já se põe aqui a questão da comunhão sob uma só espécie, mas concerne mais propriamente ao estudo do costume do sacramento. Voltaremos a encontrá-la na q. 80, a.12. Notemos por ora que a integridade do sacramento supõe tanto bebida como alimento espiritual.
  i. Dada a complexidade da posição que adota em sua resposta, Sto. Tomás tinha a escolha: apresentar como tese a necessidade da eucaristia, sua não necessidade formando a antítese; ou fazer o contrário. Ele optou por uma organização do artigo que enfatiza o fato desse sacramento *não ser necessário* à salvação, ainda que sua realidade o seja no mais alto grau. Era nessa perspectiva que se situara Sto. Agostinho (arg. *em sentido contrário*), e são a suas opiniões que adere Sto. Tomás.

3. Praeterea, sicut baptismus est sacramentum Dominicae passionis, sine qua non est salus, ita et Eucharistia: dicit enim Apostolus, 1Cor 11,26: *Quotiescumque manducaveritis panem hunc et calicem biberitis, mortem Domini annuntiabitis, donec veniat.* Ergo, sicut baptismus est de necessitate salutis, ita hoc sacramentum.

Sed contra est quod scribit Augustinus Bonifacio, *contra Pelagianos*[1]: *Nec id cogitetis, parvulos vitam habere non posse, qui sunt expertes corporis et sanguinis Christi*.

Respondeo dicendum quod in hoc sacramento duo est considerare: scilicet ipsum sacramentum, et rem sacramenti. Dictum est autem[2] quod res sacramenti est unitas corporis mystici, sine qua non potest esse salus: nulli enim patet aditus salutis extra Ecclesiam, sicut nec in diluvio absque arca Noe, quae significat Ecclesiam, ut habetur 1Pe 3,20-21. Dictum est autem supra[3] quod res alicuius sacramenti haberi potest ante perceptionem sacramenti, ex ipso voto sacramenti percipiendi. Unde ante perceptionem huius sacramenti, potest homo habere salutem ex voto percipiendi hoc sacramentum: sicut et ante baptismum ex voto baptismi, ut supra[4] dictum est.

Tamen est differentia quantum ad duo. Primo quidem, quia baptismus est principium spiritualis vitae, et *ianua sacramentorum*. Eucharistia vero est quasi *consummatio* spiritualis vitae, et *omnium sacramentorum finis*, ut supra[5] dictum est: per sanctificationes enim omnium sacramentorum fit praeparatio ad suscipiendam vel consecrandam Eucharistiam. Et ideo perceptio baptismi est necessaria ad inchoandam spiritualem vitam, perceptio autem Eucharistiae est necessaria ad consummandam ipsam: non ad hoc quod simpliciter habeatur, sed sufficit eam habere in voto, sicut et finis habetur in desiderio et intentione.

Alia differentia est, quia per baptismum ordinatur homo ad Eucharistiam. Et ideo ex hoc ipso quod pueri baptizantur, ordinantur per Ecclesiam ad Eucharistiam. Et sic, sicut ex fide Ecclesiae credunt, sic ex intentione Ecclesiae desiderant Eucharistiam: et per consequens recipiunt rem ipsius. Sed ad baptismum non ordinantur per aliud praecedens sacramentum. Et ideo, ante susceptionem baptismi, non habent pueri aliquo modo baptis-

3. Ademais, o batismo é o sacramento da paixão do Senhor, sem a qual não há salvação. O mesmo vale da eucaristia, pois o Apóstolo diz: "Todas as vezes que comerdes deste pão e beberdes deste cálice, anunciareis a morte do Senhor, até que ele venha". Logo, como o batismo é necessário à salvação, também este sacramento.

Em sentido contrário, escreve Agostinho: "Não penseis que as crianças pequenas não podem ter a vida por não terem parte no corpo e sangue de Cristo".

Respondo. É preciso considerar duas coisas neste sacramento: o sinal sacramental e a realidade do sacramento. A realidade do sacramento é a unidade do corpo místico, sem a qual não pode haver salvação, porque ninguém tem acesso à salvação fora da Igreja, como tampouco no dilúvio houve salvação fora da arca de Noé que significa a Igreja. Mas também se disse que a realidade de um sacramento pode ser obtida antes da recepção do sacramento, pelo desejo de receber o sacramento. Portanto, antes da recepção deste sacramento, o homem pode ter a salvação pelo desejo de recebê-lo, como antes do batismo, por seu desejo.

Mas há uma diferença em dois pontos. Primeiro: o batismo é o princípio da vida espiritual e a porta dos sacramentos, enquanto a eucaristia é como a consumação da vida espiritual e a meta de todos os sacramentos. A santificação obtida nos demais sacramentos é preparação para receber ou consagrar a eucaristia. Assim, receber o batismo é necessário para iniciar a vida espiritual, enquanto receber a eucaristia é necessário para levá-la a termo, não para tê-la simplesmente; para tanto, basta tê-la em desejo, pois no desejo e na intenção está presente a meta.

Outra diferença está em que pelo batismo o homem é orientado à eucaristia. Assim, pelo fato mesmo de serem batizadas, as crianças são orientadas pela Igreja para a eucaristia. Deste modo, como creem pela fé da Igreja, pela intenção da Igreja desejam a eucaristia e, por conseguinte, recebem sua realidade. Mas, como não se orientam ao batismo por um sacramento precedente, antes de receber o batismo, as crianças não têm

---

1. *Contra duas epist. Pelag.*, l. I, c. 22: ML 44, 570.
2. A. 1, 2 a; a. 2, *sed c*.
3. Q. 68, a. 2.
4. Ibid.
5. Q. 63, a. 6.

mum in voto, sed soli adulti. Unde rem sacramenti percipere non possunt sine perceptione sacramenti. Et ideo hoc sacramentum non hoc modo est de necessitate salutis sicut baptismus.

AD PRIMUM ergo dicendum quod, sicut Augustinus dicit[6], exponens illud verbum Ioannis: *Hunc cibum et potum*, scilicet carnis suae et sanguinis, *societatem vult intelligi corporis et membrorum suorum, quod est Ecclesia, in praedestinatis et vocatis et iustificatis et glorificatis sanctis et fidelibus eius*. Unde, sicut ipse dicit, in Epistola ad *Bonifacium*[7], *nulli est aliquatenus ambigendum tunc unumquemque fidelium corporis sanguinisque Domini participem fieri, quando in baptismate membrum corporis Christi efficitur: nec alienari ab illius panis calicisque consortio, etiam si, antequam panem illum comedat et calicem bibat, de hoc saeculo in unitate corporis Christi constitutus abscedat*.

AD SECUNDUM dicendum quod haec est differentia inter alimentum corporale et spirituale, quod alimentum corporale convertitur in substantiam eius qui nutritur: et ideo non potest homini valere ad vitae conservationem alimentum corporale nisi realiter sumatur. Sed alimentum spirituale convertit hominem in seipsum: secundum illud quod Augustinus dicit, in libro *Confess*.[8], quod quasi audivit vocem Christi dicentis: *Nec tu me mutabis in te, sicut cibum carnis tuae: sed tu mutaberis in me*. Potest autem aliquis in Christum mutari et ei incorporari voto mentis, etiam sine huius sacramenti perceptione. Et ideo non est simile.

AD TERTIUM dicendum quod baptismus est sacramentum mortis et passionis Christi prout homo regeneratur in Christo virtute passionis eius. Sed Eucharistia est sacramentum passionis Christi prout homo perficitur in unione ad Christum passum. Unde, sicut baptismus dicitur *sacramentum fidei*, quae est fundamentum spiritualis vitae; ita Eucharistia dicitur *sacramentum caritatis*, quae est *vinculum perfectionis*, ut dicitur Cl 3,14.

de modo algum o batismo em desejo, somente os adultos. Assim não podem receber a realidade do sacramento sem que recebam o próprio sacramento. Por conseguinte, este sacramento não é necessário à salvação como o batismo.

QUANTO AO 1º, portanto, deve-se dizer que explanando aquela palavra de João "Este alimento e bebida", isto é, de sua carne e seu sangue, Agostinho esclarece: "O Senhor quer que seja entendido como a comunhão de seu corpo e de seus membros que é a Igreja, nos santos e fiéis predestinados, chamados, justificados e glorificados". E diz ainda na carta a Bonifácio: "Ninguém discuta, de modo algum, que cada fiel se torna participante do corpo e sangue do Senhor, quando no batismo se faz membro do corpo de Cristo; e não se deve julgá-lo alheio à comunhão do pão e do cálice, mesmo que, constituído na unidade do corpo de Cristo, parta deste mundo antes de comer daquele pão e de beber do cálice".

QUANTO AO 2º, deve-se dizer que há uma diferença entre o alimento corporal e o espiritual. O alimento corporal se converte na substância daquele que se nutre dele e por isso não adianta à conservação da vida a não ser que seja realmente consumido. O alimento espiritual, porém, transforma o homem naquilo que ele come. Agostinho narra ter como que ouvido a voz de Cristo que lhe dizia: "Tu não me mudarás em ti, como fazes com o alimento de tua carne, mas te transformarás em mim". Ora, podemos mudar-nos em Cristo e incorporar-nos a ele pelo desejo do espírito, mesmo sem receber este sacramento. Assim neste ponto não se pode fazer uma comparação entre o alimento corporal e o espiritual[j].

QUANTO AO 3º, deve-se dizer que o batismo é o sacramento da morte e paixão de Cristo, enquanto o homem nasce de novo em Cristo pela força de sua paixão. Mas a eucaristia é o sacramento da paixão de Cristo, enquanto leva o homem à perfeição na união ao Cristo da paixão. Por isso, como o batismo se chama sacramento da fé, que é o fundamento da vida espiritual, a eucaristia se chama sacramento da caridade, que é o "vínculo da perfeição", como diz Paulo.

---

6. *In Ioan. Evang.*, tract. XXVI, n. 15, super 6, 55: ML 35, 1614.
7. Cfr. PSEUDO BEDAM, *In I Cor.*, super 10, 17: inter *Opp. Bedae Ven. Presb*., ed. I, Heruagius, Basileae 1563, t. III, p. 480.
8. L. VII, c. 10: ML 32, 742.

j. As questões relativas à recepção espiritual serão minuciosamente estudadas na q. 80. O que é afirmado aqui é simples: o homem pode ser assimilado e incorporado a Cristo por uma aspiração puramente interior.

Articulus 4
Utrum convenienter hoc sacramentum pluribus nominibus nominetur

AD QUARTUM SIC PROCEDITUR. Videtur quod inconvenienter hoc sacramentum pluribus nominibus nominetur.
1. Nomina enim debent respondere rebus. Sed hoc sacramentum est unum, ut dictum est[1]. Ergo non debet pluribus nominibus nominari.
2. PRAETEREA, species non notificatur convenienter per id quod est commune toti generi. Sed Eucharistia est sacramentum novae legis. Omnibus autem sacramentis commune est quod in eis confertur gratia: quod significat nomen Eucharistiae, quod est idem quod *bona gratia*. Omnia etiam sacramenta remedium nobis afferunt in via praesentis vitae: quod pertinet ad rationem *viatici*. In omnibus etiam sacramentis fit aliquid sacrum: quod pertinet ad rationem *sacrificii*. Et per omnia sacramenta sibi invicem fideles communicant: quod significat hoc nomen *synaxis* in graeco, vel *communio* in latino. Ergo haec nomina non convenienter adaptantur huic sacramento.

3. PRAETEREA, hostia videtur idem esse quod sacrificium. Sicut ergo non proprie dicitur sacrificium, ita nec proprie dicitur *hostia*.

SED CONTRA est quod usus fidelium habet.

RESPONDEO dicendum quod hoc sacramentum habet triplicem significationem. Unam quidem respectu praeteriti: inquantum scilicet est commemorativum Dominicae passionis, quae fuit verum sacrificium, ut supra dictum est. Et secundum hoc nominatur *sacrificium*.

Aliam autem significationem habet respectu rei praesentis, scilicet ecclesiasticae unitatis, cui homines congregantur per hoc sacramentum. Et secundum hoc nominatur *communio* vel *synaxis*: dicit enim Damascenus, IV libro[2], quod *dicitur communio, quia communicamus per ipsam Christo; et quia participamus eius carne et deitate; et quia communicamus et unimur ad invicem per ipsam.*

Artigo 4
Convém que este sacramento seja denominado com vários nomes?

QUANTO AO QUARTO, ASSIM SE PROCEDE: parece que **não** é conveniente que este sacramento seja chamado por vários nomes.
1. Com efeito, os nomes devem corresponder às realidades que eles designam. Ora, este sacramento é um só. Logo, não deve receber vários nomes.
2. ALÉM DISSO, a espécie não é chamada convenientemente por aquilo que é comum a todo o gênero. Ora, a eucaristia é um sacramento da Nova Lei. A todos os sacramentos é comum o fato de conferirem a graça que é justamente o que significa a palavra "eucaristia", "boa graça". Além disso, todos os sacramentos constituem um remédio na caminhada da vida presente, o que é o significado da palavra "viático". Em todos os sacramentos realiza-se algo de sagrado, o que cabe à noção de sacrifício. Todos os sacramentos estabelecem uma comunicação entre os fiéis: é o que significa a palavra grega "synaxis" ou a latina "comunhão". Logo, nenhum desses nomes se adapta convenientemente a este sacramento.

3. ADEMAIS, hóstia é sinônimo de sacrifício. Como o nome "sacrifício" não lhe convém com propriedade, tampouco o de "hóstia".

EM SENTIDO CONTRÁRIO, está o uso dos fiéis.

RESPONDO. Este sacramento tem três significados[k]. O primeiro diz respeito ao passado, por comemorar a paixão do Senhor que foi um verdadeiro sacrifício. Nesse sentido se denomina sacrifício.

O segundo significado está em relação com uma realidade presente, a unidade da Igreja, à qual os homens se agregam por este sacramento. Nesse sentido, chama-se comunhão ou "synaxis", pois, como diz Damasceno: "Chama-se comunhão, porque por ela comungamos com Cristo e participamos de sua carne e de sua divindade; por ela comungamos uns com os outros e nos unimos uns aos outros".

---

4 PARALL.: Infra, q. 79, a. 2, ad 1; IV *Sent*., dist. 8, q. 1, a. 1, q.la 3.

1. Q. 48, a. 3.
2. *De fide orth*., l. IV, c. 13: MG 94, 1153 A.

k. Segundo Sto. Tomás (q. 60, a. 3), todos os sacramentos possuem uma tripla significação: em relação ao passado, ao presente e ao futuro. É especialmente verdadeiro para a Eucaristia, o que Sto. Tomás imortalizou no ofício do sacramento (antigo *O sacrum*): *recolitur memoria passionis ejus* (a lembrança do passado, a paixão), *mens impletur gratia* (o espírito efetivamente cumulado de graça) *et futurae gloriae nobis pignus datur* (o penhor da glória eterna futura). O tema é de uma riqueza espiritual inesgotável.

Tertiam significationem habet respectu futuri: inquantum scilicet hoc sacramentum est praefigurativum fruitionis Dei, quae erit in patria. Et secundum hoc dicitur *viaticum*: quia hoc praebet nobis viam illuc perveniendi. — Et secundum hoc etiam dicitur *Eucharistia*, idest *bona gratia*: quia *gratia Dei* est *vita aeterna*, ut dicitur Rm 6,23; vel quia realiter continet Christum, qui est *plenus gratia*.

Dicitur etiam in graeco *metalepsis*, idest *assumptio*: quia, ut Damascenus dicit[3], *per hoc Filii deitatem assumimus*.

AD PRIMUM ergo dicendum quod nihil prohibet idem pluribus nominibus nominari secundum diversas proprietates vel effectus.

AD SECUNDUM dicendum quod id quod est commune omnibus sacramentis, attribuitur antonomastice ei, propter eius excellentiam.

AD TERTIUM dicendum quod hoc sacramentum dicitur *sacrificium*, inquantum repraesentat ipsam passionem Christi. Dicitur autem *hostia*, inquantum continet ipsum Christum, qui est *hostia suavitatis*, ut dicitur Eph 5,2.

O terceiro significado diz respeito ao futuro, por este sacramento prefigurar a fruição de Deus que haverá na pátria. Nesse sentido se chama "viático", porque nos oferece o caminho para chegar lá. — É por isso também que se diz eucaristia, "boa graça"[l], porque, como diz Paulo, "o dom gratuito de Deus é a vida eterna", ou porque contém realmente a Cristo que é "cheio de graça".

Em grego também se chama "metalepsis", isto é, assunção, porque, como diz Damasceno, "por ele assumimos a divindade do Filho".

QUANTO AO 1º, portanto, deve-se dizer que nada impede que a mesma coisa seja denominada com vários nomes segundo suas diversas propriedades ou efeitos.

QUANTO AO 2º, deve-se dizer que o que é comum a todos os sacramentos, atribui-se por antonomásia à eucaristia por sua excelência.

QUANTO AO 3º, deve-se dizer que este sacramento se chama sacrifício por representar a paixão de Cristo; chama-se hóstia por conter o próprio Cristo que é "hóstia agradável", como está na Carta aos Efésios.

ARTICULUS 5
Utrum fuerit conveniens instituto istius sacramenti

AD QUINTUM SIC PROCEDITUR. Videtur quod non fuerit conveniens institutio istius sacramenti.

1. Ut enim Philosophus dicit, in II *de Generat.*[1], *ex eisdem nutrimur ex quibus sumus*. Sed per baptismum, qui est spiritualis regeneratio, accipimus esse spirituale: ut Dionysius dicit, 2 cap. *Eccles. Hier.*[2]. Ergo per baptismum etiam nutrimur. Non ergo fuit necessarium instituere hoc sacramentum quasi spirituale nutrimentum.

2. PRAETEREA, per hoc sacramentum homines Christo uniuntur sicut membra capiti. Sed christus

ARTIGO 5
Foi conveniente a instituição deste sacramento?[m]

QUANTO AO QUINTO, ASSIM SE PROCEDE: parece que a instituição deste sacramento **não** foi como convém.

1. Com efeito, segundo o Filósofo, "somos nutridos dos mesmos elementos que nos fazem existir". Ora, pelo batismo que é o novo nascimento espiritual, recebemos o ser espiritual, como diz Dionísio. Portanto, somos nutridos também pelo batismo. Logo, não era necessário instituir este sacramento como alimento espiritual.

2. ALÉM DISSO, por este sacramento os homens se unem a Cristo como os membros à cabeça. Ora,

---

3. Loc. cit.

5 PARALL.: Infra, q. 83, a. 2, ad 3; IV *Sent.*, dist. 8, q. 1, a. 3; *in Matth.*, c. 26; I *ad Cor.*, c. 11, lect. 4, 5.

1. C. 8: 335, a, 10.
2. P. I: MG 3, 392 B.

---

l. Essa etimologia de "eucaristia", já encontrada na obj. 2 deste artigo, provém de Isidoro de Sevilha, por intermédio de Pedro Lombardo; é inexata, pois o verdadeiro sentido do termo é "ação de graças".

m. Curiosamente, precisamos esperar pelo quinto artigo deste tratado antes de perguntar o que fazia Cristo no Cenáculo. É por esse ponto que começaria todo estudo moderno da eucaristia, e não é mais importante do que discutir os nomes a dar a esse sacramento (a. 4)? Por certo, a natureza sacramental, a unidade, a necessidade prevalecem no espírito sistemático de Sto. Tomás sobre um evento que, por mais maravilhoso que seja, permanece contingente. O que é tratado aqui, aliás, é quase exclusivamente o momento histórico escolhido para a instituição desse sacramento. É somente mais tarde que estudaremos, por exemplo, as palavras de Cristo na Ceia (q. 78).

est caput omnium hominum, etiam qui fuerunt ab initio mundi, ut supra³ dictum est. Ergo non debuit institutio huius sacramenti differri usque ad Cenam Domini.

3. PRAETEREA, hoc sacramentum dicitur esse memoriale Dominicae passionis: secundum illud Mt 26: *Hoc facite in meam commemorationem*. Sed *memoria est praeteritorum*. Ergo hoc sacramentum non debuit institui ante Christi passionem.

4. PRAETEREA, per baptismum aliquis ordinatur ad Eucharistiam, quae non nisi baptizatis dari debet. Sed baptismus institutus fuit post Christi passionem et resurrectionem, ut patet Mt 28,19. Ergo inconvenienter hoc sacramentum fuit ante passionem Christi institutum.

SED CONTRA est quod hoc sacramentum institutum est a Christo, de quo dicitur Mc 7,17: *Bene omnia fecit*.

RESPONDEO dicendum quod convenienter hoc sacramentum institutum fuit in Cena, in qua scilicet Christus ultimo cum discipulis suis fuit conversatus. Primo quidem, ratione continentiae huius sacramenti. Continetur enim ipse Christus in Eucharistia sicut in sacramento. Et ideo, quando ipse Christus in propria specie a discipulis discessurus erat, in sacramentali specie seipsum eis reliquit: sicut in absentia imperatoris exhibetur veneranda eius imago. Unde Eusebius⁴ dicit: *Quia corpus assumptum ablaturus erat ab oculis et illaturus sideribus, necesse erat ut die Cenae sacramentum corporis et sanguinis sui consecraret nobis, ut coleretur iugiter per mysterium quod semel offerebatur in pretium*.

Secundo, quia sine fide passionis Christi nunquam potuit esse salus: secundum illud Rm 3,25: *Quem proposuit Deus propitiatorem per fidem in sanguine ipsius*. Et ideo oportuit omni tempore apud homines esse aliquod repraesentativum Dominicae passionis. Cuius in veteri quidem Testamento praecipuum sacramentum erat agnus paschalis: unde et Apostolus dicit, 1Cor 5,7: *Pascha nostrum immolatus est Christus*. Successit autem ei in novo Testamento Eucharistiae sacramentum, quod est rememorativum praeteritae passionis, sicut et illud fuit praefigurativum futurae. Et ideo conveniens fuit, imminente passione, celebrato priori sacramento, novum sacramentum instituere, ut Leo Papa⁵ dicit.

Cristo é a cabeça de todos os homens, também dos que existiram desde o início do mundo. Logo, a instituição deste sacramento não devia ter sido diferida até à última ceia.

3. ADEMAIS, este sacramento se denomina memorial da paixão do Senhor. Diz o Senhor: "Fazei isto em memória de mim". Ora, "a memória diz respeito aos acontecimentos passados". Logo, este sacramento não devia ter sido instituído antes da paixão de Cristo.

4. ADEMAIS, pelo batismo a pessoa é orientada à eucaristia que só se deve dar aos batizados. Ora, o batismo foi instituído depois da paixão e ressurreição de Cristo, como está no Evangelho de Mateus. Logo, não se justifica que este sacramento tenha sido instituído antes da paixão de Cristo.

EM SENTIDO CONTRÁRIO, está o fato de este sacramento ter sido instituído por Cristo, do qual vale o que diz o Evangelho: "Ele fez bem todas as coisas".

RESPONDO. Convinha que este sacramento fosse instituído na ceia em que Cristo tratou com os discípulos pela última vez.

1º. Em razão do que ele contém: o próprio Cristo está contido sacramentalmente na eucaristia. Por isso, havendo de afastar-se dos discípulos em sua manifestação exterior, Cristo quis ficar numa manifestação sacramental, como na ausência do imperador se mostra sua imagem para veneração. Eis porque Eusébio diz: "Havendo de tirar de nossa visão o corpo que assumira, e levá-lo aos astros, era necessário que no dia da ceia Cristo consagrasse para nós o sacramento de seu corpo e sangue, para que fosse cultuado permanentemente pelo mistério o que ele oferecia uma única vez como penhor".

2º. Porque jamais foi possível a salvação sem a fé na paixão de Cristo. Diz Paulo: "Foi a ele que Deus destinou para servir de expiação por seu sangue, por meio da fé". Por isso convinha que em todo tempo houvesse entre os homens algo que representasse a paixão do Senhor. No Antigo Testamento, o sacramento principal era o cordeiro pascal, o que leva o Apóstolo a dizer: "O Cristo, nossa páscoa, foi imolado". A ele sucede no Novo Testamento o sacramento da eucaristia que rememora a paixão passada, como o cordeiro pascal prefigurou a paixão futura. Assim era conveniente que, aproximando-se a paixão, depois de celebrar o primeiro sacramento, fosse instituído um novo, como diz o papa Leão.

---

3. Q. 8, a. 3, 6.
4. Cfr. GRATIANUM, *Decretum*, p. III, dist. 2, can. 35: ed. Richter-Friedberg, I, 1325.
5. *Sermones*, serm. 58, al. *de Passione Dom.* 7, c. 1: ML 54, 332 C.

Tertio, quia ea quae ultimo dicuntur, maxime ab amicis recedentibus, magis memoriae commendantur: praesertim quia tunc magis inflammatur affectus ad amicos, ea vero ad quae magis afficimur, profundius animo imprimuntur. Quia igitur, ut beatus Alexander Papa[6], dicit *nihil in sacrificiis maius esse potest quam corpus et sanguis Christi, nec ulla oblatio hac potior est*, ideo, ut in maiori veneratione haberetur, Dominus in ultimo discessu suo a discipulis hoc sacramentum instituit. Et hoc est quod Augustinus dicit, in libro *Responsionum ad Ianuarium*[7]: *Salvator, quo vehementius commendaret mysterii illius altitudinem, ultimum hoc voluit infigere cordibus et memoriae discipulorum, a quibus ad passionem discessurus erat*.

AD PRIMUM ergo dicendum quod *ex eisdem nutrimur ex quibus sumus*, non tamen eodem modo nobis advenientibus. Nam ea ex quibus sumus, nobis adveniunt per generationem: eadem autem, inquantum ex eis nutrimur, nobis adveniunt per manducationem. Unde et, sicut per baptismum regeneramur in Christo, ita per Eucharistiam manducamus Christum.

AD SECUNDUM dicendum quod Eucharistia est sacramentum perfectum Dominicae passionis, tanquam continens ipsum Christum passum. Et ideo non potuit institui ante incarnationem: sed tunc habebant locum sacramenta quae erant tantum praefigurativa Dominicae passionis.

AD TERTIUM dicendum quod sacramentum illud fuit institutum in Cena ut in futurum esset memoriale Dominicae passionis, ea perfecta. Unde signanter dicit: *Haec quotiescumque feceritis*[8], de futuro loquens.

AD QUARTUM dicendum quod institutio respondet ordini intentionis. Sacramentum autem Eucharistiae, quamvis sit posterius baptismo in perceptione, est tamen prius in intentione. Et ideo debuit prius institui.

Vel potest dici quod baptismus iam erat institutus in ipso Christi baptismo. Unde et iam aliqui ipso Christi baptismo erant baptizati, ut legitur Io 3,22.

3º. Porque o que é dito por último, especialmente por amigos que se vão, fica mais gravado na memória, especialmente por então inflamar-se mais o afeto para com os amigos. Ora, o que mais nos afeta se imprime mais profundamente no espírito. Portanto, como "entre os sacrifícios", diz o papa Santo Alexandre, "nenhum pode ser maior que o corpo e o sangue de Cristo; nenhuma oblação lhe pode ser superior", por isso o Senhor instituiu este sacramento em sua última separação dos discípulos, para que seja tido em maior veneração. É o que Agostinho enfatiza: "Para recomendar mais veementemente a grandeza deste mistério, o Salvador quis gravá-lo por último nos corações e na memória dos discípulos, dos quais se separava para ir à paixão".

QUANTO AO 1º, portanto, deve-se dizer que "Somos nutridos dos mesmos elementos que nos fazem existir", mas eles não nos são fornecidos da mesma maneira. Pois os elementos que nos fazem existir vêm-nos por geração, mas os mesmos elementos, enquanto deles nos nutrimos, vêm-nos pelo ato de comer. Assim, como pelo batismo nascemos de novo em Cristo, pela eucaristia nos alimentamos de Cristo.

QUANTO AO 2º, deve-se dizer que a eucaristia é o sacramento perfeito da paixão do Senhor, por conter o próprio Cristo sofredor. Por isso não pôde ser instituído antes da encarnação. Seu lugar era então ocupado por sacramentos que se limitavam a prefigurar a paixão do Senhor[n].

QUANTO AO 3º, deve-se dizer que este sacramento foi instituído na ceia para ser no futuro o memorial da paixão do Senhor, uma vez realizada. Por isso, diz significativamente: "Todas as vezes que fizerdes isto", falando no futuro.

QUANTO AO 4º, deve-se dizer que a instituição corresponde à ordem da intenção. O sacramento da eucaristia, embora seja recebido posteriormente ao batismo, é anterior a ele na intenção. Por isso devia ser instituído antes.

Também se pode dizer que o batismo já tinha sido instituído no próprio batismo de Cristo. Por isso, alguns já eram batizados com o batismo de Cristo, como se lê no Evangelho de João.

---

6. Primus. — Cfr. GRATIANUM, op. cit., p. III, dist. 2, can. 8: ed. cit., t. I, p. 1317.
7. L. I, al. Ep. 54, olim 118, c. 6, n. 8: ML 33, 203.
8. In Canone Missae.

n. Sto. Tomás via na circuncisão uma prefiguração do batismo, uma espécie de sacramento da antiga aliança (q. 70). Os crentes anteriores a Cristo não foram tampouco privados dos sacramentos que lhes convinham para se unir a Cristo como membros a sua cabeça, e portanto alimentar-se espiritualmente. Esses sacramentos prefiguravam a paixão de Cristo, enquanto a eucaristia é sua memória; mas a refeição espiritual é concedida em ambos os casos.

ARTICULUS 6
Utrum agnus paschalis fuerit praecipua figura huius sacramenti

AD SEXTUM SIC PROCEDITUR. Videtur quod agnus paschalis non fuerit praecipua figura huius sacramenti.

1. Christus enim dicitur[1] *sacerdos secundum ordinem Melchisedech*, propter hoc quod Melchisedech gessit figuram sacrificii Christi, *offerens panem et vinum*. Sed expressio similitudinis facit quod unum ab alio denominetur. Ergo videtur quod oblatio Melchisedech fuerit potissima figura huius sacramenti.

2. PRAETEREA, transitus maris rubri fuit figura baptismi: secundum illud 1Cor 10,2: *Omnes baptizati sunt in nube et in mari*. Sed immolatio agni paschalis praecessit transitum maris rubri[2]: quem subsecutum est manna[3], sicut Eucharistia sequitur baptismum. Ergo manna est expressior figura huius sacramenti quam agnus paschalis.

3. PRAETEREA, potissima virtus huius sacramenti est quod introducit nos in regnum caelorum, sicut quoddam viaticum. Sed hoc maxime figuratum fuit in sacramento expiationis, quando *pontifex intrabat semel in anno cum sanguine in sancta sanctorum*: sicut Apostolus probat, Hb 9. Ergo videtur quod illud sacrificium fuerit expressior figura huius sacramenti quam agnus paschalis.

SED CONTRA est quod Apostolus dicit, 1Cor 5,7-8: *Pascha nostrum immolatus est Christus. Itaque epulemur in azymis sinceritatis et veritatis*.

RESPONDEO dicendum quod in hoc sacramento tria considerare possumus: scilicet id quod est sacramentum tantum, scilicet panis et vinum; et id quod est res et sacramentum, scilicet corpus Christi verum; et id quod est res tantum, scilicet effectus huius sacramenti. Quantum igitur ad id quod est sacramentum tantum potissima figura fuit huius sacramenti oblatio Melchisedech, qui obtulit panem et vinum. — Quantum autem ad ipsum Christum passum, qui continetur in hoc

ARTIGO 6
O cordeiro pascal foi a principal figura deste sacramento?

QUANTO AO SEXTO, ASSIM SE PROCEDE: parece que o cordeiro pascal **não** foi a principal figura deste sacramento.

1. Com efeito, Cristo é chamado de "sacerdote à maneira de Melquisedec", por este ter prefigurado o sacrifício de Cristo, oferecendo pão e vinho. Ora, que o nome de um se transfira para o outro é expressão da semelhança entre ambos. Logo, a oblação de Melquisedec teria sido a mais importante figura deste sacramento.

2. ALÉM DISSO, a passagem do Mar Vermelho foi uma figura do batismo. Como diz Paulo: "Todos foram batizados na nuvem e no mar". Ora, a imolação do cordeiro pascal precedeu a passagem do Mar Vermelho e o maná se seguiu a ela, como a eucaristia se segue ao batismo. Logo, mais eloquentemente que o cordeiro pascal o maná é figura deste sacramento.

3. ADEMAIS, a força principal deste sacramento consiste em introduzir-nos no Reino dos Céus como um viático. Ora, o que melhor prefigurou esta força foi o sacramento da expiação, quando uma vez por ano o sacerdote entrava com sangue no santo dos santos, como o comprova o Apóstolo. Logo, aquele sacrifício teria prefigurado mais manifestamente este sacramento do que o cordeiro pascal.

EM SENTIDO CONTRÁRIO, escreve o Apóstolo: "Cristo, nossa páscoa, foi imolado. Celebremos pois a festa com pães sem fermento: na pureza e na verdade".

RESPONDO. Neste sacramento podemos considerar três aspectos: o que é só sinal sacramental, ou seja: o pão e o vinho; o que é realidade e sinal sacramental, ou seja: o verdadeiro corpo de Cristo; e o que é só realidade, a saber: o efeito deste sacramento°. Quanto ao que é só sinal sacramental, a figura mais importante deste sacramento foi a oblação de Melquisedec que ofereceu pão e vinho.
— Considerando-se o próprio Cristo padecente que está contido neste sacramento, foram figuras

---

6 PARALL.: Supra, q. 61, a. 3, ad 3; infra, q. 80, a. 10, ad 2; IV *Sent.*, dist. 8, q. 1, a. 2.
1. Ps. 109, 4.
2. *Exod.*, c. 12 sqq.
3. *Ibid.*, c. 16.

o. Na nota 5 (sobre o a. 1, r. 2) apontamos os três níveis na eucaristia: o que é somente sinal, o que é realidade e sinal, o que só é realidade. É aos mesmos níveis que se faz referência aqui, tendo em vista situar umas em relação às outras as prefigurações da eucaristia na antiga aliança. Com razão, Sto. Tomás estima que o cordeiro pascal, representando esse sacramento em todos os seus níveis, é também sua figura mais completa.

sacramento, figurae eius fuerunt omnia sacrificia veteris Testamenti; et praecipue sacrificium expiationis, quod erat solemnissimum. — Quantum autem ad effectum, fuit praecipua eius figura manna, quod *habebat in se omnis saporis suavitatem*, ut dicitur Sap 16,20, sicut et gratia huius sacramenti quantum ad omnia reficit mentem.

Sed agnus paschalis quantum ad haec tria praefigurabat hoc sacramentum. Quantum enim ad primum, quia manducabatur cum panibus azymis: secundum illud Ex 12,8: *Edent carnes et azymos panes*. Quantum vero ad secundum, quia immolabatur ab omni multitudine filiorum Israel quartadecima luna: quod fuit figura passionis Christi, qui propter innocentiam dicitur agnus. Quantum vero ad effectum, quia per sanguinem agni paschalis protecti sunt filii Israel a devastante angelo, et educti de Aegyptiaca servitute. Et quantum ad hoc, ponitur figura huius sacramenti praecipua agnus paschalis: quia secundum omnia eam repraesentat.

Et per hoc patet responsio AD OBIECTA.

suas todos os sacrifícios do Antigo Testamento e principalmente o sacrifício de expiação que era o mais solene de todos. — Quanto ao efeito, a principal figura foi o maná, um pão "possuindo todos os sabores", como a graça deste sacramento restaura a alma com respeito a todas as suas necessidades.

O cordeiro pascal prefigurava este sacramento sob os três aspectos. Quanto ao primeiro, porque era comido com pães ázimos, conforme a prescrição: "Comerão a carne com pães sem fermento". Quanto ao segundo, porque era imolado no décimo quarto dia do mês por toda a multidão dos filhos de Israel: nisto era figura da paixão de Cristo que por sua inocência é chamado de cordeiro. Quanto ao efeito, porque pelo sangue do cordeiro pascal os filhos de Israel foram protegidos do anjo devastador e libertos da escravidão do Egito. Eis por que o cordeiro pascal é a principal figura deste sacramento, pois o representa sob todos os aspectos.

Assim é óbvia a resposta a todas AS OBJEÇÕES.

QUAESTIO LXXIV
DE MATERIA HUIUS SACRAMENTI
in octo articulos divisa

Deinde considerandum est de materia huius sacramenti. Et primo, de specie materiae; secundo, de conversione panis et vini in corpus Christi: tertio, de modo existendi corporis Christi in hoc sacramento; quarto, de accidentibus panis et vini quae in hoc sacramento remanent.

Circa primum quaeruntur octo.

Primo: utrum panis et vinum sint materia huius sacramenti.

Secundo: utrum ad materiam huius sacramenti requiratur determinata quantitas.

Tertio: utrum materia huius sacramenti sit panis triticeus.

Quarto: utrum sit panis azymus, vel fermentatus.

Quinto: utrum materia huius sacramenti sit vinum de vite.

QUESTÃO 74
A MATÉRIA DO SACRAMENTO DA EUCARISTIA
em oito artigos

Em seguida, deve-se tratar da matéria[a] do sacramento da eucaristia: 1º da espécie de matéria; 2º da conversão do pão e do vinho em corpo de Cristo; 3º do modo de o corpo de Cristo existir neste sacramento; 4º dos acidentes de pão e de vinho que permanecem neste sacramento.

Na primeira questão fazem-se oito perguntas:

1. O pão e o vinho são a matéria deste sacramento?
2. Requer-se determinada quantidade para a matéria deste sacramento?
3. A matéria deste sacramento é pão de trigo?
4. Pão ázimo ou pão fermentado?
5. A matéria deste sacramento é o vinho da videira?

---

a. O espaço reservado neste tratado à matéria do sacramento é considerável (4 questões de 8 artigos cada uma). Mas façamos uma distinção: só a questão 74 trata da matéria da eucaristia no sentido em que o entendemos nos outros sacramentos, por exemplo, a água do batismo. Nas questões seguintes, a matéria do sacramento é o que se encontra sobre o altar uma vez operada a conversão do pão e do vinho em corpo e sangue de Cristo. Essa matéria não possui correspondente nos outros sacramentos. Não é fornecida pelos homens, é o Espírito de Deus que interveio e operou uma conversão da matéria. Daí a extensão do estudo.

Nesta questão 74 que agora abordamos, não percamos de vista que partimos exclusivamente da matéria que os homens proporcionam a si mesmos, e que é anterior a toda intervenção milagrosa. O que vale dizer que se trata de "rubricas", tanto quanto de teologia, ainda que o respeito dos símbolos na preparação do sacramento seja de grande importância para sua compreensão e sua efetivação.

Sexto: utrum sit admiscenda aqua.
Septimo: utrum aqua sit de necessitate huius sacramenti.
Octavo: de quantitate aquae quae apponitur.

6. Deve-se misturar água?
7. A água é necessária para este sacramento?
8. A quantidade de água que se acrescenta.

Articulus 1
Utrum materia huius sacramenti sit panis et vinum

AD PRIMUM SIC PROCEDITUR. Videtur quod materia huius sacramenti non sit panis et vinum.

1. Hoc enim sacramentum perfectius debet repraesentare passionem Christi quam sacramenta veteris legis. Sed carnes animalium, quae erant materia sacramentorum veteris legis, expressius repraesentant passionem Christi quam panis et vinum. Ergo materia huius sacramenti magis debent esse carnes animalium quam panis et vinum.

2. PRAETEREA, hoc sacramentum est ubique celebrandum. Sed in multis terris non invenitur panis, et in multis non invenitur vinum. Ergo panis et vinum non est conveniens materia huius sacramenti.

3. PRAETEREA, hoc sacramentum competit sanis et infirmis. Sed vinum nocet quibusdam infirmis. Ergo videtur quod vinum non debeat esse materia huius sacramenti.

SED CONTRA est quod Alexander Papa[1] dicit: *In sacramentorum oblationibus panis tantum et vinum aqua permixtum in sacrificium offerantur.*

RESPONDEO dicendum quod circa materiam huius sacramenti aliqui multipliciter erraverunt. Quidam enim, qui dicuntur *Artotyritae*, ut Augustinus dicit, in libro *de Haeresibus*[2], *offerunt panem et caseum in hoc* sacramento, *dicentes a primis hominibus oblationes de fructibus terrae et ovium fuisse celebratas.* — Alii vero, scilicet Cataphrygae et Pepuziani[3], *de infantis sanguine, quem de toto eius corpore minutis punctionum*

Artigo 1
A matéria deste sacramento é pão e vinho?

QUANTO AO PRIMEIRO ARTIGO, ASSIM SE PROCEDE: parece que a matéria deste sacramento **não** é pão e vinho.

1. Com efeito, este sacramento deve representar a paixão de Cristo de modo mais perfeito que os sacramentos da Antiga Lei. Ora, as carnes dos animais que eram a matéria dos sacramentos da Antiga Lei, representam mais eloquentemente a paixão de Cristo que o pão e o vinho. Logo, a matéria deste sacramento deveria ser antes carne de animais que o pão e o vinho.

2. ALÉM DISSO, este sacramento deve ser celebrado em toda parte. Ora, em muitas regiões não se encontra pão e em muitas outras não se encontra vinho. Logo, pão e vinho não é matéria adequada a este sacramento[b].

3. ADEMAIS, este sacramento se destina a sãos e a enfermos. Ora, o vinho é nocivo a determinados enfermos. Logo, o vinho não deveria ser matéria deste sacramento.

EM SENTIDO CONTRÁRIO, o papa Alexandre escreve: "Nas oblações sacramentais, ofereçam-se em sacrifício somente pão e vinho misturado com água".

RESPONDO. Sobre a matéria deste sacramento cometeram-se muitos erros. Alguns, chamados artotiritas, como narra Agostinho, "oferecem pão e queijo" neste sacramento, "sob o pretexto de que as oblações celebradas pelos primeiros homens consistiam na oferta dos frutos da terra e das ovelhas". — De outros, os catafrígios e pepuzianos, "conta-se que preparam o que consideram sua eucaristia com pão produzido da mistura da fari-

---

1 PARALL.: IV *Sent.*, dist. 11, q. 2, a. 1, q.la 1, 2; *Cont. Gent.* IV, 61; I *ad Cor.*, c. 11, lect. 5.

1. Primus. — Epist. 1, *ad omnes orthodoxos*, c. 4: ed. Mansi, I, 638.
2. Haer. 28: ML 42, 31.
3. AUG., *De haer.*, haer. 26: ML 42, 30.

---

b. Sto. Tomás se pergunta se é sempre possível levar pão de fermento e vinho da parreira em regiões onde eles não são fabricados. Ele considera que sim. Paradoxalmente, em nossa época, na qual, ao que se diz, não existem mais distâncias, seríamos menos otimistas. Um país de rígida obediência islâmica poderia, por exemplo, proibir toda importação de vinho. Fronteiras podem se fechar inteiramente.
De qualquer modo, uma outra questão se apresenta: em países nos quais a tradição faz de outros gêneros que não o pão e o vinho a base de sua alimentação, não seria permitido utilizar os produtos da região, como arroz e o chá, por exemplo? Sto. Tomás não se põe tal questão, mas nossos contemporâneos sim.

vulneribus extorquent, quasi eucharistiam suam conficere perhibentur, miscendo eum farinae, panem inde facientes. — Quidam vero, qui dicuntur Aquarii, aquam solam, sub specie sobrietatis, in hoc sacramento offerunt[4].

Omnes autem hi errores, et similes, excluduntur per hoc quod Christus hoc sacramentum sub specie panis et vini instituit, sicut patet Mt 26,26sqq. Unde panis et vinum sunt materia conveniens huius sacramenti. Et hoc rationabiliter. Primo quidem, quantum ad usum huius sacramenti, qui est manducatio. Sicut enim aqua assumitur in sacramento baptismi ad usum spiritualis ablutionis quia corporalis ablutio communiter fit in aqua, ita panis et vinum, quibus communius homines reficiuntur, assumuntur in hoc sacramento ad usum spiritualis manducationis.

Secundo, quantum ad passionem Christi, in qua sanguis a corpore est separatus. Et ideo in hoc sacramento, quod est memoriale Dominicae passionis, seorsum sumitur panis ut sacramentum corporis, et vinum ut sacramentum sanguinis.

Tertio, quantum ad effectum consideratum in unoquoque sumentium. Quia, ut Ambrosius dicit, super Epistolam *ad Corinthios*[5], hoc sacramentum *valet ad tuitionem corporis et animae*: et ideo *caro Christi* sub specie panis *pro salute corporis, sanguis vero* sub specie vini *pro salute animae offertur*, sicut dicitur Lv 17,14, quod *animalis anima in sanguine est*.

Quarto, quantum ad effectum respectu totius Ecclesiae, quae constituitur ex diversis fidelibus, sicut *panis conficitur ex diversis granis, et vinum fluit ex diversis uvis*: ut dicit Glossa[6] super illud 1Cor 10,17, *Multi unum corpus sumus*, etc.

AD PRIMUM ergo dicendum quod, licet carnes animalium occisorum expresse repraesentent

nha com o sangue de uma criança obtido de todo seu corpo por pequeninas punções". — Alguns, chamados aquarianos, sob pretexto de sobriedade, oferecem só água neste sacramento.

Mas todos esses erros e semelhantes se excluem por ter Cristo instituído este sacramento sob as espécies de pão e vinho, como é evidente no Evangelho. Portanto, pão e vinho são a matéria que convém a este sacramento. E é muito razoável que o seja:

1º. Quanto ao uso deste sacramento que é a modo de comida. Pois, como no sacramento do batismo se usa água para a abluição espiritual, porque a abluição corporal se realiza normalmente com água, assim na eucaristia se usa para alimento espiritual pão e vinho, que são os alimentos habituais do homem.

2º. Quanto à paixão de Cristo, na qual o sangue se separou do corpo. Por isso, neste sacramento, que é memorial da paixão do Senhor, tomam-se separadamente o pão como sacramento do corpo, e o vinho como sacramento do sangue.

3º. Quanto ao efeito considerado em cada um dos que se alimentam do pão e do vinho eucarístico. Como diz Ambrósio, este sacramento "vale para conservação do corpo e da alma" e por isso "a carne de Cristo" sob a espécie de pão "é oferecida para a salvação do corpo, "e o sangue" sob a espécie de vinho "para a salvação da alma"[c], já que a Escritura diz que "a alma" do animal "está no sangue".

4º. Quanto ao efeito com relação a toda a Igreja que se constitui de muitos fiéis, como "se elabora o pão dos muitos grãos e o vinho provém das muitas uvas"[d], diz a Glosa, comentando texto da primeira Carta aos Coríntios, "Nós, os numerosos, somos um só corpo" etc.

QUANTO AO 1º, portanto, deve-se dizer que embora as carnes dos animais imolados sejam expres-

---

4. AUG., *De haer*., haer. 64: ML 42, 42.
5. AMBROSIASTER, *In I Cor*., super 11, 20: ML 17, 243 B.
6. Ordin.: ML 114, 536 B; LOMBARDI: ML 191, 1624 C.

c. Notemos de passagem essa citação de Sto. Ambrósio. Voltaremos a encontrá-la no texto de Sto. Tomás, ao qual suscita as maiores dificuldades. De fato, não faz parte mais de nossos hábitos ligar a salvação de nosso corpo ao corpo de Cristo e, por oposição, a salvação de nossa alma a seu sangue. Toda a eucaristia assegura a salvação do homem total, corpo e alma, cabe falar em divisão de tarefas entre o pão e o vinho, corpo e sangue?
No ofício do Sto. Sacramento, (hino *Verbum supernum*), Sto. Tomás escreve: "Aos seus, sob duas espécies, ele deu sua carne e seu sangue, tendo em vista alimentar o homem inteiro, feito de dupla substância". Esse pensamento se vincula sem dúvida alguma a essa citação de Sto. Ambrósio. A uma das dualidades (pão/vinho, corpo/sangue) corresponde outra dualidade (a dupla substância: natureza corporal/natureza espiritual).

d. Sto. Tomás não conhecia sem dúvida a *Didaché* (Doutrina dos Apóstolos), escrita desde a época pós-apostólica. Hoje, sabemos que a imagem aqui evocada remonta a essa longínqua antiguidade. Já Sto. Tomás se contentava em citar uma Glosa, ignorando até que ponto era venerável. A imagem não se perdera, ainda que a formulação da *Didaché* seja mais elaborada e mais poética.

Christi passionem, tamen minus competunt ad communem usum huius sacramenti, et ad ecclesiasticam unitatem significandam.

AD SECUNDUM dicendum quod, licet non in omnibus terris nascatur triticum et vinum, tamen de facili ad omnes terras deferri potest quantum sufficit ad usum huius sacramenti. Nec propter defectum alterius, est unum tantum sine altero consecrandum: quia non esset perfectum sacrificium.

AD TERTIUM dicendum quod vinum in modica quantitate sumptum non potest aegrotanti multum nocere. Et tamen, si nocumentum timeatur, non est necesse quod omnes accipientes corpus Christi, etiam sanguinem accipiant, ut infra[7] dicetur.

ARTICULUS 2
Utrum requiratur determinata quantitas panis et vini ad materiam huius sacramenti

AD SECUNDUM SIC PROCEDITUR. Videtur quod requiratur determinata quantitas panis et vini ad materiam huius sacramenti.

1. Effectus enim gratiae non sunt minus ordinati quam effectus naturae. Sed, sicut dicitur in II *de Anima*[1], *omnium natura constantium positus est terminus et ratio magnitudinis et augmenti*. Ergo multo magis in hoc sacramento, quod dicitur *Eucharistia*, idest *bona gratia*, requiritur determinata quantitas panis et vini.

2. PRAETEREA, ministris Ecclesiae non est a Christo data potestas ad ea quae pertinent ad irrisionem fidei et sacramentorum eius: secundum illud 2Cor 10,8: *Secundum potestatem quam dedit mihi Deus in aedificationem, et non in destructionem*. Sed hoc esset ad irrisionem sacramenti, si sacerdos vellet consecrare totum panem qui venditur in foro, et totum vinum quod est in cellario. Ergo hoc facere non potest.

3. PRAETEREA, si aliquis baptizetur in mari, non tota aqua maris sanctificatur per formam baptismi, sed sola illa aqua qua corpus baptizati abluitur. Ergo nec in hoc sacramento superflua quantitas panis consecrari potest.

SED CONTRA est quod multum opponitur pauco, et magnum parvo. Sed nulla est ita parva quantitas panis aut vini quae non possit consecrari. Ergo nulla est ita magna quae consecrari non possit.

---

7. Q. 80, a. 12.

PARALL.: IV *Sent.*, dist. 11, q. 2, a. 1, q.la 3.

1. C. 4: 416, a, 16-17.

---

sivas para representar a paixão de Cristo, contudo são menos apropriadas para o uso frequente deste sacramento e para significar a unidade da Igreja.

QUANTO AO 2º, deve-se dizer que embora nem todas as regiões da terra produzam trigo e vinho, contudo o suficiente para o uso deste sacramento pode ser facilmente transportado para todas as partes. Mas, na falta de um dos elementos, não se deve consagrar só este sem o outro, porque o sacrifício não seria perfeito.

QUANTO AO 3º, deve-se dizer que vinho tomado em pequena quantidade não pode ser muito nocivo ao doente. Contudo, se se teme que faça mal, não é necessário que todos os que recebem o corpo de Cristo recebam também seu sangue.

ARTIGO 2
Requer-se determinada quantidade de pão e vinho para a matéria deste sacramento?

QUANTO AO SEGUNDO, ASSIM SE PROCEDE: parece que para matéria deste sacramento se **requer** determinada quantidade de pão e vinho:

1. Com efeito, os efeitos da graça não são menos bem regulados que os efeitos da natureza. Ora, segundo Aristóteles, "todos os elementos da natureza têm um limite fixado e uma medida de tamanho e de crescimento". Logo, muito mais neste sacramento que se chama eucaristia, isto é, "boa graça", requer-se determinada quantidade de pão e vinho.

2. ALÉM DISSO, Cristo não deu aos ministros da Igreja poder para escarnecer da fé e de seus sacramentos, segundo a palavra do Apóstolo sobre o "poder que o Senhor nos deu para a edificação, e não para a ruína". Ora, seria burlar do sacramento, se um sacerdote quisesse consagrar todo o pão que se vende no mercado e todo o vinho que está na adega. Logo, não pode fazê-lo.

3. ADEMAIS, se alguém é batizado no mar, a forma do batismo não santifica toda a água do mar, mas só a água que lava o corpo do batizado. Logo, tampouco neste sacramento se pode consagrar uma quantidade supérflua de pão.

EM SENTIDO CONTRÁRIO, está que muito é o contrário de pouco, grande o de pequeno. Ora, não há quantidade tão pequena de pão ou de vinho que não se possa consagrar. Logo, tampouco há alguma tão grande que não se possa consagrar.

RESPONDEO dicendum quod quidam dixerunt quod sacerdos non posset consecrare immensam quantitatem panis aut vini, puta totum panem qui venditur in foro, aut totum vinum quod est in dolio. Sed hoc non videtur esse verum. Quia in omnibus habentibus materiam, ratio determinationis materiae sumitur ex ordine ad finem, sicut materia serrae est ferrum, ut sit apta sectioni. Finis autem huius sacramenti est usus fidelium. Unde oportet quod quantitas materiae huius sacramenti determinetur per comparationem ad usum fidelium. Non autem potest esse quod determinetur per comparationem ad usum fidelium qui nunc occurrunt: alioquin sacerdos habens paucos parochianos, non posset consecrare multas hostias. Unde relinquitur quod materia huius sacramenti determinetur per comparationem ad usum fidelium absolute. Numerus autem fidelium est indeterminatus. Unde non potest dici quod quantitas materiae huius sacramenti sit determinata.

AD PRIMUM ergo dicendum quod cuiuslibet rei naturalis materia accipit determinatam quantitatem secundum comparationem ad formam determinatam. Sed numerus fidelium, ad quorum usum ordinatur hoc sacramentum, est indeterminatus. Unde non est simile.

AD SECUNDUM dicendum quod potestas ministrorum Ecclesiae ad duo ordinatur: primo quidem, ad effectum proprium; secundo, ad finem effectus. Secundum autem non tollit primum. Unde, si sacerdos intendat consecrare corpus Christi propter aliquem malum finem, puta ut irrideat vel veneficia faciat, propter intentionem mali finis peccat, nihilominus tamen, propter potestatem sibi datam, perficit sacramentum.

AD TERTIUM dicendum quod baptismi sacramentum perficitur in usu materiae. Et ideo per formam baptismi non plus de aqua sanctificatur quam quantum venit in usum. Sed hoc sacramen-

RESPONDO. Houve quem dissesse que um sacerdote não poderia consagrar uma quantidade imensa de pão ou de vinho; por exemplo, todo o pão que se vende no mercado ou todo o vinho que está no barril. Mas isso não parece verdade, porque em tudo que tem matéria, a razão para determinar a matéria se toma em relação ao fim. Eis por que a matéria da serra é o ferro, para ser apta para cortar. Ora, o fim deste sacramento é o uso do fiéis. Convém, pois, que a quantidade da matéria deste sacramento se determine em relação ao uso dos fiéis. Mas não é possível que se determine em relação ao uso dos fiéis que se apresentam neste momento, do contrário um sacerdote que tivesse poucos paroquianos não poderia consagrar muitas hóstias. Resta, portanto, que a matéria deste sacramento seja determinada em relação ao uso dos fiéis, sem outra consideração. Mas o número de fiéis é indeterminado. Logo, não se pode dizer que a quantidade de matéria neste sacramento seja determinada[e].

QUANTO AO 1º, portanto, deve-se dizer que a matéria de qualquer realidade natural recebe uma quantidade determinada em relação a uma forma determinada. Ora, o número dos fiéis, a cujo uso visa o sacramento, é indeterminado. Logo, não há semelhança.

QUANTO AO 2º, deve-se dizer que o poder dos ministros da Igreja visa a duas coisas: 1º. ao efeito próprio do sacramento; 2º. à finalidade do efeito. A segunda não tolhe o primeiro. Por isso, se um sacerdote tem a intenção de consagrar o corpo de Cristo para um fim mau, como por exemplo para burlar dele ou para praticar um envenenamento, peca, porque sua intenção visa a um fim mau, mas nem por isso deixa de realizar o sacramento, devido ao poder que lhe foi dado.

QUANTO AO 3º, deve-se dizer que o sacramento do batismo se realiza no uso da matéria. Por isso, pela forma do batismo não se santifica mais água que a que vem a ser usada. Mas o sacramento da

---

e. O princípio de Sto. Tomás é inatacável: é tendo em vista o uso pelos fiéis que o padre consagra. Ora, pensa nosso autor, poderia haver, teoricamente, fiéis suplementares. Não há um número identificável além do qual possamos dizer: com esse número, tantas hóstias (ou pães) são consagrados, as outras não. É tudo ou nada!
Mas é necessário concluir — pois tal é a armadilha preparada pela obj. 2 — que um padre consagra efetivamente todo o pão da padaria e todo o vinho da adega? Sto. Tomás pensa não poder escapar a essa conclusão. Mas ela não leva em conta a intenção do padre que pode realizar essa operação. Se existe a *vontade* de consagrar todo o pão do mercado ou todo o vinho da adega, ele não quer aquilo para o qual a Igreja o nomeou, a saber, fornecer aos fiéis seu alimento espiritual. Se tal é o caso, não poderíamos concluir que nada está consagrado nem na padaria nem na adega? E se disséssemos que *é por inadvertência* que o padre não estabeleceu limites a sua intenção de consagrar, deve-se responder que o padre, para consagrar, deve ter uma intenção determinada. Em caso contrário, um padre celebrando numa sacristia poderia por inadvertência (!) consagrar todas as hóstias que se encontram nos armários.

tum perficitur in consecratione materiae. Et ideo non est simile.

Articulus 3
Utrum requiratur ad materiam huius sacramenti quod sit panis triticeus

AD TERTIUM SIC PROCEDITUR. Videtur quod non requiratur ad materiam huius sacramenti quod sit panis triticeus.
1. Hoc enim sacramentum est rememorativum Dominicae passionis. Sed magis videtur esse consonum Dominicae passioni panis hordeaceus, qui est asperior, et de quo etiam turbas pavit in monte, ut dicitur Io 6,9sqq., quam panis triticeus. Ergo non est propria materia huius sacramenti panis triticeus.
2. PRAETEREA, figura est signum speciei in rebus naturalibus. Sed quaedam frumenta sunt quae habent similem figuram grano tritici, sicut far et spelta: de qua etiam in quibusdam locis panis conficitur ad usum huius sacramenti. Ergo panis triticeus non est propria materia huius sacramenti.
3. PRAETEREA, permixtio speciem solvit. Sed vix invenitur farina triticea quae alterius frumenti permixtionem non habeat: nisi forte electis granis studiose fiat. Non ergo videtur quod panis triticeus sit propria materia huius sacramenti.
4. PRAETEREA, illud quod est corruptum, videtur esse alterius speciei. Sed aliqui conficiunt ex pane corrupto, qui iam non videtur esse panis triticeus. Ergo videtur quod talis panis non sit propria materia huius sacramenti.

SED CONTRA est quod in hoc sacramento continetur Christus, qui se grano frumenti comparat, Io 12,24-25: dicens: *Nisi granum frumenti, cadens in terram, mortuum fuerit, ipsum solum manet*. Ergo panis frumentinus, sive triticeus, est materia huius sacramenti.

RESPONDEO dicendum quod, sicut dictum est[1], ad usum sacramentorum assumitur talis materia quae communius apud homines in talem usum venit. Inter alios autem panes communius homines utuntur pane triticeo: nam alii panes videntur esse introducti in huius panis defectum. Et ideo Christus creditur in huius panis specie hoc sacramentum instituisse. Qui etiam panis confortat hominem: et ita convenientius significat effectum

eucaristia se realiza na consagração da matéria. Portanto, não há semelhança.

Artigo 3
Requer-se que a matéria deste sacramento seja pão de trigo?

QUANTO AO TERCEIRO, ASSIM SE PROCEDE: parece que **não** se requer como matéria deste sacramento o pão de trigo.
1. Com efeito, este sacramento rememora a paixão do Senhor. Ora, mais conforme à paixão do Senhor que o pão de trigo seria o pão de cevada que é mais rude e com o qual o Senhor alimentou as turbas no monte como está no Evangelho de João. Logo, pão de trigo não é a matéria peculiar deste sacramento.
2. ALÉM DISSO, nas realidades produzidas pela natureza o aspecto exterior permite reconhecer a espécie. Ora, certos cereais se assemelham ao aspecto exterior do grão de trigo, como a escândea e a espelta, com os quais em algumas partes também se faz pão para usar neste sacramento. Logo, o pão de trigo não é a matéria exclusiva deste sacramento.
3. ADEMAIS, a mistura desfaz a espécie. Ora, é difícil encontrar farinha de trigo que não tenha mistura de outro cereal, a não ser talvez que se faça uma cuidadosa seleção dos grãos. Logo, o pão de trigo não seria a matéria peculiar deste sacramento.
4. ADEMAIS, o que está decomposto parece pertencer a outra espécie. Ora, alguns consagram com pão decomposto que já nem parece mais ser pão de trigo. Logo, tal pão não seria a matéria própria deste sacramento.

EM SENTIDO CONTRÁRIO, está o fato de este sacramento conter o Cristo que se compara com o grão de trigo, dizendo: "Se o grão de trigo que cai em terra não morre, ele fica só". Logo, o pão de trigo é a matéria deste sacramento.

RESPONDO. Toma-se para uso nos sacramentos a matéria que os homens empregam mais comumente para este uso. O pão que os homens usam mais comumente do que os outros, é o pão de trigo, pois os outros pães parecem ter sido introduzidos na falta deste pão. Por isso se admite que Cristo tenha instituído a eucaristia com esta espécie de pão. Além disso, o pão robustece o homem e assim significa mais convenientemente o efeito

---

3 PARALL.: IV *Sent.*, dist. 11, q. 2, a. 2, q.la 1, 2; dist. 19, q. 1, a. 2, q.la 3, ad 1; *Cont. Gent.* IV, 69.
  1. A. 1; q. 60, a. 7, ad 2.

huius sacramenti. Et ideo propria materia huius sacramenti est panis triticeus.

AD PRIMUM ergo dicendum quod panis hordeaceus competit ad significandum duritiem veteris legis. Tum propter duritiem panis. Tum quia etiam, ut Augustinus dicit, in libro *Octoginta trium Quaestionum*[2], *hordei medulla, quae tenacissima palea tegitur, vel ipsam legem significat, quae ita data erat ut in ea vitale animae alimentum corporalibus sacramentis obtegeretur: vel ipsum populum, nondum exspoliatum carnali desiderio, quod tanquam palea cordi eius inhaerebat*. Hoc autem sacramentum pertinet ad *suave iugum* Christi, et ad veritatem iam manifestatam, et ad populum spiritualem. Unde non esset materia conveniens huius sacramenti panis hordeaceus.

AD SECUNDUM dicendum quod generans generat sibi simile in specie: fit tamen aliquando aliqua dissimilitudo generantis ad genitum quantum ad accidentia, vel propter materiam, vel propter debilitatem virtutis generativae. Et ideo, si qua frumenta sunt quae ex semine tritici generari possunt, sicut ex grano seminato in malis terris nascitur siligo, ex tali frumento panis confectus potest esse materia huius sacramenti. — Quod tamen non videtur habere locum neque in hordeo, neque in spelta, neque etiam in farre, quod inter omnia est grano tritici similius. Similitudo autem figurae in talibus magis videtur significare propinquitatem quam identitatem speciei: sicut ex similitudine figurae manifestatur quod canis et lupus sunt propinquae speciei, non autem eiusdem. Unde ex talibus frumentis, quae nullo modo possunt ex semine grani generari, non potest confici panis qui sit debita materia huius sacramenti.

AD TERTIUM dicendum quod modica permixtio non solvit speciem: quia id quod est modicum, quodammodo absumitur a plurimo. Et ideo, si sit modica admixtio alterius frumenti ad multo maiorem quantitatem tritici, poterit exinde confici panis qui est materia huius sacramenti. Si vero sit magna permixtio, puta ex aequo vel quasi, talis commixtio speciem mutat. Unde panis inde confectus non erit materia debita huius sacramenti.

AD QUARTUM dicendum quod aliquando est tanta corruptio panis quod solvitur species panis: sicut cum continuitas solvitur, et sapor et color

deste sacramento. Portanto, a matéria peculiar deste sacramento é pão de trigo.

QUANTO AO 1º, portanto, deve-se dizer que o pão de cevada é próprio para significar a dureza da Antiga Lei. Tanto pela dureza do pão, quanto também como Agostinho escreve: "O grão da cevada, coberto por uma palha muito aderente, significa a Lei dada para encobrir por sacramentos corporais o alimento vital da alma, ou então significa o povo ainda não despojado do desejo carnal que aderia a seu coração como a palha ao grão de cevada". O sacramento da eucaristia, porém, se refere ao jugo suave de Cristo, à verdade já manifesta e ao povo espiritual. Assim o pão de cevada não seria matéria conveniente para este sacramento.

QUANTO AO 2º, deve-se dizer que quem gera, gera algo semelhante a si pela espécie. Contudo, às vezes, há dissemelhança acidental entre o que gera e o que é gerado, seja devido à matéria, seja por debilidade da capacidade geradora. Por conseguinte, se há cereais que podem ser gerados por uma semente de trigo, como do grão semeado em terras pobres nasce o trigo-candeal, o pão feito de tais cereais pode ser matéria deste sacramento. — Tal não seria o caso da cevada, da espelta e mesmo da escândea que é o cereal mais semelhante ao grão de trigo. Mas nestes a semelhança de aspecto exterior mais parece significar proximidade que identidade de espécie, como pela semelhança de aspecto exterior se mostra que o cão e o lobo são de espécies próximas, mas não da mesma espécie. Portanto, de tais cereais que não podem de nenhum modo ser gerados de uma semente de trigo, não se pode fazer um pão que seja a matéria exigida para este sacramento.

QUANTO AO 3º, deve-se dizer que uma mistura em pequenas proporções não desfaz a espécie, porque o pouco é de certa forma assimilado pelo muito. Por conseguinte, se a mistura de outro cereal é em pequena proporção para uma muito maior quantidade de trigo, poderá daí ser feito um pão que seja matéria deste sacramento. Mas, se a mistura é em grande proporção, como seria por exemplo em igual quantidade ou quase, tal mistura muda a espécie. Então o pão feito dessa maneira não será a matéria exigida por este sacramento.

QUANTO AO 4º, deve-se dizer que às vezes a decomposição do pão é tanta que desaparece a espécie de pão: desvanecem-se a consistência, o

---

2. Q. 61, n. 1: ML 40, 48.

et alia accidentia mutantur. Unde ex tali materia non potest confici corpus Christi. — Aliquando vero non est tanta corruptio quae speciem solvat, sed est aliqua dispositio ad corruptionem: quod declarat aliqualis immutatio saporis. Et ex tali pane potest confici corpus Christi: sed peccat conficiens, propter irreverentiam sacramenti.

Et quia amidum est ex tritico corrupto, non videtur quod panis ex eo confectus possit fieri corpus Christi: quamvis quidam contrarium dicant.

sabor e a cor e mudam-se outros acidentes. Com uma tal matéria não se pode consagrar o corpo de Cristo. — Por vezes, no entanto, a decomposição não é tanta que destrua a espécie, mas a matéria está prestes a decompor-se, como o mostra alguma mudança no sabor. Com tal pão se pode consagrar o corpo de Cristo, mas quem o faz peca por irreverência para com o sacramento.

E, porque o amido é feito de trigo alterado, um pão feito desse produto não poderia tornar-se corpo de Cristo, embora alguns afirmem o contrário.

Articulus 4
Utrum hoc sacramentum debeat confici ex pane azymo

AD QUARTUM SIC PROCEDITUR. Videtur quod hoc sacramentum non debeat confici ex pane azymo.
1. Debemus enim in hoc sacramento imitari institutionem Christi. Sed Christus videtur hoc sacramentum instituisse in pane fermentato: quia, sicut legitur Ex 12, Iudaei secundum legem incipiebant uti azymis in die Paschae, quod celebratur quartadecima luna; Christus autem instituit hoc sacramentum in Cena, quam celebravit *ante diem Paschae*, ut habetur Io 13,1-4. Ergo et nos debemus hoc sacramentum celebrare in pane fermentato.
2. PRAETEREA, legalia non sunt observanda tempore gratiae. Sed uti azymis fuit quaedam legalis caeremonia: ut patet Ex 12. Ergo in hoc sacramento gratiae non debemus azymis uti.

3. PRAETEREA, sicut supra[1] dictum est, Eucharistia est *sacramentum caritatis*, sicut baptismus fidei. Sed fervor caritatis significatur per fermentum: ut patet in Glossa[2], super illud Mt 13,33, *Simile est regnum caelorum fermento* etc. Ergo hoc sacramentum debet confici de pane fermentato.

4. PRAETEREA, azymum et fermentatum sunt accidentia panis, non varientia eius speciem. Sed in materia baptismi nulla discretio adhibetur circa differentiam accidentium aquae: puta si sit salsa vel dulcis, calida vel frigida. Ergo in hoc sacramento aliqua discretio adhiberi non debet utrum panis sit azymus vel fermentatus.

Artigo 4
Este sacramento deve ser feito com pão ázimo?

QUANTO AO QUARTO, ASSIM SE PROCEDE: parece que **não** se deve fazer este sacramento com pão ázimo.
1. Com efeito, neste sacramento devemos imitar a instituição de Cristo. Ora, Cristo parece ter instituído este sacramento com pão fermentado, pois os judeus, segundo a Lei, começavam a usar pães ázimos no dia da Páscoa que se celebra no décimo quarto dia do mês. Cristo, porém, instituiu este sacramento na ceia que celebrou "antes da festa da Páscoa", como está no Evangelho. Logo, também nós devemos celebrar este sacramento com pão fermentado.
2. ALÉM DISSO, as prescrições da Lei não devem ser observadas no tempo da graça. Ora, usar pães ázimos era uma cerimônia prescrita pela Lei. Logo, não devemos usar pães ázimos neste sacramento da graça.
3. ADEMAIS, a eucaristia é o sacramento da caridade, como o batismo é o sacramento da fé. Ora, o fervor da caridade é significado pelo fermento, como se lê na Glosa sobre texto de Mateus, "O Reino dos Céus é comparável ao fermento" etc. Logo, este sacramento deve ser feito com pão fermentado.
4. ADEMAIS, o ser ázimo ou fermentado são acidentes do pão e não variações de sua espécie. Ora, na matéria do batismo não se têm em conta os diversos acidentes da água, por exemplo se é salgada ou doce, quente ou fria. Logo, neste sacramento tampouco se deve ter em conta se o pão é ázimo ou fermentado.

---

4 PARALL.: IV *Sent.*, dist. 11, q. 2, a. 2, q.la 3, *Cont. Gent.* IV, 69; *Cont. Error. Graec.*, p. II, cap. 37; *in Ioan.*, c. 13, lect. I.

1. Q. 73, a. 3, ad 3. — Cfr. q. 65, a. 1.
2. Ordin.: ML 114, 133 B.

QUESTÃO 74: A MATÉRIA DO SACRAMENTO DA EUCARISTIA, ARTIGO 4

SED CONTRA est quod Extra, *de Celebrat. Missar.*, cap. *Litteras*[3], punitur sacerdos qui *in pane fermentato et scypho ligneo missarum solemnia celebrare praesumpsit*.

RESPONDEO dicendum quod circa materiam huius sacramenti duo possunt considerari: scilicet quid sit necessarium, et quid conveniens. Necessarium quidem est ut sit panis triticeus, sicut dictum est[4]: sine quo non perficitur sacramentum. Non est autem de necessitate sacramenti quod sit azymus vel fermentatus: quia in utroque confici potest.

Conveniens autem est ut unusquisque servet ritum suae Ecclesiae in celebratione sacramenti. Super hoc autem sunt diversae Ecclesiarum consuetudines. Dicit enim beatus Gregorius, *in Registro*[5]: *Romana Ecclesia offert azymos panes: propterea quod Dominus sine ulla commixtione suscepit carnem. Sed ceterae Ecclesiae offerunt fermentatum: pro eo quod Verbum Patris indutum est carne, sicut et fermentum miscetur farinae*. Unde, sicut peccat sacerdos in ecclesia Latinorum celebrans de pane fermentato, ita peccaret presbyter graecus in ecclesia Graecorum celebrans de azymo pane, quasi pervertens Ecclesiae suae ritum.

Et tamen consuetudo de pane azymo celebrandi rationabilior est. Primo quidem, propter institutionem Christi, qui hoc sacramentum instituit *prima die azymorum*, ut habetur Mt 26,17, et Mc 14,12, et Lc 22,7, qua die nihil fermentatum in domibus Iudaeorum esse debebat, ut habetur Ex 12,15-19. — Secundo, quia panis est proprie sacramentum corporis Christi, quod sine corruptione conceptum est, magis quam divinitatis ipsius, ut infra[6] patebit. — Tertio, quia hoc magis competit sinceritati fidelium, quae requiritur ad usum huius sacramenti: secundum illud 1Cor 5,7-8: *Pascha nostrum immolatus est Christus: itaque epulemur in azymis sinceritatis et veritatis.*

Habet tamen haec consuetudo Graecorum aliquam rationem: et propter significationem, quam

EM SENTIDO CONTRÁRIO, a decretal sobre a celebração da missa pune o sacerdote que "presume celebrar missa com pão fermentado e cálice de madeira".

RESPONDO. Sobre a matéria deste sacramento podem-se considerar dois aspectos: o da necessidade e o da conveniência. Como se disse, é necessário que o pão seja de trigo: sem isso o sacramento não se realiza. Mas não é necessário ao sacramento que o pão seja ázimo ou fermentado, porque ambos podem ser consagrados.

Convém que todos observem o rito de sua Igreja na celebração do sacramento. Ora, neste ponto há diversos costumes nas Igrejas. São Gregório escreve: "A Igreja Romana oferece pães ázimos por ter o Senhor recebido a carne sem impureza alguma. Mas outras Igrejas oferecem pão fermentado, por ter o Verbo do Pai se revestido da carne, como o fermento se mistura à farinha". Por conseguinte, como o sacerdote da Igreja Latina peca celebrando com pão fermentado, assim peca o presbítero da Igreja Grega, celebrando com pão ázimo, como que subvertendo o rito de sua Igreja.

No entanto, o costume de celebrar com pão ázimo é mais razoável[f]: 1º. Por causa da instituição de Cristo que instituiu este sacramento "no primeiro dia dos pães sem fermento", dia em que não devia haver nada fermentado nas casas dos judeus, como está no Êxodo. — 2º. Porque o pão é propriamente o sacramento do corpo de Cristo que foi concebido na pureza, antes que de sua divindade. — 3º Porque isto corresponde melhor à sinceridade dos fiéis, requerida em quem se aproxima deste sacramento. Diz Paulo: "Cristo, nossa Páscoa, foi imolado. Celebremos pois a festa com pães sem fermento: na sinceridade e na verdade".

Contudo o costume dos gregos não é destituído de razão pelo simbolismo a que se refere Gregório

---

3. *Decretal. Greg. IX*, l. III, t. 41, c. 14: ed. Richter-Friedberg, II, 643.
4. A. praec.
5. Cfr. q. 28, a. 2.
6. Q. 76, a. 1, ad 1.

f. Trata-se de um conflito bem conhecido entre gregos e latinos, aqueles celebrando com pão fermentado, estes com pão ázimo. Os exegetas ainda não têm condições, em nossa época, de nos dizer com certeza que gênero de pão Jesus utilizou na Ceia. Não podem sequer se decidir definitivamente entre São João e os Sinópticos a respeito da data da última refeição de Jesus. O essencial é portanto não perturbar a paz da Igreja. Tal é o desejo de Sto. Tomás, como de resto dos Papas e dos concílios de união.
Constatemos no entanto que Sto. Tomás, como bom latino, não pode se impedir de dizer mais ou menos o seguinte: que cada um siga o costume de sua Igreja... mas a nossa é a melhor, como vou mostrar-lhes! Essa atitude, embora frequente nas relações entre o Oriente e o Ocidente cristãos (padres casados e padres celibatários, por exemplo), é evidentemente bem prejudicial ao trabalho ecumênico. Sto. Tomás tinha uma confiança quase ilimitada no acerto de tudo o que fazia sua Igreja; temos provas disso a cada momento.

tangit Gregorius; et in detestationem haeresis Nazaraeorum, qui legalia Evangelio miscebant[7].

AD PRIMUM ergo dicendum quod, sicut legitur Ex 12,7-18, solemnitas paschalis incipiebat a vesperis quartaedecimae lunae. Et tunc Christus, post immolationem agni paschalis, hoc sacramentum instituit. Unde hic dies a Ioanne dicitur praecedere sequentem diem Paschae, et a tribus aliis Evangelistis dicitur *prima dies azymorum*, quando fermentatum in domibus Iudaeorum non inveniebatur, ut dictum est[8]. Et de hoc supra[9] notatum est plenius in tractatu Dominicae passionis.

AD SECUNDUM dicendum quod conficientes ex azymo non intendunt caeremonias legis servare, sed conformare se institutioni Christi. Et ideo non iudaizant. Alioquin et celebrantes in pane fermentato iudaizarent: quia Iudaei panes primitiarum fermentatos offerebant.

AD TERTIUM dicendum quod fermentum significat caritatem propter aliquem effectum, quia scilicet panem facit sapidiorem et maiorem. Sed corruptionem significat ex ipsa ratione suae speciei.

AD QUARTUM dicendum quod, quia fermentum habet aliquid corruptionis, et ex pane corrupto non potest confici hoc sacramentum, ut dictum est[10]; ideo magis attenditur circa panem differentia azymi et fermentati quam circa aquam baptismi differentia calidi et frigidi. Posset enim tanta esse corruptio fermenti quod ex eo non posset fieri sacramentum.

e como rejeição da heresia dos nazarenos que misturavam prescrições legais ao Evangelho.

QUANTO AO 1º, portanto, deve-se dizer que como se lê na Escritura, a solenidade pascal começava na véspera do décimo quarto dia do mês. Cristo instituiu então este sacramento depois da imolação do cordeiro pascal. Por isso, o Evangelho de João diz que este dia precede o dia da Páscoa e os outros três evangelistas dizem "primeiro dia dos pães sem fermento", quando não se encontrava nada fermentado nas casas dos judeus. Sobre este assunto, discorreu-se mais amplamente no tratado sobre a paixão do Senhor.

QUANTO AO 2º, deve-se dizer que quem consagra com pão ázimo não pretende observar as cerimônias prescritas pela Lei, mas conformar-se à instituição de Cristo. Portanto, não judaíza. Do contrário judaizariam também os que celebram com pão fermentado, porque os judeus ofereciam as primícias com pães fermentados.

QUANTO AO 3º, deve-se dizer que o fermento significa a caridade por causa de alguns de seus efeitos, a saber: porque torna o pão mais saboroso e maior. Mas significa corrupção pela própria razão de sua espécie.

QUANTO AO 4º, deve-se dizer que o fermento é um princípio de decomposição e com pão corrompido não se pode consagrar este sacramento. Por isso, tem-se mais em conta a diferença entre pão ázimo e fermentado do que entre a água do batismo quente ou fria. Pois poderia ser tanta a decomposição produzida pelo fermento que com esse pão já não se pudesse mais realizar o sacramento.

ARTICULUS 5
Utrum sit propria materia huius sacramenti vinum vitis

AD QUINTUM SIC PROCEDITUR. Videtur quod non sit propria materia huius sacramenti vinum vitis.

1. Sicut enim aqua est materia baptismi, ita vinum est materia huius sacramenti. Sed in qualibet aqua potest fieri baptismus. Ergo in quolibet vino, puta malorum granatorum vel mororum aut huiusmodi, potest confici hoc sacramentum: praesertim cum in quibusdam terris vites non crescant.

ARTIGO 5
O vinho da videira é a matéria adequada a este sacramento?

QUANTO AO QUINTO, ASSIM SE PROCEDE: parece que o vinho da videira **não** é a matéria adequada a este sacramento.

1. Com efeito, como a água é a matéria do batismo, o vinho é a matéria deste sacramento. Ora, pode-se batizar com qualquer água. Logo, pode-se consagrar este sacramento com qualquer vinho, por exemplo de romã, de amora ou outros semelhantes, principalmente considerando que em algumas regiões não crescem videiras.

---

7. Cfr. EPIPHAN., *De haer.*, l. I, t. II, haer. 29, n. 7: MG 41, 401 B.
8. In corp.
9. Q. 46, a. 9, ad 1.
10. A. 3, ad 4.

5 PARALL.: IV *Sent.*, dist. 11, q. 2, a. 3; *Cont. Gent.* IV, 69.

2. Praeterea, acetum est quaedam species vini quod de vite sumitur, ut Isidorus dicit[1]. Sed de aceto non potest confici hoc sacramentum. Ergo videtur quod vinum vitis non sit propria materia huius sacramenti.

3. Praeterea, sicut de vite sumitur vinum depuratum, ita et agresta et mustum. Sed de his non videtur confici posse hoc sacramentum: secundum illud quod in Sexta Synodo[2] legitur: *Didicimus quod in quibusdam ecclesiis sacerdotes sacrificio oblationis coniungunt uvas, et sic simul utrumque populo dispensant. Praecipimus igitur ut nullus sacerdos hoc ulterius faciat.* Et Iulius Papa[3] reprehendit quosdam qui *expressum vinum in sacramento Dominici calicis offerunt.* Ergo videtur quod vinum vitis non sit propria materia huius sacramenti.

Sed contra est quod, sicut Dominus comparavit se grano frumenti, ita etiam se comparavit viti, dicens, Io 15,1: *Ego sum vitis vera.* Sed solus panis de frumento est materia huius sacramenti, ut dictum est[4]. Ergo solum vinum de vite est propria materia huius sacramenti.

Respondeo dicendum quod de solo vino vitis potest confici hoc sacramentum. Primo quidem, propter institutionem Christi, qui in vino vitis hoc sacramentum instituit: ut patet ex eo quod ipse dicit, Lc 22,18, circa institutionem huius sacramenti: *Amodo non bibam de hoc genimine vitis.*

Secundo quia, sicut dictum est[5], ad materiam sacramentorum assumitur id quod proprie et communiter habet talem speciem. Proprie autem vinum dicitur quod de vite sumitur: alii autem liquores vinum dicuntur secundum quandam similitudinem ad vinum vitis.

Tertio, quia vinum vitis magis competit ad effectum huius sacramenti, qui est spiritualis laetitia: quia scriptum est[6] quod *vinum laetificat cor hominis.*

Ad primum ergo dicendum quod illi liquores non dicuntur proprie vinum, sed secundum similitudinem. Potest autem verum vinum ad terras illas deferri in quibus vites non crescunt, quantum sufficit ad hoc sacramentum.

2. Além disso, o vinagre é uma espécie de vinho que se tira da videira, como diz Isidoro. Ora, com vinagre não se pode consagrar este sacramento. Logo, o vinho da videira não seria a matéria apta para este sacramento.

3. Ademais, como da videira se tira vinho depurado, tira-se também agraço e mosto. Ora, com tais produtos não se poderia consagrar este sacramento conforme a determinação do Concílio in Trullo: "Ouvimos que em algumas Igrejas os sacerdotes juntam uva ao sacrifício da oblação e distribuem ao povo essa mistura. Ordenamos, pois, que daqui por diante nenhum sacerdote faça tal coisa". E o papa Júlio repreende alguns que "oferecem vinho feito de uva prensada no sacramento do cálice do Senhor". Logo, o vinho da videira não seria a matéria adequada para este sacramento.

Em sentido contrário, está o fato de que, como o Senhor se comparou com o grão de trigo, também se comparou com a videira, dizendo: "Eu sou a verdadeira videira". Ora, só o pão de trigo é matéria deste sacramento. Logo, só o vinho da videira é matéria própria deste sacramento.

Respondo. Só se pode consagrar este sacramento com vinho da videira.

1º. Por instituição de Cristo que o instituiu com vinho da videira, como é óbvio por ele próprio ter dito sobre a instituição deste sacramento: "Doravante eu não beberei mais do fruto da vinha".

2º. Porque se toma como matéria dos sacramentos aquilo que, no sentido próprio e no uso universal, é de tal espécie. Vinho no sentido próprio é o tirado da videira; outros líquidos podem ser chamados de vinho por certa semelhança com o vinho da videira.

3º. Porque o vinho da videira corresponde melhor ao efeito deste sacramento que é a alegria espiritual, pois está escrito que "o vinho alegra o coração do homem".

Quanto ao 1º, portanto, deve-se dizer que aqueles líquidos não se chamam vinho em sentido próprio, mas por semelhança. E, para as regiões onde não crescem videiras, sempre se pode transportar verdadeiro vinho em quantidade suficiente para celebrar este sacramento.

---

1. *Etymol.*, l. XX, c. 3, n. 9: ML 82, 712 C.
2. Conc. in Trullo, a. 692, can. 28: ed. Mansi, XI, 955.
3. Conc. Bracarense IV, a. 675, c. 2: ed. Mansi, XI, 155.
4. A. 3.
5. A. 3.
6. Ps. 103, 15.

AD SECUNDUM dicendum quod vinum fit acetum per corruptionem: unde non fit reditus de aceto in vinum, ut dicitur VIII *Metaphys*.[7]. Et ideo, sicut de pane totaliter corrupto non potest confici hoc sacramentum, ita nec de aceto potest confici. Potest tamen confici de vino acescenti, sicut de pane qui est in via ad corruptionem, licet peccet conficiens: ut prius[8] dictum est.

AD TERTIUM dicendum quod agresta est in via generationis, et ideo nondum habet speciem vini. Et propter hoc de ea non potest confici hoc sacramentum.

Mustum autem iam habet speciem vini: nam eius dulcedo attestatur digestioni, quae est *completio a naturali calore*, ut dicitur in IV *Meteor*.[9]. Et ideo de musto potest confici hoc sacramentum.

Non tamen debent uvae integrae huic sacramento misceri: quia iam esset ibi aliquid praeter vinum.

Prohibetur etiam ne mustum statim expressum de uva in calice offeratur: quia hoc est indecens, propter impuritatem musti. Potest tamen in necessitate fieri: dicitur enim ab eodem Iulio Papa[10]: *Si necesse fuerit, botrus in calicem prematur*.

Quanto ao 2º, deve-se dizer que o vinho se torna vinagre por decomposição e, por isso, o vinagre não pode tornar-se de novo vinho, como diz Aristóteles. Assim como não se pode consagrar este sacramento com pão totalmente decomposto, tampouco se pode fazê-lo com vinagre. Pode-se contudo consagrar com vinho azedado, como com pão em vias de decomposição, embora peque quem o consagra.

Quanto ao 3º, deve-se dizer que o agraço está em vias de tornar-se vinho e, portanto, ainda não pertence à espécie vinho. Por isso, com este produto não se pode consagrar a eucaristia.

O mosto já pertence à espécie vinho, pois sua doçura atesta que já é digerido, o que é "um acabamento produzido por calor natural", diz Aristóteles. Por conseguinte, com mosto se pode consagrar este sacramento.

Mas não se devem misturar uvas em estado puro a este sacramento, porque então já seria outra coisa do que vinho.

Também se proíbe oferecer no cálice mosto que acaba de ser prensado da uva, porque é inconveniente pela impureza do mosto. No entanto, pode-se fazê-lo em caso de necessidade, como diz o mesmo papa Júlio: "Se for necessário, prense-se um cacho no cálice"[g].

ARTICULUS 6
Utrum aqua sit vino permiscenda

AD SEXTUM SIC PROCEDITUR. Videtur quod aqua non sit vino permiscenda.
1. Sacrificium enim Christi figuratum fuit per oblationem Melchisedech, qui, Gn 14,18, non legitur obtulisse nisi *panem et vinum*. Ergo videtur quod in hoc sacramento non debeat adiungi aqua.
2. PRAETEREA, diversorum sacramentorum diversae sunt materiae. Sed aqua est materia baptismi. Ergo non debet ad materiam assumi huius sacramenti.
3. PRAETEREA, panis et vinum sunt materia huius sacramenti. Sed pani nihil adiungitur. Ergo nec vino debet aliquid adiungi.

ARTIGO 6
Deve-se misturar água ao vinho?

Quanto ao sexto, assim se procede: parece que **não** se deve misturar água ao vinho.
1. Com efeito, o sacrifício de Cristo foi prefigurado pela oblação de Melquisedec que não consta tenha oferecido mais que "pão e vinho". Logo, não se deveria acrescentar água neste sacramento.
2. ALÉM DISSO, as matérias dos diversos sacramentos são diversas. Ora, a água já é matéria do batismo. Logo, não deve ser usada como matéria deste sacramento.
3. ADEMAIS, pão e vinho são a matéria deste sacramento. Ora, ao pão não se acrescenta nada. Logo, tampouco se deve acrescentar algo ao vinho.

---

7. C. 5: 1044, b, 34, 1045, a, 6.
8. A. 3, ad 4.
9. C. 2: 379, b, 21-25.
10. Loc. cit. in arg.

6 PARALL.: IV *Sent*., dist. 11, q. 2, a. 4, q.la 1; *in Matth*., c. 26; I *ad Cor*., c. 11, lect. 6.

---

g. Sto. Tomás não pensa no uso do "vinho sem álcool", solução preconizada pelas sociedades de temperança radicais. Há motivos para pensar que Sto. Tomás, baseando-se no "sentido próprio dos termos e no uso universal", teria dito que o vinho sem álcool não é vinho. Teria visto nessa bebida o símbolo da alegria espiritual já alegrando o coração do homem?

SED CONTRA est quod Alexander Papa[1] scribit: *In sacramentorum oblationibus quae inter missarum solemnia Domino offeruntur, panis tantum et vinum aqua permixtum in sacrificium offerantur*.

RESPONDEO dicendum quod vino quod offertur in hoc sacramento debet aqua misceri. Primo quidem, propter institutionem. Probabiliter enim creditur quod Dominus hoc sacramentum instituerit in vino aqua permixto, secundum morem terrae illius: unde et Pr 9,5 dicitur: *Bibite vinum quod miscui vobis*.

Secundo, quia hoc convenit repraesentationi Dominicae passionis. Unde dicit Alexander Papa[2]: *Non debet in calice Domini aut vinum solum, aut aqua sola offerri, sed utrumque permixtum: quia utrumque ex latere Christi in passione sua profluxisse legitur*.

Tertio, quia hoc convenit ad significandum effectum huius sacramenti, qui est unio populi Christiani ad Christum: quia, ut Iulius Papa[3] dicit, *videmus in aqua populum intelligi, in vino vero ostendi sanguinem Christi. Ergo, cum in calice vino aqua miscetur, Christo populus adunatur*.

Quarto, quia hoc competit ad ultimum effectum huius sacramenti, qui est introitus ad vitam aeternam. Unde Ambrosius dicit, in libro *de Sacramentis*[4]: *Redundat aqua in calicem, et salit in vitam aeternam*.

AD PRIMUM ergo dicendum quod, sicut Ambrosius dicit ibidem, sicut sacrificium Christi significatum est per oblationem Melchisedech, ita etiam significatum est per aquam quae in eremo fluxit de petra: secundum illud 1Cor 10,4: *Bibebant autem de spirituali consequente eos petra*.

AD SECUNDUM dicendum quod aqua sumitur in baptismo ad usum ablutionis. In hoc autem sacramento assumitur ad usum refectionis: secundum illud Ps 22,2: *Super aquam refectionis educavit me*.

AD TERTIUM dicendum quod panis ex aqua et farina conficitur. Et ideo, cum vino aqua miscetur, neutrum sine aqua existit.

EM SENTIDO CONTRÁRIO, o papa Alexandre escreve: "Nas oblações sacramentais, que se oferecem ao Senhor durante a celebração da missa, ofereçam-se em sacrifício somente pão e vinho misturado com água".

RESPONDO. Deve-se misturar água ao vinho que se oferece neste sacramento.

1º. Por causa da instituição. Admite-se que provavelmente o Senhor instituiu este sacramento com vinho misturado com água, segundo o costume de sua terra. Por isso, diz a Escritura: "Bebei do vinho que misturei para vós".

2º. Porque convém à representação da paixão do Senhor. Assim o papa Alexandre diz: "No cálice do Senhor não se deve oferecer só vinho ou só água, mas ambos misturados, porque se lê que ambos fluíram do lado de Cristo em sua paixão".

3º. Porque convém para significar o efeito deste sacramento que é a união do povo cristão a Cristo. O papa Júlio diz: "Vemos que a água significa o povo e no vinho se apresenta o sangue de Cristo. Portanto, quando se mistura no cálice água ao vinho, o povo se une a Cristo"[h].

4º. Porque corresponde ao efeito último do sacramento que é a entrada na vida eterna. Por isso diz Ambrósio: "Derrama-se água no cálice e jorra para a vida eterna".

QUANTO AO 1º, portanto, deve-se dizer que como diz Ambrósio no mesmo lugar, se o sacrifício de Cristo é simbolizado pela oblação de Melquisedec, é também significado pela água que fluiu da pedra no deserto, segundo a palavra de Paulo: "Bebiam de um rochedo espiritual que os seguia".

QUANTO AO 2º, deve-se dizer que no batismo se usa água para lavar; neste sacramento usa-se para refeição, como diz o Salmo: "Às águas que alimentam me conduz".

QUANTO AO 3º, deve-se dizer que o pão é feito com água e farinha. Por conseguinte, quando se mistura água ao vinho, nenhum dos dois fica sem misturar-se com água.

---

1. Primus. — Epist. I *ad omnes Orthodoxos*, c. 4: ed. Mansi, I, 638.
2. Loc. cit.
3. Conc. Bracarense IV, a. 675, c. 2: ed. Mansi, XI, 155.
4. L. V, c. 1, n. 3: ML 16, 447 A.

h. A mistura de água e de vinho é, em nossos dias, acompanhadas pelas seguintes palavras do padre: "Como esta água se mistura ao vinho para o sacramento da aliança, possamos nós unir-nos à divindade daquele que assumiu nossa humanidade". É uma variante do terceiro argumento desta Solução, destacando a união do povo de Deus.

Articulus 7
Utrum permixtio aquae sit de necessitate huius sacramenti

AD SEPTIMUM SIC PROCEDITUR. Videtur quod permixtio aquae sit de necessitate huius sacramenti.

1. Dicit enim Cyprianus, *ad Caecilium*[1]: *Sic calix Domini non est aqua sola et vinum solum, nisi utrumque misceatur, quomodo nec corpus Domini potest esse farina sola, nisi utrumque*, scilicet farina et aqua, *fuerit adunatum*. Sed admixtio aquae ad farinam est de necessitate huius sacramenti. Ergo, pari ratione, admixtio aquae ad vinum.

2. PRAETEREA, in passione Domini, cuius hoc sacramentum est memoriale, sicut, *de latere eius exivit sanguis*, ita *et aqua*[2]. Sed vinum, quod est sacramentum sanguinis, est de necessitate huius sacramenti. Ergo, pari ratione, et aqua.

3. PRAETEREA, si aqua non esset de necessitate huius sacramenti, non referret quaecumque aqua huic sacramento apponeretur: et ita posset apponi aqua rosacea, vel quaecumque alia huiusmodi aqua. Quod non habet usus Ecclesiae. Aqua ergo est de necessitate huius sacramenti.

SED CONTRA est quod Cyprianus dicit[3]: *Si quis de antecessoribus nostris ignoranter vel simpliciter non observavit*, ut scilicet aquam vino misceret in sacramento, *potest simplicitati eius venia concedi*. Quod non esset si aqua esset de necessitate sacramenti, sicut est vinum vel panis. Non ergo aquae admixtio est de necessitate sacramenti.

RESPONDEO dicendum quod iudicium de signo sumendum est ex eo quod significatur. Appositio autem aquae ad vinum refertur ad significandum participationem huius sacramenti a fidelibus, quantum ad hoc quod per aquam mixtam vino significatur populus adunatus Christo, ut dictum est[4]. Sed et hoc ipsum quod de latere Christi pendentis in cruce aqua profluxit, ad idem refertur: quia per aquam significabatur ablutio peccatorum, quae fiebat per passionem Christi. Dictum est autem supra[5] quod hoc sacramentum perficitur in consecratione materiae: usus autem fidelium non est de

Artigo 7
A mistura de água é necessária para este sacramento?

QUANTO AO SÉTIMO, ASSIM SE PROCEDE: parece que é necessário para este sacramento misturar água ao vinho.

1. Com efeito, Cipriano escreve: "O cálice do Senhor não é só água nem só vinho, mas a mistura de ambos, da mesma maneira como o corpo do Senhor não pode ser só farinha, mas a união de ambos (farinha e água)". Ora, a mistura de água à farinha é necessária a este sacramento. Logo, por igual razão, a mistura de água ao vinho.

2. ALÉM DISSO, na paixão do Senhor, da qual este sacramento é o memorial, saiu do lado dele não só sangue, mas também água. Ora, o vinho, sacramento do sangue, é necessário para este sacramento. Logo, o mesmo vale também da água.

3. ADEMAIS, se a água não fosse necessária para este sacramento, poder-se-ia acrescentar-lhe não importa que água. Assim se poderia acrescentar água de rosas ou de qualquer outro tipo, o que não é o uso da Igreja. A água é, portanto, necessária a este sacramento.

EM SENTIDO CONTRÁRIO, diz Cipriano: "Se algum de nossos predecessores por ignorância ou simplicidade não observou esta regra" de misturar água ao vinho no sacramento, "pode-se-lhes perdoar por sua simplicidade". Ora, assim não seria, se a água fosse necessária, como o vinho ou o pão. Logo, a mistura de água não é necessária para o sacramento.

RESPONDO. Para julgar-se sobre um sinal, precisa-se partir daquilo que ele significa. A ação de acrescentar água ao vinho quer significar a participação dos fiéis neste sacramento, pois, como se disse, pela água misturada ao vinho se simboliza o povo unido a Cristo. Mas o próprio fato de ter fluído água do lado de Cristo pendente na cruz, tem o mesmo significado: a água significa a ablução dos pecados que se realizava pela paixão de Cristo. Ora, foi dito que este sacramento se realiza na consagração da matéria e o uso que dele fazem os fiéis não é necessário ao sacramen-

---

7 PARALL.: IV *Sent.*, dist. 11, q. 2, a. 4, q.la 2, 3; I *ad Cor.*, c. 11, lect. 6.

1. Epist. 63 (al. l. II, epist. 3), n. 13: ML 4, 384 B.
2. Ioan. 19, 34.
3. Loc. cit. n. 17: ML 4, 387 B.
4. A. praec.
5. Q. 73, a. 1, ad 3.

necessitate sacramenti, sed est aliquid consequens ad sacramentum. Et ideo consequens est quod appositio aquae non sit de necessitate sacramenti.

AD PRIMUM ergo dicendum quod verbum illud Cypriani est intelligendum secundum quod dicitur illud esse non posse quod convenienter esse non potest. Et sic similitudo illa attenditur quantum ad illud quod debet fieri, non autem quantum ad necessitatem: nam aqua est de essentia panis, non autem de essentia vini.

AD SECUNDUM dicendum quod effusio sanguinis directe pertinebat ad ipsam Christi passionem, est enim naturale corpori humano vulnerato quod ex eo profluat sanguis. Sed effusio aquae non fuit de necessitate passionis, sed ad demonstrandum effectum, qui est ablutio a peccatis et refrigerium contra ardorem concupiscentiae. Et ideo aqua non seorsum offertur a vino in hoc sacramento, sicut vinum seorsum offertur a pane: sed aqua offertur vino permixta, ut ostendatur quod vinum per se pertinet ad hoc sacramentum, tanquam de eius necessitate existens, aqua autem secundum quod adiungitur vino.

AD TERTIUM dicendum quod, quia admixtio aquae ad vinum non est de necessitate sacramenti, non refert, quantum ad necessitatem sacramenti, quaecumque aqua misceatur vino, sive naturalis sive artificialis, ut rosacea. Quamvis, quantum ad convenientiam sacramenti, peccet qui aliam aquam miscet nisi naturalem et veram: quia de latere Christi pendentis in cruce vera aqua profluxit, non humor phlegmaticus, ut quidam dixerunt, ad ostendendum quod corpus Christi erat vere compositum ex quatuor elementis; sicut per sanguinem fluentem ostendebatur quod erat compositum ex quatuor humoribus; ut Innocentius III dicit in quadam Decretali[6]. Quia vero admixtio aquae ad farinam est de necessitate huius sacramenti, utpote constituens substantiam panis; si farinae admisceretur aqua rosacea, vel quicumque alius liquor quam vera aqua, non posset ex eo confici sacramentum: quia non est vere panis.

to, mas uma consequência do sacramento. Por conseguinte, acrescentar água não é necessário para o sacramento[i].

QUANTO AO 1º, portanto, deve-se dizer que aquelas palavras de Cipriano devem ser entendidas no sentido de afirmar que não pode existir aquilo que convém não existir. Assim a comparação dispõe sobre o que se deve fazer, não sobre a necessidade de fazer-se, pois a água pertence à essência do pão, mas não à do vinho.

QUANTO AO 2º, deve-se dizer que a efusão de sangue pertencia diretamente à paixão de Cristo, pois é natural que de um corpo humano ferido corra sangue. Mas a efusão de água não era necessária à paixão, a não ser para mostrar um efeito seu que é a ablução dos pecados e o refrigério para o ardor da concupiscência. Por isso neste sacramento não se oferece água separada do vinho, mas sim vinho separado do pão. Mas, se oferece água misturada ao vinho, para mostrar que o vinho pertence por si ao sacramento, mas a água só enquanto misturada com o vinho.

QUANTO AO 3º, deve-se dizer que já que a mistura de água ao vinho não é necessária ao sacramento, não importa, desse ponto de vista, que tipo de água se misture com o vinho, seja natural ou artificial, como a de rosas. No entanto, do ponto de vista da conveniência do sacramento, pecaria quem misturasse outra água que a natural e verdadeira. Pois do lado de Cristo pendente da cruz brotou água verdadeira e não o humor flegmático, como disseram alguns. Isso aconteceu para mostrar que o corpo de Cristo era verdadeiramente composto dos quatro elementos, como pelo sangue que escorreu se comprovava que era composto dos quatro humores, como diz Inocêncio III. Mas já que a mistura de água à farinha é necessária para este sacramento por constituir a substância do pão, se à farinha se mistura água de rosas ou qualquer outro líquido que não água verdadeira, não poderia consagrar-se com ele o sacramento, porque não é verdadeiro pão.

---

6. *Decretal. Greg. IX*, l. III, tit. 41, c. 8: ed. Richter-Friedberg, t. II, p. 641.

i. Pode-se concluir com Sto. Tomás que, na medida em que a comunhão dos fiéis não é necessária ao sacramento, um reflexo disso reside no fato da água não ser indispensável ao mesmo título que o vinho. Mas seria pernicioso concluir do caráter facultativo da água para o caráter facultativo ou supererogatório da comunhão dos fiéis. A verdade da eucaristia está muito mais ameaçada pela abstenção dos fiéis convidados à refeição do que pela omissão da gota de água ao cálice. Não é da mesma ordem.

Articulus 8
Utrum debeat aqua in magna quantitate apponi

AD OCTAVUM SIC PROCEDITUR. Videtur quod debeat aqua in magna quantitate apponi.

1. Sicut enim sanguis de latere Christi sensibiliter fluxit, ita et aqua: unde dicitur Io 19,35: *Qui vidit, testimonium perhibuit*. Sed aqua non posset sensibiliter esse in hoc sacramento nisi in magna quantitate poneretur. Ergo videtur quod aqua debeat apponi in magna quantitate.

2. PRAETEREA, parva aqua multo vino admixta corrumpitur. Quod autem corruptum est, non est. Ergo idem est apponere parum de aqua in hoc sacramento, et nihil apponere. Sed non licet nihil apponere. Ergo non licet parum apponere.

3. PRAETEREA, si sufficeret parum apponere, per consequens esset sufficiens quod gutta aquae in totum dolium proiiceretur. Sed hoc videtur ridiculum. Ergo non sufficit quod parva quantitas ponatur.

SED CONTRA est quod Extra, *de Celebrat. Missar.*[1], dicitur: *Perniciosus in tuis partibus inolevit abusus, videlicet quod in maiori quantitate de aqua ponitur in sacrificio quam de vino: cum, secundum rationabilem consuetudinem Ecclesiae generalis, plus in ipso sit de vino quam de aqua ponendum*.

RESPONDEO dicendum quod circa aquam adiunctam vino, ut Innocentius III dicit, in quadam Decretali[2], triplex est opinio. Quidam enim dicunt quod aqua adiuncta vino per se manet, vino converso in sanguinem. — Sed haec opinio omnino stare non potest. Quia in sacramento Altaris, post consecrationem, nihil est nisi corpus et sanguis Christi: sicut Ambrosius dicit, in libro *de Officiis*[3]: *Ante benedictionem alia species nominatur, post benedictionem corpus significatur*. Alioquin non adoraretur veneratione latriae.

Et ideo alii dixerunt quod, sicut vinum convertitur in sanguinem, ita aqua convertitur in aquam quae de latere Christi fluxit. — Sed hoc

Artigo 8
Deve-se acrescentar água em grande quantidade?

QUANTO AO OITAVO, ASSIM SE PROCEDE: parece que é necessário acrescentar água em grande quantidade.

1. Com efeito, como o sangue jorrou do lado de Cristo de modo perceptível aos sentidos, assim também a água. Por isso diz o Evangelista: "O que viu deu testemunho". Ora, neste sacramento a água não seria perceptível aos sentidos se não se pusesse em grande quantidade. Logo, deveria acrescentar-se água em grande quantidade.

2. ALÉM DISSO, pouca água misturada a muito vinho desaparece, perdendo sua característica própria. Mas o que perde sua característica própria, já não é. Logo, acrescentar pouca água ou nada ao sacramento dá no mesmo. Ora, não é lícito não acrescentar nada. Logo, tampouco é lícito acrescentar só pouca água.

3. ADEMAIS, se bastasse acrescentar pouca água, seria em consequência suficiente pôr uma gota de água num barril inteiro. Mas isso seria ridículo. Logo, não basta que se ponha em pouca quantidade.

EM SENTIDO CONTRÁRIO, lê-se na decretal sobre a celebração da missa: "Em tua região desenvolveu-se um abuso pernicioso, pondo-se mais água do que vinho na celebração do sacrifício, quando, segundo o costume razoável da Igreja universal, se deve pôr mais vinho do que água".

RESPONDO. Sobre a água que se acrescenta ao vinho, uma decretal de Inocêncio III reconhece haver três opiniões[j]. Alguns dizem que a água acrescentada ao vinho permanece tal qual, quando o vinho se muda em sangue. — Mas essa opinião não se pode sustentar de modo algum, porque no sacramento do altar, depois da consagração, não há nada mais que o corpo e o sangue de Cristo, pois assim ensina Ambrósio: "Antes da bênção tem o nome de outra espécie; depois da bênção significa o corpo de Cristo". Do contrário não se adoraria a oblação com culto de latria.

Por isso outros disseram que, como o vinho se muda no sangue, a água se muda na água que saiu do lado de Cristo. — Mas isso não se pode

---

8 PARALL.: IV *Sent.*, dist. 11, q. 2, a. 4, q.la 4; I *ad Cor.*, c. 11, lect. 6.
  1. *Decretal. Greg. IX*, l. III, tit. 41, c. 13: ed. Richter-Friedberg, II, 643.
  2. *Regesta*, l. V, epist. 121, *ad Ioannem*: ML 214, 1121 D.
  3. *De mysteriis sive de initiandis*, c. 9, n. 54: ML 16, 407 B.

  j. É sem dúvida a existência dessa decretal de Inocêncio III, Papa no início do século XIII, que explica, se não justifica, o espaço considerável ocupado nesta artigos por uma simples questão de água.
  O ponto de vista de Inocêncio III e de Sto. Tomás ainda prevalece hoje.

non rationabiliter dici potest. Quia secundum hoc, aqua seorsum consecraretur a vino, sicut vinum a pane.

Et ideo, sicut ipse[4] dicit, aliorum opinio probabilior est, qui dicunt aquam converti in vinum, et vinum in sanguinem. Hoc autem fieri non posset nisi adeo modicum apponeretur de aqua quod converteretur in vinum. Et ideo semper tutius est parum de aqua apponere, et praecipue si vinum sit debile: quia, si tanta fieret appositio aquae quod solveretur species vini, non posset perfici sacramentum. Unde Iulius Papa[5] reprehendit quosdam qui *pannum lineum musto intinctum per totum annum servant, et in tempore sacrificii aqua partem eius lavant, et sic offerunt.*

AD PRIMUM ergo dicendum quod sufficit ad significationem huius sacramenti quod sentiatur aqua dum apponitur vino: non autem oportet quod sit sensibilis post mixtionem.

AD SECUNDUM dicendum quod, si aqua omnino non apponeretur, totaliter excluderetur significatio: sed, cum aqua in vinum convertitur, significatur quod populus Christo incorporatur.

AD TERTIUM dicendum quod, si aqua apponeretur dolio, non sufficeret ad significationem huius sacramenti: sed oportet aquam vino apponi circa ipsam celebrationem sacramenti.

considerar razoável dizê-lo, porque senão a água seria consagrada separadamente do vinho, como o vinho do pão.

Portanto, como diz o mesmo Inocêncio III, é mais provável a opinião de outros que dizem que a água se muda em vinho e o vinho no sangue. Isso só é possível se se acrescenta tão pouca água que esta se mude em vinho. Por isso, sempre é mais seguro acrescentar pouca água, principalmente se o vinho é fraco, porque, se o acréscimo de água fosse tão grande que o vinho perdesse sua espécie, não se poderia realizar o sacramento. Assim se entende que o papa Júlio repreenda alguns que "conservam o ano todo um pano de linho molhado em mosto e, no momento do sacrifício, oferecem a água na qual lavaram uma parte daquele lenço".

QUANTO AO 1º, portanto, deve-se dizer que para o significado deste sacramento basta que se perceba a água quando se acrescenta ao vinho; não é preciso que permaneça perceptível depois de feita a mescla.

QUANTO AO 2º, deve-se dizer que se em absoluto não se acrescentasse água, o significado ficaria totalmente esvaziado. Mas, quando a água se muda em vinho, isso significa que o povo se incorpora a Cristo.

QUANTO AO 3º, deve-se dizer que se se acrescentasse água ao barril, não bastaria para o significado do sacramento. É preciso que se acrescente água ao vinho durante a própria celebração do sacramento.

---

4. *Regesta*, l. V, epist. 121 *ad Ioannem*: ML 214, 1122 AB.
5. Primus. — Cfr. GRATIANUM, op. cit., p. III, dist. 2, can. 7: ed. cit., I, 1316.

QUAESTIO LXXV

DE CONVERSIONE PANIS ET VINI IN CORPUS ET SANGUINEM CHRISTI

in octo articulos divisa

Deinde considerandum est de conversione panis et vini in corpus et sanguinem Christi.
Et circa hoc quaeruntur octo.
Primo: utrum substantia panis et vini remaneat in hoc sacramento post consecrationem.
Secundo: utrum annihiletur.
Tertio: utrum convertatur in corpus et sanguinem Christi.
Quarto: utrum remaneant ibi accidentia post conversionem.
Quinto: utrum remaneat ibi forma substantialis.
Sexto: utrum conversio ista fiat subito.

QUESTÃO 75

A CONVERSÃO DO PÃO E DO VINHO NO CORPO E NO SANGUE DE CRISTO

em oito artigos

Em seguida, deve-se tratar da conversão do pão e do vinho no corpo e sangue de Cristo.
Sobre isso são oito as perguntas:
1. Permanece neste sacramento a substância do pão e do vinho depois da consagração?
2. É aniquilada?
3. Converte-se no corpo e sangue de Cristo?
4. Permanecem aí os acidentes depois da conversão?
5. Permanece aí a forma substancial?
6. Esta conversão se faz instantaneamente?

Septimo: utrum sit miraculosior omni alia mutatione.
Octavo: quibus verbis convenienter exprimi possit.

7. É mais milagrosa que qualquer outra mudança?
8. Com que palavras se pode exprimir com exatidão?

Articulus 1
Utrum in hoc sacramento sit corpus Christi secundum veritatem, vel solum secundum figuram vel sicut in signo

AD PRIMUM SIC PROCEDITUR. Videtur quod in hoc sacramento non sit corpus Christi secundum veritatem, sed solum secundum figuram, vel sicut in signo.

1. Dicitur enim Io 6,54-61-64 quod, cum Dominus dixisset, *Nisi manducaveritis carnem Filii hominis et biberitis eius sanguinem*, etc., *multi ex discipulis eius audientes dixerunt, Durus est hic sermo*: quibus ipse: *Spiritus est qui vivificat, caro non prodest quidquam*. Quasi dicat, secundum expositionem Augustini, *super quartum Psalmum*[1]: *Spiritualiter intellige quae locutus sum. Non hoc corpus quod videtis manducaturi estis, et bibituri illum sanguinem quem fusuri sunt qui me crucifigent. Sacramentum aliquod vobis commendavi. Spiritualiter intellectum vivificabit vos: caro autem non prodest quidquam.*

2. PRAETEREA, Dominus dicit, Mt 28,20: *Ecce, ego vobiscum sum omnibus diebus usque ad consummationem saeculi*: quod exponens Augustinus dicit[2]: *Donec saeculum finiatur, sursum est Dominus: sed tamen et hic nobiscum est veritas Domini. Corpus enim in quo resurrexit, uno in loco esse oportet: veritas autem eius ubique diffusa est.* Non ergo secundum veritatem est corpus Christi in hoc sacramento, sed solum sicut in signo.

3. PRAETEREA, nullum corpus potest esse simul in pluribus locis, cum nec angelo hoc conveniat:

Artigo 1
Está o Corpo de Cristo neste sacramento em verdade, ou a modo de figura, ou como num sinal?[a]

QUANTO AO PRIMEIRO ARTIGO, ASSIM SE PROCEDE: parece que **não** está em verdade, mas só a modo de figura, ou como num sinal.

1. Com efeito, no Evangelho se relata: como o Senhor dissesse "se não comerdes a carne do Filho do Homem e não beberdes o seu sangue," etc., "muitos dos seus discípulos começaram a dizer: 'Esta palavra é dura!'" E ele lhes replicou: "é o Espírito que vivifica, a carne para nada serve." É como se ele dissesse, explica Agostinho: "Entendei espiritualmente minhas palavras. Não ireis comer este corpo que vedes, nem bebereis aquele sangue que derramarão os meus algozes. Confiei-vos um mistério. Se o entenderdes espiritualmente, ele vos vivificará, já que a carne não serve para nada".

2. ALÉM DISSO, o Senhor disse: "Quanto a mim, eis que eu estou convosco todos os dias, até a consumação dos tempos;" o que Agostinho explica assim: "Cristo está nos céus até o fim do mundo; e contudo o Senhor, que é a verdade, está conosco aqui na terra. Pois, o corpo com o qual ele ressuscitou deve estar num só lugar; mas sua verdade está espalhada por todas as partes." Portanto, o corpo de Cristo não está neste sacramento em verdade, mas somente como num sinal.

3. ADEMAIS, nenhum corpo pode estar simultaneamente em vários lugares, já que isso é impos-

---

1 PARALL.: IV *Sent.*, dist. 10, a. 1; *Cont. Gent.* IV, 61 sqq.; *in Matth.*, c. 26; *in Ioan.*, c. 6, lect. 6; I *ad Cor.*, c. 11, lect. 5.

1. Super Ps. 98, n. 9: ML 37, 1265.
2. *In Ioan. Evang.*, tract. XXX, n. 1, super 7, 19: ML 35, 1632.

a. Resulta do sumário dos artigos desta questão, não como o restabelecemos aqui, mas como se encontra no texto latino, que Sto. Tomás não projetara esse primeiro artigo em sua disposição originária, atendo-se às questões que ele tratara em seu *Comentário das Sentenças*. Este primeiro artigo foi portanto acrescentado no curso da redação.
De maneira análoga, o Concílio Vaticano II acrescentou no curso da elaboração de sua Constituição dogmática sobre a Igreja um capítulo sobre o Povo de Deus, que não fazia parte do projeto primitivo.
Em ambos os casos a doutrina teria ficado bem mais pobre sem esse acréscimo de última hora.
Este primeiro artigo da questão 75 é sem contestação um dos mais bem vindos e mais espirituais de todo o tratado de Sto. Tomás sobre a eucaristia. É nele que encontramos o núcleo substancial de seu ensinamento, enquanto os artigos subseqüentes são bem mais escolásticos.
É nele que Sto. Tomás evoca, em ligação com esse sacramento, a história da salvação. E é a essa luz que a presença real assume todo seu sentido, e que suscita a adesão da fé.

eadem enim ratione posset esse ubique. Sed corpus Christi est verum corpus, et est in caelo. Ergo videtur quod non sit secundum veritatem in sacramento Altaris, sed solum sicut in signo.

4. PRAETEREA, sacramenta Ecclesiae ad utilitatem fidelium ordinantur. Sed secundum Gregorium, in quadam Homilia[3], regulus reprehenditur quia *quaerebat corporalem Christi praesentiam*. Apostoli etiam impediebantur recipere Spiritum Sanctum propter hoc quod affecti erant ad eius praesentiam corporalem: ut Augustinus dicit[4], super illud Io 16,7, *Si non abiero, Paraclitus non veniet ad vos*. Non ergo Christus secundum praesentiam corporalem est in sacramento Altaris.

SED CONTRA est quod Hilarius dicit, in VIII de Trin.[5]: *De veritate carnis et sanguinis Christi non est relictus ambigendi locus. Nunc et ipsius Domini professione, et fide nostra, caro eius vere est cibus et sanguis eius vere est potus*. Et Ambrosius dicit, VI *de Sacramentis*[6]: *Sicut verus est Dei Filius Dominus Iesus Christus, ita vera Christi caro est quam accipimus, et verus sanguis eius est potus*.

RESPONDEO dicendum quod verum corpus Christi et sanguinem esse in hoc sacramento, non sensu deprehendi potest, sed sola fide, quae auctoritati divinae innititur. Unde super illud Lc 22,19, *Hoc est corpus meum quod pro vobis tradetur*, dicit Cyrillus[7]: *Non dubites an hoc verum sit, sed potius suscipe verba Salvatoris in fide: cum enim sit veritas, non mentitur*.

Hoc autem conveniens est, primo quidem, perfectioni novae legis. Sacrificia enim veteris legis illud verum sacrificium passionis Christi continebant solum in figura: secundum illud Hb 10,1: *Umbram habens lex futurorum bonorum, non ipsam rerum imaginem*. Et ideo oportuit ut aliquid plus haberet sacrificium novae legis a Christo institutum: ut scilicet contineret ipsum passum, non solum in significatione vel figura, sed etiam in rei veritate. Et ideo hoc sacramentum, quod ipsum Christum realiter continet, ut Dionysius dicit, 3 cap.[8] *Eccles. Hierar.*, est *perfectivum omnium sacramentorum aliorum*, in quibus virtus Christi participatur.

sível até mesmo ao anjo, pois, pela mesma razão, ele poderia estar em todas as partes. Ora, o corpo de Cristo é verdadeiro corpo, e está no céu. Logo, ele não pode encontrar-se verdadeiramente no sacramento do altar, mas somente como num sinal.

4. ADEMAIS, os sacramentos da Igreja têm por finalidade a utilidade dos fiéis. Ora, segundo Gregório, o oficial é repreendido porque "procurava a presença corpórea de Cristo". Os apóstolos também foram impedidos de receber o Espírito Santo, porque estavam presos à presença corporal de Cristo, assim Agostinho comenta o texto de João: "se eu não partir, o Paráclito não virá a vós". Logo, Cristo não está no sacramento do altar segundo uma presença corporal.

EM SENTIDO CONTRÁRIO, Hilário diz: "Não se pode pôr em dúvida a verdade da carne e do sangue de Cristo. De fato, pela declaração do próprio Senhor e por nossa fé, a sua carne é verdadeiramente comida e o seu sangue é verdadeiramente bebida." E Ambrósio acrescenta: "Como o Senhor Jesus Cristo é o verdadeiro Filho de Deus, assim também é sua verdadeira carne que comemos e seu verdadeiro sangue que é uma bebida."

RESPONDO. Que o verdadeiro corpo e sangue de Cristo estejam no sacramento não se pode apreender pelo sentido, mas somente pela fé, que se apoia na autoridade divina. Por isso, o texto do Evangelho de Lucas "Isto é o meu corpo dado por vós" é comentado por Cirilo: "Não duvides que seja verdade, mas antes aceita as palavras do Salvador na fé: pois, sendo a verdade, não mente".

1º: Isto está de acordo, primeiramente, com a perfeição da Nova Lei. Pois, os sacrifícios da antiga lei continham este verdadeiro sacrifício da paixão de Cristo, somente em figura, como se diz na Carta aos Hebreus: "Possuindo apenas o esboço dos bens futuros, e não a expressão mesma das realidades". Por isso, foi necessário que o sacrifício da Nova Lei, instituído por Cristo, tivesse algo a mais, a saber que ele contivesse a Cristo na sua paixão, não somente no significado e na figura, mas também na verdade da realidade. E, por isso, este sacramento, que contém realmente o próprio Cristo, como diz Dionísio, "é a perfeição de todos os outros sacramentos", nos quais a força de Cristo é participada.

---

3. *In Evang.*, l. II, hom. 28, n. 1: ML 76, 1211 B.
4. *In Ioan. Evang.*, tract. 94, n. 4: ML 35, 1869.
5. N. 14: ML 10, 247 A.
6. C. 1, n. 1: ML 16, 453 C.
7. *In Luc.* super 22, 19: MG 72, 909 B.
8. P. I: MG 3, 423 D.

Secundo, hoc competit caritati Christi, ex qua pro salute nostra corpus verum nostrae naturae assumpsit. Et quia maxime proprium amicitiae est, *convivere amicis*, ut Philosophus dicit, IX *Ethic.*[9], sui praesentiam corporalem nobis repromittit in praemium, Mt 24,28: *Ubi fuerit corpus, illuc congregabuntur et aquilae.* Interim tamen nec sua praesentia corporali in hac peregrinatione destituit, sed per veritatem corporis et sanguinis sui nos sibi coniungit in hoc sacramento. Unde ipse dicit, Io 6,57: *Qui manducat meam carnem et bibit meum sanguinem, in me manet et ego in eo.* Unde hoc sacramentum est maximae caritatis signum, et nostrae spei sublevamentum, ex tam familiari coniunctione Christi ad nos.

Tertio, hoc competit perfectioni fidei, quae, sicut est de divinitate Christi, ita est de eius humanitate: secundum illud Io 14,1: *Creditis in Deum, et in me credite.* Et quia fides est invisibilium, sicut divinitatem suam nobis exhibet Christus invisibiliter, ita et in hoc sacramento carnem suam nobis exhibet invisibili modo.

Quae quidam non attendentes, posuerunt corpus et sanguinem Christi non esse in hoc sacramento nisi sicut in signo. Quod est tanquam haereticum abiiciendum, utpote verbis Christi contrarium. Unde et Berengarius, qui primus inventor huius erroris fuerat, postea coactus est suum errorem revocare, et veritatem fidei confiteri[10].

AD PRIMUM ergo dicendum quod ex hac auctoritate praedicti haeretici occasionem errandi sumpserunt, male verba Augustini intelligentes. Cum enim Augustinus dicit, *Non hoc corpus quod videtis manducaturi estis*, non intendit excludere veritatem corporis Christi: sed quod non erat manducandum in hac specie in qua ab eis videbatur. Per hoc autem quod subdit, *Sacramentum vobis aliquod commendavi, spiritualiter intellectum vivificabit vos*, non intendit quod corpus Christi sit in hoc sacramento solum secundum mysticam significationem, sed spiritualiter dici, idest, invisibiliter et per virtutem spiritus. Unde, *super Ioan.*[11], exponens illud quod dicitur, *Caro non prodest quidquam*, dicit: *Sed, quo modo illi intellexerunt. Carnem quippe sic intellexerunt manducandam, quo modo in cadavere dilaniatur aut in macello venditur: non quo modo spiritu vegetatur. Accedat*

2º Isto convém à caridade de Cristo, pela qual ele assumiu um verdadeiro corpo humano em vista de nossa salvação. E porque é muitíssimo próprio da amizade, segundo Aristóteles, conviver com os amigos, ele nos prometeu em recompensa a sua presença corporal, como está no Evangelho de Mateus: "Onde quer que esteja o cadáver, ali se reunirão os abutres". Neste interim, porém, não nos privou de sua presença corporal nesta nossa peregrinação, mas pela verdade de seu corpo e sangue uniu-nos a si nesse sacramento. Ele mesmo diz: "Aquele que come a minha carne e bebe o meu sangue permanece em mim e eu nele". Por isso, este sacramento é o sinal da maior caridade e reconforto de nossa esperança por causa da união tão familiar de Cristo conosco.

3ª Isto convém à perfeição da fé, que se refere tanto à divindade de Jesus quanto a sua humanidade, como diz o Evangelho: "Vós credes em Deus, crede também em mim". E porque a fé trata de realidades invisíveis, como Cristo nos manifesta invisivelmente a sua divindade, assim também neste sacramento nos manifesta a sua carne de modo invisível.

Não atinando com isto, alguns afirmaram que o corpo e sangue de Cristo não está nesse sacramento a não ser como em sinal. O que se deve rejeitar como herético, já que contrário às palavras de Cristo. Por isso, Berengário, iniciador desse erro, foi em seguida obrigado a abjurá-lo e confessar a verdadeira fé.

QUANTO AO 1º, portanto, deve-se dizer que ao entender mal as palavras de Agostinho, os hereges citados nelas encontraram ocasião de engano. Uma vez que, ao dizer "não comeis este corpo que vedes", Agostinho não pretende excluir a verdade do corpo de Cristo, mas somente afirmar que os discípulos não o haveriam de comer sob a mesma forma em que o viam. Assim, quando acrescenta: "Recomendei-vos um mistério, que, se for entendido espiritualmente, vos vivificará", não quer afirmar que o Corpo de Cristo esteja neste sacramento somente em uma significação mística, mas espiritualmente, isto é, invisivelmente e pela força do Espírito. Daí, prosseguir Agostinho, comentando o versículo de João, "a carne para nada serve": "Sem dúvida, ela não serve para nada no modo que eles entenderam. Pois, entenderam que era preciso comer uma carne semelhante a que se arranca de um cadáver, ou se

---

9. C. 12: 1171, b, 32-33.
10. In Conc. Rom. 1079. DENZ. 690ss.
11. Tract. 27, n. 5: ML 35, 1617.

spiritus ad carnem, et prodest plurimum: nam, si caro nihil prodesset, Verbum caro non fieret, ut habitaret in nobis.

AD SECUNDUM dicendum quod verbum illud Augustini, et omnia similia, sunt intelligenda de corpore Christi secundum quod videtur in propria specie: secundum quod etiam ipse Dominus dixit, Mt 26,11: *Me autem non semper habebitis*. Invisibiliter tamen sub speciebus huius sacramenti est ubicumque hoc sacramentum perficitur.

AD TERTIUM dicendum quod corpus Christi non est eo modo in sacramento sicut corpus in loco, quod suis dimensionibus loco commensuratur: sed quodam speciali modo, qui est proprius huic sacramento. Unde dicimus quod corpus Christi est in diversis altaribus, non sicut in diversis locis, sed *sicut in sacramento*. Per quod non intelligimus quod Christus sit ibi solum sicut in signo, licet sacramentum sit in genere signi: sed intelligimus corpus Christi esse ibi, sicut dictum est, secundum modum proprium huic sacramento.

AD QUARTUM dicendum quod ratio illa procedit de praesentia corporis Christi prout est praesens per modum corporis, idest prout est in sua specie visibili: non autem prout spiritualiter, idest invisibiliter, modo et virtute spiritus. Unde Augustinus dicit, *super Ioan.*[12]: *Si intellexisti spiritualiter verba Christi de carne sua, spiritus et vita tibi sunt: si intellexisti carnaliter, etiam spiritus et vita sunt, sed tibi non sunt*.

vende no açougueiro; não entenderam no modo como é vivificada pelo Espírito. Que o Espírito se ajunte à carne, então a carne servirá muito, pois se a carne não servisse para nada, o Verbo não se teria feito carne para habitar entre nós"[b].

QUANTO AO 2º, deve-se dizer que esta palavra de Agostinho e outras semelhantes devem ser entendidas a respeito do corpo de Cristo no que toca à sua aparência, o que aliás o mesmo Senhor disse: "A mim, porém, não me tereis sempre." No entanto, ele se encontra de maneira invisível, sob as aparências deste sacramento, em todas as partes em que este se celebra.

QUANTO AO 3º, deve-se dizer que o corpo de Cristo não está no sacramento da mesma maneira como um corpo está no lugar, a ele comensurado em suas dimensões: mas segundo um modo especial, que é próprio desse sacramento[c]. Por isso, dizemos que o corpo de Cristo está em diversos altares, não como em diversos lugares, mas como no sacramento. Por esta razão, não entendemos que Cristo esteja aí somente como no sinal, se bem que o sacramento pertença ao gênero do sinal. Mas entendemos o corpo de Cristo estar aí, como já se disse, conforme o modo próprio desse sacramento.

QUANTO AO 4º, deve-se dizer que este argumento provém da presença do corpo de Cristo, à maneira de corpo, isto é, em sua aparência visível: não, porém, de maneira espiritual, isto é invisível, conforme o modo e a força do Espírito. Por isso, Agostinho diz: "Se entendeste de maneira espiritual as palavras de Cristo a respeito de sua carne, elas te serão espírito e vida: se entendeste de maneira carnal, então elas continuam a ser espírito e vida, mas não para ti."

ARTICULUS 2
Utrum in hoc sacramento remaneat substantia panis et vini post consecrationem

AD SECUNDUM SIC PROCEDITUR. Videtur quod in hoc sacramento remaneat substantia panis et vini post consecrationem.

ARTIGO 2
Permanece neste sacramento a substância do pão e do vinho depois da consagração?

QUANTO AO SEGUNDO, ASSIM SE PROCEDE: parece que neste sacramento a substância do pão e do vinho **permanece** depois da consagração.

---

12. Tract. 27, n. 6: ML 35, 1618.

2 PARALL.: IV *Sent.*, dist. 11, q. 1, a. 1, q.la 1; *Cont. Gent.* IV, 63; *in Matth.*, c. 26; I *ad Cor.*, c. 11, lect. 4.

b. Compreendamos de uma vez por todas que "espiritualmente" não se contrapõe a "realmente", mas significa "pela virtude do Espírito e invisivelmente". É nesse sentido que a presença real deve ser compreendida para ser vivificante. O oposto seria uma concepção carnal dessa presença.

c. É para precisar esse modo próprio que Sto. Tomás irá consagrar agora todos os seus esforços. Mas a complexidade do problema do modo não deve nos desviar do significado profundo da presença real, esta sim ligada à história da salvação. Somente uma meditação profunda sobre a doutrina deste artigo 1 pode nortear nossa reflexão.

1. Dicit enim Damascenus, in libro IV[1]: *Quia consuetudo est hominibus comedere panem et vinum, coniugavit eis deitatem, et fecit ea corpus et sanguinem suum.* Et infra: *Panis communicationis non panis simplex est, sed unitus deitati.* Sed coniugatio est rerum actu existentium. Ergo panis et vinum simul sunt in hoc sacramento cum corpore et sanguine Christi.

2. PRAETEREA, inter Ecclesiae sacramenta debet esse conformitas. Sed in aliis sacramentis substantia materiae manet: sicut in baptismo substantia aquae, et in confirmatione substantia chrismatis. Ergo et in hoc sacramento substantia panis et vini manet.

3. PRAETEREA, panis et vinum assumitur in hoc sacramento inquantum significat ecclesiasticam unitatem, prout *unus panis fit ex multis granis, et unum vinum ex multis racemis,* ut Augustinus dicit, in libro *de Symbolo*[2]. Sed hoc pertinet ad ipsam substantiam panis et vini. Ergo substantia panis et vini remanet in hoc sacramento.

SED CONTRA est quod Ambrosius dicit, in libro *de Sacramentis*[3]: *Licet figura panis et vini videatur, nihil tamen aliud quam caro Christi et sanguis post consecrationem credenda sunt.*

RESPONDEO dicendum quod quidam posuerunt post consecrationem substantiam panis et vini in hoc sacramento remanere. — Sed haec positio stare non potest. Primo quidem, quia per hanc positionem tollitur veritas huius sacramenti, ad quam pertinet ut verum corpus Christi in hoc sacramento existat. Quod quidem ibi non est ante consecrationem. Non autem aliquid potest esse alicubi ubi prius non erat, nisi per loci mutationem, vel per alterius conversionem in ipsum: sicut in domo aliqua de novo incipit esse ignis aut quod illuc defertur, aut quod ibi generatur. Manifestum est autem quod corpus Christi non incipit esse in hoc sacramento per motum localem. Primo qui-

1. Com efeito, Damasceno diz: "Sendo costume dos homens comer pão e tomar vinho, uniu a eles a sua divindade e fez deles seu corpo e seu sangue." Mais abaixo, acrescenta: "O pão da comunhão não é um simples pão, mas unido à divindade". Ora, a união se faz de coisas já existentes. Logo, o pão e o vinho estão juntos neste sacramento com o corpo e o sangue de Cristo.

2. ALÉM DISSO, entre os sacramentos da Igreja deve haver certa uniformidade. Ora, nos outros sacramentos, permanece a substância da matéria: no batismo a substância da água, na confirmação a do crisma. Logo, também neste sacramento permanece a substância do pão e do vinho.

3. ADEMAIS, usam-se o pão e o vinho neste sacramento enquanto significam a unidade da Igreja, como diz Agostinho: "Um único pão se faz de muitos grãos e um único vinho de muitos cachos." Ora, isto pertence à própria substância do pão e do vinho. Logo, a substância do pão e do vinho permanecem neste sacramento.

EM SENTIDO CONTRÁRIO, Ambrósio diz: "Ainda que se veja a aparência de pão e de vinho, deve-se crer que depois da consagração só existem a carne e o sangue de Cristo"[d].

RESPONDO. Alguns autores disseram que permanecia depois da consagração a substância[e] de pão e de vinho neste sacramento. Não se pode sustentar tal posição por várias razões.

1ª. Esta posição não se sustenta. Primeiro porque suprime a verdade deste sacramento, segundo a qual o verdadeiro corpo de Cristo existe neste sacramento. Pois bem, ele não está aí antes da consagração. E algo não pode estar em um lugar onde antes não estava, a não ser por mudança de lugar, ou por transformação de outra coisa nele: assim como numa casa não irrompe de repente o fogo a não ser que tragam de algum lugar ou que aí o façam nascer. Está claro que o corpo de Cristo

---

1. *De fide orth.*, l. IV, c. 13: MG 94, 1144 A, 1149 B.
2. *In Ioan. Evang.*, tract. 26, n. 17, super 6, 56: ML 35, 1614.
3. Cfr. l. IV, c. 5, n. 23: ML 16, 444 A.

d. Não há dúvida, o que Sto. Ambrósio formula aqui é relativo à fé, e toda posição contrária deve ser considerada como herética e ruinosa para a fé da Igreja na presença real: "Depois da consagração, não há outra coisa senão a carne e o sangue de Cristo".

e. Em nossa época, seríamos tentados a dizer: se é verdade que a permanência de uma "substância" do pão e do vinho é incompatível com a real presença da carne e do sangue, deve-se então pronunciar-se contra essa permanência, *qualquer que seja de resto o significado que possamos atribuir a esse termo filosófico de substância.* Mas não nos arriscaríamos a argumentar sobre os meios que possui uma substância de aparecer e desaparecer.

Um Sto. Tomás não tinha por que partilhar de nossas hesitações. Ele sabia o que é uma substância, e tinha condições de argumentar sobre seu comportamento. É o que lhe possibilita dizer, depois de alinhar quatro argumentos de valor desigual (os dois últimos se ligam a ritos exteriores), que não se pode preservar a verdade desse sacramento sem afirmar que a substância do pão não subsiste depois da consagração, pois o pão foi *convertido* no corpo de Cristo.

dem, quia sequeretur quod desineret esse in caelo: non enim quod localiter movetur, pervenit de novo ad aliquem locum, nisi deserat priorem. Secundo, quia omne corpus localiter motum pertransit omnia media: quod hic dici non potest. Tertio, quia impossibile est quod unus motus eiusdem corporis localiter moti terminetur simul ad diversa loca: cum tamen in pluribus locis corpus Christi sub hoc sacramento simul esse incipiat. Et propter hoc relinquitur quod non possit aliter corpus Christi incipere esse de novo in hoc sacramento nisi per conversionem substantiae panis in ipsum. Quod autem convertitur in aliquid, facta conversione, non manet. Unde relinquitur quod, salva veritate huius sacramenti, substantia panis post consecrationem remanere non possit.

Secundo, quia haec positio contrariatur formae huius sacramenti, in qua dicitur, *Hoc est corpus meum*. Quod non esset verum si substantia panis ibi remaneret: nunquam enim substantia panis est corpus Christi. Sed potius esset dicendum, *Hic est corpus meum*.

Tertio, quia contrariaretur venerationi huius sacramenti, si aliqua substantia esset ibi quae non posset adorari adoratione latriae.

Quarto, quia contrariaretur ritui Ecclesiae, secundum quem post corporalem cibum non licet sumere corpus Christi: cum tamen post unam hostiam consecratam liceat sumere aliam.

Unde haec positio vitanda est tanquam haeretica.

AD PRIMUM ergo dicendum quod Deus coniugavit *divinitatem suam*, idest divinam virtutem, pani et vino, non ut remaneant in hoc sacramento, sed ut faciat inde corpus et sanguinem suum.

AD SECUNDUM dicendum quod in aliis sacramentis non est ipse Christus realiter, sicut in hoc sacramento. Et ideo in sacramentis aliis manet substantia materiae, non autem in isto.

AD TERTIUM dicendum quod species quae remanent in hoc sacramento, ut infra[4] dicetur, sufficiunt ad significationem huius sacramenti: nam per accidentia cognoscitur ratio substantiae.

não começa a estar neste sacramento, mediante mudança de lugar. Antes de tudo, isso significaria que ele deixaria de estar no céu: um corpo que se move localmente não chega a um novo lugar a não ser deixando o anterior. Além disso, todo corpo move-se passando pelos pontos intermediários, o que aqui não é possível. Finalmente, é impossível que um único movimento do mesmo corpo que se move localmente termine ao mesmo tempo em diversos lugares. No entanto, o corpo de Cristo começa a estar sob este sacramento em diversos lugares. Por isso, conclui-se que o corpo de Cristo não pode começar a estar presente neste sacramento a não ser pela conversão da substância do pão nele. O que se converte em alguma coisa, não permanece aí depois da conversão. Então fica claro que, para conservar a verdade deste sacramento, a substância do pão não pode permanecer depois da consagração.

2ª. Esta posição contradiz a forma desse sacramento que diz: "Isto é o meu corpo". O que não seria verdade, se a substância do pão permanecesse. Pois, nunca a substância do pão é o corpo de Cristo. Antes se deveria dizer: Aqui está o meu corpo.

3ª. Esta tese contradiz a veneração deste sacramento. Pois, haveria aí uma substância criada, que não poderia receber o culto de adoração de latria.

4ª. Seria contrária ao rito da Igreja, segundo o qual depois de tomar algum alimento corporal não é permitido receber o corpo de Cristo. E, na verdade, depois de comungar uma hóstia consagrada, é permitido comungar outra.

Por todas essas razões, esta posição deve ser rejeitada como herética.

QUANTO AO 1º, portanto, deve-se dizer que Deus uniu a sua divindade, isto é o poder divino, ao pão e ao vinho, não para que eles permaneçam neste sacramento, mas para que o poder divino os transforme no seu corpo e sangue.

QUANTO AO 2º, deve-se dizer que nos outros sacramentos não há presença real de Cristo como neste sacramento. Por isso, neles permanece a substância da matéria, mas não neste.

QUANTO AO 3º, deve-se dizer que as espécies que permanecem neste sacramento, como se verá mais adiante, são suficientes para garantir seu significado: pois pelos acidentes se conhece a natureza da substância.

---

4. A. 5.

Articulus 3
Utrum substantia panis, post consecrationem huius sacramenti, annihiletur, aut in pristinam materiam resolvatur

AD TERTIUM SIC PROCEDITUR. Videtur quod substantia panis, post consecrationem huius sacramenti, annihiletur, aut in pristinam materiam resolvatur.
1. Quod enim est aliquid corporale, oportet alicubi esse. Sed substantia panis, quae est quiddam corporale, non manet in hoc sacramento, ut dictum est[1]: nec etiam est dare aliquem locum ubi sit. Ergo non est aliquid post consecrationem. Igitur aut est annihilata, aut in praeiacentem materiam resoluta.
2. PRAETEREA, illud quod est terminus a quo in qualibet mutatione, non remanet, nisi forte in potentia materiae: sicut, quando ex aere fit ignis, forma aeris non manet nisi in potentia materiae; et similiter quando ex albo fit nigrum. Sed in hoc sacramento substantia panis et vini se habet sicut terminus a quo corpus autem vel sanguis Christi sicut terminus ad quem: dicit enim Ambrosius, in libro *de Officiis*[2]: *Ante benedictionem alia species nominatur, post benedictionem corpus significatur*. Ergo, facta consecratione, substantia panis vel vini non manet, nisi forte resoluta in suam materiam.

3. PRAETEREA, oportet alterum contradictoriorum esse verum. Sed haec est falsa: *Facta consecratione, substantia panis vel vini est aliquid*. Ergo haec est vera: *Substantia panis vel vini est nihil*.

SED CONTRA est quod Augustinus dicit, in libro *Octoginta trium Quaestionum*[3]: *Deus non est causa tendendi in non esse*. Sed hoc sacramentum divina virtute perficitur. Ergo in hoc sacramento non annihilatur substantia panis aut vini.

RESPONDEO dicendum quod, quia substantia panis vel vini non manet in hoc sacramento, quidam, impossibile reputantes quod substantia panis vel

Artigo 3
A substância do pão, após a consagração deste sacramento, é aniquilada ou se reduz à matéria anterior?[f]

QUANTO AO TERCEIRO, ASSIM SE PROCEDE: parece que a substância do pão, após a consagração deste sacramento, **é** aniquilada ou reduzida à matéria anterior.
1. Com efeito, todo ser corporal deve estar em algum lugar. Ora, a substância do pão, que é algo corporal, não permanece neste sacramento nem se pode indicar um lugar onde esteja. Logo, não existe algo depois da consagração, seja porque foi aniquilada, seja porque foi reduzida à matéria preexistente.
2. ALÉM DISSO, o ponto inicial em qualquer mudança não permanece a não ser talvez na potência da matéria. Por exemplo, quando do ar se faz fogo, a forma do ar só permanece na potência da matéria. De igual modo, quando algo preto se converte em branco. Ora, neste sacramento, a substância do pão e do vinho desempenha a função de ponto inicial e o corpo e sangue de Cristo de termo final. Pois, Ambrósio diz: "Antes da bênção, fala-se de uma outra espécie, mas depois da bênção, chama-se de corpo". Logo, feita a consagração, a substância do pão e do vinho não permanece, a não ser talvez reduzida a sua matéria anterior.

3. ADEMAIS, de duas afirmações contraditórias, uma deve ser verdadeira. Ora, esta é falsa: "Feita a consagração, a substância do pão e do vinho é alguma coisa". Logo, esta é verdadeira: "A substância do pão ou do vinho é nada".

EM SENTIDO CONTRÁRIO, Agostinho declara: "Deus não é causa da tendência para o não-ser". Ora, este sacramento se realiza pelo poder divino. Portanto, neste sacramento não se aniquila a substância do pão nem do vinho.

RESPONDO. Porque a substância do pão e do vinho não permanece neste sacramento, alguns autores, julgando que era impossível que a subs-

---
3 PARALL.: IV *Sent.*, dist. 11, q. 1, a. 2; *Cont. Gent.* IV, 63; *Quodlib.* V. q. 6, a. 1; *in Matth.*, c. 26; I *ad Cor.*, c. 11, lect. 5.
1. A. praec.
2. Cfr. *De mysteriis*, c. 9, n. 54: ML 16, 407 B.
3. Q. 21: ML 40, 16.

---
f. Uma vez em campo, Sto. Tomás não tem por que se deter. Ele precisa perguntar *como* a substância do pão desaparece; não lhe basta saber que ela desaparece. Conta com sua filosofia para responder à questão: aniquilação ou redução a uma matéria anterior? Ou talvez uma solução inédita? Sto. Tomás opta pela solução inédita, o que é com certeza mais sensato. Mas será necessário explicitar essa solução nos artigos seguintes.

vini in corpus vel sanguinem Christi convertatur, posuerunt quod per consecrationem substantia panis vel vini vel resolvitur in praeiacentem materiam, vel quod annihiletur.

Praeiacens autem materia in quam corpora mixta resolvi possunt, sunt quatuor elementa: non enim potest fieri resolutio in materiam primam, ita quod sine forma existat, quia materia sine forma esse non potest. Cum autem post consecrationem nihil sub speciebus sacramenti remaneat nisi corpus et sanguis, oportebit dicere quod elementa in quae resoluta est substantia panis et vini, inde discedant per motum localem. Quod sensu perciperetur. — Similiter etiam substantia panis vel vini manet usque ad ultimum instans consecrationis. In ultimo autem instanti consecrationis iam est ibi substantia vel corporis vel sanguinis Christi: sicut in ultimo instanti generationis iam inest forma. Unde non erit dare aliquod instans in quo sit ibi praeiacens materia. Non enim potest dici quod paulatim substantia panis vel vini resolvatur in praeiacentem materiam, vel successive egrediatur de loco specierum. Quia, si hoc inciperet fieri in ultimo instanti suae consecrationis, simul sub aliqua parte hostiae esset corpus Christi cum substantia panis: quod est contra praedicta. Si vero incipiat fieri ante consecrationem, erit dare aliquod tempus in quo sub aliqua parte hostiae neque erit substantia panis, neque erit corpus Christi: quod est inconveniens.

Et hoc ipsimet perpendisse videntur. Unde posuerunt aliud sub disiunctione, scilicet quod annihiletur. — Sed nec hoc potest esse. Quia non erit dare aliquem modum quo corpus Christi verum incipiat esse in hoc sacramento, nisi per conversionem substantiae panis in ipsum: quae quidem conversio tollitur, posita vel annihilatione panis, vel resolutione in praeiacentem materiam. — Similiter etiam non est dare unde talis resolutio vel annihilatio in hoc sacramento causetur: cum effectus sacramenti significetur per formam; neutrum autem horum significatur per haec verba formae, Hoc est corpus meum.

Unde patet praedictam positionem esse falsam.

AD PRIMUM ergo dicendum quod substantia panis vel vini, facta consecratione, neque sub speciebus sacramenti manet, neque alibi. Non tamen sequitur quod annihiletur: convertitur enim

tância do pão e do vinho se convertesse no corpo e sangue de Cristo, afirmaram que pela consagração a substância do pão e do vinho se reduzia a uma matéria preexistente, ou era aniquilada.

A matéria preexistente, a que os corpos mistos podem ser reduzidos, são os quatro elementos. Não é possível, pois, algo reduzir-se à matéria primeira de tal modo que exista sem a forma, pois ela não pode existir assim. Como depois da consagração nada permanece sob as espécies do sacramento a não ser o corpo e sangue, dever-se-á dizer que os elementos, aos quais se reduz a substância do pão e do vinho, se vão por movimento local. Isso dever-se-ia perceber pelos sentidos. — De igual modo, também a substância de pão e de vinho permanece até o último instante da consagração. No último instante, porém, da consagração já está aí a substância ou do corpo ou do sangue de Cristo: assim como no último instante da geração já aparece a forma. Por isso, não pode haver nenhum instante em que aí esteja uma matéria preexistente. Nem se pode dizer que a substância do pão ou do vinho se reduza pouco a pouco à matéria preexistente, ou deixe aos poucos o lugar ocupado pelas espécies. Porque, se isso começasse a acontecer no último instante da sua consagração, ao mesmo tempo sob alguma parte da hóstia existiria o corpo de Cristo com a substância do pão: o que contradiz o dito acima. Se começasse a acontecer antes da consagração, haveria algum tempo em que sob alguma parte da hóstia nem haveria a substância do pão nem estaria o corpo de Cristo: o que seria absurdo.

Estes autores perceberam isso. Introduziram, por isso, uma alternativa, a saber o aniquilamento. — Mas também isso é impossível. Não se pode aceitar outra maneira pela qual o verdadeiro corpo de Cristo começa a estar neste sacramento a não ser pela conversão da substância do pão nele. Esta conversão não se dá, se há aniquilamento do pão ou redução a uma matéria preexistente. — Da mesma maneira, não há porque aconteça tal redução ou aniquilamento neste sacramento, uma vez que o efeito do sacramento está significado pela forma. Nada disso é significado por estas palavras da forma: "Isto é o meu corpo".

Segue-se então que a tese dos adversários é falsa.

QUANTO AO 1º, portanto, deve-se dizer que a substância do pão e do vinho depois da consagração não permanece sob as espécies do sacramento, nem em qualquer outro lugar. Daí não se segue

in corpus Christi. Sicut non sequitur, si aer ex quo generatus est ignis, non sit ibi vel alibi, quod sit annihilatus.

AD SECUNDUM dicendum quod forma quae est terminus a quo, non convertitur in aliam formam, sed una forma succedit alteri in subiecto: et ideo prima forma non remanet nisi in potentia materiae. Sed hic substantia panis convertitur in corpus Christi, ut supra[4] dictum est. Unde ratio non sequitur.

AD TERTIUM dicendum quod, licet post consecrationem haec sit falsa, *Substantia panis est aliquid*; id tamen in quod substantia panis conversa est, est aliquid. Et ideo substantia panis non est annihilata.

ARTICULUS 4
Utrum panis possit converti in corpus Christi

AD QUARTUM SIC PROCEDITUR. Videtur quod panis non possit converti in corpus Christi.

1. Conversio enim quaedam mutatio est. Sed in omni mutatione oportet esse aliquod subiectum, quod prius est in potentia et postea est in actu: ut enim dicitur in III *Physic*.[1], *motus est actus existentis in potentia*. Non est autem dare aliquod subiectum substantiae panis et corporis Christi: quia de ratione substantiae est quod *non sit in subiecto*, ut dicitur in *Praedicamentis*[2]. Non ergo potest esse quod tota substantia panis convertatur in corpus Christi.

2. PRAETEREA, forma illius in quod aliquid convertitur, de novo incipit esse in materia eius quod in ipsum convertitur: sicut, cum aer convertitur in ignem prius non existentem, forma ignis incipit de novo esse in materia aeris; et similiter, cum cibus convertitur in hominem prius non existentem, forma hominis incipit esse de novo in materia cibi. Si ergo panis convertitur in corpus Christi, necesse est quod forma corporis Christi de novo incipiat esse in materia panis: quod est falsum. Non ergo panis convertitur in substantiam corporis Christi.

3. PRAETEREA, quae sunt secundum se divisa, nunquam unum eorum fit alterum: sicut albedo

que seja aniquilada: converte-se, pois, no corpo de Cristo. Assim como não se segue que o ar do qual o fogo é gerado, não estando aqui nem em outro lugar, seja aniquilado.

QUANTO AO 2º, deve-se dizer que a forma que é o ponto inicial não se converte em outra forma, mas uma forma sucede a outra no sujeito. Portanto, a primeira forma só permanece na potência da matéria. Mas aqui a substância do pão se converte no corpo de Cristo. Então a objeção não procede.

QUANTO AO 3º, deve-se dizer que ainda que depois da consagração, seja falsa esta afirmação: "A substância do pão é algo", contudo é algo aquilo em que a substância do pão se converteu. Portanto, a substância do pão não foi aniquilada.

ARTIGO 4
O pão pode converter-se no corpo de Cristo?

QUANTO AO QUARTO, ASSIM SE PROCEDE: parece que o pão **não** pode converter-se no corpo de Cristo.

1. Com efeito, a conversão é uma certa mudança. E em toda mudança, deve haver um sujeito, que está primeiro em potência e depois em ato, como diz o Filósofo: "O movimento é o ato do que existe em potência." Ora, não existe um sujeito comum da substância do pão e do corpo de Cristo. Pois, faz parte do ser substância não "estar no sujeito". Logo, não é possível que toda a substância do pão se converta no corpo de Cristo.

2. ALÉM DISSO, a forma daquilo em que alguma coisa se converte começa a existir na matéria do que se converte; assim como quando o ar se converte em fogo que antes não existia, a forma do fogo começa a existir na matéria do ar; e, de modo semelhante, quando o alimento se converte em um homem que antes não existia, a forma do homem começa a existir na matéria do alimento. Portanto, se o pão se converte no corpo de Cristo, é necessário que a forma do corpo de Cristo comece a existir na matéria do pão: o que é falso. Logo, o pão não se converte na substância do corpo de Cristo.

3. ADEMAIS, quando duas realidades são por si mesmas opostas, nunca uma delas se torna a outra:

---

4. In corp. et ad 2.

PARALL.: IV *Sent*., dist. 11, q. 1, a. 3, q.la 1; *Cont. Gent*. IV, 63; *Quodlib*. V, q. 6, a. 1; *Cont. Graec., Armen*. etc., c. 8; I *ad Cor*., c. 11, lect. 4, 5.

1. C. 1: 201, a, 10.
2. C. 3: 2, a, 13-14; 3, a, 7-9.

nunquam fit nigredo, sed subiectum albedinis fit subiectum nigredinis, ut dicitur in I *Physic*.³. Sed, sicut duae formae contrariae sunt secundum se divisae, utpote principia formalis differentiae existentes; ita duae materiae signatae sunt secundum se divisae, utpote existentes principium materialis divisionis. Ergo non potest esse quod haec materia panis fiat haec materia qua individuatur corpus Christi. Et ita non potest esse quod substantia huius panis convertatur in substantiam corporis Christi.

SED CONTRA est quod Eusebius Emesenus⁴ dicit: *Novum tibi et impossibile esse non debet quod in Christi substantiam terrena et mortalia convertuntur.*

RESPONDEO dicendum quod, sicut supra⁵ dictum est, cum in hoc sacramento sit verum corpus Christi, nec incipiat ibi esse de novo per motum localem; cum etiam nec corpus Christi sit ibi sicut in loco, ut ex dictis⁶ patet: necesse est dicere quod ibi incipiat esse per conversionem substantiae panis in ipsum.

Haec tamen conversio non est similis conversionibus naturalibus, sed est omnino supernaturalis, sola Dei virtute effecta. Unde Ambrosius dicit, in libro *de Sacramentis*⁷: *Liquet quod praeter naturae ordinem Virgo generavit. Et hoc quod conficimus, corpus ex Virgine est. Quid igitur quaeris naturae ordinem in Christi corpore: cum praeter naturam sit ipse Dominus Iesus partus ex virgine?* Et super illud Io 6,64, *Verba quae ego locutus sum vobis*, scilicet de hoc sacramento, *spiritus et vita sunt*, dicit Chrysostomus⁸: *Idest: spiritualia sunt, nihil habentia carnale neque consequentiam naturalem, sed eruta sunt ab omni tali necessitate quae in terra, et a legibus quae hic positae sunt.*

Manifestum est enim quod omne agens agit inquantum est actu. Quodlibet autem agens creatum est determinatum in suo actu: cum sit determinati generis et speciei. Et ideo cuiuslibet agentis creati actio fertur super aliquem determinatum actum. Determinatio autem cuiuslibet rei in esse actuali est per eius formam. Unde nullum agens naturale vel creatum potest agere nisi ad immutationem formae. Et propter hoc omnis conversio quae fit

assim como a brancura nunca se torna negrura, mas o sujeito da brancura torna-se sujeito da negrura, como diz o Filósofo. Ora, assim como duas formas contrárias são essencialmente opostas, ao existirem como princípios da diferença formal, assim também duas matérias determinadas são por si mesmas opostas, ao existirem como princípio da divisão material. É portanto impossível que esta matéria do pão se faça esta matéria pela qual o corpo de Cristo é individualizado. E assim é impossível que a substância deste pão se converta na substância do corpo de Cristo.

EM SENTIDO CONTRÁRIO, Eusébio de Emesa afirma: "Tu não deves julgar inaudito e impossível que elementos terrenos e mortais se convertam na substância de Cristo."

RESPONDO. Uma vez que neste sacramento está o verdadeiro corpo de Cristo e ele não começa a estar aí pelo movimento local; uma vez que também o corpo de Cristo não está aí como em um lugar, é necessário dizer que ele aí começa a estar pela conversão da substância do pão nele.

Esta conversão, porém, não se assemelha às conversões naturais, mas é totalmente sobrenatural, realizada unicamente pelo poder de Deus. Daí, Ambrósio dizer: "é claro que a Virgem gerou além da ordem da natureza. E o que consagramos é o corpo nascido da Virgem. Portanto, por que procuras no corpo de Cristo a ordem da natureza, uma vez que foi além da natureza que a Virgem deu à luz o próprio Senhor Jesus?" E a respeito do texto de João: "As palavras que eu vos disse", a saber sobre este sacramento, "são espírito e vida", Crisóstomo explica: "São palavras espirituais, nada têm de carnal nem seguem uma lógica natural, mas são livres de toda necessidade terrestre e das leis que regem aqui em baixo."

É claro que todo agente age enquanto está em ato. Ora, todo agente criado está determinado no seu ato, uma vez que faz parte de determinado gênero e espécie. Portanto, a ação de todo agente criado visa um ato determinado. A determinação, porém, de toda coisa na sua existência é feita por sua forma. Por isso, o agente natural ou criado só pode agir para mudar uma forma. E, por esta razão, toda conversão, que acontece segundo as

---
3. C. 5: 188, a, 31-b, 3.
4. Inter Opp. Hier., epist. 38, *de Corp. et Sang. Christi*, n. 11: ML 30, 272 C.
5. A. 2.
6. A. 1, ad 3.
7. *De mysteriis*, c. 9, n. 53: ML 16, 407 A.
8. Hom. 47, al. 46, *in Ioan.*, n. 2: MG 59, 265.

secundum leges naturae, est formalis. Sed Deus est infinitus actus, ut in Prima Parte[9] habitum est. Unde eius actio se extendit ad totam naturam entis. Non igitur solum potest perficere conversionem formalem, ut scilicet diversae formae sibi in eodem subiecto succedant: sed conversionem totius entis, ut scilicet tota substantia huius convertatur in totam substantiam illius.

Et hoc agitur divina virtute in hoc sacramento. Nam tota substantia panis convertitur in totam substantiam corporis Christi, et tota substantia vini in totam substantiam sanguinis Christi. Unde haec conversio non est formalis, sed substantialis. Nec continetur inter species motus naturalis, sed proprio nomine potest dici *transubstantiatio*.

AD PRIMUM ergo dicendum quod obiectio illa procedit de mutatione formali: quia formae proprium est in materia vel subiecto esse. Non autem habet locum in conversione totius substantiae. Unde, cum haec conversio substantialis importet quendam ordinem substantiarum quarum una convertitur in alteram, est sicut in subiecto in utraque substantia, sicut ordo et numerus.

AD SECUNDUM dicendum quod etiam illa obiectio procedit de conversione formali, seu mutatione: quia oportet, sicut dictum est[10], formam esse in materia vel subiecto. Non autem habet locum in conversione totius substantiae, cuius non est accipere aliquod subiectum.

AD TERTIUM dicendum quod virtute agentis finiti non potest forma in formam mutari, nec materia in materiam. Sed virtute agentis infiniti, quod habet actionem in totum ens, potest talis conversio fieri: quia utrique formae et utrique materiae est communis natura entis; et id quod entitatis est in una, potest auctor entis convertere ad id quod est entitatis in altera, sublato eo per quod ab illa distinguebatur.

leis da natureza, é formal. Ora, Deus é o ato infinito, como se viu na I Parte. Por isso, sua ação se estende a toda natureza do ser. Portanto, ele não só pode realizar a conversão formal de modo que as diversas formas se sucedam num mesmo sujeito; mas também a conversão de todo o ser, de modo que toda substância de um ser se converta em toda a substância de um outro[g].

E isso se realiza, portanto, neste sacramento pelo poder divino. Com efeito, toda substância do pão se converte em toda a substância do corpo de Cristo, e toda a substância do vinho em toda a substância do sangue de Cristo. Por isso, esta conversão não é formal, mas substancial. Não se classifica entre as diversas espécies de movimento natural, mas pode-se chamar com o nome apropriado de "transubstanciação"[h].

QUANTO AO 1º, portanto, deve-se dizer que a objeção em questão vale da mudança formal: porque é próprio da forma existir na matéria ou sujeito. Mas isso não vale da conversão de toda a substância. Daí, uma vez que esta conversão implica uma certa ordem entre as substâncias, das quais uma se converte na outra, ela está como no seu sujeito em cada uma das substâncias, à maneira das relações de ordem e número.

QUANTO AO 2º, deve-se dizer que esta objeção também vale da conversão formal ou mudança: porque é necessário, como se disse, que a forma esteja na matéria ou no sujeito. Isso, porém, não acontece na conversão de toda a substância, já que aí não se encontra nenhum sujeito.

QUANTO AO 3º, deve-se dizer que pelo poder de um agente finito uma forma não pode mudar-se em outra, nem uma matéria em outra. Mas pelo poder do agente infinito cuja ação atinge todo o ser, tal conversão pode ser feita: pois, ambas as formas e ambas as matérias pertencem à mesma natureza do ser. E o que há de ser em uma, pode o autor do ser converter naquilo que há de ser na outra, suprimindo o que as distinguia.

---

9. Q. 7, a. 1; q. 25, a. 2.
10. Ad 1.

---

g. Qualquer que seja a intrepidez racional de alguém como Sto. Tomás nesses assuntos, é-lhe necessário, como a nós, tomar consciência de um limite impossível de superar. A "conversão" em questão na eucaristia só se deixa apreender negativamente, especificando o que ela não é. "Toda conversão que se opera segundo as leis da natureza é uma conversão formal." Ora, aqui só poderia tratar-se de uma conversão total; chamemos de substancial. E só o que entrevimos do todo-poderio de Deus na primeira parte da Suma permite-nos perceber que tal conversão não só é possível a Deus, mas que ela possa derivar de suas prerrogativas. Estamos confinados ao mistério... e não sabemos nada mais sobre essa conversão sem outro exemplo.

h. Sendo única, a conversão eucarística merece um nome específico, significativo do que ela é, mas não verdadeiramente explicativo: a transubstanciação.

Evitemos pensar porém, que compreendemos pelo fato de termos forjado um termo — de resto bem escolhido no contexto cultural da época, para nos referirmos entre nós a uma realidade que nos ultrapassa infinitamente.

Articulus 5
Utrum in hoc sacramento remaneant accidentia panis et vini

AD QUINTUM SIC PROCEDITUR. Videtur quod in hoc sacramento non remaneant accidentia panis et vini.

1. Remoto enim priori, removetur posterius. Sed substantia est naturaliter prior accidente, ut probatur VII *Metaphys.*[1]. Cum ergo, facta consecratione, non remaneat substantia panis in hoc sacramento, videtur quod non possint remanere accidentia eius.

2. PRAETEREA, in sacramento veritatis non debet esse aliqua deceptio. Sed per accidentia iudicamus de substantia. Videtur ergo quod decipiatur humanum iudicium, si, remanentibus accidentibus, substantia panis non remaneat. Non ergo hoc est conveniens huic sacramento.

3. PRAETEREA, quamvis fides non sit subiecta rationi, non tamen est contra rationem, sed supra ipsam: ut in principio huius Operis[2] dictum est. Sed ratio nostra habet ortum a sensu. Ergo fides nostra non debet esse contra sensum, dum sensus noster iudicat esse panem, et fides nostra credit esse substantiam corporis Christi. Non ergo hoc est conveniens huic sacramento, quod accidentia panis subiecta sensibus maneant, et substantia panis non maneat.

4. PRAETEREA, illud quod manet, conversione facta, videtur esse subiectum mutationis. Si ergo accidentia panis manent conversione facta, videtur quod ipsa accidentia sint conversionis subiectum. Quod est impossibile: nam *accidentis non est accidens.* Non ergo in hoc sacramento debent remanere accidentia panis et vini.

SED CONTRA est quod Augustinus dicit, in libro *Sententiarum Prosperi*[3]: *Nos in specie panis et vini, quam videmus, res invisibiles, idest carnem et sanguinem, honoramus.*

RESPONDEO dicendum quod sensu apparet, facta consecratione, omnia accidentia panis et vini re-

Artigo 5
Os acidentes do pão e do vinho permanecem neste sacramento?

QUANTO AO QUINTO, ASSIM SE PROCEDE: parece que neste sacramento **não** permanecem os acidentes do pão e do vinho.

1. Com efeito, uma vez que se retira o ser anterior, se remove também o que o segue. Ora, a substância é por natureza anterior ao acidente, como demonstra Aristóteles. Logo, já que após a consagração não permanece a substância do pão neste sacramento, parece que os acidentes não podem permanecer.

2. ALÉM DISSO, no sacramento da verdade não pode haver nenhum engano. Ora, pelos acidentes julgamos a substância. Portanto, parece que o juízo humano é enganado se os acidentes permanecerem, já que a substância do pão não permanece. Logo, isso não parece consentâneo com este sacramento.

3. ADEMAIS, ainda que a fé não esteja submetida à razão, contudo não pode estar contra a razão, mas somente acima dela. Ora, a nossa razão inicia o conhecimento a partir dos sentidos. Portanto, a nossa fé não deve ir contra os sentidos. Ora, os sentidos percebem existir pão e a nossa fé crê existir a substância do corpo de Cristo. Logo, não convém a este sacramento que os acidentes do pão, objeto dos sentidos, permaneçam sem a substância do pão.

4. ADEMAIS, parece que o que permanece depois da conversão é o sujeito desta mudança. Ora, se os acidentes permanecem após a conversão, parece que os mesmos acidentes sejam o sujeito da conversão. O que é impossível: pois não existe "acidente do acidente". Logo, neste sacramento não devem permanecer os acidentes do pão e do vinho.

EM SENTIDO CONTRÁRIO, Agostinho afirma: "Na espécie do pão e do vinho que vemos, veneramos algo invisível, isto é a carne e o sangue."

RESPONDO[i]. Após a consagração, aparece aos sentidos que os acidentes de pão e vinho per-

---

5 PARALL.: IV *Sent.*, dist. 11, q. 1, a. 1, q.la 2; dist. 12, q. 1, a. 1, q.la 2; *Cont. Gent.* IV, 62, 63, 65; *Cont. Graec., Armen.* etc., c. 8; I *ad Cor.*, c. 11, lect. 5.

1. C. 1: 1028, a, 32-34.
2. I, q. 1, a. 6, ad 2; a. 8.
3. Cfr. LANFRANCUM, *De Corp. et Sanguine Dom.*, c. 13: ML 150, 423 C.

i. A persistência do que Aristóteles já chamava de acidentes não tem de ser demonstrada: é um fato da experiência sensível. Quanto aos argumentos utilizados por Sto. Tomás para justificar tal fato, eles são da ordem do bom senso, e não têm nada de escolástico: imaginem o que ocorreria se o corpo e o sangue de Cristo se apresentassem na refeição eucarística sob seus acidentes próprios. Só poderia provocar zombarias, e mesmo horror. A fé perderia muito de seu mérito, aliás.

manere. Quod quidem rationabiliter per divinam providentiam fit. Primo quidem, quia non est consuetum hominibus, sed horribile, carnem hominis comedere et sanguinem bibere, proponitur nobis caro et sanguis Christi sumenda sub speciebus illorum quae frequentius in usum hominis veniunt, scilicet panis et vini.

Secundo, ne hoc sacramentum ab infidelibus irrideretur, si sub specie propria Dominum nostrum manducemus.

Tertio ut, dum invisibiliter corpus et sanguinem Domini nostri sumimus, hoc proficiat ad meritum fidei.

AD PRIMUM ergo dicendum quod, sicut dicitur in libro *de Causis*[4], effectus plus dependet a causa prima quam a causa secunda. Et ideo virtute Dei, qui est causa prima omnium, fieri potest ut remaneant posteriora, sublatis prioribus.

AD SECUNDUM dicendum quod in hoc sacramento nulla est deceptio: sunt enim secundum rei veritatem accidentia, quae sensibus diiudicantur. Intellectus autem, cuius est proprium obiectum substantia, ut dicitur in III *de Anima*[5], per fidem a deceptione praeservatur.

Et sic patet responsio AD TERTIUM. Nam fides non est contra sensum, sed est de eo ad quod sensus non attingit.

AD QUARTUM dicendum quod haec conversio non proprie habet subiectum, ut dictum est[6]. Sed tamen accidentia, quae remanent, habent aliquam similitudinem subiecti.

ARTICULUS 6
Utrum, facta consecratione, remaneat in hoc sacramento forma substantialis panis

AD SEXTUM SIC PROCEDITUR. Videtur quod, facta consecratione, remaneat in hoc sacramento forma substantialis panis.

manecem. E isso é feito com razão pela divina providência.

1º. Não é costume, antes inspira horror aos homens comerem a carne humana e beberem o seu sangue. Por isso, nos são oferecidos a carne e o sangue de Cristo para ser tomados sob a aparência daquelas coisas a que os homens estão habituados, a saber, pão e vinho.

2º. Os infiéis zombariam deste sacramento se se consumisse a Nosso Senhor sob sua própria figura.

3º. O fato de consumir o corpo e sangue do Senhor de maneira invisível torna a nossa fé mais meritória.

QUANTO AO 1º, portanto, deve-se dizer que como se diz no livro Sobre as Causas, o efeito depende mais da causa primeira que da causa segunda. Portanto, Deus, que é a causa primeira de todos os seres, pode, pelo seu poder, fazer que permaneçam os seres posteriores após o desaparecimento dos anteriores.

QUANTO AO 2º[j], deve-se dizer que não existe neste sacramento nenhum engano. Os acidentes estão aí verdadeiramente conforme a percepção dos sentidos. O intelecto, que tem por objeto a substância, como ensina o Filósofo, é preservado de todo engano pela fé.

QUANTO AO 3º, deve-se dizer que assim fica clara a resposta à terceira objeção. Pois a fé não se opõe aos sentidos, mas visa a uma realidade que os sentidos não atingem.

QUANTO AO 4º, deve-se dizer que esta conversão, como se disse, não tem propriamente sujeito. Mas os acidentes, que permanecem, tem certa semelhança com o sujeito.

ARTIGO 6
A forma substancial do pão permanece neste sacramento após a consagração?

QUANTO AO SEXTO, ASSIM SE PROCEDE: parece que após a consagração, **permanece** neste sacramento a forma substancial do pão.

---

4. Prop. I (1).
5. C. 6: 430, b, 28-31.
6. A. 4, ad 1.

6 PARALL.: IV *Sent.*, dist. 11, q. 1, a. 1, q.la 3; I *ad Cor.*, c. 11, lect. 4.

j. As objeções 2 e 3 iam no mesmo sentido: o sacramento é enganador, pois somos sinceros pensando que é pão, quando na realidade não é. Ora, esse sacramento deve ser verdadeiro.
Para ser válida, a solução de Sto. Tomás supõe naquele que considera o sacramento a clarividência da fé. Isso dá a entender que o incrédulo é induzido em erro pelo próprio sacramento. Mas sem dúvida Sto. Tomás julga que o sacramento não é feito para o incrédulo ou, antes, que Deus chama todos para a fé, e que ninguém, por conseguinte, tem motivo válido para se deixar enganar.

1. Dictum est enim[1] quod, facta consecratione, remaneant accidentia. Sed, cum panis sit quiddam artificiale, etiam forma eius est accidens. Ergo remanet, facta consecratione.

2. PRAETEREA, forma corporis Christi est anima: dicitur enim in II *de Anima*[2], quod anima est *actus corporis physici potentia vitam habentis*. Sed non potest dici quod forma substantialis panis convertatur in animam. Ergo videtur quod remaneat, facta consecratione.

3. PRAETEREA, propria operatio rei sequitur formam substantialem eius. Sed illud quod remanet in hoc sacramento, nutrit, et omnem operationem facit quam faceret panis existens. Ergo forma substantialis panis remanet in hoc sacramento, facta consecratione.

SED CONTRA, forma substantialis panis est de substantia panis. Sed substantia panis convertitur in corpus Christi, sicut dictum est[3]. Ergo forma substantialis panis non manet.

RESPONDEO dicendum quod quidam posuerunt quod, facta consecratione, non solum remanent accidentia panis, sed etiam forma substantialis eius. — Sed hoc esse non potest. Primo quidem quia, si forma substantialis remaneret, nihil de pane converteretur in corpus Christi nisi sola materia. Et ita sequeretur quod non converteretur in corpus Christi totum, sed in eius materiam. Quod repugnat formae sacramenti, qua dicitur, *Hoc est corpus meum*.

Secundo quia, si forma substantialis panis remaneret, aut remaneret in materia, aut a materia separata. Primum autem esse non potest. Quia, si remaneret in materia panis, tunc tota substantia panis remaneret: quod est contra praedicta. In alia autem materia remanere non posset: quia propria forma non est nisi in propria materia. — Si autem remaneret a materia separata, iam esset forma intelligibilis actu, et etiam intellectus: nam omnes formae a materia separatae sunt tales.

Tertio, esset inconveniens huic sacramento. Nam accidentia panis in hoc sacramento remanent

1. Com efeito, depois da consagração permanecem os acidentes. Ora, como o pão é um ser artificial, a sua forma é um acidente. Logo, permanece depois da consagração.

2. ALÉM DISSO, a forma do corpo de Cristo é a alma. Pois, Aristóteles define a alma como "ato de um corpo físico que tem a vida em potência". Ora, não se pode afirmar que a forma substancial do pão se converta na alma. Logo, parece que ela permanece depois da consagração.

3. ADEMAIS, a operação própria de um ser resulta de sua forma substancial. Ora, aquilo que permanece neste sacramento conserva sua força nutritiva e produz o mesmo efeito de alimentar que o pão existente faria. Logo, a forma substancial do pão permanece neste sacramento depois da consagração.

EM SENTIDO CONTRÁRIO: A forma substancial do pão faz parte da substância do pão. Ora, a substância do pão converte-se no corpo de Cristo. Portanto, a forma substancial do pão não permanece.

RESPONDO. Alguns autores afirmaram que depois da consagração não só permanecem os acidentes de pão, como também sua forma substancial[k]. O que é impossível. — 1º. Se a forma substancial permanecesse, nada do pão se teria convertido no corpo de Cristo a não ser sua matéria. E consequentemente esta conversão não terminaria no corpo inteiro de Cristo, mas somente na sua matéria. Isso contradiz a forma do sacramento, onde se diz: "Isto é o meu corpo".

2º. Se a forma substancial do pão permanecesse, isso aconteceria ou na matéria, ou separada dela. No primeiro caso, isso seria impossível. Pois, se ela permanecesse na matéria do pão, então toda a substância do pão continuaria, o que se opõe ao já dito. Também permanecer em outra matéria é impossível, porque a forma própria só existe na matéria própria. — No segundo caso, se existisse separada da matéria, ela seria uma forma inteligível em ato e até mesmo um intelecto. Pois todas as formas separadas da matéria são assim.

3º. Seria incompatível com este sacramento. Pois os acidentes do pão permanecem neste sacra-

---

1. A. praec.
2. C. 1: 412, a, 27-28.
3. A. 2, 3, 4.

k. Compreende-se facilmente que certos autores tenham sugerido que a forma substancial do pão possa subsistir após a consagração, tanto uma conversão sem substrato é incompreensível. Não poderíamos aproximar a conversão eucarística de conversões naturais, supondo-lhes como substrato uma forma substancial por definição inacessível aos sentidos? Isso ajudaria bastante a explicar a permanência dos acidentes que, por isso, não careceriam do apoio que reclamam imperativamente.
A crítica de Sto. Tomás é implacável e inelutável: essa sugestão não explica nada e só acumula a falta de verossimilhança.

ut sub eis videatur corpus Christi, non autem sub propria specie, sicut supra⁴ dictum est.
Et ideo dicendum est quod forma substantialis panis non manet.

AD PRIMUM ergo dicendum quod nihil prohibet arte fieri aliquid cuius forma non est accidens, sed forma substantialis: sicut arte possunt produci ranae et serpentes. Talem enim formam non producit ars virtute propria, sed virtute naturalium principiorum. Et hoc modo producit formam substantialem panis, virtute ignis decoquentis materiam ex farina et aqua confectam.

AD SECUNDUM dicendum quod anima est forma corporis dans ei totum ordinem esse perfecti, scilicet esse, et esse corporeum, et esse animatum, et sic de aliis. Convertitur igitur forma panis in formam corporis Christi secundum quod dat esse corporeum: non autem secundum quod dat esse animatum tali anima.

AD TERTIUM dicendum quod operationum panis quaedam consequuntur ipsum ratione accidentium, sicut immutare sensum. Et tales operationes inveniuntur in speciebus panis post consecrationem, propter ipsa accidentia, quae remanent.

Quaedam autem operationes consequuntur panem vel ratione materiae, sicut quod convertitur in aliquid; vel ratione formae substantialis, sicut est operatio consequens speciem eius, puta quod *confirmat cor hominis*. Et tales operationes inveniuntur in hoc sacramento, non propter formam vel materiam quae remaneat, sed quia miraculose conferuntur ipsis accidentibus, ut infra⁵ dicetur.

mento para que sob eles se veja o corpo de Cristo, não, porém, no seu aspecto próprio.
Por conseguinte, deve-se dizer que a forma substancial do pão não permanece.

QUANTO AO 1º, portanto, deve-se dizer que nada impede que se possa fabricar artificialmente algo cuja forma não seja acidental mas substancial. Assim se podem produzir artificialmente rãs e serpentes. O artifício não produz tal forma por força própria, mas pela força dos princípios naturais. Dessa maneira se produz a forma substancial do pão pela força do fogo que cozinha a matéria feita de farinha e água¹.

QUANTO AO 2º, deve-se dizer que a alma é a forma do corpo. Ela lhe confere todos os graus do seu ser perfeito, isto é do ser existente, do ser corpóreo e do ser animado, e assim por diante. A forma do pão converte-se na forma do corpo de Cristo, desta recebendo o ser corpóreo e não o ser animado por tal alma.

QUANTO AO 3º, deve-se dizer que algumas operações do pão acompanham sua condição de acidente, como afetar os sentidos. Elas continuam nas espécies do pão depois da consagração, por causa dos acidentes que permanecem.

Outras operações acompanham o pão em razão da sua matéria, como é o caso de converter-se em outro ser; ou em razão da forma substancial, como é o caso da operação que decorre de sua espécie, a saber ele "fortifica o coração do homem". Constatam-se tais operações neste sacramento, não porque a forma ou a matéria permaneçam, mas porque estas operações são atribuídas aos acidentes de modo milagroso, como se dirá mais abaixoᵐ.

---

4. A. 5.
5. Q. 77, a. 3, ad 2, 3; a. 5, 6.

l. Notemos de passagem, o que não é evidente, que o pão, embora sendo cozido artificialmente, tem segundo Sto. Tomás uma forma substancial própria, que não é nem a da água, nem a da farinha. Ainda assim a arte do padeiro só pode fazer existir essa forma substancial "pela virtude dos princípios naturais". Devido à intervenção da indústria humana, o pão tem seu lugar na natureza das coisas.

m. No ponto em que nos encontramos, precisamos nos perguntar por que o estudo da conversão eucarística se concentra assim sobre o par conceitual substância/acidentes.

Alguns pensarão que Sto. Tomás, confrontado ao difícil problema da presença real, só podia ficar contente ao encontrar em Aristóteles essa distinção entre substância e acidentes. Não era um meio cômodo para penetrar no mistério eucarístico? Tornava-se possível dissociar o que persiste do que desaparece. Na verdade, essa dissociação só é possível, no caso do sacramento, forçando bastante a teoria geral das categorias aristotélicas. Mas Sto. Tomás não perdeu a ocasião de aproveitar para sua construção teológica noções emprestadas à filosofia. Essa visão é provavelmente errônea. Se Sto. Tomás se refere às noções de substância e de acidente para explicar o que se passa na eucaristia é que o ser para ele se compõe de fato desses predicamentos. É portanto necessariamente a partir deles que se deve explicar a realidade eucarística, e isto quaisquer que fossem os terríveis problemas que constituem para ele, precisamente na questão eucarística, a teoria ontológica da substância e dos acidentes. Longe de facilitar o trabalho do teólogo, essa teoria ontológica suscita para ele graves questões, das quais ele

Articulus 7
Utrum ista conversio fiat in instanti, vel fiat successive

AD SEPTIMUM SIC PROCEDITUR. Videtur quod ista conversio non fiat in istanti, sed fiat successive.
1. In hac enim conversione prius est substantia panis, et postea substantia corporis Christi. Non ergo utrumque est in eodem instanti, sed in duobus instantibus. Sed inter quaelibet duo instantia est tempus medium. Ergo oportet quod haec conversio fiat secundum successionem temporis quod est inter ultimum instans quo est ibi panis, et primum instans quo est ibi corpus Christi.

2. PRAETEREA, in omni conversione est fieri et factum esse. Sed haec duo non sunt simul: quia quod fit, non est; quod autem factum est, iam est. Ergo in hac conversione est prius et posterius. Et ita oportet quod non sit instantanea, sed successiva.
3. PRAETEREA, Ambrosius dicit, in libro *de Sacram.*[1], quod istud sacramentum *Christi sermone conficitur*. Sed sermo Christi successive profertur. Ergo haec conversio fit successive.

SED CONTRA est quod haec conversio perficitur virtute infinita, cuius est subito operari.

RESPONDEO dicendum quod aliqua mutatio est instantanea triplici ratione. Uno quidem modo, ex parte formae, quae est terminus mutationis. Si enim sit aliqua forma quae recipiat magis aut minus, successive acquiritur subiecto, sicut sanitas. Et ideo, quia forma substantialis *non recipit magis et minus*, inde est quod subito fit eius introductio in materia. — Alio modo, ex parte subiecti, quod quandoque successive praeparatur ad susceptionem formae: et ideo aqua successive calefit. Quando vero ipsum subiectum est in ultima dispositione ad formam, subito recipit ipsam: sicut diaphanum subito illuminatur. — Tertio, ex parte agentis, quod est infinitae virtutis: unde statim potest materiam ad formam disponere. Sicut dicitur Mc 7,34-35, quod, cum Christus dixisset, *Ephphetha, quod est*

Artigo 7
Esta conversão é instantânea ou sucessiva?

QUANTO AO SÉTIMO, ASSIM SE PROCEDE: parece que a conversão **não** é instantânea, mas sucessiva.
1. Com efeito, nessa conversão, existe primeiro a substância do pão e em seguida a substância do corpo de Cristo. Ambas não existem, portanto, no mesmo único instante, mas em dois diferentes. Ora, sempre entre dois instantes existe um tempo intermédio. Logo, é necessário que esta conversão aconteça numa sucessão de tempo que ocupa o intervalo entre o último instante em que o pão aí está e o primeiro instante em que o corpo de Cristo aí está.

2. ALÉM DISSO, em toda conversão há um fazer-se e um estar feito. Estes dois não acontecem ao mesmo tempo. Pois, o que se faz, ainda não existe. E o que está feito, já existe. Portanto, nesta conversão existe antes e depois. E, assim, não pode ser instantânea, mas sucessiva.
3. ADEMAIS, Ambrósio afirma que este sacramento se realiza pela palavra de Cristo. Ora, a palavra de Cristo é proferida sucessivamente. Logo, esta conversão se faz de maneira sucessiva.

EM SENTIDO CONTRÁRIO: esta conversão se realiza pela força divina que opera imediatamente.

RESPONDO. Uma mudança é instantânea por três razões. Antes de tudo, por causa da forma que é o término da mudança. Se existe uma forma que comporta mais ou menos, como a saúde, o sujeito se apropria dela sucessivamente. E porque a forma substancial "não comporta mais e menos", então acontece que ela é introduzida na matéria instantaneamente. — Uma segunda razão vem do sujeito, que, às vezes, se prepara progressivamente para receber a forma, como acontece com a água que se aquece aos poucos. Quando, porém, o próprio sujeito já está na última disposição para a forma, recebe-a logo, como um corpo transparente se ilumina imediatamente. — Finalmente, da parte do agente, que possui um poder infinito. Por isso, pode logo dispor a matéria para a forma. Aliás é o

---

7 PARALL.: IV *Sent.*, dist. 11, q. 1, a. 3, q.la 2; *Quodlib.* VII, q. 4, a. 2.
   1. L. IV, c. 4, n. 14: ML 16, 440 A.

prescindiria com gosto. Mas sua honestidade intelectual lhe proíbe fazer de conta que a substância e os acidentes não constituem o ser. De qualquer modo, é preciso recorrer ao todo-poderio de Deus, e sem dúvida esse apelo seria mais simples se não houvesse a preocupação com a substância e os acidentes.
   Dito isto, é com mão de mestre que Sto. Tomás integra em sua síntese o par substância/acidentes, abarcando racionalmente tanto quanto possível um mistério que só è inteligível à luz da fé, e que além disso supõe um milagre, se não vários.

adaperire, statim apertae sunt aures hominis, et solutum est vinculum linguae eius.

Et his tribus rationibus haec conversio est instantanea. Primo quidem, quia substantia corporis Christi, ad quam terminatur ista conversio, non suscipit magis neque minus. — Secundo, quia in hac conversione non est aliquod subiectum, quod successive praeparetur. — Tertio, quia agitur Dei virtute infinita.

AD PRIMUM ergo dicendum quod quidam non simpliciter concedunt quod inter quaelibet duo instantia sit tempus medium. Dicunt enim quod hoc habet locum in duobus instantibus quae referuntur ad eundem motum, non autem in duobus instantibus quae referuntur ad diversa. Unde inter instans quod mensurat finem quietis, et aliud instans quod mensurat principium motus, non est tempus medium. — Sed in hoc decipiuntur. Quia unitas temporis et instantis, vel etiam pluralitas eorum, non accipitur secundum quoscumque motus, sed secundum primum motum caeli, qui est mensura omnis motus et quietis.

Et ideo alii hoc concedunt in tempore quod mensurat motum dependentem ex motu caeli. Sunt autem quidam motus ex motu caeli non dependentes, nec ab eo mensurati: sicut in Prima Parte[2] dictum est de motibus angelorum. Unde inter duo instantia illis motibus respondentia, non est tempus medium. — Sed hoc non habet locum in proposito. Quia, quamvis ista conversio secundum se non habeat ordinem ad motum caeli, consequitur tamen prolationem verborum, quam necesse est motu caeli mensurari. Et ideo necesse est inter quaelibet duo instantia circa istam conversionem signata esse tempus medium.

Quidam ergo dicunt quod instans in quo ultimo est panis, et instans in quo primo est corpus Christi, sunt quidem duo per comparationem ad mensurata, sed sunt unum per comparationem ad tempus mensurans: sicut, cum duae lineae se contingunt, sunt duo puncta ex parte duarum linearum, unum autem punctum ex parte loci continentis. — Sed hoc non est simile. Quia instans et tempus particularibus motibus non est mensura

que se relata no Evangelho, quando Cristo disse: "'Effetá', isto é: 'Abre-te'. Logo se lhe abriram os ouvidos, a língua se lhe desatou."

Por essas três razões, a conversão eucarística se processa instantaneamente. — Porque a substância do corpo de Cristo, que é o termo desta conversão, não comporta mais e menos. — Porque nesta conversão não existe nenhum sujeito que se prepara progressivamente. — Porque está em questão o poder infinito de Deus.

QUANTO AO 1º, portanto, deve-se dizer que alguns autores não concordam sem mais que entre quaisquer dois instantes haja um tempo intermédio. Dizem, na verdade, que isto acontece em dois instantes que se referem ao mesmo movimento, não, porém, em dois instantes que se referem a movimentos diferentes. Assim, entre o instante que mede o fim do repouso e o outro instante que mede o princípio do movimento não existe tempo intermédio. — Mas nisso se enganam. Pois, a unidade do tempo e do instante ou também a sua pluralidade não se apreciam conforme quaisquer movimentos, mas conforme o primeiro movimento do céu, que é a medida de todo movimento e repouso.

Outros também concordam com a existência desse intervalo no tempo que mede o movimento dependente do movimento do céu. Existem, porém, movimentos que não dependem do movimento do céu nem são medidos por ele, como se viu na I Parte ao tratar-se dos movimentos dos anjos. Por isso, entre dois instantes que correspondem àqueles movimentos não existe tempo intermédio. — Mas isto não vem ao caso. Porque, embora esta conversão por sua natureza não tenha nenhuma referência ao movimento do céu, ela acompanha uma emissão das palavras, que, por sua vez, deve ser medida pelo movimento do céu. Portanto, faz-se necessário que exista um tempo intermédio entre quaisquer dois instantes marcados em relação a esta conversão.

Outros autores dizem, portanto, que o último instante em que há pão e o primeiro em que há o corpo de Cristo são dois instantes em relação às realidades medidas, mas são um só instante em relação ao tempo que as mede; assim como quando duas linhas se juntam, há dois pontos, olhando-se da parte das duas linhas, mas um ponto só, da parte do lugar em que elas se juntam. — Mas a comparação não vale. Porque o instante e o tempo

---

2. Q. 53, a. 3.

intrinseca, sicut linea et punctus corporibus: sed solum extrinseca, sicut corporibus locus.

Unde alii dicunt quod est idem instans re, sed aliud ratione. — Sed secundum hoc sequeretur quod realiter opposita essent simul. Nam diversitas rationis non variat aliquid ex parte rei.

Et ideo dicendum est quod haec conversio, sicut dictum est[3], perficitur per verba Christi, quae a sacerdote proferuntur, ita quod ultimum instans prolationis verborum est primum instans in quo est in sacramento corpus Christi, in toto autem tempore praecedente est ibi substantia panis. Cuius temporis non est accipere aliquod instans proximo praecedens ultimum: quia tempus non componitur ex instantibus consequenter se habentibus, ut probatur in VI *Physic*.[4] Et ideo est quidem dare instans in quo est corpus Christi, non est autem dare ultimum instans in quo sit substantia panis, sed est dare ultimum tempus. Et idem est in mutationibus naturalibus: ut patet per Philosophum, in VIII *Physicorum*[5].

AD SECUNDUM dicendum quod in mutationibus instantaneis simul est fieri et factum esse: sicut simul est illuminari et illuminatum esse. Dicitur enim in talibus factum esse secundum quod iam est: fieri autem, secundum quod ante non fuit.

AD TERTIUM dicendum quod ista conversio, sicut dictum est[6], fit in ultimo instanti prolationis verborum: tunc enim completur verborum significatio, quae est efficax in sacramentorum formis. Et ideo non sequitur quod ista conversio sit successiva.

não são uma medida intrínseca dos movimentos particulares, como a linha e o ponto o são para os corpos; é uma medida extrínseca como o lugar para os corpos.

Por isso, outros dizem que é o mesmo instante na realidade, ainda que diverso para a razão. — Ora, se assim fosse, os seres opostos existiriam simultaneamente. Pois, a diversidade de razão não afeta em nada a realidade.

Deve-se dizer que esta conversão se realiza pelas palavras de Cristo, proferidas pelo sacerdote, de modo que o último instante da emissão das palavras é o primeiro instante em que o corpo de Cristo se faz presente no sacramento. Em todo o tempo anterior está presente a substância do pão. Nesse tempo, não se deve considerar um instante que precederia imediatamente o último. Pois, o tempo não se compõe de instantes que se sucedem, como prova Aristóteles. Por conseguinte, pode-se muito bem considerar um instante em que está presente o corpo de Cristo, ainda que não exista um último instante em que esteja presente a substância do pão. Pode-se sim admitir um último tempo. O que acontece aliás nas mudanças naturais, como mostra o Filósofo.

QUANTO AO 2º, deve-se dizer que nas mudanças instantâneas, acontecem simultaneamente o fazer-se e o estar feito, como sucedem simultaneamente o iluminar e o estar iluminado. Em tais casos, o estar feito é atribuído ao que já existe e o fazer-se ao que antes não existia.

QUANTO AO 3º, deve-se dizer que esta conversão, como se tratou acima, acontece no último instante da enunciação das palavras. Aí então se completa o significado das palavras, que é eficaz nas formas dos sacramentos. Daí não se segue, portanto, que a conversão seja sucessiva.

ARTICULUS 8
Utrum haec sit vera:
Ex pane fit corpus Christi

AD OCTAVUM SIC PROCEDITUR. Videtur quod haec sit falsa: *Ex pane fit corpus Christi*.

ARTIGO 8
É verdadeira esta afirmação:
"Do pão se faz o corpo de Cristo"?[n]

QUANTO AO OITAVO, ASSIM SE PROCEDE: parece que **não** é verdadeira esta afirmação: "Do pão se faz o corpo de Cristo".

---

3. A. 3.
4. C. 1: 231, b, 9-10.
5. C. 8: 263, b, 9-14.
6. Ad 1.

8 PARALL.: IV *Sent*., dist. 11, q. 1, a. 4.

n. Esse gênero de artigos, frequentes na Suma em ligação com os mistérios inexprimíveis de nossa fé, acentua a importância de uma linguagem antiga. As expressões empregadas veiculam concepções. Aqui, mais do que em qualquer parte, o

1. Omne enim id ex quo fit aliquid, est id quod fit illud, sed non convertitur: dicimus enim quod ex albo fit nigrum, et quod album fit nigrum; et licet dicamus quod homo fiat niger, non tamen dicimus quod ex homine fiat nigrum; ut patet in I *Physic*.[1]. Si ergo verum est quod ex pane fiat corpus Christi, verum erit dicere quod panis fiat corpus Christi. Quod videtur esse falsum: quia panis non est subiectum factionis, sed magis est terminus. Ergo non vere dicitur quod ex pane fiat corpus Christi.

2. Praeterea, fieri terminatur ad esse, vel ad factum esse. Sed haec nunquam est vera, *Panis est corpus Christi*, vel, *Panis est factus corpus Christi*, vel etiam, *Panis erit corpus Christi*. Ergo videtur quod nec haec sit vera, *Ex pane fit corpus Christi*.

3. Praeterea, omne id ex quo fit aliquid, convertitur in id quod fit ex eo. Sed haec videtur esse falsa, *Panis convertitur in corpus Christi*: quia haec conversio videtur esse miraculosior quam creatio; in qua tamen non dicitur quod non ens convertatur in ens. Ergo videtur quod etiam haec sit falsa, *Ex pane fit corpus Christi*.

4. Praeterea, illud ex quo fit aliquid, potest esse illud. Sed haec est falsa, *Panis potest esse corpus Christi*. Ergo etiam haec est falsa, *Ex pane fit corpus Christi*.

Sed contra est quod Ambrosius dicit, in libro de Sacramentis[2]: *Ubi accedit consecratio, de pane fit corpus Christi*.

Respondeo dicendum quod haec conversio panis in corpus Christi, quantum ad aliquid convenit cum creatione et cum transmutatione naturali, et quantum ad aliquid differt ab utroque. Est enim commune his tribus ordo terminorum, scilicet ut post hoc sit hoc, in creatione enim est esse post non esse, in hoc sacramento corpus Christi post substantiam panis, in transmutatione naturali album post nigrum vel ignis post aerem; et quod praedicti termini non sint simul.

Convenit autem conversio de qua nunc loquimur cum creatione, quia in neutra earum est

1. Com efeito, tudo aquilo a partir de que alguma coisa se faz, é isto mesmo que se torna esta coisa, mas não o contrário. Assim dizemos que do branco se faz o preto e que o branco se torna preto. Destarte, embora digamos que um homem se torne preto, não dizemos, porém, que do homem se faz o preto, como ensina claramente o Filósofo. Se, portanto, é verdade que do pão se faz o corpo de Cristo, será verdade também que o pão se torna o corpo de Cristo. O que está errado. Pois, o pão não é sujeito deste devir, mas antes o seu termo. Portanto, não se pode dizer com verdade que do pão se faz o corpo de Cristo.

2. Além disso, o devir tem como termo o existir ou o estar feito. Ora, não será nunca verdadeira uma dessas proposições: "O pão é o corpo de Cristo", ou "o pão tornou-se o corpo de Cristo", ou também "o pão será o corpo de Cristo". Portanto, parece tampouco verdadeira a afirmação: "Do pão se faz o corpo de Cristo".

3. Ademais, tudo aquilo a partir do que algo se faz, converte-se naquilo que se faz a partir dele. Ora, parece ser falso dizer que "o pão se converte no corpo de Cristo". Pois, esta conversão parece ser mais milagrosa do que a criação, da qual não se diz que o não-ser se converte no ser. Portanto, parece que também esta afirmação é falsa: "Do pão se faz o corpo de Cristo".

4. Ademais, aquilo do que se faz alguma coisa, pode ser essa coisa. Ora, é falsa a afirmação — o pão pode ser o corpo de Cristo. Logo, também é falsa — do pão se faz o corpo de Cristo.

Em sentido contrário, Ambrósio afirma: "Onde se realiza a consagração, aí do pão se faz o corpo de Cristo,"

Respondo. *E*sta conversão do pão no corpo de Cristo tanto tem algo de comum com a criação e com as transformações naturais quanto de diferente. As três convêm na ordem dos termos, a saber que depois disto, vem aquilo. Com efeito, na criação o ser vem depois do não-ser, neste sacramento o corpo de Cristo vem depois da substância de pão e na transformação natural o branco vem depois do preto ou o fogo depois do ar; de fato, estes diferentes termos não são simultâneos.

A conversão, de que tratamos, tem em comum com a criação o fato de que em ambas não

---

1. C. 5: 188, a, 35-b, 3.
2. L. IV, c. 4, n. 14: ML 16, 439 B-440 A.

inferno está coalhado de boas intenções. A impropriedade da linguagem não é jamais inocente em matéria de dogmas, ela atenta contra a pureza da fé. Que os pregadores e autores espirituais cuidem portanto para exprimir-se corretamente, para o que fariam bem em consultar o teólogo.

aliquod commune subiectum utrique extremorum. Cuius contrarium apparet in omni transmutatione naturali.

Convenit vero haec conversio cum transmutatione naturali in duobus, licet non similiter. Primo quidem, quia in utraque unum extremorum transit in aliud, sicut panis in corpus Christi, et aer in ignem: non autem non ens convertitur in ens. Aliter tamen hoc accidit utrobique. Nam in hoc sacramento tota substantia panis transit in totum corpus Christi: sed in transmutatione naturali materia unius suscipit formam alterius, priori forma deposita. — Secundo conveniunt in hoc, quod utrobique remanet aliquid idem: quod non accidit in creatione. Differenter tamen: nam in transmutatione naturali remanet eadem materia vel subiectum; in hoc autem sacramento remanent eadem accidentia.

Et ex his accipi potest qualiter differenter in talibus loqui debeamus. Quia enim in nullo praedictorum trium extrema sunt simul ideo in nullo eorum potest unum extremum de alio praedicari per verbum substantivum praesentis temporis: non enim dicimus, *Non ens est ens*, vel, Panis est corpus Christi, vel, *Aer est ignis* aut *album nigrum*.

Propter ordinem vero extremorum, possumus uti in omnibus hac praepositione *ex*, quae ordinem designat. Possumus enim vere et proprie dicere quod *ex non ente fit ens*, et ex pane corpus Christi, et *ex aere ignis* vel *ex albo nigrum*.

Quia vero in creatione unum extremorum non transit in alterum, non possumus in creatione uti verbo *conversionis*, ut dicamus quod *non ens convertitur in ens*. Quo tamen verbo uti possumus in hoc sacramento, sicut et in transmutatione naturali. Sed quia in hoc sacramento tota substantia in totam mutatur, propter hoc haec conversio proprie *transubstantiatio* vocatur.

Rursus, quia huius conversionis non est accipere aliquod subiectum, ea quae verificantur in conversione naturali ratione subiecti, non sunt concedenda in hac conversione. Et primo quidem, manifestum est quod potentia ad oppositum consequitur subiectum: ratione cuius dicimus quod *album potest esse nigrum*, vel *aer potest esse ignis*. Licet haec non sit ita propria sicut prima: nam

existe um sujeito comum unindo os dois termos extremos. Na transformação natural, por sua vez, acontece o contrário.

A conversão eucarística tem em comum com a transformação natural dois pontos, ainda que não de maneira semelhante. Em primeiro lugar, o fato de que em ambas um dos extremos termina no outro, assim como o pão no corpo de Cristo, o ar no fogo. No entanto, o não-ser não se converte em ser. Isso acontece em ambas de maneira diferente. Pois, na conversão eucarística toda a substância do pão se transforma em todo o corpo de Cristo, enquanto na transmutação natural a matéria de um ser assume a forma do outro após ter deixado a forma precedente. — Outro ponto em comum entre a conversão eucarística e a transformação natural está em que em ambas permanece um elemento idêntico, o que, aliás, não acontece na criação. Mas a maneira dessa permanência é diversa: na transformação natural permanece a mesma matéria ou sujeito; no sacramento da Eucaristia permanecem os acidentes.

Estas considerações permitem estabelecer como se deve falar diferentemente em tais casos. Como em nenhum deles, os extremos se encontram simultaneamente, em nenhum deles um extremo pode ser dito do outro por meio do verbo ser no tempo presente. Assim, não podemos dizer: "Não-ser é ser", nem "o pão é o corpo de Cristo", nem "o ar é o fogo", nem "o branco é o preto".

Por causa, porém, da ordem dos extremos, podemos usar em todos a expressão prepositiva "a partir de", que indica a ordem. Podemos, pois, verdadeira e propriamente dizer que "a partir do não-ser se faz o ser", e "do pão se faz o corpo de Cristo" e "a partir do ar o fogo" ou "do branco o preto".

Como, porém, na criação um dos extremos não se transforma no outro, não podemos usar aí a palavra "conversão", como seria dizer "o não-ser se converte em ser". É uma palavra que podemos usar para este sacramento como o fazemos na transformação natural. Mas porque neste sacramento toda uma substância se muda em toda uma outra, esta conversão se chama com propriedade de termo "transubstanciação".

Mais ainda. Na conversão eucarística não se encontra nenhum sujeito, por isso a ela não se aplica o que se verifica na transformação natural no referente ao sujeito. Antes de tudo, é claro que o estar em potência para o oposto origina-se no fato de haver um sujeito. é em razão dele que dizemos que "o branco pode ser preto", ou "o ar, fogo." Ainda que esta segunda proposição não

subiectum albi, in quo est potentia ad nigredinem, est tota substantia albi, non enim albedo est pars eius; subiectum autem formae aeris est pars eius; unde, cum dicitur, *Aer potest esse ignis*, verificatur ratione partis per synecdochen. Sed in hac conversione et similiter in creatione, quia nullum est subiectum, non dicitur quod unum extremum possit esse aliud, sicut quod *non ens possit esse ens*, vel quod *panis possit esse corpus Christi*. — Et eadem ratione non potest proprie dici quod *de non ente fiat ens*, vel quod *de pane fiat corpus Christi*: quia haec praepositio *de* designat causam consubstantialem; quae quidem consubstantialitas extremorum in transmutationibus naturalibus attenditur penes convenientiam in subiecto. — Et simili ratione non conceditur quod *panis erit corpus Christi*, vel quod *fiat corpus Christi*, sicut neque conceditur in creatione quod *non ens erit ens*, vel quod *non ens fiat ens*: quia hic modus loquendi verificatur in transmutationibus naturalibus ratione subiecti, puta cum dicimus quod *album fit nigrum*, vel, *album erit nigrum*.

Quia tamen in hoc sacramento, facta conversione, aliquid idem manet, scilicet accidentia panis, ut supra[3] dictum est, secundum quandam similitudinem aliquae harum locutionum possunt concedi: scilicet quod *panis sit corpus Christi*, vel, *panis erit corpus Christi*, vel, *de pane fit corpus Christi*; ut nomine *panis* non intelligatur substantia panis, sed in universali *hoc quod sub speciebus panis continetur*, sub quibus prius continetur substantia panis, et postea corpus Christi.

AD PRIMUM ergo dicendum quod illud ex quo aliquid fit, quandoque quidem importat simul subiectum cum uno extremorum transmutationis: sicut cum dicitur, *Ex albo fit nigrum*. Quandoque vero importat solum oppositum, vel extremum: sicut cum dicitur, *Ex mane fit dies*. Et sic non conceditur quod hoc fiat illud, idest quod *mane fiat dies*. Et ita etiam in proposito, licet proprie dicatur quod *ex pane fiat corpus Christi*, non tamen proprie dicitur quod *panis fiat corpus Christi*, nisi secundum quandam similitudinem, ut dictum est.

seja tão exata como a anterior. Pois, o sujeito do branco, no qual está a potência para o preto, é toda a substância do branco. A brancura não lhe é somente uma parte. Mas o sujeito da forma do ar é parte dele. Por isso, quando se diz que "o ar pode ser fogo", isto é verdadeiro a respeito de uma parte do ar, usando a figura de sinédoque. Ora, nesta conversão sacramental e de maneira semelhante na criação, porque não há nenhum sujeito, não se diz que um extremo possa ser o outro, que o "não-ser possa tornar-se ser", ou que "o pão possa ser o corpo de Cristo".

Pela mesma razão, não se pode dizer com propriedade que "com o não-ser se faz o ser" ou que "com o pão se faz o corpo de Cristo". Pois, esta preposição "com" designa uma causa consubstancial. Na verdade, a consubstancialidade dos extremos nas transformações naturais se prende à sua compatibilidade no mesmo sujeito.

Por razão semelhante, não se aceita que "o pão será o corpo de Cristo", ou que "se faça corpo de Cristo", como também não se aceita na criação que "o não-ser será ser", ou que "o não-ser se faça ser". Este modo de falar vale das transformações naturais em razão do sujeito, por exemplo, quando dizemos que "o branco se faz preto", ou, "o branco será preto".

No entanto, neste sacramento, depois da conversão, permanece alguma coisa idêntica, a saber os acidentes do pão, como dissemos acima; por isso, em razão de certa semelhança, se podem aceitar algumas destas expressões. Assim: "o pão é o corpo de Cristo", ou "o pão será o corpo de Cristo", ou "com o pão se faz o corpo de Cristo", desde que sob o nome de pão não se entenda a substância de pão, mas, de um modo geral, "o que se contém sob as espécies de pão," sob as quais antes estava a substância do pão e depois, o corpo de Cristo.

QUANTO AO 1º, portanto, deve-se dizer que aquilo a partir de que algo se faz designa, às vezes, o sujeito simultaneamente com um dos termos da transformação, como quando se diz: "A partir do branco se faz o preto". Às vezes, refere-se somente ao oposto ou extremo, ao dizer-se: "A partir da manhã se faz o dia". Assim não se aceita que isto se torna aquilo, isto é, que "a manhã se torna o dia". Assim, no nosso caso, ainda que propriamente se diga que "do pão se faz o corpo de Cristo", não se diz, porém, com propriedade, que "o pão se faz o corpo de Cristo", a não ser em razão de certa semelhança, como se disse acima.

---

3. In hoc art. et art. 5.

AD SECUNDUM dicendum quod illud ex quo fit aliquid, quandoque erit illud, propter subiectum quod importatur. Et ideo, cum huius conversionis non sit aliquod subiectum, non est similis ratio.

AD TERTIUM dicendum quod in hac conversione sunt plura difficilia quam in creatione, in qua hoc solum difficile est, quod aliquid fit ex nihilo: quod tamen pertinet ad proprium modum productionis primae causae, quae nihil aliud praesupponit. Sed in hac conversione non solum est difficile quod hoc totum convertitur in illud totum, ita quod nihil prioris remaneat, quod non pertinet ad communem modum productionis alicuius causae: sed etiam habet hoc difficile, quod accidentia remanent corrupta substantia, et multa alia, de quibus in sequentibus agetur. Tamen verbum *conversionis* recipitur in hoc sacramento, non autem in creatione, sicut dictum est[4].

AD QUARTUM dicendum quod, sicut dictum est[5], potentia pertinet ad subiectum, quod non est accipere in hac conversione. Et ideo non conceditur quod panis possit esse corpus Christi: non enim haec conversio fit per potentiam passivam creaturae, sed per solam potentiam activam Creatoris.

QUANTO AO 2º, deve-se dizer que aquilo de que algo se faz, será, às vezes, aquilo mesmo que se faz, por causa do sujeito que aí está implicado. Portanto, como na conversão eucarística não existe nenhum sujeito, não prevalece a mesma razão.

QUANTO AO 3º, deve-se dizer que na conversão eucarística existem muitas coisas mais difíceis que na criação. Nesta, somente é difícil o fato de que algo se faça do nada, o que aliás é o modo de produzir próprio da Causa Primeira, que não pressupõe nada para agir. Na conversão eucarística não só é difícil que um todo se converte em um outro todo, de maneira que nada permaneça da realidade anterior; o que não entra no modo comum de produzir de qualquer causa; mas acresce ainda a dificuldade de permanecerem os acidentes, mesmo desaparecendo a substância. Existem muitos outros pontos difíceis que se verão adiante. Contudo, o termo conversão se usa para este sacramento, não, porém, para a criação.

QUANTO AO 4º, deve-se dizer que a potência diz respeito ao sujeito, que não existe nesta conversão. Portanto, não se aceita que "o pão possa ser o corpo de Cristo". Pois, esta conversão não se faz pela potência passiva da criatura, mas somente pela potência ativa do Criador.

4. In corp.
5. Ibid.

QUAESTIO LXXVI
DE MODO QUO CHRISTUS EXISTIT IN HOC SACRAMENTO

in octo articulos divisa
Deinde considerandum est de modo quo Christus existit in hoc sacramento.
Et circa hoc quaeruntur octo.
Primo: utrum totus Christus sit sub hoc sacramento.
Secundo: utrum totus Christus sit sub utraque specie sacramenti.
Tertio: utrum totus Christus sit sub qualibet parte specierum.
Quarto: utrum dimensiones corporis Christi totae sint in hoc sacramento.
Quinto: utrum corpus Christi sit in hoc sacramento localiter.
Sexto: utrum corpus Christi moveatur ad motum hostiae vel calicis post consecrationem.

QUESTÃO 76
O MODO DE EXISTÊNCIA DE CRISTO NO SACRAMENTO DA EUCARISTIA

em oito artigos
Em seguida, deve-se tratar do modo pelo qual Cristo está presente neste sacramento.
A questão compreende oito perguntas:
1. Cristo está todo neste sacramento?
2. Cristo está todo sob ambas as espécies do sacramento?
3. Cristo está todo sob qualquer parte das espécies?
4. Todas as dimensões do corpo de Cristo estão neste sacramento?
5. O corpo de Cristo está neste sacramento como num lugar?
6. O corpo de Cristo move-se com o movimento da hóstia ou do cálice depois da consagração?

Septimo: utrum corpus Christi sub hoc sacramento possit ab aliquo oculo videri.
Octavo: utrum verum corpus Christi remaneat in hoc sacramento quando miraculose apparet sub specie pueri vel carnis.

Articulus 1
Utrum totus Christus contineatur sub hoc sacramento

Ad primum sic proceditur. Videtur quod non totus Christus contineatur sub hoc sacramento.

1. Christus enim incipit esse in hoc sacramento per conversionem panis et vini. Sed manifestum est quod panis et vinum non possunt converti neque in divinitatem Christi, neque in eius animam. Cum ergo Christus existat ex tribus substantiis, scilicet divinitate, anima et corpore, ut supra[1] habitum est; videtur quod Christus totus non sit in hoc sacramento.

2. Praeterea, Christus est in hoc sacramento secundum quod competit refectioni fidelium, quae in cibo et potu consistit, sicut supra[2] dictum est. Sed Dominus dicit, Io 6,56: *Caro mea vere est cibus, et sanguis meus vere est potus.* Ergo solum caro et sanguis Christi continetur in hoc sacramento. Sunt autem multae aliae partes corporis Christi: puta nervi et ossa et alia huiusmodi. Non ergo totus Christus continetur sub hoc sacramento.

3. Praeterea, corpus maioris quantitatis non potest totum contineri sub minoris quantitatis mensura. Sed mensura panis et vini consecrati est multo minor quam propria mensura corporis Christi. Non potest ergo esse quod totus Christus sit sub hoc sacramento.

Sed contra est quod Ambrosius dicit, in libro *de Offic.*[3]: *In illo sacramento Christus est.*

Respondeo dicendum quod omnino necesse est confiteri secundum fidem Catholicam quod totus Christus sit in hoc sacramento. Sciendum tamen quod aliquid Christi est in hoc sacramento dupliciter: uno modo, quasi ex vi sacramenti; alio modo, ex naturali concomitantia. Ex vi quidem sacramenti, est sub speciebus huius sacramenti id in quod directe convertitur substantia panis et vini praeexistens, prout significatur per verba

Artigo 1
Cristo está todo neste sacramento?

Quanto ao primeiro artigo, assim se procede: parece que Cristo **não** está todo neste sacramento.

1. Com efeito, Cristo começa a estar neste sacramento pela conversão do pão e do vinho. Ora, está claro que o pão e o vinho não podem converter-se nem na divindade de Cristo nem na sua alma. Logo, uma vez que Cristo está composto de três substâncias, a saber a divindade, a alma e o corpo, parece que Cristo não está todo inteiro neste sacramento.

2. Além disso, Cristo está neste sacramento como alimento dos fiéis, a modo de comida e bebida. Ora, o Senhor diz: "A minha carne é verdadeira comida e o meu sangue verdadeira bebida." Portanto, estão presentes neste sacramento somente a carne e o sangue de Cristo. Existem muitas outras partes do corpo de Cristo, por exemplo, os nervos, os ossos etc. Logo, Cristo não está todo inteiro neste sacramento.

3. Ademais, um corpo de tamanho maior não pode estar todo inteiro num de dimensão menor. Ora, o tamanho do pão e do vinho consagrados é muito menor que o do corpo de Cristo. Logo, Cristo não está todo inteiro neste sacramento.

Em sentido contrário, Ambrósio ensina: "Cristo está neste sacramento."

Respondo. É absolutamente necessário confessar, segundo a fé católica, que Cristo está todo neste sacramento. A realidade de Cristo está presente neste sacramento de dois modos: pela força do sacramento e por uma concomitância natural. Pela força do sacramento, está sob as espécies sacramentais aquilo em que diretamente se converte a substância do pão e do vinho anteriormente existente. Isso vem significado pelas palavras da

---

1 Parall.: IV *Sent.*, dist. 10, a. 2, q.la 1, 2; *Cont. Gent.*, IV, 64; *Quodlib.* VII, q. 4, a. 1; *in Matth.*, c. 26; *in Ioan.*, c. 6, lect. 6; I *ad Cor.*, c. 11, lect. 6.

1. Q. 2, a. 5; q. 5, a. 1, 3.
2. Q. 74, a. 1.
3. Ambrosium, *De mysteriis*, c. 9, n. 58: ML 16, 408 C.

formae, quae sunt effectiva in hoc sacramento sicut et in ceteris: puta cum dicitur, *Hoc est corpus meum, Hic est sanguis meus*. Ex naturali autem concomitantia est in hoc sacramento illud quod realiter est coniunctum ei in quod praedicta conversio terminatur. Si enim aliqua duo sunt realiter coniuncta, ubicumque est unum realiter, oportet et aliud esse: sola enim operatione animae discernuntur quae realiter sunt coniuncta.

AD PRIMUM ergo dicendum quod, quia conversio panis et vini non terminatur ad divinitatem vel animam Christi, consequens est quod divinitas vel anima Christi non sit in hoc sacramento ex vi sacramenti, sed ex reali concomitantia. Quia enim divinitas corpus assumptum nunquam deposuit, ubicumque est corpus Christi, necesse est et eius divinitatem esse. Et ideo in hoc sacramento necesse est esse divinitatem Christi concomitantem eius corpus. Unde in Symbolo Ephesino[4] legitur: *Participes efficimur corporis et sanguinis Christi, non ut communem carnem percipientes, nec viri sanctificati et Verbo coniuncti secundum dignitatis unitatem, sed vere vivificatricem, et ipsius verbi propriam factam.*

Anima vero realiter separata fuit a corpore, ut supra[5] dictum est. Et ideo, si in illo triduo mortis fuisset hoc sacramentum celebratum, non fuisset ibi anima, nec ex vi sacramenti nec ex reali concomitantia. Sed quia *Christus resurgens ex mortuis iam non moritur*, ut dicitur Rm 6,9, anima eius semper est realiter corpori unita. Et ideo in hoc sacramento corpus quidem Christi est ex vi sacramenti, anima autem ex reali concomitantia.

AD SECUNDUM dicendum quod ex vi sacramenti sub hoc sacramento continetur, quantum ad species panis, non solum caro, sed totum corpus Christi, idest ossa et nervi et alia huiusmodi. Et hoc apparet ex forma huius sacramenti, in qua non dicitur, *Haec est caro mea*, sed, *Hoc est corpus meum*. Et ideo, cum Dominus dixit, Io 6, *Caro mea vere est cibus*, caro ponitur ibi pro toto corpore, quia, secundum consuetudinem humanam, videtur esse magis manducationi accommodata: prout scilicet

forma, que são eficazes neste e nos outros sacramentos, por exemplo, quando diz "Isto é o meu corpo", "Isto é o meu sangue". Por uma concomitância natural, está presente neste sacramento o que realmente está unido àquilo em que termina a conversão. Se duas coisas estão realmente unidas, onde uma estiver realmente, a outra estará também. Somente por uma operação mental se distinguem as coisas que estão realmente unidas.

QUANTO AO 1º, portanto, deve-se dizer que como a conversão do pão e do vinho não termina na divindade nem na alma de Cristo, consequentemente estas não estão aí pela força do sacramento, mas por real concomitância[a]. Porque a divindade nunca abandonou o corpo de Cristo que ela assumiu, onde estiver tal corpo, aí necessariamente estará a divindade. Portanto, neste sacramento a divindade de Cristo deve acompanhar forçosamente o seu corpo. Por isso, no Símbolo efesino se lê: "Participamos do corpo e sangue de Cristo, não como recebendo uma carne comum, nem como homens santificados e unidos ao Verbo por uma união moral, mas como recebendo a verdadeira carne vivificante e própria do mesmo Verbo."

A alma se separou realmente do corpo. Por isso, se naqueles três dias, em que Cristo esteve na sepultura, se celebrasse este sacramento, não estaria nele a alma, nem pelo poder do sacramento nem pela concomitância real. Ora, porque "ressuscitado dentre os mortos, Cristo não morre mais" como está em Romanos, a sua alma está sempre realmente unida ao corpo. Por conseguinte, neste sacramento o Corpo de Cristo está presente pelo poder do sacramento, a alma, porém, por concomitância real.

QUANTO AO 2º, deve-se dizer que pela força do sacramento está presente nele no caso da espécie de pão não só a carne, mas o corpo inteiro de Cristo, isto é os ossos, os nervos etc. E isso aparece da própria forma deste sacramento, que não diz: "Esta é a minha carne", mas "Isto é o meu corpo". Por isso, quando o Senhor diz "a minha carne é verdadeira comida", a palavra carne tem o sentido de todo o corpo, porque, conforme o costume humano, tal palavra se apropria melhor ao gesto de comer. Pois,

---

4. Conc. Eph., p. I, c. 26: ed. Mansi, IV, 1078.
5. Q. 50, a. 5.

---

a. Essa teoria da concomitância, que permite afirmar que Cristo inteiro está presente no sacramento, e sob cada uma das espécies (a. 2), é muitas vezes empregada para justificar a legitimidade da comunhão sob uma só espécie. Mas não é porque essa teoria é utilizada com esse fim que ela deixa de possuir um valor próprio. O Concílio de Trento (sessão 13, cap. 3) cobre-a com sua autoridade. A "teoria" não é de fé, mas sim a asserção de que Cristo inteiro está contido no sacramento.

homines carnibus animalium vescuntur communiter, non ossibus vel aliis huiusmodi.

AD TERTIUM dicendum quod, sicut dictum est[6], facta conversione panis in corpus Christi vel vini in sanguinem, accidentia utriusque remanent. Ex quo patet quod dimensiones panis vel vini non convertuntur in dimensiones corporis Christi, sed substantia in substantiam. Et sic substantia corporis Christi vel sanguinis est in hoc sacramento ex vi sacramenti, non autem dimensiones corporis vel sanguinis Christi. Unde patet quod corpus Christi est in hoc sacramento per modum substantiae, et non per modum quantitatis. Propria autem totalitas substantiae continetur indifferenter in parva vel magna quantitate: sicut tota natura aeris in magno vel parvo aere, et tota natura hominis in magno vel parvo homine. Unde et tota substantia corporis Christi et sanguinis continetur in hoc sacramento post consecrationem, sicut ante consecrationem continebatur ibi substantia panis et vini.

os homens comem comumente a carne animal e não os ossos ou coisa semelhante.

QUANTO AO 3º, deve-se dizer que depois da conversão do pão no corpo de Cristo ou do vinho no sangue, os acidentes de ambos permanecem. Daí se segue evidentemente que as dimensões do pão e do vinho não se convertem nas dimensões do corpo de Cristo, mas uma substância em outra substância. Assim, pela força do sacramento, está presente nele a substância do corpo de Cristo ou do sangue, não, porém, as dimensões do corpo ou do sangue de Cristo. Por isso, é claro que o corpo de Cristo está neste sacramento segundo o modo da substância e não segundo o modo da quantidade[b]. No entanto, a própria totalidade da substância está presente indiferentemente numa quantidade pequena ou grande: assim como toda a natureza do ar está numa quantidade grande ou pequena dele ou toda a natureza humana está num homem grande ou pequeno. Por isso, toda a substância do corpo de Cristo e do sangue está presente neste sacramento depois da consagração, como antes dela estava aí a substância do pão e do vinho.

ARTICULUS 2
Utrum sub utraque specie huius sacramenti totus Christus contineatur

AD SECUNDUM SIC PROCEDITUR. Videtur quod non sub utraque specie huius sacramenti totus Christus contineatur.

1. Hoc enim sacramentum ad salutem fidelium ordinatur, non virtute specierum, sed virtute eius quod sub speciebus continetur: quia species erant etiam ante consecrationem, ex qua est virtus huius sacramenti. Si ergo nihil continetur sub una specie quod non contineatur sub alia, et totus Christus continetur sub utraque, videtur quod altera illarum superfluat in hoc sacramento.

2. PRAETEREA, dictum est[1] quod sub nomine *carnis* omnes aliae partes corporis continentur, sicut ossa, nervi et alia huiusmodi. Sed sanguis

ARTIGO 2
Cristo está todo sob ambas as espécies do sacramento?

QUANTO AO SEGUNDO, ASSIM SE PROCEDE: parece que Cristo **não** está todo sob ambas as espécies do sacramento.

1. Com efeito, este sacramento tem por finalidade a salvação dos fiéis, não pelo poder das espécies, mas pelo poder do que está presente sob as espécies. Ora, as espécies estavam presentes também antes da consagração, da qual este sacramento haure sua força. Logo, se nada existe sob uma espécie que não exista sob a outra e o Cristo inteiro está sob ambas, então parece que uma das duas é supérflua neste sacramento.

2. ALÉM DISSO, que sob o nome de carne se entendem todas as outras partes do corpo, como os ossos, os nervos etc. Ora, o sangue é uma das

---

6. Q. 75, a. 5.

2 PARALL.: Infra, q. 78, a. 6, ad 1; IV *Sent.*, dist. 10, a. 2, q.la 1; *Cont. Gent.*, IV, 64; *in Ioan.*, c. 6, lect. 6; I *ad Cor.*, c. 11, lect. 6.

1. A. 1, ad 2.

b. Notemos essa importantíssima asserção, pois ela nos ajudará a evitar muitos falsos problemas: "O corpo de Cristo está presente no sacramento por modo de substância, não por modo de quantidade". É especialmente aqui que Sto. Tomás mostra com que mestria ele é capaz de integrar em sua síntese eucarística a teoria aristotélica sobre a substância e os acidentes. Ele encontra nessa teoria ontológica os princípios que lhe permitem resolver as dificuldades levantadas contra a eucaristia por essa mesma teoria.

est una partium humani corporis: sicut patet per Aristotelem, in libro *Animalium*[2]. Si ergo sanguis Christi continetur sub specie panis, sicut continentur ibi aliae partes corporis, non deberet seorsum sanguis consecrari: sicut neque seorsum consecratur alia pars corporis.

3. PRAETEREA, quod iam factum est, iterum fieri non potest. Sed corpus Christi iam incoepit esse in hoc sacramento per consecrationem panis. Ergo non potest esse quod denuo incipiat esse per consecrationem vini. Et ita sub specie vini non continebitur corpus Christi; et per consequens nec totus Christus. Non ergo sub utraque specie totus Christus continetur.

SED CONTRA est quod, 1Cor 11, super illud [v. 25], *calicem*, dicit Glossa[3] quod *sub utraque specie*, scilicet panis et vini, *idem sumitur*. Et ita videtur quod sub utraque specie totus Christus sit.

RESPONDEO dicendum certissime ex supra[4] dictis tenendum esse quod sub utraque specie sacramenti totus est Christus: aliter tamen et aliter. Nam sub speciebus panis est quidem corpus Christi ex vi sacramenti, sanguis autem ex reali concomitantia: sicut supra[5] dictum est de anima et divinitate Christi. Sub speciebus vero vini est quidem sanguis Christi ex vi sacramenti, corpus autem Christi ex reali concomitantia, sicut anima et divinitas: eo quod nunc sanguis Christi non est ab eius corpore separatus, sicut fuit tempore passionis et mortis. Unde, si tunc fuisset hoc sacramentum celebratum, sub speciebus panis fuisset corpus Christi sine sanguine, et sub specie vini sanguis sine corpore: sicut erat in rei veritate.

AD PRIMUM ergo dicendum quod, quamvis totus Christus sit sub utraque specie, non tamen frustra. Nam primo quidem, hoc valet ad repraesentandam passionem Christi, in qua seorsum sanguis fuit a corpore. Unde et in forma consecrationis sanguinis fit mentio de eius effusione.

Secundo, hoc est conveniens usui huius sacramenti: ut seorsum exhibeatur fidelibus corpus Christi in cibum, et sanguis in potum.

partes do corpo humano, como explica Aristóteles. Se, portanto, o sangue de Cristo está presente sob a espécie de pão, assim como aí também estão outras partes do corpo, não se deveria então consagrar o sangue separadamente, como aliás não se consagra nenhuma outra parte do corpo separadamente.

3. ADEMAIS, o que já foi feito, não pode ser feito de novo. Ora, o corpo de Cristo já começou a estar presente neste sacramento pela consagração do pão. Portanto, é impossível que comece de novo pela consagração do vinho. E assim o corpo de Cristo não será contido sob a espécie do vinho e por consequência nem o Cristo inteiro. Portanto, todo o Cristo não está presente sob ambas as espécies.

EM SENTIDO CONTRÁRIO, a respeito da palavra "cálice" da Carta aos Coríntios, diz a Glosa que "sob ambas as espécies", isto é do pão e do vinho, "recebe-se a mesma coisa". Assim parece que sob ambas as espécies está o Cristo inteiro.

RESPONDO. Deve-se admitir com absoluta certeza que Cristo inteiro está presente sob ambas as espécies do sacramento, mas diversamente em cada uma delas. Pois, sob a espécie de pão está presente o corpo de Cristo pela força do sacramento, enquanto o sangue o está pela concomitância real. Sob a espécie, porém, do vinho está presente o sangue de Cristo pela força do sacramento, e, por sua vez, o corpo o está por concomitância real, assim como a alma e a divindade, já que agora o sangue de Cristo não está separado de seu corpo como aconteceu na paixão e morte. Por isso, se este sacrifício fosse então celebrado, sob a espécie de pão estaria o corpo de Cristo sem o sangue, e sob a espécie de vinho, o sangue sem o corpo, como estava na realidade.

QUANTO AO 1º, portanto, deve-se dizer que ainda que Cristo esteja todo inteiro sob ambas as espécies, isto não é em vão. Pois, antes de tudo, isso serve para representar a paixão de Cristo, na qual o sangue se separou do corpo. Por isso, na forma da consagração do sangue menciona-se a sua efusão.

Em segundo lugar, isso corresponde muito bem ao uso deste sacramento, que se ofereçam aos fiéis separadamente o corpo de Cristo como comida e o sangue como bebida.

---

2. *Hist. Anim.*, l. I, c. 4: 489, a, 30-31; *De part. Anim.*, l. II, c. 2: 647, b, 12.
3. Ordin.: ML 114, 539 C; LOMBARDI: ML 191, 1645 B.
4. A. 1.
5. Ibid. ad 1.

Tertio, quantum ad effectum: secundum quod supra[6] dictum est quod *corpus exhibetur pro salute corporis, sanguis pro salute animae*.

AD SECUNDUM dicendum quod in passione Christi, cuius hoc sacramentum est memoriale, non fuerunt aliae partes corporis ab invicem separatae, sicut sanguis, sed corpus indissolutum permansit: secundum quod legitur Ex 12,46: *Os non comminuetis ex eo*. Et ideo in hoc sacramento seorsum consecratur sanguis a corpore, non autem alia pars ab alia.

AD TERTIUM dicendum quod, sicut dictum est[7], corpus Christi non est sub specie vini ex vi sacramenti, sed ex reali concomitantia. Et ideo per consecrationem vini non fit ibi corpus Christi per se, sed concomitanter.

Enfim, quanto aos efeitos do sacramento, "o corpo é oferecido pela saúde do corpo, o sangue pela saúde da alma"[c].

QUANTO AO 2º, deve-se dizer que na paixão de Cristo, de que este sacramento é um memorial, as outras partes do corpo não foram entre si separadas, como o sangue, mas o corpo permaneceu íntegro, como se lê no livro do Êxodo: "Não quebrarás os seus ossos". Portanto, neste sacramento se consagra o sangue separadamente do corpo, não, porém, as outras partes.

QUANTO AO 3º, o corpo de Cristo não está sob a espécie do vinho pela força do sacramento, mas por concomitância real. Portanto, depois da consagração do vinho não se torna presente por si o corpo de Cristo, mas concomitantemente.

ARTICULUS 3
Utrum sit totus Christus sub qualibet parte specierum panis vel vini

AD TERTIUM SIC PROCEDITUR. Videtur quod non sit totus Christus sub qualibet parte specierum panis vel vini.
1. Species enim illae dividi possunt in infinitum. Si ergo Christus totus est sub qualibet parte specierum praedictarum, sequeretur quod infinities esset in hoc sacramento. Quod est inconveniens: nam infinitum non solum repugnat naturae, sed etiam gratiae.
2. PRAETEREA, corpus Christi, cum sit organicum, habet partes determinate distantes: est enim de ratione organici corporis determinata distantia singularum partium ab invicem, sicut oculi ab oculo, et oculi ab aure. Sed hoc non posset esse si sub qualibet parte specierum esset totus Christus: oporteret enim quod sub qualibet parte esset quaelibet pars; et ita, ubi esset una pars, esset et alia. Non ergo potest esse quod totus Christus sit sub qualibet parte hostiae vel vini contenti in calice.

ARTIGO 3
Cristo está todo sob qualquer parte das espécies?

QUANTO AO TERCEIRO, ASSIM SE PROCEDE: parece que Cristo **não** está todo sob qualquer parte das espécies.
1. Com efeito, estas espécies podem dividir-se ao infinito. Se, portanto, o Cristo inteiro está sob qualquer parte das ditas espécies, seguir-se-ia que ele estaria aí presente infinitas vezes. Isto é absurdo, já que o infinito é incompatível tanto com a natureza quanto com a graça.
2. ALÉM DISSO, por ser o corpo de Cristo orgânico, suas partes têm determinadas distâncias. Pois, pertence à natureza do corpo orgânico terem as diferentes partes determinada distância entre si, como um olho do outro, os olhos do ouvido. Ora, isso seria impossível se o Cristo inteiro estivesse sob ambas as espécies. Seria necessário, portanto, que qualquer parte estivesse sob qualquer parte, de tal forma que, onde estivesse uma parte, estaria também a outra. Conclui-se então que não pode Cristo inteiro estar presente sob qualquer parte da hóstia, ou do vinho dentro do cálice.

---

6. Q. 74, a. 1 c.
7. In corp.

3 PARALL.: IV *Sent*., dist. 10, a. 3, q.la 3; *Cont. Gent*. IV, c. 67; *Quodlib*. VII, q. 4, a. 1; *in Matth*., c. 26; I *ad Cor*., c. 11, lect. 5.

c. Seria lamentável que a teoria da concomitância, por justificada e cômoda que seja, produzisse a impressão de que uma das espécies é supérflua. Seria fazer pouco caso do valor dos signos, e assim do próprio sacramento.
Os dois primeiros argumentos ainda são utilizados em nossa época; já o terceiro nos é estranho (ver nota 3 sobre a q. 74). Observemos porém que, se esse simbolismo é exato, ele depõe vigorosamente a favor de uma comunhão no cálice "para a saúde da alma". ver também q. 80, a. 12, obj. 3.

3. Praeterea, corpus Christi semper veram retinet corporis naturam, nec unquam mutatur in spiritum. Sed de ratione corporis est ut sit *quantitas positionem habens*, ut patet in *Praedicamentis*[1]. Sed ad rationem huius quantitatis pertinet quod diversae partes in diversis partibus loci existant. Non ergo potest esse, ut videtur, quod totus Christus sit sub qualibet parte specierum.

Sed contra est quod Augustinus dicit, in quodam Sermone: *Singuli accipiunt Christum Dominum: et in singulis portionibus totus est, nec per singulas minuitur, sed integrum se praebet in singulis.*

Respondeo dicendum quod, sicut ex supra[2] dictis patet, quia in hoc sacramento substantia corporis Christi est ex vi sacramenti, quantitas autem dimensiva ex vi realis concomitantiae, corpus Christi est in hoc sacramento per modum substantiae, idest, per modum quo substantia est sub dimensionibus: non autem per modum dimensionum, idest, non per illum modum quo quantitas dimensiva alicuius corporis est sub quantitate dimensiva loci. Manifestum est autem quod natura substantiae tota est sub qualibet parte dimensionum sub quibus continetur: sicut sub qualibet parte aeris est tota natura aeris, et sub qualibet parte panis est tota natura panis. Et hoc indifferenter sive dimensiones sint actu divisae, sicut cum aer dividitur vel panis secatur: vel etiam sint actu indivisae, divisibiles vero potentia. Et ideo manifestum est quod Christus totus est sub qualibet parte specierum panis, etiam hostia integra manente: et non solum cum frangitur, sicut quidam dicunt, ponentes exemplum de imagine quae apparet in speculo, quae una apparet in speculo integro, infracto autem speculo apparent singulae in singulis partibus. Quod quidem non est omnino simile. Quia multiplicatio huiusmodi imaginum accidit in speculo fracto propter diversas reflexiones ad diversas partes speculi: hic autem non est nisi una consecratio propter quam corpus Christi est in sacramento.

Ad primum ergo dicendum quod numerus sequitur divisionem. Et ideo, quandiu quantitas manet indivisa actu, neque substantia alicuius rei est pluries sub dimensionibus propriis, neque

3. Ademais, o corpo de Cristo conserva sempre a verdadeira natureza do corpo e nunca se transforma em espírito. Ora, pertence à natureza do corpo que seja "uma quantidade que tem posição", como está claro em Aristóteles. Ora, pertence à natureza desta quantidade que as diferentes partes existam em diversas partes do espaço. Logo, é impossível, como parece, que o Cristo inteiro possa estar presente sob qualquer parte das espécies.

Em sentido contrário, Agostinho ensina: "Cada um recebe o Cristo Senhor que está todo em cada porção; nem está diminuído em cada uma delas, antes em cada uma se oferece inteiro".

Respondo. Porque neste sacramento a substância do corpo de Cristo está presente pela força do sacramento e a quantidade mensurável pela força da concomitância real, então o corpo de Cristo está neste sacramento a modo de substância, isto é segundo a maneira como a substância está sob as dimensões. Não está, porém, a modo das dimensões, a saber, da maneira pela qual a dimensão de um corpo está presente sob as dimensões do espaço. Por conseguinte, está claro que a natureza da substância está inteira sob qualquer parte das dimensões sob as quais está contida, como, sob qualquer parte do ar está inteira a natureza do ar ou sob qualquer parte do pão está inteira a natureza do pão. Isso vale indiferentemente quer as dimensões estejam de fato divididas, como o ar se divide e o pão se fatia, quer também de fato não estejam divididas, mas sejam potencialmente divisíveis. Portanto, é evidente que Cristo inteiro está sob qualquer parte das espécies do pão, mesmo quando a hóstia permanece inteira e não somente quando ela é partida, como certos autores afirmam, ao darem o exemplo da imagem no espelho. Pois, uma só imagem aparece no espelho inteiro, mas tendo sido quebrado multiplicam-se as imagens em cada pedaço. Mas não é este o caso de modo algum. Pois, a multiplicação de tais imagens acontece no espelho quebrado, porque cada uma se reflete em cada pedaço do espelho. Na Eucaristia, porém, só há uma consagração, pela qual Cristo está presente no sacramento.

Quanto ao 1º, portanto, deve-se dizer que o número decorre da divisão. Por conseguinte, enquanto a quantidade permanecer de fato sem se dividir, a substância de alguma coisa não se

---

1. C. 4: 5, a, 23.
2. A. 1, ad 3.

corpus Christi sub dimensionibus panis. Et per consequens neque infinities, sed toties in quot partes dividitur.

AD SECUNDUM dicendum quod illa determinata distantia partium in corpore organico fundatur super quantitatem dimensivam ipsius: ipsa autem natura substantiae praecedit etiam quantitatem dimensivam. Et quia conversio substantiae panis directe terminatur ad substantiam corporis Christi, secundum cuius modum proprie et directe est in hoc sacramento corpus Christi, talis distantia partium est quidem in ipso corpore Christi vero, sed non secundum hanc distantiam comparatur ad hoc sacramentum, sed secundum modum suae substantiae, ut dictum est[3].

AD TERTIUM dicendum quod ratio illa procedit de natura corporis quam habet secundum quantitatem dimensivam. Dictum est autem[4] quod corpus Christi non comparatur ad hoc sacramentum ratione quantitatis dimensivae, sed ratione substantiae, ut dictum est.

multiplicará sob suas dimensões próprias, nem o corpo de Cristo sob as dimensões do pão. Portanto, ele não se multiplica ao infinito, mas somente quantas vezes o pão é partido.

QUANTO AO 2º, deve-se dizer que aquela determinada distância das partes num organismo funda-se sobre as suas dimensões. A natureza, porém, da substância é anterior a estas dimensões. E porque a conversão da substância do pão se transforma diretamente na substância do corpo de Cristo, conforme a maneira própria e direta de o corpo de Cristo estar neste sacramento, tal distância das partes existe de fato no próprio corpo de Cristo. Ele não se vincula, porém, a este sacramento segundo esta distância, mas em razão da sua substância.

QUANTO AO 3º, deve-se dizer que este argumento vale da natureza do corpo, em sua quantidade mensurável. O corpo de Cristo, porém, não se vincula a este sacramento em razão das dimensões da quantidade, mas em razão da substância.

ARTICULUS 4
Utrum tota quantitas dimensiva corporis Christi sit in hoc sacramento

AD QUARTUM SIC PROCEDITUR. Videtur quod non tota quantitas dimensiva corporis Christi sit in hoc sacramento.

1. Dictum est enim[1] quod totum corpus Christi continetur sub qualibet parte hostiae consecratae. Sed nulla quantitas dimensiva tota continetur in aliquo toto et in qualibet parte eius. Est ergo impossibile quod tota quantitas dimensiva corporis Christi contineatur in hoc sacramento.

2. PRAETEREA, impossibile est duas quantitates dimensivas esse simul, etiam si una sit separata et alia in corpore naturali: ut patet per Philosophum, in III *Metaphys.*[2]. Sed in hoc sacramento remanet quantitas dimensiva panis, ut sensu apparet. Non ergo est ibi quantitas dimensiva corporis Christi.

3. PRAETEREA, si duae quantitates dimensivae inaequales iuxta se ponantur, maior extenditur

ARTIGO 4
Todas as dimensões do corpo de Cristo estão neste sacramento?

QUANTO AO QUARTO, ASSIM SE PROCEDE: parece que todas as dimensões do corpo de Cristo **não** estão neste sacramento.

1. Com efeito, o corpo inteiro de Cristo está presente sob qualquer parte da hóstia consagrada. Ora, nenhuma quantidade mensurável pode conter-se toda ao mesmo tempo em outro todo e em qualquer parte dele. Logo, é impossível que todas as dimensões da quantidade do corpo de Cristo estejam presentes neste sacramento.

2. ALÉM DISSO, é impossível que duas dimensões existam simultaneamente, mesmo que uma esteja separada e outra num corpo natural, como ensina Aristóteles. Ora, neste sacramento permanece a quantidade mensurável do pão, como percebemos pelos sentidos. Logo, aí não podem estar as dimensões do corpo de Cristo.

3. ADEMAIS, se duas dimensões desiguais se sobrepõem, a maior estende-se além da menor.

---

3. In c. et a. 1, ad 3.
4. In c. et ad 2.

PARALL.: IV *Sent.*, dist. 10, a. 2, q.la 3, 4; *Cont. Gent.* IV, 63, 64, 67; *Quodlib.* VII, q. 4, a. 1.
1. A. 3.
2. C. 2: 998, a, 13-14.

ultra minorem. Sed quantitas dimensiva corporis Christi est multo maior quam quantitas dimensiva hostiae eius consecratae, secundum omnem dimensionem. Si ergo in hoc sacramento sit quantitas dimensiva corporis Christi cum quantitate dimensiva hostiae, quantitas dimensiva corporis Christi extendetur ultra quantitatem hostiae. Quae tamen non est sine substantia corporis Christi. Ergo substantia corporis Christi erit in hoc sacramento etiam praeter species panis. Quod est inconveniens, cum substantia corporis Christi non sit in hoc sacramento nisi per consecrationem panis, ut dictum est[3]. Impossibile est ergo quod tota quantitas corporis Christi sit in hoc sacramento.

SED CONTRA est quod quantitas dimensiva corporis alicuius non separatur secundum esse a substantia eius. Sed in hoc sacramento est tota substantia corporis Christi, ut supra[4] habitum est. Ergo tota quantitas dimensiva corporis Christi est in hoc sacramento.

RESPONDEO dicendum quod, sicut supra[5] dictum est, dupliciter aliquid Christi est in hoc sacramento: uno modo, ex vi sacramenti; alio modo, ex naturali concomitantia. Ex vi quidem sacramenti quantitas dimensiva corporis Christi non est in hoc sacramento. Ex vi enim sacramenti est in hoc sacramento illud in quod directe conversio terminatur. Conversio autem quae fit in hoc sacramento, terminatur directe ad substantiam corporis Christi, non autem ad dimensiones eius. Quod patet ex hoc quod quantitas dimensiva remanet facta consecratione, sola substantia panis transeunte. — Quia tamen substantia corporis Christi realiter non denudatur a sua quantitate dimensiva et ab aliis accidentibus, inde est quod, ex vi realis concomitantiae, est in hoc sacramento tota quantitas dimensiva corporis Christi, et omnia alia accidentia eius.

AD PRIMUM ergo dicendum quod modus existendi cuiuslibet rei determinatur secundum illud quod est ei per se, non autem secundum illud quod est ei per accidens: sicut corpus est in visu secundum quod est album, non autem secundum quod est dulce, licet idem corpus sit album et dulce. Unde et dulcedo est in visu secundum modum albedinis,

Ora, as dimensões do corpo de Cristo são muito maiores do que as da hóstia consagrada sob qualquer aspecto que elas sejam consideradas. Por isso, se existem neste sacramento as dimensões do corpo de Cristo com as da hóstia, as dimensões do corpo de Cristo estendem-se para além das da hóstia[d]. Ora, esta não existe sem a substância do corpo de Cristo. Portanto, a substância do corpo de Cristo estará presente neste sacramento também além das espécies do pão. O que é um absurdo, uma vez que a substância do corpo de Cristo não se faz presente neste sacramento a não ser pela consagração do pão. É impossível, portanto, que toda a quantidade do corpo de Cristo esteja presente neste sacramento.

EM SENTIDO CONTRÁRIO, as dimensões de um corpo não se separam na realidade de sua substância. Ora, neste sacramento a substância inteira do corpo de Cristo está presente. Portanto, todas as dimensões do corpo de Cristo estão presentes neste sacramento.

RESPONDO. A realidade de Cristo pode estar no sacramento de dois modos: pela força do sacramento e pela concomitância real. Pela força do sacramento, as dimensões do corpo de Cristo não estão neste sacramento. Pela força do sacramento, está neste sacramento aquilo em que a conversão termina diretamente. A conversão eucarística termina diretamente na substância do corpo de Cristo, não, porém, nas suas dimensões. Isso se evidencia pelo fato de que a quantidade mensurável do pão permanece depois da consagração, que converte somente a substância do pão. — Porque a substância do corpo de Cristo realmente não se despoja de suas dimensões e dos outros acidentes, daí se segue que pela força da concomitância real estejam presentes neste sacramento todas as dimensões do corpo de Cristo e todos os seus acidentes.

QUANTO AO 1º, portanto, deve-se dizer que o modo de existência de uma coisa se determina em razão do que lhe é essencial e não do que é acidental. Assim, por exemplo, um corpo é visível, porque é branco e não porque é doce, posto que tal coisa possa ser, ao mesmo tempo, branca e doce. Por isso, a doçura é visível em razão da brancura e

---

3. A. 2, 3 a.
4. A. 1, 3.
5. A. 1.

d. Eis um desses falsos problemas que Sto. Tomás desmontou de antemão indicando que o corpo de Cristo não está no sacramento por modo de quantidade (ver nota 2 desta questão). Os artigos 5 e 6 são corolários que procedem da mesma asserção: presença por modo de substância e não de quantidade.

et non secundum modum dulcedinis. Quia igitur ex vi sacramenti huius est in altari substantia corporis Christi, quantitas autem dimensiva eius est ibi concomitanter et quasi per accidens, ideo quantitas dimensiva corporis Christi est in hoc sacramento, non secundum proprium modum, ut scilicet sit totum in toto et singulae partes in singulis partibus; sed per modum substantiae, cuius natura est tota in toto et tota in qualibet parte.

AD SECUNDUM dicendum quod duae quantitates dimensivae non possunt naturaliter simul esse in eodem ita quod utraque sit secundum proprium modum quantitatis dimensivae. In hoc autem sacramento quantitas dimensiva panis est secundum proprium modum, scilicet secundum commensurationem quandam: non autem quantitas dimensiva corporis Christi, sed est ibi per modum substantiae, ut dictum est[6].

AD TERTIUM dicendum quod quantitas dimensiva corporis Christi non est in hoc sacramento secundum modum commensurationis, qui est proprius quantitati, ad quem pertinet quod maior quantitas extendatur ultra minorem: sed est ibi per modum iam[7] dictum.

não da doçura. Assim, pois, pela força deste sacramento está presente no altar a substância do corpo de Cristo, enquanto que suas dimensões aí estão por via de concomitância, como que acidentalmente. Por conseguinte, as dimensões do corpo de Cristo estão neste sacramento, não em seu modo próprio, isto é como se fosse o todo no todo e cada parte em cada parte; mas a modo de substância, cuja natureza é de toda ela estar no todo e em cada parte.

QUANTO AO 2º, deve-se dizer que duas dimensões não podem naturalmente estar ao mesmo tempo no mesmo ser de modo que as duas aí se encontrem conforme o modo próprio da quantidade mensurável. Contudo, neste sacramento a dimensão do pão está segundo seu modo próprio, isto é segundo certa medida determinada; enquanto as dimensões do corpo de Cristo estão aí pelo modo da substância.

QUANTO AO 3º, deve-se dizer que as dimensões do corpo de Cristo não estão neste sacramento segundo o modo duma medida determinada, que é o modo próprio da quantidade, segundo o qual o maior se estende para além do menor; mas elas aí estão pelo modo da substância.

ARTICULUS 5
Utrum corpus Christi sit
in hoc sacramento sicut in loco

AD QUINTUM SIC PROCEDITUR. Videtur quod corpus Christi sit in hoc sacramento sicut in loco.

1. Esse enim in aliquo definitive vel circumscriptive est pars eius quod est esse in loco. Sed corpus Christi videtur esse definitive in hoc sacramento: quia ita est ubi sunt species panis vel vini, quod non est in alio loco altaris. Videtur etiam ibi esse circumscriptive: quia ita continetur superficie hostiae consecratae quod nec excedit nec exceditur. Ergo corpus Christi est in hoc sacramento sicut in loco.

2. PRAETEREA, locus specierum panis non est vacuus: natura enim non patitur vacuum. Nec est ibi substantia panis, ut supra[1] habitum est, sed

ARTIGO 5
O corpo de Cristo está neste
sacramento como num lugar?

QUANTO AO QUINTO, ASSIM SE PROCEDE: parece que o corpo de Cristo **está** neste sacramento como num lugar.

1. Com efeito, o fato de estar nalguma coisa de modo limitado ou circunscritivo significa existir como parte desta coisa num lugar. Ora, o corpo de Cristo parece estar de modo limitado neste sacramento, já que está lá onde estão as espécies de pão e vinho e não em outro lugar do altar. Parece também aí estar de modo circunscritivo, uma vez que ele está delimitado pela superfície da hóstia consagrada, de modo que não a exceda nem seja excedido. Logo, o corpo de Cristo está neste sacramento como num lugar.

2. ALÉM DISSO, o lugar das espécies de pão não é vazio, já que a natureza não suporta o vazio. Nem está aí a substância do pão, mas aí está somente o

---

6. Ad 1.
7. Ad 1 et 2.

5   PARALL.: Supra, q. 75, a. 1, ad 3; IV *Sent.*, dist. 10, a. 1, ad 5 sqq.; a. 2, q.la 3, ad 4; a. 3, q.la 1, 2; *Cont. Gent.* IV, 62, 64, 67; Opusc. XI, *de 36 Artic.*, art. 33.

1. Q. 75, a. 2.

est ibi solum corpus Christi. Ergo corpus Christi replet locum illum. Sed omne quod replet locum aliquem, est in eo localiter. Ergo corpus Christi est in hoc sacramento localiter.

3. Praeterea, in hoc sacramento, sicut dictum est[2], corpus Christi est cum sua quantitate dimensiva et cum omnibus suis accidentibus. Sed esse in loco est accidens corporis: unde et *ubi* connumeratur inter novem genera accidentium. Ergo corpus Christi est in hoc sacramento localiter.

Sed contra est quod oportet locum et locatum esse aequalia: ut patet per Philosophum, in IV *Physic*.[3]. Sed locus ubi est hoc sacramentum, est multo minor quam corpus Christi. Ergo corpus Christi non est in hoc sacramento sicut in loco.

Respondeo dicendum quod, sicut iam[4] dictum est, corpus Christi non est in hoc sacramento secundum proprium modum quantitatis dimensivae, sed magis secundum modum substantiae. Omne autem corpus locatum est in loco secundum modum quantitatis dimensivae, inquantum scilicet commensuratur loco secundum suam quantitatem dimensivam. Unde relinquitur quod corpus Christi non est in hoc sacramento sicut in loco, sed per modum substantiae: eo scilicet modo quo substantia continetur a dimensionibus. Succedit enim substantia corporis Christi in hoc sacramento substantiae panis. Unde, sicut substantia panis non erat sub suis dimensionibus localiter, sed per modum substantiae, ita nec substantia corporis Christi. Non tamen substantia corporis Christi est subiectum illarum dimensionum, sicut erat substantia panis. Et ideo panis ratione suarum dimensionum localiter erat ibi: quia comparabatur ad locum mediantibus propriis dimensionibus. Substantia autem corporis Christi comparatur ad locum illum mediantibus dimensionibus alienis: ita quod e converso dimensiones propriae corporis Christi comparantur ad locum illum mediante substantia. Quod est contra rationem corporis locati. Unde nullo modo corpus Christi est in hoc sacramento localiter.

Ad primum ergo dicendum quod corpus Christi non est in hoc sacramento definitive: quia sic non esset alibi quam in hoc altari ubi conficitur hoc sacramentum; cum tamen sit et in caelo in

corpo de Cristo. Portanto, o corpo de Cristo ocupa aquele lugar. Ora, tudo o que ocupa um lugar está aí como num lugar. Logo, o corpo de Cristo está neste sacramento como num lugar.

3. Ademais, neste sacramento, o corpo de Cristo está com suas dimensões e com todos os seus acidentes. Ora, estar num lugar é um acidente do corpo, daí que o "onde" é considerado entre os nove gêneros de acidentes. Logo, o corpo de Cristo está neste sacramento como num lugar.

Em sentido contrário, é necessário que o lugar e a coisa localizada sejam iguais, como ensina o Filósofo. Ora, o lugar em que está este sacramento é muito menor que o corpo de Cristo. Logo, o corpo de Cristo não está neste sacramento como num lugar.

Respondo. O corpo de Cristo não está neste sacramento segundo o modo próprio da quantidade mensurável, mas antes segundo o modo da substância. Todo corpo localizado, porém, está num lugar segundo o modo da quantidade mensurável, enquanto é circunscrito pelo lugar segundo sua quantidade mensurável. Daí se segue que o corpo de Cristo não está neste sacramento como num lugar, mas a modo de substância, isto é, àquele modo pelo qual a substância é contida por suas dimensões. A substância do corpo de Cristo neste sacramento substitui a substância do pão. Por isso, assim como a substância do pão não estava sob as suas dimensões como num lugar, mas a modo de substância, assim também a substância do corpo de Cristo. A substância do corpo de Cristo, porém, não está submetida àquelas dimensões, como estava a do pão. Com efeito, o pão pela natureza de suas dimensões estava aí como num lugar, já que ele se vinculava ao lugar por suas dimensões próprias. A substância do corpo de Cristo, pelo contrário, se liga àquele lugar por meio de dimensões que lhe são alheias. Assim, pois, as dimensões próprias do corpo de Cristo se ligam àquele lugar por meio da substância. O que é contrário à natureza do corpo localizado. Daí se conclui que o corpo de Cristo não está neste sacramento como num lugar.

Quanto ao 1º, portanto, deve-se dizer que o corpo de Cristo não está neste sacramento de modo limitado, porque do contrário não poderia estar em outro lugar, a não ser neste altar onde

---

2. A. 4.
3. C. 4: 211, a, 2-6.
4. A. 1, ad 3; a. 3.

propria specie, et in multis aliis altaribus sub specie sacramenti. Similiter etiam patet quod non est in hoc sacramento circumscriptive: quia non est ibi secundum commensurationem propriae quantitatis, ut dictum est[5]. Quod autem non est extra superficiem sacramenti, nec est in alia parte altaris, non pertinet ad hoc quod sit ibi definitive vel circumscriptive: sed ad hoc quod incoepit ibi esse per consecrationem et conversionem panis et vini, ut supra[6] dictum est.

AD SECUNDUM dicendum quod locus ille in quo est corpus Christi, non est vacuus. Neque tamen proprie est repletus substantia corporis Christi, quae non est ibi localiter, sicut dictum est[7]. Sed est repletus speciebus sacramentorum, quae habent replere locum vel propter naturam dimensionum; vel saltem miraculose, sicut et miraculose subsistunt per modum substantiae.

AD TERTIUM dicendum quod accidentia corporis Christi sunt in hoc sacramento, sicut supra[8] dictum est, secundum realem concomitantiam. Et ideo illa accidentia corporis Christi sunt in hoc sacramento quae sunt ei intrinseca. Esse autem in loco est accidens per comparationem ad extrinsecum continens. Et ideo non oportet quod Christus sit in hoc sacramento sicut in loco.

se celebra este sacramento. Ora, ele está no céu com sua própria figura e em muitos outros altares sob a espécie do sacramento. De maneira igual é evidente que ele não está neste sacramento de maneira circunscritiva, porque não está aí conforme a medida de suas dimensões. O que não está fora da superfície do sacramento nem está em outra parte do altar, não significa que está aí de modo limitado ou circunscritivo, mas que começa a existir pela consagração e conversão do pão e do vinho.

QUANTO AO 2º, deve-se dizer que o lugar em que está o corpo de Cristo não está vazio. Nem também, propriamente falando, está ocupado com a substância do corpo de Cristo, que não está aí como num lugar. Mas está ocupado com as espécies dos sacramentos, que preenchem o lugar, ou por causa da natureza de suas dimensões ou pelo menos de maneira milagrosa, como milagrosamente subsistem a modo de substância.

QUANTO AO 3º, deve-se dizer que os acidentes do corpo de Cristo estão neste sacramento, como se disse, por concomitância real. Por isso, estão neste sacramento os acidentes do corpo de Cristo que lhe são intrínsecos. Ora, estar num lugar é um acidente em relação ao continente extrínseco. Portanto, o corpo de Cristo não está neste sacramento como num lugar.

ARTICULUS 6
Utrum corpus Christi sit mobiliter in hoc sacramento

AD SEXTUM SIC PROCEDITUR. Videtur quod corpus Christi sit mobiliter in hoc sacramento.

1. Dicit enim Philosophus, in II *Topic.*[1], quod, *moventibus nobis, moventur ea quae in nobis sunt.* Quod quidem verum est etiam de spirituali substantia animae. Sed Christus est in hoc sacramento, ut supra[2] habitum est. Ergo movetur ad motum ipsius.

2. PRAETEREA, veritas debet respondere figurae. Sed de agno paschali, qui erat figura huius sa-

ARTIGO 6
O corpo de Cristo move-se com o movimento da hóstia ou do cálice depois da consagração?

QUANTO AO SEXTO, ASSIM SE PROCEDE: parece que o corpo de Cristo **move-se** com o movimento da hóstia ou do cálice depois da consagração.

1. Com efeito, o Filósofo diz: "Se nós nos movemos, move-se tudo o que está em nós". O que vale também da substância espiritual da alma. Ora, Cristo está neste sacramento. Logo, ele se move com o movimento dele.

2. ALÉM DISSO, a verdade deve corresponder à figura. Ora, o livro do Êxodo prescreve a respeito

---
5. In corp.
6. A. 1; q. 75, a. 2-6.
7. In c.
8. A. 4.

PARALL.: IV *Sent.*, dist. 10, a. 3, q.la 4; Opusc. IX, *de 36 Artic.*, a. 34.

1. C. 7: 113, a, 29.
2. A. 1.

cramenti, *non remanebat quidquam usque mane*, sicut praecipitur Ex 12,10. Ergo neque etiam, si hoc sacramentum reservetur in crastinum, erit ibi corpus Christi. Et ita non est immobiliter in hoc sacramento.

3. Praeterea, si corpus Christi remaneat sub hoc sacramento etiam in crastino, pari ratione remanebit et per totum sequens tempus: non enim potest dici quod desinat ibi esse cessantibus speciebus, quia esse corporis Christi non dependet a speciebus illis. Non autem remanet sub hoc sacramento Christus per totum tempus futurum. Videtur ergo quod statim in crastino, vel post modicum tempus, desinat esse sub hoc sacramento. Et ita videtur quod Christus mobiliter sit in hoc sacramento.

Sed contra, impossibile est idem esse motum et quietum: quia sic contradictoria verificarentur de eodem. Sed corpus Christi in caelo quietum residet. Non ergo est mobiliter in hoc sacramento.

Respondeo dicendum quod, cum aliquid est unum subiecto et multiplex secundum esse, nihil prohibet secundum aliquid moveri et secundum aliud immobile permanere: sicut corpori aliud est esse album, et aliud est esse magnum, unde potest moveri secundum albedinem, et permanere immobile secundum magnitudinem. Christo autem non est idem esse secundum se, et esse sub sacramento: quia per hoc ipsum quod dicimus ipsum esse sub sacramento, significatur quaedam habitudo eius ad hoc sacramentum. Secundum igitur hoc esse non movetur Christus per se secundum locum, sed solum per accidens. Quia Christus non est in hoc sacramento sicut in loco, sicut praedictum est[3]: quod autem non est in loco, non movetur per se in loco, sed solum ad motum eius in quo est.

Similiter autem neque per se movetur, secundum esse quod habet in hoc sacramento, quacumque alia mutatione: puta quantum ad hoc quod desinat esse sub hoc sacramento. Quia illud quod de se habet esse indeficiens, non potest esse deficiendi principium: sed, alio deficiente, hoc desinit esse in eo; sicut Deus, cuius esse est indeficiens et immortale, desinit esse in aliqua creatura corruptibili per hoc quod creatura corruptibilis desinit esse. Et hoc modo, cum Christus habeat

do cordeiro pascal, figura deste sacramento que nada deveria sobrar para o outro dia". Logo, se este sacramento for guardado para o dia seguinte, aí não estará o corpo de Cristo. Assim, ele não está neste sacramento de modo imóvel.

3. Ademais, se o corpo de Cristo permanece neste sacramento também no dia seguinte, com igual razão permanecerá todo o tempo ulterior. Por isso, não se pode dizer que ele cesse de estar aí com o desaparecimento das espécies uma vez que o existir do corpo de Cristo não depende das espécies. No entanto, Cristo não permanece neste sacramento por todo o tempo futuro. Parece que logo no dia seguinte ou um pouco depois cessa de estar neste sacramento. Por isso, parece que Cristo se move neste sacramento.

Em sentido contrário, é impossível que alguma coisa esteja ao mesmo tempo em movimento e em repouso, pois assim se aceitariam afirmações contraditórias de uma mesma realidade. Ora, o corpo de Cristo está no céu em repouso. Portanto, não pode mover-se neste sacramento.

Respondo. Nada impede que uma realidade, que seja una por seu sujeito e múltipla pelo seu modo de existir, se mova sob um aspecto e esteja em repouso sob outro. Assim, um objeto que é branco sob um aspecto e grande sob outro, pode mover-se segundo o aspecto da brancura e permanecer imóvel segundo o tamanho. Ora, Cristo não tem o mesmo modo de existir em si mesmo e na forma sacramental. Com efeito, pelo fato de dizermos que ele está no sacramento, já queremos significar uma certa maneira de ele relacionar-se com este sacramento. Segundo esse modo de existir, Cristo não se move localmente por ele próprio, mas somente acidentalmente. Pois Cristo não está neste sacramento como num lugar. Assim, o que não está num lugar, não pode segundo sua natureza mover-se localmente, mas somente pelo movimento daquilo em que ele está.

Igualmente, não se move por si mesmo, conforme o modo de existir que tem neste sacramento, por qualquer outra mudança, por exemplo, quando cessa de estar neste sacramento. Porque aquilo que por sua natureza tem um ser indefectível, não pode ser princípio de deficiência. Mas, quando um outro ser desaparece, o ser indefectível é afetado com tal carência. Assim, por exemplo, Deus, que é um ser indefectível e imortal, deixa de existir numa criatura corruptível quando esta

---

3. A. 5.

esse indeficiens et incorruptibile, non desinit esse sub sacramento neque per hoc quod ipsum desinat esse, neque etiam per motum localem sui, ut ex dictis patet: sed solum per hoc quod species huius sacramenti desinunt esse.

Unde patet quod Christus, per se loquendo, immobiliter est in hoc sacramento.

AD PRIMUM ergo dicendum quod ratio illa procedit de motu per accidens, quo ad motum nostri moventur ea quae in nobis sunt. Aliter tamen ea quae per se possunt esse in loco, sicut corpora: et aliter ea quae per se non possunt esse in loco, sicut formae et spirituales substantiae. Ad quem modum potest reduci quod dicimus Christum moveri per accidens secundum esse quod habet in hoc sacramento, in quo non est sicut in loco.

AD SECUNDUM dicendum quod hac ratione moti videntur fuisse quidam ponentes quod corpus Christi non remanet sub hoc sacramento si in crastinum reservetur. Contra quos Cyrillus dicit[4]: *Insaniunt quidam dicentes mysticam benedictionem a sanctificatione cessare si quae reliquiae remanserint eius in diem subsequentem. Non enim mutabitur sacrosanctum corpus Christi, sed virtus benedictionis et vivificativa gratia iugis in eo est.* Sicut et omnes aliae consecrationes immobiliter manent, permanentibus rebus consecratis: propter quod non iterantur. Veritas autem licet figurae respondeat, tamen figura non potest eam adaequare.

AD TERTIUM dicendum quod corpus Christi remanet in hoc sacramento non solum in crastinum, sed etiam in futurum, quousque species sacramentales manent. Quibus cessantibus, desinit esse corpus Christi sub eis, non quia ab eis dependeat, sed quia tollitur habitudo corporis Christi ad illas species. Per quem modum Deus desinit esse Dominus creaturae desinentis.

deixa de existir. Desta maneira, como Cristo tem um ser indefectível e incorruptível, ele não cessa de estar presente neste sacramento nem pelo fato de deixar de existir nem também pelo movimento local, mas somente pelo fato de as espécies deste sacramento cessarem de existir.

Donde se segue que, falando de maneira própria, Cristo não se move neste sacramento.

QUANTO AO 1º, portanto, deve-se dizer que o argumento aduzido vale do movimento acidental, pelo qual acompanham o nosso movimento aquelas coisas que estão em nós. Mas ele se aplica diferentemente para as coisas que, por sua natureza, podem estar num lugar, como os corpos, e para as coisas que, por sua natureza, não podem estar num lugar, como as formas e substâncias espirituais. A este último modo se refere o dizer que Cristo se move acidentalmente conforme o modo de existir que tem neste sacramento, a saber não como num lugar.

QUANTO AO 2º, deve-se dizer que alguns defendem, por causa do argumento do movimento, que o corpo de Cristo não permanece neste sacramento, se ele é guardado para o dia seguinte. Mas Cirilo refuta-os: "Deliram aqueles que dizem cessar a bênção sacramental, se se conservam as hóstias para o dia seguinte. O santíssimo corpo de Cristo não se muda, já que o poder da bênção e a graça vivificadora permanente estão nele."[e] Por isso, as outras consagrações não se repetem, porque elas permanecem sem mudança, se as coisas consagradas são conservadas. Mesmo que a realidade deva corresponder à figura, contudo esta não coincide totalmente com aquela.

QUANTO AO 3º, deve-se dizer que o corpo de Cristo permanece neste sacramento não só para o dia seguinte, mas também para depois, enquanto as espécies sacramentais permanecerem. Quando estas cessam de existir, o corpo de Cristo também deixa de estar sob elas, não porque delas dependa, mas porque desaparece a relação do corpo de Cristo àquelas espécies. é assim que Deus deixa de ser Senhor da criatura quando esta desaparece.

---

4. Epist. 83 *ad Calosyrium*: MG 76, 1076 A (= MG 77, 375 B).

e. As r. 2 e 3 justificam a prática da Santa Reserva. A Reforma rompeu com esse costume, mesmo nas Igrejas que, como a Igreja evangélica luterana, mantêm a crença na presença real. A presença só seria real no uso do sacramento, o que é ir no sentido oposto do adágio tomista: "esse sacramento se realiza plenamente na própria consagração da matéria".

Articulus 7
Utrum corpus Christi prout est in hoc sacramento, possit videri ab aliquo oculo, saltem glorificato

AD SEPTIMUM SIC PROCEDITUR. Videtur quod corpus Christi prout est in hoc sacramento, possit videri ab aliquo oculo, saltem glorificato.
1. Oculus enim noster impeditur a visione corporis Christi in hoc sacramento existentis, propter species sacramentales ipsum circumvelantes. Sed oculus glorificatus non potest ab aliquo impediri, quin corpora quaelibet videat prout sunt. Ergo oculus glorificatus potest videre corpus Christi prout est in hoc sacramento.
2. PRAETEREA, corpora gloriosa sanctorum erunt *configurata corpori claritatis Christi*, ut dicitur Philp 3,21. Sed oculus Christi videt seipsum prout est in hoc sacramento. Ergo pari ratione quilibet alius oculus glorificatus potest ipsum videre.

3. PRAETEREA, sancti in resurrectione erunt *aequales angelis*, ut dicitur Lc 20,36. Sed angeli vident corpus Christi prout est in hoc sacramento: quia etiam daemones inveniuntur huic sacramento reverentiam exhibere, et ipsum timere. Ergo pari ratione oculus glorificatus potest ipsum videre prout est in hoc sacramento.
SED CONTRA, nihil idem existens potest simul ab eodem videri in diversis speciebus. Sed oculus glorificatus semper videt Christum prout est in sua specie: secundum illud Is 33,17: *Regem in decore suo videbunt*. Ergo videtur quod non videat Christum prout est sub specie huius sacramenti.

RESPONDEO dicendum quod duplex est oculus: scilicet corporalis, proprie dictus; et intellectualis, qui per similitudinem dicitur. A nullo autem oculo corporali corpus Christi potest videri prout est in hoc sacramento. Primo quidem, quia corpus visibile per sua accidentia immutat medium. Accidentia autem corporis Christi sunt in hoc sacramento mediante substantia: ita scilicet quod accidentia corporis Christi non habent immediatam habitudinem neque ad hoc sacramentum, neque ad corpora quae ipsum circumstant. Et ideo non possunt immutare medium, ut sic ab aliquo corporali oculo videri possint.
Secundo quia, sicut supra[1] dictum est, corpus Christi est in hoc sacramento per modum substan-

Artigo 7
O corpo de Cristo neste sacramento pode ser visto por algum olho, ao menos glorificado?

QUANTO AO SÉTIMO, ASSIM SE PROCEDE: parece que o corpo de Cristo **pode** neste sacramento ser visto por algum olho, ao menos glorificado.
1. Com efeito, os nossos olhos estão impedidos de ver o corpo de Cristo neste sacramento por causa das espécies sacramentais que o encobrem. Ora, os olhos glorificados não podem em nada ser impedidos de ver os corpos tais quais são. Logo, os olhos glorificados podem ver o corpo de Cristo como ele está neste sacramento.
2. ALÉM DISSO, os corpos gloriosos dos santos "tornam-se semelhantes ao corpo glorioso de Cristo" como está em Filipenses. Ora, os olhos de Cristo veem a si mesmo tal qual está neste sacramento. Logo, pela mesma razão, quaisquer olhos glorificados podem vê-lo.
3. ADEMAIS, diz o Evangelho de Lucas que os santos na ressurreição serão "iguais aos anjos". Ora, os anjos veem o corpo de Cristo tal qual está neste sacramento. Até mesmo os demônios demonstram reverência e temem diante deste sacramento. Logo, pela mesma razão, os olhos glorificados podem vê-lo tal qual está neste sacramento.
EM SENTIDO CONTRÁRIO, uma mesma coisa não pode ser ao mesmo tempo vista por um mesmo observador sob diversas figuras. Ora, os olhos glorificados estão sempre a ver a Cristo na sua própria figura, como diz o profeta: "Teus olhos contemplarão o rei na sua beleza". Portanto, parece que eles não veem a Cristo como está sob a espécie deste sacramento.
RESPONDO. Há dois tipos de olhos: os do corpo, os olhos no sentido próprio, e os da inteligência, entendidos de maneira metafórica. Ninguém pode ver o corpo de Cristo com os olhos corporais tal qual está no sacramento. Antes de tudo, porque o corpo se faz visível modificando o meio pelos seus acidentes. Ora, os acidentes do corpo de Cristo estão neste sacramento por meio da substância, de tal maneira que eles não têm nenhuma relação imediata com este sacramento nem com os corpos que o circundam. Por isso, não podem modificar o meio de maneira que pudessem ser vistos por algum olho corporal.
Em seguida, o corpo de Cristo está neste sacramento a modo de substância. A substância,

---

7 PARALL.: Infra, a. 8; IV *Sent*., dist. 10, a. 4, q.la 1, 4, 5.

1. A. 1, ad 3; a. 3.

tiae. Substantia autem, inquantum huiusmodi, non est visibilis oculo corporali, neque subiacet alicui sensui, neque imaginationi, sed soli intellectui, cuius obiectum est *quod quid est*, ut dicitur in III *de Anima*[2]. Et ideo, proprie loquendo, corpus Christi, secundum modum essendi quem habet in hoc sacramento, neque sensu neque imaginatione perceptibile est: sed solo intellectu, qui dicitur oculus spiritualis.

Percipitur autem diversimode a diversis intellectibus. Quia enim modus essendi quo Christus est in hoc sacramento, est penitus supernaturalis, a supernaturali intellectu, scilicet divino, secundum se visibilis est: et per consequens ab intellectu beato vel angeli vel hominis, qui secundum participatam claritatem divini intellectus videt ea quae supernaturalia sunt, per visionem divinae essentiae. Ab intellectu autem hominis viatoris non potest conspici nisi per fidem: sicut et cetera supernaturalia. Sed nec etiam intellectus angelicus, secundum sua naturalia, sufficit ad hoc intuendum. Unde daemones non possunt videre per intellectum Christum in hoc sacramento, nisi per fidem: cui non voluntate assentiunt, sed ad eam signorum evidentia convincuntur, prout dicitur, Iac 2,19, quod *daemones credunt et contremiscunt*.

AD PRIMUM ergo dicendum quod oculus noster corporeus per species sacramentales impeditur a visione corporis Christi sub eis existentis, non solum per modum tegumenti, sicut impedimur videre id quod est velatum quocumque corporali velamine: sed quia corpus Christi non habet habitudinem ad medium quod circumstat hoc sacramentum mediantibus propriis accidentibus sed mediantibus speciebus sacramentalibus.

AD SECUNDUM dicendum quod oculus corporalis Christi videt seipsum sub sacramento existentem: non tamen potest videre ipsum modum essendi quo est sub sacramento, quod pertinet ad intellectum. Nec tamen est simile de alio oculo glorioso: quia et ipse oculus Christi est sub hoc sacramento; in quo non conformatur ei alius oculus gloriosus.

AD TERTIUM dicendum quod angelus bonus vel malus non potest aliquid videre oculo corporeo, sed solum oculo intellectuali. Unde non est similis ratio, ut ex dictis[3] patet.

por sua vez, enquanto tal, não é visível aos olhos do corpo, nem é atingível por algum sentido nem pela imaginação, mas somente pela inteligência, cujo objeto é a "essência das coisas", como ensina Aristóteles. Portanto, falando com propriedade de termos, o corpo de Cristo, segundo a maneira de existir neste sacramento, não é perceptível nem pelos sentidos, nem pela imaginação, mas somente pelo intelecto, chamada de olho espiritual.

Ele é percebido de modo diferente conforme os diversos tipos de intelectos. Porque a maneira de existir de Cristo neste sacramento é profundamente sobrenatural, torna-se nela mesma visível ao intelecto sobrenatural, isto é, divino e consequentemente ao intelecto bem-aventurado dos anjos e dos seres humanos que, participando da claridade do intelecto divino, veem as realidades sobrenaturais na visão da essência divina. O intelecto do homem nesta terra não pode vê-la a não ser na fé, como aliás as outras realidades sobrenaturais. Nem mesmo o intelecto dos anjos, segundo sua potência natural, é capaz de intuir essa presença. Os demônios, por sua vez, não podem ver a Cristo neste sacramento pelo intelecto a não ser pela fé, a que, aliás, eles não aderem pela vontade, mas simplesmente são convencidos pela evidência dos sinais, como diz a Carta de Tiago: "Os demônios também creem e tremem."

QUANTO AO 1º, portanto, deve-se dizer que os nossos olhos do corpo não conseguem ver pelas espécies sacramentais o corpo de Cristo que existe sob elas, pois elas não somente o encobrem, assim como não conseguimos ver o que está escondido debaixo de qualquer véu corporal, mas também porque o corpo de Cristo está em relação com o meio que circunda este sacramento, não mediante os próprios acidentes, mas mediante as espécies sacramentais.

QUANTO AO 2º, deve-se dizer que os olhos corporais de Cristo veem a si mesmo existindo neste sacramento. Contudo não podem ver o seu próprio modo de existir neste sacramento, porque tal pertence ao intelecto. Não se pode falar da mesma maneira dos outros olhos glorificados. Pois os olhos de Cristo estão sob este sacramento, enquanto os outros olhos glorificados não se lhes assemelham neste ponto.

Quanto ao 3º, deve-se dizer que o anjo bom ou mau nada pode ver com os olhos corporais, mas somente com os olhos da inteligência. Por isso, não vale o argumento.

---

2. C. 6: 430, b, 27-31.
3. In corp.

Articulus 8
Utrum, quando in hoc sacramento miraculose apparet vel caro vel puer, sit ibi vere Corpus Christi

AD OCTAVUM SIC PROCEDITUR. Videtur quod, quando in hoc sacramento miraculose apparet vel caro vel puer, quod non sit ibi vere corpus Christi.

1. Corpus enim Christi desinit esse sub hoc sacramento quando desinunt esse species sacramentales, ut dictum est[1]. Sed quando apparet caro vel puer, desinunt esse species sacramentales. Ergo non est ibi vere corpus Christi.

2. PRAETEREA, ubicumque est corpus Christi, vel est ibi sub specie propria, vel sub specie sacramenti. Sed quando tales apparitiones fiunt, manifestum est quod non est ibi Christus sub specie propria: quia in hoc sacramento totus Christus continetur, qui permanet integer in forma qua ascendit in caelum; cum tamen id quod miraculose apparet in hoc sacramento, quandoque videatur ut quaedam parva caro, quandoque autem ut parvus puer. Manifestum est etiam quod non est ibi sub specie sacramenti, quae est species panis vel vini. Ergo videtur quod corpus Christi nullo modo sit ibi.

3. PRAETEREA, corpus Christi incipit esse in hoc sacramento per consecrationem et conversionem, ut supra[2] dictum est. Sed caro aut sanguis miraculose apparens non sunt consecrata, nec conversa in verum corpus et sanguinem Christi. Non ergo sub his speciebus est corpus vel sanguis Christi.

SED CONTRA est quod, tali apparitione facta, eadem reverentia exhibetur ei quod apparet, quae et prius exhibebatur. Quod quidem non fieret si non vere esset ibi Christus, cui reverentiam latriae exhibemus. Ergo, etiam tali apparitione facta, Christus est sub hoc sacramento.

RESPONDEO dicendum quod dupliciter contingit talis apparitio, qua quandoque in hoc sacramento

Artigo 8
O verdadeiro corpo de Cristo está neste sacramento quando milagrosamente aparece carne ou uma criança?

QUANTO AO OITAVO, ASSIM SE PROCEDE: parece que o verdadeiro corpo de Cristo **não** está neste sacramento, quando milagrosamente aparece carne ou uma criança.

1. Com efeito, o corpo de Cristo cessa de estar presente neste sacramento quando cessam as espécies sacramentais. Ora, quando aparece carne ou uma criança, cessam de estar presentes as espécies sacramentais. Logo, o corpo verdadeiro de Cristo não está aí.

2. ALÉM DISSO, em todo lugar em que estiver o corpo de Cristo, está aí ou com a figura própria ou sob a espécie do sacramento. Ora, quando tais aparições acontecem, é claro que Cristo não está aí com sua figura própria. Pois, neste sacramento está presente Cristo todo inteiro que permanece íntegro com a forma com a qual subiu aos céus, enquanto, porém, o que aparece milagrosamente neste sacramento, se vê, ora como carne, ora como um menino pequeno. Também é evidente que não está sob a espécie do sacramento, que é a do pão e do vinho. Logo, parece o corpo de Cristo não está aí de nenhum modo.

3. ADEMAIS, o corpo de Cristo começa a estar presente neste sacramento pela consagração e conversão. Ora, a carne ou o sangue, que aparecem milagrosamente, não surgem da consagração nem da conversão no verdadeiro corpo e sangue de Cristo. Logo, o corpo e sangue de Cristo não está presente sob estas espécies.

EM SENTIDO CONTRÁRIO, quando acontece uma aparição, atribui-se-lhe a mesma reverência que ao que antes já existia. Isso não seria possível, se aí já não estivesse Cristo, a quem se atribui o culto de latria. Portanto, mesmo acontecendo a aparição, Cristo está presente neste sacramento[f].

RESPONDO. Tal aparição pode acontecer de dois modos. Às vezes, veem-se milagrosamente neste

---

8 PARALL.: IV *Sent.*, dist. 10, a. 3, q.la 2.
1. A. 6.
2. A. 1; q. 75, a. 2-6.

f. Esses fenômenos curiosos parecem bastante habituais a Sto. Tomás para que ele possa se referir a um costume do povo cristão a esse respeito. Esse costume pesa mesmo bastante em sua consideração: uma vez que o povo cristão trata o que aparece com tanta veneração, deve-se concluir que é o verdadeiro corpo de Cristo.
  Nossa época conhece outras formas de aparição que atraem as massas. Mas, por uma razão que permanece obscura, nosso culto eucarístico não se orienta no mesmo sentido "milagroso" que a Idade Média. Este artigo só possui portanto interesse histórico; mas ajuda-nos a entrever aspectos surpreendentes da inserção da Sto. Tomás na cristandade de seu tempo.

miraculose videtur caro aut sanguis, aut etiam aliquis puer. Quandoque enim hoc contingit ex parte videntium, quorum oculi immutantur tali immutatione ac si expresse viderent exterius carnem aut sanguinem vel puerum, nulla tamen immutatione facta ex parte sacramenti. Et hoc quidem videtur contingere quando uni videtur sub specie carnis vel pueri, aliis tamen videtur, sicut et prius, sub specie panis; vel quando eidem ad horam videtur sub specie carnis vel pueri, et postmodum sub specie panis. Nec tamen hoc pertinet ad aliquam deceptionem, sicut accidit in magorum praestigiis: quia talis species divinitus formatur in oculo ad aliquam veritatem figurandam, ad hoc scilicet quod manifestetur vere corpus Christi esse sub hoc sacramento; sicut etiam Christus absque deceptione apparuit discipulis euntibus in Emmaus. Dicit enim Augustinus, in libro de *Quaestionibus Evangelii*[3], quod, *cum fictio nostra refertur ad aliquam significationem, non est mendacium, sed aliqua figura veritatis*. Et quia per hunc modum nulla immutatio fit ex parte sacramenti, manifestum est quod non desinit esse Christus sub hoc sacramento, tali apparitione facta.

Quandoque vero contingit talis apparitio non per solam immutationem videntium, sed specie quae videtur realiter exterius existente. Et hoc quidem videtur esse quando sub tali specie ab omnibus videtur: et non ad horam, sed per longum tempus ita permanet. Et in hoc casu quidam dicunt quod est propria species corporis Christi. Nec obstat quod quandoque non videtur ibi totus Christus, sed aliqua pars carnis; vel etiam videtur non in specie iuvenili, sed in effigie puerili: quia in potestate est corporis gloriosi, ut infra[4] dicetur, quod videatur ab oculo non glorificato vel secundum totum vel secundum partem, et in effigie vel propria vel aliena, ut infra dicetur.

Sed hoc videtur esse inconveniens. Primo quidem, quia corpus Christi non potest in propria specie videri nisi in uno loco, in quo definitive continetur. Unde, cum videatur in propria specie et adoretur in caelo, sub propria specie non videtur in hoc sacramento. — Secundo, quia corpus gloriosum, quod apparet ut vult, post apparitionem cum voluerit disparet: sicut dicitur, Lc 24,31, quod Dominus *ab oculis discipulorum evanuit*. Hoc autem quod sub specie carnis in hoc sacramento apparet, diu permanet: quinimmo quandoque legitur esse inclusum, et multorum episcoporum

sacramento a carne e o sangue, às vezes, algum menino. Às vezes, isso sucede com os videntes, cujos olhos se modificam por tal fenômeno como se expressamente vissem fora a carne ou sangue ou um menino. Não acontece, porém, nenhuma mudança no sacramento. Isso acontece quando uns veem a figura da carne ou do menino, e outros continuam a ver as espécies de pão. Ou mesmo sucede que alguém vê ora a figura da carne ou do menino, ora em seguida as espécies do pão. Isso não implica nenhum engano, como se fosse arte dos mágicos. Pois, tal imagem é provocada por poder divino no olho para dar uma figura a uma verdade, isto é para manifestar que o verdadeiro corpo de Cristo está neste sacramento. Exatamente como Cristo apareceu sem engano aos discípulos de Emaús. Agostinho diz: "Como a imagem que formamos tem determinado significado, não se trata de mentira, mas de uma figura da verdade". E porque desta maneira não sucede nenhuma mudança no sacramento, é evidente que Cristo não deixa de estar presente neste sacramento, quando se dá uma aparição.

Às vezes, tal aparição sucede não somente pela mudança dos videntes, mas pela existência real e externa da forma que se vê. Isso acontece quando todos veem o sacramento sob uma mesma forma, não por um momento, mas por um longo tempo. E, neste caso, alguns dizem que é a própria figura do corpo de Cristo que aparece. Nem faz dificuldade o fato de não se ver, às vezes, a Cristo inteiro, mas somente parte de sua carne; ou de não vê-lo na figura de jovem adulto, mas de criança. Pois, o corpo glorioso tem o poder, como se dirá abaixo, de ser visto por olhos não glorificados ou todo inteiro, ou só uma parte sua, ou a sua figura própria ou alheia.

Mas isso parece inadmissível. Antes de tudo, porque o corpo de Cristo só pode ser visto na sua figura própria num único lugar, onde ele está circunscrito. Por isso, uma vez que ele é visto com a sua figura e adorado no céu, não pode ser visto com sua própria figura neste sacramento. — Em seguida, porque o corpo glorioso aparece quando quer, desaparece também assim, como se lê no Evangelho de Lucas: "Depois ele se lhes tornou invisível". O que aparece sob a aparência de carne neste sacramento, permanece muito tempo. Mais ainda. Lê-se, às vezes, que ele foi encerrado e

---

3. L. II, q. 51 s.: ML 35, 1362.
4. *Suppl.*, q. 85, a. 2, ad 3; a. 3.

consilio in pixide reservatum; quod nefas est de Christo sentire secundum propriam speciem.

Et ideo dicendum quod, manentibus dimensionibus quae prius fuerunt, fit miraculose quaedam immutatio circa alia accidentia, puta figuram et colorem et alia huiusmodi, ut videatur caro vel sanguis, aut etiam puer. Et, sicut prius dictum est, hoc non est deceptio: quia fit *in figuram cuiusdam veritatis*, scilicet ad ostendendum per hanc miraculosam apparitionem quod in hoc sacramento est vere corpus Christi et sanguis. Et sic patet quod, remanentibus dimensionibus, quae sunt fundamenta aliorum accidentium, ut infra[5] dicetur, remanet vere corpus Christi in hoc sacramento.

AD PRIMUM ergo dicendum quod, facta tali apparitione, species sacramentales quandoque quidem totaliter manent in seipsis, quandoque autem secundum illud quod est principale in eis, ut dictum est[6].

AD SECUNDUM dicendum quod in huiusmodi apparitionibus, sicut dictum est, non videtur propria species Christi: sed species miraculose formata vel in oculis intuentium, vel etiam in ipsis sacramentalibus dimensionibus, ut dictum est.

AD TERTIUM dicendum quod dimensiones panis et vini consecrati manent, immutatione circa eas miraculose facta quantum ad alia accidentia, ut dictum est.

conservado numa âmbula por decisão de muitos bispos. Isso seria ímpio, se se referisse a Cristo na sua figura própria.

Portanto, deve-se dizer que as dimensões anteriores foram mantidas e aconteceu uma mudança milagrosa a respeito de certos acidentes, a saber, a figura, a cor etc. de modo que se pôde ver a carne, ou o sangue, ou mesmo um menino. Isso não é um engano, já que se faz "como figura de uma verdade", isto é, para mostrar por esta aparição milagrosa que neste sacramento está o verdadeiro corpo e sangue de Cristo. Então é evidente que permanecendo as dimensões que são o fundamento dos outros acidentes, como se dirá em seguida, permanece neste sacramento o verdadeiro corpo de Cristo.

QUANTO AO 1º, portanto, deve-se dizer que em tais aparições, ora as espécies sacramentais permanecem totalmente nelas mesmas, ora no seu elemento principal.

QUANTO AO 2º, deve-se dizer que nestas aparições não se vê a verdadeira figura de Cristo, mas a espécie milagrosamente formada ou nos olhos dos videntes, ou nas próprias dimensões do sacramento.

QUANTO AO 3º, deve-se dizer que as dimensões do pão e do vinho consagrados permanecem. As suas mudanças acontecem de modo milagroso no referente aos outros acidentes.

5. Q. 77, a. 2.
6. In corp.

QUAESTIO LXXVII
DE ACCIDENTIBUS REMANENTIBUS IN HOC SACRAMENTO

in octo articulos divisa

Deinde considerandum est de accidentibus remanentibus in hoc sacramento.
Et circa hoc quaeruntur octo.
Primo: utrum accidentia quae remanent, sint sine subiecto.
Secundo: utrum quantitas dimensiva sit subiectum aliorum accidentium.
Tertio: utrum huiusmodi accidentia possint immutare aliquod corpus extrinsecum.
Quarto: utrum possint corrumpi.
Quinto: utrum ex eis possit aliquid generari.
Sexto: utrum possint nutrire.

QUESTÃO 77
OS ACIDENTES QUE PERMANECEM NESTE SACRAMENTO

em oito artigos

Em seguida, deve-se tratar dos acidentes que permanecem neste sacramento.
A questão compreende oito perguntas.
1. Os acidentes permanecem neste sacramento sem sujeito?
2. A quantidade mensurável é o sujeito dos outros acidentes?
3. Estes acidentes podem modificar algum corpo externo?
4. Podem corromper-se?
5. Podem gerar alguma coisa?
6. Podem alimentar?

Septimo: de fractione panis consecrati.
Octavo: utrum vino consecrato possit aliquid admisceri.

7. A fração do pão consagrado.
8. Pode-se misturar algo ao vinho consagrado?

Articulus 1
Utrum accidentia remaneant in hoc sacramento sine subiecto

AD PRIMUM SIC PROCEDITUR. Videtur quod accidentia non remaneant in hoc sacramento sine subiecto.
1. Nihil enim inordinatum aut fallax debet esse in hoc sacramento veritatis. Sed accidentia esse sine subiecto est contra rerum ordinem, quem Deus naturae indidit. Videtur etiam ad quandam fallaciam pertinere: cum accidentia sint signa naturae subiecti. Ergo in hoc sacramento non sunt accidentia sine subiecto.

2. PRAETEREA, fieri non potest, etiam miraculose, quod definitio rei ab ea separetur; vel quod uni rei conveniat definitio alterius, puta quod homo, manens homo, sit animal irrationale. Ad hoc enim sequeretur contradictoria esse simul: *hoc enim quod significat nomen rei, est definitio*, ut dicitur in IV *Metaphys.*[1] Sed ad definitionem accidentis pertinet quod sit in subiecto: ad definitionem vero substantiae, quod per se subsistat non in subiecto. Non potest ergo miraculose fieri quod in hoc sacramento sint accidentia sine subiecto.

3. PRAETEREA, accidens individuatur ex subiecto. Si ergo accidentia remanent in hoc sacramento sine subiecto, non erunt individua, sed universalia. Quod patet esse falsum: quia sic non essent sensibilia, sed intelligibilia tantum.

4. PRAETEREA, accidentia per consecrationem huius sacramenti non adipiscuntur aliquam compositionem. Sed ante consecrationem non erant composita neque ex materia et forma, neque ex

Artigo 1
Neste sacramento, os acidentes permanecem sem sujeito?[a]

QUANTO AO PRIMEIRO ARTIGO, ASSIM SE PROCEDE: parece que neste sacramento, os acidentes **não** permanecem sem sujeito.
1. Com efeito, neste sacramento da verdade, nada deve existir de desordenado e falso. Ora, o fato de existirem os acidentes sem sujeito é contra a ordem natural estabelecida por Deus. Parece que isto nos induz a um engano, já que os acidentes são sinais que revelam a natureza do sujeito. Logo, neste sacramento os acidentes não existem sem sujeito.

2. ALÉM DISSO, nem milagrosamente pode suceder que uma coisa seja separada de sua definição ou que uma coisa seja a definição de outra, como, por exemplo, o ser humano, permanecendo ser humano, seja animal irracional. Ora, daí se seguiria que duas coisas contraditórias existiriam ao mesmo tempo. Com efeito, ensina o Filósofo: "O que significa o nome da coisa é a definição". Ora, pertence à definição de acidente estar no sujeito e à de substância, de não subsistir, por si, num sujeito. Logo, não pode nem milagrosamente suceder que neste sacramento os acidentes existam sem sujeito.

3. ADEMAIS, o acidente se individua pelo seu sujeito. Se os acidentes permanecem neste sacramento sem sujeito, não serão individuais, mas universais. O que é claramente falso. Pois, neste caso não seriam sensíveis, mas somente inteligíveis.

4. ADEMAIS, a consagração neste sacramento não confere nenhuma composição nova aos acidentes. Ora, antes da consagração eles não estavam compostos nem de matéria e forma, nem

---

[1] PARALL.: Supra, q. 75, a. 5; I *Sent.*, dist. 47, a. 4; IV, dist. 12, q. 1, a. 1; *Cont. Gent.* IV, 62, 63, 65; *Quodlib.* III, a. 1, ad arg.; *Quodlib.* IX, q. 3; *Cont. Graec., Armen.* etc. c. 8; *in Matth.*, c. 26; I *ad Cor.*, c. 11, lect. 5.

1. C. 7: 1012, a, 23-24.

a. Os que pensam que Sto. Tomás aproveitou a teoria clássica da substância e dos acidentes para resolver um problema teológico difícil farão bem em ler atentamente este artigo. Verão que é precisamente essa teoria que acumula as dificuldades em seu caminho.

Todas as saídas se fecham, e só resta uma possibilidade ("somos portanto obrigados a admitir"): os acidentes subsistem sem sujeito. Filosoficamente falando, é uma solução desesperada. A única coisa que o teólogo pode tentar é mostrar, a despeito de objeções bem sérias (por exemplo, a objeção 2 deste artigo), que a virtude divina pode permitir-se essa exceção a todas as regras da ontologia.

Tão pouco confortável é a situação do teólogo que aborda o problema da conversão eucarística tendo como instrumentos conceituais a substância e os acidentes!

quo est et quod est. Ergo etiam post consecrationem non sunt composita altero horum modorum. Quod est inconveniens: quia sic essent simpliciora quam angeli; cum tamen haec accidentia sint sensibilia. Non ergo accidentia remanent in hoc sacramento sine subiecto.

SED CONTRA est quod Gregorius dicit, in Homilia Paschali[2], quod *species sacramentales sunt illarum rerum vocabula quae ante fuerunt, scilicet panis et vini*. Et ita, cum non remaneat substantia panis et vini, videtur quod huiusmodi species sint sine subiecto.

RESPONDEO dicendum quod accidentia panis et vini, quae sensu deprehenduntur in hoc sacramento remanere post consecrationem, non sunt sicut in subiecto in substantia panis et vini, quae non remanet, ut supra[3] habitum est. Neque etiam in forma substantiali, quae non manet; et, si remaneret, *subiectum esse non posset*, ut patet per Boetium, in libro *de Trin*.[4]. Manifestum est etiam quod huiusmodi accidentia non sunt in substantia corporis et sanguinis christi sicut in subiecto: quia substantia humani corporis nullo modo potest his accidentibus affici; neque etiam est possibile quod corpus Christi, gloriosum et impassibile existens, alteretur ad suscipiendas huiusmodi qualitates.

Dicunt autem quidam quod sunt, sicut in subiecto, in aere circumstante. — Sed nec hoc esse potest. Primo quidem, quia aer non est huiusmodi accidentium susceptivus. — Secundo, quia huiusmodi accidentia non sunt ubi est aer. Quinimmo ad motum harum specierum aer depellitur. — Tertio, quia *accidentia non transeunt de subiecto in subiectum*: ut scilicet idem accidens numero quod primo fuit in uno subiecto, postmodum fiat in alio. Accidens enim numerum accipit a subiecto. Unde non potest esse quod, idem numero manens, sit quandoque in hoc, quandoque in alio subiecto. — Quarto quia, cum aer non spolietur accidentibus propriis, simul haberet accidentia propria et aliena. — Nec potest dici quod hoc fiat miraculose virtute consecrationis, quia verba consecrationis hoc non significant; quae tamen non efficiunt nisi significatum.

Et ideo relinquitur quod accidentia in hoc sacramento manent sine subiecto. Quod quidem vir-

de essência e existência. Portanto, também depois da consagração, não estão compostos por nenhum destes modos. Isto é impensável, porque assim seriam mais simples que os anjos, sendo estes acidentes sensíveis. Portanto, os acidentes não permanecem neste sacramento sem sujeito.

EM SENTIDO CONTRÁRIO, Gregório diz: "As espécies sacramentais são os nomes daquelas realidades que antes existiam, a saber pão e vinho". E assim, uma vez que a substância do pão e do vinho não permanece, então parece que estas espécies existam sem sujeito.

RESPONDO. Os acidentes do pão e do vinho, que os sentidos percebem permanecerem neste sacramento depois da consagração, não têm por sujeito a substância do pão e do vinho, que não permanece. Nem também têm por sujeito a forma substancial que não permanece. Mesmo se ela permanecesse, não "poderia ser um sujeito", como Boécio claramente ensina. Além do mais, é evidente que tais acidentes não têm por sujeito a substância do corpo e sangue de Cristo. Pois, estes acidentes não podem de modo nenhum afetar a substância do corpo humano, como também é impossível que o corpo de Cristo, que existe de modo glorioso e impassível, se altere para receber tais qualidades.

Alguns dizem que os acidentes têm por sujeito o ar circundante. — Mas isso também é impossível. 1º. Porque o ar não pode receber tais acidentes. — 2º. Porque tais acidentes não estão lá onde o ar está. Pelo contrário, o movimento dessas espécies expele o ar. — 3º. Porque "os acidentes não passam de sujeito para sujeito"; isto é, um mesmo acidente determinado não pode, após ter estado num sujeito, existir depois em um outro. O acidente recebe sua identidade numérica do sujeito em que está. Por isso, é impossível que conservando a mesma identidade numérica esteja ora num sujeito, ora em um outro. — 4º. Porque uma vez que o ar não se despoja de seus acidentes próprios, ele possuiria ao mesmo tempo tanto os acidentes próprios como os alheios. — Nem se pode dizer que isto acontece milagrosamente pela força da consagração, porque as palavras da consagração não significam isto, já que elas não produzem a não ser o que significam.

E daí se segue que os acidentes neste sacramento permanecem sem sujeito. Isso pode ser feito

---

2. LANFRANCUS, *De Corp. et Sang. Dom.*, c. 20: ML 150, 436 B.
3. Q. 75, a. 2.
4. L. I, c. 2: ML 64, 1250 D.

tute divina fieri potest. Cum enim effectus magis dependeat a causa prima quam a causa secunda, potest Deus, qui est prima causa substantiae et accidentis, per suam infinitam virtutem conservare in esse accidens subtracta substantia, per quam conservabatur in esse sicut per propriam causam: sicut etiam alios effectus naturalium causarum potest producere sine naturalibus causis; sicut corpus humanum formavit in utero Virginis *sine virili semine*.

AD PRIMUM ergo dicendum quod nihil prohibet aliquid esse ordinatum secundum communem legem naturae, cuius tamen contrarium est ordinatum secundum speciale privilegium gratiae, ut patet in resuscitatione mortuorum, et in illuminatione caecorum: prout etiam in rebus humanis quaedam aliquibus conceduntur ex speciali privilegio praeter communem legem. Et ita, licet sit secundum communem naturae ordinem quod accidens sit in subiecto, ex speciali tamen ratione, secundum ordinem gratiae, accidentia sunt in hoc sacramento sine subiecto, propter rationes supra[5] inductas.

AD SECUNDUM dicendum quod, cum ens non sit genus, hoc ipsum quod est esse, non potest esse essentia vel substantiae vel accidentis. Non ergo definitio substantiae est *ens per se sine subiecto*, nec definitio accidentis *ens in subiecto*: sed quidditati seu essentiae substantiae *competit habere esse non in subiecto*; quidditati autem sive essentiae accidentis *competit habere esse in subiecto*. In hoc autem sacramento non datur accidentibus quod ex vi suae essentiae sint sine subiecto, sed ex divina virtute sustentante. Et ideo non desinunt esse accidentia: quia nec separatur ab eis definitio accidentis, nec competit eis definitio substantiae.

AD TERTIUM dicendum quod huiusmodi accidentia acquisierunt esse individuum in substantia panis et vini: qua conversa in corpus et sanguinem Christi, remanent virtute divina accidentia in illo esse individuato quod prius habebant. Unde sunt singularia et sensibilia.

AD QUARTUM dicendum quod accidentia huiusmodi, manente substantia panis et vini, non habebant ipsa esse nec alia accidentia: sed substantia eorum habebat huiusmodi esse per ea; sicut nix est alba per albedinem. Sed post consecrationem ipsa accidentia quae remanent, habent esse. Unde sunt composita ex *esse* et *quod est*, sicut in Prima

pelo poder divino. Como o efeito depende mais da causa primeira que da causa segunda, Deus, causa primeira da substância e do acidente, pode, com seu poder infinito, conservar na existência um acidente, cuja substância foi retirada, ainda que esta substância o conservasse na existência como sendo sua causa própria. É assim que Deus pode produzir outros efeitos das causas naturais sem o concurso delas; assim como formou um corpo humano no seio da Virgem sem o sêmen masculino.

QUANTO AO 1º, portanto, deve-se dizer que nada impede que algo seja disposto segundo a lei comum da natureza e o seu contrário seja disposto segundo um privilégio especial da graça, como é evidente nos casos da ressurreição dos mortos e da cura dos cegos. Com efeito, nas coisas humanas, algumas são concedidas a alguns por especial privilégio à margem da lei comum. Assim, ainda que pertença à ordem comum da natureza que o acidente esteja num sujeito, no entanto, por especial razão, segundo a ordem da graça, os acidentes estão neste sacramento sem sujeito, por causa das razões acima indicadas.

QUANTO AO 2º, deve-se dizer que uma vez que o ente não é um gênero, o existir como tal não pode ser a essência da substância nem do acidente. Portanto, a definição da substância não é "o ser por si sem sujeito", nem a do acidente "o ser no sujeito". No entanto, à quididade ou à essência da substância "cabe ter o existir não num sujeito"; à quididade ou essência do acidente, por sua vez, "cabe ter o existir no sujeito". Neste sacramento, porém, não acontece aos acidentes existirem sem o sujeito pelo poder de sua essência, mas sustentados pelo poder divino. Portanto, não deixam de ser acidentes, porque nem se afastam de sua definição, nem lhes cabe a definição de substância.

QUANTO AO 3º, deve-se dizer que tais acidentes se individuaram na substância do pão e do vinho. Pela conversão no corpo e no sangue de Cristo, eles permanecem pelo poder divino na existência individuada que antes tinham. Daí se segue que são singulares e sensíveis.

QUANTO AO 4º, deve-se dizer que tais acidentes, ao permanecer a substância do pão e do vinho, não tinham, tanto eles mesmos quanto os outros acidentes, uma existência própria. Mas a substância deles tinha tal existência por ela mesma, assim como a neve é branca pela brancura. Mas, depois da consagração, os acidentes que permanecem

---

5. Q. 75, a. 5.

Parte[6] de angelis dictum est. Et cum hoc, habent compositionem partium quantitativarum.

ARTICULUS 2
Utrum in hoc sacramento quantitas dimensiva panis vel vini sit aliorum accidentium subiectum

AD SECUNDUM SIC PROCEDITUR. Videtur quod in hoc sacramento quantitas dimensiva panis vel vini non sit aliorum accidentium subiectum.

1. *Accidentis* enim *non est accidens*: nulla enim forma potest esse subiectum, cum subiici pertineat ad proprietatem materiae. Sed quantitas dimensiva est quoddam accidens. Ergo quantitas dimensiva non potest esse subiectum aliorum accidentium.

2. PRAETEREA, sicut quantitas individuatur ex substantia, ita etiam et alia accidentia. Si ergo quantitas dimensiva panis aut vini remanet individuata secundum esse prius habitum, in quo conservatur, pari ratione et alia accidentia remanent individuata secundum esse quod prius habebant in substantia. Non ergo sunt in quantitate dimensiva sicut in subiecto: cum omne accidens individuetur per suum subiectum.

3. PRAETEREA, inter alia accidentia panis et vini quae remanent, deprehenduntur etiam sensu rarum et densum. Quae non possunt esse in quantitate dimensiva praeter materiam existente: quia rarum est quod habet parum de materia sub dimensionibus magnis; densum autem quod habet multum de materia sub dimensionibus parvis, ut dicitur in IV *Physic*.[1]. Ergo videtur quod quantitas dimensiva non possit esse subiectum accidentium quae remanent in hoc sacramento.

4. PRAETEREA, quantitas a subiecto separata videtur esse quantitas mathematica, quae non est subiectum qualitatum sensibilium. Cum ergo accidentia quae remanent in hoc sacramento sint sensibilia, videtur quod non possint esse in hoc sacramento sicut in subiecto in quantitate panis et vini remanente post consecrationem.

têm uma existência. Por isso, são compostos da existência e da essência, como se viu ao tratar dos anjos na I Parte. E com isto, são compostos tendo partes quantitativas.

ARTIGO 2
Neste sacramento, a quantidade dimensível do pão e do vinho é sujeito dos outros acidentes?

QUANTO AO SEGUNDO, ASSIM SE PROCEDE: parece que neste sacramento, a quantidade dimensível do pão e do vinho **não** é sujeito dos outros acidentes.

1. Com efeito, "Não há acidente de acidente", pois nenhuma forma pode ser sujeito, uma vez que ser sujeito é uma propriedade da matéria. Ora, a quantidade dimensível é um tipo de acidente. Logo, a quantidade dimensível não pode ser sujeito de outros acidentes.

2. ALÉM DISSO, assim como a quantidade se individua pela substância, assim também os outros acidentes. Se, portanto, a quantidade dimensível do pão e do vinho permanece individuada segundo o existir que possuía anteriormente, no qual ela se mantém, com igual razão os outros acidentes permanecem individuados conforme o existir que possuíam anteriormente na substância. Logo, não estão na quantidade dimensível como num sujeito, uma vez que todo acidente se individua pelo seu sujeito.

3. ADEMAIS, entre os diversos acidentes do pão e do vinho, que permanecem, os sentidos apreendem o rarefeito e o denso. Ora, eles não podem existir numa quantidade dimensível à margem da matéria existente, pois o rarefeito significa uma quantidade pequena de matéria numa dimensão maior e o denso exprime muita matéria em dimensão pequena, como explica Aristóteles. Logo, parece que a quantidade dimensível não pode ser sujeito de acidentes que permanecem neste sacramento.

4. ADEMAIS, a quantidade separada do sujeito parece ser a quantidade matemática, que não é sujeito de qualidades sensíveis. Portanto, uma vez que os acidentes, que permanecem neste sacramento são sensíveis, se torna impossível que eles possam estar neste sacramento, tendo como sujeito a quantidade do pão e do vinho, que permanece depois da consagração.

---

6. Q. 50, a. 2, ad 3; q. 75, a. 5, ad 4.

2   PARALL.: IV *Sent*., dist. 12, q. 1, a. 1, q.la 3; *Cont. Gent*. IV, 63, 65; *Quodlib*. VII, q. 4, a. 3; *in Matth*., c. 26; I *ad Cor*., c. 11, lect. 5.

1. C. 9: 217, b, 10-11.

SED CONTRA est quod qualitates non sunt divisibiles nisi per accidens, scilicet ratione subiecti. Dividuntur autem qualitates remanentes in hoc sacramento per divisionem quantitatis dimensivae: sicut patet ad sensum. Ergo quantitas dimensiva est subiectum accidentium quae remanent in hoc sacramento.

RESPONDEO dicendum quod necesse est dicere accidentia alia quae remanent in hoc sacramento, esse sicut in subiecto in quantitate dimensiva panis vel vini remanente. Primo quidem, per hoc quod ad sensum apparet aliquod quantum esse ibi coloratum et aliis accidentibus affectum: nec in talibus sensus decipitur.
Secundo, quia prima dispositio materiae est quantitas dimensiva: unde et Plato posuit primas differentias materiae *magnum* et *parvum*. Et quia primum subiectum est materia, consequens est quod omnia alia accidentia referantur ad subiectum mediante quantitate dimensiva, sicut et primum subiectum coloris dicitur superficies esse: ratione cuius quidam posuerunt dimensiones esse substantias corporum, ut dicitur in III *Metaphys.*[2]. Et quia, subtracto subiecto, remanent accidentia secundum esse quod prius habebant, consequens est quod omnia accidentia remanent fundata super quantitatem dimensivam.

Tertio quia, cum subiectum sit principium individuationis accidentium, oportet id quod ponitur aliquorum accidentium subiectum esse, aliquo modo esse individuationis principium. Est enim de ratione individui quod non possit in pluribus esse. Quod quidem contingit dupliciter. Uno modo, quia non est natum in aliquo esse: et hoc modo formae immateriales separatae, per se subsistentes, sunt etiam per seipsas individuae. Alio modo, ex eo quod forma substantialis vel accidentalis est quidem nata in aliquo esse, non tamen in pluribus: sicut haec albedo, quae est in hoc corpore. Quantum igitur ad primum, materia est individuationis principium omnibus formis inhaerentibus: quia, cum huiusmodi formae, quantum est de se,

EM SENTIDO CONTRÁRIO, as qualidades são somente divisíveis acidentalmente, a saber, por causa do seu sujeito. As qualidades que permanecem se dividem neste sacramento pela divisão da quantidade dimensível, de que nossos sentidos têm evidência. Portanto, a quantidade dimensível é o sujeito dos acidentes, que permanecem neste sacramento.
RESPONDO. É necessário dizer que os acidentes, que permanecem neste sacramento, têm por sujeito a quantidade dimensível do pão e do vinho que continuam depois da consagração. Com efeito, 1º. aparece aos sentidos que uma determinada quantidade existe aí como colorida e com outros acidentes: nisto os sentidos não se enganam.
2º. A primeira disposição da matéria é a quantidade dimensível. Por isso, Platão colocou o "grande" e o "pequeno" como as primeiras diferenças da matéria. E porque o primeiro sujeito é a matéria, segue-se que todos os outros acidentes se referem ao sujeito pela quantidade dimensível, como se diz que o primeiro sujeito da cor é a superfície. Por essa razão, alguns autores defenderam que as dimensões são substâncias dos corpos, como diz Aristóteles. E porque, ao ser subtraído o sujeito dos acidentes, eles permanecem conforme a existência que antes tinham, segue-se que todos os acidentes permanecem fundados na quantidade dimensível[b].
3º. Uma vez que o sujeito é o princípio de individuação dos acidentes, é necessário que aquilo, que se coloca como sujeito de certos acidentes, seja de certo modo o seu princípio de individuação. Pertence à natureza do indivíduo não poder existir em diversos seres. Isto se dá por duas razões. Primeiramente porque não lhe é natural existir em outro ser. Desse modo, as formas imateriais separadas, subsistentes por si mesmas, são também por si mesmas individuadas. Em segundo lugar, porque a forma substancial ou acidental existe por natureza num outro ser, não, porém, em diversos, como esta brancura que existe neste corpo. No referente ao primeiro ponto, a matéria é o princípio de individuação de todas as formas

---

2. C. 5: 1001, b, 26-28.

b. Sto. Tomás se viu obrigado a situar um milagre ontológico importante no centro do mistério da eucaristia. Sua preocupação é se ater a ele, e não multiplicar inutilmente os prodígios. Tudo deve decorrer do mesmo e único milagre; uma vez admitido que os acidentes subsistem sem substância, é preciso retomá-los e permitir-lhes funcionar segundo sua natureza. É a quantidade que, segundo sua natureza de substrato (acidental), irá assumir o papel que a substância (ausente) não pode mais desempenhar. De certo modo, pode-se dizer que tudo volta à ordem, e as intervenções divinas não se multiplicaram arbitrariamente. Mais vale um grande milagre, que nos dispensa o recurso a outros prodígios, que uma séria infindável de pequenas rupturas da ordem da natureza.

sint natae in aliquo esse sicut in subiecto, ex quo aliqua earum recipitur in materia, quae non est in alio, iam nec ipsa forma sic existens potest in alio esse. Quantum autem ad secundum, dicendum est quod individuationis principium est quantitas dimensiva. Ex hoc enim aliquid est natum esse in uno solo, quod illud est in se indivisum et divisum ab omnibus aliis. Divisio autem accidit substantiae ratione quantitatis, ut dicitur in I *Physic*.[3]. Et ideo ipsa quantitas dimensiva est quoddam individuationis principium huiusmodi formis, inquantum scilicet diversae formae numero sunt in diversis partibus materiae. Unde ipsa quantitas dimensiva secundum se habet quandam individuationem: ita quod possumus imaginari plures lineas eiusdem speciei differentes positione, quae cadit in ratione quantitatis huius; convenit enim dimensioni quod sit *quantitas positionem habens*. Et ideo potius quantitas dimensiva potest esse subiectum aliorum accidentium quam e converso.

AD PRIMUM ergo dicendum quod accidens per se non potest esse subiectum alterius accidentis: quia non per se est. Secundum vero quod est in alio, unum accidens dicitur esse subiectum alterius, inquantum unum accidens recipitur in subiecto alio mediante: sicut superficies dicitur esse subiectum coloris. Unde, quando accidenti datur divinitus ut per se sit, potest etiam per se alterius accidentis esse subiectum.

AD SECUNDUM dicendum quod alia accidentia, etiam secundum quod erant in substantia panis, individuabantur mediante quantitate dimensiva, sicut dictum est[4]. Et ideo potius quantitas dimensiva est subiectum aliorum accidentium remanentium in hoc sacramento quam e converso.

AD TERTIUM dicendum quod rarum et densum sunt quaedam qualitates consequentes corpora ex hoc quod habent multum vel parum de materia sub dimensionibus: sicut etiam omnia alia accidentia consequuntur ex principiis substantiae. Et sicut, subtracta substantia, divina virtute conservantur

que a ela se unem, porque, já que tais formas, em si mesmas, são destinadas a existir em algum ser, como em seu sujeito, pelo fato de que uma delas é recebida na matéria que não está num outro ser, doravante esta forma, dotada de uma tal existência, já não pode existir em outro ser. No referente ao segundo, deve-se dizer que o princípio de individuação é a quantidade dimensível. Com efeito, é natural a um ser existir num só sujeito pelo fato de que ele é indiviso nele mesmo e dividido de todos os outros seres. A divisão se dá na substância por causa da quantidade, como diz Aristóteles. Daí se segue que a própria quantidade dimensível é um certo princípio de individuação para tais formas, enquanto as formas numericamente diversas existem nas partes diversas da matéria. Por isso, a própria quantidade dimensível tem, por sua natureza, certa individuação. Assim podemos imaginar diversas linhas de uma mesma espécie, diferentes pela posição, que se enquadra na razão de uma tal quantidade. Pois a dimensão não é outra coisa do que uma "quantidade que tem posição". Portanto, a quantidade dimensível pode ser sujeito dos outros acidentes, antes do que o contrário.

QUANTO AO 1º, portanto, deve-se dizer que o acidente por sua natureza não pode ser sujeito de outro acidente, porque ele não existe por si mesmo. Pelo fato de que um acidente exista em outro ser, ele pode ser considerado o sujeito de um outro enquanto um acidente é recebido no sujeito por intermédio de um outro. É desta maneira que se diz que a superfície pode ser sujeito da cor. Por isso, quando acontece que o acidente existe por si mesmo pelo poder divino, pode neste caso ser sujeito de um outro acidente.

QUANTO AO 2º, deve-se dizer que os outros acidentes, mesmo conforme a existência que tinham na substância do pão, se individuavam pela quantidade dimensível. Portanto, a quantidade dimensível é o sujeito dos outros acidentes que permanecem neste sacramento antes que o inverso.

QUANTO AO 3º, deve-se dizer que o rarefeito e o denso são algumas qualidades que acompanham os corpos pelo fato de terem muita ou pouca matéria em determinada dimensão, assim como todos os outros acidentes decorrem dos princípios da substância. E assim como os outros acidentes, desapare-

---

3. C. 2: 185, a, 33-b, 5; b, 16-19.
4. In corp.

alia accidentia; ita, subtracta materia, divina virtute conservantur qualitates materiam consequentes, sicut rarum et densum.

AD QUARTUM dicendum quod quantitas mathematica non abstrahit a materia intelligibili, sed a materia sensibili, ut dicitur VII *Metaphys*.[5]. Dicitur autem materia sensibilis ex hoc quod subiicitur sensibilibus qualitatibus. Et ideo manifestum est quod quantitas dimensiva quae remanet in hoc sacramento sine subiecto, non est quantitas mathematica.

cida a substância, se conservam pelo poder divino, assim também as qualidades, que acompanham a matéria, como o rarefeito e o denso, subtraída a matéria, conservam-se pelo poder divino.

QUANTO AO 4º, deve-se dizer que a quantidade matemática não prescinde da matéria inteligível, mas somente da matéria sensível, como explica o Filósofo. Considera-se uma matéria sensível aquela que está dotada de qualidades sensíveis. Portanto, é evidente que a quantidade dimensível, que persiste no sacramento eucarístico sem sujeito, não é uma quantidade matemática.

ARTICULUS 3
Utrum species quae remanent in hoc sacramento, possint immutare aliquod extrinsecum

AD TERTIUM SIC PROCEDITUR. Videtur quod species quae remanent in hoc sacramento, non possint immutare aliquod extrinsecum.
1. Probatur enim in VII *Metaphys*ic.[1] quod formae quae sunt in materia, fiunt a formis quae sunt in materia, non autem a formis quae sunt sine materia: eo quod simile agit sibi simile. Sed species sacramentales sunt species sine materia: quia remanent sine subiecto, ut ex dictis[2] patet. Non ergo possunt immutare materiam exteriorem, inducendo aliquam formam.

2. PRAETEREA, cessante actione primi agentis, necesse est quod cesset actio instrumenti: sicut, quiescente fabro, non movetur martellus. Sed omnes formae accidentales agunt instrumentaliter in virtute formae substantialis tanquam principalis agentis. Cum ergo in hoc sacramento non remaneat forma substantialis panis et vini, sicut supra[3] habitum est, videtur quod formae accidentales remanentes agere non possunt ad immutationem exterioris materiae.

3. PRAETEREA, nihil agit extra suam speciem: quia effectus non potest esse potior causa. Sed species sacramentales omnes sunt accidentia. Non ergo possunt exteriorem materiam immutare, ad minus ad formam substantialem.

ARTIGO 3
As espécies, que permanecem neste sacramento podem modificar algum corpo externo?

QUANTO AO TERCEIRO, ASSIM SE PROCEDE: parece que as espécies que permanecem neste sacramento, **não** podem modificar algum corpo externo.
1. Com efeito, Aristóteles prova que as formas, que existem na matéria, são produzidas por outras formas também unidas à matéria, e não por formas existentes fora da matéria; porque o semelhante produz o seu semelhante. Ora, as espécies sacramentais são espécies existentes sem matéria, porque subsistem sem sujeito. Logo, elas não podem modificar a matéria exterior, infundindo-lhe alguma forma.

2. ALÉM DISSO, quando cessa a ação do agente principal, cessa necessariamente a do instrumento, assim como ao deixar o carpinteiro de trabalhar, o martelo não se move. Ora, todas as formas acidentais agem de maneira instrumental em virtude da forma substancial como seu agente principal. Logo, uma vez que neste sacramento não permanece a forma substancial do pão e do vinho, parece que as formas acidentais remanescentes não podem alterar uma matéria exterior.

3. ADEMAIS, nenhum ser age para além de sua espécie, já que o efeito não pode ser superior à causa. Ora, todas as espécies sacramentais são acidentes. Logo, não podem modificar uma matéria exterior, pelo menos no referente à sua forma substancial.

---

5. C. 10: 1036, a, 11-13.

3   PARALL.: IV *Sent*., dist. 12, q. 1, a. 2, q.la 1, 2; *Respp. ad Lector. Venet*., resp. 35.

1. C. 8: 1033, b, 5-9.
2. A. 1.
3. Q. 75, a. 6.

SED CONTRA est quod, si non possent immutare exteriora corpora, non possent sentiri: sentitur enim aliquid per hoc quod immutatur sensus a sensibili, ut dicitur II *de Anima*[4].

RESPONDEO dicendum quod, quia unumquodque agit inquantum est ens actu[5], consequens est quod unumquodque, sicut se habet ad esse, ita se habet ad agere. Quia igitur, secundum praedicta[6], speciebus sacramentalibus datum est divina virtute ut remaneant in suo esse quod habebant substantia panis et vini existente, consequens est quod etiam remaneant in suo agere. Et ideo omnem actionem quam poterant agere substantia panis et vini existente, possunt etiam agere substantia panis et vini transeunte in corpus et sanguinem Christi. Unde non est dubium quod possunt immutare exteriora corpora.

AD PRIMUM ergo dicendum quod species sacramentales, licet sint formae sine materia existentes, retinent tamen idem esse quod habebant prius in materia. Et ideo secundum suum esse assimilantur formis quae sunt in materia.

AD SECUNDUM dicendum quod ita actio formae accidentalis dependet ab actione formae substantialis, sicut esse accidentis dependet ab esse substantiae. Et ideo, sicut divina virtute datur speciebus sacramentalibus ut possint esse sine substantia, ita datur eis ut possint agere sine forma substantiali, virtute Dei, a quo sicut a primo agente dependet omnis actio formae et substantialis et accidentalis.

AD TERTIUM dicendum quod immutatio quae est ad formam substantialem, non fit a forma substantiali immediate, sed mediantibus qualitatibus activis et passivis, quae agunt in virtute formae substantialis. Haec autem virtus instrumentalis conservatur in speciebus sacramentalibus divina virtute sicut et prius erat. Et ideo possunt agere ad formam substantialem instrumentaliter: per quem modum aliquid potest agere ultra suam speciem, non quasi virtute propria, sed virtute principalis agentis.

EM SENTIDO CONTRÁRIO, se os acidentes não podem alterar os corpos externos, tampouco podem ser percebidos. Pois, os sentidos só percebem quando afetados por um corpo sensível, como mostra Aristóteles.

RESPONDO. Porque todo ser só pode agir enquanto ele existir em ato, segue-se então que ele mantém uma mesma relação com o seu agir e com o seu existir. Porque as espécies sacramentais subsistem pelo poder divino naquele existir que tinham anteriormente na substância do pão e do vinho. Consequentemente permanecem no seu agir. Assim elas podem desenvolver a mesma ação que podiam antes, quando existia a substância do pão e do vinho, existindo agora a substância do corpo e sangue de Cristo, em que se converteu a substância do pão e do vinho. Por isso, não há dúvida de que elas podem modificar os corpos exteriores.

QUANTO AO 1º, portanto, deve-se dizer que as espécies sacramentais, embora sejam formas separadas, conservam contudo a mesma existência que tinham antes na matéria. Portanto, quanto ao seu existir, elas se assemelham às formas que existem na matéria.

QUANTO AO 2º, deve-se dizer que da mesma maneira que a ação da forma acidental depende da ação da forma substancial, assim também a existência do acidente depende da existência da substância. Consequentemente, assim como as espécies sacramentais existem sem o sujeito da substância pelo poder divino, do mesmo modo também podem agir sem a forma substancial pelo mesmo poder de Deus, de quem dependem, como de seu primeiro agente, todas as ações da forma substancial e acidental.

QUANTO AO 3º, deve-se dizer que a mudança própria da forma substancial não é produzida por ela de maneira imediata, mas por meio de qualidades ativas e passivas, que atuam em virtude da forma substancial. Esta força instrumental conserva-se nas espécies sacramentais pelo poder de Deus tal qual era antes. Daí se segue que elas podem agir de maneira instrumental sobre uma forma substancial. Por este modo, um ser pode agir para além de sua espécie, não por poder próprio, mas por poder do agente principal.

---

4. Cc. 7, 12: 419, a, 17-23; 424, a, 21-24.
5. ARISTOT., *Met.*, l. IX, c. 8: 1049, b, 27.
6. A. 1, ad 3.

Articulus 4
Utrum species sacramentales corrumpi possint

AD QUARTUM SIC PROCEDITUR. Videtur quod species sacramentales corrumpi non possunt.

1. Corruptio enim accidit per separationem formae a materia. Sed materia panis non remanet in hoc sacramento, ut ex supra[1] dictis patet. Ergo huiusmodi species non possunt corrumpi.

2. PRAETEREA, nulla forma corrumpitur nisi per accidens, corrupto subiecto: unde formae per se subsistentes incorruptibiles sunt, sicut patet in substantiis spiritualibus. Sed species sacramentales sunt formae sine subiecto. Ergo corrumpi non possunt.

3. PRAETEREA, si corrumpuntur, aut hoc erit naturaliter, aut miraculose. Sed non naturaliter: quia non est ibi assignare aliquod corruptionis subiectum, quod maneat corruptione terminata. Similiter etiam nec miraculose: quia miracula quae sunt in hoc sacramento, fiunt virtute consecrationis, per quam species sacramentales conservantur; non est autem idem causa conservationis et corruptionis. Ergo nullo modo species sacramentales corrumpi possunt.

SED CONTRA est quod sensu deprehenditur hostias consecratas putrefieri et corrumpi.

RESPONDEO dicendum quod corruptio est *motus ex esse in non esse*. Dictum est autem supra[2] quod species sacramentales retinent idem esse quod prius habebant substantia panis et vini existente. Et ideo, sicut esse horum accidentium poterat corrumpi substantia panis et vini existente, ita etiam potest corrumpi illa substantia abeunte.

Poterant autem huiusmodi accidentia primo corrumpi dupliciter: uno modo, per se; alio modo, per accidens. Per se quidem, sicut per alterationem qualitatum, et augmentum vel diminutionem quantitatis: non quidem per modum augmenti vel diminutionis, qui invenitur in solis corporibus animatis, qualia non sunt substantia panis et vini, sed per additionem vel divisionem; nam, sicut

Artigo 4
As espécies sacramentais podem corromper-se?

QUANTO AO QUARTO, ASSIM SE PROCEDE: parece que as espécies sacramentais **não** podem se corromper.

1. Com efeito, a corrupção sucede quando a forma se separa da matéria. Ora, a matéria do pão não permanece neste sacramento. Logo, estas espécies não podem corromper-se.

2. ALÉM DISSO, nenhuma forma corrompe-se a não ser acidentalmente, ao corromper-se o sujeito. Daí se segue que as formas subsistentes por si mesmas são incorruptíveis, como é evidente a respeito das substâncias espirituais. Ora, as espécies sacramentais são formas sem sujeito. Logo, elas não podem corromper-se.

3. ADEMAIS, se tais formas se corrompem, isto acontece ou de modo natural ou milagroso. Ora, não de modo natural, porque não existe aí nenhum sujeito de corrupção que persistiria uma vez terminada a corrupção. Tampouco de modo milagroso, porque os milagres que existem neste sacramento se produzem pelo poder da consagração, pela qual as espécies sacramentais são conservadas. A causa da corrupção e da conservação não é a mesma. Logo, de modo algum as espécies sacramentais podem corromper-se.

EM SENTIDO CONTRÁRIO, os sentidos percebem as hóstias apodrecerem e se corromperem.

RESPONDO. A corrupção é "um movimento do existir para o não existir". As espécies sacramentais conservam a mesma existência que tinham antes, quando existiam na substância do pão e do vinho. Consequentemente, da mesma maneira como a existência destes acidentes podia corromper-se, quando existiam na substância do pão e do vinho, assim também pode corromper-se, quando aquela substância desaparece.

Estes acidentes podiam antes corromper-se de duas maneiras: uma por si mesmos, outra acidentalmente. Por si mesmos, quando as qualidades se alteravam ou quando havia diminuição ou aumento da quantidade. Isso não acontece pelo modo de diminuição ou aumento reservado aos corpos animados e tal não é a substância do pão e do vinho. O pão e o vinho não podem aumentar

---

4 PARALL.: IV *Sent.*, dist. 12, q. 1, a. 2, q.la 3; *Cont. Gent.* IV, 66; *Respp. ad Lect. Venet.*, resp. 35.
1. Q. 75, a. 4, 8.
2. A. 3.

dicitur in III *Metaphys*.³, per divisionem una dimensio corrumpitur et fiunt duae, per additionem autem e converso ex duabus fit una. Et per hunc modum manifeste possunt corrumpi huiusmodi accidentia post consecrationem: quia et ipsa quantitas dimensiva remanens potest divisionem et additionem recipere; et, cum sit subiectum qualitatum sensibilium, sicut dictum est⁴, potest etiam esse subiectum alterationis eorum, puta si alteretur color aut sapor panis aut vini.

Alio modo poterant corrumpi per accidens, per corruptionem subiecti. Et hoc modo possunt corrumpi etiam post consecrationem. Quamvis enim subiectum non remaneat, remanet tamen esse quod habebant huiusmodi accidentia in subiecto, quod quidem est proprium et conforme subiecto. Et ideo huiusmodi esse potest corrumpi a contrario agente, sicut corrumpebatur substantia panis vel vini: quae etiam non corrumpebatur nisi praecedente alteratione circa accidentia.

Distinguendum tamen est inter utramque praedictarum corruptionum. Quia, cum corpus Christi et sanguis succedant in hoc sacramento substantiae panis et vini, si fiat talis immutatio ex parte accidentium quae non suffecisset ad corruptionem panis et vini, propter talem immutationem non desinit corpus et sanguis Christi esse sub hoc sacramento: sive fiat immutatio ex parte qualitatis, puta cum modicum immutatur color aut sapor vini aut panis; sive ex parte quantitatis, sicut cum dividitur panis aut vinum in tales partes quod adhuc in eis possit salvari natura panis aut vini. — Si vero fiat tanta immutatio quod fuisset corrupta substantia panis aut vini, non remanent corpus et sanguis Christi sub hoc sacramento. Et hoc tam ex parte qualitatum, sicut cum ita immutatur color et sapor et aliae qualitates panis aut vini quod nullo modo posset compati natura panis aut vini: sive etiam ex parte quantitatis, puta si pulverizetur panis, vel vinum in minimas partes dividatur, ut iam non remaneant species panis vel vini.

AD PRIMUM ergo dicendum quod, quia ad corruptionem per se pertinet quod auferatur esse rei inquantum esse alicuius formae est in materia, consequens est quod per corruptionem separetur forma a materia. Si vero huiusmodi esse non esset in materia, simile tamen ei quod est in materia,

ou diminuir a não ser pela soma ou divisão. Pois, como explica Aristóteles, pela divisão uma dimensão se desfaz e surgem duas; pela soma, porém, acontece o contrário, de duas faz-se uma. Assim desta maneira certamente podem corromper-se estes acidentes depois da consagração. Pois, a quantidade dimensível que permanece pode sofrer uma divisão ou soma. Uma vez que ela é o sujeito das qualidades sensíveis, pode também ser o sujeito das suas alterações, por exemplo, ao alterar a cor ou o sabor do pão ou do vinho.

Em segundo lugar, os acidentes podem ainda corromper-se acidentalmente, ao desaparecer o sujeito. Nesse caso, podem corromper-se até depois da consagração. Ainda que o sujeito não subsista, permanece, porém, o ser que os acidentes possuíam antes no sujeito, isto é, um ser próprio e conforme ao sujeito. Por isso, tal ser pode corromper-se por um agente contrário, assim como se corrompia a substância do pão e do vinho. Aliás esta só sofria tal corrupção em consequência da alteração dos acidentes.

Cabe, porém, uma distinção entre os dois tipos de corrupção. Pois, uma vez que o corpo e sangue de Cristo sucedem no sacramento da Eucaristia à substância do pão e do vinho, ao acontecer uma mudança por parte dos acidentes insuficiente para a corrupção do pão e do vinho, o corpo e o sangue de Cristo não cessam de existir neste sacramento, quer a mudança seja qualitativa, como uma pequena mudança na cor ou no sabor do pão e do vinho, quer quantitativa, do pão ou do vinho em porções menores desde que conservem a natureza do pão ou do vinho. — Mas se acontece tão grande mudança que de fato se corrompesse a substância do pão ou do vinho, não permaneceria o corpo e o sangue de Cristo neste sacramento. Isto vale tanto das mudanças das qualidades do pão e do vinho, como a cor, o sabor ou outras, que se tornam incompatíveis com a natureza dessas substâncias. O mesmo pode acontecer com a quantidade, se, o pão se pulveriza ou o vinho se divide em porções mínimas, de maneira que eles já não mantêm as espécies de pão e vinho.

QUANTO AO 1º, pertence por si à corrupção que desapareça a existência da coisa. Pois, enquanto o ser de uma forma existe na matéria, segue-se que a dissolução separa a forma da matéria. Se tal ser, sem existir na matéria, fosse semelhante àquele que existe na matéria, então ele poderia

---

3. C. 5: 1002, a, 34-b.
4. A. 2.

posset per corruptionem auferri etiam materia non existente: sicut accidit in hoc sacramento, ut ex dictis[5] patet.

AD SECUNDUM dicendum quod species sacramentales, licet sint formae non in materia, habent tamen esse quod prius in materia habebant.

AD TERTIUM dicendum quod corruptio illa specierum non est miraculosa, sed naturalis: praesupponit tamen miraculum quod est factum in consecratione, scilicet quod illae species sacramentales retineant esse sine subiecto quod prius habebant in subiecto; sicut et caecus miraculose illuminatus naturaliter videt.

desaparecer pela corrupção, mesmo não existindo a matéria. Isso acontece neste sacramento.

QUANTO AO 2º, deve-se dizer que ainda que as espécies sacramentais sejam formas existindo fora da matéria, têm, porém, o existir que antes tinham na matéria.

QUANTO AO 3º, deve-se dizer que esta corrupção das espécies não é milagrosa, mas natural. No entanto, pressupõe um milagre o que se passa na consagração, a saber, que as espécies sacramentais retenham sem sujeito o existir que antes possuíam no sujeito; exatamente como um cego que vê de modo normal depois de ser curado milagrosamente.

ARTICULUS 5
Utrum ex speciebus sacramentalibus aliquid possit generari

AD QUINTUM SIC PROCEDITUR. videtur quod ex speciebus sacramentalibus nihil possit generari.

1. Omne enim quod generatur: ex aliqua materia generatur, ex nihilo enim nihil generatur, quamvis ex nihilo fiat aliquid per creationem. Sed speciebus sacramentalibus non subest aliqua materia nisi corporis Christi, quod est incorruptibile. Ergo videtur quod ex speciebus sacramentalibus nihil possit generari.
2. PRAETEREA, ea quae non sunt unius generis, non possunt ex invicem fieri, non enim ex albedine fit linea. Sed accidens et substantia differunt genere. Cum ergo species sacramentales sint accidentia, videtur quod ex eis non possit aliqua substantia generari.
3. PRAETEREA, si ex eis generatur aliqua substantia corporea, non erit sine accidente. Si ergo ex speciebus sacramentalibus generatur aliqua substantia corporea, oportet quod ex accidente generetur substantia et accidens, duo scilicet ex

ARTIGO 5
As espécies sacramentais podem gerar alguma coisa?[c]

QUANTO AO QUINTO, ASSIM SE PROCEDE: parece que as espécies sacramentais **não** podem gerar alguma coisa.

1. Com efeito, tudo o que é gerado, é gerado de uma matéria. Do nada, nada se gera, ainda que do nada se faça alguma coisa pela criação. Ora, nenhuma matéria está presente sob as espécies sacramentais a não ser a do corpo de Cristo, que é incorruptível. Logo, parece que nada pode ser gerado das espécies sacramentais.
2. ALÉM DISSO, os seres que não pertencem ao mesmo gênero, não podem um proceder do outro, pois da brancura não se origina a linha. Ora, o acidente e a substância pertencem a gêneros diferentes. Logo, das espécies sacramentais, que são acidentes, não pode provir alguma substância.
3. ADEMAIS, se alguma substância corpórea é gerada das espécies sacramentais, ela não existirá sem acidente. Por isso, se alguma substância corpórea se origina das espécies sacramentais, então deve originar-se de um acidente tanto uma

---

5. In corp.

5   PARALL.: IV *Sent.*, dist. 12, q. 1, a. 2, q.la 4; *Cont. Gent.* IV, 66; *Quodlib.* IX, a. 5, ad 3; I *ad Cor.*, c. 11, lect. 4.

---

c. Este artigo ilustra magnificamente os embaraços causados pela teoria da substância e dos acidentes no domínio eucarístico.
   Sto. Tomás constata, como todos nós, que as espécies sacramentais, ao dissolver-se, dão nascimento a outra coisa: cinza, pó, putrefação (argumento *em sentido contrário*). E isso é natural, pois se trata de fenômenos comuns. Mas como explicá-los sem a presença de uma substância adequada? Sto. Tomás reconhece que é bem difícil. É por isso que o artigo é bastante longo... e com resultados medíocres. Para evitar postular novos milagres, só existe uma possibilidade: conceder — em virtude de um milagre único e fundamental —, ao acidente "quantidade", todas as propriedades da substância. Isso equivale a dizer que, nesse caso, o mundo material, para funcionar como deve, prescinde da substância, a qual era postulada por Aristóteles justamente para dar conta de tais mudanças.
   A categoria "substância" se revela mais onerosa do que cômoda para esse problema preciso.

uno, quod est impossibile. Ergo impossibile est quod ex speciebus sacramentalibus aliqua substantia corporea generetur.

SED CONTRA est quod ad sensum videri potest ex speciebus sacramentalibus aliquid generari: vel cinerem, si comburantur; vel vermes, si putrefiant; vel pulverem, si conterantur.

RESPONDEO dicendum quod, cum *corruptio unius sit generatio alterius*, ut dicitur in I *de Generat.*[1], necesse est quod ex speciebus sacramentalibus aliquid generetur, cum corrumpantur, ut dictum est[2]. Non enim sic corrumpuntur ut omnino dispareant, quasi in nihilum redigantur: sed manifeste aliquid sensibile eis succedit.

Quomodo autem ex eis aliquid generari possit, difficile est videre. Manifestum est enim quod ex corpore et sanguine Christi, quae ibi veraciter sunt, non generatur aliquid: cum sint incorruptibilia. Si autem substantia panis aut vini remaneret in hoc sacramento, vel eorum materia, facile esset assignare quod ex eis generatur illud sensibile quod succedit, ut quidam posuerunt. Sed hoc est falsum, ut supra[3] habitum est.

Et ideo quidam dixerunt quod ea quae generantur, non fiunt ex speciebus sacramentalibus, sed ex aere circumstante. — Quod quidem multipliciter apparet esse impossibile. Primo quidem, quia ex eo generatur aliquid quod prius alteratum et corruptum apparet. Nulla autem alteratio et corruptio prius apparuit in aere circumstante. Unde ex eo vermes aut cineres non generantur. — Secundo, quia natura aeris non est talis quod ex eo per tales alterationes talia generentur. — Tertio, quia potest contingere in magna quantitate hostias consecratas comburi vel putrefieri: nec esset possibile tantum de corpore terreo ex aere generari, nisi magna et etiam valde sensibili inspissatione aeris facta. — Quarto, quia idem potest accidere corporibus solidis circumstantibus, puta ferro aut lapidibus: quae integra remanent post praedictorum generationem. — Unde haec positio stare non potest: quia contrariatur ei quod ad sensum apparet.

Et ideo alii dixerunt quod redit substantia panis et vini in ipsa corruptione specierum, et sic ex substantia panis et vini redeunte generantur cineres aut vermes aut aliquid huiusmodi. — Sed

substância como um acidente. Portanto, de um surgem dois, o que é impossível. Por isso também é impossível que das espécies sacramentais se gere uma substância corpórea.

EM SENTIDO CONTRÁRIO, pode-se ver com os sentidos que das espécies sacramentais algo se origina: cinzas, se são queimadas; vermes, se apodrecem; pó, se se trituram.

RESPONDO. Diz Aristóteles que "a corrupção de um ser é geração de outro". Por isso, faz-se necessário que alguma coisa se gere das espécies sacramentais, quando elas se corrompem. Elas não se corrompem a ponto de desaparecer totalmente, como se fossem reduzidas a nada. No entanto, alguma coisa perceptível pelos sentidos a elas sucede.

Como alguma coisa pode originar-se delas, é difícil de ver. É evidente que o corpo e o sangue de Cristo, que estão verdadeiramente presentes, não geram nada, já que são incorruptíveis. Se a substância de pão e vinho permanecesse no sacramento da Eucaristia ou a matéria deles, seria fácil determinar, como alguns autores ensinam, que se origina deles este ser sensível que os substitui. Como já se viu, isto é falso.

Por isso, outros dizem que as espécies sacramentais não geram o que surge, mas o ar circundante. — Tal afirmação se mostra impossível por muitos argumentos. 1º. Porque algo é gerado a partir daquele ser que se viu alterar ou corromper anteriormente. Ora, nenhuma alteração e corrupção apareceu precedentemente no ar circundante. Por isso, dele não surgem nem os vermes nem as cinzas. — 2º. Porque a natureza do ar não permite que pela sua alteração surjam tais seres. — 3º. Porque pode acontecer que uma grande quantidade de hóstias se queime ou apodreça e não será possível que nasça do ar tanta quantidade de matéria terrestre a não ser por enorme e notável condensação do ar. — 4º. Porque o mesmo fenômeno pode suceder com corpos sólidos circundantes, como o ferro ou as pedras, os quais, porém, permanecem inteiros após esta geração. — Por isso, esta opinião é insustentável, porque vai contra as evidências sensíveis.

Outros afirmaram também que nesta dissolução das espécies se produz uma volta da substância do pão e do vinho, e assim as cinzas, os vermes ou coisa semelhante surgem desta substância do

---

1. C. 3: 318, a, 23-25.
2. A. 4.
3. Q. 75, a. 2, 4, 8.

haec positio non videtur esse possibilis. Primo quidem quia, si substantia panis et vini conversa est in corpus et sanguinem, ut supra[4] habitum est, non potest substantia panis vel vini redire nisi corpore aut sanguine Christi iterum converso in substantiam panis et vini, quod est impossibile: sicut, si aer sit conversus in ignem, non potest aer redire nisi iterum ignis convertatur in aerem. Si vero substantia panis aut vini sit annihilata, non potest iterum redire, quia quod in nihilum decidit, non redit idem numero: nisi forte dicatur redire praedicta substantia, quia Deus de novo creat novam substantiam loco primae. — Secundo videtur hoc esse impossibile, quia non est dare quando substantia panis redeat. Manifestum est enim ex supra[5] dictis quod, manentibus speciebus panis et vini, manet corpus et sanguis Christi, quae non sunt simul cum substantia panis et vini in hoc sacramento, secundum praehabita. Unde substantia panis et vini non potest redire, speciebus sacramentalibus manentibus. Similiter etiam nec eis cessantibus: quia iam substantia panis et vini esse sine propriis accidentibus, quod est impossibile. — Nisi forte dicatur quod in ipso ultimo instanti corruptionis specierum redit, non quidem substantia panis et vini, quia illud idem instans est in quo primo habent esse substantiae generatae ex speciebus: sed materia panis et vini magis quasi de novo creata diceretur quam rediens, proprie loquendo. Et secundum hoc, posset sustineri praedicta positio.

Verum, quia non rationabiliter videtur dici quod miraculose aliquid accidit in hoc sacramento nisi ex ipsa consecratione, ex qua non est quod materia creetur vel redeat; melius videtur dicendum quod in ipsa consecratione miraculose datur quantitati dimensivae panis et vini quod sit primum subiectum subsequentium formarum. Hoc autem est proprium materiae. Et ideo ex consequenti datur praedictae quantitati dimensivae omne id quod ad materiam pertinet. Et ideo quidquid posset generari ex materia panis si esset, totum potest generari ex praedicta quantitate dimensiva panis vel vini, non quidem novo miraculo, sed ex vi miraculi prius facti.

AD PRIMUM ergo dicendum quod, quamvis non sit ibi materia ex qua aliquid generetur, quanti-

pão e do vinho que voltou. — Tampouco parece possível tal opinião. 1º. Porque se a substância do pão e do vinho se converteu no corpo e sangue de Cristo ela não pode voltar a não ser que o corpo e sangue de Cristo se converta de novo nela. Isto é impossível, assim como o ar que se converteu em fogo, não pode voltar a não ser que o fogo se converta de novo nele. Se, porém, a substância do pão e do vinho se aniquila, não pode voltar a existir. Pois, o que se aniquilou não pode existir de novo com o mesmo ser, a não ser que se diga que tal substância foi restituída à existência, porque Deus criou de novo uma nova substância no lugar da anterior. — 2º. Esta solução parece impossível porque não se pode fixar o momento em que a substância do pão retorna. Segue-se com evidência que ao subsistirem as espécies do pão e do vinho, permanecem o corpo e o sangue de Cristo. Estas não existem simultaneamente com a substância do pão e do vinho no sacramento eucarístico. Por isso, a substância do pão e do vinho não pode voltar a existir, se as espécies sacramentais permanecem. Caso semelhante sucederia também se elas cessassem de existir, porque então a substância do pão e do vinho existiria sem seus acidentes próprios, o que é absurdo. — A menos que, talvez, se diga que no último instante mesmo da corrupção das espécies volte a existir, não a substância do pão e do vinho, pois aquele instante é o mesmo em que começam a existir as substâncias geradas das espécies, mas a matéria do pão e do vinho que, em termos mais exatos, seria antes criada de novo do que teria retornado. Neste sentido, pode-se admitir tal posição.

No entanto, não parece razoável admitir que suceda algum milagre no sacramento da Eucaristia além da consagração, onde não acontece nem criação nem retorno da matéria. É melhor afirmar que é a própria consagração que concede milagrosamente à dimensão dimensível do pão e do vinho que seja o primeiro sujeito das formas ulteriores. O que aliás é próprio da matéria. Portanto, é dado consequentemente a esta quantidade dimensível tudo o que é atribuível à matéria. Por isso, tudo o que pudesse ser gerado da matéria do pão, caso ela existisse, pode então surgir desta quantidade dimensível do pão e do vinho, não por um novo milagre, mas pela força do milagre anterior.

QUANTO AO 1º, portanto, deve-se dizer que embora não haja a matéria da qual surge alguma

---
4. Q. 75, a. 2, 4.
5. A. praec.; q. 76, a. 6, ad 3.

tas tamen dimensiva supplet vicem materiae, ut dictum est[6].

AD SECUNDUM dicendum quod illae species sacramentales sunt quidem accidentia, habent tamen actum et vim substantiae, ut dictum est[7].

AD TERTIUM dicendum quod quantitas dimensiva panis et vini et retinet naturam propriam, et accipit miraculose vim et proprietatem substantiae. Et ideo potest transire in utrumque, idest in substantiam et dimensionem.

ARTICULUS 6
Utrum species sacramentales possint nutrire

AD SEXTUM SIC PROCEDITUR. videtur quod species sacramentales non possint nutrire.

1. Dicit enim Ambrosius, in libro *de Sacramentis*[1]: *Non iste panis est qui vadit in corpus: sed panis vitae aeternae, qui animae nostrae substantiam fulcit.* Sed omne quod nutrit, vadit in corpus. Ergo panis iste non nutrit. Et eadem ratio est de vino.

2. PRAETEREA, sicut dicitur in libro *de Generat.*[2], *ex eisdem nutrimur ex quibus sumus.* Species autem sacramentales sunt accidentia, ex quibus homo non constat: non enim accidens est pars substantiae. Ergo videtur quod species sacramentales nutrire non possunt.

3. PRAETEREA, Philosophus dicit, in II *de Anima*[3], quod *alimentum nutrit prout est quaedam substantia, auget autem prout est aliquid quantum.* Sed species sacramentales non sunt substantia. Ergo non possunt nutrire.

SED CONTRA est quod Apostolus, 1Cor 11,21, loquens de hoc sacramento, dicit: *Alius quidem esurit, alius autem ebrius est*: ubi dicit Glossa[4] quod *notat illos qui, post celebrationem sacri mysterii et consecrationem panis et vini, suas oblationes vindicabant, et, aliis non communicantes, sibi solis sumebant, ita ut inde etiam ine-*

coisa, no entanto, a quantidade dimensível supre as vezes da matéria.

QUANTO AO 2º, deve-se dizer que aquelas espécies sacramentais são sim acidentes, contudo têm o ato e a força da substância.

QUANTO AO 3º, deve-se dizer que a quantidade dimensível do pão e do vinho conserva a natureza própria e recebe de maneira milagrosa a força e a propriedade da substância. Por isso, pode modificar-se em ambas, isto é, na substância e na dimensão.

ARTIGO 6
As espécies sacramentais podem alimentar?[d]

QUANTO AO SEXTO, ASSIM SE PROCEDE: parece que as espécies sacramentais **não** podem alimentar.

1. Com efeito, Ambrósio afirma: "Este pão não é destinado ao corpo. Mas é pão de vida eterna, que sustenta a substância de nossa alma". Ora, tudo o que alimenta, está destinado ao corpo. Logo, este pão não alimenta. O mesmo vale do vinho.

2. ALÉM DISSO, explica Aristóteles: "Alimentamo-nos dos mesmos elementos que nos constituem". Ora, as espécies sacramentais são acidentes, de que o ser humano não se constitui, já que o acidente não é parte da substância. Logo, parece que as espécies sacramentais não podem alimentar.

3. ADEMAIS, o Filósofo afirma: "O alimento nutre enquanto é substância, faz crescer, porém, enquanto é uma quantidade". Ora, as espécies sacramentais não são substância. Logo não podem nutrir.

EM SENTIDO CONTRÁRIO, o Apóstolo se refere a este sacramento, ao dizer: "Um tem fome, enquanto outro está embriagado". A Glosa comenta: "Ele alude àqueles que depois da celebração dos santos mistérios e a consagração do pão e do vinho recuperavam suas ofertas, e sem partilhar com os outros, as tomavam sozinhos a ponto de

---

6. In corp.
7. Ibid. et a. 3.

PARALL.: IV *Sent.*, dist. 12, q. 1, a. 2, q.la 5; *Cont. Gent.* IV, 66; I *ad Cor.*, c. 11, lect. 4.

1. L. V, c. 4, n. 24: ML 16, 452 A.
2. L. II, c. 8: 335, a, 10-11.
3. C. 4: 416, b, 12-13.
4. LOMBARDI: ML 191, 1639 CD; cfr. Ordin.: ML 114, 539 A.

d. Tendo ultrapassado o ponto perigoso do artigo precedente, Sto. Tomás pode deixar falar o bom senso. É claro que as espécies sacramentais têm sobre o corpo humano o mesmo impacto fisiológico que o pão e o vinho comuns.

briarentur. Quod quidem non potest contingere si sacramentales species non nutrirent. Ergo species sacramentales nutriunt.

RESPONDEO dicendum quod haec quaestio difficultatem non habet, praecedenti quaestione soluta. Ex hoc enim, ut dicitur in II *de Anima*[5], cibus nutrit, quod convertitur in substantiam nutriti. Dictum est autem[6] quod species sacramentales possunt converti in substantiam aliquam quae ex eis generatur. Per eandem autem rationem possunt converti in corpus humanum, per quam possunt converti in cineres vel in vermes. Et ideo manifestum est quod nutriunt.

Quod autem quidam dicunt, quod non vere nutriunt, quasi in corpus humanum convertantur, sed reficiunt et confortant quadam sensuum immutatione, sicut homo confortatur ex odore cibi et inebriatur ex odore vini, ad sensum patet esse falsum. Talis enim refectio non diu sufficit homini, cuius corpus, propter continuam deperditionem, restauratione indiget. Et tamen homo diu sustentari posset, si hostias et vinum consecratum sumeret in magna quantitate.

Similiter etiam non potest stare quod quidam dicunt, quod species sacramentales nutriunt per formam substantialem panis et vini, quae remanet. Tum quia non remanet, ut supra[7] habitum est. — Tum quia non est actus formae nutrire, sed magis materiae, quae accipit formam nutriti, recedente forma nutrimenti. Unde dicitur in II *de Anima*[8], quod nutrimentum in principio est dissimile, in fine autem simile.

AD PRIMUM ergo dicendum quod, facta consecratione, dupliciter potest dici panis in hoc sacramento. Uno modo, ipsae species panis, quae retinent nomen prioris substantiae: ut Gregorius dicit, in Homilia Paschali[9]. Alio modo, potest dici panis ipsum corpus Christi, quod est panis mysticus *de caelo descendens*. Ambrosius ergo, cum dicit quod *iste panis non transit in corpus*, accipit panem secundo modo: quia scilicet corpus Christi non convertitur in corpus hominis, sed reficit mentem eius. Non autem loquitur de pane primo modo dicto.

se inebriarem." Ora, isso não aconteceria, se as espécies sacramentais não alimentassem. Portanto, as espécies sacramentais alimentam.

RESPONDO. Esta questão não é difícil, após a solução da anterior. Pois, como explica Aristóteles, o alimento nutre, ao converter-se na substância da pessoa alimentada. Já se mencionou anteriormente que as espécies sacramentais podem converter-se em determinada substância que é gerada delas. Pela mesma razão que podem converter-se em cinzas e vermes, podem converter-se no corpo humano. Por conseguinte, é evidente que podem alimentar.

Alguns asseveram que as espécies sacramentais não alimentam verdadeiramente como se convertessem no corpo humano, mas restauram e revigoram por um certo influxo dos sentidos, assim como um homem se reforça pelo cheiro da comida e se inebria pelo cheiro do vinho. Os sentidos atestam a falsidade disso. Este tipo de refeição não sustenta o homem por muito tempo, cujo corpo necessita, por causa de seu contínuo desgaste, restaurar as forças. O homem certamente poderia sustentar-se por um longo tempo, se consumisse uma quantidade grande de hóstias e de vinho consagrados.

De modo semelhante, não se pode admitir a opinião daqueles segundo a qual as espécies sacramentais alimentam pela forma substancial do pão e do vinho, que permanece, porque, esta forma não permanece. — Nem é próprio da forma nutrir, mas antes a matéria, que assume a forma de quem ela alimenta, ao desaparecer a forma do alimento. Por isso, como se lê em Aristóteles, o alimento que no início era dissemelhante, no final é semelhante.

QUANTO AO 1º, portanto, deve-se dizer que depois da consagração, pode-se falar de pão no sacramento da Eucaristia de dois modos: 1º. As próprias espécies do pão que conservam o nome da substância anterior, como ensina Gregório. 2º. Pode-se chamar de pão ao próprio corpo de Cristo no sentido de pão místico "que desceu do céu". Ambrósio, aliás, ao dizer que "este pão não é destinado ao corpo", usa o termo nessa segunda acepção. De fato, o corpo de Cristo não se converte no corpo humano, mas refaz-lhe a alma. Não se trata, porém, do primeiro sentido de pão.

---

5. C. 4: 416, b, 9-11.
6. A. 5.
7. Q. 75, a. 6.
8. C. 4: 416, b, 6-9.
9. Vide LANFRANCUM, *De Corp. et Sang. Dom.*, c. 20: ML 150, 436 B.

AD SECUNDUM dicendum quod species sacramentales, etsi non sint ea ex quibus corpus hominis constat, tamen in ea convertuntur, sicut dictum est[10].

AD TERTIUM dicendum quod species sacramentales, quamvis non sint substantia, habent tamen virtutem substantiae, ut dictum est[11].

QUANTO AO 2º, deve-se dizer que embora, as espécies sacramentais não sejam elementos que constituem o corpo humano, elas se convertem nele.

QUANTO AO 3º, deve-se dizer que as espécies sacramentais, embora não sejam substância, têm o poder de substância.

ARTICULUS 7
Utrum species sacramentales frangantur in hoc sacramento

ARTIGO 7
As espécies sacramentais partem-se no sacramento da Eucaristia?[e]

AD SEPTIMUM SIC PROCEDITUR. Videtur quod species sacramentales non frangantur in hoc sacramento.

1. Dicit enim Philosophus, in IV *Meteor*.[1], quod corpora dicuntur frangibilia propter determinatam dispositionem pororum. Quod non potest attribui sacramentalibus speciebus. Ergo sacramentales species non possunt frangi.

2. PRAETEREA, fractionem sequitur sonus. Sed species sacramentales non sunt sonabiles: dicit enim Philosophus, II *de Anima*[2], quod sonabile est corpus durum habens superficiem levem. Ergo species sacramentales non franguntur.

3. PRAETEREA, eiusdem videtur esse frangi et masticari. Sed verum corpus Christi est quod manducatur: secundum illud Io 6,55-57: *Qui manducat meam carnem et bibit meum sanguinem*. Ergo corpus Christi est quod frangitur et masticatur. Unde et in confessione Berengarii[3] dicitur: *Consentio sanctae Romanae Ecclesiae, et corde et ore profiteor panem et vinum quae in altari ponuntur, post consecrationem verum corpus et sanguinem Christi esse, et in veritate manibus sacerdotum tractari, frangi et fidelium dentibus atteri*. Non ergo fractio debet attribui sacramentalibus speciebus.

SED CONTRA est quod fractio fit per divisionem quanti. Sed nullum quantum ibi dividitur nisi species sacramentales: quia neque corpus Christi, quod est incorruptibile; neque substantia panis, quae non manet. Ergo species sacramentales franguntur.

QUANTO AO SÉTIMO, ASSIM SE PROCEDE: parece que as espécies sacramentais **não** se partem neste sacramento.

1. Com efeito, o Filósofo ensina que os corpos são quebráveis por causa de determinada disposição dos poros. Ora, isto não se pode atribuir às espécies sacramentais. Logo, as espécies sacramentais não podem partir-se.

2. ALÉM DISSO, o partir de um corpo provoca ruído. Ora, as espécies sacramentais não fazem ruído, pois segundo o Filósofo só o produz um corpo duro que tem uma superfície leve. Logo, as espécies sacramentais não se rompem.

3. ADEMAIS, atribui-se romper e mastigar à mesma coisa. Ora, o corpo de Cristo é aquilo que se come, como diz o Evangelho de João: "Aquele que come a minha carne e bebe o meu sangue." Logo, o corpo de Cristo é o que se rompe e se mastiga. Por isso, se declara na Confissão de Berengário: "Afirmo com a santa Igreja Romana e confesso de coração e com a boca, que o pão e o vinho, que estão sobre o altar, depois da consagração, convertem-se no verdadeiro corpo e sangue de Cristo. As mãos do sacerdote tocam-no, rompem-no e os dentes dos fiéis o trituram verdadeiramente". Logo, a fração não deve ser atribuída às espécies sacramentais.

EM SENTIDO CONTRÁRIO, a fração se faz pela divisão da quantidade. Ora, nada se divide aí a não ser as espécies sacramentais, uma vez que o corpo de Cristo é incorruptível e a substância do pão já não existe. Portanto, as espécies sacramentais se rompem.

---

10. In corp.
11. A. 3, ad 3; a. 5, ad 2.

7 PARALL.: IV *Sent*., dist. 12, q. 1, a. 3, q.la 1, 2; *Cont. Gent*. IV, 67; I *ad Cor*., c. 11, lect. 5.
1. C. 9: 386, a, 14-16.
2. C. 8: 419, b, 15-18.
3. Cfr. GRATIANUM, *Decretum*, p. III, dist. 2, can. 42: ed. Richter-Friedberg, t. I, p. 1328.

e. Mesma observação que para o artigo precedente (nota 4).

RESPONDEO dicendum quod apud antiquos circa hoc multiplex fuit opinio. Quidam enim dixerunt quod non erat in hoc sacramento fractio secundum rei veritatem, sed solum secundum aspectum intuentium. — Sed hoc non potest stare. Quia in hoc sacramento veritatis sensus non decipitur circa ea quorum iudicium ad ipsum pertinet: inter quae est fractio, per quam ex uno fiunt multa, quae quidem sunt sensibilia communia, ut patet in libro *de Anima*[4].

Unde alii dixerunt quod erat ibi vera fractio sine substantia existente. — Sed hoc etiam sensui contradicit. Apparet enim in hoc sacramento aliquod quantum, prius unum existens, postea in multa partitum: quod quidem oportet esse subiectum fractionis.

Non autem potest dici quod ipsum corpus Christi verum frangatur. Primo quidem, quia est incorruptibile et impassibile. — Secundo, quia est totum sub qualibet parte, ut supra[5] habitum est: quod est quidem contra rationem eius quod frangitur.

Unde relinquitur quod fractio sit sicut in subiecto in quantitate dimensiva panis, sicut et alia accidentia. Et sicut species sacramentales sunt sacramentum corporis Christi veri, ita fractio huiusmodi specierum est sacramentum Dominicae passionis, quae fuit in corpore Christi vero.

AD PRIMUM ergo dicendum quod, sicut in speciebus sacramentalibus remanet rarum et densum, ut supra[6] dictum est, ita etiam remanet ibi porositas: et per consequens frangibilitas.

AD SECUNDUM dicendum quod densitatem sequitur duritia. Et ideo, ex quo in speciebus sacramentalibus remanet densitas, consequens est quod remaneat ibi duritia: et per consequens sonabilitas.

Ad tertium dicendum quod illud quod manducatur in propria specie, ipsummet frangitur et masticatur in sua specie. Corpus autem Christi non manducatur in sua specie, sed in specie sacramentali. Unde super illud Io 6,64, *Caro non prodest quidquam*, dicit Augustinus[7]: *Hoc est intelligendum secundum illos qui carnaliter*

RESPONDO. Autores antigos tiveram opiniões diversas a respeito deste ponto. Alguns afirmaram que neste sacramento, não se dava nenhuma fração real, mas somente aparente. — Mas esta posição é insustentável. Pois, neste sacramento da verdade, os sentidos não se enganam naquilo que diz respeito a seu juízo, entre outras coisas a respeito da fração que divide uma realidade em diversas partes. Isso entra no campo dos sentidos comuns, como ensina Aristóteles.

Por isso, outros autores afirmaram que aí havia uma verdadeira divisão sem nenhuma substância. — O que também contradiz os sentidos. Aparece neste sacramento uma quantidade, que existe primeiro numa unidade e depois é dividida em muitas partes. É ela, pois, que deve ser o sujeito da fração.

Não se pode, porém, dizer que o próprio corpo verdadeiro de Cristo se rompe. Primeiro, porque ele é incorruptível e impassível. — Segundo, porque está inteiro sob qualquer parte. Isto se opõe à razão mesma do que se divide.

Daí se segue que a fração, como os outros acidentes, tem por sujeito a quantidade. E assim como as espécies sacramentais são o sacramento do verdadeiro corpo de Cristo, assim também a fração destas espécies é o sacramento da paixão do Senhor, que aconteceu no corpo verdadeiro de Cristo[f].

QUANTO AO 1º, portanto, deve-se dizer que assim como permanecem nas espécies sacramentais o rarefeito e o denso, como se viu acima, assim também se conserva aí a porosidade e consequentemente o ser frangível.

QUANTO AO 2º, deve-se dizer que a dureza é consequência da densidade. Por conseguinte, pelo fato de permanecer nas espécies sacramentais a densidade, segue-se que continua aí também a dureza e, por isso, a sonoridade.

QUANTO AO 3º, deve-se dizer que rompe-se e mastiga-se uma coisa sob aquela espécie sob a qual é comida. Ora, o corpo de Cristo não é comido sob a sua própria espécie, mas sob a espécie sacramental. Por isso, Agostinho, comentando o texto: "a carne para nada serve," diz: "Isto se refere àqueles que entendiam de maneira carnal. Entenderam a

---

4. C. 6: 418, a, 10-11.
5. Q. 76, a. 3.
6. A. 2, ad 3.
7. *In Ioan.*, tract. 27, n. 5: ML 35, 1617.

f. Em sua interpretação simbólica da fração, Sto. Tomás é tributário de sua época, o que o afasta da grande tradição litúrgica dos Padres da Igreja.

intelligebant. Carnem quippe sic intellexerunt quo modo in cadavere dilaniatur, aut in macello venditur. Et ideo ipsum corpus Christi non frangitur, nisi secundum speciem sacramentalem. — Et hoc modo intelligenda est confessio Berengarii: fractio et contritio dentium referatur ad speciem sacramentalem, sub qua vere est corpus Christi.

Articulus 8
Utrum vino consecrato possit aliquis liquor misceri

Ad octavum sic proceditur. Videtur quod vino consecrato non possit aliquis liquor misceri.

1. Omne enim quod miscetur alicui, recipit qualitatem ipsius. Sed nullus liquor potest recipere qualitatem sacramentalium specierum: quia accidentia illa sunt sine subiecto, ut dictum est[1]. Ergo videtur quod nullus liquor possit permisceri speciebus sacramentalibus vini.

2. Praeterea, si aliquis liquor permisceatur illis speciebus, oportet quod ex his fiat aliquod unum. Sed non potest fieri aliquod unum neque ex liquore, qui est substantia, et speciebus sacramentalibus, quae sunt accidentia; neque ex liquore et sanguine Christi, qui, ratione suae incorruptibilitatis, neque additionem recipit neque diminutionem. Ergo nullus liquor potest admisceri vino consecrato.

3. Praeterea, si aliquis liquor admisceatur vino consecrato, videtur quod etiam ipsum efficiatur consecratum: sicut aqua quae admiscetur aquae benedictae, efficitur etiam benedicta. Sed vinum consecratum est vere sanguis Christi. Ergo etiam liquor permixtus esset sanguis Christi. Et ita aliquid fieret sanguis Christi aliter quam per consecrationem: quod est inconveniens. Non ergo vino consecrato potest aliquis liquor permisceri.

carne da maneira como ela é dissecada no cadáver ou vendida no açougue". Por isso, o corpo de Cristo não se rompe a não ser segundo a espécie sacramental. — Assim, se deve compreender a confissão de fé de Berengário, a saber: a fração e o mastigar dos dentes se referem à espécie sacramental sob a qual está verdadeiramente o corpo de Cristo[g].

Artigo 8
Ao vinho consagrado pode-se misturar outro líquido?

Quanto ao oitavo, assim se procede: parece que **não** se pode misturar outro líquido ao vinho consagrado.

1. Com efeito, todo líquido misturado com um outro recebe a qualidade deste. Ora, nenhum líquido pode receber a qualidade das espécies sacramentais, já que tais acidentes existem sem sujeito. Logo, parece que nenhum líquido pode misturar-se às espécies sacramentais.

2. Além disso, se algum líquido se mistura com estas espécies, é necessário que resulte um único ser. Ora, não se consegue fazer um único ser nem misturando um líquido, que é uma substância, com as espécies sacramentais, que são acidentes, nem de um líquido com o sangue de Cristo, porque este sendo incorruptível não sofre nem aumento nem diminuição. Logo, nenhum líquido pode misturar-se com o vinho consagrado.

3. Ademais, se algum líquido se mistura com o vinho consagrado, ele também se torna consagrado, assim como se torna benta a água que se acrescenta à água benta. Ora, o vinho consagrado é o verdadeiro sangue de Cristo. Logo, também este líquido misturado se tornaria sangue de Cristo. Assim um líquido se converteria em sangue de Cristo, sem ser pela consagração, o que é inadmissível. Portanto, nenhum líquido pode-se misturar ao vinho consagrado[h].

---

8 Parall.: IV *Sent.*, dist. 12, q. 1, a. 2, q.la 6; *Quodlib.* X, q. 1, a. 3.

1. A. 1.

---

g. Sobre Berengário de Tours, consultar no t. I da presente edição (p. 127) a nota que lhe é consagrada, entre os autores citados. Deve-se reconhecer que a profissão de fé que se exige dele é de um realismo extremo: o verdadeiro corpo de Cristo triturado pelos dentes dos fiéis. Sto. Tomás não precisa repudiar esse realismo, que é o seu. Mas pode especificar que tudo isso se cumpre "sob o aspecto sacramental". O que é perfeitamente coerente com o conjunto de sua doutrina, e não põe em questão a presença real.

h. O interesse da questão é essencialmente histórico. Certas práticas antigas — mas que haviam desaparecido na época de Sto. Tomás — manifestavam a crença de que vinho comum podia ser consagrado pela adição de vinho consagrado. Do mesmo modo, alguns pensaram (entre os quais São Bernardo) que o vinho podia ser consagrado pelo mero fato de se mergulhar nele uma hóstia consagrada. A questão posta por Sto. Tomás não é portanto inteiramente gratuita.

O princípio de solução é extremamente simples, ainda que sua aplicação possa ser delicada: o sangue de Cristo permanece exatamente pelo mesmo tempo que o vinho, consagrado pelas palavras da instituição, conserva sua identidade individual.

4. Praeterea, si duorum unum totaliter corrumpatur, non erit mixtio, ut dicitur in I *de Generat.*². Sed ad permixtionem cuiuscumque liquoris videtur corrumpi species sacramentalis vini, ita quod sub ea desinat esse sanguis Christi. Tum quia magnum et parvum sunt differentiae quantitatis et diversificant ipsam, sicut album et nigrum colorem. Tum etiam quia liquor permixtus, cum non habeat obstaculum, videtur undique diffundi per totum: et ita desinit ibi esse sanguis Christi, qui non est ibi simul cum alia substantia. Non ergo aliquis liquor potest permisceri vino consecrato.

Sed contra est quod ad sensum patet alium liquorem vino permisceri posse post consecrationem, sicut et ante.

Respondeo dicendum quod istius quaestionis veritas manifesta est ex praemissis. Dictum est enim supra³ quod species in hoc sacramento permanentes, sicut adipiscuntur virtute consecrationis modum essendi substantiae, ita etiam adipiscuntur modum agendi et patiendi: ut scilicet agere et pati possint quidquid ageret vel pateretur substantia si ibi praesens existeret. Manifestum est autem quod, si esset ibi substantia vini, liquor aliquis posset ei permisceri.

Huius tamen permixtionis diversus esset effectus et secundum formam liquoris, et secundum quantitatem. Si enim permisceretur aliquis liquor in tanta quantitate quod posset diffundi per totum vinum, totum fieret permixtum. Quod autem est commixtum ex duobus, neutrum miscibilium est, sed utrumque transit in quoddam tertium ex his compositum. Unde sequeretur quod vinum prius existens non remaneret, si liquor permixtus esset alterius speciei. — Si autem esset eiusdem speciei liquor adiunctus, puta si vinum permisceretur vino, remaneret quidem eadem species, sed non remaneret idem numero vinum. Quod declarat diversitas accidentium: puta si unum vinum esset album, et aliud rubeum.

Si vero liquor adiunctus esset tam parvae quantitatis quod non posset perfundi per totum, non fieret totum vinum permixtum, sed aliqua pars eius. Quae quidem non remaneret eadem numero, propter permixtionem extraneae materiae. Remaneret tamen eadem specie, non solum si parvus liquor permixtus esset eiusdem speciei, sed etiam

4. Ademais, se um dos dois elementos se corrompe totalmente, não se processa uma mistura, como mostra Aristóteles. Ora, a espécie sacramental de vinho parece corromper-se, ao se lhe misturar um líquido e assim também cessa a presença do sangue de Cristo sob ela. Tanto porque o grande e o pequeno são diferenças da quantidade e a diversificam, como é o caso da cor branca e preta, quanto porque também o líquido misturado, não tendo obstáculo, confunde-se totalmente com o outro. Desta maneira cessa de existir aí o sangue de Cristo que não pode existir juntamente com outra substância. Logo, nenhum líquido pode misturar-se com o vinho consagrado.

Em sentido contrário, é evidente aos sentidos que se pode misturar um líquido ao vinho, quer antes da consagração, quer depois.

Respondo. A verdadeira solução desta questão aparece do já dito anteriormente. As espécies remanescentes neste sacramento, ao receberem pelo poder da consagração a forma de existir da substância, participam também de sua forma de agir e de sofrer a ação. Elas podem agir e sofrer a ação exatamente como faria a substância se ela aí estivesse presente. Ora, é evidente que se aí estivesse presente a substância do vinho, poder-se-ia misturar com ela um outro líquido.

O efeito desta mistura será diferente conforme a forma do líquido e sua quantidade. Se se mistura tanto líquido ao vinho de modo que ele seja todo atingido, a mistura será total. De fato, o que, por sua vez, resulta da mistura dos dois líquidos não é nem um, nem o outro, mas um terceiro líquido diferente, composto dos dois anteriores. Daí se segue que o vinho anteriormente existente não subsistiria, se o líquido a ele misturado fosse de outra espécie. — Se o líquido fosse da mesma espécie, por exemplo, outro vinho, ele permaneceria da mesma espécie, mas não seria o mesmíssimo vinho. Isto aparece claro na diversidade dos acidentes, se, no caso de misturar um vinho branco a um vinho tinto.

Se, porém, a quantidade do líquido acrescentado é tão pequena que não se difunde por todo o vinho, então não se processa uma mistura de todo ele, mas somente de uma porção. Esta, por sua vez, não permanece a mesmíssima por causa da mistura do líquido estranho. Permaneceria, porém, na mesma espécie, não só se a pequena quantidade

---

2. C. 10: 327, b, 2-3.
3. A. 3; a. 5, ad 2.

si esset alterius speciei: quia gutta aquae multo vino permixta transit in speciem vini, ut dicitur in I *de Generatione*[4].

Manifestum est autem ex praedictis[5] quod corpus et sanguis Christi remanent in hoc sacramento quandiu illae species manent eaedem in numero: consecratur enim hic panis et hoc vinum. Unde si fiat tanta permixtio liquoris cuiuscumque quod pertingat ad totum vinum consecratum et fiat permixtum, et erit aliud numero, et non remanebit ibi sanguis Christi. Si vero fiat tam parva alicuius liquoris adiunctio quod non possit diffundi per totum, sed usque ad aliquam partem specierum, desinet esse sanguis Christi sub illa parte vini consecrati, remanebit tamen sub alia.

AD PRIMUM ergo dicendum quod Innocentius III dicit, in quadam Decretali[6], quod *ipsa accidentia vinum appositum videntur afficere: quia, si aqua fuerit apposita, vini saporem assumeret. Contingit igitur accidentia mutare subiectum, sicut et subiectum contingit accidentia permutare. Cedit quippe natura miraculo, et virtus supra consuetudinem operatur.* Hoc tamen non est sic intelligendum quasi idem numero accidens quod prius fuit in vino ante consecrationem, postmodum fiat in vino apposito: sed talis permutatio fit per actionem. Nam accidentia vini remanentia retinent actionem substantiae, secundum praedicta[7]: et ita immutando afficiunt liquorem appositum.

AD SECUNDUM dicendum quod liquor appositus vino consecrato nullo modo miscetur substantiae sanguinis Christi. Miscetur tamen speciebus sacramentalibus: ita tamen quod, permixtione facta, corrumpuntur praedictae species, vel in toto vel in parte, secundum modum[8] quo supra dictum est quod ex speciebus illis potest aliquid generari. Et si quidem corrumpantur in toto, nulla iam remanet quaestio: quia iam totum erit uniforme. Si autem corrumpantur in parte, erit quidem una dimensio secundum continuitatem quantitatis, non tamen una secundum modum essendi: quia una pars eius est sine subiecto, alia erit in subiecto; sicut,

do líquido misturado fosse da mesma espécie, mas também se fosse de outra espécie, assim, uma gota d'água ao misturar-se com muito vinho se transforma em vinho, como diz Aristóteles.

Segue-se com evidência do que antecede, que o corpo e o sangue de Cristo permanecem no sacramento eucarístico o tempo em que as espécies subsistem em sua identidade própria, pois o que se consagra é este pão e este vinho. Por isso, se acontece uma infusão muito grande de líquido a ponto de afetar todo o vinho consagrado que ficará inteiramente misturado, então já não se tem o mesmíssimo vinho e por isso cessa aí a presença do sangue de Cristo. Mas se se faz um acréscimo de líquido em pequena quantidade de tal modo que não afete a totalidade do vinho, mas somente uma parte das espécies, só cessa a existência do sangue de Cristo sob aquela parte atingida do vinho consagrado e permanecerá, porém, na outra.

QUANTO AO 1º, portanto, deve-se dizer que Inocêncio III ensina: "Os próprios acidentes parecem afetar o vinho acrescentado. Pois, se se colocar água, ela tomará o sabor do vinho. Nesse caso, os acidentes mudam o sujeito assim como o sujeito muda os acidentes. A natureza se dobra diante do milagre e o poder opera para além da sua ação normal". Isto não se deve, porém, entender como se o mesmíssimo acidente, que existia no vinho antes da consagração, passa para o vinho acrescentado. Tal mudança se faz por uma ação. Pois os acidentes remanescentes do vinho conservam a ação da substância. Assim, os acidentes afetam o líquido acrescentado, transformando-o.

QUANTO AO 2º, deve-se dizer que o líquido acrescentado ao vinho consagrado não se mistura de modo algum à substância do sangue de Cristo. Mistura-se sim às espécies sacramentais de modo que, feita a mistura, elas se corrompem ou totalmente ou parcialmente, conforme a maneira pela qual daquelas espécies pode algo ser gerado. Se a corrupção delas for total, já não haverá problema porque o todo será homogêneo. Se a corrupção for parcial, haverá uma única dimensão conforme a continuidade da quantidade, não, porém, uma única conforme o modo de ser. Pois, se uma parte estiver sem sujeito, a outra estará num sujeito, como no

---

4. C. 5: 321, a, 33-38.
5. A. 4; q. 76, a. 6, ad 3.
6. *Decretal. Greg. IX*, l. III, tit. 41, c. 6: ed. Richter-Friedberg, II, 639.
7. In corp.
8. A. 5.

si aliquod corpus constituatur ex duobus metallis, erit unum corpus secundum rationem quantitatis, non tamen unum secundum speciem naturae.

AD TERTIUM dicendum quod, sicut Innocentius III dicit, in Decretali praedicta[9], *si post calicis consecrationem aliud vinum mittatur in calicem, illud quidem non transit in sanguinem, neque sanguini commiscetur: sed, accidentibus prioris vini commixtum, corpori quod sub eis latet undique circumfunditur, non madidans circumfusum.* Quod quidem intelligendum est quando non fit tanta permixtio liquoris extranei quod sanguis Christi desinat esse sub toto. Tunc enim *undique* dicitur *circumfundi*, non quia tangat sanguinem Christi secundum eius proprias dimensiones, sed secundum dimensiones sacramentales, sub quibus continetur. — Nec est simile de aqua benedicta: quia illa benedictio nullam immutationem facit circa substantiam aquae, sicut facit consecratio vini.

AD QUARTUM dicendum quod quidam posuerunt quod, quantumcumque parva fiat extranei liquoris permixtio, substantia sanguinis Christi desinet esse sub toto. Et hoc ratione inducta. Quae tamen non cogit. Quia magnum et parvum diversificant quantitatem dimensivam non quantum ad eius essentiam, sed quantum ad determinationem mensurae.

Similiter etiam liquor appositus adeo potest esse parvus quod sua parvitate impediatur ne diffundatur per totum, et non solum dimensionibus: quae, licet sint sine subiecto, tamen obstant alteri liquori sicut et substantia si ibi esset, secundum ea quae praemissa sunt.

caso de um corpo que se constitui de dois metais, será um único corpo conforme a razão de quantidade, não, porém, segundo a natureza específica.

QUANTO AO 3º, deve-se dizer que Inocêncio III diz ainda: "Se se derrama um pouco de vinho dentro do cálice depois da sua consagração, este vinho não se converte no sangue de Cristo nem se lhe mistura, mas, misturado aos acidentes do primeiro vinho, ele envolve por todos os lados o corpo que se esconde sob os acidentes, sem, porém, molhar o corpo assim envolvido". Isto se deve entender quando não sucede tão grande mistura de um líquido estranho a ponto de fazer cessar a presença do sangue de Cristo sob o todo. Por isso, o texto fala de "envolver" "por todos os lados", não porque toque o sangue de Cristo segundo suas próprias dimensões, mas segundo as dimensões sacramentais, sob as quais ele é contido. — Não vale aqui a comparação com a água benta. Porque a bênção da água não lhe afeta a substância, como o faz a consagração do vinho.

QUANTO AO 4º, deve-se dizer que alguns autores afirmaram que por menor que seja a mistura de um líquido diferente, a substância do sangue de Cristo cessa de existir sob o todo. Aduzem a razão indicada na objeção. Mas tal argumento não convence. Porque o grande e o pequeno diversificam a quantidade dimensível não segundo a sua essência, mas segundo a determinação de sua medida.

Igualmente também o líquido acrescentado pode ser pouco em quantidade a ponto de não poder expandir-se pelo todo por causa de sua escassez e não somente por causa de suas dimensões. Pois, embora essas dimensões sejam sem sujeito, afetam, porém, o outro líquido, como faria a substância se aí estivesse.

---

9. Cfr. supra ad 1.

QUAESTIO LXXVIII

DE FORMA HUIUS SACRAMENTI

in sex articulos divisa

Deinde considerandum est de forma huius sacramenti.
Et circa hoc quaeruntur sex.
Primo: quae sit forma huius sacramenti.
Secundo: utrum sit conveniens forma consecrationis panis.
Tertio: utrum sit conveniens forma consecrationis sanguinis.

QUESTÃO 78

A FORMA DO SACRAMENTO DA EUCARISTIA

em seis artigos

Em seguida, deve-se tratar da forma deste sacramento.
A questão se divide em seis perguntas:
1. Qual é a forma deste sacramento?
2. A forma da consagração do pão é adequada?
3. A forma da consagração do sangue é adequada?

Quarto: de virtute utriusque formae.
Quinto: de veritate locutionis.
Sexto: de comparatione unius formae ad aliam.

Articulus 1
Utrum haec sit forma huius sacramenti, *Hoc est corpus meum*, et, *Hic est calix sanguinis mei*

AD PRIMUM SIC PROCEDITUR. Videtur quod haec non sit forma huius sacramenti, *Hoc est corpus meum*, et, *Hic est calix sanguinis mei*.

1. Illa enim verba videntur pertinere ad formam sacramenti quibus Christus corpus suum et sanguinem consecravit. Sed Christus ante benedixit panem acceptum, et postea dixit: *Accipite et comedite: hoc est corpus meum*, ut habetur Mt 26,26; et similiter fecit de calice [v. 27-28. Ergo praedicta verba non sunt forma huius sacramenti.

2. PRAETEREA, Eusebius Emesenus[1] dicit quod *invisibilis sacerdos visibiles creaturas in suum corpus convertit, dicens: Accipite et comedite, hoc est corpus meum*. Ergo totum hoc videtur pertinere ad formam sacramenti. Et eadem ratio est de verbis pertinentibus ad sanguinem.

3. PRAETEREA, in forma baptismi exprimitur persona ministri et actus eius, cum dicitur, *Ego te baptizo*. Sed in praemissis verbis nulla fit mentio de persona ministri, nec de actu eius. Ergo non est conveniens forma sacramenti.

4. PRAETEREA, forma sacramenti sufficit ad perfectionem sacramenti: unde sacramentum baptismi quandoque perfici potest solis verbis formae prolatis, et omnibus aliis praetermissis. Si ergo praedicta verba sunt forma huius sacramenti, videtur quod aliquando possit hoc sacramentum perfici his solis verbis prolatis, et omnibus aliis praetermissis quae in missa dicuntur. Quod tamen videtur esse falsum: quia, ubi verba alia praetermitterentur, praedicta verba acciperentur ex persona sacerdotis proferentis, in cuius corpus et sanguinem panis et vinum non convertuntur. Non ergo praedicta verba sunt forma huius sacramenti.

4. O poder de ambas as formas.
5. A verdade de sua linguagem.
6. A comparação entre as duas formas.

Artigo 1
A forma deste sacramento é "Isto é o meu corpo" e "Este é o cálice de meu sangue"?

QUANTO AO PRIMEIRO ARTIGO, ASSIM SE PROCEDE: parece que **não** é a forma deste sacramento, "isto é o meu corpo" e "este é o cálice de meu sangue".

1. Com efeito, estas palavras parecem pertencer à forma do sacramento pela qual Cristo consagrou o seu corpo e sangue. Ora, Cristo abençoou primeiro o pão e só depois disse: "Tomai, comei, isto é o meu corpo"; e fez o mesmo a respeito do cálice. Logo, tais palavras não são a forma deste sacramento[a].

2. ALÉM DISSO, Eusébio de Emesa diz: "O sacerdote invisível converte criaturas visíveis em seu corpo, dizendo: Tomai e comei, isto é o meu corpo". Portanto, tudo isto parece pertencer à forma do sacramento. O mesmo vale para as palavras que se referem ao sangue.

3. ADEMAIS, a forma do batismo inclui a pessoa do ministro e o seu ato, quando ele diz: "Eu te batizo". Ora, nas palavras em questão não se menciona a pessoa do ministro nem o seu ato. Logo, elas não são a adequada forma do sacramento.

4. ADEMAIS, a forma do sacramento é suficiente para a plena realização do sacramento. Por isso, o sacramento do batismo pode, às vezes, ser administrado só com a recitação das palavras da forma, omitindo-se todas as outras. Se as palavras em questão fossem a forma deste sacramento, parece que, às vezes, este sacramento poderia ser celebrado só com a prolação destas palavras, deixando de lado as que se dizem na missa. No entanto, parece que isto é falso. Pois, onde se omitem as outras palavras, as palavras em questão se entenderiam da pessoa do sacerdote celebrante, em cujo corpo e sangue, porém, o pão e o vinho

---

[1] PARALL.: IV *Sent*., dist. 8, q. 2, a. 1, q.la 1, 2, 5; a. 2, q.la 1; a. 4, q.la 3; *in Matth*., c. 26; I *ad Cor*., c. 11, lect. 5.

1. Vide Ps. HIERON., Epist. XXXVIII *de Corp. et Sang. Christi*, n. II: ML 30, 272 B.

a. Corremos o risco de passar ao largo dessa objeção precisa, pelo fato de que "benzer", para nós, é essencialmente um gesto. Era bem diferente para os que falavam latim: *bene-dicere* só se entende de algo que se diz, logo, de palavras. A questão é saber qual era o conteúdo verbal dessa bênção de Cristo, anterior às palavras tradicionalmente conservadas ("isto é o meu corpo", "isto é o meu sangue"). Não seria essa bênção a verdadeira fórmula de consagração? É a essa questão que será consagrada a resposta 1, afastando a opinião (pessoal) do papa Inocêncio III em benefício de uma leitura mais atenta do texto. Não houve sem dúvida outras palavras que as mantidas como consecratórias, estas sendo a expressão verbal dessa bênção assinalada pelos evangelistas.

SED CONTRA est quod Ambrosius dicit, in libro *de Sacramentis*[2]: *Consecratio fit verbis et sermonibus Domini Iesu. Nam per reliqua omnia quae dicuntur, laus Deo defertur, oratione petitur pro populo, pro regibus, pro ceteris. Ubi autem sacramentum conficitur, iam non suis sermonibus sacerdos utitur, sed utitur sermonibus Christi. Ergo sermo Christi hoc conficit sacramentum.*

RESPONDEO dicendum quod hoc sacramentum ab aliis sacramentis differt in duobus. Primo quidem quantum ad hoc, quod hoc sacramentum perficitur in consecratione materiae: alia vero sacramenta perficiuntur in usu materiae consecratae. — Secundo, quia in aliis sacramentis consecratio materiae consistit solum in quadam benedictione, ex qua materia consecrata accipit instrumentaliter quandam spiritualem virtutem, quae per ministrum, qui est instrumentum animatum, potest ad instrumenta inanimata procedere. Sed in hoc sacramento consecratio materiae consistit in quadam miraculosa conversione substantiae, quae a solo Deo perfici potest. Unde minister in hoc sacramento perficiendo non habet alium actum nisi prolationem verborum.

Et quia forma debet esse conveniens rei, ideo forma huius sacramenti differt a formis aliorum sacramentorum in duobus. Primo quidem, quia formae aliorum sacramentorum important usum materiae, puta baptizationem vel consignationem: sed forma huius sacramenti importat solam consecrationem materiae, quae in transubstantiatione consistit; puta cum dicitur, *Hoc est corpus meum*, vel, *Hic est calix sanguinis mei*. — Secundo, quia formae aliorum sacramentorum proferuntur ex persona ministri: sive per modum exercentis actum, sicut cum dicitur, *Ego te baptizo*, vel, *Ego te confirmo*; sive per modum imperantis, sicut in sacramento ordinis dicitur, *Accipe potestatem*, etc.; sive per modum deprecantis, sicut cum in sacramento extremae unctionis dicitur, *Per istam unctionem et nostram intercessionem*, etc. Sed forma huius sacramenti profertur ex persona ipsius Christi loquentis: ut detur intelligi quod minister in perfectione huius sacramenti nihil agit nisi quod profert verba Christi.

AD PRIMUM ergo dicendum quod circa hoc est multiplex opinio. Quidam enim dixerunt quod Christus, qui habebat potestatem excellentiae in

não se convertem. Logo, as palavras em questão não são a forma deste sacramento.

EM SENTIDO CONTRÁRIO, Ambrósio diz: "A consagração se faz pelas palavras e ditos do Senhor Jesus. Pois, pelas outras palavras que se dizem, presta-se louvor a Deus, reza-se pelo povo, pelos reis, por todos. Onde se celebra o sacramento, o sacerdote já não usa suas palavras, mas as de Cristo. Logo, a palavra de Cristo realiza este sacramento.

RESPONDO. O sacramento da Eucaristia difere dos outros sacramentos em dois pontos. 1º. Este sacramento se realiza na consagração da matéria, os outros, porém, no uso da matéria consagrada. 2º. Nos outros sacramentos, a consagração da matéria consiste somente numa bênção pela qual a matéria consagrada recebe certa força espiritual de modo instrumental. Assim o ministro, que é o instrumento humano, pode usar o instrumento material. Na Eucaristia, a consagração da matéria consiste numa conversão milagrosa da substância. Esta conversão só pode ser realizada por Deus. Por isso, o ministro para celebrar este sacramento tem como único ato próprio a recitação das palavras.

Como a forma deve ser apropriada à realidade, por isso a forma deste sacramento difere da dos outros em dois pontos. 1º. As formas dos outros sacramentos implicam o uso da matéria, por exemplo, batizar ou ungir. Mas na Eucaristia a forma consiste unicamente na consagração da matéria que se realiza pela transubstanciação, a saber, quando se diz: "Isto é o meu corpo" ou "Este é o cálice do meu sangue". — 2º. As formas dos outros sacramentos são proferidas em nome pessoal do ministro, quer ao exercer um ato como quando ele diz "Eu te batizo" ou "Eu te confirmo", quer ao proferir um imperativo, como quando diz no sacramento da ordem: "Recebe o poder" etc.; quer ao imprecar como quando diz no sacramento da unção dos enfermos: "Por esta unção e nossa intercessão", etc. Mas a forma da Eucaristia se profere na pessoa de Cristo que fala. Dá-se, assim, a entender que o ministro na celebração deste sacramento outra coisa não faz senão pronunciar as palavras de Cristo.

QUANTO AO 1º, portanto, deve-se dizer que a respeito deste ponto, há muitas opiniões. Alguns autores ensinaram que Cristo, que tinha um poder de

---

2. L. IV, c. 4, n. 14; ML 16, 440 A.

sacramentis, absque omni forma verborum hoc sacramentum perfecit; et postea verba protulit sub quibus alii postea consecrarent. Quod videtur sonare verba Innocentii III[3] dicentis: *Sane dici potest quod Christus virtute divina confecit, et postea formam expressit sub qua posteri benedicerent.* — Sed contra hoc expresse sunt verba Evangelii, in quibus dicitur quod Christus *benedixit*: quae quidem benedictio aliquibus verbis facta est. Unde praedicta verba Innocentii sunt opinative magis dicta quam determinative.

Quidam autem dixerunt quod benedictio illa facta est quibusdam aliis verbis nobis ignotis. — Sed nec hoc stare potest. Quia benedictio consecrationis nunc perficitur per recitationem eorum quae tunc acta sunt. Unde, si tunc per haec verba non est facta consecratio, nec modo fieret.

Et ideo alii dixerunt quod illa benedictio eisdem etiam verbis facta est quibus modo fit, sed Christus ea bis protulit: primo quidem secreto, ad consecrandum; secundo manifeste, ad instruendum. — Sed nec hoc stare potest. Quia sacerdos consecrat proferens haec verba, non ut a Christo in occulta benedictione dicta, sed ut publice prolata. Unde, cum non habeant vim huiusmodi verba nisi ex Christi prolatione, videtur quod etiam Christus manifeste ea proferens consecraverit.

Et ideo alii dixerunt quod Evangelistae non semper eundem ordinem in recitando servaverunt quo res sunt gestae: ut patet per Augustinum, in libro *de Consensu Evangelistarum*[4]. Unde intelligendum est ordinem rei gestae sic exprimi posse: *Accipiens panem, benedixit dicens, Hoc est corpus meum, et deinde fregit et dedit discipulis suis.* — Sed idem sensus potest esse in verbis Evangelii non mutatis. Nam hoc participium *dicens* concomitantiam quandam importat verborum prolatorum ad ea quae praecedunt. Non autem oportet quod haec concomitantia intelligatur solum respectu verbi ultimi prolati, quasi Christus tunc ista verba protulerit quando dedit discipulis suis: sed potest intelligi concomitantia respectu totius praecedentis, ut sit sensus: *Dum benediceret et frangeret et daret discipulis suis, haec verba dixit, Accipite etc.*

excelência sobre os sacramentos, realizou este sacramento sem precisar de nenhuma forma verbal e que em seguida ele pronunciou as palavras com as quais os outros sacerdotes consagrariam depois. Isso parece corresponder às palavras de Inocêncio III: "Com efeito, pode-se dizer que Cristo consagrou com seu poder divino e depois expressou a forma com a qual os seus sucessores consagrariam". — Mas expressamente se opõem a tal posição as palavras do Evangelho que dizem que Cristo "abençoou". Pois, esta bênção foi feita com determinadas palavras. Por isso, as palavras de Inocêncio III expressam antes sua opinião pessoal que uma definição.

Outros autores disseram que aquela bênção foi feita com outras palavras desconhecidas por nós. — Também isso é insustentável. Porque a oração consecratória se realiza agora pela narração daquilo que então aconteceu. Daí se segue que se por estas palavras na ceia não houve consagração, também não haverá agora.

Outros ainda disseram que aquela bênção foi feita com as mesmas palavras com que hoje se faz, mas que Cristo as pronunciou duas vezes. Uma vez secretamente para consagrar, outra manifestamente, para ensinar. — Também tal opinião é inadmissível. Pois, o sacerdote consagra pronunciando estas palavras, não como ditas por Cristo de modo oculto, mas publicamente. Por isso, uma vez que tais palavras só têm poder porque pronunciadas por Cristo, parece então que Cristo consagrou, ao proferi-las abertamente.

Uma outra posição afirma que os evangelistas não conservaram sempre a mesma ordem na narração da ceia tal qual aconteceu, como se deduz das palavras de Agostinho. Com efeito, a ordem dos fatos pode ser assim descrita: "Tomando o pão, abençoou-o dizendo: Isto é o meu corpo, e em seguida, partiu-o e deu-o aos discípulos". — Mas pode-se haurir o mesmo sentido das palavras do Evangelho, sem alterá-las. Pois, o particípio presente "dizendo" implica certa simultaneidade das palavras ditas com o gesto anterior. Não se impõe que esta simultaneidade se refira unicamente à última palavra dita, como se Cristo tivesse pronunciado então estas palavras, quando ele deu a Eucaristia aos discípulos. Ela pode ser entendida, sem dúvida, em relação a tudo o que precedeu de modo que o sentido seja: "Ao abençoar, romper e distribuir aos seus discípulos, disse estas palavras: Tomai etc."

---

3. *De sacro Alt. Myst.*, l. IV, c. 6: ML 217, 859 AB.
4. L. II, c. 21, n. 51; c. 30, n. 70; c. 44: ML 34, 1102, 1111-1112, 1123.

AD SECUNDUM dicendum quod in his verbis, *Accipite et comedite*, intelligitur usus materiae consecratae, qui non est de necessitate huius sacramenti, ut supra[5] habitum est. Et ideo nec haec verba sunt de substantia formae.

Quia tamen ad quandam perfectionem sacramenti pertinet materiae consecratae usus, sicut operatio non est prima, sed secunda perfectio rei; ideo per omnia haec verba exprimitur tota perfectio huius sacramenti. Et hoc modo Eusebius intellexit his verbis confici sacramentum, quantum ad primam et secundam perfectionem ipsius.

AD TERTIUM dicendum quod in sacramento baptismi minister aliquem actum exercet circa usum materiae, qui est de essentia sacramenti: quod non est in hoc sacramento. Et ideo non est similis ratio.

AD QUARTUM dicendum quod quidam dixerunt hoc sacramentum perfici non posse praedictis verbis prolatis et aliis praetermissis, praecipue quae sunt in canone missae. — Sed hoc patet esse falsum. Tum ex verbis Ambrosii supra[6] inductis. Tum etiam quia canon missae non est idem apud omnes, nec secundum omnia tempora, sed diversa sunt a diversis apposita.

Unde dicendum est quod, si sacerdos sola verba praedicta proferret cum intentione conficiendi hoc sacramentum, perficeretur hoc sacramentum: quia intentio faceret ut haec verba intelligerentur quasi ex persona Christi prolata, etiam si verbis praecedentibus hoc non recitaretur. Graviter tamen peccaret sacerdos sic conficiens hoc sacramentum, utpote ritum Ecclesiae non servans. Nec est simile de baptismo, quod est sacramentum necessitatis: defectum autem huius sacramenti potest supplere spiritualis manducatio, ut Augustinus dicit[7].

QUANTO AO 2º, deve-se dizer que nestas palavras "Tomai e comei" está entendido o uso da matéria consagrada, que não pertence necessariamente ao sacramento. Por conseguinte, tais palavras não constituem a substância da forma.

No entanto, da mesma maneira que o uso da matéria consagrada pertence a uma certa perfeição do sacramento, pois o operar não é a primeira perfeição da coisa, mas a segunda, assim também todas estas palavras exprimem a perfeição completa deste sacramento. Desse modo, Eusébio entendeu que o sacramento se realiza por meio destas palavras quer a respeito da primeira quer da segunda perfeição.

QUANTO AO 3º, deve-se dizer que no sacramento do batismo, o ministro atua no referente ao uso da matéria, que lhe é essencial. Tal não é o caso da Eucaristia. Portanto, não vale a comparação.

QUANTO AO 4º, deve-se dizer que alguns autores afirmaram que a Eucaristia não pode ser celebrada com a recitação das palavras em questão e a omissão das outras, especialmente as que constam na oração eucarística. — Ora, isso evidentemente é falso, tanto pelas palavras de Ambrósio acima citadas, quanto pelo fato de que a oração eucarística não é a mesma para todos, variou na história e recebeu diversos acréscimos de diferentes autores.

Por isso, se o sacerdote pronunciar somente as palavras em questão com a intenção de consagrar, realizar-se-ia o sacramento. Pois, a intenção faz com que se entendam tais palavras como ditas em nome de Cristo, mesmo se isto não fosse sinalizado com as palavras anteriores. O sacerdote cometeria pecado grave se celebrasse este sacramento, desobedecendo ao rito da Igreja[b]. Não vale o mesmo para o sacramento do batismo, porque é um sacramento necessário para a salvação. A falta da Eucaristia pode ser suprida com uma comunhão espiritual, como ensina Agostinho.

---

5. Q. 74, a. 7.
6. In arg. *sed contra*.
7. Cfr. q. 73, a. 3, ad 1.

b. Na doutrina sacramental, é indispensável distinguir entre validade e liceidade de uma celebração. Mas não se deve superestimar a validade, como se todo o resto tivesse pouca importância. Uma eucaristia válida que abrisse mão de toda a riqueza dos textos litúrgicos teria algo de monstruoso, o que Sto. Tomás talvez destaque insuficientemente.

Articulus 2
Utrum haec sit conveniens forma consecrationis panis, *Hoc est corpus meum*

AD SECUNDUM SIC PROCEDITUR. Videtur quod haec non sit conveniens forma consecrationis panis: *Hoc est corpus meum*.
1. Per formam enim sacramenti debet exprimi sacramenti effectus. Sed effectus qui fit in consecratione panis, est conversio substantiae panis in corpus Christi: quae magis exprimitur per hoc verbum *fit*, quam per hoc verbum *est*. Ergo in forma consecrationis deberet dici: *Hoc fit corpus meum*.
2. PRAETEREA, Ambrosius dicit, in libro *de Sacramentis*[1]: *Sermo Christi hoc conficit sacramentum. Quis sermo Christi? Hic quo facta sunt omnia: iussit Dominus et facta sunt caeli et terra*. Ergo et forma huius sacramenti convenientior esset per verbum imperativum, ut diceretur: *Hoc sit corpus meum*.
3. PRAETEREA, per subiectum huius locutionis importatur illud quod convertitur: sicut per praedicatum importatur conversionis terminus. Sed, sicut est determinatum id in quod fit conversio, non enim fit conversio nisi in corpus Christi; ita est determinatum id quod convertitur, non enim convertitur in corpus Christi nisi panis. Ergo, sicut ex parte praedicati ponitur nomen, ita ex parte subiecti debet poni nomen, ut dicatur: *Hic panis est corpus meum*.
4. PRAETEREA, sicut id in quod terminatur conversio est determinatae naturae, quia est corpus; ita etiam est determinatae personae. Ergo, ad determinandam personam, debet dici: *Hoc est corpus Christi*.
5. PRAETEREA, in verbis formae non debet poni aliquid quod non sit de substantia eius. Inconvenienter ergo additur in quibusdam libris haec coniunctio *enim*, quae non est de substantia formae.

SED CONTRA est quod Dominus hac forma in consecrando est usus, ut patet Mt 26,26.

RESPONDEO dicendum quod haec est conveniens forma consecrationis panis. Dictum est enim[2] quod haec consecratio consistit in conversione substantiae panis in corpus Christi. Oportet autem formam sacramenti significare id quod in

Artigo 2
É esta a forma adequada da consagração do pão: "Isto é o meu corpo"?

QUANTO AO SEGUNDO, ASSIM SE PROCEDE: parece que esta **não** é a forma adequada da consagração do pão.
1. Com efeito, a forma do sacramento deve exprimir-lhe o efeito. Ora, o efeito, que se produz na consagração do pão, é a conversão da substância do pão no corpo de Cristo. Esta manifesta-se melhor pela palavra "torna-se" do que "é". Logo, na forma da consagração dever-se-ia dizer: "Isto se torna o meu corpo".
2. ALÉM DISSO, Ambrósio diz: "A palavra de Cristo realiza o sacramento. Que palavra de Cristo? Aquela, pela qual tudo foi feito: Ordenou o Senhor e os céus e a terra foram feitos". Logo, seria mais adequado se a forma da Eucaristia estivesse no imperativo: "Isto seja o meu corpo".
3. ADEMAIS, o sujeito desta frase refere-se àquilo que se converte, assim como o predicado indica o termo da conversão. Ora, da mesma maneira que estabelecemos o termo da conversão, que é o corpo de Cristo, fazêmo-lo também em relação ao sujeito da conversão, que é o pão. Logo, assim como se deve pôr um substantivo como predicado, assim também como sujeito, de maneira que se deve dizer: "Este pão é o meu corpo".
4. ADEMAIS, assim como o termo da conversão é de uma natureza determinada, porque é o corpo, assim também ele pertence a uma determinada pessoa. Logo, para determinar esta pessoa, devia-se dizer: "Isto é o corpo de Cristo".
5. ADEMAIS, nas palavras da forma não se deve pôr nada que não seja da sua substância. Por isso, não é adequado acrescentar, como fazem alguns livros, a conjunção "pois", que não pertence à substância da forma.

EM SENTIDO CONTRÁRIO, o Senhor usou esta forma na consagração, como relata o Evangelho de Mateus.

RESPONDO. Esta é a forma adequada para a consagração do pão. Com efeito, esta consagração consiste na conversão da substância do pão no corpo de Cristo. A forma do sacramento deve significar aquilo que ele realiza. Por isso, a forma

---

2 PARALL.: Supra, q. 75, a. 2; IV *Sent.*, dist. 8, q. 2, a. 1, q.la 3, 4; *in Matth.*, c. 26; I *ad Cor.*, c. 11, lect. 5.

1. L. IV, c. 4, n. 15: ML 16, 440 A.
2. A. 1.

sacramento efficitur. Unde et forma consecrationis panis debet significare ipsam conversionem panis in corpus Christi. In qua tria considerantur: scilicet ipsa conversio, et terminus a quo, et terminus ad quem.

Conversio autem potest considerari dupliciter: uno modo, ut in *fieri*; alio modo, ut in *facto esse*. Non autem debuit significari conversio in hac forma ut in fieri, sed ut in facto esse. Primo quidem, quia haec conversio non est successiva, ut supra[3] habitum est, sed instantanea: in huiusmodi autem mutationibus fieri non est nisi factum esse. — Secundo, quia ita se habent formae sacramentales ad significandum effectum sacramenti, sicut se habent formae artificiales ad repraesentandum effectum artis. Forma autem artificialis est similitudo ultimi effectus in quem fertur intentio artificis: sicut forma artis in mente aedificatoris est forma domus aedificatae principaliter, aedificationis autem per consequens. Unde et in hac forma debet exprimi conversio ut in facto esse, ad quod fertur intentio.

Et quia ipsa conversio exprimitur in hac forma ut in facto esse, necesse est quod extrema conversionis significentur ut se habent in facto esse conversionis. Tunc autem terminus in quem habet propriam naturam suae substantiae: sed terminus a quo non manet secundum suam substantiam, sed solum secundum accidentia, quibus sensui subiacet, et ad sensum determinari potest. Unde convenienter terminus conversionis a quo exprimitur per pronomen demonstrativum relatum ad accidentia sensibilia, quae manent. Terminus autem ad quem exprimitur per nomen significans naturam eius in quod fit conversio: quod quidem est totum corpus Christi, et non sola caro eius, ut dictum est[4]. Unde haec forma est convenientissima: *Hoc est corpus meum*.

AD PRIMUM ergo dicendum quod fieri non est ultimus effectus huius consecrationis, sed factum esse ut dictum est[5]. Et ideo hoc potius exprimi debet in forma.

AD SECUNDUM dicendum quod sermo Dei operatus est in creatione rerum, qui etiam operatur in hac consecratione: aliter tamen et aliter. Nam hic operatur sacramentaliter, idest secundum vim significationis. Et ideo oportet in hoc sermone significari ultimum effectum consecrationis per verbum substantivum indicativi modi et praesen-

da consagração do pão deve significar precisamente a conversão do pão no corpo de Cristo. Aí aparecem três elementos: a própria conversão, o termo inicial e o termo final.

A conversão pode ser considerada de duas maneiras: no fazer-se e no já estar feito. Ora, nesta forma devia-se significar a conversão não no seu fazer-se mas no já estar feito. 1º. Porque esta conversão não acontece de maneira sucessiva, mas instantânea. Em tais tipos de mudança o fazer-se coincide com já estar feito. 2º. Porque as formas sacramentais significam o efeito do sacramento, como as formas artificiais revelam o efeito da arte. A forma artificial se assemelha ao último efeito a que visava a intenção do artista. Assim, a forma da arte na mente do construtor é em primeira linha a forma da casa construída e só consequentemente a da construção. Por isso, nesta forma deve-se exprimir a conversão no seu resultado, a que visava a intenção.

E porque esta forma significa a conversão no seu resultado, os termos da conversão devem, portanto, ser expressos como se encontram neste resultado. Então o termo final tem a própria natureza de sua substância, mas o ponto de partida não permanece na sua substância, mas somente nos seus acidentes. Ele subjaz ao conhecimento sensível por meio dos acidentes e pode ser discernido segundo os sentidos. Por isso, o termo de partida da conversão se expressa adequadamente pelo pronome demonstrativo referido aos acidentes sensíveis remanescentes. O termo final se exprime pelo substantivo que significa a natureza daquilo em que se faz a conversão, isto é, o corpo inteiro de Cristo e não somente a sua carne. Por isso, é exatíssima esta forma: "Isto é o meu corpo".

QUANTO AO 1º, portanto, deve-se dizer que o fazer-se não é o último efeito da consagração, mas o já estar feito. Portanto, é este, de preferência, que deve ser expresso na forma.

QUANTO AO 2º, deve-se dizer que a palavra de Deus atuou na criação das coisas e também opera aqui na consagração, mas diferentemente. Na Eucaristia atua sacramentalmente, isto é, pela força da significação. Por isso, é necessário nesta palavra que seja significado o último efeito da consagração pelo verbo ser no modo do indicativo

---

3. Q. 75, a. 7.
4. Q. 76, a. 1, ad 2.
5. In corp.

tis temporis. Sed in creatione rerum operatus est solum effective: quae quidem efficientia est per imperium suae sapientiae. Et ideo in creatione rerum exprimitur sermo Dominicus per verbum imperativi modi: secundum illud Gn 1,3: *Fiat lux, et facta est lux*.

AD TERTIUM dicendum quod terminus a quo in ipso facto esse conversionis non retinet naturam suae substantiae, sicut terminus ad quem. Et ideo non est simile.

AD QUARTUM dicendum quod per hoc pronomen *meum*, quod includit demonstrationem primae personae, quae est persona loquentis, sufficienter exprimitur persona Christi, ex cuius persona haec proferuntur, ut dictum est[6].

AD QUINTUM dicendum quod haec coniunctio *enim* apponitur in hac forma secundum consuetudinem Romanae Ecclesiae a beato Petro Apostolo derivatam[7]. Et hoc propter continuationem ad verba praecedentia. Et ideo non est de forma: sicut nec praecedentia formam.

presente. Na criação das coisas, porém, a palavra de Deus atuou de maneira eficiente, comandada pelo poder de sua sabedoria. Portanto, na criação das coisas exprime-se a palavra do Senhor Deus por um verbo no imperativo, como se lê no Gênese: "Que a luz seja! E a luz foi feita".

QUANTO AO 3º, deve-se dizer que o termo de partida, quando já se realizou a conversão, não conserva a natureza de sua substância, como o faz o termo final. Portanto, não são semelhantes.

QUANTO AO 4º, deve-se dizer que pelo adjetivo possessivo "meu", que inclui a primeira pessoa que fala, se exprime suficientemente a pessoa de Cristo, em nome de quem as palavras são pronunciadas.

QUANTO AO 5º, deve-se dizer que a conjunção "pois" foi introduzida por um costume da Igreja romana, proveniente do apóstolo Pedro. E isso para indicar a continuidade com as palavras precedentes. Por isso, não faz parte da forma, como as outras palavras que a precedem.

ARTICULUS 3
Utrum haec sit conveniens forma consecrationis vini, *Hic est calix sanguinis mei*, etc.

ARTIGO 3
É esta a forma adequada da consagração do vinho: "Este é o cálice do meu sangue" etc.?

AD TERTIUM SIC PROCEDITUR. Videtur quod haec non sit conveniens forma consecrationis vini: *Hic est calix sanguinis mei, novi et aeterni testamenti, mysterium fidei, qui pro vobis et pro multis effundetur in remissionem peccatorum*.

1. Sicut enim panis convertitur in corpus Christi ex vi consecrationis, ita et vinum in sanguinem Christi, sicut ex praedictis[1] patet. Sed in forma consecrationis panis ponitur in recto corpus Christi, nec aliquid aliud additur. Inconvenienter ergo in hac forma ponitur sanguis Christi in obliquo, et additur *calix* in recto, cum dicitur, *Hic est calix sanguinis mei*.

2. PRAETEREA, non sunt maioris efficaciae verba quae proferuntur in consecratione panis quam ea quae proferuntur in consecratione vini: cum utraque sint verba Christi. Sed statim dicto, *Hoc est corpus meum*, est perfecta consecratio

QUANTO AO TERCEIRO, ASSIM SE PROCEDE: parece que esta **não** é a forma adequada da consagração do vinho. Este é o cálice do meu sangue, do novo e eterno testamento, mistério da fé, que será derramado por vós e por muitos para remissão dos pecados.

1. Com efeito, como o pão se converte no corpo de Cristo pela força da consagração, assim também o vinho no sangue de Cristo. Ora, na forma da consagração do pão, o corpo de Cristo é indicado diretamente, e nada se lhe acrescenta. Logo, torna-se inadequado que, na forma da consagração do vinho, se ponha o sangue de Cristo de maneira indireta, e se indique diretamente o cálice, ao se dizer: "Este é o cálice do meu sangue".

2. ALÉM DISSO, as palavras da consagração do pão não são mais eficazes do que as da consagração do vinho, pois ambas são de Cristo. Por isso, logo depois que se diz "Isto é o meu corpo" realiza-se plenamente a consagração do pão. Portanto,

---

6. A. 1.
7. Cfr. INNOCENTIUM III, *De sacro Alt. Myst.*, l. IV, c. 4: ML 217, 858 A.

3 PARALL.: IV *Sent.*, dist. 8, q. 2, a. 2, q.la 1, 2, 3; *in Matth.*, c. 26; I *ad Cor.*, c. 11, lect. 16.

1. Q. 76, a. 1, 2.

panis. Ergo statim cum dictum est, *Hic est calix sanguinis mei*, est perfecta consecratio sanguinis. Et ita ea quae consequuntur non videntur esse de substantia formae: praesertim cum pertineant ad proprietates huius sacramenti.

3. PRAETEREA, Testamentum novum pertinere videtur ad internam inspirationem: ut patet ex hoc quod Apostolus, Hb 8,8-10, introducit verba quae habentur in Ier 31,31-31, *Consummabo super domum Israel testamentum novum, dando leges meas in mentibus eorum*. Sacramentum autem exterius visibiliter agitur. Inconvenienter ergo in forma sacramenti dicitur, *novi Testamenti*.

4. PRAETEREA, *novum* dicitur aliquid ex eo quod est prope principium sui esse. Aeternum autem non habet principium sui esse. Ergo inconvenienter dicitur *novi et aeterni*: quia videtur contradictionem implicare.

5. PRAETEREA, occasiones erroris sunt hominibus subtrahendae: secundum illud Is 57,14: *Auferte offendicula de via populi mei*. Sed quidam erraverunt aestimantes mystice solum esse corpus et sanguinem Christi in hoc sacramento. Ergo in hac forma inconvenienter ponitur *mysterium fidei*.

6. PRAETEREA, supra[2] dictum est quod, sicut baptismus est *sacramentum fidei*, ita Eucharistia est *sacramentum caritatis*. Ergo in hac forma magis debuit poni *caritas* quam *fides*.

7. PRAETEREA, totum hoc sacramentum, et quantum ad corpus et quantum ad sanguinem, est memoriale Dominicae passionis: secundum illud 1Cor 11,26: *Quotiescumque manducabitis panem hunc et calicem bibetis, mortem Domini annuntiabitis*. Non ergo magis debuit in forma consecrationis sanguinis fieri mentio de passione Christi et de eius fructu, quam in forma consecrationis corporis: praesertim cum, Lc 22,19, Dominus dixerit: *Hoc est corpus meum, quod pro vobis tradetur*.

8. PRAETEREA, passio Christi, ut supra[3] habitum est, ad sufficientiam profuit omnibus, quantum vero ad efficaciam profuit multis. Debuit ergo dici quod *effundetur pro omnibus*, aut *pro multis*, sine hoc quod adderetur *pro vobis*.

9. PRAETEREA, verba quibus hoc sacramentum conficitur, efficaciam habent ex institutione Christi. Sed nullus Evangelista recitat Christum haec omnia verba dixisse. Ergo non est conveniens forma consecrationis vini.

logo depois que se diz "Este é o cálice do meu sangue", realiza-se plenamente a consagração do sangue. E o que se segue não parece ser da substância da forma, tanto mais que isto só pertence às propriedades deste sacramento.

3. ADEMAIS, a nova aliança origina-se de uma inspiração interna, como se lê na carta aos Hebreus, que cita as palavras do profeta Jeremias: "Firmarei com a casa de Israel uma nova aliança, dando minhas leis às suas mentes.". Ora, o sacramento. ao contrário, atua de maneira externa e visível. Logo, não é adequado mencionar na forma do sacramento a "nova aliança".

4. ADEMAIS, um ser é novo pelo fato de estar próximo do começo de seu existir. Eterno, por sua vez, não tem princípio de existência. Logo, não é exato falar de uma aliança "nova e eterna", já que é algo contraditório.

5. ADEMAIS, devem-se subtrair às pessoas as ocasiões de errar, conforme ensina o profeta: "Tirai todo obstáculo do caminho do meu povo". Ora, alguns erraram ao julgarem que o corpo e o sangue de Cristo estão neste sacramento somente de modo espiritual. Logo, nesta forma se diz impropriamente "mistério da fé".

6. ADEMAIS, o batismo é o sacramento da fé, enquanto a Eucaristia é o sacramento da caridade. Portanto, dever-se-ia antes figurar na forma o termo "caridade" que "fé".

7. ADEMAIS, todo este sacramento no referente tanto ao corpo quanto ao sangue é um memorial da paixão do Senhor, conforme está escrito: "Pois todas as vezes que comerdes deste pão e beberdes deste cálice, anunciais a morte do Senhor". Não deveria, pois, ser necessário mencionar na forma da consagração do sangue a paixão de Cristo e de seus frutos mais do que já foi feito na consagração do pão, sobretudo uma vez que o Senhor disse: "Isto é o meu corpo dado por vós".

8. ADEMAIS, a paixão de Cristo foi suficiente para todos e eficaz para muitos. Devia-se ter dito que "será derramado por todos" ou "por muitos", sem o acréscimo de "por vós".

9. ADEMAIS, as palavras, que constituem este sacramento, recebem sua eficácia da instituição de Cristo. Ora, nenhum evangelista narra que Cristo tenha pronunciado todas estas palavras. Logo, a forma da consagração do vinho não é adequada.

---

2. Q. 73, a. 3, ad 3; q. 74, a. 4, ad 3.
3. Q. 48, a. 2; q. 49, a. 3.

SED CONTRA est quod Ecclesia, ab Apostolis instructa, utitur hac forma in consecratione vini.

RESPONDEO dicendum quod circa hanc formam est duplex opinio. Quidam enim dixerunt quod de substantia formae huius est hoc solum quod dicitur, *Hic est calix sanguinis mei*, non autem ea quae sequuntur. — Sed hoc videtur inconveniens: quia ea quae sequuntur, sunt quaedam determinationes praedicati, idest sanguinis Christi; unde pertinent ad integritatem locutionis.

Et propter hoc sunt alii qui melius dicunt quod omnia sequentia sunt de substantia formae, usque ad hoc quod postea sequitur, *Hoc quotiescumque feceritis*, quae pertinent ad usum huius sacramenti, unde non sunt de substantia formae. Et inde est quod sacerdos eodem ritu et modo, scilicet tenendo calicem in manibus, omnia haec verba profert. Lucae etiam 22 interponuntur verba sequentia verbis primis, cum dicitur [v. 20]: *Hic calix novum testamentum est in sanguine meo.*

Dicendum est ergo quod omnia praedicta verba sunt de substantia formae: sed per prima verba, Hic *hic est calix sanguinis mei*, significatur ipsa conversio vini in sanguinem, eo modo quo dictum est in forma consecrationis panis; per verba autem sequentia designatur virtus sanguinis effusi in passione, quae operatur in hoc sacramento. Quae quidem ad tria ordinatur. Primo quidem, et principaliter, ad adipiscendam aeternam hereditatem: secundum illud Hb 10,19: *Habemus fiduciam in introitu sanctorum per sanguinem eius.* Et ad hoc designandum dicitur, *novi Testamenti et aeterni.* — Secundo, ad iustitiam gratiae, quae est per fidem: secundum illud Rm 3,25-26: *Quem proposuit Deus propitiatorem per fidem in sanguine eius, ut sit ipse iustus, et iustificans eum qui ex fide est Iesu Christi.* Et quantum ad hoc subditur, *mysterium fidei.* — Tertio autem, ad removendum impedimenta utriusque praedictorum, scilicet peccata: secundum illud Hb 9,14: *Sanguis Christi emundabit conscientias nostras ab operibus mortuis,* idest a peccatis. Et quantum ad hoc subditur, *qui pro vobis et pro multis aliis effundetur in remissionem peccatorum.*

AD PRIMUM ergo dicendum quod, cum dicitur, *Hic est calix sanguinis mei*, est locutio figurativa, et potest dupliciter intelligi. Uno modo, secundum metonymiam, quia ponitur continens pro contento,

EM SENTIDO CONTRÁRIO, a Igreja, instruída pelos apóstolos, usa esta forma na consagração do vinho.

RESPONDO. Existem duas opiniões a respeito desta forma. Alguns autores afirmaram que somente pertencem à substância da forma deste sacramento as palavras: "Este é o cálice do meu sangue" e não as seguintes. — Ora, isto parece equivocado. Pois as palavras que se seguem são determinações do predicado, a saber, do sangue de Cristo. Por isso, pertencem à integridade da frase.

Por isso, outros dizem, com mais razão, que pertencem à substância da forma todas as palavras seguintes, até o que vem depois: "Todas as vezes que fizerdes isto". Com efeito, estas últimas palavras fazem parte do uso do sacramento, mas não são da substância da forma. E, por isso, o sacerdote pronuncia todas estas palavras com um mesmo rito e modo, isto é, segurando o cálice com as mãos. O próprio Evangelho de Lucas intercala depois das primeiras palavras as seguintes: "Este cálice é a nova Aliança em meu sangue derramado por vós".

Por conseguinte, deve-se dizer que todas estas palavras pertencem à substância da forma. Pelas primeiras palavras "Este é o cálice do meu sangue" vem significada a própria conversão do vinho no sangue da maneira como se explicou acima, a respeito da forma da consagração do pão. As palavras seguintes designam a força do sangue derramado na paixão, que atua neste sacramento. Tal força tem um tríplice efeito. O primeiro e mais importante é a obtenção da herança eterna, conforme a Carta aos Hebreus: "Temos total garantia de acesso ao santuário pelo sangue de Jesus." E para designar isto se diz: "da nova e eterna aliança". — O segundo efeito se refere à obtenção da justificação da graça que se faz pela fé, como se ensina a Carta aos Romanos: "Foi a ele que Deus destinou para servir de expiação por seu sangue, por meio da fé, afim de ser justo e de justificar aquele que vive da fé em Jesus Cristo." E a este respeito, se acrescenta: "mistério da fé". — O terceiro efeito diz respeito a remover o empecilho para os efeitos anteriores, isto é, os pecados, como se indica na Carta aos Hebreus: "O sangue de Cristo purificará nossa consciência das obras mortas," a saber dos pecados. E a respeito disto, se diz finalmente: "que será derramado por vós e por muitos para a remissão dos pecados"

QUANTO AO 1º, portanto, deve-se dizer que quando se diz "Este é o cálice do meu sangue", trata-se de uma expressão figurada que pode ser entendida de duas maneiras. Antes de tudo como

ut sit sensus: *Hic est sanguis meus contentus in calice*. De quo fit hic mentio, quia sanguis Christi in hoc sacramento consecratur inquantum est potus fidelium, quod non importatur in ratione sanguinis: et ideo oportuit hic designari per vas huic usui accommodatum.

Alio modo potest intelligi secundum metaphoram, prout per calicem similitudinarie intelligitur passio Christi, quae ad similitudinem calicis inebriat, secundum illud Thren 3,15, *Replevit me amaritudinibus, inebriavit me absynthio*: unde et ipse Dominus passionem suam calicem nominat, Mt 26,39, dicens, *Transeat a me calix iste*; — ut sit sensus: *Hic est calix passionis meae*. De qua fit mentio in sanguine seorsum a corpore consecrato, quia separatio sanguinis a corpore fuit per passionem.

AD SECUNDUM dicendum quod quia, ut dictum est[4], sanguis seorsum consecratus expresse passionem Christi repraesentat, ideo potius in consecratione sanguinis fit mentio de effectu passionis quam in consecratione corporis, quod est passionis subiectum. Quod etiam designatur in hoc quod Dominus dicit, *quod pro vobis tradetur*: quasi dicat, *quod pro vobis passioni subiicietur*.

AD TERTIUM dicendum quod testamentum est dispositio hereditatis. Hereditatem autem caelestem Deus disposuit hominibus dandam per virtutem sanguinis Iesu Christi: quia, ut dicitur Hb 9,16: *Ubi est testamentum, mors necesse est intercedat testatoris*. Sanguis autem Christi dupliciter est hominibus exhibitus. Primo quidem, in figura: quod pertinet ad vetus Testamentum. Et ideo Apostolus ibidem [v. 18] concludit: *Unde nec primum Testamentum sine sanguine dedicatum est*: quod patet ex hoc quod, sicut dicitur Ex 24,7-9, *lecto omni mandato legis a Moyse, omnem populum aspersit, dicens: Hic est sanguis testamenti quod mandavit ad vos Deus*.

Secundo autem est exhibitus in rei veritate: quod pertinet ad novum Testamentum. Et hoc est quod Apostolus ibidem [v. 15] praemittit, dicens: *Ideo novi Testamenti mediator est* Christus, *ut, morte intercedente, repromissionem accipiant qui*

uma metonímia que assume o continente pelo conteúdo, como se dissesse: "Este é o meu sangue que está contido no cálice". Fala-se assim, porque o sangue de Cristo se consagra na Eucaristia como bebida para os fiéis, o que não aparece sem mais na razão de sangue. Por isso, foi oportuno designar o sangue pelo recipiente próprio da bebida.

Numa segunda maneira, pode-se entender esta frase como metáfora, pois o cálice significa a paixão de Cristo, que à semelhança do cálice inebria, como se lê: "Saturou-me de amargura, de absinto me inebriou". Desta sorte, o próprio Senhor chama sua paixão de cálice, ao dizer: "Este cálice passe longe de mim". O sentido é então: "Este é o cálice da minha paixão". Faz-se menção dela ao consagrar o sangue separadamente do corpo, já que o sangue se separa do corpo pela paixão.

QUANTO AO 2º, deve-se dizer que, uma vez que o sangue consagrado separadamente do corpo simboliza expressamente a paixão, menciona-se então o efeito da paixão de preferência na consagração do sangue a fazê-lo na consagração do corpo, que é antes o sujeito da paixão. Isto é também designado pelas palavras do Senhor: "que será entregue por vós," como se dissesse: "que sofrerá a paixão por vós"[c].

QUANTO AO 3º, deve-se dizer que o testamento consiste em dispor de uma herança. Com efeito, Deus dispôs que a herança celeste fosse dada aos homens pela força do sangue de Jesus Cristo. Assim se lê: "Onde há testamento, é preciso que se verifique a morte do testador". De duas maneiras é dado aos homens o sangue de Cristo. Primeiramente em forma de figura, que pertence ao Antigo Testamento. O mesmo autor da Carta aos Hebreus conclui: "Por isso mesmo, a primeira aliança não foi instaurada sem efusão de sangue". Isso fica claro quando se coteja com o livro do Êxodo: "Tomou o livro da aliança e o leu ao povo. Moisés tomou o sangue e com ele aspergiu o povo, dizendo: 'Este é o sangue da aliança que o Senhor firmou convosco, com base em todas estas palavras".

Numa segunda maneira, o sangue de Cristo é oferecido aos homens na verdade da realidade. Isto é próprio do novo Testamento. É isso que diz o autor da Carta aos Hebreus um pouco antes: "Eis por quê, ele (Cristo) é mediador de um testamento

---

4. Ad 1; q. 76, a. 2, ad 1.

c. Desde a última reforma litúrgica, a consagração do pão vem acompanhada das palavras: este é meu corpo *entregue a vós*. Foi portanto a consagração do pão que se enriqueceu de uma dimensão que, anteriormente, era próprio da consagração do vinho.

vocati sunt aeternae hereditatis. Dicitur ergo hic *sanguis novi Testamenti*, quia iam non in figura, sed in veritate exhibetur. Unde subditur, *qui pro vobis effundetur*. — Interna autem inspiratio ex sanguinis virtute procedit secundum quod passione Christi iustificamur.

AD QUARTUM dicendum quod hoc testamentum est novum ratione exhibitionis. Dicitur autem aeternum, tam ratione aeternae Dei praeordinationis; quam etiam ratione aeternae hereditatis, quae per hoc testamentum disponitur. Ipsa etiam persona Christi, cuius sanguine testamentum disponitur, est aeterna.

AD QUINTUM dicendum quod *mysterium* hic ponitur, non quidem ad excludendum rei veritatem, sed ad ostendendum occultationem. Quia et ipse sanguis Christi occulto modo est in hoc sacramento; et ipsa passio Christi occulte fuit figurata in veteri Testamento.

AD SEXTUM dicendum quod dicitur *sacramentum fidei*, quasi fidei obiectum: quia quod sanguis Christi secundum rei veritatem sit in hoc sacramento, sola fide tenetur. Ipsa etiam passio Christi per fidem iustificat. Baptismus autem dicitur *sacramentum fidei* quia est quaedam fidei protestatio. — Hoc autem est *sacramentum caritatis* quasi figurativum et effectivum.

AD SEPTIMUM dicendum quod, sicut dictum est[5], sanguis seorsum consecratus a corpore expressius repraesentat passionem Christi. Et ideo in consecratione sanguinis fit mentio de passione Christi et fructu ipsius, potius quam in consecratione corporis.

AD OCTAVUM dicendum quod sanguis passionis Christi non solum habet efficaciam in Iudaeis electis, quibus exhibitus est sanguis veteris Testamenti, sed etiam in gentilibus; nec solum in sacerdotibus, qui hoc efficiunt sacramentum, vel aliis qui sumunt, sed etiam in illis pro quibus offertur. Et ideo signanter dicit, *pro vobis* Iudaeis, *et pro multis*, scilicet gentilibus: vel, *pro vobis* manducantibus, *et pro multis* pro quibus offertur.

novo, para que tendo a sua morte intervindo, os que são chamados possam receber a herança eterna já prometida". Portanto, este texto se refere ao "sangue da nova aliança", que já não se manifesta de modo figurado, mas na realidade. Por isso, se acrescenta "que será derramado por vós". — A inspiração interior se origina da força do sangue, já que somos justificados pela paixão de Cristo.

QUANTO AO 4º, deve-se dizer que este testamento é "novo" em relação ao do feito. Por sua vez, diz-se "eterno," tanto por causa do desígnio eterno de Deus, quanto da herança eterna, disposta por este testamento. A própria pessoa de Cristo, por cujo sangue este testamento foi disposto, é eterna.

QUANTO AO 5º, deve-se dizer que a palavra "mistério," inserida aqui, não visa excluir a verdade da realidade, mas mostrar-lhe o caráter velado. Pois, até mesmo o sangue de Cristo está neste sacramento de modo encoberto, assim como também a sua paixão foi figurada no antigo Testamento[d].

QUANTO AO 6º, deve-se dizer que chama-se "sacramento da fé" por ser objeto da fé. Com efeito, somente pela fé se pode afirmar que o sangue de Cristo está realmente presente na Eucaristia. Também a paixão de Cristo justifica pela fé. O batismo, por sua vez, se diz "sacramento da fé" por ser uma proclamação da fé. — A Eucaristia é, sem dúvida, o "sacramento da caridade", enquanto a simboliza e realiza.

QUANTO AO 7º, o sangue consagrado separadamente do corpo representa de maneira mais expressiva a paixão de Cristo. Por isso, se faz menção dela e de seu fruto antes na consagração do sangue do que na consagração do corpo.

QUANTO AO 8º, deve-se dizer que o sangue da paixão de Cristo é eficaz não somente para os judeus eleitos, a quem foi dado o sangue da antiga aliança, mas também para os pagãos; nem somente para os sacerdotes, que celebram este sacramento nem unicamente para aqueles que o recebem, mas também para aqueles para quem ele foi oferecido. Por isso, o Senhor diz expressamente "por vós" judeus "e por muitos" a saber pelos pagãos; ou "por vós" que comungais "e por muitos" por quem se oferece.

---

5. Ad 2.

d. A Igreja não considera como absolutamente imutáveis todas e cada uma das palavras da consagração, uma vez que, desde a última reforma litúrgica, a parte da frase "Mistério de fé" foi transferida para depois de "Vós fareis isto em minha memória". Apresenta-se agora não como um elemento das palavras consecratórios, mas como uma proclamação à qual aderem os fiéis. A Igreja não canonizou as palavras tradicionais da consagração no mesmo grau em que Sto. Tomás, que considerava que todas as palavras litúrgicas utilizadas em sua época pertenciam à substância da forma (Solução deste artigo).

AD NONUM dicendum quod Evangelistae non intendebant tradere formas sacramentorum, quas in primitiva Ecclesia oportebat esse occultas, ut dicit Dionysius, in fine *Ecclesiasticae Hierarchiae*[6]. Sed intenderunt historiam de Christo texere.

Et tamen omnia haec verba fere ex diversis Scripturae locis accipi possunt. Nam quod dicitur, *Hic est calix*, habetur Lc 22,20 et 1Cor 11,25. Matthaei autem 26,28 dicitur, *Hic est sanguis meus novi Testamenti, qui pro multis effundetur in remissionem peccatorum*. — Quod autem additur, *aeterni*, et iterum, *mysterium fidei*, ex traditione Domini habetur, quae ad Ecclesiam per Apostolos pervenit: secundum illud 1Cor 11,23: *Ego accepi a Domino quod et tradidi vobis*.

QUANTO AO 9º, deve-se dizer que os evangelistas não pretendiam transmitir as formas dos sacramentos, que deveriam manter-se de modo secreto na Igreja primitiva, como diz Dionísio, pretenderam narrar a história de Cristo[e].

Contudo, quase todas estas palavras podem ser tiradas das diversas passagens da Escritura. Assim, "Este é o cálice" vem do Evangelho de Lucas e da Carta aos Coríntios. Em Mateus se diz: "Pois isto é o meu sangue, o sangue da Aliança, derramado em prol da multidão, para o perdão dos pecados". — O que se acrescenta, "eterna" e "mistério da fé", vem da tradição do Senhor, que chegou à Igreja pelos apóstolos, conforme ensina Paulo: "Eis o que eu recebi do Senhor e o que vos transmiti".

ARTICULUS 4
Utrum praedictis verbis formarum insit aliqua vis creata effectiva consecrationis

AD QUARTUM SIC PROCEDITUR. Videtur quod praedictis verbis formarum non insit aliqua vis creata effectiva consecrationis.

1. Dicit enim Damascenus, in IV libro[1]: *Sola virtute Spiritus Sancti fit conversio panis in corpus Christi*. Sed virtus Spiritus Sancti est virtus increata. Ergo nulla virtute creata horum verborum conficitur sacramentum hoc.

2. PRAETEREA, opera miraculosa non fiunt aliqua virtute creata, sed sola virtute divina, ut in Prima Parte[2] habitum est. Sed conversio panis et vini in corpus et sanguinem Christi est opus non minus miraculosum quam creatio rerum, vel etiam formatio corporis Christi in utero virginali, quae quidem nulla virtute creata fieri potuerunt. Ergo neque hoc sacramentum consecratur virtute creata aliqua dictorum verborum.

ARTIGO 4
As palavras das formas têm em si um poder criado que realiza a consagração?

QUANTO AO QUARTO, ASSIM SE PROCEDE: parece que as palavras das formas **não** têm em si um poder criado que realiza a consagração.

1. Com efeito, Damasceno diz: "A conversão do pão no corpo de Cristo se realiza pelo exclusivo poder do Espírito Santo". Ora, o poder do Espírito Santo é incriado. Logo, o sacramento da Eucaristia não se realiza por nenhum poder criado destas palavras[f].

2. ALÉM DISSO, as obras milagrosas não acontecem por nenhum poder criado, mas pela único poder divino. Ora, a conversão do pão e do vinho no corpo e sangue de Cristo é obra não menos milagrosa do que a criação das coisas e do que também a formação do corpo de Cristo no seio da Virgem. Com efeito, estas duas realidades não podem ser feitas por nenhum poder criado. Logo, nem a consagração eucarística se faz por algum poder criado das palavras ditas nas formas.

---

6. C. 7, p. 3, § 10: MG 3, 565 C.

PARALL.: IV *Sent.*, dist. 8, q. 2, a. 3; *In Matth.*, c. 26.

1. L. IV, c. 4: MG 94, 1141 A, 1145 A.
2. A. 110, a. 4.

e. Sto. Tomás julga aparentemente que a fórmula litúrgica foi transmitida fielmente desde a época apostólica para ser a forma do sacramento; nesse contexto, seria preciso preferi-la aos textos evangélicos que, aliás, divergem entre si.

Essa hipótese é bem rígida. Nem nos Sinópticos, nem em São Paulo (1Co 11), nem na liturgia temos a possibilidade de reencontrar palavra por palavra da fala de Cristo. É ainda mais improvável que tenhamos herdado uma fórmula estabelecida por Jesus para ser *a* fórmula sacramental. A Igreja desfruta nesse caso de uma efetiva autonomia, em plena obediência à vontade de seu Fundador.

f. Se fôssemos tratar do problema da epiclese e de seu papel consecratório — tema de controvérsias entre cristãos do Oriente e do Ocidente — poderíamos vantajosamente tratar dele aqui. Mas Sto. Tomás não conhecia esse problema, que só se pôs mais tarde. Para ele, a ação do Espírito Santo não contradiz de forma alguma o papel instrumental das palavras da consagração.

3. Praeterea, praedicta verba non sunt simplicia, sed ex multis composita; nec simul, sed successive proferuntur. Conversio autem praedicta, ut supra[3] dictum est, fit in instanti: unde oportet quod fiat per simplicem virtutem. Non ergo fit per virtutem horum verborum.

Sed contra est quod Ambrosius dicit, in libro de Sacramentis[4]: *Si tanta est vis in sermone Domini Iesu ut inciperet esse quod non erat, quanto magis operativus est ut sint quae erant, et in aliud commutentur? Et sic quod erat panis ante consecrationem, iam corpus Christi est post consecrationem, quia sermo Christi creaturam mutat.*

Respondeo dicendum quod quidam dixerunt nullam virtutem creatam esse nec in praedictis verbis ad transubstantiationem faciendam, nec etiam in aliis sacramentorum formis, vel etiam in ipsis sacramentis ad inducendos sacramentorum effectus. Quod, sicut supra[5] dictum est, et dictis Sanctorum repugnat, et derogat dignitati sacramentorum novae legis. Unde, cum hoc sacramentum sit prae ceteris dignius, sicut supra[6] dictum est, consequens est quod in verbis formalibus huius sacramenti sit quaedam virtus creata ad conversionem huius sacramenti faciendam: instrumentalis tamen, sicut et in aliis sacramentis, sicut supra[7] dictum est. Cum enim haec verba ex persona Christi proferantur, ex eius mandato consequuntur virtutem instrumentalem a Christo: sicut et cetera eius facta vel dicta habent instrumentaliter salutiferam virtutem, ut supra[8] habitum est.

Ad primum ergo dicendum quod, cum dicitur sola virtute Spiritus Sancti panem in corpus Christi converti, non excluditur virtus instrumentalis quae est in forma huius sacramenti: sicut, cum dicitur quod solus faber facit cultellum, non excluditur virtus martelli.

Ad secundum dicendum quod opera miraculosa nulla creatura potest facere quasi agens principale: potest tamen ea facere instrumentaliter, sicut ipse tactus manus Christi sanavit leprosum. Et per hunc modum verba eius convertunt panem

3. Ademais, as palavras das formas não são simples, mas compostas de muitos elementos, que não são pronunciados simultânea mas sucessivamente. Ora, a conversão eucarística acontece imediatamente. Por isso, deve acontecer por um poder simples. Logo, ela não se faz pelo poder das palavras das formas.

Em sentido contrário, Ambrósio ensina: "Se tanta é a força da palavra do Senhor Jesus que faz começar o que não existia, com muito mais razão ela será eficaz para fazer algo já existente mudar em outra coisa. Assim o que era pão antes da consagração, torna-se o corpo de Cristo depois dela, porque a palavra de Cristo muda a criatura".

Respondo. Alguns autores disseram que não existe nenhum poder criado nas palavras das formas eucarísticas para operar a transubstanciação nem também nas formas dos outros sacramentos nem mesmo nos próprios sacramentos para produzir os efeitos sacramentais. Isso contradiz, seja o que já vimos, seja os ensinamentos dos santos e nega a dignidade dos sacramentos da Nova Lei[g]. Por isso, uma vez que a Eucaristia é o mais digno de todos os sacramentos, segue-se que nas formas eucarísticas há para realizar a consagração um poder criado de natureza instrumental, como nos outros sacramentos. Como estas palavras são pronunciadas em nome de Cristo, elas adquirem do mandato de Cristo um poder instrumental, assim como outros fatos e ditos dele têm um poder instrumental salvífico.

Quanto ao 1º, portanto, deve-se dizer que a conversão do pão no corpo de Cristo se faz pelo exclusivo poder do Espírito Santo, não se exclui o poder instrumental que existe na forma eucarística, assim como quando se diz que o ferreiro sozinho fabrica a faca, não se exclui a eficácia do martelo.

Quanto ao 2º, deve-se dizer que nenhuma criatura pode ser agente principal das obras milagrosas, mas podem fazê-las como causa instrumental, assim como o tato de Cristo curou o leproso. Desta maneira, as palavras da consagração con-

---

3. Q. 75, a. 7.
4. L. IV, c. 4, n. 15: ML 16, 440 B-441 A.
5. Ibid.
6. Q. 65, a. 3.
7. Q. 62, a. 3, 4.
8. Q. 48, a. 6; q. 56, a. 1, ad 3.

g. Aplicação de uma doutrina geral sobre os sacramentos, com os matizes a serem acrescentados, em função da eminência da eucaristia.

in corpus Christi. Quod quidem non potuit in conceptione corporis Christi, qua corpus Christi formabatur, ut aliquid a corpore Christi procedens haberet instrumentalem virtutem ad ipsius corporis formationem. In creatione etiam non fuit aliquod extremum in quod instrumentalis actio creaturae posset terminari. Unde non est simile.

AD TERTIUM dicendum quod praedicta verba quibus fit consecratio, sacramentaliter operantur. Unde vis conversiva quae est in formis horum sacramentorum, sequitur significationem, quae in prolatione ultimae dictionis terminatur. Et ideo in ultimo instanti prolationis verborum praedicta verba consequuntur hanc virtutem: in ordine tamen ad praecedentia. Et haec virtus est simplex ratione significati: licet in ipsis verbis exterius prolatis fit quaedam compositio.

vertem o pão no corpo de Cristo. Mas, isso não pôde acontecer na concepção pela qual o corpo de Cristo foi formado, já que nada podia receber do corpo de Cristo um poder instrumental para formar este mesmo corpo. Na criação também não havia nenhum termo em que pudesse terminar a ação instrumental da criatura. Aqui não vale o argumento da semelhança.

QUANTO AO 3º, deve-se dizer que as palavras da consagração operam sacramentalmente. Por isso, o poder de conversão das formas dos sacramentos depende de sua significação, que aparece no término da sua prolação. Assim, no último instante do proferimento das palavras, estas obtêm seu poder, mas em articulação com as anteriores. Este poder é simples pelo significado, embora haja uma composição nas palavras externamente proferidas.

ARTICULUS 5
Utrum praedictae locutiones sint verae

AD QUINTUM SIC PROCEDITUR. Videtur quod praedictae locutiones non sunt verae.
1. Cum enim dicitur, *Hoc est corpus meum*, ly *hoc* est demonstrativum substantiae. Sed secundum praedicta[1], quando profertur hoc pronomen *hoc*, adhuc est substantia panis: quia transubstantiatio fit in ultimo prolationis verborum. Sed haec est falsa, *Panis est corpus Christi*. Ergo etiam haec est falsa, *Hoc est corpus meum*.

2. PRAETEREA, hoc pronomen *hoc* facit demonstrationem ad sensum. Sed species sensibiles quae sunt in hoc sacramento neque sunt ipsum corpus Christi, neque sunt accidentia corporis Christi. Ergo haec locutio non potest esse vera, *Hoc est corpus meum*.

3. PRAETEREA, haec verba, sicut supra[2] dictum est, sua significatione efficiunt conversionem panis in corpus Christi. Sed causa effectiva praeintelligitur effectui. Ergo significatio horum verborum praeintelligitur conversioni panis in corpus Christi. Sed ante conversionem haec est falsa, *Hoc est corpus meum*. Ergo simpliciter est iudicandum quod sit falsa. Et eadem ratio est de hac locutione, *Hic est calix sanguinis mei etc.*

ARTIGO 5
As palavras das formas são verdadeiras?

QUANTO AO QUINTO, ASSIM SE PROCEDE: parece que as palavras das formas **não** são verdadeiras.
1. Com efeito, o "Isto" da expressão "Isto é o meu corpo" é um demonstrativo que designa a substância. Ora, quando se pronuncia o demonstrativo "isto", a substância ainda é o pão, já que a transubstanciação se faz no final da emissão da frase. Ora, esta proposição "o pão é o corpo de Cristo" é falsa. Logo, também é falso dizer: "Isto é o meu corpo".

2. ALÉM DISSO, o pronome "Isto" dirige sua demonstração aos sentidos. Ora, as espécies sensíveis que existem na Eucaristia não são nem o próprio corpo de Cristo nem são os acidentes de seu corpo. Logo, a forma "Isto é o meu corpo" não pode ser verdadeira.

3. ADEMAIS, estas palavras produzem a conversão do pão no corpo de Cristo pela sua significação. Ora, só se entende uma causa eficiente precedendo o efeito. Logo, a significação destas palavras deve ser entendida antes da conversão do pão no corpo de Cristo. Pois bem, antes da conversão esta frase "Isto é o meu corpo" é falsa. Logo, ela deve ser considerada sem mais como falsa. E, pela mesma razão a outra forma "Este é o cálice do meu sangue" etc.

---

5 PARALL.: IV *Sent.*, dist. 8, q. 2, a. 1, q.la 4; *in Matth.*, c. 26; I *ad Cor.*, c. 11, lect. 5.
 1. A. 1; a. 4, ad 3; q. 75, a. 2, 7.
 2. A. 4, ad 3.

SED CONTRA est quod haec verba proferuntur ex persona Christi, qui de se dicit, Io 14,6: *Ego sum veritas*.

RESPONDEO dicendum quod circa hoc multiplex fuit opinio. Quidam enim dixerunt quod in hac locutione, *Hoc est corpus meum*, haec dictio *hoc* importat demonstrationem ut conceptam, non ut exercitam, quia tota ista locutio sumitur materialiter, cum recitative proferatur; recitat enim sacerdos Christum dixisse, *Hoc est corpus meum*.

Sed hoc stare non potest. Quia secundum hoc, verba non applicarentur ad materiam corporalem praesentem, et ita non perficeretur sacramentum: dicit enim Augustinus, *super Ioan.*[3]: *Accedit verbum ad elementum et fit sacramentum*. — Et ex hoc totaliter non evitatur difficultas huius quaestionis: quia eaedem rationes manent circa primam prolationem qua Christus haec verba protulit; quia manifestum est quod non materialiter, sed significative sumebantur. Et ideo dicendum est quod etiam quando proferuntur a sacerdote, significative, et non tantum materialiter accipiuntur. — Nec obstat quod sacerdos etiam recitative profert quasi a Christo dicta. Quia propter infinitam virtutem Christi, sicut ex contactu carnis suae vis regenerativa pervenit non solum ad illas aquas quae Christum tetigerunt, sed ad omnes ubique terrarum per omnia futura saecula; ita etiam ex prolatione ipsius Christi haec verba virtutem consecrativam sunt consecuta a quocumque sacerdote dicantur, ac si Christus ea praesentialiter proferret.

Et ideo alii dixerunt quod haec dictio *hoc* in hac locutione facit demonstrationem, non ad sensum, sed ad intellectum: ut sit sensus, *Hoc est corpus meum*, idest, *Significatum per hoc est corpus meum*.

Sed nec hoc stare potest. Quia, cum in sacramentis hoc efficiatur quod significatur, non fieret per hanc formam ut corpus Christi sit in hoc sacramento secundum veritatem, sed solum sicut in signo. Quod est haereticum, ut supra[4] dictum est.

Et ideo alii dixerunt quod haec dictio *hoc* facit demonstrationem ad sensum, sed intelligitur haec demonstratio non pro illo instanti locutionis

EM SENTIDO CONTRÁRIO, estas palavras são pronunciadas em nome de Cristo, que diz de si mesmo: "Eu sou a verdade".

RESPONDO. A respeito desta questão houve muitas opiniões[h]. Alguns autores ensinaram que nesta proposição "Isto é o meu corpo" a palavra "Isto" implica uma demonstração pensada mas não realizada. Pois, toda esta proposição deve ser entendida materialmente, já que ela é proferida de modo narrativo. Com efeito, o sacerdote narra que Cristo disse: "Isto é o meu corpo".

Esta posição é inaceitável. Porque ela suporia que as palavras não se aplicassem à matéria física presente e destarte não se realizaria o sacramento. Pois, Agostinho comentando o Evangelho de João diz: "A palavra se junta ao elemento e se faz o sacramento". — Ademais, tal solução não resolve a dificuldade. Pois, valem as mesmas razões para a primeira prolação destas palavras por Cristo, já que as suas palavras não devem ser entendidas materialmente, mas no seu significado. Por isso, as palavras ditas pelo sacerdote devem ser entendidas não materialmente, mas no seu significado. — Nem é uma dificuldade o fato de que ele as diz de maneira narrativa, como se fossem proferidas por Cristo. Pois, por causa do seu infinito poder, Cristo com o contato de seu corpo fez a força regenerativa atingir não só as águas por ele tocadas, mas a todas elas de todos os lugares e tempos; assim também ele, pela prolação dessas palavras, atribui-lhes um poder consecratório que atinge a todos os sacerdotes que as pronunciam, como se Cristo as estivesse pessoalmente pronunciando.

Por isso, outros opinaram que a palavra "Isto" nessa proposição dirige a demonstração, não aos sentidos, mas à inteligência, como se "Isto é o meu corpo" equivalesse a "O que é significado por isto é o meu corpo".

Também tal posição é insustentável. Pois, uma vez que nos sacramentos se realiza o que é significado, então aconteceria que pela recitação da forma não estaria presente neste sacramento o corpo de Cristo na sua realidade verdadeira, mas somente como num sinal. Isso seria uma heresia.

Por isso, também outros autores pensaram que este pronome "Isto" refere sua demonstração aos sentidos. No entanto, entendem tal demonstração

---

3. Tract. 80, n. 3, super 15, 3: ML 35, 1840.
4. Q. 75, a. 1.

h. Não deve surpreender, em questões tão sutis, a presença de uma grande diversidade de opiniões. A posição de Sto. Tomás se recomenda por sua simplicidade.

quo profertur haec dictio, sed pro ultimo instanti locutionis, sicut, cum aliquis dicit, *Nunc taceo*, hoc adverbium nunc facit demonstrationem pro instanti immediate sequenti locutionem; est enim sensus, *Statim dictis his verbis, taceo*.

Sed nec hoc stare potest. Quia secundum hoc, huius locutionis est sensus, *Corpus meum est corpus meum*. Quod praedicta locutio non facit: quia hoc fuit etiam ante prolationem verborum. Unde neque hoc praedicta locutio significat.

Et ideo aliter dicendum est quod, sicut praedictum est[5], haec locutio habet virtutem factivam conversionis panis in corpus Christi. Et ideo comparatur ad alias locutiones, quae habent solum vim significativam et non factivam, sicut comparatur conceptio intellectus practici, quae est factiva rei, conceptioni intellectus nostri speculativi, quae est accepta a rebus: nam *voces sunt signa intellectuum*, secundum Philosophum[6]. Et ideo, sicut conceptio intellectus practici non praesupponit rem conceptam, sed facit eam, ita veritas huius locutionis non praesupponit rem significatam, sed facit eam: sic enim se habet verbum Dei ad res factas per verbum. Haec autem conversio non fit successive, sed in instanti, sicut dictum est[7]. Et ideo oportet quidem intelligere praedictam locutionem secundum ultimum instans prolationis verborum: non tamen ita quod praesupponatur ex parte subiecti id quod est terminus conversionis, scilicet quod corpus Christi sit corpus Christi; neque etiam illud quod fuit ante conversionem, scilicet panis; sed id quod communiter se habet quantum ad utrumque, scilicet contentum in generali sub istis speciebus. Non enim faciunt haec verba quod corpus Christi sit corpus Christi; neque quod panis sit corpus Christi; sed quod contentum sub his speciebus, quod prius erat panis, sit corpus Christi. Et ideo signanter non dicit Dominus, *Hic panis est corpus meum*, quod esset secundum intellectum secundae opinionis; neque, *Hoc corpus meum est corpus meum*, quod esset secundum intellectum tertiae; sed in generali, *Hoc est corpus meum*, nullo nomine apposito ex parte subiecti, sed solo pronomine, quod significat substantiam in communi sine qualitate, idest forma determinata.

não para o instante em que se profere, mas para o momento do final da frase toda, como se alguém dissesse "agora me calo", o advérbio "agora" faz a demonstração para o instante imediatamente seguinte à locução, como se dissesse: "Logo depois que disser estas palavras, calo-me".

Também isso é inadmissível. Pois, neste caso o sentido da proposição seria "O meu corpo é o meu corpo". E na verdade, este não é o seu significado, já que as coisas existiam assim antes da recitação das palavras. Logo, não pode ser este o sentido.

Por isso, deve-se afirmar de outra maneira. Esta proposição tem a força de realizar a conversão do pão no corpo de Cristo. A sua relação com as outras proposições, que só têm uma força significativa e não eficiente, compara-se à relação da concepção do intelecto prático, que é operativo, com a do nosso intelecto especulativo, que é recebida das coisas. Pois, as "palavras são sinais das coisas entendidas", como ensina o Filósofo. Destarte, assim como a concepção do intelecto pratico não pressupõe a coisa concebida, mas a realiza, assim também a verdade desta proposição não pressupõe a coisa significada, mas a realiza. Desta mesma maneira se relaciona a palavra Deus com as coisas feitas por esta palavra. Esta conversão não acontece de maneira sucessiva, mas instantânea. Por isso, deve-se entender esta proposição segundo o sentido dado ao terminar sua prolação. No entanto, não como se pressupusesse do lado do sujeito o que é o termo da conversão, isto é, que o corpo de Cristo é o corpo de Cristo, nem o que existia antes, a saber o pão, mas aquilo que é comum aos dois, isto é, o que, de maneira genérica, estava presente sob estas espécies. Estas palavras não fazem que o corpo de Cristo seja o corpo de Cristo, nem que o pão seja o corpo de Cristo, mas que o que estava presente sob estas espécies, que antes era pão, seja o corpo de Cristo. é por isso que o Senhor explicitamente não diz: "Estão pão é o meu corpo", como pensa a segunda opinião; nem "Este meu corpo é o meu corpo", como entende a terceira posição; mas, de maneira genérica, "Isto é o meu corpo", não acrescentando nenhuma palavra ao sujeito, mas usando somente o pronome, que significa uma substância, de modo geral, sem qualidade, isto é, sem forma determinada.

---

5. A. praec.
6. *Peri Herm.*, l. I, c. 1: 16, a, 3-4.
7. Q. 75, a. 7.

AD PRIMUM ergo dicendum quod haec dictio *hoc* demonstrat substantiam, sed absque determinatione propriae naturae, sicut dictum est[8].

AD SECUNDUM dicendum quod hoc pronomen *hoc* non demonstrat ipsa accidentia, sed substantiam sub accidentibus contentam, quae primo fuit panis, et postea est corpus Christi: quod, licet non informetur his accidentibus, tamen sub eis continetur.

AD TERTIUM dicendum quod significatio huius locutionis praeintelligitur rei significatae ordine naturae, sicut causa naturaliter est prior effectu: non tamen ordine temporis, quia haec causa simul habet secum suum effectum. Et hoc sufficit ad veritatem locutionis.

QUANTO AO 1º, portanto, deve-se dizer que esta palavra "Isto" demonstra a substância, mas sem nenhuma determinação da sua natureza, como se acabou de ver.

QUANTO AO 2º, deve-se dizer que este pronome "Isto" não demonstra os acidentes, mas a substância contida sob os acidentes, que antes foi pão e será depois o corpo de Cristo, que não é determinado por estes acidentes, mas contido sob eles.

QUANTO AO 3º, deve-se dizer que o significado desta proposição é entendido anteriormente à coisa significada segundo a ordem da natureza, como a causa é naturalmente anterior ao efeito; mas não segundo a ordem do tempo, porque esta causa já tem em si mesma o seu efeito. Isso é suficiente para manter a verdade da proposição.

ARTICULUS 6

Utrum forma consecrationis panis consequatur effectum suum antequam perficiatur forma consecrationis vini

AD SEXTUM SIC PROCEDITUR. Videtur quod forma consecrationis panis non consequatur effectum suum quousque perficiatur forma consecrationis vini.

1. Sicut enim per consecrationem panis incipit esse corpus Christi sub hoc sacramento, ita per consecrationem vini incipit esse sanguis. Si ergo verba consecrationis panis haberent effectum suum ante consecrationem vini, sequeretur quod in hoc sacramento inciperet esse corpus Christi exsangue. Quod est inconveniens.

2. PRAETEREA, unum sacramentum unum habet complementum: unde, licet in baptismo sint tres immersiones, non tamen prima immersio consequitur suum effectum quousque tertia fuerit terminata. Sed totum hoc sacramentum est unum, ut supra[1] dictum est. Ergo verba quibus consecratur panis, non consequuntur suum effectum sine verbis sacramentalibus quibus consecratur vinum.

3. PRAETEREA, in ipsa forma consecrationis panis sunt plura verba, quorum prima non consequuntur effectum nisi prolato ultimo, sicut dictum est[2].

ARTIGO 6

A forma da consagração do pão obtém o seu efeito antes que se realize a forma da consagração do vinho?

QUANTO AO SEXTO, ASSIM SE PROCEDE: parece que a forma da consagração do pão **não** obtém o seu efeito antes que se realize a foma da consagração do vinho.

1. Com efeito, como o corpo de Cristo começa a existir na Eucaristia pela consagração do pão, assim também pela consagração do vinho começa a existir o sangue. Ora, se as palavras da consagração do pão tivessem seu efeito antes da consagração do vinho, seguir-se-ia que neste sacramento estaria presente o corpo de Cristo sem sangue. Isso é inadmissível.

2. ALÉM DISSO, um único sacramento só tem um único término. Por isso, mesmo que haja no batismo três imersões, a primeira só obtém seu efeito, terminada a terceira. Ora, todo este sacramento da Eucaristia é um só. Logo, as palavras consecratórias do pão não o convertem no corpo de Cristo, sem as palavras da consagração do vinho.

3. ADEMAIS, na própria forma da consagração do pão, há várias palavras e as primeiras não produzem seu efeito, enquanto não se disser a

---

8. In corp.

PARALL.: IV *Sent.*, dist. 8, q. 2, a. 4, q.la 1; dist. 11, q. 2, a. 1, q.la 1, ad 4; *in Matth.*, c. 26; I *ad Cor.*, c. 11, lect. 6.
1. Q. 73, a. 2.
2. A. 4, ad 3; a. 5, arg. 1; q. 75, a. 2, 7.

Ergo, pari ratione, nec verba quibus consecratur corpus Christi habent effectum, nisi prolatis verbis quibus sanguis Christi consecratur.

SED CONTRA est quod, statim dictis verbis consecrationis panis, hostia consecrata proponitur populo adoranda. Quod non fieret si non esset ibi corpus Christi: quia hoc ad idololatriam pertineret. Ergo verba consecrationis suum effectum consequuntur antequam proferantur verba consecrationis vini.

RESPONDEO dicendum quod quidam antiqui doctores dixerunt quod hae duae formae, scilicet consecrationis panis et vini, se invicem expectant in agendo: ita scilicet quod prima non perficit suum effectum antequam secunda proferatur.
Sed hoc stare non potest. Quia, sicut dictum est[3], ad veritatem huius locutionis, *Hoc est corpus meum*, requiritur, propter verbum praesentis temporis, quod res significata simul tempore sit cum ipsa significatione locutionis: alioquin, si in futurum expectaretur res significata, apponeretur verbum futuri temporis, non autem verbum praesentis; ita scilicet quod non diceretur: *Hoc est corpus meum*, sed, *Hoc erit corpus meum*. Significatio autem huius locutionis completur statim completa prolatione horum verborum. Et ideo oportet rem significatam statim adesse, quae quidem est effectus huius sacramenti: alioquin locutio non esset vera. — Est etiam haec positio contra ritum Ecclesiae, quae statim post prolationem verborum corpus Christi adorat.

Unde dicendum est quod prima forma non expectat secundam in agendo, sed statim habet suum effectum.
AD PRIMUM ergo dicendum quod ex hac ratione videntur fuisse decepti illi qui praedictam positionem posuerunt. Unde intelligendum est quod, facta consecratione panis, est quidem corpus Christi ibi ex vi sacramenti, et sanguis ex reali concomitantia; sed postmodum, post consecrationem vini, fit ibi e converso sanguis Christi ex vi sacramenti, corpus autem Christi ex reali concomitantia; ita

última. Logo, pela mesma razão, as palavras que consagram o corpo de Cristo só produzem seu efeito quando forem ditas as palavras pelas quais o sangue é consagrado.

EM SENTIDO CONTRÁRIO, logo depois de se dizerem as palavras da consagração do pão, a hóstia consagrada é apresentada à adoração dos fiéis. Isso só se poderia fazer, se aí estivesse presente o corpo de Cristo. Caso contrário, seria idolatria. Logo, as palavras consecratórias do pão produzem seu efeito antes de se proferirem as palavras da consagração do vinho.

RESPONDO. Alguns doutores antigos disseram que as formas da consagração do pão e do vinho esperam uma à outra para produzir seu efeito, de tal maneira que a primeira não produz seu efeito, enquanto a segunda não for proferida[i].
Isto não se pode admitir. Porque para ser verdadeira a proposição "Isto é o meu corpo" requer-se, por causa do verbo colocado no tempo presente, que a coisa significada aconteça simultaneamente com a própria significação da proposição. Se, pelo contrário, se esperasse para o futuro a coisa significada, dever-se-ia colocar o verbo no tempo futuro e não no presente. Assim dever-se-ia dizer "Isto será o meu corpo" em vez de "Isto é o meu corpo". Com efeito, a significação desta proposição se realiza no momento em que termina o proferimento das suas palavras. É por isso que deve estar presente imediatamente a coisa significada que é o efeito deste sacramento, caso contrário, a proposição não seria verdadeira. — Ademais, esta tese refutada contraria o rito da Igreja que propõe à adoração dos fiéis o corpo de Cristo, imediatamente depois da prolação das palavras da consagração do pão.

Por isso, deve-se dizer que a primeira forma não espera a segunda para realizar seu efeito, mas o produz imediatamente.

QUANTO AO 1º, portanto, deve-se dizer que por esta razão enganaram-se os autores supramencionados. Daí se segue que, feita a consagração do pão, o corpo de Cristo já se faz aí presente pelo poder do sacramento e o sangue, por real concomitância. Assim também, da mesma maneira, depois da consagração do vinho, aí se faz presente o sangue de Cristo pelo poder do sacramento e o corpo de

---

3. A. 5, ad 3.

i. Entre os doutores antigos, o mais conhecido Pedro, o Cantor (morto em 1197). Suas instituições não eram falsas nem suas objeções desprovidas de valor, pois só há um sacramento. Mas sua tese nem por isso é admissível.

quod totus Christus est sub utraque specie, sicut supra[4] dictum est.

AD SECUNDUM dicendum quod hoc sacramentum est unum perfectione, sicut supra[5] dictum est, inquantum scilicet constituitur ex duobus, scilicet ex cibo et potu, quorum utrumque per se habet suam perfectionem. Sed tres immersiones baptismi ordinantur ad unum simplicem effectum. Et ideo non est simile.

AD TERTIUM dicendum quod diversa verba quae sunt in forma consecrationis panis, constituunt veritatem unius locutionis: non autem verba diversarum formarum. Et ideo non est simile.

Cristo, por real concomitância, de modo que Cristo todo inteiro está presente sob ambas as espécies.

QUANTO AO 2º, deve-se dizer que o sacramento da Eucaristia é único por sua perfeição, enquanto se constitui de dois elementos, comida e bebida, cada um dos quais, por sua vez, possui sua perfeição. Não vale, porém, a comparação com o batismo, uma vez que as suas três imersões se ordenam para um único efeito simples.

QUANTO AO 3º, deve-se dizer que as diversas palavras da forma consecratória do pão formam a verdade de uma única proposição, como não é o caso das formas dos outros sacramentos. Por isso, a comparação não procede.

---

4. Q. 76, a. 2.
5. Loc. cit. in arg.

QUAESTIO LXXIX
DE EFFECTIBUS HUIUS SACRAMENTI
in octo articulos divisa

Deinde considerandum est de effectibus huius sacramenti.
Et circa hoc quaeruntur octo.
Primo: utrum hoc sacramentum conferat gratiam.
Secundo: utrum effectus huius sacramenti sit adeptio gloriae.
Tertio: utrum effectus huius sacramenti sit remissio peccati mortalis.
Quarto: utrum per hoc sacramentum remittatur peccatum veniale.
Quinto: utrum per hoc sacramentum tota poena peccati remittatur.
Sexto: utrum hoc sacramentum hominem praeservet a peccatis futuris.
Septimo: utrum hoc sacramentum prosit aliis quam sumentibus.

QUESTÃO 79[a]
OS EFEITOS DO SACRAMENTO DA EUCARISTIA
em oito artigos

Em seguida, deve-se tratar dos efeitos deste sacramento.
Sobre isso, são oito as perguntas:
1. Este sacramente confere a graça?
2. A obtenção da glória é efeito deste sacramento?
3. É seu efeito a remissão do pecado mortal?
4. Por ele se perdoa o pecado venial?
5. Por ele se perdoa toda a pena do pecado?
6. Preserva as pessoas de pecados futuros?
7. Traz proveito para outras pessoas além das que o recebem?

---

a. Esta edição da Suma teológica não tem por objetivo suplantar as explicações mais completas como a edição francesa denominada de *Revue des Jeunes*. As anotações se reduzem deliberadamente a um mínimo, para melhor compreensão do texto. A edição da *Revue des Jeunes* se propunha, pelo contrário, apresentar a seus leitores duas sérias abundantes de notas, explicativas e doutrinais.

A publicação na *Revue des Jeunes* do tratado sobre a eucaristia é recente, se a compararmos com as datas de publicação da maioria dos fascículos da coleção. O primeiro tomo sobre a eucaristia surgiu em 1960, o segundo em 1967. É essa última data que retém nossa atenção, É com efeito posterior ao Concílio Vaticano II, e a sua constituição sobre a liturgia.

Isso significa que esse tomo II, que trata das questões de 79 a 83, é especialmente atual, e não teve o tempo de envelhecer como tantos outros estudos sobre os sacramentos.

Recomenda-se, para maiores informações, a leitura do trabalho do padre A.-M. Roguet: "Saint Thomas d'Aquin, Somme théologique, l'eucharistie", tomo II, Paris, éditions du Cerf, 1967.

Octavo: de impedimentis effectus huius sacramenti.

8. O que impede os efeitos deste sacramento?

Articulus 1
Utrum per hoc sacramentum conferatur gratia

AD PRIMUM SIC PROCEDITUR. Videtur quod per hoc sacramentum non conferatur gratia.
1. Hoc enim sacramentum est nutrimentum spirituale. Nutrimentum autem non datur nisi viventi. Cum ergo vita spiritualis sit per gratiam, non competit hoc sacramentum nisi iam habenti gratiam. Non ergo per hoc sacramentum confertur gratia ut primo habeatur. Similiter etiam nec ad hoc quod augeatur: quia augmentum spirituale pertinet ad sacramentum confirmationis, ut dictum est[1]. Non ergo per hoc sacramentum gratia confertur.
2. PRAETEREA, hoc sacramentum assumitur ut quaedam spiritualis refectio. Sed refectio spiritualis magis videtur pertinere ad usum gratiae quam ad gratiae consecutionem. Ergo videtur quod per hoc sacramentum gratia non conferatur.
3. PRAETEREA, sicut supra[2] dictum est, in hoc sacramento *corpus Christi offertur pro salute corporis, sanguis autem pro salute animae.* Sed corpus non est subiectum gratiae, sed anima, ut in Secunda Parte[3] habitum est. Ergo ad minus quantum ad corpus per hoc sacramentum gratia non confertur.

SED CONTRA est quod Dominus dicit, Io 6,52: *Panis quem ego dabo, caro mea est pro mundi vita.* Sed vita spiritualis est per gratiam. Ergo per hoc sacramentum gratia confertur.

RESPONDEO dicendum quod effectus huius sacramenti debet considerari, primo quidem et principaliter, ex eo quod in hoc sacramento continetur, quod est Christus. Qui sicut, in mundum visibiliter veniens, contulit mundo vitam gratiae, secundum illud Io 1,17, *Gratia et veritas per Iesum Christum facta est*; ita, in hominem sacramentaliter veniens, vitam gratiae operatur, secundum illud Io 6,58: *Qui manducat me, vivit propter me.* Unde et Cyrillus dicit[4]: *Vivificativum*

Artigo 1
Este sacramento confere a graça?

QUANTO AO PRIMEIRO ARTIGO, ASSIM SE PROCEDE: parece que este sacramento **não** confere a graça.
1. Com efeito, a Eucaristia é alimento espiritual. Ora, o alimento só se dá a um ser vivo. Portanto, uma vez que a vida espiritual se constitui pela graça, este sacramento só convém a quem está em graça. Por isso, por ele não se confere a graça a quem ainda não a tem. De igual modo, nem serve para aumentá-la, pois o aumento da graça é próprio do sacramento da crisma. Logo, por este sacramento não se confere a graça.
2. ALÉM DISSO, a Eucaristia é recebido como uma refeição espiritual. Ora, a refeição espiritual parece antes pertencer à utilização da graça do que à sua obtenção. Logo, parece que este sacramento não confere a graça.
3. ADEMAIS, como se viu acima, na Eucaristia se oferece o corpo de Cristo pela salvação do corpo e o sangue pela salvação da alma. Ora, o corpo não é sujeito da graça, mas só a alma, como se tratou na II Parte. Logo, pelo menos para o corpo este sacramento não confere a graça.

EM SENTIDO CONTRÁRIO, o Senhor diz: "O pão que eu darei é a minha carne, dada para que o mundo tenha a vida". Ora, a vida espiritual é dada pela graça. Logo, este sacramento confere a graça.

RESPONDO[b]. O efeito deste sacramento deve ser considerado a partir do fato de que antes de tudo e principalmente, Cristo está presente neste sacramento. Ele, ao vir visivelmente ao mundo, trouxe-lhe a vida da graça, como se diz no Evangelho de João: "A graça e a verdade vieram por Jesus Cristo." Destarte, ao vir ao homem de maneira sacramental, produz a vida da graça, como bem se diz ainda em João: "Aquele que comer de mim viverá por mim." Por isso, Cirilo afirma: "O Verbo

---

1 PARALL.: IV *Sent.*, dist. 12, q. 2, a. 1, q.la 1, arg. *Sed contra* 2; a. 2, q.la 1, ad 2.

1. Q. 65, a. 1; q. 72, a. 1.
2. Q. 74, a. 1.
3. I-II, q. 110, a. 4.
4. *In Luc.*, super 22, 19: MG 72, 909 B, 912 A.

b. Os artigos se seguem mas não se assemelham. Alguns levantam questões sutis, cujo interesse nem sempre é evidente. Outros convidam a uma profunda meditação, quando não a uma verdadeira contemplação. As conveniências da eucaristia como fonte de graça estão aqui magnificamente expostas em quatro pontos, com abundantes citações dos Padres da Igreja. O que significa que o leitor é convidado a não ler tudo no mesmo ritmo, mas deter-se longamente nos textos mais substanciais.

Dei Verbum, uniens seipsum propriae carni, fecit ipsam vivificativam. Decebat ergo eum nostris quodammodo uniri corporibus per sacram eius carnem et pretiosum sanguinem, quae accipimus in benedictione vivificativa in pane et vino.

Secundo consideratur ex eo quod per hoc sacramentum repraesentatur, quod est passio Christi, sicut supra[5] dictum est. Et ideo effectum quem passio Christi fecit in mundo, hoc sacramentum facit in homine. Unde super illud Io 19,34, *Continuo exivit sanguis et aqua*, dicit Chrysostomus[6]: *Quia hinc suscipiunt principium sacra mysteria, cum accesseris ad tremendum calicem, vel ab ipsa bibiturus Christi costa, ita accedas.* Unde et ipse Dominus dicit, Mt 26,28: *Hic est sanguis meus, qui pro vobis effundetur in remissionem peccatorum.*

Tertio consideratur effectus huius sacramenti ex modo quo traditur hoc sacramentum, quod traditur per modum cibi et potus. Et ideo omnem effectum quem cibus et potus materialis facit quantum ad vitam corporalem, quod scilicet sustentat, auget, reparat et delectat, hoc totum facit hoc sacramentum quantum ad vitam spiritualem. Unde Ambrosius dicit, in libro *de Sacramentis*[7]: *Iste panis est vitae aeternae, qui animae nostrae substantiam fulcit.* Et Chrysostomus dicit, *supra Ioan.*[8]: *Praestat se nobis desiderantibus et palpare et comedere et amplecti.* Unde et ipse Dominus dicit, Io 6,56: *Caro mea vere est cibus, et sanguis meus vere est potus.*

Quarto consideratur effectus huius sacramenti ex speciebus in quibus hoc traditur sacramentum. Unde et Augustinus, ibidem[9], dicit: *Dominus noster corpus et sanguinem suum in eis rebus commendavit quae ad unum aliquod rediguntur ex multis: namque aliud,* scilicet panis, *ex multis granis in unum constat, aliud* scilicet vinum, *ex multis racemis confluit.* Et ideo ipse alibi dicit, *super Ioan.*[10]: *O sacramentum pietatis, O signum unitatis, O vinculum caritatis.*

Et quia Christus et eius passio est causa gratiae, et spiritualis refectio et caritas sine gratia esse non potest, ex omnibus praemissis manifestum est quod hoc sacramentum gratiam confert.

de Deus vivificante, ao unir-se à sua carne, fê-la vivificadora. Convinha-lhe, pois, unir-se, de certo modo, aos nossos corpos por meio de sua carne sagrada e seu precioso sangue, que recebemos sob a forma de pão e vinho depois da bênção da consagração vivificante".

2º. A partir do fato de que por este sacramento é representada a paixão de Cristo, como já se disse. Desta sorte, este sacramento produz no homem o mesmo efeito que a paixão produziu no mundo. Crisóstomo, ao comentar o texto: "E imediatamente saiu sangue e água", diz: "Porque daí os santos mistérios tiram o seu princípio, então, ao te aproximares do temível cálice, faze-o como se tu te aproximasses para beber do lado de Cristo". Por isso, o Senhor diz: "Isto é o meu sangue, derramado por vós para o perdão dos pecados".

3º. A partir do fato de que ele nos é dado em forma de comida e bebida. Destarte, este sacramento produz em relação à vida espiritual o efeito que a comida e a bebida materiais produzem a respeito da vida material, a saber, sustentam, aumentam, restauram e deleitam. Por isso, Ambrósio ensina: "Este é o pão da vida eterna, que fortifica a substância de nossa alma". Crisóstomo comentando o Evangelho de João, proclama: "Ele se apresenta a nós que desejamos tocá-lo, comer dele e abraçá-lo". Por isso, o próprio Senhor diz: "Pois a minha carne é verdadeira comida e o meu sangue verdadeira bebida".

4º. A partir do fato de que ele nos é dado sob as espécies. Por isso, Agostinho, comentando esse mesmo texto, observa: "Nosso Senhor ofereceu-nos seu corpo e sangue nesses elementos que, em sendo muitos, convergem para uma única realidade. Assim um, isto é o pão, se constitui uma só massa feita de muitos grãos; o outro, o vinho, de muitos bagos torna-se uma única bebida". Por isso, o mesmo Agostinho exclama: "Oh sacramento da piedade! Oh sinal da unidade! Oh vínculo da caridade!"

E porque Cristo e a sua paixão são a causa da graça e porque a refeição espiritual e a caridade não podem existir sem a graça, e de tudo o que se acaba de dizer, é claro que este sacramento confere a graça.

---

5. Q. 74, a. 1; q. 76, a. 2, ad 1.
6. *In Ioan.*, hom. 85, al. 84, n. 3: MG 59, 463.
7. L. V, c. 4, n. 24: ML 16, 452 A.
8. Hom. 46, al. 45, n. 3: MG 59, 260.
9. *In Ioan., Evang.*, tract. 26, n. 17, super 6, 56: ML 35, 1614.
10. *Ibid.*, tract. 26, n. 13, super 6, 41: ML 35, 1613.

AD PRIMUM ergo dicendum quod hoc sacramentum ex seipso virtutem habet gratiam conferendi: nec aliquis habet gratiam ante susceptionem huius sacramenti nisi ex aliquali voto ipsius, vel per seipsum, sicut adulti, vel voto Ecclesiae, sicut parvuli, sicut supra[11] dictum est. Unde ex efficacia virtutis ipsius est quod etiam ex voto ipsius aliquis gratiam consequatur, per quam spiritualiter vivificetur. Restat igitur ut, cum ipsum sacramentum realiter sumitur, gratia augeatur, et vita spiritualis perficiatur. Aliter tamen quam per sacramentum confirmationis, in quo augetur et perficitur gratia ad persistendum contra exteriores impugnationes inimicorum Christi. Per hoc autem sacramentum augetur gratia, et perficitur spiritualis vita, ad hoc quod homo in seipso perfectus existat per coniunctionem ad Deum.

AD SECUNDUM dicendum quod hoc sacramentum confert gratiam spiritualiter, cum virtute caritatis. Unde Damascenus[12] comparat hoc sacramentum carboni quem Isaias vidit, Is 6,6: *Carbo enim lignum simplex non est, sed unitum igni: ita et panis communionis non simplex panis est, sed unitus divinitati*. Sicut autem Gregorius dicit, in Homilia Pentecostes[13], *amor Dei non est otiosus: magna enim operatur, si est*. Et ideo per hoc sacramentum, quantum est ex sui virtute, non solum habitus gratiae et virtutis confertur, sed etiam excitatur in actum: secundum illud 2Cor 5,14: *Caritas Christi urget nos*. Et inde est quod ex virtute huius sacramenti anima spiritualiter reficitur, per hoc quod anima delectatur, et quodammodo inebriatur dulcedine bonitatis divinae: secundum illud Ct 5,1: *Comedite, amici, et bibite; et inebriamini, carissimi*.

AD TERTIUM dicendum quod, quia sacramenta operantur secundum similitudinem per quam significant, ideo per quandam assimilationem dicitur quod in hoc sacramento *corpus offertur pro salute corporis, et sanguis pro salute animae*: quamvis

QUANTO AO 1º, portanto, deve-se dizer que o sacramento da Eucaristia tem por si mesmo o poder de conferir a graça. Ninguém tem a graça antes de recebê-lo[c] a não ser pelo desejo do mesmo, ou tido por si mesmo, no caso dos adultos, ou tido pela Igreja, no caso das crianças. Por esta razão, por causa da eficácia de seu poder, até pelo desejo dele, alguém alcança a graça pela qual é espiritualmente vivificado. Segue-se, pois, que a graça cresce e a vida espiritual aumenta, toda vez que se recebe realmente este sacramento. Diferente é o caso do sacramento da confirmação. Nele se aumenta e se aperfeiçoa a graça para que se resista aos assaltos exteriores dos inimigos de Cristo. Na Eucaristia, porém, cresce a graça e aprimora-se a vida espiritual para que o homem seja perfeito em si mesmo pela união com Deus.

QUANTO AO 2º, deve-se dizer que este sacramento confere espiritualmente a graça com a virtude da caridade. Por isso, Damasceno compara-o à brasa da visão de Isaías: "A brasa não é simples madeira, mas está unida ao fogo, assim também o pão da comunhão não é simples pão, mas está unido à divindade". Gregório, de maneira semelhante, prega numa homilia na festa de Pentecostes: "O amor de Deus não é ocioso; se está presente, opera grandes coisas". Assim, este sacramento, enquanto depende de seu próprio poder, não só nos confere o hábito da graça e da virtude, mas também nos move à ação, como diz Paulo: "O amor do Cristo nos impele." Destarte, pelo poder deste sacramento a alma se refaz espiritualmente, ao deleitar-se e, de certa maneira, ao inebriar-se da doçura da bondade divina, segundo as palavras do Cântico dos cânticos: "'Comei, companheiros; bebei, inebriai-vos, queridos'!"[d]

QUANTO AO 3º, deve-se dizer que os sacramentos realizam a salvação que eles significam. Portanto, por certa semelhança pode-se dizer que neste sacramento o corpo de Cristo se oferece pela salvação do nosso corpo e o sangue pela da alma[e],

---

11. Q. 73, a. 3.
12. *De fide orth.*, l. IV, c. 13: MG 94, 1149 B.
13. *In Evang.*, l. II, hom. 30, n. 2: ML 76, 1221 B.

c. Sto. Tomás já mostrou (q. 73, a. 3), que, em certo sentido, a eucaristia é necessária à salvação. Não deve causar espanto vê-lo acrescentar aqui que ela não é estranha nem mesmo ao primeiro dom da graça. A graça inicial provém do voto desse sacramento, por mais implícito que seja.

d. Não se trata simplesmente, com a eucaristia, de receber a graça. Ela é recebida com gosto, num contexto de amor, de alegria e de avidez. Pode-se aplicar a ela a frase do Cântico dos cânticos: "Embriagai-vos, meus bem-amados". Temos aí a mostra de toda uma literatura eucarística da qual Sto. Tomás, cantor desse sacramento, é um dos mais notáveis exemplos.

e. Mais uma vez esse adágio venerável, que já encontramos acima, mas que não havemos de tomar ao pé da letra. É contradito pela antiga fórmula da comunhão: Que o *Corpo* de nosso Senhor Jesus Cristo guarde tua *alma* para a vida eterna.

utrumque ad salutem utriusque operetur, cum sub utroque totus sit Christus, ut supra[14] dictum est. Et licet corpus non sit immediatum subiectum gratiae, ex anima tamen redundat effectus gratiae ad corpus: dum in praesenti *membra nostra exhibemus arma iustitiae Deo*, ut habetur Rm 6,13; et in futuro corpus nostrum sortietur incorruptionem et gloriam animae.

Articulus 2
Utrum effectus huius sacramenti sit adeptio gloriae

Ad secundum sic proceditur. Videtur quod effectus huius sacramenti non sit adeptio gloriae.

1. Effectus enim proportionatur suae causae. Sed hoc sacramentum competit viatoribus: unde et *viaticum* dicitur. Cum igitur viatores nondum sint capaces gloriae, videtur quod hoc sacramentum non causet adeptionem gloriae.

2. Praeterea, posita causa sufficienti, ponitur effectus. Sed multi accipiunt hoc sacramentum qui nunquam pervenient ad gloriam: ut patet per Augustinum, XXI *de Civ. Dei*[1]. Non ergo hoc sacramentum est causa adeptionis gloriae.

3. Praeterea, maius non efficitur a minori: quia nihil agit ultra suam speciem. Sed minus est percipere Christum sub specie aliena, quod fit in hoc sacramento, quam frui eo in specie propria, quod pertinet ad gloriam. Ergo hoc sacramentum non causat adeptionem gloriae.

Sed contra est quod dicitur Io 6,52: *Si quis manducaverit ex hoc pane, vivet in aeternum.* Sed vita aeterna est vita gloriae. Ergo effectus huius sacramenti est adeptio gloriae.

Respondeo dicendum quod in hoc sacramento potest considerari et id ex quo habet effectum, scilicet ipse Christus contentus, et passio eius repraesentata; et id per quod habet effectum, scilicet usus sacramenti et species eius. Et quantum ad utrumque competit huic sacramento quod causet adeptionem vitae aeternae. Nam ipse Christus

ainda que ambos atuem em benefício da salvação do corpo e da alma. Pois, sob ambos está Cristo inteiro. Embora, o corpo não seja sujeito imediato da graça, desde a alma redunda o efeito da graça sobre ele; assim na vida presente "oferecemos os nossos membros a Deus como armas de justiça", como diz Paulo, e no futuro, o nosso corpo gozará da incorruptibilidade e glória da alma.

Artigo 2
A obtenção da glória é efeito deste sacramento?

Quanto ao segundo, assim se procede: parece que **não** é efeito deste sacramento a obtenção da glória.

1. Pois, o efeito é proporcional à sua causa. Ora, este sacramento convém aos que estão a caminho da glória, daí a palavra "viático". Logo, uma vez que estes caminhantes ainda não são capazes da glória, parece que este sacramento não causa a obtenção da glória.

2. Além disso, quando se coloca uma causa suficiente, segue-se o efeito. Ora, muitos recebem este sacramento e nunca chegarão à glória, como ensina Agostinho. Logo, este sacramento não é causa da obtenção da glória.

3. Ademais, um ser maior não pode ser feito por um menor, porque nada atua para além de sua espécie. Ora, receber a Cristo sob uma espécie alheia, o que é próprio deste sacramento, é menos que gozar de sua própria presença, próprio da glória. Logo, este sacramento não causa a obtenção da glória.

Em sentido contrário, diz o Evangelho de João: "Quem comer deste pão viverá para a eternidade." Ora, a vida eterna é a vida da glória. Logo, efeito deste sacramento é a obtenção da glória.

Respondo. Pode-se considerar neste sacramento de uma parte, aquilo de onde ele produz o seu efeito, a saber o próprio Cristo, que ele contém, e a sua paixão, que ele representa. De outra parte, aquilo pelo que ele produz seu efeito, a saber o uso do sacramento e as espécies sacramentais. Por esse duplo título, este sacramento causa a obtenção da

---

14. Q. 76, a. 2.

2   Parall.: *In Ioan.*, c. 6, lect. 7.

1. C. 25: ML 41, 742.

Acomoda-se melhor com o que, na época, caracterizava o rito dominicano: Que o Corpo de nosso Senhor Jesus Cristo *te* guarde para a vida eterna (onde *te* significa todo o ser, corpo e alma).

per suam passionem aperuit nobis aditum vitae aeternae: secundum illud Hb 9,15: *Novi Testamenti mediator est, ut, morte intercedente, qui vocati sunt accipiant repromissionem aeternae hereditatis*. Unde et in forma huius sacramenti dicitur: *Hic est calix sanguinis mei novi et aeterni Testamenti*.

Similiter etiam refectio spiritualis cibi, et unitas significata per species panis et vini, habentur quidem in praesenti sed imperfecte: perfecte autem in statu gloriae. Unde Augustinus dicit[2], super illud Io 6,56, *Caro mea vere est cibus: Cum cibo et potu id appetant homines ut non esuriant neque sitiant, hoc veraciter non praestat nisi iste cibus et potus, qui eos a quibus sumitur immortales et incorruptibiles facit in societate sanctorum, ubi pax erit et unitas plena atque perfecta*.

AD PRIMUM ergo dicendum quod, sicut passio Christi, ex cuius virtute hoc sacramentum operatur, est quidem causa sufficiens gloriae, non tamen ita quod statim per ipsam introducamur in gloriam, sed oportet ut prius *simul compatiamur*, ut postea *simul glorificemur*, sicut dicitur Rm 8,17: ita hoc sacramentum non statim nos in gloriam introducit, sed dat nobis virtutem perveniendi ad gloriam. Et ideo *viaticum* dicitur. In cuius figuram, legitur 3Reg 19,8, quod Elias *comedit et bibit, et ambulavit in fortitudine cibi illius quadraginta diebus et quadraginta noctibus, usque ad montem Dei Horeb*.

AD SECUNDUM dicendum quod, sicut passio Christi non habet suum effectum in his qui se ad eam non habent ut debent, ita et per hoc sacramentum non adipiscuntur gloriam qui indecenter ipsum suscipiunt. Unde Augustinus dicit, *super Ioan.*[3], exponens illa verba: *Aliud est sacramentum, aliud virtus sacramenti. Multi de altari accipiunt, et accipiendo moriuntur. Panem ergo caelestem spiritualiter manducate: innocentiam ad altare apportate*. Unde non est mirum si illi

vida eterna. Pois, o próprio Cristo abriu-nos, pela sua paixão, os átrios da vida eterna, como se lê na Carta aos Hebreus: "Ele é mediador de uma nova aliança[f], de um testamento novo; tendo a sua morte intervindo, os que são chamados podem receber a herança eterna já prometida." Por isso, diz-se na forma deste sacramento: "Este é o cálice do meu sangue, da nova e eterna aliança".

De igual modo, a refeição espiritual da comida e a unidade significada pelas espécies do pão e do vinho são possuídas já na vida presente, mas imperfeitamente. No estado da glória, o serão perfeitamente. Por isso, Agostinho, ao comentar o texto de João: "Minha carne é verdadeiramente comida", diz: "Já que os humanos procuram com a comida e a bebida não ter mais fome nem sede, isto só é concedido verdadeiramente pela comida e bebida que tornam aqueles que as consomem imortais e incorruptíveis na sociedade dos santos, onde haverá a paz e uma unidade completa e perfeita".

QUANTO AO 1º, portanto, deve-se dizer que a paixão de Cristo, por cujo poder este sacramento age, é causa suficiente da glória, não de maneira que por ela sejamos imediatamente introduzidos na glória, pois devemos antes "com ele sofrer" para "com ele ser glorificados", como diz Paulo. Assim também[g], este sacramento não nos introduz imediatamente na glória, mas alcança-nos a força de chegar à glória. Por isso, ele se chama "viático". De maneira figurada, lê-se no livro dos Reis que Elias "comeu e bebeu e depois, fortificado por aquele alimento, caminhou quarenta dias e quarenta noites até a montanha de Deus, o Horeb".

QUANTO AO 2º, deve-se dizer que como a paixão de Cristo não surte efeito naqueles que se relacionam com ela de maneira indevida, assim também não obtêm a glória eterna aqueles que recebem este sacramento de maneira indigna. Por isso, Agostinho, ao comentar o texto de João, diz: "Uma coisa é o sacramento, outra coisa sua força. Muitos participam do altar, e, ao participar, morrem. Comei pois de maneira espiritual o pão celeste: aproximai-vos do altar com inocência.

---

2. Tract. 26, n. 17: ML 35, 1614.
3. Tract. 26, n. 11: ML 35, 1611.

f. A tradução "aliança" é perfeitamente correta. Mas não esqueçamos que o termo em latim, *testamentum*, faz pensar bem mais na morte e na herança.

g. Essa comparação entre a eficácia da paixão de Cristo e a da eucaristia é bastante esclarecedora. No caminho da glória (adiada em benefício da vida de fé), somos tentados e postos à prova. Mas isso não é de modo algum o sinal de uma insuficiência da obra realizada por Cristo (na cruz ou na eucaristia).

qui innocentiam non servant, effectum huius sacramenti non consequuntur.

AD TERTIUM dicendum quod hoc quod Christus sub aliena specie sumitur, pertinet ad rationem sacramenti, quod instrumentaliter agit. Nihil autem prohibet causam instrumentalem producere potiorem effectum, ut ex supra[4] dictis patet.

ARTICULUS 3
Utrum effectus huius sacramenti sit remissio peccati mortalis

AD TERTIUM SIC PROCEDITUR. Videtur quod effectus huius sacramenti sit remissio peccati mortalis.
1. Dicitur enim in quadam collecta[1]: *Sit hoc sacramentum ablutio scelerum*. Sed scelera dicuntur peccata mortalia. Ergo per hoc sacramentum peccata mortalia abluuntur.

2. PRAETEREA, hoc sacramentum agit in virtute passionis Christi, sicut et baptismus. Sed per baptismum dimittuntur peccata mortalia, ut supra[2] dictum est. Ergo et per hoc sacramentum: praesertim cum in forma huius sacramenti dicatur: *Qui pro multis effundetur in remissionem peccatorum*.

3. PRAETEREA, per hoc sacramentum gratia confertur, ut dictum est[3]. Sed per gratiam iustificatur homo a peccatis mortalibus: secundum illud Rm 3,24: *Iustificati gratis per gratiam ipsius*. Ergo per hoc sacramentum remittuntur peccata mortalia.

SED CONTRA est quod dicitur 1Cor 11,29: *Qui manducat et bibit indigne, iudicium sibi manducat et bibit*. Dicit autem Glossa[4] ibidem quod *ille manducat et bibit indigne qui in crimine est, vel irreverenter tractat: et talis manducat et bibit sibi iudicium, idest damnationem*. Ergo ille qui est in peccato mortali, per hoc quod accipit hoc sacramentum, magis accumulat sibi peccatum, quam remissionem sui peccati consequatur.

RESPONDEO dicendum quod virtus huius sacramenti potest considerari dupliciter. Uno modo, secundum se. Et sic hoc sacramentum habet

Desta sorte, não nos devemos admirar se aqueles que não guardam a inocência, não obtenham o efeito do sacramento".

QUANTO AO 3º, deve-se dizer que o fato de receber a Cristo na Eucaristia sob uma aparência estranha deve-se à natureza do sacramento, que age instrumentalmente. Nada impede que uma causa instrumental produza um efeito superior a si mesma.

ARTIGO 3
A remissão do pecado mortal é efeito do sacramento da Eucaristia?

QUANTO AO TERCEIRO, ASSIM SE PROCEDE: parece que é efeito do sacramento da Eucaristia a remissão do pecado mortal.
1. Com efeito, numa oração da missa se reza: "Que seja este sacramento uma ablução dos crimes". Ora os "crimes" designam os pecados mortais. Logo, os pecados mortais são purificados por este sacramento.

2. ALÉM DISSO, este sacramento age pelo poder da paixão de Cristo, como o batismo. Ora, pelo batismo os pecados mortais são perdoados. Logo, também por este sacramento; sobretudo uma vez que se diz na sua forma "que será derramado por muitos para remissão dos pecados".

3. ADEMAIS, este sacramento confere a graça. Ora, pela graça o homem se justifica dos pecados mortais, segundo diz Paulo: "São gratuitamente justificados por sua graça". Logo, por este sacramento os pecados mortais são perdoados.

EM SENTIDO CONTRÁRIO, declara Paulo: "Quem come e bebe indignamente, come e bebe seu próprio julgamento." A Glosa comenta esta passagem: "Come e bebe indignamente aquele que está no crime, ou que se comporta sem reverência: tal come e bebe para si o juízo, isto é a condenação. Portanto, quem estiver em pecado mortal, ao receber este sacramento, antes acumula sobre si pecados do que lhes consegue o perdão.

RESPONDO. De duas maneiras se pode considerar o poder deste sacramento. Primeiro, em si mesmo. Sob este aspecto, ele tem o poder de perdoar todo

---

4. Q. 77, a. 3, ad. 3.

PARALL.: IV *Sent*., dist. 9, a. 3, q.la 2; dist. 12, q. 2, a. 2, q.la 2.

1. Postcomm. *pro vivis et defunctis*, in Missali Rom., Orat. div., n. 35.
2. Q. 69, a. 1.
3. A. 1.
4. LOMBARDI: ML 191, 1646 D.

virtutem ad remittendum quaecumque peccata, ex passione Christi, quae est fons et causa remissionis peccatorum.

Alio modo potest considerari per comparationem ad eum qui recipit hoc sacramentum, prout in eo invenitur vel non invenitur impedimentum percipiendi hoc sacramentum. Quicumque autem habet conscientiam peccati mortalis, habet in se impedimentum percipiendi effectum huius sacramenti, eo quod non est conveniens susceptor huius sacramenti: tum quia non vivit spiritualiter, et ita non debet spirituale nutrimentum suscipere, quod non est nisi viventis; tum quia non potest uniri Christo, quod fit per hoc sacramentum, dum est in affectu peccandi mortaliter. Et ideo, ut dicitur in libro de *Ecclesiasticis Dogmat.*[5], *si mens in affectu peccandi est, gravatur magis eucharistiae perceptione quam purificetur.* Unde hoc sacramentum in eo qui ipsum percipit cum conscientia peccati mortalis, non operatur remissionem peccati.

Potest tamen hoc sacramentum operari remissionem peccati dupliciter. Uno modo, non perceptum actu, sed voto: sicut cum quis primo iustificatur a peccato. — Alio modo, etiam perceptum ab eo qui est in peccato mortali, cuius conscientiam et affectum non habet. Forte enim primo non fuit sufficienter contritus: sed, devote et reverenter accedens, consequetur per hoc sacramentum gratiam caritatis, quae contritionem perficiet et remissionem peccati.

AD PRIMUM ergo dicendum quod petimus quod illud sacramentum nobis sit *ablutio scelerum*: vel eorum quorum conscientiam non habemus, secundum illud Ps 18,13, Ab *occultis meis munda me, Domine*; vel ut contritio in nobis perficiatur ad scelerum remissionem; vel etiam ut robur nobis detur contra scelera vitanda.

AD SECUNDUM dicendum quod baptismus est spiritualis generatio, quae est mutatio de non esse spirituali in esse spirituale; et datur per modum ablutionis. Et ideo, quantum ad utrumque, non inconvenienter accedit ad baptismum qui habet conscientiam peccati mortalis. Sed per hoc sacramentum homo sumit in se Christum per modum

pecado pelos méritos da paixão de Cristo que é fonte e causa da remissão dos pecados.

Segundo, em referência à pessoa que o recebe, conforme ponha ou não obstáculo à ação do sacramento. Assim, todo aquele que tem consciência de estar em pecado mortal, está impedido de receber-lhe os frutos. Portanto, não é um sujeito digno deste sacramento. Com efeito, não vive espiritualmente e não deve tomar aquele alimento destinado às pessoas vivas, nem pode unir-se a Cristo, pela Eucaristia, enquanto estiver na disposição de pecar mortalmente. Por isso, lê-se no livro sobre os Dogmas Eclesiásticos: "Se o coração está apegado ao pecado, a recepção da Eucaristia antes aumenta a culpa do que a purifica". Portanto, este sacramento não perdoa a culpa àquele que o recebe com a consciência de tal pecado mortal.

No entanto, este sacramento pode perdoar os pecados de duas maneiras. Uma primeira, ao ser recebido não realmente, mas em desejo. É o caso de quem primeiro obtém a justificação do pecado. — Uma segunda, quando quem o recebe em pecado mortal, não tem nem consciência nem apego ao pecado mortal. Talvez num primeiro momento não esteja suficientemente contrito, mas, ao aproximar-se devota e reverentemente do sacramento, consegue a graça da caridade, que leva à perfeição a contrição e remissão do pecado[h].

QUANTO AO 1º, portanto, deve-se dizer que pedimos que aquele sacramento seja "a ablução dos crimes", a saber daqueles de que não temos consciência, segundo o dito do salmista "Senhor, apaga as minhas faltas ocultas"; ou pedimos que a contrição realize em nós a remissão dos crimes; ou pedimos que nos seja dada a força para evitá-los.

QUANTO AO 2º, deve-se dizer que o batismo é uma regeneração espiritual que consiste na passagem do não ser espiritual ao ser espiritual. Ela se dá à maneira de ablução. Daí se segue que sob estes dois aspectos não é inconveniente que alguém se aproxime do batismo com a consciência de pecado mortal. No entanto, em relação à Euca-

---

5. C. 53: ML 58, 994 A.

h. Não foi inútil ter enfatizado que a eucaristia, por si, é capaz de suprimir o pecado, pois em dois casos ela o suprime efetivamente. Embora não sendo, por seu simbolismo, o sacramento da reconciliação, mas da união, a eucaristia não deixa de possuir um enorme poder de conversão a Deus.

spiritualis nutrimenti: quod non competit mortuo in peccatis. Et ideo non est similis ratio.

AD TERTIUM dicendum quod gratia est sufficiens causa remissionis peccati mortalis, non tamen actu remittit peccatum mortale nisi cum primo datur peccatori. Sic autem non datur in hoc sacramento. Unde ratio non sequitur.

ARTICULUS 4
Utrum per hoc sacramentum remittantur peccata venialia

AD QUARTUM SIC PROCEDITUR. Videtur quod per hoc sacramentum non remittantur peccata venialia.
1. Hoc enim sacramentum, ut Augustinus dicit, *super Ioan.*[1], est *sacramentum caritatis*. Sed venialia peccata non contrariantur caritati, ut in Secunda Parte[2] habitum est. Cum ergo contrarium tollatur per suum contrarium, videtur quod peccata venialia per hoc sacramentum non remittantur.
2. PRAETEREA, si peccata venialia per hoc sacramentum remittantur, qua ratione unum remittitur, et omnia remittentur. Sed non videtur quod omnia remittantur: quia sic frequenter aliquis esset absque omni peccato veniali, quod est contra id quod dicitur 1Io 1,8: *Si dixerimus quoniam peccatum non habemus, nos ipsos seducimus*. Non ergo per hoc sacramentum remittitur aliquod peccatum veniale.
3. PRAETEREA, contraria mutuo se expellunt. Sed peccata venialia non prohibent a perceptione huius sacramenti: dicit enim Augustinus[3], super illud Io 6,50-52, *Si quis ex ipso manducaverit, non morietur in aeternum: Innocentiam*, inquit, *ad altare apportate: peccata, etsi sint quotidiana, non sint mortifera*. Ergo neque peccata venialia per hoc sacramentum tolluntur.

SED CONTRA est quod Innocentius III dicit[4], quod hoc sacramentum *veniale delet et cavet mortalia*.

RESPONDEO dicendum quod in hoc sacramento duo possunt considerari: scilicet ipsum sacramentum, et res sacramenti. Et ex utroque apparet quod

ARTIGO 4
Pelo sacramento da Eucaristia perdoam-se os pecados veniais?

QUANTO AO QUARTO, ASSIM SE PROCEDE: parece que pelo sacramento da Eucaristia **não** se perdoam os pecados veniais.
1. Com efeito, Agostinho chama a Eucaristia de "sacramento da caridade". Ora, os pecados veniais não são contrários à caridade. Logo, uma vez que os contrários se anulam mutuamente, parece então que os pecados veniais não são perdoados por este sacramento.
2. ALÉM DISSO, se os pecados veniais são perdoados por este sacramento, pela mesma razão que um é perdoado, todos devem sê-lo. Ora, não parece todos o sejam, pois assim frequentemente alguém estaria sem nenhum pecado venial, o que contradiz o ensinamento da primeira Carta de João: "Se dissermos: 'Não temos pecado', enganamo-nos a nós mesmos". Logo, por este sacramento, não se perdoa nenhum pecado venial.
3. ADEMAIS, os contrários se excluem mutuamente. Ora, os pecados veniais não impedem a recepção deste sacramento, como, ao comentar "Quem comer deste pão viverá para a eternidade", declara Agostinho: "Aproximai-vos do altar com inocência: desde que os pecados, ainda que diários, não sejam mortais". Logo, este sacramento não perdoa nem os pecados veniais.

EM SENTIDO CONTRÁRIO, Inocêncio III afirma que este sacramento "destrói o pecado venial e preserva dos mortais".

RESPONDO. Duas coisas se podem considerar neste sacramento: o próprio "sacramento" e "realidade" que ele produz. Pelas duas, se evidencia

---

4 PARALL.: Infra, q. 87, a. 3; IV *Sent.*, dist. 12, q. 2, a. 1, q.la 1; a. 2, q.la 1.

1. Tract. 26, n. 13, super 6, 41: ML 35, 1613.
2. I-II, q. 88, a. 1, 2; II-II, q. 24, a. 8, ad 2; a. 10.
3. Tract. 26, n. 11: ML 35, 1611.
4. *De sacro Alt. Myst.*, l. IV, c. 44: ML 217, 885 B.

hoc sacramentum habet virtutem ad remissionem venialium peccatorum. Nam hoc sacramentum sumitur sub specie cibi nutrientis. Nutrimentum autem cibi necessarium est corpori ad restaurandum id quod quotidie deperditur ex calore naturali. Spiritualiter autem quotidie in nobis aliquid deperditur ex calore concupiscentiae per peccata venialia, quae diminuunt fervorem caritatis, ut in Secunda Parte[5] habitum est. Et ideo competit huic sacramento ut remittat peccata venialia. Unde et Ambrosius dicit, in libro *de Sacramentis*[6], quod iste panis quotidianus sumitur *in remedium quotidianae infirmitatis*.

Res autem huius sacramenti est caritas, non solum quantum ad habitum, sed etiam quantum ad actum, qui excitatur in hoc sacramento: per quod peccata venialia solvuntur. Unde manifestum est quod virtute huius sacramenti remittuntur peccata venialia.

AD PRIMUM ergo dicendum quod peccata venialia, etsi non contrarientur caritati quantum ad habitum, contrariantur tamen ei quantum ad fervorem actus, qui excitatur per hoc sacramentum. Ratione cuius peccata venialia tolluntur.

AD SECUNDUM dicendum quod illud verbum non est intelligendum quin aliqua hora possit homo esse absque omni reatu peccati venialis: sed quia vitam istam sancti non ducunt sine peccatis venialibus.

AD TERTIUM dicendum quod maior est virtus caritatis, cuius est hoc sacramentum, quam venialium peccatorum: nam caritas tollit per suum actum peccata venialia, quae tamen non possunt totaliter impedire actum caritatis. Et eadem ratio est de hoc sacramento.

que este sacramento tem o poder de perdoar os pecados veniais. Pois, este sacramento se recebe sob a aparência de alimento nutritivo. A força nutritiva do alimento faz-se necessária ao corpo para restaurar as energias que se perdem diariamente por causa do calor natural. Perdemos cada dia energias espirituais por causa do ardor da concupiscência, ao cometermos pecados veniais que diminuem o fervor da caridade. Portanto, é da natureza deste sacramento perdoar os pecados veniais. Por isso, Ambrósio diz que se come este pão todo dia "para remédio da fraqueza diária".

A "realidade" deste sacramento é a caridade, não só como hábito mas também enquanto ato, que este sacramento vem avivar, fazendo com que os pecados veniais sejam perdoados. É, assim, evidente que, pelo poder deste sacramento, os pecados veniais são perdoados.

QUANTO AO 1º, portanto, deve-se dizer que mesmo que os pecados veniais não se oponham à caridade, enquanto hábito, o fazem em relação ao fervor da ação, que é animado por este sacramento. Por esta razão, os pecados veniais são perdoados.

QUANTO AO 2º, deve-se dizer que essa passagem não deve ser entendida como se o homem não pudesse passar nenhuma hora sem algum pecado venial, mas no sentido de que mesmo os santos não passam a vida presente sem pecados veniais.

QUANTO AO 3º, deve-se dizer que a caridade, que dá este sacramento, tem poder maior do que os pecados veniais. Pois, a caridade pelo poder de sua ação perdoa os pecados veniais. Estes, por sua vez, não podem impedir totalmente a ação da caridade. E o mesmo argumento vale para este sacramento.

ARTICULUS 5

Utrum per hoc sacramentum tota poena peccati remittatur

AD QUINTUM SIC PROCEDITUR. Videtur quod per hoc sacramentum tota poena peccati remittatur.

1. Homo enim per hoc sacramentum suscipit in se effectum passionis Christi, ut dictum est[1], sicut et per baptismum. Sed per baptismum percipit homo remissionem omnis poenae virtute passionis

ARTIGO 5

Pelo sacramento da Eucaristia perdoa-se toda a pena do pecado?

QUANTO AO QUINTO, ASSIM SE PROCEDE: parece que pelo sacramento da Eucaristia **perdoa-se** toda a pena do pecado.

1. Com efeito, por este sacramento, o homem recebe em si o efeito da paixão de Cristo, como pelo batismo. Ora, por este, opera-se a remissão de toda pena, em virtude da paixão de Cristo, que

---

5. II-II, q. 24, a. 10; q. 54, a. 3.
6. L. V, c. 4, n. 25: ML 16, 452 BC.

5   PARALL.: IV *Sent.*, dist. 4, q. 2, a. 1, q.la 2, ad 3; dist. 12, q. 2, a. 2, q.la 3.
    1. A. 1, 2.

Christi, quae sufficienter satisfecit pro omnibus peccatis, ut ex supra² dictis patet. Ergo videtur quod per hoc sacramentum homini remittatur totus reatus poenae.

2. PRAETEREA, Alexander Papa³ dicit: *Nihil in sacrificiis maius esse potest quam corpus et sanguis Christi.* Sed per sacrificia veteris legis homo satisfaciebat pro peccatis suis: dicitur enim Lv 4 et 5: *Si peccaverit homo, offeret* (hoc vel illud) *pro peccato suo, et remittetur ei.* Ergo multo magis hoc sacramentum valet ad remissionem omnis poenae.

3. PRAETEREA, constat quod per hoc sacramentum aliquid de reatu poenae dimittitur: unde et in satisfactione quibusdam iniungitur quod pro se faciant missas celebrare. Sed qua ratione una pars poenae dimittitur, eadem ratione et alia: cum virtus Christi, quae in hoc sacramento continetur, sit infinita. Ergo videtur quod per hoc sacramentum tota poena tollatur.

SED CONTRA est quod, secundum hoc, non esset homini alia poena iniungenda: sicut nec baptizato iniungitur.

RESPONDEO dicendum quod hoc sacramentum simul est et sacrificium et sacramentum: sed rationem sacrificii habet inquantum offertur; rationem autem sacramenti inquantum sumitur. Et ideo effectum sacramenti habet in eo qui sumit: effectum autem sacrificii in eo qui offert, vel in his pro quibus offertur.

Si igitur consideretur ut sacramentum, habet dupliciter effectum: uno modo, directe ex vi sacramenti; alio modo, quasi ex quadam concomitantia; sicut et circa continentiam sacramenti dictum est⁴. Ex vi quidem sacramenti, directe habet illum effectum ad quem est institutum. Non est autem institutum ad satisfaciendum: sed ad

satisfez suficientemente por todos os pecados. Logo, parece que por este sacramento se perdoa toda a pena devida.

2. ALÉM DISSO, o papa Alexandre afirma: "Nada nos sacrifícios pode ser maior do que o corpo e o sangue de Cristo". Ora, pelos sacrifícios da antiga lei o homem satisfazia por seus pecados, como se lê no livro do Levítico: "Se o homem pecar, ofereça (isto ou aquilo) pelo seu pecado e este lhe será perdoado". Logo, muito mais vale este sacramento para a remissão de toda pena.

3. ADEMAIS, é certo que algo se perdoa do reato da pena por meio deste sacramento. Por isso, impõe-se a alguns como penitência que mandem celebrar missasⁱ. Ora, pela mesma razão que uma parte da pena é perdoada, a outra também deve sê-lo, já que o poder de Cristo, que está presente neste sacramento, é infinito. Logo, parece que por este sacramento toda a pena é perdoada.

EM SENTIDO CONTRÁRIO, se isto fosse verdade, não se imporia ao homem nenhuma penitência, tal como sucede no batismo.

RESPONDO. Este sacramento é, ao mesmo tempo, sacramento e sacrifício^j. Tem a natureza de sacrifício, enquanto se oferece, e de sacramento, enquanto se recebe. Destarte, o efeito do sacramento se produz em que o recebe e o efeito do sacrifício naquele que o oferece ou naqueles por quem é oferecido^k.

Se, portanto, se considera como sacramento, ele tem dois efeitos: um diretamente pela força do sacramento, o outro como que por uma espécie de concomitância do sacramento. Pela força do sacramento, a Eucaristia tem diretamente aquele efeito para que foi instituída. Na verdade, não o foi para satisfazer, mas para alimentar espiritual-

---

2. Q. 69, a. 2.
3. Ps. ALEXANDER I, *Epist. ad omnes Orthodox.*, c. 4: ed. Mansi, I, 639.
4. Q. 76, a. 1, 2.

---

i. Esse costume parece ter desaparecido da prática pastoral. Trata-se de uma penitência que, até onde sabemos, não se dá mais no confessionário. Mas, afinal, por que não?

j. Notemos a expressão: "Este *sacramento é ao mesmo tempo sacrifício e sacramento*". Isso significa que a palavra "sacramento" pode ser tomado num sentido largo, que engloba ambos os aspectos, um dos quais é o sacrifício, e num sentido estreito, no qual se distingue do sacrifício.

A teologia posterior insistiu demais sobre a oposição entre o aspecto sacrifício e o aspecto sacramento, esquecendo que a realidade é *ao mesmo tempo* um e outro, essa realidade sendo inteiramente sacramento. O que significa que é preciso situar esse sacrifício da nova aliança no centro do domínio sacramental. É indispensável lembrar-se disso para elaborar a teologia do sacrifício da eucaristia. É um dos aspectos que P. Roguet acentuou enfaticamente em suas notas doutrinais na edição da *Revue des Jeunes* (t. II, pp. 377-91), às quais não nos cansamos de remeter.

k. No interior do domínio sacramental (ver nota 10), o sacrifício se vincula à oferenda (movimento ascendente em direção a Deus), o sacramento à recepção, à manducação (movimento descendente em direção ao homem). Os dois aspectos são essenciais para a eucaristia, e dela inseparáveis.

spiritualiter nutriendum per unionem ad Christum et ad membra eius, sicut et nutrimentum unitur nutrito. Sed quia haec unitas fit per caritatem, ex cuius fervore aliquis consequitur remissionem non solum culpae, sed etiam poenae; inde est quod ex consequenti, per quandam concomitantiam ad principalem effectum, homo consequitur remissionem poenae; non quidem totius, sed secundum modum suae devotionis et fervoris.

Inquantum vero est sacrificium, habet vim satisfactivam. Sed in satisfactione magis attenditur affectus offerentis quam quantitas oblationis: unde et Dominus dixit, Lc 21, de vidua quae obtulit duo aera, quod *plus omnibus misit*. Quamvis igitur haec oblatio ex sui quantitate sufficiat ad satisfaciendum pro omni poena, tamen fit satisfactoria illis pro quibus offertur, vel etiam offerentibus, secundum quantitatem suae devotionis, et non pro tota poena.

AD PRIMUM ergo dicendum quod sacramentum baptismi directe ordinatur ad remissionem culpae et poenae, non autem Eucharistia: quia baptismus datur homini quasi commorienti Christo; Eucharistia autem quasi nutriendo et perficiendo per Christum. Unde non est similis ratio.

AD SECUNDUM dicendum quod alia sacrificia et oblationes non operabantur remissionem totius poenae, neque quantum ad quantitatem oblati, sicut hoc sacrificium; neque quantum ad devotionem hominis, ex qua contingit quod etiam hic non tollitur tota poena.

AD TERTIUM dicendum quod hoc quod tollitur pars poenae et non tota per hoc sacramentum, non contingit ex defectu virtutis Christi, sed ex defectu devotionis humanae.

mente por meio da união com Cristo e com seus membros, assim como o alimento se une a quem dele se nutre. Ora, como esta união se faz pela caridade, de cujo fervor alguém obtém a remissão não só da culpa como também da pena; segue-se daí então que, por certa concomitância com o efeito principal, se consegue a remissão da pena, não, porém, totalmente, mas segundo o grau de sua devoção e fervor.

Mas, enquanto é sacrifício, tem um poder de satisfação. Ora, na satisfação atende-se mais à disposição de quem oferece do que a quantidade da oferenda. Por isso, o Senhor observou, a respeito da viúva que oferecia duas moedinhas, que ela "depositou mais que todos os outros". Ainda que a oferenda da Eucaristia, quanto a sua quantidade, seja suficiente para satisfazer por toda a pena, contudo ela tem valor de satisfação para quem ela é oferecida ou para quem a oferece, conforme a medida de sua devoção e não pela pena inteira[1].

QUANTO AO 1º, portanto, deve-se dizer que o sacramento do batismo tem por finalidade diretamente a remissão da culpa e da pena, não, porém, a Eucaristia. O batismo se administra a quem como que está morrendo com Cristo; a Eucaristia àquele que deve alimentar-se dele e ser por ele aperfeiçoado. Por isso, a comparação não é válida.

QUANTO AO 2º, deve-se dizer que os outros sacrifícios e oblações da antiga lei não produziam a remissão de toda pena nem quanto à quantidade do oferecido, como é o caso do sacrifício eucarístico, nem quanto à devoção de quem os oferecia, pela qual também aqui acontece que nem toda pena é eliminada.

QUANTO AO 3º, deve-se dizer que o fato de que somente parte da pena e não toda seja anulada por este sacramento não depende da insuficiência do poder de Cristo, mas da deficiência da devoção humana.

ARTICULUS 6

Utrum per hoc sacramentum praeservetur homo a peccatis futuris

AD SEXTUM SIC PROCEDITUR. Videtur quod per hoc sacramentum non praeservetur homo a peccatis futuris.

ARTIGO 6

Este sacramento preserva dos pecados futuros?

QUANTO AO SEXTO, ASSIM SE PROCEDE: parece que este sacramento **não** preserva dos pecados futuros.

6 PARALL.: IV *Sent.*, dist. 12, q. 2, a. 2, q.la 2, ad 1.

1. Seria perniciosa ilusão acreditar que o ofertante está dispensado do fervor, sob pretexto de que Cristo, oferecendo-se na missa, satisfez plenamente por todos os pecados do mundo.

1. Multi enim digne sumentes hoc sacramentum postea in peccatum cadent. Quod non accideret si hoc sacramentum praeservaret a peccatis futuris. Non ergo effectus huius sacramenti est a peccatis futuris praeservare.

2. Praeterea, Eucharistia est *sacramentum caritatis*, ut supra[1] dictum est. Sed caritas non videtur praeservare a peccatis futuris: quia semel habita potest amitti per peccatum, ut in Secunda Parte[2] habitum est. Ergo videtur quod nec hoc sacramentum praeservet hominem a peccato.

3. Praeterea, origo peccati in nobis est *lex peccati, quae est in membris* nostris: ut patet per Apostolum, Rm 7,23. Sed mitigatio fomitis, qui est lex peccati, non ponitur effectus huius sacramenti, sed magis baptismi. Ergo praeservare a peccatis futuris non est effectus huius sacramenti.

Sed contra est quod Dominus dicit, Io 6,50: *Hic est panis de caelo descendens, ut, si quis ex eo manducaverit, non moriatur*. Quod quidem manifestum est non intelligi de morte corporali. Ergo intelligitur quod hoc sacramentum praeservet a morte spirituali, quae est per peccatum.

Respondeo dicendum quod peccatum est quaedam mors spiritualis animae. Unde hoc modo praeservatur aliquis a peccato futuro, quo praeservatur corpus a morte futura. Quod quidem fit dupliciter. Uno modo, inquantum natura hominis interius roboratur contra interiora corruptiva: et sic praeservatur a morte per cibum et medicinam. Alio modo, per hoc quod munitur contra exteriores impugnationes: et sic praeservatur per arma, quibus munitur corpus.

Utroque autem modo hoc sacramentum praeservat a peccato. Nam primo quidem, per hoc quod Christo coniungit per gratiam, roborat spiritualem vitam hominis, tanquam spiritualis cibus et spiritualis medicina: secundum illud Ps 103,15: *Panis cor hominis confirmat*. Et Augustinus dicit, *super Ioan.*[3]: *Securus accede: panis est, non venenum*.

Alio modo, inquantum signum est passionis Christi, per quam victi sunt daemones: repellit enim omnem daemonum impugnationem. Unde Chrysostomus dicit, *super Ioan.*[4]: *Ut leones flammam spirantes, sic ab illa mensa discedimus, terribiles effecti diabolo*.

1. Com efeito, muitos que recebem a Eucaristia dignamente caem depois em pecado. Isto não sucederia se este sacramento os preservasse de pecados futuros. Logo, o efeito deste sacramento não é de preservar de pecados futuros.

2. Além disso, a Eucaristia é "o sacramento da caridade". Ora, a caridade não parece preservar de pecados futuros, já que, uma vez possuída, pode ser perdida pelo pecado. Logo, parece que nem este sacramento preserva o homem do pecado.

3. Ademais, a origem do pecado em nós, como ensina Paulo, é "a lei do pecado que está nos nossos membros". Ora, a atenuação do ardor da concupiscência, que é a lei do pecado, não é o efeito deste sacramento, mas de preferência do batismo. Logo, o efeito deste sacramento não é preservar de pecados futuros.

Em sentido contrário, o Senhor diz: "O pão que desce do céu é de tal sorte que aquele que dele comer não morrerá". Evidentemente, não se trata da morte corporal. Portanto, deve-se entender que este sacramento preserva da morte espiritual, que sucede pelo pecado.

Respondo. O pecado é como uma morte espiritual da alma. Por isso, alguém é preservado do pecado futuro da maneira semelhante como o corpo é preservado da morte futura. Isso ocorre de duas maneiras. Uma primeira, no sentido de a natureza humana fortalecer-se interiormente contra as forças interiores de corrupção, assim como se preserva da morte pelo alimento e remédio. Uma outra maneira, no sentido de defender-se contra os ataques externos, assim como se é preservado pelas armas que protegem o corpo.

De ambos os modos, o sacramento preserva do pecado. Primeiramente, pelo fato de ele unir o homem a Cristo pela graça, de fortificar a vida espiritual a modo de alimento e remédio espiritual, segundo o salmista: "O pão reconforta o coração do homem". Agostinho acrescenta: "Aproxima-te sem medo: é pão, não veneno".

Em segundo lugar, enquanto é sinal da paixão de Cristo, pela qual os demônios são derrotados. Ele repele todo ataque dos demônios. Por isso, Crisóstomo afirma: "Retiramo-nos daquela mesa como leões soprando fogo, tornando-nos temíveis ao diabo".

---

1. A. 4, 1 a; q. 73, a. 3, ad 3; q. 74, a. 4, 3 a; q. 78, a. 3, ad 6.
2. II-II, q. 24, a. 11.
3. Tract. 26, n. 11, super 6, 49: ML 35, 1611.
4. Hom. 46, al. 45, n. 3: MG 59, 260.

AD PRIMUM ergo dicendum quod effectus huius sacramenti recipitur in homine secundum hominis conditionem: sicut contingit de qualibet causa activa quod eius effectus recipitur in materia secundum modum materiae. Homo autem in statu viae est huius conditionis quod liberum arbitrium eius potest flecti in bonum et in malum. Unde, licet hoc sacramentum, quantum est de se habeat virtutem praeservativam a peccato, non tamen aufert homini possibilitatem peccandi.

AD SECUNDUM dicendum quod etiam caritas, quantum est de se, praeservat hominem a peccato: secundum illud Rm 13,10: *Dilectio proximi malum non operatur*. Sed ex mutabilitate liberi arbitrii contingit quod aliquis post habitam caritatem peccat: sicut et post susceptionem huius sacramenti.

AD TERTIUM dicendum quod, licet hoc sacramentum non directe ordinetur ad diminutionem fomitis, diminuit tamen fomitem ex quadam consequentia, inquantum auget caritatem, quia, sicut Augustinus dicit, in libro *Octoginta trium Quaestionum*[5], *augmentum caritatis est diminutio cupiditatis*. Directe autem confirmat cor hominis in bono. Per quod etiam praeservatur homo a peccato.

QUANTO AO 1º, portanto, deve-se dizer que o homem recebe o efeito deste sacramento segundo sua condição, como aliás sucede a respeito de qualquer causa ativa, cujo efeito é recebido na matéria de acordo com o modo desta matéria. Ora, na sua atual condição de caminhante para a glória celeste, o homem pode inclinar seu livre-arbítrio para o bem ou para o mal[m]. Por isso, embora, por sua própria natureza, este sacramento tenha o poder de preservar o homem do pecado, contudo não lhe tira a possibilidade de pecar.

QUANTO AO 2º, deve-se dizer que também a caridade, por sua natureza, preserva o homem do pecado, como ensina Paulo: "O amor não faz nenhum dano ao próximo". Ora, por causa da volubilidade do livre-arbítrio, sucede que alguém peque, mesmo depois de possuir a caridade. O mesmo se dá, depois da recepção da Eucaristia.

QUANTO AO 3º, deve-se dizer que embora este sacramento não se oriente diretamente para a diminuição do ardor da concupiscência, diminui-o por uma espécie de consequência, ao aumentar a caridade, como observa Agostinho: "O aumento da caridade implica a diminuição da concupiscência". Contudo, confirma diretamente o coração do homem no bem. E, assim, também o preserva do pecado.

ARTICULUS 7
Utrum hoc sacramentum prosit aliis quam sumentibus

AD SEPTIMUM SIC PROCEDITUR. Videtur quod hoc sacramentum non prosit nisi sumenti.

1. Hoc enim sacramentum est unius generis cum aliis sacramentis, utpote aliis condivisum. Sed alia sacramenta non prosunt nisi sumentibus: sicut effectum baptismi non suscipit nisi baptizatus. Ergo nec hoc sacramentum prodest aliis nisi sumenti.

2. PRAETEREA, effectus huius sacramenti est adeptio gratiae et gloriae, et remissio culpae, ad minus venialis. Si ergo hoc sacramentum haberet effectum in aliis quam in sumentibus, posset

ARTIGO 7
Este sacramento aproveita a outras pessoas além das que o recebem?

QUANTO AO SÉTIMO, ASSIM SE PROCEDE: parece que este sacramento **não** aproveita a outras pessoas além das que o recebem.

1. Com efeito, a Eucaristia é do mesmo gênero que os outros sacramentos, pois se conta na mesma série. Ora, os outros sacramentos não aproveitam a não ser a quem os recebe, assim como só a pessoa batizada recebe o efeito do batismo. Logo, este sacramento só aproveita a quem o recebe.

2. ALÉM DISSO, o efeito deste sacramento é a obtenção da graça e da glória, e a remissão da falta, ao menos venial. Se este sacramento tivesse efeito em pessoas que não o recebem, poderia

---

5. Q. 36, n. 1: ML 40, 25.

7 PARALL.: Supra, a. 5; q. 78, a. 3, ad 8; IV *Sent*., dist. 12, q. 2, a. 2, q.la 2, ad 4; dist. 45, q. 2, a. 3, q.la 1, ad 3; *in Ioan*., c. 6, lect. 6; I *ad Cor*., c. 11, lect. 6.

m. O livre-arbítrio faz parte de nossa condição humana. Um sacramento, por poderoso que seja, mesmo que seja a eucaristia, não poderia nos privar dele. Pode fortalecer-nos ao extremo, mas não poderia retirar nossa possibilidade de falhar.

contingere quod aliquis adipisceretur gloriam et gratiam et remissionem culpae absque actione et passione propria, alio offerente vel sumente hoc sacramentum.

3. Praeterea, multiplicata causa, multiplicatur effectus. Si ergo hoc sacramentum prodest aliis quam sumentibus, sequeretur quod magis prodesset alicui si sumeret hoc sacramentum in multis hostiis in una missa consecratis, quod non habet Ecclesiae consuetudo: ut scilicet multi communicent pro alicuius salute. Non ergo videtur quod hoc sacramentum prosit nisi sumenti.

Sed contra est quod in celebratione huius sacramenti fit pro multis aliis deprecatio. Quod frustra fieret nisi hoc sacramentum aliis prodesset. Ergo hoc sacramentum non solum sumentibus prodest.

Respondeo dicendum quod, sicut prius[1] dictum est, hoc sacramentum non solum est sacramentum, sed etiam est sacrificium. Inquantum enim in hoc sacramento repraesentatur passio Christi, qua Christus *obtulit se hostiam Deo*, ut dicitur Eph 5,2, habet rationem sacrificii: inquantum vero in hoc sacramento traditur invisibiliter gratia sub visibili specie, habet rationem sacramenti. Sic igitur hoc sacramentum sumentibus quidem prodest per modum sacramenti et per modum sacrificii, quia pro omnibus sumentibus offertur: dicitur enim in canone missae: *Quotquot ex hac altaris participatione sacrosanctum corpus et sanguinem Filii tui sumpserimus, omni benedictione caelesti et gratia repleamur.* Sed aliis, qui non sumunt, prodest per modum sacrificii, inquantum pro salute eorum offertur: unde et in canone missae dicitur: *Memento, Domine, famulorum famularumque tuarum, pro quibus tibi offerimus, vel qui tibi offerunt, hoc sacrificium laudis, pro se suisque omnibus, pro redemptione animarum suarum, pro spe salutis et incolumitatis suae.* Et utrumque modum Dominus exprimit, dicens, Mt 26,28: *Qui pro vobis*, scilicet sumentibus, *et pro multis* aliis, *effundetur in remissionem peccatorum.*

Ad primum ergo dicendum quod hoc sacramentum prae aliis habet quod est sacrificium. Et ideo non est similis ratio.

suceder que alguém alcançasse a graça e a glória e a remissão da falta, sem uma ação ou recepção própria, pelo simples fato de um outro tê-lo oferecido ou recebido.

3. Ademais, quando se multiplica a causa, multiplica-se o efeito. Se este sacramento aproveita a quem não o recebe, seguir-se-ia que aproveitaria mais a alguém, se recebesse este sacramento em muitas hóstias consagradas numa única missa, o que não é costume da Igreja; assim como se muitos comungassem pela salvação de alguém. Portanto, não parece que este sacramento aproveite a não ser a quem o recebe.

Em sentido contrário, na celebração deste sacramento reza-se pelos outros. Isto se faria em vão, se este sacramento não aproveitasse a outras pessoas. Portanto, ele aproveita não só aos que o recebem.

Respondo. A Eucaristia não é somente um sacramento, mas também um sacrifício. Enquanto ela significa a paixão de Cristo, pela qual ele "se entregou a si mesmo a Deus por nós em oblação" como está na Carta aos Efésios, tem o caráter de sacrifício. No entanto, enquanto na Eucaristia se comunica a graça invisível de modo visível, tem o caráter de sacramento[n]. Assim, portanto, a Eucaristia aproveita a quem a recebe pelo seu duplo caráter de sacramento e de sacrifício, porque é oferecida pelos que a recebem, como se reza na Oração Eucarística: "Todos quantos participarmos deste altar, recebendo o corpo e o sangue de vosso Filho, sejamos repletos de todas as graças e bênçãos do céu". Entretanto, a Eucaristia aproveita àqueles que não a recebem pelo seu caráter de sacrifício, no sentido de que ela é oferecida pela salvação deles. Por isso, também se reza na Oração Eucarística: "Lembrai-vos, Senhor, de vossos servos e servas, pelos quais vos oferecemos, e eles vos oferecem este sacrifício de louvor por si e por todos os seus, para a redenção de suas almas, pela esperança da sua salvação e segurança". O Senhor se refere a ambos os modos ao dizer: "que por vós", a saber os que recebem, "e por muitos", isto é os outros, "será derramado para remissão dos pecados".

Quanto ao 1º, portanto, deve-se dizer que este sacramento é superior aos outros pelo fato de ser um sacrifício. Por isso, não vale o argumento.

---

1. A. 5.

n. Essas sugestões devem ser retidas para completar nossa noção de sacrifício. Vêm somar-se ao que já observamos (n. 11).

AD SECUNDUM dicendum quod, sicut passio Christi prodest quidem omnibus ad remissionem culpae et adeptionem gratiae et gloriae, sed effectum non habet nisi in illis qui passioni Christi coniunguntur per fidem et caritatem; ita etiam hoc sacrificium, quod est memoriale Dominicae passionis, non habet effectum nisi in illis qui coniunguntur huic sacramento per fidem et caritatem. Unde et Augustinus dicit, *ad Renatum*[2]: *Quis offerat corpus Christi nisi pro his qui sunt membra Christi?* Unde et in canone missae non oratur pro his qui sunt extra Ecclesiam. Illis tamen prodest plus vel minus, secundum modum devotionis eorum.

AD TERTIUM dicendum quod sumptio pertinet ad rationem sacramenti: sed oblatio pertinet ad rationem sacrificii. Et ideo ex hoc quod aliquis sumit corpus Christi, vel etiam plures, non accrescit aliis aliquod iuvamentum. Similiter etiam neque ex hoc quod sacerdos plures hostias consecrat in una missa, non multiplicatur effectus huius sacramenti, quia non est nisi unum sacrificium: nihil enim virtutis plus est in multis hostiis consecratis quam in una, cum sub omnibus et sub una non sit nisi totus Christus. Unde nec si aliquis simul in una missa multas hostias consecratas sumat, participabit maiorem effectum sacramenti. — In pluribus vero missis multiplicatur sacrificii oblatio. Et ideo multiplicatur effectus sacrificii et sacramenti.

QUANTO AO 2º, deve-se dizer que a paixão de Cristo traz proveito a todos para a remissão da culpa, a obtenção da graça e da glória, mas o efeito só é produzido naqueles que se unem à paixão de Cristo pela fé e caridade. Assim também este sacrifício, que é o memorial da paixão do Senhor, só produz efeito naqueles que se unem a este sacramento pela fé e caridade. Daí, o ensinamento de Agostinho: "Quem oferecerá o corpo de Cristo a não ser por aqueles que são membros de Cristo?" Por isso, na Oração Eucarística não se reza por aqueles que estão fora da Igreja. Aproveitam, no entanto, mais ou menos segundo a medida de sua devoção.

QUANTO AO 3º, deve-se dizer que a comunhão pertence à razão do sacramento, mas a oblação à do sacrifício. Por isso, o fato de que um ou muitos recebam o corpo de Cristo não traz para os outros o aumento de alguma ajuda. De igual modo, pelo fato de o sacerdote consagrar muitas hóstias numa única missa, não se multiplica o efeito deste sacramento, porque se trata de um único sacrifício. Com efeito, não existe nenhum poder maior em muitas hóstias consagradas do que em uma só, já que sob muitas ou sob uma só está contido Cristo todo inteiro. Portanto, se alguém recebe simultaneamente muitas hóstias consagradas numa única missa, nem por isso participará de uma maior eficácia do sacramento. — A oferta do sacrifício se multiplica, sim, em um número maior de missas. Por isso, também o efeito do sacrifício e do sacramento°.

ARTICULUS 8
Utrum per veniale peccatum impediatur effectus huius sacramenti

AD OCTAVUM SIC PROCEDITUR. Videtur quod per veniale peccatum non impediatur effectus huius sacramenti.

1. Dicit enim Augustinus[1], super illud Io 6,50-52, *Si quis ex ipso manducaverit* etc.: *Panem*

ARTIGO 8
O pecado venial impede o efeito deste sacramento?

QUANTO AO OITAVO, ASSIM SE PROCEDE: parece que o pecado venial **não** impede o efeito deste sacramento.

1. Com efeito, Agostinho, ao comentar o Evangelho de João: "Aquele que dele comer etc.",

---

2. *De an. et eius origine*, l. I, c. 9, n. 10: ML 44, 480.

8 PARALL.: IV *Sent.*, dist. 12, q. 2, a. 1, q.la 3; a. 2, q.la 1, ad 2.

1. Tract. 26, n. 11: ML 35, 1611.

o. Sto. Tomás não admite, evidentemente, que um comungante receba mais graça quanto maior o número de hóstias que ele consome em uma missa. O motivo é que a missa constitui um sacrifício único, ao qual se participa ou não: a quantidade de hóstias não importa mais do que o seu tamanho ou de suas parcelas.

Mas Sto. Tomás é igualmente formal: quando há várias missas, há várias oblações sacrificiais, e o efeito da eucaristia, sacrifício e sacramento, vê-se multiplicado. A inserção repetida no tempo do sacrifício único de Cristo acarreta uma multiplicação dos dons de Deus ligados à oferenda e à recepção do sacramento.

caelestem spiritualiter manducate; innocentiam ad altare portate; peccata, etsi sint quotidiana, non sint mortifera. Ex quo patet quod quotidiana peccata, quae dicuntur venialia, spiritualem manducationem non impediunt. Sed spiritualiter manducantes effectum huius sacramenti percipiunt. Ergo peccata venialia non impediunt effectum huius sacramenti.

2. Praeterea, hoc sacramentum non est minoris virtutis quam baptismus. Sed effectum baptismi, sicut supra[2] dictum est, impedit sola fictio: ad quam non pertinent peccata venialia, quia, sicut Sap 1,5 dicitur, *Spiritus Sanctus disciplinae effugiet fictum*, qui tamen per peccata venialia non fugatur. Ergo neque effectum huius sacramenti impediunt peccata venialia.

3. Praeterea, nihil quod removetur per actionem alicuius causae, potest impedire eius effectum. Sed peccata venialia tolluntur per hoc sacramentum. Ergo non impediunt eius effectum.

Sed contra est quod Damascenus dicit, in IV libro[3]: *Ignis eius quod in nobis est desiderii, assumens eam quae ex carbone*, idest hoc sacramentum, *ignitionem, comburet nostra peccata, et illuminabit nostra corda, ut participatione divini ignis igniamur et deificemur*. Sed ignis nostri desiderii vel amoris impeditur per peccata venialia, quae impediunt fervorem caritatis, ut in Secunda Parte[4] habitum est. Ergo peccata venialia impediunt effectum huius sacramenti.

Respondeo dicendum quod peccata venialia dupliciter accipi possunt: uno modo, prout sunt praeterita; alio modo, prout sunt actu exercita. Primo quidem modo, peccata venialia nullo modo impediunt effectum huius sacramenti. Potest enim contingere quod aliquis post multa peccata commissa venialia, devote accedat ad hoc sacramentum, et plenarie huius sacramenti consequetur effectum.

Secundo autem modo, peccata venialia non ex toto impediunt effectum huius sacramenti, sed in parte. Dictum est enim[5] quod effectus huius sacramenti non solum est adeptio habitualis gratiae vel caritatis, sed etiam quaedam actualis refectio spiritualis dulcedinis. Quae quidem impeditur si aliquis accedat ad hoc sacramentum mente

observa: "Comei de maneira espiritual o pão celeste: aproximai-vos do altar com inocência; desde que os pecados, ainda que diários, não sejam mortais". Daí se segue, com evidência, que os pecados veniais de cada dia não impedem a comunhão espiritual. Ora, os que comungam espiritualmente recebem o efeito deste sacramento. Logo, os pecados veniais não impedem o efeito deste sacramento.

2. Além disso, este sacramento não tem um poder menor que o batismo. Ora, somente a simulação impede o efeito do batismo, e os pecados veniais não são desta natureza. De fato, diz a Sabedoria: "O santo Espírito, educador, foge da duplicidade". Este mesmo Espírito, porém, não é afugentado pelos pecados veniais. Logo, nem os pecados veniais impedem o efeito deste sacramento.

3. Ademais, nada que pode ser removido pela ação de uma causa, pode impedir o efeito desta causa. Ora, os pecados veniais são apagados por este sacramento. Logo, não impedem o seu efeito.

Em sentido contrário, Damasceno ensina: "O fogo do desejo, que está em nós, acrescido pelo ardor que vem desta brasa", a saber deste sacramento, "queimará nossos pecados e iluminará os nossos corações para que nos incendiemos e nos divinizemos pela participação do fogo divino". Ora, o fogo do nosso desejo, isto é do amor, é impedido pelos pecados veniais, que põem empecilhos ao fervor da caridade, como se tratou na II Parte. Portanto, os pecados veniais impedem o efeito deste sacramento.

Respondo. De duas maneiras se podem considerar os pecados veniais. Como passados, e como cometidos atualmente. No primeiro caso, os pecados veniais não impedem de modo algum o efeito deste sacramento. De fato, pode suceder que alguém depois de ter cometido muitos pecados veniais, se aproxime com devoção da Eucaristia e lhe consiga plenamente o efeito.

No outro caso, os pecados veniais não impedem totalmente o efeito do sacramento, mas só em parte. Pois, já foi dito que o efeito deste sacramento não é somente a obtenção da graça habitual ou da caridade, mas também uma refeição atual de doçura espiritual. Ora, esta última é impedida, se alguém se aproxima da Eucaristia

---

2. D. 69, a. 9, 10.
3. *De fide orth*., l. IV, c. 13: MG 94, 1149 AB.
4. II-II, q. 24, a. 10; q. 54, a. 3.
5. A. 1.

distracta per peccata venialia. Non autem tollitur augmentum gratiae habitualis vel caritatis.

AD PRIMUM ergo dicendum quod ille qui cum actu venialis peccati ad hoc sacramentum accedit, habitualiter quidem manducat spiritualiter, sed non actualiter. Et ideo habitualem effectum huius sacramenti percipit, non autem actualem.

AD SECUNDUM dicendum quod baptismus non ita ordinatur ad actualem effectum, idest ad fervorem caritatis, sicut hoc sacramentum. Nam baptismus est spiritualis regeneratio, per quam acquiritur prima perfectio, quae est habitus vel forma: hoc autem sacramentum est spiritualis manducatio, quae habet actualem delectationem.

AD TERTIUM dicendum quod illa ratio procedit de venialibus praeteritis, quae per hoc sacramentum tolluntur.

com a mente distraída pelos pecados veniais. Não se tira, porém, o aumento da graça habitual ou da caridade.

QUANTO AO 1º, portanto, deve-se dizer que quem se aproxima da Eucaristia com pecado venial atual, se alimenta espiritualmente só de maneira habitual, mas não atual. Recebe, por isso, o efeito habitual, mas não atual do sacramento.

QUANTO AO 2º, deve-se dizer que o batismo não se destina ao efeito atual, isto é ao fervor da caridade, como a Eucaristia. Na verdade, o batismo é uma regeneração espiritual pela qual se adquire a perfeição primeira, que é um hábito ou uma forma. Por sua vez, a Eucaristia é uma refeição espiritual, que tem um deleite atual.

QUANTO AO 3º, deve-se dizer que o argumento aduzido vale dos pecados veniais passados, que são perdoados por este sacramento.

QUAESTIO LXXX
DE USU SIVE SUMPTIONE HUIUS SACRAMENTI
in duodecim articulos divisa

Deinde considerandum est de usu sive sumptione huius sacramenti. Et primo, in communi; secundo, quomodo Christus est usus hoc sacramento. Circa primum quaeruntur duodecim.

Primo: utrum sint duo modi manducandi hoc sacramentum, scilicet sacramentaliter et spiritualiter.
Secundo: utrum soli homini conveniat manducare spiritualiter.
Tertio: utrum solius hominis iusti sit manducare sacramentaliter.
Quarto: utrum peccator manducans sacramentaliter peccet.
Quinto: de quantitate huius peccati.
Sexto: utrum peccator accedens ad hoc sacramentum sit repellendus.
Septimo: utrum nocturna pollutio impediat hominem a sumptione huius sacramenti.
Octavo: utrum sit solum a ieiunis sumendum.
Nono: utrum sit exhibendum non habentibus usum rationis.
Decimo: utrum sit quotidie sumendum.
Undecimo: utrum liceat omnino abstinere.
Duodecimo: utrum liceat percipere corpus sine sanguine.

QUESTÃO 80
USO OU RECEPÇÃO DESTE SACRAMENTO
em doze artigos

Em seguida, deve-se tratar do uso ou recepção deste sacramento, 1º em geral; 2º como Cristo se serviu deste sacramento.

Sobre o primeiro, são doze as perguntas:
1. Existem duas maneiras de participar da Eucaristia, a saber sacramental e espiritualmente?
2. Só o ser humano pode comungar de maneira espiritual?
3. Só quem é justo pode comungar sacramentalmente?
4. Peca o pecador que comunga sacramentalmente?
5. Da gravidade deste pecado.
6. Deve-se negar a comunhão ao pecador que se aproxima dela?
7. Impede a polução noturna de receber a comunhão?
8. Só se pode comungar em jejum?
9. Pode-se dar a comunhão a quem não chegou ou não tem uso da razão?
10. Pode-se comungar todos os dias?
11. Pode-se deixar de comungar sempre?
12. Pode-se comungar somente da hóstia sem o cálice?

Articulus 1
Utrum debeant distingui duo modi manducandi corpus Christi, scilicet spiritualiter et sacramentaliter

AD PRIMUM SIC PROCEDITUR. Videtur quod non debeant distingui duo modi manducandi corpus Christi, scilicet spiritualiter et sacramentaliter.

1. Sicut enim baptismus est spiritualis regeneratio, secundum illud Io 3,5, *Nisi quis renatus fuerit ex aqua et Spiritu Sancto* etc., ita etiam hoc sacramentum est cibus spiritualis: unde Dominus, loquens de hoc sacramento, dicit, Io 6,64: *Verba quae ego locutus sum vobis, spiritus et vita sunt.* Sed circa baptismum non distinguitur duplex modus sumendi, scilicet sacramentalis et spiritualis. Ergo neque circa hoc sacramentum debet haec distinctio adhiberi.

2. PRAETEREA, ea quorum unum est propter alterum, non debent ad invicem dividi: quia unum ab alio speciem trahit. Sed sacramentalis manducatio ordinatur ad spiritualem sicut ad finem. Non ergo debet sacramentalis manducatio contra spiritualem dividi.

3. PRAETEREA, ea quorum unum non potest esse sine altero, non debent contra se dividi. Sed videtur quod nullus possit manducare spiritualiter nisi etiam sacramentaliter manducet: alioquin antiqui Patres hoc sacramentum spiritualiter manducassent. Frustra etiam esset sacramentalis manducatio, si sine ea spiritualis esse posset. Non ergo convenienter distinguitur duplex manducatio, scilicet sacramentalis et spiritualis.

SED CONTRA est quod, super illud 1Cor 11,29, *Qui manducat et bibit indigne* etc., dicit Glossa[1]: *Duos dicimus esse modos manducandi: unum sacramentalem, et alium spiritualem.*

RESPONDEO dicendum quod in sumptione huius sacramenti duo sunt consideranda: scilicet ipsum sacramentum, et effectus ipsius, de quorum utroque supra[2] iam dictum est. Perfectus igitur modus sumendi hoc sacramentum est quando aliquis ita hoc sacramentum suscipit quod percipit eius effectum. Contingit autem quandoque, sicut supra[3] dictum est, quod aliquis impeditur a percipiendo

Artigo 1
Existem duas maneiras de receber o corpo de Cristo, a saber sacramental e espiritualmente?

QUANTO AO PRIMEIRO ARTIGO, ASSIM SE PROCEDE: parece que **não** existem duas maneiras de receber o corpo de Cristo, a saber sacramental e espiritualmente.

1. Com efeito, como o batismo é uma regeneração espiritual, conforme diz o Evangelho: "Ninguém, a não ser que nasça da água e do Espírito", etc., assim também a Eucaristia é um alimento espiritual. Por isso, o Senhor falando deste sacramento diz: "As palavras que eu vos disse são espírito e vida". Ora, a respeito do batismo não se distinguem duas maneiras de recebê-lo, isto é sacramental e espiritual. Logo, nem se deve admitir esta distinção para a Eucaristia.

2. ALÉM DISSO, aquelas coisas que existem uma em vista da outra não devem ser divididas em espécies diferentes, uma vez que uma recebe da outra sua espécie. Ora, a comunhão sacramental se orienta para a espiritual, como a seu fim. Logo, não se devem contrapor.

3. ADEMAIS, dois seres, sendo que um não pode existir sem o outro, não se devem distinguir um em oposição ao outro. Ora, parece que ninguém pode comungar espiritualmente, sem fazê-lo sacramentalmente; do contrário, nossos pais da Antiga Lei teriam comungado. Também em vão se receberia a comunhão sacramental, se sem ela se pudesse comungar espiritualmente. Logo, é inconveniente distinguir a dupla comunhão, sacramental e espiritual.

EM SENTIDO CONTRÁRIO, a Glosa, ao comentar a frase: "Quem come e bebe sem discernir" etc., explica: Há duas maneiras de comungar, uma sacramental, outra espiritual.

RESPONDO. Na recepção deste sacramento, duas coisas se hão de considerar: O próprio sacramento e o seu efeito. A maneira perfeita de participar da Eucaristia consiste em recebê-la, de maneira a usufruir de seu efeito. Sucede, porém, que, às vezes, alguém se encontra impedido de receber o efeito deste sacramento. Nesse caso, a comunhão é imperfeita. Assim como o perfeito se distingue

---

1 PARALL.: IV *Sent.*, dist. 9, a. 1, q.la 3; *in Ioan.*, c. 6, lect. 6, 7; I *ad Cor.*, c. 11, lect. 7.

1. Ordin.: ML 114, 539 CD; LOMBARDI: ML 191, 1647 C.
2. Qq. 73-79.
3. Q. 79, a. 3, 8.

effectum huius sacramenti: et talis sumptio huius sacramenti est imperfecta. Sicut igitur perfectum contra imperfectum dividitur, ita sacramentalis manducatio, per quam sumitur solum sacramentum sine effectu ipsius, dividitur contra spiritualem manducationem, per quam aliquis percipit effectum huius sacramenti, quo spiritualiter homo Christo coniungitur per fidem et caritatem.

AD PRIMUM ergo dicendum quod etiam circa baptismum, et alia huiusmodi sacramenta, similis distinctio adhibetur: nam quidam suscipiunt tantum sacramentum, quidam vero sacramentum et rem sacramenti. Hic tamen differt quia, cum alia sacramenta perficiantur in usu materiae, percipere sacramentum est ipsa perfectio sacramenti: hoc autem sacramentum perficitur in consecratione materiae, et ideo uterque usus est consequens hoc sacramentum. In baptismo autem, et aliis sacramentis characterem imprimentibus, illi qui accipiunt sacramentum, recipiunt aliquem spiritualem effectum, scilicet characterem: quod non accidit in hoc sacramento. Et ideo magis in hoc sacramento distinguitur usus sacramentalis a spirituali quam in baptismo.

AD SECUNDUM dicendum quod sacramentalis manducatio quae pertingit ad spiritualem, non dividitur contra spiritualem, sed includitur ab ea. Sed illa sacramentalis manducatio contra spiritualem dividitur quae effectum non consequitur: sicut imperfectum quod non pertingit ad perfectionem speciei, dividitur contra perfectum.

AD TERTIUM dicendum quod, sicut supra[4] dictum est, effectus sacramenti potest ab aliquo percipi, si sacramentum habeatur in voto, quamvis non habeatur in re. Et ideo, sicut aliqui baptizantur baptismo flaminis, propter desiderium baptismi, antequam baptizentur baptismo aquae; ita etiam aliqui manducant spiritualiter hoc sacramentum antequam sacramentaliter sumant. Sed hoc contingit dupliciter. Uno modo, propter desiderium sumendi ipsum sacramentum: et hoc modo dicuntur baptizari et manducare spiritualiter et non

do imperfeito, assim também se distingue a comunhão de maneira sacramental, na qual se recebe unicamente o sacramento sem o seu efeito, da comunhão de maneira espiritual, na qual alguém participa de seu efeito, pelo qual se une espiritualmente a Cristo pela fé e caridade[a].

QUANTO AO 1º, portanto, deve-se dizer que usa-se tal distinção também para o batismo e os outros sacramentos. Alguns recebem o sacramento unicamente no seu sinal externo e outros o recebem também quanto à sua realidade. Há uma diferença no caso da Eucaristia. Pois, uma vez que os outros sacramentos se realizam no uso da matéria, receber o sacramento é a própria perfeição do sacramento. A Eucaristia, porém, se realiza na consagração da matéria e desta sorte a sua recepção, quer sacramental quer espiritual, é posterior à sua realização. De outra parte, no batismo e nos outros sacramentos que imprimem caráter, quem os recebe, usufrui de algum efeito espiritual, a saber o caráter, o que não acontece na Eucaristia. Por isso, nela se distingue melhor a recepção sacramental e a espiritual do que no batismo.

QUANTO AO 2º, deve-se dizer que a comunhão sacramental, que alcança seu fim na comunhão espiritual, não se lhe opõe, mas antes é incluída nela. Mas, a comunhão sacramental, que se opõe à espiritual, é a que não consegue seu efeito, assim como o imperfeito que não alcança a perfeição da espécie, se distingue em oposição ao perfeito.

QUANTO AO 3º, deve-se dizer que o efeito do sacramento pode ser usufruído por alguém que o receba em desejo, e não na realidade. Por isso, como alguns são batizados pelo batismo do fogo, por causa do desejo do batismo, antes de serem batizados pela água, assim também alguns comungam a Eucaristia de modo espiritual, antes de recebê-la sacramentalmente. Tal pode acontecer de duas maneiras. Uma maneira pelo desejo de recebê-la. Assim comungam ou são batizados espiritualmente e não sacramentalmente, aqueles

---

4. Q. 68, a. 2; q. 73, a. 3.

a. O leitor deve ter notado que os termos aqui empregados por Sto. Tomás possuem uma significação distinta da moderna. Entre nós, a comunhão é chamada de "espiritual" quando ela é apenas isso, logo, não sacramental. A comunhão "sacramental", por sua vez, é a daquele que se aproxima desse sacramento, e portanto, salvo exceção, recebe a graça a ele vinculada.
Para Sto. Tomás, a comunhão "espiritual" é a comunhão sacramental que traz o seu fruto, enquanto a chamada comunhão "sacramental" é a que é recebida sem fruto da graça.
Trata-se de uma questão vocabular, sobre a qual basta entender-se. Também Sto. Tomás, na r. 3, examina o caso daqueles que só se alimentam espiritual e não sacramentalmente. Mas não é indiferente notar que, para Sto. Tomás, o espiritual, num primeiro momento, engloba a realidade concreta, bem longe de a ela se opor. Nossa mentalidade atual trai uma orientação dualista: o espiritual denota o que é unicamente espiritual.

sacramentaliter, illi qui desiderant sumere haec sacramenta iam instituta. Alio modo, propter figuram: sicut dicit Apostolus, 1Cor 10,2sqq., quod antiqui Patres *baptizati sunt in nube et in mari*, et quod *spiritualem escam manducaverunt et spiritualem potum biberunt*. — Nec tamen frustra adhibetur sacramentalis manducatio: quia plenius inducit sacramenti effectum ipsa sacramenti susceptio quam solum desiderium, sicut supra[5] circa baptismum dictum est.

Articulus 2
Utrum solius hominis sit hoc sacramentum sumere spiritualiter vel etiam angelorum

Ad secundum sic proceditur. Videtur quod non solius hominis sit hoc sacramentum sumere spiritualiter, sed etiam angelorum.

1. Quia super illud Ps 77,25, *Panem angelorum manducavit homo*, dicit Glossa[1]: *idest, corpus Christi, qui est vere cibus angelorum*. Sed hoc non esset si angeli spiritualiter Christum non manducarent. Ergo angeli spiritualiter Christum manducant.

2. Praeterea, Augustinus dicit, *super Ioan.*[2]: *Hunc cibum et potum societatem vult intelligi corporis et membrorum suorum, quod est Ecclesia in praedestinatis*. Sed ad istam societatem non solum pertinent homines, sed etiam sancti angeli. Ergo etiam sancti angeli spiritualiter manducant.

3. Praeterea, Augustinus, in libro *de Verbis Domini*[3], dicit: *Spiritualiter manducandus est Christus: quomodo ipse dicit, "Qui manducat meam carnem et bibit meum sanguinem, in me manet et ego in eo"*. Sed hoc convenit non solum hominibus, sed etiam sanctis angelis, in quibus per caritatem est Christus, et ipsi in eo. Ergo videtur quod spiritualiter manducare non solum sit hominum, sed etiam angelorum.

Sed contra est quod Augustinus dicit, *super Ioan.*[4]: *Panem de altari spiritualiter manducate, innocentiam ad altare portate*. Sed angelorum non est accedere ad altare, tanquam aliquid inde sumpturi. Ergo angelorum non est spiritualiter manducare.

que desejam receber estes sacramentos já instituídos. Uma segunda maneira em figura. Assim, o Apóstolo se refere aos nossos pais da Antiga Lei que "foram batizados na nuvem e no mar" e que "comeram do alimento espiritual e beberam da mesma bebida espiritual". — No entanto, a comunhão sacramental não acontece em vão, já que a própria recepção do sacramento provoca o efeito mais plenamente do que o simples desejo, como já se demonstrou na referência ao batismo.

Artigo 2
Só o homem pode receber espiritualmente este sacramento, ou também os anjos?

Quanto ao segundo, assim se procede: parece que **não** só os homens podem receber espiritualmente este sacramento, mas também os anjos.

1. Com efeito, ao comentar o Salmo "o homem comeu o pão dos anjos", a Glosa diz: *Isto é o corpo de Cristo que é verdadeiro alimento dos anjos*. Ora, isso não seria verdade, se os anjos não comungassem espiritualmente Cristo. Logo, os anjos comungam espiritualmente Cristo.

2. Além disso, Agostinho observa a respeito do texto de João: "O Senhor quer-nos fazer entender que esta comida e bebida é a comunidade de seu corpo e de seus membros, que é a Igreja nos predestinados". Ora, pertencem a esta comunidade não somente os seres humanos, mas também os santos anjos. Logo, também os anjos comungam espiritualmente.

3. Ademais, Agostinho diz: "Deve-se comer de Cristo de maneira espiritual, como ele mesmo disse: "Aquele que come a minha carne e bebe o meu sangue permanece em mim e eu nele". Ora, isso convém não só aos homens, mas também aos santos anjos, nos quais Cristo está presente pelo amor e eles nele. Portanto, parece que podem comungar espiritualmente, não só os homens mas também os anjos.

Em sentido contrário, Agostinho declara: "Comei de maneira espiritual do pão do altar: aproximai-vos do altar com inocência". Ora, os anjos não podem aproximar-se do altar, como se fossem para tomar aí alguma coisa. Logo, os anjos não podem comungar espiritualmente.

---

5. Q. 69, a. 4, ad 2.

Parall.: IV *Sent.*, dist. 9, a. 2, q.la 4, 5.

1. Lombardi: ML 191, 732 B; cfr. Ordin.: ML 113, 969 D.
2. Tract. 26, n. 15, super 6, 54: ML 35, 1614.
3. *Serm. ad pop.*, serm. 132, n. 1:ML 38, 735.
4. Tract. 26, n. 11, super 6, 49: ML 35, 1611

RESPONDEO dicendum quod in hoc sacramento continetur ipse Christus, non quidem in specie propria, sed in specie sacramenti. Dupliciter ergo contingit manducare spiritualiter. Uno modo, ipsum Christum prout in sua specie consistit. Et hoc modo angeli spiritualiter manducant ipsum Christum, inquantum ei uniuntur fruitione caritatis perfectae et visione manifesta (quem panem expectamus in patria): non per fidem, sicut nos hic ei unimur.

Alio modo contingit spiritualiter manducare Christum prout est sub speciebus huius sacramenti: inquantum scilicet aliquis credit in Christum cum desiderio sumendi hoc sacramentum. Et hoc non solum est manducare Christum spiritualiter, sed etiam spiritualiter manducare hoc sacramentum. Quod non competit angelis. Et ideo angeli, etsi spiritualiter manducent Christum, non convenit tamen eis spiritualiter manducare hoc sacramentum.

AD PRIMUM ergo dicendum quod sumptio Christi sub hoc sacramento ordinatur, sicut ad finem, ad fruitionem patriae, qua angeli eo fruuntur. Et quia ea quae sunt ad finem, derivantur a fine, inde est quod ista manducatio Christi qua eum sumimus sub hoc sacramento, quodammodo derivatur ab illa manducatione qua angeli fruuntur Christo in patria. Et ideo dicitur homo manducare *panem angelorum*: quia primo et principaliter est angelorum, qui eo fruuntur in propria specie; secundario autem est hominum, qui Christum sub sacramento accipiunt.

AD SECUNDUM dicendum quod ad societatem corporis mystici pertinent quidem et homines per fidem, angeli autem per manifestam visionem. Sacramenta autem proportionantur fidei, per quam veritas videtur *in speculo et in aenigmate*. Et ideo hic, proprie loquendo, non angelis, sed hominibus proprie convenit manducare spiritualiter hoc sacramentum.

AD TERTIUM dicendum quod Christus manet in hominibus secundum praesentem statum per fidem: sed in angelis beatis est per manifestam visionem. Et ideo non est simile, sicut dictum est[5].

RESPONDO. Na Eucaristia está contido o próprio Cristo, não com sua própria figura, mas sob a espécie sacramental. Pode-se, pois, comungar espiritualmente de duas maneiras. Primeiro, comunga-se o próprio Cristo como ele existe em sua própria figura. Desta maneira os anjos comungam espiritualmente o próprio Cristo no sentido de unirem-se a ele pela gozo da caridade perfeita e pela visão beatífica (é o pão que esperamos comer na pátria celeste). Isto acontece já não mais pela fé, como nos unimos a ele aqui na terra.

Segundo, pode-se comungar espiritualmente de Cristo, como ele existe sob as espécies deste sacramento, no sentido de que alguém crê em Cristo com o desejo de receber este sacramento. Isso não é somente comer espiritualmente de Cristo como também receber espiritualmente este sacramento. Tal não condiz com a natureza dos anjos. Portanto, embora os anjos comunguem espiritualmente de Cristo, não lhes é condizente comungar espiritualmente este sacramento.

QUANTO AO 1º, portanto, deve-se dizer que a comunhão de Cristo neste sacramento tem por finalidade o gozo da pátria celeste. É assim que os anjos usufruem dele. Uma vez que as coisas, que existem para um fim, derivam dele, assim também esta comunhão de Cristo que fazemos neste sacramento, de certo modo, deriva daquela comunhão pela qual os anjos usufruem de Cristo na pátria celeste. Por esta razão se diz que o homem come do "pão dos anjos". Pois, antes de tudo e principalmente são os anjos que usufruem dele na própria figura. Em segundo lugar, porém, são os homens que recebem a Cristo neste sacramento[b].

QUANTO AO 2º, deve-se dizer que pertencem à comunidade do corpo místico tanto os homens pela fé quanto os anjos pela visão beatífica. Os sacramentos são proporcionais à fé, pela qual a verdade é vista "em espelho e de modo confuso". Por isso, na ordem atual, falando com propriedade de termos, condiz aos homens e não aos anjos comungar espiritualmente este sacramento.

QUANTO AO 3º, deve-se dizer que Cristo permanece nos homens no estado atual pela fé. Ele está presente, porém, aos anjos do céu pela visão beatífica. Por isso, o caso é diferente.

---

5. Ad 2.

b. Ninguém ignora que, em suas obras poéticas sobre a eucaristia, Sto. Tomás emprega a expressão "pão dos anjos" (*Panis angelicus, Panis angelorum*). Mas ele se contenta então de exprimir — o que constitui a doutrina do presente artigo — que Cristo, sendo na verdade o pão dos anjos, *faz-se* (no sacramento) o alimento dos homens. Sto. Tomás não faz do sacramento um alimento do qual se nutrem os anjos.

Articulus 3
Utrum solus homo iustus possit manducare Christum sacramentaliter

AD TERTIUM SIC PROCEDITUR. Videtur quod nullus possit manducare Christum sacramentaliter nisi homo iustus.
1. Dicit enim Augustinus, in libro *de Remedio Poenitentiae*[1]: *Ut quid paras dentem et ventrem? Crede, et manducasti. Credere enim in eum, hoc est panem vivum manducare.* Sed peccator non credit in eum: quia non habet fidem formatam, ad quam pertinet credere *in Deum*, ut in Secunda Parte[2] habitum est. Ergo peccator non potest manducare hoc sacramentum, qui est *panis vivus.*
2. PRAETEREA, hoc sacramentum dicitur esse maxime *sacramentum caritatis*, ut supra[3] dictum est. Sed, sicut infideles privantur fide, ita omnes peccatores sunt privati caritate. Infideles autem non videntur sacramentaliter posse sumere hoc sacramentum: cum in forma huius sacramenti dicatur, *mysterium fidei.* Ergo, pari ratione, nec aliquis peccatorum potest corpus Christi sacramentaliter manducare.
3. PRAETEREA, peccator magis est abominabilis Deo quam creatura irrationalis: dicitur enim in Ps 48,21 de homine peccatore: *Homo, cum in honore esset, non intellexit: comparatus est iumentis insipientibus, et similis factus est illis.* Sed animal brutum, puta mus aut canis, non potest sumere hoc sacramentum: sicut etiam non potest sumere sacramentum baptismi. Ergo videtur quod, pari ratione, neque peccatores hoc sacramentum manducent.

SED CONTRA est quod super illud Io 6,50, *ut si quis manducaverit non moriatur*, dicit Augustinus[4]: *Multi de altari accipiunt, et accipiendo moriuntur: unde dicit Apostolus, "Iudicium sibi manducat et bibit".* Sed non moriuntur sumendo nisi peccatores. Ergo peccatores corpus Christi sacramentaliter manducant, et non solum iusti.

RESPONDEO dicendum quod circa hoc quidam antiqui erraverunt, dicentes quod corpus Christi nec etiam a peccatoribus sacramentaliter sumitur, sed, quam cito labiis peccatoris figitur, tam cito sub speciebus sacramentalibus desinit esse corpus

Artigo 3
Só quem é justo pode comungar sacramentalmente?

QUANTO AO TERCEIRO, ASSIM SE PROCEDE: parece que **não** é só quem é justo pode comungar sacramentalmente.
1. Com efeito, Agostinho diz: "Por que preparas os dentes e o estômago? Crê e comeste. Pois, crer nele é comungar do pão vivo". Ora, o pecador não crê nele, porque não tem a fé informada pela caridade, própria de quem crê em Deus. Logo, o pecador não pode comungar deste sacramento, que é "o pão vivo".

2. ALÉM DISSO, a Eucaristia é por excelência o "sacramento da caridade". Ora, assim como os infiéis estão privados da fé, assim também todos os pecadores estão privados da caridade. Não parece que os infiéis possam receber sacramentalmente a Eucaristia, já que na sua forma consecratória se diz, "mistério da fé". Logo, por igual razão, também um pecador não pode comer sacramentalmente do corpo de Cristo.

3. ADEMAIS, Deus abomina mais o pecador que o animal irracional, como se lê no Salmo a respeito do homem pecador: "O homem, quando estava bem, não entendeu. Assemelha-se ao animal embrutecido". Ora, um animal irracional, por exemplo, um rato ou um cão, não pode receber a Eucaristia, assim como também não pode receber o batismo. Logo, pela mesma razão, nem os pecadores podem comungar da Eucaristia.

EM SENTIDO CONTRÁRIO, Agostinho, ao comentar a frase: "De tal sorte que aquele que dele comer não morrerá," declara: "Muitos comem do altar e aí encontram a morte. Por isso, o Apóstolo Paulo diz "come e bebe a própria condenação". Ora, só os pecadores morrem ao comungarem. Logo, os pecadores comem sacramentalmente do corpo de Cristo, e não somente os justos.

RESPONDO. Alguns antigos autores erraram a respeito desta questão, ao dizerem que o corpo de Cristo de fato não é recebido sacramentalmente pelos pecadores, mas que, tão logo que ele é tocado pelos lábios do pecador, imediatamente a presença

---

3 PARALL.: IV *Sent.*, dist. 9, a. 2, q.la 1, 2, 3; I *ad Cor.*, c. 11, lect. 7.

1. Cfr. GRATIANUM, *Decretum*, p. III, dist. 2, can. 47: ed. Richter-Friedberg, I, 1331; AUGUSTINUM, *In Ioan.*, tract. 25, n. 12, super 6, 29; tract. 26, n. 1, super 6, 41: ML 35, 1602, 1607.
2. II-II, q. 2, a. 2; q. 4, a. 5.
3. Q. 73, a. 3, ad 3; q. 74, a. 4, 3 a; q. 78, a. 3, ad 6.
4. Tract. 26, n. 11, super 6, 49: ML 35, 1611.

Christi. — Sed hoc est erroneum. Derogat enim veritati huius sacramenti, ad quam pertinet, sicut supra[5] dictum est, quod, manentibus speciebus corpus Christi sub eis esse non desinat. Species autem manent quandiu substantia panis maneret si ibi adesset, ut supra[6] dictum est. Manifestum est autem quod substantia panis assumpta a peccatore non statim esse desinit, sed manet quandiu per calorem naturalem digeratur. Unde tandiu corpus Christi sub speciebus sacramentalibus manet a peccatoribus sumptis. Unde dicendum est quod peccator sacramentaliter corpus Christi manducare potest, et non solum iustus.

AD PRIMUM ergo dicendum quod verba illa, et similia, sunt intelligenda de spirituali manducatione, quae peccatoribus non convenit. Et ideo ex pravo intellectu horum verborum videtur praedictus error processisse, dum nescierunt distinguere inter corporalem et spiritualem manducationem.

AD SECUNDUM dicendum quod etiam si infidelis sumat species sacramentales, corpus Christi sub sacramento sumit. Unde manducat Christum sacramentaliter, si ly *sacramentaliter* determinat verbum ex parte manducati. Si autem ex parte manducantis, tunc, proprie loquendo, non manducat sacramentaliter: quia non utitur eo quod accipit ut sacramento, sed ut simplici cibo. Nisi forte infidelis intenderet recipere id quod Ecclesia confert, licet non haberet fidem veram circa alios articulos, vel circa hoc sacramentum.

AD TERTIUM dicendum quod, etiam si mus aut canis hostiam consecratam manducet, substantia corporis Christi non desinet esse sub speciebus quandiu species illae manent, hoc est, quandiu substantia panis maneret: sicut etiam si proiiceretur in lutum. Nec hoc vergit in detrimentum dignitatis Christi, qui voluit a peccatoribus crucifigi absque diminutione suae dignitatis: praesertim cum mus aut canis non tangat ipsum corpus Christi secundum propriam speciem, sed solum secundum species sacramentales.

Quidam autem dixerunt quod, statim cum sacramentum tangitur a mure vel cane, desinit ibi do corpo de Cristo cessa nas espécies sacramentais. — Mas esta posição é errônea. Com efeito, ela nega a realidade verdadeira deste sacramento, à qual pertence, que, enquanto permanecerem as espécies sacramentais, o corpo de Cristo não cessa de estar presente nelas. As espécies sacramentais permanecem tanto tempo quanto permaneceria a substância do pão, se aí estivesse. É evidente, porém, que a substância do pão, ao ser tomada pelo pecador, não cessa de existir imediatamente, mas permanece enquanto é digerida pelo calor natural do organismo. Daí se segue que durante este mesmo tempo o corpo de Cristo permanece sob as espécies sacramentais, recebidas pelos pecadores. Por isso, o pecador pode comungar sacramentalmente do corpo de Cristo e não somente o justo.

QUANTO AO 1º, portanto, deve-se dizer que aquelas e outras palavras semelhantes devem ser entendidas a respeito da comunhão espiritual, que não convém aos pecadores. Portanto, por causa de uma má compreensão destas palavras parece proceder o sobredito erro, já que não se soube distinguir entre uma comunhão corporal e espiritual.

QUANTO AO 2º, deve-se dizer que se um infiel recebe as espécies sacramentais, também recebe o corpo de Cristo. Por isso, comunga de Cristo sacramentalmente, desde que o advérbio "sacramentalmente" determine o verbo em relação ao que foi comido. Mas se "sacramentalmente" se refere a quem comunga, propriamente não houve comunhão sacramental, porque o infiel não tratou o que recebeu como sacramento, mas simplesmente como um simples alimento. A não ser no caso em que o infiel tivesse a intenção de receber aquilo que a Igreja oferece, ainda que não tivesse uma fé verdadeira a respeito dos outros artigos da fé ou a respeito deste sacramento.

QUANTO AO 3º, deve-se dizer que ainda que um rato ou um cão comesse da hóstia consagrada, a substância do corpo de Cristo não cessaria de estar presente sob as espécies todo o tempo que a substância de pão permanecesse, como seria também o caso se ela fosse lançada na lama. Isso não atenta nada contra à dignidade de Cristo, que quis ser crucificado pelos pecadores sem diminuição de sua dignidade. Ademais, o rato ou o cão não tocam o próprio corpo de Cristo sob sua figura, mas somente sob as espécies sacramentais.

Alguns autores disseram que logo que o sacramento é tocado pelo rato ou pelo cão, cessa aí a

---

5. Q. 76, a. 6, ad 3; q. 77, a. 8.
6. Q. 77, a. 4.

esse corpus Christi. Quod etiam derogat veritati sacramenti, sicut supra[7] dictum est.

Nec tamen dicendum est quod animal brutum sacramentaliter corpus Christi manducet: quia non est natum uti eo ut sacramento. Unde non sacramentaliter, sed per accidens corpus Christi manducat: sicut manducaret ille qui sumeret hostiam consecratam quia nesciens eam esse consecratam. Et quia id quod est per accidens non cadit in divisione alicuius generis, ideo hic modus manducandi corpus Christi non ponitur tertius, praeter sacramentalem et spiritualem.

presença do corpo de Cristo. O que contradiz a realidade verdadeira do sacramento.

Nem se deve também dizer que o animal irracional comunga sacramentalmente do corpo de Cristo, porque por sua natureza ele não é capaz de o tratar como sacramento. Ele não comunga o corpo de Cristo sacramentalmente, mas acidentalmente, exatamente como comungaria uma hóstia consagrada quem não soubesse que estava consagrada. Portanto, porque aquilo que existe acidentalmente não pertence a nenhum tipo de gênero, este modo de comungar o corpo de Cristo não constitui um terceiro modo de comunhão além da comunhão sacramental e espiritual[c].

Articulus 4
Utrum peccator sumens corpus Christi sacramentaliter peccet

Ad quartum sic proceditur. Videtur quod peccator sumens corpus Christi sacramentaliter non peccet.

1. Non enim est maioris dignitatis Christus sub specie sacramenti quam sub specie propria. Sed peccatores tangentes corpus Christi in substantia propria non peccabant: quin immo veniam peccatorum consequebantur, sicut legitur Lc 7,36sqq. de muliere peccatrice; et Mt 14,36 dicitur, *Quicumque tetigerunt* fimbriam vestimenti eius, *salvi facti sunt*. Ergo non peccant, sed magis salutem consequuntur, sacramentum corporis Christi sumendo.

2. Praeterea, hoc sacramentum, sicut et alia, est quaedam spiritualis medicina. Sed medicina datur infirmis ad salutem: secundum illud Mt 9,12: *Non est opus valentibus medicus, sed male habentibus*. Infirmi autem vel male habentes spiritualiter sunt peccatores. Ergo hoc sacramentum sumi potest absque culpa.

Artigo 4
Peca o pecador que comunga o corpo de Cristo sacramentalmente?

Quanto ao quarto, assim se procede: parece que **não** peca o pecador que comunga o corpo de Cristo sacramentalmente.

1. Com efeito[d], Cristo não é mais digno sob a espécie sacramental do que na sua própria figura. Ora, os pecadores que tocavam o corpo de Cristo na sua própria substância, não pecavam; antes, conseguiam o perdão dos pecados, como se lê a respeito da mulher pecadora e dos doentes porque "todos os que tocaram na franja de sua veste ficaram curados". Logo, eles não pecam, ao receberem o sacramento do corpo de Cristo, mas, pelo contrário, obtêm a salvação.

2. Além disso, a Eucaristia, como os outros sacramentos, são um remédio espiritual. Ora, um remédio se dá aos doentes para sua saúde, conforme as palavras do Senhor: "Não são os que têm saúde que precisam de médico, mas os doentes". Ora, os enfermos, que estão mal espiritualmente, são os pecadores. Logo, eles podem receber a Eucaristia sem culpa.

---

7. In corp.

Parall.: Supra, q. 79, a. 3; IV *Sent.*, dist. 9, a. 3, q.la 1, 2; I *ad Cor.*, c. 11, lect. 7.

c. O P. Roguet teve o cuidado de estabelecer a lista das diferentes categorias de comunhão espiritual, com base nos três primeiros artigos desta questão e de seu artigo 9. Tudo é passado em revista, desde a possibilidade de um animal comer uma hóstia consagrada até a "comunhão do anjo": ao todo, doze casos, sem contar as subdivisões. Remetemos a esse estudo, pois constitui uma excelente síntese.

d. Precisamos em nossa época levar bem a sério as objeções formuladas contra a recusa de possibilitar o acesso dos pecadores à eucaristia. Não é evidente, ainda que seja usualmente admitido, que a vontade de Cristo, ao instituir esse sacramento, tenha sido de recusar a comensalidade aos pecadores. É hoje uma pedra de escândalo para um certo número de cristãos sinceros, que julgariam mais evangélico o princípio da "mesa aberta".

3. Praeterea, hoc sacramentum, cum in se Christum contineat, est de maximis bonis. Maxima autem bona sunt, secundum Augustinum, in libro *de Lib. Arbit.*[1], *quibus nullus male potest uti*. Nullus autem peccat nisi per abusum alicuius rei. Ergo nullus peccator sumens hoc sacramentum peccat.

4. Praeterea, sicut hoc sacramentum sentitur gustu et tactu, ita et visu. Si ergo peccator peccet ex eo quod sumit hoc sacramentum gustu et tactu, videtur quod etiam peccaret videndo. Quod patet esse falsum: cum Ecclesia omnibus hoc sacramentum videndum et adorandum proponat. Ergo peccator non peccat ex hoc quod manducat hoc sacramentum.

5. Praeterea, contingit quandoque quod aliquis peccator non habet conscientiam sui peccati. Nec tamen talis peccare videtur corpus Christi sumendo: quia, secundum hoc, omnes peccarent qui sumunt, quasi periculo se exponentes; cum Apostolus dicit, 1Cor 4,4: *Nihil mihi conscius sum, sed non in hoc iustificatus sum*. Non ergo videtur quod peccatori cedat in culpam si hoc sacramentum sumat.

Sed contra est quod Apostolus dicit, 1Cor 11,29: *Qui manducat et bibit indigne, iudicium sibi manducat et bibit*. Dicit autem Glossa[2] ibidem: *Indigne manducat et bibit qui in crimine est, vel irreverenter tractat*. Ergo qui est in peccato mortali, si hoc sacramentum accipiat, damnationem acquirit, mortaliter peccans.

Respondeo dicendum quod in hoc sacramento, sicut in aliis, id quod est sacramentum est signum eius quod est res sacramenti. Duplex autem est res huius sacramenti, sicut supra[3] dictum est: una quidem quae est significata et contenta, scilicet ipse Christus; alia autem est significata et non contenta, scilicet corpus Christi mysticum, quod est societas sanctorum. Quicumque ergo hoc sacramentum sumit, ex hoc ipso significat se esse Christo unitum et membris eius incorporatum. Quod quidem fit per fidem formatam, quam nullus habet cum peccato mortali. Et ideo manifestum est quod quicumque cum peccato mortali hoc sacramentum sumit, falsitatem in hoc sacramento committit. Et ideo incurrit sacrilegium, tanquam sacramenti violator. Et propter hoc mortaliter peccat.

Ad primum ergo dicendum quod Christus in propria specie apparens non exhibebat se tangendum

3. Ademais, uma vez que este sacramento contém a Cristo, ele é um dos bens supremos. Agostinho define os bens supremos como "aqueles de que ninguém pode fazer mau uso". Ora, ninguém peca a não ser pelo abuso de alguma coisa. Logo, nenhum pecador peca, ao receber este sacramento.

4. Ademais, este sacramento é percebido tanto pelos sentidos do gosto e do tacto como da vista. Ora, se o pecador peca pelo fato de comer e tocar este sacramento, parece que também pecaria, ao vê-lo. O que é falso, uma vez que a Igreja o propõe à vista e adoração de todos. Logo, o pecador não peca pelo fato de comer deste sacramento.

5. Ademais, sucede, às vezes, que o pecador não tem consciência de seu pecado. Neste caso, não parece que ele peque ao comungar o corpo de Cristo. Pois, desta sorte, todos que comungam pecariam, já que se exporiam ao perigo, conforme o dito do Apóstolo: "A minha consciência, por certo, de nada me acusa, mas não é isso que me justifica". Portanto, parece que o pecador não incorre em culpa ao receber este sacramento.

Em sentido contrário, o Apóstolo ensina: "Quem come e bebe sem discernir o corpo come e bebe a própria condenação". A Glosa comenta: "Come e bebe indignamente quem está no pecado, ou trata este sacramento indignamente". Portanto, quem está em pecado mortal e recebe a comunhão, merece a condenação, pecando mortalmente.

Respondo. Na Eucaristia, como nos outros sacramentos, o que é sacramento é sinal daquilo que é a realidade do sacramento. Ora, esta é dupla. Uma é significada e contida no sacramento, a saber o próprio Cristo. A outra é significada mas não contida, isto é o corpo místico de Cristo, que é a comunidade dos santos. Portanto, pelo fato mesmo de alguém receber este sacramento significa estar unido a Cristo e incorporado a seus membros. Isso acontece pela fé informada pela caridade, que ninguém tem em estado de pecado mortal. Por isso, é evidente que se alguém recebe este sacramento em pecado mortal, comete uma falsidade neste sacramento. Por isso, incorre em sacrilégio, profanando o sacramento. E, por conseguinte, peca mortalmente.

Quanto ao 1º, portanto, deve-se dizer que quando Cristo aparecia no seu aspecto próprio, não

---

1. L. II, c. 19, n. 50: ML 32, 1268.
2. Lombardi: ML 191, 1646 D.
3. Q. 60, a. 3, *sed c.*; q. 73, a. 6.

se deixava tocar pelas pessoas como sinal de uma união espiritual com ele[e], como é o caso na Eucaristia. Por isso, os pecadores, que o tocavam na sua própria figura, não cometiam nenhum crime de falsidade a respeito das realidades divinas, como o fazem os pecadores que comungam.

Cristo então estava ainda na "condição da nossa carne de pecado". Era natural, pois, que ele se deixasse tocar pelos pecadores. Ora, tendo sido afastada a "condição da nossa carne de pecado" pela glória da ressurreição, ele proíbe de tocá-lo à mulher que mostrava falta de fé a respeito dele, segundo as palavras do Evangelho de João: "Não me retenhas! pois eu ainda não subi para o meu Pai", a saber: "no teu coração", como Agostinho explica. Assim, os pecadores, que carecem da fé formada a respeito de Cristo, devem ser afastados da comunhão.

QUANTO AO 2º, deve-se dizer que não é qualquer remédio que serve para qualquer enfermidade. Com efeito, um remédio que se dá para a recuperação de alguém sem febre, faz mal para os que estão ainda em estado febril. De maneira semelhante, o batismo e a penitência são remédios purgativos, que se dão para baixar a febre do pecado. A Eucaristia é um remédio restaurador, que deve ser dado a quem já se livrou do pecado.

QUANTO AO 3º, deve-se dizer que Agostinho entende "os bens supremos" como as potências da alma que ninguém usa mal, fazendo delas como que princípios de mau uso. No entanto, alguém pode fazer mau uso delas a modo de mau uso de um objeto, como aparece de maneira evidente no caso daqueles que se orgulham de suas virtudes. Assim a Eucaristia, por si mesma, não é princípio de mau uso, mas objeto. Por isso, Agostinho declara: "Muitos recebem indignamente o corpo de Cristo. Isso nos admoesta para precaver-nos de receber alguma coisa boa de maneira má. Eis, pois, que o mal se realiza quando o bem é recebido de maneira má. Assim também, ao invés, como ensina o Apóstolo, eis que se pratica o bem quando se recebe o mal de maneira boa, a saber quando se suporta pacientemente o aguilhão de satanás.

QUANTO AO 4º, deve-se dizer que não se recebe o próprio corpo de Cristo pela vista, mas somente

hominibus in signum spiritualis unionis ad ipsum, sicut exhibetur sumendus in hoc sacramento. Et ideo peccatores eum in propria specie tangentes non incurrebant crimen falsitatis circa divina, sicut peccatores sumentes hoc sacramentum.

Et praeterea Christus adhuc gerebat *similitudinem carnis peccati*: et ideo convenienter se peccatoribus tangendum exhibebat. Sed, remota similitudine carnis peccati per gloriam resurrectionis, se tangi prohibuit a muliere, quae defectum fidei circa ipsum patiebatur: secundum illud Io 20,17: *Noli me tangere: nondum enim ascendi ad Patrem meum*, scilicet *in corde tuo*, ut Augustinus exponit[4]. Et ideo peccatores, qui defectum fidei patiuntur formatae circa ipsum, repelluntur a contactu huius sacramenti.

AD SECUNDUM dicendum quod non quaelibet medicina competit secundum quemlibet statum. Nam medicina quae datur iam liberatis a febre ad confortationem, noceret si daretur adhuc febricitantibus. Ita etiam baptismus et poenitentia sunt medicinae purgativae, quae dantur ad tollendam febrem peccati. Hoc autem sacramentum est medicina confortativa, quae non debet dari nisi liberatis a peccato.

AD TERTIUM dicendum quod *maxima bona* ibi intelligit Augustinus virtutes animae, *quibus nullus male utitur* quasi principiis mali usus. Utitur tamen eis aliquis male quasi obiectis mali usus: ut patet in his qui de virtutibus superbiunt. Ita et hoc sacramentum, quantum est ex se, non est principium mali usus, sed obiectum. Unde Augustinus dicit[5]: *Multi indigne accipiunt corpus Domini: per quod docemur quam cavendum sit male accipere bonum. Ecce enim, factum est malum dum male accipitur bonum: sicut e contra Apostolo factum est bonum cum bene accipitur malum, scilicet cum stimulus Satanae patienter portatur.*

AD QUARTUM dicendum quod per visum non accipitur ipsum corpus Christi, sed solum sacra-

---

4. *In Ioan.*, tract. 121, n. 3, super 20, 17: ML 35, 1957.
5. *In Ioan.*, tract. 6, n. 15, super 1, 33; tract. 62, n. 1, super 13, 26: ML 35, 1432, 1801.

e. Encontramos aqui o essencial da resposta feita às objeções, das quais salientamos a gravidade (nota 4). Nesse sacramento, Cristo se oferece ao contato dos homens *em sinal de união espiritual* (efetiva). Se é esse o sentido da manducação sacramental e espiritual — e quem pode duvidar? —, compreende-se que o pecador que rompeu com Deus deva se abster e deixar primeiro a Cristo restabelecer a união que o pecado rompeu.

mentum eius: quia scilicet non pertingit visus ad substantiam corporis Christi, sed solum ad species sacramentales, ut supra[6] dictum est. Sed ille qui manducat, non solum sumit species sacramentales, sed etiam Christum, qui est sub eis. Et ideo a visione corporis Christi nullus prohibetur qui sit sacramentum Christi consecutus, scilicet baptismum: non-baptizati autem non sunt admittendi etiam ad inspectionem huius sacramenti, ut patet per Dionysium, in libro *Eccles. Hier.*[7]. Sed ad manducationem non sunt admittendi nisi soli illi qui non solum sacramentaliter, sed etiam realiter sunt Christo coniuncti.

AD QUINTUM dicendum quod hoc quod non habet aliquis conscientiam sui peccati, potest contingere dupliciter. Uno modo, per culpam suam: vel quia per ignorantiam iuris, quae non excusat, reputat non esse peccatum quod est peccatum, puta si aliquis fornicator reputaret simplicem fornicationem non esse peccatum mortale; vel quia negligens est in examinatione sui ipsius, contra id quod Apostolus dicit, 1Cor 11,28, *Probet autem seipsum homo, et sic de pane illo edat et de calice bibat.* Et sic nihilominus peccat peccator sumens corpus Christi, licet non habeat conscientiam peccati: quia ipsa ignorantia est ei peccatum.

Alio modo potest contingere sine culpa ipsius: puta, cum doluit de peccato, sed non est sufficienter contritus. Et in tali casu non peccat sumendo corpus Christi: quia homo per certitudinem scire non potest utrum sit vere contritus. Sufficit tamen si in se signa contritionis inveniat: puta ut *doleat de praeteritis* et proponat *cavere de futuris*.

Si vero ignorat hoc quod fecit esse actum peccati propter ignorantiam facti, quae excusat, puta si accessit ad non suam quam credebat esse suam, non est ex hoc dicendus peccator.

Similiter etiam, si totaliter est peccatum oblitus, sufficit ad eius deletionem generalis contritio, ut infra[8] dicetur. Unde iam non est dicendus peccator.

o seu sacramento, já que a visão não atinge a substância do corpo de Cristo, mas somente as espécies sacramentais. Ora, aquele que comunga não só recebe as espécies sacramentais, mas também o próprio Cristo, que está sob elas. Por isso, ninguém que recebeu o sacramento de Cristo, isto é o batismo, está proibido da visão do corpo de Cristo. Os não batizados, porém, não devem ser admitidos nem mesmo à visão deste sacramento, como se evidencia dos ditos de Dionísio. Mas, para a comunhão devem ser admitidos somente aqueles que estão unidos a Cristo não somente de maneira sacramental, mas também real[f].

QUANTO AO 5º, deve-se dizer que o fato de que alguém não tenha consciência de seu pecado pode acontecer de duas maneiras. Uma maneira por culpa própria: ou pela ignorância da lei, o que não desculpa, ao julgar que não é pecado o que é, por exemplo, aquele luxurioso que julga a luxúria simples não ser pecado grave; ou porque é negligente no exame de si mesmo, segundo aquilo que diz o Apóstolo: "Examine-se cada um a si mesmo, antes de comer deste pão e beber deste cálice". Nesses casos, o pecador peca ao comungar, mesmo que não tenha consciência do pecado, já que a ignorância já lhe é um pecado.

Uma outra maneira pode acontecer sem culpa da pessoa, por exemplo, quando sente remorso do pecado, mas não está suficientemente contrito. Em tal caso, não peca, ao comungar o corpo de Cristo, já que a pessoa não pode saber com certeza, se ela está verdadeiramente contrita. Basta que ela tenha em si sinais de contrição, por exemplo, que sinta remorso das faltas passadas e se proponha precaver-se dos pecados futuros.

Se, porém, ignora que o que fez era um ato pecaminoso por causa da ignorância do fato, está isento de culpa. Assim, pelo fato de ele ter-se aproximado de uma mulher estranha, pensando que era a sua, ele não deve ser considerado pecador.

De igual modo também, se ele esqueceu totalmente do pecado, é-lhe suficiente para seu perdão uma contrição geral, como já se verá mais adiante. Por isso, já não deve ser considerado pecador.

---

6. Q. 76, a. 7.
7. C. 7, p. 3, § 3: MG 3, 557 C.
8. *Suppl.*, q. 2, a. 3, ad 2.

f. A r. 4 não parece muito convincente. Não é evidente que "comer" atinja a substância, enquanto "ver" não o faria. A relação substância do corpo/espécies de pão não parece diferir caso se trate da visão ou da manducação. A manducação é também ela um modo sacramental, e não substancial.

O problema da exposição do Santo Sacramento não é abordado por Sto. Tomás. Pensar isso seria um anacronismo. No entanto, não é estranho a essa dialética do ver e comer.

Articulus 5
Utrum accedere ad hoc sacramentum cum conscientia peccati sit gravissimum omnium peccatorum

AD QUINTUM SIC PROCEDITUR. Videtur quod accedere ad hoc sacramentum cum conscientia peccati sit gravissimum omnium peccatorum.
1. Dicit enim Apostolus, 1Cor 11,27: *Quicumque manducaverit panem et biberit calicem Domini indigne, reus erit corporis et sanguinis Domini*: Glossa[1] ibidem: *Ac si Christum occiderit, punietur*. Sed peccatum Christum occidentium videtur fuisse gravissimum. Ergo et hoc peccatum, quo aliquis cum conscientia peccati ad mensam Domini accedit, videtur esse gravissimum.

2. PRAETEREA, Hieronymus dicit, in quadam Epistola[2]: *Quid tibi cum feminis, qui ad altare cum Domino fabularis? Dic, sacerdos, dic, clerice, qualiter cum eisdem labiis Filium Dei oscularis quibus osculatus es filiam meretricis. O Iuda, osculo Filium hominis tradis!* Et sic videtur fornicator ad mensam Christi accedens peccare sicut Iudas peccavit, cuius peccatum fuit gravissimum. Sed multa alia peccata sunt graviora quam peccatum fornicationis: et praecipue peccatum infidelitatis. Ergo cuiuslibet peccatoris ad mensam Christi accedentis peccatum est gravissimum.

3. PRAETEREA, magis est abominabilis Deo immunditia spiritualis quam corporalis. Sed si quis proiiceret corpus Christi in lutum vel sterquilinium, gravissimum reputaretur esse peccatum. Ergo gravius peccat si ipsum sumat cum peccato, quod est immunditia spiritualis. Ergo hoc peccatum est gravissimum.

SED CONTRA est quod, super illud Io 15,22, *Si non venissem, et locutus eis non fuissem, peccatum non haberent*, dicit Augustinus[3] hoc esse intelligendum de peccato infidelitatis, *quo retinentur cuncta peccata*. Et ita videtur hoc peccatum non esse gravissimum, sed magis peccatum infidelitatis.

RESPONDEO dicendum quod, sicut in Secunda Parte[4] habitum est, dupliciter aliquod peccatum potest dici gravius alio: uno modo, per se; alio

Artigo 5
É o mais grave de todos os pecados aproximar-se da Eucaristia com a consciência de pecado?

QUANTO AO QUINTO, ASSIM SE PROCEDE: parece que aproximar-se da Eucaristia com a consciência de pecado é o mais grave de todos os pecados.
1. Com efeito, o apóstolo declara: "Quem comer do pão ou beber do cálice do Senhor indignamente tornar-se-á culpado para com o corpo e o sangue do Senhor". A Glosa prossegue: "Será punido como se tivesse matado a Cristo". Ora, o pecado daqueles que mataram a Cristo parece o mais grave de todos. Logo, também este pecado de quem se aproxima da mesa do Senhor com a consciência de pecado parece ser o mais grave de todos.

2. ALÉM DISSO, Jerônimo diz: "Que vais fazer com as mulheres, tu que junto ao altar conversas com Deus? Dize, sacerdote, dize, clérigo, como beijas o Filho de Deus com os mesmos lábios com que beijas a filha da prostituta? Oh Judas, com um beijo entregas o Filho do homem!" Assim parece que o fornicador ao aproximar-se da mesa do Senhor peca como Judas pecou, cujo pecado foi o mais grave de todos. Ora, muitos outros pecados são mais graves do que os pecados de fornicação, sobretudo o pecado de infidelidade. Logo, o pecado de qualquer pecador que se aproxima da mesa do Senhor é o mais grave de todos.

3. ADEMAIS, para Deus é mais abominável a impureza espiritual do que a corporal. Ora, se algum joga o corpo de Cristo na lama ou no esterco cometeria o pecado mais grave de todos. Portanto, peca mais gravemente, se alguém comunga em pecado mortal, que é a impureza espiritual. Logo, este pecado é o mais grave de todos.

EM SENTIDO CONTRÁRIO, Agostinho, ao comentar o texto de João: "Se eu não tivesse vindo, se não lhes tivesse dirigido a palavra, eles não teriam nenhum pecado," explica que aí se trata do pecado de infidelidade, "que engloba todos os pecados". Por isso, parece que este pecado não é o mais grave de todos, mas sim o de infidelidade.

RESPONDO. Um pecado pode ser considerado mais grave que outro de duas maneiras: ou por sua própria natureza ou acidentalmente. Por sua

---

5 PARALL.: IV *Sent.*, dist. 9, a. 3, q.la 3; I *ad Cor.*, c. 11, lect. 7.
  1. LOMBARDI: ML 191, 1646 C.
  2. Epist. 42, *ad Oceanum*, n. II (usque ad "fabularis"): ML 30, 288 D.
  3. *In Ioan.*, tract. 89, n. 1: ML 35, 1856.
  4. I-II, q. 73, a. 3, 6.

modo, per accidens. Per se quidem, secundum rationem suae speciei, quae attenditur ex parte obiecti. Et secundum hoc, quanto id contra quod peccatur est maius, tanto peccatum est gravius. Et quia divinitas Christi est maior humanitate ipsius; et ipsa humanitas est potior quam sacramenta humanitatis: inde est quod gravissima peccata sunt quae committuntur in ipsam divinitatem, sicut est peccatum infidelitatis et blasphemiae. Secundario autem sunt gravia peccata quae committuntur in humanitatem Christi: unde Mt 12,32 dicitur: *Qui dixerit verbum contra Filium hominis, remittetur ei: qui autem dixerit verbum contra Spiritum Sanctum, non remittetur ei neque in hoc saeculo neque in futuro.* Tertio autem loco sunt peccata quae committuntur contra sacramenta, quae pertinent ad humanitatem Christi. Et post hoc sunt alia peccata, contra puras creaturas.

Per accidens autem unum peccatum est gravius alio ex parte peccantis: puta, peccatum quod est ex ignorantia vel infirmitate, est levius peccato quod est ex contemptu vel ex certa scientia; et eadem ratio est de aliis circumstantiis. Et secundum hoc, illud peccatum in quibusdam potest esse gravius, sicut in his qui ex actuali contemptu cum conscientia peccati ad hoc sacramentum accedunt; in quibusdam vero minus grave, puta in his qui ex quodam timore ne deprehendantur in peccato, cum conscientia peccati ad hoc sacramentum accedunt.

Sic igitur patet quod hoc peccatum est multis aliis gravius secundum suam speciem, non tamen omnium gravissimum.

AD PRIMUM ergo dicendum quod peccatum indigne sumentium hoc sacramentum comparatur peccato occidentium Christum secundum similitudinem, quia utrumque committitur contra corpus Christi: non tamen secundum criminis quantitatem. Peccatum enim occidentium Christum fuit multo gravius. Primo quidem, quia illud peccatum fuit contra corpus Christi in sua specie propria: hoc autem est contra corpus Christi in specie sacramenti. Secundo, quia illud peccatum processit ex intentione nocendi Christo: non autem hoc peccatum.

AD SECUNDUM dicendum quod fornicator accipiens corpus Christi comparatur Iudae Christum osculanti, quantum ad similitudinem criminis,

natureza, isto é segundo a razão de sua espécie que corresponde ao lado objetivo. Assim quanto maior for aquilo contra o que se peca, tanto mais grave será o pecado. Uma vez que a divindade de Cristo é mais importante que a sua humanidade, e, por sua vez, a humanidade é mais que os sacramentos da humanidade, então se segue que os pecados mais graves são aqueles que se cometem contra a própria divindade, como são os pecados de infidelidade e de blasfêmia. Em segundo lugar, são graves os pecados contra a humanidade de Cristo, daí que Mateus diz: "E se alguém profere uma palavra contra o Filho do Homem, isto lhe será perdoado; mas se falar contra o Espírito Santo, isto não lhe será perdoado, nem neste mundo, nem no vindouro." Em terceiro lugar, vêm os pecados cometidos contra os sacramentos que pertencem à humanidade de Cristo. E depois deles, estão os outros pecados contra as puras criaturas.

Acidentalmente, um pecado pode ser mais grave que o outro da parte do sujeito que peca. Assim, por exemplo, um pecado cometido por ignorância, por fraqueza é mais leve do que aquele feito por desprezo ou com conhecimento certo. O mesmo vale a respeito de outras circunstâncias. Destarte, um pecado pode ser mais grave em algumas pessoas, como aquelas que se aproximam da Eucaristia por desprezo atual com a consciência do pecado; em outras pode ser menos grave, por exemplo, naquelas que se aproximam do sacramento com a consciência do pecado, por certo medo de serem descobertas vivendo em pecado.

Por isso, é evidente que este pecado é mais grave que muitos outros por causa de sua espécie, não, porém, o mais grave de todos.

QUANTO AO 1º, portanto, deve-se dizer que o pecado dos que comungam indignamente da Eucaristia pode ser comparado com o dos assassinos de Cristo conforme certa semelhança, já que ambos se cometem contra o corpo de Cristo, mas não na mesma medida. O pecado dos assassinos de Cristo foi muito mais grave. Primeiramente, porque aquele pecado foi contra o corpo de Cristo em sua própria espécie; na Eucaristia é contra o corpo de Cristo na espécie do sacramento. Em segundo lugar, porque aquele pecado se cometeu com a intenção de causar dano a Cristo, mas não é o caso do pecado de que se trata aqui.

QUANTO AO 2º, deve-se dizer que o luxurioso, ao receber o corpo de Cristo, pode ser comparado com a Judas que traiu a Cristo com um beijo quan-

quia uterque ex signo caritatis Christum offendit: non tamen quantum ad criminis quantitatem, sicut et prius[5] dictum est. Haec tamen similitudo non minus competit aliis peccatoribus quam fornicatoribus: nam et per alia peccata mortalia agitur contra caritatem Christi, cuius signum est hoc sacramentum; et tanto magis quanto peccata sunt graviora. Secundum quid tamen peccatum fornicationis magis reddit hominem ineptum ad perceptionem huius sacramenti: inquantum scilicet per hoc peccatum spiritus maxime carni subiicitur, et ita impeditur fervor dilectionis, qui requiritur in hoc sacramento.

Plus tamen ponderat impedimentum ipsius caritatis quam fervoris eius. Unde etiam peccatum infidelitatis, quod funditus separat hominem ab Ecclesiae unitate, simpliciter loquendo, maxime hominem ineptum reddit ad susceptionem huius sacramenti, quod est sacramentum ecclesiasticae unitatis, ut dictum est[6]. Unde et gravius peccat infidelis accipiens hoc sacramentum quam peccator fidelis; et magis contemnit Christum secundum quod est sub hoc sacramento, praesertim si non credat Christum vere sub hoc sacramento esse, quia, quantum est in se, diminuit sanctitatem huius sacramenti, et virtutem Christi operantis in hoc sacramento, quod est contemnere ipsum sacramentum in seipso. Fidelis autem qui cum conscientia peccati sumit, contemnit hoc sacramentum non in seipso, sed quantum ad usum, indigne accipiens. Unde et Apostolus, 1Cor 11,29, assignans rationem huius peccati, dicit: *non diiudicans corpus Domini*, idest, *non discernens ipsum ab aliis cibis*: quod maxime facit ille qui non credit Christum esse sub hoc sacramento.

AD TERTIUM dicendum quod ille qui proiiceret hoc sacramentum in lutum, gravius peccaret quam ille qui cum conscientia peccati mortalis ad hoc sacramentum accedit. Primo quidem, quia ille hoc faceret ex intentione iniuriam inferendi huic sacramento: quod non intendit peccator indigne corpus Christi accipiens.
Secundo, quia homo peccator capax est gratiae: unde etiam magis est aptus ad suscipiendum hoc sacramentum quam quaecumque alia irrationalis creatura. Unde maxime inordinate uteretur

to à semelhança do crime, já que ambos ofendem a Cristo com um sinal de amor. No entanto, não vale a semelhança quanto ao tamanho do pecado. Aliás, tal semelhança não vale menos de outros pecadores do que dos luxuriosos. Pois, age-se também por meio dos outros pecados mortais contra o amor de Cristo, de que a Eucaristia é um sinal. E isso vale tanto mais quanto os pecados são mais graves. Entretanto, sob certo aspecto, o pecado da luxúria torna o homem menos capaz de receber este sacramento no sentido de que por tal pecado o espírito se sujeita mais à carne e desta sorte se impede o fervor do amor, que se exige neste sacramento.

No entanto, pesa mais o impedimento que se põe à caridade nela mesma do que ao seu fervor. Por isso, também o pecado da infidelidade, que separa profundamente a pessoa da unidade da Igreja, falando de modo absoluto, torna a pessoa altamente incapaz de receber este sacramento, que é o sacramento da unidade eclesial. Daí se segue que peca mais gravemente o infiel, ao receber este sacramento, do que o fiel pecador. Pois, ele despreza mais a Cristo sob o aspecto de presença neste sacramento, sobretudo se não crê que Cristo está aí realmente presente. Com efeito, enquanto depende dele, ele diminui a santidade deste sacramento e o poder da ação atuante de Cristo neste sacramento. Isso significa desprezar o sacramento nele mesmo. O fiel que o recebe com a consciência de pecado, não rejeita o sacramento nele mesmo, mas quanto a seu uso, ao comungar indignamente. Por isso, o Apóstolo, ao indicar a razão do pecado, diz: "Sem discernir o corpo do Senhor", isto é, "Sem discerni-lo dos outros alimentos". Isso faz, em grau supremo, quem não crê que Cristo está presente sob este sacramento.

QUANTO AO 3º, deve-se dizer que quem jogar a hóstia consagrada na lama peca mais gravemente do que quem se aproxima da Eucaristia com a consciência de pecado mortal. Antes de tudo, porque no primeiro caso havia a intenção de injuriar este sacramento, enquanto o pecador não a tem, ao recebê-lo indignamente.
Além do mais, o pecador é capaz da graça. Por isso, ele é mais apto para receber este sacramento do que toda criatura irracional. Daí se segue que se faria um uso sumamente contrário à instituição

---
5. Ad 1.
6. Q. 67, n. 2; q. 73, a. 2, *sed c*; a. 4.

hoc sacramento qui proiiceret ipsum canibus ad manducandum, vel qui proiiceret in lutum conculcandum.

Articulus 6
Utrum sacerdos debeat denegare corpus Christi peccatori petenti

AD SEXTUM SIC PROCEDITUR. Videtur quod sacerdos debeat denegare corpus Christi peccatori petenti.
1. Non est enim faciendum contra Christi praeceptum propter vitandum scandalum, neque propter vitandum infamiam alicuius. Sed Dominus praecepit, Mt 7,6: *Nolite sanctum dare canibus*. Maxime autem datur sanctum canibus cum hoc sacramentum peccatoribus exhibetur. Ergo neque propter vitandum scandalum, neque propter vitandam infamiam alicuius, debet hoc sacramentum peccatori petenti dari.
2. PRAETEREA, de duobus malis est minus malum eligendum. Sed minus malum esse videtur si peccator infametur, vel etiam si ei hostia non consecrata detur, quam si sumens corpus Christi mortaliter peccet. Ergo videtur hoc potius eligendum, quod vel infametur peccator petens corpus Christi, vel etiam detur ei hostia non consecrata.
3. PRAETEREA, corpus Christi interdum datur suspectis de crimine ad eorum manifestationem: legitur enim in Decretis, II, qu. 4,[1]: *Saepe contingit ut in monasteriis monachorum furta perpetrentur. Idcirco statuimus ut, quando ipsi fratres de talibus expurgare se debent, missa ab abbate celebretur vel ab aliquo ex praesentibus fratribus, et sic, expleta missa, omnes communicent in haec verba, "Corpus Christi sit tibi hodie ad probationem"*. Et infra: *Si episcopo vel presbytero aliquod maleficium fuerit imputatum, in singulis missa celebrari debet et communicari, et de singulis sibi imputatis innocentem se ostendere*. Sed peccatores occultos non oportet manifestari: quia, si frontem verecundiae abiecerint, liberius peccabunt, ut Augustinus dicit, in libro *de Verbis Domini*[2]. Ergo peccatoribus occultis non est corpus Christi dandum, etiam si petant.

SED CONTRA est quod, super illud Ps 21,30, *Manducaverunt et adoraverunt omnes pingues*

Artigo 6
O sacerdote deve negar o corpo de Cristo ao pecador que o solicita?

QUANTO AO SEXTO, ASSIM SE PROCEDE: parece que o sacerdote **deve** negar o corpo de Cristo ao pecador que o solicita.
1. Com efeito, não se deve infringir um mandamento de Cristo, nem para evitar um escândalo, nem para poupar um vexame a alguém. Ora, Cristo prescreve: "Não deis aos cães o que é sagrado". Oferecer este sacramento aos pecadores é dar em alto grau o santo aos cães. Logo, não se deve dar este sacramento ao pecador que o solicita, nem para evitar um escândalo, nem para poupar um vexame a alguém.
2. ALÉM DISSO, entre dois males, deve-se escolher o menor. Ora, é menor mal que um pecador fique difamado ou que se lhe dê uma hóstia não consagrada do que ele pecar mortalmente, comungando o corpo de Cristo. Logo, parece que se há escolher ou que esse pecador que pede a comunhão fique difamado, ou que a ele se dê uma hóstia não consagrada.
3. ADEMAIS, algumas vezes oferece-se o corpo de Cristo a pessoas suspeitas de um crime para desmascará-las, como se lê nos Decretos: "Frequentemente sucedem roubos nos mosteiros. Por esta razão, prescrevemos que, quando os frades devem se livrar de tais crimes, se celebre uma missa pelo abade ou por um dos frades presentes. E então, terminada a missa, todos comunguem com estas palavras: 'O corpo de Cristo te sirva hoje de prova'". E mais abaixo: "Se algum bispo ou algum sacerdote for acusado de um crime, em cada caso deve ele celebrar a missa e comungar e mostrar-se inocente de toda acusação." Ora, não é necessário denunciar os pecadores ocultos, porque, se eles perderam a vergonha, pecarão com mais desfaçatez ainda, como diz Agostinho. Portanto, não se deve dar o corpo de Cristo aos pecadores ocultos, mesmo que o peçam.

EM SENTIDO CONTRÁRIO, a respeito do versículo do Salmista "comeram e se prosternaram todos os

---

6 PARALL.: Infra, q. 81, a. 2; IV *Sent.*, dist. 9, a. 5, q.la 1; dist. 11, q. 3, a. 2, q.la 1; *Quodlib.* V, q. 6, art. 2.

1. GRATIANUS, *Decretum*, p. II, causa 2, q. 5, can. 23: ed. Richter-Friedberg, I, 464.
2. Cfr. serm. 82, al. *de Verbis Dom.* 16, c. 4, n. 7: ML 38, 509.

terrae, dicit Augustinus[3]: *Non prohibeat dispensator pingues terrae*, idest peccatores, *mensam Domini manducare*.

RESPONDEO dicendum quod circa peccatores distinguendum est. Quidam enim sunt occulti: quidam vero manifesti; scilicet per evidentiam facti, sicut publici usurarii aut publici raptores; vel etiam per aliquod iudicium ecclesiasticum vel saeculare. Manifestis ergo peccatoribus non debet, etiam petentibus, sacra communio dari. Unde Cyprianus[4] scribit ad quendam: *Pro dilectione tua consulendum me existimasti quid mihi videatur de histrionibus, et mago illo qui, apud vos constitutus, adhuc in artis suae dedecore perseverat, an talibus sacra communio cum ceteris Christianis debeat dari. Puto nec maiestati divinae, nec evangelicae disciplinae congruere ut pudor et honor Ecclesiae tam turpi et infami contagione foedetur.*

Si vero non sunt manifesti peccatores sed occulti, non potest eis petentibus sacra communio denegari. Cum enim quilibet Christianus, ex hoc ipso quod est baptizatus, sit admissus ad mensam Dominicam, non potest eis ius suum tolli nisi pro aliqua causa manifesta. Unde super illud 1Cor 5,11, *Si is qui frater inter vos nominatur* etc., dicit Glossa Augustini[5]: *Nos a communione quemquam prohibere non possumus, nisi aut sponte confessum, aut in aliquo iudicio vel ecclesiastico vel saeculari nominatum atque convictum.*

Potest tamen sacerdos qui est conscius criminis, occulte monere peccatorem occultum, vel etiam in publico generaliter omnes, ne ad mensam Domini accedant antequam poeniteant et Ecclesiae reconcilientur. Nam post poenitentiam et reconciliationem, etiam publicis peccatoribus non est communio deneganda: praecipue in mortis articulo. Unde in concilio Carthaginensi[6] legitur: *Scenicis atque histrionibus ceterisque huiusmodi personis, vel apostatis, conversis ad Deum reconciliatio non negetur.*

AD PRIMUM ergo dicendum quod sancta prohibentur dari *canibus*, idest peccatoribus manifestis. Sed occulta non possunt publice puniri, sed sunt divino iudicio reservanda.

que estavam felizes na terra", Agostinho comenta: "Não proíba o ministro do sacramento aos poderosos da terra, isto é aos pecadores, de comungar da mesa do Senhor".

RESPONDO. A respeito dos pecadores, cabe distinguir. Alguns são pecadores ocultos, outros públicos, seja pela evidência dos fatos como são os usurários e ladrões públicos, seja por algum julgamento eclesiástico ou civil. Não se deve dar a sagrada comunhão aos pecadores públicos, mesmo que a peçam. Por isso, Cipriano escreve: "Julgaste por bem na tua bondade pedir meu parecer se se deve dar a comunhão, como se faz aos outros cristãos, aos comediantes e àquele mago que se instalou entre vós e que ainda continua com suas práticas infames. Acho que não se respeita a divina majestade nem o ensinamento do Evangelho quando a pureza e honra da Igreja são manchadas por tão torpe e infame contato".

Aos pecadores, que pedem a sagrada comunhão, mas que não são públicos e sim ocultos, não se pode negá-la. Pois, uma vez que um cristão, pelo fato de ter sido batizado, é admitido à mesa do Senhor, não pode ser privado deste seu direito a não ser por um motivo público. A respeito do ensinamento de Paulo: "Se alguém entre vós traz o nome de irmão," a Glosa de Agostinho comenta: "Não podemos proibir a ninguém de comungar, a não ser que espontaneamente se confesse indigno ou seja citado ou convencido de tal por um julgamento eclesiástico ou civil".

Um sacerdote, que sabe de um pecado, pode admoestar em segredo um pecador oculto ou admoestar em público, mas de maneira geral, a todos para que não se aproximem da mesa do Senhor, sem antes se arrepender e reconciliar com a Igreja. Depois da penitência e reconciliação, não se deve recusar a comunhão nem aos pecadores públicos, especialmente na hora da morte. Por isso, ensina o Concílio de Cartago: "Não se negue a reconciliação aos comediantes, palhaços e a outras pessoas deste gênero ou aos apóstatas, que se converteram a Deus".

QUANTO AO 1º, portanto, deve-se dizer que está proibido dar "o santo aos cães", isto é aos pecadores públicos. Mas não se podem punir publicamente faltas ocultas, mas deve-se entregá-las ao juízo divino.

---

3. Vide Glossam Ordin.: ML 113, 875 C; LOMBARDI: ML 191, 238 C. — Cfr. AUG., *Enarr. in Ps.*, Ps. 48, serm. 1, n. 3: ML 36, 545.
4. Epist. 61, *ad Euchratium*, n. I: ML 4, 362 BC.
5. Glossa LOMBARDI: ML 191, 1575 C; cfr. Ordin.: ML 114, 527 D.
6. Conc. Carthagin. III, a. 398, c. 35: ed. Mansi, III, 885.

AD SECUNDUM dicendum quod, licet peius sit peccatori occulto peccare mortaliter sumendo corpus Christi quam infamari, tamen sacerdoti ministranti corpus Christi peius est peccare mortaliter infamando iniuste peccatorem occultum, quam quod ille mortaliter peccet: quia nullus debet peccatum mortale committere ut alium liberet a peccato. Unde Augustinus dicit, in libro *Quaestionum super Gen.*[7]: *Periculosissime admittitur haec compensatio, ut nos faciamus aliquid mali, ne alius gravius malum faciat.* Peccator tamen occultus potius deberet eligere infamari quam indigne ad mensam Christi accedere.

Hostia tamen non consecrata nullo modo debet dari loco consecratae: quia sacerdos hoc faciens, quantum est in se, facit idolatrare illos qui credunt hostiam consecratam, sive alios praesentes, sive etiam ipsum sumentem; quia, ut Augustinus dicit[8], *nemo carnem Christi manducet nisi prius adoret.* Unde Extra, *de Celebratione Missarum*, cap. *De homine*, dicitur[9]: *Licet is qui pro sui criminis conscientia reputat se indignum, peccet graviter si se ingerat, tamen gravius videtur offendere qui fraudulenter illud praesumpserit simulare.*

AD TERTIUM dicendum quod decreta illa sunt abrogata per contraria documenta Romanorum Pontificum. Dicit enim Stephanus Papa[10]: *Ferri candentis vel aquae ferventis examinatione confessionem extorqueri a quolibet sacri canones non concedunt. Spontanea enim confessione, vel testium approbatione publicata, delicta commissa sunt regimini nostro iudicare: occulta vero et incognita illi sunt relinquenda qui solus novit corda filiorum hominum.* Et idem habetur Extra, *de Purgationibus*, cap. *Ex tuarum*[11]. In omnibus enim talibus videtur Dei esse tentatio: unde sine peccato fieri non possunt. Et gravius videretur si in hoc sacramento, quod est institutum ad remedium salutis, aliquis incurreret iudicium mortis. Unde nullo modo corpus Christi

QUANTO AO 2º, deve-se dizer que é verdade que é pior para o pecador oculto pecar mortalmente, comungando do corpo de Cristo indignamente, do que ser difamado. No entanto, é pior para o sacerdote que administra o corpo de Cristo pecar mortalmente difamando injustamente o pecador oculto[g] do que este que peque mortalmente. Pois, ninguém deve cometer um pecado mortal para livrar a outrem do pecado. Por isso, Agostinho diz: "Seria extremamente perigoso admitir esta troca, de fazermos algo de mal para que alguém não faça um mal mais grave". O pecador oculto, sim, deveria antes escolher ser difamado do que aproximar-se de maneira indigna da mesa do Senhor.

De modo algum, se deve dar uma hóstia não consagrada no lugar da consagrada. Pois, o sacerdote, ao fazer isto, da sua parte, induz à idolatria aqueles que pensam estar a hóstia consagrada, quer os presentes, quer o que a comunga. Agostinho ensina: "Ninguém comungue da carne de Cristo, sem antes adorá-la". Por isso, se lê em um texto litúrgico: "Ainda que peque gravemente quem comungue julgando-se indigno por causa da consciência de seu pecado grave, contudo mais gravemente ainda parece pecar quem de maneira fraudulenta presumir simular a comunhão".

QUANTO AO 3º, deve-se dizer que estes decretos mencionados foram abolidos por documentos contrários dos romanos pontífices. Com efeito, o papa Estêvão diz: "Os cânones sagrados não permitem extorquir uma confissão mediante a prova do ferro ardente e da água fervendo. No nosso direito, os delitos devem ser julgados sobre uma confissão espontânea ou sobre uma prova por audiência pública das testemunhas. Os crimes ocultos e desconhecidos, porém, devem ser deixados àquele que é o único que conhece os corações dos filhos dos homens". O mesmo se lê em outro documento jurídico. Em tudo isso parece que se tenta a Deus. Daí se segue que tal não pode ser feito sem pecado. E ainda parece mais grave se neste sacramento, que foi instituído como remé-

---

7. *Quaest. in Heptateuch.*, l. I, q. 42, super *Gen.* 19, 8: ML 34, 559.
8. *Enarr. in Ps.*, Ps. 98, n. 9: ML 37, 1264.
9. *Decretal. Greg. IX*, l. III, tit. 41, c. 7: ed. Richter-Friedberg, II, 640.
10. Stephanus V, *Fragm. epist. ad Leutbertum*: ed. Mansi, XVIII A, 25.
11. *Decretal. Greg. IX*, l. V, tit. 34, c. 8: ed. cit., II, 871.

---

g. Não se afirma que um padre peca sempre mortalmente difamando um pecador oculto, é preciso além disso que ele o faça injustamente (e em matéria grave). Resta que Sto. Tomás considera esse gênero de difamação como gravemente culpada. Na q. 81, a. 2, r. 2, ele examina o caso da eventual comunhão do pecador oculto que era Judas na Ceia.

debet dari alicui suspecto de crimine quasi ad examinationem.

Articulus 7
Utrum nocturna pollutio impediat aliquem a sumptione corporis Christi

AD SEPTIMUM SIC PROCEDITUR. Videtur quod nocturna pollutio non impediat aliquem a sumptione corporis Christi.

1. Nullus enim impeditur a sumptione corporis Christi nisi propter peccatum. Sed nocturna pollutio accidit sine peccato: dicit enim Augustinus, XII *super Gen. ad litt.*[1]: *Ipsa phantasia quae fit in cogitatione sermocinantis, cum expressa fuerit in visione somniantis, ut inter illam et veram coniunctionem corporum non discernatur, continue movetur caro et sequitur quod eum motum sequi solet, cum hoc tam sine peccato fiat quam sine peccato a vigilantibus dicitur quod, ut diceretur, procul dubio cogitatum est.* Ergo nocturna pollutio non impedit hominem ab huius sacramenti perceptione.

2. PRAETEREA, Gregorius dicit, in Epistola *ad Augustinum Episcopum Anglorum*[2]: *Si quis sua coniuge, non cupidine voluptatis raptus, sed tantum creandorum liberorum gratia utitur, ille profecto, sive de ingressu ecclesiae seu de sumendo corporis Dominici mysterio, suo est iudicio relinquendus: quia prohiberi a nobis non debet accipere qui, in igne positus, nescit ardere.* Ex quo patet quod carnalis pollutio etiam vigilantis, si sit sine peccato, non prohibet hominem a sumptione corporis Christi. Multo igitur minus prohibet nocturna pollutio dormientis.

3. PRAETEREA, nocturna pollutio videtur solam immunditiam corporalem habere. Sed aliae immunditiae corporales, quae secundum legem impediebant ab ingressu sanctorum, in nova lege non impediunt a sumptione corporis Christi: sicut de muliere pariente, vel menstruata, vel fluxum sanguinis patiente, scribit beatus Gregorius Augustino Anglorum Episcopo[3]. Ergo videtur quod

dio da salvação, alguém fosse submetido a um julgamento de morte. Portanto, de modo algum, o corpo de Cristo pode ser dado a alguém, suspeito de crime, como se fosse para examiná-lo.

Artigo 7
A polução noturna impede de comungar?[h]

QUANTO AO SÉTIMO, ASSIM SE PROCEDE: parece que a polução noturna **não** impede de comungar.

1. Com efeito, ninguém pode ser proibido de receber a comunhão a não ser por causa de pecado. Ora, a polução noturna acontece sem pecado, como ensina Agostinho: "A imagem surgida no pensamento de quem fala, quando se exprime na visão de um sonho, de tal modo que não se distingue entre ela e uma verdadeira aproximação dos corpos, move continuamente o corpo e este movimento do corpo tem seus prosseguimentos habituais. Isto se faz sem pecado, de igual modo como se falou sem pecado sobre estas coisas quando acordado, e para falar, se deveu refletir sobre elas". Logo, a polução noturna não impede o homem de receber este sacramento.

2. ALÉM DISSO, Gregório escreve a Agostinho, bispo da Inglaterra: "Se alguém tem relação sexual com sua esposa, movido não pelo desejo de prazer, mas somente de procriar, então devemos deixar a seu critério entrar na igreja e participar da comunhão do corpo de Cristo. Com efeito, não devemos proibir quem está colocado no fogo e sabe escapar da chama". É evidente que a polução carnal, mesmo acordado, se é sem pecado, não impede alguém de comungar o corpo de Cristo. Logo, com muito menos razão a polução de alguém que está dormindo.

3. ADEMAIS, a polução noturna parece somente sujar corporalmente. Ora, outras impurezas corporais, que segundo a Antiga Lei impediam a entrada no santuário, na Lei Nova não impedem a comunhão do corpo de Cristo, tais como as da mulher parturiente ou menstruada, ou que sofre hemorragia, como escreve Gregório a Agostinho, bispo da Inglaterra. Portanto, parece que nem

---

7 PARALL.: IV *Sent.*, dist. 9, a. 4, q.la 2.

1. C. 15: ML 34, 466.
2. *Registrum*, l. XI, indict. 4, epist. 64, interr. 10: ML 77, 1197 B.
3. *Registrum*, l. cit.: ML 77, 1195 AB.

h. Constatamos mais uma vez que os artigos longos na Suma são muitas vezes os que suscitam problemas de casuística.

neque etiam nocturna pollutio impediat hominem a sumptione huius sacramenti.

4. Praeterea, peccatum veniale non impedit hominem a sumptione huius sacramenti: sed nec etiam peccatum mortale post poenitentiam. Sed, dato quod nocturna pollutio provenerit ex aliquo peccato praecedenti sive crapulae sive turpium cogitationum, plerumque tale peccatum est veniale: et, si aliquando sit mortale, potest contingere quod de mane poenitet et peccatum suum confitetur. Ergo videtur quod non debeat impediri a sumptione huius sacramenti.

5. Praeterea, gravius peccatum est homicidii quam fornicationis. Sed si aliquis de nocte somniet homicidium perpetrare aut furtum, vel quodcumque aliud peccatum, non propter hoc impeditur a sumptione corporis Christi. Ergo videtur quod multo minus fornicatio somniata, cum pollutione subsequente, impediat a susceptione huius sacramenti.

Sed contra est quod Lv 15,16 dicitur: *Vir a quocumque egreditur semen coitus, immundus erit usque ad vesperam*. Sed immundis non patet aditus ad sacramenta. Ergo videtur quod propter pollutionem nocturnam aliquis impeditur a sumptione huius sacramenti, quod est maximum sacramentum.

Respondeo dicendum quod circa pollutionem nocturnam duo possunt considerari: unum quidem ratione cuius ex necessitate impedit hominem a sumptione huius sacramenti; aliud autem ratione cuius non ex necessitate impedit hominem, sed ex quadam congruentia.

Ex necessitate quidem impedit hominem ab huius sacramenti perceptione solum mortale peccatum. Et quamvis ipsa nocturna pollutio, secundum se considerata, peccatum mortale esse non possit, nihilominus tamen, ratione suae causae, quandoque habet peccatum mortale annexum. Et ideo consideranda est causa pollutionis nocturnae. Quandoque enim provenit ex causa extrinseca spirituali, scilicet daemonum illusione, qui, sicut in Prima Parte[4] habitum est, phantasmata commovere possunt, ex quorum apparitione pollutio interdum subsequitur. Quandoque vero provenit pollutio ex causa intrinseca spirituali, scilicet ex praecedentibus cogitationibus. Aliquando autem ex causa intrinseca corporali: seu ex superfluitate sive debilitate naturae; seu etiam ex superfluitate cibi et potus. Quaelibet autem harum trium causarum potest et sine peccato, et cum peccato veniali vel

também a polução noturna deve impedir alguém de receber este sacramento.

4. Ademais, o pecado venial não impede ninguém de comungar, nem também o pecado mortal, depois da penitência. Ora, dado que a polução noturna provém de algum pecado anterior de intemperança ou de maus pensamentos, frequentemente tal pecado é venial; e se, às vezes, é mortal, pode suceder que de manhã a pessoa se arrependa e o confesse. Logo, parece que não se deva impedir essa pessoa de comungar.

5. Ademais, o pecado de homicídio é mais grave do que o de luxúria. Se alguém de noite sonha que matou uma pessoa ou roubou ou fez qualquer outro tipo de pecado, não deve, por isso, ser impedido de comungar. Logo, parece que com muito menos razão o sonho de fornicação, seguido de polução, deva impedir alguém de receber este sacramento.

Em sentido contrário, está escrito no livro do Levítico: "Quando um homem expeliu sêmen…, é impuro até a tarde". Ora, a pessoa impura não pode ter acesso ao sacramento. Logo, parece que por causa da polução noturna alguém está impedido de receber este sacramento, que é o maior de todos.

Respondo. Ocorrem duas considerações sobre a polução noturna. Uma versa sobre a razão que obriga a impedir alguém de comungar, outra sobre a razão pela qual deve ser impedido, não por necessidade, mas por certa conveniência.

Alguém é impedido necessariamente da comunhão eucarística somente por causa de um pecado mortal. Ainda que a polução noturna, considerada em si mesma, não possa ser pecado mortal, contudo, por motivo de sua causa, ela envolve, às vezes, um pecado mortal. Por isso, deve-se levar em consideração a causa da polução noturna. Algumas vezes procede de uma causa espiritual externa, a saber da ilusão do demônio, que pode suscitar imagens, cuja aparição provoca, às vezes, uma polução noturna. Outras vezes, provém de uma causa espiritual intrínseca, isto é de pensamentos anteriores. Outras vezes ainda de uma causa intrínseca corporal, a saber do excesso ou fraqueza da natureza, ou também do excesso de comida ou bebida. Qualquer uma destas três causas pode existir sem nenhum pecado, ou com pecado venial ou com pecado mortal. Se ela se liga

---

4. Q. 111, a. 3.

mortali existere. Et si quidem sit sine peccato, vel cum peccato veniali, non ex necessitate impedit sumptionem huius sacramenti, ita scilicet quod homo sumendo sit *reus corporis et sanguinis Domini*. Si vero sit cum peccato mortali impedit ex necessitate.

Illusio enim daemonum quandoque provenit ex praecedenti negligentia praeparationis ad devotionem, quae potest esse vel mortale vel veniale peccatum. — Quandoque vero provenit ex sola nequitia daemonum volentium impedire hominem a sumptione huius sacramenti. Unde legitur in *Collationibus Patrum*[5] quod, cum quidam pollutionem pateretur semper in festis in quibus erat communicandum, seniores, comperto quod nulla causa ab ipso praecesserat, decreverunt quod propter hoc a communione non cessaret: et ita cessavit illusio daemonum.

Similiter etiam praecedentes cogitationes lascivae quandoque possunt esse omnino sine peccato: puta cum aliquis causa lectionis vel disputationis cogitur de talibus cogitare. Et si hoc sit sine concupiscentia et delectatione, non erunt cogitationes immundae, sed honestae: ex quibus tamen pollutio sequi potest, sicut patet ex auctoritate Augustini inducta[6]. — Quandoque vero praecedentes cogitationes sunt cum concupiscentia et delectatione: et, si adsit consensus, peccatum mortale erit, sin autem, veniale.

Similiter etiam et causa corporalis quandoque est sine peccato: puta cum est ex infirmitate naturae, unde et quidam vigilando absque peccato fluxum seminis patiuntur; vel etiam si sit ex superfluitate naturae, sicut enim contingit sanguinem superfluere absque peccato, ita et semen, quod est superfluitas sanguinis, secundum Philosophum[7]. — Quandoque vero est cum peccato: puta cum provenit ex superfluitate cibi vel potus. Et hoc etiam potest esse peccatum veniale vel mortale: licet frequentius peccatum mortale accidat circa turpes cogitationes, propter facilitatem consensus, quam circa sumptionem cibi et potus. Unde Gregorius, scribens Augustino Anglorum Episcopo[8], dicit cessandum esse a communione quando ex turpibus cogitationibus provenit, non autem

a uma causa sem nenhum pecado ou com pecado venial, então não se deve necessariamente impedir ninguém de comungar do corpo de Cristo, como se fosse "réu do corpo e do sangue do Senhor". Se, porém, está em jogo uma causa com pecado mortal, então fica necessariamente impedida a comunhão eucarística.

A ilusão do demônio, às vezes, provém de uma negligência anterior no cuidado do fervor, que pode ser um pecado venial ou mortal. — Outras vezes, origina-se unicamente da maldade do demônio que quer impedir alguém de receber este sacramento. Por isso, lê-se nas Colações dos Padres do deserto que alguns monges tinham polução noturna precisamente nas festas que eram de comunhão. Então, uns monges mais experimentados, tendo percebido que não havia nenhuma causa que a explicasse, decidiram que por esta causa não se devia deixar a comunhão. E assim terminou a ilusão do demônio.

De igual modo também alguns pensamentos impuros anteriores, algumas vezes, podem existir absolutamente sem pecado, como por exemplo quando alguém é obrigado a pensar nestas coisas por causa do ensino ou de discussões. E se isso acontece sem concupiscência nem deleite, os pensamentos não serão impuros mas honestos. No entanto, a polução noturna pode provir deles, como observa Agostinho. — Outras vezes ainda, os pensamentos anteriores vêm acompanhados de concupiscência e deleite. Neste caso, havendo consentimento, será pecado mortal, do contrário, só venial.

Da mesma maneira também a causa corporal pode ser isenta de pecado em alguns casos. Por exemplo, em razão da fraqueza da natureza, pode acontecer que alguém, mesmo acordado, ejacule sem pecado; ou também em outros casos por vigor excessivo da natureza, assim como pode haver confluência abundante de sangue sem pecado, assim também o mesmo pode suceder com o sêmen, o que segundo o Filósofo vem do excesso de sangue. — Outras vezes, existe pecado, por exemplo quando a causa é o excesso de comida ou bebida, o que, aliás, pode ser pecado venial ou mortal. Em geral, o pecado mortal decorre antes por causa dos pensamentos impuros, aos quais facilmente se dá consentimento, do que pela ingestão excessiva de comida e bebida. Por

---

5. Cassianus, *Collat.* 22, c. 6: ML 49, 1225 AB.
6. Arg. 1.
7. *De gen. anim.*, l. I, c. 19: 726, b, 9-11.
8. *Registrum*, l. cit., interr. II: ML 77, 1198 C.

quando provenit ex superfluitate cibi et potus, praesertim si necessitas adsit.

Sic igitur ex causa pollutionis considerari potest utrum nocturna pollutio ex necessitate impediat sumptionem huius sacramenti.
Ex quadam vero congruentia impedit quantum ad duo. Quorum unum semper accidit, scilicet quaedam foeditas corporalis: cum qua, propter reverentiam sacramenti, non decet ad altare accedere, unde et volentes tangere aliquid sacrum manus lavant; nisi forte talis immunditia perpetua sit vel diuturna, sicut est lepra vel fluxus sanguinis vel aliquid huiusmodi. — Aliud autem est evagatio mentis, quae sequitur pollutionem nocturnam, praecipue quando cum turpi imaginatione contingit.

Hoc tamen impedimentum quod ex congruitate provenit, postponi debet propter aliquam necessitatem: puta, ut Gregorius dicit[9], *cum fortasse aut festus dies exigit, aut exhibere ministerium, pro eo quod sacerdos alius deest, ipsa necessitas compellit.*

AD PRIMUM ergo dicendum quod ex necessitate quidem non impeditur homo a sumptione huius sacramenti nisi propter peccatum mortale: sed ex quadam congruentia potest homo impediri propter alias causas, sicut dictum est[10].

AD SECUNDUM dicendum quod coitus coniugalis, si sit sine peccato, puta si fiat causa prolis generandae vel causa reddendi debitum, non alia ratione impedit sumptionem sacramenti nisi sicut dictum est[11] de pollutione nocturna quae accidit sine peccato scilicet propter immunditiam corporalem et mentis distractionem. Ratione cuius Hieronymus dicit, *super Matth.*[12]: *Si panes propositionis ab his qui uxores tetigerant comedi non poterant, quanto magis panis qui de caelo descendit, non potest ab his qui coniugalibus paulo ante haesere amplexibus, violari atque contingi! Non quod nuptias condemnemus: sed quod, eo tempore quo carnes Agni manducaturi sumus, vacare a carnalibus operibus debeamus.* Sed quia hoc secundum congruitatem, et non secundum necessitatem est intelligendum, Gregorius dicit[13] quod talis *est suo iudicio relinquendus.* — Si vero

isso, Gregório, ao escrever a Agostinho, bispo da Inglaterra, diz que deve evitar a comunhão quando a polução provém dos pensamentos impuros e não do excesso de comida ou bebida, sobretudo se existe aí uma necessidade.

Assim, portanto, dependendo da causa da polução noturna, ela impede necessariamente ou não a recepção deste sacramento.

No entanto, ela pode impedir por certa conveniência, em dois casos. O primeiro, ocorre sempre; é uma certa impureza corporal com a qual por causa da reverência ao sacramento, não convém aproximar-se do altar. É, por isso, que quem vai tocar alguma coisa sagrada lava as mãos, a não ser que a impureza seja perpétua ou crônica, tal como a lepra, a hemorragia ou algo semelhante. — Outra razão pode ser uma perturbação da mente que acompanha a polução noturna, principalmente quando acontece junto com maus pensamentos.

O impedimento por conveniência deve cessar diante de alguma necessidade, como Gregório ensina: "A própria necessidade obriga quando talvez um dia de festa o exige ou quando se deve exercer o ministério para o qual falta outro sacerdote".

QUANTO AO 1º, portanto, deve-se dizer que por necessidade, alguém é impedido de aproximar-se da comunhão unicamente em razão de pecado mortal. Mas, por certa conveniência, pode alguém ser impedido por outras causas.

QUANTO AO 2º, deve-se dizer que o ato sexual, praticado sem pecado, por exemplo para procriar ou para responder ao pedido do cônjuge, não impede o acesso à comunhão, como se disse a respeito da polução noturna que ocorre sem pecado, a não ser em razão de impureza corporal e distração da mente. Por esse motivo, Jerônimo diz: "Se aqueles que tiveram contato com a esposa não podiam comer dos pães da proposição, com quanto mais razão não podem profanar e tocar o pão que desceu dos céus quem um pouco antes se entregou aos abraços conjugais. Não que condenemos o casamento, mas, no tempo em que formos comer da carne do Cordeiro, devemos abster-nos das obras carnais". Mas isso deve ser entendido como sendo uma conveniência e não uma necessidade. Por isso, Gregório diz que tal decisão "seja deixada ao discernimento da pessoa." — "Mas se não é o

---

9. Ibid.
10. In corp.
11. Ibid.
12. Epist. 28 *De esu Agni* (inter Opp. Hier.): ML 30, 224 B (= ML 40, 1204).
13. Loc. cit. in arg.

non amor procreandae sobolis sed voluptas dominatur in opere, ut ibidem Gregorius subdit, tunc prohiberi debet ne accedat ad hoc sacramentum.

AD TERTIUM dicendum quod, sicut Gregorius dicit, in Epistola supra[14] dicta *ad Augustinum Anglorum Episcopum*, in veteri Testamento aliqui polluti dicebantur figuraliter, quod populus novae legis spiritualiter intelligit. Unde huiusmodi corporales immunditiae, si sint perpetuae vel diuturnae, non impediunt sumptionem huius sacramenti salutaris sicut impediebant accessum ad sacramenta figuralia. Si vero cito transeunt, sicut immunditia pollutionis nocturnae, ex quadam congruentia impedit sumptionem huius sacramenti per illum diem quo hoc accidit. Unde et Dt 23,10-11 dicitur: *Si fuerit inter vos homo qui nocturno pollutus sit somnio, egredietur extra castra, et non revertetur priusquam ad vesperam lavetur aqua.*

AD QUARTUM dicendum quod, licet per contritionem et confessionem auferatur reatus culpae, non tamen aufertur corporalis immunditia et distractio mentis ex pollutione consecuta.

AD QUINTUM dicendum quod somnium homicidii non inducit corporalem immunditiam, nec etiam tantam distractionem mentis sicut fornicatio, propter intensionem delectationis. Si tamen somnium homicidii proveniat ex causa quae est peccatum, praesertim mortale, impedit a sumptione huius sacramenti ratione suae causae.

desejo de procriar, e sim o deleite que prevalece no ato", então, conclui Gregório, deve-se proibir que a pessoa se aproxime do sacramento."

QUANTO AO 3º, deve-se dizer que como Gregório escrevendo a Agostinho, bispo da Inglaterra diz na carta citada acima, que no Antigo Testamento alguns eram chamados impuros de maneira figurativa. Isto se refere ao povo da Nova Lei de maneira espiritual. Por isso, tais impurezas corporais, quer permanentes quer crônicas, não impedem a comunhão deste sacramento da salvação, como elas impediam participar dos sacramentos figurativos. As impurezas transitórias, como a polução noturna, porém, impedem, por conveniência, a comunhão deste sacramento naquele dia em que acontece. Por isso, se lê no livro do Deuteronômio: "Se há em teu meio um homem que não esteja puro, por causa de uma polução noturna, ele sairá do acampamento e não retornará até que, ao entardecer, ele se lave com água."

QUANTO AO 4º, deve-se dizer que mesmo que a contrição e confissão perdoem a culpa, não eliminam a impureza corporal nem a distração da mente, que se segue à polução.

QUANTO AO 5º, deve-se dizer que o sonho de cometer um homicídio não provoca nenhuma impureza corporal nem mesmo tanta distração da mente como a fornicação por causa da intensidade do deleite. Se o sonho de cometer um homicídio provém de uma causa, que é pecado sobretudo mortal, impede a recepção da comunhão deste sacramento, em razão de sua causa.

ARTICULUS 8
Utrum cibus vel potus praeassumptus impediat sumptionem huius sacramenti

AD OCTAVUM SIC PROCEDITUR. Videtur quod cibus vel potus praeassumptus non impediat sumptionem huius sacramenti.

1. Hoc enim sacramentum est a Domino institutum in Cena. Sed Dominus, *postquam cenavit*, hoc sacramentum discipulis tradidit: sicut patet Lc 22,20 et 1Cor 11,25. Ergo videtur quod etiam post alios cibos assumptos nos debeamus sumere hoc sacramentum.

2. PRAETEREA, 1Cor 11,33-34 dicitur: *Cum convenitis ad manducandum*, scilicet corpus Domini, *invicem expectate: si quis* autem *esurit, domi*

ARTIGO 8
Alimento ou bebida tomados antes impedem de receber este sacramento?

QUANTO AO OITAVO, ASSIM SE PROCEDE: parece que alimento ou bebida tomados antes **não** impedem de receber este sacramento.

1. Com efeito, a Eucaristia foi instituída pelo Senhor na ceia. Ora, o Senhor "após ter ceado," entregou este sacramento aos discípulos, como se evidencia dos textos de Lucas e de Paulo. Logo, parece que também nós devemos receber este sacramento depois de ter tomado outros alimentos.

2. ALÉM DISSO, lê-se em Paulo: "Quando vos reunirdes para comer", a saber, o corpo do Senhor, "esperai uns pelos outros. Quem tiver fome,

---

14. Arg. 2.

8   PARALL.: II-II, q. 147, a. 6, ad 2; IV *Sent.*, dist. 8, q. 1, a. 4, q.la 1, 2; I *ad Cor.*, c. 11, lect. 4.

manducet. Et ita videtur quod, postquam aliquis domi manducavit, possit in ecclesia corpus Christi manducare.

3. PRAETEREA, in Concilio Carthaginensi[1] legitur, et habetur *de Consecr.*, dist. I[2]: *Sacramenta altaris non nisi a ieiunis hominibus celebrentur, excepto uno die anniversario quo Cena Domini celebratur*. Ergo saltem illo die potest corpus Christi aliquis post alios cibos sumere.

4. PRAETEREA, sumptio aquae vel medicinae, vel alterius cibi vel potus in minima quantitate, vel etiam reliquiarum cibi in ore remanentium, neque ieiunium Ecclesiae solvit, neque sobrietatem tollit, quae exigitur ad hoc quod aliquis reverenter hoc sacramentum sumat. Ergo per praedicta non impeditur aliquis a sumptione huius sacramenti.

5. PRAETEREA, quidam de nocte profunda comedunt aut bibunt, aut forte totam noctem insomnem ducentes, de mane percipiunt sacra mysteria, nondum plene digesti. Minus autem impediretur sobrietas hominis si in mane parum comederet, et postea circa nonam sumeret hoc sacramentum: cum etiam sit quandoque maior distantia temporis. Ergo videtur quod talis cibi praeassumptio non impediat hominem ab hoc sacramento.

6. PRAETEREA, non minor reverentia debetur huic sacramento iam sumpto quam ante sumptionem. Sed, sumpto sacramento, licet cibum aut potum sumere. Ergo et ante sumptionem.

SED CONTRA est quod Augustinus dicit, in libro *Responsionum ad Ianuarium*[3]: *Placuit Spiritui Sancto ut, in honorem tanti sacramenti, prius in os Christiani Dominicum corpus intraret quam ceteri cibi*.

RESPONDEO dicendum quod aliquid impedit sumptionem huius sacramenti dupliciter. Uno modo, secundum se: sicut peccatum mortale, quod habet repugnantiam ad significatum huius sacramenti, ut supra[4] dictum est.

Alio modo, propter prohibitionem Ecclesiae. Et sic impeditur aliquis a sumptione huius sacramenti post cibum vel potum assumptum, triplici ratione.

coma em casa." Parece, assim, que depois de ter comido em casa, alguém pode comungar do corpo de Cristo na Igreja.

3. ADEMAIS, também se lê no Concílio de Cartago e se encontra nos Decretos: "O sacramento do altar seja celebrado somente por quem estiver em jejum, exceto no dia aniversário em que se celebra a Ceia do Senhor. Portanto, pelo menos naquele dia, pode-se comungar o corpo de Cristo depois de ter tomado outros alimentos.

4. ADEMAIS, tomar água ou algum remédio, ou outro alimento ou bebida em quantidade mínima, ou resto de alimento que ficou na boca não quebra o jejum da Igreja, nem afeta a sobriedade que se exige para que alguém receba com respeito este sacramento. Portanto, nada disso impede a recepção deste sacramento.

5. ADEMAIS, alguém pode comer ou beber tarde da noite, passando talvez toda a noite sem dormir, e de manhã cedo participa dos sagrados mistérios, sem ter ainda terminado toda a digestão. Se um outro comesse um pouco de manhã estaria mais sóbrio e depois poderia comungar lá pela hora nona, e assim também o intervalo de tempo poderia ser até maior. Portanto, parece que tomar algum alimento antes não impede alguém de comungar.

6. ADEMAIS, não se deve menor respeito a este sacramento depois de tê-lo recebido que para recebê-lo. Ora, depois de tê-lo recebido, é permitido tomar alimentos. Logo, deve também ser permitido antes.

EM SENTIDO CONTRÁRIO, Agostinho ensina: "Agradou ao Espírito Santo que, em honra de tão grande sacramento, o corpo do Senhor entrasse na boca do cristão antes de qualquer outro alimento".

RESPONDO. Duas causas interdizem a recepção da comunhão. Uma primeira por sua própria natureza, como é o pecado mortal, que se opõe radicalmente à significação deste sacramento.

Uma segunda, por proibição da Igreja[i]. E, assim, após se ter tomado qualquer alimento ou bebida, proíbe-se a recepção da eucaristia, por três

---

1. Conc. Carthagin. III, a. 398, can. 29: ed. Mansi, III, 885.
2. GRATIANUS, *Decretum*, p. III, dist. 1, can. 49: ed. Richter-Friedberg, I, 1307.
3. Epist. 54 *ad inquis. Ianuarii*, c. 6, n. 8: ML 33, 203.
4. A. 4.

i. Estamos aqui em pleno direito positivo eclesiástico. A prática do jejum eucarístico já evoluíra na época de Sto. Tomás (r. 3 e 6). E, recentemente, com a introdução das missas à noite, as regras foram progressivamente suavizadas.

Primo quidem, sicut Augustinus dicit[5], *in honorem huius sacramenti*: ut scilicet in os hominis intret nondum aliquo cibo vel potu infectum. — Secundo, propter significationem: ut scilicet detur intelligi quod Christus, qui est res huius sacramenti, et caritas eius, debet primo fundari in cordibus nostris; secundum illud Mt 6,33: *Primo quaerite regnum Dei*. — Tertio, propter periculum vomitus et ebrietatis, quae quandoque contingunt ex hoc quod homines inordinate cibis utuntur: sicut et Apostolus dicit, 1Cor 11,21: *Alius quidem esurit, alius vero ebrius est*.

Ab hac tamen generali regula excipiuntur infirmi, qui statim communicandi sunt, etiam post cibum, si de eorum periculo dubitetur ne sine communione decedant: quia *necessitas legem non habet*. Unde dicitur *de Consecr.*, dist. II[6]: *Presbyter infirmum statim communicet, ne sine communione moriatur*.

AD PRIMUM ergo dicendum quod, sicut Augustinus in eodem libro dicit, neq*ue, quia post cibum Dominus dedit, propterea pransi aut cenati fratres ad hoc sacramentum accipiendum convenire debeant, aut mensis suis miscere, sicut faciebant quos Apostolus arguit et emendat. Namque Salvator, quo vehementius commendaret mysterii illius altitudinem, ultimum hoc voluit infigere cordibus et memoriae discipulorum. Et ideo non praecepit ut deinceps tali ordine sumeretur: ut Apostolis, per quos ecclesias dispositurus erat, servaret hunc locum*.

AD SECUNDUM dicendum quod illud verbum in Glossa[7] sic exponitur: *Si quis esurit, et impatiens non vult expectare alios, manducet domi suos cibos, idest, pane terreno pascatur: nec post Eucharistiam sumat*.

AD TERTIUM dicendum quod capitulum illud loquitur secundum consuetudinem aliquando apud aliquos observatam, ut, in repraesentationem Dominicae Cenae, illo die a non ieiunis corpus Christi sumeretur. Sed nunc hoc est abrogatum. Nam, sicut Augustinus in libro praedicto dicit, *per universum orbem mos iste servatur*, ut scilicet corpus Christi a ieiunis sumatur.

razões. A primeira razão, como ensina Agostinho, é "em respeito ao sacramento", para que ele entre na boca de quem comunga antes que algum alimento ou bebida a contamine. — Uma segunda razão vem de sua significação, a saber para que se entenda que Cristo, que é a realidade deste sacramento e sua caridade, deve, antes de tudo, ser estabelecido nos nossos corações, segundo as palavras de Mateus: "Procurai primeiro o Reino de Deus." — Uma terceira razão é dada por causa do perigo do vômito e da embriaguez, que, às vezes, acontecem quando se come ou bebe excessivamente, como o Apóstolo adverte: "Um tem fome, enquanto o outro está embriagado".

Os enfermos estão isentos dessa norma geral e podem comungar logo mesmo depois de terem tomado algum alimento, se correm perigo de vida, para que não morram sem comunhão, já que "a necessidade não tem lei". Por isso, se diz nos decretos: "O sacerdote dê logo a comunhão ao doente para que não morra sem comunhão".

QUANTO AO 1º, portanto, Agostinho diz no mesmo livro: "Não é pelo fato de que o Senhor deu este sacramento depois da ceia, que os irmãos devam reunir-se para recebê-lo depois de terem almoçado ou jantado, nem misturá-lo com outras refeições, como faziam aqueles que o Apóstolo repreende e corrige. Pois, o Salvador para valorizar sobremaneira a profundidade deste mistério quis com ele marcar os corações e a mente dos discípulos. Por isso, não prescreveu que ele fosse recebido doravante naquela ordem da ceia, mas deixou a decisão nesta matéria aos Apóstolos que deviam organizar a Igreja".

QUANTO AO 2º, deve-se dizer que a Glosa explica assim esta passagem: "Se alguém está com fome e impaciente não quer esperar os outros, coma em casa seus alimentos, isto é se nutra dos alimentos terrestres; mas não comungue da Eucaristia depois."

QUANTO AO 3º, deve-se dizer que este texto trata de um costume que foi durante um tempo observado de imitar a Última ceia do Senhor comungando naquele dia sem observar o jejum. Mas, ele agora já foi revogado. Pois, Agostinho observa no livro citado: "Que se observe por todo o mundo este costume", isto é que se comungue o Corpo do Senhor em jejum.

---

5. Loc. cit.
6. GRATIANUS, op. cit., p. III, dist. 2, can. 93: ed. cit., I, 1351.
7. LOMBARDI: ML 191, 1649 B.

AD QUARTUM dicendum quod, sicut in Secunda Parte⁸ habitum est, duplex est ieiunium. Primum est ieiunium naturae: quod importat privationem cuiuscumque praeassumpti per modum cibi vel potus. Et tale ieiunium requiritur ad hoc sacramentum, propter praedicta. Et ideo neque post assumptionem aquae vel alterius cibi aut potus vel etiam medicinae, in quantumcumque parva quantitate, licet accipere hoc sacramentum. Nec refert utrum aliquid huiusmodi nutriat vel non nutriat, aut per se aut cum aliis, dummodo sumatur per modum cibi vel potus. — Reliquiae tamen cibi remanentes in ore, si casualiter transglutiantur, non impediunt sumptionem huius sacramenti: quia non traiiciuntur per modum cibi, sed per modum salivae. Et eadem ratio est de reliquiis aquae vel vini quibus os abluitur: dummodo traiiciantur non in magna quantitate, sed permixtae salivae, quod vitari non potest.

Aliud autem est ieiunium Ecclesiae, quod instituitur ad carnis macerationem. Et tale ieiunium per praedicta non impeditur: quia praedicta non multum nutriunt, sed magis ad alterandum sumuntur.

AD QUINTUM dicendum quod, cum dicitur, *Hoc sacramentum prius quam alii cibi debet mitti in os Christiani*, non est intelligendum absolute respectu totius temporis: alioquin qui semel comedisset et bibisset, nunquam postea posset hoc sacramentum accipere. Sed est intelligendum quantum ad eundem diem. Et licet principium diei secundum diversos diversimode sumatur, nam quidam a meridie, quidam ab occasu, quidam a media nocte, quidam ab ortu solis diem incipiunt; Ecclesia tamen, secundum Romanos, diem a media nocte incipit. Et ideo, si post mediam noctem aliquis sumpserit aliquid per modum cibi vel potus, non potest eadem die hoc sumere sacramentum: potest vero si ante mediam noctem.

Nec refert utrum post cibum vel potum dormierit, aut etiam digestus sit, quantum ad rationem praecepti. Refert autem quantum ad perturbationem mentis quam patiuntur homines propter insomnietatem vel indigestionem: ex quibus si mens multum perturbetur, homo redditur ineptus ad sumptionem huius sacramenti.

AD SEXTUM dicendum quod maxima devotio requiritur in ipsa sumptione sacramenti: quia

QUANTO AO 4º, deve-se dizer que existem dois tipos de jejum. Há um jejum natural, que significa deixar de tomar qualquer alimento ou bebida. É este jejum requerido para receber a Eucaristia, pelas razões indicadas acima. Destarte, não é permitido receber este sacramento, depois de tomar água ou qualquer alimento ou bebida, ou mesmo remédio, até em pequeníssima quantidade. Não se trata de saber se algo alimenta ou não, ou se é tomado só ou em outra coisa, desde que o seja a modo de comida ou bebida. — Restos de comida que ficam na boca, se são engolidos casualmente, não impedem a comunhão, porque não são absorvidos como comida, mas como saliva. A mesma razão vale para os restos de água ou vinho que se engolem ao enxaguar a boca desde que não sejam absorvidos em grande quantidade, mas misturados com a saliva de modo inevitável.

Outra coisa é o jejum da Igreja, criado como mortificação do corpo. Tal jejum não é quebrado pelo que se acaba de mencionar, pois tudo isto não alimenta, antes se toma para mudar.

QUANTO AO 5º, deve-se dizer que quando se diz que "este sacramento deve entrar na boca do cristão antes que qualquer outro alimento", isto não tem o sentido de maneira absoluta referente a todo tempo, de sorte que uma vez que alguém tivesse comido e bebido nunca mais poderia receber este sacramento. Mas, deve-se entender em referência ao mesmo dia. Embora, o início do dia possa ser computado diversamente: por uns, a partir do meio-dia; por outros, do pôr do sol; por outros ainda, da meia-noite; por outros finalmente, do nascer do sol. A Igreja, porém, segundo o costume dos romanos, toma por início do dia a meia-noite. Assim, se depois da meia-noite alguém tomar alguma coisa a modo de comida ou bebida, já não pode comungar da Eucaristia neste mesmo dia. Pode, sim, se for antes da meia-noite.

Nem entra na apreciação do preceito se alguém dormiu ou não, depois de comer ou beber, nem se a digestão já terminou. Mas tem importância o fato de alguém ter a mente perturbada por insônia ou má digestão. Pois, nesse caso, quem tem a mente muito conturbada, torna-se inepto para receber este sacramento.

QUANTO AO 6º, deve-se dizer que essa recepção requer o máximo de devoção, porque então se

---

8. II-II, q. 147, a. 6, ad 2.

tunc percipitur sacramenti effectus. Quae quidem devotio magis impeditur per praecedentia quam per sequentia. Et ideo magis est institutum quod homines ieiunent ante sumptionem huius sacramenti quam post. Debet tamen esse aliqua mora inter sumptionem huius sacramenti et reliquos cibos. Unde et in missa oratio gratiarum actionis post communionem dicitur; et communicantes etiam suas privatas orationes dicunt.

Secundum tamen antiquos canones statutum fuit a papa Clemente[9], ut habetur *de Consecr.*, dist. II[10]: *Si mane Dominica portio editur, usque ad sextam ieiunent ministri qui eam sumpserunt: et si tertia vel quarta acceperint, ieiunent usque ad vesperum*. Antiquitus enim rarius missarum solemnia celebrabantur, et cum maiori praeparatione. Nunc autem, quia oportet frequentius sacra mysteria celebrare, non posset de facili observari. Et ideo per contrariam consuetudinem est abrogatum.

Articulus 9
Utrum non habentes usum rationis debeant hoc sacramentum accipere

Ad nonum sic proceditur. Videtur quod non habentes usum rationis non debeant hoc sacramentum accipere.

1. Requiritur enim quod aliquis ad hoc sacramentum cum devotione et praecedenti sui examinatione accedat: secundum illud 1Cor 11,28: *Probet autem seipsum homo, et sic de pane illo edat et de calice bibat*. Sed hoc non potest esse in his qui carent usu rationis. Ergo non debet eis hoc sacramentum dari.

2. Praeterea, inter alios qui carent usu rationis, sunt etiam arreptitii, qui energumeni dicuntur. Sed tales etiam ab inspectione huius sacramenti arcentur, secundum Dionysium, in libro *Eccles. Hier.*[1]. Ergo carentibus usu rationis hoc sacramentum dari non debet.

3. Praeterea, inter alios carentes usu rationis maxime pueri videntur esse innocentes. Sed pueris hoc sacramentum non exhibetur. Ergo multo minus aliis carentibus usu rationis.

recebe seu fruto. Ora, a devoção é mais impedida pelo que antecede do que pelo que se segue. Por isso, estabeleceu-se que se guarde o jejum eucarístico antes da comunhão, e não depois. Deve-se conservar certa distância de tempo entre a recepção da comunhão e tomar os outros alimentos. Existem na missa as orações de ação de graças para depois da comunhão e também há aquelas que os fiéis recitam em particular após ter comungado.

De acordo com os cânones, foi estabelecido pelo papa Clemente, como está nos Decretos, que: "Se a celebração é de manhã, os ministros, que comungaram, permaneçam em jejum até a hora sexta; se comungarem na hora terceira ou quarta, então fiquem em jejum até à tarde". Antigamente se celebravam mais raramente as missas e, por isso, com maior preparação. Mas agora, já que se devem celebrar mais frequentemente os sagrados mistérios, tais preceitos não podem ser facilmente observados. Por isso, foram revogados por um costume contrário.

Artigo 9
Quem não tem uso da razão pode comungar?

Quanto ao nono, assim se procede: parece que quem não tem uso da razão **não** pode comungar.

1. Com efeito, para se aproximar deste sacramento, exige-se devoção e prévio exame de si mesmo, como insiste Paulo: "Examine-se cada um a si mesmo, antes de comer deste pão e beber deste cálice." Ora, isso é impossível para os que não têm uso da razão. Logo, a eles não se deve dar este sacramento.

2. Além disso, carecem também de uso da razão os possessos ou endemoninhados. Ora, eles também são afastados até mesmo da vista deste sacramento, segundo Dionísio. Logo, não se deve dar este sacramentos aos que não têm uso da razão.

3. Ademais, entre os que carecem do uso da razão, as crianças são os mais inocentes. Ora, não se oferece às crianças este sacramento. Logo, com muito mais razão não se deve dá-lo aos outros sem uso da razão.

---

9. Ps. Clemens I, epist. Decr. II *Ad Iac.*: ed. Mansi I, 125.
10. Gratianus, op. cit., p. III, dist. 2, can. 23: ed. cit. I, 1321.

Parall.: IV *Sent.*, dist. 9, a. 5, q.la 3, 4; dist. 23, q. 2, a. 2, q.la 3, 4; *in Ioan.*, c. 6, lect. 7.

1. C. 3, p. III, § 7: MG 3, 433 BC.

SED CONTRA est quod legitur in concilio Arausico[2], et habetur in Decretis, XXVI, qu. 6[3]: *Amentibus quaecumque sunt pietatis, sunt conferenda*. Et ita est conferendum hoc sacramentum, quod est *sacramentum pietatis*.

RESPONDEO dicendum quod aliqui dicuntur non habere usum rationis dupliciter. Uno modo, quia habent debilem usum rationis: sicut dicitur non videns qui male videt. Et quia tales possunt aliquam devotionem concipere huius sacramenti, non est eis hoc sacramentum denegandum.

Alio modo dicuntur aliqui non habere totaliter usum rationis. Aut igitur nunquam habuerunt usum rationis, sed sic a nativitate permanserunt: et sic talibus non est hoc sacramentum exhibendum, quia in eis nullo modo praecessit huius sacramenti devotio. — Aut non semper caruerunt usu rationis. Et tunc, si prius, quando erant suae mentis compotes, apparuit in eis huius sacramenti devotio, debet eis in articulo mortis hoc sacramentum exhiberi, nisi forte timeatur periculum vomitus vel exspuitionis. Unde legitur in concilio Carthaginensi IV[4], et habetur in Decretis, XXVI, qu. 6[5]: *Is qui in infirmitate poenitentiam petit, si casu, dum ad eum invitatus sacerdos venit, oppressus infirmitate obmutuerit, vel in phrenesim conversus fuerit, dent testimonium qui eum audierunt, et accipiat poenitentiam, et, si continuo creditur moriturus, reconcilietur per manus impositionem et infundatur ori eius Eucharistia*.

AD PRIMUM ergo dicendum quod carentes usu rationis possunt devotionem ad sacramentum habere, quantum ad aliquos quidem praesentem, quantum ad alios autem praeteritam.

AD SECUNDUM dicendum quod Dionysius loquitur ibi de energumenis nondum baptizatis, in quibus scilicet nondum est vis daemonis extincta, quae viget in eis per originale peccatum. Sed de baptizatis qui corporaliter ab immundis spiritibus vexantur, est eadem ratio et de aliis amentibus. Unde Cassianus dicit[6]: *Eis*, qui ab immundis vexantur spiritibus, *communionem sacrosanctam a senioribus nostris nunquam meminimus interdictam*.

AD TERTIUM dicendum quod eadem ratio est de pueris recenter natis et de amentibus qui nunquam

EM SENTIDO CONTRÁRIO, lê-se no Concílio Arausicano e consta nos Decretos: "Deve-se oferecer aos loucos tudo o que concerne à piedade". Nesse sentido, a eles se deve oferecer a Eucaristia que é o "sacramento da piedade".

RESPONDO. Alguns autores distinguem dois casos de falta do uso da razão. O primeiro tem um uso fraco da razão, como se diz de quem vê mal que não vê. Já que estes podem receber a Eucaristia com certa devoção, não se lhes deve negá-la.

Outros carecem totalmente do uso da razão. Neste caso, pode ser que nunca o tiveram e assim continuaram desde o nascimento. Não se lhes deve oferecer este sacramento, já que antes não existiu de modo nenhum alguma devoção. — Pode ser também que não foram privados do uso da razão desde sempre. E então, se um dia quando estavam em são juízo lhes surgiu uma devoção em relação a este sacramento, deve-se-lhes oferecê-lo na hora da morte, a não ser que haja perigo de vomitá-lo ou cuspi-lo fora. Lê-se aliás no IV Concílio de Cartago e nos Decretos: "Se algum sacerdote é convidado a vir a algum enfermo, que pede a penitência, mas, caso o encontre sem poder falar por causa da gravidade da doença, ou porque está a delirar, testifiquem os que ouviram tal pedido, e então administre-lhe a penitência. E se se julga que há perigo de morte, reconcilie-o pela imposição das mãos e deposite-lhe a Eucaristia na boca".

QUANTO AO 1º, portanto, deve-se dizer que os que não têm uso da razão podem em relação à Eucaristia ter uma devoção, alguns no presente, outros a tiveram no passado.

QUANTO AO 2º, deve-se dizer que Dionísio refere-se neste lugar aos endemoninhados ainda não batizados, nos quais ainda não foi destruído o poder do demônio, que está neles pelo pecado original. No caso dos batizados, que são atormentados corporalmente pelos espíritos imundos, vale o mesmo argumento aplicado aos outros loucos. Nesse contexto, Cassiano ensina: "Nunca nos recordamos de que os nossos antepassados interdisseram a sagrada comunhão àqueles que são atormentados pelos espíritos imundos".

QUANTO AO 3º, deve-se dizer que o mesmo argumento vale das crianças recém nascidas e dos

---

2. Conc. Arausic. I, a. 441, can. 13: ed. Mansi, VI, 438.
3. GRATIANUS, *Decretum*, p. II, causa 26, q. 6, can. 7: ed. Richter-Friedberg, I, 1038.
4. Can. 76: ed. Mansi, III, 957.
5. GRATIANUS, op. cit., loc. cit., can. 8: ed. cit., I, 1038.
6. *Collationes*, coll. 7, c. 30: ML 49, 710 A.

habuerunt usum rationis. Unde talibus non sunt sacra mysteria danda: quamvis quidam Graeci contrarium faciant, propter hoc quod Dionysius, 2 cap.[7] *Eccles. Hier.*, dicit baptizatis esse sacram communionem dandam, non intelligentes quod Dionysius ibi loquitur de baptismo adultorum.
— Nec tamen per hoc aliquod detrimentum vitae patiuntur, propter hoc quod Dominus dicit, Io 6,54, *Nisi manducaveritis carnem Filii hominis et biberitis eius sanguinem, non habebitis vitam in vobis*: quia, sicut Augustinus scribit Bonifacio[8], *tunc unusquisque fidelium corporis et sanguinis Domini particeps fit*, scilicet spiritualiter, *quando in baptismate membrum corporis Christi efficitur*.

Sed quando iam pueri incipiunt aliqualem usum rationis habere, ut possint devotionem concipere huius sacramenti, tunc potest eis hoc sacramentum conferri.

loucos que nunca tiveram uso da razão. Por isso, não se lhes deve dar os sagrados mistérios, embora alguns gregos façam o contrário, pelo fato de Dionísio dizer que se dê a sagrada comunhão aos batizados; esquecem-se, no entanto, de que ele aqui está a falar do batismo de adultos. — As crianças não sofrem nenhum detrimento referente à vida por causa disto. É verdade, sim, que o Senhor diz no Evangelho de João: "Aquele que come a minha carne e bebe o meu sangue tem a vida eterna. Mas, observa Agostinho, ao escrever a Bonifácio: "Todo fiel se faz participante do corpo e do sangue do Senhor, a saber espiritualmente, quando no batismo se torna membro do corpo de Cristo".

Assim quando as crianças começam a ter um certo uso da razão, sendo já capazes de conceber alguma devoção a este sacramento, pode ser-lhes então conferido.

Articulus 10
Utrum liceat quotidie hoc sacramentum suscipere

Ad decimum sic proceditur. Videtur quod non liceat quotidie hoc sacramentum suscipere.

1. Sicut enim baptismus repraesentat Dominicam passionem, ita et hoc sacramentum. Sed non licet pluries baptizari, sed semel tantum, quia *Christus semel* tantum *pro peccatis nostris mortuus est*, ut dicitur 1Pe 3,18. Ergo videtur quod non liceat hoc sacramentum quotidie suscipere.

2. Praeterea, veritas debet respondere figurae. Sed agnus paschalis, qui fuit figura praecipua huius sacramenti, ut supra[1] dictum est, non manducabatur nisi semel in anno. Sed Ecclesia semel in anno celebrat Christi passionem, cuius hoc sacramentum est memoriale. Ergo videtur quod non licet quotidie sumere hoc sacramentum, sed semel in anno.

3. Praeterea, huic sacramento, in quo totus Christus continetur, maxima reverentia debetur. Ad reverentiam autem pertinet quod aliquis ab hoc sacramento abstineat: unde et laudatur Centurio, qui dixit, Mt 8,8, *Domine, non sum dignus ut*

Artigo 10
Pode-se comungar todos os dias?[j]

Quanto ao décimo, assim se procede: parece que **não** se pode comungar todos os dias.

1. Com efeito, este sacramento representa, como o batismo, a paixão do Senhor. Ora, não é permitido ser batizado várias vezes, mas somente uma só, porque "Cristo uma só vez morreu pelos nossos pecados". Logo, parece que não se pode repetir todos os dias este sacramento.

2. Além disso, a verdade deve corresponder à figura. Ora, o cordeiro pascal, que foi a principal figura deste sacramento, só era comido uma vez por ano. A Igreja celebra uma só vez por ano a paixão de Cristo, de que este sacramento é o memorial. Logo, não parece que seja permitido receber este sacramento todos os dias, mas uma vez por ano.

3. Ademais, deve-se o maior respeito ao sacramento em que Cristo inteiro está contido. É da natureza do respeito devido a este sacramento que as pessoas se abstenham dele. Por isso, o centurião é louvado quando diz: "Senhor, eu não sou digno

---

7. P. II, 7: MG 3, 396 D.
8. Cfr. supra, q. 73, a. 3, ad 1, nota 10.

10 Parall.: IV *Sent.*, dist. 12, q. 3, a. 1; I *ad Cor.*, c. 11, lect. 7.
1. Q. 73, a. 6.

j. Nosso século, orgulhoso por ter recuperado o prestígio da comunhão frequente, quando não cotidiana, tende a pensar que se trata de uma inovação, pelo menos em relação à Idade Média. Este artigo nos revela em Sto. Tomás um partidário da comunhão cotidiana, na medida em que o crente se vê convenientemente preparado, o que de resto ele deve se esforçar para estar o tempo todo. Não diríamos outra coisa hoje em dia. Há acordo perfeito entre Sto. Tomás de Aquino e São Pio X.

intres sub tectum meum; et Petrus, qui dixit, Lc 5,8, *Exi a me, Domine, quia homo peccator ego sum*. Ergo non est laudabile quod homo quotidie hoc sacramentum suscipiat.

4. PRAETEREA, si laudabile esset frequenter hoc sacramentum suscipere quanto frequentius sumeretur, tanto esset laudabilius. Sed maior esset frequentia si homo pluries in die sumeret hoc sacramentum. Ergo esset laudabile quod homo pluries in die communicaret. Quod tamen non habet Ecclesiae consuetudo. Non ergo videtur esse laudabile quod aliquis quotidie hoc sacramentum accipiat.

5. PRAETEREA, Ecclesia intendit suis statutis fidelium utilitati providere. Sed ex statuto Ecclesiae fideles tenentur solum semel communicare in anno: unde dicitur Extra, *de Poenit. et Remiss*.[2]: *Omnis utriusque sexus fidelis suscipiat reverenter ad minus in Pascha Eucharistiae sacramentum: nisi forte, de proprii sacerdotis consilio, ob aliquam rationabilem causam, ad tempus ab eius perceptione duxerit abstinendum*. Non ergo est laudabile quod quotidie hoc sacramentum sumatur.

SED CONTRA est quod Augustinus dicit, in libro *de Verbis Domini*[3]: *Iste panis quotidianus est: accipe quotidie quod quotidie tibi prosit*.

RESPONDEO dicendum quod circa usum huius sacramenti duo possunt considerari. Unum quidem ex parte ipsius sacramenti, cuius virtus est hominibus salutaris. Et ideo utile est quotidie ipsum suscipere, ut homo quotidie eius fructum percipiat. Unde Ambrosius dicit, in libro *de Sacramentis*[4]: *Si quoties effunditur sanguis Christi, in remissionem peccatorum effunditur, debeo semper accipere, qui semper pecco, debeo semper habere medicinam*.

Alio modo potest considerari ex parte sumentis, in quo requiritur quod cum magna devotione et reverentia ad hoc sacramentum accedat. Et ideo, si aliquis se quotidie ad hoc paratum inveniat, laudabile est quod quotidie sumat. Unde Augustinus, cum dixisset[5], *Accipe quod quotidie tibi prosit*, subiungit: *Sic vive ut quotidie merearis accipere*. Sed quia multoties in pluribus hominum multa impedimenta huius devotionis occurrunt, propter corporis indispositionem vel animae, non est utile omnibus hominibus quotidie ad hoc sacramentum accedere, sed quotiescumque se homo ad illud

de que entres sob o meu teto; e Pedro também ao dizer: "Senhor, afasta-te de mim, pois eu sou um homem pecador". Portanto, não é louvável que alguém receba este sacramento todos os dias.

4. ADEMAIS, se fosse louvável receber frequentemente este sacramento, seria então tanto mais louvável, quanto mais frequentemente se comungasse. Ora, seria ainda maior a frequência, se alguém comungasse várias vezes por dia. Logo, seria louvável que alguém comungasse várias vezes por dia. Contudo, a Igreja não aprova este costume. Portanto, não parece ser louvável que alguém receba este sacramento todos os dias.

5. ADEMAIS, a Igreja pretende com suas leis prover o bem dos fiéis. Ora, pelo mandamento da Igreja os fiéis são obrigados somente à comunhão anual. Por isso, se lê num documento: "Todos os fiéis de ambos os sexos recebam com respeito o Sacramento da Eucaristia pelo menos por ocasião da Páscoa, a não ser, talvez, por conselho do seu próprio sacerdote, por uma causa razoável, deva alguém abster-se da sua recepção por um tempo". Logo, não é louvável que se receba a Eucaristia todos os dias.

EM SENTIDO CONTRÁRIO, Agostinho diz: "Este pão é para cada dia: toma cada dia o que cada dia te aproveita".

RESPONDO. Ocorrem duas considerações a respeito da recepção deste sacramento. Uma decorre da natureza mesma do sacramento, cujo poder é salvífico para os homens. Por isso, é útil recebê-lo todos os dias, para que se possa receber todos os dias o seu fruto. Nesse sentido, Ambrósio diz: "Se todas as vezes que o sangue de Cristo é derramado, é derramado em remissão dos pecados, devo recebê-lo sempre. Eu que sempre peco, devo sempre tomar o remédio".

A outra consideração deriva de quem comunga, que deve aproximar-se da Eucaristia com grande devoção e respeito. Desta sorte, se alguém se encontra todos os dias preparado para receber este sacramento, é louvável que ele comungue todos os dias. Daí, Agostinho, ao dizer: "Toma cada dia o que cada dia te aproveita", acrescenta: "Vive de tal maneira que possas cada dia merecer receber este sacramento". Mas porque muitas vezes sucede existir numerosos impedimentos à devoção deste sacramento em muitos, por causa das indisposições, quer do corpo quer da alma,

---

2. *Decretal. Greg. IX*, l. V, tit. 38, c. 12: ed. Richter-Friedberg, II, 887. Cfr. DENZ. 437.
3. Serm. 84 inter Opp. Aug., al. *de Verbis Dom.*, serm. 28, n. 3: ML 39, 1908.
4. L. IV, c. 6, n. 28: ML 16, 446 A.
5. Loc. cit.: ML 39, 1909.

paratum invenerit. Unde in libro de *Ecclesiasticis Dogmat.*[6] dicitur: *Quotidie Eucharistiae communionem accipere nec laudo nec vitupero.*

AD PRIMUM ergo dicendum quod per sacramentum baptismi configuratur homo morti Christi, in se suscipiens eius characterem: et ideo, sicut Christus *semel mortuus est*, ita solum semel debet homo baptizari. Sed per hoc sacramentum non recipit homo Christi characterem, sed ipsum Christum, cuius virtus manet in aeternum: unde, ad Hb 10,14, *una oblatione consummavit sanctificatos in sempiternum.* Et ideo, quia quotidie homo indiget salutifera Christi virtute, quotidie potest laudabiliter hoc sacramentum percipere.

Et quia praecipue baptismus est spiritualis regeneratio, ideo, sicut homo semel carnaliter nascitur, ita debet semel spiritualiter renasci per baptismum: ut Augustinus dicit[7], super illud Io 3,4, *Quomodo potest homo nasci cum sit senex?* Sed hoc sacramentum est cibus spiritualis: unde, sicut cibus corporalis quotidie sumitur, ita et hoc sacramentum quotidie sumere laudabile est. Unde Dominus, Lc 11,3, docet petere, *Panem nostrum quotidianum da nobis hodie*: in cuius expositione Augustinus dicit, in libro *de Verbis Domini*[8]: *Si quotidie acceperis*, scilicet hoc sacramentum, *quotidie tibi est hodie, tibi Christus quotidie resurgit: hodie enim est quando Christus resurgit.*

AD SECUNDUM dicendum quod agnus paschalis praecipue fuit figura huius sacramenti quantum ad passionem Christi, quae repraesentatur per hoc sacramentum. Et ideo semel tantum in anno sumebatur, quia *Christus semel mortuus est.* Et propter hoc etiam ecclesia semel in anno celebrat memoriam passionis Christi. Sed in hoc sacramento traditur nobis memoriale passionis Christi per modum cibi, qui quotidie sumitur. Et ideo quantum ad hoc significatur per manna, quod quotidie populo dabatur in deserto.

AD TERTIUM dicendum quod reverentia huius sacramenti habet timorem amori coniunctum: unde timor reverentiae ad Deum dicitur timor filialis, ut in Secunda Parte[9] dictum est. Ex amore enim

torna-se desaconselhável que todos comunguem todos os dias, mas o que o façam somente quando eles se sentirem preparados. Daí se segue o que se lê em documento da Igreja: "Nem louvo nem condeno que se comungue todos os dias".

QUANTO AO 1º, portanto, deve-se dizer que o fiel se configura à morte de Cristo pelo sacramento do batismo, ao receber-lhe o caráter. Por isso, assim como Cristo "morreu uma só vez", assim também uma só vez se deve ser batizado". Mas, pela Eucaristia o fiel não recebe nenhum caráter, mas o próprio Cristo, cujo poder permanece para sempre. Por isso, diz a Carta aos Hebreus: "Por uma única oblação levou para sempre à perfeição os que santificou." Assim, já que o fiel precisa cada dia do poder salvífico de Cristo, cada dia pode louvavelmente receber este sacramento.

E porque o batismo é sobretudo uma regeneração espiritual, da mesma maneira como o ser humano não nasce corporalmente senão uma só vez, assim também ele deve renascer espiritualmente uma só vez pelo batismo, como aliás ensina Agostinho, ao comentar o texto: "Como um homem poderia nascer, sendo velho?" Este sacramento, porém, é alimento espiritual. Assim, pois, como se toma todos os dias o alimento corporal, assim também é louvável comungar todos os dias. Por isso, o Senhor nos ensina a pedir: "Dá-nos hoje o pão que nos é necessário para cada dia". Comentando tal passagem, Agostinho diz: "Se cada dia receberes", a saber a Eucaristia, "cada dia para ti é hoje; por ti Cristo cada dia ressuscita; hoje é, pois, quando Cristo ressurge".

QUANTO AO 2º, deve-se dizer que o cordeiro pascal foi sobretudo a figura deste sacramento quanto à paixão de Cristo, que é representada por este sacramento. Por isso, comia-se o cordeiro uma só vez por ano, porque "Cristo sofreu pelos pecados, uma só vez". Por esta mesma razão, a Igreja também comemora uma só vez por ano a paixão de Cristo. Mas, neste sacramento, nos é transmitido o memorial da paixão de Cristo a modo de alimento, que se toma todos os dias. Desta sorte, quanto a este aspecto, ele é figurado pelo maná, que era dado cada dia ao povo no deserto.

QUANTO AO 3º, deve-se dizer que o respeito devido a este sacramento deve unir o temor ao amor. Pois, o temor reverencial a Deus é chamado temor filial. O desejo de comungar é provocado

---

6. C. 53: ML 58, 994 A.
7. *In Ioan. Evang.*, tract. 11, n. 6: ML 35, 1478.
8. Loc. cit. in arg. *sed c.*: ML 39, 1909.
9. I-II, q. 67, a. 4, ad 2; II-II, q. 19, a. 9, 11, 12.

provocatur desiderium sumendi: ex timore autem consurgit humilitas reverendi. Et ideo utrumque pertinet ad reverentiam huius sacramenti, et quod quotidie sumatur, et quod aliquando abstineatur. Unde Augustinus dicit[10]: *Si dixerit quispiam non quotidie accipiendam Eucharistiam, alius affirmat quotidie: faciat unusquisque quod secundum fidem suam pie credit esse faciendum. Neque enim litigaverunt inter se Zacchaeus et ille Centurio, cum alter eorum gaudens susceperit Dominum, alter dixerit, "Non sum dignus ut intres sub tectum meum", ambo Salvatorem honorificantes, quamvis non uno modo.* Amor tamen et spes, ad quae semper Scriptura nos provocat, praeferuntur timori: unde et, cum Petrus dixisset, *Exi a me, Domine, quia peccator homo ego sum*, respondit Iesus [v. 10]: *Noli timere.*

AD QUARTUM dicendum quod, quia Dominus dicit, *Panem nostrum quotidianum da nobis hodie*, non est pluries in die communicandum: ut saltem per hoc quod aliquis semel in die communicat, repraesentetur unitas passionis Christi.

AD QUINTUM dicendum quod, secundum statum diversum Ecclesiae, diversa circa hoc statuta emanarunt. Nam in primitiva Ecclesia, quando magis vigebat devotio fidei Christianae, statutum fuit ut quotidie fideles communicarent. Unde Anacletus Papa dicit[11]: *Peracta consecratione, omnes communicent qui noluerint ecclesiasticis carere liminibus: sic enim et Apostoli statuerunt, et sancta Romana tenet Ecclesia.* Postmodum vero, diminuto fidei fervore, Fabianus Papa[12] *indulsit ut, si non frequentius, saltem ter in anno omnes communicent*, scilicet *in Pascha, in Pentecoste et in Nativitate Domini.* Soter etiam Papa[13] *in Cena Domini* dicit esse communicandum: ut habetur in Decretis, *de Consecr.*, dist. II[14]. Postmodum vero, *propter iniquitatis abundantiam refrigescente caritate multorum*, statuit Innocentius III[15] ut *saltem semel in anno*, scilicet *in Pascha*, fideles communicent. — Consulitur tamen in libro *de Ecclesiasticis Dogmat.*[16], *omnibus diebus Dominicis communicandum.*

pelo amor; do temor, porém, nasce a humildade do respeito. Desta sorte, ambos pertencem ao respeito devido a este sacramento, seja quando se comunga todos os dias, seja quando, às vezes, se abstém dele. Por isso, Agostinho diz: "Se alguém disser que não se deve comungar cada dia, e outro afirmar o contrário, então cada um faça o que lhe parecer bem fazer segundo sua fé. Pois, não polemizaram entre si Zaqueu e o Centurião, um alegrando-se de receber o Senhor, o outro dizendo que "não sou digno de que entres em minha casa"; ambos honraram o Salvador, ainda que não do mesmo modo". O amor, porém, e a esperança, a que a Escritura sempre nos provoca, são preferíveis ao temor. Por isso, a Pedro que diz a Jesus "Afasta-te de mim, Senhor, porque sou um homem pecador", o Senhor responde: "Não temas".

QUANTO AO 4º, deve-se dizer que porque o Senhor disse: "Dá-nos hoje o pão que nos é necessário para cada dia", não se deve comungar várias vezes no mesmo dia, para que pelo menos pelo fato de se comungar uma vez por dia seja representada a unidade da paixão de Cristo.

QUANTO AO 5º, deve-se dizer que as leis da Igreja variaram nesse ponto, segundo as diversas situações. Com efeito, na Igreja primitiva, quando vigorava uma maior devoção da fé cristã, o costume era a comunhão diária dos fiéis. Por isso, o papa Anacleto diz: "Terminada a consagração, todos comunguem, se não quiserem pôr-se fora dos limites da Igreja, pois assim prescreveram os Apóstolos e a Santa Igreja romana mantém como uso". Em momento ulterior, o fervor da fé arrefeceu, e o papa Fabiano concedeu que "se todos não comungam frequentemente, que o façam pelo menos três vezes ao ano", a saber "na Páscoa, Pentecostes e Natal do Senhor". O papa Sotero disse que também se devia comungar na 5ª feira santa, como consta nos decretos. Mais tarde, "devido à crescente iniquidade, tendo arrefecido o amor na maioria", o papa Inocêncio III decidiu que os fiéis comungassem "ao menos uma vez por ano", a saber "por ocasião da Páscoa". — Aconselha, porém, em outro documento que se comungue todos os domingos.

---

10. Epist. 54 *ad inquis. Iannuarii*, c. 3: ML 33, 201.
11. Epist. I *ad omnes episc. et fideles*, c. 2: ed. Mansi, I, 602.
12. Conc. Turon. III, a. 813, can. 50: ed. Mansi, XIV, 91.
13. Cfr. Conc. Cabillonense II, a. 813, can. 47: ed. Mansi, XIV, 103.
14. GRATIANUS, op. cit., p. III, dist. 2, can. 17: ed. cit., I, 1320.
15. In Conc. Lat. IV. Cfr. *Decretal. Greg. IX*, loc. supra cit., in nota 2.
16. Loc. cit. in corp.

Articulus 11
Utrum liceat cessare omnino a communione

Ad undecimum sic proceditur. Videtur quod liceat cessare omnino a communione.

1. Laudatur enim Centurio de hoc quod dicit, Mt 8,8: *Domine, non sum dignus ut intres sub tectum meum.* Cui comparatur ille qui reputat sibi a communione esse abstinendum, ut dictum est[1]. Cum ergo nunquam legatur Christum in eius domum venisse, videtur quod liceat alicui toto tempore vitae suae a communione abstinere.

2. Praeterea, cuilibet licet abstinere ab his quae non sunt de necessitate salutis. Sed hoc sacramentum non est de necessitate salutis, ut supra[2] dictum est. Ergo licet a susceptione huius sacramenti omnino cessare.

3. Praeterea, peccatores non tenentur communicare: unde Fabianus Papa[3], cum dixisset, *Ter in anno omnes communicent,* adiunxit: *nisi forte quis maioribus criminibus impediatur.* Si ergo illi qui non sunt in peccato, tenentur communicare, videtur quod melioris conditionis sint peccatores quam iusti: quod est inconveniens. Ergo videtur quod etiam iustis liceat a communione cessare.

Sed contra est quod Dominus dicit, Io 6,54: *Nisi manducaveritis carnem Filii hominis et biberitis eius sanguinem, non habebitis vitam in vobis.*

Respondeo dicendum quod, sicut supra[4] dictum est, duplex est modus percipiendi hoc sacramentum, spiritualis scilicet et sacramentalis. Manifestum est autem quod omnes tenentur saltem spiritualiter manducare: quia hoc est Christo incorporari, ut supra[5] dictum est. Spiritualis autem manducatio includit votum seu desiderium percipiendi hoc sacramentum, ut supra[6] dictum est. Et ideo sine voto percipiendi hoc sacramentum non potest homini esse salus. Frustra autem esset votum nisi impleretur quando opportunitas adesset. Et ideo manifestum est quod homo tenetur hoc sacramentum sumere, non solum ex statuto Ecclesiae, sed etiam ex mandato Domini, dicentis, Mt

Artigo 11
Pode-se deixar totalmente de comungar?

Quanto ao décimo primeiro, assim se procede: parece que **se pode** deixar totalmente de comungar.

1. Com efeito, louva-se no Evangelho o centurião que disse: "Senhor, eu não sou digno de que entres sob o meu teto". Compara-se com ele quem se julga no dever de abster-se da sagrada comunhão, como foi dito acima. Uma vez que não se lê em lugar nenhum que Jesus tenha ido alguma vez a sua casa, parece que seja lícito abster-se da comunhão durante toda a vida.

2. Além disso, é permitido a alguém abster-se daquilo que não pertence necessariamente à salvação. Ora, a Eucaristia não é absolutamente necessária à salvação. Logo, é lícito abster-se totalmente de receber a Eucaristia.

3. Ademais, os pecadores não são obrigados a comungar. Por isso, o papa Fabiano, ao dizer que "todos comunguem três vezes ao ano", acrescenta: "A não ser que alguém esteja impedido por pecados maiores". Se, portanto, aqueles que não estão em pecado estão obrigados a comungar, parece que os pecadores estejam em melhor condição que os justos, o que é equivocado. Logo, parece que também os justos podem abster-se de comungar.

Em sentido contrário, o Senhor diz: "Se não comerdes a carne do Filho do Homem e não beberdes o seu sangue, não tereis a vida em vós".

Respondo. Há duas maneiras de receber este sacramento, uma espiritual e outra sacramental. É evidente que todos devem comungar pelo menos espiritualmente, porque isso significa incorporar-se a Cristo. Comungar de maneira espiritual inclui o voto ou desejo de receber este sacramento. E, assim sem o voto de receber este sacramento ninguém pode salvar-se. Ora, este voto seria em vão, se não se concretizasse, quando se oferece a oportunidade. Por isso, é evidente que se é obrigado a receber este sacramento, não só por causa do mandamento da Igreja, mas também por determinação do Senhor que disse: "Fazei isto em minha comemoração". Os mandamentos da Igreja

---

11 Parall.: IV *Sent.*, dist. 12, q. 3, a. 2, q.la 1; *in Ioan.*, c. 6, lect. 7.

1. A. 10, ad 3.
2. Q. 73, a. 3.
3. Cfr. loc. cit. a praec., ad 5.
4. A. 1.
5. A. 9, ad 3; q. 73, a. 3, ad 1.
6. A. 1, ad 3; a. 2.

26: *Hoc facite in meam commemorationem.* Ex statuto autem Ecclesiae sunt determinata tempora exequendi Christi praeceptum.

AD PRIMUM ergo dicendum quod, sicut Gregorius dicit, in *Pastorali* [7], *illa est vera humilitas, cum ad respuendum hoc quod utiliter praecipitur, pertinax non est.* Et ideo non potest esse laudabilis humilitas si contra praeceptum Christi et Ecclesiae aliquis a communione abstineat. Neque enim Centurioni praeceptum fuit ut Christum in sua domo reciperet.

AD SECUNDUM dicendum quod hoc sacramentum dicitur non esse necessitatis sicut baptismus, quantum ad pueros, quibus potest esse salus sine hoc sacramento, non autem sine sacramento baptismi. Quantum vero ad adultos, utrumque est necessitatis.

AD TERTIUM dicendum quod peccatores magnum detrimentum patiuntur ex hoc quod repelluntur a perceptione huius sacramenti: unde per hoc non sunt melioris conditionis. Et licet in peccatis permanentes non excusentur propter hoc a transgressione praecepti, poenitens tamen, qui, ut Innocentius[8] dicit, *secundum consilium sacerdotis abstinet*, excusatur.

determinam as épocas para o cumprimento deste preceito de Cristo.

QUANTO AO 1º, portanto, Gregório ensina: "A verdadeira humildade não é teimosa em rejeitar aquilo que se prescreve para o bem". Por isso, não pode ser louvável aquela humildade de abster-se da comunhão, contrariando o preceito de Cristo e da Igreja. Quanto ao centurião, não havia nenhum preceito para que ele recebesse a Cristo em sua casa.

QUANTO AO 2º, deve-se dizer que este sacramento não é absolutamente necessário como o batismo para a salvação das crianças, que podem salvar-se sem a Eucaristia, mas não sem o batismo. Quanto aos adultos, porém, ambos são absolutamente necessários.

QUANTO AO 3º, deve-se dizer que os pecadores sofrem enorme dano, ao serem afastados da comunhão. Pois, assim, não estão em melhor condição. Os que estão em pecado não se eximem da transgressão do preceito da comunhão, mas somente o penitente que, "a conselho do sacerdote se abstém da comunhão", como diz o papa Inocêncio.

ARTICULUS 12
Utrum liceat sumere corpus Domini sine sanguine

AD DUODECIMUM SIC PROCEDITUR. Videtur quod non liceat sumere corpus Domini sine sanguine.

1. Dicit enim Gelasius Papa, et habetur *de Consecrat.*, dist. II[1]: *Comperimus quod quidam, sumpta tantummodo corporis sacri portione, a calice sacrati cruoris abstinent. Qui procul dubio, quoniam nescio qua superstitione docentur adstringi, aut integra sacramenta percipiant, aut ab integris arceantur.* Non ergo licet corpus Christi sumere sine sanguine.

2. PRAETEREA, ad perfectionem huius sacramenti concurrit manducatio corporis et potatio sanguinis, ut supra[2] habitum est. Si ergo sumatur corpus sine

ARTIGO 12
Pode-se receber o corpo do Senhor sem o sangue?[k]

QUANTO AO DÉCIMO SEGUNDO, ASSIM SE PROCEDE: parece que **não** se pode receber o corpo do Senhor sem o sangue.

1. Com efeito, o papa Gelásio ensina e os Decretos consignam que: "Soubemos que alguns, depois de terem tomado somente sua porção do corpo sagrado, se abstêm do cálice do sangue de Cristo. Sem dúvida, porque eles se deixaram prender a não sei que superstição; ou recebam o sacramento integralmente ou se abstenham dele totalmente". Portanto, não é permitido receber o corpo de Cristo sem o sangue.

2. ALÉM DISSO, pertence à perfeição da Eucaristia que se coma do corpo e se beba do sangue. Se, portanto, se toma o corpo sem o sangue, o

---

7. P. I, c. 6: ML 77, 19 D.
8. Cfr. *Decretal. Greg. IX*, loc. supra cit., nota 7.

12 PARALL.: IV *Sent*, dist. 12, q. 3, a. 2, q.la 2; *in Ioan.*, c. 6, lect. 7.

1. GRATIANUS, *Decretum*, p. III, dist. 2, can. 12: ed. Richter-Friedberg, I, 1318.
2. Q. 73, a. 2.

k. Eis abordada a questão da comunhão sob uma só espécie. As notas doutrinas do P. Roguet (Revue des jeunes, t. II, pp. 347-65) são bem completas, e nós as recomendamos.

sanguine, erit sacramentum imperfectum. Quod ad sacrilegium pertinere videtur. Unde ibidem Gelasius subdit: *quia divisio unius eiusdemque mysterii sine grandi sacrilegio non potest provenire.*

3. PRAETEREA, hoc sacramentum celebratur in memoriam Dominicae passionis, ut supra[3] habitum est, et sumitur pro animae salute. Sed passio Christi magis exprimitur in sanguine quam in corpore: sanguis etiam pro salute animae offertur, ut supra[4] habitum est. Ergo potius esset abstinendum a sumptione corporis quam a sumptione sanguinis. Non ergo accedentes ad hoc sacramentum debent sumere corpus sine eius sanguine.

SED CONTRA est multarum ecclesiarum usus, in quibus populo communicanti datur corpus Christi sumendum, non autem sanguis.

RESPONDEO dicendum quod circa usum huius sacramenti duo possunt considerari: unum ex parte ipsius sacramenti; aliud ex parte sumentium. Ex parte ipsius sacramenti convenit quod utrumque sumatur, scilicet et corpus et sanguis: quia in utroque consistit perfectio sacramenti. Et ideo, quia ad sacerdotem pertinet hoc sacramentum consecrare et perficere, nullo modo debet corpus Christi sumere sine sanguine.

Ex parte autem sumentium requiritur summa reverentia, et cautela ne aliquid accidat quod vergat in iniuriam tanti mysterii. Quod praecipue posset accidere in sanguinis sumptione, qui quidem, si incaute sumeretur, de facili posset effundi. Et quia, crescente multitudine populi Christiani, in qua continentur senes et iuvenes et parvuli, quorum quidam non sunt tantae discretionis ut cautelam debitam circa usum huius sacramenti adhiberent, ideo provide in quibusdam ecclesiis observatur ut populo sanguis sumendus non detur, sed solum a sacerdote sumatur.

AD PRIMUM ergo dicendum quod Gelasius Papa loquitur quantum ad sacerdotes, qui, sicut totum consecrant sacramentum, ita etiam toti communicare debent. Ut enim legitur in concilio Toletano[5]: *Quale erit sacrificium, ubi nec ipse sacrificans esse dignoscitur?*

sacramento estará incompleto. E isso parece ser sacrilégio. Pois, no mesmo texto, o papa Gelásio acrescenta: "A divisão de um único e mesmo mistério não se faz sem grande sacrilégio".

3. ADEMAIS, a Eucaristia se celebra em memória da paixão do Senhor e se recebe para a salvação da alma. Ora, a paixão de Cristo se exprime mais no sangue que no corpo, e ademais, o sangue é oferecido pela salvação da alma. Portanto, deve-se antes abster-se da comunhão do corpo do que da do sangue. Por conseguinte, os que se aproximam deste sacramento não devem tomar do corpo sem seu sangue.

EM SENTIDO CONTRÁRIO, existe o costume de muitas igrejas, onde só se distribui aos fiéis a comunhão do corpo de Cristo sem o seu sangue[1].

RESPONDO. Duas considerações ocorrem a respeito da recepção deste sacramento. Uma se faz a partir da natureza do sacramento e a outra a partir de quem o recebe. Considerando a natureza do sacramento, é conveniente que se comunguem os dois, a saber o corpo e o sangue. Neles consiste a perfeição do sacramento. Por isso, porque ao sacerdote pertence consagrar e celebrar plenamente este sacramento, ele não pode, de modo nenhum, tomar do corpo sem o sangue.

Considerando, por sua vez, quem comunga, exige-se o maior respeito e precaução para que nada aconteça em desdouro deste sacramento. Ora, isso pode suceder principalmente na comunhão do sangue, que facilmente derrama, se alguém comunga sem cuidado. Assim, com o crescimento da multidão dos fiéis, onde se encontram anciãos, jovens e crianças, dos quais alguns não têm muita discrição para prestar o devido cuidado na recepção deste sacramento, prudentemente em muitas igrejas observa-se o rito de não dar a comunhão do sangue aos fiéis, mas ele é tomado somente pelo sacerdote.

QUANTO AO 1º, portanto, deve-se dizer que o papa Gelásio refere-se aos sacerdotes que, assim como consagram todo o sacramento, devem também comungar do sacramento inteiro. Assim se lê no Concílio de Toledo: "Que sacrifício será este em que nem mesmo o sacerdote é reconhecido participando dele?"

---

3. Q. 66, a. 9, ad 5; q. 73, a. 4, 5; q. 74, a. 1.
4. Q. 74, a. 1; q. 76, a. 2, ad 1.
5. Conc. Tolet. XII, a. 681, c. 5: ed. Mansi, XI, 1033.

1. Observemos que, na época de Sto. Tomás, não se tratava ainda de um costume universal. Ele se refere a "certas" igrejas (na Resposta), aqui de "numerosas" igrejas, observando esse costume de não dar sangue para as pessoas beberem, o padre sendo o único a bebê-lo. Sto. Tomás é favorável a esse novo costume, mas unicamente por razões práticas que ele apresenta, em especial a falta de jeito a se temer entre os velhos ou os jovens demais.

AD SECUNDUM dicendum quod perfectio huius sacramenti non est in usu fidelium, sed in consecratione materiae. Et ideo nihil derogat perfectioni huius sacramenti si populus sumat corpus sine sanguine, dummodo sacerdos consecrans sumat utrumque.

AD TERTIUM dicendum quod repraesentatio Dominicae passionis agitur in ipsa consecratione huius sacramenti, in qua non debet corpus sine sanguine consecrari. Potest autem a populo corpus sine sanguine sumi: nec exinde aliquod sequitur detrimentum. Quia sacerdos in persona omnium sanguinem offert et sumit: et sub utraque specie totus Christus continetur, ut supra[6] habitum est.

QUANTO AO 2º, deve-se dizer que alcança-se a perfeição deste sacramento na consagração da matéria e não na sua recepção feita pelo fiel. E, assim, não diminui em nada a perfeição deste sacramento o fato de os fiéis receberem o corpo sem o sangue, desde que o sacerdote celebrante participe de ambos.

QUANTO AO 3º, deve-se dizer que a representação da paixão do Senhor se realiza na própria consagração deste sacramento, onde não se deve consagrar o corpo sem o sangue. Os fiéis, porém, podem receber o corpo sem o sangue, nem por isso daí resulta alguma perda, já que o sacerdote oferece e consome o sangue em nome de todos e já que também sob ambas as espécies está contido Cristo inteiro.

6. Q. 76, a. 2.

QUAESTIO LXXXI
DE USU HUIUS SACRAMENTI QUO CHRISTUS USUS EST IN PRIMA SUI INSTITUTIONE
in quatuor articulos divisa
Deinde considerandum est de usu huius sacramenti quo christus usus est in prima sui institutione.
Et circa hoc quaeruntur quatuor.
Primo: utrum ipse Christus sumpserit corpus et sanguinem suum.
Secundo: utrum Iudae dederit.
Tertio: quale corpus sumpserit aut dederit, scilicet passibile vel impassibile.
Quarto: quomodo se habuisset Christus sub hoc sacramento si fuisset in triduo mortis reservatum, aut etiam consecratum.

QUESTÃO 81
A RESPEITO DO USO QUE CRISTO FEZ DA EUCARISTIA NA SUA PRIMEIRA INSTITUIÇÃO
em quatro artigos
Em seguida deve-se tratar do uso que Cristo fez desse sacramento na sua primeira instituição.
A esse respeito são quatro as perguntas.
1. Tomou Cristo de seu próprio corpo e sangue?
2. Deu-o Cristo a Judas?
3. Qual foi o corpo tomado e dado: passível ou impassível?
4. Em que estado se encontraria Cristo sob este sacramento, se fosse conservado ou consagrado durante os três dias em que estava morto?[a]

---

a. Se, nesta questão sobre o uso feito por Cristo desse sacramento esperávamos um estudo bíblico sobre os relatos da instituição, ficaremos frustrados. Trata-se de problemas estranhos à preocupação dos evangelistas ou de São Paulo. É evidentemente legítimo levantar tais questões, mas não se pode esperar mais do que conjecturas. A questões artificiais, respostas duvidosas e de pouca consequência para a vida sacramental da Igreja.
Nenhum desses artigos apresenta maior dificuldade. O texto se basta a si mesmo, sem comentários nem anotações.

Articulus 1
Utrum Christus sumpserit suum corpus et sanguinem

AD PRIMUM SIC PROCEDITUR. Videtur quod Christus non sumpserit corpus suum et sanguinem.

1. Non enim de factis Christi et dictis asseri debet quod auctoritate sacrae Scripturae non traditur. Sed in Evangeliis non habetur quod Christus corpus suum manducaverit aut sanguinem biberit. Non ergo est hoc asserendum.

2. PRAETEREA, nihil potest esse in seipso, nisi forte ratione partium, prout scilicet una pars eius est in alia: ut habetur in IV *Physic*.[1]. Sed illud quod manducatur et bibitur, est in manducante et bibente. Cum ergo totus Christus sit in utraque specie sacramenti, videtur impossibile fuisse quod ipse sumpserit hoc sacramentum.

3. PRAETEREA, duplex est assumptio huius sacramenti, scilicet spiritualis et sacramentalis. Sed spiritualis non competebat Christo: quia nihil a sacramento accepit. Et per consequens nec sacramentalis, quae sine spirituali est imperfecta, ut supra[2] habitum est. Ergo Christus nullo modo hoc sacramentum sumpsit.

SED CONTRA est quod Hieronymus dicit, *ad Heldibiam*[3]: *Dominus Iesus ipse conviva et convivium, ipse comedens et qui comeditur*.

RESPONDEO dicendum quod quidam dixerunt quod Christus in Cena corpus et sanguinem suum discipulis tradidit, non tamen ipse sumpsit. Sed hoc non videtur convenienter dici. Quia Christus ea quae ab aliis observanda instituit, ipse primitus observavit, unde et ipse prius baptizari voluit quam aliis baptismum imponeret: secundum illud At 1,1: *Coepit Iesus facere et docere*. Unde et ipse primo corpus suum et sanguinem sumpsit, et postea discipulis suis tradidit sumendum. Et hoc est quod, Rt 3 super illud [v. 7], *Cumque comedisset et bibisset* etc., dicit Glossa[4], quod *Christus comedit et bibit in Cena, cum corporis et sanguinis sui sacramentum discipulis tradidit. Unde, "quia*

Artigo 1
Tomou Cristo o seu próprio corpo e sangue?

QUANTO AO PRIMEIRO ARTIGO, ASSIM SE PROCEDE: parece que Cristo **não** tomou o seu próprio corpo e sangue.

1. Com efeito, não se deve afirmar nada sobre os fatos e ditos de Cristo que não foram transmitidos pela autoridade da Escritura. Ora, nos Evangelhos nada se diz que Cristo tenha comido seu corpo ou bebido seu sangue. Logo, isto não deve ser afirmado.

2. ALÉM DISSO, como ensina Aristóteles, nada pode existir em si mesmo, a não ser em razão das partes, enquanto uma parte se encontra numa outra. Ora, aquilo de que se come e se bebe existe em quem come e bebe. Logo, uma vez que Cristo inteiro existe em ambas as espécies do sacramento, parece impossível que ele mesmo tomasse deste sacramento.

3. ADEMAIS, ocorrem duas maneiras de consumir este sacramento, a saber espiritual e sacramental. Ora, o modo espiritual não convinha a Cristo, pois ele não tinha nada a receber do sacramento. E consequentemente nem o modo sacramental, que sem a maneira espiritual é incompleto. Portanto, Cristo não recebeu, de modo algum, este sacramento.

EM SENTIDO CONTRÁRIO, Jerônimo diz: "O Senhor Jesus foi ao mesmo tempo conviva e convívio, quem come e de quem se come".

RESPONDO. Alguns autores ensinaram que Cristo entregou na Ceia o seu corpo e sangue aos discípulos, mas ele mesmo não tomou deles. Isso não parece correto. Cristo observou primeiro aquilo que ele instituiu para os outros. Por isso, ele quis ser batizado antes de impor aos outros o batismo, segundo o referido pelo livro dos Atos: "Jesus começou a fazer e a ensinar". Por esta razão, ele primeiro tomou do seu corpo e sangue e depois entregou-os aos seus discípulos para consumi-los. Comentando o livro de Rute "como comesse e bebesse" etc., a Glosa diz: "Cristo comeu e bebeu na Ceia ao entregar aos discípulos o sacramento de seu corpo e sangue. Daí se segue que 'já que os

---
1 PARALL.: Infra, q. 84, a. 7, ad 4; IV *Sent*., dist. 11, q. 3, a. 1.

1. C. 4: 211, a, 30-31.
2. Q. 80, a. 1.
3. *Ad Hedibiam*, epist. 120, al. 150, c. 2, al. ad q. 2: ML 22, 986.
4. Ordin.: ML 113, 536 BD.

pueri communicaverunt carni et sanguini, et ipse participavit eisdem".

AD PRIMUM ergo dicendum quod in Evangeliis legitur quod Christus *accepit panem et calicem*. Non est autem intelligendum quod acceperit solum in manibus, ut quidam dicunt: sed eo modo accepit quo aliis accipiendum tradidit. Unde, cum discipulis dixerit, *Accipite et comedite*, et iterum, *Accipite et bibite*, intelligendum est quod ipse Dominus accipiens comederit et biberit. Unde et quidam metrice dixerunt: *Rex sedet in Cena: Turba cinctus duodena: Se tenet in manibus: Se cibat ipse cibus*.

AD SECUNDUM dicendum quod, sicut supra[5] dictum est, Christus, secundum quod est sub hoc sacramento, comparatur ad locum non secundum proprias dimensiones, sed secundum dimensiones specierum sacramentalium, ita quod in quocumque loco ubi sunt illae species, est ipse Christus. Et quia species illae potuerunt esse in manibus et in ore Christi, ipse totus Christus potuit esse in suis manibus et in suo ore. Non autem potuisset hoc esse secundum quod comparatur ad locum secundum proprias species.

AD TERTIUM dicendum quod, sicut supra[6] dictum est, effectus huius sacramenti est non solum augmentum habitualis gratiae, sed etiam actualis delectatio spiritualis dulcedinis. Quamvis autem Christo gratia non fuerit augmentata ex susceptione huius sacramenti, habuit tamen quandam spiritualem delectationem in nova institutione huius sacramenti: unde ipse dicebat, Lc 22,15: *Desiderio desideravi manducare hoc pascha vobiscum*, quod Eusebius[7] exponit de novo mysterio huius novi Testamenti quod tradebat discipulis. Et ideo spiritualiter manducavit, et similiter sacramentaliter: inquantum corpus suum sub sacramento sumpsit, quod sacramentum sui corporis intellexit et disposuit. Aliter tamen quam ceteri sacramentaliter et spiritualiter sumant, qui augmentum gratiae suscipiunt, et sacramentalibus signis indigent ad veritatis perceptionem.

filhos têm em comum o sangue e a carne, também ele participou igualmente da mesma condição'".

QUANTO AO 1º, portanto, deve-se dizer que se lê nos Evangelhos que Cristo "tomou o pão e o cálice". Ora, não se deve entender que tenha tomado unicamente nas mãos, como certos autores afirmam, mas tomou-os da mesma maneira que deviam tomar aqueles a quem os entregou. Por isso, depois de dizer aos discípulos "tomai e comei", disse de novo "tomai e comei"; então deve-se entender que o próprio Senhor tomando-os, comeu e bebeu. Por esta razão, certos autores disseram em versos: "O Rei reina na Ceia, Cercado pelo grupo dos doze, Nas mãos a si mesmo sustém, Ele alimento alimenta si mesmo".

QUANTO AO 2º, deve-se dizer que Cristo, na forma como está sob este sacramento, relaciona-se com o lugar, não segundo as suas próprias dimensões, mas segundo as das espécies sacramentais. Assim, pois, em todo o lugar em que estiverem essas espécies, o próprio Cristo aí está. De igual modo, como essas espécies puderam estar nas mãos e na boca de Cristo, o próprio Cristo inteiro pôde estar em suas mãos e boca. Isto não poderia acontecer da maneira como ele se relaciona com o lugar por suas próprias dimensões.

QUANTO AO 3º, deve-se dizer que, o efeito deste sacramento não é somente o aumento da graça habitual, mas também um deleite atual de doçura espiritual. Embora a recepção deste sacramento não tenha aumentado a graça de Cristo, ele experimentou, porém, um deleite espiritual na instituição deste sacramento. Por isso, ele dizia: "Eu desejei tanto comer esta páscoa convosco", o que Eusébio explica relacionando-a ao novo mistério desta nova aliança, que transmitia aos discípulos. Assim, ele comeu espiritualmente e também sacramentalmente, ao comer de seu corpo sob as espécies do sacramento, que ele concebeu e instituiu como o sacramento de seu corpo. No entanto, ele fez de maneira diferente dos outros que comungam sacramental e espiritualmente, já que estes recebem um aumento de graça e necessitam dos sinais sacramentais para participar de sua realidade.

---

5. Q. 76, a. 5.
6. Q. 79, a. 1, ad 2.
7. EUS. CAESARIENS., *De solemnitate paschali*, n. 9: MG 24, 704 B.

Articulus 2
Utrum Christus Iudae dederit corpus suum

AD SECUNDUM SIC PROCEDITUR. Videtur quod Christus Iudae non dederit corpus suum.

1. Ut enim legitur Mt 26,29, postquam Dominus dederat corpus suum et sanguinem discipulis, dixit eis: *Non bibam amodo de hoc genimine vitis usque in diem illum cum illud bibam vobiscum novum in regno Patris mei.* Ex quo videtur quod illi quibus corpus suum et sanguinem dederat, cum eo essent iterum bibituri. Sed Iudas postea cum ipso non bibit. Ergo non accepit cum aliis discipulis corpus Christi et sanguinem.

2. PRAETEREA, Dominus implevit quod praecepit: secundum illud At 1,1: *Coepit Iesus facere et docere.* Sed ipse praecepit, Mt 7,6: *Nolite sanctum dare canibus.* Cum ergo ipse cognosceret Iudam peccatorem esse, videtur quod ei corpus suum et sanguinem non dederit.

3. PRAETEREA, Christus specialiter legitur Iudae panem intinctum porrexisse, Io 13,26. Si ergo corpus suum ei dederit, videtur quod sub buccella ei dederit: praecipue cum legatur ibidem [27], *Et post buccellam introivit in eum Satanas*; ubi Augustinus dicit[1]: *Hinc nos docemur quam sit cavendum male accipere bonum. Si enim corripitur qui "non diiudicat", idest, non discernit corpus Domini a ceteris cibis, quomodo damnabitur qui ad eius mensam, fingens se amicum, accedit inimicus?* Sed cum buccella intincta non accepit corpus Christi, ut Augustinus dicit[2], super illud Io 13,26, *Cum intinxisset panem, dedit Iudae Simonis Iscariotis: Non, ut putant quidam negligenter legentes, tunc Iudas solus corpus Christi accepit.* Ergo videtur quod Iudas corpus Christi non acceperit.

SED CONTRA est quod Chrysostomus dicit[3]: *Iudas, particeps existens mysteriorum, conversus non est. Unde fit scelus eius utrinque immanius: tum quia tali proposito imbutus adiit mysteria; tum quia adiens melior factus non fuit, nec metu nec beneficio nec honore.*

Artigo 2
Deu Cristo o seu corpo a Judas?

QUANTO AO SEGUNDO, ASSIM SE PROCEDE: parece que Cristo **não** deu seu corpo a Judas.

1. Com efeito, segundo as palavras do Evangelho de Mateus, o Senhor depois de ter dado o seu corpo e sangue aos discípulos, disse-lhes: "Doravante não beberei deste fruto da videira até o dia em que o beber, de novo, convosco no Reino do meu Pai". Daí se vê que aqueles a quem Cristo dera seu corpo e sangue iriam beber com ele de novo deste fruto da videira. Ora, Judas não beberá depois com ele. Logo, não recebeu com os outros discípulos o corpo e o sangue de Cristo.

2. ALÉM DISSO, o Senhor cumpriu o que prometeu, segundo as palavras dos Atos: "Jesus começou a fazer e a ensinar". Ora, ele mesmo prescreveu: "Não deis aos cães o que é sagrado". Como ele sabia que Judas era pecador, parece que ele não lhe deu o seu corpo e sangue.

3. ADEMAIS, lê-se, de modo explícito, que Cristo ofereceu a Judas o "pão umedecido". Se, portanto, lhe deu seu corpo, parece que o fez sob a espécie do "bocado" de pão, sobretudo porque se lê aí: "logo depois de partilhado o bocado, nesse momento, Satanás entrou em Judas". Agostinho comenta tal passagem: "Daí aprendemos quanto devemos precaver-nos de receber mal o que é bom. Se se repreende quem "não se examina", isto é, quem não discerne o corpo de Cristo dos outros alimentos, como não se condenará quem se aproxima de sua mesa, sendo inimigo, sob a aparência de amigo?" Ora, com o bocado umedecido ele não recebeu o corpo de Cristo, como observa Agostinho, ao comentar o texto de João "Jesus tomou o bocado umedecido no molho e o deu a Juda Iscariotes, filho de Simão": "Não foi então, como pensam alguns que leram sem atenção, que recebeu o corpo de Cristo". Por isso, parece que Judas não recebeu o corpo de Cristo.

EM SENTIDO CONTRÁRIO, Crisóstomo diz: "Judas, que participou do mistério, não se converteu. Daí se segue que seu crime se tornou ainda mais horrendo por duas razões. Tanto porque se aproximou dos mistérios já maquinando o crime, como porque em se aproximando não se tornou

---

2 PARALL.: IV *Sent.*, dist. 11, q. 3, a. 2, q.la 1, 2; *in Matth.*, c. 26; *in Ioan.*, c. 13, lect. 3, 4.

1. *In Ioan. Evang.*, tract. 62, n. 1: ML 35, 1801-1802.
2. Ibid., n. 3: ML 35, 1802.
3. *In Matth.*, hom. 82, al. 83, n. 1: MG 58, 737.

RESPONDEO dicendum quod Hilarius posuit, *super Matth.*[4], quod Christus Iudae corpus suum et sanguinem non dedit. Et hoc quidem conveniens fuisset, considerata malitia Iudae. Sed quia Christus debuit nobis esse exemplum iustitiae, non conveniebat eius magisterio ut Iudam, occultum peccatorem, sine accusatore et evidenti probatione, ab aliorum communione separaret: ne per hoc daretur exemplum praelatis Ecclesiae similia faciendi; et ipse Iudas, inde exasperatus, sumeret occasionem peccandi. Et ideo dicendum est quod Iudas cum aliis discipulis corpus domini et sanguinem suscepit: ut dicit Dionysius in libro *Eccles. Hier.*[5], et Augustinus, *super Ioannem*[6].

AD PRIMUM ergo dicendum quod illa est ratio Hilarii ad ostendendum quod Iudas corpus Christi non sumpsit. Non tamen cogit. Quia Christus loquitur discipulis, a quorum collegio Iudas se separavit, non autem Christus eum exclusit. Et ideo Christus, quantum est in se, etiam cum Iuda vinum in regno Dei bibit: sed hoc convivium ipse Iudas repudiavit.

AD SECUNDUM dicendum quod Christo nota erat Iudae iniquitas sicut Deo: non autem erat sibi nota per modum quo hominibus innotescit. Et ideo Christus Iudam non repulit a communione, ut daret exemplum tales peccatores occultos non esse ab aliis sacerdotibus repellendos.

AD TERTIUM dicendum quod sine dubio Iudas sub pane intincto corpus Christi non sumpsit, sed simplicem panem. *Significatur autem fortassis*, ut Augustinus dicit ibidem, *per panis intinctionem fictio Iudae: ut enim inficiantur, nonnulla tinguntur. Si autem bonum aliquod hic significat tinctio*, scilicet dulcedinem bonitatis divinae, quia panis ex intinctione sapidior redditur, *eidem bono ingratum non immerito secuta est damnatio*. Et propter hanc ingratitudinem *id quod est bonum, factum est ei malum*: sicut accidit circa sumentes corpus Christi indigne.

Et, sicut Augustinus dicit ibidem, *intelligendum est quod Dominus iam antea distribuerat omnibus discipulis suis* sacramentum corporis et sanguinis

melhor, nem pelo medo, nem pelo benefício, nem pela honra".

RESPONDO. Hilário comenta o texto de Mateus dizendo que Cristo não deu seu corpo e sangue a Judas. Atitude coerente, se se considera a maldade de Judas. Porque Cristo nos devia ser um exemplo de justiça, não correspondia a seu magistério impedir a Judas da comunhão juntamente com os outros, uma vez que seu pecado era oculto e não havia nenhum acusador, nem prova evidente. Assim Cristo evitou de dar um exemplo aos prelados da Igreja para fazer a mesma coisa; e Judas, exasperado por tal recusa, teria tirado daí ocasião de pecar. Por isso, deve-se dizer que Judas juntamente com os outros discípulos recebeu o corpo e sangue de Cristo, como, aliás Dionísio e Agostinho ensinam.

QUANTO AO 1º, portanto, deve-se dizer que o argumento aduzido por Hilário para mostrar que Judas não tomou do corpo de Cristo não convence. Porque Cristo fala aos discípulos, de cujo colégio Judas se separara, e não foi Cristo que o excluiu. E por isso, Cristo, no que depende dele, bebe com Judas o vinho no reino de Deus, mas foi Judas que rejeitou tal convívio.

QUANTO AO 2º, deve-se dizer que Cristo, enquanto Deus, conhecia a maldade de Judas. Não lhe era, porém, conhecida a maneira como ela se manifesta aos homens. Por isso, Cristo não recusa a comunhão a Judas para dar o exemplo de que os pecadores ocultos não devem ser afastados da comunhão pelos outros sacerdotes.

QUANTO AO 3º, deve-se dizer que sem dúvida, Judas não recebeu sob o "pão umedecido" o corpo de Cristo, mas um pão comum. Agostinho comenta esta passagem: "Talvez o pão umedecido signifique a hipocrisia de Judas, já que algumas coisas são molhadas para serem tingidas. Se, porém, esta intenção significa algo de bom", a saber a doçura da bondade divina, porque o pão fica mais saboroso quando molhado, "então não se seguiu imerecidamente a condenação de quem foi ingrato diante do bem". E por causa desta ingratidão "o que é bom se tornou mau", como sucede com quem comunga do corpo de Cristo de maneira indigna.

No mesmo lugar, Agostinho diz: "Deve-se entender que o Senhor já tinha antes distribuído a todos os seus discípulos" o sacramento do seu

---

4. C. 30, n. 2: ML 9, 1065 B.
5. C. 3, p. 3, § 1: MG 3, 428 B.
6. *In Ioan. Evang.*, tract. 62, nn. 3, 4: ML 35, 1802.

sui, *ubi et ipse Iudas erat, sicut Lucas narrat. Ac deinde ad hoc ventum est, ubi, secundum narrationem Ioannis, Dominus per buccellam tinctam atque porrectam suum exprimit proditorem.*

Articulus 3
Utrum Christus sumpserit et dederit corpus suum discipulis impassibile

AD TERTIUM SIC PROCEDITUR. Videtur quod Christus sumpserit et dederit corpus suum discipulis impassibile.

1. Quia super illud Mt 17,2: *Transfiguratus est ante illos*, dicit quaedam glossa[1]: *Illud corpus quod habuit per naturam, dedit discipulis in Cena, non mortale et passibile.* Et Lv 2, super illud [5], *Si oblatio tua fuerit de sartagine*, dicit Glossa[2]: *Crux, super omnia fortis, carnem Christi, quae ante passionem non videbatur esui apta, post aptam fecit.* Sed Christus dedit corpus suum ut aptum ad manducandum. Ergo dedit tale quale habuit post passionem, scilicet impassibile et immortale.

2. PRAETEREA, omne corpus passibile per contactum et manducationem patitur. Si ergo corpus Christi erat passibile, per contactum et comestionem discipulorum passum fuisset.

3. PRAETEREA, verba sacramentalia non sunt modo maioris virtutis quando proferuntur a sacerdote in persona Christi, quam tunc quando fuerunt prolata ab ipso Christo. Sed nunc virtute verborum sacramentalium in altari consecratur corpus Christi impassibile et immortale. Ergo multo magis tunc.

SED CONTRA est quod, sicut Innocentius III dicit[3], *tale corpus tunc dedit discipulis quale habuit*. Habuit autem tunc corpus passibile et mortale. Ergo corpus passibile et mortale discipulis dedit.

RESPONDEO dicendum quod Hugo de Sancto Victore[4] posuit quod Christus ante passionem diversis temporibus quatuor dotes corporis glorificati assumpsit: scilicet subtilitatem in nativitate, quando exivit de clauso utero Virginis; agilitatem, quando siccis pedibus super mare ambulavit; claritatem, in transfiguratione; impassibilitatem, in

corpo e sangue, "quando Judas ainda estava, como narra Lucas. E, em seguida, vem-se ao que relata João que o Senhor, ao molhar e entregar o bocado, denuncia o traidor."

Artigo 3
Cristo tomou e entregou aos discípulos o seu corpo impassível?

QUANTO AO TERCEIRO, ASSIM SE PROCEDE: parece que Cristo tomou e deu seu corpo **impassível** aos discípulos.

1. Com efeito, a Glosa, ao comentar o texto "ele foi transfigurado diante deles", diz: "Deu aos discípulos na Ceia aquele corpo que tinha por natureza, mas não seu corpo mortal e passível". A respeito do texto "se o que apresentas for uma oferenda cozida na assadeira", a Glosa comenta: "A cruz, mais forte do que tudo, tornou a carne de Cristo, após a paixão, apta para ser comida, enquanto antes não o era". Ora, Cristo deu o seu corpo como apto para ser comido. Logo, deu-o tal qual ele o possuiu depois da paixão, a saber impassível e imortal.

2. ALÉM DISSO, todo corpo passível sofre com o contato e manducação. Se, pois, o corpo de Cristo fosse passível, ele teria sofrido com o contacto e manducação dos discípulos.

3. ADEMAIS, as palavras sacramentais não têm mais poder ao serem proferidas pelo sacerdote em nome de Cristo do que quando o foram pelo próprio Cristo. Ora, agora pelo poder das palavras sacramentais consagra-se no altar o corpo de Cristo, impassível e imortal. Logo, com muito mais razão então.

EM SENTIDO CONTRÁRIO, Inocêncio III diz: "Deu a seus discípulos aquele corpo no estado em que o possuía". Ora, possuía então um corpo mortal e passível. Logo, deu aos discípulos um corpo passível e mortal.

RESPONDO. Hugo de São Vitor ensinou que Cristo em diversos momentos antes da paixão assumiu quatro qualidades do corpo glorioso, a saber a sutileza ao sair do útero da Virgem Maria no nascimento, a agilidade ao andar com pé enxuto sobre as águas do mar, a claridade na transfiguração e a impassibilidade na Ceia ao

---

3 PARALL.: IV *Sent.*, dist. 11, q. 3, a. 3.
 1. Ordin.: ML 114, 143 D.
 2. Ordin.: ML 113, 303 A.
 3. *De sacro Alt. Myst.*, l. IV, c. 12: ML 217, 864 C.
 4. Cfr. INNOCENTIUM III, *De sacro Alt. Myst.*, loc. cit., *Serm. de temp.*, serm. 14: ML 217, 382 A.

Cena, quando corpus suum tradidit discipulis ad manducandum. Et secundum hoc, dedit discipulis suis corpus impassibile et immortale.

Sed, quidquid sit de aliis, de quibus supra[5] dictum est quid sentiri debeat, circa impassibilitatem tamen impossibile est esse quod dicitur. Manifestum est enim quod idem verum corpus Christi erat quod a discipulis tunc in propria specie videbatur, et in specie sacramenti sumebatur. Non autem erat impassibile secundum quod in propria specie videbatur: quinimmo erat passioni paratum. Unde nec ipsum corpus quod in specie sacramenti dabatur, impassibile erat.

Impassibili tamen modo erat sub specie sacramenti quod in se erat passibile: sicut invisibiliter quod in se erat visibile. Sicut enim visio requirit contactum corporis quod videtur ad circumstans medium visionis, ita passio requirit contactum corporis quod patitur ad ea quae agunt. Corpus autem Christi, secundum quod est sub sacramento, ut supra[6] dictum est, non comparatur ad ea quae circumstant mediantibus propriis dimensionibus, quibus corpora se tangunt, sed mediantibus dimensionibus specierum panis et vini. Et ideo species illae sunt quae patiuntur et videntur, non autem ipsum corpus Christi.

AD PRIMUM ergo dicendum quod Christus dicitur non dedisse in cena corpus suum mortale et passibile, quia non dedit corporali et passibili modo. — Crux autem facit carnem Christi aptam manducationi, inquantum hoc sacramentum repraesentat passionem Christi.

AD SECUNDUM dicendum quod ratio illa procederet si corpus Christi sicut erat passibile, ita passibili modo fuisset sub sacramento.

AD TERTIUM dicendum quod, sicut supra[7] dictum est, accidentia corporis Christi sunt in hoc sacramento ex reali concomitantia, non autem ex vi sacramenti, ex qua est ibi substantia corporis Christi. Et ideo virtus verborum sacramentalium ad hoc se extendit ut sit sub hoc sacramento corpus, Christi scilicet, quibuscumque accidentibus realiter in eo existentibus.

entregar seu corpo aos discípulos para ser comido. E sob este aspecto, entregou a seus discípulos um corpo impassível e imortal.

Mas, seja o que for que se deva pensar das outras qualidades, a respeito da impassibilidade é impossível o que diz. Pois, é evidente que era o mesmo verdadeiro corpo de Cristo que então era visto pelos discípulos sob a própria figura e era tomado na espécie do sacramento. Ora, ele não era impassível na forma em que era visto sob sua figura, muito pelo contrário estava preparado para a paixão. Por isso, nem era também impassível o corpo que se entregava sob a espécie do sacramento.

No entanto, o corpo que por sua natureza era passível, existia de um modo impassível sob a espécie do sacramento, assim como o que era aí visível em si, se fazia invisível. De igual maneira, como a visão requer um contacto do corpo que é visto com o meio ambiente que permite a visão, assim também o sofrer requer o contacto do corpo que sofre com as coisas que o afetam. O corpo de Cristo, segundo o modo de presença no sacramento, não se relaciona com as coisas que o envolvem mediante aquelas dimensões pelas quais os corpos se tocam, mas mediante as dimensões das espécies de pão e vinho. Por isso, aquelas espécies são as que são afetadas e vistas, não, porém, o corpo mesmo de Cristo.

QUANTO AO 1º, portanto, deve-se dizer que Cristo na Ceia não deu o seu corpo mortal e passível, porque não o deu de modo passível e corporal. — A cruz, porém, torna a carne de Cristo apta para a manducação no sentido de que a Eucaristia representa a paixão de Cristo.

QUANTO AO 2º, deve-se dizer que o argumento procederia se o corpo de Cristo estivesse no sacramento da mesma maneira passível como ele o era.

QUANTO AO 3º, deve-se dizer que os acidentes do corpo de Cristo existem neste sacramento por real concomitância, não, porém, pela força mesma do sacramento. Por ela existe aí a substância do corpo de Cristo. Portanto, o poder das palavras sacramentais faz com que sob este sacramento exista o corpo, a saber de Cristo, com todos aqueles acidentes que realmente nele existem.

---

5. Q. 28, a. 2, ad 3; q. 45, a. 2.
6. A. 1, ad 2; q. 76, a. 5.
7. Q. 76, a. 4.

Articulus 4
Utrum, si hoc sacramentum tempore mortis Christi fuisset servatum in pyxide, vel ab aliquo Apostolorum consecratum, ibi moreretur

AD QUARTUM SIC PROCEDITUR. Videtur quod, si hoc sacramentum tempore mortis Christi fuisset servatum in pyxide, vel ab aliquo Apostolorum consecratum, non ibi moreretur.
1. Mors enim Christi accidit per eius passionem. Sed Christus impassibili modo etiam tunc erat in hoc sacramento. Ergo non poterat mori in hoc sacramento.
2. PRAETEREA, in morte Christi separatus fuit sanguis eius a corpore. Sed in hoc sacramento simul est corpus Christi et sanguis. Ergo Christus in hoc sacramento non moreretur.
3. PRAETEREA, mors accidit per separationem animae a corpore. Sed in hoc sacramento continetur tam corpus Christi quam anima. Ergo in hoc sacramento non poterat Christus mori.
SED CONTRA est quod idem Christus qui erat in cruce, fuisset in sacramento. Sed in cruce moriebatur. Ergo et in sacramento conservato moreretur.

RESPONDEO dicendum quod corpus Christi idem in substantia est in hoc sacramento et in propria specie, sed non eodem modo: nam in propria specie contingit circumstantia corpora per proprias dimensiones, non autem prout est in hoc sacramento, ut supra[1] dictum est. Et ideo quidquid pertinet ad Christum secundum quod est in se, potest attribui ei et in propria specie et in sacramento existenti: sicut vivere, mori, dolere, animatum vel inanimatum esse, et cetera huiusmodi. Quaecumque vero conveniunt ei per comparationem ad corpora extrinseca, possunt ei attribui in propria specie existenti, non autem prout est in sacramento: sicut irrideri, conspui, crucifigi, flagellari, et cetera huiusmodi. Unde quidam metrice dixerunt: *Pyxide servato poteris sociare dolorem Innatum, sed non illatus convenit illi.*

AD PRIMUM ergo dicendum quod, sicut dictum est[2], passio convenit corpori passo per compara-

Artigo 4
Se este sacramento estivesse conservado numa âmbula ou fosse consagrado por algum dos apóstolos no tempo de sua morte, Cristo morreria também aí?

QUANTO AO QUARTO, ASSIM SE PROCEDE: parece que Cristo **não** morreria aí, se este sacramento estivesse conservado numa âmbula ou fosse consagrado por algum dos apóstolos no tempo de sua morte.
1. Com efeito, a morte de Cristo cumpriu-se por sua paixão. Ora, mesmo então Cristo também estava impassível neste sacramento. Logo, não podia morrer neste sacramento.
2. ALÉM DISSO, o sangue de Cristo se separou do seu corpo na morte. Ora, neste sacramento existem ao mesmo tempo o corpo e o sangue. Logo, Cristo não morreria neste sacramento.
3. ADEMAIS, pela morte a alma se separa do corpo. Ora, este sacramento contém tanto o corpo de Cristo como a sua alma. Logo, Cristo não podia morrer neste sacramento.
EM SENTIDO CONTRÁRIO, é o mesmo Cristo que estava na cruz e neste sacramento. Ora, na cruz ele morria. Logo, Cristo estaria também morto, ao ser conservado neste sacramento.
RESPONDO. É o mesmo corpo de Cristo que existe substancialmente neste sacramento e em sua espécie própria, mas não da mesma maneira. Em sua própria espécie, ele toca com suas próprias dimensões os corpos circundantes, não, porém, conforme está no sacramento. Assim, tudo o que pertence a Cristo segundo o que ele é em si mesmo pode lhe ser atribuído enquanto existe em sua própria espécie e enquanto existe no sacramento, a saber, viver, morrer, sofrer, ser animado e inanimado etc. Tudo, porém, que lhe convém enquanto se relaciona com os corpos externos pode ser-lhe atribuído enquanto existe na própria espécie, mas não enquanto existe no sacramento, como ser zombado, cuspido, crucificado, flagelado etc. Por isso, alguém versejou sobre ele: "Conservado na píxide, tu poderás associar-lhe uma dor que lhe vem da própria condição, mas não lhe convém uma que vem de alguma causa exterior."

QUANTO AO 1º, portanto, deve-se dizer que, o afetar-se convém a um corpo susceptível ao ser re-

---

4 PARALL.: IV *Sent.*, dist. 10, a. 2, q.la 1; dist. 11, q. 3, a. 4, q.la 1, 2; *Cont. Gent.* IV, 64; *Quodlib.* V, q. 6, a. 1, ad 1; in *Ioan.*, lect. 6; I *ad Cor.*, c. 11, lect. 6.
1. A. 3.
2. In corp.

tionem ad agens extrinsecum. Et ideo Christus, secundum quod est sub sacramento, pati non potest. Potest tamen mori.

AD SECUNDUM dicendum quod, sicut supra[3] dictum est, sub specie panis est corpus Christi ex vi consecrationis, sanguis autem sub specie vini. Sed nunc quidem, quando realiter sanguis Christi non est separatus ab eius corpore, ex reali concomitantia et sanguis Christi est sub specie panis simul cum corpore, et corpus sub specie vini simul cum sanguine. Sed, si in tempore passionis Christi, quando realiter sanguis fuit separatus a corpore, fuisset hoc sacramentum consecratum, sub specie panis fuisset solum corpus, et sub specie vini fuisset solus sanguis.

AD TERTIUM dicendum quod, sicut supra[4] dictum est, anima Christi est in hoc sacramento ex reali concomitantia, quia non est sine corpore: non autem ex vi consecrationis. Et ideo, si tunc fuisset hoc sacramentum consecratum vel servatum quando anima erat a corpore realiter separata, non fuisset anima Christi sub hoc sacramento: non propter defectum virtutis verborum sed propter aliam dispositionem rei.

lacionado com um agente externo. Por isso, Cristo, sob a forma sob a qual existe no sacramento, não pode sofrer. Pode, porém, morrer.

QUANTO AO 2º, deve-se dizer que pelo poder da consagração o corpo de Cristo existe sob a espécie de pão e o sangue sob a do vinho. Pois bem, quando o sangue de Cristo não está na realidade separado do seu corpo, então pelo poder da concomitância real o sangue de Cristo está sob a espécie do pão juntamente com o corpo, e o corpo sob a espécie de vinho juntamente com o sangue. Ora, se durante a paixão de Cristo, quando o sangue estava na realidade separado do corpo, este sacramento fosse consagrado, então sob a espécie do pão existiria somente o corpo e sob a espécie do vinho somente o sangue.

QUANTO AO 3º, deve-se dizer que a alma de Cristo está neste sacramento pela concomitância real, uma vez que ela não existe sem corpo, mas não pelo poder da consagração. Por isso, se este sacramento fosse consagrado ou conservado quando a alma estava separada do corpo, ela não estaria sob este sacramento, não por causa da ineficácia das palavras, mas por causa de outra disposição da realidade.

---

3. Q. 76, a. 2.
4. Q. 76, a. 1, ad 1.

QUAESTIO LXXXII
DE MINISTRO HUIUS SACRAMENTI

in decem articulos divisa

Deinde considerandum est de ministro huius sacramenti.

Et circa hoc quaeruntur decem.

Primo: utrum consecrare hoc sacramentum sit proprium sacerdotis.
Secundo: utrum plures sacerdotes simul possent eandem hostiam consecrare.
Tertio: utrum dispensatio huius sacramenti pertineat ad solum sacerdotem.
Quarto: utrum liceat sacerdoti consecranti a communione abstinere.
Quinto: utrum liceat sacerdoti omnino a celebratione abstinere.
Sexto: utrum sacerdos peccator possit conficere hoc sacramentum.
Septimo: utrum missa mali sacerdotis minus valeat quam boni.

QUESTÃO 82
O MINISTRO DA EUCARISTIA

em dez artigos

Em seguida, deve-se tratar do ministro da Eucaristia.

Sobre isso, são dez as perguntas:

1. É próprio do sacerdote consagrar a Eucaristia?
2. Podem vários sacerdotes simultaneamente consagrar a mesma hóstia?
3. Pertence unicamente ao sacerdote distribuir este sacramento?
4. É permitido ao sacerdote celebrante abster-se da comunhão?
5. É permitido ao sacerdote abster-se totalmente de celebrar?
6. Pode um sacerdote em pecado celebrar este sacramento?
7. Vale menos a missa de um sacerdote indigno do que a de um digno?

Octavo: utrum haeretici, schismatici vel excommunicati possint conficere hoc sacramentum.
Nono: utrum degradati.
Decimo: utrum peccent a talibus communionem recipientes.

Articulus 1
Utrum consecratio huius sacramenti proprie sit sacerdotis

AD PRIMUM SIC PROCEDITUR. Videtur quod consecratio huius sacramenti non proprie sit sacerdotis.

1. Dictum est enim supra[1] quod hoc sacramentum consecratur virtute verborum quae sunt forma huius sacramenti. Sed illa verba non mutantur sive dicantur a sacerdote sive a quocumque alio. Ergo videtur quod non solus sacerdos, sed etiam quilibet alius possit hoc sacramentum consecrare.

2. PRAETEREA, sacerdos hoc sacramentum conficit in persona Christi. Sed laicus sanctus est unitus Christo per caritatem. Ergo videtur quod etiam laicus possit hoc sacramentum conficere. Unde et Chrysostomus dicit, *super Matth.*[2], quod *omnis sanctus est sacerdos*.

3. PRAETEREA, sicut baptismus ordinatur ad hominum salutem, ita et hoc sacramentum, ut ex supra[3] dictis patet. Sed etiam laicus potest baptizare, ut supra[4] habitum est. Ergo non est proprium sacerdotis conficere hoc sacramentum.

4. PRAETEREA, hoc sacramentum perficitur in consecratione materiae. Sed alias materias consecrare, scilicet chrisma et oleum sanctum et oleum benedictum, pertinet ad solum episcopum: quarum tamen consecratio non est tantae dignitatis sicut consecratio eucharistiae, in qua est totus Christus. Ergo non est proprium sacerdotis, sed solius episcopi, hoc sacramentum conficere.

8. Podem os hereges, cismáticos e excomungados celebrar a Eucaristia?
9. E aqueles que foram degradados?
10. Pecam os que comungam em tais celebrações?

Artigo 1
É próprio do sacerdote consagrar a Eucaristia?[a]

QUANTO AO PRIMEIRO ARTIGO, ASSIM SE PROCEDE: parece que **não** é próprio do sacerdote consagrar a Eucaristia.

1. Com efeito, este sacramento é consagrado pela virtude das palavras que são a sua forma. Ora, essas palavras não se alteram, quer sejam ditas por um sacerdote quer por um outro qualquer. Logo, parece que não somente o sacerdote, mas um outro qualquer pode consagrar este sacramento.

2. ALÉM DISSO, o sacerdote celebra este sacramento na pessoa de Cristo. Ora, um leigo santo está unido a Cristo pela caridade. Logo, parece que também um leigo pode celebrar este sacramento. Por isso, Crisóstomo diz: "Todo santo é sacerdote".

3. ADEMAIS, como o batismo se destina à salvação dos homens, assim também este sacramento. Ora, o leigo também pode batizar. Logo, não é próprio do sacerdote celebrar este sacramento.

4. ADEMAIS, este sacramento se realiza na consagração da matéria. Ora, consagrar as outras matérias, tais como o crisma, o óleo santo e o óleo bento, pertence exclusivamente ao bispo. Tais consagrações não são de tanta dignidade quanto a da Eucaristia, na qual o Cristo todo inteiro está presente. Logo, não é próprio do sacerdote, mas do bispo celebrar a Eucaristia.

---

1 PARALL.: Supra, q. 67, a. 2; IV *Sent.*, dist. 13, a. 1, q.la 1, 2.

1. Q. 78, a. 4.
2. *Opus imperf. in Matth.*, hom. 43, n. 1: MG 56, 876.
3. Q. 74, a. 1; q. 79, a. 2.
4. Q. 67, a. 3.

a. Precisamos examinar atentamente as objeções que Sto. Tomás faz a si mesmo. Trata-se com efeito de uma questão muito controversa desde a Reforma. Três objeções tendem a mostrar que todo leigo deve poder consagrar; a quarta, pelo contrário, quer estabelecer que só o bispo o pode.
Em termos litúrgicos, é a última objeção que tem maior peso, pois a ordenação do padre deriva do ordenação do bispo. Mas, em termos ecumênicos, são as três primeiras objeções que devem reter nossa atenção: todo leigo pode pronunciar as palavras requeridas, ele está unido a Cristo e lhe é permitido administrar o batismo pelo menos em caso de necessidade. O que poderia faltar-lhe? Essas objeções, sobretudo a segunda, apoiada pela doutrina do sacerdócio universal dos fiéis, nada perderam de sua atualidade.

SED CONTRA est quod Isidorus dicit, in quadam Epistola[5], et habetur in Decretis, dist. XXV[6]: *Ad presbyterum pertinet sacramentum corporis et sanguinis Domini in altari Dei conficere.*

RESPONDEO dicendum quod, sicut supra[7] dictum est, hoc sacramentum tantae est dignitatis quod non conficitur nisi in persona Christi. Quicumque autem aliquid agit in persona alterius, oportet hoc fieri per potestatem ab illo concessam. Sicut autem baptizato conceditur a Christo potestas sumendi hoc sacramentum, ita sacerdoti, cum ordinatur, confertur potestas hoc sacramentum consecrandi in persona Christi: per hoc enim ponitur in gradu eorum quibus dictum est a Domino, *Hoc facite in meam commemorationem.* Et ideo dicendum est quod proprium est sacerdotum conficere hoc sacramentum.

AD PRIMUM ergo dicendum quod virtus sacramentalis in pluribus consistit, et non in uno tantum: sicut virtus baptismi consistit et in verbis et in aqua. Unde et virtus consecrativa non solum consistit in ipsis verbis, sed etiam in potestate sacerdoti tradita in sua consecratione vel ordinatione, cum ei dicitur ab episcopo: *Accipe potestatem offerendi sacrificium in Ecclesia tam pro vivis quam pro mortuis.* Nam et virtus instrumentalis in pluribus instrumentis consistit, per quae agit principale agens.

AD SECUNDUM dicendum quod laicus iustus unitus est Christo unione spirituali per fidem et caritatem, non autem per sacramentalem potestatem. Et ideo habet spirituale sacerdotium ad offerendum spirituales hostias, de quibus dicitur in Ps 50,19, *Sacrificium Deo spiritus contribulatus,* et Rm 12,1, *Exhibeatis corpora vestra hostiam viventem.* Unde et 1Pe 2,5 dicitur: *Sacerdotium sanctum offerre spirituales hostias.*

EM SENTIDO CONTRÁRIO, Isidoro ensina e consta nos Decretos: "Pertence ao sacerdote celebrar no altar o sacramento do corpo e do sangue do Senhor".

RESPONDO. A Eucaristia é de tamanha dignidade que só pode ser celebrada por quem age na pessoa de Cristo. Todo aquele que age na pessoa de outro, deve receber deste um poder para tal. Como Cristo concede a todo batizado o poder de receber a Eucaristia, assim também pelo sacramento da ordem, confere ao sacerdote o poder de consagrá-la na pessoa de Cristo[b]. Por tal ordenação, ele é colocado no grau daqueles a quem o Senhor prescreveu: "Fazei isto em memória de mim". Portanto, deve-se dizer que é próprio dos sacerdotes celebrar este sacramento.

QUANTO AO 1º, portanto, deve-se dizer que a virtude sacramental não se restringe a uma só realidade, mas está presente em várias, assim como no batismo ela está nas palavras e na água. Desta sorte, a virtude da consagração não consiste unicamente nas próprias palavras mas também no poder conferido ao sacerdote pela sua consagração ou ordenação, quando o bispo lhe diz: "Recebe o poder de oferecer o sacrifício na Igreja tanto pelos vivos como pelos mortos"[c]. O poder instrumental está presente em vários instrumentos, pelos quais age o agente principal.

QUANTO AO 2º, deve-se dizer que o leigo justo une-se a Cristo pela fé e caridade numa união espiritual e não pelo poder sacramental. Por isso, tem o sacerdócio espiritual para oferecer hóstias espirituais de que se fala no Salmo: "O sacrifício que Deus quer é um espírito contrito." E também na Carta aos Romanos: "Oferecei-vos a vós mesmos em sacrifício vivo," Daí, a palavra de Pedro sobre "a santa comunidade sacerdotal para oferecer sacrifícios espirituais"[d].

---

5. Epist. 1 *ad Leudefredum*, n. 9: ML 83, 895 C.
6. GRATIANUS, *Decretum*, p. I, dist. 25, can. 1: ed. Richter-Friedberg, I, 90.
7. Q. 78, a. 1, 4.

 b. Sto. Tomás se atém à prática da Igreja, ele não faz exegese escriturária. O ordenação dá o poder de consagrar esse sacramento tomando o lugar de Cristo. Ora, esse poder é indispensável. Logo... enquanto os católicos permanecerem nessa posição, por justa que seja sua tese, o movimento ecumênico com os protestantes não dará um passo adiante. Mas esse movimento não podia ser previsível para Sto. Tomás, como não podia sê-lo o protestantismo histórico.

 c. O movimento ecumênico esbarra nesse ponto. Mesmo que estivéssemos de acordo sobre a teologia da eucaristia, seria preciso ainda pôr-se de acordo sobre "o poder confiado ao padre em sua ordenação". E isso se mostra ainda mais difícil. É a questão dos ministros ordenados.

 d. O sacerdócio dos fiéis é plenamente reconhecido por Sto. Tomás. Mesmo assim, em nossa época, após o Concílio Vaticano II, consideramos esse tratamento demasiado sumário. A Constituição dogmática sobre a Igreja (*Lumen gentium*, n. 10 e 11) nos convida a aprofundar nossa pesquisa.

AD TERTIUM dicendum quod perceptio huius sacramenti non est tantae necessitatis sicut perceptio baptismi, ut ex supra[8] dictis patet. Et ideo, licet in necessitatis articulo laicus possit baptizare, non tamen potest hoc sacramentum conficere.

AD QUARTUM dicendum quod episcopus accipit potestatem ut agat in persona Christi supra corpus eius mysticum, idest super Ecclesiam: quam quidem potestatem non accipit sacerdos in sua consecratione, licet possit eam habere ex episcopi commissione. Et ideo ea quae non pertinent ad dispositionem corporis mystici, non reservantur episcopo: sicut consecratio huius sacramenti. Ad episcopum vero pertinet non solum tradere populo, sed etiam sacerdotibus, ea ex quibus possunt propriis officiis uti. Et quia benedictio chrismatis et olei sancti et olei infirmorum, et aliorum quae consecrantur, puta altaris, ecclesiae, vestium et vasorum, praestat quandam idoneitatem ad sacramenta perficienda quae pertinent ad officium sacerdotum, ideo tales consecrationes episcopo reservantur, tanquam principi totius ecclesiastici ordinis.

QUANTO AO 3º, deve-se dizer que a recepção da Eucaristia não possui o mesmo grau de necessidade que o do batismo. Por isso, é permitido ao leigo batizar, em caso de necessidade, mas não celebrar a Eucaristia.

QUANTO AO 4º, deve-se dizer que o bispo recebe o poder para agir na pessoa de Cristo sobre o seu corpo místico, isto é a Igreja. O sacerdote, porém, não recebe este poder na sua ordenação, ainda que possa tê-lo por mandato do bispo. Por isso, não se reservam ao bispo aquelas ações que não dizem respeito à organização do corpo místico, como a celebração da Eucaristia. Cabe ao bispo não só transmitir ao povo mas também aos sacerdotes aquilo que podem usar em suas próprias funções. E já que a bênção dos óleos do crisma, do batismo e dos enfermos e de todas as coisas que são consagradas, por exemplo, altar, igreja, vestes, vasos sagrados, confere a todas estas coisas uma certa capacidade de realizar os sacramentos próprios do ministério presbiteral, essas bênçãos consecratórias são reservadas ao bispo, como ao príncipe de toda ordem eclesiástica.

ARTICULUS 2
Utrum plures sacerdotes possint unam et eandem hostiam consecrare

AD SECUNDUM SIC PROCEDITUR. Videtur quod plures sacerdotes non possunt unam et eandem hostiam consecrare.

1. Dictum est enim supra[1] quod plures non possunt unum baptizare. Sed non minor vis est sacerdotis consecrantis quam hominis baptizantis. Ergo etiam non possunt simul plures unam hostiam consecrare.

2. PRAETEREA, quod potest fieri per unum, superflue fit per multos. In sacramentis autem Christi nihil debet esse superfluum. Cum igitur unus sufficiat ad consecrandum, videtur quod plures non possunt unam hostiam consecrare.

3. PRAETEREA, sicut Augustinus dicit, *super Ioan.*[2], hoc sacramentum est *sacramentum unitatis*. Sed contrarium unitati videtur esse multitudo. Ergo non videtur conveniens esse huic sacramento quod plures sacerdotes eandem hostiam consecrent.

ARTIGO 2
Podem vários sacerdotes consagrar juntos a mesma hóstia?

QUANTO AO SEGUNDO, ASSIM SE PROCEDE: parece que vários sacerdotes **não** podem consagrar juntos a mesma hóstia.

1. Com efeito, várias pessoas não podem batizar a uma só. Ora, o sacerdote consagrante não tem um poder sacramental menor do que o daquele que batiza. Logo, não podem também vários celebrantes consagrar juntos uma mesma hóstia.

2. ALÉM DISSO, é supérfluo que muitos façam o que um só pode fazer. Ora, nos sacramentos de Cristo nada deve ser supérfluo. Logo, uma vez que um celebrante seja suficiente para consagrar, parece que vários não podem consagrar juntos uma mesma hóstia.

3. ADEMAIS, ao comentar o Evangelho, Agostinho chama a Eucaristia de "sacramento da unidade". Ora, a multidão parece contrária à unidade. Logo, não parece conveniente que na Eucaristia vários sacerdotes consagrem a mesma hóstia.

---

8. Q. 65, a. 3, 4; q. 80, a. 11, ad 2.

PARALL.: IV *Sent.*, dist. 13, q. 1, a. 2, q.la 2.

1. Q. 67, a. 6.
2. Tract. 26, n. 13, super 6, 41: ML 35, 1613.

SED CONTRA est quod, secundum consuetudinem quarundam ecclesiarum, sacerdotes, cum de novo ordinantur, concelebrant episcopo ordinanti.

RESPONDEO dicendum quod, sicut supra[3] dictum est, sacerdos, cum ordinatur, constituitur in gradu eorum qui a Domino acceperunt potestatem consecrandi in Cena. Et ideo, secundum consuetudinem quarundam ecclesiarum, sicut Apostoli Christo cenanti concenaverunt, ita novi ordinati episcopo ordinanti concelebrant. Nec per hoc iteratur consecratio super eandem hostiam: quia, sicut Innocentius III dicit[4], omnium intentio debet ferri ad idem instans consecrationis.

AD PRIMUM ergo dicendum quod Christus non legitur simul baptizasse cum Apostolis quando iniunxit eis officium baptizandi. Et ideo non est similis ratio.

AD SECUNDUM dicendum quod, si quilibet sacerdotum operaretur in virtute propria, superfluerent alii celebrantes, uno sufficienter celebrante. Sed quia sacerdos non consecrat nisi in persona Christi, multi autem sunt *unum in Christo*, ideo non refert utrum per unum vel per multos hoc sacramentum consecraretur: nisi quod oportet ritum Ecclesiae servari.

AD TERTIUM dicendum quod Eucharistia est sacramentum unitatis ecclesiasticae, quae attenditur secundum hoc quod multi sunt *unum in Christo*.

EM SENTIDO CONTRÁRIO, conforme o costume de certas igrejas, os sacerdotes ordenados concelebram[e] com o bispo na missa da sua ordenação.

RESPONDO. O sacerdote pela ordenação é constituído no grau daqueles que receberam do Senhor na Ceia o poder de consagrar. Por isso, conforme o costume de certas igrejas, assim como os Apóstolos comparticiparam com Cristo na celebração da ceia, assim também os neossacerdotes concelebram com o bispo na missa da ordenação. Nem por isso se repete a consagração sobre a mesma hóstia, porque, como Inocêncio III diz, a intenção de todos deve convergir para o mesmo instante da consagração.

QUANTO AO 1º, portanto, deve-se dizer que o mesmo argumento não vale. Pois, não se lê na Escritura que Cristo tenha batizado juntamente com os Apóstolos quando lhes deu o ministério de batizar.

QUANTO AO 2º, deve-se dizer que se os sacerdotes agissem por seu próprio poder, seriam supérfluos vários celebrantes. Bastaria um só. Ora, o sacerdote consagra unicamente na pessoa de Cristo. Assim muitos são "um em Cristo". Daí se segue que não importa que sejam um ou vários a celebrarem a Eucaristia, desde que sigam o rito da Igreja.

QUANTO AO 3º, deve-se dizer que a Eucaristia é o sacramento da unidade eclesiástica, que é bem salvaguardada ao serem os muitos celebrantes "um em Cristo".

ARTICULUS 3
Utrum pertineat solum ad sacerdotem dispensatio huius sacramenti

AD TERTIUM SIC PROCEDITUR. Videtur quod non pertineat solum ad sacerdotem dispensatio huius sacramenti.

1. Sanguis enim Christi non minus pertinet ad hoc sacramentum quam corpus. Sed sanguis Christi dispensatur per diaconos: unde et beatus Laurentius dixit beato Sixto[1]: *Experire utrum*

ARTIGO 3
Pertence unicamente ao sacerdote distribuir a Eucaristia?

QUANTO AO TERCEIRO, ASSIM SE PROCEDE: parece que **não** pertence unicamente ao sacerdote distribuir a Eucaristia.

1. Com efeito, o sangue de Cristo não faz menos parte deste sacramento do que o corpo. Ora, o sangue de Cristo pode ser distribuído pelos diáconos. Daí, as palavras que São Lourenço di-

---

3. A. 1.
4. *De sacro Alt. Myst.*, l. IV, c. 25: ML 217, 873 D.

3 PARALL.: IV *Sent.*, dist. 13, q. 1, a. 3, q.la 1, 2.

1. *Brev. Rom.*, die 10 aug., in festo S. Laurentii Mart., ad Matut., Resp. 4.

e. Constatamos que a palavra "concelebrar" existe em Sto. Tomás. Mas se aplica a um único caso (a ordenação de um novo padre) e ainda em "certas" igrejas.
A questão que justifica essa prática se colocava para Sto. Tomás, portanto, mas seu alcance era bem limitado. Algo bem diferente ocorre com nossa prática atual, depois do Vaticano II. Este requer uma teologia da concelebração. Remetemos para esse estudo às notas doutrinais do P. Roguet: "Pour une théologie de la concélébration" (éditions Revue des Jeunes, t. II, pp. 365-77).

idoneum ministrum elegeris, cui commisisti Dominici sanguinis dispensationem. Ergo, pari ratione, dispensatio Dominici corporis non pertinet ad solos sacerdotes.

2. PRAETEREA, sacerdotes constituuntur ministri sacramentorum. Sed hoc sacramentum perficitur in consecratione materiae, non in usu, ad quem pertinet dispensatio. Ergo videtur quod non pertineat ad sacerdotem corpus Domini dispensare.

3. PRAETEREA, Dionysius dicit, in libro *Eccles. Hier.*², quod hoc sacramentum habet *perfectivam virtutem*, sicut et chrisma. Sed signare chrismate baptizatos non pertinet ad sacerdotem, sed ad episcopum. Ergo etiam dispensare hoc sacramentum pertinet ad episcopum, non ad sacerdotem.

SED CONTRA est quod dicitur *de Consecr.*, dist. II³: *Pervenit ad notitiam nostram quod quidam presbyteri laico aut feminae corpus Domini tradunt ad deferendum infirmis. Ergo interdicit synodus ne talis praesumptio ulterius fiat: sed presbyter per semetipsum infirmos communicet.*

RESPONDEO dicendum quod ad sacerdotem pertinet dispensatio corporis Christi, propter tria. Primo quidem quia, sicut dictum est⁴, ipse consecrat in persona Christi. Ipse autem Christus, sicut consecravit corpus suum in Cena, ita et aliis sumendum dedit. Unde, sicut ad sacerdotem pertinet consecratio corporis Christi, ita ad eum pertinet dispensatio.

Secundo, quia sacerdos constituitur medius inter Deum et populum. Unde, sicut ad eum pertinet dona populi Deo offerre, ita ad eum pertinet dona sanctificata divinitus populo tradere.

Tertio quia, in reverentiam huius sacramenti, a nulla re contingitur nisi consecrata: unde et corporale et calix consecrantur, similiter et manus sacerdotis, ad tangendum hoc sacramentum. Unde nulli alii tangere licet: nisi in necessitate puta si caderet in terram, vel in aliquo alio necessitatis casu.

rigiu a São Sixto: "Experimenta se escolheste um ministro idôneo a quem confiaste a distribuição do sangue do Senhor". Logo, por igual motivo a distribuição do corpo do Senhor não pertence exclusivamente aos sacerdotes.

2. ALÉM DISSO, os sacerdotes são constituídos ministros dos sacramentos. Ora, a Eucaristia se realiza na consagração da matéria e não no seu uso, de que faz parte a distribuição. Logo, parece que não pertence ao sacerdote distribuir o corpo do Senhor.

3. ADEMAIS, Dionísio diz que a Eucaristia tem uma 'força perfectiva', como o óleo do crisma. Ora, marcar os batizados com o óleo do crisma não pertence ao sacerdote, mas ao bispo. Portanto, distribuir a Eucaristia pertence ao bispo e não ao sacerdote.

EM SENTIDO CONTRÁRIO, lê-se nos Decretos de Graciano: "Chegou ao nosso conhecimento que alguns sacerdotes confiam a um leigo ou a uma mulher levar o corpo do Senhor aos doentes. O Sínodo, porém, proíbe de prosseguir-se com tal prática presunçosa. O sacerdote leve ele mesmo as comunhões aos enfermos.

RESPONDO. Pertence ao sacerdote distribuir o corpo de Cristo por três motivos. Primeiro, porque é ele que consagra na pessoa de Cristo. Assim como Cristo consagrou o seu corpo na Ceia, assim também distribuiu-o aos discípulos. Por isso, assim como pertence ao sacerdote consagrar o corpo de Cristo, assim também o de distribui-lo.

Segundo, porque o sacerdote se constitui intermediário entre Deus e o povo. Portanto, como lhe pertence apresentar a Deus as oferendas do povo, assim também lhe pertence distribuir ao povo os dons divinamente santificados.

Terceiro, porque por respeito à Eucaristia, nada a deve tocar que não esteja consagrado. Por isso, consagram-se os corporais, os cálices, igualmente as mãos do sacerdote para tocarem este sacramento. Não é lícito, pois, a ninguém mais tocá-lo, a não ser em caso de necessidade, por exemplo se cair no chão ou em outro caso semelhanteᶠ.

---

2. C. 3, p. I: MG 3, 425 A.
3. GRATIANUS, *Decretum*, p. III, dist. 2, can. 29: ed. Richter-Friedberg, I, 1323.
4. A. 1.

f. Sto. Tomás (ver arg. *em sentido contrário*) se apoia aqui sobre a pratica restritiva de sua época. Felizmente, nenhum dos argumentos apresentados é taxativo. Hoje, a Igreja se mostra mais liberal, ao mesmo tempo em que cuida zelosamente do respeito devido ao sacramento. Ao autorizar os fiéis a receber a hóstia na mão, a Igreja tornou caduco o terceiro argumento de Sto. Tomás, enfatizando que ninguém a não ser o padre deve tocar a hóstia sagrada.

AD PRIMUM ergo dicendum quod diaconus, quasi propinquus ordini sacerdotali, aliquid participat de eius officio, ut scilicet dispenset sanguinem: non autem corpus, nisi in necessitate, iubente episcopo vel presbytero. Primo quidem, quia sanguis Christi continetur in vase. Unde non oportet quod tangatur a dispensante, sicut tangitur corpus Christi. — Secundo, quia sanguis designat redemptionem a Christo in populum derivatam: unde et sanguini admiscetur aqua, quae significat populum. Et quia diaconi sunt inter sacerdotem et populum, magis convenit diaconibus dispensatio sanguinis quam dispensatio corporis.

AD SECUNDUM dicendum quod eiusdem est hoc sacramentum dispensare et consecrare, ratione iam[5] dicta.

AD TERTIUM dicendum quod, sicut diaconus in aliquo participat *illuminativam virtutem* sacerdotis, inquantum dispensat sanguinem; ita sacerdos participat *perfectivam dispensationem* episcopi, inquantum dispensat hoc sacramentum, quo perficitur homo secundum se per coniunctionem ad Christum. Aliae autem perfectiones, quibus homo perficitur per comparationem ad alios, episcopo reservantur.

QUANTO AO 1º, portanto, deve-se dizer que o diácono, por estar mais próximo da ordem sacerdotal, participa, em algo, desse ofício, a saber, distribui o sangue, mas não o corpo, a não ser em caso de necessidade, por ordem do bispo ou do sacerdote. Em primeiro lugar, porque o sangue está contido em um cálice. Desta sorte não se faz necessário que seja tocado por quem o distribui, como se toca o corpo de Cristo. — Em segundo lugar, porque o sangue de Cristo significa a redenção de Cristo que se comunica ao povo, por isso se mistura ao sangue um pouco de água que simboliza o povo. E porque os diáconos são intermediários entre o sacerdote e o povo, convém-lhes que distribuam o sangue de preferência ao corpo.

QUANTO AO 2º, deve-se dizer que pelo argumento já exposto, segue-se que deve ser a mesma pessoa que consagra e distribui este sacramento.

QUANTO AO 3º, deve-se dizer que assim como o diácono participa de certa maneira da "poder iluminativo" do sacerdote, enquanto distribui o sangue, assim também o sacerdote participa do "poder dispensativo" do bispo, enquanto distribui este sacramento pelo qual o homem se aperfeiçoa nele mesmo pela união a Cristo. Mas os outros atos pelos quais o homem se aperfeiçoa em relação aos outros são reservados ao bispo.

ARTICULUS 4
Utrum sacerdos consecrans teneatur sumere hoc sacramentum

AD QUARTUM SIC PROCEDITUR. Videtur quod sacerdos consecrans non teneatur sumere hoc sacramentum.
1. In aliis enim consecrationibus ille qui consecrat materiam, non utitur ea: sicut episcopus consecrans chrisma non linitur eodem. Sed hoc sacramentum consistit in consecratione materiae. Ergo sacerdos perficiens hoc sacramentum non necesse habet uti eodem, sed potest licite a sumptione eius abstinere.
2. PRAETEREA, in aliis sacramentis minister non praebet sacramentum sibi ipsi: nullus enim baptizare seipsum potest, ut supra[1] habitum est. Sed, sicut baptismus ordinate dispensatur, ita et hoc sacramentum. Ergo sacerdos perficiens hoc sacramentum non debet ipsum sumere a seipso.

ARTIGO 4
O sacerdote celebrante deve receber este sacramento?

QUANTO AO QUARTO, ASSIM SE PROCEDE: parece que o sacerdote celebrante **não** deve receber este sacramento.
1. Com efeito, nas outras consagrações, quem consagra a matéria, não a usa, como o bispo que consagra o óleo do crisma, não se unge com ele. Ora, este sacramento consiste na consagração da matéria. Logo, o sacerdote que realiza este sacramento não deve necessariamente usar do mesmo; pode, então, abster-se licitamente de recebê-lo.
2. ALÉM DISSO, nos outros sacramentos, o ministro não confere o sacramento a si mesmo. Ninguém batiza a si próprio. Ora, como o batismo é ministrado segundo uma ordem determinada, assim também a Eucaristia. Logo, o sacerdote que a realiza não deve recebê-la de si mesmo.

---

5. In corp.

PARALL.: IV *Sent*., dist. 10, a. 4, q.la 3, ad 2; dist. 12, q. 3, a. 2, q.la 2.

1. Q. 66, a. 5, ad 4.

3. PRAETEREA, contingit quandoque quod miraculose corpus Christi in altari apparet sub specie carnis, et sanguis sub specie sanguinis. Quae non sunt apta cibo vel potui, unde, sicut supra[2] dictum est, propter hoc sub alia specie traduntur, ne sint horrori sumentibus. Ergo sacerdos consecrans non semper tenetur sumere hoc sacramentum.

SED CONTRA est quod in Concilio Toletano[3] legitur, et habetur *de Consecr.*, dist. II, cap. *Relatum*[4]: *Modis omnibus tenendum est ut, quotiescumque sacrificans corpus et sanguinem Domini nostri Iesu Christi in altario immolat, toties perceptione corporis et sanguinis participem se praebeat.*

RESPONDEO dicendum quod, sicut supra[5], dictum est, Eucharistia non solum est sacramentum, sed etiam sacrificium. Quicumque autem sacrificium offert, debet fieri sacrificii particeps. Quia exterius sacrificium quod offert, signum est interioris sacrificii quo quis seipsum offert Deo: ut Augustinus dicit, X *de Civ. Dei*.[6] Unde per hoc quod participat sacrificio, ostendit ad se sacrificium interius pertinere.

Similiter etiam per hoc quod sacrificium populo dispensat, ostendit se esse dispensatorem divinorum populo. Quorum ipse primo debet esse particeps: sicut Dionysius dicit, in libro *Eccles. Hier.*[7]. Et ideo ipse ante sumere debet quam populo dispenset. Unde in praedicto capite legitur: *Quale est sacrificium cui nec ipse sacrificans particeps esse dignoscitur?*

Per hoc autem fit particeps quod de sacrificio sumit: secundum illud Apostoli, 1Cor 10,18: *Nonne qui edunt hostias, participes sunt altaris?* Et ideo necesse est quod sacerdos, quotiescumque consecrat, sumat hoc sacramentum integre.

3. ADEMAIS, às vezes acontece que o corpo de Cristo aparece milagrosamente no altar sob a forma de carne e o sangue sob a forma de sangue. Ora, tais espécies não são aptas para serem comidas ou bebidas. Por isso, o corpo e o sangue são dados sob outra forma para não causar horror aos que comungam. Portanto, o sacerdote que consagra não está sempre obrigado a tomar deste sacramento.

EM SENTIDO CONTRÁRIO, lê-se no Concílio de Toledo: "Em todos os casos, deve-se admitir que quantas vezes alguém oferecer o corpo e o sangue de Nosso Senhor Jesus Cristo, tantas deve fazer-se participante da comunhão do corpo e do sangue.

RESPONDO. A Eucaristia não é somente sacramento, mas também sacrifício. Todo aquele que oferece um sacrifício, deve fazer-se participante do mesmo[g]. Porque o sacrifício, que se oferece externamente, é sinal do sacrifício interior pelo qual alguém se oferece a Deus, como ensina Agostinho. Daí se segue que pelo fato de alguém participar do sacrifício, ele mostra que se associa a ele interiormente.

De igual modo pelo fato de distribuir o sacrifício ao povo, mostra-se distribuidor dos bens divinos para o povo. E deve ser o primeiro a participar destes bens, como Dionísio ensina. Por isso, ele deve tomar do sacrifício antes de distribui-lo ao povo. Assim se lê no capítulo citado acima: "Que sacrifício é este do qual nem mesmo o sacrificador participa visivelmente?

Ora, torna-se alguém participante de um sacrifício pelo fato de comer dele, conforme as palavras de Paulo: "Os que comem as vítimas sacrificadas não estão porventura em comunhão com o altar?". Por isso, faz-se necessário que o sacerdote toda vez que consagra, comungue integralmente deste sacramento.

---

2. Q. 75, a. 5, ad 5.
3. Conc. Tolet. XII, a. 681, c. 5: ed. Mansi, XI, 1033.
4. GRATIANUS, *Decretum*, p. III, dist. 2, can. 11: ed. Richter-Friedberg, I, 1318.
5. Q. 79, a. 5, 7.
6. Cc. 5, 6: ML 41, 282, 283.
7. C. 3, p. 3, § 14: MG 3, 445 A.

g. Tal asserção poderia levar Sto. Tomás mais longe do que ele gostaria. Como dizer, com efeito, dos fiéis participantes da eucaristia, que eles não a oferecem? Em boa lógica, eles deveriam ser obrigados a sempre comungar na missa. Sto. Tomás diz, com efeito: "Quem oferece o sacrifício deve tornar-se participante", depois, dois parágrafos abaixo, "Participa-se do sacrifício pelo fato de dele comer".
Deve-se concluir que, no vocabulário de Sto. Tomás, oferecer significa aqui consagrar, o que hoje nos parece demasiado restritivo, levando em conta nossa concepção do sacerdócio litúrgico dos fiéis.

AD PRIMUM ergo dicendum quod consecratio chrismatis, vel cuiuscumque alterius materiae, non est sacrificium, sicut consecratio Eucharistiae. Et ideo non est similis ratio.

AD SECUNDUM dicendum quod sacramentum baptismi perficitur in ipso usu materiae. Et ideo nullus potest baptizare seipsum: quia in sacramento non potest esse idem agens et patiens. Unde nec in hoc sacramento sacerdos consecrat seipsum, sed panem et vinum, in qua consecratione conficitur hoc sacramentum. Usus autem sacramenti est consequenter se habens ad hoc sacramentum. Et ideo non est simile.

AD TERTIUM dicendum quod, si miraculose corpus Christi in altari sub specie carnis appareat, aut sanguis sub specie sanguinis, non est sumendum. Dicit enim Hieronymus, *super Levit.*[8]: *De hac quidem hostia quae in Christi commemoratione mirabiliter fit, de illa vero quam Christus in ara crucis obtulit secundum se, nulli edere licet*. Nec propter hoc sacerdos transgressor efficitur: quia ea quae miraculose fiunt, legibus non subduntur. — Consulendum tamen esset sacerdoti quod iterato corpus et sanguinem Domini consecraret et sumeret.

QUANTO AO 1º, portanto, deve-se dizer que a consagração do óleo do crisma ou qualquer outro tipo de matéria não é sacrifício, como a consagração da Eucaristia. Por isso, não procede o argumento.

QUANTO AO 2º, deve-se dizer que o sacramento do batismo se realiza no próprio uso da matéria. Por isso, ninguém pode batizar-se a si mesmo, porque em um sacramento uma mesma pessoa não pode ser sujeito ativo e passivo. Desta sorte, nem o sacerdote na Eucaristia consagra a si mesmo, mas o pão e o vinho, em cuja consagração se realiza o sacramento. O uso do sacramento, porém, segue-se à realização do sacramento. Então, não tem consistência a comparação.

QUANTO AO 3º, deve-se dizer que se o corpo de Cristo aparece milagrosamente no altar sob a forma de carne ou o sangue sob a forma de sangue, não devem ser tomados. Jerônimo comenta o livro do Levítico: "Desta vítima que se realiza maravilhosamente na comemoração de Cristo, é permitido comer, mas daquela que Cristo ofereceu em sua pessoa no altar da cruz não é permitido a ninguém comer". Nem por isso o sacerdote transgride alguma lei, já que as coisas que sucedem milagrosamente não estão submetidas às leis.

— No entanto, aconselha-se ao sacerdote repetir a consagração do corpo e sangue do Senhor e depois consumi-los[h].

ARTICULUS 5
Utrum malus sacerdos Eucharistiam consecrare possit

AD QUINTUM SIC PROCEDITUR. Videtur quod malus sacerdos Eucharistiam consecrare non possit.

1. Dicit enim Hieronymus, *super Sophoniam*[1]: *Sacerdotes, qui Eucharistiae serviunt et sanguinem Domini dividunt, impie agunt in legem Christi, putantes Eucharistiam precantis facere verba, non vitam; et necessariam esse solemnem orationem, et non sacerdotis merita. De quibus dicitur: Sacerdos, in quocumque fuerit macula, non accedat offerre oblationes Domino*. Sed sa-

ARTIGO 5
Pode um mau sacerdote celebrar a Eucaristia?[i]

QUANTO AO QUINTO, ASSIM SE PROCEDE: parece que um mau sacerdote **não** pode celebrar a Eucaristia.

1. Com efeito, Jerônimo diz: "Os sacerdotes, que são ministros da Eucaristia e distribuem o sangue do Senhor, agem de modo ímpio contra a lei de Cristo, ao pensarem que a Eucaristia se realiza pelas palavras de quem as recita e não pela sua vida, e que basta a oração solene e não os méritos do sacerdote. Destes sacerdotes, se diz: O sacerdote, que se contaminar de alguma mancha,

---

8. Cfr. ORIGENEM, *In Lev.*, hom. 7, super 10, 8: MG 12, 477.

5 PARALL.: Supra, q. 64, a. 5.

1. Super 3, 4: ML 25, 1375 A.

h. Os conselhos de Sto. Tomás são sem dúvida alguma excelentes. Hoje, vemos dificilmente sua utilização.
i. A questão já foi posta e resolvida a respeito dos sacramentos em geral: q. 64, a. 5.

cerdos peccator, cum sit maculosus, nec vitam habet nec merita huic convenientia sacramento. Ergo sacerdos peccator non potest consecrare Eucharistiam.

2. PRAETEREA, Damascenus dicit, in IV libro[2], quod *panis et vinum, per adventum Sancti Spiritus, supernaturaliter transit in corpus Domini et sanguinem.* Sed Gelasius Papa dicit[3], et habetur in Decretis, I, qu. 1, cap. *Sacrosancta*[4]: *Quomodo ad divini mysterii consecrationem caelestis Spiritus invocatus adveniet, si sacerdos qui eum adesse deprecatur, criminosis plenus actionibus comprobetur?* Ergo per malum sacerdotem non potest Eucharistia consecrari.

3. PRAETEREA, hoc sacramentum sacerdotis benedictione consecratur. Sed benedictio sacerdotis peccatoris non est efficax ad consecrationem huius sacramenti: cum scriptum sit: *Maledicam benedictionibus vestris.* Et Dionysius dicit, in Epistola *ad Demophilum Monachum*[5]: *Perfecte cecidit a sacerdotali ordine qui non est illuminatus: et audax quidem mihi videtur talis, sacerdotalibus manum apponens; et audet immundas infamias, non enim dicam orationes, super divina symbola Christiformiter enuntiare.*

SED CONTRA est quod Augustinus dicit, in libro *de Corpore Domini*[6]: *Intra Ecclesiam Catholicam, in mysterio corporis et sanguinis Domini, nihil a bono maius, nihil a malo minus perficitur sacerdote: quia non in merito consecrantis, sed in verbo perficitur Creatoris, et in virtute Spiritus Sancti.*

RESPONDEO dicendum quod, sicut supra[7] dictum est, sacerdos consecrat hoc sacramentum non in virtute propria, sed sicut minister Christi, in cuius persona consecrat hoc sacramentum. Non autem ex hoc ipso desinit aliquis esse minister Christi quod est malus: habet enim Dominus bonos et malos ministros seu servos. Unde, Mt 24,25, Dominus dicit, *Quis, putas, est fidelis servus et prudens*, etc.; et postea [48] subdit: *Si autem dixerit malus ille servus in corde suo*, etc. Et Apostolus dicit, 1Cor 4,1: *Sic nos existimet homo ut ministros Christi*: et tamen postea subdit: [4]: *Nihil mihi conscius sum sed non in hoc iustificatus*

não se aproxime para apresentar as oferendas ao Senhor". Ora, o sacerdote pecador, manchado pelo pecado, não tem vida nem méritos condizentes com este sacramento. Logo, o sacerdote pecador não pode celebrar a Eucaristia.

2. ALÉM DISSO, Damasceno diz: "O pão e o vinho, pela vinda do Espírito Santo, se convertem de maneira sobrenatural no corpo e sangue do Senhor". Ora, o papa Gelásio observa e consta nos Decretos: "Como virá o Espírito celeste invocado para a consagração do mistério divino, se o sacerdote que o invoca está comprovadamente cheio de ações pecaminosas?" Logo, um sacerdote mau não pode celebrar a Eucaristia.

3. ADEMAIS, este sacramento se consagra pela bênção do sacerdote. Ora, a bênção de um sacerdote pecador não é eficaz para a consagração deste sacramento, já que está escrito: "maldirei vossas bênçãos". Também Dionísio escreve: "Aquele que não é iluminado, decaiu plenamente da ordem sacerdotal. Parece-me uma audácia que alguém estenda a mão sobre os mistérios sacerdotais e ouse pronunciar em nome de Cristo, não digo orações, mas infâmias imundas sobre os símbolos divinos".

EM SENTIDO CONTRÁRIO, Agostinho escreve: "Na Igreja Católica, o mistério do corpo e do sangue do Senhor não se realiza mais pelo bom sacerdote, nem menos pelo mau sacerdote. Pois, ele se realiza, não pelo mérito do consagrante, mas pela palavra do Criador e pela virtude do Espírito Santo".

RESPONDO. O sacerdote consagra este sacramento não por poder próprio mas enquanto ministro de Cristo, em cuja pessoa celebra. Pelo fato de alguém ser mau não deixa de ser ministro de Cristo. O Senhor tem bons e maus ministros ou servos. Por isso, o Senhor diz: "Qual é, pois, o servo fiel e prudente" e depois acrescenta: "Mas se este mau servo disser em seu coração" etc. E o Apóstolo também diz: "Considere-nos o homem como servos do Cristo". Mas, no entanto, ajunta em seguida: "A minha consciência, por certo, de nada me acusa, mas não é isso que me justifica". Ele tinha certeza de ser ministro de Cristo, mas

---

2. *De fide orth.*, l. IV, c. 13: MG 94, 1145 A.
3. GELASIUS I, *Epist. fragm.*, fragm. 7, *ad Elphidium*: ed. A. Thiel. Brunsbergae 1868, p. 486.
4. GRATIANUS, *Decretum*, p. II, causa 1, q. 1, can. 92: ed. Richter-Friedberg, I, 391.
5. Epist. 8, 2: MG 3, 1092 BC.
6. Cfr. PASCHASIUM RADBERTUM, *De Corp. et Sang. Dom.*, c. 12, n. 1: ML 120, 1310 BC.
7. A. 1; a. 2, ad 2; a. 3.

sum. Erat ergo certus se esse ministrum Christi: non tamen erat certus se esse iustum. Potest ergo aliquis esse minister Christi etiam si iustus non sit. Et hoc ad excellentiam Christi pertinet, cui, sicut vero Deo, serviunt non solum bona, sed etiam mala, quae per ipsius providentiam in eius gloriam ordinantur. Unde manifestum est quod sacerdotes, etiam si non sint iusti, sed peccatores, possunt Eucharistiam consecrare.

AD PRIMUM ergo dicendum quod Hieronymus per illa verba improbat errorem sacerdotum qui credebant se digne posse Eucharistiam consecrare ex hoc solo quod sunt sacerdotes, etiam si sint peccatores. Quod improbat Hieronymus per hoc quod maculosi ad altare accedere prohibentur. Non tamen removetur quin, si accesserint, sit verum sacrificium quod offerunt.

AD SECUNDUM dicendum quod ante illa verba Gelasius Papa praemittit: *Sacrosancta religio, quae Catholicam continet disciplinam, tantam sibi reverentiam vindicat ut ad eam quilibet nisi pura conscientia non audeat pervenire.* Ex quo manifeste apparet eius intentionis esse quod peccator sacerdos non debet accedere ad hoc sacramentum. Unde per hoc quod subdit, *Quomodo caelestis Spiritus advocatus adveniet,* intelligi oportet quod non advenit ex merito sacerdotis, sed ex virtute Christi, cuius verba profert sacerdos.

AD TERTIUM dicendum quod, sicut eadem actio, inquantum fit ex prava intentione ministri, potest esse mala, bona autem inquantum fit ex bona intentione domini; ita benedictio sacerdotis peccatoris, inquantum ab ipso indigne fit, est maledictione digna, et quasi infamia seu blasphemia, et non oratio reputatur; inquantum autem profertur ex persona Christi, est sancta et efficax. Unde signanter dicitur: *Maledicam benedictionibus vestris.*

não de ser justo. Pode alguém, portanto, ser ministro de Cristo, mesmo que não seja justo. Pertence à grandeza de Cristo que tanto os bons quanto os maus o sirvam, como a verdadeiro Deus, e que, pela sua providência, sejam ordenados para a sua glória. Por isso, é claro que os sacerdotes, embora não sejam justos, mas pecadores, possam celebrar a Eucaristia.

QUANTO AO 1º, portanto, deve-se dizer que Jerônimo condena o erro de sacerdotes que pensavam poder celebrar a Eucaristia dignamente pelo simples fato de serem sacerdotes, mesmo que pecadores. É isto que ele reprova, ao citar que os manchados estão proibidos de se aproximar do altar. Isto não impede, porém, que, se eles se aproximarem do altar, o sacrifício oferecido seja verdadeiro.

QUANTO AO 2º, deve-se dizer que antes daquelas palavras, o papa Gelásio tinha dito: "O culto sagrado conforme a disciplina católica exige tanto respeito que ninguém ouse aproximar-se dele a não ser com consciência pura". Aí aparece claramente a intenção de que o sacerdote pecador não deve aproximar-se deste sacramento. Por isso, o que se segue "como o Espírito celeste invocado virá" deve ser entendido que ele não vem pelo mérito do sacerdote, mas pelo poder de Cristo, cujas palavras o sacerdote pronuncia.

QUANTO AO 3º, deve-se dizer que uma mesma ação, feita pela intenção perversa do servo, pode ser má, torna-se, no entanto, boa, pela boa intenção do senhor que a faz. Assim também, a bênção do sacerdote pecador, enquanto é feita por ele indignamente é digna de maldição e merece o nome de infâmia ou blasfêmia e não de oração. Ao invés, enquanto é pronunciada na pessoa de Cristo, é santa e eficaz. Por isso, diz-se expressamente: "maldirei vossas bênçãos."

ARTICULUS 6
Utrum missa sacerdotis mali minus valeat quam missa sacerdotis boni

AD SEXTUM SIC PROCEDITUR. Videtur quod missa sacerdotis mali non minus valeat quam missa sacerdotis boni.

1. Dicit enim Gregorius, in *Registro*[1]: *Heu, in quam magnum laqueum incidunt qui divina et occulta mysteria plus ab aliis sanctificata fieri*

ARTIGO 6
A missa de um sacerdote mau vale menos que a de um sacerdote bom?

QUANTO AO SEXTO, ASSIM SE PROCEDE: parece que a missa de um sacerdote mau **não** vale menos que a de um sacerdote bom.

1. Com efeito, Gregório diz: "Ai! em que temível armadilha caem aqueles que creem que os divinos e secretos mistérios podem ser mais santificados por

---

6 PARALL.: IV *Sent.*, dist. 13, q. 1, a. 1, q.la 5.

1. Cfr. GRATIANUM, *Decretum*, p. II, causa 1, q. 1, can. 84: ed. Richter-Friedberg, I, 387.

posse credunt: cum unus idemque Spiritus Sanctus ea mysteria occulte atque invisibiliter operando sanctificet! Sed haec occulta mysteria celebrantur in missa. Ergo missa mali sacerdotis non minus valet quam missa boni.

2. Praeterea, sicut baptismus traditur a ministro in virtute Christi, qui baptizat, ita et hoc sacramentum, quod in persona Christi consecratur. Sed non melior baptismus datur a meliori ministro, ut supra[2] habitum est. Ergo neque etiam melior missa est quae celebratur a meliori sacerdote.

3. Praeterea, sicut merita sacerdotum differunt per bonum et melius, ita etiam differunt per bonum et malum. Si ergo missa melioris sacerdotis est melior, sequitur quod missa mali sacerdotis sit mala. Quod est inconveniens: quia malitia ministrorum non potest redundare in Christi mysteria; sicut Augustinus dicit, in libro *de Baptismo*[3]. Ergo neque missa melioris sacerdotis est melior.

Sed contra est quod habetur I, qu. 1[4]: *Quanto sacerdotes fuerint digniores, tanto facilius in necessitatibus pro quibus clamant, exaudiuntur.*

Respondeo dicendum quod in missa duo est considerare; scilicet ipsum sacramentum, quod est principale; et orationes quae in missa fiunt pro vivis et mortuis. Quantum ergo ad sacramentum, non minus valet missa mali sacerdotis quam boni: quia utrobique idem conficitur sacramentum.

Oratio etiam quae fit in Missa, potest considerari dupliciter. Uno modo, inquantum habet efficaciam ex devotione sacerdotis orantis. Et sic non est dubium quod missa melioris sacerdotis magis est fructuosa. — Alio modo, inquantum oratio in missa profertur a sacerdote in persona totius Ecclesiae, cuius sacerdos est minister. Quod quidem ministerium etiam in peccatoribus manet, sicut supra[5] dictum est de ministerio Christi. Unde quantum ad hoc, est fructuosa non solum oratio sacerdotis peccatoris in missa, sed etiam omnes aliae eius orationes quas facit in ecclesiasticis officiis, in quibus gerit personam Ecclesiae. Sed orationes eius privatae non sunt fructuosae: secundum illud Pr 28,9: *Qui declinat aurem suam ne audiat legem, oratio eius erit execrabilis.*

uns que por outros, uma vez que é o mesmo único Espírito Santo que os santifica agindo de maneira oculta e invisível!" Ora, estes mistérios ocultos são celebrados na missa. Logo, a missa do mau sacerdote não vale menos do que a do bom.

2. Além disso, de igual maneira que o batismo é administrado pelo ministro pelo poder de Cristo, que batiza, assim também a Eucaristia é consagrada na pessoa de Cristo. Ora, um ministro melhor não administra um batismo melhor. Logo, um sacerdote melhor não celebra uma missa melhor.

3. Ademais, assim como os méritos dos sacerdotes se distinguem entre bons e melhores, assim também entre bons e maus. Se, pois, a missa de um sacerdote melhor é melhor, segue-se que a missa de um mau sacerdote é má. O que é inaceitável, já que a maldade dos ministros não pode transbordar para os mistérios de Cristo, como ensina Agostinho. Portanto, nem a missa dum sacerdote melhor é melhor.

Em sentido contrário, lê-se nos Decretos: "Quanto mais dignos forem os sacerdotes, tanto mais facilmente serão ouvidos em suas orações nas necessidades pelas quais imploram".

Respondo. Na missa há dois aspectos a serem considerados. Um primeiro e principal diz respeito ao próprio sacramento. Um segundo refere-se às orações que se fazem na missa pelos vivos e mortos. Quanto ao primeiro, a missa do mau sacerdote não vale menos que a do bom, já que ambos realizam o mesmo sacramento.

Quanto às orações que se fazem na missa, ocorrem outras duas considerações. Uma diz respeito à sua eficácia por parte da devoção do sacerdote celebrante. Neste caso, não há dúvida que a missa de um sacerdote melhor é mais frutuosa. — A outra se refere à oração proferida pelo sacerdote na pessoa de toda a Igreja, de quem o sacerdote é o ministro. E o ministério permanece idêntico nos sacerdotes pecadores, como se disse ao tratar do ministério de Cristo. Nesse caso, tanto são frutuosas as orações do sacerdote pecador na missa quanto todas as outras que faz na Liturgia das Horas, representando a pessoa da Igreja. Mas suas orações particulares não são frutuosas, segundo o dito: "Quem desvia o ouvido para não ouvir a Lei, até sua oração é um horror".

---

2. Q. 64, a. 1, ad 2.
3. *De bapt. contra Donat.*, c. 12, n. 20; *Contra epist. Parmeniani*, l. II, c. 12; *Contra litt. Petiliani*, l. II, c. 47, n. 110: ML 43, 120, 69, 298.
4. Gratianus, op. cit., p. II, causa 1, q. 1, can. 91: ed. cit., I, 391.
5. A. praec.

AD PRIMUM ergo dicendum quod Gregorius loquitur ibi quantum ad sanctitatem divini sacramenti.

AD SECUNDUM dicendum quod in sacramento baptismi non fiunt solemnes orationes pro omnibus fidelibus, sicut in missa. Et ideo quantum ad hoc non est simile. Est autem simile quantum ad effectum sacramenti.

AD TERTIUM dicendum quod propter virtutem Spiritus Sancti, qui per unitatem caritatis communicat invicem bona membrorum Christi, fit quod bonum privatum quod est in missa sacerdotis boni, est fructuosum aliis. Malum autem privatum unius hominis non potest alteri nocere, nisi per aliqualem consensum: ut Augustinus dicit, in libro *contra Parmenianum*[6].

QUANTO AO 1º, portanto, deve-se dizer que Gregório se refere neste ponto à santidade do sacramento divino.

QUANTO AO 2º, deve-se dizer que no sacramento do batismo não se fazem orações solenes por todos os fiéis, como na missa. Por isso, quanto a este aspecto não procede a comparação. Ela vale no referente ao efeito do sacramento.

QUANTO AO 3º, deve-se dizer que por causa do poder do Espírito Santo, que pela unidade da caridade comunica os bens dos membros de Cristo entre si, acontece que o bem particular presente na missa de um bom sacerdote se torna frutuoso para outras pessoas. O mal, porém, de uma pessoa não pode causar dano a outrem, a não ser que este consinta de alguma maneira, como ensina Agostinho.

ARTICULUS 7
Utrum haeretici et schismatici et excommunicati consecrare possint

AD SEPTIMUM SIC PROCEDITUR. Videtur quod haeretici et schismatici et excommunicati consecrare non possunt.

1. Dicit enim Augustinus[1] quod *extra Ecclesiam Catholicam non est locus veri sacrificii*. Et Leo Papa dicit[2], et habetur in Decretis, I, qu. 1[3]: *Aliter*, (scilicet quam *in Ecclesia, quae corpus Christi est*) *nec rata sunt sacerdotia, nec vera sacrificia*. Sed haeretici, schismatici et excommunicati sunt ab Ecclesia separati. Ergo non possunt verum sacrificium conficere.

2. PRAETEREA, sicut legitur ibidem, Innocentius Papa dicit[4]: *Arianos, ceterasque huiusmodi pestes, quia laicos eorum sub imagine poenitentiae suscipimus, non videntur clerici eorum cum sacerdotii aut cuiuspiam mysterii suscipiendi dignitate esse, quibus solum baptisma ratum esse permittimus*. Sed non potest aliquis consecrare Eucharistiam nisi sit cum sacerdotii dignitate. Ergo haeretici,

ARTIGO 7
Os hereges, cismáticos e excomungados podem celebrar a Eucaristia?[j]

QUANTO AO SÉTIMO, ASSIM SE PROCEDE: parece que os hereges, cismáticos e excomungados **não** podem celebrar a Eucaristia.

1. Com efeito, Agostinho diz: "Fora da Igreja Católica não existe verdadeiro sacrifício". O papa Leão diz e consta dos Decretos: "Em outras partes (a saber fora da Igreja, que é o corpo de Cristo) nem existem sacerdócios válidos nem sacrifícios verdadeiros". Ora, os hereges, cismáticos e excomungados estão separados da Igreja. Logo, não podem realizar um verdadeiro sacrifício.

2. ALÉM DISSO, neste mesmo lugar se lê e o papa Inocêncio ensina: "Quanto aos arianos e às outras pestes do mesmo gênero, porque acolhemos os seus leigos sob o sinal da penitência, não quer dizer que devamos acolher os seus clérigos com a dignidade do sacerdócio ou de todo outro mistério. Permitimos somente que se admita o seu batismo". Ora, alguém só pode celebrar a

---

6. L. II, cc. 17 et 21, n. 40: ML 43, 78, 80.

7 PARALL.: Supra, q. 64, a. 9, ad 2; IV *Sent.*, dist. 13, q. 1, a. 1, q.la 3; Expos. litt.; dist. 19, q. 1, a. 2, q.la 3, ad 1; *Quodlib*. XII, q. 11, a. 1.

1. Cfr. PROSPERUM AQUITAN., *Sent.*, sent. 15: ML 51, 430 A.
2. Epist. 80, al. 60, *ad Anatolium*, c. 2: ML 54, 914 AB.
3. GRATIANUS, *Decretum*, p. II, causa 1, q. 1, can. 68: ed. Richter-Friedberg, I, 382.
4. Epist. 24 *ad Alexandrum*, c. 3: ML 20, 549 A- 550 A.

j. Os artigos 7, 8 e 9 exploram a doutrina elaborada por Sto. Agostinho para refutar a tese dos donatistas, que consideravam como inválidos os sacramentos conferidos na heresia ou no cisma. No artigo 8, o caso dos padres degradados é identificado ao dos padres excomungados, ainda que seja mais grave, porque definitivo (a. 8, sol. 3). O artigo 9 tem em vista o outro aspecto das coisas, o do comungante e da atitude que ele deve tomar em relação aos padres que estão em situação irregular.

et ceteri huiusmodi, non possunt Eucharistiam conficere.

3. PRAETEREA, ille qui est extra Ecclesiam, non videtur aliquid posse agere in persona totius Ecclesiae. Sed sacerdos consecrans Eucharistiam hoc agit in persona totius Ecclesiae: quod patet ex hoc quod omnes orationes proponit in persona Ecclesiae. Ergo videtur quod illi qui sunt extra Ecclesiam, scilicet haeretici et schismatici et excommunicati, non possunt consecrare Eucharistiam.

SED CONTRA est quod Augustinus dicit, in II contra Parmen.[5]: Sicut baptismus in eis, scilicet haereticis, schismaticis et excommunicatis, ita ordinatio mansit integra. Sed ex vi ordinationis sacerdos potest consecrare Eucharistiam. Ergo haeretici, schismatici et excommunicati, cum in eis maneat ordinatio integra, videtur quod possint consecrare Eucharistiam.

RESPONDEO dicendum quod quidam dixerunt quod haeretici, schismatici et excommunicati, quia sunt extra Ecclesiam, non possunt conficere hoc sacramentum.

Sed in hoc decipiuntur. Quia, sicut Augustinus dicit, in II contra Parmen.[6], aliud est aliquid omnino non habere, aliud autem non recte habere: et similiter est etiam aliud non dare, et aliud non recte dare. Illi igitur qui, intra Ecclesiam constituti, receperunt potestatem consecrandi in ordinatione sacerdotii, recte quidem habent potestatem, sed non recte ea utuntur, si postmodum per haeresim aut schisma vel excommunicationem ab Ecclesia separentur. Qui autem sic separati ordinantur, nec recte habent potestatem, nec recte utuntur. Quod tamen utrique potestatem habeant, per hoc patet quod, sicut Augustinus ibidem dicit, cum redeunt ad unitatem Ecclesiae, non reordinantur, sed recipiuntur in suis ordinibus. Et quia consecratio Eucharistiae est actus consequens ordinis potestatem, illi qui sunt ab Ecclesia separati per haeresim aut schisma vel excommunicationem, possunt quidem consecrare Eucharistiam, quae ab eis consecrata verum corpus Christi et sanguinem continet: non tamen recte hoc faciunt, sed peccant facientes. Et ideo fructum sacrificii non percipiunt, quod est sacrificium spirituale.

AD PRIMUM ergo dicendum quod auctoritas illa et similes intelligendae sunt quantum ad hoc quod

Eucaristia possuindo a dignidade do sacerdócio. Logo, os hereges e outros semelhantes não podem celebrar a Eucaristia.

3. ADEMAIS, quem estiver fora da Igreja não parece poder atuar em nome de toda Igreja. Ora, o sacerdote celebrante da Eucaristia age em nome de toda a Igreja, o que aliás decorre claramente do fato de ele fazer todas as orações em nome da Igreja. Portanto, parece que quem estiver fora da Igreja, a saber os hereges, cismáticos e excomungados, não podem celebrar a Eucaristia.

EM SENTIDO CONTRÁRIO, Agostinho afirma: "De igual maneira que o batismo permaneceu intacto neles," isto é nos hereges, cismáticos e excomungados, "assim também a ordenação". Ora, pelo poder da ordenação, o sacerdote pode celebrar a Eucaristia. Logo, parece que os hereges, cismáticos e excomungados, uma vez que permanece neles intacta a ordenação, podem consagrar a Eucaristia.

RESPONDO. Alguns autores disseram que os hereges, cismáticos e excomungados, que estão fora da Igreja, não podem celebrar a Eucaristia.

Mas estão equivocados neste ponto. Porque, como diz Agostinho: "é diferente não possuir totalmente uma realidade e não possuí-la de maneira correta"; ou, em fórmula semelhante: "é diferente não dar sem mais e não dar de maneira correta". Quem, portanto, recebeu dentro da Igreja pela ordenação sacerdotal o poder de celebrar, tem este poder de modo correto, mas não o usa corretamente, se depois se separa da Igreja pela heresia, cisma ou excomunhão. No entanto, quem estiver separado e for ordenado, então nem possui nem usa o poder de modo correto. Mas, evidentemente ambos possuem o poder já que, como diz Agostinho no mesmo texto, ao voltar à unidade da Igreja, não é ordenado de novo, mas é reintegrado em seu ministério. Ora, já que o poder de consagrar a Eucaristia é um ato que decorre do poder da ordem, quem está separado da Igreja pela heresia, cisma ou excomunhão, pode consagrar a Eucaristia. Esta eucaristia consagrada por ele contém o verdadeiro corpo e sangue de Cristo. Não o faz, porém, de modo correto, por isso peca ao fazê-lo. Daí se segue que não recebe o fruto do sacrifício, por ser este um sacrifício espiritual.

QUANTO AO 1º, portanto, deve-se dizer que este texto e outros semelhantes devem ser entendidos

---

5. C. 13, n. 28: ML 43, 70.
6. C. 13, n. 30: ML 43, 72.

non recte extra Ecclesiam sacrificium offertur. Unde extra Ecclesiam non potest esse spirituale sacrificium, quod est verum veritate fructus, licet sit verum veritate sacramenti: sicut etiam supra[7] dictum est quod peccator sumit corpus Christi sacramentaliter, sed non spiritualiter.

AD SECUNDUM dicendum quod solus baptismus permittitur esse ratus haereticis et schismaticis, quia possunt licite baptizare in articulo necessitatis. In nullo autem casu licite possunt Eucharistiam consecrare, vel alia sacramenta conferre.

AD TERTIUM dicendum quod sacerdos in missa in orationibus quidem loquitur in persona Ecclesiae, in cuius unitate consistit. Sed in consecratione sacramenti loquitur in persona Christi, cuius vicem in hoc gerit per ordinis potestatem. Et ideo, si sacerdos ab unitate Ecclesiae praecisus missam celebret, quia potestatem ordinis non amittit, consecrat verum corpus et sanguinem Christi: sed quia est ab Ecclesiae unitate separatus, orationes eius efficaciam non habent.

no sentido de que não se oferece de modo correto um sacrifício, estando fora da Igreja. Por isso, fora da Igreja não pode haver um sacrifício espiritual, que é o verdadeiro sacrifício pela realidade do fruto, ainda que este sacrifício oferecido fora da Igreja seja verdadeiro pela realidade sacramental. Da mesma maneira que se viu acima, o pecador comunga sacramentalmente do corpo de Cristo, mas não espiritualmente.

QUANTO AO 2º, deve-se dizer que entre os sacramentos ministrados por hereges e cismáticos, somente o batismo pode ser admitido como válido, porque é permitido batizar em caso de necessidade. Em nenhum caso, é lícito celebrar a Eucaristia ou conferir outros sacramentos.

QUANTO AO 3º, deve-se dizer que o sacerdote reza as orações da missa em nome da Igreja, em comunhão de unidade com ela. Ora, ele pronuncia a consagração em nome de Cristo, cujas vezes ele aí faz pelo poder da ordem. Por isso, se o sacerdote, separado da unidade da Igreja, celebra a missa, ele consagra o verdadeiro corpo e sangue de Cristo, uma vez que não perde o poder da ordem. Por outro lado, as suas orações carecem de eficácia, já que se separou da unidade da Igreja.

ARTICULUS 8
Utrum sacerdos degradatus possit hoc sacramentum conficere

AD OCTAVUM SIC PROCEDITUR. Videtur quod sacerdos degradatus non possit hoc sacramentum conficere.
1. Nullus enim conficit hoc sacramentum nisi per potestatem consecrandi quam habet. Sed *degradatus non habet potestatem consecrandi, licet habeat potestatem baptizandi*: ut dicit canon[1]. Ergo videtur quod presbyter degradatus non possit Eucharistiam consecrare.
2. PRAETEREA, ille qui aliquid dat, potest etiam auferre. Sed episcopus dat presbytero potestatem consecrandi ordinando ipsum. Ergo etiam potest ei auferre degradando ipsum.
3. PRAETEREA, sacerdos per degradationem aut amittit potestatem consecrandi, aut solam executionem. Sed non solam executionem: quia sic non plus amitteret degradatus quam excommunicatus, qui executione caret. Ergo videtur quod amittit

ARTIGO 8
Pode um sacerdote degradado celebrar a Eucaristia?

QUANTO AO SÉTIMO, ASSIM SE PROCEDE: parece que um sacerdote degradado **não** pode celebrar a Eucaristia.
1. Com efeito, ninguém celebra este sacramento a não ser pelo poder que possui de consagrar. Ora, o sacerdote degradado não tem o poder de consagrar, ainda que tenha o de batizar, conforme o cânone. Logo, parece que o sacerdote degradado não pode celebrar a Eucaristia.
2. ALÉM DISSO, quem confere um poder, pode retirá-lo. Ora, o bispo confere ao sacerdote o poder de consagrar, ao ordená-lo. Logo, também pode retirar-lho, degradando-o.
3. ADEMAIS, o sacerdote pela degradação ou perde o poder de consagrar ou somente o seu exercício, mas não só o exercício, pois, do contrário o degradado não perderia mais poder do que o excomungado, que não pode exercê-lo. Portanto,

---

7. Q. 80, a. 3.
8 PARALL.: IV *Sent*., dist. 13, q. 1, a. 1, q.la 4; *Quodlib*. XII, q. 11, a. 1.
1. GRATIANUS, *Decretum*, p. II, causa 1, q. 1, append. ad can. 97: ed. Richter-Friedberg, I, 395.

potestatem consecrandi. Et ita videtur quod non possit conficere hoc sacramentum.

SED CONTRA est quod Augustinus, in II *contra Parmen*.², probat quod *apostatae* a fide *non carent baptismate*, per hoc quod *per poenitentiam redeuntibus non restituitur, et ideo non posse amitti iudicatur*. Sed similiter degradatus, si reconcilietur, non est iterum ordinandus. Ergo non amisit potestatem consecrandi. Et ita sacerdos degradatus potest conficere hoc sacramentum.

RESPONDEO dicendum quod potestas consecrandi Eucharistiam pertinet ad characterem sacerdotalis ordinis. Character autem quilibet, quia cum quadam consecratione datur, indelebilis est, ut supra³ dictum est: sicut et quarumcumque rerum consecrationes perpetuae sunt, nec amitti nec reiterari possunt. Unde manifestum est quod potestas consecrandi non amittitur per degradationem. Dicit enim Augustinus, in II *contra Parmen*.⁴: *Utrumque*, scilicet baptismus et ordo, *sacramentum est, et quadam consecratione utrumque homini datur: et illud cum baptizatur, et illud cum ordinatur. Ideo non licet a Catholicis utrumque iterari*. Et sic patet quod sacerdos degradatus potest conficere hoc sacramentum.

AD PRIMUM ergo dicendum quod canon ille non loquitur assertive, sed inquisitive: sicut ex circumstantia litterae haberi potest.

AD SECUNDUM dicendum quod episcopus non dat potestatem sacerdotalis ordinis propria virtute, sed instrumentaliter, sicut minister Dei: cuius effectus per hominem tolli non potest, secundum illud Mt 19,6: *Quos Deus coniunxit, homo non separet*. Et ideo episcopus non potest hanc potestatem auferre: sicut nec ille qui baptizat potest auferre characterem baptismalem.

AD TERTIUM dicendum quod excommunicatio est medicinalis. Et ideo excommunicatis non aufertur executio sacerdotalis potestatis quasi in perpetuum, sed ad correctionem, usque ad tempus. Degradatis autem aufertur executio quasi in perpetuum condemnatis.

parece que perde o poder de consagrar. E assim parece não poder celebrar este sacramento.

EM SENTIDO CONTRÁRIO, Agostinho prova que "os apóstatas" da fé "não são privados do batismo," pelo fato de que "ao voltarem pela penitência não o recebem de novo e por isso se conclui que não foram privados dele". De igual modo, o sacerdote degradado, ao reconciliar-se, não é ordenado de novo. Logo, não perdeu o poder de consagrar. Desta sorte, pode celebrar este sacramento.

RESPONDO. O poder de consagrar a Eucaristia pertence ao caráter sacerdotal do sacramento da Ordem. Todo caráter, conferido por uma consagração, é indelével, da mesma maneira que as consagrações de qualquer outra coisa são perpétuas, não se perdem nem se reiteram. Desta sorte, é evidente que o poder de consagrar não se perde pela degradação. Com efeito, Agostinho ensina: "Ambos, o Batismo e a Ordem, são sacramentos e são conferidos ao homem por uma consagração, quando alguém é batizado ou ordenado respectivamente. Por isso, não podem os católicos recebê-los de novo". Desta maneira é evidente que o sacerdote degradado tem o poder de celebrar este sacramento.

QUANTO AO 1º, portanto, deve-se dizer que esse cânon não afirma de maneira assertiva mas interrogativa, como se pode deduzir do contexto literário.

QUANTO AO 2º, deve-se dizer que o bispo confere o poder sacerdotal da ordem não por poder próprio, mas como instrumento enquanto ministro de Deus. Por isso, seu efeito não pode ser retirado pelo homem, segundo o dito do Evangelho: "Não separe, pois, o homem o que Deus uniu". Daí se segue que o bispo não pode retirar este poder assim como também quem batiza não pode retirar o caráter batismal.

QUANTO AO 3º, deve-se dizer que a excomunhão é uma sanção medicinal. Deste modo, não se subtrai dos excomungados o exercício do poder sacerdotal para sempre, mas temporariamente em vista de sua correção. Retira-se, porém, dos degradados o exercício como condenação perpétua.

---

2. C. 13, n. 29: ML 43, 72.
3. Q. 63, a. 5.
4. C. 13, n. 28: ML 43, 70.

Articulus 9
Utrum aliquis licite possit communionem recipere a sacerdotibus haereticis vel excommunicatis, vel etiam peccatoribus, et ab eis missam audire

AD NONUM SIC PROCEDITUR. Videtur quod aliquis licite possit communionem recipere a sacerdotibus haereticis vel excommunicatis, vel etiam peccatoribus, et ab eis missam audire.

1. Sicut enim Augustinus, *contra Petilianum*[1], dicit, *neque in homine bono neque in homine malo aliquis Dei fugiat sacramenta*. Sed sacerdotes, quamvis sint peccatores et haeretici vel excommunicati, verum conficiunt sacramentum. Ergo videtur quod non sit vitandum ab eis communionem accipere vel eorum missam audire.

2. PRAETEREA, corpus Christi verum figurativum est corporis mystici, sicut supra[2] dictum est. Sed a praedictis sacerdotibus verum corpus Christi consecratur. Ergo videtur quod illi qui sunt de corpore mystico, possint eorum sacrificiis communicare.

3. PRAETEREA, multa peccata sunt graviora quam fornicatio. Sed non est prohibitum audire missas sacerdotum aliter peccantium. Ergo etiam non debet esse prohibitum audire missas sacerdotum fornicariorum.

SED CONTRA est quod canon dicit, XXXII dist.[3]: *Nullus audiat missam sacerdotis quem indubitanter concubinam novit habere.* — Et Gregorius dicit, in III *Dialog.*[4], quod *pater perfidus Arianum episcopum misit ad filium, ut ex eius manu sacrilegae consecrationis communionem acciperet: sed vir Deo devotus Ariano episcopo venienti exprobravit ut debuit*.

RESPONDEO dicendum quod, sicut supra[5] dictum est, sacerdotes, si sint haeretici vel schismatici vel excommunicati, vel etiam peccatores, quamvis habeant potestatem consecrandi Eucharistiam, non tamen ea recte utuntur, sed peccant utentes. Quicumque autem communicat alicui in peccato, ipse particeps peccati efficitur: unde et in Secunda

Artigo 9
Pode alguém licitamente comungar das mãos de sacerdotes hereges ou excomungados ou pecadores e ouvir missas celebradas por eles?

QUANTO AO NONO, ASSIM SE PROCEDE: parece que alguém **pode** licitamente comungar das mãos de sacerdotes hereges, excomungados ou pecadores e ouvir a missa[k] celebrada por eles.

1. Com efeito, Agostinho ensina: "Que ninguém evite os sacramentos de Deus ministrados seja por uma pessoa boa, seja má". Ora, os sacerdotes, quer hereges quer excomungados, realizam um verdadeiro sacramento. Logo, parece que não se deve evitar receber deles a comunhão nem ouvir missa deles.

2. ALÉM DISSO, o corpo verdadeiro de Cristo é figura do corpo místico. Ora, tais sacerdotes consagram o verdadeiro corpo de Cristo. Logo, parece que quem faz parte do corpo místico pode participar dos seus sacrifícios.

3. ADEMAIS, muitos pecados são mais graves que a fornicação. Ora, não é proibido participar de uma eucaristia de sacerdotes com outros pecados. Logo, também não deve ser proibido ouvir missa de sacerdotes fornicadores.

EM SENTIDO CONTRÁRIO, lê-se nos Decretos: "Ninguém ouça missa de um sacerdote, se sabe, sem dúvidas, que vive em concubinato". — E Gregório acrescenta: "Um pai infiel enviou um bispo ariano a seu filho, para que recebesse de suas mãos a comunhão sacrilegamente consagrada; mas o varão temente a Deus repreendeu, como devia, ao bispo ariano que se apresentara".

RESPONDO. Os sacerdotes hereges, cismáticos, ou excomungados ou mesmo pecadores, embora tenham o poder de celebrar a Eucaristia, não exercem tal poder retamente, mas pecam ao fazê-lo. Quem está em comunhão com alguém no pecado, faz-se também participante do pecado. Por isso, se lê na segunda Carta de João que "quem lhe

---

9   PARALL.: Supra, q. 64, a. 9, ad 3; IV *Sent.*, dist. 13, q. 1, a. 3, q.la 3; dist. 24, q. 1, a. 3, q.la 5, ad 3, 4; *Quodlib*. XI, q. 8, a. 1, 2.

1. L. III, c. 9: ML 43, 353.
2. Cfr. q. 67, a. 2; q. 73, a. 1, 2 a.
3. GRATIANUS, op. cit., p. I, dist. 32, can. 5: ed. cit., I, 117.
4. C. 31: ML 77, 292 A.
5. A. 5, ad 1; a. 7.

---

k. Observe-se que se apresenta a questão não só de receber a comunhão de determinados padres, mas também de ouvir sua missa. Não parece que Sto. Tomás faça distinção entre ouvir a missa desses padres e receber deles a comunhão, o mesmo sacrifício sendo simultaneamente sacrifício e sacramento.

Canonica Ioannis [v. 11] legitur quod *qui dixerit ei, Ave*, scilicet haeretico, *communicat operibus illius malignis*. Et ideo non licet a praedictis communionem accipere aut eorum missam audire.

Differt tamen inter praedictas sectas. Nam haeretici et schismatici et excommunicati sunt per sententiam Ecclesiae executione consecrandi privati. Et ideo peccat quicumque eorum missam audit vel ab eis accipit sacramenta. — Sed non omnes peccatores sunt per sententiam Ecclesiae executione huius potestatis privati. Et sic, quamvis sint suspensi quantum est ex sententia divina, non tamen quantum ad alios ex sententia Ecclesiae. Et ideo, usque ad sententiam Ecclesiae, licet ab eis communionem accipere et eorum missam audire. Unde super illud 1Cor 5,11, *Cum huiusmodi nec cibum sumere*, dicit Glossa Augustini[6]: *Hoc dicendo, noluit hominem ab homine iudicari ex arbitrio suspicionis, vel etiam extraordinario usurpato iudicio: sed potius ex lege Dei, secundum ordinem Ecclesiae, sive ultro confessum, vel accusatum et convictum.*

AD PRIMUM ergo dicendum quod in hoc quod refugimus audire talium sacerdotum missam aut ab eis communionem recipere, non refugimus Dei sacramenta, sed potius ea veneramur: unde hostia a talibus sacerdotibus consecrata est adoranda, et, si reservetur, licite potest sumi a sacerdote legitimo. Sed refugimus culpam indigne ministrantium.

AD SECUNDUM dicendum quod unitas corporis mystici est fructus corporis veri percepti. Illi autem qui indigne percipiunt vel ministrant, privantur fructu, ut supra[7] dictum est. Et ideo non est sumendum ex eorum dispensatione sacramentum ab eis qui sunt in unitate Ecclesiae.

AD TERTIUM dicendum quod, licet fornicatio non sit gravior ceteris peccatis, tamen ad eam sunt homines proniores, propter carnis concupiscentiam. Et ideo specialiter hoc peccatum a sacerdotibus prohibitum est ab Ecclesia, ne aliquis audiat missam concubinarii sacerdotis. — Sed hoc intelligendum est de notorio: vel *per sententiam* quae fertur in convictum, vel *confessionem in iure*

(isto é ao herege) deseja boas-vindas participa de suas obras más". Deste modo, não é lícito receber a comunhão de tais sacerdotes, nem ouvir missa deles.

Há, porém, uma diferença entre estas diversas categorias de sacerdotes. Pois, os hereges, cismáticos e excomungados estão privados do exercício da celebração por sentença da Igreja. Por isso, peca quem participa de suas missas e recebe deles os sacramentos. — Mas, nem todos os pecadores estão privados do exercício deste poder por sentença da Igreja. Assim, mesmo que estejam suspensos no referente a si mesmos quanto à sentença divina, não o estão a respeito dos outros por sentença da Igreja. Por isso, até que se pronuncie uma sentença da Igreja, é lícito receber deles a comunhão e ouvir missa deles. Daí se segue o que comenta a Glosa de Agostinho sobre o dito de Paulo: "de não tomar refeição com um tal homem": "Ao dizer isto, não quis que alguém julgasse o outro por mera suspeita ou mesmo por um julgamento extraordinário, mas antes pela lei de Deus, conforme a determinação da Igreja, seja o caso de que ele tenha confessado em seguida ou de que ele tenha sido acusado e comprovado".

QUANTO AO 1º, portanto, deve-se dizer que pelo fato de evitarmos de ouvir missa de tais sacerdotes ou de receber deles a comunhão, não recusamos os sacramentos de Deus, mas antes os respeitamos. Por isso, a hóstia consagrada por eles deve ser adorada e se é guardada, é lícito recebê-la de um sacerdote digno. Mas rejeitamos a culpa de quem os ministra indignamente.

QUANTO AO 2º, deve-se dizer que a unidade do corpo místico é fruto da recepção do corpo verdadeiro. Quem recebe ou ministra indignamente a Eucaristia, priva-se de seu fruto. Por esta razão, quem estiver em comunhão com a Igreja não deve participar do sacramento do corpo de Cristo que lhe ministram tais sacerdotes.

QUANTO AO 3º, deve-se dizer que ainda que a fornicação não seja mais grave que outros pecados, mas a ela são mais proclives as pessoas por causa da concupiscência da carne. Desta sorte, este pecado é, de modo especial, proibido pela Igreja aos sacerdotes para que ninguém ouça a missa celebrada por um sacerdote concubinário. — Mas isso deve ser entendido de um pecador

---

6. LOMBARDI: ML 191, 1575 C.
7. A. 7; q. 80, a. 4.

factam, vel quando *non potest peccatum aliqua tergiversatione celari*.

notório: "por sentença contra alguém de maneira comprovada ou por confissão feita em julgamento ou quando já não se consegue ocultar o pecado com algum subterfúgio".

Articulus 10
Utrum liceat sacerdoti omnino a consecratione Eucharistiae abstinere

AD DECIMUM SIC PROCEDITUR. Videtur quod liceat sacerdoti omnino a consecratione Eucharistiae abstinere.

1. Sicut enim ad officium sacerdotis pertinet Eucharistiam consecrare, ita etiam baptizare et in aliis sacramentis ministrare. Sed sacerdos non tenetur ministrare in aliis sacramentis, nisi propter curam animarum susceptam. Ergo videtur quod nec etiam teneatur Eucharistiam consecrare, si curam non habeat animarum.

2. PRAETEREA, nullus tenetur facere quod sibi non licet: alioquin esset perplexus. Sed sacerdoti peccatori, vel etiam excommunicato, non licet Eucharistiam consecrare, ut ex supra[1] dictis patet. Ergo videtur quod tales non teneantur ad celebrandum. Et ita nec alii: alioquin ex sua culpa commodum reportarent.

3. PRAETEREA, dignitas sacerdotalis non perditur per subsequentem infirmitatem: dicit enim Gelasius Papa[2], et habetur in *Decretis*, dist. LV[3]: *Praecepta canonum sicut non patiuntur venire ad sacerdotium debiles corpore, ita, si quis in eo fuerit constitutus ac tunc fuerit sauciatus, amittere non potest quod tempore suae sinceritatis accepit*. Contingit autem quandoque quod ordinati in sacerdotes incurrunt aliquos defectus ex quibus a celebratione impediuntur: sicut est lepra, vel morbus caducus, vel aliquid huiusmodi. Non ergo videtur quod sacerdotes ad celebrandum teneantur.

SED CONTRA est quod Ambrosius dicit, in quadam Oratione[4]: *Grave est quod ad mensam tuam mundo corde et manibus innocentibus non venimus: sed gravius est si, dum peccata metuimus, etiam sacrificium non reddamus*.

Artigo 10
Pode o sacerdote abster-se totalmente de celebrar a Eucaristia?

QUANTO AO DÉCIMO, ASSIM SE PROCEDE: parece que o sacerdote **pode** abster-se totalmente de celebrar a Eucaristia.

1. Com efeito, pertence ao ministério do sacerdote tanto consagrar a Eucaristia, como batizar e ministrar outros sacramentos. Ora, o sacerdote só tem a obrigação de ministrar os outros sacramentos por dever pastoral. Logo, parece que não tem a obrigação de celebrar a Eucaristia a não ser se o cuidado pastoral o exigir.

2. ALÉM DISSO, ninguém tem obrigação de fazer aquilo que não lhe é permitido, do contrário estaria numa situação contraditória. Ora, não é permitido ao sacerdote pecador ou excomungado celebrar a Eucaristia. Logo, parece que tais sacerdotes não são obrigados a celebrar. Nem também os outros, do contrário a sua culpa lhes traria vantagem[1].

3. ADEMAIS, a dignidade sacerdotal não se perde com uma enfermidade posterior. O papa Gelásio ensina e consta nos Decretos: "Os preceitos canônicos não permitem admitir ao sacerdócio os doentes. Mas, em compensação, se alguém recebe uma ferida depois da ordenação, não pode perder o que recebeu quando de sua integridade". Ora, sucede que, às vezes, os sacerdotes ordenados sofrem algumas deficiências que os impedem de celebrar, tais como a lepra, ou a epilepsia ou alguma enfermidade semelhante. Logo, não parece que os sacerdotes sejam obrigados a celebrar.

EM SENTIDO CONTRÁRIO, Ambrósio diz numa oração: "É grave que não venhamos a tua mesa com o coração puro e as mãos inocentes. Mas é ainda mais grave, se, por temor do pecado, também não cumprimos o dever de oferecer sacrifício".

---

10 PARALL.: IV *Sent.*, dist. 13, q. 1, a. 2, q.la 1.

1. A. 5, ad 1; a. 7.
2. GELASIUS I, *Epist. Fragm.*, fragm. 9 *ad Palladium*: ed. A. Thiel, Brunsbergae 1868, p. 488.
3. GRATIANUS, *Decretum*, p. I, dist. 55, can. 12: ed. Richter-Friedberg, I, 218.
4. Cfr. ANSELMUM, *Orationes*, orat. 33: ML 158, 926 C.

---

1. A problemática é curiosa, pois supõe que seja oneroso para um padre celebrar a eucaristia. Como, se não for isso, falar de uma vantagem para os padres que não são obrigados a celebrar? Sto. Tomás (r. 2) não cai na armadilha, e enfatiza por que essa situação está bem longe de favorecer aquele que ficou impossibilitado de oferecer o sacrifício.

RESPONDEO dicendum quod quidam dixerunt quod sacerdos potest omnino licite a consecratione abstinere, nisi teneatur ex cura sibi commissa celebrare pro populo et sacramenta praebere.

Sed hoc irrationabiliter dicitur. Quia unusquisque tenetur uti gratia sibi data cum fuerit opportunum: secundum illud 2Cor 6,1: *Hortamur vos ne in vacuum gratiam Dei recipiatis*. Opportunitas autem sacrificium offerendi non solum attenditur per comparationem ad fideles Christi, quibus oportet sacramenta ministrari, sed principaliter per comparationem ad Deum, cui in consecratione huius sacramenti sacrificium offertur. Unde sacerdoti, etiam si non habeat curam animarum, non licet omnino a celebratione cessare: sed saltem videtur quod celebrare tenetur in praecipuis festis, et maxime in illis diebus in quibus fideles communicare consueverunt. Et hinc est quod 2Mac 4,14 dicitur contra quosdam sacerdotes quod *iam non circa altaris officia dediti erant, contempto Templo et sacrificiis neglectis*.

AD PRIMUM ergo dicendum quod alia sacramenta perficiuntur in usu fidelium. Et ideo in illis ministrare non tenetur nisi ille qui super fideles suscipit curam. Sed hoc sacramentum perficitur in consecratione Eucharistiae, in qua sacrificium Deo offertur: ad quod sacerdos obligatur ex ordine iam suscepto.

AD SECUNDUM dicendum quod sacerdos peccator, si per sententiam Ecclesiae sit executione ordinis privatus vel simpliciter vel ad tempus, redditus est impotens ad sacrificium offerendum: et ideo obligatio tollitur. Hoc autem cedit sibi in detrimentum spiritualis fructus, magis quam in emolumentum. — Si vero non sit privatus potestate celebrandi, non solvitur obligatio. Nec tamen est perplexus: quia potest de peccato poenitere et celebrare.

AD TERTIUM dicendum quod debilitas vel aegritudo superveniens ordini sacerdotali ordinem non tollit: executionem tamen ordinis impedit quantum ad consecrationem eucharistiae. Quandoque quidem propter impossibilitatem executionis: sicut si privetur oculis aut digitis, aut usu linguae. — Quandoque autem propter periculum: sicut patet de eo qui patitur morbum caducum, vel etiam quamcumque alienationem mentis. — Quandoque

RESPONDO. Alguns autores disseram que o sacerdote pode licitamente abster-se totalmente de celebrar, a não ser que, por obrigação pastoral, deva celebrar para o povo e ministrar-lhe os sacramentos.

Mas eles não têm razão. Porque alguém tem obrigação de usar os dons que lhe foram concedidos quando for oportuno, conforme o dito de Paulo: "Nós vos exortamos a não deixar sem efeito a graça recebida de Deus". A oportunidade, porém, de oferecer o sacrifício não só deve levar em consideração a relação aos fiéis de Cristo, a quem devem-se ministrar os sacramentos, mas principalmente a relação a Deus, a quem o sacrifício na consagração deste sacramento é oferecido. Por isso, não é permitido, de nenhum modo, ao sacerdote, mesmo que não tenha um ministério pastoral, deixar de celebrar. Pelo menos parece que deva celebrar nas principais festas e sobretudo naqueles dias em que os fiéis têm costume de comungar. É por isso que se lê no segundo livro dos Macabeus uma invectiva contra certos sacerdotes que "já não mostravam mais nenhum zelo pelo serviço do altar... desprezando o Templo e negligenciando os sacrifícios".

QUANTO AO 1º, portanto, deve-se dizer que os outros sacramentos se realizam pela recepção por parte dos fiéis. Por isso, está obrigado a ministrá-los quem tem cuidado pastoral dos fiéis. Mas a Eucaristia se realiza na consagração, em que se oferece o sacrifício a Deus, a que o sacerdote é obrigado em virtude do sacramento da Ordem que lhe foi conferido.

QUANTO AO 2º, deve-se dizer que um sacerdote pecador, que tenha sido privado do exercício da ordem por sentença da Igreja ou definitiva ou temporariamente, torna-se impossibilitado de oferecer o sacrifício. Daí se segue que lhe cessa a obrigação de celebrar. No entanto, isso não lhe confere nenhuma vantagem, antes lhe causa detrimento em relação a frutos espirituais. — Se o sacerdote não foi privado do poder de celebrar, a obrigação de fazê-lo permanece. Nem por isso é induzido ao pecado, já que tem a possibilidade de arrepender-se dele e celebrar.

QUANTO AO 3º, deve-se dizer que a fraqueza ou enfermidade, que sobrevém depois da ordenação sacerdotal, não a anula, mas impede-lhe o exercício no referente ao ato de celebrar a Eucaristia. Às vezes, isto acontece por causa da impossibilidade de exercê-lo, como no caso de alguém perder a vista, os dedos ou o uso da fala. — Em outras ocasiões, corre-se perigo no ato de celebrar, como é o caso de alguém que é epiléptico ou sofre de algum

propter abominationem: sicut patet de leproso, qui non debet publice celebrare. Potest tamen dicere missam occulte: nisi lepra adeo invaluerit quod per corrosionem membrorum eum ad hoc reddiderit impotentem.

transtorno mental. — Em outras situações ainda, por causa de alguma doença repugnante, como é o caso do leproso que não deve celebrar em público. Pode, porém, fazê-lo em particular, desde que a lepra não tenha provocado tal destruição de seus membros que o torne incapaz de celebrar.

QUAESTIO LXXXIII
DE RITU HUIUS SACRAMENTI
in sex articulos divisa

Deinde considerandum est de ritu huius sacramenti.
Et circa hoc quaeruntur sex.
Primo: utrum in celebratione huius mysterii Christus immoletur.
Secundo: de tempore celebrationis.
Tertio: de loco, et aliis quae pertinent ad apparatum huius celebrationis.
Quarto: de his quae in celebratione huius mysterii dicuntur.
Quinto: de his quae circa celebrationem huius mysterii fiunt.
Sexto: de defectibus qui circa celebrationem huius sacramenti occurrunt.

QUESTÃO 83
O RITO DO SACRAMENTO DA EUCARISTIA
em seis artigos

Em seguida, deve-se tratar do rito deste sacramento.
Sobre isso, são seis as questões:
1. Cristo é imolado na celebração deste mistério?
2. O tempo da celebração.
3. O lugar e todo o conjunto material desta celebração.
4. As palavras da celebração deste mistério
5. As ações que acompanham a celebração deste mistério.
6. Os defeitos que ocorrem na celebração deste sacramento[a].

ARTICULUS 1
Utrum in celebratione huius sacramenti Christus immoletur

AD PRIMUM SIC PROCEDITUR. Videtur quod in celebratione huius sacramenti Christus non immoletur.
1. Dicitur enim Hb 10,14, quod Christus *una oblatione consummavit in sempiternum sanctificatos.* Sed illa oblatio fuit eius immolatio. Ergo Christus non immolatur in celebratione huius sacramenti.
2. PRAETEREA, immolatio Christi facta est in cruce, in qua *tradidit semetipsum oblationem et*

ARTIGO 1
Cristo é imolado na celebração deste sacramento?[b]

QUANTO AO PRIMEIRO ARTIGO, ASSIM SE PROCEDE: parece que Cristo **não** é imolado na celebração deste sacramento.
1. Com efeito, lê-se na Carta aos Hebreus que Cristo "por uma única oblação levou para sempre à perfeição os que santificou". Ora, aquela oblação foi sua imolação. Logo, Cristo não é imolado na celebração deste sacramento.
2. ALÉM DISSO, a imolação de Cristo se fez na cruz, na qual "se entregou a si mesmo a Deus por

---

1 PARALL.: Supra, q. 22, a. 3, ad 2; q. 73, a. 4; IV *Sent.*, dist. 12; Expos. litt.; *ad Heb.*, c. 10, lect. 1.

a. Nessa questão, existe uma divisão bem nítida entre o primeiro artigo, que é de alcance teológico, e os outros, que dizem respeito a elementos mais exteriores da celebração. O que nos surpreende, não é que encontremos ao final do tratado uma série de questões rituais, mas que tenha sido necessário esperar este estudo sobre o rito para ver se apresentar explicitamente a questão do sacrifício eucarístico.

b. Abordamos por fim explicitamente a questão do sacrifício, e ficamos decepcionados, pois esse artigo não é especialmente rico de substância. É que Sto. Tomás jamais teve em vista tratar 1) do sacramento em oposição ao sacrifício, e depois 2) do sacrifício em oposição ao sacramento. Ele tratou constantemente desse sacramento que é ao mesmo tempo sacramento (no sentido restrito) e sacrifício. Se tivéssemos esquecido o que aprendemos até agora, nosso artigo contém tudo isso, conteúdo do qual o P. Roguet faz um levantamento praticamente exaustivo em suas notas doutrinais (Revue des Jeunes, t. II, pp. 379-80).

hostiam Deo in odorem suavitatis, ut dicitur Eph 5,2. Sed in celebratione huius mysterii Christus non crucifigitur. Ergo nec immolatur.

3. PRAETEREA, sicut Augustinus dicit, IV *de Trin*.[1], in immolatione Christi idem est sacerdos et hostia. Sed in celebratione huius sacramenti non est idem sacerdos et hostia. Ergo celebratio huius sacramenti non est Christi immolatio.

SED CONTRA est quod Augustinus dicit, in libro *Sententiarum Prosperi*[2]: *Semel immolatus est in semetipso Christus, et tamen quotidie immolatur in sacramento.*

RESPONDEO dicendum quod duplici ratione celebratio huius sacramenti dicitur Christi immolatio. Primo quidem quia, sicut Augustinus dicit, *ad Simplicianum*[3], *solent imagines earum rerum nominibus appellari quarum imagines sunt: sicut cum, intuentes tabulam aut parietem pictum, dicimus, Ille Cicero est, Ille Sallustius*. Celebratio autem huius sacramenti, sicut supra[4] dictum est, imago est quaedam repraesentativa passionis Christi, quae est vera immolatio. Unde Ambrosius dicit, super Epistolam *ad Heb*.[5]: *In Christo semel oblata est hostia ad salutem sempiternam potens. Quid ergo nos? Nonne per singulos dies offerimus ad recordationem mortis eius?*

Alio modo, quantum ad effectum passionis: quia scilicet per hoc sacramentum participes efficimur fructus Dominicae passionis. Unde et in quadam Dominicali oratione secreta[6] dicitur: *Quoties huius hostiae commemoratio celebratur, opus nostrae redemptionis exercetur.*

Quantum igitur ad primum modum, poterat Christus dici immolari etiam in figuris veteris Testamenti: unde et in Ap 13,8 dicitur: *Quorum nomina non sunt scripta in libro vitae Agni, qui occisus est ab origine mundi.* Sed quantum ad modum secundum, proprium est huic sacramento quod in eius celebratione Christus immoletur.

AD PRIMUM ergo dicendum quod, sicut Ambrosius ibidem dicit, *una est hostia*, quam scilicet

nós em oblação e vítima, como um perfume de agradável odor", como está na Carta aos Efésios. Ora, na celebração deste mistério, Cristo não é crucificado. Logo, nem também é imolado.

3. ADEMAIS, Agostinho ensina que na imolação de Cristo é o mesmo quem é sacerdote e vítima. Ora, na celebração deste sacramento, não é o mesmo quem é sacerdote e vítima. Logo, a sua celebração não é a imolação de Cristo.

EM SENTIDO CONTRÁRIO, Agostinho diz: "Cristo foi imolado uma só vez em si mesmo, contudo cada dia é imolado no sacramento"[c].

RESPONDO. Por duas razões a celebração da Eucaristia é chamada imolação de Cristo. Em primeiro lugar, porque se deduz das palavras de Agostinho: "Tem-se o costume de designar as imagens pelos nomes das coisas de que elas são imagens. Assim quando olhamos para um quadro ou uma pintura na parede dizemos: Este aqui é Cícero, aquele lá é Salústio". A celebração, porém, deste sacramento é uma certa imagem representativa da paixão de Cristo, que é uma verdadeira imolação. Por isso, Ambrósio diz, comentando a Carta aos Hebreus: "Em Cristo, foi oferecida uma só vez a vítima eficaz para a salvação eterna. Que fazemos então? Porventura não a oferecemos todos os dias em comemoração de sua morte?"

Uma segunda razão diz respeito ao efeito da paixão: por este sacramento tornamo-nos participantes do fruto da paixão do Senhor. Por isso, reza-se na oração sobre as oferendas de um domingo: "Todas as vezes que celebramos a memória deste sacrifício, renovamos o mistério da nossa redenção".

Quanto à primeira razão, podia-se dizer que Cristo era imolado também nas figuras do Antigo Testamento. Daí se segue a palavra do livro do Apocalipse a respeito de "todos aqueles cujo nome não está escrito, desde a fundação do mundo, no livro da vida do cordeiro imolado". Mas, quanto à segunda razão, é próprio deste sacramento que Cristo seja imolado na sua celebração.

QUANTO AO 1º, portanto, deve-se dizer com Ambrósio: "Há uma só vítima", a que Cristo ofe-

---

1. C. 14: ML 42, 901.
2. Epist. 98, al. 23, *ad Bonif*., n. 9: ML 33, 363-364.
3. L. II, q. 3, n. 2: ML 40, 143.
4. Q. 76, a. 2, ad 1; q. 79, a. 1.
5. Cfr. AUCTOR. *Comment. in epist. ad Heb.* sub nomine Ambrosii, super 10, 1: ML 17, 45.
6. *Miss. Rom.*, Dom. IX post Pent.

c. Eis, nesse argumento *em sentido contrário*, a convicção da Igreja claramente especificada.

Christus obtulit et nos offerimus, *et non multae, quia semel oblatus est Christus, hoc autem sacrificium exemplum est illius. Sicut enim quod ubique offertur unum est corpus et non multa corpora, ita et unum sacrificium.*

AD SECUNDUM dicendum quod, sicut celebratio huius sacramenti est imago repraesentativa passionis Christi, ita altare est repraesentativum crucis ipsius, in qua Christus in propria specie immolatus est.

AD TERTIUM dicendum quod, per eandem rationem, etiam sacerdos gerit imaginem Christi, in cuius persona et virtute verba pronuntiat ad consecrandum, ut ex supra[7] dictis patet. Et ita quodammodo idem est sacerdos et hostia.

receu e a que nós oferecemos, "não muitas, uma vez que Cristo é oferecido uma só vez e que este sacrifício é o modelo daquele. Assim como o que é oferecido em todas as partes é um só corpo e não muitos, assim também é um único sacrifício"[d].

QUANTO AO 2º, deve-se dizer que da mesma maneira que a celebração deste sacramento representa a paixão de Cristo, assim também o altar representa a cruz, onde Cristo foi imolado em sua própria imagem.

QUANTO AO 3º, deve-se dizer que pela mesma razão, também o sacerdote representa a imagem de Cristo, em cuja pessoa e virtude pronuncia as palavras da consagração. Assim, sob certo modo, é o mesmo: o sacerdote e a vítima.

ARTICULUS 2
Utrum convenienter sit determinatum tempus celebrationis huius mysterii

AD SECUNDUM SIC PROCEDITUR. Videtur quod inconvenienter sit determinatum tempus celebrationis huius mysterii.

1. Hoc enim sacramentum est repraesentativum Dominicae passionis, ut dictum est[1]. Sed commemoratio Dominicae passionis fit in Ecclesia semel in anno: dicit enim Augustinus, *super Psalmos*[2]: *Quoties Pascha celebratur, nunquid toties Christus occiditur? Sed tamen anniversaria recordatio repraesentat quod olim factum est, et sic nos facit moveri tanquam videamus Dominum in cruce praesentem.* Ergo hoc sacramentum non debet celebrari nisi semel in anno.

2. PRAETEREA, passio Christi commemoratur in Ecclesia sexta feria ante Pascha, non autem in festo Natalis. Cum ergo hoc sacramentum sit commemorativum Dominicae passionis, videtur inconveniens quod in die Natalis ter celebratur hoc sacramentum, in Parasceve autem totaliter intermittitur.

ARTIGO 2
Está determinado, de maneira adequada, o tempo da celebração deste mistério?

QUANTO AO SEGUNDO, ASSIM SE PROCEDE: parece que o tempo da celebração deste ministério, **não** está determinado de maneira adequada.

1. Com efeito, este sacramento representa a paixão do Senhor, como já se expôs. Ora, a comemoração da paixão do Senhor se faz na Igreja uma só vez por ano. Com efeito, Agostinho declara: "Cristo não é imolado tantas vezes quantas a Páscoa é celebrada? No entanto, a recordação anual representa o que aconteceu outrora e assim nos comove como se víssemos o Senhor presente na cruz". Logo, este sacramento deve ser celebrado somente uma vez por ano.

2. ALÉM DISSO, comemora-se na Igreja a paixão de Cristo na sexta-feira antes da Páscoa, não, porém, no dia do Natal. Uma vez que a Eucaristia é comemoração da paixão do Senhor, parece inadequado celebrar três missas no Natal e nenhuma na sexta-feira santa.

---

7. Q. 82, a. 1, 3.

PARALL.: IV *Sent.*, dist. 13, q. 1, a. 2, q.la 3, 4.

1. A. praec.
2. *Enarr. in Ps.*, Ps. 21, enarr. 2, super v, 1, n. 1: ML 36, 171.

d. Nem Sto. Ambrósio nem Sto. Tomás, que o cita, ignoravam o problema posto pela unicidade do sacrifício de Cristo diante da multiplicidade de celebrações eucarísticas. Mas eles julgavam ter encontrado uma explicação suficiente desse contraste. Não suspeitavam nem a decadência posterior da teologia católica do sacrifício eucarístico nem a violenta e durável contestação dos reformadores protestantes. Daí a brevidade de sua resposta, em certo sentido perfeitamente suficiente, mas em outro demasiado rápido, dadas as implicações dessa questão para as Igrejas cristãs divididas.
Remetemos mais uma vez às notas doutrinais do P. Roguet (Revue des Jeunes, t. II, pp. 377-91).

3. Praeterea, in celebratione huius sacramenti Ecclesia debet imitari institutionem Christi. Sed Christus consecravit hoc sacramentum hora serotina. Ergo videtur quod tali hora debeat hoc sacramentum celebrari.

4. Praeterea, sicut habetur de Consecr., dist. 1[3], Leo Papa scribit Dioscoro Alexandrino Episcopo[4] quod *in prima parte diei missas celebrare licet*. Sed dies incipit a media nocte, ut supra[5] dictum est. Ergo videtur quod etiam post mediam noctem liceat celebrare.

5. Praeterea, in quadam Dominicali oratione secreta[6] dicitur: *Concede nobis, Domine, quaesumus, haec frequentare mysteria*. Sed maior erit frequentia si etiam pluribus horis in die sacerdos celebret. Ergo videtur quod non debeat prohiberi sacerdos pluries celebrare in die.

Sed in contrarium est consuetudo quam servat Ecclesia secundum canonum statuta[7].

Respondeo dicendum quod, sicut dictum est[8], in celebratione huius mysterii attenditur et repraesentatio Dominicae passionis, et participatio fructus eius. Et secundum utrumque oportuit determinare tempus aptum celebrationi huius sacramenti. Quia enim fructu Dominicae passionis quotidie indigemus propter quotidianos defectus, quotidie in Ecclesia regulariter hoc sacramentum offertur. Unde et Dominus nos petere docet, Lc 11,3, *Panem nostrum quotidianum da nobis hodie*: quod exponens Augustinus, in libro *de Verbis Domini* [9], dicit: *Si quotidianus est panis, cur post annum illum sumas, quemadmodum Graeci in oriente facere consueverunt? Accipe quotidie quod quotidie tibi prosit*. — Quia vero Dominica passio celebrata est a tertia hora usque ad nonam, ideo regulariter in illa parte diei solemniter celebratur in ecclesia hoc sacramentum.

Ad primum ergo dicendum quod in hoc sacramento recolitur passio Christi secundum quod eius effectus ad fideles derivatur. Sed tempore passionis recolitur passio Christi solum secundum quod in ipso capite nostro fuit perfecta.

3. Ademais, a Igreja deve imitar a instituição de Cristo na celebração da Eucaristia. Ora, Cristo consagrou este sacramento no fim da tarde. Portanto, parece que se deva celebrar a Eucaristia a tal hora.

4. Ademais, o papa Leão, numa carta escrita ao bispo Dióscoro de Alexandria, afirma que é permitido celebrar missas na primeira parte do dia. Ora, o dia começa a meia noite. Logo, parece que seja permitido celebrar missas também depois da meia noite.

5. Ademais, em uma oração da missa de domingo, se reza: "Concedei-nos, Senhor, que frequentemos estes santos mistérios". Ora, a frequência será maior, se o sacerdote celebrar cada dia em várias horas. Portanto, parece que não se deva proibir o sacerdote de celebrar várias vezes por dia.

Em sentido contrário, existe o costume que a Igreja observa conforme as disposições dos cânones[e].

Respondo. Na celebração da Eucaristia deve-se ter em conta tanto a representação da paixão do Senhor quanto a participação de seu fruto. E deve-se determinar o tempo adequado para a celebração da Eucaristia segundo essa dupla consideração. Porque necessitamos todos os dias do fruto da paixão do Senhor por causa de nossas faltas diárias, é comum na Igreja oferecer-se este sacramento todos os dias. Daí, o Senhor nos ensinar a pedir: "Dá-nos hoje o pão que nos é necessário para cada dia". Agostinho comenta assim: "Se se trata de um pão para cada dia, por que o recebes depois de um ano, conforme o costume dos gregos no Oriente? Recebe cada dia o que te sustenta cada dia". — Porque a paixão do Senhor foi celebrada da hora terceira até a nona, é comum na Igreja celebrar-se solenemente a Eucaristia naquela parte do dia.

Quanto ao 1º, portanto, deve-se dizer que na Eucaristia recorda-se a paixão de Cristo, enquanto por seus efeitos se comunica aos fiéis. No tempo da paixão, ela é recordada somente como realizada em Cristo, nossa cabeça. E isso aconteceu uma

---

3. Gratianus, *Decretum*, p. III, dist. 1, can. 51: ed. Richter-Friedberg, I, 1307.
4. Epist. 9, al. 11, c. 2: ML 54, 627 A.
5. Q. 80, a. 8, ad 5.
6. *Miss. Rom.*, Dom. IX post Pent.
7. Cfr. respp. ad obiecta.
8. A. praec.
9. Serm. 84, al. *de Verbis Dom.*, 28, n. 3: ML 39, 1908.

e. É aos estatutos canônicos que se refere Sto. Tomás, tendo em vista justificá-los. Os costumes abordados não eram mais os nossos antes da última reforma litúrgica, ainda menos o que estão em vigor atualmente.

Quod quidem factum est semel: quotidie autem fructum Dominicae passionis fideles percipiunt. Et ideo sola commemoratio fit semel in anno: hoc autem quotidie, et propter fructum et propter iugem memoriam.

AD SECUNDUM dicendum quod, veniente veritate, cessat figura. Hoc autem sacramentum est figura quaedam et exemplum passionis Dominicae, sicut dictum est[10]. Et ideo in die quo ipsa passio Domini recolitur prout realiter gesta est, non celebratur consecratio huius sacramenti. Ne tamen Ecclesia eo etiam die sit sine fructu passionis per hoc sacramentum nobis exhibito, corpus Christi consecratum in die praecedenti reservatur sumendum in illa die. Non autem sanguis, propter periculum: et quia sanguis specialius est imago Dominicae passionis, ut supra[11] dictum est. Nec etiam verum est, quod quidam dicunt, quod per immissionem particulae corporis in vinum, convertatur vinum in sanguinem. Hoc enim aliter fieri non potest quam per consecrationem factam sub debita forma verborum.

In die autem Nativitatis plures missae celebrantur, propter triplicem Christi nativitatem. Quarum una est aeterna: quae, quantum ad nos, est occulta. Et ideo una missa cantatur in nocte: in cuius introitu dicitur, *Dominus dixit ad me: Filius meus es tu, ego hodie genui te.* — Alia autem est temporalis, sed spiritualis: qua scilicet Christus *oritur tanquam Lucifer in cordibus nostris*, ut dicitur 2Pe 1,19. Et propter hoc cantatur missa in aurora: in cuius introitu dicitur, *Lux fulgebit super nos.* — Tertia est Christi nativitas temporalis et corporalis, secundum quam visibilis nobis processit ex utero virginali carne indutus. Et ob hoc cantatur tertia missa in plena luce: in cuius introitu dicitur, *Puer natus est nobis.* — Licet e converso posset dici quod nativitas aeterna, secundum se, est in plena luce: et ob hoc in Evangelio tertiae missae fit mentio de nativitate aeterna. Secundum autem nativitatem corporalem, ad litteram, natus est de nocte, in signum quod veniebat ad tenebras infirmitatis nostrae: unde et in missa nocturna dicitur Evangelium de corporali Christi nativitate.

Sicut etiam et in aliis diebus in quibus occurrunt plura Christi beneficia vel recolenda vel ex-

só vez. Mas cada dia os fiéis participam do fruto da paixão do Senhor. Por isso, a comemoração se faz uma vez por ano, mas o sacramento se celebra cada dia, tanto por causa do fruto quanto para renovar-lhe sem cessar a memória[f].

QUANTO AO 2º, deve-se dizer que ao chegar a realidade, a figura desaparece. Este sacramento é uma figura e semelhança da paixão do Senhor. Por isso, no dia em que a própria paixão do Senhor é recordada como realmente aconteceu, não se celebra a consagração deste sacramento. No entanto, para que a Igreja naquele dia não fique sem o fruto da paixão própria deste sacramento, conserva-se o corpo de Cristo consagrado no dia anterior para a comunhão naquele dia. Não se conserva, porém, o sangue, por causa dos riscos, e porque ele é mais especialmente a imagem da paixão do Senhor. Não é correto o que alguns autores ensinam que pela imersão da partícula do corpo no vinho, o vinho se converte no sangue de Cristo. Isso só pode ser feito pela consagração realizada com as palavras da fórmula prescrita.

No Natal, celebram-se várias missas por causa do tríplice nascimento de Cristo. Um é eterno, que nos é oculto. Por isso, canta-se uma missa de noite, em cujo introito se diz: "O Senhor disse-me: 'Tu és meu Filho, Eu hoje Te gerei". — O outro nascimento é temporal, mas espiritual, pelo qual Cristo "surge como estrela da manhã nos nossos corações" como escreve Pedro. Por isso, canta-se uma missa na aurora, em cujo introito se diz: "Hoje uma luz brilhará sobre nós". — O terceiro é o nascimento temporal e corporal de Cristo, pelo qual ele, vestido de nossa carne, nos apareceu visível, saindo do seio virginal. É o que se canta na terceira missa em pleno dia, em cujo introito se diz: "Nasceu-nos um menino". — Pode-se dizer também, pelo contrário, que o nascimento eterno, segundo sua natureza, se faz em plena luz; por isso o nascimento eterno é mencionado no evangelho da terceira missa. O nascimento corporal, por sua vez, entendido literalmente, aconteceu de noite, como sinal de que ele vinha ao encontro das trevas de nossa fraqueza. Por isso, na missa da noite, se lê o evangelho do nascimento de Cristo.

Assim também nos outros dias em que há muitos dons de Cristo para serem recordados ou

---

10. In corp.
11. Q. 78, a. 3, ad 2.

f. Observação de grande profundidade. Caso se tratasse de mera comemoração, facilmente nos contentaríamos com uma celebração anual; mas se trata de algo efetivamente vital para nós, até em nossa vida cotidiana.

petenda, plures missae celebrantur in die: puta una pro festo, et alia pro ieiunio vel pro mortuis.

AD TERTIUM dicendum quod, sicut supra[12] dictum est, Christus voluit ultimo hoc sacramentum discipulis tradere, ut fortius eorum cordibus imprimeretur. Et ideo post cenam et in fine diei hoc sacramentum consecravit et discipulis tradidit. A nobis autem celebratur hora Dominicae passionis: scilicet vel in diebus festis in tertia, quando crucifixus est linguis Iudaeorum, ut dicitur Mc 15,25, et quando Spiritus Sanctus descendit super discipulos; vel diebus profestis in sexta, quando crucifixus est manibus militum, ut habetur Io 19,14; vel diebus ieiuniorum in nona, quando *voce magna clamans emisit spiritum*, ut dicitur Mt 27,46-50.

Potest tamen tardari: maxime quando sunt ordines faciendi, et praecipue in Sabbato Sancto; tum propter prolixitatem officii; tum etiam quia ordines pertinent ad diem Dominicum, ut habetur in *Decretis*, dist. LXXV, cap. *Quod a patribus*[13].

Possunt tamen etiam missae celebrari *in prima parte diei* propter aliquam necessitatem: ut habetur *de Consecr.*, dist. I, cap. *Necesse est*, etc.[14].

AD QUARTUM dicendum quod regulariter missa debet celebrari in die, et non in nocte: quia ipse Christus est praesens in hoc sacramento, qui dicit, Io 9,4-5: *Me oportet operari opera eius qui misit me, donec dies est. Venit nox, quando nemo potest operari. Quandiu in mundo sum, lux sum mundi.* Ita tamen quod principium diei sumatur non a media nocte; nec etiam ab ortu solis, idest quando substantia solis apparet super terram; sed quando incipit apparere aurora. Tunc enim quodammodo dicitur sol ortus, inquantum claritas radiorum eius apparet. Unde et Mc 16,2 dicitur quod mulieres venerunt ad monumentum *orto iam sole*; cum tamen venerint, *cum adhuc tenebrae essent*, ad monumentum, ut dicitur Io 20,1; sic enim hanc

implorados, celebram-se várias missas no mesmo dia, por exemplo, uma pela festa, outra pelo jejum ou pelos defuntos.

QUANTO AO 3º, deve-se dizer que Cristo quis deixar aos discípulos este sacramento no último momento para que ele ficasse mais fortemente impresso em seus corações. Por isso, foi depois da ceia no final do dia que consagrou este sacramento e deu-o aos discípulos. Nós, porém, o celebramos na hora da paixão do Senhor, a saber, quer na hora terceira, nos dias festivos, quando ele foi crucificado pelas línguas dos judeus, como se lê no Evangelho de Marcos, e quando o Espírito Santo desceu sobre os discípulos; quer nos dias feriais, na hora sexta, quando ele foi crucificado pelas mãos dos soldados, como se lê no Evangelho de João; quer nos dias de jejum, na hora nona, quando ele, " gritando novamente com voz forte, entregou o espírito", como está no Evangelho de Mateus.

Pode-se, no entanto, celebrar mais tarde, sobretudo quando há ordenações e sobretudo no Sábado santo; seja por causa da extensão do ofício, seja também porque as ordens pertencem ao domingo, como se lê nos Decretos[g].

É permitido também celebrar missas na primeira parte do dia, em caso de necessidade, como se vê nos Decretos.

QUANTO AO 4º, deve-se dizer que comumente a missa deve ser celebrada de dia e não de noite. Pois, o mesmo Cristo que está presente neste sacramento diz: "Enquanto é dia é mister que eu trabalhe nas obras dAquele que me enviou: aproxima-se a noite na qual ninguém pode trabalhar. Por quanto tempo eu estiver no mundo, eu sou a luz do mundo". De tal sorte, porém, que o início do dia se conte não a partir da meia noite, nem também do nascer do sol, isto é quando o próprio astro aparece sobre a terra, mas a partir do início da aurora. Então, com efeito, se diz que o sol se levantou no momento em que aparece a luz de seus raios[h]. Portanto, lê-se em Marcos que as mulheres vieram à sepultura "tendo já o

---

12. Q. 73, a. 5.
13. GRATIANUS, op. cit., p. I, dist. 75, can. 4: ed. cit., I, 266.
14. GRATIANUS, op. cit., p. III, dist. 1, can. 51: ed. cit., I, 1307.

g. Os mais idosos entre nós se recordam de vigílias pascais iniciando no sábado santo às 7 horas da manhã. Constatamos que, na época de Sto. Tomás, essa aberração litúrgica ainda não existia. Celebrava-se a vigília no fim do dia e já na perspectiva do domingo ou, como é dito no final da r. 4, "no início da noite".

h. Questão de rubricas: como interpretar os termos "a partir do nascer do sol"? O costume é que a missa possa começar aos primeiros clarões da aurora. Não é necessário esperar que o astro apareça acima do horizonte.

contrarietatem solvit Augustinus, in libro *de Consensu Evangelistarum*[15].

Specialiter tamen in nocte Natalis missa celebratur, propter hoc quod Dominus nocte natus est: ut habetur *de Consecr.*, dist. I, cap. *Nocte* etc.[16].
— Et similiter etiam in Sabbato Sancto circa noctis principium: propter hoc quod Dominus nocte surrexit, idest, *cum adhuc tenebrae essent*, ante manifestum solis ortum.

AD QUINTUM dicendum quod, sicut habetur *de Consecr.*, dist. I[17], ex Decreto Alexandri Papae[18], *sufficit sacerdoti in die unam missam celebrare: quia Christus semel passus est et totum mundum redemit: et valde felix est qui unam digne celebrare potest. Quidam tamen pro defunctis unam faciunt et alteram diei, si necesse est. Qui vero pro pecunia aut adulationibus saecularium uno die praesumunt plures celebrare missas, non aestimo evadere damnationem.* Et extra, *de Celebr.*[19], dicit Innocentius III[20] quod, *excepto die Nativitatis Dominicae, nisi causa necessitatis suaderet, sufficit sacerdoti semel in die unam missam solummodo celebrare.*

ARTICULUS 3
Utrum oporteat hoc sacramentum celebrare in domo et vasis sacris

AD TERTIUM SIC PROCEDITUR. Videtur quod non oporteat hoc sacramentum celebrare in domo et vasis sacris.

1. Hoc enim sacramentum est repraesentativum Dominicae passionis. Sed Christus non est passus in domo, sed extra portam civitatis: secundum illud Hb 13,12: *Iesus, ut per suum sanguinem sanctificaret populum, extra portam passus est*[1]. Ergo videtur quod hoc sacramentum non debeat celebrari in domo, sed magis sub divo.

2. PRAETEREA, in celebratione huius sacramenti debet Ecclesia imitari morem Christi et Apostolorum. Sed domus in qua Christus primo hoc sacramentum confecit, non fuit consecrata: sed

sol nascido", contudo em João, se diz que vieram ao sepulcro quando "ainda estava meio escuro". Assim Agostinho resolve a contradição.

Celebra-se, porém, como se lê nos Decretos, a missa na noite de Natal de modo excepcional, já que o Senhor nasceu de noite. — E, de igual modo, também no Sábado santo, se celebra no início da noite, uma vez que o Senhor ressuscitou de noite, isto é "quando ainda estava meio escuro", antes de aparecer o sol nascente.

QUANTO AO 5º, deve-se dizer que como se lê num Decreto do papa Alexandre: "Basta que o sacerdote celebre uma só vez por dia, porque Cristo sofreu uma só vez e redimiu todo o mundo. Deve sentir-se muito feliz de poder dignamente celebrar uma missa. No entanto, alguns celebram uma missa de defuntos e outra da liturgia do dia, em caso de necessidade. Mas quem ousa celebrar várias missas num mesmo dia por razão de dinheiro ou de adulação a pessoas do mundo, não creio que possa escapar da condenação. E Inocêncio III diz: "Exceptuando o dia de Natal, e se não interferir algum motivo de necessidade, basta que o sacerdote celebre uma única missa por dia".

ARTIGO 3
Deve-se celebrar este sacramento dentro de casa e com vasos sagrados?

QUANTO AO TERCEIRO, ASSIM SE PROCEDE: parece que este sacramento **não** deve ser celebrado dentro de casa e com vasos sagrados.

1. Com efeito, a Eucaristia representa a paixão do Senhor. Ora, Cristo não sofreu a paixão dentro de uma casa, mas fora da porta da cidade, conforme se lê na Carta aos Hebreus: "Jesus, para santificar o povo com o seu próprio sangue, sofreu fora da porta da cidade." Logo, parece que este sacramento não deve ser celebrado em casa, mas de preferência ao ar livre.

2. ALÉM DISSO, na celebração deste sacramento, a Igreja deve imitar a maneira de celebrar de Cristo e dos apóstolos. Ora, o recinto em que Cristo realizou, pela primeira vez, este sacramento

---

15. L. III, c. 24, n. 65: ML 34, 1198.
16. GRATIANUS, op. cit., p. III, dist. 1, can. 48: ed. cit., I, 1306.
17. GRATIANUS, op. cit., p. III, dist. 1, can. 53: ed. cit., I, 1308.
18. ALEXANDER II, *Fragm. Epist.*: ed. Mansi, XIX, 979.
19. *Decretal. Greg. IX*, l. III, tit. 41, c. 3: ed. Richter-Friedberg, II, 636.
20. *Regesta*, l. VIII, epist. 201 ad Wigorniens. Episc.: ML 215, 781 A.

3 PARALL.: IV *Sent.*, dist. 13, q. 1, a. 2, q.la 5, 6; dist. 24, q. 2, a. 2, ad 9.

fuit quoddam commune cenaculum a quodam patrefamilias praeparatum, ut habetur Lc 22,11-12. Legitur etiam At 2,46 quod Apostoli erant *perdurantes unanimiter in Templo; et frangentes circa domos panem, sumebant cum exultatione*. Ergo nec modo oportet domos esse consecratas in quibus hoc sacramentum celebratur.

3. Praeterea, nihil fieri frustra in Ecclesia debet, quae Spiritu Sancto gubernatur. Sed frustra videtur adhiberi consecratio ecclesiae vel altari, et huiusmodi rebus inanimatis, quae non sunt susceptiva gratiae vel spiritualis virtutis. Inconvenienter igitur huiusmodi consecrationes in Ecclesia fiunt.

4. Praeterea, solum divina opera debent recoli cum quadam solemnitate: secundum illud Ps 91,5: *In operibus manuum tuarum exultabo*. Sed ecclesia vel altare opere humano consecratur: sicut et calix et ministri et alia huiusmodi. Sed horum consecrationes non recoluntur celebriter in Ecclesia. Ergo neque consecratio ecclesiae vel altaris cum solemnitate recoli debet.

5. Praeterea, veritas debet respondere figurae. Sed in veteri Testamento, quod gerebat figuram novi, non fiebat altare de lapidibus sectis: dicitur enim Ex 20,24-25: *Altare de terra facietis mihi. Quod si altare lapideum feceritis mihi, non aedificabitis illud de sectis lapidibus*. Exodi etiam 27,1-2 mandatur fieri *altare de lignis settim*, vestitis *aere*; vel etiam *auro*, ut habetur Ex 25. Ergo videtur inconvenienter observari in Ecclesia quod altare fiat solum de lapidibus.

6. Praeterea, calix cum patena repraesentat sepulcrum Christi. Quod fuit *excisum in petra*, ut in Evangeliis habetur. Ergo calix debet de petra fieri, et non solum de argento vel auro, vel etiam de stanno.

7. Praeterea, sicut aurum pretiosius est inter materias vasorum, ita panni serici pretiosiores sunt inter alios pannos. Ergo, sicut calix fit de auro, ita pallae altaris debent fieri de serico, et non solum de panno lineo.

8. Praeterea, dispensatio sacramentorum et ordinatio eorum ad ministros Ecclesiae pertinet, sicut dispensatio rerum temporalium subiacet ordinationi principum saecularium: unde Apostolus dicit, 1Cor 4,1: *Sic nos existimet homo ut ministros Christi et dispensatores mysteriorum Dei*. Sed si circa dispensationem rerum temporalium aliquid

não foi consagrado, mas era uma sala de jantar normal, preparada pelo dono da casa, como se vê em Lucas. No livro dos Atos, também se menciona que os Apóstolos "de comum acordo iam diariamente ao Templo com assiduidade: partiam o pão pelas casas, tomando o alimento com alegria". Logo, não é necessário consagrar os recintos em que se celebra este sacramento.

3. Ademais, não se deve fazer nada inutilmente na Igreja que é governada pelo Espírito Santo. Ora, parece inútil a consagração de uma igreja ou de um altar ou de qualquer coisa inanimada que não são capazes de receber a graça ou uma força espiritual. Logo, tais consagrações na Igreja são feitas de modo inadequado.

4. Ademais, somente as obras divinas devem ser comemoradas com certa solenidade, segundo o dito do salmista: "Diante das obras de tuas mãos, grito de alegria". Ora, a consagração de uma igreja ou de um altar é uma obra humana, como a do cálice e do ministro ou de outras semelhantes. E estas consagrações não são comemoradas de modo solene na Igreja. Logo, nem a consagração da igreja ou do altar deve ser comemorada com solenidade.

5. Ademais, a realidade deve corresponder à figura. Ora, no Antigo Testamento, que era a figura do Novo, não se construía altar de pedras lavradas, como se lê: "Farás para mim altar de terra" "Se me fizeres um altar de pedra, não o construirás com pedras lavradas". Uma passagem do Êxodo prescreve: "Em seguida farás altar em madeira de acácia", revestido de "bronze", ou mesmo de "ouro". Logo, parece inadequado o costume na Igreja de construir o altar somente de pedras.

6. Ademais, o cálice com a patena simboliza o sepulcro de Cristo, que foi, segundo o Evangelho, "cavado na rocha". Logo, o cálice deve ser feito de pedra e não unicamente de prata, ou de ouro ou mesmo de estanho.

7. Ademais, assim como o ouro é o material mais precioso para os vasos, semelhantemente a seda o é entre todos os tecidos. Portanto, do mesmo modo como o cálice se faz de ouro, igualmente devem as toalhas do altar ser de seda e não exclusivamente de linho.

8. Ademais, a administração dos sacramentos e o seu ordenamento pertencem aos ministros da Igreja, assim como a administração das coisas temporais dependem da disposição dos príncipes seculares, como ensina o Apóstolo: "Consideremnos portanto como servos de Cristo e administradores dos mistérios de Deus". Ora, aquilo,

fieret contra statuta principum, habetur irritum. Ergo, si haec quae dicta sunt, convenienter sunt statuta per praelatos Ecclesiae, videtur quod sine his confici non possit. Et sic videtur sequi quod verba Christi non sint sufficientia ad hoc sacramentum conficiendum: quod est inconveniens. Non ergo videtur conveniens fuisse quod haec circa celebrationem sacramenti statuerentur.

SED CONTRA est quod ea quae per Ecclesiam statuuntur, ab ipso Christo ordinantur, qui dicit, Mt 18,20: *Ubicumque fuerint duo vel tres congregati in nomine meo, ibi sum in medio eorum.*

RESPONDEO dicendum quod in his quae circumstant hoc sacramentum, duo considerantur: quorum unum pertinet ad repraesentationem eorum quae circa Dominicam passionem sunt acta; aliud autem pertinet ad reverentiam huius sacramenti, in quo Christus secundum veritatem continetur, et non solum sicut in figura. Unde et consecrationes adhibentur his rebus quae veniunt in usum huius sacramenti: tum propter reverentiam sacramenti: tum ad repraesentandum effectum sanctitatis qui ex passione Christi provenit, secundum illud Hb 13,12: *Iesus, ut sanctificaret per suum sanguinem populum,* etc.

AD PRIMUM ergo dicendum quod regulariter hoc sacramentum celebrari debet in domo, per quam significatur Ecclesia, secundum illud 1Ti 3,15: *Scias quomodo oporteat te in domo Dei conversari, quae est Ecclesia Dei vivi. Extra Ecclesiam enim locus non est veri sacrificii,* ut Augustinus dicit[1]. Et quia Ecclesia non erat concludenda sub finibus gentis Iudaicae, sed erat in universo mundo fundanda, ideo passio Christi non est celebrata infra civitatem Iudaeorum, sed sub divo, ut sic totus mundus haberet se ad passionem Christi ut domus.

Et tamen, ut dicitur *de Consecr.*, dist. I, cap. *Concedimus*[2]: *In itinere positis, si ecclesia defuerit, sub divo vel sub tentorio, si tabula consecrata*

que se faz contra as determinações dos príncipes na administração das coisas temporais, torna-se inválido. Portanto, se o que se mencionou é convenientemente estabelecido pelos prelados da Igreja, então se segue que sem suas determinações não se pode celebrar a eucaristia. Daí se conclui que as palavras de Cristo não são suficientes para realizar este sacramento, o que é inadmissível. Por conseguinte, não parece justificado que se estabeleçam todas essas regras para a celebração da Eucaristia.

EM SENTIDO CONTRÁRIO, aquilo, que é estabelecido pela Igreja, é ordenado pelo próprio Cristo, que diz: "Onde quer que dois ou três estiverem reunidos em meu Nome, eu estou no meio deles"[i].

RESPONDO. Entram em consideração dois pontos na apreciação do que envolve a celebração deste sacramento. Um se refere à representação do que aconteceu na paixão do Senhor; o outro pertence ao respeito devido a este sacramento, em que Cristo está presente realmente e não somente em figura. Daí se segue que se consagrem aquelas coisas que se usam neste sacramento, tanto por causa do respeito a ele, quanto para representar seu efeito de santidade que brota da paixão de Cristo, como se lê na Carta aos Hebreus: "Por este motivo Jesus, para santificar o povo com seu próprio sangue etc.".

QUANTO AO 1º, portanto, deve-se dizer que normalmente este sacramento deve ser celebrado numa casa que simboliza a Igreja, conforme declara Paulo: "Saberás assim como proceder na casa de Deus, que é a Igreja do Deus vivo." Pois, "fora da Igreja, não há lugar para o verdadeiro sacrifício", segundo Agostinho. E porque a Igreja não devia ser circunscrita aos limites da nação judaica, mas devia ser estabelecida no mundo inteiro, a paixão de Cristo não foi realizada na cidade dos judeus, mas ao ar livre, para que assim todo o mundo fosse considerado, em relação à paixão de Cristo, como uma casa.

E no entanto, lê-se nos Decretos de Graciano: "Permitimos aos que estão em viagem, se não houver igreja, celebrar as solenidades da missa ao

---

1. Cfr. PROSPER. AQUITAN., *Sent.*, Sent. 15: ML 51, 430 A.
2. GRATIANUS, *Decretum*, p. III, dist. 1, can. 30: ed. Richter-Friedberg, I, 1302.

i. É nesse argumento *em sentido contrário* que vemos melhor expresso o espírito deste artigo e dos seguintes, que estão cheios de detalhes de importância desigual. Em matéria litúrgica, estima Sto. Tomás, o que a Igreja faz é bem feito, e suas decisões não devem ser criticadas. São garantidas pela autoridade de Cristo. Sto. Tomás, ao que parece, só dispunha de noções bem incompletas da história dos ritos. Refere-se constantemente aos costumes de sua época.

Muitas de suas observações, porém, conservam uma realidade bem atual, na medida em que a liturgia, em seus pontos essenciais, é bastante conservadora.

ceteraque sacra mysteria ad id officium pertinentia ibi affuerint, missarum solennia celebrari concedimus.

AD SECUNDUM dicendum quod, quia domus in qua hoc sacramentum celebratur, Ecclesiam significat, sicut et *ecclesia* nominatur, convenienter consecratur: tum ad repraesentandum sanctificationem quam Ecclesia consecuta est per passionem Christi; tum etiam ad significandum sanctitatem quae requiritur in his qui hoc sacramentum suscipere debent. — Per altare autem significatur ipse Christus, de quo dicit Apostolus, Hb 13,15: *Per ipsum offeramus hostiam laudis Deo.* Unde et consecratio altaris significat sanctitatem Christi, de qua dicitur Lc 1,35. *Quod ex te nascetur sanctum, vocabitur Filius Dei.* Unde de *Consecr.*, dist. I[3], dicitur: *Altaria placuit non solum unctione chrismatis, sed etiam sacerdotali benedictione sacrari.*

Et ideo regulariter non licet celebrare hoc sacramentum nisi in domibus consecratis. Unde sic habetur *de Consecr.*, dist. I[4]: *Nullus presbyter missam celebrare praesumat nisi in sacratis ab episcopo locis.* Propter quod etiam, quia pagani non sunt de Ecclesia nec alii infideles, ideo eadem distinctione[5] legitur: *Ecclesiam in qua cadavera mortuorum infidelium sepeliuntur, sanctificare non licet: sed, si apta videtur ad consecrandum, inde evulsis corporibus, et rasis parietibus vel tignis eius loci,7 reaedificetur. Sed si haec consecrata prius fuerit, missas in ea celebrare licet: tamen si fideles fuerunt qui in ea sepulti sunt.*

Propter necessitatem tamen potest hoc sacramentum peragi in domibus non consecratis, vel violatis: sed tamen de consensu episcopi. Unde in eadem distinctione legitur: *Missarum solennia non ubicumque, sed in locis ab episcopo consecratis, vel ubi ipse permiserit, celebranda censemus.* Non tamen sine altari portatili consecrato: unde in eadem distinctione legitur: *Concedimus, si ecclesiae fuerint incensae vel combustae, in capellis, cum tabula consecrata, missas celebrare.* Quia enim sanctitas Christi fons est totius sanctitatis ecclesiasticae, ideo in necessitate sufficit ad peragendum hoc sacramentum altare sanctificatum. Propter quod etiam ecclesia nunquam sine altari

ar livre ou debaixo de uma tenda, contanto que haja aí uma mesa consagrada e os outros utensílios consagrados necessários para tal celebração".

QUANTO AO 2º, deve-se dizer que porque a morada em que se celebra este sacramento simboliza a Igreja, e a ela se dá o nome de igreja, é conveniente que seja consagrada, quer para representar a santificação alcançada pela Igreja por meio da paixão de Cristo, quer também para significar a santidade que se requer naqueles que devem receber este sacramento.

O altar, por sua vez, significa o próprio Cristo, de quem fala o Apóstolo: "Por ele, ofereçamos sem cessar a Deus um sacrifício de louvor." Por isso, a consagração do altar significa a santidade de Cristo, à qual se refere Lucas: "Aquele que vai nascer será santo e será chamado Filho de Deus." Daí se segue a prescrição dos Decretos: "Decidiu-se consagrar os altares não somente com o óleo do crisma, mas também com a bênção sacerdotal".

Ainda por isso, normalmente só é permitido celebrar a Eucaristia nos recintos consagrados. Entende-se então o que se diz nos Decretos: "Nenhum sacerdote ouse celebrar a missa a não ser em recintos consagrados pelo bispo". Por causa disso também, uma vez que os pagãos e os outros infiéis não são da Igreja, se lê no mesmo lugar dos Decretos: "Não é permitido consagrar uma igreja em que se enterram os corpos dos infiéis. Mas, se ela parece apta para a consagração, que ela seja reconstruída depois de terem sido exumados os corpos e demolidas as paredes ou desfeito o vigamento. Mas se ela foi consagrada anteriormente, é permitido celebrar nela desde que sejam fiéis os que aí foram sepultados".

Entretanto, em caso de necessidade, pode-se celebrar a eucaristia em recintos não consagrados ou profanados, mas com a permissão do bispo. Por isso, se lê no mesmo lugar dos Decretos: "Julgamos que não se deva celebrar a missa em qualquer lugar, mas somente naqueles consagrados pelo bispo ou onde ele permitir". Não, porém, sem um altar portátil consagrado, como reza o mesmo Decreto: "Concedemos, caso as igrejas se tenham incendiado e queimado, celebrar missas em capelas com uma mesa consagrada". Pois, uma vez que a santidade de Cristo é a fonte de toda a santidade da Igreja, segue-se que em caso de necessidade basta para realizar este sacramento

---

3. GRATIANUS, op. cit., p. III, dist. 1, can. 32: ed. cit., I, 1302.
4. ID., op. cit., p. III, dist. 1, can. 15: ed. cit., I, 1298.
5. ID., op. cit., p. III, dist. 1, can. 28: ed. cit., I, 1301.

consecratur: tamen sine ecclesia quandoque consecratur altare, cum reliquiis sanctorum, quorum *vita abscondita est cum Christo in Deo*. Unde in eadem distinctione legitur: *Placuit ut altaria in quibus nullum corpus aut reliquiae martyris conditae comprobantur, ab episcopis qui eisdem locis praesunt, si fieri potest, evertantur*.

AD TERTIUM dicendum quod ecclesia et altare et alia huiusmodi inanimata consecrantur, non quia sint gratiae susceptiva, sed quia ex consecratione adipiscuntur quandam spiritualem virtutem per quam apta redduntur divino cultui: ut scilicet homines devotionem quandam exinde percipiant, ut sint paratiores ad divina, nisi hoc propter irreverentiam impediatur. Unde et in 2Mac 3,38-39 dicitur: *Vere Dei virtus quaedam est in loco: nam ipse qui habet in caelis habitationem, visitator et adiutor est loci illius*.

Et inde est quod huiusmodi ante consecrationem emundantur et exorcizantur, ut exinde virtus inimici pellatur. Et eadem ratione ecclesiae *quae sanguinis effusione aut cuiuscumque semine pollutae fuerint*, reconcilientur: quia per peccatum ibi commissum apparet ibi aliqua operatio inimici. Propter quod etiam in eadem distinctione legitur: *Ecclesias Arianorum ubicumque inveneritis, Catholicas ecclesias divinis precibus et operibus absque ulla mora consecrate*.

Unde et quidam probabiliter dicunt quod per ingressum ecclesiae consecratae homo consequitur remissionem peccatorum venialium, sicut et per aspersionem aquae benedictae: inducentes quod in Ps 84,2-3 dicitur: *Benedixisti, Domine, terram tuam, remisisti iniquitatem plebis tuae*.

Et ideo, propter virtutem quam ex consecratione acquirit, consecratio ecclesiae non iteratur. Unde in eadem distinctione, ex concilio Nicaeno[6], legitur: *Ecclesiis semel Deo consecratis non debet iterum consecratio adhiberi, nisi aut ab igne exustae, aut sanguinis effusione, aut cuiusquam semine pollutae fuerint: quia, sicut infans a qualicumque sacerdote in nomine Patris et Filii et Spiritus Sancti semel baptizatus, non debet iterum*

um altar consagrado. Por esta razão, nunca se consagra uma igreja sem que o altar também seja consagrado, mas, às vezes, sem consagrar a igreja, consagra-se o altar com as relíquias dos santos, cuja "vida está escondida com Cristo em Deus". Daí se lê no mesmo documento: "Decidiu-se que os altares, em que se constate que nenhum corpo nem relíquias de mártires foram depositados, sejam, se for possível, demolidos por ordem do bispo do lugar".

QUANTO AO 3º, deve-se dizer que a igreja, o altar e outros objetos inanimados são consagrados, não porque sejam capazes de receber a graça, mas porque pela consagração adquirem certa força espiritual que os torna aptos para o culto divino; isto é para que os fiéis nutram daí certa devoção e assim estejam mais preparados para os mistérios divinos, caso não venha impedi-lo uma falta de respeito. Neste sentido se lê na Escritura: "Um poder divino cerca verdadeiramente esse lugar. Porquanto aquele que tem a sua mansão no céu vela sobre ele e o protege."

Por esta razão, tais objetos são purificados e exorcizados antes da consagração, para que a força do inimigo seja expulsa deles. Pelo mesmo motivo, são purificadas as igrejas "que tiverem sido manchadas pelo derramamento de sangue ou pelo sêmen de qualquer pessoa". Pois, o pecado, que aí se cometeu, manifesta uma ação do inimigo neste lugar. Esta é a razão porque se lê no documento citado: "Em qualquer parte que encontrardes igrejas dos arianos, consagrai-as, sem demora, em igrejas católicas pelas orações e ritos divinos".

Por isso, alguns autores com razões prováveis ensinam que os fiéis alcançam, pelo fato de entrarem numa igreja consagrada, a remissão dos pecados veniais, como pela aspersão da água benta. Aduzem como prova o dito do salmista: "Mostraste teu amor por tua terra, ó Senhor, suprimiste a falta do teu povo".

Daí se segue que por causa do poder espiritual que a igreja adquire pela consagração, esta não se repete. Com igual razão, lê-se no documento citado, esta prescrição tirada do Concílio de Niceia: "Não se deve conferir uma nova consagração às igrejas que já foram uma vez consagradas a Deus a não ser que tenham sido destruídas pelo fogo ou profanadas pelo derramamento de sangue ou do sêmen de alguém. Pois, assim como a criança, que

---

6. Cap. incert.

baptizari, ita nec locus Deo dedicatus est iterum consecrandus, nisi propter causas quas superius nominavimus; si tamen fidem sanctae Trinitatis tenuerunt qui consecraverunt. Alioquin, qui sunt extra Ecclesiam, consecrare non possunt. Sed, sicut in eadem distinctione legitur: *Ecclesiae vel altaria quae ambigua sunt de consecratione, consecrentur.*

Propter hoc etiam quod aliquam spiritualem virtutem adipiscuntur per consecrationem, in eadem distinctione legitur statutum: *Ligna ecclesiae dedicatae non debent ad aliud opus iungi, nisi ad aliam ecclesiam, vel igni comburenda, vel ad profectum in monasterio fratribus: in laicorum autem opera non debent admitti.* Et ibidem *legitur: Altaris palla, cathedra, candelabrum et velum, si fuerint vetustate consumpta, incendio dentur: cineres quoque eorum in baptisterio inferantur, aut in pariete aut in fossis pavimentorum iactentur, ne introeuntium pedibus inquinentur.*

AD QUARTUM dicendum quod, quia consecratio altaris repraesentat sanctitatem Christi, consecratio vero domus sanctitatem totius Ecclesiae, ideo convenientius recolitur cum solemnitate consecratio ecclesiae vel altaris. Propter quod etiam octo diebus solemnitas dedicationis agitur, ad significandam beatam resurrectionem Christi et membrorum Ecclesiae. Nec est opus solius hominis consecratio ecclesiae et altaris: cum habeat spiritualem virtutem. Unde *de Consecr.*, distinctione eadem, dicitur: *Solemnitates ecclesiarum dedicationum per singulos annos solemniter sunt celebrandae. Quod autem octo diebus encaenia sint celebranda*, III *libro Regum, perlecta dedicatione Templi, reperies*, scilicet 8,66.

AD QUINTUM dicendum quod, sicut legitur *de Consecr.*, dist. I[7]: *Altaria, si non sint lapidea, chrismatis unctione non consecrentur.* Quod quidem competit et significationi huius sacramenti: tum quia altare significat Christum, dicitur autem 1Cor 10,4, *Petra autem erat Christus*; tum etiam quia corpus Christi in sepulcro lapideo fuit reconditum. Competit etiam quoad usum sacramenti, lapis enim et solidus est, et de facili potest inveniri ubique. Quod non erat necessarium in veteri lege,

foi uma vez batizada por um sacerdote qualquer em nome do Pai e do Filho e do Espírito Santo, não deve ser batizada de novo, assim também nem o lugar, consagrado a Deus, deve ser novamente consagrado, a não ser pelos motivos acima indicados; desde que, pelo menos, aqueles que a consagraram tiveram a fé na Santíssima Trindade". De resto, aqueles que estão fora da Igreja não podem consagrar. Mas, como se lê no documento: "Se há dúvidas da consagração de uma igreja ou altar, que sejam consagrados".

E porque pela consagração se adquire uma certa força espiritual, existe esta determinação no documento: "A madeira dedicada a uma igreja não deve ser usada em outra obra exceto numa outra igreja; ou então seja queimada ou mesmo doada para a ampliação de algum mosteiro. Não deve ser usada em obras destinadas aos leigos". No mesmo lugar se diz que "a toalha do altar, a cadeira, os candelabros e o véu, se estiverem estragados pelo uso, sejam queimados. Suas cinzas sejam jogadas na piscina do batistério, ou lançadas no muro ou nas cavidades do pavimento, para não serem profanadas pelos pés dos que entram".

QUANTO AO 4º, deve-se dizer que a consagração do altar simboliza a santidade de Cristo e a da morada a santidade de toda a Igreja; é, portanto, muito conveniente que se comemore com solenidade a consagração da igreja ou do altar. Por isso mesmo, a solenidade da dedicação de uma igreja dura oito dias para significar a bem-aventurada ressurreição de Cristo e dos membros da Igreja. E a consagração de uma igreja ou altar não é uma obra puramente humana um vez que tem uma força espiritual. Daí se segue o que se prescreve no Decreto: "As festividades da dedicação das igrejas devem ser celebradas cada ano solenemente. Que estas solenidades devam ser celebradas durante oito dias, isto encontrareis no livro dos Reis, ao lerdes a narração da dedicação do Templo".

QUANTO AO 5º, dizem os Decretos: "Se os altares não são de pedra, não devem ser consagrados". Isso convém ao significado da Eucaristia, seja porque o altar simboliza a Cristo, como diz Paulo: "este rochedo era o Cristo," seja também porque o corpo de Cristo foi sepultado num sepulcro de pedra. Além disso, convém ao uso do sacramento, uma vez que a pedra é sólida e pode ser encontrada em qualquer parte. O que aliás não era necessário na Antiga Lei, já que só havia altar

---

7. ID., op. cit., p. III, dist. 1, can. 31: ed. cit., I, 1302.

ubi fiebat in uno loco altare. — Quod autem mandatur altare fieri de terra vel de lapidibus insectis, fuit ad idololatriam removendam.

AD SEXTUM dicendum quod, sicut in distinctione eadem dicitur, cap. Vasa[8]: *Quondam sacerdotes non aureis, sed ligneis calicibus utebantur; Zephyrinus autem Papa patenis vitreis missas celebrari instituit; deinde Urbanus omnia fecit argentea*. Postmodum autem statutum est *ut calix Domini cum patena, sive ex auro sive ex argento fiat: vel saltem stanneus calix habeatur. De aere autem aut ex aurichalco non fiat: quia hoc vini virtute aeruginem, pariter et vomitum provocat. Nullus autem in ligneo seu vitreo calice cantare praesumat missam*: quia scilicet lignum porosum est, et sanguis consecratus in eo remaneret; vitrum autem fragile est, et posset fractionis periculum imminere. Et eadem ratio est de lapide. Et ideo, propter reverentiam sacramenti, statutum est ut ex praedictis materiis calix fiat.

AD SEPTIMUM dicendum quod, ubi potuit sine periculo fieri, Ecclesia statuit circa hoc sacramentum id quod expressius repraesentat passionem Christi. Non autem erat tantum periculum circa corpus, quod ponitur in corporali, sicut circa sanguinem, qui continetur in calice. Et ideo, licet calix non fiat de petra, corporale tamen fit de panno lineo, quo corpus Christi fuit involutum. Unde in Epistola Silvestri Papae, in eadem distinctione, legitur: *Consulto omnium constituimus ut sacrificium altaris non in serico panno, aut intincto quisquam celebrare praesumat missam, sed in puro lineo ab episcopo consecrato: sicut corpus Christi in sindone linea munda sepultum fuit*. — Competit etiam pannus lineus, propter sui munditiam, ad significandum conscientiae puritatem; et, propter multiplicem laborem quo talis pannus praeparatur, ad significandam passionem Christi.

AD OCTAVUM dicendum quod dispensatio sacramentorum pertinet ad ministros Ecclesiae, sed consecratio eorum est ab ipso Deo. Et ideo ministri ecclesiae non habent aliquid statuere circa formam consecrationis: sed circa usum sacramenti et modum celebrandi. Et ideo, si sacerdos verba consecrationis proferat super materia debita cum intentione consecrandi, absque omnibus praedictis, scilicet domo et altari, calice et corporali consecratis, et ceteris huiusmodi per Ecclesiam

num único lugar. — E se se mandava fabricar o altar de terra ou de pedras não lavradas era para evitar a idolatria.

QUANTO AO 6º, o mesmo Decreto diz: "Antigamente os sacerdotes usavam cálices de madeira e não de ouro. O papa Zeferino, porém, estabeleceu que se celebrasse a missa com patenas de vidro. Enfim o papa Urbano mandou fazer tudo de prata". Em seguida foi decretado: "O cálice do Senhor com a patena seja fabricado de ouro ou de prata, ou, pelo menos, que se tenha um cálice de estanho. Que ele não seja feito, porém, de bronze nem de ouropel, uma vez que estes metais, sob a ação do vinho, enferrujam, o que provoca vômitos. Ninguém ouse cantar a missa com um cálice de madeira ou de vidro." Pois, a madeira é porosa, e o sangue consagrado penetraria nela. O vidro, por sua vez, é frágil e correria o perigo de quebrar. A mesma razão vale da pedra. Por isso, por causa do respeito ao sacramento, foi estabelecido que não se fabrique o cálice das matérias indicadas.

QUANTO AO 7º, deve-se dizer que a Igreja decretou a respeito da Eucaristia, lá onde isto podia ser feito sem perigo, que ela simbolizasse o mais vivamente possível a paixão de Cristo. O perigo não era tão grande a respeito do corpo que se coloca no corporal, mas do sangue contido no cálice. Por isso, embora o cálice não seja feito de pedra, o corporal, porém, é de linho, no qual o corpo de Cristo foi envolvido. Nesse sentido, lê-se nos Decretos, numa carta do papa Silvestre: "Com o consenso de todos, estabelecemos que ninguém ouse celebrar o sacrifício do altar em tecido de seda ou de cor, mas em puro linho consagrado pelo bispo, assim como o corpo de Cristo foi sepultado, envolvido num sudário de linho branco." — O pano de linho convém ainda por causa de sua limpeza para simbolizar a pureza de consciência. E também porque tal pano é preparado com muito trabalho, simboliza a paixão de Cristo.

QUANTO AO 8º, deve-se dizer que a administração dos sacramentos pertence aos ministros da Igreja, mas a consagração deles vem do próprio Deus. Por isso, os ministros da Igreja não têm poder de decidir sobre a forma da consagração, mas sobre a prática do sacramento e o modo de celebrar. Daí se segue que se o sacerdote pronuncia as palavras da consagração sobre a devida matéria com a intenção de consagrar, mesmo sem as outras coisas requeridas, tais como o recinto, o

---

8. GRATIANUS, op. cit., p. III, dist. 1, can. 44.

institutis, consecrat quidem in rei veritate corpus Christi, peccat tamen graviter, ritum Ecclesiae non servans.

Articulus 4
Utrum convenienter ordinentur ea quae circa hoc sacramentum dicuntur

Ad quartum sic proceditur. Videtur quod inconvenienter ordinentur ea quae circa hoc sacramentum dicuntur.

1. Hoc enim sacramentum verbis Christi consecratur: ut Ambrosius dicit, in libro *de Sacramentis*[1]. Non ergo debent aliqua alia in hoc sacramento dici quam verba Christi.

2. Praeterea, verba et facta Christi nobis per Evangelium innotescunt. Sed quaedam dicuntur circa consecrationem huius sacramenti quae in Evangeliis non ponuntur. Non enim legitur in Evangelio quod Christus in institutione huius sacramenti oculos ad caelum levaverit; similiter etiam in Evangeliis [2] dicitur, *Accipite et comedite*, nec ponitur *omnes*: cum in celebratione huius sacramenti dicatur, *elevatis oculis in caelum*, et iterum, *Accipite et manducate ex hoc omnes*. Inconvenienter ergo huiusmodi verba dicuntur in celebratione huius sacramenti.

3. Praeterea, omnia alia sacramenta ordinantur ad salutem omnium fidelium. Sed in celebratione aliorum sacramentorum non fit communis oratio pro salute omnium fidelium et defunctorum. Ergo inconvenienter fit in hoc sacramento.

4. Praeterea, baptismus dicitur specialiter *fidei sacramentum*. Ea ergo quae pertinent ad instructionem fidei, magis debent circa baptismum tradi quam circa hoc sacramentum: sicut doctrina Apostolica et Evangelica.

5. Praeterea, in omni sacramento exigitur devotio fidelium. Non ergo magis in hoc sacramento quam in aliis deberet devotio fidelium excitari per laudes divinas et per admonitiones: puta cum dicitur, *Sursum corda*.

6. Praeterea, minister huius sacramenti est sacerdos, ut dictum est[3]. Omnia ergo quae in hoc

altar, o cálice e o corporal consagrados, e os outros objetos prescritos pela Igreja, consagra realmente o corpo de Cristo, mas peca gravemente, ao não observar o rito da Igreja.

Artigo 4
As palavras proferidas na celebração deste sacramento são adequadas?

Quanto ao quarto, assim se procede: parece que as palavras proferidas na celebração deste sacramento **não** são apropriadas.

1. Com efeito, este sacramento é consagrado pelas palavras de Cristo, como diz Ambrósio. Portanto, neste sacramento não se devem dizer senão as palavras de Cristo.

2. Além disso, conhecemos as palavras e as ações de Cristo pelo Evangelho. Ora, algumas palavras da consagração da missa não constam nos Evangelhos. Com efeito, não se lê no Evangelho que Jesus, na instituição da Eucaristia, tenha levantado os olhos aos céus. De igual modo, lê-se também nos Evangelhos: "Tomai, comei", mas não se acrescenta "todos". Pois bem, na celebração deste sacramento se diz "elevados os olhos ao céu" e em seguida "tomai e comei todos disto". Logo, sem razão se dizem tais palavras na celebração deste sacramento.

3. Ademais, todos os sacramentos têm por finalidade a salvação de todos os fiéis. Ora, na celebração dos outros sacramentos não se faz nenhuma oração comum pela salvação de todos os fiéis vivos e defuntos. Logo, é inadequado o que se faz neste sacramento.

4. Ademais, o batismo é considerado especialmente o "sacramento da fé". Logo, é antes no batismo do que na Eucaristia, que deve ser transmitido tudo quanto pertence ao ensinamento da fé, como a doutrina dos Apóstolos e do Evangelho.

5. Ademais, a devoção dos fiéis é requerida em todos os sacramentos. Assim, essa devoção deveria ser avivada não mais neste sacramento do que nos outros por meio de louvores divinos e de admonições, como quando se diz: "Corações ao alto!"

6. Ademais, o sacerdote é o ministro deste sacramento. Portanto, tudo o que se diz neste

---

4 Parall.: IV *Sent*., dist. 1, q. 1, a. 5, q.la 1, ad 2; dist. 8, Expos. litt.; dist. 13, Expos. litt.; dist. 15, q. 4, a. 3, q.la 1; I *ad Tim*., c. 2, lect. 1.

1. L. IV, c. 4, n. 14: ML 16, 440 A.
2. Matth. 26, 26. Cfr. I *Cor.* 11, 24.
3. Q. 82, a. 1.

sacramento dicuntur, a sacerdote dici deberent: et non quaedam a ministris, quaedam a choro.

7. Praeterea, hoc sacramentum per certitudinem operatur virtus divina. Superflue igitur sacerdos petit huius sacramenti perfectionem, cum dicit: *Quam oblationem tu, Deus, in omnibus,* etc.

8. Praeterea, sacrificium novae legis multo est excellentius quam sacrificium antiquorum Patrum. Inconvenienter ergo sacerdos petit quod hoc sacrificium habeatur sicut sacrificium Abel, Abrahae et Melchisedech.

9. Praeterea, corpus Christi, sicut non incoepit esse in hoc sacramento per loci mutationem, ut supra[4] dictum est, ita etiam nec esse desinit. Inconvenienter ergo sacerdos petit: *Iube haec perferri per manus sancti angeli tui in sublime altare tuum.*

Sed contra est quod dicitur *de Consecr.,* dist. I[5]: *Iacobus frater Domini secundum carnem, et Basilius Caesariensis episcopus, ediderunt missae celebrationem.* Ex quorum auctoritate patet convenienter singula circa hoc dici.

Respondeo dicendum quod, quia in hoc sacramento totum mysterium nostrae salutis comprehenditur, ideo prae ceteris sacramentis cum maiori solemnitate agitur. Et quia scriptum est Eccle 4,17, *Custodi pedem tuum ingrediens domum Domini, et* Eccle 18,23, *Ante orationem praepara animam tuam,* ideo ante celebrationem huius mysterii, primo quidem praemittitur praeparatio quaedam ad digne agenda ea quae sequuntur. Cuius praeparationis prima pars est laus divina, quae fit in *introitu*: secundum illud Ps 49,23: *Sacrificium laudis honorificabit me, et illic iter quo ostendam illi salutare Dei.* Et sumitur hoc, ut pluries, de Psalmis, vel saltem cum Psalmo cantatur: quia, ut Dionysius dicit, in 3 cap.[6] *Eccles. Hier.,* Psalmi comprehendunt per modum laudis quidquid in sacra Scriptura continetur. — Secunda pars continet commemorationem praesentis miseriae, dum misericordia petitur, dicendo *Kyrie eleison* ter pro persona Patris: ter pro persona Filii, cum dicitur *Christe eleison*; et ter pro persona Spiritus Sancti, cum subditur *Kyrie eleison*; contra triplicem miseriam ignorantiae, culpae et poenae; vel ad significandum quod omnes Personae sunt

sacramento, deveria ser dito pelo sacerdote e não algumas palavras por ele e outras pelo coro.

7. Ademais, neste sacramento atua, com toda certeza, a virtude divina. Portanto, o sacerdote pede neste sacramento, de modo supérfluo, quando diz: "Esta oblação nós Vos pedimos, ó Deus, que Vos digneis" etc.

8. Ademais, o sacrifício da Nova Lei é muito mais sublime do que o dos nossos pais da Antiga Lei. Portanto, o sacerdote pede, de maneira inadequada, que este sacrifício seja aceito como o sacrifício de Abel, Abraão e Melquisedeque.

9. Ademais, como o corpo de Cristo não começou a estar neste sacramento por uma mudança de lugar, assim também não cessa de estar. Portanto, o sacerdote pede de maneira inadequada: "Que estas oferendas sejam levadas pelo Vosso santo Anjo ao Vosso altar sublime".

Em sentido contrário, lê-se no Decreto de Graciano: "Tiago, irmão do Senhor segundo a carne, e Basílio, bispo de Cesareia, estabeleceram a celebração da missa". A autoridade deles prova a conveniência de todas as palavras que acompanham este sacramento.

Respondo. Já que neste sacramento está compreendido todo o mistério de nossa salvação, ele é celebrado com maior solenidade que todos os outros.

Diz o livro do Eclesiástico: "Vigia teus passos, quando vais à Casa de Deus"; e o Eclesiástico: "Antes de fazer a oração, prepara-te"; por isso, a celebração deste mistério é precedida, primeiro, por certa preparação para realizar dignamente o que vai seguir. A primeira parte desta preparação é um louvor a Deus, que se faz no "introito" conforme o dito do salmista: "Quem oferece o louvor como sacrifício me glorifica, e toma o caminho no qual lhe mostrarei a salvação de Deus". Este "introito" é frequentemente tirado dos Salmos, ou, pelo menos, é cantado com um salmo, porque como Dionísio ensina, os salmos abarcam, sob forma de louvor, tudo quanto está contido na Sagrada Escritura. — A segunda parte da preparação comporta uma lembrança da miséria presente e pede-se a misericórdia de Deus, rezando o "Senhor tende piedade," três vezes a Deus Pai, três vezes à pessoa do Filho, dizendo "Cristo tende piedade", e três vezes à pessoa do Espírito Santo, repetindo

---

4. Q. 75, a. 2.
5. Gratianus, op. cit., p. III, dist. 1, can. 47: ed. cit., I, 1306.
6. P. III, §§ 4, 5: MG 3, 429 C, 432 B.

in se invicem. — Tertia autem pars commemorat caelestem gloriam, ad quam tendimus post praesentem miseriam, dicendo, *Gloria in excelsis Deo*. Quae cantatur in festis, in quibus commemoratur caelestis gloria: intermittitur autem in officiis luctuosis, quae ad commemorationem miseriae pertinent. — Quarta autem pars continet *orationem*, quam sacerdos pro populo facit, ut digni habeantur tantis mysteriis.

Secundo autem praemittitur instructio fidelis populi: quia hoc sacramentum est *mysterium fidei*, ut supra[7] habitum est. Quae quidem instructio dispositive quidem fit per doctrinam Prophetarum et Apostolorum, quae in ecclesia legitur per lectores et subdiacones. Post quam *lectionem*, cantatur a choro *graduale*, quod significat profectum vitae; et *alleluia*, quod significat spiritualem exultationem; vel *tractus*, in officiis luctuosis, qui significat spiritualem gemitum. Haec enim consequi debent in populo ex praedicta doctrina. — Perfecte autem populus instruitur per doctrinam Christi in *Evangelio* contentam: quae a summis ministris legitur, scilicet a diaconibus. Et quia Christo credimus tanquam divinae veritati, secundum illud Io 8,46, *Si veritatem dico vobis, quare vos non creditis mihi?*, lecto Evangelio, *symbolum fidei* cantatur, in quo populus ostendit se per fidem doctrinae Christi assentire. Cantatur autem hoc symbolum in festis de quibus fit aliqua mentio in hoc symbolo, sicut in festis Christi et Beatae Virginis, et Apostolorum, qui hanc fidem fundaverunt, et in aliis huiusmodi.

Sic igitur populo praeparato et instructo, acceditur ad celebrationem mysterii. Quod quidem et offertur ut sacrificium, et consecratur et sumitur ut sacramentum: primo enim peragitur oblatio; secundo, consecratio materiae oblatae; tertio, perceptio eiusdem. Circa oblationem vero duo aguntur: scilicet laus populi, in cantu *offertorii*, per quod significatur laetitia offerentium; et *oratio* sacerdotis, qui petit ut oblatio populi sit Deo accepta. Unde, I *Paralip.*[8], dixit David: *Ego in simplicitate cordis mei obtuli universa haec, et populum tuum*

"Senhor tende piedade". Esta tríplice invocação se diz contra a tríplice miséria da ignorância, da culpa e da pena ou para significar que todas as Pessoas divinas existem em mútua relação. — A terceira parte da preparação comemora a glória celeste para onde tendemos depois da miséria presente, dizendo: "Glória a Deus nas alturas". O glória é cantado nos dias de festa, nos quais se recorda a glória celeste. Ele é omitido nos ofícios de luto, que rememoram a nossa miséria. — Enfim, a quarta parte da preparação contém a "oração", que o sacerdote recita pelos fiéis, para que possam dignamente celebrar estes mistérios.

Em segundo lugar, antecede à celebração uma instrução dos fiéis, pois este sacramento é um "mistério da fé". Esta parte de ensinamento se faz de uma maneira preparatória pela doutrina dos Profetas e dos Apóstolos, que é lida na igreja pelos leitores e subdiáconos. Depois de tal "leitura", o coro canta o "gradual", que simboliza o progresso da vida, e o "aleluia", que simboliza a alegria espiritual. Nos ofícios de luto, canta-se o "trato", que simboliza o gemido espiritual. Tudo isso deve atingir o povo, graças ao ensinamento, de que se falava. — Os fiéis são instruídos de maneira perfeita pelos ensinamentos de Cristo contidos no Evangelho, que é lido pelos ministros de ordens maiores, isto é pelos diáconos. E porque cremos em Cristo, como a verdade divina, segundo o que está em João: "Se eu digo a verdade, por que não me acreditais?", depois da leitura do Evangelho, canta-se o "símbolo da fé", pelo qual os fiéis mostram sua adesão pela fé à doutrina de Cristo. O credo é cantado nas festas daqueles que são mencionados nele, como nas festas de Cristo, da Bem-aventurada Virgem, dos Apóstolos, que deram fundamento a esta fé e em festas semelhantes.

Assim, portanto, o povo, preparado e instruído, aproxima-se da celebração do mistério. Este é oferecido enquanto sacrifício, consagrado e consumido enquanto sacramento. Com efeito, em primeiro lugar, realiza-se a oblação; em segundo, a consagração da matéria oferecida; em terceiro, a sua recepção. Dois atos acompanham a oblação, a saber o louvor do povo no canto do "ofertório", pelo qual se simboliza a alegria dos oferentes; e a "oração" do sacerdote, que pede que a oferenda dos fiéis seja aceita por Deus. Daí, Davi dizer:

---

7. Q. 78, a. 3, ad 5.
8. C. 29, v. 17.

qui hic repertus est, vidi cum ingenti gaudio tibi offerre donaria: et postea [v. 18] orat, dicens: *Domine Deus, custodi hanc voluntatem*. Deinde, circa consecrationem, quae supernaturali virtute agitur, primo excitatur populus ad devotionem in *praefatione*: unde et monetur *sursum corda habere ad Dominum*. Et ideo, finita praefatione, populus cum devotione laudat divinitatem Christi cum angelis, dicens, *Sanctus, Sanctus, Sanctus*; et humanitatem cum pueris, dicens, *Benedictus qui venit*. — Deinde sacerdos secreto *commemorat*, primo quidem, illos pro quibus hoc sacrificium offertur, scilicet pro universali Ecclesia, et pro his qui *in sublimitate sunt constituti*, 1Ti 2,2; et specialiter quosdam *qui offerunt vel pro quibus offertur*. — Secundo, *commemorat sanctos*, quorum patrocinia implorat pro praedictis, cum dicit, *Communicantes et memoriam venerantes*, etc. — Tertio, petitionem concludit, cum dicit, *Hanc igitur oblationem* etc., ut fiat oblatio pro quibus offertur salutaris.

Deinde accedit ad ipsam consecrationem. In qua primo petit consecrationis effectum, cum dicit, *Quam oblationem tu Deus*. — Secundo, consecrationem peragit per verba Salvatoris, cum dicit, *Qui pridie*, etc. — Tertio, excusat praesumptionem per obedientiam ad mandatum Christi, cum dicit, *Unde et memores*. — Quarto, petit hoc sacrificium peractum esse Deo acceptum, cum dicit, *Supra quae propitio*, etc. — Quinto, petit huius sacrificii et sacramenti effectum: primo quidem, quantum ad ipsos sumentes, cum dicit, *Supplices te rogamus*; secundo, quantum ad mortuos, qui iam sumere non possunt, cum dicit, *Memento etiam, Domine*, etc.; tertio, specialiter quantum ad ipsos sacerdotes offerentes, cum dicit, *Nobis quoque peccatoribus* etc.

Deinde agitur de perceptione sacramenti. Et primo quidem, praeparatur populus ad percipiendum. Primo quidem, per orationem communem totius populi, quae est *Oratio Dominica*, in qua petimus *panem nostrum quotidianum nobis dari*;

"Quanto a mim, foi na retidão do meu coração que ofereci voluntariamente tudo isto, e agora vejo com alegria teu povo, aqui presente, fazer-te essas ofertas espontâneas;" e em seguida reza dizendo: "Senhor, Deus, conserva as disposições do coração de teu povo".

Continuando, a respeito da "consagração", que se realiza por força sobrenatural, os fiéis, antes de tudo, são incitados à devoção no "prefácio". Daí o sentido da admonição "corações ao alto", "o nosso coração está em Deus". Assim, depois do prefácio, os fiéis louvam com devoção a divindade de Cristo, unindo-se aos anjos, dizendo: "Santo, Santo, Santo"; e a humanidade de Cristo, com as crianças, proclamando: "Bendito aquele que vem!" — Prosseguindo, 1º. O sacerdote recorda, em silêncio, aqueles pelos quais o sacrifício da missa é oferecido, a saber a Igreja universal e aqueles que "detêm a autoridade", e especialmente "aqueles que oferecem o sacrifício e por quem ele é oferecido". — 2º. "Ele recorda os santos", cuja intercessão invoca por aqueles que acabamos de indicar, ao dizer: "Unidos em comunhão, e venerando" etc. — 3º. Conclui o seu pedido ao dizer: "Dignai-vos, pois, aceitar, Senhor, com bondade, esta oblação," afim de que seja salutar para aqueles por quem é oferecida.

Em prosseguimento, vem a própria consagração. 1º. O sacerdote pede o efeito da consagração, quando diz: "Nós Vos pedimos, ó Deus, que Vos digneis abençoar esta oblação" etc. — 2º. Ele realiza a consagração por meio das palavras do Salvador, ao dizer: "E no dia anterior à Paixão" etc. — 3º. Ele se escusa por tal presunção, recorrendo à obediência à ordem de Cristo, quando diz: "Por isso, recordando...". — 4º. Pede que este sacrifício, que acaba de ser realizado, seja agradável a Deus, dizendo: "Dignai-vos, Senhor, olhar com bondade e misericórdia para estes dons". — 5º. Pede o efeito deste sacrifício e sacramento: primeiramente para quem vai participar dele, ao dizer: "Nós Vos suplicamos"; depois para os defuntos, que já não podem participar, quando diz: "Lembrai-vos também, Senhor", etc.; depois ainda e de modo especial, para os próprios sacerdotes que celebram, ao dizer: "A nós também pecadores" etc.

Em continuação, trata-se da "recepção" do sacramento. 1º Antes de tudo, prepara-se o povo para recebê-lo. Isso se faz primeiramente pela oração comum de todo o povo, que é o Pai Nosso, no qual pedimos "o pão nosso de cada dia nos

et etiam privatam, quam specialiter sacerdos pro populo offert, cum dicit, *Libera nos, quaesumus, Domine*. — Secundo, praeparatur populus per pacem, quae datur dicendo, *Agnus Dei*: est enim hoc sacramentum unitatis et pacis, ut supra[9] dictum est. In missis autem defunctorum, in quibus hoc sacrificium offertur non pro pace praesenti, sed pro requie mortuorum, pax intermittitur.

Deinde sequitur perceptio sacramenti: primo percipiente sacerdote, et postmodum aliis dante: quia, ut dicit Dionysius, 3 cap.[10] *Eccles. Hier.*, qui aliis divina tradit, primo debet ipse particeps esse.

Ultimo autem tota missae celebratio in gratiarum actione terminatur: populo exultante pro sumptione mysterii, quod significat cantus post communionem; et sacerdote per orationem gratias offerente: sicut et Christus, celebrata Cena cum discipulis, *hymnum dixit*, ut dicitur Mt 26,30.

AD PRIMUM ergo dicendum quod consecratio solis verbis Christi conficitur. Alia vero necesse fuit addere ad praeparationem populi sumentis, ut dictum est[11].

AD SECUNDUM dicendum quod, sicut dicitur Ioan. ult., multa sunt a Domino facta vel dicta quae Evangelistae non scripserunt. Inter quae fuit hoc quod Dominus oculos levavit in caelum in Cena: quod tamen Ecclesia ex traditione Apostolorum habuit. Rationabile enim videtur ut qui in suscitatione Lazari, ut habetur Io 11,41, et in oratione quam pro discipulis fecit, Io 17,1, oculos levavit ad Patrem, in huius sacramenti institutione multo magis hoc fecerit, tanquam in re potiori.

Quod autem dicitur *manducate*, et non *comedite*, non differt quantum ad sensum. Nec multum refert quid dicatur: praesertim cum verba illa non sint de forma, ut supra[12] dictum est.

Quod autem additur *omnes*, intelligitur in verbis Evangelii, licet non exprimatur: quia ipse dixerat, Io 6,54: *Nisi manducaveritis carnem Filii hominis, non habebitis vitam in vobis*.

AD TERTIUM dicendum quod Eucharistia est sacramentum totius ecclesiasticae unitatis. Et ideo

dai hoje"; e também pela oração particular que o sacerdote recita pelos fiéis, ao dizer: "Livrai-nos, Senhor,". — 2º. Esta preparação acontece também por meio da paz, que se dá dizendo: "Cordeiro de Deus". Com efeito, este é o sacramento da unidade e da paz. Nas missas de defunto, em que este sacrifício é oferecido, não pela paz presente, mas pelo descanso dos mortos, omite-se a paz.

Dando continuação, segue-se a recepção do sacramento. 1º, comunga o sacerdote. Depois ele distribui para os outros, porque, como diz Dionísio, quem distribui aos outros os mistérios divinos, deve antes participar deles.

Finalmente, toda a celebração da missa termina com a "ação de graças". Os fiéis exultam pela recepção do mistério, o que se exprime pela antífona da comunhão. O sacerdote o faz pela oração depois da comunhão, assim como Cristo, tendo celebrado a Ceia com os discípulos, "cantou os salmos".

QUANTO AO 1º, portanto, deve-se dizer que a consagração se realiza exclusivamente por meio das palavras de Cristo. As outras foram acrescentadas por necessidade de preparar os fiéis que dela participam.

QUANTO AO 2º, deve-se dizer que muitas coisas foram ditas e feitas pelo Senhor que não foram consignadas nos evangelhos. Entre elas foi que o Senhor elevou os olhos ao céu na Ceia. Isto, porém, a Igreja recebeu da tradição dos Apóstolos. Aliás, parece lógico que quem na ressurreição de Lázaro, como relata o Evangelho, e na oração que fez pelos discípulos, elevou os olhos ao Pai, fizesse, com muito mais razão, a mesma coisa na instituição da Eucaristia, já que se tratava de realidade mais importante.

Que se diga "manducai" e não "comei", o sentido é o mesmo. Pouco importa o termo que se empregue aqui, principalmente porque essas palavras não pertencem à forma da consagração.

Que se acrescente "todos", é o sentido das palavras do Evangelho, mesmo que aí não se tenha dito; uma vez que ele dissera: "Se não comerdes a carne do Filho do homem, não tereis a vida em vós".

QUANTO AO 3º, deve-se dizer que a Eucaristia é o sacramento da unidade de toda a Igreja. Por

---

9. Q. 67, a. 2; q. 73, a. 3, ad 3; a. 4; q. 79, a. 1.
10. P. III, § 14: MG 3, 445 A.
11. In corp.
12. Q. 78, a. 1, ad 2, 4.

specialiter in hoc sacramento, magis quam in aliis, debet fieri mentio de omnibus quae pertinent ad salutem totius Ecclesiae.

AD QUARTUM dicendum quod duplex est instructio. Una, quae fit noviter imbuendis, scilicet catechumenis. Et talis instructio fit circa baptismum.

Alia autem est instructio in qua instruitur fidelis populus, qui communicat huic mysterio. Et talis instructio fit in hoc sacramento. — Et tamen ab hac instructione non repelluntur etiam catechumeni et infideles. Unde dicitur *de Consecr.*, dist. I[13]: *Episcopus nullum prohibeat ecclesiam ingredi et audire verbum Dei, sive gentilem sive haereticum sive Iudaeum, usque ad missam catechumenorum*, in qua scilicet continetur instructio fidei.

AD QUINTUM dicendum quod in hoc sacramento maior devotio requiritur quam in aliis sacramentis, propter hoc quod in hoc sacramento totus Christus continetur. Et etiam communior: quia in hoc sacramento requiritur devotio totius populi, pro quo sacrificium offertur, et non solum percipientium sacramentum, sicut in aliis sacramentis. Et ideo, sicut Cyprianus dicit[14], *sacerdos, praefatione praemissa, parat fratrum mentes, dicendo, Sursum corda, ut, dum respondet plebs, Habemus ad Dominum, admoneatur nihil aliud se cogitare quam Deum*.

AD SEXTUM dicendum quod in hoc sacramento, sicut dictum est[15], tanguntur ea quae pertinent ad totam Ecclesiam. Et ideo quaedam dicuntur a choro, quae pertinent ad populum. Quorum quaedam chorus totaliter prosequitur: quae scilicet toti populo inspirantur. — Quaedam vero populus prosequitur, sacerdote inchoante, qui personam Dei gerit: in signum quod talia pervenerunt ad populum ex revelatione divina, sicut fides et gloria caelestis. Et ideo sacerdos inchoat symbolum fidei et *Gloria in excelsis Deo*. — Quaedam vero dicuntur per ministros, sicut doctrina novi et veteris Testamenti: in signum quod per ministros a Deo missos est haec doctrina populis nuntiata.

Quaedam vero sacerdos solus prosequitur: quae scilicet ad proprium officium sacerdotis pertinent, *ut* scilicet dona et preces *offerat* pro populo, sicut dicitur Hb 5,1. In his tamen quaedam dicit publice: quae scilicet pertinent et ad sacerdotem

isso, especialmente neste sacramento, mais do que nos outros, deve-se fazer menção de tudo o que pertence à salvação de toda a Igreja.

QUANTO AO 4º, deve-se dizer que há um duplo ensinamento. Um se destina aos que estão sendo iniciados, isto é aos catecúmenos. Ele se faz por ocasião do batismo.

O outro se destina aos fiéis, que comungam deste mistério. Ele se faz neste sacramento. — No entanto, os catecúmenos e os infiéis não são excluídos dele. Por isso, se lê nos Decretos: "O bispo não proíba a ninguém entrar na igreja e ouvir a palavra de Deus, seja pagão, herege ou judeu, até a missa dos catecúmenos", isto é o momento em que se faz o ensinamento da fé.

QUANTO AO 5º, deve-se dizer que este sacramento requer mais devoção que os outros, já que nele está contido o Cristo inteiro. Exige também uma devoção mais comunitária, uma vez que requer uma devoção de todo o povo pelo qual se oferece o sacrifício e não somente dos que recebem o sacramento, como nos outros sacramentos. Daí o ensinamento de Cipriano: "O sacerdote, ao rezar o prefácio, prepara as mentes dos fiéis, dizendo: Corações ao alto, para que, ao responder o povo "O nosso coração está em Deus", seja admoestado para não pensar em outra coisa a não ser em Deus".

QUANTO AO 6º, deve-se dizer que neste sacramento entram em questão realidades que pertencem a toda a Igreja. Por esta razão, algumas coisas são ditas pelo coro, já que concernem ao povo. Algumas delas são ditas pelo coro do começo ao fim, por serem inspiradoras para todo o povo. — Outras, porém, o sacerdote, que representa a pessoa de Deus, começa e o povo continua, para indicar que tais palavras chegaram ao povo pela revelação divina, como a fé e a glória celeste. Assim, o sacerdote inicia o Credo e o Glória. — Outras palavras são proferidas pelos ministros, como a doutrina do Novo e Antigo Testamento, simbolizando que pelos ministros enviados por Deus esta doutrina é ensinada aos povos.

Outras o sacerdote recita sozinho, isto é, as que pertencem ao ministério do sacerdote, a saber, "oferecer dons e sacrifícios pelos pecados", como está na Carta aos Hebreus. Entre elas, algumas são recitadas em voz alta, isto é, as que dizem

---

13. GRATIANUS, op. cit., p. III, dist. 1, can. 67: ed. cit., I, 1312.
14. *De orat. Dom.*, n. 31: ML 4, 539 B.
15. Ad 3.

et ad populum, sicut sunt orationes communes. — Quaedam vero pertinent ad solum sacerdotem, sicut oblatio et consecratio. Et ideo quae circa haec sunt dicenda occulte a sacerdote dicuntur. — In utrisque tamen excitat attentionem populi, dicendo, *Dominus vobiscum*; et expectat assensum dicentium, *Amen*. Et ideo in his quae secreto dicuntur, publice praemittit, *Dominus vobiscum*, et subiungit, *Per omnia saecula saeculorum*. — Vel secrete aliqua sacerdos dicit in signum quod, circa Christi passionem, discipuli non nisi occulte Christum confitebantur.

AD SEPTIMUM dicendum quod efficacia verborum sacramentalium impediri potest per intentionem sacerdotis. — Nec tamen est inconveniens quod a Deo petamus id quod certissime scimus ipsum facturum: sicut Christus, Io 17,1-5, petiit suam clarificationem.

Non tamen ibi videtur sacerdos orare ut consecratio impleatur, sed ut nobis fiat fructuosa: unde signanter dicit, *ut nobis corpus et sanguis fiat*. Et hoc significant verba quae praemittit dicens: *Hanc oblationem facere digneris benedictam*, secundum Augustinum[16], idest, *per quam benedicimur*, scilicet per gratiam; *adscriptam*, idest, *per quam in caelo adscribimur; ratam*, idest, *per quam visceribus Christi censeamur; rationabilem*, idest, *per quam a bestiali sensu exuamur; acceptabilem*, idest, *ut, qui nobis ipsis displicemus, per hanc acceptabiles eius unico Filio simus*.

AD OCTAVUM dicendum quod, licet hoc sacrificium ex seipso praeferatur omnibus antiquis sacrificiis, tamen sacrificia antiquorum fuerunt Deo acceptissima ex eorum devotione. Petit ergo sacerdos ut hoc sacrificium acceptetur Deo ex devotione offerentium, sicut illa accepta fuerunt Deo.

AD NONUM dicendum quod sacerdos non petit quod species sacramentales deferantur in caelum; neque corpus Christi verum, quod ibi esse non desinit. Sed petit hoc pro corpore mystico, quod scilicet in hoc sacramento significatur: ut scilicet

respeito tanto ao sacerdote quanto aos fiéis, como são as orações comuns. — Outras pertencem exclusivamente aos sacerdotes, como a oferenda e a consagração. Por esta razão, tudo o que diz respeito a estas partes o sacerdote diz em voz baixa. — Em ambos os casos, o sacerdote desperta a atenção dos fiéis, dizendo: "O Senhor esteja convosco," e espera o seu assentimento expresso pelo "Amém". Deste modo, o sacerdote antes das orações rezadas em silêncio diz em alta voz: "O Senhor esteja convosco" e no fim "Por todos os séculos dos séculos". — Ou ainda o sacerdote pronuncia algumas orações em silêncio para simbolizar que, na paixão de Cristo, os discípulos o confessaram somente de modo oculto.

QUANTO AO 7º, deve-se dizer que a eficácia das palavras sacramentais pode ser impedida pela intenção do sacerdote. — No entanto, não há inconveniência em pedirmos a Deus aquilo que sabemos que ele certissimamente fará, como Cristo pediu sua glorificação[j].

Contudo não se vê aí que o sacerdote reze para que se realize a consagração, mas para que nos seja frutuosa. Daí ele dizer expressamente "a fim de se tornar para nós o corpo e o sangue". Segundo Agostinho, tal é o sentido das palavras que ele pronuncia antes: "Dignai-vos, ó Pai, aceitar e santificar esta oferenda": "pela qual somos abençoados", a saber pela graça; "confirmada", isto é "pela qual somos inscritos no céu;" "ratificada", isto é "pela qual somos reconhecidos como fazendo parte de Cristo"; "racional", isto é "pela qual somos despojados do sentido carnal"; "aceitável", isto é "para que nós, que nos desgostamos de nós mesmos, sejamos por ela agradáveis ao seu único Filho".

QUANTO AO 8º, deve-se dizer que ainda que este sacrifício em si mesmo seja superior a todos os sacrifícios antigos, contudo estes foram muito agradáveis a Deus por causa da devoção de quem os oferecia. Portanto, o sacerdote pede que este sacrifício seja aceito por Deus, em vista da devoção dos que o oferecem. Assim como foram aceitos os sacrifícios antigos.

QUANTO AO 9º, deve-se dizer que o sacerdote não pede que sejam levadas ao céu as espécies sacramentais, nem o corpo real de Cristo, que não cessa de lá estar presente. Mas pede isto para o corpo místico, que é significado neste sacramen-

---

16. Cfr. PASCHASIUM RADBERTUM, *De Corp. et Sang. Dom.*, c. 12, n. 2: ML 120, 1312 A.

j. Esse paralelismo é esclarecedor. Cristo pediu essa glorificação, a qual ele sabia que era querida e decidida pelo Pai. Por que não invocaríamos Deus para que ele cumpra o que sabemos que ele cumprirá infalivelmente?

orationes et populi et sacerdotis angelus assistens divinis mysteriis Deo repraesentet; secundum illud Ap 8,4: *Ascendit fumus incensorum de oblationibus sanctorum de manu angeli*. — *Sublime* autem *altare Dei* dicitur vel ipsa Ecclesia triumphans, in quam transferri petimus: vel ipse Deus, cuius participationem petimus; de hoc enim altari dicitur Ex 20,26: *Non ascendes ad altare meum per gradus*, idest, In Trinitate gradus non facies.

Vel per angelum intelligitur ipse Christus, qui est *magni consilii Angelus*, qui corpus suum mysticum Deo Patri coniungit et Ecclesiae triumphanti.

Et propter hoc etiam *missa* nominatur. Quia per angelum sacerdos preces ad Deum *mittit*: sicut populus per sacerdotem. Vel quia Christus est hostia nobis *missa*. Unde et in fine missae diaconus in festis diebus populum licentiat, dicens: Ite, *missa est*, scilicet hostia ad Deum per angelum, ut scilicet sit Deo accepta.

to, isto é para que o anjo, presente aos divinos mistérios, apresente a Deus as orações dos fiéis e do sacerdote, conforme o dito do Apocalipse: "E a fumaça dos perfumes, com as orações dos santos, subiu diante de Deus pelas mãos do anjo". — Pois, "o sublime altar de Deus" significa ou a própria Igreja triunfante, para a qual pedimos ser transportados; ou o mesmo Deus, a quem pedimos ser unidos. Pois, é dito deste altar: "Não subirás a meu altar por degraus", isto é: "não farás degraus na Trindade".

Ou pelo anjo se entende o próprio Cristo, que é o "Anjo do Grande Conselho", que une seu corpo místico a Deus Pai e à Igreja triunfante.

E por causa disso se chama "missa", porque, por meio do anjo o sacerdote envia (*mittit*) a Deus as preces, assim como o povo por meio do sacerdote. Ou porque Cristo é a vítima que nos foi enviada (*missa*). Por isso, no fim da missa, o diácono nos dias de festa despede os fiéis, dizendo: "*Ite, missa est*", isto é: a vítima é enviada a Deus por meio do anjo, a saber para que seja aceita por Deus.

Articulus 5
Utrum ea quae in celebratione huius sacramenti aguntur, sint convenientia

Ad quintum sic proceditur. Videtur quod ea quae in celebratione huius sacramenti aguntur, non sunt convenientia.

1. Hoc enim sacramentum ad novum Testamentum pertinet, ut ex forma ipsius apparet. In novo autem Testamento non sunt observandae caeremoniae veteris Testamenti. Ad quas pertinebat quod sacerdos et ministri aqua lavabantur quando accedebant ad offerendum: legitur enim Ex 30,19-20: *Lavabunt Aaron et filii eius manus suas ac pedes quando ingressuri sunt ad altare*. Non est ergo conveniens quod sacerdos lavet manus suas inter missarum solemnia.

2. Praeterea, ibidem [v. 7] Dominus mandavit quod sacerdos *adoleret incensum suave fragrans* super altare quod erat ante propitiatorium. Quod etiam pertinebat ad caeremoniam veteris Testamenti. Inconvenienter ergo sacerdos in missa thurificatione utitur.

3. Praeterea, ea quae in sacramentis Ecclesiae aguntur, non sunt iteranda. Inconvenienter

Artigo 5
São adequadas as ações que se realizam na celebração deste mistério?

Quanto ao quinto, assim se procede: parece que as ações que se realizam na celebração deste mistério **não** são apropriadas.

1. Com efeito, este sacramento pertence à Nova Aliança, como aparece de sua forma. Ora, na Nova Aliança, não devem ser observadas as cerimônias da Antiga Aliança. Destas fazia parte a ablução com água, praticada pelo sacerdote e pelos ministros, quando iam oferecer sacrifício, como se lê no Êxodo: "Aarão e seus filhos nela lavarão as mãos e os pés, ao ingressarem no altar." Logo, não é conveniente que o sacerdote lave as suas mãos na celebração da missa.

2. Além disso, diz-se ainda: o Senhor ordenou que o sacerdote "queimasse o incenso de perfume suave" sobre o altar que estava diante do propiciatório. Isto pertencia ao cerimonial da Antiga Aliança. Logo, não convém que o sacerdote use incenso na missa.

3. Ademais, os ritos sacramentais da Igreja não devem ser repetidos. Por isso, é inadequado que

5 Parall.: IV *Sent.*, dist. 12, Expos. litt.

ergo sacerdos iterat crucesignationes super hoc sacramentum.

4. Praeterea, Apostolus dicit, Hb 7,7: *Sine ulla contradictione, quod minus est a maiori benedicitur*. Sed Christus, qui est in hoc sacramento post consecrationem, est multo maior sacerdote. Inconvenienter igitur sacerdos post consecrationem benedicit hoc sacramentum cruce signando.

5. Praeterea, in sacramento Ecclesiae nihil debet fieri quod ridiculosum videatur. Videtur autem ridiculosum gesticulationes facere: ad quas pertinere videtur quod sacerdos quandoque brachia extendit, manus iungit, digitos complicat, et seipsum incurvat. Ergo hoc non debet fieri in hoc sacramento.

6. Praeterea, ridiculosum etiam videtur quod sacerdos multoties se ad populum vertit, multoties etiam populum salutat. Non ergo debent haec fieri in celebratione huius sacramenti.

7. Praeterea, Apostolus, 1Cor 1,13, pro inconvenienti habet quod *Christus sit divisus*. Sed post consecrationem Christus est in hoc sacramento. Inconvenienter igitur hostia frangitur a sacerdote.

8. Praeterea, ea quae in hoc sacramento aguntur, passionem Christi repraesentant. Sed in passione Christi corpus fuit divisum in locis quinque vulnerum. Ergo corpus Christi in quinque partes frangi debet, magis quam in tres.

9. Praeterea, totum corpus Christi in hoc sacramento seorsum consecratur a sanguine. Inconvenienter igitur una pars eius sanguini miscetur.

10. Praeterea, sicut corpus Christi proponitur in hoc sacramento ut cibus, ita et sanguis Christi ut potus. Sed sumptioni corporis Christi non adiungitur in celebratione missae alius corporalis cibus. Inconvenienter igitur sacerdos, post sumptionem sanguinis Christi, vinum non consecratum sumit.

11. Praeterea, veritas debet respondere figurae. Sed de agno paschali, qui fuit figura huius sacramenti, mandatur quod *non remaneret ex eo quidquam usque mane*. Inconvenienter ergo hostiae consecratae reservantur, et non statim sumuntur.

12. Praeterea, sacerdos pluraliter loquitur audientibus: puta cum dicit, *Dominus vobiscum*,

o sacerdote multiplique os sinais da cruz sobre este sacramento[k].

4. Ademais, declara o Apóstolo: "O que é inferior, sem contestação alguma, é abençoado pelo superior". Ora, Cristo, que está presente neste sacramento depois da consagração, é muito superior ao sacerdote. Logo, é inadequado que o sacerdote, depois da consagração, abençoe este sacramento com o sinal da cruz.

5. Ademais, no sacramento da Igreja, não se deve fazer nada que pareça ridículo. Ora, parece ridículo multiplicar os gestos, como faz o sacerdote, às vezes, estendendo os braços, unindo as mãos, dobrando os dedos e se inclinando. Logo, tais atitudes não se devem assumir neste sacramento.

6. Ademais, também parece ridículo o sacerdote se volte várias vezes para os fiéis e os saúde muitas vezes. Portanto, isto não deveria ser feito neste sacramento.

7. Ademais, Paulo considera inadmissível que "Cristo seja dividido". Ora, depois da consagração, Cristo está presente neste sacramento. Logo, não é admissível que o sacerdote parta a hóstia.

8. Ademais, os ritos deste sacramento representam a paixão de Cristo. Ora, na paixão de Cristo o corpo foi rompido nos cinco lugares das chagas. Logo, o corpo de Cristo deveria ser partido antes em cinco partes do que em três.

9. Ademais, o corpo inteiro de Cristo é consagrado neste sacramento separadamente do sangue. Por isso, não é adequado que uma parte dele se misture com o sangue.

10. Ademais, assim como o corpo de Cristo é proposto neste sacramento como comida, de modo semelhante o sangue como bebida. Ora, quando se come do corpo de Cristo na celebração da missa, não se acrescenta nenhuma outra comida corporal. Logo, é sem razão que o sacerdote, depois de tomar o sangue de Cristo, beba vinho não consagrado.

11. Ademais, a realidade deve corresponder à figura. Ora, a respeito do cordeiro pascal, que foi figura deste sacramento, se prescreve: "Não deixareis nada para o outro dia". Por isso, não é conveniente que se conservem as hóstias consagradas e que não sejam imediatamente consumidas.

12. Ademais, o sacerdote dirige-se aos que o escutam no plural, por exemplo, dizendo "O Senhor

---

k. O que Sto. Tomás ignora é que a redundância da qual ele se queixa nessa objeção e nas seguintes não é venerável, mas característica de sua época. Ele não sabia tampouco que a Igreja, sete séculos mais tarde, retiraria o que pecasse por falta de sobriedade. Mas, como se sabe, quem vivia no século XIII ignorava que vivia na "Idade Média"!

et, *Gratias agamus*. Sed inconveniens videtur pluraliter loqui uni soli, et maxime minori. Ergo inconveniens videtur quod sacerdos, uno tantum ministro praesente, celebret missam.

Sic igitur videtur quod inconvenienter aliqua agantur in celebratione huius sacramenti.

SED IN CONTRARIUM est Ecclesiae consuetudo, quae errare non potest, utpote Spiritu Sancto instructa.

RESPONDEO dicendum quod, sicut supra[1] dictum est, in sacramentis aliquid dupliciter significatur, scilicet verbis et factis, ad hoc quod sit perfectior significatio. Significantur autem verbis in celebratione huius sacramenti quaedam pertinentia ad passionem Christi, quae repraesentatur in hoc sacramento; vel etiam ad corpus mysticum, quod significatur in hoc sacramento; et quaedam pertinentia ad usum sacramenti, qui debet esse cum devotione et reverentia. Et ideo in celebratione huius mysterii quaedam aguntur ad repraesentandum passionem Christi; vel etiam dispositionem corporis mystici; et quaedam aguntur pertinentia ad devotionem et reverentiam usus huius sacramenti.

AD PRIMUM ergo dicendum quod ablutio manuum fit in celebratione missae propter reverentiam huius sacramenti. Et hoc dupliciter. Primo quidem, quia aliqua pretiosa tractare non consuevimus nisi manibus ablutis. Unde indecens videtur quod ad tantum sacramentum aliquis accedat manibus, etiam corporaliter, inquinatis.

Secundo, propter significationem. Quia, ut Dionysius dicit, 3 cap.[2] *Eccles. Hier*., extremitatum ablutio significat emundationem etiam a minimis peccatis: secundum illud Io 13,10: *Qui lotus est, non indiget nisi ut pedes lavet*. Et talis emundatio requiritur ab eo qui accedit ad hoc sacramentum. Quod etiam significatur per confessionem quae fit ante introitum missae. Et hoc idem significabat ablutio sacerdotum in veteri lege: ut ibidem Dionysius dicit.

Nec tamen Ecclesia hoc servat tanquam caeremoniale veteris legis praeceptum, sed quasi ab Ecclesia institutum, sicut quiddam secundum se

esteja convosco" e "Demos graças". Ora, parece fora de propósito usar o plural para dirigir-se a uma só pessoa, sobretudo se é um inferior. Por isso, não tem lógica que o sacerdote celebre a missa diante de um só ministro.

Por conseguinte, parece que certos ritos realizados na celebração deste sacramento não são adequados.

EM SENTIDO CONTRÁRIO, há o costume da Igreja, que não pode errar, já que é assistida pelo Espírito Santo.

RESPONDO. Nos sacramentos, para que o significado apareça mais perfeitamente, ele se manifesta de duas maneiras, a saber pelas palavras e ações. Assim, na celebração deste sacramento as palavras significam realidades da paixão de Cristo que é nele representada; ou elas também se referem ao corpo místico, que é significado neste sacramento. Outras palavras dizem respeito à prática do sacramento, que deve ser com devoção e respeito. Daí se segue que na celebração deste sacramento algumas ações têm a finalidade de representar a paixão de Cristo ou também a organização do corpo místico. Outras, porém, relacionam-se com a devoção e o respeito devido à prática deste sacramento.

QUANTO AO 1º, portanto, deve-se dizer que a ablução das mãos se faz na celebração da missa por respeito devido ao sacramento. E isso por duas razões.

1ª. Costumamos lavar as mãos para tocar em coisas preciosas. Daí se segue parecer indecoroso que alguém se aproxime de tão grande sacramento com as mãos sujas, mesmo no sentido corporal.

2ª. Há uma razão simbólica. Porque, como ensina Dionísio, a ablução das extremidades simboliza a purificação até dos menores pecados, conforme diz o Evangelho de João: "Aquele que tomou banho não tem necessidade de lavar senão os pés". E tal purificação é exigida de quem se aproxima deste sacramento. É o que significa a confissão que antecede o introito da missa. E isso mesmo significava a ablução dos sacerdotes na Antiga Aliança, como observa Dionísio na mesma passagem.

A Igreja, porém, não observa este rito como um preceito ritual da Lei Antiga, mas como uma instituição sua que tem sua justificação própria[1].

---

1. Q. 60, a. 6.
2. P. III, § 10: MG 3, 440 B.

1. Esse princípio é capital na nova aliança, mas não universalmente respeitado. Não se deve "judaizar", não se crer obrigado por preceitos do tipo dos da antiga lei. É preciso ater-se ao que "se justifica por si mesmo". Infelizmente, no domínio do culto,

conveniens. Et ideo non eodem modo observatur sicut tunc. Praetermittitur enim pedum ablutio, et servatur ablutio manuum, quae potest fieri magis in promptu, et quae sufficit ad significandam perfectam munditiam. Cum enim manus sit *organum organorum*, ut dicitur in III *de Anima*[3], omnia opera attribuuntur manibus. Unde et in Ps 25,6 dicitur: *Lavabo inter innocentes manus meas.*

AD SECUNDUM dicendum quod thurificatione non utimur quasi caeremoniali praecepto legis, sed sicut Ecclesiae statuto. Unde non eodem modo utimur sicut in veteri lege erat statutum.

Pertinet autem ad duo. Primo quidem, ad reverentiam huius sacramenti: ut scilicet per bonum odorem depellatur si quid corporaliter pravi odoris in loco fuerit, quod posset provocare horrorem.

Secundo, pertinet ad repraesentandum effectum gratiae, qua, sicut bono odore, Christus plenus fuit, secundum illud Gn 27,27, *Ecce, odor filii mei sicut odor agri pleni*; et a Christo derivatur ad fideles officio ministrorum, secundum illud 2Cor 2,14, *Odorem notitiae suae spargit per nos in omni loco.* Et ideo, undique thurificato altari, per quod Christus designatur, thurificantur omnes per ordinem.

AD TERTIUM dicendum quod sacerdos in celebratione missae utitur crucesignatione ad exprimendam passionem Christi, quae ad crucem est terminata. Est autem passio Christi quibusdam quasi gradibus peracta. Nam primo fuit Christi traditio: quae facta est a Deo, a Iuda, et a Iudaeis. Quod significat trina crucesignatio super illa verba: *Haec dona, haec munera, haec sancta sacrificia illibata.*

Secundo fuit Christi venditio. Est autem venditus sacerdotibus, scribis et pharisaeis. Ad quod significandum fit iterum trina crucesignatio super illa verba, *benedictam, adscriptam, ratam.* — Vel ad ostendendum pretium venditionis, scilicet triginta denarios. — Additur autem et duplex super illa verba, *ut nobis corpus et sanguis*, etc., ad designandam personam Iudae venditoris et Christi venditi.

Por isso, ele não é cumprido da mesma maneira, como se fazia então. Pois, omite-se a abluição dos pés e conserva-se a das mãos, que se pode fazer mais facilmente e é suficiente para simbolizar uma pureza perfeita. Uma vez que a mão é "o órgão dos órgãos", como ensina Aristóteles, todas as ações lhe são atribuídas. Daí, a palavra do Salmo: "Lavarei as minhas mãos entre os inocentes."

QUANTO AO 2º, deve-se dizer que não se usa o incenso como um preceito ritual da Lei Antiga, mas como uma instituição da Igreja. Nesse sentido não se usa da mesma maneira como era prescrito na Lei Antiga.

Ocorrem aqui duas razões. 1ª. Manifestar o respeito devido a este sacramento, a saber o bom odor afasta qualquer mau cheiro corporal que haja no recinto, o que poderia provocar mal-estar.

2ª. Simbolizar o efeito da graça, da qual Cristo estava repleto, como de um bom odor, segundo o dito da Escritura: "Oh! O odor de meu filho é como o odor de um campo fecundo". De Cristo, a graça derrama-se sobre os fiéis pelo ministério dos celebrantes, como diz Paulo: "Por meio de nós, espalha em todo lugar o perfume do seu conhecimento." Daí se segue que, depois de incensar-se de todos os lados o altar, símbolo de Cristo, se incensam todos segundo a ordem.

QUANTO AO 3º, deve-se dizer que o sacerdote na celebração da missa faz os sinais da cruz para evocar a paixão de Cristo, que se consumou na cruz. A paixão de Cristo realizou-se como em etapas.

1ª. A entrega de Cristo feita por Deus, por Judas e pelos judeus. Ela é simbolizada pelos três sinais da cruz, ao dizer o sacerdote as palavras: "Estes dons, estas dádivas, este santo Sacrifício imaculado".

2ª. A venda de Cristo. Com efeito, Cristo foi vendido aos sacerdotes, escribas e fariseus. Para simbolizá-la, o celebrante faz de novo três sinais da cruz, dizendo: "abençoada, confirmada, ratificada". — Ou para expressar o preço da venda, a saber trinta denários. — E se acrescentam dois sinais da cruz, ao se pronunciar as palavras: "a fim de se tornar para nós o corpo e sangue" etc., para significar a pessoa de Judas que vendeu e a de Cristo que foi vendido.

---

3. C. 8: 432, a, 1-2.

do sacerdócio em especial, a Idade Média se deixou inspirar em excesso pelas práticas da antiga aliança. Ela o fez sem escrúpulo, mas não basta dizer: "Nós não praticamos esses ritos da mesma maneira que os judeus", para ter certeza de não "judaizar". O risco é grande, de fato, de perpetuar uma mentalidade legalista, dando embora aos ritos uma nova interpretação.

Tertio autem fuit praesignatio passionis Christi facta in Cena. Ad quod designandum, fiunt tertio duae cruces, una in consecratione corporis, alia in consecratione sanguinis, ubi utrobique dicitur *benedixit*.

Quarto autem fuit ipsa passio Christi. Unde, ad repraesentandum quinque plagas, fit quarto quintuplex crucesignatio super illa verba, *hostiam puram, hostiam sanctam, hostiam immaculatam, panem sanctum vitae aeternae, et calicem salutis perpetuae*.

Quinto, repraesentatur extensio corporis, et effusio sanguinis, et fructus passionis, per trinam crucesignationem quae fit super illis verbis, *corpus et sanguinem sumpserimus, omni benedictione* etc.

Sexto, repraesentatur triplex oratio quam fecit in cruce: unam pro persecutoribus, cum dixit, *Pater, ignosce illis*; secundam pro liberatione a morte, cum dixit, *Deus, Deus meus, ut quid dereliquisti me?* tertia pertinet ad adeptionem gloriae, cum dixit, *Pater, in manus tuas commendo spiritum meum*. Et ad hoc significandum, fit trina crucesignatio super illa verba, *sanctificas, vivificas, benedicis*, etc.

Septimo, repraesentantur tres horae quibus pependit in cruce, scilicet a sexta hora usque ad nonam. Et ad hoc significandum, fit iterum trina crucesignatio ad illa verba, *per ipsum, et cum ipso, et in ipso*.

Octavo autem, repraesentatur separatio animae a corpore, per duas cruces subsequentes extra calicem factas.

Nono autem, repraesentatur resurrectio tertia die facta, per tres cruces quae fiunt ad illa verba, *Pax Domini sit semper vobiscum*.

Potest autem brevius dici quod consecratio huius sacramenti, et acceptio sacrificii, et fructus eius, procedit ex virtute crucis Christi. Et ideo, ubicumque fit mentio de aliquo horum, sacerdos crucesignatione utitur.

AD QUARTUM dicendum quod sacerdos post consecrationem non utitur crucesignatione ad benedicendum et consecrandum: sed solum ad commemorandum virtutem crucis et modum passionis Christi, ut ex dictis[4] patet.

3ª. A prefiguração da paixão de Cristo feita na ceia. Para designá-la, fazem-se uma terceira vez dois sinais da cruz, um na consagração do corpo e o outro na do sangue, quando em ambos os casos se diz a palavra "abençoou".

4ª. A própria paixão de Cristo. Por isso, para simbolizar as cinco chagas, traçam-se uma quarta vez cinco cruzes, ao se proferirem as palavras: "hóstia pura, hóstia santa, hóstia imaculada, o pão santo da vida eterna e o cálice da salvação perpétua".

5ª. Os suplícios do corpo e o derramamento do sangue, e o fruto da paixão são simbolizados por meio das três cruzes traçadas com as palavras: "a fim de que recebendo o corpo e sangue sejamos repletos de toda bênção" etc.

6ª. A tríplice oração que Cristo fez na cruz, uma pelos pecadores, quando disse: "Pai, perdoai-lhes", a segunda para livrar-se da morte, quando disse: "Meu Deus, meu Deus, por que me abandonaste?" e a terceira se refere à obtenção da glória, quando disse: "Pai, em tuas mãos entrego o meu espírito". Para significar isso, fazem-se três cruzes com as palavras: "pela qual santificais, vivificais, abençoais" etc.

7ª. As três horas em que Cristo esteve pregado na cruz, isto é da hora sexta à nona. Para simbolizar isto, traçam-se três cruzes com as palavras: "por ele, e com ele e nele".

8ª. A separação da alma e do corpo é representada por duas cruzes feitas em seguida fora do cálice.

9ª. A ressurreição realizada no terceiro dia. É simbolizada por três cruzes traçadas com as palavras: "A paz do Senhor esteja sempre convosco".

Em poucas palavras[m], pode-se dizer que a consagração deste sacramento e a aceitação do sacrifício e de seus frutos procedem da força da cruz de Cristo. Por isto, todas as vezes que se faz menção de uma destas coisas, o sacerdote traça uma cruz.

QUANTO AO 4º, deve-se dizer que depois da consagração, o sacerdote não faz nenhuma cruz para abençoar e consagrar, mas somente para recordar o poder da cruz e o modo da paixão de Cristo, como fica claro do que se disse acima.

---

4. Ad 3.

m. Apreciaremos a sobriedade desta breve solução, com certeza mais conclusiva do que as longas explicações que a precedem. Mas o fato de que a solução seja breve e conclusiva não impede que tenha faltado sobriedade à multiplicação dos sinais, a qual se trata de explicar. Tudo isso está hoje bastante simplificado.

AD QUINTUM dicendum quod ea quae sacerdos in missa facit, non sunt ridiculosae gesticulationes: fiunt enim ad aliquid repraesentandum. Quod enim sacerdos brachia extendit post consecrationem, significat extensionem brachiorum Christi in cruce.

Levat etiam manus orando, ad designandum quod oratio eius pro populo dirigitur ad Deum: secundum illud Thren 3,14: *Levemus corda nostra cum manibus ad Deum in caelum*. Et Ex 17,11 dicitur quod, *cum levaret Moyses manus, vincebat Israel*.

Quod autem manus interdum iungit, et inclinat se, suppliciter et humiliter orans, designat humilitatem et obedientiam Christi, ex qua passus est.

Digitos autem iungit post consecrationem, scilicet pollicem cum indice, quibus corpus Christi consecratum tetigerat, ut, si qua particula digitis adhaeserat, non dispergatur. Quod pertinet ad reverentiam sacramenti.

AD SEXTUM dicendum quod quinquies se sacerdos vertit ad populum, ad designandum quod Dominus die resurrectionis quinquies se manifestavit, ut supra[5] dictum est in tractatu de resurrectione Christi.

Salutat autem septies populum, scilicet quinque vicibus quando se convertit ad populum, et bis quando se non convertit, scilicet ante praefationem cum dicit, *Dominus vobiscum*, et cum dicit, *Pax Domini sit semper vobiscum*: ad designandum septiformem gratiam Spiritus Sancti. — Episcopus autem celebrans in festis in prima salutatione dicit, *Pax vobis*, quod post resurrectionem dixit Dominus, cuius personam repraesentat episcopus praecipue.

AD SEPTIMUM dicendum quod fractio hostiae tria significat: primo quidem, ipsam divisionem corporis Christi, quae facta est in passione; secundo, distinctionem corporis mystici secundum diversos status; tertio, distributionem gratiarum procedentium ex passione Christi, ut Dionysius dicit, 3 cap.[6] *Eccles. Hier*. Unde talis fractio non inducit divisionem Christi.

QUANTO AO 5º, deve-se dizer que aquilo que o sacerdote faz na missa não são gestos ridículos. Eles são feitos para significar alguma coisa[n]. O sacerdote estende o braço depois da consagração para simbolizar os braços de Cristo estendidos na cruz.

Ele levanta as mãos para rezar afim de mostrar que a sua oração em favor do povo se dirige a Deus, conforme o que se lê nas Lamentações: "elevemos, juntos, as nossas mãos e o nosso coração a Deus, que está nos céus". E o Êxodo diz: "quando Moisés erguia a mão, Israel vencia".

Às vezes, quando o sacerdote junta as mãos e se inclina, rezando suplicante e humildemente, isto representa a humildade e obediência com que Cristo sofreu a paixão.

Depois da consagração, o celebrante une os dedos, isto é o polegar com o indicador, que tocaram o corpo consagrado de Cristo, para que, se alguma partícula aderira a eles, não se desprenda. Manifesta o respeito devido ao sacramento.

QUANTO AO 6º, deve-se dizer que o sacerdote se volta cinco vezes para os fiéis, para simbolizar que o Senhor, no dia da ressurreição, se manifestou cinco vezes.

Ele saúda sete vezes o povo. Cinco vezes o faz de frente, duas vezes de costas, quando antes do prefácio diz; "O senhor esteja convosco" e quando diz: "A paz do Senhor esteja sempre convosco". Com isto, quer significar os sete dons do Espírito Santo. — O bispo, porém, quando celebra nos dias de festa, diz na primeira saudação: "A paz esteja convosco", como, depois da ressurreição, fez o Senhor, a quem ele representa.

QUANTO AO 7º, deve-se dizer que a fração da hóstia significa três coisas. Antes de tudo, a divisão sofrida pelo corpo de Cristo na paixão. Em segundo lugar, a distinção do corpo místico segundo os seus diversos estados. Enfim, a distribuição das graças advindas da paixão de Cristo, como Dionísio ensina. Daí se segue que a fração não implica divisão de Cristo.

---

5. Q. 55, a. 3, 3 a.
6. P. III, § 13: MG 3, 444 C.

n. O importante é encontrar um justo equilíbrio entre liturgia expressiva, que supõe gestos amplos e nobres, e a gesticulação que não exprime nada além de confusão, quando é excessiva.

AD OCTAVUM dicendum quod, sicut Sergius Papa[7] dicit, et habetur in Decretis, *de Consecr.*, dist. II[8]: *Triforme est corpus Domini. Pars oblata in calicem missa corpus Christi quod iam resurrexit, demonstrat*: scilicet ipsum Christum, et Beatam Virginem, vel si qui alii sancti cum corporibus sunt in gloria. *Pars comesta ambulans adhuc super terram*: quia scilicet viventes in terra sacramento uniuntur; et passionibus conteruntur, sicut panis comestus atteritur dentibus. *Pars in altari usque ad finem missae remanens est corpus Christi in sepulcro remanens: quia usque in finem saeculi corpora sanctorum in sepulcris erunt*: quorum tamen animae sunt vel in purgatorio vel in caelo. Hic tamen ritus non servatur modo: ut scilicet una pars servetur usque in finem missae. Manet tamen eadem significatio partium. Quam quidam metrice expresserunt, dicentes: *Hostia dividitur in partes, tincta beatos Plene, sicca notat vivos, servata sepultos.*

Quidam tamen dicunt quod pars in calicem missa significat eos qui vivunt in hoc mundo; pars autem extra calicem servata significat plene beatos quantum ad animam et corpus; pars autem comesta significat ceteros.

AD NONUM dicendum quod per calicem duo possunt significari. Uno modo, ipsa passio, quae repraesentatur in hoc sacramento. Et secundum hoc, per partem in calicem missam significantur illi qui adhuc sunt participes passionum Christi.

Alio modo, potest significari fruitio beata, quae etiam in hoc sacramento praefiguratur. Et ideo illi quorum corpora iam sunt in plena beatitudine, significantur per partem in calicem missam.

Et est notandum quod pars in calicem missa non debet populo dari in supplementum communionis: quia *panem intinctum* non porrexit Christus nisi Iudae proditori.

AD DECIMUM dicendum quod vinum, ratione suae humiditatis, est ablutivum. Et ideo sumitur post perceptionem huius sacramenti, ad abluendum os, ne aliquae reliquiae remaneant: quod pertinet ad reverentiam sacramenti. Unde Extra,

QUANTO AO 8º, deve-se dizer que como o papa Sérgio⁰ diz e consta nos Decretos: "O corpo do Senhor é triplo. A parte oferecida, colocada no cálice, designa o corpo de Cristo já ressuscitado", isto é o corpo que o próprio Cristo tem, ou a Virgem Maria ou outros santos, se os há que tenham entrado na glória corporalmente. "A parte comida representa o Cristo que andava aqui na terra", isto significa que quem vive aqui na terra é unido pelo sacramento e esmagado pelas provações, como o pão, ao ser comido, é triturado pelos dentes. "A parte, que permanece no altar até o fim da missa, simboliza o corpo de Cristo no sepulcro. Pois até o fim dos séculos os corpos dos santos estarão no túmulo". As suas almas, porém, estão no purgatório ou no céu. Contudo, este rito, a saber: que uma parte se conserve até o fim da missa, já não se observa agora. Permanece, porém, o significado das partes. Alguns expressaram isto em versos: "A hóstia se divide em partes, cada uma significa algo, a molhada os bem-aventurados, a seca os vivos e a conservada os sepultados".

Alguns autores dizem que a parte colocada no cálice significa aqueles que vivem neste mundo. A parte conservada fora do cálice simboliza os plenamente bem-aventurados na alma e no corpo. E a parte comida significa os outros.

QUANTO AO 9º, deve-se dizer que podem-se encontrar dois significados no cálice. Primeiramente, a paixão que este sacramento representa. E, por esta razão, estão simbolizados pela parte colocada no cálice aqueles que ainda participam dos sofrimentos de Cristo.

Em segundo lugar, ele pode significar o gozo eterno, que está prefigurado neste sacramento. Deste modo, estão simbolizados pela parte colocada no cálice aqueles cujos corpos já estão na plena bem-aventurança.

E deve-se observar que a parte colocada no cálice não deve ser dada aos fiéis para completar a comunhão; pois, Cristo só deu o pão molhado ao traidor Judas.

QUANTO AO 10º, deve-se dizer que o vinho, em razão de sua umidade, é capaz de lavar. Por isso, o sacerdote o toma depois da comunhão deste sacramento para lavar a boca a fim de que aí não fique alguma partícula. Isso é por causa

---

7. Cfr. AMALARIUM, *De eccl. officiis*, l. III, c. 35: ML 105, 1154 D.
8. GRATIANUS, *Decretum*, p. III, dist. 2, can. 22: ed. Richter-Friedberg, I, 1321.

o. Esse exemplo não é o único, mas vemos aí a que ponto de arbitrariedade se pode chegar quando se aplica a alegoria às tradições litúrgicas. E isso permanece verdadeiro mesmo que se possa invocar, como faz aqui Sto. Tomás, as mais altas autoridades da Igreja.

de Celebrat. Miss., cap. *Ex parte*[9]: *Sacerdos vino os perfundere debet postquam totum percepit sacramentum: nisi cum eodem die missam aliam debuerit celebrare, ne, si forte vinum perfusionis acciperet, celebrationem aliam impediret.* — *Et eadem ratione perfundit vino digitos quibus corpus Christi tetigerat.*

AD UNDECIMUM dicendum quod veritas quantum ad aliquid debet respondere figurae: quia scilicet non debet pars hostiae consecratae de qua sacerdos et ministri, vel etiam populus communicat, in crastinum reservari. Unde, ut habetur *de Consecr.*, dist. II[10], Clemens Papa statuit[11]: *Tanta holocausta in altario offerantur, quanta populo sufficere debeant. Quod si remanserint, in crastinum non reserventur, sed cum timore et tremore clericorum diligentia consumantur.*

Quia tamen hoc sacramentum quotidie sumendum est, non autem agnus paschalis quotidie sumebatur; ideo oportet alias hostias consecratas pro infirmis conservare. Unde in eadem distinctione legitur: *Presbyter Eucharistiam semper habeat paratam: ut, quando quis infirmatus fuerit, statim eum communicet, ne sine communione moriatur.*

AD DUODECIMUM dicendum quod in solemni celebratione missae plures debent adesse. Unde Soter Papa dicit[12], ut habetur *de Consecr.*, dist. I[13]: *Hoc quoque statutum est, ut nullus presbyterorum missarum solemnia celebrare praesumat, nisi, duobus praesentibus sibique respondentibus, ipse tertius habeatur: quia, cum pluraliter ab eo dicitur, Dominus vobiscum, et illud in secretis, Orate pro me, apertissime convenit ut ipsi respondeatur salutationi.* Unde et, ad maiorem solemnitatem, ibidem statutum legitur quod episcopus cum pluribus missarum solemnia peragat.

In missis tamen privatis sufficit unum habere ministrum, qui gerit personam totius populi Catholici, ex cuius persona sacerdoti pluraliter respondet.

do respeito devido ao sacramento. Daí se lê nos Decretos: "Depois de ter recebido o sacramento, o sacerdote deve lavar a boca com vinho, a não ser que tenha que celebrar outra missa neste mesmo dia, para que não aconteça, ao tomar um pouco de vinho, encontrar-se impedido de celebrar." Pela mesma razão derrama um pouco de vinho sobre os dedos que tocaram o corpo de Cristo.

QUANTO AO 11º, deve-se dizer que a realidade deve corresponder à figura sob algum aspecto. é por isso que não se deve conservar para o dia seguinte a parte da hóstia consagrada que serve à comunhão do sacerdote, dos ministros, e até mesmo dos fiéis. Encontra-se nos Decretos esta decisão do papa Clemente: "Devem-se oferecer no altar tantas hóstias quantas devem ser suficientes para os fiéis. E se sobrarem, não se conservem para o dia seguinte, mas com temor e tremor sejam consumidas pelo zelo dos clérigos".

No entanto, porque este sacramento deve ser recebido todos os dias e o cordeiro pascal não o era, assim é necessário que outras hóstias consagradas sejam conservadas para os doentes. Por esta razão, no mesmo decreto se lê: "O presbítero tenha sempre à disposição a Eucaristia, para que, quando alguém caia doente, possa logo comungar, para que não morra sem comunhão"

QUANTO AO 12º, deve-se dizer que na celebração solene da missa devem estar presentes vários participantes. Por isso, o papa Sotero diz, como se vê nos Decretos: "Foi decretado que nenhum presbítero ouse celebrar a solenidade da missa, a não ser que haja dois assistentes que lhe respondam, sendo ele mesmo o terceiro. Pois, quando ele diz no plural: 'O Senhor esteja convosco' e nas orações secretas 'Orai por mim', é clarissimamente conveniente que estas saudações sejam respondidas". É por isso que, para maior solenidade, está decretado, na mesma passagem, que o bispo deve celebrar a missa com um número maior de assistentes.

No entanto, nas missas em particular, basta haver um só ajudante, que representa todo o povo católico e em cujo lugar responde ao celebrante que emprega o plural.

---

9. *Decretal. Greg. IX*, l. III, tit. 41, c. 5: ed. Richter-Friedberg, II, 636.
10. GRATIANUS, op. cit., p. III, dist. 2, can. 23: ed. cit., I, 1321.
11. Ps. CLEMENS., Epist. Decretal II, *ad Iacobum*: ed. Mansi, I, 125.
12. Cfr. apud Mansi, I, 692.
13. GRATIANUS, op. cit., p. III, dist. 1, can. 61: ed. cit., I, 1311.

Articulus 6

Utrum possit sufficienter occurri defectibus qui circa celebrationem huius sacramenti occurrunt, statuta Ecclesiae observando

AD SEXTUM SIC PROCEDITUR. Videtur quod non possit sufficienter occurri defectibus qui circa celebrationem huius sacramenti occurrunt, statuta Ecclesiae observando.

1. Contingit enim quandoque quod sacerdos, ante consecrationem vel post, moritur vel alienatur, vel aliqua alia infirmitate praepeditur ne sacramentum sumere possit et missam perficere. Ergo videtur quod non possit impleri statutum Ecclesiae quo praecipitur quod sacerdos consecrans suo sacrificio communicet.

2. PRAETEREA, contingit quandoque quod sacerdos, ante consecrationem vel post, recolit se aliquid comedisse vel bibisse, vel alicui mortali peccato subiacere, vel etiam excommunicationi, cuius prius memoriam non habebat. Necesse est ergo quod ille qui est in tali articulo constitutus, peccet mortaliter contra statutum Ecclesiae faciens, sive sumat sive non sumat.

3. PRAETEREA, contingit quandoque quod in calicem musca aut aranea vel aliquod animal venenosum cadit post consecrationem; vel etiam cognoscit sacerdos calici venenum esse immissum ab aliquo malevolo causa occidendi ipsum. In quo casu, si sumat, videtur peccare mortaliter, se occidendo vel Deum tentando. Similiter, si non sumat, peccat, contra statutum Ecclesiae faciens. Ergo videtur esse perplexus et subiectus necessitati peccandi. Quod est inconveniens.

4. PRAETEREA, contingit quod per negligentiam ministri aut aqua non ponitur in calice, aut etiam nec vinum, et hoc sacerdos advertit. Ergo in hoc etiam casu videtur esse perplexus: sive sumat corpus sine sanguine, quasi imperfectum faciens sacrificium; sive non sumens nec corpus nec sanguinem.

5. PRAETEREA, contingit quod sacerdos non recolit se dixisse verba consecrationis, vel etiam alia quae in consecratione huius sacramenti dicuntur. Videtur ergo peccare in hoc casu, sive reiteret verba super eandem materiam, quae forte iam dixerat; sive utatur pane et vino non consecratis quasi consecratis.

Artigo 6

Pode-se remediar, de maneira apropriada, os defeitos que ocorrem na celebração deste sacramento, observando as prescrições da Igreja?

QUANTO AO SEXTO, ASSIM SE PROCEDE: parece que **não** se pode remediar, de maneira apropriada, os defeitos que ocorrem na celebração deste sacramento, observando as prescrições da Igreja.

1. Com efeito, às vezes, acontece que o sacerdote, antes ou depois da consagração, morre ou enlouquece, ou é acometido de alguma enfermidade de modo que não consegue receber o sacramento e terminar a missa. Portanto, parece que não se pode cumprir a prescrição da Igreja pelo qual se prescreve ao sacerdote consagrante comungar de seu sacrifício.

2. ALÉM DISSO, ocorre, por vezes, que o sacerdote, antes ou depois da consagração, se recorda de ter comido ou bebido algo ou de estar em pecado mortal ou excomungado, sem se ter lembrado antes. Portanto, quem estiver nesta situação forçosamente peca mortalmente agindo contra o mandamento da Igreja, quer comungue quer não.

3. ADEMAIS, acontece que cai no cálice depois da consagração alguma mosca, ou aranha, ou algum inseto venenoso; ou mesmo que o sacerdote vem a saber que algum criminoso colocou veneno no cálice para matá-lo. Nesse caso, se comunga, parece pecar mortalmente, suicidando-se ou tentando a Deus. De igual modo, se não comunga, peca agindo contra o mandamento da Igreja. Portanto, parece que ele estará perplexo, forçado a pecar, o que é inadmissível.

4. ADEMAIS, pode acontecer que, por negligência do ministro, não se ponha água ou vinho no cálice, sem que o sacerdote o perceba. Portanto, também nesse caso parece que o sacerdote estará perplexo. Pois ou comunga o corpo sem o sangue, e então faria um sacrifício imperfeito. Ou não comunga nem um nem outro.

5. ADEMAIS, acontece que o sacerdote não se lembra se pronunciou as palavras da consagração ou também outras que se dizem na consagração deste sacramento. Parece, portanto, pecar neste caso, quer repita sobre a mesma matéria as palavras, que talvez já tenha dito; quer use o pão e o vinho não consagrados, como se fossem tais.

---

6 PARALL.: IV *Sent.*, dist. 11, Expos. litt.; dist. 13, Expos. litt.

6. Praeterea, contingit quandoque, propter frigus, quod sacerdoti dilabitur hostia in calicem, sive ante fractionem sive post. In hoc ergo casu non poterit sacerdos implere ritum ecclesiae vel de ipsa fractione, vel etiam de hoc quod sola tertia pars mittatur in calicem.

7. Praeterea, contingit quandoque quod per negligentiam sacerdotis sanguis Christi effunditur; vel etiam quod sacerdos sacramentum sumptum vomit; aut quod etiam hostiae consecratae tandiu conserventur quod putrefiant; vel etiam quod a muribus corrodantur; vel etiam qualitercumque perdantur. In quibus casibus non videtur posse huic sacramento debita reverentia exhiberi secundum Ecclesiae statuta. Non videtur ergo quod his defectibus seu periculis occurri possit, salvis Ecclesiae statutis.

Sed contra est quod, sicut Deus, sic Ecclesia *non praecipit aliquid impossibile*.

Respondeo dicendum quod periculis seu defectibus circa hoc sacramentum evenientibus dupliciter potest occurri. Uno modo, praeveniendo: ne scilicet periculum accidat. Alio modo, subsequendo: ut scilicet id quod accidit emendetur, vel adhibendo remedium, vel saltem per poenitentiam eius qui negligenter egit circa hoc sacramentum.

Ad primum ergo dicendum quod, si sacerdos morte aut infirmitate gravi occupetur ante consecrationem corporis et sanguinis Domini, non oportet ut per alium suppleatur.

Si vero post incoeptam consecrationem hoc acciderit, puta consecrato corpore ante consecrationem sanguinis, vel etiam consecrato utroque, debet missae celebritas per alium expleri. Unde, ut habetur in Decretis, VII, qu. 1, cap. *Nihil*[1], in Toletano Concilio[2] legitur: *Censuimus convenire ut, cum a sacerdotibus missarum tempore sacra mysteria consecrantur, si aegritudinis accidit cuiuslibet eventus quo coeptum nequeat expleri mysterium, sit liberum episcopo vel presbytero alteri consecrationem exequi incoepti officii. Non enim aliud competit ad supplementum initiatis mysteriis quam aut incipientis aut subsequentis benedictione sint completa sacerdotis: quia nec perfecta videri possunt nisi perfecto ordine compleantur. Cum enim omnes simus unum in*

6. Ademais, às vezes, acontece que o sacerdote, por causa do frio, deixa a hóstia cair no cálice, seja antes como depois da fração. Nesse caso, portanto, o sacerdote não poderá cumprir o rito da Igreja, quer da fração propriamente dita, quer também de pôr no cálice somente a terceira parte da hóstia.

7. Ademais, às vezes, acontece que se derrama o sangue de Cristo por negligência do sacerdote; ou também que ele vomita o sacramento recebido; ou que se conservem as hóstias consagradas tanto tempo que se decompõem; ou ainda que sejam roídas pelos ratos; ou enfim que se estraguem de alguma maneira. Nesses casos, parece que não se pode manifestar o devido respeito a este sacramento, conforme as prescrições da Igreja. Portanto, parece que não se pode obviar tais defeitos ou tais perigos, observando as prescrições da Igreja.

Em sentido contrário, como Deus, assim também a Igreja "não prescreve o impossível".

Respondo. De duas maneiras pode-se obviar os defeitos e os perigos que podem acontecer em relação à Eucaristia. Primeiramente de maneira preventiva, evitando que o perigo aconteça. Em segundo lugar, depois do fato, corrige-se o que aconteceu, aplica-se-lhe remédio, ou, pelo menos, se penitencia quem agiu negligentemente a respeito deste sacramento.

Quanto ao 1º, portanto, deve-se dizer que se o sacerdote é surpreendido pela morte ou enfermidade grave antes da consagração do corpo e do sangue do Senhor, não é necessário que um outro o substitua.

Se, porém, isso acontecer depois que se iniciou a consagração, por exemplo, a consagração do pão antes da do vinho, ou depois de ambas, a celebração da missa deve ser concluída por um outro. Por isso, lê-se nos Decretos, tirados do Concílio Toletano: "Julgamos conveniente, quando os sacerdotes consagram os sagrados mistérios durante a missa e um acidente de saúde impede-os de concluir o mistério começado, que seja facultado a um outro, bispo ou presbítero, concluir a consagração do ofício começado. Não é necessário fazer outra coisa para completar os mistérios começados que concluí-los com a bênção do sacerdote que começa ou que continua. Pois, não podemos considerá-los concluídos perfeitamente a não ser que eles sejam realizados conforme o rito

---

1. Gratianus, *Decretum*, p. II, causa 7, q. 1, can. 16: ed. Richter-Friedberg, I, 573.
2. Conc. Tolet. VII, a. 646, can. 2: ed. Mansi, X, 767.

Christo, nihil contrarium diversitas personarum format, ubi efficaciam prosperitatis unitas fidei repraesentat. Nec tamen quod naturae languoris causa consulitur, in praesumptionis perniciem convertatur. Nullus, absque patenti proventu molestiae, minister vel sacerdos, cum coeperit, imperfecta officia praesumat omnino relinquere. Si quis hoc temerarie praesumpserit, excommunicationis sententiam sustinebit.

AD SECUNDUM dicendum quod, ubi difficultas occurrit, semper est accipiendum illud quod habet minus de periculo. Maxime autem periculosum circa hoc sacramentum est quod est contra perfectionem ipsius sacramenti: quia hoc est immane sacrilegium. Minus autem est illud quod pertinet ad qualitatem sumentis. Et ideo, si sacerdos, post consecrationem incoeptam, recordetur aliquid comedisse vel bibisse, nihilominus debet perficere sacrificium et sumere sacramentum. — Similiter, si recordetur se peccatum aliquod commisisse, debet poenitere cum proposito confitendi et satisfaciendi: et sic non indigne, sed fructuose sumere sacramentum. — Et eadem ratio est si se meminerit excommunicationi cuicumque subiacere. Debet enim assumere propositum absolutionem petendi: et sic per invisibilem Pontificem, Iesum Christum, absolutionem consequitur quantum ad hunc actum, quod peragat divina mysteria.

Si vero ante consecrationem alicuius praedictorum sit memor, tutius reputarem, maxime in casu manducationis et excommunicationis, quod missam incoeptam desereret, nisi grave scandalum timeretur.

AD TERTIUM dicendum quod, si musca vel aranea in calicem ante consecrationem ceciderit, aut etiam venenum deprehenderit esse immissum, debet effundi, et, abluto calice, denuo aliud vinum poni consecrandum. — Si vero aliquid horum post consecrationem acciderit, debet animal caute capi, et diligenter lavari, et comburi, et ablutio, simul cum cineribus, in sacrarium mitti.

Si vero venenum ibi adesse deprehenderit immissum, nullo modo debet sumere nec alii dare ne calix vitae vertatur in mortem: sed debet diligenter in aliquo vasculo ad hoc apto cum reliquiis conservari. Et, ne sacramentum remaneat imperfectum, debet vinum apponere in calice,

completo. Com efeito, uma vez que somos todos um em Cristo, a sucessão dos celebrantes não implica nenhum obstáculo, lá onde a unidade da fé completa um resultado feliz. Entretanto, o que se aconselha por motivo natural de doença não se há de converter em perniciosa presunção. Que ninguém, ministro ou sacerdote, sem o motivo de um empecilho evidente, ouse, de modo algum, deixar inacabados os ofícios que começaram. Se alguém tem esta ousadia temerária, ele incorrerá na sentença de excomunhão".

QUANTO AO 2º, deve-se dizer que onde a dificuldade acontece, deve-se sempre tomar a posição de menor perigo. O que é mais perigoso em relação a este sacramento é o que vai contra a sua realização, pois isso é um grande sacrilégio. O perigo é menor no que se refere à condição do que comunga. Por isso, se o sacerdote, depois de começada a consagração, se lembrasse que tinha comido ou bebido alguma coisa, deve, no entanto, terminar o sacrifício e comungar. — De igual modo, se lhe acode ter cometido algum pecado, deve arrepender-se dele com o propósito de confessá-lo e cumprir a satisfação. E então, pode receber o sacramento, não de maneira indigna, mas frutuosa. — E vale a mesma consideração, caso se lembre de estar sob alguma excomunhão. Deve fazer o propósito de pedir a absolvição dela. E assim, por meio do Pontífice invisível, Jesus Cristo, consegue a absolvição, quanto a este ato, a fim de realizar os divinos mistérios.

Se, porém, se recorda de tais empecilhos antes da consagração, julgaria eu mais seguro, especialmente no caso de ter comido ou de estar sob excomunhão, interrompesse a missa começada, caso não se tema grave escândalo.

QUANTO AO 3º, deve-se dizer que se uma mosca ou aranha cai no cálice antes da consagração, ou então se algum veneno foi a ele misturado, deve-se deitar fora o vinho, lavar o cálice, e em seguida pôr aí outro vinho para ser consagrado. — Mas, se alguma destas mesmas coisas acontecer depois da consagração, deve-se pegar com cuidado o inseto, lavá-lo com jeito, queimá-lo, e lançar a água da ablução e as cinzas num lugar reservado para tal.

No caso de se perceber que existe um veneno misturado, não se deve, de modo nenhum, tomá-lo nem dá-lo de beber a alguém, para que o cálice de vida não se converta em morte. Deve-se conservá-lo com cuidado num frasco apropriado entre as relíquias. E para que o sacramento não fique

et denuo resumere a consecratione sanguinis, et sacrificium perficere.

AD QUARTUM dicendum quod, si sacerdos, ante consecrationem sanguinis et post consecrationem corporis, percipiat aut vinum aut aquam non esse in calice, debet statim apponere et consecrare. — Si vero hoc post consecrationis verba perceperit, quod aqua desit, debet nihilominus procedere: quia appositio aquae, ut supra[3] dictum est, non est de necessitate sacramenti. Debet tamen puniri ille ex cuius negligentia hoc contingit. Nullo autem modo debet aqua vino iam consecrato misceri: quia sequeretur corruptio sacramenti pro aliqua parte, ut supra[4] dictum est.

Si vero percipiat post verba consecrationis quod vinum non fuerit positum in calice, si quidem hoc percipiat ante sumptionem corporis, debet, deposita aqua si ibi fuerit, imponere vinum cum aqua, et resumere a verbis consecrationis sanguinis. — Si vero hoc perceperit post sumptionem corporis, debet apponere aliam hostiam iterum simul consecrandam cum sanguine. Quod ideo dico quia, si diceret sola verba consecrationis sanguinis, non servaretur debitus ordo consecrandi: et, sicut dicitur in praedicto[5] capitulo Toletani Concilii, *perfecta videri non possunt sacrificia nisi perfecto ordine compleantur*. Si vero inciperet a consecratione sanguinis et repeteret omnia verba consequentia, non competerent nisi adesset hostia consecrata: cum in verbis illis occurrant quaedam dicenda et fienda non solum circa sanguinem, sed etiam circa corpus. Et debet in fine sumere hostiam iterum consecratam et sanguinem, non obstante etiam si prius sumpserit aquam quae erat in calice, quia praeceptum de perfectione sacramenti maioris est ponderis quam praeceptum quod hoc sacramentum a ieiunis sumatur, ut supra[6] dictum est.

AD QUINTUM dicendum quod, licet sacerdos non recolat se dixisse aliqua eorum quae dicere debuit, non tamen debet ex hoc mente perturbari. Non enim qui multa dicit, recolit omnium quae dixit: nisi forte in dicendo aliquid apprehenderit sub ratione iam dicti sic enim aliquid efficitur memorabile. Unde, si aliquis attente cogitet illud quod dicit, non tamen cogitet se dicere illud, non

inacabado, deve-se colocar outro vinho no cálice e recomeçar a celebração a partir da consagração do sangue e concluir o sacrifício.

QUANTO AO 4º, deve-se dizer que se o sacerdote, seja antes ou depois da consagração do corpo, se dá conta de que não há vinho nem água no cálice, deve imediatamente colocá-lo e consagrá-lo. Se, porém, depois das palavras da consagração percebe que falta a água, deve então prosseguir, uma vez que o acréscimo da água, não faz parte necessária do sacramento. Deve-se punir aquele cuja negligência é a causa dessa omissão. De modo nenhum, porém, deve-se misturar a água ao vinho já consagrado, pois isso provocaria uma destruição de uma parte do sacramento.

No entanto, se o sacerdote percebe depois das palavras da consagração e, pelo menos, antes da comunhão do corpo, que o vinho não foi colocado no cálice, deve, deitar fora a água que aí houver e pôr aí o vinho com água, e então retomar a celebração a partir das palavras da consagração do sangue. — Mas, se o perceber depois da comunhão do corpo, deve pegar uma outra hóstia e consagrá-la de novo juntamente com o sangue. Digo isto porque, se ele disser somente as palavras da consagração do vinho, não seguirá a ordem prescrita para a consagração, como está estabelecido no já citado Concílio de Toledo: "Não se pode considerar perfeitamente cumprido o sacrifício, se não se segue o rito completo". Com efeito, caso se começasse com a consagração do sangue e se repetissem todas as palavras seguintes, estas não seriam apropriadas, se não houvesse também uma hóstia consagrada. Pois, as palavras se referem a ditos e ações concernentes não só ao sangue mas também ao corpo. O sacerdote deve no fim comungar a hóstia consagrada de novo e o sangue, mesmo se tenha tomado a água que antes estava no cálice uma vez que o preceito de completar o sacramento é mais importante do que o de recebê-lo em jejum.

QUANTO AO 5º, deve-se dizer que se o sacerdote não se recorda se disse certas palavras que deveria ter dito, não se perturbe. Pois, aquele que diz muitas palavras nem sempre se lembra de todas que disse a não ser que, ao repetir alguma, se dê conta de que já a dissera. Desta maneira é que se decoram as palavras. Daí se segue que se alguém pensa atentamente naquilo que diz e não

---

3. Q. 74, a. 7.
4. Q. 77, a. 8.
5. Resp. ad 1.
6. Resp. ad 2.

multum recolit postea se dixisse. Sic enim fit aliquid obiectum memoria, inquantum accipitur sub ratione praeteriti: sicut dicitur in libro *de Memoria*[7].

Si tamen sacerdoti probabiliter constet se aliqua omisisse, si quidem non sunt de necessitate sacramenti, non aestimo quod propter hoc debeat resumere immutando ordinem sacrificii, sed debet ulterius procedere. — Si vero certificetur se omisisse aliquid eorum quae sunt de necessitate sacramenti, scilicet formam consecrationis, cum forma sit de necessitate sacramenti sicut et materia, idem videtur faciendum quod dictum est[8] in defectu materiae: ut scilicet resumatur a forma consecrationis, et cetera per ordinem reiterentur, ne mutetur ordo sacrificii.

AD SEXTUM dicendum quod fractio hostiae consecratae, et quod pars una sola mittatur in calicem, respicit corpus mysticum: sicut et admixtio aquae significat populum. Et ideo horum praetermissio non facit imperfectionem sacrificii, ut propter hoc sit necesse aliquid reiterare circa celebrationem huius sacramenti.

AD SEPTIMUM dicendum quod, sicut legitur *de Consecr*., dist. II[9], ex Decreto Pii Papae[10]: *Si per negligentiam aliquid stillaverit de sanguine in tabula quae terrae adhaeret, lingua lambetur et tabula radetur. Si vero non fuerit tabula, terra radetur, et igni comburetur, et cinis intra altare condetur. Et sacerdos quadraginta dies poeniteat. — Si autem super altare stillaverit calix, sorbeat minister stillam. Et tribus diebus poeniteat. — Si super linteum altaris, et ad aliud stilla pervenerit, quatuor diebus poeniteat. Si usque ad tertium, novem diebus poeniteat. Si usque ad quartum, viginti diebus poeniteat. Et linteamina quae stilla tetigit, tribus vicibus lavet minister, calice subtus posito, et aqua ablutionis sumatur et iuxta altare recondatur*. Posset etiam sumi in potu a ministro, nisi propter abominationem dimitteretur. Quidam autem ulterius partem illam linteaminum incidunt

obstante não pensa que o diz, apenas se recorda em seguida que o disse. É assim que algo se torna matéria da memória, como recebida sob a razão de passado, conforme se ensina no livro sobre a memória.

Se, porém, o sacerdote constata que provavelmente esqueceu alguma palavra e se ela não faz parte necessária do sacramento, não creio que por isto deva repeti-la, modificando a ordem da celebração do sacrifício, mas deve prosseguir. — No entanto, se ele se certifica que omitiu alguma palavra que é necessária para a validez do sacramento, por exemplo, a forma da consagração, uma vez que ela é tão necessária para o sacramento quanto a matéria, parece que se deve fazer como o já indicado acima, no caso da falta da matéria: retomar a celebração a partir da forma da consagração e repetir daí para frente todo o rito a fim de não alterar a ordem do sacrifício.

QUANTO AO 6º, deve-se dizer que a fração da hóstia consagrada e o fato de pôr uma partícula no cálice referem-se ao corpo místico, assim como a mistura da água significa os fiéis. Daí se segue que a sua omissão não prejudica o sacrifício. Não precisa, pois, repetir tal rito na celebração deste sacramento.

QUANTO AO 7º, deve-se dizer que como se lê nos Decretos do papa Pio: "Se alguém, por negligência, derramar um pouco do sangue no assoalho, procure lambê-la e raspar a tábua. Se o chão for de terra, raspe-a, queime-a e deposite as cinzas no altar. E o sacerdote fará quarenta dias de penitência[p]. — Se, porém, ele derrama alguma gota do cálice em cima do altar, deve sorvê-la. Nesse caso, faça penitência por três dias. — Se é sobre a toalha e o sangue atingir a segunda toalha, fará penitência por quatro dias. Se chegar a terceira toalha, a penitência será por nove dias e se alcançar a quarta toalha, então a penitência será por vinte dias. O ministro lave três vezes as toalhas manchadas, tendo colocado em baixo um cálice e então pegará a água desta ablução e derramará junto ao altar". Esta água pode ser bebida pelo ministro, a menos que o incômodo o

---

7. C. 1: 449, b, 24-30.
8. Resp. ad 4.
9. GRATIANUS, op. cit., p. III, dist. 2, can. 27: ed. cit., I, 1323.
10. Cfr. THEODORUM, *Poenitentiale*, c. 51: ML 99, 950 BC.

p. Num artigo repleto de detalhes que suscitam maior ou menor curiosidade de nossa parte, esta resposta 7 abre a perspectiva de uma tarifação das penas nos casos de negligência por parte de um padre. É também o sinal de uma época.
A Igreja ainda dá orientações a seus padres para que seja respeitada a santidade das espécies eucarísticas, mas não mais lhes impõe penitência por sua inabilidade.

et comburunt, et cinerem in altario vel sacrario reponunt.

Subditur autem ibidem, ex Poenitentiali[11] Bedae Presbyteri: *Si quis per ebrietatem vel voracitatem Eucharistiam evomuerit, quadraginta diebus poeniteat; clerici vel monachi, seu diaconi vel presbyteri, sexaginta diebus; episcopus nonaginta. Si autem infirmitatis causa evomuerit, septem diebus poeniteat.*

Et in eadem distinctione legitur, ex Concilio Aurelianensi[12]: *Qui non bene custodierit sacrificium, et mus vel aliquod aliud animal in ecclesia comederit, quadraginta diebus poeniteat. — Qui autem perdiderit illud in ecclesia, aut pars eius ceciderit et non inventa fuerit, triginta diebus poeniteat. — Et eadem poenitentia videtur dignus sacerdos per cuius negligentiam hostiae consecratae putrefiunt.*

Praedictis autem diebus debet poenitens ieiunare et a communione cessare. Pensatis tamen conditionibus negotii et personae, potest minui vel addi ad poenitentiam praedictam.

Hoc tamen observandum est, quod, ubicumque species integrae inveniuntur, sunt reverenter observandae, vel etiam sumendae, quia, manentibus speciebus, manet ibi corpus Christi, ut supra[13] *dictum est. Ea vero in quibus inveniuntur, comburenda sunt si commode fieri potest, cinere in sacrario recondito: sicut de rasura tabulae dictum est.*

desaconselhe. Outros, além disso, cortam e queimam esta parte da toalha e depositam as cinzas no altar ou no sacrário.

Acrescenta-se na mesma passagem, o que está no Penitencial de Beda, o Presbítero: "Se alguém por causa da embriaguez ou gula vomitar a Eucaristia, fará penitência por quarenta dias. Se forem clérigos ou monges, ou diáconos, ou presbíteros, então serão sessenta dias de penitência. Se for bispo, noventa dias. Se vomitar por causa de alguma doença, então a penitência é por sete dias".

No mesmo documento, lê-se o dito tirado do Concílio de Arles: "Aquele que não guardar bem o santíssimo sacramento e então algum rato ou outro animal o comer, faça penitência por quarenta dias. — Se alguém o perder na Igreja, ou deixar cair uma parte dele e não a encontrar, faça penitência por trinta dias." — Merece a mesma penitência, o sacerdote que, por negligência, deixar as hóstias se corromper.

Durante esses mesmos dias o penitente deve jejuar e abster-se de comungar. A penitência pode ser minorada ou aumentada conforme as condições do feito e da pessoa.

Deve-se, porém, observar que onde as espécies se encontrem na sua integridade, devem ser conservadas ou consumidas com respeito. Pois, onde elas permanecem, aí está o corpo de Cristo, como se disse acima. Todas as coisas que entrarem em contato com elas, devem ser queimadas, caso se possa comodamente fazê-lo, colocando as cinzas no sacrário, como se disse a respeito do piso raspado.

---

11. Al lib. *de Remediis Peccat.*, c. *de Ebrietate*: ML 94, 573 D-574 A.
12. Cfr. Theodorum, *Poenitentiale*, c. 55: ML 99, 951 AB.
13. Q. 76, a. 6, ad 3; q. 77, a. 4, 5.

A PENITÊNCIA

Introdução e notas por Jean-Louis Bruguès

INTRODUÇÃO

A morte surpreendeu Sto. Tomás em meio à redação deste tratado. As páginas que se seguem podem ser datadas dos últimos meses do ano de 1273. No final do século, um discípulo completou o tratado, compilando o "comentário das Sentenças", obra de juventude do Mestre (1254-1256): o que chamamos de "Suplemento", que não figura na presente edição.

Após haver estudado a eucaristia, Sto. Tomás anuncia uma divisão em seis partes para a penitência:

1. A penitência em si mesma: é ao mesmo tempo um sacramento (q. 84) e uma virtude (q. 85).
2. A penitência em seus efeitos: foi essencialmente instituída para a remissão dos pecados mortais (q. 86). Pode trazer a remissão dos pecados veniais, os quais podem contudo ser expiados por outros meios (q. 87). O autor aborda duas questões específicas: — O que ocorre no caso de retorno dos pecados expiados pela penitência? (q. 88). — De que modo a penitência nos devolve as virtudes adquiridas antes do pecado: (q. 89).
3. A penitência em seus componentes: as partes da penitência em geral (q. 90).

A Suma teológica se interrompe aí.

Era anunciada a análise de cada um desses componentes, a saber, a contrição, a confissão e a satisfação.

4. Os sujeitos da penitência.
5. Os poderes do ministro.
6. O rito solene da penitência, tal como era praticado na época do autor.

Sobre o tema da penitência, como sobre muitos outros, Sto. Tomás inova. Para apreender a originalidade de sua doutrina, convém situá-la na história da penitência. Hoje conhecemos melhor essa história: Sto. Tomás com certeza não tinha ideia de que ela fosse tão longa, nem tão tortuosa. A instituição de fato variara bastante antes do século XIII. Três grandes períodos podem ser facilmente distinguidos:

O primeiro se estenderia das origens ao fim do século VI. Mesmo após o batismo, o cristão que pecou gravemente conserva a possibilidade de fazer penitência. Esse remédio para a remissão dos pecados é conhecido de todas as primeiras comunidades cristãs, mas, antes de Tertuliano e de São Cipriano de Cartago, é difícil descrever de maneira precisa as modalidades do que o autor do *Pastor* chama de "segundo batismo". Desde as origens, admite-se, como princípio indiscutível, que só se concede a penitência uma vez na vida. "Ele (Cristo) pôs no vestíbulo uma segunda penitência, que pode se abrir aos pecadores que batem à porta", escreve Tertuliano, "mas uma só vez, pois na verdade já é a segunda vez (a primeira tendo sido o batismo), e nunca mais no futuro, uma vez que a penitência anterior (o batismo) foi inútil" — *sed jam semel, quia jam secundo; sed amplius nunquam, quia proxima frustra* (*Da penitência*, VII, 10). O princípio não comporta qualquer exceção. A penitência expia os pecados graves. Deve-se enfatizar que a distinção estabelecida entre os pecados graves e os pecados leves não data da teologia escolástica, ao contrário do que se afirma. Já os primeiros escritos apostólicos contêm catálogos de pecados, com frequência bastante detalhados; alguns são reconhecidos como graves: a idolatria, a blasfêmia, o homicídio, a apostasia, a fornicação, o adultério... Todavia, a Igreja se recusa a seguir a via estreita indicada pelos montanistas, para os quais certos pecados, entre os quais o adultério e a apostasia, seriam "irremissíveis". Quanto ao rito propriamente dito, ele recobre três tempos, cronologicamente bem espaçados. A entrada em penitência é um ato público que se desenrola em presença dos fiéis reunidos, mesmo quando se trata de faltas ocultas. Esse ato público, situado sob a responsabilidade exclusiva do bispo, não implica necessariamente uma confissão pública das faltas. O pecador efetua em seguida um estágio de expiação na ordem dos penitentes. O bispo é juiz da duração desse tempo expiatório, repleto de mortificações mais ou menos penosas e humilhantes, segundo a gravidade das faltas cometidas. Pode ser proibido ao penitente exercer o ofício das armas ou do comércio, por exemplo, de viver maritalmente com o cônjuge, de intentar um processo... Uma excomunhão perpétua atinge aquele que abandona o estado de penitente. No final do estágio, o pecador é reconciliado pelo bispo, por meio de uma imposição das mãos, durante uma celebração solene. Diante da duração das mortificações impostas e das proibições que afetam o penitente, diante, principalmente, do temor de uma nova queda no pecado, o qual não poderia ser redimido, os cristãos preferem receber a penitência o mais tarde possível, às vezes

no leito de morte. Os concílios favorecem essa atitude prudente: "Que ninguém se permita conferir a penitência às pessoas ainda muito jovens", recomenda o concílio de Orléans, em 538; "que ninguém se permita conferi-lo às pessoas casadas, sem o consentimento dos cônjuges, [fazendo-o] somente quando os esposos atingirem uma idade avançada" (cânon 24).

Como é evidente, tal prática não pode proporcionar satisfação. Que vida realmente cristã, podem levar os que, batizados, se tornaram culpados de uma falta grave aguardando a reconciliação final? A prudência que faz esperar os últimos momentos da existência não seria na verdade uma imprudência, uma vez que a morte pode surgir de maneira súbita e violenta? É dessa forma que se explica o sucesso rápido e popular de uma nova forma de penitência, nascida nos mosteiros celtas e anglo-saxãos, e propagada no continente pelos discípulos de São Columbano, no final do século VI. Essa prática marca uma ruptura bem nítida com a penitência antiga. É concedida de modo tão frequente quanto necessário ao penitente que a solicita, não mais a um bispo, mas a um padre e em caráter privado. O perdão divino é obtido quando o penitente se desincumbiu das diversas tarefas penitenciais impostas pelo padre. Cada pecado recebe uma penitência precisa, consistindo em mortificações mais ou menos duras, em jejuns de natureza variada. "Fazer penitência", na terminologia dos livros penitenciais, significa jejuar. Não é raro encontrar tarifas de quarenta dias de jejum, de um ano, quando não de vários anos. A nova prática se difunde em grande parte nos países do Norte da Europa; encontra mais dificuldades nos países do Sul. Entre 813 e 829 vários concílios tendem a promover uma série de reformas. No domínio da disciplina penitencial, os reformadores propõem voltar à prática antiga. Essa tentativa carolíngea resultou não num mero retorno aos costumes primitivos, mas na instauração de um duplo regime, que subsistirá até o fim do século XII: a pecado grave público, penitência pública, isto é, efetuada segundo o costume antigo; a pecado grave oculto, penitência secreta, isto é, efetuada segundo o sistema da penitência tarifada. Teodulfo, bispo de Orléans (morto em 821), escreve em seu *Capitular*: "(o que dizíamos das penas infligidas segundo os antigos cânones) se aplica aos que fazem publicamente penitência por uma falta pública. Se, pelo contrário, a mesma falta permaneceu oculta e o culpado se dirigiu em segredo a um padre, sob condição de ter feito uma confissão sincera, ele fará penitência seguindo a decisão do confessor...".

Os "penitenciais" e as "Sumas dos confessores" do início do século XIII nos informam que existem três formas de penitência. A penitência pública solene, cuja administração é reservada ao bispo, continua a penitência antiga. Ocorre em público, durante a Quaresma, e se impõe para os pecados públicos especialmente escandalosos cometidos por leigos (parricídios, formas graves de luxúria, sacrilégio). Sto. Tomás se propunha estudá-los na sexta parte de seu tratado. A penitência pública não solene é requerida para os pecados públicos menos escandalosos cometidos por leigos, ou para os pecados especialmente escandalosos cometidos pelos clérigos mais importantes. Consiste numa peregrinação. Enfim, a penitência privada, chamada de "penitência privada sacramental" a partir da mesma época, é imposta para os pecados ocultos de toda natureza. As duas primeiras formas desaparecerão em seguida; a terceira permanecerá em vigor até nossos dias. O Concílio de Latrão IV, em 1215, torna-a obrigatória para todo cristão. "Todo fiel de ambos os sexos, chegado à idade do discernimento, deve confessar lealmente a seu padre todos os seus pecados pelo menos uma vez por ano, cumprir com cuidado, na medida de seus meios, a penitência imposta...". Será generalizada pelas Ordens mendicantes recentemente fundadas: os franciscanos e os dominicanos.

Assim, o tratado da penitência de Sto. Tomás, assinala o término de uma evolução histórica sinuosa. Confere igualmente à teologia da penitência uma espécie de maturidade, já que se tornará para a reflexão posterior a referência fundamental. Por meio de algumas notas, procuraremos mostrar a que ponto a doutrina do concílio de Trento sobre o sacramento da penitência (14a. sessão, 25 de novembro de 1551) é tributária da análise tomista. Como dissemos, Sto. Tomás inova bastante. Utilizando distinções próprias do hilemorfismo, faz dos atos do penitente (a contrição, a confissão e a satisfação) a matéria do sacramento. Nas teologias de autores mais antigos, esses atos tinham um papel, sem dúvida, mas que não excedia o de uma preparação à boa recepção da graça conferida pelo sacramento. Com Sto. Tomás, o penitente fornece o material com o qual, de certo modo, será fabricado esse sacramento. Que os atos que ele efetua sejam eles próprios fruto de graças anteriormente recebidas, o autor não o nega; ele até mesmo in-

sistirá nisso. Mas a misericórdia divina escolheu tomar a seu cargo essas iniciativas do penitente. Sem elas, nada de sacramento. O concílio de Trento hesitará em seguir a audácia de Sto. Tomás, e se referirá a esses atos não como "matéria" do sacramento, mas de "quase-matéria". Quando à absolvição dada pelo padre em virtude do poder das chaves conferido por Cristo a seus discípulos e a seus sucessores legítimos, Sto. Tomás vê nela a forma do sacramento. A teologia anterior hesitara. Se Deus somente pode modificar os corações, redimir os pecados e conceder a graça, o padre ocupa apenas o papel de testemunha. Pela absolvição, ele constata e manifesta o perdão outorgado por Deus ao penitente contrito, no segredo de seu coração. Sto. Tomás é o primeiro a atribuir à absolvição uma verdadeira eficácia diante da remissão do pecado. Por esse motivo, ele prefere a fórmula indicativa: "Eu te absolvo em nome do Pai..." à fórmula deprecativa: "Que Deus te absolva...", que fôra utilizada nos séculos anteriores. O padre não é mera testemunha, mas ministro. Age, em seu nível, para dar pleno valor de sacramento à penitência do pecador. É uma pena, é claro, que a teologia posterior, sob pressão dos scotistas, tenha reunido o essencial da penitência exclusivamente na absolvição. Sto. Tomás lembra que ela apresenta dois aspectos indissociáveis, já que é ao mesmo tempo sacramento e virtude. O que significa que, neste tratado, a análise moral ocupa um lugar excepcional, que procuraríamos em vão na teologia dos outros sacramentos. Para Sto. Tomás, o perdão de Deus implica a virtude da penitência.

O pecador prossegue confiante. Ele sabe que todos os seus pecados, sem exceção, podem ser perdoados, caso ele manifeste um arrependimento sincero. Nenhuma falta poderia ultrapassar os limites da misericórdia divina. Ele oferece uma reparação pela qual ele busca não só restabelecer uma relação de justiça, deteriorada por sua falta, mas restaurar uma amizade com Deus. Não devemos nos deixar enganar pelo vocabulário utilizado neste tratado. Se ele não hesita em recorrer à técnica jurídica, Sto. Tomás se esforça de fato em compreender um mistério oculto e profundo: a remissão dos pecados, como lugar de colaboração, de embate também, do livre-arbítrio e da graça de Deus.

QUAESTIO LXXXIV
DE POENITENTIA SECUNDUM QUOD EST SACRAMENTUM
in decem articulos divisa

Consequenter considerandum est de sacramento poenitentiae. Circa quod primo considerandum est de ipsa poenitentia; secundo, de effectu ipsius; tertio, de partibus eius; quarto, de suscipientibus hoc sacramentum; quinto, de potestate ministrorum; sexto, de solemni ritu huius sacramenti.

Circa primum duo sunt consideranda: primo, de poenitentia secundum quod est sacramentum; secundo, de poenitentia secundum quod est virtus.

Circa primum quaeruntur decem.
Primo: utrum poenitentia sit sacramentum.
Secundo: de propria materia eius.
Tertio: de forma ipsius.
Quarto: utrum impositio manus requiratur ad hoc sacramentum.
Quinto: utrum hoc sacramentum sit de necessitate salutis.
Sexto: de ordine eius ad alia sacramenta.
Septimo: de institutione eius.
Octavo: de duratione ipsius.
Nono: de continuitate eius.
Decimo: utrum possit iterari.

ARTICULUS 1
Utrum poenitentia sit sacramentum

Ad primum sic proceditur. Videtur quod poenitentia non sit sacramentum.

1. Gregorius[1] enim dicit, et habetur in Decretis, I, qu. 1[2]: *Sacramenta sunt baptisma, chrisma, corpus et sanguis Christi: quae ob id sacramenta dicuntur quia sub tegumento corporalium rerum divina virtus secretius operatur salutem.* Sed hoc non contingit in poenitentia: quia non adhibentur aliquae res corporales sub quibus divina virtus operetur salutem. Ergo poenitentia non est sacramentum.

2. PRAETEREA, sacramenta Ecclesiae a ministris Christi exhibentur: secundum illud 1Cor 4,1: *Sic nos existimet homo ut ministros Christi et dispensatores mysteriorum Dei.* Sed poenitentia non exhibetur a ministris Christi, sed interius a Deo

QUESTÃO 84
A PENITÊNCIA ENQUANTO SACRAMENTO
em dez artigos

Em seguida, deve-se tratar do sacramento da penitência. 1º a própria penitência; 2º seus efeitos; 3º suas partes; 4º os que recebem este sacramento; 5º o poder dos ministros; 6º o rito solene deste sacramento.

A respeito do primeiro, duas considerações: 1º a penitência enquanto é sacramento; 2º a penitência enquanto é virtude.

Sobre o primeiro item, são dez as perguntas:
1. É a penitência um sacramento?
2. Sua matéria própria.
3. Sua forma.
4. É requerida a imposição das mãos no sacramento?
5. É este sacramento necessário para a salvação?
6. Sua relação com os outros sacramentos.
7. Sua instituição.
8. A duração da penitência
9. Sua continuidade
10. Pode-se repetir a recepção deste sacramento?

ARTIGO 1
É a penitência um sacramento?

QUANTO AO PRIMEIRO ARTIGO, ASSIM SE PROCEDE: parece que a penitência **não** é um sacramento.

1. Com efeito, Gregório diz e encontra-se nos Decretos: "Os sacramentos são o batismo, a crisma, o corpo e sangue de Cristo, que são chamados sacramentos porque, sob a veste de realidades corporais, o poder divino opera invisivelmente a salvação". Ora, isto não acontece na penitência, porque aí não se utilizam realidades corporais sob as quais o poder divino atua a salvação. Logo, a penitência não é um sacramento.

2. ALÉM DISSO, os sacramentos da Igreja são administrados pelos ministros da Igreja, conforme o dito de Paulo: "Considerem-nos portanto como servos de Cristo e administradores dos mistérios de Deus". Ora, a penitência não é administra-

---

1 PARALL.: Supra, q. 65, a. 1; IV *Sent.*, dist. 14, q. 1, a. 1, q.la 1; dist. 22, q. 2, a. 1.

 1. ISIDORUS, *Etymol.*, l. VI, c. 19, n. 39: ML 82, 255 C.2
 2. GRATIANUS, *Decretum*, p. II, causa 1, q. 1, can. 84: ed. Richter-Friedberg, I, 388.

hominibus inspiratur: secundum illud Ier 31,19: *Postquam convertisti me, egi poenitentiam*. Ergo videtur quod poenitentia non sit sacramentum.

3. PRAETEREA, in sacramentis de quibus supra[3] diximus, est aliquid quod est *sacramentum tantum*, aliquid quod est *res et sacramentum*, aliquid vero quod est *res tantum*: ut ex praemissis[4] patet. Sed hoc non invenitur in poenitentia. Ergo poenitentia non est sacramentum.

SED CONTRA est quod, sicut baptismus adhibetur ad purificandum a peccato, ita et poenitentia: unde et Petrus dixit Simoni, At 8,22: *Poenitentiam age ab hac nequitia tua*. Sed baptismus est sacramentum, ut supra[5] dictum est. Ergo pari ratione et poenitentia.

RESPONDEO dicendum quod, sicut Gregorius dicit, in capite supra[6] dicto, *sacramentum est in aliqua celebratione, cum res gesta ita fit ut aliquid significative accipiamus quod sancte accipiendum est*. Manifestum est autem quod in poenitentia ita res gesta fit quod aliquid sanctum significatur, tam ex parte peccatoris poenitentis, quam ex parte sacerdotis absolventis: nam peccator poenitens per ea quae agit et dicit, significat cor suum a peccato recessisse; similiter etiam sacerdos per ea quae agit et dicit circa poenitentem, significat opus Dei remittentis peccatum. Unde manifestum est quod poenitentia quae in Ecclesia agitur, est sacramentum.

AD PRIMUM ergo dicendum quod nomine corporalium rerum intelliguntur large etiam ipsi exteriores actus sensibiles, qui ita se habent in hoc sacramento sicut aqua in baptismo vel chrisma in confirmatione. Est autem attendendum quod in illis sacramentis in quibus confertur excellens gratia, quae superabundat omnem facultatem humani actus, adhibetur aliqua corporalis materia exterius; sicut in baptismo, ubi fit plena remissio peccatorum et quantum ad culpam et quantum ad poenam; et in confirmatione, ubi datur Spiritus Sancti plenitudo; et in extrema unctione, ubi confertur perfecta sanitas spiritualis; quae provenit ex virtute Christi quasi ex quodam extrinseco principio. Unde si qui actus humani sunt in talibus sacramentis, non sunt de essentia materiae sacramentorum, sed dispositive se habent ad sacramenta. In illis autem sacramentis quae habent

da pelos ministros de Cristo, mas é inspirada interiormente por Deus aos homens, segundo o profeta: "Depois que me converteste, eu fiz penitência". Logo, parece que a penitência não é um sacramento.

3. ADEMAIS, nos sacramentos há um elemento que é o "sinal somente", um outro que é "a realidade e o sinal" e um terceiro que é "a realidade somente". Ora, isto não ocorre no sacramento da penitência. Logo, a penitência não é um sacramento.

EM SENTIDO CONTRÁRIO, assim como o batismo purifica do pecado, assim também a penitência. Daí se entende o que Pedro disse a Simão: "Faça penitência, portanto, da tua maldade". Ora, o batismo é um sacramento. Logo, pela mesma razão a penitência.

RESPONDO. Gregório, na passagem acima citada na primeira objeção, diz: "O sacramento consiste num rito feito de tal modo que recebemos aí simbolicamente o que devemos receber santamente". Ora, é evidente que, na penitência, o rito se faz de tal maneira que significa algo de santo, tanto da parte do pecador penitente, quanto da parte do sacerdote que o absolve. Pois, o pecador penitente, pelas palavras e ações mostra ter afastado seu coração do pecado. De igual modo, o sacerdote, pelas palavras e ações dirigidas ao penitente, significa a obra de Deus que perdoa o pecado. Por isso, é claro que a penitência na Igreja é um sacramento.

QUANTO AO 1º, portanto, deve-se dizer que pelo termo "realidades corporais" entendem-se, em sentido amplo, os atos sensíveis exteriores. Eles são na penitência o que é a água no batismo e o óleo do crisma na confirmação. Deve-se notar que nos sacramentos em que se confere uma graça superior que ultrapassa toda possibilidade da atividade humana, usa-se alguma matéria corporal exterior. Assim no batismo, onde acontece a remissão completa dos pecados tanto no referente à culpa quanto à pena. O mesmo na confirmação, onde se confere a plenitude do Espírito Santo. Também na unção dos enfermos, onde se confere a perfeita saúde espiritual, proveniente do poder de Cristo como um princípio, de certo modo, exterior. Por isso, se existem atos humanos em tais sacramentos, não constituem parte essencial da sua matéria, mas se relacionam com eles na condição de disposição. Nos sacramentos,

---

3. Q. 66 sqq.
4. Q. 66, a. 1: q. 73, a. 1, ad 3.
5. Q. 65, a. 1.
6. N. 40: ML 82, 255 C.

effectum correspondentem humanis actibus, ipsi actus humani sensibiles sunt loco materiae: ut accidit in poenitentia et matrimonio. Sicut etiam in medicinis corporalibus quaedam sunt res exterius adhibitae, sicut emplastra et electuaria; quaedam vero sunt actus sanandorum, puta exercitationes quaedam.

AD SECUNDUM dicendum quod in sacramentis quae habent corporalem materiam, oportet quod illa materia adhibeatur a ministro Ecclesiae, qui gerit personam Christi, in signum quod excellentia virtutis in sacramento operantis est a Christo. In sacramento autem poenitentiae, sicut dictum est[7], sunt actus humani pro materia, qui proveniunt ex inspiratione interna. Unde materia non adhibetur a ministro, sed a Deo interius operante: sed complementum sacramenti exhibet minister, dum poenitentem absolvit.

AD TERTIUM dicendum quod etiam in poenitentia est aliquid quod est sacramentum tantum, scilicet actus exercitus tam per peccatorem poenitentem, quam etiam per sacerdotem absolventem. Res autem et sacramentum est poenitentia interior peccatoris. Res autem tantum et non sacramentum est remissio peccati. Quorum primum totum simul sumptum est causa secundi; primum autem et secundum sunt causa tertii.

porém, que têm um efeito correspondente aos atos humanos, tais atos humanos sensíveis tem o lugar de matéria. É o caso da penitência e do matrimônio[a]. Assim, nas curas corporais se aplicam, umas vezes, remédios corporais exteriores ao enfermo, tais como emplastros e xaropes, e, outras vezes, atos dos enfermos, como certos exercícios.

QUANTO AO 2º, deve-se dizer que nos sacramentos que têm matéria corporal, é necessário que ela seja administrada por um ministro da Igreja, que está no lugar de Cristo, para significar que a excelência do poder que opera no sacramento vem de Cristo. No sacramento da penitência, os atos humanos têm o lugar da matéria[b], provenientes de uma inspiração interior. Por isso, a matéria não é administrada, pelo ministro, mas por Deus que age no interior do pecador. O ministro assume o papel de complemento do sacramento, ao absolver o penitente.

QUANTO AO 3º, deve-se dizer que no sacramento da penitência existe também um "sinal somente": os atos realizados exteriormente, tanto pelo pecador penitente quanto pelo sacerdote que absolve. "A realidade e o sinal" é a penitência interior do pecador. "A realidade somente" e não o sinal é a remissão do pecado. O primeiro elemento, tomado na sua totalidade, é a causa do segundo. O primeiro e o segundo são a causa do terceiro.

ARTICULUS 2
Utrum peccata sint propria materia huius sacramenti

AD SECUNDUM SIC PROCEDITUR. Videtur quod peccata non sint propria materia huius sacramenti.

1. Materia enim in aliis sacramentis per aliqua verba sanctificatur, et sanctificata effectum sacramenti operatur. Peccata autem non possunt sanctificari: eo quod contrarientur effectui sacramenti, qui est gratia remittens peccata. Ergo peccata non sunt materia propria huius sacramenti.

ARTIGO 2
A matéria própria deste sacramento

QUANTO AO SEGUNDO, ASSIM SE PROCEDE: parece que os pecadores **não** são a matéria própria deste sacramento.

1. Com efeito, a matéria nos outros sacramentos é santificada por certas palavras, e, assim santificada, opera o efeito do sacramento. Ora, os pecados não podem ser santificados, uma vez que eles são contrários ao efeito do sacramento, que é a graça do perdão dos pecados. Portanto, os pecados não são a matéria própria deste sacramento.

---

7. Ad 1.

PARALL.: Infra, q. 90, a. 1, ad 3.

a. Compreende-se essa dificuldade. A teologia sacramental foi elaborada em referência aos três sacramentos fundamentais: o batismo, a confirmação e a eucaristia. Cada um desses sacramentos comporta uma realidade corporal: a água para o primeiro, o óleo para o segundo, o pão e o vinho para o terceiro. Se todos os sacramentos se assemelham e oferecem a mesma estrutura, deveria haver em cada uma realidade corporal. A grande originalidade de Sto. Tomás no presente tratado foi assimilar os atos do penitente a essa realidade corporal.

b. Será dito adiante que esses atos são em número de três: a contrição, a confissão e a satisfação. Ver q. 90, a. 2.

2. Praeterea, Augustinus dicit, in libro *de Poenitentia*[1]: *Nullus potest inchoare novam vitam nisi eum veteris vitae poeniteat*. Sed ad vetustatem vitae pertinent non solum peccata, sed etiam poenalitates praesentis vitae. Non ergo peccata sunt propria materia poenitentiae.

3. Praeterea, peccatorum quoddam est originale, quoddam mortale, quoddam veniale. Sed poenitentiae sacramentum non ordinatur contra originale peccatum, quod tollitur per baptismum; neque etiam contra veniale, quod tollitur per tunsionem pectoris, et aquam benedictam, et alia huiusmodi. Ergo peccata non sunt propria materia poenitentiae.

Sed contra est quod Apostolus dicit, 2Cor 12,21: *Non egerunt poenitentiam super immunditia et fornicatione et impudicitia quam gesserunt*.

Respondeo dicendum quod duplex est materia, scilicet proxima et remota: sicut statuae proxima materia est metallum, remota vero aqua. Dictum est[2] autem quod proxima materia huius sacramenti sunt actus poenitentis: cuius materia sunt peccata, de quibus dolet, et quae confitetur, et pro quibus satisfacit. Unde relinquitur quod remota materia poenitentiae sunt peccata, non attentanda, sed detestanda et destruenda.

Ad primum ergo dicendum quod ratio illa procedit de proxima materia sacramenti.

Ad secundum dicendum quod vetus et mortalis vita est obiectum poenitentiae, non ratione poenae, sed ratione culpae annexae.

Ad tertium dicendum quod poenitentia quodammodo est de quolibet peccatorum genere, non tamen eodem modo. Nam de peccato actuali mortali est poenitentia proprie et principaliter: proprie quidem, quia proprie dicimur poenitere de his quae nostra voluntate commisimus; principaliter autem, quia ad deletionem peccati mortalis hoc sacramentum est institutum. — De peccatis autem venialibus est quaedam poenitentia proprie, inquantum sunt nostra voluntate facta: non tamen contra haec principaliter est hoc sacramentum institutum. — De peccato vero originali poenitentia nec principaliter est, quia contra ipsum non ordinatur hoc sacramentum, sed magis baptismus: nec etiam proprie, quia peccatum

2. Além disso, Agostinho diz: "Ninguém pode começar uma vida nova sem arrepender-se da vida passada". Ora, pertencem à vida passada não só os pecados mas também as agruras da vida presente. Logo, os pecados não são matéria própria da penitência.

3. Ademais, há três espécies de pecados: original, mortal e venial. Ora, o sacramento da penitência não se destina a apagar o pecado original, que o é pelo batismo. Nem ao pecado venial, que pode ser perdoado batendo no peito, ou persignando com água benta ou fazendo outras práticas do gênero. Logo, os pecados não são matéria própria da penitência.

Em sentido contrário, Paulo diz: "Não fizeram penitências de sua impureza, de seu desregramento e de sua devassidão".

Respondo. Há duas espécies de matéria: próxima e remota. Assim, a matéria próxima da estátua é o metal, e a remota, porém, é a água[c]. Já foi dito, no entanto, que a matéria próxima deste sacramento são os atos do penitente, que tem, por sua vez, como matéria os pecados arrependidos e confessados e pelos quais cumpre uma satisfação. Daí se segue que a matéria remota da penitência são os pecados, não enquanto desejados na intenção, mas enquanto devem ser destestados e destruídos.

Quanto ao 1º, portanto, deve-se dizer que o argumento vale da matéria próxima do sacramento.

Quanto ao 2º, deve-se dizer que a vida passada e mortal é objeto da penitência, não em razão da pena, mas em razão da culpa conexa.

Quanto ao 3º, deve-se dizer que a penitência diz respeito, de certa maneira, a todo tipo de pecado, mas não da mesma maneira. Pois, a penitência é instituída propriamente e, de modo principal, para o perdão do pecado mortal atual. Diz-se propriamente porque em sentido próprio nos penitenciamos dos pecados que cometemos deliberadamente por nós e de modo principal porque este sacramento é instituído para destruir o pecado mortal. — Quanto aos pecados veniais, há também propriamente uma penitência, enquanto eles são feitos deliberadamente por nós. No entanto, este sacramento não foi instituído principalmente para perdoar os pecados veniais. — Quanto ao pecado original, a penitência não foi o sacramento insti-

---

1. *Sermones ad pop.*, serm. 351, c. 2: ML 39, 1537.
2. A. praec., ad 1, 2.

c. Segundo as concepções físicas da época, a água representava um dos quatro elementos da composição de todo material.

originale non est nostra voluntate peractum; nisi forte inquantum voluntas Adae reputatur nostra, secundum modum loquendi quo Apostolus dicit, Rm 5,12, *In quo omnes peccaverunt*. Inquantum tamen accipitur poenitentia large pro quacumque detestatione rei praeteritae, potest dici poenitentia de peccato originali: sicut loquitur Augustinus in libro *de Poenitentia*[3].

tuído de modo principal contra ele, já que o é de preferência o batismo. Tampouco de modo próprio, porque o pecado original não foi cometido deliberadamente por nós, a não ser no sentido de que a vontade de Adão é atribuída também a nós, segundo o modo de falar de Paulo: "no qual todos pecaram"[d]. Enquanto se entende a penitência no sentido amplo de detestação de toda ação passada, pode-se falar de penitência a respeito do pecado original, como se expressa Agostinho.

Articulus 3
Utrum haec sit forma huius sacramenti, *Ego te absolvo*

Artigo 3
A forma da penitência

AD TERTIUM SIC PROCEDITUR. Videtur quod haec non sit forma huius sacramenti, *Ego te absolvo*.

QUANTO AO TERCEIRO, ASSIM SE PROCEDE: parece que a forma deste sacramento não seja: Eu te absolvo.

1. Formae enim sacramentorum ex institutione Christi et usu Ecclesiae habentur. Sed Christus non legitur hanc formam instituisse. Neque etiam in communi usu habetur: quinimmo in quibusdam absolutionibus quae in Ecclesia publice fiunt, sicut in prima et completorio et in Cena Domini, absolvens non utitur oratione indicativa, ut dicat, *Ego vos absolvo*, sed oratione deprecativa, cum dicit, *Misereatur vestri omnipotens Deus*, vel, *Absolutionem tribuat vobis omnipotens Deus*. Ergo haec non est forma huius sacramenti, *Ego te absolvo*.

1. Com efeito, as formas dos sacramentos existem por instituição de Cristo e pelo costume da Igreja. Ora, não se lê na Escritura que Cristo tenha instituído a forma da penitência. Nem ela também pertence ao uso comum da Igreja. Pelo contrário, em algumas absolvições que se fazem publicamente na Igreja, como na hora de Prima, nas Completas e na Ceia do Senhor, o celebrante que preside não usa a oração na forma indicativa, tal como "Eu vos absolvo", mas na forma deprecativa "Deus todo-poderoso tenha compaixão de vós" ou "que Deus todo-poderoso vos conceda a absolvição". Logo, "Eu te absolvo" não é a forma deste sacramento.

2. PRAETEREA, Leo Papa[1] dicit: *Indulgentia Dei nisi supplicationibus sacerdotum nequit obtineri*. Loquitur autem de indulgentia Dei quae praestatur poenitentibus. Ergo forma huius sacramenti debet esse per modum deprecationis.

2. ALÉM DISSO, o papa Leão diz: "A indulgência de Deus só se alcança mediante as súplicas dos sacerdotes". Ora, ele fala da indulgência de Deus que é concedida aos penitentes. Logo, a forma deste sacramento deve ser uma fórmula deprecativa.

3. PRAETEREA, idem est absolvere a peccato quod peccatum remittere. Sed *solus Deus peccatum remittit, qui etiam solus interius a peccato mundat*: ut Augustinus dicit, *super Ioan*.[2]. Ergo videtur quod solus Deus a peccato absolvat. Non

3. ADEMAIS, absolver o pecado é a mesma coisa que perdoá-lo. Ora, "somente Deus pode perdoar o pecado, porque também só ele purifica interiormente do pecado", como ensina Agostinho. Portanto, parece que só Deus absolve o pecado.

---

3. Loc. cit. in 2 a.

3 PARALL.: IV *Sent*., dist. 22, q. 2, a. 2, q.la 3; Opusc. *De Forma Absolut*.

1. Epist. 108, al. 83, *ad Theodor*., c. 2: ML 54, 1011 B.
2. MAGISTER, IV *Sent*., dist. 18, c. *Nec ideo tamen*.

d. Esses dois sacramentos têm, com efeito, a mesma razão de ser. Ambos visam à purificação do pecado. Na Igreja primitiva, representava-se a penitência como um segundo batismo, e ele era chamado de "segunda tábua de salvação após o naufrágio" (expressão utilizada no a. 6).

ergo debet dicere sacerdos, *Ego te absolvo*, sicut non dicit, *Ego tibi peccata remitto*.

4. PRAETEREA, sicut Dominus dedit potestatem discipulis absolvendi a peccatis, ita etiam dedit eis potestatem curandi infirmitates, scilicet *ut daemonia eiicerent et ut languores curarent*, ut habetur Mt 10,1 et Lc 9,1. Sed sanando infirmos Apostoli non utebantur his verbis, *Ego te sano*, sed, *Sanet te Dominus Iesus Christus*. Ergo videtur quod sacerdotes, habentes potestatem Apostolis a Christo traditam, non debeant uti hac forma verborum, *Ego te absolvo*, sed, *Absolutionem praebeat tibi Christus*.

5. PRAETEREA, quidam hac forma utentes sic eam exponunt: *Ego te absolvo, idest, absolutum ostendo*. Sed neque hoc sacerdos facere potest, nisi ei divinitus reveletur. Unde, ut legitur Mt 16, antequam Petro diceretur [v. 19], *Quodcumque solveris super terram, erit* etc., dictum est ei [v. 17], *Beatus es, Simon Bar Iona, quia caro et sanguis non revelavit tibi, sed Pater meus, qui in caelis est*. Ergo videtur quod sacerdos cui non est facta revelatio, praesumptuose dicat, *Ego te absolvo*, etiam si exponatur, *idest, absolutum ostendo*.

SED CONTRA est quod, sicut Dominus dixit discipulis, Mt 28,19, *Euntes, docete omnes gentes, baptizantes eos*, ita dixit Petro, Mt 16,19, *Quodcumque solveris*. Sed sacerdos, auctoritate illorum verborum Christi fretus, dicit, *Ego te baptizo*. Ergo, eadem auctoritate, dicere debet in hoc sacramento, *Ego te absolvo*.

RESPONDEO dicendum quod in qualibet re perfectio attribuitur formae. Dictum est autem supra[3] quod hoc sacramentum perficitur per ea quae sunt ex parte sacerdotis. Unde oportet quod ea quae sunt ex parte poenitentis, sive sint verba sive facta, sint quaedam materia huius sacramenti: ea vero quae sunt ex parte sacerdotis, se habent per modum formae. Cum autem sacramenta novae legis *efficiant quod figurant*, ut supra[4] dictum est; oportet quod forma sacramenti significet id quod in sacramento agitur, proportionaliter materiae sa-

Logo, o sacerdote não deve dizer "Eu te absolvo", assim como não diz "eu te remito dos pecados".

4. ADEMAIS, assim como o Senhor deu aos discípulos o poder de absolver os pecados, assim também lhes deu o poder de curar as enfermidades, a saber "que expulsassem os espíritos imundos e curassem toda doença e enfermidade", como dizem os evangelistas. Ora, para curar os doentes os Apóstolos não empregavam estas palavras "eu te curo", mas "Jesus Cristo te cure". Logo, parece que os sacerdotes, tendo recebido o poder que Cristo comunicou aos Apóstolos, não devam usar esta fórmula verbal "Eu te absolvo", mas "Cristo te conceda a absolvição".

5. ADEMAIS, alguns dos que usam esta fórmula explicam-na assim: "Eu te absolvo, isto é eu te declaro absolvido". Ora, o sacerdote não pode fazer a não ser que lhe seja revelado por Deus. Por isso, como se lê no Evangelho de Mateus, antes que fosse dito a Pedro "tudo o que desligares na terra etc.", o Senhor lhe tinha dito: "Feliz és tu, Simão, filho de Jonas, pois não foram a carne e o sangue que te revelaram isto, mas o meu Pai que está nos céus". Logo, parece que o sacerdote, ao qual não foi feita nenhuma revelação, age presunçosamente ao dizer: "Eu te absolvo", mesmo que acrescente, "isto é, eu te declaro absolvido".

EM SENTIDO CONTRÁRIO, como o Senhor diz aos apóstolo: "Ide, pois, de todas as nações fazei discípulos, batizando-os", assim também disse a Pedro "tudo o que desligares". Ora, o sacerdote, apoiado na autoridade daquelas palavras de Cristo, diz: "Eu te batizo". Portanto, com a mesma autoridade pode dizer no sacramento da Penitência: "Eu te absolvo".

RESPONDO. Em todas as coisas, a realização acabada se deve à forma. Este sacramento se completa pelo que o sacerdote faz. Portanto, é necessário que o que o penitente faz em palavras ou ações seja, de certo modo, matéria deste sacramento. Por sua vez, o que o sacerdote faz tem as vezes de forma[e]. Uma vez que os sacramentos da Nova Lei realizam o que significam, é necessário que a forma do sacramento signifique de alguma maneira o que nele se realiza de acordo com a matéria dele. Por isso, a forma do batismo é "Eu te batizo", e a

---

3. A. 1, ad 2.
4. Q. 62, a. 1, ad 1.

e. Os atos do penitente constituem portanto a "matéria" do sacramento. Sto. Tomás nem sempre pensara assim. Em seu *Comentário das Sentenças* (L. IV, Sent. 22, D 2, q. 1, 1a), via neles uma mera disposição da graça. Não podiam ser diretamente eficazes na remissão dos pecados: "A penitência exterior, que ocupa o papel de sinal nesse sacramento, representa a cooperação

cramenti. Unde forma baptismi est, *Ego te baptizo*, et forma confirmationis, *Consigno te signo crucis et confirmo te chrismate salutis*, eo quod huiusmodi sacramenta perficiuntur in usu materiae. In sacramento autem Eucharistiae, quod consistit in ipsa consecratione materiae, exprimitur veritas consecrationis, cum dicitur, *Hoc est corpus meum*. Hoc autem sacramentum, scilicet poenitentiae, non consistit in consecratione alicuius materiae, nec in usu alicuius materiae sanctificatae: sed magis in remotione cuiusdam materiae, scilicet peccati, prout peccata dicuntur esse materia poenitentiae, ut ex supra[5] dictis patet. Talis autem remotio significatur a sacerdote cum dicitur, *Ego te absolvo*: nam peccata sunt quaedam vincula, secundum illud Pr 5,22, *Iniquitates suae capiunt impium, et funibus peccatorum suorum quisque constringitur*. Unde patet quod haec est convenientissima forma huius sacramenti, *Ego te absolvo*.

AD PRIMUM ergo dicendum quod ista forma sumitur ex ipsis verbis Christi quibus Petro dixit: *Quodcumque solveris super terram*, etc. Et tali forma utitur ecclesia in sacramentali absolutione. Huiusmodi autem absolutiones in publico factae non sunt sacramentales: sed sunt orationes quaedam ordinatae ad remissionem venialium peccatorum. Unde in sacramentali absolutione non sufficeret dicere, *Misereatur tui omnipotens Deus*, vel, *Absolutionem et remissionem tribuat tibi Deus*: quia per haec verba sacerdos absolutionem non significat fieri, sed petit ut fiat. — Praemittitur tamen etiam in sacramentali absolutione talis oratio, ne impediatur effectus sacramenti ex parte

da confirmação "Eu te marco com o sinal da cruz e te confirmo com o crisma da salvação", porque tais sacramentos se realizam no uso da matéria. No sacramento, porém, da Eucaristia, que consiste na própria consagração da matéria, a realidade da consagração se manifesta quando se diz "Isto é o meu corpo". No entanto, o sacramento da Penitência não consiste na consagração de alguma matéria, nem no uso de alguma matéria consagrada, mas antes na remoção de determinada matéria, a saber os pecados, entendendo os pecados como a matéria da penitência. Tal remoção é manifestada pelas palavras do sacerdote: "Eu te absolvo". Pois, os pecados são uma espécie de atadura, de acordo com o livro dos Provérbios: "Os seus próprios crimes laçarão o criminoso; ele ficará preso nos laços de seu pecado". Daí se segue claramente que é muito conveniente a forma deste sacramento: "Eu te absolvo"[f].

QUANTO AO 1º, portanto, deve-se dizer que essa forma é tomada das próprias palavras de Cristo a Pedro: "Tudo o que desligares na terra", etc. E a Igreja usa tal forma na absolvição sacramental[g]. As absolvições públicas não são sacramentais, mas orações orientadas para a remissão dos pecados veniais. Por isso, na absolvição sacramental não é suficiente que se diga "Deus todo-poderoso tenha compaixão de vós" ou "que Deus todo-poderoso vos conceda a absolvição e a remissão". Pois, por estas palavras o sacerdote não significa o que se realiza, mas pede-o. — Entretanto, tal oração é também rezada antes da absolvição sacramental para que o penitente não impeça o efeito do sa-

---

5. A. praec.

do sujeito que recebe o sacramento... de modo que não lhe cabe causar a graça de qualquer maneira que seja". Mais tarde, o teólogo franciscano Duns Scot (c. 1266-1308) viu na absolvição o essencial do sacramento de penitência, e concluiu que esse sacramento não tinha matéria própria. Os atos do penitente só representavam, segundo ele, as disposições requeridas para a recepção do sacramento (*Reportat*. IV, 16, 6, n. 6). O concílio de Trento evitou pronunciar-se nessas querelas de escola. Forjou uma expressão original: "quase-matéria". "A quase-matéria desse sacramento é formada pelos atos do penitente: a contrição, a confissão e a satisfação. Requeridas do penitente, em virtude da instituição divina, para integridade do sacramento, para uma remissão plena e perfeita dos pecados, são, por esse motivo, chamadas de partes da penitência." (14a. sessão — 25 de novembro de 1551 —, capítulo 3).

f. Também sobre esse ponto, Sto. Tomás inova. Foi o primeiro a atribuir à absolvição do padre, devido ao poder das chaves que lhe era confiado, uma verdadeira eficácia diante do pecado. Sto. Boaventura, por exemplo, explica que a absolvição agia como uma prece. Ao absolver, o padre teria obtido de Deus o perdão do pecado. Para Sto. Tomás, sendo a forma do sacramento, a absolvição produz o perdão do pecado.

g. O concílio de Trento se pronunciou sobre a instituição do sacramento por Cristo: "... o Senhor instituiu o sacramento da penitência principalmente quando, ressuscitado dos mortos, assoprou a seus discípulos, dizendo: 'Recebei o Espírito Santo. A quem perdoardes os pecados, ser-lhes-ão perdoados. A quem os retiverdes, ser-lhes-ão retidos' (Jo 20,22-23). Os Padres, por consenso, sempre compreenderam que, por essa ação insigne e essas palavras tão claras, o poder de redimir e de reter os pecados, destinado a reconciliar os fiéis caídos após o batismo, foi comunicado aos apóstolos e a seus legítimos sucessores, e é acertadamente que a Igreja católica rejeitou e condenou como heréticos os novatianos, os quais, outrora, negavam obstinadamente esse poder de remissão" (14ª sessão — cap. 1). No capítulo 6 desse mesmo documento, é mencionada a mesma passagem evocada por Sto. Tomás (Mt 18,18).

poenitentis, cuius actus materialiter se habent in hoc sacramento, non autem in baptismo vel in confirmatione.

AD SECUNDUM dicendum quod verbum Leonis Papae est intelligendum quantum ad deprecationem quae praemittitur absolutioni. Non autem removet quin sacerdotes absolvant.

AD TERTIUM dicendum quod solus Deus per auctoritatem et a peccato absolvit et peccata remittit. Sacerdotes autem utrumque faciunt per ministerium: inquantum scilicet verba sacerdotis in hoc sacramento instrumentaliter operantur, sicut etiam in aliis sacramentis; nam virtus divina est quae interius operatur in omnibus sacramentalibus signis, sive sint res sive sint verba, sicut ex supra[6] dictis patet. Unde et Dominus utrumque expressit: nam Mt 16,19 dixit Petro, *Quodcumque solveris super terram*, etc.: et Io 20,23 dixit discipulis, *Quorum remiseritis peccata, remittuntur eis*. Ideo tamen sacerdos potius dicit, *Ego te absolvo*, quam, *Ego tibi peccata remitto*, quia hoc magis congruit verbis quae Dominus dixit virtutem clavium ostendens, per quas sacerdotes absolvunt.

Quia tamen sacerdos sicut minister absolvit, convenienter apponitur aliquid quod pertineat ad primam auctoritatem Dei, scilicet ut dicatur: *Ego te absolvo in nomine Patris et Filii et Spiritus Sancti*, vel, *per virtutem passionis Christi*, vel, *auctoritate Dei*: sicut Dionysius exponit, 13 cap. *Caelest. Hier.*[7]. Quia tamen hoc non est determinatum ex verbis Christi, sicut in baptismo, talis appositio relinquitur arbitrio sacerdotis.

AD QUARTUM dicendum quod Apostolis non est data potestas ut ipsi sanarent infirmos, sed ut ad eorum orationem infirmi sanarentur. Est autem eis collata potestas operandi instrumentaliter, sive ministerialiter, in sacramentis. Et ideo magis possunt in formis sacramentalibus exprimere actum suum quam in sanationibus infirmatum. — In quibus tamen non semper utebantur modo deprecativo, sed quandoque etiam modo indicativo et imperativo: sicut At 3,6 legitur quod Petrus dixit claudo: *Quod habeo, hoc tibi do. In nomine Iesu Christi, surge et ambula*.

cramento, já que seus atos se comportam, como matéria, em relação ao sacramento, o que aliás não acontece no batismo nem na confirmação.

QUANTO AO 3º, deve-se dizer que as palavras do papa Leão devem ser entendidas como uma oração de petição colocada antes da absolvição. Tal não impede que o sacerdote em seguida absolva.

QUANTO AO 4º, deve-se dizer que somente Deus absolve do pecado e o perdoa por sua autoridade. Os sacerdotes, porém, fazem as duas coisas à maneira de serviço ministerial no sentido de que as palavras do sacerdote atuam nesse sacramento enquanto causa instrumental, como aliás nos outros sacramentos. Pois, na verdade, é o poder divino que age interiormente em todos os sinais sacramentais, quer sejam coisas, quer palavras. Por isso, o Senhor referiu-se a ambas as coisas ao dizer a Pedro "tudo o que desligares na terra" etc. e aos discípulos: "A quem perdoardes os pecados, ser-lhes-ão perdoados". Desta sorte, o sacerdote de preferência diz: "Eu te absolvo" a "Eu te perdoo os pecados", porque isto responde mais às palavras do Senhor que manifestam o poder das chaves pelo qual os sacerdotes absolvem.

Porque o sacerdote absolve na qualidade de serviço ministerial, convenientemente se acrescentam para recordar a autoridade primeira de Deus as palavras: "Eu te absolvo em nome do Pai, e do Filho e do Espírito Santo" ou "pelo poder da paixão de Cristo" ou "pela autoridade de Deus", como expõe Dionísio. Mas porque isto não foi determinado pelas palavras de Cristo, como no caso do batismo, tal acréscimo se deixa à livre vontade do sacerdote.

QUANTO AO 4º, deve-se dizer que não foi conferido aos apóstolos o poder para que eles mesmos curassem os enfermos mas para que obtivessem a cura dos enfermos por meio de suas orações. No entanto, foi-lhes conferida a autoridade de agir de maneira instrumental ou ministerial nos sacramentos. Por isso, eles podem exprimir de maneira mais clara nas formas dos sacramentos o próprio ato do que na cura dos enfermos. — No caso das curas, nem sempre eles usavam a maneira de pedido, mas, às vezes, também o modo indicativo e imperativo, como no exemplo da palavra de Pedro ao coxo: "O que tenho, isso te dou: em nome de Jesus Cristo, levanta-te e anda!".

---

6. Q. 62, a. 1; q. 64, a. 1.
7. § 4: MG 3, 305 C.

Ad quintum dicendum quod ista expositio, *Ego te absolvo, idest, absolutum ostendo*, quantum ad aliquid quidem vera est, non tamen est perfecta. Sacramenta enim novae legis non solum significant, sed etiam *faciunt quod significant*. Unde sicut sacerdos, baptizando aliquem, ostendit hominem interius ablutum per verba et facta, non solum significative, sed etiam effective; ita etiam cum dicit, *Ego te absolvo*, ostendit hominem absolutum non solum significative, sed etiam effective. — Nec tamen loquitur quasi de re incerta. Quia sicut alia sacramenta novae legis habent de se certum effectum ex virtute passionis Christi, licet possit impediri ex parte recipientis, ita etiam est et in hoc sacramento. Unde Augustinus dicit, in libro de *Adult. Coniug.*[8]: *Non est turpis nec difficilis post patrata et purgata adulteria reconciliatio coniugii, ubi per claves regni caelorum non dubitatur fieri remissio peccatorum*. Unde nec sacerdos indiget speciali revelatione sibi facta: sed sufficit generalis revelatio fidei, per quam remittuntur peccata. Unde revelatio fidei dicitur Petro facta fuisse.

Esset autem perfectior expositio: *Ego te absolvo, idest, Sacramentum absolutionis tibi impendo*.

Quanto ao 5º, deve-se dizer que essa explicação da fórmula "Eu te absolvo, isto é "eu te declaro absolvido", verdadeira sob certos aspectos, não é perfeita[h]. Com efeito, os sacramentos da Nova Lei não só significam mas também realizam o que significam. Destarte, o sacerdote, ao batizar alguém, declara o interiormente purificado pelas palavras e pelas ações de maneira não meramente significativa mas também efetiva, assim também ao dizer: Eu te absolvo, declara-o absolvido de maneira não só significativa mas também efetiva. — Nem fala também como de alguma coisa incerta. Porque assim como os outros sacramentos da Nova Lei têm por si mesmo um resultado certo pelo poder da paixão de Cristo, embora possam ser impedidos por parte de quem o recebe, assim também acontece neste sacramento. Por isso, Agostinho diz: "Depois que se expiou um adultério cometido, não é vergonhoso nem difícil a reconciliação dos cônjuges, quando não se duvida, graças ao poder das chaves do Reino dos céus, da remissão dos pecados". Para tanto o sacerdote não necessita de uma revelação especial. Basta-lhe a revelação geral da fé segundo a qual os pecados são perdoados. Por isso, diz-se que uma revelação de fé foi feita a Pedro.

Seria mais perfeita a explicação: "Eu te absolvo, isto é administro-lhe o sacramento da absolvição".

Articulus 4
Utrum impositio manuum sacerdotis requiratur ad hoc sacramentum

Ad quartum sic proceditur. Videtur quod impositio manuum sacerdotis requiratur ad hoc sacramentum.
1. Dicitur enim Mc 16,18: *Super aegros manus imponent, et bene habebunt*. Aegri autem spiritualiter sunt peccatores, qui recipiunt bonam habitudinem per hoc sacramentum. Ergo in hoc sacramento est manus impositio facienda.

Artigo 4
É requerida a imposição das mãos do sacerdote neste sacramento?[i]

Quanto ao quarto, assim se procede: parece que se requer a imposição das mãos do sacerdote neste sacramento.
1. Com efeito, lê-se no Evangelho de Marcos: "Imporão as mãos a doentes e estes serão curados". Ora, os doentes espirituais são os pecadores, que recebem, por este sacramento, uma boa saúde. Logo, neste sacramento, deve fazer-se a imposição das mãos.

---

8. L. II, c. 9: ML 40, 476.

Parall.: Opusc. *De Forma Absolut.*, c. 4.

h. A questão da fórmula da absolvição fora posta pelo Mestre da Ordem Dominicana, Jean de Verceil, a Sto. Tomás, no início de 1269. Este responderá redigindo um opúsculo *Da forma da absolvição*, do qual o presente artigo oferece um resumo. Deve-se saber que não havia traço da forma indicativa antes do século XI. Sto. Tomás se pronunciava em favor de uma interpretação literal das frases pelas quais Cristo confiava a seus discípulos o poder das chaves. O padre intervém não como mera testemunha encarregada de constatar que Deus perdoou ao pecador, nem mesmo como um intercessor, mas como dispensador do perdão.

i. O gesto da imposição das mãos é muito antigo. Constituía o rito, quase universal, da reconciliação solene dos penitentes.

2. Praeterea, in sacramento poenitentiae recuperat homo Spiritum Sanctum amissum: unde ex persona poenitentis dicitur in Ps 50,14: *Redde mihi laetitiam salutaris tui, et Spiritu principali confirma me*. Sed Spiritus Sanctus datur per impositionem manuum: legitur enim At 8,17, quod Apostoli *imponebant manus super illos, et accipiebant Spiritum Sanctum*; et Mt 19,13 dicitur quod *oblati sunt Domino parvuli ut eis manus imponeret*. Ergo in hoc sacramento est manus impositio facienda.

3. Praeterea, verba sacerdotis in hoc sacramento non sunt maioris efficaciae quam in aliis sacramentis. Sed in aliis sacramentis non sufficiunt verba ministri, nisi aliquem actum exerceret: sicut in baptismo, simul cum hoc quod dicit sacerdos, *Ego te baptizo*, requiritur corporalis ablutio. Ergo etiam, simul cum hoc quod dicit sacerdos, *Ego te absolvo*, oportet quod aliquem actum exerceat circa poenitentem, imponendo ei manus.

Sed contra est quod Dominus dixit Petro, *Quodcumque solveris super terram, erit* etc., nullam mentionem de manus impositione faciens. Neque etiam cum omnibus Apostolis simul dixit: *Quorum remiseritis peccata, remittuntur eis*. Non ergo ad hoc sacramentum requiritur impositio manuum.

Respondeo dicendum quod impositio manuum in sacramentis Ecclesiae fit ad designandum aliquem copiosum effectum gratiae, quo illi quibus manus imponitur, quodammodo continuantur per quandam similitudinem ministris, in quibus copia esse debet. Et ideo manus impositio fit in sacramento confirmationis, in quo confertur plenitudo Spiritus Sancti; et in sacramento ordinis, in quo confertur quaedam excellentia potestatis in divinis ministeriis; unde et 2Ti 1,6 dicitur: Resuscites gratiam *Dei quae est in te per impositionem manuum mearum*. Sacramentum autem poenitentiae non ordinatur ad consequendum aliquam excellentiam gratiae, sed ad remissionem peccatorum. Et ideo ad hoc sacramentum non requiritur impositio: sicut etiam nec ad baptismum, in quo tamen fit plenior remissio peccatorum.

Ad primum ergo dicendum quod illa manus impositio non est sacramentalis, sed ordinatur ad miracula facienda: ut scilicet per contactum manus hominis sanctificati etiam corporalis infirmitas tollatur. Sicut etiam legitur de Domino, Mc 6,5,

2. Além disso, no sacramento da penitência, o homem recupera o dom do Espírito Santo, que perdera. Por isso, o salmista diz em nome do penitente: "Restitui-me a alegria de ser salvo, e que me sustente o espírito principal"! Ora, o Espírito Santo é dado por meio da imposição das mãos, já que se lê que "os apóstolos "se puseram então a lhes impor as mãos e eles recebiam o Espírito Santo"; e que "trouxeram crianças (ao Senhor) para que lhes impusesse as mãos". Logo, neste sacramento devem-se impor as mãos.

3. Ademais, as palavras do sacerdote não têm neste sacramento maior eficácia do que nos outros. Ora, nos outros sacramentos as palavras do ministro não são suficientes, a não ser se acompanhadas de uma ação. Assim no batismo ao mesmo tempo que o sacerdote diz "Eu te batizo", requer-se uma ablução corporal. Logo, também ao mesmo tempo que o sacerdote diz "Eu te absolvo", é necessário que faça uma ação sobre o penitente, impondo-lhe as mãos.

Em sentido contrário, o Senhor disse a Pedro: "Tudo o que desligares na terra, será etc.", e não faz nenhuma menção da imposição das mãos. Nem também quando diz simultaneamente a todos os apóstolos: "A quem perdoardes os pecados, ser-lhes-ão perdoados". Portanto, não se requer neste sacramento a imposição das mãos.

Respondo. A imposição das mãos nos sacramentos da Igreja se faz para designar um efeito copioso de graça pelo qual aqueles que recebem a imposição das mãos, de algum modo, são associados, por certa semelhança, aos ministros, que devem ter a graça em abundância. Por isso, faz-se a imposição das mãos no sacramento da confirmação, no qual se confere a plenitude do Espírito Santo; e no sacramento da Ordem, no qual se confere certo poder superior a respeito dos mistérios divinos. Daí se segue o que se lê na Escritura: "Tens de reavivar o dom de Deus que está em ti desde que te impus as mãos". O sacramento da penitência não está destinado a obter alguma graça superior, mas a remissão dos pecados. Por isso, não se requer neste sacramento a imposição das mãos, assim como também no batismo, no qual se faz uma remissão mais completa dos pecados.

Quanto ao 1º, portanto, deve-se dizer que esta imposição das mãos sobre os doentes não é sacramental, mas tem por finalidade operar milagres, como, por exemplo, pelo contacto da mão de um homem santificado também a enfermidade corpo-

quod *infirmos impositis manibus curavit*; et Mt 8,3 legitur quod per contactum leprosum mundavit.

AD SECUNDUM dicendum quod non quaelibet acceptio Spiritus Sancti requirit manus impositionem: quia etiam in baptismo accipit homo Spiritum Sanctum, nec tamen fit ibi manus impositio. Sed acceptio Spiritus Sancti cum plenitudine requirit manus impositionem: quod pertinet ad confirmationem.

AD TERTIUM dicendum quod in sacramentis quae perficiuntur in usu materiae, minister habet aliquem corporalem actum exercere circa eum qui suscipit sacramentum: sicut in baptismo et confirmatione et extrema unctione. Sed hoc sacramentum non consistit in usu alicuius materiae exterius appositae, sed loco materiae se habent ea quae sunt ex parte poenitentis. Unde, sicut in Eucharistia sacerdos sola prolatione verborum super materiam perficit sacramentum, ita etiam sola verba sacerdotis absolventis super poenitentem perficiunt absolutionis sacramentum. Et si aliquis actus corporalis esset ex parte sacerdotis, non minus competeret crucesignatio, quae adhibetur in Eucharistia, quam manus impositio, in signum quod per sanguinem crucis Christi remittuntur peccata. Et tamen non est de necessitate sacramenti, sicut nec de necessitate Eucharistiae.

ral é curada. Assim se lê a respeito do Senhor que "curou alguns doentes, impondo-lhes as mãos" e que purificou um leproso, ao tocá-lo.

QUANTO AO 2º, deve-se dizer que nem toda recepção do Espírito Santo requer a imposição das mãos. Pois, também no batismo recebe-se o Espírito Santo e aí não se faz nenhuma imposição das mãos. Mas a recepção do Espírito Santo em plenitude requer a imposição das mãos, como é o caso da confirmação.

QUANTO AO 3º, deve-se dizer que naqueles sacramentos que se completam no uso de uma matéria, o ministro deve exercer uma ação corporal sobre aquele que o recebe, como no batismo, na confirmação e na unção dos enfermos. Ora, o sacramento da penitência não consiste na aplicação de alguma matéria externa, mas os atos do penitente ocupam o lugar da matéria. Por isso, assim como na Eucaristia o sacerdote realiza o sacramento com a simples prolação das palavras sobre a matéria, assim também só o pronunciar sobre o penitente das palavras da absolvição por parte do sacerdote realiza o sacramento da penitência. E se se devesse fazer algum gesto corporal da parte do sacerdote, não conviria menos um sinal da cruz que se usa na Eucaristia do que a imposição das mãos, como sinal de que pelo sangue da cruz de Cristo os pecados são perdoados. Contudo tal gesto não é necessário para o sacramento da Penitência, como tampouco para a Eucaristia.

ARTICULUS 5
Utrum hoc sacramentum sit de necessitate salutis

AD QUINTUM SIC PROCEDITUR. Videtur quod hoc sacramentum non sit de necessitate salutis.

1. Quia super illud Ps 125,5, *Qui seminant in lacrimis* etc., dicit Glossa[1]: *Noli esse tristis, si adsit tibi bona voluntas, unde metitur pax*. Sed tristitia est de ratione poenitentiae: secundum illud 2Cor 7,10: *Quae secundum Deum est tristitia, poenitentiam in salutem stabilem operatur*. Ergo bona voluntas, sine poenitentia, sufficit ad salutem.

ARTIGO 5
É este sacramento necessário para a salvação?

QUANTO AO QUINTO, ASSIM SE PROCEDE: parece que este sacramento **não** é necessário para a salvação.

1. Com efeito, sobre estas palavras do salmista: "Quem semeou nas lágrimas etc.", comenta a Glosa: "Não fiques triste, se tens boa vontade, porque então se colhe a paz". Ora, a tristeza pertence à natureza da penitência, conforme o dito de Paulo: "Pois a tristeza segundo Deus produz um arrependimento que conduz à salvação". Logo, a boa vontade, sem a penitência, é suficiente para a salvação.

---

5 PARALL.: Supra, q. 65, a. 4; IV *Sent.*, dist. 14, q. 2, a. 5 et Expos. litt.; dist. 17, q. 3, a. 3, q.la 1; *Cont. Gent.* IV, 72.

1. LOMBARDI: ML 191, 1155 C.

2. PRAETEREA, Pr 10,12 dicitur: *Universa delicta operit caritas*; et infra, 15,27: *Per misericordiam et fidem purgantur peccata*. Sed hoc sacramentum non est nisi ad purgandum peccata. Ergo, habendo caritatem et fidem et misericordiam, potest quisque salutem consequi, etiam sine poenitentiae sacramento.

3. PRAETEREA, sacramenta Ecclesiae initium habent ab institutione Christi. Sed, sicut legitur Io 8,11, Christus mulierem adulteram absolvit absque poenitentia. Ergo videtur quod poenitentia non sit de necessitate salutis.

SED CONTRA est quod Dominus dicit, Lc 13,5: *Si poenitentiam non egeritis, omnes simul peribitis*.

RESPONDEO dicendum quod aliquid est necessarium ad salutem dupliciter: uno modo, absolute; alio modo, ex suppositione. Absolute quidem necessarium est illud sine quo nullus salutem consequi potest: sicut gratia Christi, et sacramentum baptismi, per quod aliquis in Christo renascitur. Ex suppositione autem est necessarium sacramentum poenitentiae: quod quidem necessarium non est omnibus, sed peccato subiacentibus; dicitur enim in II *Paralip*. ult.: *Et tu, domine iustorum, non posuisti poenitentiam iustis, Abraham, Isaac et Iacob, his qui tibi non peccaverunt*.

Peccatum autem, cum consummatum fuerit, generat mortem, ut dicitur Iac 1,15. Et ideo necessarium est ad salutem peccatoris quod peccatum removeatur ab eo. Quod quidem fieri non potest sine poenitentiae sacramento, in quo operatur virtus passionis Christi per absolutionem sacerdotis simul cum opere poenitentis, qui cooperatur gratiae ad destructionem peccati: sicut enim dicit Augustinus, *super Ioan.*[2], *qui creavit te sine te, non iustificabit te sine te*. Unde patet quod sacramentum poenitentiae est necessarium ad salutem post peccatum: sicut medicatio corporalis postquam homo in morbum periculosum inciderit.

AD PRIMUM ergo dicendum quod glossa illa videtur intelligenda de eo cui adest bona voluntas sine interpolatione quae fit per peccatum: tales autem non habent tristitiae causam. Sed ex quo bona voluntas tollitur per peccatum, non potest restitui

2. ALÉM DISSO, lê-se no livro dos Provérbios: "O amor encobre todas as faltas" e mais abaixo: "A misericórdia e a fé apagam os pecados". Ora, este sacramento só existe para apagar os pecados. Logo, tendo caridade, fé e misericórdia, qualquer um pode alcançar a salvação, mesmo sem o sacramento da Penitência[j].

3. ADEMAIS, os sacramentos da Igreja foram instituídos por Cristo. Ora, lê-se que Cristo perdoou a mulher adúltera sem penitência. Logo, parece que a penitência não é necessária para a salvação.

EM SENTIDO CONTRÁRIO, o Senhor diz: "Se vós não fizerdes penitência, vós todos perecereis igualmente".

RESPONDO. Algo é necessário para a salvação de duas maneiras: de maneira absoluta e de maneira condicional. É absolutamente necessário para a salvação aquilo sem o que ninguém pode alcançar a salvação, como a graça de Cristo, o sacramento do Batismo, pelo qual se renasce em Cristo. O sacramento da Penitência é necessário sob condição, já que não é necessário para todos, mas somente para os que estão sob o jugo do pecado. Pois, lê-se no livro dos Paralipômenos: "Tu, Senhor, Deus dos justos, tu não instituíste a penitência para os justos Abraão, Isaac e Jacó, para estes que não te ofenderam".

Mas "o pecado, tendo sido consumado, gera a morte", diz a Carta de Tiago. Por isso, é necessário para a salvação do pecador que ele seja libertado do pecado. Isto não pode ser feito sem o sacramento da penitência, no qual atua o poder da paixão de Cristo por meio da absolvição do sacerdote juntamente com o ato do penitente, que coopera com a graça para a destruição do pecado, como, aliás, ensina Agostinho: "Quem te criou sem ti, não te justificará sem ti". Daí se segue com evidência que o sacramento da penitência é necessário para a salvação depois do pecado, assim como o remédio corporal para o homem que caiu em uma doença grave.

QUANTO AO 1º, portanto, deve-se dizer que esta glosa deve ser entendida daqueles que têm boa vontade não interrompida pelo pecado. Com efeito, estes não têm motivo de tristeza. Mas, caso a boa vontade seja suprimida pelo pecado,

---

2. Serm. 169, al. *de Verbis Apost*. 15, c. 11, n. 13: ML 38, 923.

j. Esse argumento será retomado e amplificado pelos Reformados. Ele vai também ao encontro da reticência, que pode chegar até a repugnância, de certos cristãos em relação a um sacramento julgado especialmente humilhante.

sine tristitia, qua quis dolet de peccato praeterito: quod pertinet ad poenitentiam.

AD SECUNDUM dicendum quod ex quo aliquis peccatum incurrit, caritas et fides et misericordia non liberant hominem a peccato sine poenitentia. Requirit enim caritas quod homo doleat de offensa in amicum commissa, et quod amico homo reconciliari studeat. Requirit etiam ipsa fides ut per virtutem passionis Christi, quae in sacramentis Ecclesiae operatur, quaerat iustificari a peccatis. Requirit etiam ipsa misericordia ordinata ut homo subveniat poenitendo suae miseriae, quam per peccatum incurrit, secundum illud Pr 14,34, *Miseros facit populos peccatum*: unde et Eccli 30,34 dicitur: *Miserere animae tuae placens Deo*.

AD TERTIUM dicendum quod ad potestatem excellentiae, quam solus Christus habuit, ut supra[3] dictum est, pertinuit quod Christus effectum sacramenti poenitentiae, qui est remissio peccatorum, contulit mulieri adulterae sine poenitentiae sacramento: licet non sine interiori poenitentia, quam ipse in ea per gratiam est operatus.

ela não pode ser restituída sem tristeza, pela qual alguém se dói do pecado passado. Isto faz parte da penitência.

QUANTO AO 2º, deve-se dizer que desde que alguém incorra em pecado, a caridade, a fé e a misericórdia não o livram do pecado sem a penitência. Com efeito, requer a caridade que o homem sinta a dor de ter ofendido a um amigo e que se empenhe em reconciliar-se com ele. Requer também a própria fé que ele, pelo poder da paixão de Cristo, que atua nos sacramentos da Igreja, procure justificar-se dos pecados. Requer também a misericórdia que o homem, fazendo penitência, remedie a miséria, em que caiu pelo pecado, conforme o dito dos Provérbios: "O pecado é a vergonha das nações". Por isso, consta no livro do Eclesiástico: "Tem compaixão de tua alma agradando a Deus".

QUANTO AO 3º, deve-se dizer que pertenceu ao poder superior, que só Cristo teve, como se disse acima, conceder o efeito do sacramento da penitência, que é a remissão dos pecados, à mulher adúltera sem o sacramento da penitência, ainda que não sem a penitência interior, que ele operou nela pela graça.

ARTICULUS 6
Utrum poenitentia sit *secunda tabula post naufragium*

AD SEXTUM SIC PROCEDITUR. Videtur quod poenitentia non sit *secunda tabula post naufragium*.

1. Quia super illud Is 3,9, *Peccatum suum sicut Sodoma praedicaverunt*, dicit Glossa[1]: *Secunda tabula post naufragium est peccata abscondere*. Poenitentia autem non abscondit peccata, sed magis ea revelat. Ergo poenitentia non est secunda tabula.
2. PRAETEREA, fundamentum in aedificio non tenet secundum, sed primum locum. Poenitentia autem in spirituali aedificio est fundamentum: secundum illud Hb 6,1: *Non rursum iacientes fundamentum poenitentiae ab operibus mortuis*. Unde et praecedit ipsum baptismum: secundum illud At 2,38: *Poenitentiam agite, et baptizetur unusquisque vestrum*. Ergo poenitentia non debet dici secunda tabula.

ARTIGO 6
O sacramento da penitência é a "segunda tábua depois do naufrágio"?

QUANTO AO SEXTO, ASSIM SE PROCEDE: parece que a penitência não é a segunda tábua após o naufrágio.

1. Com efeito, a respeito do texto; "Proclamam o seu pecado como Sodoma" comenta a Glosa: "Esconder os pecados é a segunda tábua depois do naufrágio". Ora, a penitência não esconde os pecados, mas antes os revela. Logo, a penitência não é a segunda tábua.
2. ALÉM DISSO, o fundamento num edifício ocupa o primeiro lugar e não o segundo. Ora, a penitência no edifício espiritual é o fundamento, conforme a Carta aos Hebreus: "Sem lançar de novo o fundamento da penitência dos atos mortos". Por isso, ela deve preceder ao próprio batismo, conforme o que se lê: "Fazei penitência e receba cada um de vós o batismo". Logo, a penitência não deve ser considerada a segunda tábua.

---

3. Q. 64, a. 4, ad 1, 3; q. 72, a. 1, ad 1.

PARALL.: IV *Sent.*, dist. 2, q. 1, a. 3, ad 5; dist. 14, q. 1, a. 2, q.la 4; dist. 16, q. 4, a. 1, q.la 1, ad 1.

1. Interl.

3. PRAETEREA, omnia sacramenta sunt quaedam tabulae, idest remedia contra peccatum. Sed poenitentia non tenet secundum locum inter sacramenta, sed magis quartum, ut ex supra[2] dictis patet. Ergo poenitentia non debet dici secunda tabula post naufragium.

SED CONTRA est quod Hieronymus dicit[3] quod *secunda tabula post naufragium est poenitentia*.

RESPONDEO dicendum quod id quod est per se, naturaliter prius est eo quod est per accidens: sicut et substantia prior est accidente. Sacramenta autem quaedam per se ordinantur ad salutem hominis: sicut baptismus, qui est spiritualis generatio, et confirmatio, quae est spirituale augmentum, et Eucharistia, quae est spirituale nutrimentum. Poenitentia autem ordinatur ad salutem hominis quasi per accidens, supposito quodam, scilicet ex suppositione peccati. Nisi enim homo peccaret actualiter, poenitentia non indigeret, indigeret tamen baptismo et confirmatione et Eucharistia: sicut et in vita corporali non indigeret homo medicatione nisi infirmaretur, indiget autem homo per se ad vitam generationem, augmento et nutrimento. Et ideo poenitentia tenet secundum locum respectu status integritatis, qui confertur et conservatur per sacramenta praedicta. Unde metaphorice dicitur *secunda tabula post naufragium*. Nam primum remedium mare transeuntibus est ut conserventur in navi integra: secundum autem remedium est, post navim fractam, ut aliquis tabulae adhaereat. Ita etiam primum remedium in mari huius vitae est quod homo integritatem servet: secundum autem remedium est, si per peccatum integritatem perdiderit, quod per poenitentiam redeat.

AD PRIMUM ergo dicendum quod abscondere peccata contingit dupliciter. Uno modo, dum ipsa peccata fiunt. Est autem peius peccare publice quam occulte: tum quia peccator publicus videtur ex contemptu maiori peccare; tum etiam quia peccat cum scandalo aliorum. Et ideo est quoddam remedium in peccatis quod aliquis in occulto peccet. Et secundum hoc dicit Glossa quod *secunda tabula post naufragium est peccata abscondere*: non quod per hoc tollatur peccatum, sicut per poenitentiam; sed quia per hoc peccatum fit minus.

Alio modo, aliquis abscondit peccatum prius factum per negligentiam confessionis. Et hoc con-

3. ADEMAIS, todos os sacramentos são, sob certo aspecto, tábuas, isto é remédio contra o pecado. Ora, a penitência não ocupa o segundo lugar entre os sacramentos, antes o quarto, como aparece do que foi dito acima. Logo, a penitência não deve ser chamada segunda tábua depois do naufrágio.

EM SENTIDO CONTRÁRIO, Jerônimo ensina: "a penitência é a segunda tábua depois do naufrágio".

RESPONDO. Aquilo que é essencial precede, por natureza, ao que é acidental, assim como a substância precede ao acidente. Com efeito, certos sacramentos são destinados, por sua natureza, à salvação do ser humano; assim o batismo, que é a geração espiritual, a confirmação que é o crescimento espiritual e a Eucaristia que é o alimento espiritual. A penitência, porém, é ordenada à salvação como que de maneira acidental e condicional, a saber na hipótese do pecado. Se o homem não cometesse algum pecado mortal atual, não necessitaria da penitência, mas sim do batismo, da confirmação e da Eucaristia. De modo semelhante à vida corporal, onde o ser humano não necesssitaria de remédio a não ser em caso de enfermidade, mas teria necessidade essencial para a vida da geração, do crescimento e do alimento. Por isso, a penitência ocupa o segundo lugar em relação ao estado de integridade, que é concedido e conservado pelos sacramentos indicados. Desta sorte, ela é chamada, de maneira metafórica, "segunda tábua depois do naufrágio". Pois, o primeiro remédio para os que atravessam o mar é conservar-se salvo no navio; o segundo remédio, porém, é, tendo este quebrado, agarrar-se a uma tábua. Assim, pois, o primeiro remédio desta vida é que o homem conserve a integridade da graça; o segundo remédio, porém, é que, se a perdeu pelo pecado, volte a ela pela penitência.

QUANTO AO 1º, portanto, deve-se dizer que podem-se esconder os pecados de duas maneiras. Em primeiro lugar, ao cometê-los. É pior pecar publicamente do que em particular, tanto porque o pecador público parece manifestar maior desprezo da lei, como também porque peca com escândalo dos outros. Por isso, já há certo remédio nos pecados cometidos em particular. É a respeito disto que a Glosa diz que "esconder os pecados é a segunda tábua depois do naufrágio", não no sentido de que os pecados são por isto removidos, como no caso da penitência, mas porque por isto eles são menos graves.

Um outro modo de esconder os pecados cometidos é negligenciar a confissão. Escondê-los

---

2. Q. 65, a. 2.
3. Epist. 130, al. 7, *ad Demetriadem*, n. 9: ML 22, 1115.

trariatur poenitentiae. Et sic abscondere peccatum non est secunda tabula, sed magis contrarium tabulae: dicitur enim Pr 28,13: *Qui abscondit scelera sua, non dirigetur*.

AD SECUNDUM dicendum quod poenitentia non potest dici fundamentum spiritualis aedificii simpliciter, idest in prima aedificatione: sed est fundamentum in secunda reaedificatione, quae fit post destructionem peccati; nam primo redeuntibus ad Deum occurrit poenitentia. Apostolus tamen ibi loquitur de fundamento spiritualis doctrinae. — Poenitentia autem quae baptismum praecedit, non est poenitentiae sacramentum.

AD TERTIUM dicendum quod tria praecedentia sacramenta pertinent ad navem integram, idest ad statum integritatis: respectu cuius poenitentia dicitur secunda tabula.

ARTICULUS 7
Utrum hoc sacramentum fuerit convenienter institutum in nova lege

AD SEPTIMUM SIC PROCEDITUR. Videtur quod hoc sacramentum non fuerit convenienter institutum in nova lege.

1. Ea enim quae sunt de iure naturali, institutione non indigent. Sed poenitere de malis quae quis gessit, est de iure naturali: non enim potest aliquis bonum diligere quin de contrario doleat. Ergo non est poenitentia convenienter instituta in nova lege.

2. PRAETEREA, illud quod fuit in veteri lege, instituendum non fuit. Sed etiam in veteri lege fuit poenitentia: unde et Dominus conqueritur, Ier 8,6, dicens: *Nullus est qui agat poenitentiam super peccato suo, dicens, Quid feci?* Ergo poenitentia non debuit institui in nova lege.

3. PRAETEREA, poenitentia consequenter se habet ad baptismum: cum sit *secunda tabula*, ut supra[1] dictum est. Sed poenitentia videtur a Domino instituta ante baptismum: nam in principio praedicationis suae legitur Dominus dixisse, Mt 4,17: *Poenitentiam agite: appropinquabit enim regnum caelorum*. Ergo hoc sacramentum non fuit convenienter institutum in nova lege.

4. PRAETEREA, sacramenta novae legis institutionem habent a Christo, ex cuius virtute operantur,

desta maneira é o oposto da penitência e não é nenhuma segunda tábua, antes o contrário, como se lê nos Provérbios: "Quem oculta suas faltas não prosperará".

QUANTO AO 2º, deve-se dizer que a penitência não pode ser considerada como fundamento do edifício espiritual em sentido absoluto, isto é da primeira edificação. É, porém, fundamento da segunda edificação, que se faz pela destruição do pecado. Pois, a penitência se impõe a todo aquele que retorna a Deus. O texto de Paulo trata neste lugar do fundamento da doutrina espiritual. — A penitência que precede o batismo não é o sacramento da penitência.

QUANTO AO 3º, deve-se dizer que os três sacramentos precedentes garantem a integridade do navio, isto é o estado de integridade a respeito do qual a penitência é considerada "segunda tábua".

ARTIGO 7
A instituição deste sacramento na Nova Lei foi adequada?

QUANTO AO SÉTIMO, ASSIM SE PROCEDE: parece que este sacramento **não** foi instituído adequadamente na Nova Lei.

1. Com efeito, as realidades que pertencem ao direito natural não necessitam de instituição. Ora, arrepender-se dos males que alguém cometeu pertence ao direito natural, já que ninguém pode amar o bem sem doer-se do pecado, o seu contrário. Logo, a penitência não foi instituída adequadamente na Nova Lei.

2. ALÉM DISSO, o que existiu na Antiga Lei, não precisava ser instituído. Ora, também na Antiga Lei existiu a penitência. Neste sentido, o Senhor Deus se queixa por meio do profeta: "Ninguém renuncia à sua maldade, dizendo: 'Que foi que eu fiz?'" Portanto, a penitência não devia ser instituída na Nova Lei.

3. ADEMAIS, a penitência vem depois do batismo uma vez que é a "segunda tábua". Ora, a penitência parece que foi instituída pelo Senhor antes do batismo. Com efeito, lê-se que o Senhor no princípio de sua pregação disse: "Fazei penitência: o Reino dos céus aproximou-se". Logo, este sacramento não foi instituído adequadamente na Nova Lei.

4. ADEMAIS, os sacramentos da Nova Lei foram instituídos por Cristo, que lhes deu sua força

---

7 PARALL.: IV *Sent*., dist. 22, q. 2, a. 3.

1. A. praec.

ut supra² dictum est. Sed Christus non videtur instituisse hoc sacramentum: cum ipse non sit usus eo, sicut aliis sacramentis quae ipse instituit. Ergo hoc sacramentum non fuit convenienter institutum in nova lege.

SED CONTRA est quod Dominus dicit, Lc 24,46-47: *Oportebat Christum pati, et resurgere a mortuis die tertia, et praedicari in nomine eius poenitentiam et remissionem peccatorum in omnes gentes.*

RESPONDEO dicendum quod, sicut dictum est³, in hoc sacramento actus poenitentis se habet sicut materia; id autem quod est ex parte sacerdotis, qui operatur ut minister Christi, se habet ut formale et completivum sacramenti. Materia vero, etiam in aliis sacramentis, praeexistit a natura, ut aqua, vel ab aliqua arte, ut panis: sed quod talis materia ad sacramentum assumatur, indiget institutione hoc determinante. Sed forma sacramenti, et virtus ipsius, totaliter est ex institutione Christi, ex cuius passione procedit virtus sacramentorum. Sic igitur materia praeexistit a natura, ex naturali enim ratione homo movetur ad poenitendum de malis quae fecit: sed quod hoc vel illo modo homo poenitentiam agat, est ex institutione divina.

Unde et Dominus, in principio praedicationis suae, indixit hominibus ut non solum poeniterent, sed etiam *poenitentiam agerent*, significans determinatos modos actuum qui requiruntur ad hoc sacramentum. Sed id quod pertinet ad officium ministrorum, determinavit Mt 16,19, ubi dixit Petro: *Tibi dabo claves regni caelorum*, etc. Efficaciam autem huius sacramenti, et originem virtutis eius, manifestavit post resurrectionem, Lc 24, ubi dixit quod *oportebat praedicari in nomine eius poenitentiam et remissionem peccatorum in omnes gentes*, praemisso de passione et resurrectione: virtute enim nominis Iesu Christi patientis et resurgentis hoc sacramentum efficaciam habet ad remissionem peccatorum. Et sic patet convenienter hoc sacramentum in nova lege fuisse institutum.

AD PRIMUM ergo dicendum quod de iure naturali est quod aliquis poeniteat de malis quae fecit,

operante. Ora, parece que Cristo não instituiu este sacramento, uma vez que não se serviu dele, como dos outros sacramentos que instituiu. Logo, não era conveniente que este sacramento fosse instituído na Nova Lei.

EM SENTIDO CONTRÁRIO, o Senhor diz: "Era preciso que Cristo sofresse e ressuscitasse dos mortos no terceiro dia, e se pregasse em seu nome a penitência e o perdão dos pecados para todas as nações".

RESPONDO. O ato do penitente faz as vezes de matéria deste sacramento. O ato do sacerdote, que age como ministro de Cristo, faz a função de princípio formal, completando o ato sacramental. Ora, a matéria dos outros sacramentos existe já na natureza, como a água, ou como algo fabricado, por exemplo, o pão. Pois bem, para que tal matéria possa ser usada num sacramento faz-se mister uma determinação na sua instituição. Ora bem, a forma do sacramento e sua força dependem totalmente da instituição de Cristo, de cuja paixão procede a força dos sacramentos. Assim, portanto, no sacramento da penitência já existe a matéria dada pela natureza no sentido de que por uma motivação natural o homem é movido a penitenciar-se dos pecados cometidos. Mas, que o homem se penitencie deste ou daquele modo, depende da instituição divina.

Por isso, o Senhor, no começo de sua pregação, intimou aos homens não só que se arrependessem, mas que também "fizessem penitência", significando assim determinados modos dos atos que se requerem para este sacramento. Mas o que pertence ao ofício dos ministros, ele determinou nas palavras dirigidas a Pedro: "Dar-te-ei as chaves do Reino dos céus etc.". A eficácia, porém, deste sacramento e a origem de sua força ele as revelou depois da ressurreição, quando disse que "em seu nome se pregará a penitência e o perdão dos pecados a todas as nações" após a sua paixão e ressurreição. Com efeito, pela força do nome de Jesus Cristo, que sofreu e ressuscitou, este sacramento adquire a eficácia para a remissão dos pecados. Desta sorte, aparece com evidência que este sacramento foi convenientemente instituído na Nova Lei[k].

QUANTO AO 1º, portanto, deve-se dizer que pertence ao direito natural que alguém se arrependa

---

2. Q. 62, a. 5; q. 64, a. 3.
3. A. 1, ad 1, 2; a. 2.

---

k. Não parece que a instituição do sacramento da penitência por Cristo tenha constituído uma dificuldade qualquer à teologia anterior a Sto. Tomás. Os questionamentos só virão à tona a partir do século XIV, para culminar com a Reforma protestante.

quantum ad hoc quod doleat se fecisse, et doloris remedium quaerat per aliquem modum, et quod etiam aliqua signa doloris ostendat: sicut Ninivitae fecerunt, ut legitur Ion 3,4sqq. In quibus tamen aliquid fuit adiunctum fidei quam ceperant ex praedicatione Ionae: ut scilicet hoc agerent sub spe veniae consequendae a Deo, secundum illud quod legitur ibi [v. 9]: *Quis scit si convertatur et ignoscat Deus, et revertatur a furore irae suae, et non peribimus?* Sed, sicut alia quae sunt de iure naturali determinationem acceperunt ex institutione legis divinae, ut in Secunda Parte[4] dictum est, ita etiam et poenitentia.

AD SECUNDUM dicendum quod ea quae sunt iuris naturalis diversimode determinationem accipiunt in veteri et nova lege, secundum quod congruit imperfectioni veteris legis et perfectioni novae. Unde et poenitentia in veteri lege aliquam determinationem habuit. Quantum quidem ad dolorem, ut esset magis in corde quam in exterioribus signis: secundum illud Ioel 2,13, *Scindite corda vestra, et non vestimenta vestra.* Quantum autem ad remedium doloris quaerendum, ut aliquo modo ministris Dei peccata sua confiterentur, ad minus in generali: unde Dominus, Lv 5,17-18, dicit: *Anima quae peccaverit per ignorantiam, offeret arietem immaculatum de gregibus sacerdoti, iuxta mensuram aestimationemque peccati: qui orabit pro eo quod nesciens fecerit, et dimittetur ei*; in hoc enim ipso quod oblationem faciebat aliquis pro peccato suo, quodammodo peccatum suum sacerdoti confitebatur; et secundum hoc dicitur Pr 28,13: *Qui abscondit scelera sua, non dirigetur: qui autem confessus fuerit et reliquerit ea, misericordiam consequetur.*

Nondum autem instituta erat potestas clavium, quae a passione Christi derivatur. Et per consequens nondum erat institutum quod aliquis doleret de peccato cum proposito subiiciendi se per confessionem et satisfactionem clavibus Ecclesiae, sub spe consequendae veniae virtute passionis Christi.

AD TERTIUM dicendum quod, si quis recte consideret ea quae Dominus dixit de necessitate baptismi, Io 3,3sqq., tempore praecesserunt ea quae dixit, Mt 4, de necessitate poenitentiae. Nam id quod dixit Nicodemo de baptismo, fuit ante incarcerationem Ioannis, de quo postea subditur [v.

dos males que praticou, entristecendo-se de tê-los feito, procurando, de algum modo, o remédio para esta tristeza e dando sinais dela, assim como fizeram os ninivitas, segundo se lê no livro de Jonas. Entretanto, no caso destes houve um acréscimo de um pouco da fé que captaram da pregação de Jonas para agirem deste modo na esperança de obter o perdão de Deus, como se lê na mesma perícopa: "Quem sabe Deus reconsidere, volte atrás de sua decisão e renuncie à sua ameaça? Assim não pereceremos". Ora, assim como outras prescrições da lei natural foram precisadas pela promulgação de uma lei divina, assim também vale o mesmo das prescrições referentes à penitência.

QUANTO AO 2º, deve-se dizer que as prescrições do direito natural foram determinadas de diversos modos na Lei Antiga e na Lei Nova, de acordo com a imperfeição da Lei Antiga e com a perfeição da Lei Nova. Por isso, a penitência na Lei Antiga teve certas determinações. A respeito da dor, ela devia manifestar-se mais no coração do que em sinais exteriores, segundo o dito do profeta Joel: "Rasgai vossos corações, não vossas vestes". A respeito de procurar um remédio para a dor, devia-se, de certo modo, confessar os seus pecados aos ministros de Deus, pelo menos em forma genérica. Por isso, o Senhor diz: "Se alguém pecou sem o saber, ele trará um carneiro sem defeito, apanhado do rebanho, segundo o valor indicado para o sacrifício de reparação, para o sacerdote que fará sobre ele o rito de absolvição do pecado cometido por inadvertência e o pecado lhe é perdoado". Pelo fato de alguém oferecer um sacrifício pelo seu pecado, de certa maneira este pecado era confessado ao sacerdote. Por esta razão se lê: "Quem oculta suas faltas não prosperará; quem as confessa e abandona obterá perdão".

Então não havia sido instituído o poder das chaves, que deriva da paixão de Cristo. Consequentemente não havia a prescrição de que alguém se arrependesse do pecado com o propósito de submeter-se ao poder das chaves da Igreja por meio da confissão e satisfação na esperança de conseguir o perdão pelo poder da paixão de Cristo.

QUANTO AO 3º, deve-se dizer que, se alguém considera retamente as palavras do Senhor sobre a necessidade do batismo, vai perceber que elas foram ditas antes das palavras do Evangelho de Mateus sobre a necessidade da penitência. Pois, as palavras de Jesus a Nicodemos sobre o batismo

---

4. I-II, q. 100, a. 11.

23-24] quod baptizabat: illud vero quod de poenitentia dixit, Mt 4, fuit post incarcerationem Ioannis [v. 12]. — Si tamen prius ad poenitentiam induxisset quam ad baptismum, hoc ideo esset quia ante baptismum etiam requiritur quaedam poenitentia: sicut et Petrus dixit, At 2,38: *Poenitentiam agite, et baptizetur unusquisque vestrum*.

AD QUARTUM dicendum quod Christus non est usus baptismo quem ipse instituit, sed est baptizatus baptismo Ioannis, ut supra[5] dictum est. Sed nec active usus est suo ministerio: quia *ipse non baptizabat* communiter, *sed discipuli eius*, ut dicitur Io 4,2; quamvis credendum videtur quod discipulos baptizaverit, ut Augustinus dicit, *ad Seleucianum*[6].

Usus autem huius sacramenti, ab eo instituti, nullo modo competebat: neque quantum ad hoc quod ipse poeniteret, in quo peccatum non fuit; neque quantum ad hoc quod hoc sacramentum aliis praeberet, quia, ad ostendendum misericordiam et virtutem suam, effectum huius sacramenti sine sacramento praebebat, ut supra[7] dictum est.

Sacramentum autem Eucharistiae et ipse sumpsit, et aliis dedit. Tum ad commendandam excellentiam huius sacramenti. Tum quia hoc sacramentum est memoriale suae passionis, inquantum Christus est sacerdos et hostia.

ARTICULUS 8

Utrum poenitentia debeat durare usque ad finem vitae

AD OCTAVUM SIC PROCEDITUR. Videtur quod poenitentia non debeat durare usque ad finem vitae.

1. Poenitentia enim ordinatur ad deletionem peccati. Sed poenitens statim consequitur remissionem peccatorum: secundum illud Ez 18,21: *Si poenitentiam egerit impius ab omnibus peccatis suis quae operatus est, vita vivet et non*

antecederam à prisão de João, de quem se diz em seguida que batizava. — Se, porém, Jesus intimava primeiro à penitência antes do batismo, isto acontecia porque antes do batismo se requer certa penitência, como Pedro diz: "Fazei penitência e receba cada um de vós o batismo".

QUANTO AO 4º, deve-se dizer que Cristo não recebeu o batismo que instituiu, mas foi batizado pelo batismo de João. Nem mesmo exerceu o seu poder de administrar o batismo, porque ordinariamente "ele não batizava", mas os "seus discípulos", como diz o Evangelho de João, embora se deva crer que tenha batizado os seus discípulos, como diz Agostinho[1].

Não convinha, de modo nenhum, a Cristo a recepção do sacramento da penitência, instituído por ele, nem no sentido de penitenciar-se, já que não tinha pecado; nem no sentido de administrá-lo aos outros, porque para mostrar a sua misericórdia e a sua força, ele podia conceder o efeito deste sacramento, sem o sacramento.

Quanto ao sacramento da Eucaristia, ele o tomou e deu aos outros, tanto para recomendar a excelência deste sacramento, quanto porque este sacramento é o memorial de sua paixão, na qual ele é sacerdote e vítima.

ARTIGO 8

Duração da penitência[m]

QUANTO AO OITAVO, ASSIM SE PROCEDE: parece que a penitência **não** deve durar até o fim da vida.

1. Com efeito, a penitência se destina à destruição do pecado. Ora, o penitente consegue imediatamente a remissão dos pecados conforme o dito do profeta: "Quanto ao mau, se ele fizer penitência de todos os pecados que cometeu,

---

5. Q. 39, a. 2.
6. Epist. 265, al. 108, *ad Seleucianum*, n. 4: ML 33, 1087.
7. A. 5, ad 3.

8 PARALL.: Infra, a. 9, ad i; IV *Sent.*, dist. 14, q. 1, a. 4, q.la 1; dist. 17, q. 2, a. 4, q.la 1.

1. Em sua carta a Seleuciano, Sto. Agostinho apresentava a seguinte opinião: "Quando o Senhor partiu de Jerusalém com seus discípulos... ele não batizou por si mesmo, mas por meio de seus discípulos, o que nos leva a crer que eles já estavam batizados, seja pelo batismo de João, como pensam alguns, seja, o que é bem mais provável, pelo batismo de Jesus Cristo, pois o Senhor não desdenhou sem dúvida batizar ele próprio aqueles por intermédio dos quais ele queria batizar os outros, ele que deu um exemplo tão grandioso de humildade lavando os pés de seus apóstolos..." (Carta 265).

m. Vimos que a penitência não podia ser repetida nos primeiros tempos da Igreja. Era preciso conceber portanto uma que durasse a vida inteira. A partir do momento em que o pecador podia solicitar o perdão a cada vez que o desejava, a questão da duração da penitência devia receber uma nova resposta.

morietur. Ergo non oportet ulterius poenitentiam protendi.

2. Praeterea, agere poenitentiam pertinet ad statum incipientium. Sed homo de hoc statu debet procedere ad statum proficientium, et ulterius ad statum perfectorum. Ergo non debet homo poenitentiam agere usque ad finem vitae.

3. Praeterea, sicut in aliis sacramentis homo debet conservare statuta Ecclesiae, ita et in hoc sacramento. Sed secundum canones determinata sunt tempora poenitendi: ut scilicet ille qui hoc vel illud peccatum commiserit, tot annis poeniteat. Ergo videtur quod non sit poenitentia extendenda usque ad finem vitae.

Sed contra est quod dicit Augustinus, in libro *de Poenitentia*[1]: *Quid restat nobis nisi dolere in vita? Ubi enim dolor finitur, deficit poenitentia. Si vero poenitentia finitur, quid derelinquitur de venia?*

Respondeo dicendum quod duplex est poenitentia: scilicet interior, et exterior. Interior quidem poenitentia est qua quis dolet de peccato commisso. Et talis poenitentia debet durare usque ad finem vitae. Semper enim debet homini displicere quod peccavit: si enim ei placeret peccasse, iam ex hoc ipso peccatum incurreret, et fructus veniae perderet. Displicentia autem dolorem causat in eo qui est susceptivus doloris, qualis est homo in hac vita. — Post hanc vitam autem sancti non sunt susceptivi doloris. Unde displicebunt eis peccata praeterita sine omni tristitia: secundum illud Is 65,16: *Oblivioni traditae sunt angustiae priores*.

Poenitentia vero exterior est qua quis exteriora signa doloris ostendit, et verbotenus confitetur peccata sua sacerdoti absolventi, et iuxta eius arbitrium satisfacit. Et talis poenitentia non oportet quod duret usque ad finem vitae, sed usque ad determinatum tempus, secundum mensuram peccati.

Ad primum ergo dicendum quod vera poenitentia non solum removet peccata praeterita, sed etiam praeservat eum a peccatis futuris. Quamvis igitur homo in primo instanti verae poenitentiae remissionem consequatur praeteritorum peccatorum, oportet tamen in homine perseverare poenitentiam, ne iterum incidat in peccatum.

Ad secundum dicendum quod agere poenitentiam interiorem simul et exteriorem pertinet ad

certamente viverá e não morrerá". Logo, não é necessário prolongar a penitência após o perdão.

2. Além disso, a penitência pertence ao estado dos principiantes. Ora, o homem neste estado deve caminhar para o estado dos proficientes e em seguida para o dos perfeitos. Logo, o homem não deve fazer penitência até o fim de sua vida.

3. Ademais, como nos outros sacramentos, também neste devem-se observar as prescrições da Igreja. Ora, os cânones determinam o tempo para a penitência, a saber: quem cometer tal ou tal pecado, deverá penitenciar-se por tantos anos. Logo, parece que a penitência não se deve estender até o fim da vida.

Em sentido contrário, Agostinho ensina: "Que nos resta fazer se não doer-nos durante a vida? Onde desaparece a dor, cessa a penitência. Se, porém, não há mais penitência, que sobra do perdão?

Respondo. Há dois tipos de penitência: uma interior e outra exterior. A penitência interior faz-nos chorar o pecado cometido. Esta penitência deve continuar até o fim da vida. O homem sempre deve desgostar-se de ter pecado, pois se se comprazesse de ter pecado, já por este simples fato pecaria e perderia o fruto do perdão. Este desgosto de ter pecado causa dor naquele que é sujeito à dor, como é o caso do homem nesta vida. — Depois desta vida, porém, os santos não são sujeitos à dor. Por isto, o desagrado deles em relação aos pecados passados se faz sem tristeza segundo o dito do profeta: "As angústias do passado serão esquecidas".

Por sua vez, a penitência exterior faz com que alguém mostre sinais externos da dor, submeta com palavras os seus pecados à absolvição do sacerdote e cumpra a satisfação imposta por ele. Não é necessário que tal penitência dure até o fim da vida, mas durante determinado tempo, conforme o tamanho do pecado.

Quanto ao 1º, portanto, deve-se dizer que a verdadeira penitência não somente apaga os pecados passados, como também preserva o penitente de pecados futuros. Embora, na verdade, o homem consiga a remissão dos pecados passados num primeiro instante, é-lhe necessário, porém, perserverar nos sentimentos de penitência para não reincidir no pecado.

Quanto ao 2º, deve-se dizer que as penitências, ao mesmo tempo interior e exterior, pertencem ao

---

1. *De vera et falsa poenit.*, c. 13: ML 40, 1124.

statum incipientium, qui scilicet de novo redeunt a peccato. Sed poenitentia interior habet locum etiam in proficientibus et perfectis: secundum illud Ps 83,6-7: *Ascensiones in corde suo disposuit in valle lacrimarum*. Unde et ipse Paulus dicebat, 1Cor 15,9: *Non sum dignus vocari Apostolus, quoniam persecutus sum Ecclesiam Dei*.

AD TERTIUM dicendum quod illa tempora praefiguntur poenitentibus quantum ad actionem exterioris poenitentiae.

estado dos principiantes, que acabam de sair do pecado. Mas, a penitência interior conserva seu lugar também na vida dos proficientes e perfeitos, conforme o salmista: "Dispôs sentimentos elevados no seu coração ao passar pelo vale dos prantos". Por isso, o próprio Paulo dizia: "Não sou digno de ser chamado apóstolo porque persegui a Igreja de Deus".

QUANTO AO 3º, deve-se dizer que estes tempos são fixados para os penitentes a fim de que pratiquem a penitência exterior.

ARTICULUS 9
Utrum poenitentia possit esse continua

AD NONUM SIC PROCEDITUR. Videtur quod poenitentia non possit esse continua.
1. Dicitur enim Ier 31,16: *Quiescat vox tua a ploratu, et oculi tui a lacrimis*. Sed hoc esse non posset si poenitentia continuaretur, quae consistit in ploratu et lacrimis. Ergo poenitentia non potest continuari.
2. PRAETEREA, de quolibet bono opere debet homo gaudere: secundum illud Ps 99,2: *Servite Domino in laetitia*. Sed agere poenitentiam est bonum opus. Ergo de hoc ipso debet homo gaudere. Sed non potest homo simul tristari et gaudere: ut patet per Philosophum, IX *Ethic*.[1] Ergo non potest esse quod poenitens simul tristetur de peccatis praeteritis, quod pertinet ad rationem poenitentiae.
3. PRAETEREA, 2Cor 2,7, Apostolus dicit: *Consolemini*, scilicet poenitentem, *ne forte abundantiori tristitia absorbeatur qui est huiusmodi*. Sed consolatio depellit tristitiam, quae pertinet ad rationem poenitentiae. Ergo poenitentia non debet esse continua.

SED CONTRA est quod Augustinus dicit, in libro *de Poenitentia*[2]: *Dolor in poenitentia continue custodiatur*.

RESPONDEO dicendum quod poenitere dicitur dupliciter: scilicet secundum actum, et secundum habitum. Actu quidem impossibile est quod homo continue poeniteat: quia necesse est quod actus poenitentis, sive interior sive exterior, interpoletur, ad minus somno et aliis quae ad necessitatem corporis pertinent.

ARTIGO 9
A penitência pode ser contínua?

QUANTO AO NONO, ASSIM SE PROCEDE: parece que a penitência **não** pode ser contínua.
1. Com efeito, Jeremias nos diz: "Chega de lamento, de lágrimas nos olhos!". Ora, tal não poderá acontecer se continuar a penitência, que consiste no choro e nas lágrimas. Logo, a penitência não deve ser contínua.
2. ALÉM DISSO, o homem deve alegrar-se de toda boa obra, conforme o salmista: "Servi ao Senhor com alegria". Ora, fazer penitência é uma boa obra. Portanto, o homem deve alegrar-se dela. Ora, "não se pode ao mesmo tempo entristecer-se e alegrar-se" como ensina Aristóteles. Logo, não pode acontecer que o penitente, ao mesmo tempo, tenha a alegria da boa obra e se entristeça dos pecados passados, o que é da razão da penitência.
3. ADEMAIS, Paulo ensina: "Consolai-o," isto é ao penitente, "a fim de que não soçobre em tristeza excessiva quem está nessa situação". Ora, a consolação afasta a tristeza, que pertence à natureza da penitência. Logo, a penitência não deve ser contínua.

EM SENTIDO CONTRÁRIO, Agostinho diz: "Que se conserve continuamente a dor na penitência".

RESPONDO. "Fazer penitência" pode designar o ato ou o hábito. É impossível que o ser humano faça penitência continuamente "em ato". Pois, é necessário que o ato do penitente, quer interior quer exterior, seja interrompido, pelo menos, pelo sono e por outras necessidades do corpo.

---

9 PARALL.: IV *Sent*., dist. 14, q. 1, a. 4, q.la 2; dist. 17, q. 2, a. 4, q.la 2.

1. C. 4: 1166, b, 22.
2. *De vera et falsa poenit*., c. 13: ML 40, 1124.

Alio modo dicitur poenitere secundum habitum. Et sic oportet quod homo continue poeniteat: et quantum ad hoc quod homo nunquam aliquid contrarium faciat poenitentiae, per quod habitualis dispositio poenitentis tollatur; et quantum ad hoc quod debet in proposito gerere quod semper sibi peccata praeterita displiceant.

AD PRIMUM ergo dicendum quod ploratus et lacrimae ad actum exterioris poenitentiae pertinent: qui non solum non debet esse continuus, sed nec etiam oportet quod duret usque ad finem vitae, ut dictum est[3]. Unde et signanter ibi subditur quod *est merces operi tuo*. Est autem merces operis poenitentis plena remissio peccati et quantum ad culpam et quantum ad poenam: post cuius consecutionem non est necesse quod homo ulterius exteriorem poenitentiam agat. Per hoc tamen non excluditur continuitas poenitentiae qualis dicta est[4].

AD SECUNDUM dicendum quod de dolore et gaudio dupliciter loqui possumus. Uno modo, secundum quod sunt passiones appetitus sensitivi. Et sic nullo modo possunt esse simul: eo quod sunt omnino contrariae, vel ex parte obiecti, puta cum sunt de eodem; vel saltem ex parte motus cordis, nam gaudium est cum dilatatione cordis, tristitia vero cum constrictione. Et hoc modo loquitur Philosophus in IX *Ethicorum*[5].

Alio modo loqui possumus de gaudio et tristitia secundum quod consistunt in simplici actu voluntatis, cui aliquid placet vel displicet. Et secundum hoc, non possunt habere contrarietatem nisi ex parte obiecti, puta cum sunt de eodem et secundum idem. Et sic non possunt simul esse gaudium et tristitia: quia non potest simul idem secundum idem placere et displicere. Si vero gaudium et tristitia sic accepta non sint de eodem et secundum idem, sed vel de diversis vel de eodem secundum diversa, sic non est contrarietas gaudii et tristitiae. Unde nihil prohibet hominem simul gaudere et tristari: puta, si videamus iustum affligi, simul placet nobis eius iustitia, et displicet afflictio. Et hoc modo potest alicui displicere quod peccavit, et placere quod hoc ei displicet cum spe veniae, ita quod ipsa tristitia sit materia gaudii. Unde et Augustinus dicit, in libro *de Poenitentia*[6]: *Semper doleat poenitens, et de dolore gaudeat*. — Si

Uma outra maneira de "fazer penitência" é como "hábito". Então é necessário que o homem faça penitência continuamente no sentido de nunca se fazer algo contrário à penitência, que venha suprimir a disposição habitual do penitente e no sentido de manter o propósito de sempre sentir desgosto com os pecados passados.

QUANTO AO 1º, portanto, deve-se dizer que o choro e as lágrimas pertencem ao ato exterior de penitência, os quais não só não devem ser contínuos, como também não devem durar até o fim da vida. Por isso, acrescenta-se aí no texto de Jeremias, de maneira explícita, que "há recompensa para a tua alma". A recompensa da obra do penitente é a plena remissão do pecado, quer quanto à culpa, quer quanto à pena. Depois de obter a remissão, não é necessário que o homem faça ulteriores atos externos de penitência. No entanto, isto não exclui que a penitência continue.

QUANTO AO 2º, deve-se dizer que ocorrem duas considerações sobre a dor e a alegria. Numa primeira, ambas são entendidas como paixões do apetite sensível. Nesse caso, nunca ambas podem coexistir, já que são totalmente contrárias, tanto no referente ao objeto, a saber quando é o mesmo, e quanto no referente ao movimento do coração, uma vez que a alegria o dilata, enquanto a tristeza o constringe. Assim nos ensina Aristóteles.

Numa outra consideração, podemos falar da alegria e da tristeza no sentido de simples ato da vontade, à qual algo agrada ou desagrada. Neste caso, existe contrariedade somente da parte do objeto, quando se trata do mesmo objeto sob o mesmo aspecto. Então não podem coexistir alegria e tristeza. Pois, uma mesma coisa não pode agradar e desagradar sob o mesmo aspecto. Se, porém, a alegria e a tristeza não versam sobre o mesmo objeto e sob o mesmo aspecto, mas sobre diversos objetos ou sobre um mesmo objeto mas sob aspectos diferentes, então não existe entre elas contrariedade. Daí se segue que nada nos impede de alegrar-nos e entristecer-nos ao mesmo tempo, assim, por exemplo, quando vemos um justo na aflição, ao mesmo tempo nos alegra a sua justiça e nos entristece a sua aflição. Assim, pode alguém desgostar-se com o próprio pecado e agradar-se de que o pecado o desagrada, com a esperança

---

3. A. 8.
4. In corp.
5. Loc. cit.
6. Loc. cit. supra.

tamen tristitia nullo modo compateretur sibi gaudium, per hoc non tolleretur habitualis continuitas poenitentiae, sed actualis.

AD TERTIUM dicendum quod, secundum Philosophum, in II *Ethic.*[7], ad virtutem pertinet tenere medium in passionibus. Tristitia autem quae in appetitu poenitentis sensitivo consequitur ex displicentia voluntatis, passio quaedam est. Unde moderanda est secundum virtutem: et eius superfluitas est vitiosa, quia inducit in desperationem. Quod significat Apostolus ibidem dicens: *ne maiori tristitia absorbeatur qui eiusmodi est.* Et sic consolatio de qua ibi Apostolus loquitur, est moderativa tristitiae, non autem totaliter ablativa.

do perdão, de tal modo que a tristeza se torna matéria da alegria. Neste sentido, Agostinho diz: "Que o penitente sinta dor e se alegre da própria dor". — Entretanto, se a tristeza de nenhum modo fosse compatível com a alegria, isto não impede a continuidade habitual da penitência, mas a atual.

QUANTO AO 3º, deve-se dizer que, segundo Aristóteles, pertence à virtude manter as paixões num justo meio. Ora, a tristeza, produzida no apetite sensível do penitente pelo que lhe desagrada a vontade, é uma paixão. Por isso, ela deve ser moderada segundo a regra da virtude e seu excesso é um vício que conduz ao desespero. É isto que quer dizer o Apóstolo: "A fim de que não soçobre em tristeza excessiva quem está nessa situação". E assim, a consolação de que fala o Apóstolo modera a tristeza, mas não a suprime totalmente.

ARTICULUS 10

Utrum sacramentum
poenitentiae debeat iterari

AD DECIMUM SIC PROCEDITUR. Videtur quod sacramentum poenitentiae non debeat iterari.

1. Dicit enim Apostolus, Hb 6,4-6: *Impossibile est eos qui semel illuminati sunt, et gustaverunt donum caeleste, et participes facti sunt Spiritus Sancti, et prolapsi sunt, rursus renovari ad poenitentiam.* Sed quicumque poenituerunt, sunt illuminati, et acceperunt donum Spiritus Sancti. Ergo quicumque peccat post poenitentiam, non potest iterato poenitere.

2. PRAETEREA, Ambrosius dicit, in libro *de Poenitentia*[1]: *Reperiuntur qui saepius agendam poenitentiam putant. Qui luxuriantur in Christo. Nam, si vere poenitentiam agerent, iterandam postea non putarent: quia, sicut unum est baptisma, ita una poenitentia.* Sed baptismus non iteratur. Ergo nec poenitentia.

3. PRAETEREA, miracula quibus Dominus infirmitates corporales sanavit, significant sanationes spiritualium infirmitatum, quibus scilicet homines liberantur a peccatis. Sed non legitur quod Domi-

ARTIGO 10

Pode-se repetir o
sacramento da penitência?

QUANTO AO DÉCIMO, ASSIM SE PROCEDE: parece que o sacramento da penitência **não** se pode repetir.

1. Com efeito, o autor da Carta aos Hebreus diz: "Impossível é, com efeito, a pessoas que um dia receberam a luz, provaram o dom celeste, partilharam do Espírito Santo e recaíram; é impossível que consigam outra vez a renovação". Ora, todo aquele que fez penitência, é alguém que recebeu a luz e o dom do Espírito Santo. Logo, todo aquele que peca depois da penitência não pode repetir a penitência.

2. ALÉM DISSO, Ambrósio diz: "Encontram-se pessoas que julgam que se possa fazer penitência frequentemente. Querem ser 'luxuriosos' em Cristo. Com efeito, se eles fizessem verdadeiramente penitência, não julgariam que a penitência pudesse em seguida ser repetida. Pois, assim como o batismo é único, assim também a penitência". Ora, o batismo não se repete. Logo, nem também a penitência.

3. ADEMAIS, os milagres que o Senhor fez para curar as enfermidades corporais são sinais das curas das enfermidades espirituais pelas quais os homens são libertados dos pecados. Ora, não se

---

7. C. 5: 1106, b, 14-23.

PARALL.: IV *Sent.*, dist. 14, q. 1, a. 4, q.la 3; *ad Heb.*, c. 6, lect. 1.

1. L. II, c. 10, n. 95: ML 16, 520 A.

nus aliquem caecum bis illuminaverit, vel aliquem leprosum bis mundaverit, aut aliquem mortuum bis suscitaverit. Ergo videtur quod nec alicui peccatori bis per poenitentiam veniam largiatur.

4. PRAETEREA, Gregorius dicit, in Homilia Quadragesimae[2]: *Poenitentia est anteacta peccata deflere, et flenda iterum non committere*. Et Isidorus dicit, in libro *de Summo Bono*[3]: *Irrisor est, et non poenitens, qui adhuc agit quod poenitet*. Si ergo aliquis vere poeniteat, iterum non peccabit. Ergo non potest quod poenitentia iteretur.

5. PRAETEREA, sicut baptismus habet efficaciam ex passione Christi, ita et poenitentia. Sed baptismus non iteratur, propter unitatem passionis et mortis Christi. Ergo pari ratione et poenitentia non iteratur.

6. PRAETEREA, Gregorius[4] dicit: *Facilitas veniae incentivum praebet delinquendi*. Si ergo Deus frequenter veniam praebet per poenitentiam, videtur quod ipse incentivum praebeat hominibus delinquendi: et sic videtur delectari in peccatis. Quod eius bonitati non congruit. Non ergo potest poenitentia iterari.

SED CONTRA est quod homo inducitur ad misericordiam exemplo divinae misericordiae: secundum illud Lc 6,36: *Estote misericordes, sicut et Pater vester misericors est*. Sed Dominus hanc misericordiam discipulis imponit, ut saepius remittant fratribus contra se peccantibus: unde, sicut dicitur Mt 18,21-22, Petro quaerenti, *Quoties peccaverit in me frater meus, dimittam ei usque septies?* respondit Iesus: *Non dico tibi usque septies, sed usque septuagesies septies*. Ergo etiam Deus saepius per poenitentiam veniam peccantibus praebet: praesertim cum doceat nos petere, *Dimitte nobis debita nostra sicut et nos dimittimus debitoribus nostris*.

RESPONDEO dicendum quod circa poenitentiam erraverunt quidam dicentes non posse hominem per poenitentiam secundo consequi veniam peccatorum. Quorum quidam, scilicet Novatiani, hoc in tantum extenderunt quod dixerunt post primam poenitentiam quae agitur in baptismo, peccantes non posse per poenitentiam iterato restitui. — Alii vero fuerunt haeretici, ut Augustinus dicit, in libro

lê que o Senhor tenha curado duas vezes algum cego, ou purificado duas vezes algum leproso, ou ressuscitado duas vezes algum morto. Portanto, parece que não se deva conceder duas vezes o perdão a algum pecador.

4. ADEMAIS, Gregório ensina: "Fazer penitência é chorar os pecados já cometidos e não mais cometer algum ato de que se deva chorar". Isidoro acrescenta: "Fingido e não penitente é aquele que faz aquilo de que se arrepende". Se alguém realmente se arrepende, não pecará de novo. Portanto, a penitência não pode ser repetida.

5. ADEMAIS, assim como o batismo tem sua eficácia da paixão de Cristo, assim também a penitência. Ora, o batismo não se repete porque a paixão e morte de Cristo foi uma só vez. Logo, por igual razão a penitência não deve repetir-se.

6. ADEMAIS, Gregório diz: "A facilidade do perdão incentiva o pecado". Se Deus perdoa frequentemente pela penitência, parece que ele incentiva os homens a pecarem e assim parece que se compraz no pecado. Isto contradiz à sua bondade. Portanto, a penitência não pode ser repetida.

EM SENTIDO CONTRÁRIO, o homem é atraído a ser misericordioso pelo exemplo da misericórdia de Deus, como se lê no Evangelho de Lucas: "Sede misericordiosos como vosso Pai é misericordioso". Ora, o Senhor prescreve aos discípulos esta misericórdia para que perdoem muitas vezes os irmãos que os ofendem. Deste modo, ele responde à pergunta de Pedro "quando o meu irmão cometer uma falta a meu respeito, quantas vezes lhe hei de perdoar? Até sete vezes?" dizendo: "Eu não te digo até sete vezes, mas até setenta vezes sete vezes". Portanto, Deus oferece muitas vezes o perdão pela penitência, sobretudo quando nos ensina a pedir "perdoa-nos as nossas dívidas como nós mesmos perdoamos aos nossos devedores".

RESPONDO. Alguns autores equivocaram-se a respeito da penitência ao dizer que o homem não pode conseguir pela penitência o perdão dos pecados uma segunda vez. Entre eles, os novacianos, chegaram ao exagero de dizer que depois da primeira penitência, que acontece no batismo, os pecadores já não podem pela penitência ser reerguidos do pecado. — Outros hereges, de que fala

---

2. *In Evang.*, l. II, hom. 34, n. 15: ML 76, 1256 B.
3. Al. *Sent.*, l. II, c. 16, n. 1: ML 83, 619 B.
4. AMBR., *In Ps.* 118, serm. 8, super v. 58, n. 26: ML 15, 1305 B.

de Poenitentia[5], qui post baptismum dicebant quidem esse utilem poenitentiam, non tamen pluries, sed semel tantum.

Videntur autem huiusmodi errores ex duobus processisse. Primo quidem, ex eo quod errabant circa rationem verae poenitentiae. Cum enim ad veram poenitentiam caritas requiratur, sine qua non delentur peccata, credebant quod caritas semel habita non possit amitti: et per consequens quod poenitentia, si sit vera, nunquam per peccatum tollatur, ut sit necesse eam iterari. — Sed hoc improbatum est in Secunda Parte[6], ubi ostensum est quod caritas semel habita, propter libertatem arbitrii, potest amitti; et per consequens post veram poenitentiam potest aliquis peccare mortaliter.

Secundo, ex eo quod errabant circa aestimationem gravitatis peccati. Putabant enim adeo grave esse peccatum quod aliquis committit post veniam impetratam, quod non sit possibile ipsum remitti. In quo quidem errabant et ex parte peccati, quod, etiam post remissionem consecutam, potest esse et gravius et levius etiam quam fuerit ipsum primum peccatum remissum: et multo magis contra infinitatem divinae misericordiae, quae est super omnem numerum et magnitudinem peccatorum, secundum illud Ps 50,3: *Miserere mei, Deus, secundum magnam misericordiam tuam: et secundum multitudinem miserationum tuarum, dele iniquitatem meam.* Unde reprobatur verbum Caini dicentis, Gn 4,13: *Maior est iniquitas mea quam ut veniam merear.* Et ideo misericordia Dei peccantibus per poenitentiam veniam praebet absque ullo termino. Unde dicitur II *Paralip.* ult.: *Immensa et investigabilis misericordia promissionis tuae super malitias hominum.* Unde manifestum est quod poenitentia est pluries iterabilis.

AD PRIMUM ergo dicendum quod, quia apud Iudaeos erant secundum legem quaedam lavacra instituta, quibus pluries se ab immunditiis purgabant, credebant aliqui Iudaeorum quod etiam per lavacrum baptismi aliquis pluries purificari possit. Ad quod excludendum, Apostolus scribit Hebraeis quod impossibile est *eos qui semel sunt illuminati,*

Agostinho, diziam que depois do batismo a penitência era útil, mas uma vez só e não muitas[n].

Tais erros parecem originar-se de duas fontes. Antes de tudo, porque os autores se equivocaram a respeito da natureza da verdadeira penitência. Uma vez que para a verdadeira penitência se requer a caridade, sem a qual os pecados não são apagados, julgavam que a caridade, uma vez recebida, não se podia perder mais. E consequentemente a penitência, quando verdadeira, nunca é destruída pelo pecado de modo a precisar repeti-la. — Mas isto foi refutado na II Parte, onde se mostrou que a caridade uma vez recebida, por causa do livre-arbítrio, pode ser perdida. E, por consequência, depois de verdadeira penitência alguém pode pecar mortalmente.

Uma segunda causa do erro vem de que os autores se enganaram a respeito do juízo sobre a gravidade do pecado. Julgavam que o pecado que alguém cometesse depois de ter obtido o perdão era de tal maneira grave que não lhe seria possível ser perdoado. Nisto se quivocaram: por parte do pecado, que, mesmo depois do perdão obtido, pode ser mais grave ou mais leve do que foi o primeiro pecado perdoado; e muito mais ainda se equivocaram a respeito da misericórdia infinita de Deus, que supera todo número e grandeza dos pecados, conforme diz o salmista: "Tem piedade de mim, meu Deus, segundo a tua grande misericórdia; segundo a multidão de teus atos de misericórdia, apaga a minha culpa". Por isso, a Escritura reprova a fala de Caim: "Meu crime é muito grande para que mereça o perdão". Daí se segue que a misericórdia de Deus oferece o perdão aos pecadores por meio da penitência sem nenhum limite. E, da mesma maneira, se lê: "É imensa e insondável a misericórdia de vossa promessa a respeito da maldade humana". Segue-se daí claramente que a penitência pode ser repetida diversas vezes[o].

QUANTO AO 1º, portanto, deve-se dizer que entre os judeus havia certas abluções legais, com as quais as pessoas se purificavam das impurezas várias vezes, alguns judeus julgavam que também pela ablução do batismo alguém se poderia purificar várias vezes. O autor da Carta aos Hebreus rejeita tal opinião, ao escrever que é "impossível a pessoas

---

5. *De vera et falsa poenit.*, c. 5, n. 11: ML 40, 1116.
6. II-II, q. 24, a. 11.

n. A obra à qual se refere Sto. Tomás, *Da verdadeira e da falsa penitência*, não foi reconhecida como de autoria de Sto. Agostinho.

o. Em seu cânon 1 sobre o sacramento da penitência, o concílio de Trento afirma que este foi "instituído por Cristo nosso Senhor para reconciliar os fiéis com Deus tantas vezes quanto eles incorrem em pecado, após o batismo" (14ª sessão).

scilicet per baptismum, *rursum renovari ad poenitentiam*, scilicet per baptismum, qui est *lavacrum regenerationis et renovationis Spiritus Sancti*, ut dicitur Ti 3,5. Et rationem assignat ex hoc quod per baptismum homo Christo commoritur: unde sequitur, *rursum crucifigentes in semetipsis Filium Dei*.

AD SECUNDUM dicendum quod Ambrosius loquitur de poenitentia solemni, quae in Ecclesia non iteratur, ut infra[7] dicetur.

AD TERTIUM dicendum quod, sicut Augustinus dicit, in libro *de Poenitentia*[8], *multos caecos in diverso tempore Dominus illuminavit, et multos debiles confortavit, ostendens in diversis illis eadem saepe peccata dimitti: ut quem prius sanavit leprosum, alio tempore illuminat caecum. Ideo enim tot sanavit caecos, claudos et aridos, ne desperet saepe peccator. Ideo non scribitur aliquem nisi semel sanasse, ut quisque timeat se iungi peccato. Medicum se vocat, et non sanis, sed male habentibus opportunum: sed qualis hic medicus qui malum iteratum nesciret curare? Medicorum enim est centies infirmum centies curare. Qui ceteris minor esset, si alii possibilia ignoraret*.

AD QUARTUM dicendum quod poenitere est anteacta peccata deflere et flenda non committere *simul dum flet*, vel actu vel proposito. Ille enim est irrisor et non poenitens qui, *simul dum poenitet*, agit quod poenitet: proponit enim iterum se facturum quod gessit, vel etiam actualiter peccat eodem vel alio genere peccati. Quod autem aliquis postea peccat, vel actu vel proposito, non excludit quin prima poenitentia vera fuerit. Nunquam enim veritas prioris actus excluditur per actum contrarium subsequentem: sicut enim vere cucurrit qui postea sedet, ita vere poenituit qui postea peccat.

AD QUINTUM dicendum quod baptismus habet virtutem ex passione Christi sicut quaedam spiritualis regeneratio, cum spirituali morte praecedentis vitae. *Statutum est* autem *hominibus semel mori*, et semel nasci. Et ideo semel tantum debet homo baptizari. Sed poenitentia habet virtutem ex passione Christi sicut spiritualis medicatio, quae frequenter iterari potest.

que um dia receberam a luz", a saber pelo batismo, "consigam outra vez a renovação" pela penitência", a saber pelo batismo, que é "banho do novo nascimento e da renovação que o Espírito Santo produz". E a razão aduzida é que o homem pelo batismo morre juntamente com Cristo e por isso "torna a pôr na cruz em si mesmos o Filho de Deus".

QUANTO AO 2º, deve-se dizer que Ambrósio fala sobre a penitência solene, que na Igreja não se repetia, como se dirá mais abaixo.

QUANTO AO 3º, Agostinho diz: "O Senhor curou muitos cegos em diversas circunstâncias, fortaleceu a muitos enfermos, mostrando que nestes diferentes casos ele perdoava frequentemente os pecados. Desta maneira, após ter curado um leproso, em outro momento restituiu-lhe a vista. Com efeito, curou tantos cegos, coxos e paralíticos, para que o pecador frequentemente não desespere. De fato, não se escreve que alguém tenha sido curado só uma vez a fim de que cada um tema ser vinculado ao pecado. Ele se chama a si de médico, propício não para os sãos, mas para os doentes; que médico seria aquele que não sabe curar o mal que retorna? é próprio do médico curar cem vezes aquele que cem vezes adoece. Jesus seria um médico inferior aos outros, se não soubesse fazer como eles".

QUANTO AO 4º, deve-se dizer que fazer penitência é chorar os pecados antes cometidos e não cometer, quer por ato quer por intenção, os pecados a serem chorados, "ao mesmo tempo que os chora". É fingido e não penitente quem, "ao mesmo tempo que se arrepende", faz o de que se arrepende. Ele se propõe fazer de novo o que fez, cometendo efetivamente seja o mesmo pecado ou um pecado do mesmo gênero. Que alguém depois peque por ato ou por intenção, isto não impede que a primeira penitência tenha sido verdadeira. Nunca a realidade de um ato anterior é anulada pelo ato contrário subsequente. Como correu de fato quem depois se assentou, assim também arrependeu-se verdadeiramente quem depois peca.

QUANTO AO 5º, deve-se dizer que o batismo recebe da paixão de Cristo o poder de produzir certa regeneração espiritual ligada à morte espiritual da vida precedente. "O destino dos homens é morrer uma só vez" e nascer também uma só vez. Por isso, deve ser batizado uma só vez. Ora, a penitência recebe da paixão de Cristo o poder da cura espiritual que pode ser frequentemente renovada.

---

7. *Suppl.*, q. 28, a. 2.
8. Loc. cit., in 12: ML 40, 1117.

AD SEXTUM dicendum quod Augustinus, in libro *de Poenitentia*[9], dicit quod *constat Deo multum displicere peccata, qui semper praesto est ea destruere, ne solvatur quod creavit, ne corrumpatur quod amavit*, scilicet per desperationem.

QUANTO AO 6º, Agostinho diz: "Deus desagrada muito dos pecados e por isso está sempre pronto a destruí-los para que não se destrua o que criou, não corrompa o que amou", isto é por desespero.

9. Loc. cit., n. 11: ML 40, 1117.

QUAESTIO LXXXV
DE POENITENTIA SECUNDUM QUOD EST VIRTUS
in sex articulos divisa

Deinde considerandum est de poenitentia secundum quod est virtus.
Et circa hoc quaeruntur sex.
Primo: utrum poenitentia sit virtus.
Secundo: utrum sit virtus specialis.
Tertio: sub qua specie virtutis contineatur.
Quarto: de subiecto eius.
Quinto: de causa ipsius.
Sexto: de ordine eius ad alias virtutes.

QUESTÃO 85
A PENITÊNCIA ENQUANTO VIRTUDE
em seis artigos

Em seguida, deve-se considerar a penitência enquanto virtude[a].
Sobre isso, são seis as perguntas:
1. A penitência é uma virtude?
2. Uma virtude especial?
3. Sob que espécie de virtude colocá-la?
4. Qual o seu sujeito?
5. A sua causa?
6. Seu lugar em relação às outras virtudes?

ARTICULUS 1
Utrum poenitentia sit virtus

AD PRIMUM SIC PROCEDITUR. Videtur quod poenitentia non sit virtus.
1. Poenitentia enim est quoddam sacramentum aliis sacramentis connumeratum, ut ex supra[1] dictis patet. Sed nullum aliud sacramentorum est virtus. Ergo neque poenitentia est virtus.
2. PRAETEREA, secundum Philosophum, in IV *Ethic.*[2], verecundia non est virtus, tum quia est passio habens corporalem immutationem; tum etiam quia non est *dispositio perfecti*, cum sit de turpi acto, quod non habet locum in homine virtuoso. Sed similiter poenitentia est quaedam passio habens corporalem immutationem, scilicet ploratum: sicut Gregorius dicit[3] quod *poenitere est peccata praeterita plangere*. Est etiam de turpibus factis, scilicet de peccatis, quae non habent

ARTIGO 1
A penitência é uma virtude?

QUANTO AO PRIMEIRO ARTIGO, ASSIM SE PROCEDE: parece que a penitência **não** é uma virtude.
1. Com efeito, a penitência é um sacramento. Ora, nenhum outro sacramento é uma virtude. Logo, nem a penitência é uma virtude.

2. ALÉM DISSO, o Filósofo ensina que a vergonha não é uma virtude, seja porque ela é uma paixão implicando uma mutação corporal, seja porque não é uma "disposição de um ser perfeito", já que diz respeito a um ato torpe, que não tem lugar em homem virtuoso. Ora, de igual modo, a penitência é uma certa paixão que implica mutação corporal, a saber choro, como diz Gregório: "Fazer penitência é chorar os pecados passados". Trata-se de feitos torpes, isto é de pecados, que não têm

---

1 PARALL.: IV *Sent.*, dist. 14, q. 1, a. 1, q.la 2.

1. Q. 65, a. 1; q. 84, a. 1.
2. C. 15: 1128, b, 10-11.
3. *In Evang.*, hom. 34, n. 15: ML 76, 1256 B.

a. Com essa questão aparece uma nova originalidade da análise tomista. Como lembra a primeira objeção do artigo 1: "Nenhum dos outros sacramentos é uma virtude". Mas aqui o ato eclesial pressupõe necessariamente "uma certa maneira de ser" do sujeito. Chama-se de virtude essa maneira de ser. Caracteriza uma qualificação moral, permanente e adquirida. A teologia desse sacramento apela portanto necessariamente à análise moral, o que não exige a teologia dos outros sacramentos.

locum in homine virtuoso. Ergo poenitentia non est virtus.

3. PRAETEREA, secundum Philosophum, in IV *Ethic*.[4], *nullus est stultus eorum qui sunt secundum virtutem*. Sed stultum videtur dolere de commisso praeterito, quod non potest non esse: quod tamen pertinet ad poenitentiam. Ergo poenitentia non est virtus.

SED CONTRA est quod praecepta legis dantur de actibus virtutum: quia *legislator intendit cives facere virtuosos*, ut dicitur in II *Ethic*.[5]. Sed praeceptum divinae legis est de poenitentia: secundum illud Mt 3,2: *Poenitentiam agite*, etc. Ergo poenitentia est virtus.

RESPONDEO dicendum quod, sicut ex dictis[6] patet, poenitere est de aliquo a se prius facto dolere. Dictum est autem supra[7] quod dolor vel tristitia dupliciter dicitur. Uno modo, secundum quod est passio quaedam appetitus sensitivi. Et quantum ad hoc, poenitentia non est virtus, sed passio.

Alio modo, secundum quod consistit in voluntate. Et hoc modo est cum quadam electione. Quae quidem si sit recta, necesse est quod sit actus virtutis: dicitur enim in II *Ethic*.[8] quod virtus est *habitus electivus secundum rationem rectam*. Pertinet autem ad rationem rectam quod aliquis doleat de quo dolendum est. Quod quidem observatur in poenitentia de qua nunc loquimur: nam poenitens assumit moderatum dolorem de peccatis praeteritis, cum intentione removendi ea. Unde manifestum est quod poenitentia de qua nunc loquimur, vel est virtus, vel actus virtutis.

AD PRIMUM ergo dicendum quod, sicut dictum est[9], in sacramento poenitentiae materialiter se habent actus humani: quod non contingit in baptismo vel confirmatione. Et ideo, cum virtus sit principium alicuius actus, potius poenitentia est virtus, vel cum virtute, quam baptismus vel confirmatio.

AD SECUNDUM dicendum quod poenitentia, secundum quod est passio, non est virtus, ut dictum est[10]. Sic autem habet corporalem transmutationem

lugar em homem virtuoso. Logo, a penitência não é uma virtude.

3. ADEMAIS, o mesmo Filósofo observa que "entre os virtuosos não há nenhum estulto". Ora, parece estulto fazer penitência de falta passada, que já não pode deixar de ter existido. E isto pertence à penitência. Logo, a penitência não é uma virtude.

EM SENTIDO CONTRÁRIO, os preceitos da lei versam sobre atos de virtude, já que "o legislador se propõe fazer virtuosos os cidadãos", como ensina Aristóteles. Ora, há um preceito da lei divina sobre a penitência, como o Evangelho de Mateus: "Fazei penitência", etc. Logo, a penitência é uma virtude.

RESPONDO. Fazer penitência é doer-se de algo cometido anteriormente. Já se viu também que a dor ou a tristeza pode ser considerada de duas maneiras.

1ª. Enquanto é uma paixão do apetite sensitivo. E sob este aspecto, a penitência não é uma virtude, mas uma paixão.

2ª. Enquanto é um ato da vontade. Nesse caso, ela implica certa escolha. E se esta é feita de maneira reta, pressupõe que seja um ato de virtude. Diz Aristóteles que a virtude é "um hábito de escolher conforme a reta razão". Pertence, porém, à reta razão que alguém se doa daquilo de que se deve doer. E isso acontece na penitência, de que agora se trata. Pois, o penitente assume uma dor moderada dos pecados passados, com a intenção de afastá-los. Daí se segue que é claro ser a penitência, de que agora falamos, uma virtude ou ato de virtude.

QUANTO AO 1º, portanto, deve-se dizer que no sacramento da penitência, os atos humanos ocupam o lugar da matéria, o que não acontece no batismo nem na confirmação. Por esta razão, sendo a virtude o princípio de determinado ato, então a penitência é uma virtude, ou acompanhada de uma virtude, mais que o batismo ou a confirmação.

QUANTO AO 2º, deve-se dizer que a penitência, enquanto é uma paixão, não é uma virtude. Como tal que ela implica uma mutação do nosso corpo.

---

4. C. 7: 1123, b, 3-4.
5. C. 1: 1103, b, 4-5.
6. Q. 84, a. 8; a. 10, ad 4.
7. Q. 84, a. 9, ad 2.
8. C. 6: 1106, b, 36-1107, a, 2.
9. Q. 84, a. 1, ad 1, 2; a. 2, 7.
10. In corp.

adiunctam. Est autem virtus secundum quod habet ex parte voluntatis electionem rectam.

Quod tamen magis potest dici de poenitentia quam de verecundia. Nam verecundia respicit turpe factum ut praesens: poenitentia vero respicit turpe factum ut praeteritum. Est autem contra perfectionem virtutis quod aliquis in praesenti habeat turpe factum, de quo oporteat eum verecundari. Non autem est contra perfectionem virtutis quod aliquis prius commiserit turpia facta, de quibus oporteat eum poenitere, cum ex vitioso fiat aliquis virtuosus.

AD TERTIUM dicendum quod dolere de eo quod prius factum est cum hac intentione conandi ad hoc quod factum non fuerit, esset stultum. Hoc autem non intendit poenitens: sed dolor eius est displicentia seu reprobatio facti praeteriti cum intentione removendi sequelam ipsius, scilicet offensam Dei et reatum poenae. Et hoc non est stultum.

É, porém, uma virtude enquanto, do lado da vontade, implica uma escolha reta.

Este caráter de virtude pode ser atribuído antes à penitência do que à vergonha. Pois, a vergonha diz respeito ao fato torpe enquanto presente e, por sua vez, a penitência o faz enquanto passado. É, na verdade, contra a perfeição da virtude que alguém esteja presentemente sob o peso de um ato torpe, do qual deva envergonhar-se. No entanto, não é contra a perfeição da virtude que alguém, tendo cometido antes pecados vergonhosos, de que se deve penitenciar, o faça, e assim se torna virtuoso quem antes estava no vício.

QUANTO AO 3º, deve-se dizer que doer-se de algo que se fez com a intenção de conseguir que o feito não fosse feito, é realmente estulto[b]. O penitente não pretende isto. Sua dor refere-se ao desagrado ou reprovação do fato passado, com a intenção de remover suas consequências, isto é a ofensa de Deus e o reato da pena. E isso não é estulto.

ARTICULUS 2
Utrum poenitentia sit specialis virtus

AD SECUNDUM SIC PROCEDITUR. Videtur quod poenitentia non sit specialis virtus.

1. Eiusdem enim rationis videtur esse gaudere de bonis prius actis, et dolere de malis perpetratis. Sed gaudium de bono prius facto non est specialis virtus, sed est quidam *affectus laudabilis ex caritate proveniens*, ut patet per Augustinum, XIV *de Civ. Dei*[1]: unde et Apostolus, 1Cor 13,6, dicit quod *caritas non gaudet super iniquitate, congaudet autem veritati*. Ergo pari ratione poenitentia, quae est dolor de peccatis praeteritis, non est specialis virtus, sed est quidam affectus ex caritate proveniens.

2. PRAETEREA, quaelibet virtus specialis habet materiam specialem: quia habitus distinguuntur per actus, et actus per obiecta. Sed poenitentia non habet materiam specialem: sunt enim eius materia peccata praeterita circa quamcumque materiam. Ergo poenitentia non est specialis virtus.

ARTIGO 2
A penitência é uma virtude especial?

QUANTO AO SEGUNDO, ASSIM SE PROCEDE: parece que a penitência **não** é uma virtude especial.

1. Com efeito, parecem atos da mesma natureza alegrar-se do bem já feito e doer-se do mal cometido. Ora, alegrar-se do bem antes feito não é nenhuma virtude especial, mas é um "sentimento louvável proveniente da caridade", como ensina Agostinho. Neste sentido, declara também o Apóstolo que "a caridade não se regozija com a injustiça, mas encontra a sua alegria na verdade". Portanto, de igual modo, a penitência, que é a dor de pecados passados, não é uma virtude especial, mas um certo sentimento proveniente da caridade.

2. ALÉM DISSO, toda virtude especial tem uma matéria especial, porque os hábitos se distinguem pelos atos e estes pelos objetos. Ora, a penitência não tem matéria especial. Com efeito, são-lhe a matéria os pecados passados, de qualquer matéria que seja. Logo, a penitência não é uma virtude especial.

---

2 PARALL.: IV *Sent.*, dist. 14, q. 1, a. 1, q.la 3.

1. C. 9, nn. 3, 4: ML 41, 414, 415.

b. Esse arrependimento do passado não significa que o sujeito quisesse fazer como se seu ato jamais tivesse se realizado. Jamais foi afirmado que o sacramento iria apagar nossa falta como uma inscrição em um quadro negro. O ato desenrolará suas consequências sobre as quais nossa responsabilidade será mantida até a reparação. O arrependimento da falta consiste em detestar e reprovar a ação passada, no propósito de suprimir os desdobramentos atuais: a ofensa feita a Deus e a dívida da pena na qual se incorreu (ver q. 86, a. 4).

3. Praeterea, nihil expellitur nisi a suo contrario. Sed poenitentia expellit omnia peccata. Ergo contrariatur omnibus peccatis. Non est ergo specialis virtus.

Sed contra est quod de ea datur speciale legis praeceptum, ut supra[2] habitum est.

Respondeo dicendum quod, sicut in Secunda Parte[3] habitum est, species habituum distinguuntur secundum species actuum: et ideo ubi occurrit specialis actus laudabilis, ibi necesse est ponere specialem habitum virtutis. Manifestum est autem quod in poenitentia invenitur specialis ratio actus laudabilis, scilicet operari ad destructionem peccati praeteriti inquantum est Dei offensa, quod non pertinet ad rationem alterius virtutis. Unde necesse est ponere quod poenitentia sit specialis virtus.

Ad primum ergo dicendum quod a caritate derivatur aliquis actus dupliciter. Uno modo, sicut ab ea elicitus. Et talis actus virtuosus non requirit aliam virtutem praeter caritatem: sicut diligere bonum et gaudere de eo, et tristari de opposito. — Alio modo aliquis actus a caritate procedit quasi a caritate imperatus. Et sic, quia ipsa imperat omnibus virtutibus, utpote ordinans eas ad finem suum, actus a caritate procedens potest etiam ad aliam virtutem specialem pertinere.

Si ergo in actu poenitentis consideretur sola displicentia peccati praeteriti, hoc immediate ad caritatem pertinet, sicut et gaudere de bonis praeteritis. Sed intentio operandi ad deletionem peccati praeteriti requirit specialem virtutem sub caritate.

Ad secundum dicendum quod poenitentia habet quidem realiter generalem materiam, inquantum respicit omnia peccata: sed tamen sub ratione speciali, inquantum sunt emendabilia per actum hominis cooperantis Deo ad suam iustificationem.

Ad tertium dicendum quod quaelibet virtus specialis expellit habitum vitii oppositi: sicut albedo expellit nigredinem ab eodem subiecto. Sed poenitentia expellit omne peccatum effective, inquantum operatur ad destructionem peccati, prout est remissibile ex divina gratia homine cooperante. Unde non sequitur quod sit virtus generalis.

3. Ademais, nada pode ser expelido a não ser pelo seu contrário. Ora, a penitência expele todos os pecados. Logo, ela se opõe a todos os pecados. Não é então nenhuma virtude especial.

Em sentido contrário, existe um preceito especial da lei a respeito dela.

Respondo. As diferentes espécies de hábitos se distinguem segundo as espécies de atos. Assim, onde ocorre um ato louvável de espécie particular, aí também existe o hábito de uma virtude especial. É claro que na penitência se encontra uma razão especial de ato louvável, a saber agir para destruir o pecado passado enquanto é ofensa de Deus, o que não pertence à razão de outra virtude. Portanto, a penitência é uma virtude especial[c].

Quanto ao 1º, portanto, deve-se dizer que um ato deriva da caridade de duas maneiras. 1ª. Ele emana dela. Tal ato virtuoso não requer outra virtude além da caridade; assim como amar o bem e alegrar-se dele, e entristecer-se do contrário. — 2ª. Ele é como que comandado pela caridade. Neste caso, a caridade comanda todas as virtudes, ao ordená-las a seu fim; o ato que procede da caridade pode também pertencer a outra virtude especial.

Se, portanto, no ato do penitente se considera somente o desagrado do pecado passado, isto pertence imediatamente à caridade, como o alegrar-se do bem passado. Mas a intenção de agir para destruir o pecado passado requer uma virtude especial, sob o comando da caridade.

Quanto ao 2º, deve-se dizer que a penitência tem, na verdade, realmente uma matéria geral, enquanto diz respeito a todos os pecados. Contudo, considera-os sob um aspecto especial, enquanto eles são expiáveis por um ato do homem em cooperação com Deus para sua justificação.

Quanto ao 3º, deve-se dizer que toda virtude especial extingue o hábito do vício oposto, assim como a brancura o faz em relação à negrura em um mesmo sujeito. Ora, a penitência apaga efetivamente todo pecado, ao destruí-lo, enquanto ele é remissível pela graça divina com a cooperação do homem. Por isso, não se segue que seja uma virtude geral.

---

2. A. praec., arg. *sed c*.
3. I-II, q. 54, a. 2, 3; II-II, q. 58, a. 1.

c. Outras soluções teológicas haviam sido propostas. Sto. Alberto Magno, por exemplo, via na penitência não uma virtude especial, mas um composto de todas as virtudes. Sto. Tomás se lembrará dessa ideia na solução do artigo seguinte.

Articulus 3
Utrum virtus poenitentiae sit species iustitiae

AD TERTIUM SIC PROCEDITUR. Videtur quod virtus poenitentiae non sit species iustitiae.

1. Iustitia enim non est virtus theologica sed moralis, ut in Secunda Parte[1] patet. Poenitentia autem videtur virtus esse theologica, quia habet Deum pro obiecto: satisfacit enim Deo, cui etiam reconciliat peccatorem. Ergo videtur quod poenitentia non sit pars iustitiae.

2. PRAETEREA, iustitia, cum sit virtus moralis, consistit in medio. Sed poenitentia non consistit in medio, sed in quodam excessu: secundum illud Ier 6,26: *Luctum unigeniti fac tibi, planctum amarum*. Ergo poenitentia non est species iustitiae.

3. PRAETEREA, duae sunt species iustitiae, ut dicitur in V *Ethic*.[2], scilicet *distributiva* et *commutativa*. Sed sub neutra videtur poenitentia contineri. Ergo videtur quod poenitentia non sit species iustitiae.

4. PRAETEREA, super illud Lc 6,21, *Beati qui nunc fletis*, dicit Glossa[3]: *Ecce prudentia, per quam ostenditur quam haec terrena sint misera, et quam beata caelestia*. Sed flere est actus poenitentiae. Ergo poenitentia magis est prudentiae quam iustitiae.

SED CONTRA est quod Augustinus dicit, in libro *de Poenitentia*[4]: *Poenitentia est quaedam dolentis vindicta, semper puniens in se quod dolet se commisisse*. Sed facere vindictam pertinet ad iustitiam: unde Tullius, in sua *Rhetorica*[5], ponit *vindicativam* unam speciem iustitiae. Ergo videtur quod poenitentia sit species iustitiae.

RESPONDEO dicendum quod, sicut supra[6] dictum est, poenitentia non habet quod sit virtus specialis ex hoc solo quod dolet de malo perpetrato, ad hoc enim sufficeret caritas: sed ex eo quod poenitens dolet de peccato commisso inquantum est offensa Dei, cum emendationis proposito. Emendatio autem offensae contra aliquem commissae fit

Artigo 3
A virtude da penitência é uma espécie da justiça?

QUANTO AO TERCEIRO, ASSIM SE PROCEDE: parece que a virtude da penitência **não** é uma espécie de justiça.

1. Com efeito, a justiça não é uma virtude teológica, mas moral. Ora, a penitência parece ser uma virtude teológica, porque tem a Deus como objeto. Ela satisfaz a Deus, com quem se reconcilia o pecador. Logo, parece que a penitência não é uma espécie de justiça.

2. ALÉM DISSO, a justiça, sendo uma virtude moral, se situa no meio. Ora, a penitência não consiste no meio, mas em certo excesso, conforme diz Jeremias: "Observa o luto como por um filho único, uma lamentação amarga". Logo, a penitência não é uma espécie de justiça.

3. ADEMAIS, há duas espécies de justiça, como ensina Aristóteles, a saber "distributiva e comutativa". Ora, a penitência não se enquadra em nenhuma delas. Logo, parece que a penitência não é uma espécie de justiça.

4. ADEMAIS, a respeito do texto de Lucas "felizes, vós que agora chorais", a Glosa comenta: "Eis a prudência, que nos mostra quão miseráveis são as realidades terrenas e quão felizes são as celestes". Ora, chorar é um ato de penitência. Logo, a penitência pertence antes à prudência do que à justiça.

EM SENTIDO CONTRÁRIO, Agostinho diz: "A penitência é uma espécie de vingança daquele que se dói, ao punir sempre em si o que lhe dói ter cometido". Ora, praticar vingança pertence à justiça. Daí Túlio, em sua Retórica, classificar a vingança como um tipo de justiça. Logo, parece que a penitência é uma espécie de justiça.

RESPONDO. A penitência não é uma virtude especial só pelo fato de que alguém se dói do mal passado, para o que bastaria a caridade, mas pelo fato de que o penitente se dói do pecado cometido, enquanto é ofensa de Deus, com o propósito de emendar-se. O corrigir-se, porém, da ofensa cometida contra alguém não se faz pelo simples

---

3 PARALL.: IV *Sent.*, dist. 14, q. 1, a. 1, q.la 4, ad 4; q.la 5.

1. I-II, q. 59, a. 5; q. 62, a. 2, 3.
2. C. 5: 1130, b, 30-1131, a, 1.
3. Cfr. Glossam ordin.: ML 114, 262 C.
4. *De vera et falsa poenit.*, c. 8, n. 22; c. 19: ML 40, 1120, 1129.
5. *De invent. rhet.*, l. II, c. 53: ed. G. Friedrich, Lipsiae 1908, p. 230, II. 19-20.
6. A. praec.

non per solam cessationem offensae, sed exigitur ulterius quaedam recompensatio, quae habet locum in offensis in alterum commissis sicut et retributio: nisi quod recompensatio est ex parte eius qui offendit, ut puta cum satisfactione; retributio autem est ex parte eius in quem fuit offensa commissa. Utrumque autem ad materiam iustitiae pertinet: quia utrumque est commutatio quaedam. Unde manifestum est quod poenitentia, secundum quod est virtus, est pars iustitiae.

Sciendum tamen quod, secundum Philosophum, in V *Ethic*.[7], dupliciter dicitur iustum: scilicet simpliciter, et secundum quid. Simpliciter quidem iustum est inter aequales: eo quod iustitia est aequalitas quaedam. Quod ipse vocat *iustum politicum* vel *civile*: eo quod omnes cives aequales sunt, quantum ad hoc quod immediate sunt sub principe, sicut liberi existentes.

Iustum autem secundum quid dicitur quod est inter illos quorum unus est sub potestate alterius: sicut servus sub domino, filius sub patre, uxor sub viro. Et tale iustum consideratur in poenitentia. Unde poenitens recurrit ad Deum, cum emendationis proposito, sicut servus ad dominum, secundum illud Ps 122,2, *Sicut oculi servorum in manibus dominorum suorum, ita oculi nostri ad Dominum Deum nostrum, donec misereatur nostri*; et sicut filius ad patrem, secundum illud Lc 15,18, *Pater, peccavi in caelum et coram te*; et sicut uxor ad virum, secundum illud Ier 3,1, *Fornicata es cum amatoribus multis: tamen revertere ad me, dicit Dominus*.

AD PRIMUM ergo dicendum quod, sicut in V *Ethic*.[8] dicitur, iustitia est *ad alterum*. Ille autem ad quem est iustitia, non dicitur esse materia iustitiae: sed magis res quae distribuuntur vel commutantur. Unde et materia poenitentiae non est Deus, sed actus humani quibus Deus offenditur vel placatur: sed Deus se habet sicut ille ad quem est iustitia. Ex quo patet quod poenitentia non est virtus theologica: quia non habet Deum pro materia vel pro obiecto.

cessar da ofensa. Exige-se além disto determinada reparação que tem lugar nas ofensas cometidas contra alguém, como a retribuição. A única diferença consiste em que a reparação se faz por quem ofendeu, por exemplo com uma satisfação, e a retribuição vem daquele a quem se ofendeu. Ambas pertencem à matéria da justiça, já que ambas são uma espécie de permuta[d]. Por isso, é claro que a penitência, enquanto virtude, é uma parte da justiça.

Deve-se saber, como ensina o Filósofo, que se distinguem duas espécies de justiça: a justiça absoluta e a relativa. A justiça absoluta vigora entre iguais, já que ela é uma certa igualdade. Ele chama-a de justiça política ou civil, uma vez que todos os cidadãos são iguais, enquanto homens livres, e imediatamente submetidos ao príncipe.

A justiça relativa se dá na relação entre desiguais, em que um está sob o poder de outro, como é o caso da relação entre o escravo submisso ao senhor, o filho ao pai, a esposa ao marido. É esta a justiça própria da penitência. Por isto, o penitente recorre a Deus com o propósito de emendar-se, assim como o escravo acode ao senhor no dizer do salmista: "Sim; como os olhos dos escravos para a mão dos seus amos, e os olhos de uma serva para a mão da sua dona, assim nossos olhos estão voltados para o Senhor, nosso Deus, à espera da sua compaixão". O mesmo vale do filho em relação ao pai, como nos refere o Evangelho: "Pai, pequei contra o céu e contra ti" e da esposa em face ao esposo: "Tu que te prostituíste com tantos parceiros, voltarias a mim? Oráculo do Senhor!".

QUANTO AO 1º, portanto, como diz Aristóteles, a justiça se refere "ao outro". Entretanto, a matéria da justiça não é este outro a quem ela se refere, mas antes as coisas que se distribuem ou se permutam. Por isso, a matéria da penitência não é Deus, mas os atos humanos pelos quais ele é ofendido ou aplacado. Na verdade, ele está como aquele a quem se faz justiça. Daí se segue com clareza que a penitência não é uma virtude teologal, já que não tem Deus como matéria ou objeto.

---

7. C. 10: 1134, a, 25-26.
8. C. 3: 1129, b, 26-27.

d. A penitência, como a justiça, busca uma ordem. A justiça a instaura; a penitência a restabelece, oferecendo uma reparação voluntária. Em ambos os casos relações justas se estabelecem entre duas partes. Que essas partes não estejam em igualdade entre si, porque uma comanda à outra, não importa aqui. É a estrutura de aliança escolhida por Deus e no interior da qual ele propõe sua salvação.

AD SECUNDUM dicendum quod medium iustitiae est aequalitas quae constituitur inter illos inter quos est iustitia, ut dicitur in V *Ethic*.[9]. In quibusdam autem non potest perfecta aequalitas constitui, propter alterius excellentiam: sicut inter filium et patrem, inter hominem et Deum, ut Philosophus dicit, in VIII *Ethic*.[10]. Unde in talibus ille qui est deficiens, debet facere quidquid potest, nec tamen hoc erit sufficiens, sed solum secundum acceptationem superioris. Et hoc significatur per excessum qui attribuitur poenitentiae.

AD TERTIUM dicendum quod, sicut est commutatio quaedam in beneficiis, cum scilicet aliquis pro beneficio recepto gratiam rependit, ita etiam est commutatio in offensis: cum aliquis pro offensa in alterum commissa vel invitus punitur, quod pertinet ad vindicativam iustitiam; vel voluntarie recompensat emendam, quod pertinet ad poenitentiam, quae respicit personam peccatoris sicut iustitia vindicativa personam iudicis. Unde manifestum est quod utraque sub iustitia commutativa continetur.

AD QUARTUM dicendum quod poenitentia, licet directe sit species iustitiae, comprehendit tamen quodammodo ea quae pertinent ad omnes virtutes. Inquantum enim est iustitia quaedam hominis ad Deum, oportet quod participet ea quae sunt virtutum theologicarum, quae habent Deum pro obiecto. Unde poenitentia est cum fide passionis Christi, per quam iustificamur a peccatis; et cum spe veniae; et cum odio vitiorum, quod pertinet ad caritatem. — Inquantum vero est virtus moralis, participat aliquid prudentiae, quae est directiva omnium virtutum moralium. — Sed ex ipsa ratione iustitiae non solum habet id quod iustitiae est, sed etiam ea quae sunt temperantiae et fortitudinis: inquantum scilicet ea quae delectationem causant ad temperantiam pertinentem, vel terrorem incutiunt, quem fortitudo moderatur, in commutationem iustitiae veniunt. Et secundum hoc ad iustitiam pertinet et abstinere a delectabilibus, quod pertinet ad temperantiam; et sustinere dura, quod pertinet ad fortitudinem.

QUANTO AO 2º, deve-se dizer que a justa medida da justiça é a igualdade que se estabelece entre aqueles cujas relações são reguladas pela justiça, como ensina Aristóteles. Em certos casos, não é possível estabelecer uma perfeita igualdade por causa da superioridade de uma das partes, como entre filho e pai, o homem e Deus. Por isto, em tais situações, quem é o inferior deve fazer tudo o que pode. E mesmo assim, isto não será suficiente como tal, mas unicamente por causa do beneplácito do superior. Tal fato é significado pelo excesso que se atribui à penitência.

QUANTO AO 3º, deve-se dizer que assim como existe certa troca no caso de benefícios, por exemplo, quando alguém agradece pelo benefício recebido, assim também existe tal troca no caso de ofensas. É o fato de alguém ser punido contra sua vontade pela ofensa cometida contra alguém, é o caso da justiça vindicativa, ou de livremente reparar a falta, é o caso da penitência. Esta se refere à pessoa do pecador como a justiça vindicativa à pessoa do juiz. Por isso, ambas se enquadram sob a espécie de justiça comutativa.

QUANTO AO 4º, deve-se dizer que embora a penitência seja diretamente uma espécie de justiça, abarca, porém, de certo modo, tudo o que pertence a todas as virtudes[e]. Pelo fato de ser uma certa justiça do homem em relação a Deus, ela deve também ter algo das virtudes teologais, cujo objeto é Deus. Assim, a penitência implica a fé na paixão de Cristo, pela qual se é justificado dos pecados; implica a esperança do perdão; e pelo ódio dos pecados implica a caridade. — Enquanto, porém, é uma virtude moral, participa de algo da prudência, que dirige todas as virtudes morais. — Mais. Pelo fato mesmo de que ela é justiça, não só participa da própria virtude da justiça, como também da temperança e da fortaleza. Pois, o que causa certo deleite faz parte da temperança, e o que incute medo é moderado pela fortaleza. Ambas as coisas dizem respeito à matéria da justiça. E, por esta razão, pertence à justiça tanto abster-se de deleites, o que é próprio da temperança; e suportar adversidades, o que é próprio da fortaleza.

---

9. C. 9: 1134, a, 4-6.
10. C. 16: 1163, b, 15-17.

e. Como justiça que regra certas relações do homem com Deus, a penitência se vê em conexão com as virtudes teologais. Como justiça que se faz presente nas relações que cada um de nós estabelece com os outros, e também consigo mesmo, a penitência chama em sua ajuda as virtudes cardeais.

ARTICULUS 4
Utrum subiectum poenitentiae sit proprie voluntas

AD QUARTUM SIC PROCEDITUR. Videtur quod subiectum poenitentiae non sit proprie voluntas.

1. Poenitentia enim est tristitiae species. Sed tristitia est in concupiscibili, sicut et gaudium. Ergo poenitentia est in concupiscibili.

2. PRAETEREA, poenitentia est *vindicta quaedam*, ut Augustinus dicit, in libro *de Poenitentia*[1]. Sed vindicta videtur ad irascibilem pertinere: quia ira est *appetitus vindictae*. Ergo videtur quod poenitentia sit in irascibili.

3. PRAETEREA, praeteritum est proprium obiectum memoriae, secundum Philosophum, in libro *de Memoria*[2]. Sed poenitentia est de praeterito, ut dictum est[3]. Ergo poenitentia est in memoria sicuti in subiecto.

4. PRAETEREA, nihil agit ubi non est. Sed poenitentia excludit peccata ab omnibus viribus animae. Ergo poenitentia est in qualibet vi animae, et non in voluntate tantum.

SED CONTRA, poenitentia est sacrificium quoddam: secundum illud Ps 50,19: *Sacrificium Deo spiritus contribulatus*. Sed offerre sacrificium est actus voluntatis: secundum illud Ps 53,8: *Voluntarie sacrificabo tibi*. Ergo poenitentia est in voluntate.

RESPONDEO dicendum quod de poenitentia dupliciter loqui possumus. Uno modo, secundum quod est passio quaedam. Et sic, cum sit species tristitiae, est in concupiscibili sicut in subiecto.

Alio modo, secundum quod est virtus. Et sic, sicut dictum est[4], est species iustitiae. Iustitia autem, ut in Secunda Parte[5] dictum est, habet pro subiecto appetitum rationis, qui est voluntas. Unde manifestum est quod poenitentia, secundum quod est virtus, est in voluntate sicut in subiecto. Et proprius eius actus est propositum emendandi Deo quod contra eum commissum est.

ARTIGO 4
A vontade é o sujeito próprio da penitência?

QUANTO AO QUARTO, ASSIM SE PROCEDE: parece que a vontade **não** é o sujeito próprio da penitência.

1. Com efeito, a penitência é uma espécie de tristeza. Ora, a tristeza pertence ao apetite concupiscível, como a alegria. Logo, a penitência pertence ao apetite concupiscível.

2. ALÉM DISSO, a penitência é uma espécie de vingança, como diz Agostinho. Ora, a vingança parece pertencer ao apetite irascível, já que a ira é um apetite de vingança. Logo, parece que a penitência pertence ao apetite irascível[f].

3. ADEMAIS, o passado é objeto da memória, como ensina o Filósofo. Ora, a penitência se refere ao passado. Logo, a penitência se localiza na memória, como em seu sujeito.

4. ADEMAIS, nada age lá onde não está. Ora, a penitência expulsa os pecados de todas as potências da alma. Logo, a penitência localiza-se em cada uma das potências da alma e não somente na vontade.

EM SENTIDO CONTRÁRIO, a penitência é uma espécie de sacrifício, conforme diz o salmista: "O sacrifício que Deus quer é um espírito contrito". Ora, oferecer um sacrifício é um ato da vontade, de acordo com o Salmo: "De bom grado te oferecerei sacrifícios". Logo, a penitência está na vontade.

RESPONDO. Pode-se abordar a penitência de duas maneiras: 1ª. A penitência enquanto é uma paixão. Neste sentido, por ser ela uma espécie de tristeza, localiza-se no apetite concupiscível, como em seu sujeito.

2ª. Enquanto é uma virtude. Neste caso, ela é uma espécie de justiça. A justiça, porém, tem, como seu sujeito, o apetite racional, que é a vontade. Assim, é claro que a penitência, enquanto virtude, localiza-se na vontade, como em seu sujeito. Pois, o seu ato próprio é o propósito, feito a Deus, de corrigir-se do que contra ele se cometeu[g].

---

4 PARALL.: IV *Sent.*, dist. 14, q. 1, a. 3, q.la 1.

1. *De vera et falsa poenit.*, c. 8, n. 22; c. 19: ML 40, 1120, 1129. — Inter Opp. Aug.
2. Al. *De mem. et remin.*, c. 1: 449, b, 24-30.
3. A. 1, ad 2, 3.
4. A. praec.
5. II-II, q. 58, a. 4. — Cfr. I-II, q. 56, a. 6.

f. Sobre as noções de "concupiscível" e de "irascível" pode-se consultar a I-II, q. 23, 1. 1.

g. O que significa que, contrariamente a uma opinião largamente difundida, o arrependimento não deriva em primeiro lugar da sensibilidade. É claro, pode ser sentido como uma tristeza, mas esse aspecto é secundário; poder-se-ia até acrescentar que

AD PRIMUM ergo dicendum quod ratio illa procedit de poenitentia secundum quod est passio.

AD SECUNDUM dicendum quod vindictam expetere ex passione de alio pertinet ad irascibilem. Sed appetere vel facere vindictam ex ratione de se vel de alio, pertinet ad voluntatem.

AD TERTIUM dicendum quod memoria est vis apprehensiva praeteriti. Poenitentia autem non pertinet ad vim apprehensivam, sed ad appetitivam, quae praesupponit actum apprehensivae. Unde poenitentia non est in memoria, sed supponit eam.

AD QUARTUM dicendum quod voluntas, sicut in Prima Parte[6] habitum est, movet omnes alias potentias animae. Et ideo non est inconveniens si poenitentia, in voluntate existens, aliquid in singulis potentiis animae operatur.

QUANTO AO 1º, portanto, deve-se dizer que o argumento aduzido vale da penitência enquanto paixão.

QUANTO AO 2º, deve-se dizer que desejar vingar-se de alguém por paixão é próprio do apetite irascível. Mas desejar ou praticar uma vingança contra si mesmo ou contra um outro, com razão, é próprio da vontade.

QUANTO AO 3º, deve-se dizer que a memória é a potência de apreender o passado. A penitência, porém, não é uma potência apreensiva, mas apetitiva, que pressupõe um ato da potência apreensiva. Logo, a penitência não está na memória, mas a pressupõe.

QUANTO AO 4º, deve-se dizer que a vontade move todas as outras potências da alma. E, por isto, não é estranho que a penitência, se ela se localiza na vontade, aja em cada uma das faculdades da alma.

ARTICULUS 5
Utrum principium poenitentiae sit ex timore

AD QUINTUM SIC PROCEDITUR. Videtur quod principium poenitentiae non sit ex timore.
1. Poenitentia enim incipit in displicentia peccatorum. Sed hoc pertinet ad caritatem, ut supra[1] dictum est. Ergo poenitentia magis oritur ex amore quam ex timore.
2. PRAETEREA, ad poenitentiam homines provocantur per expectationem regni caelestis: secundum illud Mt 4,17: *Poenitentiam agite: appropinquabit enim regnum caelorum.* Sed regnum caelorum est obiectum spei. Ergo poenitentia magis procedit ex spe quam ex timore.
3. PRAETEREA, timor est interior actus hominis. Poenitentia autem non videtur esse ex opere hominis, sed ex opere Dei: secundum illud Ier 31,19: *Postquam convertisti me, egi poenitentiam.* Ergo poenitentia non procedit ex timore.
SED CONTRA est quod Is 26,17 dicitur: *Sicut quae concipit, cum appropinquaverit ad partum, dolens clamat in doloribus suis, sic facti sumus,* scilicet per poenitentiam: et postea subditur, secundum

ARTIGO 5
O temor é o princípio da penitência?

QUANTO AO QUINTO, ASSIM SE PROCEDE: parece que o temor **não** é o princípio da penitência.
1. Com efeito, a penitência começa com o desgosto dos pecados. Ora, isto é próprio da caridade. Logo, a penitência nasce mais do amor do que do temor.
2. ALÉM DISSO, os homens são provocados à penitência pela expectativa do Reino dos céus, conforme se diz no Evangelho de Mateus: "Fazei penitência: pois, o Reino dos céus se aproximará". Logo, a penitência procede mais da esperança do que do temor.
3. ADEMAIS, o temor é um ato interior do homem. Ora, a penitência não parece surgir de uma ação humana, mas de Deus, segundo o profeta: "Depois que tu me converteste, fiz penitência". Logo, a penitência não procede do temor.
EM SENTIDO CONTRÁRIO, Isaías diz: "Ficamos como a mulher grávida, prestes a dar à luz, que se contorce e grita em dores", isto é, pela penitência. E, em seguida, acrescenta, conforme uma outra

---

6. Q. 82, a. 4; I-II, q. 9, a. 1.

5 PARALL.: IV *Sent.*, dist. 14, q. 1, a. 2, q.la 1.
1. A. 2, ad 1; a. 3.

é facultativo. A emoção sentida não garante de modo algum a seriedade do arrependimento. Este consiste essencialmente num ato voluntário que se propõe reparar a ofensa cometida em relação a Deus, e restabelecer relações de justiça.

aliam litteram: *A timore tuo, Domine, concepimus, et parturivimus, et peperimus spiritum salutis*, idest poenitentiae salutaris, ut per praemissa patet. Ergo poenitentia procedit ex timore.

RESPONDEO dicendum quod de poenitentia loqui possumus dupliciter. Uno modo, quantum ad habitum. Et sic immediate a Deo infunditur, *sine nobis* principaliter operantibus, non tamen sine nobis dispositive cooperantibus per aliquos actus.

Alio modo possumus loqui de poenitentia quantum ad actus quibus Deo operanti in poenitentia cooperamur. Quorum actuum primum principium est Dei operatio convertentis cor: secundum illud *Thren* 5,21: *Converte nos, Domine, ad te, et convertemur*. — Secundus actus est motus fidei. — Tertius actus est motus timoris servilis, quo quis timore suppliciorum a peccatis retrahitur. — Quartus actus est motus spei, quo quis, sub spe veniae consequendae, assumit propositum emendandi. — Quintus actus est motus caritatis, quo alicui peccatum displicet secundum seipsum, et non iam propter supplicia. — Sextus actus est motus timoris filialis, quo, propter reverentiam Dei, aliquis emendam Deo voluntarius offert.

Sic igitur patet quod actus poenitentiae a timore servili procedit sicut a primo motu affectus ad hoc ordinante: a timore autem filiali sicut ab immediato et proximo principio.

AD PRIMUM ergo dicendum quod peccatum prius incipit homini displicere, maxime peccatori, propter supplicia, quae respicit timor servilis, quam propter Dei offensam vel peccati turpitudinem, quod pertinet ad caritatem.

AD SECUNDUM dicendum quod in *regno caelorum appropinquante* intelligitur adventus regis non solum praemiantis, sed etiam punientis.

interpretação: "Por teu temor, Senhor, concebemos e demos à luz o espírito da salvação", isto é de penitência salutar, como aparece das premissas. Portanto, a penitência procede do temor.

RESPONDO. De duas maneiras podemos falar da penitência. 1ª. Enquanto ela é um hábito. Nesse caso, ela é infundida imediatamente por Deus, "sem nós" como agentes principais, não, porém, sem nós, como cooperadores, ao dispor-nos por meio de alguns atos.

2ª. Enquanto a penitência compreende os atos pelos quais cooperamos com Deus que age nesta virtude. O primeiro princípio destes atos é a ação de Deus que converte o coração, conforme se lê na Escritura: "Converte-nos a Ti, Senhor, e nos converteremos". — O segundo é um movimento da fé. — O terceiro é um movimento de temor servil, pelo qual nos afastamos dos pecados pelo medo dos suplícios[h]. — O quarto é um movimento de esperança, que nos leva ao propósito de corrigir-nos, na esperança de conseguirmos o perdão. — O quinto é um movimento de caridade, pelo qual detestamos o pecado como tal e já não por causa do castigo. — O sexto é um movimento de temor filial, pelo qual, de maneira espontânea e em sinal de reverência a Deus, lhe oferecemos uma emenda de vida[i].

Assim, pois, fica claro que o ato da penitência procede do temor servil, como de um primeiro movimento do afeto, orientando-nos para ela e, por sua vez, do temor filial, como de um princípio imediato e próximo.

QUANTO AO 1º, portanto, deve-se dizer que o pecado, primeiramente, desagrada ao homem, sobretudo ao pecador mais por causa do castigo, o que é próprio do temor servil, do que por causa da ofensa feita a Deus e de sua maldade, o que é próprio da caridade.

QUANTO AO 2º, deve-se dizer que entender "a proximidade do Reino dos céus" como a vinda do rei não somente para premiar como também

---

h. Sto. Agostinho foi o primeiro, ao que parece, a distinguir o temor "servil", experimentado pelo escravo que teme as punições, do temor "casto" (posteriormente se dirá "filial") da esposa que não quer ofender o esposo. A caridade perfeita exclui o primeiro: amamos Deus por ele mesmo, e não para evitar os castigos que aguardam os que se tiverem afastado dele. Quando evocamos o dom de temor da parte do Espírito Santo, fazemos referência ao segundo: tememos o pecado por amor a Deus. No entanto, o temor servil não deve ser negligenciado, pois ocupa um papel no progresso do arrependimento. Considerações interessadas podem conduzir-nos à penitência e, na parábola evangélica, não são motivos muito generosos que incitam o filho pródigo a voltar à casa do pai: ele tem fome, não aguenta mais sofrer. O "temor servil" se torna então princípio da penitência, como explica Sto. Tomás no parágrafo seguinte.

i. Sto. Tomás esboça aqui o quadro, muito importante para a vida espiritual, dos atos interiores pelos quais o homem pecador será conduzido a propor o ato final do arrependimento. É de se notar que esses diversos movimentos se produzem sob o impulso da "graça operante", da qual se tratou em I-II, q. 111, a. 2. Deus conserva portanto a iniciativa, e suscita a conversão do pecador.

Unde et, Mt 3,7, Ioannes Baptista dicebat: *Progenies viperarum, quis demonstravit vobis fugere a ventura ira?*

AD TERTIUM dicendum quod etiam ipse motus timoris procedit ex actu Dei convertentis cor: unde dicitur Dt 5,29: *Quis det eos talem habere mentem ut timeant me?* Et ideo per hoc quod poenitentia a timore procedit, non excluditur quin procedat ex actu Dei convertentis cor.

ARTICULUS 6
Utrum poenitentia sit prima virtutum

AD SEXTUM SIC PROCEDITUR. Videtur quod poenitentia sit prima virtutum.

1. Quia super illud Mt 3,2, *Poenitentiam agite*, dicit Glossa[1]: *Prima virtus est per poenitentiam punire veterem hominem et vitia odire.*

2. PRAETEREA, recedere a termino prius esse videtur quam accedere ad terminum. Sed omnes aliae virtutes pertinere videntur ad accessum ad terminum: quia per omnes homo ordinatur ad bonum agendum. Poenitentia autem videtur ordinari ad recessum a malo. Ergo poenitentia videtur prior esse omnibus aliis virtutibus.

3. PRAETEREA, ante poenitentiam est peccatum in anima. Sed simul cum peccato nulla virtus animae inest. Ergo nulla virtus est ante poenitentiam, sed ipsa videtur esse prima, quae aliis aditum aperit excludendo peccatum.

SED CONTRA est quod poenitentia procedit ex fide, spe et caritate, sicut iam[2] dictum est. Non ergo poenitentia est prima virtutum.

RESPONDEO dicendum quod in virtutibus non attenditur ordo temporis quantum ad habitus: quia, cum virtutes sint connexae, ut in Secunda Parte[3] habitum est, omnes simul incipiunt esse in anima. Sed dicitur una earum esse prior altera ordine naturae, qui consideratur ex ordine actuum: secundum scilicet quod actus unius virtutis praesupponit actum alterius virtutis.

Secundum hoc ergo dicendum est quod actus quidam laudabiles etiam tempore praecedere possunt actum et habitum poenitentiae: sicut

para punir. Por isso, João Batista dizia: "Crias de víboras, quem vos ensinou como fugir da ira que está para vir?".

QUANTO AO 3º, deve-se dizer que também o movimento de temor procede de Deus que converte o coração. Daí que se lê: "Oxalá seus corações tenham decidido temer-me". Por isso, pelo fato de a penitência proceder do temor, não se exclui que proceda da ação de Deus que converte o coração.

ARTIGO 6
A penitência é a primeira das virtudes?

QUANTO AO SEXTO, ASSIM SE PROCEDE: parece que a penitência é a primeira das virtudes.

1. Com efeito, a respeito do "Fazei penitência", comenta a Glosa: A primeira virtude é punir o homem velho e odiar os vícios pela penitência.

2. ALÉM DISSO, parece que afastar-se do ponto inicial é anterior a aproximar-se do ponto final. Ora, todas as outras virtudes parecem dizer respeito ao aproximar-se do ponto final, uma vez que elas ordenam o homem para fazer o bem. A penitência, porém, ordena-se a afastar-se do mal. Logo, a penitência parece ser primeira em relação a todas as virtudes.

3. ADEMAIS, antes da penitência, o pecado está na alma. Ora, junto com o pecado nenhuma virtude pode estar na alma. Logo, nenhuma virtude é anterior à penitência. Esta parece ser a primeira, ao abrir as portas para as outras, destruindo o pecado.

EM SENTIDO CONTRÁRIO, a penitência procede da fé, esperança e caridade. Logo, a penitência não é a primeira das virtudes.

RESPONDO. A respeito das virtudes, não vale a ordem temporal no referente à sua existência como hábito. Pois, uma vez que todas as virtudes são conexas entre si, todas elas começam, ao mesmo tempo, a estar na alma. Mas, diz-se que uma é anterior a outra conforme a ordem da natureza, que considera a ordem dos atos. Assim, por exemplo, o ato de uma virtude pressupõe o ato de outra virtude.

Sob este aspecto, pode-se dizer que certos atos virtuosos podem preceder, mesmo no tempo, o ato e o hábito da penitência, tais como os atos

---

6 PARALL.: IV *Sent.*, dist. 14, q. 1, a. 2, q.la 2.

1. Ordin.: ML 114, 79 B.
2. A. praec.
3. I-II, q. 65, a. 3.

actus fidei et spei informium, et actus timoris servilis. Actus autem et habitus caritatis simul sunt tempore cum actu et habitu poenitentiae, et cum habitibus aliarum virtutum, nam, sicut in Secunda Parte[4] habitum est, in iustificatione impii simul est motus liberi arbitrii in Deum, qui est actus fidei per caritatem formatus, et motus liberi arbitrii in peccatum, qui est actus poenitentiae. Horum tamen duorum actuum primus naturaliter praecedit secundum, nam actus poenitentiae virtutis est contra peccatum ex amore Dei, unde primus actus est ratio et causa secundi. Sic igitur poenitentia non est simpliciter prima virtutum, nec ordine temporis nec ordine naturae: quia ordine naturae simpliciter praecedunt ipsam virtutes theologicae.

Sed quantum ad aliquid est prima inter ceteras virtutes ordine temporis, quantum ad actum eius qui primus occurrit in iustificatione impii. Sed ordine naturae videntur esse aliae virtutes priores, sicut quod est per se prius est eo quod est per accidens: nam aliae virtutes per se videntur esse necessariae ad bonum hominis, poenitentia autem supposito quodam, scilicet peccato praeexistenti; sicut etiam dictum est[5] circa ordinem sacramenti poenitentiae ad alia sacramenta praedicta.

AD PRIMUM ergo dicendum quod glossa illa loquitur quantum ad hoc quod actus poenitentiae primus est tempore inter actus aliarum virtutum.

AD SECUNDUM dicendum quod in motibus successivis recedere a termino est prius tempore quam pervenire ad terminum; et prius natura quantum est ex parte subiecti, sive secundum ordinem causae materialis. Sed secundum ordinem causae agentis et finalis, prius est pervenire ad terminum: hoc enim est quod primo agens intendit. Et hic ordo praecipue attenditur in actibus animae, ut dicitur in II *Physicorum*[6].

AD TERTIUM dicendum quod poenitentia aperit aditum virtutibus expellendo peccatum per virtutem fidei et caritatis, quae sunt naturaliter priores. Ita tamen aperit eis aditum quod ipsae simul intrant cum ipsa: nam in iustificatione impii simul cum motu liberi arbitrii in Deum et in peccatum, est remissio culpae et infusio gratiae, cum qua

de fé e de esperança informes e de temor servil. Mas, o ato e o hábito da caridade acontecem ao mesmo tempo que o ato e o hábito da penitência e o hábito das outras virtudes. Com efeito, na justificação do pecador são simultâneos o movimento do livre-arbítrio em direção a Deus, isto é, um ato de fé informado pela caridade, e o movimento do livre-arbítrio detestando o pecado, a saber um ato do penitente. Destes dois atos, o primeiro precede por natureza o segundo. De fato, o ato da virtude da penitência detesta o pecado por causa do amor de Deus, por isso este primeiro ato é a razão e a causa do segundo. Assim, a penitência não é, absolutamente, a primeira das virtudes, nem pela ordem do tempo, nem da natureza. Pois, pela ordem de natureza, as virtudes teologais simplesmente a precedem.

Sob certo aspecto, ela é a primeira entre as virtudes na ordem do tempo. É o caso em que o seu ato acontece primeiro na justificação do pecador. Na ordem da natureza, porém, vê-se que as outras virtudes a antecedem. Pois, aquilo que existe por si mesmo é primeiro do que aquilo que existe acidentalmente. Com efeito, as outras virtudes por si mesmas parecem ser necessárias para o bem do homem, a penitência, contudo, pressupõe outra realidade, a saber o pecado anterior, como já foi dito ao tratar da ordem do sacramento da penitência em relação aos outros sacramentos.

QUANTO AO 1º, portanto, deve-se dizer que a Glosa fala da penitência enquanto o ato desta virtude precede no tempo os atos das outras virtudes.

QUANTO AO 2º, deve-se dizer que nos movimentos sucessivos, partir é anterior, quanto ao tempo, a chegar. Tem também uma prioridade de natureza, quando se considera da parte do sujeito, ou em referência à causa material. Mas, em ordem à causa eficiente e final, primeiro é o ponto de chegada, já que é isto que o agente pretende em primeiro lugar. E é esta ordem que se leva em conta principalmente nos atos da alma, como ensina o Filósofo.

QUANTO AO 3º, deve-se dizer que a penitência abre a porta para as virtudes, repelindo o pecado pela virtude da fé e da caridade, que são por natureza anteriores. No entanto, de tal maneira lhes abre a porta que as outras virtudes entram ao mesmo tempo que ela. Pois, na verdade, na justificação do pecador juntamente com o movimento do livre-

---

4. I-II, q. 113, a. 7, 8.
5. Q. 65, a. 4.
6. C. 9: 200, a, 19-24.

simul infunduntur omnes virtutes, ut in Secunda Parte⁷ habitum est.

---
7. I-II, q, 65, a. 3, 5.

arbítrio em direção a Deus e de repulsa do pecado, dá-se a remissão da culpa e a infusão da graça, com a qual se infundem também todas as virtudes.

QUAESTIO LXXXVI
DE EFFECTU POENITENTIAE QUANTUM AD REMISSIONEM PECCATORUM MORTALIUM
in sex articulos divisa

Deinde considerandum est de effectu poenitentiae. Et primo, quantum ad remissionem peccatorum mortalium; secundo, quantum ad remissionem peccatorum venialium; tertio, quantum ad reditum peccatorum dimissorum; quarto, quantum ad restitutionem virtutum.

Circa primum quaeruntur sex.

Primo: utrum peccata mortalia per poenitentiam auferantur.
Secundo: utrum possint sine poenitentia tolli.
Tertio: utrum possit remitti unum sine alio.
Quarto: utrum poenitentia auferat culpam remanente reatu.
Quinto: utrum remaneant reliquiae peccatorum.
Sexto: utrum auferre peccatum sit effectus poenitentiae inquantum est virtus, vel inquantum est sacramentum.

QUESTÃO 86
EFEITO DA PENITÊNCIA QUANTO À REMISSÃO DOS PECADOS MORTAIS
em seis artigos

Em seguida, deve-se tratar do efeito da penitência. 1º Quanto à remissão dos pecados mortais; 2º Quanto à remissão dos pecados veniais; 3º Quanto à volta dos pecados perdoados; 4º Quanto à restauração das virtudes.

Sobre o primeiro, são seis as perguntas:

1. Os pecados mortais são apagados pela penitência?
2. Podem ser apagados sem a penitência?
3. Podem ser perdoados um sem o outro?
4. A penitência pode apagar a culpa permanecendo a pena?
5. Permanecem resquícios do pecado?
6. A remissão do pecado é efeito da penitência enquanto virtude ou enquanto sacramento?

Articulus 1
Utrum per poenitentiam removeantur omnia peccata

AD PRIMUM SIC PROCEDITUR. Videtur quod per poenitentiam non removeantur omnia peccata.

1. Dicit enim Apostolus, Hb 12,17, quod Esau *non invenit locum poenitentiae, quamvis cum lacrimis inquisisset eam*: Glossa¹: *idest, non invenit locum veniae et benedictionis per poenitentiam*. Et 2Mac 9,13 dicitur de Antiocho: *Orabat scelestus ille Dominum, a quo non erat misericordiam consecuturus*. Non ergo videtur quod per poenitentiam omnia peccata tollantur.

2. PRAETEREA, dicit Augustinus, in libro *de Sermone Dom. in Monte*², quod *tanta est labes illius peccati* (scilicet, *cum post agnitionem Dei*

Artigo 1
A penitência apaga todos os pecados?

QUANTO AO PRIMEIRO ARTIGO, ASSIM SE PROCEDE: parece que a penitência **não** apaga todos os pecados.

1. Com efeito, o Apóstolo diz de Esaú: "Não houve para ele ensejo algum de mudança, apesar de suas súplicas e lágrimas." A Glosa comenta: "Isto é, não encontrou perdão nem bênção pela penitência". Igualmente se diz de Antíoco: "Orava o criminoso ao Senhor de quem não conseguiria misericórdia". Portanto, não parece que todos os pecados sejam apagados pela penitência.

2. ALÉM DISSO, Agostinho declara: "Se alguém depois de conhecer a Deus pela graça de Cristo, opõe-se à fraternidade e se deixa agitar pelo

---
1 PARALL.: II-II, q. 14, a. 3; IV *Sent.*, dist. 14, q. 2, a. 1, q.la 1; *Cont. Gent.* III, 156.
  1. Interl.; LOMBARDI: ML 192, 506 A.
  2. L. I, c. 22, nn. 73, 74: ML 34, 1266.

per gratiam Christi, oppugnat aliquis fraternitatem, et adversus ipsam gratiam invidiae facibus agitatur), *ut deprecandi humilitatem subire non possit, etiam si peccatum suum mala conscientia agnoscere et annuntiare cogatur*. Non ergo omne peccatum potest per poenitentiam tolli.

3. PRAETEREA, Dominus dicit, Mt 12,32: *Qui dixerit contra Spiritum Sanctum* verbum, *non remittetur ei neque in hoc saeculo neque in futuro*. Non ergo omne peccatum remitti potest per poenitentiam.

SED CONTRA est quod dicitur Ez 18,22: *Omnium iniquitatum eius quas operatus est, non recordabor amplius*.

RESPONDEO dicendum quod hoc quod aliquod peccatum per poenitentiam tolli non possit, posset contingere dupliciter: uno modo, quia aliquis de peccato poenitere non posset; alio modo, quia poenitentia non posset delere peccatum. Et primo quidem modo, non possunt deleri peccata daemonum, et etiam hominum damnatorum: quia affectus eorum sunt in malo confirmati, ita quod non potest eis displicere peccatum inquantum est culpa, sed solum displicet eis inquantum est poena quam patiuntur; ratione cuius aliquam poenitentiam, sed infructuosam habent, secundum illud Sap 5,3: *Poenitentiam agentes, et prae angustia spiritus gementes*. Unde talis poenitentia non est cum spe veniae, sed cum desperatione.

Tale autem non potest esse peccatum aliquod hominis viatoris, cuius liberum arbitrium flexibile est ad bonum et ad malum. Unde dicere quod aliquod peccatum sit in hac vita de quo aliquis poenitere non possit, est erroneum. Primo quidem, quia per hoc tolleretur libertas arbitrii. — Secundo, quia derogaretur virtuti gratiae, per quam moveri potest cor cuiuscumque peccatoris ad poenitendum: secundum illud Pr 21,1: *Cor regis in manu Dei*, et *quocumque voluerit vertet illud*.

Quod autem secundo modo non possit per veram poenitentiam aliquod peccatum remitti, est etiam erroneum. Primo quidem, quia repugnat divinae misericordiae, de qua dicitur, Ioel 2,13, quod *benignus et misericors est, et multae misericordiae, et praestabilis super malitia*. Vinceretur quodammodo enim Deus ab homine, si homo peccatum vellet deleri, quod Deus delere non vellet. — Secundo, quia hoc derogaret virtuti passionis Christi, per quam poenitentia operatur, sicut et cetera sacramenta: cum scriptum sit, 1Io

facho da inveja contra a própria graça, a ruína desse seu pecado é tão grande que não pode aceitar a humildade da oração, mesmo que a sua má consciência reconheça o pecado e o force a declará-lo". Portanto, nem todo pecado pode ser apagado pela penitência.

3. ADEMAIS, o Senhor reclama: "Se alguém falar contra o Espírito Santo, isto não lhe será perdoado, nem neste mundo, nem no vindouro". Logo, nem todo pecado pode ser perdoado pela penitência.

EM SENTIDO CONTRÁRIO, está escrito no livro de Ezequiel: "Não haverá mais lembrança de todas as suas iniquidades."

RESPONDO. Que um pecado não possa ser apagado pela penitência, isto poderia acontecer por duas razões: ou porque o pecador não poderia arrepender-se de seu pecado, ou porque a penitência não poderia destruir o pecado. No primeiro caso, não se podem destruir os pecados dos demônios e também dos condenados, uma vez que os seus corações estão de tal modo empedernidos no mal que não podem repudiar o pecado enquanto culpa, mas unicamente enquanto pena que padecem. Por esta razão, aquela penitência que têm é infrutuosa, conforme diz o livro da Sabedoria: "Farão penitência com gemidos, na angústia de seu espírito". Portanto, tal penitência não vem acompanhada de esperança de perdão, mas de desespero.

Tal não pode ser o pecado do homem ainda em via, cujo livre-arbítrio pode inclinar-se para o bem ou para o mal. Daí, é errado dizer que existe nesta vida algum pecado de que alguém não possa arrepender-se. Primeiro, porque assim se anularia o livre-arbítrio. — Segundo, porque se negaria o poder da graça, pela qual o coração de todo pecador pode ser movido ao arrependimento, conforme a Escritura: "O coração do rei está nas mãos do Senhor: ele o dirige para onde lhe comprazˮ.

No segundo caso, é também errado dizer que algum pecado não pode ser perdoado por uma verdadeira penitência. Primeiro, porque isto contradiz a misericórdia divina, da qual diz o profeta: "Ele (Deus) é benévolo e misericordioso, de grande misericórdia. Ele se compadece da desgraça". Neste caso, sob certo sentido, Deus seria vencido pelo homem, se o homem quisesse destruir um pecado que Deus não o quisesse. — Segundo, porque isto reduziria o poder da paixão de Cristo, pelo qual a penitência opera, como aliás os ou-

2,2: *Ipse est propitiatio pro peccatis nostris: non solum nostris, sed etiam totius mundi.*

Unde simpliciter dicendum est quod omne peccatum in hac vita per poenitentiam deleri potest.

AD PRIMUM ergo dicendum quod Esau non vere poenituit. Quod patet ex hoc quod dixit: *Venient dies luctus patris mei, et occidam Iacob fratrem meum.*
Similiter etiam nec Antiochus vere poenituit. Dolebat enim de culpa praeterita non propter offensam Dei, sed propter infirmitatem corporalem quam patiebatur.

AD SECUNDUM dicendum quod illud verbum Augustini sic est intelligendum: *Tanta est labes illius peccati ut deprecandi humilitatem subire non possit*, scilicet, *de facili*: secundum quod dicitur ille non posse sanari qui non potest de facili sanari. Potest tamen hoc fieri per virtutem divinae gratiae, quae etiam interdum *in profundum maris convertit*, ut dicitur in Ps 67,23.

AD TERTIUM dicendum quod illud *verbum* vel *blasphemia* contra Spiritum Sanctum est finalis impoenitentia, ut Augustinus dicit, in libro *de Verbis Domini* [3]: quae penitus irremissibilis est, quia post finem huius vitae non est remissio peccatorum.
Vel, si intelligatur per blasphemiam Spiritus Sancti peccatum quod fit ex certa malitia, vel etiam ipsa blasphemia Spiritus Sancti, dicitur non remitti, scilicet *de facili*, quia tale non habet in se causam excusationis; vel quia pro tali peccato punitur aliquis et in hoc saeculo et in futuro; ut in Secunda Parte[4] expositum est.

tros sacramentos, conforme está escrito: "Pois, ele é vítima de expiação por nossos pecados; e não somente pelos nossos, mas também pelos do mundo inteiro."
Por conseguinte, se deve-se dizer, de modo absoluto, que todo pecado nesta vida pode ser apagado pela penitência[a].

QUANTO AO 1º, portanto, deve-se dizer que Esaú não se arrependeu verdadeiramente. Isso se infere do que ele disse: "A época do luto por meu pai aproxima-se e poderei matar meu irmão Jacó!".
De igual modo, nem Antíoco se arrependeu verdadeiramente. Pois, doía-se da culpa passada, não por causa da ofensa feita a Deus, mas por causa da doença corporal que sofria.

QUANTO AO 2º, deve-se entender o dito de Agostinho desta maneira: "Tão grande é a ruína daquele pecado que a alma não pode suportar a humildade da oração", isto é "de uma maneira fácil;" assim como se diz de alguém que não se pode curar no sentido de não o poder facilmente. Mas, isto pode ser feito pela virtude da graça divina, que, às vezes, "faz vir dos abismos do mar", como diz o salmista.

QUANTO AO 3º, deve-se dizer que aquela "palavra" ou "blasfêmia" contra o Espírito Santo significa a impenitência final, como ensina Agostinho. É um pecado totalmente sem perdão, porque depois do fim desta vida não há remissão dos pecados.
Ou ainda, se, por blasfêmia contra o Espírito Santo, se entende aquele pecado que se comete com certa maldade ou a própria blasfêmia contra o Espírito Santo, então se diz que ele não é perdoado, a saber "de maneira fácil". Porque tal pecado não tem em si nenhum motivo de escusa, ou também porque por este tipo de pecado se pune alguém neste mundo e no outro[b].

---

3. Serm. 71, al. *de Verbis Dom.* 11, c. 12, n. 20; c. 13, n. 21; c. 21, n. 34: ML 38, 455, 456, 464.
4. II-II, q. 14, a. 3.

a. Desse modo, o sacramento da penitência apaga todos os pecados cometidos após o batismo. Esse ponto doutrinal já fôra estabelecido há muito, pois o papa Gelásio I († 496) declarava: "Não existe pecado algum por cuja remissão a Igreja não ore, ou do qual ela não possa absolver os que a ele renunciam em virtude dos poderes que ela recebe de Deus... ela a quem é dito: 'Tudo o que remeterdes sobre a terra...' (Jo 20,23); 'tudo o que ligardes na terra será ligado no céu' (Mt 18,18). A expressão Tudo o que engloba todos os pecados qualquer que seja o seu número e qualquer que seja sua natureza...
b. Sto. Tomás dá aqui sua própria interpretação desse famoso pecado contra o Espírito, que não poderia ser perdoado, sobre o qual os exegetas longamente dissertaram... Ela é tradicional e tem o mérito da simplicidade. O perdão divino se estende a todos os pecados, sem exceção, incluindo a blasfêmia contra o Espírito Santo. Mas a salvação se apresentando como aliança, uma colaboração entre Deus e o homem, o perdão do primeiro, para se tornar eficaz, supõe da parte do segundo um gesto de penitência, mesmo que ligeiro, mesmo imperfeito. O perdão não se impõe a nós. Não somos perdoados à nossa revelia. O que

Articulus 2
Utrum sine poenitentia peccatum remitti possit

AD SECUNDUM SIC PROCEDITUR. Videtur quod sine poenitentia peccatum remitti possit.

1. Non enim est minor virtus Dei circa adultos quam circa pueros. Sed pueris peccata dimittit sine poenitentia. Ergo etiam et adultis.

2. PRAETEREA, *Deus virtutem suam sacramentis non alligavit.* Sed poenitentia est quoddam sacramentum. Ergo virtute divina possunt peccata sine poenitentia dimitti.

3. PRAETEREA, maior est misericordia Dei quam misericordia hominis. Sed homo interdum remittit offensam suam homini etiam non poenitenti, unde et ipse Dominus mandat, Mt 5,44: *Diligite inimicos vestros: benefacite his qui oderunt vos.* Ergo multo magis Deus dimittit offensam suam hominibus non poenitentibus.

SED CONTRA est quod Dominus dicit, Ier 18,8: *Si poenitentiam egerit gens illa a malo quod fecit, agam et ego poenitentiam a malo quod cogitavi ut facerem ei.* Et sic e converso videtur quod, si homo poenitentiam non agat, quod Deus ei non remittat offensam.

RESPONDEO dicendum quod impossibile est peccatum actuale mortale sine poenitentia remitti, loquendo de poenitentia quae est virtus. Cum enim peccatum sit Dei offensa, eo modo Deus peccatum remittit quo remittit offensam in se commissam. Offensa autem directe opponitur gratiae: ex hoc enim dicitur aliquis alteri esse offensus, quod repellit eum a gratia sua. Sicut autem habitum est in Secunda Parte[1], hoc interest inter gratiam Dei et gratiam hominis, quod gratia hominis non causat, sed praesupponit bonitatem, veram vel apparentem, in homine grato: sed gratia Dei causat bonitatem in homine grato, eo quod bona voluntas Dei, quae in nomine gratiae intelligitur, est causa boni creati. Unde potest contingere quod homo remittat offensam qua offensus est alicui, absque aliqua immutatione voluntatis eius: non autem potest contingere quod Deus remittat offensam alicui absque immutatione voluntatis eius. Offensa

Artigo 2
Pode o pecado ser perdoado sem a penitência?

QUANTO AO SEGUNDO, ASSIM SE PROCEDE: parece que o pecado **pode** ser perdoado sem a penitência.

1. Com efeito, a virtude de Deus não é menor para os adultos do que para as crianças. Ora, ele perdoa os pecados das crianças sem penitência. Logo, também dos adultos.

2. ALÉM DISSO, "Deus não está atado ao poder dos sacramentos". Ora, a penitência é um sacramento. Logo, os pecados podem ser perdoados pelo poder divino sem a penitência.

3. ADEMAIS, a misericórdia de Deus é maior que a dos homens. Ora, os homens, às vezes, perdoam ofensas a alguém que não faz penitência. Por isso, o Senhor ordena: "Amai vossos inimigos e orai pelos que vos perseguem". Logo, com muito mais razão Deus perdoa aos homens que o ofendem, mesmo que não façam penitência.

EM SENTIDO CONTRÁRIO, o Senhor diz: "Mas se esta nação fizer penitência do mal que fez, eu também me penitenciarei do mal que tencionava infligir-lhe". E assim, ao invés, se alguém não faz penitência, Deus não lhe perdoa a ofensa.

RESPONDO. É impossível que o pecado mortal atual seja perdoado sem penitência, no sentido de virtude. Uma vez que o pecado é uma ofensa a Deus, ele perdoa o pecado da maneira como o faz a respeito de uma ofensa feita a ele. A ofensa, por sua vez, opõe-se diretamente ao favor. Por isso, diz-se que alguém está ofendido em relação a outro, ao afastá-lo de seus favores. A diferença entre o favor divino e o humano consiste em que o favor humano não causa mas pressupõe no homem agraciado a bondade verdadeira ou aparente, enquanto o favor divino causa a bondade no homem agraciado. Pois, a vontade divina do bem, que a palavra graça significa, é a causa do bem criado. Por isto, pode acontecer que um homem ofendido perdoe a ofensa a alguém sem que altere a vontade deste. No entanto, não pode acontecer que Deus perdoe a ofensa a alguém sem mudança da vontade deste. A ofensa do pecado mortal surge do

---

2 PARALL.: Infra, q. 87, a. 1; IV *Sent.*, dist. 14, q. 2, a. 5.

1. I-II, q. 110, a. 1.

não significa em absoluto que nossa penitência merece o perdão de Deus. O concílio de Trento especifica que "desde sempre, a penitência foi necessária a todos os homens que se macularam de um pecado mortal".

autem peccati mortalis procedit ex hoc quod voluntas hominis est aversa a Deo per conversionem ad aliquod bonum commutabile. Unde requiritur ad remissionem divinae offensae quod voluntas hominis sic immutetur quod convertatur ad Deum, cum detestatione praedictae conversionis et proposito emendae. Quod pertinet ad rationem poenitentiae secundum quod est virtus. Et ideo impossibile est quod peccatum alicui remittatur sine poenitentia secundum quod est virtus.

Sacramentum autem poenitentiae, sicut supra[2] dictum est, perficitur per officium sacerdotis ligantis et solventis. Sine quo potest Deus peccatum remittere: sicut remisit Christus mulieri adulterae, ut legitur Io 8,11, et peccatrici, ut legitur Lc 7,47-48. Quibus tamen non remisit peccata sine virtute poenitentiae; nam, sicut Gregorius dicit, in Homilia[3], *per gratiam traxit intus*, scilicet ad poenitentiam, *quam per misericordiam suscepit foris*.

AD PRIMUM ergo dicendum quod in pueris non est nisi peccatum originale, quod non consistit in actuali deordinatione voluntatis, sed in quadam habituali deordinatione naturae, ut in Secunda Parte[4] habitum est. Et ideo remittitur eis peccatum cum habituali immutatione per infusionem gratiae et virtutum, non autem cum actuali. Sed adulto in quo sunt actualia peccata, quae consistunt in deordinatione actuali voluntatis, non remittuntur peccata, etiam in baptismo, sine actuali immutatione voluntatis: quod fit per poenitentiam.

AD SECUNDUM dicendum quod ratio illa procedit de poenitentia secundum quod est sacramentum.

AD TERTIUM dicendum quod misericordia Dei est maioris virtutis quam misericordia hominis in hoc, quod immutat voluntatem hominis ad poenitendum: quod misericordia hominis facere non potest.

fato de que a vontade humana se afasta de Deus, ao voltar-se para um bem perecível. Daí se requer que para a remissão da ofensa divina a vontade humana se modifique de tal modo que se volte para Deus, detestando o apego anterior ao bem criado com propósito de emenda. É o que caracteriza a natureza da penitência enquanto virtude. Por isso, é impossível que se perdoe a alguém um pecado sem a penitência enquanto virtude.

O sacramento da penitência, porém, se realiza pelo ministério do sacerdote que retém ou absolve o pecado. Deus, porém, pode perdoar o pecado sem tal ministério, como Cristo perdoou a mulher adúltera e a pecadora. No entanto, não lhes perdoou os pecados sem a virtude da penitência. Com efeito, Gregório diz "pela graça atraiu interiormente", isto é, à penitência, "aquela a quem, por misericórdia, acolhia exteriormente."

QUANTO AO 1º, portanto, deve-se dizer que nas crianças só existe o pecado original, que não consiste numa desordem atual da vontade, mas numa desordem habitual da natureza. Por isso, o pecado lhes é perdoado com uma mudança não atual, mas habitual por meio da infusão da graça e das virtudes. Entretanto, no adulto em que existem pecados atuais, que consistem numa desordem atual da vontade, os pecados não são perdoados, mesmo no batismo, sem uma mudança atual da vontade, que se faz pela penitência.

QUANTO AO 2º, deve-se dizer que o argumento vale da penitência no sentido de sacramento.

QUANTO AO 3º, deve-se dizer que a misericórdia divina é de maior poder que a humana pelo fato de mudar a vontade do homem para penitenciar-se, o que não pode fazer a misericórdia humana.

ARTICULUS 3

Utrum possit per poenitentiam unum peccatum sine alio remitti

AD TERTIUM SIC PROCEDITUR. Videtur quod possit per poenitentiam unum peccatum sine alio remitti.

1. Dicitur enim Am 4,7: *Plui super unam civitatem, et super alteram non plui: pars una compluta*

ARTIGO 3

Pela penitência podem os pecados ser perdoados um sem o outro?

QUANTO AO TERCEIRO, ASSIM SE PROCEDE: parece que pela penitência **podem** os pecados ser perdoados um sem o outro.

1. Com efeito, diz o profeta Amós: "Fiz cair o aguaceiro sobre uma cidade e sobre outra não; um

---

2. Q. 84, a. 1, ad 2; a. 3.
3. *In Evang.*, l. II, hom. 33, n. 1: ML 76, 1240 A.
4. I-II, q. 82, a. 1.

3 PARALL.: I-II, q. 73, a. 1; IV *Sent.*, dist. 15, q. 1, a. 3, q.la 1; dist. 18, q. 2, a. 5, q.la 3, ad 1.

est, et pars super quam non plui, aruit. Quod exponens Gregorius, *super Ezech.*[1], dicit: *Cum ille qui proximum odit ab aliis vitiis se corrigit, una et eadem civitas ex parte compluitur, et ex parte arida manet: quia sunt qui, cum quaedam vitia resecant, in aliis graviter perdurant*. Ergo potest unum peccatum per poenitentiam remitti sine alio.

2. PRAETEREA, Ambrosius dicit, super *Beati immaculati*[2]: *Prima consolatio est, quia non obliviscitur misereri Deus: secunda per punitionem, ubi, et si fides desit, poena satisfacit et relevat*. Potest ergo aliquis relevari ab aliquo peccato manente peccato infidelitatis.

3. PRAETEREA, eorum quae non necesse est esse simul, unum potest auferri sine alio. Sed peccata, ut in Secunda Parte[3] habitum est, non sunt connexa, et ita unum eorum potest esse sine alio. Ergo unum eorum potest remitti sine alio per poenitentiam.

4. PRAETEREA, peccata sunt debita quae nobis relaxari petimus cum dicimus in oratione Dominica: *Dimitte nobis debita nostra*. Sed homo quandoque dimittit debitum unum sine alio. Ergo etiam Deus per poenitentiam dimittit unum peccatum sine alio.

5. PRAETEREA, per dilectionem Dei relaxantur hominibus peccata: secundum illud Ier 31,3: *In caritate perpetua dilexi te: ideo attraxi te miserans*. Sed nihil prohibet quin Deus diligat hominem quantum ad unum, et sit ei offensus quantum ad aliud: sicut peccatorem diligit quantum ad naturam, odit autem quantum ad culpam. Ergo videtur possibile quod Deus per poenitentiam remittat unum peccatum sine alio.

SED CONTRA est quod Augustinus dicit, in libro *de Poenitentia*[4]: *Sunt plures quos poenitet peccasse, sed non omnino, reservantes sibi quaedam in quibus delectentur, non animadvertentes Dominum simul mutum et surdum a daemonio liberasse, per hoc docens nos nunquam nisi de omnibus sanari*.

RESPONDEO dicendum quod impossibile est per poenitentiam unum peccatum sine alio remitti. Primo quidem, quia peccatum remittitur inquantum tollitur Dei offensa per gratiam: unde in Secunda Parte[5] habitum est quod nullum peccatum potest

campo era regado pela chuva, e outro, sem chuva, ressecou". Explicando tal texto, Gregório declara: "Quando aquele, que odeia seu próximo, se corrige de outros vícios, é como uma e mesma cidade, parte inundada, parte árida. Pois, há aqueles que, vencendo certos vícios, permanecem gravemente em outros". Portanto, podem os pecados ser perdoados pela penitência um sem o outro.

2. ALÉM DISSO, Ambrósio ensina: "A primeira consolação é que Deus não esquece de ter compaixão. A segunda é a punição, que, mesmo na ausência da fé, satisfaz e reergue". Pode, portanto, alguém ser reerguido de um pecado, permanecendo no pecado de infidelidade.

3. ADEMAIS, das coisas que não necessitam estar juntas, pode uma ser retirada sem a outra. Ora, não há conexão entre os pecados, de modo que pode haver um pecado sem o outro. Logo, pode, pela penitência, um pecado ser perdoado sem o outro.

4. ADEMAIS, os pecados são as dívidas que pedimos serem perdoadas quando rezamos a Oração do Senhor: "Perdoai as nossas dívidas". Ora, os homens perdoam, às vezes, uma dívida sem perdoar as outras. Logo, também Deus perdoa pela penitência um pecado sem o outro.

5. ADEMAIS, pelo seu amor, Deus perdoa aos homens os pecados, conforme o dito do profeta: "Eu te amo com um amor de eternidade; é, pois, compadecido que te atraio para mim". Nada impede que Deus ame alguém de uma parte e seja por ele ofendido de outra parte. Assim ele ama o pecador por sua natureza e odeia-o por seu pecado. Portanto, parece possível que Deus perdoe, pela penitência, um pecado sem o outro.

EM SENTIDO CONTRÁRIO, Agostinho escreve: "Existem muitos que se arrependem de ter pecado, mas não totalmente, conservando alguns pecados em que se comprazem. Não perceberam que o Senhor livrou o possesso do demônio tanto da surdez e como da mudez, para ensinar-nos que ele nunca cura a não ser de tudo".

RESPONDO. É impossível que, pela penitência, se perdoem os pecados um sem o outro.

Primeiramente, porque o pecado se perdoa, ao ser suprimida pela graça a ofensa feita a Deus. Por isso, nenhum pecado pode ser perdoado sem

---

1. L. I, hom. 10, n. 23: ML 76, 895 C.
2. In Ps. 118, serm. 18, super litt. Sade, n. 3: ML 15, 1453 A.
3. I-II, q. 73, a. 1.
4. *De vera et falsa poenit.*, c. 9, n. 24: ML 40, 1121.
5. I-II, q. 109, a. 7; q. 113, a. 2.

remitti sine gratia. Omne autem peccatum mortale contrariatur gratiae, et excludit eam. Unde impossibile est quod unum peccatum sine alio remittatur.

Secundo quia, sicut ostensum est[6], peccatum mortale non potest sine vera poenitentia remitti, ad quam pertinet deserere peccatum inquantum est contra Deum. Quod quidem est commune omnibus peccatis mortalibus. Ubi autem eadem ratio est et idem effectus. Unde non potest esse vere poenitens qui de uno peccato poenitet et non de alio. Si enim displiceret ei illud peccatum quia est contra Deum super omnia dilectum, quod requiritur ad rationem verae poenitentiae, sequeretur quod de omnibus peccatis poeniteret. Unde sequitur quod impossibile sit unum peccatum remitti sine alio.

Tertio, quia hoc esset contra perfectionem misericordiae Dei, cuius *perfecta sunt opera*, ut dicitur Dt 32,4. Unde cuius misereretur, totaliter miseretur. Et hoc est quod Augustinus dicit, in libro *de Poenitentia*[7]: *Quaedam impietas infidelitatis est ab illo qui iustus et iustitia est, dimidiam sperare veniam*.

AD PRIMUM ergo dicendum quod verbum illud Gregorii non est intelligendum quantum ad remissionem culpae, sed quantum ad cessationem ab actu: quia interdum ille qui plura peccata consuevit committere, deserit unum, non tamen aliud. Quod quidem fit auxilio divino, quod tamen non pertingit usque ad remissionem culpae.

AD SECUNDUM dicendum quod in verbo illo Ambrosii *fides* non potest accipi qua creditur in Christum: quia, ut Augustinus dicit, super illud Io 15,22[8], *Si non venissem et locutus eis non fuissem, peccatum non haberent*, scilicet infidelitatis: *Hoc enim est peccatum quo tenentur cuncta peccata*. Sed accipitur fides pro *conscientia*: quia interdum per poenas quas quis patienter sustinet, consequitur remissionem peccati cuius conscientiam non habet.

AD TERTIUM dicendum quod peccata, quamvis non sint connexa quantum ad conversionem ad bonum commutabile, sunt tamen connexa quantum ad aversionem a bono incommutabili, in qua

a graça. Ora, todo pecado mortal opõe-se à graça e a exclui. Portanto, é impossível que os pecados sejam perdoados um sem o outro.

Em segundo lugar, porque o pecado mortal não pode ser perdoado sem uma verdadeira penitência, à qual pertence renunciar ao pecado enquanto é ofensa contra Deus. Aliás, este é o caráter comum a todos os pecados mortais. Onde, pois, a causa é a mesma, o mesmo também será o efeito. Por isso, não pode estar verdadeiramente arrependido quem se arrepende de um pecado e não de outro. Se lhe desagrada um pecado porque é ofensa a Deus, amado sobre todas as coisas, o que se requer para a natureza da verdadeira penitência, segue-se que deveria arrepender-se de todos os pecados. Portanto, é impossível que os pecados sejam perdoados um sem o outro.

Em terceiro lugar, porque isto seria contra a perfeição da misericórdia de Deus, cujas "obras são perfeitas". Por conseguinte, de quem Deus se compadece, se compadece totalmente. É o que ensina Agostinho: "É uma espécie de impiedade infiel esperar um meio perdão dAquele que é justo e a própria justiça".

QUANTO AO 1º, portanto, deve-se dizer que a afirmação de Gregório não deve ser entendida no sentido da remissão da culpa, mas da cessação do ato do pecado. Às vezes, aquele que tem costume de cometer muitos pecados, deixa de fazer um e não, porém, outro. Isso acontece com a ajuda divina, que, no entanto, não atinge até a remissão da culpa.

QUANTO AO 2º, deve-se dizer que na expressão de Ambrósio, a palavra "fé" não pode ser tomada como crer em Cristo. A propósito do texto "Se eu não tivesse vindo, se não lhes tivesse dirigido a palavra, eles não teriam nenhum pecado", a saber de infidelidade, Agostinho comenta: "Este é o pecado que contém todos os pecados". Ora, entende-se "fé no sentido de "consciência", porque, às vezes, pelos sofrimentos que se suportam com paciência, consegue-se a remissão do pecado do qual não se tem consciência.

QUANTO AO 3º, deve-se dizer que os pecados, ainda que não sejam conexos entre si, pela conversão ao bem passageiro, contudo eles o são pela aversão ao bem imutável. Este ponto é comum a

---

6. A. praec.
7. *De vera et falsa poenit.*, c. 9, n. 24: ML 40, 1121.
8. Tract. 89, n. 1: ML 35, 1856.

conveniunt omnia peccata mortalia. Et ex hac parte habent rationem offensae, quam oportet per poenitentiam tolli.

AD QUARTUM dicendum quod debitum exterioris rei, puta pecuniae, non contrariatur amicitiae, ex qua debitum remittitur. Et ideo potest unum dimitti sine alio. Sed debitum culpae contrariatur amicitiae. Et ideo una culpa vel offensa non remittitur sine altera. Ridiculum etiam videretur quod aliquis ab homine veniam peteret de una offensa et non de alia.

AD QUINTUM dicendum quod dilectio qua Deus diligit hominis naturam, non ordinatur ad bonum gloriae, a qua impeditur homo per quodlibet mortale peccatum. Sed dilectio gratiae, per quam fit remissio peccati mortalis, ordinat hominem ad vitam aeternam: secundum illud Rm 6,23: *Gratia Dei vita aeterna*. Unde non est similis ratio.

ARTICULUS 4
Utrum, remissa culpa per poenitentiam, remaneat reatus poenae

AD QUARTUM SIC PROCEDITUR. Videtur quod, remissa culpa per poenitentiam, non remaneat reatus poenae.
1. Remota enim causa, removetur effectus. Sed culpa est causa reatus poenae: ideo enim est aliquis dignus poena quia culpam commisit. Ergo, remissa culpa, non potest remanere reatus poenae.

2. PRAETEREA, sicut Apostolus dicit, Rm 5,15sqq., donum Christi est efficacius quam peccatum. Sed peccando homo simul incurrit culpam et poenae reatum. Ergo multo magis per donum gratiae simul remittitur culpa et tollitur poenae reatus.

3. PRAETEREA, remissio peccatorum fit in poenitentia per virtutem passionis Christi: secundum illud Rm 3,25: *Quem proposuit Deus propitiatorem per fidem in sanguine ipsius, propter remissionem praecedentium delictorum*. Sed passio Christi sufficienter est satisfactoria pro omnibus peccatis, ut supra[1] habitum est. Non ergo post remissionem culpae remanet aliquis reatus poenae.

todos os pecados mortais. Sob este ângulo, eles são uma ofensa a Deus, que deve ser eliminada pela penitência.

QUANTO AO 4º, deve-se dizer que a dívida de um bem exterior por exemplo, dinheiro, não se opõe à amizade, pela qual a dívida é perdoada. Por isso, uma dívida desta natureza pode ser perdoada independentemente de outra. Mas a dívida da culpa contradiz a amizade. Por conseguinte, uma culpa ou ofensa não se remite sem a outra. Parece ridículo que se pedisse perdão a alguém de uma ofensa e não de outra.

QUANTO AO 5º, deve-se dizer que o amor com que Deus ama a natureza humana não se ordena ao bem da glória, do qual o homem se priva pelo pecado mortal. Mas sim, o amor de graça, pelo qual se perdoam os pecados mortais, ordena o homem para a vida eterna, como ensina Paulo: "O dom gratuito de Deus é a vida eterna." Por isso, o argumento não é o mesmo.

ARTIGO 4
Permanece o reato da pena uma vez perdoada a culpa pela penitência?

QUANTO AO QUARTO, ASSIM SE PROCEDE: parece que **não** permanece o reato da pena uma vez perdoada a culpa pela penitência.
1. Com efeito, quando a causa é suprimida, o efeito também o é. Ora, a culpa é a causa do reato da pena. De fato, alguém é merecedor de uma pena porque cometeu uma culpa. Logo, se a culpa é perdoada, não pode permanecer o reato da pena.

2. ALÉM DISSO, o Apóstolo diz que a graça de Cristo é mais eficaz que o pecado. Ora, ao pecar, alguém incorre, ao mesmo tempo, na culpa e no reato da pena. Logo, com muito mais razão, pelo dom da graça, se perdoa a culpa e se suprime o reato da pena.

3. ADEMAIS, a remissão dos pecados se faz na penitência pela virtude da paixão de Cristo, como ensina Paulo: "Foi a ele que Deus destinou para servir de expiação, por meio da fé no seu sangue, para a remissão dos delitos passados." Ora, a paixão de Cristo satisfaz suficientemente por todos os pecados. Logo, não permanece nenhum reato da pena depois da remissão da culpa.

---

4 PARALL.: I-II, q. 87, a. 6; IV *Sent.*, dist. 14, q. 2, a. 1, q.la 2; *Cont. Gent.*, III, 158; *Ad Rom.*, c. 11, lect. 4.
1. Q. 48, a. 2; q. 49, a. 3.

SED CONTRA est quod, 2Reg 12,13-14, dicitur quod, cum David poenitens dixisset ad Nathan, *Peccavi Domino*, dixit Nathan ad illum: *Dominus quoque transtulit peccatum tuum: non morieris. Veruntamen filius qui natus est tibi, morte morietur*: quod fuit in poenam praecedentis peccati, ut ibidem dicitur. Ergo, remissa culpa, remanet reatus alicuius poenae.

RESPONDEO dicendum quod, sicut in Secunda Parte[2] habitum est, in peccato mortali sunt duo: scilicet aversio ab incommutabili bono, et conversio ad commutabile bonum inordinata. Ex parte igitur aversionis ab incommutabili bono, consequitur peccatum mortale reatus poenae aeternae: ut qui contra aeternum bonum peccavit, in aeternum puniatur. Ex parte etiam conversionis ad bonum commutabile, inquantum est inordinata, consequitur peccatum mortale reatus alicuius poenae: quia inordinatio culpae non reducitur ad ordinem iustitiae nisi per poenam; iustum est enim ut qui voluntati suae plus indulsit quam debuit, contra voluntatem suam aliquid patiatur, sic enim erit aequalitas; unde et Ap 18,7 dicitur: *Quantum glorificavit se et in deliciis fuit, tantum date illi tormentum et luctum*. Quia tamen conversio ad bonum commutabile finita est, non habet ex hac parte peccatum mortale quod debeatur ei poena aeterna. Unde, si sit inordinata conversio ad bonum commutabile sine aversione a Deo, sicut est in peccatis venialibus, non debetur peccato poena aeterna, sed temporalis.

Quando igitur per gratiam remittitur culpa, tollitur aversio animae a Deo, inquantum per gratiam anima Deo coniungitur. Unde et per consequens simul tollitur reatus poenae aeternae. Potest tamen remanere reatus alicuius poenae temporalis.

AD PRIMUM ergo dicendum quod culpa mortalis utrumque habet, et aversionem a Deo et conversionem ad bonum creatum: sed, sicut in Secunda Parte[3] habitum est, aversio a Deo est ibi sicut formale, conversio autem ad bonum creatum est ibi sicut materiale. Remoto autem formali cuiuscumque rei, tollitur species, sicut, remoto rationali, tollitur species humana. Et ideo ex hoc ipso dicitur

EM SENTIDO CONTRÁRIO, ao dizer Davi penitente a Natã "pequei contra o Senhor", Natã lhe responde: "O Senhor, por sua parte, perdoou teu pecado. Não morrerás. O filho que te nasceu, ele morrerá", e esta morte foi como pena do pecado precedente, diz a mesma passagem. Portanto, suprimida a culpa, permanece o reato de alguma pena.

RESPONDO. Há dois elementos no pecado mortal: a aversão do bem imutável e a conversão ao bem passageiro. Pelo fato de ser aversão do bem imutável, o pecado mortal contrai o reato da pena eterna. Pois, quem peca contra o bem eterno, é punido eternamente. Pela conversão a um bem passageiro, enquanto ela é desordenada, o pecado mortal incorre o reato de uma certa pena. Pois, a desordem da culpa só é reconduzida à ordem da justiça pela pena. Pois, na verdade, é justo que aquele que concedeu à sua vontade própria mais do que devia, sofra algo contra sua vontade. Assim se restabelece a igualdade. Assim, lê-se no Apocalipse: "Quanto ela se envaideceu na glória e no luxo, na mesma medida retribui-lhe em tormento e luto." Contudo, como a conversão a um bem passageiro é finita, por este lado o pecado não merece uma pena eterna. Por isso, se a conversão desordenada ao bem passageiro se dá sem afastamento de Deus, como é o caso dos pecados veniais, o pecado não merece uma pena eterna, mas temporal.

Quando, porém, pela graça se perdoa a culpa, suprime-se a aversão da alma em relação a Deus, pelo fato de a alma unir-se a Deus pela graça. Daí, em consequência, ao mesmo tempo se suprime o reato da pena eterna. Pode subsistir, todavia, o reato de uma pena temporal[c].

QUANTO AO 1º, portanto, deve-se dizer que o pecado mortal implica tanto a aversão de Deus quanto a conversão ao bem criado. Ora, a aversão de Deus está aí como um princípio formal, enquanto a conversão ao bem criado ocupa o lugar de princípio material. Quando se suprime o princípio formal de qualquer realidade, desaparece a espécie, assim como, se se suprime a

---

2. I-II, q. 87, a. 4.
3. I-II, q. 71, a. 6.

c. Essa pena temporal aparece como uma compensação para a alteração da ordem do mundo por nosso pecado, em sua dimensão de "conversão" desordenada em relação à criatura. Visa reparar o dano de uma harmonia universal ferida pela falta. Deve-se sublinhar a prudência com a qual Sto. Tomás chega a essa conclusão; o texto latino traz: "*Potest tamen remanere reatus alicujus poenae temporalis*" (Pode subsistir todavia...).

culpa mortalis remitti, quod per gratiam tollitur aversio mentis a Deo, simul cum reatu poenae aeternae. Remanet tamen id quod est materiale, scilicet inordinata conversio ad bonum creatum. Pro qua debetur reatus poenae temporalis.

AD SECUNDUM dicendum quod, sicut in Secunda Parte[4] habitum est, ad gratiam pertinet operari in homine iustificando a peccato, et cooperari homini ad recte operandum. Remissio igitur culpae et reatus poenae aeternae pertinet ad gratiam operantem: sed remissio reatus poenae temporalis pertinet ad gratiam cooperantem, inquantum scilicet homo, cum auxilio divinae gratiae, patienter poenas tolerando, absolvitur etiam a reatu poenae temporalis. Sicut igitur prius est effectus gratiae operantis quam cooperantis, ita etiam prius est remissio culpae et poenae aeternae quam plena absolutio a poena temporali: utrumque enim est a gratia, sed primum a gratia sola, secundum ex gratia et ex libero arbitrio.

AD TERTIUM dicendum est quod passio Christi de se sufficiens est ad tollendum omnem reatum poenae non solum aeternae, sed etiam temporalis: et secundum modum quo homo participat virtutem passionis Christi, percipit etiam absolutionem a reatu poenae. In baptismo autem homo participat totaliter virtutem passionis Christi, utpote per aquam et Spiritum Christo commortuus peccato et in eo regeneratus ad novam vitam. Et ideo in baptismo homo consequitur remissionem reatus totius poenae. In poenitentia vero consequitur virtutem passionis Christi secundum modum propriorum actuum, qui sunt materia poenitentiae, sicut aqua baptismi, ut supra[5] dictum est. Et ideo non statim per primum actum poenitentiae, quo remittitur culpa, solvitur reatus totius poenae, sed completis omnibus poenitentiae actibus.

racionalidade, desaparece a espécie humana. Por conseguinte, pode-se dizer que a culpa mortal é perdoada pelo fato mesmo de suprimir, pela graça, a aversão da mente em relação a Deus juntamente com o reato da pena eterna. Permanece, contudo, o princípio material, a saber, a conversão desordenada ao bem criado, pela qual se deve o reato da pena temporal.

QUANTO AO 2º, deve-se dizer que a graça é operante no homem para justificá-lo do pecado e cooperante com ele na prática do bem. O perdão da culpa e da pena eterna pertence à graça operante, enquanto a remissão da pena temporal devida compete à graça cooperante, no sentido de que o homem, com o auxílio da graça divina, suportando pacientemente os sofrimentos, é perdoado também do reato da pena temporal. Por conseguinte, assim como o efeito da graça operante é anterior ao da graça cooperante, assim também a remissão da culpa e da pena eterna precede o perdão pleno da pena temporal. Ambos são causados pela graça, mas o primeiro unicamente pela graça e o segundo pela graça e pelo livre-arbítrio.

QUANTO AO 3º, deve-se dizer que a paixão de Cristo é por si mesma suficiente para obter a remissão de todo o reato da pena, não só eterna como temporal. Assim naquela medida em que o homem participa do poder da paixão de Cristo, nesta mesma medida participa do perdão do reato da pena. Ora, no batismo, o homem participa plenamente do poder da paixão de Cristo, ao morrer com Cristo para o pecado pela água e pelo Espírito Santo e ao regenerar-se em Cristo para uma nova vida. E, assim, no batismo, o homem obtém a remissão do reato de toda a pena. Na penitência, porém, obtém a eficácia da paixão de Cristo segundo a medida de seus atos, que são a matéria deste sacramento, como a água o é do batismo[d]. Por isso, o reato de toda a pena não é suprimido logo pelo primeiro ato da penitência, pelo qual se perdoa a culpa, mas somente depois de realizados todos os seus atos.

---

4. I-II, q. 111, a. 2.
5. Q. 84, a. 1, ad 1.

d. O batismo suprime de uma vez só a falta e a pena. A penitência tradicional era vista na Igreja como um "batismo laborioso": exige do pecador um trabalho de expiação em maior ou menor medida pesado, e mais ou menos longo.

Articulus 5
Utrum, remissa culpa mortali, tollantur omnes reliquiae peccati

AD QUINTUM SIC PROCEDITUR. Videtur quod, remissa culpa mortali, tollantur omnes reliquiae peccati.

1. Dicit enim Augustinus, in libro *de Poenitentia*[1]: *Nunquam Dominus aliquem sanavit quem omnino non liberavit: totum enim hominem sanavit in Sabbato, quia corpus ab omni infirmitate, et animam ab omni contagione.* Sed reliquiae peccati pertinent ad infirmitatem peccati. Ergo non videtur possibile quod, remissa culpa, remaneant reliquiae peccati.

2. PRAETEREA, secundum Dionysium, 4 cap. *de Div. Nom.*[2], bonum est efficacius quam malum: quia malum non agit nisi in virtute boni. Sed homo peccando simul totam infectionem peccati contrahit. Ergo multo magis poenitendo liberatur etiam ab omnibus peccati reliquiis.

3. PRAETEREA, opus Dei est efficacius quam opus hominis. Sed per exercitium humanorum operum ad bonum tolluntur reliquiae peccati contrarii. Ergo multo magis tolluntur per remissionem culpae, quae est opus Dei.

SED CONTRA est quod Mc 8,22sqq. legitur quod caecus illuminatus a Domino, primo restitutus est ad imperfectum visum, unde ait, *Video homines velut arbores ambulare*; deinde restitutus est perfecte, *ita ut videret clare omnia*. Illuminatio autem caeci significat liberationem peccatoris. Post primam ergo remissionem culpae, qua peccator restituitur ad visum spiritualem, adhuc remanent in eo reliquiae aliquae peccati praeteriti.

RESPONDEO dicendum quod peccatum mortale ex parte conversionis inordinatae ad bonum commutabile quandam dispositionem causat in anima; vel etiam habitum, si actus frequenter iteretur. Sicut autem dictum est[3], culpa mortalis peccati remittitur inquantum tollitur per gratiam aversio mentis a Deo. Sublato autem eo quod est ex parte aversionis, nihilominus remanere potest id quod est ex parte conversionis inordinatae: cum hanc

Artigo 5
Desaparecem todos os resquícios do pecado, uma vez perdoada a culpa mortal?

QUANTO AO QUINTO, ASSIM SE PROCEDE: parece que uma vez perdoada a culpa mortal, **desaparecem** todos os resquícios do pecado.

1. Com efeito, Agostinho ensina: "Nunca o Senhor curou alguém sem que o livrasse totalmente. Curou no sábado o homem inteiro, o corpo de toda doença, a alma de todo contágio do mal". Ora, os resquícios do pecado pertencem à fraqueza do pecado. Logo, não parece possível perdoar a culpa, permanecendo resquícios do pecado.

2. ALÉM DISSO, segundo Dionísio, o bem é mais eficaz que o mal. Pois, o mal só age em virtude do bem. Ora, o homem, ao pecar, contrai simultaneamente toda infecção do pecado. Logo, com muito mais razão, ao penitenciar-se, livra-se de todos os resquícios do pecado.

3. ADEMAIS, a obra de Deus é mais eficaz que a obra do homem. Ora, pelo exercício das obras humanas para o bem suprimem-se os resquícios do pecado contrário. Logo, com muito mais razão eles desaparecem pela remissão da culpa, que é obra de Deus.

EM SENTIDO CONTRÁRIO, nos Evangelhos, se narra que ao cego, curado pelo Senhor, foi, primeiramente, restituída uma visão imperfeita, já que ele diz: "vejo as pessoas como árvores, que caminham". Em seguida, lhe foi restituída plenamente a vista de modo que "via tudo distintamente". A cura do cego simboliza a libertação do pecador. Por conseguinte, depois da primeira remissão da culpa, que restituiu o pecador à visão espiritual, ainda permanecem nele alguns resquícios do pecado passado.

RESPONDO. O pecado mortal pelo fato de ser uma conversão desordenada a um bem passageiro produz certa disposição na alma ou mesmo um hábito, se o ato se repete frequentemente. A culpa do pecado mortal se perdoa, ao ser abolida a aversão da mente em relação a Deus. Suprimindo-se o que constitui a aversão, pode, entretanto, permanecer aquilo que vem da conversão desordenada, uma vez que esta pode existir

---

5 PARALL.: Infra, q. 89, a. 1, ad 3; II *Sent.*, dist. 32, q. 1, a. 1; IV, dist. 14, q. 2, a. 1, q.la 3.
  1. *De vera et falsa poenit.*, c. 9, n. 24: ML 40, 1121.
  2. § 20: MG 3, 717 C.
  3. A. 4, ad 1.

contingat esse sine illa, sicut prius⁴ dictum est. Et ideo nihil prohibet quin, remissa culpa, remaneant dispositiones ex praecedentibus actibus causatae, quae dicuntur peccati reliquiae. Remanent tamen debilitatae et diminutae, ita quod homini non dominentur. Et hoc magis per modum dispositionum quam per modum habituum: sicut etiam remanet fomes post baptismum.

AD PRIMUM ergo dicendum quod Deus totum hominem perfecte curat: sed quandoque subito, sicut socrum Petri statim restituit perfectae sanitati, ita ut *surgens ministraret ei*, ut legitur Lc 4,39; quandoque autem successive, sicut dictum est de caeco illuminato, Mc 8. Et ita etiam spiritualiter quandoque tanta commotione convertit cor hominis ut subito perfecte consequatur sanitatem spiritualem, non solum remissa culpa, sed sublatis omnibus peccati reliquiis: ut patet de Magdalena, Lc 7,47sqq. Quandoque autem prius remittit culpam per gratiam operantem, et postea per gratiam cooperantem successive tollit peccati reliquias.

AD SECUNDUM dicendum quod peccatum etiam quandoque statim inducit debilem dispositionem, utpote per unum actum causatam: quandoque autem fortiorem, causatam per multos actus.

AD TERTIUM dicendum quod uno actu humano non tolluntur omnes reliquiae peccati: quia, ut dicitur in *Praedicamentis*⁵, *pravus, ad meliores exercitationes deductus, ad modicum aliquid proficiet, ut melior sit*: multiplicato autem exercitio, ad hoc pervenit ut sit bonus virtute acquisita. Hoc autem multo efficacius facit divina gratia, sive uno sive pluribus actibus.

sem aquele. Por conseguinte, nada impede que, perdoada a culpa, continuem as disposições, causadas pelos atos precedentes, que se consideram os resquícios do pecado. Permanecem, porém, de maneira enfraquecida e diminuída de modo que já não dominam o homem. E isso acontece mais comumente a modo de disposições do que de hábito, assim como permanece a concupiscência depois do batismo.

QUANTO AO 1º, portanto, deve-se dizer que Deus cura perfeitamente todo o homem. Ora, ele o faz imediatamente, como o caso da sogra de Pedro a quem restitui perfeita saúde de modo que, "levantando-se imediatamente, ela se pôs a servi-los". Ora, realiza-o de modo progressivo, como foi a cura do cego. Assim também, acontece espiritualmente que alguém é, às vezes, tão profundamente tocado no coração que logo consegue perfeitamente a saúde espiritual, não somente com o perdão da culpa, mas também com a supressão de todos os resquícios do pecado, como aparece no exemplo de Madalena. Outras vezes, ao contrário, primeiro perdoa a culpa mediante a graça operante, e depois, sucessivamente, pela graça cooperante, vai suprimindo os resquícios do pecado.

QUANTO AO 2º, deve-se dizer que o pecado também, às vezes, produz imediatamente uma disposição fraca, como a causada por um só ato; outras vezes, uma mais forte, causada por vários atos.

QUANTO AO 3º, deve-se dizer que um só ato humano não consegue suprimir todos os resquícios do pecado. Pois, como se lê em Aristóteles: "Um sujeito mau conduzido a práticas melhores, no início progredirá um pouco, para em seguida melhorar". Mas, pela multiplicação destas práticas, chegará então a ser bom com virtude adquirida. É o que realiza, com muito maior eficácia, a graça divina, seja por um, seja por vários atos.

ARTICULUS 6

Utrum remissio culpae sit effectus poenitentiae secundum quod est virtus

AD SEXTUM SIC PROCEDITUR. Videtur quod remissio culpae non sit effectus poenitentiae secundum quod est virtus.
1. Dicitur enim poenitentia virtus secundum quod est principium humani actus. Sed humani

ARTIGO 6

A remissão da culpa é efeito da penitência, enquanto virtude?

QUANTO AO SEXTO, ASSIM SE PROCEDE: parece que a remissão da culpa **não** é efeito da penitência, enquanto virtude.
1. Com efeito, a penitência é virtude pelo fato de ser princípio do ato humano. Ora, os

---

4. Loc. cit.
5. C. 8: 13, a, 23-25.

PARALL.: IV *Sent.*, dist. 14, q. 2, a. 1, q.la 1; *Qq. Dispp., de Verit.*, q. 28, a. 8, ad 2; *Quodlib.* IV, q. 7, a. 1.

actus non operantur ad remissionem culpae, quae est effectus gratiae operantis. Ergo remissio culpae non est effectus poenitentiae secundum quod est virtus.

2. Praeterea, quaedam aliae virtutes sunt excellentiores poenitentia. Sed remissio culpae non dicitur effectus alicuius alterius virtutis. Ergo etiam non est effectus poenitentiae secundum quod est virtus.

3. Praeterea, remissio culpae non est nisi ex virtute passionis Christi: secundum illud Hb 9,22: *Sine sanguinis effusione non fit remissio*. Sed poenitentia inquantum est sacramentum, operatur in virtute passionis Christi, sicut et cetera sacramenta, ut ex supra[1] dictis patet. Ergo remissio culpae non est effectus poenitentiae inquantum est virtus, sed inquantum est sacramentum.

Sed contra, illud est proprie causa alicuius sine quo esse non potest: omnis enim effectus dependet a sua causa. Sed remissio culpae potest esse a Deo sine poenitentiae sacramento, non autem sine poenitentia secundum quod est virtus, ut supra[2] dictum est. Unde et ante sacramenta novae legis poenitentibus Deus peccata remittebat. Ergo remissio culpae est effectus poenitentiae secundum quod est virtus.

Respondeo dicendum quod poenitentia est virtus secundum quod est principium quorundam actuum humanorum. Actus autem humani qui sunt ex parte peccatoris, materialiter se habent in sacramento poenitentiae. Omne autem sacramentum producit effectum suum non solum virtute formae, sed etiam virtute materiae: ex utroque enim est unum sacramentum, ut supra[3] habitum est. Unde, sicut remissio culpae fit in baptismo non solum virtute formae, ex qua et ipsa aqua virtutem recipit; ita etiam remissio culpae est effectus poenitentiae, principalius quidem ex virtute clavium, quam habent ministri, ex quorum parte accipitur id quod est formale in hoc sacramento, ut supra[4] dictum est; secundario autem ex vi actuum poenitentis pertinentium ad virtutem poenitentiae, tamen prout hi actus aliqualiter ordinantur ad claves Ecclesiae. Et sic patet quod remissio culpae est effectus po-

atos humanos não operam na remissão da culpa, que é efeito da graça operante. Logo, a remissão da culpa não é efeito da penitência, enquanto é virtude[e].

2. Além disso, algumas outras virtudes são superiores à penitência. Ora, a remissão da culpa não é atribuída a nenhuma outra virtude. Logo, também não é efeito da penitência, enquanto é virtude.

3. Ademais, a remissão da culpa se deve unicamente ao poder da paixão de Cristo, segundo o ensinamento da Carta aos Hebreus: "Sem efusão de sangue, não há remissão". Ora, a penitência, enquanto é sacramento, opera pelo poder da paixão de Cristo, assim como os outros sacramentos. Logo, a remissão da culpa não é efeito da penitência enquanto virtude, mas enquanto sacramento.

Em sentido contrário, é propriamente causa de um efeito aquilo sem o que este efeito não pode existir, pois todo efeito depende de sua causa. Ora, a remissão da culpa pode ser concedida por Deus sem o sacramento da penitência, não porém, sem a penitência enquanto virtude. Por isto, antes dos sacramentos da Nova Lei, Deus perdoava os pecados aos penitentes. Portanto, a remissão da culpa é efeito da penitência enquanto virtude.

Respondo. A penitência é virtude no sentido de princípio de certos atos humanos. Estes atos humanos, porém, vindos do pecador, cumprem o papel de matéria no sacramento da penitência. Com efeito, todo sacramento produz seu efeito pelo poder não só da forma, mas também da matéria. Pois, um sacramento se constitui de ambos elementos. É assim que acontece a remissão da culpa no batismo pelo poder não somente da forma mas também da água, matéria do sacramento, que, por sua vez, recebe da forma sua força. De igual modo também, a remissão da culpa é efeito da penitência principalmente pelo poder das chaves, que detém o ministro, de onde se origina o elemento formal neste sacramento. Secundariamente, o efeito vem da força dos atos do penitente, próprios da virtude da penitência, mas enquanto tais atos, de certa maneira, se subordinam ao poder

---

1. A. 4, ad 3; q. 62, a. 5.
2. A. 2; q. 84, a. 5, ad 3.
3. Q. 60, a. 6, ad 2.
4. Q. 84, a. 3.

e. Neste importante artigo trata-se de conciliar dois dados da fé em aparência contraditórios. Por um lado, Deus, e só ele, perdoa os pecados. Por outro, a penitência, enquanto virtude e portanto princípio de um ato humano, suprime os pegados.

enitentiae secundum quod est virtus: principalius tamen secundum quod est sacramentum.

AD PRIMUM ergo dicendum quod effectus gratiae operantis est iustificatio impii, ut in Secunda Parte[5] dictum est. In qua, ut ibidem dictum est, non solum est gratiae infusio et remissio culpae, sed etiam motus liberi arbitrii in Deum, qui est actus fidei formatae, et motus liberi arbitrii in peccatum, qui est actus poenitentiae. Hi tamen actus humani sunt ibi ut effectus gratiae operantis simul producti cum remissione culpae. Unde remissio culpae non fit sine actu poenitentiae virtutis, licet sit effectus gratiae operantis.

AD SECUNDUM dicendum quod in iustificatione impii non solum est actus poenitentiae, sed etiam actus fidei, ut dictum est[6]. Et ideo remissio culpae non ponitur effectus solum poenitentiae virtutis: sed principalius fidei et caritatis.

AD TERTIUM dicendum quod ad passionem Christi ordinatur actus poenitentiae virtutis et per fidem et per ordinem ad claves Ecclesiae. Et ideo utroque modo causat remissionem culpae virtute passionis Christi.

Ad id autem quod in contrarium obiicitur, dicendum est quod actus poenitentiae virtutis habet quod sine eo non possit fieri remissio culpae, inquantum est inseparabilis effectus gratiae, per quam principaliter culpa remittitur, quae etiam operatur in omnibus sacramentis. Et ideo per hoc non potest concludi nisi quod gratia est principalior causa remissionis culpae quam poenitentiae sacramentum.

das chaves da Igreja. E assim fica claro que a remissão da culpa, mesmo sendo efeito da penitência enquanto virtude, o é, de modo principal, do sacramento da penitência[f].

QUANTO AO 1º, portanto, deve-se dizer que o efeito da graça operante é a justificação do pecador. Nesta justificação, há não só a infusão da graça e a remissão da culpa, como também um movimento do livre-arbítrio em direção a Deus, ato de fé informada pela caridade, e um movimento do livre-arbítrio de repulsa do pecado, ato de penitência. Tais atos humanos estão aí como efeitos da graça operante juntamente produzidos com a remissão da culpa. Por isso, a remissão da culpa não se faz sem o ato da virtude da penitência, embora seja efeito da graça operante.

QUANTO AO 2º, deve-se dizer que na justificação do pecador não somente existe um ato de penitência, como também um ato de fé. Por isso, a remissão da culpa não é efeito somente da virtude da penitência, mas principalmente da fé e da caridade.

QUANTO AO 3º, deve-se dizer que o ato da virtude da penitência se ordena à paixão de Cristo tanto pela fé como pela sua orientação ao poder das chaves da Igreja. De ambos os modos, ele produz a remissão da culpa em virtude da paixão de Cristo.

A respeito do que se apresenta *em sentido contrário,* deve-se dizer que o ato da virtude da penitência é tal que sem ele não existe remissão da culpa enquanto é um efeito inseparável da graça. É pela graça que, de modo principal, se remite a culpa e ela está atuante em todos os sacramentos. Por esta razão, não se pode concluir outra coisa senão que a graça é causa mais importante da remissão da culpa do que o sacramento da penitência.

---

5. I-II, q. 111, a. 2; q. 113.
6. Resp. ad 2; I-II, q. 113, a. 4.

---

f. Pode-se admirar a elegância dessa resposta. É Deus quem está em ação. Ele age nos sacramentos da Igreja. Age no coração do penitente. É o único a produzir a graça nesse coração. Mas por razões de sabedoria e de pedagogia, ele prefere se servir de substitutos dos quais seu todo-poderio não teria necessidade alguma. Ele leva em conta para esse trabalho da graça os atos do pecador, e serve-se deles como de um instrumento para atingir nosso coração. O princípio de cooperação se encontra mais uma vez verificado: os atos do penitente se tornam a causa instrumental do perdão divino.
A teologia posterior romperá o delicado equilíbrio da solução tomista. Sob a influência de Duns Scot, distinguirá duas vias de perdão: uma, rigorosa e difícil, é a da virtude de penitência; a outra, de acesso bastante fácil, é a do sacramento. Essa evolução se traduzirá por um duplo enfraquecimento. Deixando de pedir ao penitente para se comprometer por meio de um ato de virtude de penitência, o sacramento se contentará como um mínimo de boas disposições (atrição): sua participação no sacramento será cada vez mais passiva. Ao lado desse enfraquecimento de ordem espiritual notar-se-á mais tarde um debilitamento de ordem eclesial: o sacramento se reduzirá na prática à absolvição. Não deve surpreender a partir daí que cristãos, fazendo da absolvição uma espécie de concepção mágica, esforçam-se por obtê-la tantas vezes quanto desejam, sem um compromisso real de sua parte!

Sciendum tamen quod etiam in veteri lege et in lege naturae erat aliqualiter sacramentum poenitentiae, ut supra⁷ dictum est.

É de notar que também na Antiga Lei e na Lei da natureza havia, de certo modo, um sacramento da penitência.

---
7. Q. 84, a. 7, ad 1, 2.

QUAESTIO LXXXVII
DE REMISSIONE VENIALIUM PECCATORUM
in quatuor articulos divisa

Deinde considerandum est de remissione venialium peccatorum.
Et circa hoc quaeruntur quatuor.
Primo: utrum sine poenitentia peccatum veniale possit dimitti.
Secundo: utrum possit dimitti sine gratiae infusione.
Tertio: utrum peccata venialia remittantur per aspersionem aquae benedictae, et tunsionem pectoris, et orationem Dominicam, et alia huiusmodi.
Quarto: utrum veniale possit dimitti sine mortali.

QUESTÃO 87
A REMISSÃO DOS PECADOS VENIAIS
em quatro artigos

Em seguida, deve-se considerar a remissão dos pecados veniais.
Sobre isso, são quatro as perguntas:
1. O pecado venial pode ser perdoado sem a penitência?
2. Pode ser perdoado sem a infusão da graça?
3. São perdoados os pecados veniais pela aspersão da água benta, pelos golpes no peito, pela oração dominical etc.?
4. Pode um pecado venial ser perdoado sem que o pecado mortal o seja?

Articulus 1
Utrum veniale peccatum possit remitti sine poenitentia

Ad primum sic proceditur. Videtur quod veniale peccatum possit remitti sine poenitentia.

1. Pertinet enim, ut supra¹ dictum est, ad rationem verae poenitentiae quod non solum homo doleat de peccato praeterito, sed etiam proponat cavere de futuro. Sed sine tali proposito peccata venialia dimittuntur: cum certum sit homini quod sine peccatis venialibus praesentem vitam ducere non possit. Ergo peccata venialia possunt remitti sine poenitentia.

2. Praeterea, poenitentia non est sine actuali displicentia peccatorum. Sed peccata venialia possunt dimitti sine displicentia eorum: sicut patet in eo qui dormiens occideretur propter Christum; statim enim evolaret, quod non contingit manentibus peccatis venialibus. Ergo peccata venialia possunt remitti sine poenitentia.

Artigo 1
O pecado venial pode ser perdoado sem a penitência?

Quanto ao primeiro artigo, assim se procede: parece que o pecado venial **pode** ser perdoado sem a penitência.

1. Com efeito, é da razão da verdadeira penitência que o homem não só sinta dor do pecado passado, como também se proponha precaver-se do pecado futuro. Ora, sem tal propósito os pecados veniais são perdoados, uma vez que é certo o homem não poder levar a vida presente sem pecados veniais. Logo, os pecados veniais podem ser perdoados sem a penitência.

2. Além disso, não existe penitência sem que se tenha um desagrado atual dos pecados. Ora, os pecados veniais podem ser perdoados sem desagrado deles, como seria o caso de alguém dormindo ser morto por causa de Cristo. Ele iria imediatamente para o céu, o que não poderia acontecer se os pecados veniais permanecessem. Logo, os pecados veniais podem ser perdoados sem a penitência.

---
1 A. seq., ad 2; IV *Sent.*, dist. 16, q. 2, a. 2, q.la 2.
  1. Q. 84, a. 10, ad 4.

3. Praeterea, peccata venialia opponuntur fervori caritatis, ut in Secunda Parte[2] dictum est. Sed unum oppositorum tollitur per aliud. Ergo per fervorem caritatis, quem contingit esse sine actuali displicentia peccati venialis, fit remissio peccatorum venialium.

Sed contra est quod Augustinus dicit, in libro de Poenitentia[3], quod *est quaedam poenitentia quae quotidie agitur in Ecclesia pro peccatis venialibus*. Quae frustra esset si sine poenitentia peccata venialia possunt dimitti.

Respondeo dicendum quod remissio culpae, sicut dictum est[4], fit per coniunctionem ad Deum, a quo aliqualiter separat culpa. Sed haec separatio perfecte quidem fit per peccatum mortale, imperfecte autem per peccatum veniale: nam per peccatum mortale mens omnino a Deo avertitur, utpote contra caritatem agens; per peccatum autem veniale retardatur affectus hominis ne prompte in Deum feratur. Et ideo utrumque peccatum per poenitentiam quidem remittitur, quia per utrumque deordinatur voluntas hominis per immoderatam conversionem ad bonum creatum: sicut enim peccatum mortale remitti non potest quandiu voluntas peccato adhaeret, ita etiam nec peccatum veniale, quia, manente causa, manet effectus. Exigitur autem ad remissionem peccati mortalis perfectior poenitentia, ut scilicet homo actualiter peccatum mortale commissum detestetur quantum in ipso est, ut scilicet diligentiam adhibeat ad rememorandum singula peccata mortalia, ut singula detestetur. Sed hoc non requiritur ad remissionem venialium peccatorum. Non tamen sufficit habitualis displicentia, quae habetur per habitum caritatis vel poenitentiae virtutis: quia sic caritas non compateretur peccatum veniale, quod patet esse falsum. Unde sequitur quod requiratur quaedam virtualis displicentia: puta cum aliquis fertur hoc modo secundum affectum in Deum et res divinas ut quidquid ei occurrat quod eum ab hoc motu retardaret, displiceret ei, et doleret se hoc commisisse, etiam si actu de illo non cogitaret. Quod tamen non sufficit ad remissionem peccati mortalis, nisi quantum ad peccata oblita post diligentem inquisitionem.

Ad primum ergo dicendum quod homo in gratia constitutus potest vitare omnia peccata mortalia et

3. Ademais, os pecados venais se opõem ao fervor da caridade. Ora, um dos opostos exclui o outro. Logo, os pecados veniais podem ser perdoados pelo fervor da caridade, que, por sua vez, pode existir sem um desagrado atual do pecado venial.

Em sentido contrário, declara Agostinho: "Há uma certa penitência, que se faz diariamente na Igreja pelos pecados veniais". Ora, ela seria vã, se os pecados veniais pudessem ser perdoados sem penitência.

Respondo. A remissão da culpa, se faz pela união com Deus, de quem a culpa, de certa maneira, separa. Ora, esta separação é completa no pecado mortal e imperfeita, no pecado venial. Com efeito, pelo pecado mortal a mente se afasta totalmente de Deus, ao agir contra a caridade. Pelo pecado venial, o afeto humano enfraquece a prontidão do movimento em direção a Deus. Por isso, ambos os pecados são perdoados pela penitência, porque por ambos a vontade humana se desordena por meio de uma conversão imoderada para um bem criado. Assim como o pecado mortal não pode ser perdoado, enquanto a vontade aderir ao pecado, assim também nem o pecado venial, uma vez que o efeito permanece, quando a causa permanece. Exige-se para a remissão do pecado mortal uma penitência mais perfeita. O homem deve detestar no presente o pecado mortal cometido tanto quanto depender dele. Isto é, deve cuidar diligentemente de recordar-se de cada pecado mortal e detestar cada um deles. Isto não se requer para a remissão dos pecados veniais. No entanto, não é suficiente um desagrado habitual que provém do hábito da caridade ou da virtude da penitência. Desta maneira, a caridade não seria compatível com o pecado venial, o que é claramente errado. Daí se segue que se requer certo desagrado virtual. É o caso de alguém que se orienta para Deus e para as coisas divinas com tal afeto que lhe desagrada tudo o que poderia retardá-lo nesse movimento e que se dói de tê-lo feito, mesmo quando nisto não tivesse pensado de maneira atual. Essa atitude, porém, não é suficiente para a remissão do pecado mortal, a não ser daqueles pecados esquecidos depois de diligente exame.

Quanto ao 1º, portanto, deve-se dizer que o homem em estado de graça pode evitar todos os

---

2. II-II, q. 54, a. 3.
3. Epist. 265, al. 108, *ad Seleucianam*, n. 8: ML 33, 1089; *Sermones ad pop.*, serm. 351, c. 3, n. 6: ML 39, 1541.
4. Q. 86, a. 4.

singula; potest etiam vitare singula peccata venialia, sed non omnia; ut patet ex his quae in Secunda Parte[5] dicta sunt. Et ideo poenitentia de peccatis mortalibus requirit quod homo proponat abstinere ab omnibus et singulis peccatis mortalibus. Sed ad poenitentiam peccatorum venialium requiritur quod proponat abstinere a singulis, non tamen ab omnibus: quia hoc infirmitas huius vitae non patitur. Debet tamen habere propositum se praeparandi ad peccata venialia minuenda: alioquin esset ei periculum deficiendi, cum desereret appetitum proficiendi, seu tollendi impedimenta spiritualis profectus, quae sunt peccata venialia.

AD SECUNDUM dicendum quod passio pro Christo suscepta, sicut supra[6] dictum est, obtinet vim baptismi. Et ideo purgat ab omni culpa et mortali et veniali, nisi actualiter voluntatem peccato invenerit inhaerentem.

AD TERTIUM dicendum quod fervor caritatis virtualiter implicat displicentiam venialium peccatorum, ut supra[7] dictum est.

ARTICULUS 2
Utrum ad remissionem venialium peccatorum requiratur gratiae infusio

AD SECUNDUM SIC PROCEDITUR. Videtur quod ad remissionem venialium peccatorum requiratur gratiae infusio.
1. Effectus enim non est sine propria causa. Sed propria causa remissionis peccatorum est gratia: non enim ex meritis propriis hominis peccata propria remittuntur; unde dicitur Eph 2,4-5: *Deus, qui dives est in misericordia, propter nimiam caritatem qua dilexit nos, cum essemus mortui peccatis, convivificavit nos in Christo, cuius gratia salvati estis.* Ergo peccata venialia non remittuntur sine gratiae infusione.

2. PRAETEREA, peccata venialia non remittuntur sine poenitentia. Sed in poenitentia infunditur gratia: sicut et in aliis sacramentis novae legis. Ergo peccata venialia non remittuntur sine gratiae infusione.
3. PRAETEREA, peccatum veniale maculam quandam animae infert. Sed macula non aufertur nisi

pecados mortais e cada um deles em particular. Pode também evitar cada pecado venial em particular, mas não todos. Por isso, a penitência dos pecados mortais requer que o homem se proponha evitar todos e cada um dos pecados mortais em particular. Mas a penitência dos pecados veniais requer que ele se proponha evitar os pecados em particular, mas não todos, uma vez que a nossa fraqueza nesta vida não consegue tal perfeição. Deve, porém, ter o propósito de dispor-se a diminuir os pecados veniais. Do contrário, correria o perigo de cair, já que lhe faltaria o desejo de progredir ou de afastar os empecilhos do progresso espiritual, a saber os pecados veniais.

QUANTO AO 2º, deve-se dizer que o martírio suportado por amor de Cristo possui o poder do batismo. Por isso, ele purifica de toda culpa, seja mortal como venial, a não ser que a vontade esteja atualmente apegada ao pecado.

QUANTO AO 3º, deve-se dizer que o fervor da caridade implica virtualmente um desgosto dos pecados veniais.

ARTIGO 2
Para a remissão dos pecados veniais é necessária a infusão da graça?

QUANTO AO SEGUNDO, ASSIM SE PROCEDE: parece que para a remissão dos pecados veniais é necessária a infusão da graça.
1. Porque, um efeito não se produz sem uma causa própria. Ora, a causa própria da remissão dos pecados é a graça. Pois, os pecados não são perdoados pelos próprios méritos do pecador. Neste sentido, como diz Paulo: "Deus é rico em misericórdia; por causa do grande amor com que nos amou, quando estávamos mortos por causa das nossas faltas, deu-nos a vida com Cristo, por cuja graça vós sois salvos". Logo, os pecados veniais não são perdoados sem a infusão da graça.

2. ALÉM DISSO, os pecados veniais não são perdoados sem a penitência. Ora, na penitência se infunde a graça, como aliás nos outros sacramentos da Nova Lei. Logo, os pecados veniais não são perdoados sem a infusão da graça.
3. ADEMAIS, o pecado venial produz certa mancha na alma. Ora, a mancha não se suprime a não

---
5. I-II, q. 74, a. 3, ad 2; q. 109, a. 8.
6. Q. 66, a. 11.
7. In corp.

PARALL.: A. seq.; a. 4, ad 2; IV *Sent.*, dist. 16, q. 2, a. 2, q.la 1; dist. 21, q. 2, a. 1; *Qq. Dispp., de Malo*, q. 7, a. 11.

per gratiam, quae est spiritualis animae decor. Ergo videtur quod peccata venialia non remittantur sine gratiae infusione.

SED CONTRA est quod peccatum veniale adveniens non tollit gratiam, neque etiam diminuit eam, ut in Secunda Parte[1] habitum est. Ergo, pari ratione, ad hoc quod peccatum veniale remittatur, non requiritur novae gratiae infusio.

RESPONDEO dicendum quod unumquodque tollitur per suum oppositum. Peccatum autem veniale non contrariatur habituali gratiae vel caritati, sed retardat actum eius, inquantum nimis haeret homo bono creato, licet non contra Deum, ut in Secunda Parte[2] habitum est. Et ideo ad hoc quod peccatum tollatur, non requiritur aliqua habitualis gratia, sed sufficit aliquis motus gratiae vel caritatis ad eius remissionem.

Quia tamen in habentibus usum liberi arbitrii, in quibus solum possunt esse peccata venialia, non contingit esse infusionem gratiae sine actuali motu liberi arbitrii in Deum et in peccatum; ideo, quandocumque de novo gratia infunditur, peccata venialia remittuntur.

AD PRIMUM ergo dicendum quod etiam remissio peccatorum venialium est effectus gratiae, per actum scilicet quem de novo elicit: non autem per aliquid habituale de novo animae infusum.

AD SECUNDUM dicendum quod veniale peccatum nunquam remittitur sine aliquali actu poenitentiae virtutis, explicito scilicet vel implicito, ut supra[3] dictum est. Potest tamen remitti veniale peccatum sine poenitentiae sacramento, quod in absolutione sacerdotis formaliter perficitur, ut supra[4] dictum est. Et ideo non sequitur quod ad remissionem venialis requiratur gratiae infusio, quae licet sit in quolibet sacramento, non tamen in quolibet actu virtutis.

AD TERTIUM dicendum quod, sicut in corpore contingit esse maculam dupliciter, uno modo per privationem eius quod requiritur ad decorem, puta debiti coloris aut debitae proportionis membrorum, alio modo per superinductionem alicuius impedientis decorem, puta luti aut pulveris; ita etiam in anima inducitur macula uno modo per privationem decoris gratiae per peccatum mortale, alio modo per inclinationem inordinatam affectus

ser pela graça, que é o ornamento da alma. Logo, parece que os pecados veniais não são perdoados a não ser pela infusão da graça.

EM SENTIDO CONTRÁRIO, o pecado venial que sobrevém não suprime a graça nem também a diminui. Portanto, igual argumento vale para o fato de que a remissão do pecado venial não requer a infusão de uma graça nova.

RESPONDO. É por seu oposto que uma realidade, qualquer que seja, é suprimida. Com efeito, o pecado venial não se opõe à graça habitual ou à caridade, mas debilita-lhe o ato no sentido de alguém apegar-se demasiadamente a um bem criado, embora não contra Deus. Portanto, não se requer uma infusão da graça habitual para que se suprima um pecado venial, mas basta um movimento da graça ou da caridade para sua remissão.

Entretanto, porque naqueles que têm uso do livre-arbítrio, os únicos capazes de cometer pecado venial, não acontece nenhuma infusão da graça sem um movimento atual do livre-arbítrio para Deus e de repulsa do pecado, segue-se que todas as vezes que se infunde uma nova graça, os pecados veniais são perdoados.

QUANTO AO 1º, portanto, deve-se dizer que a remissão dos pecados veniais também é efeito da graça, mas por intermédio de um novo ato produzido pela graça e não por uma nova infusão na alma de uma disposição habitual.

QUANTO AO 2º, deve-se dizer que o pecado venial nunca é perdoado sem algum ato implícito ou explícito da virtude da penitência. Contudo, o pecado venial pode ser perdoado sem o sacramento da penitência, que consiste formalmente na absolvição do sacerdote. Daí não se segue que se requeira para a remissão do pecado venial a infusão da graça, embora ela se dê em todo sacramento, mas não em todo ato de virtude.

QUANTO AO 3º, deve-se dizer que ocorrem duas maneiras de uma mancha afetar o corpo. Uma pela privação de algo que se requer para sua beleza, como seja a cor conveniente ou a proporção dos membros; e outra pela aderência de um corpo estranho, como seja o barro ou a poeira, que impedem reluzir a beleza. De igual modo, uma mancha afeta a alma, primeiramente, pela privação do ornamento da graça pelo peca-

---

1. II-II, q. 24, a. 10.
2. I-II, q. 87, a. 5; q. 89, a. 2.
3. A. praec.
4. Q. 84, a. 1, ad 2; a. 3; q. 86, a. 2.

ad aliquid temporale; et hoc fit per peccatum veniale. Et ideo ad tollendam maculam mortalis peccati requiritur infusio gratiae: sed ad tollendam maculam peccati venialis, requiritur aliquis actus procedens a gratia per quem removeatur inordinata adhaesio ad rem temporalem.

Articulus 3
Utrum peccata venialia remittantur per aspersionem aquae benedictae, et episcopalem benedictionem, et alia huiusmodi

Ad tertium sic proceditur. Videtur quod peccata venialia non remittantur per aspersionem aquae benedictae, et episcopalem benedictionem, et alia huiusmodi.
1. Peccata enim venialia non remittuntur sine poenitentia, ut dictum est[1]. Sed poenitentia per se sufficit ad remissionem venialium peccatorum. Ergo ista nihil operantur ad huiusmodi remissionem.
2. Praeterea, quodlibet istorum relationem habet ad unum peccatum veniale, et ad omnia. Si ergo per aliquod istorum remittitur peccatum veniale, sequetur quod pari ratione remittantur omnia. Et ita per unam tunsionem pectoris, vel per unam aspersionem aquae benedictae, redderetur homo immunis ab omnibus peccatis venialibus. Quod videtur inconveniens.
3. Praeterea, peccata venialia inducunt reatum alicuius poenae, licet temporalis: dicitur enim, 1Cor 3,12-15, de eo qui *superaedificat lignum, faenum et stipulam*, quod *salvus erit, sic tamen quasi per ignem*. Sed huiusmodi per quae dicitur peccatum veniale remitti, vel nullam vel minimam poenam in se habent. Ergo non sufficiunt ad plenam remissionem venialium peccatorum.

Sed contra est quod Augustinus dicit, in libro *de Poenitentia*[2], quod pro levibus peccatis *pectora nostra tundimus, et dicimus, Dimitte nobis debita nostra*. Et ita videtur quod tunsio pectoris et oratio Dominica causent remissionem peccatorum. Et eadem ratio videtur esse de aliis.

do mortal. Uma segunda maneira se dá por uma afeição desordenada a uma coisa temporal e isso se faz pelo pecado venial. Por isso, para eliminar a mancha do pecado mortal requer-se a infusão da graça. Entretanto, para suprimir a mancha do pecado venial requer-se um ato, proveniente da graça, que remova a afeição desordenada à coisa temporal.

Artigo 3
Os pecados veniais são perdoados pela aspersão da água benta, pela bênção episcopal, e por outras práticas semelhantes?

Quanto ao terceiro, assim se procede: parece que **não** são perdoados os pecados veniais pela aspersão da água benta, pela bênção episcopal e por outras práticas semelhantes.
1. Com efeito, os pecados veniais não são perdoados sem a penitência. Ora, a penitência por si é suficiente para a remissão dos pecados veniais. Logo, todos estes ritos nada contribuem para tal remissão.
2. Além disso, qualquer destes ritos tem a mesma ação sobre um pecado venial que sobre todos. Por isso, se por um destes ritos se perdoa um pecado venial, segue-se que, com igual razão, todos são perdoados. Assim por um golpe no peito ou por uma aspersão de água benta alguém se livraria de todos os pecados veniais. O que parece inaceitável.
3. Ademais, os pecados veniais merecem uma pena, ainda que temporal. Na Carta aos Coríntios, se diz de quem "construiu sobre madeira, feno e palha" que "se salvará, mas passando pelo fogo." Ora, estes ritos pelos quais se diz que os pecados veniais são perdoados ou não contêm em si nenhuma pena ou só uma muito pequena. Logo, não são suficientes para uma remissão plena dos pecados veniais.

Em sentido contrário, Agostinho ensina que pelos pecados leves "batemos no peito e dizemos 'Perdoai as nossas ofensas'". Desta sorte, parece que bater no peito e rezar o Pai Nosso causam a remissão dos pecados. Igual argumento parece valer dos outros ritos.

---

3 Parall.: Supra, q. 65, a. 1, ad 6, 8; q. 83, a. 3, ad 3; IV *Sent.*, dist. 16, q. 2, a. 2, q.la 4; dist. 17, q. 3, a. 3, q.la 3; dist. 21, q. 2, a. 1, 2; *Qq. Dispp., de Malo*, q. 7, a. 12.
1. A. 1.
2. Epist. 265, al. 108, *ad Seleucianam*, n. 8: ML 33, 1089; *Sermones ad pop.*, serm. 351, c. 3, n. 6: ML 39, 1541.

RESPONDEO dicendum quod, sicut dictum est[3], ad remissionem venialis peccati non requiritur novae gratiae infusio, sed sufficit aliquis actus procedens ex gratia quo homo detestetur peccatum vel explicite, vel saltem implicite, sicut cum aliquis ferventer movetur in Deum. Et ideo triplici ratione aliqua causant remissionem venialium peccatorum. Uno modo, inquantum in eis infunditur gratia: quia per infusionem gratiae tolluntur peccata venialia, ut supra[4] dictum est. Et hoc modo per Eucharistiam et extremam unctionem, et universaliter per omnia sacramenta novae legis, in quibus confertur gratia, peccata venialia remittuntur.

Secundo, inquantum sunt cum aliquo motu detestationis peccatorum. Et hoc modo confessio generalis, tunsio pectoris, et oratio Dominica operantur ad remissionem venialium peccatorum: nam in oratione Dominica petimus: *Dimitte nobis debita nostra*.

Tertio, inquantum sunt cum aliquo motu reverentiae in Deum et ad res divinas. Et hoc modo benedictio episcopalis, aspersio aquae benedictae, quaelibet sacramentalis unctio, oratio in ecclesia dedicata, et si qua alia sunt huiusmodi, operantur ad remissionem peccatorum.

AD PRIMUM ergo dicendum quod omnia ista causant remissionem peccatorum venialium inquantum inclinant animam ad motum poenitentiae, qui est detestatio peccatorum, vel implicite vel explicite.

AD SECUNDUM dicendum quod omnia ista, quantum est de se, operantur ad remissionem omnium venialium peccatorum. Potest tamen impediri remissio quantum ad aliqua peccata venialia, quibus mens actualiter inhaeret: sicut etiam per fictionem impeditur aliquando effectus baptismi.

AD TERTIUM dicendum quod per praedicta tolluntur quidem peccata venialia quantum ad culpam, tum virtute alicuius sanctificationis, tum etiam virtute caritatis, cuius motus per praedicta excitatur. Non autem per quodlibet praedictorum semper tollitur totus reatus poenae: quia sic qui esset omnino immunis a peccato mortali, aspersus aqua benedicta statim evolaret. Sed reatus poenae remittitur per praedicta secundum motum fervoris

RESPONDO. A remissão do pecado venial não exige nova infusão da graça. Basta, porém, algum ato proveniente da graça pelo qual alguém deteste, de maneira explícita ou, pelo menos, implícita, o pecado, como acontece num movimento fervoroso para Deus. E, assim, certas práticas podem causar a remissão dos pecados veniais por três razões.

1ª. Enquanto elas operam uma infusão da graça, já que a infusão da graça suprime os pecados veniais. Desta maneira, são perdoados os pecados veniais pela Eucaristia e pela unção dos enfermos e, em geral, por todos os sacramentos da Nova Lei que conferem a graça.

2ª. Enquanto elas implicam um movimento de detestação do pecado. São os casos do rito penitencial da missa, do bater no peito[a], da recitação do Pai Nosso. Com efeito, no Pai Nosso pedimos: "Perdoai as nossas ofensas".

3ª. Enquanto elas despertam um movimento de respeito em relação a Deus e às coisas divinas. São os casos da bênção episcopal, a aspersão da água benta, toda unção sacramental, a oração numa igreja consagrada e outras práticas do gênero[b].

QUANTO AO 1º, portanto, deve-se dizer que todas estas práticas piedosas causam a remissão dos pecados veniais pelo fato de inclinarem a alma a um movimento de penitência, consistindo na detestação implícita ou explícita dos pecados.

QUANTO AO 2º, deve-se dizer que todas estas práticas, enquanto delas depende, operam a remissão dos pecados veniais. Contudo, a remissão de algum pecado venial pode ser impedida, se há um apego atual da mente a ele, assim como o efeito do batismo pode ser, alguma vez, impedido pela simulação.

QUANTO AO 3º, deve-se dizer que estas práticas suprimem os pecados veniais quanto à culpa, tanto pela força de alguma santificação, quanto também pela força da caridade, ativada por elas. No entanto, não é qualquer uma delas que sempre suprime todo o reato da pena, porque desta maneira aquele que morresse sem pecado mortal com a aspersão da água benta iria diretamente para o céu. De fato, a pena devida se suprime por estas práticas

---

3. A. 2.
4. Ibid.

a. Em certos momentos da missa, como no *Confiteor* ou no *Domine non sum dignus*.
b. Em seu *De Malo*, Sto. Tomás dá a essas práticas o nome de "sacramentais", que são como que "amostras" dos sacramentos. Neles, "a potência divina trabalha no íntimo do coração para nele fazer brotar um certo fervor de amor" (*De Malo*, 7, 12).

in Deum, qui per praedicta excitatur quandoque magis, quandoque minus.

Articulus 4
Utrum veniale peccatum possit remitti sine mortali

AD QUARTUM SIC PROCEDITUR. Videtur quod veniale peccatum possit remitti sine mortali.

1. Quia super illud Io 8,7, *Qui sine peccato est vestrum, primus in illam lapidem mittat*, dicit quaedam glossa[1] quod *omnes illi erant in peccato mortali: venialia enim eis dimittebantur per caeremonias*. Ergo veniale peccatum potest remitti sine mortali.

2. PRAETEREA, ad remissionem peccati venialis non requiritur gratiae infusio. Requiritur autem ad remissionem mortalis. Ergo veniale peccatum potest remitti sine mortali.

3. PRAETEREA, plus distat veniale peccatum a mortali quam ab alio veniali. Sed unum veniale potest dimitti sine alio, ut dictum est[2]. Ergo veniale potest dimitti sine mortali.

SED CONTRA est quod dicitur Mt 5,26: *Non exibis inde*, scilicet de *carcere*, in quem introducitur homo pro peccato mortali, *donec reddas novissimum quadrantem*, per quem significatur veniale peccatum. Ergo veniale peccatum non remittitur sine mortali.

RESPONDEO dicendum quod, sicut supra[3] dictum est, remissio culpae cuiuscumque nunquam fit nisi per virtutem gratiae: quia, ut Apostolus dicit, Rm 4,2sqq., ad gratiam Dei pertinet quod Deus alicui *non imputat peccatum*, quod Glossa[4] ibi exponit de veniali. Ille autem qui est in peccato mortali, caret gratia Dei. Unde nullum peccatum veniale sibi remittitur.

AD PRIMUM ergo dicendum quod venialia ibi dicuntur irregularitates sive immunditiae quas contrahebant secundum legem.

AD SECUNDUM dicendum quod, licet ad remissionem peccati venialis non requiratur nova infusio habitualis gratiae, requiritur tamen aliquis gra-

conforme o grau de fervor em relação a Deus, que elas provocam, ora mais ou ora menos.

Artigo 4
Um pecado venial pode ser perdoado sem que o pecado mortal o seja?

QUANTO AO QUARTO, ASSIM SE PROCEDE: parece que um pecado venial **pode** ser perdoado sem que o pecado mortal o seja.

1. Com efeito, a respeito da palavra do Evangelho de João: "Aquele dentre vós que esteja sem pecado atire-lhe a primeira pedra," comenta a Glosa: "Todos eles estavam em pecado mortal; os pecados veniais lhes eram perdoados pelas cerimônias rituais". Logo, o pecado venial pode ser perdoado sem que o mortal o seja.

2. ALÉM DISSO, a infusão da graça não é exigida para a remissão do pecado venial. Ora, é necessária para o pecado mortal. Logo, o pecado venial pode ser perdoado sem que o mortal o seja.

3. ADEMAIS, o pecado venial dista mais do mortal do que de outro pecado venial. Ora, um pecado venial pode ser perdoado sem o outro. Logo, o pecado venial pode ser perdoado sem que o mortal o seja.

EM SENTIDO CONTRÁRIO, está dito no Evangelho de Mateus: "De lá não sairás", isto é do "cárcere", no qual alguém entra pelo pecado mortal, "enquanto não tiveres pago o último tostão," o que está a simbolizar o pecado venial. Logo, o pecado venial não é perdoado sem que o mortal o seja.

RESPONDO. A remissão da culpa de qualquer pecado só se faz pelo poder da graça. Pois, segundo o Apóstolo, é a graça de Deus que faz com que "não se impute a alguém o pecado". E a Glosa interpreta tal pecado como sendo venial. Com efeito, quem está em estado de pecado mortal não possui a graça de Deus. Por isso, não se lhe perdoa nenhum pecado venial.

QUANTO AO 1º, portanto, deve-se dizer que os pecados veniais aí aparecem como irregularidades e impurezas legais que se contraíam segundo a Lei Antiga.

QUANTO AO 2º, deve-se dizer que embora não se exija uma nova infusão da graça habitual para a remissão do pecado venial, requer-se, porém,

---
4 PARALL.: IV *Sent.*, dist. 16, q. 2, a. 1, q.la 3.
1. *De vera et falsa poenit.*, c. 20: ML 40, 1129.
2. A. 3, ad 2.
3. Q. 86, a. 3.
4. Interl.; LOMBARDI: ML 191, 1370 A.

tiae actus. Qui non potest esse in eo qui subiacet peccato mortali.

AD TERTIUM dicendum quod peccatum veniale non excludit omnem actum gratiae, per quem possunt omnia peccata venialia dimitti. Sed peccatum mortale excludit totaliter habitum gratiae, sine quo nullum peccatum mortale vel veniale remittitur. Et ideo non est similis ratio.

algum ato da graça, que não se dá em quem está em estado de pecado mortal.

QUANTO AO 3º, deve-se dizer que o pecado venial não exclui todo ato da graça pelo qual todo pecado venial pode ser perdoado. Mas o pecado mortal exclui totalmente a graça habitual, sem a qual nenhum pecado mortal nem venial pode ser perdoado. Por isso, não vale a comparação.

QUAESTIO LXXXVIII
DE REDITU PECCATORUM POST POENITENTIAM DIMISSORUM

in quatuor articulos divisa

Deinde considerandum est de reditu peccatorum post poenitentiam dimissorum.
Et circa hoc quaeruntur quatuor.
Primo: utrum peccata per poenitentiam dimissa redeant simpliciter per sequens peccatum.
Secundo: utrum aliquo modo per ingratitudinem redeant specialius secundum quaedam peccata.
Tertio: utrum redeant in aequali reatu.
Quarto: utrum illa ingratitudo per quam redeunt, sit speciale peccatum.

QUESTÃO 88
O RETORNO DOS PECADOS PERDOADOS PELA PENITÊNCIA[a]

em quatro artigos

Em seguida, deve-se tratar do retorno dos pecados perdoados pela penitência.
Sobre isso, são quatro as perguntas:
1. Os pecados perdoados pela penitência retornam pelo fato de um pecado posterior?
2. Por causa da ingratidão retornam mais especialmente certos pecados?
3. Retornam os pecados com o mesmo reato?
4. A ingratidão pela qual os pecados retornam é um pecado especial?

ARTICULUS 1
Utrum peccata dimissa redeant per sequens peccatum

AD PRIMUM SIC PROCEDITUR. Videtur quod peccata dimissa redeant per sequens peccatum.

1. Dicit enim Augustinus, in libro I *de Baptismo*[1]: *Redire dimissa peccata ubi fraterna caritas non est, apertissime Dominus in Evangelio docet in illo servo a quo dimissum debitum Dominus petiit eo quod ille conservo suo debitum nollet dimittere.* Sed fraterna caritas tollitur per quodlibet peccatum mortale. Ergo per quodlibet sequens mortale peccatum redeunt peccata prius per poenitentiam dimissa.

2. PRAETEREA, super illud Lc 11,24, *Revertar in domum meam unde exivi*, dicit Beda[2]: *Timendus*

ARTIGO 1
Pelo fato de um pecado posterior, retornam os pecados perdoados?

QUANTO AO PRIMEIRO ARTIGO, ASSIM SE PROCEDE: parece que pelo fato de um pecado posterior, **retornam** os pecados perdoados.

1. Com efeito, Agostinho afirma: "Os pecados perdoados retornam, onde não existe a caridade fraterna, ensina o Senhor de modo claríssimo no Evangelho, no caso daquele servo de quem o senhor reclamou a dívida anteriormente perdoada, porque ele não quisera perdoar o que lhe devia seu companheiro". Ora, a caridade fraterna se perde por qualquer pecado mortal. Logo, por qualquer pecado mortal posterior voltam os pecados anteriormente perdoados pela penitência.

2. ALÉM DISSO, a propósito do texto do Evangelho de Lucas: "Vou voltar para a minha morada,

---

1 PARALL.: IV *Sent.*, dist. 22, q. 1, a. 1; *in Matth.*, c. 18, in fin.

1. *De bapt. contra Donat.*, c. 12, n. 20: ML 43, 120.
2. *In Luc.*, l. IV, super 11, 24: ML 92, 478 C.

a. Estas questões, que podem nos parecer demasiado sutis, eram muito discutidas nos séculos XII e XIII.

est ille versiculus, non exponendus: ne culpa quam in nobis extinctam credebamus, per incuriam nos vacantes opprimat. Hoc autem non esset nisi rediret. Ergo culpa per poenitentiam dimissa redit.

3. Praeterea, Ez 18,24 Dominus dicit: *Si averterit se iustus a iustitia sua et fecerit iniquitatem, omnes iustitiae eius quas fecerat, non recordabuntur* amplius. Sed inter alias iustitias quas fecit, etiam praecedens poenitentia concurrit: cum supra[3] dictum sit poenitentiam esse partem iustitiae. Ergo, postquam poenitens peccat, non imputatur ei praecedens poenitentia, per quam consecutus est veniam peccatorum. Redeunt ergo illa peccata.

4. Praeterea, peccata praeterita per gratiam teguntur: ut patet per Apostolum, Rm 4,2sqq., inducentem illud Ps 31,1, *Beati quorum remissae sunt iniquitates et quorum tecta sunt peccata*. Sed per peccatum mortale sequens gratia tollitur. Ergo peccata quae fuerant prius commissa, remanent detecta. Et ita videtur quod redeant.

Sed contra est quod Apostolus dicit, Rm 11,29: *Sine poenitentia sunt dona Dei et vocatio*. Sed peccata poenitentis sunt remissa per donum Dei. Ergo per peccatum sequens non redeunt dimissa peccata, quasi Deus de dono remissionis poeniteat.

2. Praeterea, Augustinus dicit, in libro, *Responsionum Prosperi*[4]: *Qui recedit a Christo et alienatus a gratia finit hanc vitam, quid nisi in perditionem vadit? Sed non in id quod dimissum est recidit, nec pro originali peccato damnabitur*.

Respondeo dicendum quod, sicut supra[5] dictum est, in peccato mortali sunt duo: scilicet aversio a Deo, et conversio ad bonum creatum. Quidquid autem est aversionis in peccato mortali secundum se consideratum, est commune omnibus peccatis mortalibus: quia per quodlibet peccatum mortale homo avertitur a Deo. Unde et per consequens macula, quae est per privationem gratiae, et reatus poenae aeternae, communia sunt omnibus peccatis mortalibus. Et secundum hoc intelligitur id quod dicitur Iac 2,10: *Qui offendit in uno, factus est omnium reus*. Sed ex parte conversionis, peccata mortalia sunt diversa, et interdum contraria.

de onde saí," Beda comenta: "é um versículo para ser temido e não explicado, para que a culpa, que críamos ter sido extinta em nós, não oprima a nós que andávamos descuidados". Ora, isso não aconteceria a não ser que o pecado retornasse. Logo, a culpa, perdoada pela penitência, retorna.

3. Ademais, o Senhor diz: "Quanto ao justo que se desvia de sua justiça e comete o crime, não haverá mais lembrança de toda a justiça que ele praticara." Ora, entre outras justiças que fez, inclui-se a penitência precedente, uma vez que a penitência faz parte da justiça. Ora, depois que o penitente peca, não se lhe imputa a penitência anterior que lhe merecera o perdão dos pecados. Logo, aqueles pecados retornam.

4. Ademais, os pecados passados são encobertos pela graça, como aparece claramente no texto do Apóstolo, que cita as palavras do Salmista: "Feliz é o homem cuja ofensa é tirada e cujo pecado é coberto!". Ora, a graça é suprimida pelo pecado mortal posterior. Logo, os pecados, que foram antes cometidos, se acham então descobertos. E desse modo parece que retornam.

Em sentido contrário, o Apóstolo afirma: "Os dons e o chamamento de Deus são irrevogáveis." Ora, os pecados do penitente são perdoados pelo dom de Deus. Logo, os pecados perdoados não retornam por causa do pecado posterior, como se Deus se arrependesse do dom da remissão.

2. Ademais, Agostinho diz: "Quem termina esta vida afastado de Cristo e de sua graça, o que lhe acontecerá senão perder-se? Mas não recai nas condenações de que foi perdoado, nem é condenado pelo pecado original".

Respondo. Há dois elementos no pecado mortal, a saber, a aversão de Deus e a conversão ao bem criado. O elemento da aversão de Deus no pecado mortal, considerado em si mesmo, é comum a todos os pecados mortais, uma vez que por todo pecado mortal o homem se afasta de Deus. Consequentemente, por esta razão, a privação da graça e a pena eterna devida fazem parte de todo pecado mortal. De acordo com isto, entende-se a Carta de São Tiago: "Tropeçar em um só ponto é tornar-se culpado de tudo". Mas, do lado da conversão a um bem criado, os pecados mortais são diferentes e, às vezes, contrários.

---

3. Q. 85, a. 3.
4. *Resp. ad Cap. Gallorum*, c. 2: ML 51, 158 B.
5. Q. 86, a. 4; I-II, q. 87, a. 4.

Unde manifestum est quod ex parte conversionis peccatum mortale sequens non facit redire peccata mortalia prius abolita. Alioquin sequeretur quod homo per peccatum prodigalitatis reduceretur in habitum vel dispositionem avaritiae prius abolitae: et sic contrarium esset causa sui contrarii, quod est impossibile. — Sed considerando in peccatis mortalibus id quod est ex parte aversionis absolute, per peccatum mortale sequens, homo privatur gratia et fit reus poenae aeternae, sicut et prius erat. — Verum, quia aversio in peccato mortali ex conversione quodammodo diversitatem induit per comparationem ad diversas conversiones sicut ad diversas causas, ita quod sit alia aversio et alia macula et alius reatus prout consurgit ex alio actu peccati mortalis: hoc ergo in quaestionem vertitur, utrum macula et reatus poenae aeternae, secundum quod causabantur ex actibus peccatorum prius dimissorum, redeant per peccatum mortale sequens.

Quibusdam igitur visum est quod simpliciter hoc modo redeant. — Sed hoc non potest esse. Quia opus Dei per opus hominis irritari non potest. Remissio autem priorum peccatorum est opus divinae misericordiae. Unde non potest irritari per sequens peccatum hominis: secundum illud Rm 3,3: *Nunquid incredulitas illorum fidem Dei evacuavit?*

Et ideo alii, ponentes peccata redire, dixerunt quod Deus non remittit peccata poenitenti postmodum peccaturo secundum praescientiam, sed solum secundum praesentem iustitiam. Praescit enim eum pro his peccatis aeternaliter puniendum, et tamen per gratiam facit eum praesentialiter iustum. — Sed nec hoc stare potest. Quia, si causa absolute ponatur, et effectus ponitur absolute. Si ergo absolute non fieret peccatorum remissio, sed cum quadam conditione in futurum dependente, per gratiam et gratiae sacramenta, sequeretur quod gratia et gratiae sacramenta non essent sufficiens causa remissionis peccatorum. Quod est erroneum, utpote derogans gratiae Dei.

Et ideo nullo modo potest esse quod macula et reatus praecedentium peccatorum redeant secundum quod ex talibus actibus causabantur.
Contingit autem quod sequens actus peccati virtualiter continet reatum prioris peccati: inquan-

Por isso, é claro que da parte dessa conversão, o pecado mortal posterior não faz retornar os pecados mortais anteriormente abolidos. Do contrário, aconteceria que alguém, pelo pecado de prodigalidade, seria levado ao hábito ou disposição da avareza anteriormente perdoada. Desta maneira, uma realidade seria causa de seu contrário, o que é impossível. Mas, se se considera nos pecados mortais, de modo absoluto, o lado da aversão de Deus, então pelo pecado mortal posterior, o homem se priva da graça e se faz réu da pena eterna, como o era anteriormente. — No entanto, a aversão de Deus no pecado mortal se diversifica, de certo modo, conforme a relação com as diversas conversões, como a causas diferentes. Por isso, a aversão, a mancha e o reato são diferentes, conforme a sua causa seja este ou aquele ato de pecado mortal. Então se levanta a questão se a mancha e o reato da pena eterna, enquanto foram causados por atos de pecados anteriormente perdoados, retornam com o pecado mortal posterior.

Alguns julgam que retornam pura e simplesmente. — Mas isto não é possível. Porque a obra de Deus não pode ser desfeita por uma obra humana. Com efeito, a remissão dos pecados anteriores é obra da divina misericórdia. Daí se segue que tal obra não pode ser anulada por um pecado humano posterior, conforme o dito de Paulo: "Acaso a infidelidade deles tornaria nula a fidelidade de Deus?".

Por isso, outros, ao admitir que os pecados retornam, disseram que Deus não perdoa os pecados ao penitente que tornará a pecar segundo sua presciência, mas somente segundo a justiça presente. Deus conhece de antemão que o pecador será punido eternamente por estes pecados, contudo justifica-o pela graça no presente. Nem isso também é correto. Pois, se se põe uma causa de modo absoluto, o efeito segue também de modo absoluto. Se, portanto, o perdão dos pecados pela graça e pelos sacramentos da graça não fosse feito de modo absoluto, mas sob certa condição, dependente do futuro, se concluiria que a graça e os sacramentos da graça não seriam causa suficiente da remissão dos pecados. Isto é um erro que anula a graça de Deus.

Por conseguinte, de modo nenhum, a mancha e o reato dos pecados anteriores retornam, enquanto são causadas por tais atos.

Pode acontecer que um ato posterior de pecado contenha virtualmente o reato do pecado anterior

tum scilicet aliquis secundo peccans ex hoc ipso videtur gravius peccare quam prius peccaverat; secundum illud Rm 2,5, *Secundum duritiam tuam et cor impoenitens thesaurizas tibi iram in die irae*, ex hoc solo scilicet quod *contemnitur Dei bonitas*, quae *ad poenitentiam expectat*; multo autem magis contemnitur Dei bonitas si, post remissionem prioris peccati, secundo peccatum iteretur; quanto maius est beneficium peccatum remittere quam sustinere peccatorem. Sic igitur per peccatum sequens poenitentiam redit quodammodo reatus peccatorum prius dimissorum, non inquantum causabatur ex illis peccatis prius dimissis, sed inquantum causatur ex peccato ultimo perpetrato, quod aggravatur ex peccatis prioribus. Et hoc non est peccata dimissa redire simpliciter, sed secundum quid: inquantum scilicet virtualiter in peccato sequenti continentur.

AD PRIMUM ergo dicendum quod illud verbum Augustini videtur esse intelligendum de reditu peccatorum quantum ad reatum poenae aeternae in se consideratum: quia scilicet post poenitentiam peccans incurrit reatum poenae aeternae sicut et prius; non tamen omnino propter eandem rationem. Unde Augustinus, in libro *de Responsionibus Prosperi*[6], cum dixisset quod *non in id quod remissum est recidit, nec pro originali peccato damnabitur*, subdit: *Qui tamen ea morte afficitur quae ei propter peccata dimissa debebatur*: quia scilicet incurrit mortem aeternam, quam meruerat per peccata praeterita.

AD SECUNDUM dicendum quod in illis verbis non intendit Beda dicere quod culpa prius dimissa hominem opprimat per reditum praeteriti reatus: sed per iterationem actus.

AD TERTIUM dicendum quod per sequens peccatum iustitiae priores oblivioni traduntur inquantum erant meritoriae vitae aeternae: non tamen inquantum erant impeditivae peccati. Unde, si aliquis peccet mortaliter postquam restituit debitum, non efficitur reus quasi debitum non reddidisset. Et multo minus traditur oblivioni poenitentia prius acta quantum ad remissionem culpae: cum remissio culpae magis sit opus Dei quam hominis.

neste sentido que, ao pecar uma segunda vez, alguém parece, por isso mesmo, pecar mais gravemente que antes pecara. É o que se confirma na Carta aos Romanos: "Por teu endurecimento, por teu coração impenitente, acumulas contra ti um tesouro de cólera," pelo fato de que "desprezas a riqueza de sua (de Deus) bondade" que "te impele à conversão". Despreza-se muito mais ainda a bondade de Deus, se depois da remissão de um pecado, ele é repetido; e tanto mais quanto maior é o benefício do perdão dos pecados que o de suportar o pecador. Assim, pois, pelo pecado posterior à penitência, retorna, de certo modo, o reato dos pecados anteriormente perdoados, não enquanto causado por aqueles pecados antes perdoados, mas enquanto causado pelo último pecado cometido, tornado mais grave por causa dos pecados anteriores. Isto não significa que os pecados perdoados retornam de modo absoluto, mas, sob certo aspecto, a saber enquanto eles estão contidos virtualmente no pecado posterior.

QUANTO AO 1º, portanto, deve-se dizer que a afirmação de Agostinho parece que se deva entender da retorno dos pecados quanto ao reato da pena eterna, considerado em si mesmo. Pois, aquele que peca gravemente depois da penitência incorre de novo no reato da pena eterna, mas não totalmente por causa da mesma razão. Por isso, Agostinho ao dizer que o pecador "não recai nas condenações de que foi perdoado, nem é condenado pelo pecado original" acrescenta: "No entanto, este mesmo pecador sofrerá aquela morte que lhe era devida pelos seus pecados já perdoados". Com efeito, ele incorre na pena da morte eterna que merecera pelos pecados passados.

QUANTO AO 2º, deve-se dizer que Beda não pretende dizer com suas palavras que a culpa, anteriormente perdoada, esmaga alguém pela volta do reato passado, mas pela repetição do ato do pecado.

QUANTO AO 3º, deve-se dizer que pelo pecado posterior à penitência, os atos anteriores de justiça são esquecidos enquanto meritórios da vida eterna, mas não enquanto empecilhos do pecado. Por isso, se alguém peca mortalmente depois que restituiu uma dívida, não se torna réu desta mesma dívida, como se não a tivesse saldado. Com muito menos razão, é esquecido o ato de penitência anteriormente feito, quanto à remissão da culpa, uma vez que a remissão da culpa é mais uma obra de Deus do que do homem.

---

6. Loc. cit. supra, 2 *sed c.*

AD QUARTUM dicendum quod gratia simpliciter tollit maculam et reatum poenae aeternae: tegit autem actus peccati praeteritos, ne scilicet propter eos Deus hominem gratia privet et reum habeat poenae aeternae. Et quod gratia semel facit, perpetuo manet.

QUANTO AO 4º, deve-se dizer que a graça apaga absolutamente a mancha e o reato da pena eterna. Cobre também os atos passados de pecado a fim de que Deus, por causa deles, não prive o homem de sua graça e o considere réu da pena eterna. O que a graça faz uma vez, permanece para sempre.

ARTICULUS 2
Utrum peccata dimissa redeant per ingratitudinem quae specialiter est secundum quatuor genera peccatorum

ARTIGO 2
Retornam os pecados perdoados por causa da ingratidão que afeta especialmente quatro gêneros de pecados?

AD SECUNDUM SIC PROCEDITUR. Videtur quod peccata dimissa non redeant per ingratitudinem quae specialiter est secundum quatuor genera peccatorum, scilicet secundum odium fraternum, apostasiam a fide, contemptum confessionis, et dolorem de poenitentia habita: secundum quod quidam metrice dixerunt: *Fratres odit, apostata fit, spernitque fateri: Poenituisse piget, pristina culpa redit.*

1. Tanto enim est maior ingratitudo quanto gravius est peccatum quod quis contra Deum committit post beneficium remissionis peccatorum. Sed quaedam alia peccata sunt his graviora: sicut blasphemia contra Deum, et peccatum in Spiritum Sanctum. Ergo videtur quod peccata dimissa non redeant magis secundum ingratitudinem commissam secundum haec peccata, quam secundum alia.

2. PRAETEREA, Rabanus[1] dicit: *Nequam servum tradidit Deus tortoribus quoadusque redderet universum debitum: quia non solum peccata quae post baptismum homo egit reputabuntur ei ad poenam, sed originalia, quae ei sunt dimissa in baptismo.* Sed etiam inter debita peccata venialia computantur, pro quibus dicimus: *Dimitte nobis debita nostra.* Ergo ipsa etiam redeunt per ingratitudinem. Et pari ratione videtur quod per peccata venialia redeant peccata prius dimissa, et non solum per praedicta peccata.

3. PRAETEREA, tanto est maior ingratitudo quanto post maius beneficium acceptum aliquis peccat. Sed beneficium Dei est etiam ipsa innocentia, qua

QUANTO AO SEGUNDO, ASSIM SE PROCEDE: parece que os pecados perdoados **não** retornam por causa da ingratidão que afeta especialmente quatro gêneros de pecados, a saber: o ódio do próximo, a apostasia da fé, o desprezo da confissão e o desgosto da penitência praticada, como alguém disse em versos: "Quem odeia seus irmãos, torna-se apóstata, despreza a confissão, tem preguiça da penitência a antiga culpa revive".

1. Com efeito, tanto maior será a ingratidão, quanto mais grave for o pecado que alguém pratica contra Deus depois de ter recebido o benefício da remissão dos pecados. Ora, há outros pecados ainda mais graves que os mencionados, tais como a blasfêmia contra Deus e o pecado contra o Espírito Santo. Logo, parece que a ingratidão dos pecados em questão não faz reviver mais os pecados perdoados que o faz a ingratidão dos outros pecados.

2. ALÉM DISSO, Rabano diz: "Deus entregou o servo mau aos torturadores até que ele restituísse toda a dívida, porque lhe foram imputados como pena não somente os pecados que cometeu depois do batismo, mas também as manchas originais que lhe foram remitidas no batismo". Ora, são computados entre essas dívidas também os pecados veniais, pelos quais rezamos: "Perdoai as nossa ofensas". Logo, também eles revivem pela ingratidão. Pela mesma razão parece que não somente os pecados citados acima, mas também os pecados veniais fazem voltar os pecados anteriormente perdoados.

3. ADEMAIS, tanto maior é a ingratidão quanto maior é o benefício que recebeu quem depois peca. Ora, a própria inocência é um benefício de Deus

---

2 PARALL.: IV *Sent.*, dist. 22, q. 1, a. 1, 3; *in Matth.*, c. 18, in fin.

1. Vide MAGISTRUM, IV *Sent.*, dist. 22, c. 1; GRATIANUM, *Decretum*, p. II, causa 33, q. 3, dist. 4, can. 1: ed. Richter-Friedberg, I, 1229.

peccatum vitamus: dicit enim Augustinus, in II *Confess.*[2]: *Gratiae tuae deputo quaecumque peccata non feci*. Maius autem donum est innocentia quam etiam remissio omnium peccatorum. Ergo non minus est ingratus Deo qui primo peccat post innocentiam, quam qui peccat post poenitentiam. Et ita videtur quod per ingratitudinem quae fit secundum peccata praedicta, non maxime redeant peccata dimissa.

SED CONTRA est quod Gregorius dicit, XVIII *Moral.*[3]: *Ex dictis Evangelicis constat quia, si quod in nos delinquitur ex corde non dimittimus, et illud rursus exigetur quod nobis iam per poenitentiam dimissum fuisse gaudebamus*. Et ita propter odium fraternum specialiter peccata dimissa redeunt per ingratitudinem. Et eadem ratio videtur de aliis.

RESPONDEO dicendum quod, sicut supra[4] dictum est, peccata dimissa per poenitentiam redire dicuntur inquantum reatus eorum, ratione ingratitudinis, virtualiter continetur in peccato sequenti. Ingratitudo autem potest committi dupliciter. Uno modo, ex eo quod aliquid fit contra beneficium. Et hoc modo per omne peccatum mortale quo Deum offendit, redditur homo ingratus Deo, qui peccata remisit. Et sic per quodlibet peccatum mortale sequens redeunt peccata prius dimissa, ratione ingratitudinis.

Alio modo committitur ingratitudo non solum faciendo contra ipsum beneficium, sed etiam faciendo contra formam beneficii praestiti. Quae quidem forma, si attendatur ex parte benefactoris, est remissio debitorum. Unde contra hanc formam facit qui fratri petenti veniam non remittit, sed odium tenet. — Si autem attendatur ex parte poenitentis, qui recipit hoc beneficium, invenitur duplex motus liberi arbitrii. Quorum primus est motus liberi arbitrii in Deum, qui est actus fidei formatae, et contra hoc facit homo apostatando a fide: secundus autem, motus liberi arbitrii in peccatum, qui est actus poenitentiae. Ad quam primo pertinet, ut supra[5] dictum est, quod homo detestetur peccata praeterita: et contra hoc facit ille qui dolet se poenituisse. Secundo pertinet ad actum poenitentiae ut poenitens proponat se subiicere clavibus Ecclesiae per confessionem: secundum illud Ps 31,5: *Dixi, Confitebor adversum me iniustitiam meam Domino: et tu remisisti impietatem*

pela qual evitamos o pecado, como diz Agostinho: "Atribuo à tua graça todo pecado que pude evitar". O dom da inocência é maior que o do perdão de todos os pecados. Logo, não é menos ingrato a Deus quem comete um primeiro pecado, quando inocente, do que quem o faz depois da penitência. Assim parece que a ingratidão própria dos pecados citados não é a maior causa do retorno dos pecados perdoados.

EM SENTIDO CONTRÁRIO, Gregório diz: "Consta das palavras do Evangelho que se não perdoamos de todo o coração as ofensas que nos fizeram, então se exigirá de nós, novamente, aquilo de cujo perdão pela penitência já nos alegrávamos". E, assim, por causa da ingratidão manifestada, de modo especial, no ódio ao irmão, retornam os pecados perdoados.

RESPONDO. Afirma-se que os pecados perdoados pela penitência retornam enquanto o reato deles está contido virtualmente no pecado posterior, em virtude da ingratidão. A ingratidão pode ser praticada de duas maneiras. Uma primeira consiste em ir contra o benefício recebido. Assim, todo pecado mortal torna o homem ingrato a Deus, pois ofende a quem lhe perdoara os pecados anteriores. Neste sentido, por qualquer pecado mortal posterior retornam os pecados antes perdoados, em razão da ingratidão.

Uma segunda modalidade de ingratidão é não só agir contra o próprio benefício, mas também contra a intenção formal do benefício prestado. Se se considera o lado do benfeitor divino, esse aspecto visado formalmente no benefício é a remissão dos pecados. Por isso, age contra este aspecto formal do benefício quem não concede o perdão ao irmão que lho pede, mas o odeia. — Se se considera o lado do penitente que recebe o benefício do perdão, percebem-se nele dois movimentos do livre-arbítrio. O primeiro é movimento do livre-arbítrio rumo a Deus, é o ato de fé animada pela caridade. Peca-se contra tal movimento, apostatando da fé. Um segundo movimento do livre-arbítrio rejeita o pecado, é o ato da penitência. A este ato, em primeiro lugar, pertence a abominação dos pecados. O homem peca contra tal movimento, ao desgostar-se de ter feito penitência. Em segundo lugar, ao ato da penitência pertence o propósito de submeter-se ao poder

---
2. C. 7: ML 32, 681.
3. Cfr. *Dial.*, l. IV, c. 60: ML 77, 428 D-429 A.
4. A. praec.
5. Q. 85, a. 2, 3.

peccati mei. Et contra hoc facit ille qui contemnit confiteri, secundum quod proposuerat.

Et ideo dicitur quod specialiter ingratitudo horum peccatorum facit redire peccata prius dimissa.

AD PRIMUM ergo dicendum quod hoc non dicitur specialiter de istis peccatis quia sint ceteris graviora: sed quia directius opponuntur beneficio remissionis peccatorum.

AD SECUNDUM dicendum quod etiam peccata venialia et peccatum originale redeunt modo praedicto[6], sicut et peccata mortalia: inquantum contemnitur Dei beneficium quo haec peccata sunt remissa. Non tamen per peccatum veniale aliquis incurrit ingratitudinem: quia homo, peccando venialiter, non facit contra Deum, sed praeter ipsum. Et ideo per peccata venialia nullo modo peccata dimissa redeunt.

AD TERTIUM dicendum quod beneficium aliquod habet pensari dupliciter. Uno modo, ex quantitate ipsius beneficii. Et secundum hoc, innocentia est maius Dei beneficium quam poenitentia, quae dicitur *secunda tabula post naufragium*. — Alio modo potest pensari beneficium ex parte recipientis, qui minus est dignus, et sic magis sibi fit gratia. Unde et ipse magis est ingratus si contemnat. Et hoc modo beneficium remissionis culpae est maius, inquantum praestatur totaliter indigno. Et ideo ex hoc sequitur maior ingratitudo.

das chaves da Igreja pela confissão, conforme o dito do salmista: "Eu disse: 'Confessarei minhas ofensas ao Senhor', e tu, tiraste o peso do meu pecado". Contra tal movimento, o homem peca ao desprezar a confissão, que propusera fazer.

Por essas razões, se diz que a ingratidão, de modo especial nestes casos, faz reviver os pecados anteriormente perdoados.

QUANTO AO 1º, portanto, deve-se dizer que, de modo especial, se fala destes pecados, não porque sejam mais graves que os outros, mas porque mais diretamente se opõem ao benefício da remissão dos pecados.

QUANTO AO 2º, deve-se dizer que também os pecados veniais e o pecado original retornam conforme a maneira explicada acima, assim como os pecados mortais, por se desprezar o benefício de Deus pelo qual os pecados são perdoados. No entanto, alguém não incorre em ingratidão pelo pecado venial, porque por este pecado não se age contra Deus, mas prescindindo dele. Por isso, pelos pecados veniais, de modo nenhum, retornam os pecados perdoados.

QUANTO AO 3º, deve-se dizer que pode-se pensar os benefícios de duas maneiras. Uma primeira maneira a partir do valor do próprio benefício. Sob este aspecto, a inocência é um benefício de Deus maior do que a penitência, que é chamada de "segunda tábua de salvação". — Uma segunda maneira, a partir do beneficiado. Neste caso, por ser menos digno, a graça, que a ele se faz, é maior. Por isso, se a despreza, se torna mais ingrato. Desta maneira, o benefício da remissão da culpa é maior, no sentido de ser outorgado àquele que é totalmente indigno. Daí se segue então uma maior ingratidão.

ARTICULUS 3

Utrum per ingratitudinem peccati sequentis consurgat tantus reatus quantus fuerat peccatorum prius dimissorum

AD TERTIUM SIC PROCEDITUR. Videtur quod per ingratitudinem peccati sequentis consurgat tantus reatus quantus fuerat peccatorum prius dimissorum.
1. Quia secundum magnitudinem peccati est magnitudo beneficii quo peccatum remittitur; et

ARTIGO 3

Pela ingratidão do pecado posterior, retornam com o mesmo reato os pecados anteriormente perdoados?

QUANTO AO TERCEIRO, ASSIM SE PROCEDE: parece que pela ingratidão do pecado posterior, **retornam** com o mesmo reato os pecados anteriormente perdoados.
1. Com efeito, à grandeza do pecado corresponde a grandeza do benefício pelo qual o peca-

---

6. A. 9.

PARALL.: IV *Sent.*, dist. 22, q. 1, a. 2, q.la 3.

per consequens magnitudo ingratitudinis qua hoc beneficium contemnitur. Sed secundum quantitatem ingratitudinis est quantitas reatus consequentis. Ergo tantus reatus surgit ex ingratitudine sequentis peccati quantus fuit reatus omnium praecedentium peccatorum.

2. Praeterea, magis peccat qui offendit Deum quam qui offendit hominem. Sed servus manumissus ab aliquo domino reducitur in eandem servitutem a qua prius fuerat liberatus, vel etiam in graviorem. Ergo multo magis ille qui contra Deum peccat post liberationem a peccato, reducitur in tantum reatum poenae quantum primo habuerat.

3. Praeterea, Mt 18,34 dicitur quod *iratus dominus tradidit eum*, cui replicantur peccata dimissa propter ingratitudinem, *tortoribus, quoadusque redderet universum debitum*. Sed hoc non esset nisi consurgeret ex ingratitudine tantus reatus quantus fuit omnium praeteritorum peccatorum. Ergo aequalis reatus per ingratitudinem redit.

Sed contra est quod dicitur Dt 25,2: *Pro mensura peccati erit et plagarum modus*. Ex quo patet quod ex parvo peccato non consurgit magnus reatus. Sed quandoque mortale peccatum sequens est multo minus quolibet peccatorum prius dimissorum. Non ergo ex peccato sequenti redit tantus reatus quantus fuit peccatorum prius dimissorum.

Respondeo dicendum quod quidam dixerunt quod ex peccato sequenti, propter ingratitudinem, consurgit tantus reatus quantus fuit reatus omnium peccatorum prius dimissorum, supra reatum proprium huius peccati. — Sed hoc non est necesse. Quia supra[1] dictum est quod reatus praecedentium peccatorum non redit per peccatum sequens inquantum sequebatur ex actibus praecedentium peccatorum, sed inquantum consequitur actum sequentis peccati. Et ita oportet quod quantitas reatus redeuntis sit secundum gravitatem peccati subsequentis. Potest autem contingere quod gravitas peccati subsequentis adaequat gravitatem omnium praecedentium peccatorum: sed hoc non semper est necesse, sive loquamur de gravitate eius quam habet ex sua specie, cum quandoque peccatum sequens sit simplex fornicatio, peccata vero praeterita fuerunt homicidia vel adulteria seu sacrilegia; sive etiam loquamur de gravitate

do é perdoado; e, consequentemente também, o tamanho da ingratidão que leva a desprezar este benefício. Ora, o tamanho do reato posterior se mede pelo tamanho da ingratidão. Logo, este reato, próprio da ingratidão do pecado posterior, é tão grande quanto a de todos os pecados anteriores.

2. Além disso, quem ofende a Deus peca mais gravemente do que quem ofende o homem. Ora, o servo, que antes fora libertado pelo seu senhor, é reconduzido à mesma servidão ou ainda a uma pior. Logo, com muito mais razão quem peca contra Deus, depois de ter sido libertado do pecado, será submetido ao mesmo reato da pena que antes.

3. Ademais, diz o Evangelho de Mateus: "Cheio de cólera, seu senhor o entregou", a saber aquele servo, cujos pecados perdoados foram imputados de novo por causa de sua ingratidão, "aos verdugos até que pagasse tudo o que devia." Ora, isto não aconteceria se, por causa da ingratidão, não voltasse o reato tão grande quanto o dos pecados passados. Portanto, pela ingratidão, retorna um igual reato.

Em sentido contrário, lê-se no Deuteronômio: "O número de pancadas será proporcional à sua culpa." Daí se vê claramente que de um pecado pequeno não brota nenhum reato grande. Ora, às vezes o pecado mortal posterior à penitência é muito menor que qualquer dos pecados antes perdoados. Portanto, do pecado posterior não retorna um reato igual ao dos pecados antes perdoados.

Respondo. Certos autores disseram que, por causa da ingratidão do pecado posterior, retorna um reato igual ao de todos os pecados antes perdoados, além da culpa deste novo pecado. — Mas isto não é necessário. Dissemos anteriormente que o reato dos pecados precedentes retorna por um novo pecado, não enquanto ele derivava dos atos dos pecados passados, mas enquanto segue o ato do novo pecado. Por conseguinte, a quantidade do reato que volta será proporcional à gravidade do pecado que segue à penitência. Pode, porém, acontecer que a gravidade do pecado posterior seja igual à de todos os pecados precedentes. Mas isto não é necessariamente sempre assim, quer se trate da gravidade da espécie do pecado, pois, às vezes, o novo pecado é um ato de fornicação simples enquanto os pecados passados foram homicídios, adultérios ou sacrilégios; quer se trate da gravidade advinda da ingratidão do

1. A. 1.

quam habet ex ingratitudine annexa. Non enim oportet quod quantitas ingratitudinis sit absolute aequalis quantitati beneficii suscepti, cuius quantitas attenditur secundum quantitatem peccatorum prius dimissorum. Contingit enim quod contra idem beneficium unus est multum ingratus, vel secundum intensionem contemptus beneficii, vel secundum gravitatem culpae contra benefactorem commissae; alius autem parum, vel quia minus contemnit, vel quia minus contra benefactorem agit. Sed proportionaliter quantitas ingratitudinis adaequatur quantitati beneficii: supposito enim aequali contemptu beneficii, vel offensa benefactoris, tanto erit gravior ingratitudo quanto beneficium fuit maius.

Unde manifestum est quod non est necesse quod propter ingratitudinem semper per peccatum sequens redeat tantus reatus quantus fuit praecedentium peccatorum: sed necesse est quod proportionaliter, quanto peccata prius dimissa fuerunt plura et maiora, tanto redeat maior reatus per qualecumque sequens peccatum mortale.

AD PRIMUM ergo dicendum quod beneficium remissionis culpae recipit quantitatem absolutam secundum quantitatem peccatorum dimissorum. Sed peccatum ingratitudinis non recipit quantitatem absolutam secundum quantitatem beneficii, sed secundum quantitatem contemptus vel offensae, ut dictum est[2]. Et ideo ratio non sequitur.

AD SECUNDUM dicendum quod servus manumissus non reducitur in pristinam servitutem pro qualicumque ingratitudine, sed pro aliqua gravi.

AD TERTIUM dicendum quod illi cui peccata dimissa replicantur propter subsequentem ingratitudinem, redit *universum debitum*, inquantum quantitas peccatorum praecedentium proportionaliter invenitur in ingratitudine subsequenti, non autem absolute, ut dictum est[3].

novo pecado. Não se segue necessariamente que o tamanho da ingratidão seja igual ao do benefício recebido, que depende da magnitude dos pecados anteriormente perdoados. Pode suceder que alguém seja muito ingrato a respeito de um benefício pelo seu desprezo, ou pela gravidade da culpa cometida contra o benfeitor; um outro pode ser pouco ingrato a respeito do mesmo benefício, ou porque o despreza menos ou porque ofende menos o benfeitor. No entanto, o tamanho da ingratidão iguala proporcionalmente ao do benefício. Supondo-se um igual desprezo do benefício ou igual ofensa do benfeitor, a ingratidão será tanto maior quanto maior for o benefício.

Por conseguinte, fica claro que por causa da ingratidão não retorna necessariamente, por meio do pecado posterior, tanto reato quanto o dos pecados precedentes. Mas, sim, de modo proporcional: quanto mais numerosos e maiores foram os pecados perdoados, tanto maior retorna o reato por qualquer que seja o pecado mortal posterior[b].

QUANTO AO 1º, portanto, deve-se dizer que o tamanho do benefício da remissão da culpa iguala, de maneira absoluta, ao dos pecados perdoados. No entanto, o pecado de ingratidão não se mede totalmente pelo tamanho do benefício recebido, mas pelo tamanho do seu desprezo e da ofensa ao benfeitor. Por isso, o argumento não vale.

QUANTO AO 2º, deve-se dizer que o servo libertado pelo seu senhor não é reconduzido à escravidão anterior por uma ingratidão qualquer, mas por uma grave.

QUANTO AO 3º, deve-se dizer que quem tem imputado de novo os pecados perdoados, por causa de uma ingratidão ulterior, torna-se passível de "toda sua dívida", enquanto o tamanho dos pecados anteriores se encontra proporcionalmente na ingratidão do novo pecado, mas não de modo absoluto.

---

2. In corp.
3. Ibid.

b. Assim, a gravidade de um pecado seria avaliada em função de uma dupla consideração: a gravidade própria a esse novo pecado, por um lado; e, por outro, a importância da ingratidão que manifesta esse novo pecado em relação ao benefício concedido pela misericórdia divina, quando os antigos pecados foram perdoados.

Articulus 4
Utrum ingratitudo ratione cuius sequens peccatum facit redire peccata prius dimissa, sit speciale peccatum

AD QUARTUM SIC PROCEDITUR. Videtur quod ingratitudo ratione cuius sequens peccatum facit redire peccata prius dimissa, sit speciale peccatum.

1. Retributio enim gratiarum pertinet ad *contrapassum*, quod requiritur in iustitia: ut patet per Philosophum, in V *Ethic.*[1]. Sed iustitia est specialis virtus. Ergo ingratitudo est speciale peccatum.

2. PRAETEREA, Tullius, in II *Rhetoric.*[2], ponit quod *gratia* est specialis virtus. Sed ingratitudo opponitur gratiae. Ergo ingratitudo est speciale peccatum.

3. PRAETEREA, specialis effectus a speciali causa procedit. Sed ingratitudo habet specialem effectum: scilicet quod facit aliqualiter redire peccata prius dimissa. Ergo ingratitudo est speciale peccatum.

SED CONTRA est. Id quod sequitur omnia peccata, non est speciale peccatum. Sed per quodcumque peccatum mortale aliquis efficitur Deo ingratus, ut ex praemissis[3] patet. Ergo ingratitudo non est speciale peccatum.

RESPONDEO dicendum quod ingratitudo peccantis quandoque est speciale peccatum: quandoque non, sed est circumstantia generaliter consequens omne peccatum mortale commissum contra Deum committitur. Peccatum enim speciem recipit ex intentione peccantis: unde, ut Philosophus dicit, in V *Ethic.*[4], *ille qui moechatur ut furetur, magis est fur quam moechus*. Si igitur aliquis peccator in contemptum Dei et suscepti beneficii aliquod peccatum committit, illud peccatum trahitur ad speciem ingratitudinis: et haec ingratitudo peccantis est speciale peccatum. Si vero aliquis intendens aliquod peccatum committere, puta homicidium aut adulterium, non retrahatur ab hoc propter hoc quod pertinet ad Dei contemptum, ingratitudo non erit speciale peccatum, sed traheretur ad speciem alterius peccati sicut circumstantia quaedam. Ut autem Augustinus dicit,

Artigo 4
A ingratidão que faz voltar os pecados anteriores é um pecado especial?

QUANTO AO QUARTO, ASSIM SE PROCEDE: parece que a ingratidão que faz voltar os pecados anteriores é um pecado especial.

1. Com efeito, a obrigação de retribuir os bens recebidos pertence à contrapartida própria da justiça, como ensina o Filósofo[c]. Ora, a justiça é uma virtude especial. Logo, a ingratidão é um pecado especial.

2. ALÉM DISSO, Túlio classifica a gratidão como uma virtude especial. Ora, a ingratidão é o seu contrário. Logo, a ingratidão é um pecado especial.

3. ADEMAIS, todo efeito especial procede de uma causa especial. Ora, a ingratidão tem um efeito especial, a saber, fazer, de certa maneira, retornar os pecados anteriormente perdoados. Logo, a ingratidão é um pecado especial.

EM SENTIDO CONTRÁRIO, não é um pecado especial aquilo que se segue de todos os pecados. Ora, alguém torna-se ingrato a Deus por qualquer pecado mortal. Logo, a ingratidão não é um pecado especial.

RESPONDO. A ingratidão do pecador é ora um pecado especial, ora não. É, sim, uma circunstância que acompanha todo pecado mortal, que se comete contra Deus. O pecado se especifica pela intenção do pecador. Por isso, explica o Filósofo: "Aquele que adultera para roubar, é mais ladrão que adúltero". Assim se alguém peca por desprezo de Deus e do benefício recebido, então este pecado se enquadra na espécie de ingratidão. E, neste caso, esta ingratidão é um pecado especial. Se, pelo contrário, alguém pretende cometer um pecado, por exemplo, homicídio ou adultério, não o faz com a intenção do desprezo de Deus, a ingratidão não será um pecado especial, mas entra na espécie de outro pecado, como uma certa circunstância. Como ensina Agostinho, nem todo pecado procede do desprezo de Deus, entretanto, em todo

---

4   PARALL.: II-II. q. 107, a. 2, ad 1; IV *Sent.*, dist. 22, q. 1, a. 2, q.la 1.

1. C. 8: 1132, b, 31-33.
2. *De invent. rhet.*, l. II, c. 53: ed. G. Friedrich, Lipsiae 1908, p. 230, l. 19.
3. A. 2.
4. C. 4: 1130, a, 24-28.

c. A lei do *contra passum* exige que se inflija ao homem culpado de uma injustiça um dano igual ao experimentado pela vítima dessa injustiça.

in libro *de Natura et Gratia*⁵, non omne peccatum est ex contemptu: et tamen in omni peccato Deus contemnitur in suis praeceptis. Unde manifestum est quod ingratitudo peccantis quandoque est speciale peccatum, sed non semper.

Et per hoc patet responsio AD OBIECTA. Nam primae rationes concludunt quod ingratitudo secundum se sit quaedam species peccati. Ultima autem ratio concludit quod ingratitudo secundum quod invenitur in omni peccato, non sit speciale peccatum.

5. C. 29: ML 44, 263.

pecado, Deus é desprezado nos seus preceitos. Daí se segue que a ingratidão do pecador, às vezes, é um pecado especial, mas nem sempre.

As *respostas às objeções* se encontram no que acabamos de dizer. Pois, as *primeiras objeções* concluem que a ingratidão é, por si mesma, um pecado especial. A *última* conclui que a ingratidão, pelo fato de encontrar-se em todo pecado, não é um pecado especial.

QUAESTIO LXXXIX
DE RECUPERATIONE VIRTUTUM PER POENITENTIAM

in sex articulos divisa

Deinde considerandum est de recuperatione virtutum per poenitentiam.
Et circa hoc quaeruntur sex.
Primo: utrum per poenitentiam restituantur virtutes.
Secundo: utrum restituantur in aequali quantitate.
Tertio: utrum restituatur poenitenti aequalis dignitas.
Quarto: utrum opera virtutum per peccatum mortificentur.
Quinto: utrum opera mortificata per peccatum per poenitentiam reviviscant.
Sexto: utrum opera mortua, idest absque caritate facta, per poenitentiam vivificentur.

ARTICULUS 1
Utrum per poenitentiam virtutes restituantur

AD PRIMUM SIC PROCEDITUR. Videtur quod per poenitentiam virtutes non restituantur.

1. Non enim possent virtutes amissae per poenitentiam restitui nisi poenitentia virtutes causaret. Sed poenitentia, cum sit virtus, non potest esse causa omnium virtutum: praesertim cum quaedam virtutes sint naturaliter priores poenitentia, ut supra¹ dictum est. Ergo per poenitentiam non restituuntur.

QUESTÃO 89
A RECUPERAÇÃO DAS VIRTUDES PELA PENITÊNCIA

em seis artigos

Em seguida, deve-se considerar a recuperação das virtudes pela penitência.
Sobre isso, são seis as perguntas:
1. Pela penitência, se recuperam as virtudes?

2. Recuperam-se na mesma medida?

3. Restitui-se ao penitente uma igual dignidade?

4. As obras de virtude se tornam mortas pelo pecado?

5. Revivem pela penitência as obras de virtude tornadas mortas pelo pecado?

6. Revivem pela penitência as obras mortas, isto é, feitas sem caridade?

ARTIGO 1
Pela penitência, se recuperam as virtudes?

QUANTO AO PRIMEIRO ARTIGO, ASSIM SE PROCEDE: parece que pela penitência, **não** se recuperam as virtudes.

1. Com efeito, as virtudes perdidas só poderiam ser recuperadas pela penitência, se a penitência causasse tais virtudes. Ora, a penitência pelo fato de ser uma virtude não pode ser a causa de todas as virtudes, especialmente porque algumas daquelas são por natureza anteriores à penitência. Logo, as virtudes não se recuperam pela penitência.

1 PARALL.: II-II, q. 152, a. 3, ad 3; IV *Sent.*, dist. 14, q. 2, a. 2.
1. Q. 85, a. 6.

2. PRAETEREA, poenitentia in quibusdam actibus poenitentis consistit. Sed virtutes gratuitae non causantur ex actibus nostris: dicit enim Augustinus, in libro *de Lib. Arbit.*², quod virtutes *Deus in nobis sine nobis operatur*. Ergo videtur quod per poenitentiam non restituantur virtutes.

3. PRAETEREA, habens virtutem sine difficultate et delectabiliter actus virtutum operatur: unde Philosophus dicit, in I *Ethic.*³, quod *non est iustus qui non gaudet iusta operatione*. Sed multi poenitentes adhuc difficultatem patiuntur in operando actus virtutum. Non ergo per poenitentiam restituuntur virtutes.

SED CONTRA est quod, Lc 15,22, pater mandavit quod filius poenitens indueretur *stola prima*: quae, secundum Ambrosium⁴, est *amictus sapientiae*, quam simul consequuntur omnes virtutes, secundum illud Sap 8,7: *Sobrietatem et iustitiam docet, prudentiam et virtutem, quibus in vita nihil est utilius hominibus*. Ergo per poenitentiam omnes virtutes restituuntur.

RESPONDEO dicendum quod per poenitentiam, sicut dictum est supra⁵, remittuntur peccata. Remissio autem peccatorum non potest esse nisi per infusionem gratiae. Unde relinquitur quod per poenitentiam gratia homini infundatur. Ex gratia autem consequuntur omnes virtutes gratuitae, sicut ex essentia animae fluunt omnes potentiae: ut in Secunda Parte⁶ habitum est. Unde relinquitur quod per poenitentiam omnes virtutes restituantur.

AD PRIMUM ergo dicendum quod eodem modo poenitentia restituit virtutes per quem modum est causa gratiae, ut iam⁷ dictum est. Est autem causa gratiae inquantum est sacramentum: nam inquantum est virtus, est magis gratiae effectus. Et ideo non oportet quod poenitentia, secundum quod est virtus, sit causa omnium aliarum virtutum: sed quod habitus poenitentiae simul cum habitibus aliarum virtutum per sacramentum causetur.

AD SECUNDUM dicendum quod in sacramento poenitentiae actus humani se habent materialiter: sed formalis vis huius sacramenti dependet ex virtute clavium. Et ideo virtus clavium effective causat gratiam et virtutes: instrumentaliter tamen. Sed actus primus poenitentis se habet ut ultima

2. ALÉM DISSO, a penitência consiste em determinados atos do penitente. Ora, as virtudes infusas gratuitamente por Deus não são causadas por nossos atos humanos. Agostinho diz que as virtudes "Deus as realiza em nós sem nós". Logo, parece que as virtudes não se recuperam pela penitência.

3. ADEMAIS, quem tem a virtude, pratica tais atos de virtude sem dificuldade e com prazer. Daí, o Filósofo dizer: "Não é justo quem não se alegra com a ação justa". Ora, muitos penitentes ainda têm dificuldade na prática de atos das virtudes. Logo, pela penitência não se restituem as virtudes.

EM SENTIDO CONTRÁRIO, no Evangelho de Lucas: o pai mandou que o filho arrependido vestisse a "melhor túnica", que, segundo Ambrósio, simboliza "a veste da sabedoria" com a qual se obtêm todas as virtudes, conforme a Sabedoria: "Ela ensina moderação e prudência, justiça e coragem, e não há nada de mais útil aos homens na vida." Portanto, pela penitência se restituem todas as virtudes.

RESPONDO. Os pecados são perdoados pela penitência. A remissão dos pecados, porém, não se realiza sem a infusão da graça. Daí se segue que a graça é infundida na alma pela penitência. Ora, da graça promanam todas as virtudes infusas, assim como da essência da alma fluem todas as potências. Por conseguinte, todas as virtudes se restituem pela penitência.

QUANTO AO 1º, portanto, deve-se dizer que a penitência restitui as virtudes da mesma maneira como é causa da graça. Ora, é causa da graça, enquanto é sacramento. Pois, enquanto virtude é antes efeito da graça. Logo, não se segue que a penitência como virtude seja causa de todas as outras virtudes, mas sim que o hábito da penitência juntamente com os hábitos das outras virtudes é causado pelo sacramento.

QUANTO AO 2º, deve-se dizer que os atos humanos são a matéria do sacramento da penitência. O seu princípio formal depende do poder das chaves da Igreja, que causa efetivamente a graça e as virtudes, mas a modo de causa instrumental. No entanto, o primeiro ato de contrição do penitente

---

2. L. II, c. 19, n. 50: ML 32, 1267-1268.
3. C. 9: 1099, a, 19-20.
4. *In Luc.*, l. VII, n. 231: ML 15, 1761 A.
5. Q. 86, a. 1, 6.
6. I-II, q. 110, a. 4, ad 1.
7. In corp.

dispositio ad gratiam consequendam, scilicet contritio: alii vero sequentes actus poenitentiae procedunt iam ex gratia et virtutibus.

AD TERTIUM dicendum quod, sicut supra[8] dictum est, quandoque post primum actum poenitentiae, qui est contritio, remanent quaedam reliquiae peccatorum, scilicet dispositiones ex prioribus actibus peccatorum causatae, ex quibus praestatur difficultas quaedam poenitenti ad operandum opera virtutum: sed quantum est ex ipsa inclinatione caritatis et aliarum virtutum, poenitens opera virtutum delectabiliter et sine difficultate operatur; sicut si virtuosus per accidens difficultatem pateretur in executione actus virtutis propter somnum aut aliquam corporis dispositionem.

cumpre o papel de última disposição para obter a graça; os outros atos ulteriores da penitência já procedem da graça e das virtudes.

QUANTO AO 3º, deve-se dizer que como já se disse acima, às vezes, depois da contrição, primeiro ato da penitência, permanecem certos resquícios dos pecados, isto é, disposições causadas pelos atos anteriores dos pecados. Estas provocam no penitente alguma dificuldade na prática de obras de virtude. Mas, enquanto ele está sob a inclinação da caridade e das outras virtudes, pratica obras de virtude com prazer e sem dificuldade. É como se o homem virtuoso experimentasse acidentalmente dificuldade na execução da virtude, por causa do sono ou de alguma disposição corporal.

ARTICULUS 2
Utrum post poenitentiam resurgat homo in aequali virtute

AD SECUNDUM SIC PROCEDITUR. Videtur quod post poenitentiam resurgat homo in aequali virtute.

1. Dicit enim Apostolus, Rm 8,28: *Diligentibus Deum omnia cooperantur in bonum*: ubi dicit Glossa Augustini[1] quod hoc adeo verum est *ut, si qui horum devient et exorbitent, hoc ipsum Deus faciat eis in bonum proficere*. Sed hoc non esset si homo resurgeret in minori virtute.

2. PRAETEREA, Ambrosius[2] dicit quod *poenitentia optima res est, quae omnes defectus revocat ad perfectum*. Sed hoc non esset nisi virtutes in aequali quantitate recuperarentur. Ergo per poenitentiam semper recuperatur aequalis virtus.

3. PRAETEREA, super illud Gn 1,5, *Factum est vespere et mane dies unus*, dicit Glossa[3]: *Vespertina lux est a qua quis cecidit: matutina in qua resurgit*. Sed lux matutina est maior quam vespertina. Ergo aliquis resurgit in maiori gratia vel caritate quam prius habuerat. — Quod etiam videtur per id quod Apostolus dicit, Rm 5,20: *Ubi abundavit delictum, superabundavit* et *gratia*.

ARTIGO 2
Depois da penitência, ressurge o homem no mesmo grau de virtude?

QUANTO AO SEGUNDO, ASSIM SE PROCEDE: parece que depois da penitência, **ressurge** o homem no mesmo grau de virtude.

1. Com efeito, a respeito do dito do Apóstolo "tudo concorre para o bem dos que amam a Deus", a Glosa agostiniana comenta que isto é tão verdade "que se estes que amam a Deus se desviam ou saem do bom caminho, Deus transforma-lhes este desvio em crescimento no bem". Ora, tal não aconteceria, se o homem ressurgisse com menor virtude.

2. ALÉM DISSO, Ambrósio ensina que a "penitência é uma excelente coisa que reorienta para a perfeição todos os defeitos". Ora, tal não se daria, se as virtudes não fossem recuperadas na mesma medida. Logo, pela penitência recuperam-se as virtudes na mesma medida.

3. ADEMAIS, a propósito das palavras do livro do Gênesis "houve uma tarde, houve um manhã: o primeiro dia", a Glossa observa: "A luz vespertina é aquela que perdemos pela queda, a luz matutina é a que nos ilumina o reerguimento". Ora, a luz matutina é mais intensa que a vespertina. Logo, alguém se reergue com maior graça ou caridade do que antes possuía. — O Apóstolo parece confirmá-lo: "Onde proliferou o pecado superabundou a graça".

---

8. Q. 86, a. 5.
PARALL.: III *Sent*., dist. 31, q. 1, a. 4.

1. LOMBARDI: ML 191, 1448 D.
2. Cfr. Ps. AUGUST., *Hypognost*., l. III, c. 9, n. 17: ML 45, 1631.
3. Cfr. AUG., *De Gen. ad litt*., l. I, c. 17, n. 33: ML 34, 259.

SED CONTRA, caritas proficiens vel perfecta maior est quam caritas incipiens. Sed quandoque aliquis cadit a caritate proficiente, resurgit autem in caritate incipiente. Ergo semper resurgit homo in minori etiam virtute.

RESPONDEO dicendum quod, sicut dictum est[4], motus liberi arbitrii qui est in iustificatione impii, est ultima dispositio ad gratiam: unde in eodem instanti est gratiae infusio cum praedicto motu liberi arbitrii, ut in Secunda Parte[5] habitum est. In quo quidem motu comprehenditur actus poenitentiae, ut supra[6] dictum est. Manifestum est autem quod formae quae possunt recipere magis et minus, intenduntur et remittuntur secundum diversam dispositionem subiecti: ut in Secunda Parte[7] habitum est. Et inde est quod, secundum quod motus liberi arbitrii in poenitentia est intensior vel remissior, secundum hoc poenitens consequitur maiorem vel minorem gratiam.

Contingit autem intensionem motus poenitentis quandoque proportionatam esse maiori gratiae quam illa a qua cecidit per peccatum; quandoque vero aequali; quandoque vero minori. Et ideo poenitens quandoque resurgit in maiori gratia quam prius habuerat; quandoque autem in aequali; quandoque etiam in minori. Et eadem ratio est de virtutibus, quae ex gratia consequuntur.

AD PRIMUM ergo dicendum quod non omnibus diligentibus Deum cooperatur in bonum hoc ipsum quod per peccatum a Dei amore cadunt, quod patet in his qui cadunt et nunquam resurgunt, vel qui resurgunt iterum casuri: sed in *his qui secundum propositum vocati sunt sancti*, scilicet praedestinatis, qui, quotiescumque cadunt, finaliter tamen resurgunt. Cedit igitur eis in bonum hoc quod cadunt, non quia semper in maiori gratia resurgant, sed quia resurgunt in permanentiori gratia: non quidem ex parte ipsius gratiae, quia, quanto gratia est maior, tanto de se est permanentior; sed ex parte hominis, qui tanto stabilius in gratia permanet quanto est cautior et humilior. Unde et

EM SENTIDO CONTRÁRIO, a caridade dos proficientes e perfeitos é maior que a dos incipientes. Ora, às vezes, alguém cai estando na situação de caridade de proficiente e se levanta na situação de incipiente. Portanto, o homem se levanta sempre numa situação de menor caridade.

RESPONDO. O movimento do livre-arbítrio, que existe na justificação do pecador, é a última disposição para a graça. Daí se segue que no mesmo instante se dá a infusão da graça com esse movimento do livre-arbítrio. Neste movimento inclui-se o ato da penitência. É claro que as formas capazes de maior ou menor intensidade, tornam-se mais intensas ou remissas conforme a disposição do sujeito. Daí se conclui que tanto mais ou menos graça obterá o penitente quanto mais intenso ou tíbio for o movimento do livre-arbítrio na penitência.

Acontece que a intensidade do movimento do penitente é proporcionada a uma graça maior, igual ou menor em relação à que perdera pelo pecado. Por isso, o penitente se reergue ora em maior, ora em igual, ora em menor graça do que aquela que perdera. O mesmo argumento vale das virtudes que promanam da graça[a].

QUANTO AO 1º, portanto, deve-se dizer que o fato de afastar-se do amor de Deus pelo pecado não se inclui naquilo que concorre para o bem dos que amam a Deus. Vê-se isto claramente naqueles que caem e nunca se reerguem; ou o fazem para cair de novo. Tal queda, porém, contribui para aqueles que "são chamados à santidade segundo o desígnio divino", a saber os predestinados, que, depois das quedas, afinal se reerguem. Assim, redundam-lhes em bem essas quedas, não porque eles se reerguem sempre numa graça maior, mas porque o fazem numa graça mais durável. Esta qualidade não deriva da graça como tal, porque ela é só mais durável quando é maior. Mas sim

---

4. A. praec., ad 2.
5. I-II, q. 113, a. 8.
6. Q. 86, a. 6, ad 1.
7. I-II, q. 52, a. 1, 2.

a. A penitência restitui todas as virtudes que haviam sido perdidas pelo pecado, mas num grau independente daquele que existia antes desse pecado. O grau no qual o pecador arrependido volta a encontrá-las corresponde à disposição atual de sua liberdade. O concílio de Trento declara que o grau de graça trazido ao homem adulto pela justificação, no batismo ou na penitência se mede por suas disposições: "Recebendo a justiça em nós, nós a recebemos cada um segundo a medida que o Espírito Santo confere a cada alma, como quer (1Cor 12,11) e segundo o grau de nossas disposições próprias e segundo nossa cooperação" (6ª sessão, 13 de janeiro de 1547, capítulo 7).

Glossa ibidem subdit quod ideo proficit eis in bonum quod cadunt, *quia humiliores redeunt, et quia doctiores fiunt.*

AD SECUNDUM dicendum quod poenitentia, quantum est de se, habet virtutem reparandi omnes defectus ad perfectum, et etiam promovendi in ulteriorem statum: sed hoc quandoque impeditur ex parte hominis, qui remissius movetur in Deum et in detestationem peccati. Sicut etiam in baptismo aliqui adulti consequuntur maiorem vel minorem gratiam, secundum quod diversimode se disponunt.

AD TERTIUM dicendum quod illa assimilatio utriusque gratiae ad lucem vespertinam et matutinam fit propter similitudinem ordinis, quia post lucem vespertinam sequuntur tenebrae noctis, post lucem autem matutinam sequitur lux diei: non autem propter maiorem vel minorem similitudinem quantitatis.

Illud etiam verbum Apostoli intelligitur de gratia, quae exsuperat omnem abundantiam humanorum peccatorum. Non autem hoc est verum in omnibus, quod quanto abundantius peccavit, tanto abundantiorem gratiam consequatur, pensata quantitate habitualis gratiae. Est tamen superabundans gratia quantum ad ipsam gratiae rationem: quia magis gratis beneficium remissionis magis peccatori confertur. — Quamvis quandoque abundanter peccantes abundanter dolent: et sic abundantiorem habitum gratiae et virtutum consequuntur, sicut patet in Magdalena[8].

Ad id vero quod in contrarium obiicitur, dicendum quod una et eadem gratia maior est proficiens quam incipiens: sed in diversis hoc non est necesse. Unus enim incipit a maiori gratia quam alius habeat in statu profectus: sicut Gregorius dicit, in II *Dialog.*[9]: *Praesentes et secuturi omnes cognoscant, Benedictus puer a quanta perfectione conversionis gratiam incoepisset.*

do homem, que se torna tanto mais firme na graça quanto mas cauteloso e humilde se faz. Por isso, a Glosa acrescenta, a respeito desta passagem, que a queda aproveita ao homem para o bem "porque ele se reergue mais humilde e se torna mais instruído".

QUANTO AO $2^{\underline{o}}$, deve-se dizer que a penitência, por sua natureza, tem o poder de reparar todas as deficiências em vista da perfeição e também de impulsionar a um estado mais perfeito. Mas, às vezes, o homem lhe opõe empecilhos, ao encaminhar-se para Deus e ao rejeitar o pecado de maneira tíbia. É como acontece no batismo de adultos, no qual alguns recebem maior ou menor graça conforme sua disposição.

QUANTO AO $3^{\underline{o}}$, deve-se dizer que aquela comparação de ambas as graças com a luz vespertina e matutina respectivamente faz-se por causa da semelhança com a ordem de sucessão. Pois, depois da luz vespertina vêm as trevas da noite, e à luz matutina segue-se a luz do dia. Não vale, porém, tal comparação para os graus de graça, maior ou menor.

Aquelas palavras do Apóstolo se entendem a respeito da graça, que supera a abundância de todos os pecados humanos. Mas isto não é verdade em relação a todos que, quanto mais abundantemente pecam, mais abundantes graças recebem no referente à graça habitual. Há, no entanto, uma superabundância de graça quanto à sua natureza mesma, já que quanto maior é o pecador, tanto mais gratuito é o benefício da remissão dos pecados. — Às vezes, acontece que os que pecaram muito, doem-se muito. Então alcançam maior abundância de graça e de virtudes, como foi o caso de Maria Madalena.

Quanto ao que se exprime "*em sentido contrário*", pode-se dizer que numa única e mesma pessoa, a graça proficiente é maior que a incipiente. Mas isso não vale necessariamente para indivíduos diferentes. Pois, alguém pode começar com graça maior do que a que outro possui em estado perfeito, conforme ensina Gregório: "Que os homens do tempo presente e os do futuro saibam todos com que perfeição o menino Bento começou a viver a graça da conversão".

---

8. Luc. 7, 47.
9. C. 1: ML 66, 128 B.

Articulus 3
Utrum per poenitentiam restituatur homo in pristinam dignitatem

AD TERTIUM SIC PROCEDITUR. Videtur quod per poenitentiam non restituatur homo in pristinam dignitatem.

1. Quia super illud Am 5,1-2, *Virgo Israel cecidit*, dicit Glossa[1]: *Non negat ut resurgat, sed ut resurgere virgo possit: quia semel oberrans ovis, etsi reportetur in humeris Pastoris, non habet tantam gloriam quantam quae nunquam erravit.* Ergo per poenitentiam non recuperat homo pristinam dignitatem.

2. PRAETEREA, Hieronymus dicit[2]: *Quicumque dignitatem divini gradus non custodiunt, contenti fiant animam salvare: reverti enim in pristinum gradum difficile est.* — Et Innocentius Papa[3] dicit quod *apud Nicaeam constituti canones poenitentes etiam ab infimis clericorum officiis excludunt.* Non ergo per poenitentiam homo recuperat pristinam dignitatem.

3. PRAETEREA, ante peccatum potest aliquis ad maiorem gradum ascendere. Non autem hoc post peccatum conceditur poenitenti: dicitur enim Ez 44,10-13: *Levitae qui recesserunt a me, nunquam appropinquabunt mihi, ut sacerdotio fungantur.* Et, sicut habetur in Decretis, dist. L[4], in Hilerdensi Concilio legitur: *Hi qui sancto altario deserviunt, si subito flenda debilitate carnis corruerint, et, Domino respiciente, poenituerint, officiorum suorum loca recipiant, nec possint ad altiora officia ulterius promoveri.* Non ergo poenitentia restituit hominem in pristinam dignitatem.

SED CONTRA est quod, sicut in eadem distinctione[5] legitur, Gregorius, scribens Secundino[6], dixit: *Post dignam satisfactionem, credimus hominem posse redire ad suum honorem.* Et in Concilio Agathensi[7] legitur: *Contumaces clerici, prout dig-*

Artigo 3
Pela penitência, o homem é restabelecido em sua dignidade anterior?

QUANTO AO TERCEIRO, ASSIM SE PROCEDE: parece que pela penitência, o homem **não** é restabelecido em sua dignidade anterior.

1. Com efeito, a propósito da palavra do profeta Amós "ela caiu, a virgem de Israel", a Glosa comenta: "Não nega que Israel se levante, mas que possa se levantar virgem. Porque uma vez que a ovelha se desgarra, mesmo que seja reconduzida nos ombros do Pastor, não tem tanta glória quanta aquela que nunca se tresmalhou". Portanto, pela penitência o homem não recupera a antiga dignidade.

2. ALÉM DISSO, Jerônimo ensina: "Todos aqueles que não guardam a dignidade do grau da vida divina, contentem-se de salvar a própria alma; contudo é-lhes difícil voltar ao grau anterior". — O papa Inocêncio acrescenta: "O Concílio de Niceia decretou cânones que excluem os penitentes das ordens, mesmo inferiores, próprias dos clérigos". Portanto, o homem não recupera pela penitência a dignidade anterior.

3. ADEMAIS, antes do pecado, alguém pode ascender a um grau maior de dignidade. Mas não o pode depois do pecado, conforme as palavras do profeta Ezequiel: "Quanto aos levitas, que se afastaram de mim, não se aproximarão de mim para exercer meu sacerdócio". Os Decretos, citando um concílio de Lérida asseveram: "Quem ministra nos altares, se lamentavelmente sucumbir, de repente, à fraqueza da carne, e fizer penitência tocado pela misericórdia de Deus, receba de volta seus ministérios, mas já não pode ser promovido a outros mais altos". Portanto, a penitência não restitui ao homem sua dignidade anterior.

EM SENTIDO CONTRÁRIO, Gregório, escrevendo a Secundino, comenta na mesma passagem: "Depois de uma digna satisfação, cremos que alguém pode recuperar a sua dignidade". E no Concílio Agatense se lê: "O bispo corrija os clérigos contumazes,

---

3 PARALL.: III *Sent.*, dist. 31, q. 1, a. 4, q.la 1, ad 2; IV, dist. 14, q. 1, a. 5, q.la 1, ad 3; dist. 19, q. 1, a. 3, q.la 2, ad 2; dist. 37, q. 2, a. 2, ad 4.

1. Ordin. ex HIERON., *In Amos*, l. II, super 5, 2: ML 25, 1036 D.
2. Cfr. GRATIANUM, *Decretum*, p. I, dist. 50, can. 30: ed. Richter-Friedberg, I, 191.
3. INNOCENTIUS I, Epist. VI *ad Agapitum, Macedomium et Maurianum*: ed. Mansi, III, 1047.
4. GRATIANUS, op. cit., p. I, dist. 50, can. 52: ed. cit., I, 197.
5. GRATIANUS, op. cit., p. I, dist. 50, can. 16: ed. cit., I, 184.
6. Registr., l. IX, ep. 52, al. l. VII, ep. 54: ML 77, 987 B.
7. Can. 2: ed. Mansi, VIII, 324.

nitatis ordo permiserit, ab episcopis corrigantur: ita ut, cum eos poenitentia correxerit, gradum suum dignitatemque recipiant.

RESPONDEO dicendum quod homo per peccatum duplicem dignitatem amittit: unam quantum ad Deum, aliam vero quantum ad Ecclesiam. Quantum autem ad Deum, amittit duplicem dignitatem. Unam principalem, qua scilicet computatus erat inter filios Dei per gratiam. Et hanc dignitatem recuperat per poenitentiam. Quod significatur Lc 15,22 de filio prodigo, cui pater poenitenti iussit restitui *stolam primam et anulum et calceamenta.* — Aliam vero dignitatem amittit secundariam, scilicet innocentiam: de qua, sicut ibidem legitur [v. 29], gloriabatur filius senior, dicens, *Ecce, tot annis servio tibi, et nunquam mandatum tuum praeterivi.* Et hanc dignitatem poenitens recuperare non potest. — Recuperat tamen quandoque aliquid maius. Quia, ut Gregorius dicit, in Homilia *de Centum Ovibus*[8], *qui errasse a Deo se considerant, damna praecedentia lucris sequentibus recompensant. Maius ergo gaudium de eis fit in caelo: quia et dux in praelio plus eum militem diligit qui post fugam reversus hostem fortiter premit, quam illum qui nunquam terga praebuit et nunquam aliquid fortiter fecit.*

Dignitatem autem ecclesiasticam homo per peccatum perdit, qui indignum se reddit ad ea quae competunt dignitati ecclesiasticae exercenda. Quam quidem recuperare prohibentur, uno modo, quia non poenitent. Unde Isidorus *ad Misianum Episcopum*[9] scribit, sicut in eadem distinctione legitur, cap. *Domino: Illos ad pristinos gradus canones redire praecipiunt quos poenitentiae praecessit satisfactio, vel condigna peccatorum confessio. At contra hi qui a vitio corruptionis non emendantur, nec gradum honoris, nec gratiam recipiunt communionis.* — Secundo, quia poenitentiam negligenter agunt. Unde in eadem distinctione, cap. *Si quis diaconus*, dicitur: *Cum in aliquibus nec compunctio humilitatis, nec instantia orandi appareat, nec ieiuniis vel lectionibus eos vacare videamus, possumus agnoscere, si ad pristinos honores redirent, cum quanta negligentia permanerent.*

enquanto a ordem da dignidade o permitir, de modo que, uma vez tendo sido corrigidos pela penitência, recuperem o grau hierárquico e a dignidade".

RESPONDO. O homem perde pelo pecado uma dupla dignidade. Uma que ele tem em relação a Deus e uma outra em relação à Igreja. Em relação a Deus, por sua vez, perde duas dignidades. Uma dignidade principal de ser considerado filho de Deus pela graça. Esta dignidade é recuperada pela penitência. Lucas exprime-a pela parábola do filho pródigo a quem, arrependido, o pai manda restituir a "primeira veste, o anel e sandálias". — O homem perde também uma outra dignidade, secundária, a saber a inocência, a que se refere a mesma parábola, ao elogiar o filho mais velho, dizendo: "Já faz tantos anos que eu te sirvo sem ter jamais desobedecido às tuas ordens". Esta dignidade o penitente não pode recuperar. — No entanto, recupera, às vezes, algo maior. Nesse sentido diz Gregório: "Aqueles, que refletem sobre seu desvio de Deus, compensam as suas perdas precedentes com os ganhos seguintes. Há, portanto, maior alegria no céu por eles, porque o comandante na guerra mais ama o soldado que, depois de ter fugido, volta e combate o adversário fortemente do que aquele que nunca lhe voltou as costas, mas também nunca lutou com valentia"[b].

Os homens perdem pelo pecado a dignidade eclesiástica, ao tornarem-se indignos daquilo que faz parte do exercício de tal dignidade. Eles estão, portanto, proibidos de recuperar tal dignidade nos seguintes casos.

1º. Quando não se arrependem. Por isso, Isidoro escreve ao bispo Misiano, como se lê no mesmo decreto: "Os cânones prescrevem que recupere os graus hierárquicos anteriores quem já cumpriu a satisfação da penitência ou fez uma condigna confissão dos pecados. Mas, pelo contrário, aqueles, que não se corrigem do vício da corrupção, não podem reaver nem o grau das dignidades anteriores, nem a graça da comunhão".

2º. Quando fazem penitência negligentemente. é assim que se lê no mesmo decreto: "Como não aparecem em alguns nem a compunção da humildade nem a persistência na oração, como não vemos que eles se entreguem aos jejuns e

---

8. *In Evang.*, l. II, hom. 34, n. 4: ML 76, 1248 BC.
9. Epist. IV *ad Massonam episc.*, n. 3: ML 83, 899 C.

b. Por detrás da sutileza das questões debatidas, Sto. Tomás lembra os princípios primeiros da vida espiritual: a graça pode tornar o pecado salutar, o que significa que ela o utiliza e transforma numa ocasião "melhor" de salvação.

— Tertio, si commisit aliquod peccatum habens irregularitatem aliquam admixtam. Unde in eadem distinctione, ex Concilio Martini Papae, dicitur: *Si quis viduam, vel ab alio relictam duxerit, non admittatur ad clerum. Quod si irrepserit, deiiciatur. Similiter si homicidii aut facto aut praecepto aut consilio aut defensione, post baptismum, conscius fuerit.* Sed hoc non est ratione peccati, sed ratione irregularitatis. — Quarto, propter scandalum. Unde in eadem distinctione legitur, cap. *De his vero: Rabanus*[10] *dicit: Hi qui deprehensi vel capti fuerint publice in periurio, furto aut fornicatione, et ceteris criminibus, secundum canonum sacrorum instituta a proprio gradu decidant: quia scandalum est populo Dei tales personas superpositas habere. Qui autem de praedictis peccatis absconse a se commissis sacerdoti confitentur, si se per ieiunia et eleemosynas vigiliasque et sacras orationes purgaverint, his etiam, gradu proprio servato, spes veniae de misericordia Dei promittenda est.* Et hoc etiam dicitur Extra, *de Qualitate Ordinand.*[11]*,* cap. *Quaesitum: Si crimina ordine iudiciario comprobata, vel alias notoria non fuerint, praeter reos homicidii, post poenitentiam in susceptis vel iam suscipiendis ordinibus impedire non possunt.*

AD PRIMUM ergo dicendum quod eadem ratio est de recuperatione virginitatis et de recuperatione innocentiae, quae pertinet ad secundariam dignitatem quoad Deum.

AD SECUNDUM dicendum quod Hieronymus in verbis illis non dicit esse impossibile, sed dicit esse difficile hominem recuperare post peccatum pristinum gradum: quia hoc non conceditur nisi perfecte poenitenti, ut dictum est[12].

Ad statuta autem canonum qui hoc prohibere videntur, respondet Augustinus, Bonifacio scribens[13]: *Ut constitueretur in Ecclesia ne quisquam post alicuius criminis poenitentiam clericatum accipiat, vel ad clericatum redeat, vel in clericatu*

às leituras piedosas, podemos prever com quanta negligência viverão, se recuperarem as antigas dignidades".

3º. Quando cometem um pecado que incorre em irregularidade. No mesmo decreto do Concílio sob o papa Martinho se diz: "Se alguém se casa com uma viúva ou uma mulher abandonada por seu marido, não seja admitido ao estado clerical. Se se intrometeu nele subrepticiamente, seja expulso. De igual modo, se, após o batismo, alguém tiver a consciência onerada de homicídio, seja por ação, seja por conselho, seja para defender-se". Estas interdições têm seu motivo, não em razão do pecado, mas da irregularidade

4º. Quando existe um escândalo. Por esta razão, lê-se no mesmo decreto o que Rabano diz: "Quem for surpreendido ou preso em delito público de perjúrio, de roubo, de fornicação ou em outros crimes, seja deposto do próprio grau hierárquico conforme as prescrições dos sagrados cânones. Pois, escandaliza o povo de Deus o fato de ter tais pessoas à sua frente. Quem, porém, confessa ao sacerdote tais pecados cometidos sigilosamente, se ele se purifica por meio de jejuns, esmolas, vigílias e orações das horas, seja-lhe dada a esperança da misericórdia de Deus, mesmo permanecendo no seu grau hierárquico". O mesmo dizem também os "decretos sobre a qualidade dos ordinandos": "Se os crimes não forem nem comprovados juridicamente nem notórios, exceto os réus de homicídio, não podem, depois da penitência, impedir o exercício das ordens já recebidas ou de as receber".

QUANTO AO 1º, portanto, deve-se dizer que tanto a virgindade como a inocência não podem ser recuperadas, mas trata-se de uma dignidade secundária em relação a Deus.

QUANTO AO 2º, deve-se dizer que estas palavras de Jerônimo não dizem que é impossível, mas que é muito difícil que o homem recupere, depois do pecado, sua dignidade anterior ao pecado. Pois, isso não se concede a não ser a quem faz penitência perfeita.

Agostinho responde às determinações dos cânones que parecem proibir essa concessão, escrevendo a Bonifácio: "A disciplina de que alguém, depois da penitência de algum crime, não possa assumir o estado clerical, nem a ele voltar

---

10. *Poenitentiale*, c. 10: ML 110, 474 D-475 A.
11. *Decretal. Greg. IX*, l. I, tit. 11, c. 17: ed. Richter-Friedberg, II, 124.
12. In corp.
13. Epist. 185, al. 50, c. 10, n. 45: ML 33, 812.

maneat, non desperatione indulgentiae, sed rigore factum est disciplinae. Alioquin contra claves datas Ecclesiae disputabitur, de quibus dictum est: "Quaecumque solveritis super terram, erunt soluta et in caelo". Et postea subdit: Nam et sanctus David de criminibus egit poenitentiam: et tamen in honore suo perstitit. Et beatum Petrum, quando amarissimas lacrimas fudit, utique Dominum negasse poenituit: et tamen Apostolus permansit. Sed non ideo putanda est supervacua posteriorum diligentia, qui, ubi saluti nihil detrahebatur, humilitati aliquid addiderunt: experti, ut credo, aliquorum fictas poenitentias per affectatas honorum potentias.

AD TERTIUM dicendum quod illud statutum intelligitur de illis qui publicam poenitentiam agunt, qui postmodum non possunt ad maiorem provehi gradum. Nam et Petrus post negationem pastor ovium Christi constitutus est, ut patet Io 21,15sqq. Ubi dicit Chrysostomus[14] quod *Petrus post negationem et poenitentiam ostendit se habere maiorem fiduciam ad Christum. Qui enim in Cena non audebat interrogare, sed Ioanni interrogationem commisit, huic postea et praepositura fratrum credita est, et non solum non committit alteri interrogare quae ad ipsum pertinent, sed de reliquo ipse pro Ioanne Magistrum interrogat.*

ARTICULUS 4
Utrum opera virtutum in caritate facta mortificari possint

AD QUARTUM SIC PROCEDITUR. Videtur quod opera virtutum in caritate facta mortificari non possunt.

1. Quod enim non est, immutari non potest. Sed mortificatio est quaedam mutatio de vita in mortem. Cum ergo opera virtutum, postquam facta sunt, iam non sint, videtur quod ulterius mortificari non possunt.

2. PRAETEREA, per opera virtutis in caritate facta homo meretur vitam aeternam. Sed subtrahere mercedem merenti est iniustitia, quae non

nem nele permanecer, se constituiu na Igreja, não porque ela desesperasse de poder perdoar mas por causa do rigor. Do contrário, por-se-ia em questão o poder das chaves da Igreja, sobre o qual se disse: 'tudo o que desligardes na terra será desligado no céu'". E em seguida acrescenta: "Pois, o santo rei Davi fez penitência de seus crimes, contudo permaneceu na sua dignidade real. O mesmo aconteceu com o bem-aventurado Pedro, que derramou lágrimas amaríssimas e se penitenciou de ter negado o Senhor, contudo continuou apóstolo. Nem por isso, porém, deve-se considerar supérfluo o cuidado de quem, sem detrimento à obra da salvação, em seguida aumentou as humilhações. Tinha aprendido, como creio, pela experiência, que o apego das honras tornou fingidas as penitências de certos pecadores".

QUANTO AO 3º, deve-se dizer que este decreto deve ser entendido a respeito de quem faz penitência pública[c] e não pode depois ser promovido a uma dignidade maior. Pois, Pedro, depois da negação, foi constituído pastor das ovelhas de Cristo, como se lê no Evangelho de João. Crisóstomo comenta: "Pedro, depois da negação e penitência, mostrou ter maior confiança em Cristo. Aquele, pois, que na última ceia não ousava interrogar o Senhor, mas confiou a João a pergunta, vê, em seguida, confiado a si, o encargo dos irmãos. Já não delega a outro perguntar o que lhe cabe, mas antes ele mesmo interroga o Mestre a respeito de João".

ARTIGO 4
Podem as obras de virtude, feitas na caridade, se tornar mortas pelo pecado?

QUANTO AO QUARTO, ASSIM SE PROCEDE: parece que as obras de virtude, feitas na caridade, **não** podem se tornar mortas pelo pecado.

1. Com efeito, o que não existe, não pode ser mudado. Ora, a destruição mortal é uma mudança da vida para a morte. Logo, uma vez que as obras virtuosas já não existem uma vez feitas, parece que não podem ser destruídas mortalmente.

2. ALÉM DISSO, o homem merece a vida eterna pelas obras de virtude feitas na caridade. Ora, subtrair a recompensa a quem a merece é injustiça,

---

14. *In Ioan.*, hom. 88, al. 87, n. 2: MG 59, 480.

4   PARALL.: III *Sent.*, dist. 36, a. 5, ad 1; IV dist. 14, q. 2, a. 3. q.la 2; dist. 21, q. 1, a. 1, q.la 1, ad 3; dist. 22, q. 1, a. 1, ad 6; *ad Heb.*, c. 6, lect. 1.

c. Tal como era praticada na Igreja primitiva e ainda na época de Sto. Tomás, mas de maneira excepcional.

cadit in Deum. Ergo non potest esse quod opera virtutum in caritate facta per peccatum sequens mortificentur.

3. PRAETEREA, fortius non corrumpitur a debiliori. Sed opera caritatis sunt fortiora quibuslibet peccatis: quia, ut dicitur Pr 10,12, *universa delicta operit caritas*. Ergo videtur quod opera in caritate facta per sequens mortale peccatum mortificari non possunt.

SED CONTRA est quod dicitur Ez 18,24: *Si averterit se iustus a iustitia sua, omnes iustitiae eius quas fecerat, non recordabuntur*.

RESPONDEO dicendum quod res viva per mortem perdit operationem vitae: unde per quandam similitudinem dicuntur res *mortificari* quando impediuntur a proprio suo effectu vel operatione. Effectus autem operum virtuosorum quae in caritate fiunt, est perducere ad vitam aeternam. Quod quidem impeditur per peccatum mortale sequens, quod gratiam tollit. Et secundum hoc, opera in caritate facta dicuntur mortificari per sequens peccatum mortale.

AD PRIMUM ergo dicendum quod, sicut opera peccatorum transeunt actu et manent reatu, ita opera in caritate facta, postquam transeunt actu, manent merito in Dei acceptatione. Et secundum hoc mortificantur: inquantum impeditur homo ne consequatur suam mercedem.

AD SECUNDUM dicendum quod sine iniustitia potest subtrahi merces merenti quando ipse reddiderit se indignum mercede per culpam sequentem. Nam et ea quae homo iam accepit, quandoque iuste propter culpam perdit.

AD TERTIUM dicendum quod non est propter fortitudinem operum peccati quod mortificantur opera prius in caritate facta: sed est propter libertatem voluntatis, quae potest a bono in malum deflecti.

ARTICULUS 5
Utrum opera mortificata per peccatum per poenitentiam reviviscant

AD QUINTUM SIC PROCEDITUR. Videtur quod opera mortificata per peccatum per poenitentiam non reviviscant.

o que não convém a Deus. Logo, não é possível que as obras de virtude feitas na caridade sejam destruídas pelo pecado mortal posterior.

3. ADEMAIS, o mais forte não se deixa destruir pelo mais fraco. Ora, as obras de caridade são mais fortes que qualquer pecado, conforme o livro dos Provérbios: "O amor encobre todas as faltas". Logo, parece que as obras feitas na caridade não podem ser destruídas pelo pecado mortal posterior.

EM SENTIDO CONTRÁRIO, diz o profeta: "Quanto ao justo que se desvia de sua justiça não haverá mais lembrança de toda a justiça que ele praticara".

RESPONDO. Um ser vivo perde pela morte a atividade vital. Por isso, a modo de comparação diz-se que uma coisa é tornada morta quando ela é impedida de produzir o seu próprio efeito ou atividade. O efeito das obras de virtude, feitas na caridade, é conduzir-nos à vida eterna. Isso é impedido pelo pecado mortal posterior, que suprime a graça. É desta maneira que as obras de virtude, feitas na caridade, são destruídas mortalmente pelo pecado mortal posterior.

QUANTO AO 1º, portanto, deve-se dizer que assim como as obras pecaminosas passam quanto ao ato e permanecem quanto ao reato, assim também as obras feitas na caridade, uma vez terminado o ato, permanece o mérito na aceitação de Deus. Estas obras são tornadas mortas pelo pecado posterior, enquanto o homem fica impedido de receber-lhes a recompensa.

QUANTO AO 2º, deve-se dizer que sem injustiça pode-se subtrair a recompensa a quem a merece, quando este se torna indigno dela por uma culpa ulterior. Com efeito, aquilo que alguém já recebeu, às vezes perde com justiça por culpa própria.

QUANTO AO 3º, deve-se dizer que as obras antes feitas na caridade são mortalmente destruídas, não por causa do poder das obras de pecado, mas por causa da liberdade da vontade, que pode transformar o bem em mal.

ARTIGO 5
As obras de virtude tornadas mortas pelo pecado revivem pela penitência?

QUANTO AO QUINTO, ASSIM SE PROCEDE: parece que pela penitência **não** revivem as obras de virtude tornadas mortas pelo pecado.

5 PARALL.: IV *Sent*., dist. 14, q. 2, a. 3, q.la 3; dist. 22, q. 1, a. 1, ad 6; II *ad Thess*., c. 3, lect. 1; *ad Heb*., c. 6, lect. 1, 3.

1. Sicut enim per poenitentiam subsequentem remittuntur peccata praeterita, ita etiam per peccatum sequens mortificantur opera prius in caritate facta. Sed peccata dimissa per poenitentiam non redeunt, ut supra[1] dictum est. Ergo videtur quod etiam opera mortificata per caritatem non reviviscant.

2. PRAETEREA, opera dicuntur mortificari ad similitudinem animalium quae moriuntur, ut dictum est[2]. Sed animal mortuum non potest iterum vivificari. Ergo nec opera mortificata possunt iterum per poenitentiam reviviscere.

3. PRAETEREA, opera in caritate facta merentur gloriam secundum quantitatem gratiae vel caritatis. Sed quandoque per poenitentiam homo resurgit in minori gratia vel caritate. Ergo non consequetur gloriam secundum merita priorum operum. Et ita videtur quod opera mortificata per peccatum non reviviscant.

SED CONTRA est quod, super illud Ioel 2,25, *Reddam vobis annos quos comedit locusta*, dicit Glossa[3]: *Non patiar perire ubertatem quam cum perturbatione animi amisistis*. Sed illa ubertas est meritum bonorum operum, quod fuit perditum per peccatum. Ergo per poenitentiam reviviscunt opera meritoria prius facta.

RESPONDEO dicendum quod quidam dixerunt quod opera meritoria per peccatum sequens mortificata non reviviscunt per poenitentiam sequentem, considerantes quod opera illa non remanent, ut iterum vivificari possent.

Sed hoc impedire non potest quin vivificentur. Non enim habent vim perducendi in vitam aeternam, quod pertinet ad eorum vitam, solum secundum quod actu existunt, sed etiam postquam actu esse desinunt, secundum quod remanent in acceptatione divina. Sic autem remanent, quantum est de se, etiam postquam per peccatum mortificantur: quia semper Deus illa opera, prout facta fuerunt, acceptabit, et sancti de eis gaudebunt, secundum illud Ap 3,11: *Tene quod habes, ne alius accipiat coronam tuam*. Sed quod isti qui ea fecit non sint efficacia ad ducendum ad vitam aeternam, provenit ex impedimento peccati supervenientis, per quod ipse redditur indignus vita aeterna. Hoc autem impedimentum tollitur per poenitentiam, inquantum per eam remittuntur peccata. Unde restat quod opera prius mortificata

1. Com efeito, assim como os pecados passados são perdoados por uma penitência posterior, assim também as obras anteriores feitas na caridade se tornam mortas por um pecado posterior. Ora, os pecados perdoados pela penitência não revivem. Logo, parece que também as obras tornadas mortas pelo pecado não revivem pela caridade.

2. ALÉM DISSO, diz-se que as obras se tornam mortas, a modo de comparação com a morte dos animais. Ora, o animal morto não pode reviver. Logo, nem as obras mortas podem reviver pela penitência.

3. ADEMAIS, as obras feitas na caridade merecem a glória celeste na proporção da graça e da caridade. Ora, às vezes pela penitência o homem revive em menor graça ou caridade. Logo, não obtém a glória celeste na proporção dos méritos das obras anteriores. Assim também parece que as obras mortas pelo pecado não revivem.

EM SENTIDO CONTRÁRIO, a propósito da palavra do profeta Joel "eu vos restituo os anos que o gafanhoto comeu", a Glosa diz: "Não permitirei que pereça a abundância que perdestes com a perturbação do vosso espírito". Ora, a abundância é o mérito das boas obras, que se perdeu pelo pecado. Logo, a penitência revive as obras meritórias feitas anteriormente.

RESPONDO. Alguns autores disseram que as obras meritórias, mortas pelo pecado posterior, não revivem pela penitência. Pois, eles pensavam que aquelas obras, não existindo, não podiam ser revivificadas.

Mas isto não pode impedir-lhes a revivescência. Elas têm uma força interna de conduzir-nos à vida eterna, não somente porque existem atualmente, mas também depois de cessarem de existir atualmente, ao persistirem na aceitação de Deus. Desta sorte, elas permanecem, quanto delas depende, mesmo depois de mortas pelo pecado, pois Deus sempre se agradará daquelas obras, como foram feitas, e os santos se alegrarão com elas, conforme ensina o Apocalipse: "Segura firme o que tens, para que ninguém te arrebate a coroa". O fato de que elas não aproveitem a quem as fez em vista de alcançar a vida eterna provém do empecilho do pecado posterior, pelo qual o pecador se tornou indigno da vida eterna. Este impedimento, porém, é superado pela penitência, enquanto por ela se perdoam os pecados. Daí se segue que as obras

---

1. Q. 88, a. 1.
2. A. praec.
3. Interl.

per poenitentiam recuperant efficaciam perducendi eum qui fecit ea in vitam aeternam: quod est ea reviviscere. Et ita patet quod opera mortificata per poenitentiam reviviscunt.

AD PRIMUM ergo dicendum quod opera peccati per poenitentiam abolentur secundum se: ita scilicet quod ex eis ulterius, Deo indulgente, nec macula nec reatus inducitur. Sed opera ex caritate facta non abolentur a Deo, in cuius acceptatione remanent: sed impedimentum accipiunt ex parte hominis operantis. Et ideo, remoto impedimento quod est ex parte hominis, Deus implet ex parte sua illud quod opera merebantur.

AD SECUNDUM dicendum quod opera in caritate facta non mortificantur secundum se, sicut dictum est[4], sed solum per impedimentum superveniens ex parte operantis. Animalia autem moriuntur secundum se, inquantum privantur principio vitae. Et ideo non est simile.

AD TERTIUM dicendum quod ille qui per poenitentiam resurgit in minori caritate, consequetur quidem praemium essentiale secundum quantitatem caritatis in qua invenitur: habebit tamen gaudium maius de operibus in prima caritate factis quam de operibus quae in secunda fecit. Quod pertinet ad praemium accidentale.

anteriormente mortas recuperam pela penitência a eficácia de conduzir quem as fez à vida eterna, o que implica revivificá-las. E, por isso, fica claro que as obras mortas revivem pela penitência.

QUANTO AO 1º, portanto, deve-se dizer que as obras de pecado são abolidas pela penitência em si mesmas, de modo que delas, pela misericórdia de Deus, não fica nada de mácula nem de reato. Mas as obras feitas na caridade não são abolidas por Deus. Permanecem na sua aceitação. É a ação do homem que lhes impede a eficácia. Por isso, supresso tal impedimento da parte do homem, Deus cumpre, de sua parte, aquilo que as obras mereciam.

QUANTO AO 2º, deve-se dizer que as obras feitas na caridade não se tornam mortas em si mesmas, mas somente pelo impedimento advindo da parte do homem. Os animais morrem na sua própria natureza, enquanto se privam do princípio vital. Não vale, portanto, a comparação.

QUANTO AO 3º, deve-se dizer que quem se reergue pela penitência em grau menor de caridade, obterá, com efeito, a recompensa essencial conforme o grau de caridade em que se encontra. Mas terá um gozo maior por causa das obras feitas no seu primeiro estado de caridade do que pelas feitas no segundo. Mas, isso pertence à recompensa acidental.

ARTICULUS 6
Utrum per poenitentiam subsequentem etiam opera mortua vivificentur

AD SEXTUM SIC PROCEDITUR. Videtur quod per poenitentiam subsequentem etiam opera mortua, quae scilicet non sunt in caritate facta, vivificentur.

1. Difficilius enim videtur quod ad vitam perveniat illud quod fuit mortificatum, quod nunquam fit secundum naturam, quam illud quod nunquam fuit vivum, vivificetur: quia ex non vivis secundum naturam viva aliqua generantur. Sed opera mortificata per poenitentiam vivificantur, ut dictum est[1]. Ergo multo magis opera mortua vivificantur.

ARTIGO 6
Revivem pela penitência subsequente também as obras mortas, isto é, feitas sem a caridade?

QUANTO AO SEXTO, ASSIM SE PROCEDE: parece que pela penitência subsequente **revivem** também as obras mortas, isto é, feitas sem a caridade.

1. Com efeito, parece mais difícil conduzir à vida aquilo que se tornou morto, o que a natureza nunca faz, do que revivificar aquilo que nunca foi vivo. Pois, segundo a natureza, de seres não vivos, alguns seres vivos são gerados[d]. Ora, as obras tornadas mortas pelo pecado revivem pela penitência. Logo, com muito mais razão revivem as obras mortas, a saber, feitas sem a caridade.

---

4. In corp.

PARALL.: IV *Sent.*, dist. 14, q. 2, a. 3, q.la 1; dist. 15, q. 1, a. 3, q.la 3, 4, 5.

1. A. praec.

d. O fato de que os cadáveres em putrefação davam nascimento a vermes havia difundido entre os antigos a opinião que da morte podia nascer um ser vivo.

2. Praeterea, remota causa, removetur effectus. Sed causa quare opera de genere bonorum sine caritate facta non fuerunt viva, fuit defectus caritatis et gratiae. Sed iste defectus tollitur per poenitentiam. Ergo per poenitentiam opera mortua vivificantur.

3. Praeterea, Hieronymus dicit[2]: *Si quando videris inter multa opera peccatorum facere quemquam aliqua quae iusta sunt, non est tam iniustus Deus ut propter multa mala obliviscatur paucorum bonorum.* Sed hoc videtur maxime quando mala praeterita per poenitentiam tolluntur. Ergo videtur quod post poenitentiam Deus remuneret priora bona in statu peccati facta: quod est ea vivificari.

Sed contra est quod Apostolus dicit, 1Cor 13,3: *Si distribuero in cibos pauperum omnes facultates meas, et si tradidero corpus meum ita ut ardeam, caritatem autem non habuero, nihil mihi prodest.* Hoc autem non esset si saltem per poenitentiam subsequentem vivificarentur. Non ergo poenitentia vivificat opera prius mortua.

Respondeo dicendum quod opus aliquod dicitur mortuum dupliciter. Uno modo, effective: quia scilicet est causa mortis. Et secundum hoc, opera peccati dicuntur opera mortua: secundum illud Hb 9,14: *Sanguis Christi emundabit conscientias nostras ab operibus mortuis.* Haec igitur opera mortua non vivificantur per poenitentiam, sed magis abolentur: secundum illud Hb 6,1: *Non rursus iacientes fundamentum poenitentiae ab operibus mortuis.*

Alio modo dicuntur opera mortua privative: scilicet quia carent vita spirituali, quae est ex caritate, per quam anima Deo coniungitur, ex quo vivit sicut corpus per animam. Et per hunc modum etiam fides quae est sine caritate, dicitur mortua: secundum illud Iac 2,20: *Fides sine operibus mortua est.* Et per hunc etiam modum omnia opera quae sunt bona ex genere, si sine caritate fiant, dicuntur mortua: inquantum scilicet non procedunt ex principio vitae; sicut si dicamus sonum citharae vocem mortuam dare. Sic igitur differentia mortis et vitae in operibus est secundum comparationem ad principium a quo procedunt. Opera autem non possunt iterum a principio procedere: quia transeunt, et iterum eadem numero assumi non possunt. Unde impossibile est quod opera mortua iterum fiant viva per poenitentiam.

2. Além disso, remover a causa é suprimir o efeito. Ora, a falta da caridade e da graça são a causa porque as obras pertencentes ao gênero das boas obras feitas sem a caridade não foram vivas. Ora, tal falta se suprime pela penitência. Logo, as obras mortas revivificam pela penitência.

3. Ademais, Jerônimo diz: "Se, por acaso, vires alguém entre tantas obras de pecado fazer alguma obra de justiça, Deus não é tão injusto a ponto de esquecer, por causa das muitas más ações, aquelas poucas boas". Ora, isto parece manifestar-se grandemente, quando as más ações passadas são suprimidas pela penitência. Logo, parece que depois da penitência Deus remunera as ações boas anteriores, feitas em estado de pecado mortal. Isto é, revivifica-as.

Em sentido contrário, Paulo diz: "Mesmo que distribua todos os meus bens aos famintos, mesmo que entregue o meu corpo às chamas, se me falta o amor, nada lucro com isso". Paulo não falaria isto, se tais obras, pelo menos pela penitência posterior, revivessem. Logo, as obras anteriormente mortas não revivem pela penitência.

Respondo. As obras podem-se dizer mortas de duas maneiras.

1ª. Em razão de seus efeitos, a saber elas são causa de morte. Neste sentido, as obras do pecado são chamadas obras mortas, conforme se ensina na Carta aos Hebreus: "O sangue de Cristo purificará nossa consciência das obras mortas." Estas obras mortas não revivem pela penitência, antes são abolidas, conforme a mesma Carta: "Sem lançar de novo o fundamento da penitência pelas obras mortas."

2ª. Em razão do que lhes falta, porque as obras mortas carecem da vida espiritual, que vem da caridade, pela qual a alma se une a Deus, recebendo dele a vida como o corpo a recebe da alma. Neste sentido, também a fé sem a caridade é morta, como ensina a Carta de Tiago: "A fé sem as obras é morta." É também desta maneira que se chamam de mortas as obras boas em seu gênero, mas feitas sem a caridade, enquanto não procedem do princípio da vida, semelhantemente como dizemos do som da cítara que é uma voz morta. Assim, pois, a diferença entre morte e vida nas obras se entende a partir da comparação com o princípio de onde elas se originam. As mesmas obras, porém, não podem proceder duas vezes de um princípio, porque elas passam e não podem ser realizadas de novo com a mesma individualidade. Daí se segue que é impossível que as obras mortas revivam pela penitência.

---

2. *In Agg.*, super 1, 5: ML 25, 1394 B.

AD PRIMUM ergo dicendum quod in rebus naturalibus tam mortua quam mortificata carent principio vitae. Sed opera dicuntur mortificata non ex parte principii a quo processerunt, sed ex parte impedimenti extrinseci. Mortua autem dicuntur ex parte principii. Et ideo non est similis ratio.

AD SECUNDUM dicendum quod opera de genere bonorum sine caritate facta dicuntur mortua propter defectum caritatis et gratiae sicut principii. Hoc autem non praestatur eis per poenitentiam subsequentem, ut ex tali principio procedant. Unde ratio non sequitur.

AD TERTIUM dicendum quod Deus recordatur bonorum quae quis facit in statu peccati, non ut remuneret ea in vita aeterna, quod debetur solis operibus vivis, idest ex caritate factis: sed remunerat temporali remuneratione. Sicut Gregorius dicit, in Homilia *de Divite et Lazaro*[3], quod, *nisi dives ille aliquod bonum egisset et in praesenti saeculo remunerationem accepisset, nequaquam ei Abraham diceret, Recepisti bona in vita tua.*

Vel hoc etiam potest referri ad hoc quod patietur tolerabilius iudicium. Unde dicit Augustinus, in libro *de Patientia*[4]: *Non possumus dicere schismatico melius fuisse ei ut, Christum negando, nihil eorum pateretur quae passus est confitendo: ut illud quod ait Apostolus, "Si tradidero corpus meum ita ut ardeam, caritatem autem non habuero, nihil mihi prodest", intelligatur ad regnum caelorum obtinendum, non ad extremi iudicii supplicium tolerabilius subeundum.*

3. *In Evang.*, l. II, hom. 40, n. 6: ML 76, 1307 C.
4. C. 26, n. 13: ML 40, 623-624.

QUANTO AO 1º, portanto, deve-se dizer que nas coisas naturais, tanto as realidades em si mortas como as que foram tornadas mortas, carecem de princípio vital. Mas não se diz que as obras são tornadas mortas pelo princípio donde procederam, mas relativamente a um empecilho extrínseco. Ao passo que as primeiras se dizem mortas por parte do princípio vital. Portanto, não é o mesmo caso.

QUANTO AO 2º, deve-se dizer que as obras boas por seu gênero, feitas sem a caridade, dizem-se mortas, porque carecem do princípio vital da caridade e da graça. A penitência posterior não lhes confere este princípio para que dele procedam. Portanto, o argumento não vale.

QUANTO AO 3º, deve-se dizer que Deus se recorda das boas ações feitas em estado de pecado mortal, não para remunerá-las na vida eterna, o que acontece unicamente com as obras vivas, isto é feitas em estado de graça, mas para dar-lhes uma recompensa temporal. Gregório diz a respeito da parábola do rico e de Lázaro: "Se este rico não tivesse feito nada de bom nem tivesse recebido neste mundo alguma remuneração, Abraão não lhe teria dito: recebeste bens em tua vida".

Esta opinião pode referir-se ao fato de que o pecador sofrerá um julgamento menos severo. Por isso, Agostinho declara: "Não podemos dizer que fosse melhor para o cismático martirizado que evitasse o que sofreu, negando a Cristo. Por isso, o que o Apóstolo disse 'mesmo que entregue o meu corpo às chamas, se me falta o amor, nada lucro com isso', vale em relação à obtenção do reino dos céus, mas não em relação a um abrandamento do suplício da condenação".

QUAESTIO XC
DE PARTIBUS POENITENTIAE IN GENERALI

in quatuor articulos divisa

Deinde considerandum est de partibus poenitentiae. Et primo, in generali; secundo, in speciali de singulis.

QUESTÃO 90
AS PARTES DA PENITÊNCIA EM GERAL[a]

em quatro artigos

Em seguida, devem-se considerar as partes da penitência. 1º em geral; 2º de cada uma em particular.

a. Esta questão, inacabada, como se disse, se propõe-se estudar os diversos componentes da matéria do sacramento. Irá portanto apontar e especificar cada um dos atos do penitente. A crítica posterior dos escotistas incidirá sobre esse ponto: uma vez que matéria e forma devem ser simultâneas, é impossível que a matéria seja constituída pelos atos do penitente, que se espaçam no tempo, ao passo que a forma — a absolvição — é instantânea. Eles proporão reduzir o sacramento à absolvição. Ao fazê-lo, abriam a porta aos questionamentos que não deixaram de surgir sobre a utilidade ou necessidade de cada um dos atos do penitente (contrição, confissão, satisfação), uma vez que não parecem mais pertencer ao sacramento propriamente dito.

Circa primum quaeruntur quatuor.
Primo: utrum poenitentia habeat partes.
Secundo: de numero partium.
Tertio: quales partes sint.
Quarto: de divisione eius in partes subiectivas.

Sobre o primeiro, são quatro as perguntas:
1. A penitência divide-se em partes?
2. O número das partes?
3. Quais são essas partes?
4. Sua divisão em partes subjetivas.

Articulus 1
Utrum poenitentiae debeant partes assignari

AD PRIMUM SIC PROCEDITUR. Videtur quod poenitentiae non debent partes assignari.

1. Sacramenta enim sunt in quibus *divina virtus secretius operatur salutem*. Sed virtus divina est una et simplex. Non ergo poenitentiae, cum sit sacramentum, debent partes assignari.

2. PRAETEREA, poenitentia est virtus, et est sacramentum. Sed ei inquantum est virtus, non assignantur partes: cum virtus sit habitus quidam, qui est simplex qualitas mentis. Similiter etiam ei poenitentiae inquantum est sacramentum, non videtur quod partes sint assignandae: quia baptismo et aliis sacramentis non assignantur partes. Ergo poenitentiae nullae debent partes assignari.

3. PRAETEREA, poenitentiae materia est peccatum, ut supra[1] dictum est. Sed peccato non assignantur partes. Ergo etiam nec poenitentiae sunt partes assignandae.

SED CONTRA est quod partes sunt ex quibus perfectio alicuius integratur. Sed poenitentiae perfectio integratur ex pluribus, scilicet ex contritione, confessione et satisfactione. Ergo poenitentia habet partes.

RESPONDEO dicendum quod partes rei sunt in quas materialiter totum dividitur: habent enim se partes ad totum sicut materia ad formam; unde in II *Physic.*[2] partes ponuntur in genere causae materialis, totum autem in genere causae formalis. Ubicumque igitur ex parte materiae invenitur aliqua pluralitas, ibi est invenire partium rationem. Dictum est autem supra[3] quod in sacramento poenitentiae actus humani se habent per modum

Artigo 1
Devem-se assinalar partes à penitência?

QUANTO AO PRIMEIRO ARTIGO, ASSIM SE PROCEDE: parece que **não** se devem assinalar partes à penitência.

1. Com efeito, os sacramentos são realidades em que o poder divino realiza a salvação de maneira invisível. Ora, o poder divino é uno e simples. Logo, o sacramento da penitência não se divide em partes.

2. ALÉM DISSO, a penitência é virtude e sacramento. Ora, enquanto é virtude, ela não se divide em partes. Pois, a virtude é hábito, que é uma qualidade simples da mente. De igual modo, a penitência, também enquanto sacramento, não se divide em partes, porque no batismo como nos outros sacramentos não existem partes. Logo, também a penitência não se divide em partes.

3. ADEMAIS, a matéria da penitência é o pecado. Ora, o pecado não se divide em partes. Logo, nem também a penitência.

EM SENTIDO CONTRÁRIO, as partes são os elementos que constituem a perfeição de uma realidade pela sua integração. A perfeição da penitência se constitui pela integração das partes, a saber da contrição, confissão e satisfação[b]. Logo, a penitência se divide em partes.

RESPONDO. As partes de uma realidade são os elementos em que o seu todo se divide materialmente. As partes são para o todo como a matéria para a forma. Por isso, Aristóteles classifica as partes no gênero da causa material, e o todo, no da causa formal. Por conseguinte, todas as vezes que do lado da matéria existir alguma pluralidade, aí existe razão para a divisão em partes. Já se disse acima que no sacramento da penitência os atos

---

1 PARALL.: IV *Sent.*, dist. 16, q. 1, a. 1, q.la 1, 4.

1. Q. 84, a. 2, 3.
2. C. 3: 195, a, 19-21.
3. Q. 84, a. 1, ad 1, 2; a. 2.

b. Essa divisão não é própria a Sto. Tomás. Pedro Lombardo já a sancionava e explicava em seu livro *Das Sentenças* (IV, D. 16, Q. 1).

materiae. Et ideo, cum plures actus humani requirantur ad perfectionem poenitentiae, scilicet contritio, confessio et satisfactio, ut infra[4] patebit, consequens est quod sacramentum poenitentiae habeat partes.

AD PRIMUM ergo dicendum quod quodlibet sacramentum habet simplicitatem ratione virtutis divinae, quae in eo operatur. Sed virtus divina, propter sui magnitudinem, operari potest et per unum et per multa: ratione quorum alicui sacramento possunt partes assignari.

AD SECUNDUM dicendum quod poenitentiae secundum quod est virtus, non assignantur partes: actus enim humani, qui multiplicantur in poenitentiae, non comparantur ad habitum virtutis sicut partes, sed sicut effectus. Unde relinquitur quod partes assignentur poenitentiae inquantum est sacramentum, ad quod actus humani comparantur ut materia. In aliis autem sacramentis materia non sunt actus humani, sed aliqua res exterior: una quidem simplex, ut aqua vel oleum; sive composita, ut chrisma. Et ideo aliis sacramentis non assignantur partes.

AD TERTIUM dicendum quod peccata sunt materia remota poenitentiae: inquantum scilicet sunt ut materia vel obiectum humanorum actuum, qui sunt propria materia poenitentiae prout est sacramentum.

humanos desempenham o papel de matéria. Ora, uma vez que se requerem vários atos humanos para a perfeição da penitência, isto é, a contrição, a confissão e a satisfação, como se mostrará em seguida, consequentemente o sacramento da penitência tem partes.

QUANTO AO 1º, portanto, deve-se dizer que todo sacramento é simples, em razão da virtude divina, que nele atua. Mas, a virtude divina, por causa de sua grandeza, pode atuar mediante uma realidade ou muitas. Por esta razão, alguns sacramentos têm partes.

QUANTO AO 2º, deve-se dizer que a penitência, enquanto virtude, não tem partes. Os diversos atos humanos que existem na penitência não se comportam em relação ao hábito da virtude como partes, mas como efeitos. Daí se segue que as partes afetam a penitência, enquanto sacramento, no qual os atos humanos funcionam como matéria. Nos outros sacramentos, a matéria não são os atos humanos, mas uma realidade exterior, ou uma realidade simples como a água ou o óleo, ou composta como o óleo do crisma. Por isso, os outros sacramentos não se dividem em partes.

QUANTO AO 3º, deve-se dizer que os pecados são a matéria remota da penitência, enquanto são como matéria ou objeto dos atos humanos, que propriamente são a matéria da penitência, como sacramento.

ARTICULUS 2

Utrum convenienter assignentur partes poenitentiae contritio, confessio et satisfactio

AD SECUNDUM SIC PROCEDITUR. Videtur quod inconvenienter assignentur partes poenitentiae contritio, confessio et satisfactio.
1. Contritio enim est in corde: et sic pertinet ad interiorem poenitentiam. Confessio autem est in ore, et satisfactio in opere: et sic duo ultima pertinent ad poenitentiae exteriorem. Poenitentia autem interior non est sacramentum, sed sola poenitentia exterior, quae sensui subiacet. Non ergo convenienter assignantur hae partes sacramento poenitentiae.
2. PRAETEREA, in sacramento novae legis confertur gratia, ut supra[1] habitum est. Sed in satisfac-

ARTIGO 2

A divisão das partes da penitência em contrição, confissão e satisfação é adequada?

QUANTO AO SEGUNDO, ASSIM SE PROCEDE: parece que **não** é adequada a divisão das partes da penitência em contrição, confissão e satisfação.
1. Com efeito, a contrição está no coração e assim pertence à penitência interior. A confissão, porém, se faz oralmente e a satisfação pelas obras. Por isso, as duas últimas pertencem à penitência exterior. Ora, a penitência interior não é sacramento, mas somente a exterior, que é sensível. Logo, estas três não são as partes adequadas do sacramento da penitência.
2. ALÉM DISSO, o sacramento da Nova Lei confere a graça. Ora, na satisfação não se con-

---

4. A. 2.

2 PARALL.: IV *Sent.*, dist. 16, q. 1, a. 1, q.la 2, 4; dist. 17, q. 3, a. 3, q.la 4; dist. 22, q. 2, a. 1, q.la 2, ad 3; *Cont. Gent.* IV, 72; Opusc. *de Eccles. Sacram.*

1. Q. 62, a. 1, 6.

tione non confertur aliqua gratia. Ergo satisfactio non est pars sacramenti.

3. Praeterea, non est idem fructus rei et pars. Sed satisfactio est fructus poenitentiae: secundum illud Lc 3,8: *Facite vobis dignos fructus poenitentiae*. Ergo non est pars poenitentiae.

4. Praeterea, poenitentia ordinatur contra peccatum. Sed peccatum potest perfici solum in corde per consensum: ut in Secunda Parte[2] habitum est. Ergo et poenitentia. Non ergo debent poenitentiae partes poni confessio oris et satisfactio operis.

Sed contra videtur quod debeant poni plures partes poenitentiae. Pars enim hominis ponitur non solum corpus, quasi materia, sed etiam anima, quae est forma. Sed tria praedicta, cum sint actus poenitentis, sed habent sicut materia: absolutio autem sacerdotis se habet per modum formae. Ergo absolutio sacerdotis debet poni quarta pars poenitentiae.

Respondeo dicendum quod duplex est pars, ut dicitur in V *Metaphys*.[3]: scilicet pars essentiae, et pars quantitatis. Partes quidem essentiae sunt, naturaliter quidem, forma et materia: logice, autem, genus et differentia. Hoc autem modo quodlibet sacramentum distinguitur in materiam et formam sicut in partes essentiae: unde et supra[4] dictum est quod sacramenta consistunt *in rebus et verbis*. — Sed quia quantitas se tenet ex parte materiae, partes quantitatis sunt partes materiae. Et hoc modo sacramento poenitentiae specialiter assignantur partes, ut supra[5] dictum est, quantum ad actus poenitentis, qui sunt materia huius sacramenti.

Dictum est autem supra[6] quod alio modo fit recompensatio offensae in poenitentia, et in vindicativa iustitia. Nam in vindicativa iustitia fit recompensatio secundum arbitrium iudicis, non secundum voluntatem offendentis vel offensi: sed in poenitentia fit recompensatio offensae secundum voluntatem peccantis, et secundum arbitrium Dei, in quem peccatur; quia hic non quaeritur sola reintegratio aequalitatis iustitiae, sicut in iustitia vindicativa, sed magis reconciliatio amicitiae,

fere nenhuma graça. Logo, ela não é parte do sacramento.

3. Ademais, não é a mesma coisa o fruto e a parte de uma realidade. Ora, a satisfação é o fruto da penitência, segundo o Evangelho de Lucas: "Produzi, portanto, frutos que testemunhem da vossa conversão." Logo, a satisfação não é parte da penitência.

4. Ademais, a penitência deve opor-se ao pecado. Ora, o pecado pode ser cometido unicamente no coração pelo consentimento. Portanto, de igual maneira, a penitência. Logo, não são partes da penitência a confissão pelos lábios nem a satisfação pelas obras.

Em sentido contrário, parece que se devem distinguir várias partes na penitência. Não somente o corpo é parte do homem, a modo de matéria, como também a alma, que é a forma. Os três elementos mencionados, por serem atos do penitente, comportam-se como matéria, enquanto a absolvição sacerdotal desempenha o papel de forma. Portanto, a absolvição sacerdotal deve ser considerada uma quarta parte da penitência.

Respondo. Como diz Aristóteles, distinguem-se dois tipos de partes: partes da essência e partes da quantidade. As partes da essência são, na ordem física, forma e matéria, e, na ordem lógica, gênero e diferença. Desta maneira, distingue-se em todo sacramento uma matéria e uma forma, como partes de sua essência. Por isso, foi dito acima que o sacramento consiste em "coisas e palavras". — Mas, porque a quantidade faz parte da matéria, as partes da quantidade são partes da matéria. Deste modo, atribuem-se, de modo especial, ao sacramento da penitência partes, conforme os atos do penitente, que são a matéria deste sacramento.

Já se expôs acima que a reparação da ofensa se faz diferentemente na penitência e na justiça vindicativa. Com efeito, na justiça vindicativa a reparação se faz conforme o arbítrio do juiz e não conforme a vontade do ofensor ou do ofendido. Na penitência, porém, se faz segundo a vontade do pecador e do arbítrio de Deus, contra quem se peca. Pois, nela não se busca somente a reintegração da igualdade da justiça, como na justiça vindicativa, mas antes a reconciliação da amizade. Isso se dá,

---

2. I-II, q. 72, a. 7.
3. C. 25: 1023, b, 12-19.
4. Q. 60, a. 4, 6.
5. A. praec., ad 2.
6. Q. 85, a. 3, ad 3.

quod fit dum offendens recompensat secundum voluntatem eius quem offendit. Sic igitur requiritur ex parte poenitentis, primo quidem, voluntas recompensandi, quod fit per contritionem; secundo, quod se subiiciat arbitrio sacerdotis loco Dei, quod fit in confessione; tertio, quod recompenset secundum arbitrium ministri Dei, quod fit in satisfactione. Et ideo contritio, confessio et satisfactio ponuntur partes poenitentiae.

AD PRIMUM ergo dicendum quod contritio secundum essentiam quidem est in corde, et pertinet ad interiorem poenitentiam: virtualiter autem pertinet ad poenitentiam exteriorem, inquantum scilicet implicat propositum confitendi et satisfaciendi.

AD SECUNDUM dicendum quod satisfactio confert gratiam prout est in proposito, et auget eam prout est in executione: sicut baptismus in adultis, ut supra[7] dictum est.

AD TERTIUM dicendum quod satisfactio est pars poenitentiae sacramenti; fructus autem poenitentiae virtutis.

AD QUARTUM dicendum quod plura requiruntur ad bonum, quod procedit *ex integra causa*, quam ad malum, quod procedit *ex singularibus defectibus*, secundum Dionysium, 4 cap. *de Div. Nom.*[8]. Et ideo, licet peccatum perficiatur in consensu cordis, ad perfectionem tamen poenitentiae requiritur et contritio cordis, et confessio oris, et satisfactio operis.

AD CONTRARIUM patet solutio per ea quae dicta sunt.

fazendo o ofensor reparação segundo a vontade daquele a quem ofendeu[c]. Desta sorte, requerem-se da parte do penitente três atos: 1º. A vontade de reparar, o que se faz pela contrição; 2º. Submeter-se ao juízo do sacerdote, como ministro de Deus, o que se faz pela confissão; 3º. Reparar segundo o arbítrio do ministro de Deus, o que se faz pela satisfação. Portanto, a contrição, a confissão e a satisfação são partes da penitência.

QUANTO AO 1º, portanto, deve-se dizer que a contrição, conforme a sua essência, se dá no coração e pertence à penitência interior, mas ela pertence virtualmente à penitência exterior, enquanto implica o propósito de fazer a confissão e cumprir a satisfação.

QUANTO AO 2º, deve-se dizer que a satisfação confere a graça conforme o propósito e aumenta-a, enquanto passa à execução; como acontece no batismo de adultos.

QUANTO AO 3º, deve-se dizer que a satisfação é parte do sacramento da penitência e fruto da virtude da penitência.

QUANTO AO 4º, deve-se dizer que várias condições são requeridas para o bem, já que ele procede "de uma causa na sua integralidade", enquanto o mal procede "de qualquer defeito", segundo o ensinamento de Dionísio. Por isso, embora o pecado se realize no consentimento do coração, contudo para a perfeição da penitência se exigem tanto a contrição do coração como a confissão dos lábios e a satisfação pelas obras.

Ao que se diz *"em sentido contrário"*, a resposta fica clara a partir do que foi explicado.

ARTICULUS 3
Utrum praedicta tria sint partes integrales poenitentiae

AD TERTIUM SIC PROCEDITUR. Videtur quod praedicta tria non sunt partes integrales poenitentiae.

1. Poenitentia enim, ut dictum es[1], contra peccatum ordinatur. Sed peccatum cordis, oris et operis sunt partes subiectivae peccati, et non partes integrales: quia peccatum de quolibet horum

ARTIGO 3
As três partes supramencionadas são as partes integrantes da penitência?

QUANTO AO TERCEIRO, ASSIM SE PROCEDE: parece que as três partes supramencionadas **não** são as partes integrantes da penitência.

1. Com efeito, a penitência existe para opor-se ao pecado. Ora, os pecados do coração, da boca e da ação são partes subjetivas do pecado e não partes integrantes, já que o pecado pode ser dito

---

7. Q. 68, a. 2; q. 69, a. 1, ad 2; a. 4, ad 2.
8. § 30: MG 3, 729 C.

3 PARALL.: IV *Sent.*, dist. 16, q. 1, a. 1, q.la 3.

1. Q. 84, a. 2.

c. A expressão "reconciliação de dois amigos" é muito importante, pois revela o sentido último do sacramento: trata-se de reparar uma ofensa, não só numa perspectiva de justiça estrita, mas para restaurar uma amizade.

praedicatur. Ergo etiam in poenitentia contritio cordis et confessio oris et satisfactio operis non sunt partes integrales.

2. Praeterea, nulla pars integralis in se continet aliam sibi condivisam. Sed contritio continet in se confessionem et satisfactionem in proposito. Ergo non snt partes integrales.

3. Praeterea, ex partibus integralibus simul et aequaliter constituitur totum: sicut linea ex suis partibus. Sed hoc non contingit hic. Ergo praedicta non sunt partes integrales poenitentiae.

Sed contra, illae dicuntur partes integrales ex quibus integratur perfectio totius. Sed ex tribus praedictis integratur perfectio poenitentiae. Ergo sunt partes integrales poenitentiae.

Respondeo dicendum quod quidam dixerunt haec tria esse partes subiectivas poenitentiae. — Sed hoc non potest esse. Quia partibus subiectivis singulis adest tota virtus totius, et simul, et aequaliter: sicut tota virtus animalis, inquantum est animal, salvatur in qualibet specie animalis, quae simul et aequaliter dividunt *animal*. Sed hoc non est in proposito.

Et ideo alii dixerunt quod sunt partes potentiales. — Sed nec hoc iterum esse potest. Quia singulis partibus potentialibus adest totum secundum totam essentiam: sicut tota essentia animae adest cuilibet eius potentiae. Sed hoc non est in proposito.

Unde relinquitur quod praedicta tria sint partes integrales poenitentiae: ad quarum rationem exigitur ut totum non adsit singulis partibus neque secundum totam virtutem eius, neque secundum totam essentiam, sed omnibus simul.

Ad primum ergo dicendum quod peccatum, quia rationem mali habet, potest in uno tantum perfici, ut dictum est[2]. Et ideo peccatum quod in solo corde perficitur, est una species peccati. Alia vero species est peccatum quod perficitur in corde et ore. Tertia vero species est peccatum quod perficitur in corde et opere. Et huius peccati partes quasi integrales sunt quod est in corde, et quod est in ore, et quod est in opere. Et ideo poenitentiae, quae in his tribus perficitur, haec tria sunt partes integrales.

de qualquer um deles. Portanto, também no caso da penitência, a contrição do coração, a confissão oral e a satisfação pelas obras não são partes integrantes.

2. Além disso, nenhuma parte integrante contém em si mesma a outra de que se distingue. Ora, a contrição contém em si o propósito da confissão e da satisfação. Logo, não são partes integrantes.

3. Ademais, as partes integrantes constituem o todo de modo simultâneo e por igual, como as diversas partes formam a linha. Ora, tal não acontece no nosso caso. Logo, as partes mencionadas não são partes integrantes da penitência.

Em sentido contrário, chamam-se partes integrantes aquelas que constituem a perfeição do todo na sua integridade. Ora, a perfeição da penitência se constitui na sua integridade por estas três partes. Logo, elas são partes integrantes da penitência

Respondo. Alguns autores opinaram que estas três partes eram partes subjetivas da penitência. — Mas isto não pode ser. Porquanto, toda a força do todo encontra-se em cada parte subjetiva, de maneira simultânea e igual, assim como toda a força da animalidade, enquanto animalidade, se encontra em cada espécie animal, em que de maneira simultânea e igual se divide o gênero animal. Não é este o caso em questão.

E ainda outros autores disseram que elas são partes potenciais. — Nem isto também pode ser. Pois, o todo está presente em cada parte potencial segundo toda a sua essência, assim como toda a essência da alma está em cada uma de suas potências. Mas não é este o caso.

Daí se segue que as três partes mencionadas são partes integrantes da penitência. Para tal não se exige que o todo esteja presente em cada parte, nem segundo toda a sua força, nem segundo sua essência, mas que ele esteja presente em todas as partes simultaneamente.

Quanto ao 1º, portanto, deve-se dizer que o pecado, porque ele é um mal, pode realizar-se num único defeito. Por isso, o pecado, que se realiza unicamente no coração, é uma espécie de pecado. Outra espécie, porém, é o que se comete no coração e na boca. Uma terceira espécie é aquele que se pratica no coração e na ação. Assim, desta última espécie de pecado, são como que partes integrantes: o que está no coração, o que está na boca e o que está na ação. E como a penitência consta desses três elementos, eles são as suas três partes integrantes.

---

2. A. 2, ad 4.

AD SECUNDUM dicendum quod una pars integralis potest continere totum, licet non secundum essentiam: fundamentum enim quodammodo virtute continet totum aedificium. Et hoc modo contritio continet virtute totam poenitentiam.

AD TERTIUM dicendum quod omnes partes integrales habent ordinem quendam ad invicem. Sed quaedam habent ordinem tantum in situ: sive consequenter se habeant, sicut partes exercitus; sive se tangant, sicut partes acervi; sive etiam colligentur, sicut partes domus; sive etiam continuentur, sicut partes lineae. Quaedam vero habent insuper ordinem virtutis: sicut partes animalis, quarum prima virtute est cor, et aliae quodam ordine virtutis dependent ab invicem. Tertio modo ordinantur ordine temporis: sicut partes temporis et motus. Partes igitur poenitentiae habent ad invicem ordinem virtutis et temporis, quia sunt actus; non autem ordinem situs, quia non habent positionem.

QUANTO AO 2º, deve-se dizer que uma parte integrante pode conter o todo, embora não segundo a essência, assim como o alicerce contém virtualmente, sob certo aspecto, todo o edifício. Desta maneira, a contrição contém virtualmente toda a penitência.

QUANTO AO 3º, deve-se dizer que todas as partes integrantes têm uma certa ordem entre si. Algumas têm uma ordem somente de lugar: seja que elas se sigam, como as partes de um exército; seja que elas se toquem, como as de um monte de pedras; seja que elas estejam ligadas, como as de uma casa; seja que elas se sucedam, como as de uma linha. Outras partes também têm uma ordem segundo a sua potência ativa, como as partes integrantes do animal, cuja primeira em potência ativa é o coração, as outras dependem também umas das outras em certa ordem de potência. Outras, enfim, têm uma ordem de tempo, como entre as partes do tempo e do movimento. As partes, por conseguinte, da penitência têm uma ordem entre si de potência e de tempo, porque são atos; mas não de lugar, porque elas não têm posição espacial*.

ARTICULUS 4
Utrum convenienter dividatur poenitentia in poenitentiam ante baptismum, et poenitentiam mortalium, et poenitentiam venialium

AD QUARTUM SIC PROCEDITUR. Videtur quod inconvenienter dividatur poenitentia in poenitentiam ante baptismum, et poenitentiam mortalium, et poenitentiam venialium.

1. Poenitentiam enim est *secunda tabula post naufragium*, ut supra[1] dictum est: baptismus autem prima. Illud ergo quod est ante baptismum, non debet poni species poenitentiae.

2. PRAETEREA, quod potest destruere maius, potest etiam destruere minus. Sed mortale est maius peccatum quam veniale. Illa vero poenitentia quae est de mortalibus, eadem etiam est de venialibus. Non ergo debent poni diversae species poenitentiae.

ARTIGO 4
É adequada a divisão da penitência em penitência antes do batismo, dos pecados mortais e dos pecados veniais?

QUANTO AO QUARTO, ASSIM SE PROCEDE: parece que a divisão da penitência em penitência antes do batismo, dos pecados mortais e dos pecados veniais **não** é adequada.

1. Com efeito, a penitência é a "segunda tábua da salvação" após o naufrágio. Ora, o batismo é a primeira. Logo, aquilo, que existe antes do batismo, não deve ser considerado pertencer à espécie da penitência.

2. ALÉM DISSO, aquilo que pode destruir o maior, pode destruir o menor. Ora, o pecado mortal é maior que o venial. Assim, pois, a penitência que trata dos pecados mortais é a mesma que se refere aos veniais. Logo, não se devem estabelecer diversas espécies de penitência.

---

4 PARALL.: IV *Sent.*, dist. 16, q. 1, a. 2, q.la 1, 5.
 1. Q. 84, a. 6.

* Aqui termina a redação de Santo Tomás, tendo sido impedido de continuá-la pela sua morte. O Artigo 4 é um extrato do Comentário do Livro das Sentenças, anexado pelo compilador do Suplemento.

3. PRAETEREA, sicut post baptismum peccatur venialiter et mortaliter, ita etiam ante baptismum. Si ergo post baptismum distinguitur poenitentia venialium et mortalium, pari ratione debet distingui ante baptismum. Non ergo convenienter distinguitur poenitentia per has species.

SED CONTRA est quod Augustinus, in libro *de Poenitentia*[2], ponit praedictas tres species poenitentiae.

RESPONDEO dicendum quod haec divisio est poenitentiae secundum quod est virtus. Est autem considerandum quod quaelibet virtus operatur secundum congruentiam temporis, sicut et secundum alias debitas circumstantias. Unde et virtus poenitentiae actum suum habet in hoc tempore secundum quod convenit novae legi. Pertinet autem ad poenitentiam ut detestetur peccata praeterita, cum proposito immutandi vitam in melius, quod est quasi poenitentiae finis. Et quia moralia recipiunt speciem secundum finem, ut in Secunda Parte[3] habitum est; consequens est quod diversae species poenitentiae accipiantur secundum diversas immutationes quas poenitens intendit. Est autem triplex immutatio a poenitentiae intenta. Prima quidem per regenerationem in novam vitam. Et haec pertinet ad poenitentiam quae est ante baptismum. — Secunda autem immutatio est per reformationem vitae praecipue iam corruptae. Et haec pertinet ad poenitentiam mortalium post baptismum. — Tertia autem immutatio est in perfectiorem operationem vitae. Et haec pertinet ad poenitentiam venialium: quae remittuntur per aliquem ferventem actum caritatis, ut supra[4] dictum est.

AD PRIMUM ergo dicendum quod poenitentia quae est ante baptismum, non est sacramentum, sed est actus virtutis disponens ad sacramentum baptismi.

AD SECUNDUM dicendum quod poenitentia quae delet peccata mortalia, delet etiam venialia: sed non convertitur. Et ideo hae duae poenitentiae se habent sicut perfectum et imperfectum.

AD TERTIUM dicendum quod ante baptismum non sunt peccata venialia sine mortalibus. Et quia veniale sine mortali dimitti non potest, ut supra[5] dictum est; ideo ante baptismum non distinguitur poenitentia mortalium et venialium.

3. ADEMAIS, tanto se pode pecar mortal e venialmente depois do batismo como antes dele. Assim como se distingue depois do batismo uma penitência para os pecados mortais e outra para os veniais, com igual razão deve-se fazê-lo para os pecados cometidos antes do batismo. Portanto, não se distingue adequadamente a penitência por meio destas espécies.

EM SENTIDO CONTRÁRIO, Agostinho estabelece estas três espécies de penitência.

RESPONDO. Esta distinção se faz da penitência enquanto virtude. Deve-se levar em consideração que qualquer virtude age conforme a conveniência do tempo, assim como conforme outras circunstâncias. Por isso, a virtude da penitência atua no tempo presente conforme convém à Nova Lei. Compete à penitência detestar os pecados passados com o propósito de mudar de vida para melhor, que é como que o fim da penitência. Porque os atos morais recebem a espécie conforme o fim, segue-se que as diversas espécies de penitência são classificadas conforme as diversas mudanças que o penitente intenta. O penitente intenta três mudanças. 1ª: Pela regeneração numa nova vida. Esta pertence à penitência anterior ao batismo. 2ª: Pela reforma da vida passada de corrupção. Esta pertence à penitência dos pecados mortais depois do batismo. 3ª: Para uma vida mais perfeita. Esta pertence à penitência dos pecados veniais, que são perdoados por um ato de fervor da caridade.

QUANTO AO 1º, portanto, deve-se dizer que a penitência anterior ao batismo não é sacramento, mas um ato de virtude que dispõe o catecúmeno para o batismo.

QUANTO AO 2º, deve-se dizer que a penitência, que destrói os pecados mortais, destrói também os veniais, mas não vice-versa. Estas duas penitências são como o perfeito e imperfeito.

QUANTO AO 3º, deve-se dizer que antes do batismo, não existem pecados veniais sem mortais. E porque o pecado venial não pode ser perdoado sem o perdão dos pecados mortais, por isso, antes do batismo não se distingue uma penitência para os pecados mortais e outra para os veniais.

---

2. *Serm. ad pop.*, serm. 351, al. ult. inter 50. Homil., c. 2: ML 39, 1537.
3. I-II, q. 1, a. 3; q. 18, a. 6.
4. Q. 87, a. 2, 3.
5. Q. 87, a. 4.

OBRAS DE STO. TOMÁS DE AQUINO

▶ Bacharel e mestre em Paris   1252-1259

Principium: Hic est liber. De commendatione et Partitione S. Scripturae 1252
In Ieremiam Prophetam expositio 1252-1253
In Threnos Ieremiae Prophetae expositio 1252-1253
In Isaiam Prophetam expositio 1252-1253
(Op. XXX) *De ente et essentia* 1252-1256
(Op. XXXII) *De natura materiae et dimensionibus interminatis* 1252-1256
Scriptum super quatuor libros Sententiarum Magistri Petri Lombardi 1254-1256
(Op. XXXI) *De principiis naturae ad fratrem Silvestrum* 1255
Principium: Rigans Montes. De commendatione S. Scripturae 1256
(Op. XIX) *Contra impugnantes Dei cultum et religionem* 1256
Q. D. *De Veritate*, 1-7 1256-1257
                8-20 1257-1258
                21-29 1258-1259
In Evangelia S. Matthaei commentaria 1256-1259
(Op. LXX) *Expositio super Boethii De Trinitate* 1257-1258
(Op. LXIX) *Expositio super Boethii De Hebdomadibus* 1257-1258

▶ Magistério na Itália   1259-1268

Super Primam Epistolam S. Pauli Apostoli ad Corinthios expositio
   (c. 11 hasta el final)* 1259-1265
Super Alteram Epistolam S. Pauli Apostoli ad Corinthios expositio 1259-1265
Super Epistolam S. Pauli Apostoli ad Galatas expositio 1259-1265
Super Epistolam S. Pauli Apostoli ad Ephesios expositio 1259-1265
Super Epistolam S. Pauli Apostoli ad Philippenses expositio 1259-1265
Super Epistolam S. Pauli Apostoli ad Colossenses expositio 1259-1265
Super Primam Epistolam S. Pauli Apostoli ad Thessalonicenses expositio 1259-1265
Super Alteram Epistolam S. Pauli Apostoli ad Thessalonicenses expositio 1259-1265
Super Primam Epistolam S. Pauli Apostoli ad Timotheum expositio 1259-1265
Super Secundum Epistolam S. Pauli Apostoli ad Timotheum expositio 1259-1265
Super Epistolam S. Pauli Apostoli ad Titum expositio 1259-1265
Super Epistolam S. Pauli Apostoli ad Philemonen expositio 1259-1265
Super Epistolam S. Pauli Apostoli ad Hebraeos expositio 1259-1265
Summa contra Gentiles seu de veritate catholicae fidei, I 1259
                                   II-IV 1261-1264
(Op. XXIII) *In Decretalem Primam expositio ad Archidiaconum Tudertinum* 1259-1268
(Op. XXIV) *In Decretalem Alteram expositio* 1259-1268
(Op. V) *De articulis fidei et Ecclesiae sacramentis* 1261-1268
Catena aurea super quatuor Evangelia: super Mt 1261-1264
                              super Mc 1265
                              super Lc 1266
                              super Io 1267
Expositio super Dyonisii De divinis nominibus 1261
(Op. II) *Compendium Theologiae seu Brevis Compilatio Theologiae ad*
   Fratrem Raynaldum 1261-1269
(Op. XXI) *De regimine iudaeorum Epistola ad Ducissam Brabantiae* 1261-1272

(Op. I) *Contra errores graecorum ad Urbanum IV Papam Maximum* 1261-1264
(Op. III) *De rationibus fidei ad cantorem Antiochenum* 1261-1264
(Op. XV) *De angelis seu de substantiis separatis ad fratrem
   Raynaldum de Piperno* 1261-1269
(Op. LXVII) *De emptione et venditione ad tempus ad Fratrem
   Iacobum Viterbiensem,
   Lectorem Florentinum* 1262
(Op. LVII) *Officium de festo Corporis Christi ad mandatum Urbani
   Papae IV dictum festum instituentis* 1264
Piae preces 1264
(Op. IX) *Responsio ad fratrem Joannem Vercellensem Generalem
   Magistrum Ordinis Praedicatorum de articulis 108 sumptis ex opere
   Petri de Tarantasia* 1265-1266
(Op. XX) *De regno seu de regimine principum ad regem Cypri
   Quaestiones quodlibetales*, VII-XI...1265-1267
I Pars Summae Theologicae 1266-1268
Q.D. *De potentia Dei* 1265-1267
Q.D. *De anima* 1266-1267
Q.D. *De spiritualibus creaturis*..1266-1268
Q.D. *De unione Verbi Incarnati* 1266-1269
Q.D. *De virtutibus in communi* 1266-1269
Q.D. *De caritate*..1266-1269
In Aristotelis Librum De Anima commentarium 1267-1268

▶ Magistério em Paris: 1269-1272

*In Aristotelis Libros De Sensu et Sensato, De Memoria et Reminiscentia
   commentarium* 1268-1270
I-II Pars Summae Theologicae 1269-1270
(Op. XXII) *De forma absolutionis sacramentalis ad Magistrum Ordinis*.......1269-1272
(Op. XVIII) *De perfectione vitae spiritualis*...1269
In Metaphysicam Aristotelis commentaria 1268-1272
In octo Libros Physicorum Aristotelis commentaria 1269
In decem Libros Ethicorum Aristotelis Ad Nicomachum expositio..................1269
De secreto 1269
Quaestiones quodlibetales, I-VI, XII...1269-1270; 1270
Q.D. *De malo* 1269-1271
In Evangelium S. Ioannis commentarium 1269-1272
Expositio super Iob ad litteram...1269-1272
Q.D. *De virtutibus cardinalibus*..1269-1272
Q.D. *De correctione fraterna* 1269-1272
Q.D. *De spe*..1269-1272
In Libros Aristotelis Meteorologicorum commentaria................................1269-1272
In Aristotelis Libros Peri Hermeneias commentaria 1269-1272
In Aristotelis Libros Posteriorum Analyticorum commentaria....................1269-1272
(Op. XXV) *De sortibus ad Dominum Iacobum de Burgo* 1269-1272
(Op. XXVI) *De iudiciis astrorum* 1269-1272
(Op. XXXIV) *De operationibus occultis naturae ad quemdam militem
   ultra montanum* 1269-1272
(Op. XI) *Responsio de 36 articulis ad Lectorem Venetum*...............................1269-1271

II-II Pars Summae Theologicae 1270-1272
(Op. XXVII) *De aeternitate mundi contra murmurantes* 1270
(Op. XVI) *De unitate intellectus contra Averroistas Parisienses* 1270
(Op. XVII) *Contra pestiferam doctrinam retrahentium homines a religionis ingressu*..1270
(Op. X) *Responsio de 43 articulis*...abril 1271
(Op. XII) *Responsio de 6 articulis ad Lectorem Bisuntinum*..........................1271
Expositio super Librum De Causis 1272

▶ **Magistério em Nápoles**   **1272-1273**

In octo Libros Politicorum Aristotelis expositio 1272
In Libros Aristotelis de Caelo et Mundo commentaria 1272
Super Epistolam S. Pauli ad Romanos expositio 1272-1273
Super Primam Epistolam S. Pauli ad Corinthios expositio (c. 1-10) 1272-1273
In Psalmos Davidis expositio 1272-1273
In Librum Primum Aristotelis de Generatione et Corruptione commentaria..1272-1273
(Op. XXXIX) *De fallaciis ad quosdam nobiles artistas*............................1272-1273
III Pars Summae Theologicae 1272-1273
(Op. VII) *Expositio devotissima orationis Dominicae, videlicet Pater Noster*..1273
(Op. IV) *De duobus praeceptis caritatis et decem Legis praeceptis* 1273
(Op. VI) *Collationes de Credo in Deum* 1273
(Op. VIII) *Expositio super Salutatione Angelica, videlicet Ave Maria*............1273
(Op. XXXIII) *De mixtione elementorum ad Magistrum Philippum de Castrocaeli*...1273
(Op. XXXV) *De motu cordis ad Magistrum Philippum de Castrocaeli* 1273
Epistola ad Bernardum, abbatem Casinensem 1274

▶ **Data indefinida**

(Op. XIII) *De differentia verbi divini et humani (De Verbo)*
(Op. LXVIII) *Epistola de modo studendi*
(Op. XL) *De propositionibus modalibus*
(Op. XXXVII) *De quatuor oppositis*
(Op. XXXVI) *De instantibus*
(Op. XIV) *De natura verbi intellectus*
(Op. XLI) *De natura accidentis*
(Op. XLII) *De natura generis*
(Op. XXIX) *De principio individuationis*
(Op. XXXVIII) *De demonstratione*

NOMES CITADOS NA SUMA TEOLÓGICA

ABELARDO (1079-1142) – Teólogo e filósofo francês, natural de Pallet, perto de Nantes, célebre por sua paixão por Heloísa. Ensinou teologia escolástica e lógica. Condenado no Concílio de Soissons e no de Sens, por proposição de S. Bernardo. Na controvérsia sobre os universais, defendeu o conceitualismo. Suas obras principais são, além de tratados teológicos, *Dialética* e *Glosas sobre Porfírio*, e uma obra autobiográfica *Historia calamitatum*.

ACTA SANCTORUM (Ato dos Santos) – O livro reúne dados bibliográficos dos santos católicos. Iniciativa do jesuíta belga Jean de Bolland (1596-1665) continuou por outros pesquisadores e os bolandistas.

ACTA MARTYRUM (Ato dos Mártires) – Sobre o martírio dos cristãos durante a perseguição nos séculos II a VII. Distinguem-se três grupos: 1. Gesta martyrum que tratam dos processos oficiais e 2. Passiones ou Martyria, que tratou da prisão, condenação e execução dos mártires. 3. Legenda que trata dos atos miraculosos dos mártires. Na Igreja Antiga eram muito considerados e utilizados nas celebrações litúrgicas.

ADRIANO I – Papa de 772 a 795. Durante seu pontificado, em 787, houve o II Concílio de Niceia (VII ecumênico) que reconhece o direito de venerar as imagens sacras e, com isso, restabeleceu a paz entre Oriente e Ocidente. Sto. Tomás cita um dos decretos disciplinares de Adriano.

AGATÃO – Papa de 678 a 681. O III Concílio de Constantinopla (VI ecumênico) acontece durante seu pontificado, em 680-681. Define, contra o monotelitas, a presença de duas vontades em Cristo: a vontade divina e a vontade humana. Sto. Tomás refere-se à carta sinodal do concílio romano, assinada pelo papa e 125 bispos, que os legados pontifícios levaram ao Concílio.

AGELLIUS – É assim que os medievais chamam Aulus Gellius (Aulu-Gelle). Esse gramático latino (aproximadamente 130 d.C.), espírito fino e curioso, é autor das *Noites Antigas*. A obra é apresentada como uma série de conversações, durante a noite, entre amigos eruditos, sobra a gramática, a crítica literária e a história.

AGOSTINHO (354-431) – Agostinho é universalmente conhecido. Africano de nascimento e inicialmente seduzido pelo maniqueísmo, contou, em suas *Confissões*, sua longa caminhada interior até a conversão e seu batismo, por Sto. Ambrósio, em 387.

Descobriu, atuando em sua vida, o amor gratuito de Deus e essa experiência da graça iluminou toda a sua obra. Ordenado sacerdote, quase sem o querer, em 391, e bispo de Hipona, em 395, permaneceu sempre atraído pela experiência interior da união a Deus.

Sua obra é imensa. Excetuando Orígenes, nenhum autor cristão procurou a verdade em tantos campos: teologia, exegese, música etc. Combateu todas as heresias de seu tempo: maniqueísmo, donatismo, pelagianismo, procurando definir a doutrina cristã com força e precisão. Sua luta contra o pelagianismo levou-o demasiadamente longe no caminho da restrição à liberdade humana. Sua concepção do homem, marcada por um pessimismo latente, é transfigurada por seu amor a Cristo, o Verbo encarnado e salvador, e por sua ardente procura de Deus, fonte da vida bem-aventurada.

Agostinho não elaborou um sistema. Mas encontrou em Platão o que convinha a seu pensamento: "Nenhuma doutrina está mais próxima da nossa" (*Cidade de Deus* VIII, 5). Todavia, repensa essa doutrina como cristão. É em Deus que as Ideias subsistem, não existem em si.

Nada faz parar seu desejo de conhecer, e pesquisa longamente o mistério da Trindade (tratado sobre a Trindade). Os acontecimentos trágicos de seu tempo ditam-lhe uma grandiosa visão da história, síntese da história universal e divina, em que as duas Cidades se enfrentam (*A Cidade de Deus*).

Agostinho exerce essa atividade espantosa concomitantemente ao exercício de um cargo pastoral extenuante. Dá-se inteiramente a seu povo de Hipona. Quer comunicar-lhe a chama que devora seu coração.

De todas as partes, é consultado. É a autoridade de numerosos concílios regionais, até a morte, momento em que os vândalos sitiam sua cidade de Hipona.

Agostinho lançou inúmeras ideias fecundas e novas. A Igreja do Ocidente o escolheu por guia, julgando-o infalível. Admirou nele o doutor do amor, da unidade da Igreja na caridade de Cristo, o doutor da graça. Essa riqueza de pensamento possibilitou a quase todas as heresias do Ocidente referir-se a uma ou outra de sua obras.

Depois de Aristóteles – e quase tanto como ele –, Agostinho é, de longe, o autor mais citado por Sto. Tomás que, também, atribui a ele muitas obras de outros autores.

ALANO DE INSULIS ou ALAIN DE LILLE (1128-1202) – Monge, lecionou em Paris. Participou do III Concílio de Latrão. Procurou rever os métodos teológicos de defesa da fé.

ALBERTO MAGNO (c. 1193-1280) – Frade dominicano, teólogo e filósofo, natural de Lauingen na Suábia. Profundamente influenciado pelo pensamento de Aristóteles, foi mestre de Sto. Tomás de Aquino. Além da filosofia e da teologia, dedicou-se ao estudo positivo da natureza. Foi declarado santo e doutor da Igreja em 1931.

ALBUMASSAR, ABU MAS'HAR (787-886) – Famoso astrólogo árabe. Apesar das críticas do Ocidente cristão, seus escritos difundiram as ideias a respeito dos astros e suas influências durante a Idade Média. Segundo ele, o mundo foi criado quando os sete planetas estiveram em conjunção no primeiro decanato de Áries e terminará quando novamente em conjunção no último decanato de Peixes. Suas obras principais são uma *Grande Introdução à Ciência da Astrologia* e o *Livro das Conjunções*.

ALCUINO (735-804) – Nascido perto de York, recebeu na escola episcopal dessa cidade uma sólida escolarização, fruto dos trabalhos dos monges ingleses e, sobretudo, de Beda, o Venerável. Carlos Magno chamou-o a seu serviço e o colocou na direção da escola de palácio. Alcuíno foi o mestre e o guia da reforma do ensino empreendida por Carlos Magno.

Espírito enciclopédico, escreveu numerosas obras: comentários da Escritura, tratados teológicos, vidas de santos, livros litúrgicos. Sua influência foi imensa. Morreu abade de Saint-Martin de Tours.

ALEXANDRE I († 120) – Quinto bispo de Roma, conforme a lista de Sto. Ireneu. Sto. Tomás, confiando na autoridade de Graciano, atribui-lhe decretos sobre a eucaristia que lhe são, seguramente, posteriores.

ALEXANDRE II – Papa de 1061 a 1073. Prosseguiu no trono pontifício a luta que já iniciara como sacerdote em Milão e continuou quando bispo de Luca. Ardente reformador, tomou medidas contra os padres casados e destituiu os bispos simoníacos.
Proibiu aos padres celebrar a missa mais de uma vez por dia, excetuando casos de necessidade e o dia de Natal.

ALEXANDRE III – Papa de 1159 a 1181. Um dos grandes papas da Idade Média. Rolando Bandinelli é, primeiro, professor na universidade de Bolonha, uma das mais célebres da época, dono de grande inteligência e de vasta cultura, escreveu o *Stroma*, resumo do *Decreto* de Graciano (direito canônico) e das *Sentenças*, suma teológica em que a influência de Abelardo se faz sentir, embora o combata em mais de um ponto.
Uma vez papa, lutou durante dezessete anos contra Frederico Barbaroxa, que fizera eleger um antipapa. Alexandre III condenou uma doutrina sobre a humanidade de Cristo que, seguindo Abelardo, tinha defendido nas *Sentenças*. Promulgou numerosas decretais (aproximadamente 500).

ALEXANDRE DE AFRODÍSIA – Filósofo grego peripatético, na passagem do século II para o III. É um dos mais célebres comentaristas de Aristóteles, seu "intérprete", e dirigiu o Liceu de 198 a 211. Retomou uma tradição de exegese aristotélica, e sua influência foi imensa.

ALEXANDRE DE ALEXANDRIA – Combateu Ário e seus seguidores, excomungando-os. Em Niceia obteve a condenação do arianismo. Conservam-se, entre muitos fragmentos, três cartas circulares, em que discute com os arianos e uma homilia sobre a Páscoa.

ALEXANDRE DE HALES († 1245) – Teólogo franciscano, inglês de nascimento e professor na universidade de Paris. Sua obra mais conhecida é uma *Summa theologica* ou *Summa universae theologiae*. Serve-se da filosofia aristotélica no estudo da teologia.

ALFARABI – Filósofo árabe do século X. Divulgou entre os árabes as doutrinas de Aristóteles. Mestre de Avicena.

ALGAZEL ou AL GHAZALI (1053-1111) – Crente fervoroso, peregrino de Jerusalém e da Arábia, criticou os filósofos, em nome de sua fé, no seu livro *Destruição dos Filósofos*, e insistiu na onipotência de Deus, na criação no tempo, nos limites do saber, nos graus da ciência intuitiva. Antes de refutar as doutrinas de Alfarabi e, sobretudo, de Avicena, expunha-as claramente e as sintetizava. Apenas esta parte de sua obra era conhecida no século XIII e fez com que fosse tido por discípulo de Avicena.
→ ALFARABI, filósofo árabe do século X. Divulgou entre os árabes as doutrinas de Aristóteles. Mestre de Avicena.

AMALÁRIO DE METZ, bispo (775-850) – Sua obra *De ecclesiasticis officiis*, em três volumes, é um marco da cultura do século IX. Promoveu a renovação da liturgia durante os pontificados de Leão III e Gregório IV.

AMAURI DE BENE – Nascido na região de Chartres na segunda metade do século XII. Teve uma escola em Paris. Após ter por muito tempo ensinado a lógica de Aristóteles e as artes liberais, dedicou-se ao estudo dos problemas teológicos.
Teria professado o panteísmo: Deus é a essência de tudo. Tudo é um, porque Deus é tudo.
Amauri morreu em 1207, sem nada ter publicado; mas seus discípulos, os amauricianos, propagaram suas ideias. Em 1210, o bispo de Paris condenou Amauri e seus discípulos. Inocêncio III, no IV concílio do Latrão (1215), renovou a condenação.

AMBRÓSIO – Nascido provavelmente em 339, morreu em 397. Filho de um prefeito do pretório das Gálias, Ambrósio seguiu a carreira dos filhos das grandes famílias. Era prefeito consular de Ligúria e de Emília, em 374, quando morreu Auxêncio, o bispo ariano de Milão. Eleito bispo da cidade, então capital do Império no Ocidente, em oito dias foi batizado e ordenado sacerdote.
Consciente de sua falta de preparo, Ambrósio iniciou-se na leitura das Escrituras, leu cuidadosamente os autores do Oriente cristão e, principalmente, Orígenes.
Conselheiro dos imperadores, administrador e homem de ação, soube utilizar as circunstâncias, às vezes difíceis, para assegurar a vitória da Igreja sobre o arianismo e os velhos cultos pagãos. Mas era, antes de tudo, um pastor, vigoroso defensor dos fracos e dos pobres. Seus sermões atraíam as massas: "A suavidade de seu discurso encantava", afirmou Sto. Agostinho, seduzido.
Ambrósio pregou muito o Antigo Testamento, comentou longamente o evangelho de são Lucas. Tinha o senso da Escritura: não era um exegeta, mas aborda a palavra de Deus com a inteligência de seu coração, como espiritual, tomado de amor por Cristo. Escreveu numerosos tratados ascéticos e sua correspondência foi abundante.

AMBROSIASTER – Nome dado, desde o Renascimento, a um autor anônimo do século IV. Escreveu um comentário das Epístolas de S. Paulo que chegou a nós, erradamente, entre os escritos de Sto. Ambrósio.

AMÔNIO SACCAS – Mestre grego em Alexandria. Cristão de nascimento, passou ao paganismo.

ANACLETO ou CLETO – Papa. Conforme a lista de Sto. Ireneu, é o terceiro bispo de Roma: sucedeu a Lino que tinha sucedido a S. Pedro. As datas do início e do final de seu pontificado são incertas (entre 79 e 90). Suas *Cartas*, às quais se refere Sto. Tomás, são apócrifas.

ANAXÁGORAS (± 500-428 a.C.) – Filósofo grego para quem o universo é composto de uma infinidade de elementos ou sementes, cada um sendo estável, homogêneo, infinitamente pequeno; seus movimentos e agrupamentos em coisas dependem de um princípio motor primeiro, o espírito ou *Nous*.

ANDRÉ (Lenda de Sto.) – O relato do martírio de André apresenta-se sob a forma de uma carta dirigida pelos sacerdotes e diáconos de Acaia a todas as Igrejas. Esse relato é tardio (séculos III ou IV), mas conserva, provavelmente, tradições antigas. A versão latina eliminou muitos dos elementos romanescos dos Atos gnósticos gregos.

ANDRÉ DE CESAREIA, arcebispo (532-577) – Escreveu um comentário exegético-espiritual do Apocalipse em oposição ao comentário, em doze livros, do filósofo Ecumênio, discípulo de Severo de Antioquia.

ANDRÔNICO DE RODES (morto por volta de 59 a.C.) – Filósofo grego que vivia em Roma no tempo de Cícero. Sob ordem de Sila, publicou as obras de Aristóteles e de Teofrastes, levadas por Sila à Itália depois da tomada de Atenas. Foi ele quem deu nome aos doze livros de Aristóteles, conhecidos pelo título de *Metafísica*, isto é, "depois dos tratados de *Física*".

ANSELMO (1033-1109) – Monge em Bec, aos 27 anos é aluno de Lanfranco. Torna-se abade de Bec em 1078 e, em 1093, sucede a Lanfranco como bispo de Canterbury. Não tarda a entrar em conflito com o rei da Inglaterra a respeito dos direitos e das prerrogativas da Igreja. Precisa deixar a Inglaterra e vai morar em Roma; esse exílio dura praticamente até 1106.

Sua obra é considerável e seu pensamento possante domina a segunda metade do século XI. Sua grande originalidade é o método: "A fé que procura a inteligência". Aplica a razão, com todos os seus recursos, ao estudo da revelação. Já está em germe o método escolástico e a influência da obra de Anselmo sobre Sto. Tomás é importante. Anselmo quer dar ao dogma seu estatuto racional, não por preocupação apologética, mas com objetivo contemplativo. Crer para compreender e compreender para amar (*Proslogion*, cap. 1).

Suas principais obras teológicas são o *Monologion*, o *Proslogion* e o *Por que Deus fez-se homem*. Nesta última obra, particularmente, elaborou uma interpretação do mistério da redenção que influenciou toda a teologia ocidental (até as novas abordagens contemporâneas, mais fundamentadas na Escritura).

ANSELMO DE LAON – Além da *Glosa*, iniciou a coleção dos *Libri Sententiarum*, uma antologia de textos dos Padres, reunidos tematicamente.

ANTÃO (251-356) – É o "pai dos monges". Nascido no Egito, retirou-se sempre mais longe no deserto e atraiu numerosos discípulos. Sto. Tomás cita duas passagens do discurso que dirige aos monges na *Vida de Antão*, de Sto. Atanásio, e três recomendações de Antão sobre a vida ascética, relatados por Cassiano em sua segunda *Conferência*.

ANTIFONÁRIOS – Livros litúrgicos que continham as antífonas da missa e das horas litúrgicas. São preciosas testemunhas das devoções cristãs e do espírito com que as celebravam.

APÓCRIFOS – Escritos da Igreja antiga, publicados sob o falso patrocínio de um santo ilustre e não admitido no cânon das Escrituras.

Sto. Tomás cita o *Livro do Nascimento do Salvador*, atualmente conhecido pelo nome de *Protoevangelho de Tiago*. Este apócrifo data do século II e dá numerosos detalhes, sem fundamentos, sobre a infância da Virgem Maria e a juventude de Jesus.

APOLINÁRIO – Bispo de Laodiceia, por volta de 362, morto por volta de 390. É antes de tudo um ardoroso partidário do Concílio de Niceia, mas seu ardor em perseguir o arianismo leva-o ao erro.

Julga impossível que uma só pessoa possua duas naturezas perfeitas. Por isso, a fim de salvar a natureza divina de Cristo, recusa à natureza humana uma alma racional pois, segundo ele, a divindade a substitui. Assim, abre o caminho ao monofisismo.

Foi condenado por volta de 362, por um Concílio de Alexandria e, depois, por três Concílios romanos em 374, 376, 380, assim como pelo II Concílio ecumênico de Constantinopla, em 381.

APULEIO (125-180) – Escritor latino, da província da África. Espírito curioso, é discípulo de Platão, apaixonado por filosofia, ciência e mesmo magia. Sto. Tomás conheceu dele o opúsculo *De Deo Socratis*.

ARATO – Astrônomo e poeta grego, de Solos, na Cilícia.

ARETAS DE CESAREIA, arcebispo († 932) – Escreveu um comentário do Apocalipse e muitas outras obras inspiradas no seu antecessor André.

ÁRIO (± 256-336) – Sacerdote de Alexandria, orador brilhante, começou, por volta de 318, a levantar numerosas discussões por seus sermões em que desenvolvia uma teologia pessoal que pretendia ser a fé da Igreja.

Com objetivo apostólico, quis adaptar a fé da Igreja ao helenismo ambiente. Partia da convicção neoplatônica de que a divindade é "incriada" e "não gerada". Há, portanto, na Trindade, três substâncias absolutamente heterogêneas e distintas: o Pai, Deus, sem começo; o Logos, que teve começo. É o primogênito das criaturas. Deus o criou antes do tempo a fim de servir-lhe de instrumento para a criação. Difere essencialmente do Pai e ocupa um lugar intermediário entre Deus e o mundo. Quanto ao Espírito Santo, é a primeira das criaturas do Logos, é ainda menos divino que o Logos. No momento da Encarnação, o Logos fez-se carne, cumprindo em Cristo a função de princípio vital. Ário foi condenado pelo Sínodo de Alexandria em 321, e pelo Concílio de Niceia, em 325.

ARISTIDES – Desconhecido, na carta Júlio, o Africano, procura harmonizar as genealogias evangélicas de Jesus.

ARISTÓFANES (490-386) – Autor grego, renovou a Tragédia e a Comédia. Defendeu os valores da sabedoria, da natureza e da paz. Conhecemos apenas 11 de suas comédias. Entre elas, Lisístrata, A assembleia das mulheres, As nuvens.

ARISTÓTELES (384-322 a.C.) – Nascido em Estagira, chega em 367 a Atenas, onde se torna aluno de Isócrates e, depois, de Platão, durante cerca de vinte anos, até a morte deste em 347.

Preceptor de Alexandre durante dois anos, volta a Atenas em 335 e funda a escola do Liceu. Durante treze anos, forma numerosos discípulos. Graças ao apoio de Alexandre, reúne uma biblioteca e uma documentação consideráveis. É nessa época que compõe a maior parte de suas obras. Sua inteligência vastíssima possibilita-lhe trabalhar em todas as áreas: filosofia, anatomia, história, política.

Suas obras — cerca de mil, diz a tradição, das quais 162 chegaram até nós —, repartem-se em três grupos que constituem, segundo Aristóteles, o sistema das ciências:

Ciências poiéticas, que estudam as obras da inteligência enquanto a inteligência "faz" algo com materiais preexistentes: poética, retórica e lógica.

Ciências práticas, que estudam as diversas formas da atividade humana, segundo três principais direções: ética, política, econômica.

Ciências teóricas, as mais altas: ciências matemáticas, ciências físicas, ciência primeira (a metafísica), incidindo sobre o ser eterno e imutável, concreto e individual, substância e causa verdadeira, Deus.

Aquele que Sto. Tomás chama de "o Filósofo" estabeleceu as regras da arte da demonstração e do silogismo.

Separa-se completamente do sistema platônico; seu senso do concreto, do real, obriga-o a afirmar que as Ideias não existem fora dos indivíduos.

Segundo ele, tudo na natureza é composto de matéria e de forma. Toda matéria exige uma forma, e uma matéria não pode existir sem ser determinada por uma forma. A matéria e a forma estão entre si na relação da potência e do ato.

A mais alta atividade é o pensamento. Portanto, Deus é essencialmente inteligência e pensamento. É "pensamento de pensamento", ato puro, totalidade de ser e de existir.

ARNÓBIO Jovem († 455) – Escritor eclesiástico, combateu a doutrina da graça de Sto. Agostinho.

ASCLÉPIO – Nome grego de Esculápio, deus da medicina.

ATANÁSIO (± 295-373) – Era diácono em 325 quando acompanhou seu bispo, Alexandre, ao Concílio de Niceia. Sucedeu-lhe na sé episcopal de Alexandria, em 328, e tornou-se o campeão da luta contra o arianismo. Por serem os imperadores desse tempo quase todos arianos, Atanásio foi exilado cinco vezes. Mas permaneceu inabalavelmente fiel à fé de Niceia, o que lhe deu o título de "coluna da Igreja" (S. Gregório de Nazianzo).

Apesar de sua vida errante, escreveu numerosas obras, quase todas dirigidas contra os arianos, e numerosas cartas aos bispos. Amigo dos monges, é o autor da *Vida de Sto. Antão*, que teve enorme sucesso. Compôs, também, tratados sobre a virgindade.

Atribuiu-se a ele, erradamente, o Símbolo *Quicumque* (assim chamado de acordo com a primeira palavra dessa forma de Credo) que é, provavelmente, de origem galicana e data do século V.

AUSONIUS, DECIMUS MAGNUS (310-394) – Escritor cristão nascido em Bordéus. Suas obras escritas, na maior parte, em versos não deixam transparecer claramente suas convicções cristãs. Correspondeu com Paulino de Nola, seu discípulo nos cursos de gramática e retórica.

AVENPACE DE SARAGOSSA (Ibn Badja, morto em 1138) – Filósofo árabe, autor de numerosos comentários de Aristóteles. Em seu *Guia do Solitário*, descreve os diversos graus pelos quais deve passar a alma antes de poder identificar-se com o intelecto agente, separado da matéria.

AVERRÓIS (Ibn Roschd) (1126-1198) – Nascido em Córdoba e morto em Marraquesh. Grande admirador de Aristóteles, decidiu consagrar a vida ao comentário de suas obras. Tanto o fez que foi chamado, na Idade Média, de "O Comentador".

Reprova a Avicena ter deformado o pensamento de Aristóteles. Mas ele próprio mistura suas concepções com as do mestre. Segundo ele, as inteligências não emanam umas das outras, como acreditava Avicena: foram criadas de toda a eternidade por Deus, Ato puro, Motor primeiro.

Desde toda a eternidade, a matéria existe ao lado de Deus. É uma potência universal que contém em germe as formas substanciais que o Primeiro Motor dela extrai. Os medievais compreenderam, frequentemente, sua psicologia (provavelmente sem razão), da seguinte maneira: o intelecto material (ou intelecto possível), assim como o intelecto agente, é numericamente único e idêntico para todos os homens dentro da humanidade. Sua união com cada indivíduo é acidental, embora tudo morra com a morte do homem, exceto a Inteligência, comum à humanidade inteira.

As teorias de Averróis mereceram-lhe a condenação por parte das autoridades muçulmanas. Mas foi reabilitado antes de morrer. O averroísmo foi condenado pelo bispo de Paris, em 1270 e em 1277.

AVICEBRON SALOMON IBN GEBIROL (por volta de 1020-1070) – Filósofo judeu espanhol. Nascido em Málaga, viveu em Saragossa. Sua obra principal, *A Fonte de Vida*, foi traduzida no século XII. Encontra-se nela uma doutrina emanantista onde se misturam Aristóteles e Plotino. No seu sistema, exceto Deus, todo ser é composto de matéria e de uma ou muitas formas hierarquizadas.

AVICENA (980-1037) – Filósofo e médico árabe da escola de Bagdá, muito envolvido na política de seu tempo. Foi para os escolásticos um dos grandes iniciadores no pensamento de Aristóteles; mas introduziu no aristotelismo temas neoplatônicos, o que suscitou, mais tarde, viva reação de Averróis.

Definiu a metafísica como ciência do ser, reconheceu os limites da inteligência humana, incapaz de conhecer a essência das coisas em si mesmas e capaz, apenas, de concluí-la a partir das qualidades que lhe são inseparáveis.

Seu *Cânon da Medicina* permaneceu a base dos estudos de medicina no Oriente como no Ocidente, até o século XVIII.

AVITO DE VIENA, bispo (494-518) – Suas cartas têm grande valor histórico e muitas delas desenvolvem temas teológicos. Escritor fecundo é autor de uma epopeia bíblica e de um poema parenético. De suas homílias restam apenas três.

BALDUÍNO DE CANTERBURY, arcebispo († 1190) – Seus sermões e coletâneas de leis canônicas encontram-se publicadas.

BARÔNIO, CÉSAR († 1607) – Cardeal e historiador italiano, autor dos *Anais Eclesiásticos*.

BASÍLIO (319-379) – Nascido em Cesareia da Capadócia, Basílio fez sólidos estudos em Constantinopla e em Atenas, onde estabeleceu amizade com Gregório de Nazianzo. Concluídos os estudos, retirou-se, em 357, a uma propriedade às margens do Íris, a fim de levar uma vida monástica. Essa vida tranquila não durou. Em 362, Eusébio, bispo de Cesareia de Capadócia, ordenou-o sacerdote e Basílio lhe sucedeu no bispado.

Trava combates incessantes. O imperador Valente esforça-se por impor o arianismo no Oriente e exila os bispos ortodoxos. Vai mesmo a Cesareia com a certeza de fazer Basílio ceder. Mas este resiste respeitosa e resolutamente. Sua coragem faz o imperador desistir sem tomar medida alguma contra ele. Basílio passa a ser o líder da resistência antiariana.

Ao lado desse combate para a "fé católica", Basílio desenvolve uma obra social eficaz. É homem de governo, constrói hospital e hospícios. É severo com os ricos, atencioso com os fracos e os pobres. A paz da Igreja volta, enfim, em 378, com a morte de Valente, mas Basílio aproveita pouco: morre de esgotamento em 1º de janeiro de 379. Logo depois de sua morte, todas as suas ideias triunfam. Recebe logo o título de "Magno".

Sua obra importante é comandada por sua atividade prática. Suas *Regras*, compostas antes de sua ordenação

sacerdotal, ainda estão na base do monaquismo no Oriente. Suas homilias fazem conhecer sua obra de pastor: sobre o *Hexameron*, sobre os Salmos etc. Enfim, sua luta contra os arianos lhe deu a ocasião de fazer duas obras importantes: o *Tratado contra Eunômio* e o *Tratado do Espírito Santo*.

BEDA, O VENERÁVEL (673-735) – Entregue muito jovem ao bispo Bento Biscop, abade do mosteiro de Wearmouth, na Inglaterra, Beda acompanha os monges que vão fundar o novo mosteiro de Jarrow, em 682. Fica aí até à morte. É o tipo de monge estudioso, erudito. Seu prazer, diz ele, é "aprender, ensinar e escrever". Durante toda a sua vida, pesquisa manuscritos para transmitir o saber das gerações passadas. Conhece os autores da antiguidade quase tão bem como os da cristandade. Interessa-se por astronomia, matemática, retórica, gramática, música.

Sua obra é vasta e lhe valeu a admiração de seus contemporâneos e da Idade Média. Apoia-se na tradição dos Padres para comentar quase toda a Escritura, transmite todo o saber científico e literário da antiguidade, procurando fazer-lhe a síntese.

BENTO (± 480-547) – Pai e legislador dos monges do Ocidente, Bento compôs para seus monges uma *Regra* que são Gregório, seu biógrafo, afirma ser notável pela discreção e clareza da linguagem. Bento reúne toda a tradição dos antigos sobre a obediência, a humildade, no quadro de uma vida de oração, de trabalho e de caridade mútua. A obrigação da estabilidade faz da comunidade beneditina uma comunidade familiar. Devido a sua sabedoria, a *Regra de S. Bento* suplantou, pouco a pouco, todas as outras regras monásticas no Ocidente.

BERENGÁRIO DE TOURS (± 1000-1088) – Aluno da escola de Chartres, toma por lema: procurar compreender tudo com razões. Aplicando seu método ao mistério eucarístico, opõe a presença substancial de Cristo, que cessou para nós após a subida de seu corpo ao céu, a sua presença espiritual na eucaristia. Suas posições ambíguas levamno a ser condenado por numerosos concílios. O Concílio romano de 1079 impõe-lhe um juramento reconhecendo explicitamente a presença real de Cristo na eucaristia e a conversão substancial do pão e do vinho no corpo e no sangue de Cristo.

BERNARDO DE CLARAVAL (1091-1153) – Ingressa em Cister com 21 anos, em 1112, acompanhado de trinta jovens nobres, seus amigos. Quer fugir do mundo, encontrar Deus na solidão. Mas três anos depois, em 1115, seu abade o encarrega de ir fundar um novo mosteiro em Claraval. Bernardo fica dividido entre seu desejo de contemplação e seu zelo em fazer seus irmãos avançarem no caminho de Deus. Seus dons excepcionais não demoram em torná-lo conhecido.

Esse místico, que falou tão bem de Deus, dá um novo impulso a sua Ordem; foi pregador da Segunda Cruzada, conselheiro do papa Eugênio III, campeão da ortodoxia em todas as querelas de seu tempo. Sua forte personalidade domina toda a primeira metade do século XII. Representa, diante da escolástica nascente, o último clarão da teologia monástica. Sua contribuição resoluta na condenação de Abelardo mostra sua desconfiança diante de um uso muito amplo da razão para explicar o que é do domínio da fé.

Sua vasta correspondência revela suas preocupações, seu desejo de viver sozinho com Deus. Seus sermões dirigidos a seus monges não envelheceram, particularmente seus Sermões sobre o *Cântico dos Cânticos*. Escreveu, também, muitos "tratados", sendo o mais importante o *Tratado da Consideração* (isto, é da Busca da Verdade) dirigido ao papa Eugênio III.

BOAVENTURA (1221-1274) – Teólogo franciscano, natural de Bagnoregio, na Toscana. Tornou-se superior geral dos franciscanos, cardial-bispo de Albano e legado pontifício no concílio de Lyon. Escreveu numerosas obras de teologia e filosofia, inspiradas na doutrina de Agostinho. Uniu a razão com a mística. É conhecido como Doutor Seráfico.

BOÉCIO (480-524) – Herdeiro da cultura antiga, filósofo, Boécio veio a ser mestre do palácio do rei godo Teodorico, em 520. Mas, acusado de cumplicidade com Bizâncio e de alta traição, (o que era falso, foi condenado, sem mesmo poder defender-se, à prisão e à morte.

Boécio está na junção de duas civilizações. Num mundo em que a cultura se perdia, pôde fazer sólidos estudos no Oriente, sobretudo em Atenas, e transmitir aos romanos a sabedoria antiga, mostra o acordo fundamental entre Platão e Aristóteles. Além disso, Boécio é um cristão familiarizado com o pensamento de Sto. Agostinho e com o dos filósofos gregos. Tenta uma síntese que a Idade Média estudou com admiração.

Sua obra é importante. Tratados de Teologia como *Sobre a Trindade*; tradução e comentário de diversos tratados de Aristóteles, tratado sobre a música, a matemática etc; a mais célebre de suas obras, a *Consolação Filosófica*, escrita na prisão, foi lida e recopiada ao longo da Idade Média.

BONIFÁCIO – Nascido na Inglaterra, monge beneditino, recebe em Roma a missão de evangelizar a Germânia. Bispo missionário, funda vários mosteiros e seminários. Arcebispo reforma e organiza a Igreja. Morre assassinado por fanáticos, em 754.

BONIFÁCIO I, papa (418-422) – Declarado bispo legítimo pelo imperador contra Eulálio, foi firme adversário do pelagianismo e defensor da autoridade papal. É dele o axioma "Roma locuta, causa finita". Encerrou doutrinariamente as questões arianas mantendo, com o apoio do imperador, a condenação de seu antecessor, Zósimo. Sto. Agostinho dedicou-lhe um tratado contra os pelagianos.

BONIFÁCIO IV (Papa de 608 a 615) – Promoveu o monaquismo. Transformou o templo de Panteão romano e igreja dedicada a Nossa Senhora e todos os mártires.

BUCARDO DE WORMS, bispo († 1025) – Autor de um *Collectarium* dos cânones eclesiásticos. Denunciou o culto dos espíritos promovido pelas bruxas.

CAIO, S. (283-296) – Papa. Parente do Imperador Diocleciano. Nascido na Dalmácia. Reorganizou o acesso ao episcopado.

CALCÍDIO (séc. III e IV) – Filósofo cristão latino. Seguidor de Platão procura conciliar o platonismo com o dogma cristão. Escreveu um comentário sobre o Timeo.

CALIXTO I – Papa em 217, morto mártir em 222. Provavelmente, publicou um decreto tornando menos rigorosa a disciplina relativa à penitência. Mas as duas "decretais" que lhe são atribuídas são inautênticas. Sto. Tomás cita a segunda dessas decretais: a carta aos bispos das Gálias, que atribui, aliás, a Gelásio.

CÂNON DOS APÓSTOLOS – Essa coleção apócrifa, bastante antiga e de origem grega, obteve uma autoridade e uma influência consideráveis, por causa da origem venerável atribuída a seus cânones disciplinares e litúrgicos.
Esses cânones foram traduzidos ao latim, por volta do ano 500, por Dionísio Pequeno, e passaram a diversas coleções, entre as quais a de Graciano.

CARLOS MAGNO (742-812) – Filho de Pepino, o Breve, rei dos Francos. Em 800, o papa Leão III o coroou Imperador do Ocidente. Apesar de não saber escrever conhecia o latim e o grego. Destacou-se mais por sua habilidade política do que por suas iniciativas culturais.

CASSIANO, JOÃO (± 360-435) – Entra muito jovem num mosteiro cenobítico em Belém. Após dois anos, obtém a permissão de ir consultar os grandes monges do Egito. Durante quase vinte anos, vive no deserto, pondo-se na escola dos grandes abades e impregnando-se da doutrina de Evágrio. Obrigado a fugir do Egito quando Teófilo, bispo de Alexandria, persegue origenistas e evagrianos, Cassiano refugia-se junto a S. João Crisóstomo, em Constantinopla; e, depois do segundo exílio deste último, parte para Roma, junto ao papa Inocêncio I. Durante dez anos permanece a serviço da Igreja de Roma.
Em 415, chega na Provença, funda em Marselha dois mosteiros, um de monges e outro de monjas. Põe, então, por escrito, os ensinamentos recolhidos durante sua vida no deserto, para formar seus monges e os da região. Publica, primeiro, as *Instituições Cenobíticas*, e as *Conferências* em que se esforça por transmitir ao Ocidente toda a tradição espiritual do Egito. Essas obras exerceram influência considerável na vida religiosa do Ocidente.
Chocado pelo rigor das posições de Agostinho a respeito da graça, Cassiano procura manter certo poder ao livre-arbítrio, ao menos no "início da fé"; todavia, tem cuidado em manter distância em relação a Pelágio. É um dos mais notórios representantes do que se chamou, muito mais tarde, o semipelagianismo.

CASSIODORO (± 485-580) – Discípulo e amigo de Boécio, é, como ele, ministro e conselheiro dos reis godos ao mesmo tempo que amigo das letras. Por volta de 540, retira-se à sua propriedade de Vivarium, onde funda um mosteiro. Aí, esforça-se por conservar a herança antiga, tanto grega como latina, dispersa e destruída, parcialmente, pelas invasões bárbaras. Quer utilizar essa herança para a fé. É ajudado nessa tarefa por seus monges, ardentes copistas. Graças ao trabalho deles, muitas obras antigas foram conhecidas durante a Idade Média.
Cassiodoro escreveu obras históricas, comentários da Escritura e tratados sobre as ciências profanas.

CASULANO – Destinatário da Carta 36, escrita por Agostinho, em Hipona, em 397, em que refuta longamente um escrito sobre o jejum no sábado. Agostinho o chama de "irmão amadíssimo e copresbítero.

CATÃO (DIONÍSIO) – Nome provavelmente fictício de um autor latino que parece ter vivido no século III d.C. Atribui-se a ele quatro livros de Dísticos Morais dirigidos a seu filho. Essa coleção, muito apreciada durante a Idade Média, foi, posteriormente, impressa e traduzida em todas as línguas.

CAUSIS (De) – Tratado árabe (não necessariamente muçulmano) que adapta ao monoteísmo, resumindo-os, os *Elementos de Teologia* do filósofo neoplatônico Proclo (412-485). Foi traduzido para o latim em meados do século XII, com o título de *Livro da Bondade Pura*, mas foi conhecido, principalmente, como *Livro das Causas* e atribuído quer a Aristóteles, quer a autores árabes ou judeus. A tradução, em 1268, dos próprios *Elementos*, por Guilherme de Moerbecke, possibilitou aos latinos conhecer a verdadeira origem do *Livro das Causas*.

CECILIANO DE CARTAGO – Bispo. Sua eleição marca o início do cisma africano dos donatistas.

CELESTINO I – Papa de 422 a 432. Informado por Cirilo de Alexandria dos erros de Nestório, reúne um concílio em Roma e ameaça Nestório de excomunhão se não retirar suas afirmações. Durante seu pontificado realiza-se o Concílio de Éfeso (431) que condena Nestório.
Luta, também, contra os pelagianos e adverte a Igreja das Gálias contra os semipelagianos.

CELSO – Pagão culto (século II), autor do *Discurso Verdadeiro*, dirigido contra o cristianismo e refutado, posteriormente, por Orígenes.

CERINTO – Contemporâneo dos primórdios do cristianismo. Parece ter defendido um sincretismo judeu-gnóstico. Afirma que Jesus, nascido de Maria e José, como os demais seres humanos, morreu e ressuscitou. Mas não é Deus. No momento de seu batismo, recebeu Cristo, enviado pelo Poder Supremo, que lhe deu a revelação do Deus desconhecido. Mas Cristo não pode sofrer e nem morrer. Por isso, deixou Jesus antes de sua paixão e voltou ao céu. Só Jesus sofreu e morreu.

CÉSAR (JÚLIO) (101-44 a.C.) – Conquistador da Gália, atravessou o Rubicão, venceu Pompeu. Tornou-se o único senhor de Roma e empreendeu grandes reformas sociais. Foi assassinado em reunião do Senado.
Tão grande escritor como estadista, deixou duas obras de história: a *Guerra das Gálias* e a *Guerra Civil*.

CESÁRIO DE ARLES (470-543) – Monge e bispo de Arles. Presidiu a vários sínodo entre os quais o de Orange (529) que condenou o semipelagianismo. Deixou uma coleção de Sermões.

CESÁRIO DE HEISTERBACH, monge (1180-1240) – Escreveu *Dialogus miraculorum*, uma obra hagiográfica que teve muita repercussão.

CÍCERO, TÚLIO (106-43 a.C.) – O maior dos oradores romanos. Faz estudos para advocacia no ano 80. Eleito questor na Sicília, defende os sicilianos contra o antigo governador Verres e, pelo fato, torna-se célebre. Cônsul em 63, frustra a conjuração de Catilina. Tem a ambição de desempenhar grande papel político, mas é exilado e reabilitado. Nesse período de perturbações e guerra civil, morre assassinado por ordem de Antônio.
Para Cícero, a atividade intelectual está a serviço da política. Mas foi seu talento oratório que lhe valeu renome durável. Elaborou uma teoria da eloquência: "Provar, agradar, comover", que formou gerações de retóricos.
Formado no contato com os filósofos gregos, Cícero procurou, em seus tratados filosóficos, conciliar as diversas escolas (estoicos, epicuristas, acadêmicos) para chegar a uma moral prática (*Dos Deveres, Tusculanas*). Foi criador de uma prosa filosófica.

CIPRIANO (± 200-258) – Africano, nasce numa família pagã, torna-se advogado de renome e converte-se ao cristianismo. Em 248 é bispo de Cartago. Homem de governo e pastor, sua vida identifica-se com a de sua comunidade. Durante a perseguição de Décio, Cipriano afasta-se da cidade e essa "fuga" é mal-interpretada. Encontra-se, depois, enfrentando o problema dos *lapsi*, os cristãos "caídos", durante a perseguição. Seus últimos anos ficam encobertos por seu conflito com o papa Estêvão a respeito da validez do batismo conferido pelos heréticos, Em 257, Valeriano promulga nova perseguição. Cipriano, que viu a provação chegar, sustenta seu povo. É preso e condenado. Os Atos de seu martírio foram conservados e testemunham de sua dignidade serena diante da morte.

Cipriano é um pastor. Isso se percebe através de toda a sua obra, desde sua abundante correspondência até seus numerosos tratados dos quais os mais célebres são a *Unidade da Igreja* e a *Oração dominical*.

CIRILO DE ALEXANDRIA (± 380-444) – Sobrinho e colaborador de Teófilo, patriarca de Alexandria, Cirilo o acompanha a Constantinopla e toma parte, em 404, do Sínodo do Carvalho, que destituiu João Crisóstomo. Em 412, sucede a Teófilo de quem herda preconceitos e rancores.

Aprende, em 428, que Nestório, o novo patriarca de Constantinopla, sustenta em seus sermões que há duas pessoas em Cristo, uma pessoa divina, o *Logos*, e uma pessoa humana: o homem-Jesus; daí a impossibilidade de chamar a Virgem Maria: *Theotokos*, Mãe de Deus. A partir de 429, Cirilo intervém junto a Roma, como campeão da ortodoxia contra essa Igreja de Constantinopla, rival de Alexandria. Então, o imperador convoca um Concílio em Éfeso (431). O concílio depõe Nestório e proclama Maria *theotokos*. Mas a terminologia usada, muito diferente da dos orientais, leva-os a protestar. Após muitas concessões, chega-se, em 433, ao Ato de União. Todas essas querelas colocaram as diversas Igrejas umas contra as outras e abriram caminho para novos conflitos sempre mais sutis.

Se a personalidade de Cirilo é fortemente contestada, a pureza de sua fé está fora de dúvida. Deixou uma obra importante: obras exegéticas sobre o Antigo Testamento, comentário dos evangelhos de Lucas e de João, obras dogmáticas e apologéticas.

CIRILO DE JERUSALÉM (± 315-386) – Sacerdote em Jerusalém, Cirilo dirige suas famosas catequeses batismais aos futuros batizandos da cidade. Encontramos, numa linguagem simples e clara, o ensinamento tradicional da Igreja, menos de vinte e cinco anos depois do Concílio de Niceia.

Bispo de Jerusalém, em 348, em plena crise ariana, compartilha da sorte dos bispos fiéis à fé de Niceia; dos seus trinta e oito anos de episcopado, dezesseis se passam em três exílios sucessivos. No tempo de seu episcopado profere durante a semana pascal (a não ser que seja preciso atribuí-las a seu sucessor João) as cinco Catequeses mistagógicas, por meio das quais explica aos novos batizados o sentido dos mistérios — batismo, crisma, eucaristia — recebidos na noite de Páscoa.

CIRO DE ALEXANDRIA – Metropolita de Fasis no Mar Negro, em 626, Ciro é levado pelo imperador Heráclio a aderir às teorias monotelistas de Sérgio, patriarca de Constantinopla.

Para recompensá-lo, o imperador oferece-lhe a sé patriarcal de Alexandria, depois da morte de Jorge II, em 631, com os poderes de vice-rei. É encarregado de unir as diversas Igrejas coptas com a Igreja bizantina oficial, mas suas crueldades exasperaram a população. Antes de morrer, em 642, Ciro assiste à tomada de sua cidade de Alexandria pelos árabes.

CLEMENTE DE ALEXANDRIA († 215) – Professor em Alexandria, procurou unir o pensamento grego à fé cristã. Apologeta, catequista e sobretudo pedagogo, resumiu sua teologia no *Hino ao Cristo Salvador*.

CLEMENTE DE ROMA – Quarto bispo de Roma de acordo com a lista de Sto. Ireneu. Papa de 97 a 101, aproximadamente, escreveu uma Carta à Igreja de Corinto onde alguns membros se tinham sublevado contra os presbíteros. Essa Carta era tão venerada na antiguidade cristã que fazia parte, às vezes, do Cânon das Escrituras. Não é esta carta que Sto. Tomás cita, mas apócrifas.

CÓDIGO JUSTINIANO – O imperador Justiniano I (527-565), homem de vastas ambições, empreende uma grande obra legislativa. Encarrega Triboniano e outros jurisconsultos de reunir e harmonizar as leis imperiais feitas desde Adriano. De toda essa legislação acumulada, quer fazer um todo coeso. O Código é concluído em 529. Uma nova edição aparece em 534 com o título de *Código Justiniano*: incorpora as leis promulgadas pelo imperador de 527 a 532.

De 530 a 533, Triboniano e seus ajudantes reúnem no Digesto ou Pandectas extratos dos 39 jurisconsultos mais célebres, enquanto os Institutos formam uma espécie de manual resumindo os princípios do direito para os estudantes.

Todas essas obras são redigidas em latim, por fidelidade à Roma antiga.

A essa gigantesca coletânea juntam-se as Novelas, ordenanças publicadas pelo próprio Justiniano durante seu reinado, em aplicação dos princípios do Código. As Novelas são redigidas em grego.

O Código começa pelas palavras: "Em nome de Nosso Senhor Jesus Cristo", segue-se uma profissão de fé.

→ TRIBONIANO, jurisconsulto bizantino, falecido em 546. Foi o principal conselheiro do Imperador Justiniano.

COLLATIONES PATRUM = Conferências de Cassiano. Ver CASSIANO.

COMENTADOR – Na maioria das vezes, designa AVERRÓIS. Para a Ética, trata-se de Eustrates e outros comentadores gregos.

CONSTANTINO (280-337) – Imperador romano cristão. A ele e Licísio se deve o edito de Milão que concedeu a liberdade de culto aos cristãos. Em 325 realizou-se o Concílio de Niceia contra os arianos.

CORNÉLIO CELSO, AULO (25 a.C-40) – Não era médico, mas conhecia bem a medicina greco-romana sobre a qual escreveu um tratado: *De medicina octo libri*. Descoberto pelo papa Nicolau V, no século XV, foi o primeiro livro médico a ser impresso em Florença no ano de 1478.

CORNÉLIO DE AGDE – Em sua cidade realizou-se o Concílio de 506. Marcou a disciplina da assistência obrigatória à missa inteira.

CRISIPO (± 281-208 a.C.) – Filho de Apolônio, de Soli (Cilícia), foi discípulo de Zenão de Cítio e sucessor de Cleantes.

São poucos os fragmentos que se conservam de sua imensa produção (705 obras segundo Diógenes Laércio). Dialético, por formação e temperamento, deve-se a ele a fundamentação das teorias debatidas no antigo estoicismo.

CRISÓSTOMO, JOÃO (± 347-407) – João, a quem a posteridade deu o título de "Crisóstomo" ou "Boca de Ouro", nasceu em Antioquia onde fez excelentes estudos profanos e exegéticos. A seguir, retirou-se às montanhas vizinhas e viveu entre os monges, depois, solitário. Doente, devido a excesso de austeridades, volta a Antioquia e põe-se a serviço da Igreja. Durante doze anos, atrai a cidade pelos sermões cheios de eloquência, comenta as Escrituras, defende os direitos dos pobres, lembra a grande tradição da Igreja de que está impregnado.

Sua fama é tão grande que, com a morte de Nectário, patriarca de Constantinopla, é praticamente "sequestrado" (397) para suceder-lhe. Na capital, João enfrenta o luxo desenfreado, intrigas e rivalidades. Empreende reformas, denuncia severamente os abusos e as injustiças sociais, em nome de Cristo. Mas ele incomoda. Sua liberdade de palavra e sua intransigência unem em oposição a ele bispos ciumentos e a imperadora Eudóxia. É o exílio, de curta duração, uma primeira vez, e definitiva, uma segunda vez. Em consequência de nova ordem de exílio mandando-o sempre mais longe, João morre de esgotamento.

De sua obra considerável (tratados sobre diversos temas, mas sobretudo homilias sobre a Escritura: Antigo Testamento, Evangelho e, particularmente, Epístolas de seu querido S. Paulo), os latinos tiveram pequena parte (alguns tratados e homilias, *Comentários sobre Mateus, João e Hebreus*).

CROMÁCIO DE AQUILEIA, bispo (séc. IV-V) – Autor de comentários ao evangelho de Mateus, sermões e homilias pastorais.

DAMASCENO, JOÃO (± 675-749) – Nascido em Damasco, daí o sobrenome, João faz-se monge de S. Sabas, perto de Jerusalém. É, antes de tudo, um teólogo. Seu nome está ligado à reação contra os iconoclastas. Ocupou-se, também, de exegese, de ascese, de moral.

Sua mais importante obra é a *Fonte do Conhecimento*, suma do pensamento oriental, em que quer "unificar as vozes múltiplas" dos séculos anteriores. A obra divide-se em três partes: 1) os capítulos filosóficos, espécie de introdução filosófica à exposição do dogma, 2) um catálogo das heresias, 3) a exposição da fé ortodoxa.

Esta última parte, a mais conhecida, foi dividida por João em cem capítulos. Mas seu tradutor latino, em 1150, apresentou-a em quatro partes. Essa tradução foi uma das fontes de Pedro Lombardo. João estabelece sua síntese teológica a partir dos Padres gregos; ignora os Padres latinos. Essa Exposição da fé ortodoxa influenciou, com certeza, os teólogos do período escolástico.

Quanto ao livro citado igualmente por Sto. Tomás: *Sobre os que adormeceram na fé*, ele provavelmente não é de João Damasceno.

DÂMASO – Papa de 366 a 384. Desde a eleição, deve lutar contra um antipapa. Durante seu pontificado, enfrenta heresias no Ocidente e no Oriente. S. Basílio suplica-lhe intervir contra o arianismo que ameaça invadir o Oriente. Dâmaso reúne, então, um Sínodo romano que compõe uma confissão de fé. Em 381, o Concílio de Constantinopla confirma suas posições.

Foi Dâmaso quem encarregou S. Jerônimo de revisar as traduções latinas do Novo Testamento, a partir do texto grego.

DAVI DE DINANT – Autor do século XII. Ignora-se a data de seu nascimento e de sua morte. Escreveu duas obras: os *Quaternuli*, às vezes chamados *De Tomis*. Professa um panteísmo materialista: Deus é a matéria de todos os seres.

O Concílio de Paris, de 1210, condena-o ao mesmo tempo que Amauri de Bene e ordena a queima dos *Quaternuli*.

DECRETAIS – Ordenanças dos papas, de alcance geral para a Igreja inteira, ou destinadas quer a uma província eclesiástica, quer a muitas. A primeira utilização desse termo remonta ao papa Sirício (384-399).

Não se demorou em reunir essas decretais em compêndios. As primeiras coleções são cronológicas. Depois, são sistematizadas por matéria. As diversas coleções são do século IX e foram substituídas pelo famoso *Decreto de Graciano*.

Em 1234, Gregório IX promulga um novo compêndio de Decretais. É uma compilação de todos os compêndios anteriores, preparados, por ordem do papa, por Raimundo de Peñafort.

Por volta de 850, surge, na região do Mans, uma coleção de "falsas" decretais, publicadas sob o nome de Sto. Isidoro de Sevilha. O patrocínio desse suposto autor valeu-lhes ser inseridas no Decreto de Graciano.

DECRETO DE GRACIANO – Na Idade Média, a palavra "Decreto" designa uma coletânea de textos canônicos. A mais célebre é a de Graciano, morto, provavelmente, por volta de 1178. Graciano deu à obra o título de *Concordância dos Cânones Discordantes*, título modificado, depois, por *Decreto*. Teve o imenso mérito de não se contentar em juntar, como fizeram seus antecessores, textos, às vezes, contraditórios sobre um mesmo assunto. Esforçou-se por fazê-los concordar, por encontrar soluções.

Durante muito tempo, o *Decreto* serviu de base ao ensino nas escolas, sem ter, contudo, valor oficial. É uma das "autoridades" de Sto. Tomás.

DEMÓCRITO (± 470-370 a.C.) – Filósofo grego, gênio enciclopédico, "refletiu sobre tudo" (Platão). Sua obra era abundante em todas as áreas (artística, filosófica etc), mas desapareceu quase por inteiro. Demócrito é o grande representante do "atomismo". O cosmo é formado por um número infinito de corpos eternos e indivisíveis: os átomos que se movem no vácuo. Ao reunir-se, formaram o mundo e os corpos; sua separação gera a destruição. A causa desses movimentos é puramente mecânica e chama-se Necessidade.

DEMÓFILO DE CONSTANTINOPLA (séc. IV) – Ariano moderado. Foi bispo de Beroea na Trácia e depois em 370 bispo de Constantinopla. Em 380 opondo-se a subscrever o credo niceno foi destituído da sede de Constantinopla.

DÍDIMO CEGO ou de ALEXANDRIA (± 313-398) – Nascido em Alexandria, cego aos quatro anos, Dídimo é homem de imensa erudição. É encarregado, por Sto. Atanásio, da Didascália (escola catequética). Faz reviver o pensamento de Orígenes, mas explicando num sentido ortodoxo as expressões ambíguas do "mestre". Sua fama estende-se: Jerônimo, Rufino Paládio são seus alunos. Escreveu muito, mas suas obras perderam-se quase todas no momento das

controvérsias origenistas. Ainda temos dele tratados *Sobre o Espírito Santo*, *Sobre a Trindade*, *Contra os Maniqueístas*, e seu *Comentário de Zacarias*.

DIGESTO – Após ter concluído, em 529, a primeira edição do Código encomendado por Justiniano, Triboniano e os jurisconsultos que o ajudavam reúne no Digesto ou Pandectas excertos dos 39 jurisconsultos romanos mais célebres de Augusto a Justiniano. É uma coleção metódica de suas respostas e decisões (cf. CÓDIGO JUSTINIANO).

DIOCLECIANO (245-313) – Imperador romano. Em 303 começou a perseguição, talvez a mais dura, contra os cristãos e que durou 10 anos.

DIODORO DE TARSO – Natural de Antioquia, aí ensinou até ser exilado pelo imperador Valente. Antes opusera-se ao imperador Juliano o Apóstata. Morto Valente, foi feito bispo de Tarso. Participou do primeiro concílio de Constantinopla.

DIONÍSIO AREOPAGITA – Pseudônimo de um autor do Oriente do final do século V e início de século VI. Suas obras *A Hierarquia celeste*, a *Hierarquia eclesiástica*, os *Nomes divinos* (comentados por Sto. Tomás), a *Teologia mística* exerceram uma influência considerável no Oriente como no Ocidente, sem contar que, até o século XVI, acredita-se que esse autor seja realmente o Areopagita, discípulo de S. Paulo, o que deu a seus escritos imensa autoridade.

O Pseudo-Dionísio é um místico. Afirma que para conhecer Deus temos duas vias: a positiva, pela causalidade, que atribui a Deus, ao máximo, todas as perfeições; e a negativa, que é não conhecimento, ignorância diante desse excesso de plenitude, pois Deus, o Transcendente, está além do cognoscível.

Além das processões internas que constituem as Pessoas da Trindade, há as processões externas: a criação. Deus, em sua condescendência, penetra os seres de sua bondade e os atrai para uni-los a si.

A síntese dionisiana, centrada na transcendência divina e na participação dos seres a Deus, fascinou verdadeiramente o pensamento medieval.

DIONÍSIO CATÃO (± 3º ou 4º séc.) – Nada se conhece realmente do autor ou data da *Disticha de Moribus ad Filium*. Atribui-se a Dionísio Catão. Catão, pelo caráter sapiencial das máximas, e Dionísio, por constar num manuscrito de grande antiguidade. Trata-se de uma pequena coleção de máximas morais, redigidas cada uma em dois hexâmetros e divididas em quatro livros. Revelam uma mentalidade monoteísta mas não necessariamente cristã. Na Idade Média foram traduzidas em muitas línguas.

DIONÍSIO DE ALEXANDRIA (± 200-255) – Nasceu em Alexandria. Converteu-se ao cristianismo e fez-se aluno de Orígenes. Foi nomeado diretor da Didascália (escola catequética) em 231, eleito bispo da cidade em 247. Seu episcopado é uma série de provações: perseguição de Décio, de Valeriano, que o envia a um longínquo exílio, guerra civil, peste.

Temos dele cartas, algumas sob a forma de tratados teológicos, e alguns fragmentos exegéticos.

DIÓSCORO († 454) – Patriarca de Alexandria. A fim de defender a ortodoxia de seu antecessor S. Cirilo, toma partido a favor de Êutiques, acusando de nestorianismo Flaviano, patriarca de Constantinopla, e o papa Leão. Em 449, no Concílio de Éfeso que preside (chamado de "latrocínio" por S. Leão), Dióscoro recusa-se a escutar os legados do papa, reabilita Êutiques, depõe Flávio de Constantinopla. Mas o Concílio de Calcedônia, em 451, define a doutrina cristológica segundo o *Tomus ad Flavianum* de S. Leão, depõe Dióscoro e o exila.

DIOSDORO DE TARSO – Natural de Antioquia, aí ensinou até ser exilado pelo imperador Valente. Antes opusera-se ao imperador Juliano o Apóstata. Morto Valente, foi feito bispo de Tarso. Participou do primeiro concílio de Constantinopla.

DONATO – Bispo, líder de um movimento rigorista combatido por Agostinho e condenado por vários sínodos. Os donatistas se consideravam os únicos herdeiros dos apóstolos.

DULCÍCIO – Destinatário da carta 204, escrita por Agostinho, em Hipona, entre 419 e 420. Era um tribuno encarregado de executar as leis imperiais contra os donatistas. Diante da resistência de Gaudêncio, bispo de Tamugades na Namídia, recorre a Agostinho. Este escreve o livro *Contra Gaudentium* respondendo a duas cartas do bispo a Dulcício e *De octo Dulcitii quaestionibus* em resposta às questões propostas por Dulcício.

EADMERO (1064-1124) – Chantre de Canterbury e historiador inglês. Confrade de Sto. Anselmo, arcebispo de Canterbury, depois da morte deste, reúne e publica ampla documentação sobre o arcebispo em *Historia Novorum* e na *Vita Sti Anselmi*. Sua obra *De Conceptione Sanctae Mariae* teve influência no desenvolvimento da doutrina sobre a Imaculada Concepção.

EBIONITAS – Seita judeu-cristã. Para os ebionitas, Jesus nasceu de Maria e José, não é Filho de Deus. No batismo do Jordão, o homem Jesus é marcado pelo selo da eleição divina e torna-se Cristo.

ECCLESIASTICIS Dogmatibus (De) – Tratado de Genádio de Marselha, espécie de profissão de fé, de manual da doutrina católica. Talvez seja a conclusão dos *Oito livros contra as heresias* que Genádio diz ter escrito.

EGBERTO DE YORK, bispo († 766) – Amigo de Beda e S. Bonifácio, fomentou os estudos clássicos. Reuniu em livros as normas canônicas e litúrgicas tendo em vista a formação do clero.

EMPÉDOCLES – Legislador, poeta e filósofo grego de Agrigenta (Sicília) por volta de 450 a.C. Nas suas duas obras principais: *Da Natureza do Universo* e *Purificação*, afirma que a água, o ar, o fogo e a terra são os quatro elementos cuja combinação cria tudo. Dois princípios operam sobre esses dois elementos: o Amor que os une, e o Ódio que os separa. O mundo que conhecemos resulta do conflito dessas duas forças.

ENÓDIO, MAGNO FELIX (474-521) – Escritor em prosa e verso, reitor em Milão e bispo de Pavia (Ticinum). Suas obras são fontes valiosas para os historiadores desse período. Entre elas destacam-se uma biografia de Epifânio, seu predecessor, em Milão, e o peregrino do rei Teodorico, escrito a pedido do Papa. *Dictiones* são uma coleção de discursos retóricos que ilustram a grande influência exercida pela tradição antiga e pagã sobre os ambientes cristãos. Participou de duas embaixadas a Constantinopla para tentar,

sem êxito, a reconciliação entre a Igreja de Roma e a Igreja grega (cisma de Acacio).

EPICURO (341-270 a.C.) – Nascido em Samos ou Atenas, fundou em Atenas o "Jardim", uma escola que estabelecia como critério da moral as sensações e como princípio da felicidade, os prazeres delas decorrentes.

EPIFÂNIO – Mestre gnóstico, filho de Carpócrates, escreveu um tratado sobre a Justiça, que advogava a comunidade de propriedade and wives.

EPIFÂNIO († 403) – Bispo de Salamina, na ilha de Chipre. Suas obras retratam o ardor com que combateu as heresias, em particular o origenismo.

ESPEUSIPO († 335 a.C.) – Sobrinho de Platão. Sucedeu-o na Academia.

ESTÊVÃO V – Papa de 885 a 891. Reorganiza a administração do Latrão e impõe sua autoridade aos bispos do império carolíngio. Algumas de suas decretais foram inseridas no *Decreto* de Graciano.

ESTOICOS – Filósofos seguidores da doutrina de Zenão, fundador do estoicismo no século IV antes de Cristo. Os estoicos têm uma física, uma lógica e uma metafísica. Mas preocupam-se mais com a ação que com a ciência. Para eles, Deus é ordenador de todas as coisas, mas sem as ter criado. É Providência. Ocupa-se do homem que pode dirigir-se a ele pela oração. Dá ao homem uma alma racional. A função dessa alma consiste em dar a Deus seu assentimento: "Não obedeço a Deus, dou-lhe meu consentimento; estou de acordo, não constrangido" (Sêneca*).

Deste princípio decorre a moral estoica, que constitui a essência da doutrina e sua finalidade. O homem deve seguir sua natureza, que é "razão". A virtude é a escolha refletida e voluntária do que é conforme à natureza, isto é, conforme à razão. O bem supremo está no esforço para chegar à virtude. Todo o restante, prazer, dor etc, é indiferente. A virtude reside inteiramente na intenção. Não há graus na virtude (e nem no vício). A paixão é contrária à natureza, é uma doença da alma. O sábio deve abster-se da paixão, permanecer insensível. Quem não realizou essa libertação é um escravo. Quem possui a virtude possui a felicidade.

ESTRABÃO WALAFRIDO (808-849) – Walafrido Vesgo (*Strabus* ou *Strabo*), monge em Reichenau, vai seguir as lições de Rabano Mauro em Fulda. Em 829, torna-se preceptor de Carlos, filho de Luís Piedoso. Nomeado abade de Reichenau, é implicado nas querelas dos filhos de Luís Piedoso e exilado; mas pôde voltar a seu mosteiro.

Walafrido é um homem erudito, mas sua obra não é muito original. Consta principalmente de resumos dos comentários bíblicos de seu mestre, Rabano Mauro; comentou os livros da Escritura quando Rabano não o tinha feito.

Para Tomás de Aquino, como para seus contemporâneos, Walafrido é o autor da *Glosa ordinária*, comentário marginal da Escritura por textos dos Padres da Igreja. Os estudos atuais provaram que essa *Glosa* é nitidamente posterior a Walafrido Estrabão. É do século XII e, muito provavelmente, seu inspirador é Anselmo de Laon.

EUCLIDES – Matemático grego do século III a.C. Seus *Elementos* foram referência até o século XIX nas matemáticas elementares.

EUDEMO DE RODES (séc. IV a.C.) – Filósofo grego, discípulo de Aristóteles, escreveu um comentário ao livro da Física de seu mestre. É autor de Histórias da astronomia e da geometria.

EUDÓXIO (310-370) – Sua vida é um vai-e-vem entre o exílio e Bizâncio Ariano tornou-se chefe dos eudoxianos. Bispo de Germanícia na Síria. Exilado pelo Imperador Constâncio. Perdoado, foi nomeado patriarca de Antioquia. De novo exilado e de novo perdoado, foi nomeado patriarca de Constantinopla. Batizou o Imperador Valente.

EUGÊNIO III – papa de 1145 a 1153. Cisterciense, conservou o hábito e o estilo de vida de monge como papa. Proclamou a malograda Segunda Cruzada em 1145. S. Bernardo esteve a seu lado com o conselho e a ação e lhe dedicou o tratado *De consideratione* sobre os deveres do múnus papal e fortes críticas ao comportamento dos clérigos e dos monges.

EUNÔMIO – Bispo de Cízico. Foi um dos principais expoentes do arianismo radical. Condenado e desterrado várias vezes. Morreu em 394. Escreveu muito. Mais conhecida é a *A Apologia* (361), refutada por Basílio (*Contra Eunômio*) e respondida em *Apologia em defesa da apologia*. A pedido de Teodósio escreveu uma detalhada profissão de fé (383).

EUSÉBIO DE CESAREIA (± 263-337) – Aprisionado durante a perseguição, torna-se bispo de Cesareia da Palestina, em 313. Participa das querelas cristológicas de seu tempo, procura desempenhar um papel conciliador que lhe vale ser acusado de arianismo. Com efeito, receia o termo "consubstancial", vendo nele um risco de confusão das pessoas divinas, de sabelianismo. No Concílio de Niceia (325), faz parte do partido do meio, a igual distância de Ário e de Alexandre de Alexandria. Acaba subscrevendo as decisões do Concílio e do Sínodo.

Eusébio é, antes de tudo, um erudito. Escreveu numerosas obras e, sobretudo, uma *História eclesiástica* que conserva preciosos documentos dos primeiros séculos da Igreja.

EUSÉBIO DE EMESA (± 300-358) – Discípulo de Eusébio de Cesareia, passa a ser bispo de Emesa na Fenícia. Recusando a fórmula: o Filho é "consubstancial" ao Pai, adota uma outra: o Filho é "de essência semelhante" ao Pai. Assim, opõe-se a Niceia e também ao arianismo puro. Eusébio escreveu obras apologéticas, comentários (perdidos) da Escritura e numerosas homilias, algumas das quais foram conservadas.

EUSÉBIO I (309-210) – Sucedendo ao papa Marcelo, esteve apenas quatro meses no pontificado. Resistindo aos apóstatas, na controvérsia sobre a penitência canônica, foi exilado pelo imperador Maxêncio. Morreu na Sicília.

EUSTÓQUIA († 419) – Filha de Sta Paula*, amiga de S. Jerônimo, acompanhou a mãe para viver em Belém. Aí se consagrou como monja. Discípula favorita de S. Jerônimo, aprendeu grego e hebraico e auxiliou-o em seu trabalho bíblico. A ela e a sua mãe S. Jerônimo dedicou muitas cartas, entre elas o famoso tratado sobre a virgindade (Carta XXII).

ÊUTIQUES (378 ± 455) – Arquimandrita (superior) de um grande mosteiro de Constantinopla, é um fogoso adversário de Nestório. É difícil conhecer sua doutrina, pois usa

fartamente fórmulas anfibológicas. Depois do Concílio de Éfeso e, principalmente, depois da morte de S. Cirilo, sente-se o defensor da fé ortodoxa.
    Adotando a fórmula de S. Cirilo (que ele não compreende exatamente): "uma só natureza encarnada do Verbo", e apoiado pela corte imperial, acusa de nestorianismo todos os que reconhecem duas naturezas em Cristo. De tanto perseguir o erro de Nestório, chega, às vezes, a ver duas pessoas em Cristo, cai no erro oposto: o monofisismo. Acusado no sínodo de Constantinopla, de 448, e excomungado, Êutiques é condenado por S. Leão. A sentença é confirmada em 451, no Concílio de Calcedônia, que define com precisão a doutrina cristológica.

EVÁGRIO, PÔNTICO (346-399) – Escritor eclesiástico. Foi o primeiro monge a desenvolver extensa atividade literária. Foi grande a sua influência na história da espiritualidade cristã. Foi condenado em vários concílios por suas ideias próximas de Orígenes. Seus escritos em grego se perderam, permanecendo os textos traduzidos em siríaco e latim.

EXTRAVAGANTES – Compêndio de decretais acrescentadas ao Decreto de Graciano. O termo vem do título dado por Bernardo de Pavia, um sábio canonista, à coleção que publica em 1190: *Libellus extravagantium*, quer dizer: livreto das decretais "dispersas fora" do Decreto de Graciano. Bernardo quer completar a obra de Graciano e melhora-lhe a apresentação, repartindo mais rigorosamente os cânones em livros, títulos e capítulos. Cf. DECRETAIS.

FABIANO – Papa de 236 a 250. Morre mártir durante a perseguição de Décio. Reorganiza a administração paroquial de Roma. Graciano atribui-lhe cânones sobre o procedimento eclesiástico, o casamento e a eucaristia, que são inautênticos.

FAUSTO – Bispo maniqueísta de Milevi (África). Em 382, vai a Cartago e, inquirido por Agostinho, deve admitir sua ignorância. A partir desse momento, Agostinho afasta-se, pouco a pouco, do maniqueísmo.
    Em 400, Fausto publica um requisitório contra a Bíblia. Agostinho, então bispo de Hipona, responde-lhe pelo seu tratado *Contra Fausto*, em que segue passo a passo o argumento de Fausto para refutá-lo.

FAUSTO DE RIEZ – Abade de Lérins e bispo de Riez. Com Cassiano foi o representante mais conhecido do semipelagianismo.

FELIPE, CHANCELER (1160-1236) – Teólogo francês. Mestre em teologia e chanceler da Universidade de Paris. Escreveu a *Summa de Bono* sobre o bem inspirando-se no neoplatonismo de Agostinho, e um Tratado sobre a sindérese.

FÉLIX I – Papa de 269 a 274. Depois do Concílio de Antioquia que tinha condenado Paulo de Samosata, parece que teria escrito a Máximo, bispo de Alexandria, uma carta da qual S. Cirilo cita a seguinte frase: "Nosso Senhor Jesus Cristo não é um homem assumido por Deus, de maneira que seja outro que o Filho de Deus".

FILÁSTRIO DE BRÉSCIA, bispo († 306) – Sua obra *Diversorum haereseorum liber* serviu de fonte para Sto. Agostinho escrever *De haeresibus*.

FILÓSOFO (O) – Assim é que Sto. Tomás se refere, com maior frequência, a Aristóteles.

FILÓSTORGO (séc. V) – Escreveu uma *História eclesiástica* em 12 livros que chegou até nós em excertos reproduzidos por Fócio.

FÓCIO (820-891) – Patriarca de Constantinopla, suscitou o cisma dos Gregos em 863, tendo sido eleito para a sede patriarcal ainda ocupada por Inácio.

FOTINO – Bispo de Sirmio por volta de 344, morto em 371. Homem culto e eloquente. Estamos bastante mal-informados a respeito de seus erros. Segundo *Dos Sínodos* de Sto. Atanásio, Fotino afirma: "Somente depois que tomou nossa carne, da Virgem, não faz ainda 400 anos, que o Verbo é Cristo e Filho de Deus". Em 345, o Concílio de Antioquia condena-o. Em 351, é deposto e morre no exílio.

FRONTINO (± 30-103) – General romano, procônsul de Bretanha, escreveu uma obra sobre a arte militar: *Stratagemata*.

FULGÊNCIO DE RUSPE (467-532) – Monge e abade, veio a ser bispo de Ruspe (África). Foi exilado duas vezes na Sardenha pelos vândalos arianos. Suas obras são numerosas; algumas são dirigidas contra os arianos: o tratado *Sobre a Trindade* e o célebre tratado *A Pedro, sobre a fé*, resumo da teologia cristã. Suas outras obras são dirigidas contra os semipelagianos, sobretudo Fausto de Riez. A doutrina que ele desenvolve sobre a predestinação é um eco da doutrina de Sto. Agostinho.

FULGÊNCIO DONATISTA († 420) – Conhecido pela obra *Libellus de Baptismo*. Considerava os católicos indignos de ministrar o batismo.

GAIANITAS – Seita monofisista que deve o nome a seu primeiro bispo Gaianos. Nasceu em Alexandria onde Juliano, antigo bispo de Halicarnasso, monofisista expulso de sua sede, afirmou por volta de 518 que o corpo de Cristo é incorruptível e impassível antes como depois da Ressurreição.

GELÁSIO I – Papa de 492 a 496. Papa ativo que se esforça por trazer a Igreja do Oriente à unidade romana; luta contra o pelagianismo. Ordena sínodos em 495 e 496 e vela atentamente sobre a disciplina eclesiástica.

GENÁDIO – Sacerdote de Marselha no final do século V. É sobretudo conhecido pelo seu *De viris illustribus*, continuação do livro do mesmo nome de S. Jerônimo. Escreveu, também, o *De ecclesiasticis dogmatibus*.

GILBERTO DE LA PORRÉE (1076-1154) – Abre uma escola em Poitiers. Nomeado chanceler de Chartres e, consequentemente, preposto dos estudos, "mestre nas coisas de lógica e nas de Deus", escreve numerosas obras: comentários de Boécio, comentários da Escritura. Em 1142, torna-se bispo de Poitiers. Porém, suas ideias preocupam. O Concílio de Reims, em 1148, condena quatro proposições a ele atribuídas: distinção real entre Deus, sua essência e seus atributos, distinção real entre essência divina e pessoas divinas, eternidade das três pessoas divinas, mas não de suas relações, não encarnação da natureza divina.

GLOSA – Compilação do século XII cujo plano foi concebido por Anselmo de Laon (1050-1117). A obra foi realizada, em parte, por Anselmo, em parte por pessoas que o cercavam. Os versículos da Bíblia são acompanhados, na margem, de excertos de comentários patrísticos.
→ GLOSA LOMBARDI, ver Pedro Lombardo*.

GRACIANO (Decreto de) – Ver DECRETO.

GRACIANO – Filho de Valentiniano II e imperador do Ocidente de 375 a 383, quando é assassinado vítima de uma conjuração no seio do exército. A seu pedido, Sto. Ambrósio, de quem foi amigo durante toda a vida, compõe o tratado *De fide* e lhe dedicará os três livros *De Spiritu Sancto*. Seu apoio ao cristianismo se traduziu em disposições concretas: convoca concílios que condenam o arianismo e o priscilianismo, remove o altar da Vitória da sala do Senado, promulga leis antipagãs e proscreve as heresias.

GREGÓRIO I MAGNO – Nascido por volta de 540, papa (de 590 a 604). Oriundo de uma grande família romana foi, por volta de 570, prefeito de Roma, o mais alto cargo da cidade. Em breve, renuncia ao mundo para tornar-se monge. É enviado a Constantinopla como apocrisiário (núncio) de 579 a 585. Em 590, após sete meses de resistência, torna-se bispo de Roma num momento particularmente infeliz: invasão lombarda, peste. Grande administrador, reorganiza o patrimônio da Igreja e a assistência aos pobres, procura defender a Itália, luta contra a simonia e a imoralidade do clero, envia missionários à Inglaterra, afirma os direitos da primazia romana.

Esse homem de ação é, também, um pastor. Escreve e prega. Sua correspondência é abundante. As *Morais sobre Jó* e as *Homilias sobre Ezequiel*, conferências para um círculo monástico, são uma exposição da teologia moral penetrada por um grande desejo de Deus; suas *Homilias sobre o Evangelho*, seus Diálogos dirigem-se, principalmente, ao povo de Deus, e sua Pastoral destina-se a quem tem responsabilidade na Igreja. São Gregório foi lido, copiado, meditado durante toda a Idade Média, que encontrou nele seu mestre espiritual.

GREGÓRIO II – Papa de 715 a 731. Encoraja a obra de evangelização de S. Bonifácio na Germânia, define a doutrina sobre os sacramentos e resiste aos iconoclastas.

GREGÓRIO III (731-741) – Papa. Apoiou S. Bonifácio em seu trabalho entre os alemães e o fez Arcebispo. Empenhou-se na reforma da igreja franca.

GREGÓRIO VII – Papa de 1073 a 1085. Serve eficazmente a cinco papas antes de tornar-se também papa. É um reformador. Quis libertar o papado da tutela imperial, livrar a Igreja de todo controle leigo. Centraliza fortemente a Igreja e, no Concílio de Roma, em 1074, ataca a simonia e a incontinência dos padres.

GREGÓRIO DE NAZIANZO (± 329-389) – Homem de grande cultura, amigo de S. Basílio, Gregório é mais um contemplativo que um homem de ação. Ajuda, primeiramente, seu pai, bispo de Nazianzo, e é consagrado bispo de Sásima, por Basílio, em 372. Mas logo retira-se na solidão. Depois da morte do imperador ariano Valente (378), a comunidade ortodoxa de Constantinopla chama-o em seu socorro. Gregório chega em 379 e enche a capital de sua ardente eloquência. O imperador Teodoro o entroniza. Com esse cargo participa do Concílio de Constantinopla (381). Porém, diante da oposição dos bispos egípcios e as rivalidades que sente a seu redor, demite-se. Refugia-se na solidão, na Capadócia.

Entre suas obras, as mais célebres são seus Discursos e, muito particularmente, os Discursos teológicos sobre a Trindade, pronunciados em Constantinopla. Mereceram-lhe o título de teólogo.

GREGÓRIO DE NISSA (± 335-394) – Irmão de S. Basílio que o consagra, em 371, bispo de Nissa, na Capadócia. Gregório é um filósofo, um teólogo, um místico. Desempenhou um grande papel no Concílio de Constantinopla (381), ao lado de Gregório Nazianzeno.

Sua obra é vasta. Escreveu tratados dogmáticos para refutar as numerosas heresias de seu tempo, uma longa Catequese, exposição sistemática da fé cristã e comentários da Escritura.

Consagra seus últimos anos a obras para os meios monásticos organizados por S. Basílio e empenha-se em dar uma "mística" a esse fervoroso movimento: *Vida de Moisés, Comentário do Cântico dos Cânticos.*

Sto. Tomás atribui-lhe o tratado *Sobre a natureza do homem*, muito apreciado durante a Idade Média, composto, na realidade, por NEMÉSIO, bispo de Emesa, nos últimos anos do século IV.

GREGÓRIO DE TOURS (538-594) – Bispo de Tours, teve grande influência na vida política e religiosa de seu tempo. Sua obra principal é a *Historia ecclesiastica francorum*, em 10 livros, claramente moralista e religiosa.

GREGÓRIO, O TEÓLOGO – Título dado a GREGÓRIO de Nazianzo.

GUILHERME, abade († 1142) – Fundou vários mosteiros na Itália Meridional. Correspondeu-se com S. Bernardo de Claraval.

GUILHERME DE ALVÉRNIA, ou de Paris (1180-1249) – Bispo. Filósofo e teólogo. Entre suas muitas obras, salienta-se *Magisterium Divinale ac Sapientiale* uma verdadeira enciclopédia filosófico-teológica. Conheceu Aristóteles pelos comentários de Avicena. Defendendo os métodos racionais no estudo da fé, foi um dos precursores dos futuros "escolásticos".

GUILHERME DE AUXERRE († 1231) – Teólogo. Ensinou em Paris. Fez parte de uma comissão, que examinou os escritos de Aristóteles sobre as ciências naturais, proibidos desde 1210. Sua obra principal *Summa Aurea*, no uso dos argumentos aristotélicos, é devedora de Pedro Lombardo e de Sto. Anselmo.

GUILHERME DE SÃO TEODORICO (De S. Thierry) (± 1080-1149) – Monge beneditino, depois cisterciense. Amigo e biógrafo de S. Bernardo de Claraval, participou da controvérsia que levou à condenação de Abelardo. Escreveu dois tratados sobre a fé e entre as suas obras espirituais destacou-se *De contemplando Deo* e *De natura et dignitate amoris*.

HAIMO VON HALBERSTADT († 853) – Bispo. Discípulo de Alcuino de Nortúmbria. Reconhecido como exegeta bíblico e historiador eclesiástico.

HEITOR – Filho de Príamo, morto por Aquiles.

HELVÍDIO (ELVÍDIO) – Autor do século IV. Publica um opúsculo sobre a Virgem Maria e declara que ela teve vários filhos depois do nascimento de Jesus. Assim, Maria foi Virgem admirável até a concepção de seu primeiro filho e perfeita mãe de família. Helvídio quer demonstrar que a virgindade não é um estado superior ao matrimônio, mas igual. S. Jerônimo o refutou na sua obra: *A Virgindade Perpétua da Virgem Maria*, contra Helvídio.

HENRIQUE DE SEGÚSIO (Mostiense) (1200-1287) – Canonista. Formou-se em leis em Bologna e ensinou direito canônico em Paris. Foi nomeado bispo de Sisteron e mais tarde cardeal bispo de Óstia por Urbano IV. Sua obra sistemática foi a Suma, que gozou de enorme popularidade. E a mais importante, talvez, o *Commentum super decretalibus* ou *Lectura*. É considerado o mais importante e brilhante canonista do século XIII.

HERÁCLITO (± 500 a.C.) – Nascido em Éfeso, é um dos mais notáveis filósofos gregos do século V antes de Cristo. Escreveu uma grande obra: *Tratado Sobre a Natureza*. O universo é um eterno devir. Esse fluxo semelhante a um rio é produzido pelo fogo, elemento primordial, eternamente vivo.

HERMES TRIMEGISTO – Hermes "três vezes grande". Nome dado a um personagem divino, oriundo da assimilação do deus grego Hermes com o deus egípcio Thot, pai da Sabedoria. Os gregos fizeram dele um antiquíssimo rei do Egito e lhe atribuíram, no século I a.C., numerosos livros secretos, apresentados como a revelação de um deus, a mensagem de um "mestre" a iniciados. Essas obras tratam, principalmente, de medicina e de magia. Entre o primeiro e o terceiro século depois de Cristo, acrescentam-se o *Asclépio* e o *Poimandres*. Os latinos medievais só conheceram o Asclépio.
→ ASCLÉPIO, nome grego de Esculápio, deus da medicina.

HESÍQUIO – Monge, sacerdote e pregador em Jerusalém, em 412. Morto por volta de 450. É um adversário do nestorianismo. Segue a teologia de Cirilo de Alexandria, mas evita os termos muito técnicos. Comentou a Bíblia quase por inteiro.

HILÁRIO – Nasce por volta de 315. Após profundos estudos, Hilário, ainda pagão, descobre Cristo, recebe o batismo e, finalmente, torna-se bispo de Poitiers (aproximadamente 350). Escreve, então, seu *Comentário a Mateus*. Encontra-se envolvido nas querelas arianas que começam a invadir o Ocidente. Em 356, no Sínodo de Béziers, defende quase sozinho a causa de Niceia e de Sto. Atanásio. A corte imperial reage e o envia ao exílio. Hilário encontra-se no Oriente. Utiliza o tempo de ócio forçado para se iniciar na teologia grega e na obra de Orígenes. Trabalha no seu *Tratado sobre a Trindade*, uma obra-prima da literatura antiariana. Continua se correspondendo com seus colegas do episcopado gaulês e, para responder às suas questões doutrinais, manda-lhes seu livro *Sobre os Sínodos*.

Volta ao Ocidente, em 360, e consegue reagrupar o episcopado gaulês em torno da ortodoxia de Niceia. Publica, então, seu *Comentário dos Salmos* e o livro *Dos Mistérios*. Aquele que foi chamado de "Atanásio do Ocidente" morre em 367.

HILÁRIO, DIÁCONO ROMANO – Ensinava que os arianos, quando se convertiam, deviam ser rebatizados. Escreveu diversos tratados sobre o tema, por exemplo, *Altercatio Luciferiani et Ortodoxi*.

HILDEBERTO DE LAVADIN, Cenomanensis (1056-1133) – Bispo de Mans e Arcebispo de Tours. Poeta e canonista. Defensor ardente da liberdade da Igreja. É conhecido principalmente por suas obras literárias escritas em elegante latim. Forma com Ivo de Chartres e Sto. Anselmo o grupo dos bispos cultos da época.

HIPÓLITO DE ROMA – Foi o último escritor latino a escrever em grego. Opôs-se ao monarquianismo e ao sabelianismo correntes em Roma. Rigorista, desentendeu-se com o papa Calixto a respeito das condições necessárias para o sacramento da penitência. Reconciliou-se com o papa Ponciano. Morreu mártir. Entre outras obras, escreveu *Refutação de todas as heresias* e *Tradição apostólica*.

HOMERO (séc. VII a.C.) – Considerado o autor da Odisseia e da Ilíada, os maiores poemas épicos da Grécia antiga.

HONORATO DE ARLES (c. 350-429) – Bispo. Pertencente a uma família consular, converteu-se ao cristianismo. Em Lérins, perto de Cannes, fundou um mosteiro com alguns companheiros. Sto. Agostinho dedicou-lhe o tratado *De utilitate credendi*.

HONÓRIO DE AUTUN (séc. XII) – Eremita em Ratisbona, escreveu muitas obras tratando dos mais variados assuntos teológicos, científicos, litúrgicos, retratando o conhecimento de seu tempo.

HORÁCIO (± 65 a.C.-8 d.C.) – Poeta latino, amigo de Virgílio, apoiado por Mecenas. Escreveu *Epodos*, *Sátiras*, *Odes* e *Epístolas*, das quais a última, a *Arte poética*, é um verdadeiro tratado.

HORÁCIO (Quintus Horatius Flaccus) (65-8 a.C.) – Poeta latino. Em suas Sátiras e Epístolas reflete sobre os costumes de seu tempo e os problemas da vida moral. É o poeta do amor, de vida rústica simples e também poeta nacional. Com Virgílio é o maior nome da poesia latina.

HUGO DE SÃO CARO (SAINT-CHER) (nascido no final do século XII e morto em 1263) – Dominicano, mestre em Paris a partir de 1230, cardeal em 1244. Exerceu grande influência doutrinal. Escreveu um *Comentário sobre as Sentenças* e diversos tratados teológicos, assim como comentários à Escritura. Dirigiu os trabalhos para a primeira Concordância verbal da Bíblia latina.

HUGO DE SÃO VITOR († 1141) – Nada se sabe de suas origens. Por volta de 1127, está na abadia de São Vítor, em Paris e torna-se, em 1133, mestre da escola pública da abadia. Dá-lhe grande impulso. É um dos espíritos mais cultivados da Idade Média, um homem cheio de curiosidade intelectual e do zelo de tudo aprender.

Sua obra é imensa, desde a gramática (pois todas as artes são servas da divina Sabedoria) até a teologia. Suas obras mais conhecidas são: *A Escritura e os escritores sacros*, os *Sacramentos da fé cristã*, sem contar numerosos comentários da Escritura.

A *Suma das Sentenças* a que se refere Sto. Tomás não é, propriamente falando, de Hugo de São Vitor, mas recebeu sua influência.

IBAS DE EDESSA – Bispo, escreveu uma *Carta cristológica* ao bispo persa Maris, motivo de sua condenação em Éfeso.

INÁCIO MÁRTIR – Bispo de Antioquia, é levado a Roma para ser martirizado, em 107. Durante sua passagem pela Ásia Menor, dirige cartas às diversas Igrejas que lhe mandaram seus bispos ou mensageiros. Afirma "a economia" divina, a divindade de Jesus e a realidade de sua encarnação. Destaca também a virgindade de Maria e refere-se frequentemente à eucaristia e ao papel do bispo.

INOCÊNCIO I – Papa de 402 a 417. Seu pontificado coincide com o sítio de Roma por Alarico e a tomada da cidade. Tenta impor os usos romanos às Igrejas do Ocidente e fazer reconhecer a primazia da Igreja de Roma. Confirma as condenações dos Concílios da África contra Pelágio.

INOCÊNCIO III – Papa de 1198 a 1216. Um dos maiores papas da Idade Média. Desempenha um papel político afirmando os direitos da Igreja de Roma. Procura reformar as ordens religiosas. Antes de seu pontificado, escreveu muitos tratados, sendo um *Sobre o Santo Mistério do Altar*.

INOCÊNCIO IV (1200-1254) – Papa. Aprovou o uso da tortura na Inquisição. Em conflito com o imperador Frederico II refugiou-se em Lyon, na França, onde reuniu o primeiro Concílio de Lyon em 1245, que determinou a deposição do imperador.

IRENE – Regente e imperadora de Bizâncio (752-802), é citada por Sto. Tomás por causa de sua defesa do culto das imagens.

IRENEU (± 140-202) – Provavelmente originário de Esmirna. Conheceu Policarpo, o qual, por sua vez, conhecera em sua juventude o apóstolo S. João, muito idoso. Não se sabe como chegou a Lyon. Sucedeu ao bispo Potino, mártir em 177.

Pode ser considerado o primeiro teólogo da Igreja, mas seu pensamento, muito rico, foi ignorado durante a Idade Média.

ISAAC BEN SALOMON ISRAELI (entre 840 e 940) – Filósofo e lógico judeu, originário do Egito, praticou a medicina na corte dos califas do Cairo. Sto. Tomás lhe atribui erradamente, a famosa definição da verdade (*adaequatio rei et intellectus*) que, na realidade, é de Avicena*.

ISIDORO (± 570-636) – Sucessor de seu irmão Leandro como bispo de Sevilha, de 599 a 636, Isidoro é o mais célebre escritor do século VII. É um dos elos que unem a Antiguidade à Idade Média.

Menos profundamente perturbada pelas invasões que a Gália e a Itália, a Espanha conservou parte da herança da cultura antiga. Isidoro escreveu tratados exegéticos, teológicos e litúrgicos. Sua obra mais célebre é o *Livro das origens ou das etimologias*, verdadeira suma do saber humano de seu tempo, em todas as áreas. Seus conhecimentos enciclopédicos valeram-lhe uma admiração toda particular na Idade Média.

ISIDORO MERCATOR (Pseudo-) – Ver DECRETAIS.

IVO DE CHARTRES, bispo (1040-1117) – Canonista conciliador participou nas controvérsias sobre as relações entre a Igreja e o Estado, a questão das investiduras, a legislação sobre o casamento, a competência da jurisdição espiritual e outras.

JERÔNIMO (± 347-420) – Temperamento impetuoso, Jerônimo passou a juventude viajando para instruir-se junto aos melhores mestres, antes de fazer um estágio no deserto onde procura dominar seu rude temperamento. "Trilíngue (sabe o grego e o hebraico), volta a Roma onde, devido a sua ciência, o papa Dâmaso* o escolhe por secretário. Depois da morte de Dâmaso, Jerônimo deve deixar a cidade em que conta com muitos amigos e, também, com numerosos inimigos. Acaba instalando-se em Belém com um grupo de "fiéis". Funda dois mosteiros e leva uma vida de trabalho assíduo e de oração. Empreende a grande obra de sua vida: a tradução da Bíblia, do hebraico para o latim. Sempre muito ativo e atento, impressionável e excessivo, imiscui-se em todas as controvérsias e sua pena ágil escreve alternadamente comentários sobre as Escrituras, cartas e panfletos.

JOÃO CRISÓSTOMO – Ver CRISÓSTOMO.

JOÃO DAMASCENO – Ver DAMASCENO.

JOÃO DE ANTIOQUIA († 442) – Bispo, na questão cristológica liderou o grupo que se opunha a Cirilo de Alexandria. O papa Sixto III conseguiu que retomasse o diálogo e chegasse a um acordo. Assumiu o Símbolo de Éfeso e fez com que fosse aceito por um grande número de cristãos.

JOÃO DE SALISBURY (1115-1180) – Secretário de Teobaldo e S. Thomas Becket, arcebispo de Canterbury, foi nomeado bispo de Chartres em 1176. Fez estudos nas escolas catedrais da França, sendo discípulo de Pedro Abelardo. Escreveu uma *Historia Pontificalis* em que faz uma boa descrição de sua época. *Policraticus e Metalogicon* apresentou uma crítica às administrações reais e pontifícia e às universidades. Em 29 de dezembro de 1170 estava na Catedral de Canterbury quando Becket foi assassinado.

JOAQUIM DE FIORE (1135-1202) – Abade cisterciense, deixa a Ordem para fundar, com a autorização do papa Celestino III, a abadia de Fiore (sul da Itália). Questionado por seus contemporâneos, Joaquim é objeto dos juízos mais opostos. Sentindo-se com uma missão de profeta, apresenta uma grande visão da história. Seus discípulos muito a trabalharam, acrescentando apócrifos a suas obras. Após o período do Pai (Antigo Testamento), e o do Filho, é agora o tempo do Espírito Santo, da Igreja transformada e espiritualizada, realizando o Evangelho eterno. Sua mensagem comporta muitas intuições penetrantes ao lado de utopias e de verdadeiros erros. Escreveu muitas obras, entre as quais o livro *Sobre a Unidade ou a Essência da Trindade*, condenado pelo Concílio do Latrão de 1215.

JOSEFO FLÁVIO (± 37-100) – Historiador judeu, deixou duas obras: *A História da Guerra dos Judeus* e as *Antiguidades Judaicas*.

JULIANO, o Apóstata (331-363) – Imperador romano. Sobrinho de Constantino, tornou-se imperador em 360 após a morte de seu primo Constâncio II. Liberal em seu modo de governar favoreceu a restauração das religiões não cristãs. Ele afastou do cristianismo e se dedicou a um culto do sol. Neoplatônico deixou muitas obras sendo a mais conhecida o Tratado *Adversus Christianos*.

JULIANO POMÉRIO († 498) – Presbítero galileu oriundo da Mauritânia. Exercendo a atividade de presbítero no sul da França foi mestre de Cesário de Arles. Escreveu *De animae natura* em oito livros e *De vita contemplativa* ou *De contemptu mundi* em três livros, muito influenciados por Agostinho. O primeiro, sobre o valor da vida contemplativa; o segundo, sobre a vida ativa; o terceiro, sobre as virtudes e os vícios.

JÚLIO I – Papa de 337 a 352. Defende Sto. Atanásio contra os arianos e obtém sua volta a Alexandria.

São-lhe atribuídas, erroneamente, duas decretais e cânones, inseridos na coleção das *Falsas Decretais do Pseudo-Isidoro*.

JÚLIO AFRICANO – Escritor cristão da primeira metade do século III. Restam dele Cestas (misturas profanas), uma vasta Cronografia cobrindo a história do mundo desde Adão até Heliogábalo, uma carta a Orígenes e outra a Aristides, citada por Sto. Tomás.

JÚLIO CÉSAR (100-44 a.C.) – General e imperador romano. Autor de *De Bello Gallico* e *De Bello Civilli*.

JURISPERITUS = Jurisconsulto – Título dado por Sto. Tomás à coleção de extratos dos jurisconsultos romanos compilada por ordens de Justiniano.

JUSTINIANO – Imperador do Oriente de 527 a 565. Ele tem ideia muito alta de suas obrigações de imperador cristão e permite-se intervir, não sem cometer imensos erros, nas controvérsias teológicas. Sua obra mais durável é seu empreendimento de legislação eclesiástica e civil: *Código Justiniano, Digesto, Institutas e Novelas*.

JUSTINO, santo (séc. II) – Apologeta, procurou defender os cristãos das acusações correntes sobre os ritos e celebrações e demonstrar a verdade do cristianismo.

LACTÂNCIO (260-340) – Nascido na África, foi nomeado por Diocleciano mestre de eloquência latina em Nicomédia. Renunciou ao cargo durante a perseguição. Sua obra principal, *Divinae institutiones*, em 7 livros, é uma defesa do cristianismo aos ataques dos escritores contemporâneos.

LANFRANCO (1005-1089) – Prelado inglês, mestre na abadia de Bec, depois conselheiro de Guilherme Conquistador, arcebispo de Canterbury e primaz da Inglaterra. Reformador da Igreja inglesa, substituiu os bispos anglo-saxões por bispos normandos.

LEÃO IV (800-855) – Papa. Restaurou a cidade de Roma depois de ter sido saqueada pelos sarracenos e construiu os muros que cercam a basílica de S. Pedro e parte da colina do Vaticano. Foi um disciplinador severo em questões eclesiásticas e agiu com independência da corte imperial. Em 850, ungiu em Roma o filho do Imperador Lotário, Luís II.

LEÃO MAGNO – Papa de 440 a 461. Antes de tornar-se papa, Leão ajudou os papas, seus predecessores, na chancelaria pontifícia. Numa época muito perturbada (invasão dos hunos, dos vândalos), mantém, no meio das angústias de seus contemporâneos, atitude serena. Em seus sermões, esse homem de fé inquebrantável, não se cansa de admirar o mistério de Deus e de tentar comunicar seu maravilhamento aos fiéis, mostrando-lhes, contudo, os perigos das heresias numerosas em seu tempo.

Muito particularmente, S. Leão teve de examinar, e refutar, o monofisismo de Êutiques, sustentado pela corte imperial de Constantinopla. Nessa ocasião, redigiu o *Tomus ad Flavianum* em que precisa a doutrina da encarnação do Verbo. Uma pessoa, o Verbo de Deus, em duas naturezas, a natureza divina e a natureza humana. Essa doutrina foi reconhecida e definida no Concílio de Calcedônia de 451.

LOMBARDO – Ver PEDRO.

LOURENÇO, S. († 258) – Mártir cristão, diácono. Administrador dos bens da igreja, segundo ele, dos pobres, viúvas e virgens consagradas. Muitíssimo honrado e festejado, seu nome constava no cânon romano da missa.

LUCÍLIO, CAIO (180-102 a.C.) – Poeta satírico romano.

MACÁRIO DE ANTIOQUIA – Patriarca monotelista de Antioquia no século VII. No III Concílio de Constantinopla (VI Concílio ecumênico), de 680-681, mantém resolutamente sua posição. Os Padres do Concílio, após ter definido a existência em Jesus Cristo de duas atividades naturais e de duas vontades naturais, depõem Macário que não quer aceitar as decisões do Concílio.

MACRÓBIO – Escritor e gramático latino morto no começo do século V. Escreveu um comentário do sonho de Cipião, de Cícero. Inspira-se em Platão e nos neoplatônicos.

MAIMÔNIDES (Rabino Moisés) (1135-1204) – Nascido em Córdoba, célebre rabino judeu, filósofo e médico, viveu no Marrocos, na Palestina e no Egito. Numa das suas numerosas obras e, principalmente, no seu *Guia dos Indecisos*, que teve difusão considerável, tenta um primeiro acordo entre a filosofia de Aristóteles e a revelação mosaica. Como o filósofo muçulmano Avicena e muitos filósofos judeus da Espanha, prova a existência de Deus pelo primeiro Motor eterno do mundo (quer seja este mundo eterno, quer seja criado no tempo), pela existência de seres contingentes, supondo um Ser necessário pela causalidade que exige uma Causa primeira.

Nega que, fora da revelação, se possa afirmar algo da essência divina. A razão só pode conhecer o que Deus não é. Sto. Tomás corrigiu o que essa posição tem de excessivo por sua doutrina dos *Nomes Divinos*, tirada dos escritos do Pseudo-Dionísio.

MANIQUEUS – Seguidores do maniqueísmo, religião fundada por *Mani*, sacerdote de Ecbátana na Pérsia, em 250 d.C. É uma síntese de doutrinas iranianas e babilônicas com elementos budistas e cristãos. Afirma a oposição entre o Bem, a luz, a alma e o Mal, as trevas, o corpo. Assim como o universo, o homem é uma mistura do bem e do mal, a saber, da alma e do corpo. Por isso é necessário libertar as almas da prisão do corpo. Sto. Agostinho o condenou frequentemente em seus escritos.

MARCELA († 410) – Mártir romana venerada como santa. Órfã de pai, ficou viúva logo após o casamento. Renunciando a um novo casamento, fez de seu palácio na colina Aventino um centro de vida religiosa e de estudo. S. Jerônimo, ao chegar a Roma, orientou o grupo nos estudos e na prática religiosa. Conservam-se 16 cartas de S. Jerônimo em resposta a interrogações sobre os textos bíblicos que Marcela lhe fazia. Por ocasião do saque de Alarico, foi submetida a violências que lhe causaram a morte.

MARCIANO – Imperador do Oriente de 450 a 457. Sucede a Teodósio II de quem desposa a irmã, Pulquéria. A pedido de S. Leão, convoca o Concílio de Calcedônia (451) que precisa a doutrina ortodoxa da encarnação do Verbo e condena o monofisismo.

MARTINHO I (649-655) – Papa. Desentendeu-se com o imperador Constante II que defendia a doutrina de uma só vontade em Cristo. Foi preso e desterrado. Faleceu no desterro.

MARTINHO DE BRAGA (520-580) – Fez-se monge na Palestina onde conheceu muitos peregrinos espanhóis. Induzido por eles viaja para a Galileia com a intenção de converter os suevos, em parte pagãos ou arianos. Fundou vários mosteiros e em 561 foi nomeado bispo de Dumio e mais tarde arcebispo de Braga. Sua obra mais conhecida é a *Formula*

honestae vitae, em que expõe a vida cristã a partir das quatro virtudes capitais. Outras obras abrangem temas de liturgia, de ascese e de moral e de direito.

MAXIMINO, ARIANO (séc. III-IV) – Bispo latino, discípulo e sucessor de Úlfilas. Manteve polêmica com Sto. Ambrósio em Milão e com Sto. Agostinho na África. Este escreveu um tratado contra Maximino, bispo herético dos arianos.

MÁXIMO CONFESSOR (580-662) – No início, familiar do imperador, Máximo retira-se ao mosteiro de Crisópolis (Bósforo). Expulso pela invasão persa, passa para a África onde conhece Sofrônio, futuro bispo de Jerusalém, adversário decidido da única vontade em Cristo. A partir de 634, Máximo torna-se, juntamente com Sofrônio, o campeão da luta teológica contra o monotelismo todo-poderoso em Constantinopla. Essa luta domina sua existência. Em 646, fixa-se em Roma e, em 649, o Concílio do Latrão condena o monotelismo. Mas em junho de 653, Máximo é preso, com o papa Martinho I, e levado a Constantinopla pela polícia imperial. É submetido a interrogatórios e exilado. A partir desse momento, sua vida é uma sucessão de processos, de exílios sucessivos. No final, com mão e língua cortadas, morre junto ao Cáucaso, em 13 de agosto de 662.

Sua obra é variada: teologia (*Respostas a Talassius*), comentários dos Padres (especialmente de Dionísio o Areopagita, citados por Sto. Tomás), ascese e mística (*Mistagogia, Centúrias sobre a caridade*).

MÁXIMO DE TURIM († 423) – Bispo de Turim no século V. Seus sermões revelam um pastor ardoroso no estudo da Escritura e em prevenir os fiéis contra o paganismo e a heresia.

MELQUÍADES – Papa de 311 a 314, época do edito de Milão. Constantino encarrega-o, com os bispos da Itália e das Gálias, de arbitrar o conflito entre Ceciliano de Cartago e Donato. O Sínodo dá razão a Ceciliano.

A carta de Melquíades aos bispos da Espanha, citadas por Sto. Tomás, não é autêntica.

MIGUEL PALEÓLOGO (1224-1282) – Imperador bizantino em Niceia e depois em Constantinopla. Destruiu o império latino de Constantinopla e provocou as *Vésperas Sicilianas* (1282).

MOISÉS (Rabino) – Ver MAIMÔNIDES.

MONTANO (157-212) – Sacerdote de Cibele, juntamente com as profetisas Priscila e Maximila, diziam ter recebido revelações sobre o fim próximo do mundo. Pregavam um ascetismo severo como preparação para a volta de Cristo. Ancira e Éfeso foram os dois maiores centros do Montanismo.

NEMÉSIO DE EMESA (séc. V) – Bispo, sucedeu a Eusébio de Cesareia. Entre suas muitas obras, cerca de 400, uma *Sobre a natureza do homem*, de tendência neoplatônica, teve grande divulgação na Idade Média.

NESTÓRIO (± 380-451) – Nestório é de origem síria. Ingressa num mosteiro perto de Antioquia. Logo adquire fama de orador. Em 428, a corte o chama para ser patriarca de Constantinopla. Não demora a insurgir-se, em seus sermões, contra o termo *theotokos* e a expressão "Deus sofreu". Vê nisso vestígios de apolinarismo. Orador demais, teólogo de menos, pensa poder resolver um problema difícil com discursos eloquentes. No momento em que a teologia das duas naturezas está se definindo, acaba por comprometê-la, deixando de insistir na união íntima das duas naturezas na Pessoa do Verbo. Os monges de Constantinopla inquietam-se. Cirilo de Alexandria avisa Roma e se demonstra incomodado. Em 431, o Concílio de Éfeso, concílio tempestuoso, condena Nestório, depõe-no e envia-o para seu mosteiro de Antioquia. De exílio em exílio, acaba no Grande Oásis do deserto líbio, de onde as incursões bárbaras o expulsam, mais uma vez.

NICOLAU I – Papa de 858 a 867. Enérgico e, às vezes, intransigente, recusa-se a reconhecer a eleição de Fócio para a sé de Constantinopla, após a deposição de Inácio. Essa decisão provoca a primeira ruptura com a Igreja do Oriente. Procura subtrair a Igreja búlgara à influência de Constantinopla a fim de ligá-la a Roma. Exige que os bispos lhe submetam as "causas maiores".

NOVACIANO – No momento da morte do papa Fabiano, durante a perseguição de Décio (250), Novaciano é sacerdote em Roma, brilhante e culto. As circunstâncias não possibilitam uma eleição imediata. Novaciano ocupa um lugar de primeiro plano durante a vacância. Depois de quatorze meses, a perseguição acalma-se. Então, o clero de Roma escolhe por papa o sacerdote Cornélio. Decepcionado, Novaciano se rebela contra ele, faz-se sagrar bispo por três bispos e inicia um cisma. Prega um rigorismo intransigente. O novacianismo torna-se seita importante, principalmente nas grandes cidades.

ORÍGENES (± 185-253) – É iniciado nas Escrituras pelo pai (que acabou morrendo mártir). Clemente de Alexandria forma-o, a seguir, nos conhecimentos humanos e cristãos. Demonstra inteligência tão brilhante que o bispo de Alexandria confia-lhe a direção da escola catequética quando está com apenas 18 anos. Dá imenso brilho à escola, tanto pelo valor de seus ensinamentos como pelo exemplo de sua vida austera. Completa sua formação filosófica pelas lições de Amônio Saccas, a leitura de Platão e de Aristóteles; estuda o hebraico para ler o texto do Antigo Testamento no original. Crente ardoroso e apaixonado, "tinha recebido o dom de pesquisar e de descobrir" (Gregório Taumaturgo, seu aluno). Procura a verdade em todas as fontes mas, antes de tudo, na Escritura. Em consequência de atrito com seu bispo, parte, em 231, para Cesareia de Palestina, onde funda uma escola, que passou a ser tão próspera quanto a primeira. De todos os lugares, consultam-no sobre questões difíceis, pois não há, ainda, nem concílios nem definição de fé. É a partir da Escritura que os problemas se colocam e que se procura resolvê-los. Durante a perseguição de Décio, Orígenes é longamente torturado e morre pouco depois, em consequência das torturas.

Orígenes deixou obra imensa: 2.000 títulos. Seu pensamento ousado e novo exerceu profunda influência sobre os séculos seguintes. Foi o primeiro a fazer exegese científica sobre todos os livros da Escritura; comentários profundos, escólios sobre as passagens difíceis, homilias calorosas para os fiéis. Compôs escritos ascéticos, apologéticos (*Contra Celso*) e, sobretudo, o tratado *Dos Princípios*, a primeira *Suma Teológica* da antiguidade cristã. Numa grande síntese, Orígenes parte da natureza íntima de Deus para terminar na consumação do universo.

Quase todas as obras de Orígenes desapareceram nas querelas levantadas por seu pensamento audacioso, muitas

vezes deformado por seus discípulos. Esse homem que tanto amou a Igreja e que testemunhou fidelidade à sua fé, foi condenado por seus erros sobre a pré-existência das almas, a existência de vários mundos sucessivos, a salvação final universal (incluindo os demônios). Mas seus erros não podem fazer esquecer todas as descobertas e os aprofundamentos que enriqueceram o pensamento cristão.

→ AMÔNIO SACCAS, mestre grego em Alexandria. Cristão de nascimento, passou ao paganismo.

ORÓSIO – Originário de Tarragona, com cerca de 30 anos foi ao encontro de Sto. Agostinho, a quem enviara em 414 um memorial sobre o erro dos priscilianistas e dos origenistas, ao qual o bispo respondeu. Desempenhou várias missões junto a S. Jerônimo cotra os pelagianos a pedido de Sto. Agostinho. Gozou de grande fama durante a Idade Média, sendo então considerado, por sua obra *Histórias,* o historiador cristão por excelência,

PALÁDIO (365-431) – Monge no Egito e mais tarde bispo de Helenópolis, na Bitínia. Seus escritos mais conhecidos são a *História Lausíaca,* relativa ao antigo monarquismo, e *Dialogus de vita S. Johannis Chrysostomi,* em defesa de seu amigo.

PASCUAL (1099-1118) – Papa. Seu papado foi marcado pelos conflitos com o rei Henrique II sobre as investiduras.

PAULA – Ver EUSTÓQUIA.

PAULA (347-404) – Nobre romana, ficou viúva aos 33 anos com cinco filhos: Blesila, Paulina, Eustóquia, Rufina e Toxócio (nome de seu marido). Sta Marcela e S. Jerônimo confortaram-na em sua viuvez. Em 385, estabelece-se em Belém com sua jovem filha Eustóquia. Cooperou na construção de um mosteiro para mulheres e outro para homens, assim como de uma hospedaria para peregrinos. S. Jerônimo apresenta-a como uma mulher culta, com senso prático e diplomático, dada à mortificação e às obras de caridade. A Paula e à sua filha são endereçadas diversas cartas de S. Jerônimo.

PAULIANOS (séc. III) – Discípulos de Paulo de Samosata, bispo e escritor creta, não batizavam em nome da Trindade, porque não acreditavam que o Filho e o Espírito Santo existiam em Deus como a razão e a ação existem no homem.

PAULINA († 396) – Filha de Sta. Paula e esposa de Panmáquio, condiscípulo e amigo de juventude de S. Jerônimo, a quem são dirigidas várias cartas, particularmente em defesa de seus livros contra Joviniano, nos quais exalta a virgindade sobre o matrimônio.

PAULO DE SAMOSATA – Bispo de Antioquia, foi condenado pelo Sínodo de Antioquia, em 268, por erros trinitários e cristológicos.

PAULO DIÁCONO (séc. XII) – Monge de Montecassino. Fazia parte do grupo de sábios na corte de Carlos Magno. Sua obra mais conhecida e apreciada foi *Homiliarium.*

PEDRO CANTOR (séc. XII) – Professor de teologia da escola episcopal de Paris. Escreveu *Summa de sacramentis et animae consiliis* e *Verbum abbreviatum.*

PEDRO COMESTOR († 1178) – Teólogo. Professor em Paris, aí escreveu sua obra maior *Historia Scholastica,* em 20 volumes. Começa com a criação do mundo e termina com os Atos dos Apóstolos. Todos os livros da Bíblia são apresentados e parafraseados. A obra teve grande sucesso entre os estudantes. O apelido "Comestor" foi-lhe dado em vida pela grande estima em que seu ensino era tido. Várias vezes o comenta em seus sermões. Significa, aplicado a ele, *o que se alimenta* de livros.

PEDRO CRISÓLOGO (406-450) – Bispo de Ravena, distinguiu-se pela eloquência.

PEDRO DE TARANTÁSIA (1369-1387) – Bispo de Metz e Cardeal na corte de Avignon. Austero e caridoso foi beatificado por Clemente VII em 1527.

PEDRO LOMBARDO (± 1100-1160) – De origem lombarda, chega a Paris em 1136 para completar seus estudos. A partir de 1142, é mestre afamado na escola de Notre-Dame. Acompanha de perto todas as correntes de ideias de seu tempo, faz parte do corpo de jurados que, no concílio de Reims, condena Gilberto de la Porrée. Em 1159, é escolhido para bispo de Paris. Morre no ano seguinte.

Todas as suas obras são fruto de seu ensino: *Glosa-Comentário das Salmos,* espécie de compilação patrística que deve servir de complemento à brevidade da obra de Anselmo de Laon, *Glosa sobre as Epístolas de S. Paulo,* ainda mais famosa que a anterior. Mas uma obra, em especial, valeu a Pedro o título de "Mestre das Sentenças", os quatro *Livros das Sentenças*: 1) Deus trino e uno; 2) Deus criador, graça e pecado; 3) Verbo encarnado e Cristo redentor, virtudes e decálogo; 4) Sacramentos e fins derradeiros. Esse plano marca um progresso real sobre os compêndios teológicos desse tempo.

Na efervescência do século XII em que os mestres enveredam, às vezes, em teorias arriscadas, Pedro Lombardo é um moderado. Não quer contentar-se com uma atitude meramente defensiva, e multiplicadora das condenações; sente a necessidade de pesquisar seus contemporâneos e quer mantê-los na ortodoxia. Fiel à tradição dos Padres e com uma clara preocupação pedagógica, une uns aos outros, formando como que um mosaico de sábios. Também empresta ideias de seus contemporâneos, mas não quer elaborar teorias pessoais. Não é um filósofo e não tem, provavelmente, a envergadura de seus grandes predecessores. Sua obra, contudo, apesar de algumas oposições tenazes, é logo apreciada. No Concílio de Latrão, em 1215, os *Livros das Sentenças,* atacados por Joaquim de Fiore, recebem um solene elogio pela sua ortodoxia. A partir desse momento, passam a ser o manual para o ensino da teologia. São comentadas, adaptados. É só a partir do século XVII que a Suma de Sto. Tomás os substitui.

PELÁGIO (± 370-432) – Originário da Grã-Bretanha, é um monge austero. Fixa-se em Roma no tempo do papa Anastásio (399-402) e dá conselhos de ascetismo muito apreciados. Defensor da vontade humana, pensa que ela é capaz, sem a graça redentora, de querer e executar o bem; o livre-arbítrio do homem é todo-poderoso, a graça é simplesmente uma ajuda que torna a virtude mais fácil. Não existe pecado original e pode haver homens que vivem sem pecado. Pelágio esforça-se por difundir sua doutrina por todas as regiões do Império.

Sto. Agostinho, que tinha tão profundamente o senso da impotência da natureza humana entregue a suas próprias forças, luta energicamente contra as ideias de Pelágio e de seus partidários. Fá-los condenar nos Concílios de Carta-

go (415), de Milevi (416) e pelo papa Inocêncio I (417). O Concílio de Éfeso (431) anatematiza solenemente o pelagianismo.

PELÁGIO I – Papa de 556 a 561. Nasceu numa grande família romana. Sabe grego. Ainda diácono, traduz as Sentenças dos Padres do deserto para o público latino. A partir de 536, está na chancelaria pontifícia e encarregado de missões diplomáticas no Oriente. Sucede ao papa Vigilio.
Sto. Tomás cita duas de suas cartas.

PIO I – Papa de 140 a 155, aproximadamente. Os decretos penitenciais que lhe atribuem Graciano e Sto. Tomás são, de fato, da época carolíngia.

PÍTACO DE MITILENE em Lesbos (± 650-570 a.C.) – Um dos sete Sábios da Grécia. Tornou-se governador de Mitilene, após depor o tirano local, Melancro, com o auxílio dos irmãos do poeta Alceu. Afastou-se do poder depois de dez anos. Diógenes Laércio lhe atribui uma carta a Creso, certamente espúria. A tradição reconhece alguns trechos de suas elegias assim como provérbios e normas jurídicas.

PITÁGORAS – filósofo e matemático grego. Fundou comunidades ascéticas que se dedicavam a estudos de filosofia e política. Não deixou nenhum escrito. Euclides* ordenou os teoremas estabelecidos pelo conjunto da escola pitagórica.

PLATÃO (± 428-347 a.C.) – Ateniense, por volta dos vinte anos, liga-se a Sócrates*; priva de sua intimidade por oito anos. Depois da morte de seu mestre, viaja para se instruir, e volta a Atenas onde funda uma escola de filosofia nos jardins de Academos. Aí, durante quarenta anos, ajuda seus discípulos a descobrir a verdade que trazem em si mesmos, e da qual devem tomar consciência.
Podemos conhecer o pensamento de Platão graças a seus escritos. Inicialmente fiel ao método socrático, reelabora, pouco a pouco, a doutrina das Ideias e a dialética. A Dialética é o meio que possibilita à alma elevar-se, por degraus, das aparências múltiplas e mutantes até as Ideias (essências), modelos imutáveis, das quais o mundo sensível é imagem. Assim, a alma passa do devir ao ser, da opinião à ciência, pois é "irmã das Ideias", tem parentesco com elas. Conheceu-as numa existência anterior; mas essas Ideias permanecem latentes, adormecidas no seio do pensamento, até o choque ocasional transmitido ao espírito pelo corpo (a sensação) que desperta sua potência. Portanto, todo conhecimento é reminiscência, conversão graças à qual a alma reorienta seu olhar para as realidades verdadeiras. O conhecimento discursivo é importante, mas a forma superior do saber é a noésis, uma intuição intelectual das Essências. As Ideias relacionam-se entre si. Seu princípio é a Ideia do Bem, Deus, "medida de todas as coisas", princípio de toda existência, causa universal e causa de cada ser. Deus é Providência e dará, numa outra vida, recompensa ou castigo à alma que é imortal.
Platão quer pôr a alma em busca da verdade. Para isso não basta raciocinar corretamente, é preciso a pureza de uma vida reta. Não se alcança a verdade seguindo ilusões vãs.
Embora durante a Idade Média os latinos só conhecessem o Timeu, Platão exerceu uma verdadeira atração sobre o pensamento cristão tanto no Oriente como no Ocidente. Os cristãos dos primeiros séculos viram nele "o maior teólogo de todos os gregos", aquele que convida a ver com o olho da alma a luz imutável e eterna, a procurar a verdade além do mundo dos corpos, a descobrir as perfeições invisíveis de Deus através das coisas criadas que são Ideias de Deus projetadas no ser, a reconhecer que Deus é o Bem supremo.
→ ESPEUSIPO, cunhado de Platão.

PLAUTO (Titus Maccius Plautus) (254-184 a.C.) – Dramaturgo cônico romano.

PLOTINO – Filósofo neoplatônico, discípulo da escola de Alexandria e interessado nas filosofias persas e indianas. Ensinou em Roma uma doutrina que procurava conciliar a racionalidade da filosofia grega com a mística de inspiração cristã. Porfírio, seu discípulo, publicou suas obras com o título de *Enéadas*.

PLUTARCO (± 45-120) – Autor grego. Escreveu *Vidas Paralelas* e *Moralia*. Afirmava a unidade das religiões embora fossem diversas as suas formas.

POLICARPO – Bispo de Esmirna, na Ásia Menor. Em Roma tratou com o papa Aniceto a questão da data da Páscoa. Opôs-se vigorosamente aos gnósticos. Aos 86 anos foi condenado à fogueira. As atas de seu martírio são o mais antigo documento que nos chegou no gênero.

PORFÍRIO (± 233-305) – De origem pagã, vai a Atenas para concluir sua formação filosófica. Chega a Roma por volta de 263, descobre Plotino e convive com esse filósofo, asceta e místico. É seu colaborador até 268 quando, esgotado pela ascese da escola plotiniana, vai tratar-se na Sicília. Plotino morre pouco depois, e Porfírio incumbe-se de perpetuar sua memória.
Porfírio é um erudito, inimigo das superstições populares, adversário resoluto do cristianismo que invade o Império. Escreveu muito, mas suas obras perderam-se quase todas. Eis as mais conhecidas: *Plotino, Vida de Pitágoras, Refutação do cristianismo*, de que sobra quase nada, *Carta ao sacerdote egípcio Anebão* e, sobretudo, a introdução deste comentário: o *Isagoge*, pequeno manual escolar sem pretensão, mas claro e preciso. Traduzido por Boécio, esse opúsculo exerceu grande influência sobre os pensadores da Idade Média.

POSSÍDIO (séc. V) – Viveu durante uns quarenta anos na intimidade de Sto. Agostinho, como monge, como sacerdote de Hipona e, enfim, como bispo da sede episcopal mais importante da Numídia, Calama (397). Mantém-se ao lado do amigo em todas as lutas e concílios. Genserico o expulsou de seu bispado em 437.
Possídio escreveu uma *Vida de Agostinho* e deu o catálogo de todas as suas obras.

PREPOSITINO DE CREMONA (séc. XII-XIII) – Chanceler da Universidade de Paris entre 1206 e 1210. Autor de uma *Summa Theologiae*.

PREVOSTINO (± 1150-1210) – Teólogo nascido em Cremona (Itália). É mestre em Paris por volta de 1180, diretor da escola em Mogúncia em 1195, chanceler da Universidade de Paris em 1206.
Compôs numerosas obras: *Questões de Mestre Prevostino, chanceler de Paris, Suma teológica* etc.

PROCLO (418-485) – Filósofo grego neoplatônico. Sua obra principal é a *Teologia Platônica*, em que procura conciliar

Platão e Aristóteles, demonstrando não serem as duas filosofias incompatíveis com uma teologia.

PRÓSPERO DE AQUITÂNIA (± 390-455/463) – Nascido na Aquitânia, mora em Marselha em 426. Apavorado pelas doutrinas semipelagianas dos monges da região, escreve a Agostinho para assinalar-lhe o perigo. Pouco antes de morrer, Agostinho responde por *A Predestinação dos Santos* e *O Dom da Perseverança*. Sempre mais isolado em Marselha, Próspero vai a Roma, esperando obter uma condenação. O papa prega a paz aos dois partidos. Mas nenhum o leva em conta e Próspero escreve suas *Respostas* às objeções caluniosas dos Gauleses e outros tratados. Pouco a pouco, volta a sentimentos mais pacíficos e vê que é preciso abandonar certas posições intransigentes de Agostinho. Desempenha funções importantes na chancelaria pontifícia, junto a S. Leão. Escreveu um *Comentário dos Salmos*, um tratado sobre *A Vocação de todos os Povos*, um *Livro das Sentenças* tiradas das obras de Sto. Agostinho, assim como uma vasta Crônica que vai até 455.

O tratado sobre *A vida contemplativa*, que Sto. Tomás lhe atribui, é obra de Juliano Pomère, sacerdote de Arles, morto em 498.

PTOLOMEU (± 90-168) – Célebre astrônomo, matemático e geógrafo grego de Alexandria. Sua obra mais conhecida é *A Composição Matemática* (ou *Almagesto*), descrição do mundo geocêntrico (sistema de Ptolomeu). Escreveu, também, obras de astronomia e de ótica.

QUODVULTDEUS (séc. V). Escritor cristão. Discípulo de Sto. Agostinho, foi feito bispo de Cartago, por volta de 437. Teria insistido com Sto. Agostinho a que escrevesse o tratado *De Haeresibus*. Expulso por Genserico, morreu na Campânia em 453.

RABANO MAURO (Hrabanus Maurus) (± 780-856) – Monge de Fulda (Alemanha), Rabano Mauro vai seguir em Tours os curso de Alcuíno. De volta, nomeado diretor de escola e abade de Fulda, torna-se, enfim, bispo da Mogúncia. Recebeu o título de "preceptor da Germânia". Espírito enciclopédico, como seu mestre ALCUINO, comentou quase todo o Antigo e o Novo Testamento. Escreveu, também, um livro sobre *A Instituição dos Clérigos* e um *De universo*, espécie de Suma onde reúne todo o saber de seu tempo.

RAIMUNDO DE PEÑAFORT – Jurista, professor e mestre geral dos dominicanos, publicou em 1234, em cinco livros, as *Decretais de Gregório IX*.

REMÍGIO DE AUXERRE (841-908) – Professor em Auxerre, Reims e, enfim, Paris, é discípulo de João Escoto Erígeno. Admite a realidade dos universais subsistindo na inteligência divina e a participação dos indivíduos em uma realidade superior que possibilita afirmar a unidade substancial da humanidade. Comentou o Gênesis e os Salmos, os *Opuscula Sacra* de Boécio. Temos ainda algumas de suas Homilias sobre S. Mateus.

RICARDO DE SÃO VÍTOR († 1173) – Aluno e sucessor de Hugo na escola de São Vítor, escreveu muito: tratados teológicos, exegéticos, ascéticos e místicos. Preocupou-se, principalmente, em "encontrar razões necessárias" às verdades da fé. Seu tratado *Sobre a Trindade* é característico a esse respeito: procura elevar a razão até seus limites extremos, embora sabendo-se diante do mistério.

Suas obras místicas tiveram grande repercussão entre seus contemporâneos. Descreveu a preparação da alma para a contemplação e a própria contemplação.

RUFINO (345-410) – Monge, amigo de são Jerônimo, com quem se desentendeu por ocasião da controvérsia origenista. Traduziu para o latim *A História eclesiástica* de Eusébio, assim como obras de Orígenes e uma *História dos monges do Egito*.

RUPERTO (± 1075-1129/30) – Monge beneditino de Saint-Laurent de Liège e abade do mosteiro de Deutz, perto de Colônia. Não quer ser teólogo, mas sim, monge. É um comentador incansável dos livros santos.

SABÉLIO (séc. III) – Era líbio, ao que parece. Chegou a Roma por volta de 217. Logo, com grande autoridade, pregou a doutrina modalista: Deus é "uno": o Pai e o Filho são os aspectos diversos de uma mesma pessoa. Diante de Sabélio ergue-se Hipólito. O papa Zeferino não resolve a questão, mas seu sucessor, Calixto, condena Sabélio e para, dessa maneira, o desenvolvimento da heresia em Roma e no Ocidente.

SALÚSTIO (86-35 a.C.) – Historiador latino. Começa pela carreira política: senador no tempo de César, governador da Numídia, onde enriquece sem escrúpulo. Depois da morte de César, retira-se da política e dedica-se à história. Escreveu *A Conjuração de Catilina*, *A Guerra de Jugurta* e *Histórias* de que só temos fragmentos.

SCOTT ERIÚGENA, JOÃO (séc. IX) – Teólogo irlandês. Dirigiu a escola palatina e participou na controvérsia sobre a predestinação, nas questões sobre a presença de Cristo na eucaristia e traduziu as obras de Dionísio Aeropagita.

SÊNECA (4 a.C.-65 d.C.) – Nascido em Córdoba, chega a Roma e inicia-se na filosofia estoica. Advogado e questor, é exilado durante oito anos. Agripina o chama de volta para confiar-lhe, e a Burro, a educação de Nero. Quando Nero se torna imperador, Sêneca procura contê-lo em suas paixões. Nero o implica na conjuração de Pisão e lhe envia a ordem de matar-se.

A obra de Sêneca é variada: tragédias, tratados de filosofia dos quais alguns são muito conhecidos: *A Clemência*, *Os Benefícios*, *A Constância do sábio*, *A tranquilidade da alma*, *Cartas a Lucílio*. Sua filosofia é exclusivamente moral. Propõe o domínio de si. Os Padres da Igreja acharam que o pensamento dele estava de acordo com a moral cristã.

SÉRGIO DE CONSTANTINOPLA – Patriarca de Constantinopla de 610 a 638. Quer remediar o antagonismo que opõe calcedônios a monofisitas, dividindo o Império do Oriente no plano da fé como em política. Procura uma fórmula de conciliação com a ajuda do imperador Heráclio. Propõe, inicialmente, o "monergismo": em Cristo, há duas naturezas (Concílio de Calcedônia), mas uma só energia ou atividade. É sobre essa base que se assina o Ato de união (633) com os egípcios. Mas com os protestos de Sofrônio, que vai tornar-se patriarca de Jerusalém, Sérgio abandona o monergismo e prepara outra fórmula: uma só vontade para as duas naturezas de Cristo ("monotelismo"), que procura fazer aprovar pelo papa Honório. Sérgio faz proclamar a nova fórmula por "Ectese" por Heráclito, em 638. Todos os papas sucessores de Honório condenaram o símbolo monotelista. O monotelismo foi solenemente condenado no Concílio de Constantinopla de 680-681.

SEVERIANO – Bispo de Gabala na Síria, vai, em 401, a Constantinopla, onde João Crisóstomo o acolhe com amizade. Confia-lhe sua diocese durante uma ausência. Mas Severiano tem caráter apaixonado e é ambicioso. Não demora em mostrar violenta hostilidade contra João Crisóstomo e desempenha um papel importante em seus dois exílios e na relegação aos pés do Cáucaso.
Sto. Tomás atribui-lhe dois sermões que são de S. Pedro Crisólogo, bispo de Ravena de 433 a 450.

SEVERO (465-538) – Convertido em 488, ingressa num mosteiro conhecido por suas convicções monofisistas. Chamado a ser patriarca de Antioquia, rejeita logo o *Tomus* de S. Leão e o Concílio de Calcedônia. A partir de 518, é exilado pelo imperador Justino e refugia-se no Egito onde fica até quase o final de sua vida. Ardente lutador, Severo é o campeão dos monofisistas moderados: quer ficar com as fórmulas de S. Cirilo de Alexandria e empenha a mesma energia em lutar contra os calcedônios e contra os monofisistas extremos, na linha de Êutiques.
Bom exegeta, entendido em patrística, escreveu numerosos tratados que desapareceram quase todos depois de sua condenação, por Justiniano, em 536. Alguns subsistiram em versão siríaca, assim como suas 125 Homilias catedrais.

SIBILA (A) – Nome dado às profetisas por causa da reputação de uma sacerdotisa de Apolo chamada Sibila. A mais famosa é a de Cumes (Cuma), cidade italiana junto ao mar Terreno. Foi a primeira cidade da Grande Grécia (750 a.C.). Em 1205 foi destruída pelos Napolitanos. Desde o século II antes de Cristo, os judeus helenísticos têm utilizado o nome místico da Sibila, profetiza inspirada, para propagar a religião judaica nos meios pagãos. É possível que tenham incorporado a seus escritos oráculos pagãos como os da Sibila de Eritreia. Os cristãos do século II, por sua vez, compuseram oráculos sibilinos. A obra, na sua forma atual, é uma mescla de materiais pagãos, judeus e cristãos: maldições, profecias apocalípticas etc.
O conjunto não teria interesse algum não fossem os escritos dos séculos III e IV encontrados nesses livros. Argumentos, segundo eles, irrefutáveis, sobre a verdade do cristianismo, pois a própria Sibila teria "escrito sobre Cristo profecias evidentes" (Sto. Agostinho, *Cidade de Deus* 18, 23, 1).

SILVESTRE I – Papa de 314 a 335. Foi testemunha e ator da grande mudança vivida pelos cristãos depois do Edito de Milão. É durante seu pontificado que se erguem as grandes basílicas romanas e que se realiza o Concílio de Niceia (325).
Sto. Tomás faz alusão a uma carta apócrifa extraída de uma vida lendária de S. Silvestre, datando provavelmente do final do século VIII.

SÍMACO – Papa de 498 a 514. Luta contra o antipapa Lourenço, até a expulsão deste por Teodorico, em 506. Sto. Tomás o cita por intermédio do Decreto.

SIMEÃO METAFRASTES (890-970) – Foi secretário de estado (Logoteta) e mestre em Constantinopla. Sua obra mais conhecida *Menologion* (em dez volumes) reúne uma coleção de vidas de mártires e santos.

SIMPLÍCIO (± 500) – É um dos últimos neoplatônicos que lecionam em Atenas. Depois do fechamento das escolas de filosofia pagã, por Justiniano (529), dedica-se à sua obra escrita. Temos dele comentários de Aristóteles, sendo dois sobre as Categorias e sobre o *Livro do Céu do Mundo*, conhecidos de Sto. Tomás.

SIRÍCIO (384-399) – Papa da Igreja Católica. Santo. Nascido em Roma, sucedeu a S. Dâmaso. Combateu o priscilianismo com várias cartas aos bispos de Espanha e com as primeiras Decretais pontifícias.

SÓCRATES (c. 470-399 a.C.) – Filósofo grego, filho do escultor Sofronisco. A sua filosofia chegou até nós pelos Diálogos de Platão e de Xenofonte. Combateu com aspereza a sofistica e a falsa retórica. Ao contrário dos filósofos naturalistas anteriores, propôs como objeto próprio da filosofia o homem. Refletindo sobre o procedimento humano e as regras que a ele presidem, funda a moral.
→ SOFRONISCO, pai de Sócrates.

SOTERO, papa (166-175) – Durante seu pontificado, introduziu-se a Páscoa como festa litúrgica ancial em Roma. Eusébio de Cesareia cita fragmentos de cartas de Dionísio, bispo de Corinto, para Sotero a respeito de problemas da Comunidade de Corinto.

SPIRITU ET ANIMA (DE) – Obra geralmente atribuída pelos medievais a Sto. Agostinho, mas que Sto. Tomás reconheceu logo como sendo de um contemporâneo (Alquero Claravalense?) É uma compilação de extratos de diversos autores, desde Sto. Agostinho a Hugo de São-Vitor, S. Bernardo e Isaac da Estrela.

SULPÍCIO, SEVERO (360-410) – Escritor cristão. Amigo de Paulino de Nola e São Martinho de Tours. Sua obra principal é uma crônica em que resume a história do mundo.

TEMÍSTIO (± 317-388) – Filósofo e rétor grego. É chamado a Constantinopla como professor de filosofia e eloquência. É apreciado pela corte. Constâncio II o nomeia senador, Teodósio o promove a prefeito de Constantinopla e lhe confia a educação de seu filho Arcádio.
Temístio escreveu *Paráfrases sobre Aristóteles* e uma quarentena de discursos de circunstância. Sto. Tomás conheceu sua *Paráfrase sobre o Tratado da Alma*.

TEODORETO de Ciro (± 393-460/66) – Nascido em Antioquia, é nomeado bispo de Ciro (Síria) em 423. É um pastor ativo, combate os pagãos, judeus e heréticos e cuida muito de seu povo. No Concílio de Éfeso, recusa-se a subscrever a condenação de Nestório, pois vê na posição de Cirilo de Alexandria um perigo de apolinarismo. Aceita assinar o Credo de União de 433, com condição de não ser obrigado a condenar Nestório. Nos anos seguintes, empenha-se com ardor na controvérsia contra Êutiques; Dióscoro, sucessor de Cirilo de Alexandria, depõe-no no "latrocínio de Éfeso" de 449. Teodoreto apela ao papa Leão. No Concílio de Calcedônia, em 451, Teodoreto deve justificar sua doutrina e acaba pronunciando o anátema contra Nestório. É então reconhecido "doutor ortodoxo".
O Concílio de Constantinopla de 553 condena seus escritos contra Cirilo, assim como certo número de suas cartas e sermões.
Sto. Tomás só o conheceu pelo Concílio que o condenou.

TEODORO DE ANCIRA (c. 444) – Bispo de Ancira e opositor de Nestório.

TEODORO DE CANTERBURY, arcebispo (592-690) – Monge grego foi enviado pelo papa à Inglaterra para recompor a Igreja. Criou novos bispados e incentivou o estudo da Sagrada Escritura em suas línguas originais.

TEODORO DE MOPSUÉSTIA (± 350-428) – Aluno de Diodoro em Antioquia, é ordenado sacerdote em Antioquia (383) e sagrado bispo de Mopsuestia na Cilícia, em 392.

Escreveu comentários sobre quase todos os livros da Escritura, com um senso crítico raro na sua época, e muita erudição. As Igrejas nestorianas lhe outorgam o título de "Intérprete". Deixou, também, obras apologéticas e *Homilias batismais*.

Quando morre, em 428, é cercado de veneração por sua ciência e sua ortodoxia. Mas é o momento em que seu aluno, Nestório, se torna patriarca de Constantinopla. Depois do Concílio de Éfeso (431) e da condenação do Nestório, acusa-se o mestre. O V Concílio geral de Constantinopla (553) condena Teodoro com Teodoreto de Ciro e Ibas de Edessa por suas posições cristológicas. Mas os textos apresentados ao Concílio eram, em sua maioria, falsificados e interpolados por seus adversários. Suas obras desapareceram quase inteiramente no original grego, mas encontraram-se algumas em versão siríaca que possibilitam entender melhor seu pensamento.

Sto. Tomás só o conheceu pelo Concílio que o condenou.

TEÓFANES (750-817) – Monge e cronista bizantino. Sua obra principal *Chronographea*. Participou da luta contra os iconoclastas.

TEOFILATO († 1118) – Arcebispo de Ochrida na Bulgária. Além de muitas cartas e homilias escreveu comentários aos diversos livros da Sagrada Escritura.

TEÓFILO DE ALEXANDRIA, bispo († 412) – Pouco ficou de suas obras. Apenas algumas conservadas entre as obras de S. Jerônimo.

TEOFRASTO – Filósofo grego, sucessor de Aristóteles no Liceu. Autor de *Caracteres*.

TERÊNCIO (192-159 a.C.) – Célebre poeta cômico latino. Sto. Tomás cita em dois lugares versos de uma de suas comédias: *O Eunuco*.

TERTULIANO (160-230) – Advogado cartaginês, depois de se converter dedicou-se como catequista à Igreja de Cartago. Posteriormente deixou a Igreja tornando-se montanista.

TIAGO DE VORAGINE (1228-1298) – Dominicano, arcebispo de Gênova, autor da *Legenda Sanctorum* conhecida como Legenda áurea. Teve uma difusão extraordinária.

TICÔNIO († 385) – Escritor cristão. Como exegeta, escreveu o primeiro compêndio latino de hermenêutica bíblica: *Liber Regularum*. Sto. Agostinho cita com frequência esse seu livro assim como o *Comentário do Apocalipse* em que realça a interpretação espiritual. Outras obras suas são citadas por Genadio, Cassiodoro e outros. Restam apenas fragmentos graças às muitas citações de suas obras.

TITO-LÍVIO (64/59 a.C.-19 d.C.) – Célebre historiador romano. Durante vinte e um anos, trabalhou sua *História de Roma*, que se estende das origens ao ano 9 a.C. É um filósofo da história, animado de um profundo amor por Roma.

TRIBONIANO – Jurisconsulto bizantino, falecido em 546. Foi o principal conselheiro do Imperador Justiniano.

TRISMEGISTO – Ver HERMES Trismegisto.

TOMÁS DE CANTUÁRIA (1118-1170) – Thomás Beckert, Arcebispo. Em conflito com Henrique II fugiu para a França. Voltou a Londres em 1170. Logo depois foi assassinado na catedral.

TÚLIO – Sobrenome de Cícero* pelo qual é geralmente designado na Idade Média.

URBANO I – Papa de 222 a 230 aproximadamente. A decretal que Sto. Tomás lhe atribui é inautêntica.

URBANO II – Papa de 1088 a 1099. Eudes de Châtillon, arcediago de Reims e, depois, monge em Cluny, é nomeado bispo de Óstia e cardeal por Gregório VII em 1078. Sucede ao papa Vítor III.

Segue os princípios da reforma gregoriana, coloca-se contra o nicolaísmo, a simonia, a investidura leiga. No Concílio de Placência (1095), toma medidas contra as ordenações conferidas por bispos cismáticos ou simoníacos. Preside, também em 1095, o Concílio de Clermont ao final do qual anuncia a primeira cruzada.

VALENTINO (séc. II, morto em 161) – Nascido no Egito, vai a Roma, onde o papa Higino o excomunga. É um dos maiores representantes das "gnose", heresia dos primeiros séculos da Igreja. Seus escritos desapareceram; podemos ter alguma ideia deles pela refutação de Ireneu e Hipólito. A doutrina gnóstica é muito complexa. Na medida em que podemos reconstituí-la, afirma um Deus superior, um mundo intermediário de éons que formam o pleroma, e um mundo inferior: o da matéria. Cristo é um "éon", espírito emanado da Inteligência eterna, que desce para resgatar o homem; une-se ao Jesus do mundo inferior. Agostinho escreveu contra os valentinianos o tratado *De correptione et gratia*.

VALÉRIO MÁXIMO – Historiador latino do primeiro século a.C. e d.C., autor de nove livros de *Fatos e Ditos Memoráveis*, compêndio de relatos extraídos de diversos autores. Essa compilação conheceu vivo sucesso na Antiguidade e na Idade Média.

VARRÃO (116-27 a.C.) – Após ter sido lugar-tenente de Pompeu durante a guerra civil, reconcilia-se com César que o encarrega de reorganizar as bibliotecas públicas de Roma.

Compôs 74 obras das quais só restam dois tratados: *A Economia Rural* e *Sobre a Língua Latina*, assim como fragmentos de suas *Sátiras Menipeias* e suas *Antiguidades*.

VEGÉCIO – Escritor latino do final do século IV, autor de um *Tratado da Arte Militar*.

VICENTE DE LÉRINS († antes de 450) – Monge e presbítero do mosteiro de Lérins. Adversário da doutrina da graça de Sto. Agostinho, considerava-a novidade que devia ser rejeitada. Escreveu várias obras sobre o princípio da tradição e contra o nestorianismo. De Sto. Agostinho temos uma carta *Ad Vicentium*.

VICENTE, S., MÁRTIR († 287) – Diácono do bispo Valerio, substituía-o nos sermões por ter a palavra mais fácil. Sobre o seu martírio, Sto Agostinho fez vários sermões apresentando-o como o vencedor, referindo-se a seu nome. Prudêncio o celebrou em versos e Ambrósio o venerava.

VIRGÍLIO (± 70-19 a.C.) – Célebre poeta latino. De origem modesta, renuncia à eloquência e à filosofia para dedicar-se à poesia. Sustentado por Asínio Pólio e, depois, por Otávio e Mecenas, publica, em 39, *As Bucólicas,* em 29, *As Geórgicas*. Quando morreu, trabalhava na *Eneida*, vasta epopeia nacional. Sto. Tomás só o cita a partir de Sto. Agostinho.

VIRGÍLIO DE TAPSO (séc. V) – Bispo. Pouco se sabe de sua vida, apenas que participou em Cartago de uma disputa religiosa entre católicos e arianos convocada por Hunerico, rei vândalo. Algumas das obras que escreveu contra os arianos, sabelianos e fotincanos são considerados apócrifas.

VITAE Patrum = As Vidas dos Padres – Uma vasta literatura desenvolveu-se nos desertos do Egito. Recolheram-se as "Palavras" dos Padres ou apofitegmas. Escreveram-se relatos de suas vidas. O primeiro foi a *Vida de Antão* por Atanásio.

Sto. Tomás conheceu uma vasta compilação feita no século VI, contendo, principalmente, *A história dos monges do Egito*, traduzida por Rufino de Aquileia, *A história lausíaca* de Paládio, traduzida, esta também, para o latim, assim como as *Sentenças dos Padres*, traduzidas pelos diáconos (futuros papas), Pelágio e João.

VOLUSIANO – Procônsul em Cartago. Membro de um círculo cultural neoplatônico. Não era cristão mas grande amigo de Sto. Agostinho que lhe escreveu diversas cartas.

ZEFERINO – Papa de 198 a 217 aproximadamente. A decretal que lhe atribui Sto. Tomás, sobre a fé de Graciano, é inautêntica.

OBRAS CITADAS NA SUMA TEOLÓGICA

ABELARDO
—— *Introductio ad Theologiam in tres libros divisa*: ML 178. (v. 1, 8, 9).
—— *Sic et Non*: ML 178. (v. 8, 9).

PSEUDO-ABELARDO
—— *Epitome Theologiae Christianae*: ML 178. (v. 8, 9).

ACTA SANCTORUM
—— *Acta Sanctorum quotquot toto Orbe coluntur, vel a catholicis scriptoribus celebrantur*, collegit... I. Bollandus cum aliis... 60 vols. Bruxellis, apud Socios Bollandianos, 1883-1925. (v. 8, 9).

ADRIANO I
—— *Capitula*: Mansi 12,903-914. (v. 5-7).

AGATÃO, PAPA
—— Epistola I *Ad Augustos Imperatores*: ML 87. (v. 8, 9).
—— Epistola III *Epistola Agathonis et Romanae Synodi centum viginti quinque Episcoporum... ad Synodum sextam celebrandam*: ML 87. (v. 8, 9).

STO. AGOSTINHO
—— *Ad Episcopos Eutropium et Paulum Epistola, sive Liber De Perfectione Iustitiae Hominis*: ML 44. (v. 4-7).
—— *Ad Marcellinum De Civitate Dei contra paganos Libri viginti duo*: ML 41. (v. 5-7).
—— *Adversus quinque Haereses seu Contra quinque Hostium genera Tractatus*: ML 42. (v. 4).
—— *Confessionum Libri tredecim*: ML 32. (v. 1-9).
—— *Contra Adimantum Manichaei Discipulum Liber unus*: ML 42. (v. 4-7).
—— *Contra Adversarium Legis et Prophetarum Libri duo*: ML 42. (v. 2).
—— *Contra Cresconium Grammaticum Partis Donati Libri quatuor*: ML 43. (v. 5-9).
—— *Contra duas Epistolas Pelagianorum ad Bonifacium Romanae Ecclesiae Episcopum Libri quatuor*: ML 44. (v. 1, 4, 8, 9).
—— *Contra Epistolam Manichaei quam vocant Fundamenti Liber unus*: ML 42. (v. 1, 2).
—— *Contra Epistolam Parmeniani Libri tres*: ML 43. (v. 5-9).
—— *Contra Faustum Manichaeum Libri triginta tres*: ML 42. (v. 1-9).
—— *Contra Iudaeos, Paganos et Arianos Sermo de Symbolo*: ML 42. (v. 2).
—— *Contra Iulianum Haeresis Pelagianae Defensorem Libri sex*: ML 44. (v. 3-9).
—— *Contra Litteras Petiliani Donatistae Cirtensis episcopi Libri tres*: ML 43. (v. 8, 9).
—— *Contra Maximinum Haereticum Arianorum Episcopum Libri duo*: ML 42. (v. 1-3, 5-9).
—— *Contra Mendacium ad Consentium Liber unus*: ML 40. (v. 3-7).
—— *Contra Sermonem Arianorum Liber unus*: ML 42. (v. 1, 8, 9).
—— *De agone christiano Liber unus*: ML 40. (v. 8, 9).
—— *De anima et eius origine Libri quatuor*: ML 44. (v. 8, 9).
—— *De Baptismo contra Donatistas Libri septem*: ML 43. (v. 5-9).
—— *De Bono Coniugali Liber unus*: ML 40. (v. 4-7).
—— *De bono viduitatis Liber seu Epistola ad Iulianam viduam*: ML 40. (v. 8, 9).
—— *De Cathequizandis rudibus Liber unus*: ML 40. (v. 4-9).
—— *De Civitate Dei contra Paganos Libri duo et viginti*: ML 41. (v. 1-4, 8, 9).
—— *De Coniugiis adulterinis ad Pollentium Libri duo*: ML 40. (v. 5-7, 8, 9).
—— *De Consensu evangelist.*: ML 34. (v. 4).
—— *De Consensu Evangelistarum Libri quatuor*: ML 34. (v. 5-7, 8, 9).
—— *De Continentia Liber unus*: ML 40. (v. 5-7).
—— *De Correptione et Gratia ad Valentinum et cum illo Monachos Adrumentinos Liber unus*: ML 44. (v. 1, 2, 5-9).
—— *De Cura pro Mortuis Gerenda and Paulinum Liber unus*: ML 40. (v. 2, 5-7).

—— *De Diversis Quaestionibus ad Simplicianum Liber duo*: ML 40. (v. 5-9).
—— *De Diversis Quaestionibus LXXXIII Liber unus*: ML 40. (v. 1-9).
—— *De Divinatione Daemonum Liber unus*: ML 40. (v. 2, 5-7).
—— *De Doctrina Christiana Libri quatuor*: ML 34. (v. 1-9).
—— *De Dono Perseverantiae Liber ad Prosperum et Hilarium secundus*: ML 45. (v. 1, 4-9).
—— *De Duabus Animabus contra Manichaeos Liber unus*: ML 42. (v. 4-7).
—— *De Fide et Operibus Liber unus*: ML 40. (v. 4-9).
—— *De Genesi ad Litteram Libri duodecim*: ML 34. (v. 1-9).
—— *De Genesi contra Manichaeos Libri duo*: ML 34. (v. 2, 8, 9).
—— *De Gratia et Libero Arbitrio ad Valentinum et cum illo Monachos Liber unus*: ML 44. (v. 5-7).
—— *De Haeresibus ad Quodvultdeus Liber unus*: ML 42. (v. 1, 4-9).
—— *De Libero Arbitrio Libri tres*: ML 32. (v. 1-9).
—— *De Mendacio Liber unus*: ML 40. (v. 5-7).
—— *De Moribus Ecclesiae Catholicae et de Moribus Manichaeorum Libri duo*: ML 32. (v. 3-7).
—— *De Musica Libri sex*: ML 32. (v. 5-7).
—— *De Natura Boni contra Manichaeos Liber unus*: ML 42. (v. 1-9).
—— *De Natura et Gratia ad Timasium et Iacobum contra Pelagium Liber unus*: ML 44. (v. 4-9).
—— *De Nuptiis et Concupiscentia ad Valerium Comitem Libri duo*: ML 44. (v. 4-9).
—— *De Opere Monachorum Liber unus*: ML 40. (v. 5-7).
—— *De Ordine Libri duo*: ML 32. (v. 5-7).
—— *De Patientia Liber unus*: ML 40. (v. 5-9).
—— *De Peccatorum Meritis et Remissione et de Baptismo Parvulorum ad Marcellinum Libri tres*: ML 44. (v. 2, 4-9).
—— *De Praedestinatione Sanctorum Liber ad Prosperum et Hilarium primus*: ML 44. (v. 1, 4-9).
—— *De Quantitate Animae Liber unus*: ML 32. (v. 2).
—— *De Sancta Virginitate Liber unus*: ML 40. (v. 5-9).
—— *De Sermone Domini in Monte secundum Matthaeum Libri duo*: ML 34. (v. 2-9).
—— *De Spiritu et Littera Liber unus*: ML 44. (v. 4).
—— *De Symbolo sermo ad catechumenos*: ML 40. (v. 8, 9).
—— *De Trinitate Libri quindecim*: ML 42. (v. 1-9).
—— *De unico baptismo contra Petilianum ad Constantinum Liber unus*: ML 43. (v. 8, 9).
—— *De Utilitate Credendi ad Honoratum Liber unus*: ML 42. (v. 1, 2, 5-7).
—— *De Vera Religione Liber unus*: ML 34. (v. 1-9).
—— *Dialogus Quaestionum sexaginta quinque sub titulo Orosii percontantis et Augustini respondentis*: ML 40. (v. 1, 2).
—— *Enarrationes in Psalmos*, Ps. I-LXXIX: ML 36; Ps. LXXX-CL: 37. (v. 1-9).
—— *Enchiridion ad Laurentium, sive de Fide, Spe et Caritate Liber unus*: ML 40. (v. 1-9). – *Enchiridion ad Casulanum*, vol. III Q. 18 a 8.
—— Epistola XXI *Ad Valerium Episcopum*: ML 33. (v. 5-7).
—— Epistola XXII *Ad Aurelium Carthaginensem Episcopum*: ML 33. (v. 5-7).
—— Epistola XXVIII *Ad Hieronymum*: ML 33. (v. 5-9).
—— Epistola XXXI *Ad Paulinum et Therasiam*: ML 33. (v. 5-7).
—— Epistola XXXVI *Ad Casulanum*: ML 33. (v. 4-7).
—— Epistola XL *Ad Hieronymum*: ML 33. (v. 5-9).
—— Epistola XLIII *Ad Glorium, Eleusium, Felices, Grammaticos et caeteros*: ML 33. (v. 5-7).
—— Epistola XLVII *Ad Publicolam*: ML 33. (v. 5-7).
—— Epistola XLVIII *Ad Eudoxium Abbatem*: ML 33. (v. 5-7).
—— Epistola LIV-LV *Ad Inquisitiones Ianuarii*: ML 33. (v. 4-9).
—— Epistola LX *Ad Aurelium*: ML 33. (v. 5-7).
—— Epistola LXXVIII *Ad Universam Plebem Ecclesiae Hipponensis*: ML 33. (v. 5-7).
—— Epistola LXXXII *Ad Hieronymum*: ML 33. (v. 1, 4-7).
—— Epistola XCIII *Ad Vincentium*: ML 33. (v. 1, 2, 5-7).
—— Epistola XCVIII *Ad Bonifacium Episcopum*: ML 33. (v. 8, 9).
—— Epistola CII *Ad Deogratias seu sex quaestiones contra paganos expositae Liber unus*: ML 33. (v. 8, 9).
—— Epistola CXVIII *Ad Dioscorum*: ML 33. (v. 2, 3, 5-9).

—— Epistola CXXVII *Ad Armentarium et huius uxorem Paulinam*: ML 33. (v. 5-7).
—— Epistola CXXX *Ad Probam Viduam*: ML 33. (v. 5-7).
—— Epistola CXXXVII *Ad Volusianum*: ML 33. (v. 1, 8, 9).
—— Epistola CXXXVIII *Ad Marcellinum*: ML 33. (v. 5-7).
—— Epistola CXL *Ad Honoratum seu De gratia Novi Testamenti Liber*: ML 33. (v. 5-9).
—— Epistola CXLVII *De Videndo Deo ad Paulinam*: ML 33. (v. 1, 3, 5-7).
—— Epistola CXLIX *Ad Paulinum Episcopum*: ML 3. (v. 5-7).
—— Epistola CLIII *Ad Macedonium*: ML 33. (v. 5-9).
—— Epistola CLXIV *Ad Evodium Episcopum*: ML 33. (v. 8, 9).
—— Epistola CLXVII *De Hieronymum, seu Deo Sententia Iacobi*: ML 33. (v. 4-7).
—— Epistola CLXX *Ad Maximum*: ML 33. (v. 1).
—— Epistola CLXXXV *Ad Bonifacium Comitem seu De Correctione Donatistarum Liber*: ML 33. (v. 5-9).
—— Epistola CLXXXVI *Ad Paulinum Episcopum*: ML 33. (v. 5-7).
—— Epistola CLXXXVII *Ad Dardanum seu De praesentia Dei Liber*: ML 33. (v. 8, 9).
—— Epistola CLXXXIX *Ad Bonifacium*: ML 33. (v. 5-7).
—— Epistola CXC *Ad Optatum Episcopum*: ML 33. (v. 5-7).
—— Epistola CXCIV *Ad Syxtum Romanum Presbyterum*: ML 33. (v. 5-9).
—— Epistola CXCIX *De Fine Saeculi ad Hesychium*: ML 33. (v. 4).
—— Epistola CCV *Ad Consentium*: ML 33. (v. 8, 9).
—— Epistola CCXI *Ad Monachas*: ML 33. (v. 3-9).
—— Epistola CCXVII *Ad Vitalem*: ML 33. (v. 4).
—— Epistola CCXXVIII *Ad Honoratum Episcopum*: ML 33. (v. 5-7).
—— Epistola CCXLIII *Ad Laetum*: ML 33. (v. 5-7).
—— Epistola CCXLV *Ad Possidium*: ML 33. (v. 5-7).
—— Epistola CCL *Ad Auxilium*: ML 33. (v. 4).
—— Epistola CCLXV *Ad Seleucianam*: ML 33. (v. 8, 9).
—— *Epistolae ad Galatas Expositiones Liber unus*: ML 35. (v. 4).
—— *In Epistolam Ioannis ad Parthos Tractatus decem*: ML 35. (v. 3, 5-9).
—— *In Ioannis Evangelium Tractatus centum viginti et quattuor*: ML 35. (v. 1-9).
—— *Obras completas de S. Agustín*, 41 vols. (Madrid, BAC). (v. 4-9).
—— *Quaestionum Evangeliorum Libri duo*: ML 35. (v. 4-9).
—— *Quaestionum in Heptateuchum Libri septem*: ML 34. (v. 4-9).
—— *Quaestionum septemdecim in Evangelium secundum Mattaeum Liber unus*: ML 35. (v. 4-9).
—— *Retractationum Libri duo*: ML 32. (v. 1-9).
—— *Sermo de Disciplina Christiana*: ML 40. (v. 5-7).
—— *Sermones ad Populum*, (al. *de Verbis Domini*), serm. I-CCCXL: ML 38; serm. CCCXLI-CCCXCVI: ML 39. (v. 1-9).
—— *Soliloquiorum Libri duo*: ML 32. (v. 1-7).
—— *Viginti unius Sententiarum sive Quaestionum Liber unus*: ML 40. (v. 2).

Sto. Agostinho (?)
—— *Adversus quinque haereses seu Contra quinque hostium genera Tractatus*: ML 42. (v. 8, 9).
—— *De Assumptione Beatae Mariae Virginis Liber unus*: ML 40. (v. 8, 9).
—— *De vera et falsa Poenitentia ad Christi Devotam Liber unus*: ML 40. (v. 3, 8, 9).
—— *Dialogus quaestionum LXV sub titulo Orosii percontantis et Augustini respondentis*: ML 40. (v. 8, 9).
—— *Sermo de mysterio baptismatis*: ML 40. (v. 8, 9).
—— *Sermo in pervigilio Paschae de esu agni*: ML 40. (v. 8, 9).
—— *Sermones Supposititii*: ML 39. (v. 8, 9).

Pseudo-Agostinho
—— *De mirabilibus Sacrae Scripturae Libri tres*: ML 35. (v. 8, 9).
—— *De Symbolo sermo ad catechumenos*: ML 40 (*De Symb*. serm. I). (v. 8, 9).
—— *De Symbolo ad catechumenos sermo alius*: ML 40 (*De Symb*. serm. II). (v. 8, 9).
—— *De Symbolo ad catechumenos sermo alius*: ML 40 (*De Symb*. serm. III). (v. 8, 9).
—— *Hypomnesticon contra Pelagianos et Caelestianos vulgo Libri Hypognosticon*: ML 45. (v. 4, 8, 9).

Pseudo-Agostinho (Alquero Claravalense)
—— *De Spiritu et Anima*: ML 40. (v. 2).

Pseudo-Agostinho (Ambrosiaster)
—— *Quaestiones Veteris et Novi Testamenti*: ML 35. (v. 2, 8, 9).

Pseudo-Agostinho (S. Fulgêncio)
—— *De fide, seu de regula verae fidei ad Petrum Liber unus*: ML 65. (v. 8, 9).
—— *De Fide ad Petrum, sive De Regula Verae Fidei Liber unus*: ML 40. (v. 1, 2).

Pseudo-Agostinho (Genádio)
—— *De Ecclesiasticis Dogmatibus Liber unus*: ML 42. (v. 2).

Pseudo-Agostinho (Vigílio de Tapso)
—— *Contra Felicianum Arianum de unitate Trinitatis Liber unus, Vigilio restitutus*: ML 42.62. (v. 8, 9).

Alano de Insulis
—— *De fide catholica contra haereticos sui temporis praesertim albigenses Libri quatuor*: ML 210. (v. 8, 9).

Sto. Alberto Magno
—— *Commentarii in Librum Sancti Dionysii Areopagitae De Ecclesiastica Hierarchia*: BO XIV. (v. 8, 9).
—— *Commentarii in Setentiarum libros quatuor* (*In Sent.*: BO 25-30). (v. 1, 2, 4-9).
—— *De Animalibus* (BO 11-12) (*De Anim.*). (v. 4).
—— *De Animalibus Libri XXVI*, edid. H. J. Stadler (Münster 1916-1920) (Beiträge zur Geschichte der Philosophie und Theologie des Mittelalters, Bände XV-XVI) (ST). (v. 4).
—— *In Evangelium secundum Matthaeum loculenta expositio*: BO XX y XXI (*In Matth.*). (v. 8, 9).
—— *In Evangelium secundum Lucam loculenta expositio*: BO XXII (*In Luc.*). (v. 8, 9).
—— *Liber de Causis et Processu Universitatis* (*De Causis et Proc. Univ.*: BO 10,361-619). (v. 1)
—— *Opera Omnia*, 38 v. A. Borgnet (Paris, Vivés 1890-1899) (Citado: BO). (v. 1, 2, 5-9).
—— *S. Alberti Magni... Opera Omnia* (Institutum Alberti Magni Coloniense) (Aschendorff 1951ss) (CO). (v. 5-7).
—— *Summa de Bono*, excerpta ex Ms. Bibliothecae Regiae Bruxellarum, 603 (cat. 1655), edid. O. Lottin, *Le droit naturel chez saint Thomas d'Aquin et ses prédécesseurs* (Bruges ²1931) (*Summa de bono*, en Lottin, *Le droit naturel...*). (v. 4).
—— *Summa de creaturis* (*Summa de Creat.*: BO 34,307-761 y 35). (v. 2).
—— *Summa Theologiae* (*Summa Theol.*: BO 31-33). (v. 2, 5-7).

Alcuino
—— *Epistola XLI Ad Paulinum Patriarcham*: ML 100. (v. 5-7).
—— *Interrogationes et Responsiones in Genesin*: ML 100. (v. 5-7).

Alexandre
—— *Epistola Alexandri de Ariana Haeresi et de Arii Depositione* (Epist. *De Ariana Haeresi*: Mansi 2,641-660). (v. 2).

Pseudo-Alexandre I
—— *Epistola I Ad omnes Orthodoxos*: Mansi 1,634-643 (Epist. I *Ad omnes orth.*). (v. 8, 9).

Pseudo-Alexandre II
—— *Fragmenta Epistolarum*: Mansi 19,977-982 (*Fragm. Epist.*). (v. 8, 9).

Pseudo-Alexandre III
—— *Decreta*: Mansi 21,1101-1110 (*Decreta*). (v. 8, 9).
—— *Fragmentum Epistolae scriptae Rhemensi Archiepiscopo*: Mansi 22,457-458 (*Fragm. epist. ad Archiepisc. Rhemensem*). (v. 8, 9).
—— Epistola DCCXLIV *Ad Willelmum Archiepiscopum Senomensem*: ML 200. (v. 8, 9).

Alexandre de Hales
—— *Summa Theologica*, edita studio et cura PP. Collegii S. Bonaventurae (Quaracchi 1924-1930) 3 vols. (*Summa Theol.*). (v. 2-9).

ALGERO DE LIÈGE
—— *De Sacramentis Corporis et Sanguinis Dominici*: ML 180. (v. 8, 9).
—— *De Sacrificio Missae*: ML 180. (v. 8, 9).

ALGAZEL
—— *Algazel's Metaphysics. A Mediaeval Translation edited by J.-T. Muckle* (Toronto 1933) (*Metaph.*: MK). (v. 1, 2).

AMALÁRIO DE METZ
—— *De ecclesiasticis officiis Libri quatuor ad Ludovicum Pium Imperatorem*: ML 105. (v. 8, 9).

AMBROSIASTER
—— *Commentaria in duodecim Epistolas Beati Pauli*: ML 17. (v. 1, 4).

AMBROSIASTER (Pseudo-Agostinho). Cf. Pseudo-Agostinho. (v. 8, 9).

AMBROSIASTER (Pseudo-Agostinho)
—— *Quaestiones Veteris et Novi Testamenti*: ML 35. (v. 5-7).

AMBROSIASTER (Pseudo-Ambrósio)
—— *Commentaria in XII Epistolas Beati Pauli*: ML 17. (v. 5-9).

STO. AMBRÓSIO
—— *De Abraham Libri duo*: ML 14. (v. 5-7).
—— *De Elia et Ieiunio Liber unus*: ML 14. (v. 5-7).
—— *De Fide ad Gratianum Augustum Libri quinque*: ML 16. (v. 1, 2, 8, 9).
—— *De Incarnationis Dominicae sacramento Liber unus*: ML 16. (v. 8, 9).
—— *De mysteriis Liber unus*: ML 16. (v. 8, 9).
—— *De obitu Valentiniani consolatio*: ML 16. (v. 8, 9).
—— *De Officiis Ministrorum Libri tres*: ML 16. (v. 1, 4-9).
—— *De Paradiso Liber unus*: ML 14. (v. 4-7).
—— *De Poenitentia Libri duo*: ML 16. (v. 8, 9).
—— *De sacramentis Libri sex*: ML 16. (v. 8, 9).
—— *De Spiritu Sancto Libri tres ad Gratianum Augustum*: ML 16. (v. 1, 2, 4-9).
—— *De Virginibus ad Marcellinam Sororem suam Libri tres*: ML 16. (v. 5-7).
—— *Expositio Evangelii secundum Lucam libris X comprehensa*: ML 15. (v. 2-9).
—— *Hexaëmeron Libri sex*: ML 14. (v. 1, 2, 8, 9).
—— *Hymnus: Deus Creator omnium*: ML 16. (v. 3).
—— *Hymnus* IV *Veni Redemptor Gentium*: ML 16. (v. 8, 9).
—— *In Epistolam Beati Pauli ad Galatas*: ML 17. (v. 3).
—— *In Psalmum David CXVII Expositio*: ML 15. (v. 5-9).
—— *Obras de S. Ambrósio. Edición bilingue* (Madrid, BAC). (v. 2, 3).
—— *Sermones Sancto Ambrosio bactenus adscripti*: ML 17 (*Serm. de Temp.*). (v. 5-9).

ANACLETO, PAPA
—— Epistola I *Ad omnes episcopos et ceteros cunctos fideles*: MANSI 1,598-606 (Epist. I *Ad omnes episc. et fideles*). (v. 8, 9).

ANDRÉ DE CESAREIA
—— *In Divi Ioannis Apostoli et Evangelistae Apocalypsin commentarius*: MG 106. (v. 8, 9).

ANDRÓNICO DE RODES
—— *De Affectibus Liber* III p. 570-577 (*De Affect.*). (v. 5-7).
—— *Ethicorum Nicomacheorum Paraphrasis* III p. 303-569 (*In Eth.*). (v. 5-7).
—— *Fragmenta Philosophorum Graecorum*, 3 vols., edid. G. A. MULLACHIUS (Parisiis, Firmin-Didot, 1867-1879) (DD). (v. 5-7).

Anônimo O. P.
—— *Tractatus contra Graecorum errores*: MG 140. (v. 8, 9).

Anônimos
—— *Capitula haeresum Petri Abaelardi*: ML 182. (v. 8, 9).
—— *Chronicon Paschale*: MG 92. (v. 8, 9).
—— *Die pseudo-aristotelische Schrift über das reine Gute, bekannt unter dem Namen Liber de Causis*, edid. O. Bardenhewer (Freiburg i. B. 1882) (Liber de Causis). (v. 8, 9).
—— *Die Sententiae divinitatis, ein Sentenzenbuch der Gilbertschen Schule*, edid. B. Geyer (Münster i. W. 1909) (*Sent. Divinit.*). (v. 8, 9).
—— *Liber de rebaptismate*: ML 3. (v. 8, 9).
—— *Presbyterorum et Diaconorum Achaiae Epistola de Martyrio Sancti Andreae Apostoli*: MG 2 (*Acta S. Andr.*). (v. 1).
—— *S. Thomae in Librum De Causis expositio*, cura et studio C. Pera (Taurini 1955). (v. 4).
—— *Ysagoge in Theologiam*, edid. A. Landgraf, *Écrits théologiques de l'école d'Abélard*. Textes inédits (Louvain 1934) p. 63-285 (*Ysagoge in Theol.*). (v. 8, 9).

Sto. Anselmo
—— *Cur Deus Homo*: ML 158. (v. 1, 2).
—— *De Divinitatis Essentia Monologium*: ML 158. (v. 1).
—— *De Processione Spiritus Sancti contra Graecos Liber*: ML 158. (v. 1).
—— *Dialogus De Casu Diaboli*: ML 158. (v. 2).
—— *Dialogus De Veritate*: ML 158. (v. 1, 5-7).
—— Homilia XIII *In Evangelium secundum Lucam: Dum iret...*: ML 158. (v. 8, 9).
—— *Liber De Conceptu Virginali et Originali Peccato*: ML 158. (v. 2, 4, 8, 9).
—— *Liber de generatione divina ad Marium Victorinum*, n. 4: ML 8. (v. 1)
—— *Libri duo Cur Deus Homo*: ML 158. (v. 8, 9).
—— *Obras completas de San Anselmo. Edición bilingue*, 2 v. (Madrid, BAC). (v. 2, 5-9).
—— *Orationes*: ML 158. (v. 8, 9).
—— *Proslogium, seu Alloquium de Dei existentia*: ML 158. (v. 1).
—— *Tractatus de Concordia Praescientiae et Praedestinationis nec non Gratiae Dei cum Libero Arbitrio*: ML 158. (v. 4).

Anselmo (?)
—— Epistola CVII *De Corpore et Sanguine Domini*: ML 159. (v. 8, 9).

Anselmo de Laon
—— *Enarrationes in Evangelium Matthaei*: ML 162. (v. 8, 9).
—— *Sententiae*, edid. F. P. Bliemetzrieder, *Anselmus von Laon Systematische Sentenzen* (Münster i. W. 1919) p. 47-153 (*Sent.*). (v. 8, 9).

Antifonário O. P.
—— *Antiphonarium S. Ordinis Praedicatorum pro Diurnis Horis*, sub Revdiss. P. M. S. Gillet (Romae, in Hospitio Magistri Generalis, 1933) (*Antiphonarium S. O. P.*). (v. 8, 9).

Apuleio
—— *Pétrone, Apulée, Aulu-Gelle* (Paris, Dubochet, postea Firmin-Didot, 1842) (DD). (v. 2, 5-7).
—— *De Deo Socratis Liber*: DD 135. (v. 2, 5-7).
—— *De Dogmate Platonis*: DD 149. (v. 5-7).

Aretas de Cesareia
—— *Coacervatio Enarrationum ex variis sanctis viris in Ioannis Dilecti Discipuli et Evangelistae Apocalypsin*: MG 106. (v. 8, 9).

Ário
—— *Liber de Generatione divina ad Marium Victorinum*, ML 8. (v. 1).

Aristóteles
—— *Analytica Priora*: Bk 24a10-70b38). (v. 8, 9).
—— *Analyticorum Posteriorum* (Bk 71a1-100b17). (v. 1-9).
—— *Aristoteles Graece*, 2 vols. ex recensione I. Bekkeri (Academia Regia Borussica, Berolini 1831). (se cita: Bk añadiendo página, columna y línea). (v. 1, 2, 4-9).
—— *Aristoteles Opera Omnia Graece et Latine cum Indice*, 5 vols., edid. Firmin-Didot (Parisiis 1848-1878) (Quando se cita esta edição, dão-se apenas o livro, capítulo e número, quando houver). (v. 2, 4-9).
—— *Ars Rhetorica* (Bk 1354a1-1420b4). (v. 2-9).
—— *Categoriae sive Praedicamenta* (Bk 15). (v. 1-9).
—— *De Anima* (Bk 402al-435b25). (v. 1-9).
—— *De Animalium Motione* (Bk 698). (v. 2, 3).
—— *De Caelo et mundo* (Bk 268al-313b23). (v. 1-9).
—— *De Divinitatione per Somnium* (Bk 462b12-464b18). (v. 2, 5-7).
—— *De Generatione Animalium* (Bk 715a1-789b20). (v. 2-9).
—— *De Generatione et Corruptione* (Bk 314a1-338b19). (v. 2, 5-9).
—— *De Interpretatione sive Perihermeneias* (Bk 16al-24b9). (v. 1-9).
—— *De Longitudine et Brevitate Vitae* (Bk 464b19-467b9). (v. 2, 4).
—— *De Memoria et Reminiscentia* (Bk 449b1-453b7). (v. 4, 5-9).
—— *De Partibus Animalium* (Bk 639al-697b30). (v. 1-3, 5-9).
—— *De Plantis* (BK 815 a 10). (v. 1).
—— *De Poetica* (Bk 1447a8-1462b18). (v. 3, 5-7).
—— *De Republica sive Politica* (Bk 1252). (v. 3-9).
—— *De Sommo et Vigilia* (Bk 453b8-458a33). (v. 2, 4-7).
—— *De Sophisticis Elenchis* (Bk 164a20-184b9). (v. 1, 5-7).
—— *De Virtutibus et Vitiis* (Bk 1249a26-1251b37). (v. 3).
—— *Ethica ad Eudemum* (Bk 1214a1-1249b25). (v. 2-4).
—— *Ethica Nicomachea* (Bk 1094al-1181b23). (v. 1-9).
—— *Historiae Animalium* (Bk 486a5-638b37). (v. 2, 4-9).
—— *Metaphysica* (Bk 980a21-1093b29). (v. 1-9).
—— *Meteorologicorum* Libri quatuor (Bk 338a20-390b22). (v. 1-4, 8, 9).
—— *Physica Auscultatio* (Bk 184a10-267b26). (v. 1-9).
—— *Topicorum* Libri octo (Bk 100a18-164b19). (v. 1-9).

Pseudo-Aristóteles
—— *Problemata* (Bk 859a1-967b27). (v. 3).

Arnim, I. Abade
—— *Stoicorum Veterum Fragmenta*, 4 vols., edit. por I. ab Armin (in Aedibus B. G. Teubneri 1921-1924) (*Fragm.*). (v. 8, 9).

Arnóbio Jovem (?)
—— *Praedestinatus, sive Praedestinatorum Haeresis, et Libri S. Augustino temere ascripti refutatio in libros distributa*: ML 53. (v. 8, 9).

Sto. Atanásio
—— *Ad Epictetum Episcopum Corinthi haereticos Epistola*: MG 26. (v. 8, 9).
—— *Ad Episcopos Aegypti et Lybiae Epistola Encyclica contra Arianos*: MG 25. (v. 8, 9).
—— *Ad Iovianum De fide*: PG 26. (v. 8, 9).
—— *Adversus Arianos*: MG 26. (v. 8, 9).
—— *De Incarnatione Dei Verbi et contra Arianos*: MG 26. (v. 1, 8, 9).
—— *De Incarnatione Domini nostri Iesu Christi contra Apollinarium*: MG 26. (v. 8, 9).
—— Epistola IV *Ad Serapionem De Spiritu Sancto*: MG 26. (v. 5-9).
—— *Epistola de Synodis Arimi in Italica, et Seleuciae in Isauria celebratis*: MG 26. (v. 8, 9).
—— *Epistola Episcoporum Aegypti et Lybiae nonaginta necnon B. Athanasii contra Arianos ad honoratissimos in Africa Episcopos*: MG 26. (v. 8, 9).

—— *Ex Commentariis in Lucam*: MG 27. (v. 5-9).
—— *Fragmenta in Matthaeum*: MG 27. (v. 5-7).
—— *Oratio de humana natura a Verbo assumpta et de Eius per corpus ad nos adventu*: MG 25. (v. 8, 9).
—— *Symbolum (Symb. "Quicumque"*: Denz. 75-76). (v. 1).
—— *Vita et Conversatio S. P. N. Antonii scripta missaque ad monachos in peregrina regione versantes*, Evagrio interprete: MG 26. (v. 8, 9).

PSEUDO-ATANÁSIO
—— *Symbolum Athanasii*: MANSI II, 1353-1356 (*Symb. "Quicumque"*). (v. 8, 9).

AULO GÉLIO
—— *Pétrone, Apulée, Aulus-Gelle* (Paris, Firmin-Didot, 1882). *Noctium Atticarum Commentarius*, p. 427-750. (v. 8, 9).

AUSÔNIO DÉCIO
—— *Sent. Pittacus vers. 5*: ML 19. (v. 4).

AVERRÓIS, (COMMENTATOR)
—— *Commentaria in Opera Aristotelis*, 12 v. (Venetiis 1562-1576). (v. 1, 2, 4-9).

AVICEBRON
—— *Avencebrolis (Ibn Gebirol) Fons Vitae. Ex arabigo in latinum translatus ab Iohanne Hispano et Dominico Gundissalino*, edidit C. BAEUMKER (Müster i.W. 1892-1895) (*Fons Vitae*: BK). (v. 2).

AVICENA
—— *Opera in lucem redacta ac nuper quantum ars niti potuit per canonicos emendata*, translata per Dominicum Gundissalinum (Venetiis 1508). (*De An.*) (*Metaph.*) (*Suffic.*) (*De Nat. Anim.*). (v. 1-7).

AVITO DE VIENA
—— Epistola XXIX *Dommo Segismundo*: ML 59. (v. 8, 9).
—— *Fragmenta in epistolam Ad Ephesios*: ML 59. (v. 8, 9).

BALDUÍNO DE CANTERBURY
—— *Liber de sacramento altaris seu Epistola ad Bartholomeum Oxoniensem Episcopum*: ML 204. (v. 8, 9).

S. BASÍLIO MAGNO
—— *Constitutiones Asceticae ad eos qui simul aut solitarie vivunt*: MG 31. (v. 5-7).
—— Epistola CXCIX *Amphilochio de canonibus*: MG 32. (v. 8, 9).
—— Epistola CCLX *Optimo Episcopo*: MG 32. (v. 8, 9).
—— *Homilia in Hexaëmeron*: MG 29; SC 26 bis (v. 2, 4).
—— *Homilia in illud dictum Evangelii secundum Lucam "Destruam horrea mea et maiora aedificabo" itemque De Avaritia*: MG 31. (v. 5-7).
—— *Homilia quintadecima de Fide*: MG 31. (v. 1).
—— *Homilia XII In Principio Proverbiorum*: MG 31. (v. 1, 2, 4).
—— *Homilia XVI In Illud "In principio erat Verbum"*: MG 31. (v. 8, 9).
—— *Homiliae S. Basilii quas transtulit Rufinus de graeco in latinum*: MG 31. (v. 5-7).
—— *Liber De Spiritu Sancto ad Amphilochium Iconii Episcopum*: MG 32. (v. 8, 9).
—— *Libri quibus impii Eunomii Apologeticus evertitur*: MG 29; SC 299 (v. 8, 9).
—— *Libri quibus Sanctus Basilius Eunomii Apologeticum evertit*: MG 29. (v. 1).

S. BEDA
—— *De remediis peccatorum*: ML 94. (v. 8, 9).
—— *De Tabernaculo et Vasis eius ac Vestibus Sacerdotum*: ML 91. (v. 4).
—— *Hexaëmeron, sibe Libri quatuor in Principium Genesis usque ad Nativitatem Isaac et Electionem Ismaëlis*: ML 91. (v. 2, 5-7).
—— *Homiliae genuinae*: ML 94. (v. 5-9).
—— *In Lucae Evangelium Expositio*: ML 92. (v. 2, 4-9).

—— *In Marci Evangelium Expositio*: ML 92. (v. 5-9).
—— *In Matthaei Evangelium Expositio*: ML 92. (v. 2, 8, 9).
—— *In Pentateuchum Commentarii*: ML 91. (v. 2).
—— *In Primam Epistolam S. Ioannis*: ML 93. (v. 5-7).
—— *Sententiae sive Axiomata Philosophica ex Aristotele et aliis Praestantibus Collecta, una cum Brevibus quibusdam Explicationibus ac Limitationibus*: ML 90. (v. 4).
—— *Super Acta Apostolorum Expositio. Ad Accam Episcopum Bedae Epistola*: ML 92. (v. 4-7).

PSEUDO-BEDA
—— *Expositio Epistolae Primae ad Corinthios*, en *Opera Bedae Venerabilis Presbyteri, Angloxonis*, 8 vols., edid. I. Heruagius (Basileae 1563) t. VI, p. 318-599 (*In I Cor*.). (v. 8, 9).

S. BENTO
—— *Regula, cum Commentariis*: ML 66. (v. 3-7).
—— *San Benito. Su vida. Su regla* (Madrid, BAC). (v. 3-7).

BENTO LEVITA ("MOGUNTINUS")
—— *Capitularium Additiones quatuor*, additio I: MANSI XVIIb, 579-590; y las demás en MANSI XVIIb, 1133-1232 (*Capitularium*). (v. 8, 9).

BERENGÁRIO DE TOURS
—— *De Sacra Coena adversus Lanfrancum Liber posterior*, edid. A. F. y F. T. Vischer (Berolini 1834), en *Berengarii Turonensis quae supersunt tum edita quam inedita*, expressa moderante A. Leandro, t. I (*De Sacra Coena*). (v. 8, 9).

S. BERNARDO
—— *In Coena Domini Sermo*: ML 183. (v. 8, 9).
—— *Contra Quaedam capitula errorum Abaelardi Epistola CXC seu Tractatus Ad Innocentium II Pontificem*: ML 182. (v. 8, 9).
—— *De Consideratione Libri quinque ad Eugenium tertium*: ML 182. (v. 1, 5-7).
—— *De Diligendo Deo Liber seu Tractatus ad Haimericum S. R. E. Cardinalem et Cancellarium*: ML 182. (v. 5-7).
—— *De Gradibus Humilitatis et Superbiae Tractatus*: ML 182. (v. 5-7).
—— *De Gratia et Libero Arbitrio Tractatus ad Guilelmum Abbatem Sancti Theodorici*: ML 182. (v. 2).
—— *De laudibus Virginis Matris Homiliae quatuor*: ML 183. (v. 8, 9).
—— *De Praecepto et Dispensatione Liber*: ML 182. (v. 5-7).
—— *Instructio sacerdotis seu Tractatus de praecipuis mysteriis nostrae religionis*: ML 184. (v. 8, 9).
—— *Obras Completas de San Bernardo*. Ed. bilingue, 9 vols. (Madrid, BAC Normal, vol. 444, 452, 469, 473, 491, 497, 505). (v. 2, 5-9).
—— *Sermones de Sanctis*: ML 183. (v. 5-7).
—— *Sermones in Cantica Canticorum*: ML 183. (v. 5-7).

BERNARDO (?)
—— *Meditationes piissimae de cognitione humanae conditionis*: ML 184. (v. 8, 9).

S. BOAVENTURA
—— *Breviloquium*: ib., t. V, p. 199-291 (*Breviloquium*). (v. 8, 9).
—— *Collationes in Hexaëmeron* p. 327-454 (*In Hexaëm*.). (v. 5-7).
—— *Commentarii in quatuor Libros Sententiarum Petri Lombardi* (*In Sent*.: QR 1-4). (v. 1, 3-9).
—— *Opera Omnia*, 10 vols., edid. PP. Collegii S. Bonaventurae, Ad Aquas Claras (Quaracchi, 1882-1902). (v. 1, 2, 4-9).
—— *Obras de S. Buenaventura*. Ed. bilingue, 6 vols. (Madrid, BAC Normal, vol. 6, 9, 19, 29, 36, 49). (v. 4-9).
—— *Quaestiones Disputate de Scientia Christi, de Mysterio SS. Trinitatis, de Perfectione Evangelica* (*Quaest. Disp. de Scientia Christi*: QR 5,1-198). (v. 1).

Boécio
—— *Commentaria in Porphyrium a se translatum*: ML 64. (v. 1-4).
—— *De Arithmetica Libri duo*: ML 63. (v. 1, 2).
—— *De Consolatione Philosophiae Libri quinque*: ML 63. (v. 1-3, 5-9).
—— *De Differentiis Topicis Libri quatuor*: ML 64. (v. 1).
—— *De Musica Libri quinque*: ML 63. (v. 5-7).
—— *In Categorias Aristotelis Libri quatuor*: ML 64. (v. 1, 4-7).
—— *In Librum Aristotelis de Interpretatione Libri sex. Editio secunda, seu Maiora Commentaria*: ML 64. (v. 3, 4).
—— *In Topica Ciceronis Commentariorum Libri sex*: ML 64. (v. 1, 8, 9).
—— *Liber de Persona et duabus Naturis contra Eutychen et Nestorium ad Ioannem Diaconum Ecclesiae Romanae*: ML 64. (v. 1, 3, 4, 8, 9).
—— *Quomodo Substantiae, in eo quod sint, ipsae sunt, cum non sint Substantialia Bona. Liber ad Ioannem Diaconum Ecclesiae Romanae*: ML 64. (v. 1, 2, 4).
—— *Quomodo Trinitas unus Deus ac non tres Dii*: ML 64. (v. 1, 2, 8, 9).

Breviário
—— *Breviarium iuxta ritum S. O. Praedicatorum auctoritate Apostolica approbatum*, 2 vols., edit. iussit Revdssimus. P. M. S. Gillet (Romae, in Hospito Magistri Ordinis, 1930) (*Breviarium S. O. P.*). (v. 8, 9).

Bucardo de Worms
—— *Decretorum Libri viginti*: ML 140. (v. 5-9).

Calcídio, cf. J. H. Waszink
—— *Timaeus a Calcidio translatus commentarioque instructus* (Plato Latinus IV) (Londoni ²1975) (*In Timaeum*). (v. 4).

Calixto I
—— Epistola II *Ad Omnes Galliarum Episcopos*: Mansi, 1,740-746 (Epist. Papae Callixti *Ad Omnes Galliae Episcopos*). (v. 5-7).

Cânones Apostólicos
—— *Canones Apostolorum sanctorum et omni veneratione prosequendorum, ex interpretatione Dionysii Exigui*: Mansi 1, 49-57 (*Can. Apost.*). (v. 8, 9).
—— *Canones Apostolorum, Gentiano Herveto II interprete*: Mansi 1,29-48 (*Can. Apost.*). (v. 8, 9).

Cassiano
—— *Collationum XXIV Collectio in tres partes divisa*: ML 49. (v. 5-9).
—— *De Coenobiorum Institutis Libri duodecim*: ML 49. (v. 5-7).
—— *De Incarnatione Christi contra Nestorium haereticum Libri septem*: ML 50. (v. 8, 9).

Cassiodoro
—— *De Anima*: ML 70. (v. 1).
—— *In Psalterium expositio*: ML 70. (v. 1, 4-9).

Pseudo-Celestino I
—— *Praeteritorum Sedis Apostolicae Episcoporum auctoritates De gratia Dei et libero voluntatis arbitrio*: Mansi 4,458-464 (*Capitula*). (v. 8, 9).

Censorino
—— *Celse, Vitruve, Frontin* (Paris, Firmin-Didot, 1877). *Liber de die natali ad Q. Cerellium*, p. 355-385 (*De die natali*). (v. 8, 9).

Cesáreo de Heisterbach
—— *Dialogus miraculorum*, 2 vols., edid. I. Strange (Coloniae, Bonnae et Bruxellis, J. M. Heberle, 1851) (*Dial. Miraculorum*). (v. 8, 9).

CHRISTIANUS DRUTHMARO CORBEIENSE
—— *Expositio in Matthaeum Evangelistam*: ML 106. (v. 8, 9).

CÍCERO
—— *Ciceronis Opera*, ed. C. F. W. MUELLER (Leipzig 1880-1886) (EL). (v. 5-9).
—— *Cicéron* (Collection des Universités de France, ed. BUDÉ, "Les Belles Lettres") (BU). (v. 5-9).
—— *De Divinatione* (DD 4,185-252). (v. 1, 5-7).
—— *De Finibus*: DD 3,487-612. (v. 3).
—— *De iuvent.*: DD 1,165. (v. 4).
—— *De Natura Deorum* (DD 4,79-169). (v. 2, 5-7).
—— *De Officiis* (DD 4,425-516). (v. 1, 4-7).
—— *De Republica*: (DD 4,279-348). (v. 4-7).
—— *De Tusculanis Quaestionibus* (DD 3,621-670; 4,1-74). (v. 2-9).
—— *Laelius, sive De Amicitia Dialogus* (DD 4,547-570). (v. 5-7).
—— *Oeuvres Complètes de Cicéron*, 5 vols. (Paris, Firmin-Didot, 1881). (Collection des Auteurs Latins avec la traduction en français, publiée sous la direction de M. Nisard) (DD). (v. 1, 2, 4-9).
—— *Paradoxa*: DD 1,541-553. (v. 4).
—— *Rhetorica ad Herennium* (DD 1,3-84). (v. 5-7).
—— *Rhetorica* seu *De Inventione Oratoria* (DD 1,88-169). (v. 1, 3-9).
—— *Topica* (DD 1,489-507). (v. 3, 5-9).

S. CIPRIANO
—— *Adversus Iulianum Imperatorem Libri decem*: MG 76. (v. 8, 9).
—— *Adversus Nestorii blasphemias contradictionum Libri quinque*: MG 76. (v. 8, 9).
—— *Apologeticus pro duodecim capitibus adversus Orientales Episcopos*: MG 76. (v. 8, 9).
—— *Commentariorum in Matthaeum quae supersunt*: MG 72. (v. 8, 9).
—— *De Incarnatione Verbi Dei, Filii Patris*: MG 75. (v. 8, 9).
—— *De Oratione Dominica Liber*: ML 4. (v. 8, 9).
—— *Dialogus cum Nestorio, quod sancta Virgo Deipara sit et non Christipara*: MG 76. (v. 8, 9).
—— Epistola VIII *Ad Martyres et Confessores*: ML 4. (v. 5-7).
—— Epistola LXI *Ad Euchratium, De histrione*: ML 4. (v. 8, 9).
—— Epistola LXII *Ad Pomponium. De Virginibus*: ML 4. (v. 5-7).
—— Epistola LXIII *Ad Caecilium de sacramento Dominici Calicis*: ML 4. (v. 8, 9).
—— Epistola LXX *Ad Ianuarium et ceteros episcopos Numidas, De baptizandis haereticis*: ML 3.4. (v. 8, 9).
—— Epistola LXXVI *Ad Magnum de baptizandis Novatianis et de iis qui in lecto gratiam consequuntur*: ML 3.4. (v. 8, 9).
—— *Obras de S. Cipriano. Tratados. Cartas.* Ed. bilingue (Madrid, BAC Normal, v. 241). (v. 5-9).
—— *Liber De Habitu Virginum*: ML 4. (v. 5-7).

S. CIRILO DE ALEXANDRIA
—— *Epistola Cyrilli Episcopi Alexandrini ad Monachos Aegypti*: MANSI 4,587-618 (Epist. I *Ad Mon. Aegypti*). (v. 8, 9).
—— *Epistola secunda ad Nestorium*, e graeco transtulit Marius Mercator: ML 48. (v. 8, 9).
—— *Epistola tertia Synodica S. Cyrilli Alexandrini Episcopi directa Nestorio Constantino olitanae Urbis Episcopo, duodecim continens anathematismi Capital*, e graeco transtulit Marius Mercator: ML 48. (v. 8, 9).
—— Epistola I *Ad Monachos Aegypti*: MG 77. (v. 8, 9).
—— Epistola II *Ad Nestorium*: MG 77. (v. 8, 9).
—— Epistola IV *Ad Nestorium*: MG 77. (v. 8, 9).
—— Epistola XVII *Ad Nestorium de excommunicatione*: MG 77. (v. 8, 9).
—— Epistola XLV *Ad Succensum Episcopum*: MG 77. (v. 8, 9).
—— Epistola LXXXIII *Ad Calosyrium*: MG 76.77. (v. 8, 9).
—— *Explanatio in Lucae Evangelium*: MG 72. (v. 5-9).
—— *Explicatio duodecim capitum, Ephesi pronuntiata, S. Synodo clariorem illorum declarationem exigente*: MG 76. (v. 8, 9).
—— *Expositio sive commentarius in Ioannis Evangelium*: MG 73.74. (v. 8, 9).

—— Fragmentum *In epistolam I B. Petri*: MG 74. (v. 8, 9).
—— *Liber Religiosissimis Reginis noncupatus*: MG 76. (v. 8, 9).

PSEUDO-CLEMENTE I
—— Epistola II *Ad Iacobum Fratrem Domini, De sacratis vestibus et vasis*: MANSI 1, 125-130 (Epist. Decretal. II *Ad Iac.*). (v. 8, 9).

CLEMENTE DE ALEXANDRIA
—— *Stromatum* Libri octo, 1. I-IV: MG 8; 1. V-VIII; MG 9. (v. 8, 9).

PSEUDO-CLEMENTE ROMANO
—— *De Actibus, Peregrinationibus et Praedicationibus Sancti Apostolorumque Principis Petri Epitome, qua eiusdem Clementis vita continetur, ad Iacobum, Hierosolymorum Episcopum*: MG 2. (v. 2).
—— Epistola I *Ad Iacobum Fratrem Domini*: MANSI, 1,91-108 (Epist. Decretal. I *Ad Iac.*). (v. 5-7).

CONCÍLIO AGATENSE, *Concilium Agathense*, anno 506: MANSI 8,319-342 (*Conc. Agathense*). (v. 8, 9).
CONCÍLIO ARAUSICANO I, *Concilium Arausicanum I*, anno 441: MANSI 6,433-452 (*Conc. Arausicanum I*). (v. 8, 9).
CONCÍLIO ARAUXICANO, *Concilium Arausicanum II. De Gratia et Libero Arbitrio*: Mansi 8,711-724; Denz. 380-397 (*Conc. Arausic.* II). (v. 4).
CONCÍLIO ARELATENSE I, *Concilium Arelatense I*, anno 314: MANSI 2,463-495 (*Conc. Arelatense I*). (v. 8, 9).
CONCÍLIO BRACARENSE IV, *Concilium Bracarense IV*, anno 675: MANSI 11,153-162 (*Con. Bracarense IV*). (v. 8, 9).
CONCÍLIO CABILONENSE II, *Concilium Cabilonense II*, anno 813: MANSI 14,91-108 (*Conc. Cabilonense II*). (v. 8, 9).
CONCÍLIO CALCEDONENSE, *Calchedonense Concilium Generale Quartum*: MANSI 6,529-1230; 7,1-872 (*Conc. Chalced.*). (v. 8, 9).
CONCÍLIO CARTAGINÊS I, *Concilium Africanum I, vel Carthaginense I, in causa baptismatis haereticorum*, anno 258 (255): MANSI 1,921-926 (*Conc. Carthaginense I [V]*). (v. 8, 9).
CONCÍLIO CARTAGINÊS III, *Concilium Carthaginense nomine tertium ordine temporis, inter ea quae post Nicaenum extant, vere secundum*, anno 436: MANSI 3,875-902 (*Conc. Carthaginense III*). (v. 8, 9).
CONCÍLIO CARTAGINÊS IV, *Concilium Carthaginense nomine et temporis ordine quartum*, anno 436: MANSI 3,945-968 (*Conc. Carthaginense IV*). (v. 8, 9).
Concílio Constantinopolitano II, *Quinta Synodus Constantinopolitana II*: Mansi 9,157-658 (*Conc. Cpolit. II*). (v. 8, 9).
Concílio Constantinopolitano III, *Sancta Synodus sexta Generalis Constantinopolitana tertia*: Mansi 11,189-922 (*Conc. Cpolit. III*). (v. 8, 9).
CONCÍLIO DE CALCEDÔNIA, *Acta Concilii Chalcedonensis* (*Conc. Chalced*.: Mansi 6,529-1102; 7,1-873). (v. 1)
CONCÍLIO DE CARTAGO, *Concilium Africanum* Carthagine contra Pelagianos celebratum a. 418: Mansi 4,325-345; Denz. 222-230 (*Conc. Carth.* XVI). (v. 4).
CONCÍLIO DE CARTAGO II, *Acta Concilii Carthaginensis contra Pelagianos II* (*Conc. Carthag. II*: Mansi 4,321-324). (v. 1).
CONCÍLIO DE ÉFESO, *Synodus Ephesina* (*Synodus Ephesina*: Mansi 4,567-1482; 5,1-457; Denz. 250-268). (v. 1).
CONCÍLIO DE LYON, *Acta Concilii Lugdumensis II Generalis* (*Conc. Lugdumense*: Mansi 24,37-135; Denz. 850-861). (v. 1).
CONCÍLIO DE MILEVITANO, *Concilium Milevitanum II*; Mansi 4,327 (*Conc. Milev. II*). (v. 4).
CONCÍLIO DE REIMS, *Acta Concilii Remensis* (*Conc. Remense, Professio fidei*: Mansi 21,711-736). (v. 1).
CONCÍLIO DO LATRÃO IV, *Acta Concilii IV Generalis* (*Conc. Lateranense IV*: Mansi 22,953-1085; Denz. 800-820). (v. 1).
CONCÍLIO EFESINO, *Sanctum Ephesinum Concilium tertium Generale*: MANSI 4,567-1482; 5,1-732 (*Synodus Ephesina*). (v. 8, 9).
CONCÍLIO FRANCFORTIENSE, *Concilium Francofordiense*, anno 794: MANSI 13,862-926 (*Conc. Francoford.*). (v. 8, 9).
CONCÍLIO ILERDENSE, *Concilium Ilerdense*, anno 524: MANSI 8,609-620 (*Conc. Ilerdense*). (v. 8, 9).
CONCÍLIO LATERANENSE ROMANO, *Concilium Lateranense Romanum*, año 649: MANSI 10,863-1188 (*Conc. Lateranense Romanum*). (v. 8, 9).
CONCÍLIO LATERANENSE III, *Appendix ad Concilium Lateranense*: MANSI 22,248-454 (*Append. Conc. Lateranensis*). (v. 8, 9).
CONCÍLIO LATERANENSE IV, *Concilium Lateranense IV Generale. Sub Innocentio IV Summo Pontifice*, año 1215: MANSI 22,953-1086 (*Conc. Lateranense IV*). (v. 8, 9).

CONCÍLIO NICENO I, *Constitutio et Fides Nicaeni Concilii. Subditis capitulis suis*: MANSI 2,665-752 *(Conc. Nicaenum I)*. (v. 8, 9).
CONCÍLIO NICENO-CONSTANTINOPOLITANO, *Symbolum (Symb. Nicaeno Cpolit.*: Mansi 3,565-566; Denz. 150). (v. 1, 2).
CONCÍLIO PARISIENSE VI, *Concilium Parisiense VI*, anno 829: MANSI 14,529-608 *(Conc. Parisiense VI)*. (v. 8, 9).
CONCÍLIO ROMANO, *Concilium Romanum*, anno 1059: MANSI 19,897-906 *(Conc. Romanum sub Nicolao II)*. (v. 8, 9).
CONCÍLIO ROMANO II, *Concilium Romanum II sub Silvestro Papa primo*, año 324: MANSI 2,615-634 *(Conc. Romanum II)*. (v. 8, 9).
CONCÍLIO ROMANUM IV, *Concilium Romanum III sub Damaso in quo Appolinaristarum haeresis damnata*, anno 373 (?): MANSI 3,477-492 *(Conc. Romanum IV [?])*. (v. 8, 9).
CONCÍLIO ROMANUM V, *Concilium Romanum V pro restauratione Sanctae Ecclesiae*, anno 1078: MANSI 20,507-516 *(Conc. Romanum V)*. (v. 8, 9).
CONCÍLIO ROMANUM VI, *Concilium Romanum VI*, anno 1079: MANSI 20,523-526 *(Conc. Romanum VI)*. (v. 8, 9).
CONCÍLIO SENONENSE (de Sens), *Acta Concilii Senonensis (Conc. Senonense*: Mansi 21,559-570; Denz. 721-739). (v. 1).
CONCÍLIO TOLEDANO I, *Concilium Toletanum I*, anno 400: MANSI 3,997-1014 *(Conc. Toletanum I)*. (v. 8, 9).
CONCÍLIO TOLEDANO IV, *Concilium Toletanum IV*, anno 633: MANSI 10,611-650 *(Conc. Toletanum IV)*. (v. 8, 9).
CONCÍLIO TOLEDANO VII, *Concilium Toletanum VII*, anno 646: MANSI 10-763-774 *(Conc. Toletanum VII)*. (v. 8, 9).
CONCÍLIO TOLEDANO XII, *Concilium Toletanum XII*, anno 681: MANSI 11,1023-1044 *(Conc. Toletanum XII)*. (v. 8, 9).
CONCÍLIO TRULANO, *Concilium in Trullo Palatii Imperatoris*, anno 692: MANSI 11,921-1006 *(Conc. in Trullo)*. (v. 8, 9).
CONCÍLIO TURONENSE III, *Concilium Turonense III*, año 813: MANSI 14,81-92 *(Conc. Turonense III)*. (v. 8, 9).

CORPUS IURIS CANONICI
—— *Corpus Iuris Canonici*, ed. secunda, 2 vols. post A. J. Richteri curas, recensuit et adnotatione instruxit A. Friedberg (Lipsiae, Tauchnitz, 1922) (Corpus Iur. Can.: RF). (v. 4, 8, 9).
—— *Decretalium Collectiones (Decretal. Gregor. IX*: RF 2). (v. 4, 8, 9).
—— *Decretum Magistri Gratiani* (GRACIANO, *Decretum*). (v. 4-9).

CORPUS IURIS CIVILIS
—— *Codex Iustinianus*, recognovit et retractavit Paulus Krueger *(Codex*: KR 2). (v. 4).
—— *Corpus Iuris Civilis*, v. I, editio stereotypa quinta decima (Berolini 1928) (KR). (v. 4).
—— *Digesta*, recognovit Theodorus Mommsen, retractavit Paulus Krueger *(Dig.*: KR 1). (v. 4).
—— *Institutiones*, recognovit Paulus Krueger *(Instit.*: KR 1). (v. 4).
—— *Iustiniani Digesta*, en *Corpus Iuris Civilis*, t. I, edit. 15ª (Berolini, apud Weidmannos, 1928) p. 29-926, recognovit T. Mommsen, retractavit P. Krueger *(Dig.)*. (v. 5-9).

CRAMER, J. A.
—— *Catenae graecorum Patrum in Novum Testamentum*, 8 vols., edid. J. A. Cramer (Oxonii, e Typographeo Academico, 1844). Victor Antiochenus (?), *Catena in Evangelium S. Marci*, t. I, p. 260-447 *(Cat. in Marc.)* (v. 8, 9).

CRISIPO
—— *Fragmenta Philosophorum Graecorum*, 3 vols., edidit G. A. MULLACHIUS (Parisiis, Firmin-Didot, 1867-1879) (DD). (v. 5-7).
—— *Secundum Chrysippum* III p. 577-578 *(Definitiones)*. (v. 5-7).

CROMÁCIO DE AQUILEIA
—— *Tractatus qui supersunt in evangelium S. Matthaei*: ML 20. (v. 8, 9).

S. DÂMASO I
—— *Decreta Damasi Papae I*: MANSI, 3,446-448 *(Decreta Damasi Papae I)*. (v. 5-7).

DE CAUSIS, cfr. Sto. Alberto Magno. (v. I).

DE RUBEIS, F. B.
—— *De gestis et scriptis ac doctrina Sancti Thomae Aquinatis dissertationes criticae et apologeticae*: Sancti Thomae Aquinatis doctoris Angelici Opera Omnia, iussu Leonis XIII P. M. edita, t. I (Romae, ex Typographia Polyglotta S. C. de Propaganda Fide, 1882), p. XLV-CCCXLVI (*Dissertationes criticae in S. Thomam Aquinatem*). (v. 8, 9).

DENIFLE, H. e CHATELAIN, A.E.
—— *Chartularium Universitatis Parisiensis*, 4 vols. (Parisiis 1889-1897) (*Chartularium*). (v. 4).

DENZINGER, H.-BARWART, C.
—— *Enchiridion Symbolorum definitionum et declarationum de rebus fidei et morum*, edit. 16ª parata a I. B. Umberg (Friburgi Brisgoviae, Herder, 1928) (DZ). (v. 8, 9).

DÍDIMO DE ALEXANDRIA
—— *De Trinitate Libri tres*: MG 39. (v. 8, 9).
—— *Liber de Spiritu Sancto, S. Hieronymo interprete*: MG 39; ML 23. (v. 8, 9).

DIONÍSIO ALEXANDRINO
—— *Interpretatio in S. Evangelii secundum Lucam cap. XXIII, v. 42-48*: MG 10 (*Fragm. in Luc.*). (v. 8, 9).

PSEUDO-DIONÍSIO AREOPAGITA
—— *De Caelesti Hierarchia*: MG 3. (v. 1-9).
—— *De Divinis Nominibus*: MG 3. (v. 1-9).
—— *De Ecclesiastica Hierarchia*: MG 3. (v. 1, 2, 4-9).
—— *De Mystica Theologia ad Timotheum*: MG 3. (v. 1-3).
—— Epistola I *Ad Caium Monachum*: MG 3. (v. 5-7).
—— Epistola IV *Caium Monachum*: MG 3. (v. 8, 9).
—— Epistola VII *Polycarpum Antistitum*: MG 3. (v. 2, 5-9).
—— Epistola VIII *Ad Demophilum Monachum*: MG 3. (v. 5-9).
—— Epistola X *Ioanni Theologo, Apostolo et Evangelistae in Patmo insula exultanti*: MG 3. (v. 8, 9).

DIONÍSIO CATO
—— *Disticha De Moribus ad Filium*, recensuit et adnotationibus instruxit O. ARNTZENIUS (Amstelaedami 1754) (*Breves Sent.*). (v. 5-7).

DONDAINE, A.
—— *Un traité néo-manichéen du XIIIe siècle: Le Liber de duobus Principiis, suivi d'un fragment de rituel cathare*, edidit A. Dondaine (Roma, Istituto Storico Domenicano S. Sabina, 1939) (*Le Liber de duobus Principiis*). (v. 8, 9).

DURANDO, ABADE DE TROARN
—— *Liber de Corpore et Sanguine Christi contra Berengarium et eius sectatores*: ML 149. (v. 8, 9).

EADMERO
—— *Liber de Sancti Anselmi Similitudinibus*: ML 159. (v. 5-7).

EGBERTO DE YORK
—— *Excerptiones e dictis et canonibus sanctorum Patrum concinnatae et ad ecclesiasticae politiae institutionem conducentes*: MANSI 12,413-431 (Excerptiones). (v. 8, 9).
—— *Poenitentiale*: MANSI 12,431-482 (*Poenitentiale*). (v. 8, 9).

ENODIO TICINENSE (MAGNO FELIX)
—— *Dictiones*: ML 63. (v. 5-7).

STO. EPIFÂNIO
—— *Adversus octoginta haereses, opus quod inscribitur Panarium sive Arcula*: MG 41. (v. 8, 9).

ERNALDO, ABADE DE BUENAVAL
—— *Liber de cardinalibus operibus Christi usque ad Ascensionem eius ad Patrem ad Adrianum IV Pontificem Maximum*: ML 189. (v. 8, 9).

ESTÊVÃO DE BAUGÉ (?)
—— *Tractatus de Sacramento Altaris*: ML 172. (v. 8, 9).

ESTÊVÃO V
—— Fragmentum Epistolae *Leutberto Moguntino Episcopo*: MANSI 18a, 25 (*Fragm. Epist. ad Leutbertum*). (v. 8, 9).

ESTOICOS
—— *Stoicorum Veterum Fragmenta*, 4 vols., collegit 1. Ab Arnim (Lipsiae, in Aedibus B. G. Teubneri, 1921-1924) (*Fragm.*), *De Virtute* (*Fragm.* v. 3). (v. 3, 4).

EUSÉBIO DE CESAREIA
—— *Chronicorum Liber secundos, S. Hieronymo interprete et ampliatore*: ML 27. (v. 8, 9).
—— *Chronicorum Libri duo*, altero a Hieronymo interpretato: MG 19. (v. 8, 9).
—— *De Laudibus Constantini Oratio in eius tricennalibus habita*: MG 20. (v. 8, 9).
—— *De solemnitate Paschali*: MG 24. (v. 8, 9).
—— *Ecclesiasticae Historiae Libri decem*: MG 20. (v. 8, 9).
—— *Epitome selecta ex libro ad Marianum quaestionum evangelicarum*: MG 22. (v. 8, 9).
—— *Historia Ecclesiastica*: MG 20. (v. 5-7).

EUSÉBIO I
—— Epistola III *Episcopis Thusciae et Campaniae*: MANSI 2,420-424 (Epist. *Ad Thusciae et Campaniae Episc.*). (v. 8, 9).

FABIANO, PAPA
—— Epistola II *Ad omnes Orientales Episcopos*: MANSI 1,775-780 (Epist. *Ad omnes Orientales Episc.*). (v. 8, 9).

FABRÍCIO
—— *Codex Apocryphus Novi Testamenti*, 2 vol. collectus... a I. A. Fabrício (Hamburgi, B. Schiller, 1703). Acta Apostolorum Apocrypha, sive Historia certaminis apostolici, adscripta Abdiae, primo, ut ferunt, Babyloniae Episcopo, et distributa in Libros decem, t. II, p. 402-742 (*Hist. Certaminis Apostolici*). (v. 5-7).

FELIPE O CHANCELER
—— *Summa Quaestionum Theologicarum* (*Summa De Bono*), MS. Tolosae 192, 171 ff. Incipit: *Vadam in agrum et colligam spicas... Explicit liber cancellarii parisiensis: Summa Cancellari parisiensis* (*Summa de bono*). (v. 5-7).

FILÁSTRIO DE BRESCIA
—— *Liber de haeresibus*: Ml 12. (v. 8, 9).

FILÓSTORGO
—— *Ex ecclesiasticis historiis Philostorgi Epitome, confecta a Photio Patriarcha*: MG 65. (v. 8, 9).

FRONTINUS
—— *Ammien Marcellin, Jornandès Frontin, Végèce, Modestus* (Paris, Firmin-Didot, 1878) (Collection des Auteurs Latins, avec la traduction en français, publiée sous la direction de M. NISARD) (DD). (v. 5-7).
—— *Strategemation Libri quatuor* p. 503-581 (*Strategem.*). (v. 5, 7).

S. FULGÊNCIO DE RUSPE
—— *Liber de Duplici Praedestinatione Dei, Una Bonorum ad Gloriam, Altera Malorum ad Poenam*: ML 65. (v. 4).

FULGÊNCIO (PSEUDO-AGOSTINHO)
—— *De fide seu De regula verae fidei ad Petrum Liber unus*: ML 65. (v. 5-9).

GANDULFO DE BOLONHA
—— *Sententiarum Libri quatuor* primum edidit... I. de Walter (Vindobonae et Vratislaviae, Haim et Soc., 1924) (*Sent.*). (v. 8, 9).

GELÁSIO I
—— Epistola IX *Ad Episcopos Lucaniae*: MANSI 8,35-45 (Epist. *Ad Episc. Lucaniae*). (v. 8, 9).

GENÁDIO
—— *De Ecclesiasticis Dogmatibus Liber unus*: ML 58. (v. 2, 4).
—— *Liber de ecclesiasticis dogmatibus*: ML 58. (v. 8, 9).
—— *Liber de scriptoribus ecclesiasticis*: ML 58. (v. 8, 9).

GERHOH DE REICHERSBERG
—— Epistola VII *Ad Adamum Abbatem Eberacensem*: ML 193. (v. 8, 9).
—— Epistola VIII *ad Eberhardum Archiepiscopum Salzburgensem*: ML 193. (v. 8, 9).
—— *Liber contra duas haereses*: ML 194. (v. 8, 9).
—— *Tractatus adversus simoniacos*: ML 194. (v. 8, 9).

GILBERTO DE LA PORRÉE (Porretanus)
—— *Commentaria in Librum de Praedicatione trium Personarum* (Boëthii): ML 64. (v. 1).
—— *Commentaria in Librum De Trinitate* (Boëthii): ML 64. (v. 1).
—— *Liber de sex Principiis*: ML 188. (v. 1).

GLOSA
—— *Glossa Ordinaria cum Expositione Lyre Litterali et Morali, necnon Additionibus et Relicis*, 6 vols. (Basileae, Iohanni Petri de Langedorff et Iohanni Frobenio de Hammelburg, 1506-1508) (*Glossa ordin.*) (*Glossa interl.*). (v. 1-9).

GLOSA IN DECRETALES GREGORII IX
—— *Decretales D. Gregorii Papae IX, suae integritati cum glossis restitutae* (Venetiis 1595) (*Glossa ordin. in Decret. Gregorii IX*). (v. 8, 9).

GLOSA IN DECRETUM
—— *Decretum Gratiani emandatum et notationibus illustratum una cum glossis*, 2 vol., editionem iussit Gregorius XIII (Venetiis 1595) (*Glossa ordin. in Decretum*). (v. 8, 9).

GRACIANO, cf. Glossa in Decretum. (v. 8, 9).

GREGÓRIO II
—— Epistola XIII *Ad Bonifacium Episcopum*: MANSI 12,244-246 (Epist. XIII *Ad Bonifacium Episc.*). (v. 8, 9).

GREGÓRIO III
—— Epistola I *Ad Bonifacium Archiepiscopum*: MANSI 12,277-279 (Epist. I *Ad Bonifacium*). (v. 8, 9).

PSEUDO-GREGÓRIO DE NISSA (NEMÉSIO DE EMESA)
—— *De Natura Hominis*: MG 40. (v. 2, 3).

S. GREGÓRIO MAGNO
—— *Dialogorum Libri IV de vita et miraculis Patrum Italicorum et de aeternitate animarum*, l. II: ML 66.75.77. (v. 5-9).
—— *Homiliarum in Ezechielem Prophetam Libri duo*: ML 76. (v. 1-9).
—— *Liber Dialogorum*, ML 77. (v. 1, 2, 4).
—— *Liber Regulae Pastoralis*: ML 77. (v. 4).
—— *Liber Sacramentorum*, ML 78. (v. 8, 9).
—— *Moralium Libri sive Expositio in Librum B. Iob* I-XVI: ML 75; XVII-XXXV: ML 76; CC 143 (v. 1-9).
—— *Obras de S. Gregório Magno* (Madrid, BAC). (v. 2-7).
—— *Quadraginta Homiliarum in Evangelia Libri duo*: ML 76. (v. 1-9).
—— *Registri Epistolarum Libri quatuordecim*: ML 77. (v. 5-9).
—— *Regulae Pastoralis Liber, ad Ioannem Episcopum Civitatis Ravennae*: ML 77. (v. 5-9).

GREGÓRIO DE NAZIANZO
—— *Carmina*: MG 37.38. (v. 8, 9).
—— Epistola CI *Ad Cledonium Presbyterum contra Apollinarium*: MG 37. (v. 8, 9).
—— Epistola CCII *Ad Nectarium Constantinopolitanum Episcopum*: MG 37. (v. 8, 9).
—— Oratio XXXIX *In sancta lumina*: MG 36. (v. 8, 9).
—— Oratio XL *In sanctum baptisma*: MG 36. (v. 8, 9).
—— Oratio XLV *In sanctum Pascha*: MG 36. (v. 8, 9).

S. GREGÓRIO DE NISSA
—— *Antirrheticus adversus Appollinarem*: MG 45. (v. 8, 9).
—— *De Hominis Opificio*: MG 44. (v. 2, 5-7).
—— *De occursu Domini de Deipara Virgine et de iusto Simone*: MG 46. (v. 8, 9).
—— *In sanctum Pascha et de triduano festo Resurrectionis Christi orationes quinque*: MG 46. (v. 8, 9).
—— *Libri contra Eunomium*: MG 45. (v. 8, 9).
—— *Oratio Funebris de Placilla Imperatrice*: MG 46. (v. 5-7).

GREGÓRIO DE TOURS
—— *Historiae Ecclesiasticae Francorum Libri decem*: ML 71. (v. 8, 9).

S. GREGÓRIO NAZIANZENO
—— *Oratio XXXVIII In Theophania sive Natalicia Salvatoris*: MG 36. (v. 2).

GUALTER DE SÃO VÍTOR
—— *Excerpta ex libris contra quatuor Labyrinthos Franciae*: ML 199. (v. 8, 9).

GUIDMUNDO DE AVERSA
—— *De Corporis et Sanguinis Christi veritate in Eucharistia Libri tres*: ML 149. (v. 8, 9).

GUILHERME, ABADE DE SÃO TEODORICO
—— *Disputatio adversus Petrum Abaelardum ad Gaufridum Carnotensem Bernardum*: ML 180. (v. 8, 9).
—— *Epistola ad quemdam monachum qui de Corpore et sanguine scripserat*: ML 180. (v. 8, 9).

GUILHERME ALTISIODORENSE (DE AUXERRE)
—— *Summa Aurea in quattuor Libros Sententiarum* (Parisiis, P. Pigouchet, 1500) (*Suma Aurea*). (v. 5-7).

GUILHERME DE AUXERRE
—— *Summa Aurea*. Ms.: Paris, Biblioteca Nacional, lat. 15.746, 330 f. (*Summa Aurea*). (v. 2).
—— *Summa aurea in quatuor Libros Sententiarum* (Parisiis, P. Pigouchet, 1500) (*Summa aurea*). (v. 8, 9).

GUILHERME DE ALVÉRNIA, O PARISIENSE
—— *Opera Omnia*, 2 vol., edidit I. D. Traianum Neapolitanum (Venetiis, D. Zenari, 1591). *De sacramento eucharistiae*, t. II, p. 410-431 (*De sacram. eucharistiae*); *De sacramento poenitentiae*, t. II, p. 431-485 (*De sacram. poenit.*). (v. 5-9).
—— *Opera Omnia* tomis duobus contenta, Aureliae, ex typographia F. Hotot et Parisiis apud I. Dupuis 1674 (*De Trin.-De An.*). (v. 2).
—— *De Virtutibus Liber unus* I p. 99-184 (*De Virt.*). (v. 5-7).

GUILHERME DE POITIERS (ALTISIODERENSE)
—— *Summa Aurea in quattuor Libros Sententiarum*, 326 ff. (Parisiis, P. Pigouchet, 1500) (*Summa Aurea*). (v. 4).

GUILHERME DE SANTO TEODORICO
—— *Tractatus De Natura et Dignitate Amoris*: ML 184. (v. 5-7).

HAIMON DE HALBERSTADT
—— *Homiliae de Tempore*: ML 118. (v. 8, 9).
—— *In Divini Pauli Epistolas expositio*: ML 117. (v. 8, 9).

HAIMON VON HALBERSTAD
—— *In Divini Pauli Epistolas Expositio*: ML 117. (v. 5-7).
—— *In omnes Psalmos Pia, Brevis ac Dilucida Explanatio*: ML 116. (v. 5-7).

HENRIQUE DE SEGÚSIO (EL HOSTIENSE)
—— *Summa Hostiensis super Titulis Decretalium Compilata* (Venetiis, ex officina Theobaldi Pagani Ludunensis, 1480) (*Summa*). (v. 5-9).

HERARDO DE TOURS
—— *Capitula collecta ex capitularibus regum Francorum*: MANSI 17b,1238-1296 (*Capitula*). (v. 8, 9).

HERVEO
—— *Commentaria in Epistolas Divi Pauli*: ML 181. (v. 5-7).

HESÍQUIO DE JERUSALÉM
—— *Commentarius in Leviticum*: MG 93. (v. 4, 8, 9).

STO. HILÁRIO
—— *De Trinitate Libri duodecim*: ML 10. (v. 1, 2, 4, 8, 9).
—— *In Evangelium Matthaei commentarius*: ML 9. (v. 8, 9).
—— *Liber de Synodis, seu de Fide Orientalium*: ML 10. (v. 1, 2, 8, 9).
—— *Tractatus super Psalmos*: ML 9. (v. 8, 9).

HILDEBERTO DE LAVADIN
—— *Versus de Excidio Troiae*: ML 171. (v. 2).

STO. HIPÓLITO
—— *Demonstratio adversus Graecos*: MG 93. (v. 8, 9).
—— *Fragmentum ex Libro I De sancto Pascha*: MG 10. (v. 8, 9).

HOMERO
—— *Carmina et Cycli Epici Reliquiae, Graece et Latine, editio iteratis curis correcta* (Parisiis, Firmin-Didot, 1853) (DD) (*Iliad.*) (*Odyss.*). (v. 3).
—— *L'Odyssée*, texte établi et traduit par V. Bérard, 3 v. (Paris [6]1962) (*Odyss.*). (v. 2).

HONÓRIO DE AUTUN
—— *Elucidarium sive Dialogus de summa totius christianae Theologiae*: ML 172. (v. 8, 9).
—— *Euchariston seu Liber de Corpore et Sanguine Domini*: ML 172. (v. 8, 9).
—— *Libellus octo quaestionum de angelis et homine*: ML 172. (v. 8, 9).

HORÁCIO, De arte poet. 5,1-2. (v. 8, 9).

HORÁCIO
—— *Epîtres*, texte établi et traduit par F. VILLENEUVE (Paris 1934) (Collection des Universités de France, éditions BUDÉ, "Les Belles Lettres") (BU) (*Epist.*). (v. 5-7).

HUGO DE ROUEN
—— *Dialogorum seu quaestionum theologicarum Libri septem*: ML 192. (v. 8, 9).
—— Epistola *Ad Matthaeum*: ML 192. (v. 8, 9).

HUGO DE SÃO CARO (SAINT-CHER)
—— *Commentarium in quatuor Libros Sententiarum*. Bruxelles, Bibliothèque Royale, manusc. 11422-11423, fol. 1-121 (*In Sent.*). (v. 8, 9).
—— *Opera omnia in universum Vetus et Novum Testamentum*, 8 vol. (Venetiis, N. Pezzana, 1754) (*In univ. Test.*). (v. 5-9).

HUGO DE SÃO VÍTOR
—— *Allegoriae in Novum Testamentum Libros novem (octo) complectentes*: ML 175. (v. 5-7).

—— *De B. Mariae virginitate Libellus epistolaris*: ML 176. (v. 8, 9).
—— *De Modo Orandi*: ML 176. (v. 5-7).
—— *De quatuor voluntatibus in Christo Libellus*: ML 176. (v. 8, 9).
—— *De Sacramentis Christianae Fidei*: ML 176. (v. 1, 2, 4-9).
—— *De Scripturis et Scriptoribus Sacris Praenotatiunculae*: ML 175. (v. 1).
—— *Expositio in Regulam Beati Augustini*: ML 176. (v. 5-7).
—— *Quaestiones et decisiones in Epistolas D. Pauli*: ML 175. (v. 8, 9).

PSEUDO-HUGO DE SÃO VÍTOR
—— *Summa Sententiarum septem tractatibus distincta*: ML 176. (v. 8, 9).

HUGO MENARDO
—— *Notae et observationes in S. Gregorii Magni Librum Sacramentorum*: ML 78. (v. 8, 9).

STO. INÁCIO
—— *Padres Apostólicos*. Edición bilingue preparada y anotada por D. Ruiz (Madrid, BAC) (*Ad Rom*).

INOCÊNCIO I
—— Epistola I *Decentii consultationibus respondens*: MANSI 3,1028-1032 (Epist. I *Ad Decentium Eugubinum Episc.*). (v. 8, 9).
—— Epistola II *Ad Victricium Episcopum Rothomagensem*: MANSI 20,469-481 (Epist. II *Ad Victricium Episc.*). (v. 5-7).
—— Epistola VI *Agapito, Macedonio et Mauriano Episcopis Apulis*: MANSI 3,1047 (Epist. VI *Ad Agapitum, Macedonium et Maurianum*). (v. 8, 9).
—— Epistola XVII *Ad Rufum, Eusebium, Eustathium, Claudium, Maximianum, Gerontium... Episcopos Macedones et Diaconos*: ML 20. (v. 8, 9).
—— Epistola XXIV *Ad Alexandrum Episcopum Antiochenum*: ML 20. (v. 8, 9).

INOCÊNCIO III
—— *Commentarium in septem Psalmos Poenitentiales*: ML 217. (v. 8, 9).
—— *De sacro Altaris mysterio Libri sex*: ML 217. (v. 8, 9).
—— *Regestorum sive Epistolarum Libri sexdecim*, l. I-V: ML 214; l. VI-XI: ML 215; l. XII-XVI: ML 216 (*Regesta*). (v. 8, 9).
—— *Sermones de tempore*: ML 217. (v. 8, 9).

STO. IRENEU
—— *Detectionis et eversionis falso cognominatae agnitionis seu Contra haereses Libri quinque*: MG 7. (v. 8, 9).

ISAAC ISRAELI
—— *Liber de Definitionibus*, edidit J. T. Muckle: AHD 12-13 (1937-1938) 300-340 (*Liber de Defin.*). (v. 1).

ISAAC LINGONENSE
—— *Canones, sive Selecta Capitula ex tribus postremis Capitularium Libri*: MANSI, 17b,1233-1284 (*Canones*). (v. 5-7).

STO. ISIDORO
—— *De ecclesiasticis officiis*: ML 83. (v. 8, 9).
—— *De natura rerum ad Sisebutum Regem Liber*: ML 83. (v. 8, 9).
—— *De Ordine Creaturarum Liber*: ML 83. (v. 2).
—— *De Summo Bono — Sent.* 2: ML 83. (v. 4).
—— *De Veteri et Novo Testamento quaestiones*: Ml 83. (v. 8, 9).
—— *Differentiarum, sive De Proprietate Sermonum Libri duo*: ML 83. (v. 5-7).
—— Epistola I *Leudefredo Episcopo*: ML 83. (v. 8, 9).
—— Epistola IV *Massonae Episcopo*: ML 83. (v. 8, 9).
—— *Etymologiarum Libri viginti*: ML 82. (v. 2, 4-9).
—— *Mysticorum Expositiones Sacramentorum seu Quaestiones in Vetus Testamentum*: ML 83. (v. 4-7).
—— *Santos Padres Españoles* II (Madrid, BAC). (v. 2).

—— *Sententiarum Libri tres*: ML 83. (v. 2, 5-9).
—— *Synonyma. De Lamentatione Animae Peccatricis*: ML 83. (v. 4-7).

PSEUDO-ISIDORO
—— *Sermones*: ML 83. (v. 8, 9).

ISIDORO MERCATOR
—— *Collectio Decretalium*: ML 130. (v. 5-9).

IVO DE CHARTRES
—— *Decretum Partibus seu Libris septem ad decem Digestum*: ML 161. (v. 5-9).

JACOBO DE VORÁGINE
—— *Legenda Aurea*, recensuit T. GRAESSE, 2ª ed. (Lipsiae, Impensis Librariae Arnoldianae, 1850) (*Legenda Aurea*). (v. 5-7).

S. JERÔNIMO
—— *Adversus Iovinianum Libri duo*: ML 23. (v. 1, 4-7).
—— *Cartas de S. Jerónimo*. Ed. bilingue, 2 vols. (Madrid, BAC Normal, v. 219-220). (v. 2, 4-9).
—— *Commentariorum in Aggaeum Prophetam ad Paulam et Eustochium Liber unus*: ML 25. (v. 8, 9).
—— *Commentariorum in Amos Prophetam Libri tres*: ML 25. (v. 5-9).
—— *Commentariorum in Danielem Prophetam ad Pammachium et Marcellam Liber unus*: ML 25. (v. 5-9).
—— *Commentariorum in Epistolam ad Ephesios Libri tres*: ML 26. (v. 5-9).
—— *Commentariorum in Epistolam ad Galatas Libri tres*: ML 26. (v. 5-7).
—— *Commentariorum in Epistolam ad Titum Libri unus*: ML 26. (v. 5-7).
—— *Commentariorum in Evangelium Matthaei ad Eusebium Libri quatuor*: ML 26. (v. 5-9).
—— *Commentariorum in Ezechielem Prophetam Libri quatuordecim*: ML 25. (v. 5-9).
—— *Commentariorum in Ieremiam Prophetam Libri sex*: ML 24. (v. 5-7).
—— *Commentariorum in Ioëlem Prophetam Liber unus ad Pammachium*: ML 25. (v. 8, 9).
—— *Commentariorum in Isaiam Prophetam Libri duodeviginti*: ML 24. (v. 5-9).
—— *Commentariorum in Michaeam Prophetam Libri duo*: ML 25. (v. 5-7).
—— *Commentariorum in Osee Prophetam Libri tres ad Pammachium*: ML 25. (v. 5-7).
—— *Commentariorum in Sophoniam Prophetam Liber unus*: ML 25. (v. 8, 9).
—— *Commentarius in Ecclesiasten ad Paulam et Eustochium*: ML 23. (v. 2).
—— *Contra Vigilantium Liber unus*: ML 23. (v. 5-9).
—— *De perpetua virginitate B. Mariae adversus Helvidium Liber unus*: ML 23. (v. 8, 9).
—— *Dialogus contra Luciferianos*: ML 23. (v. 8, 9).
—— Epistola III *Ad Ruffinum Monachum*: ML 22. (v. 5-7).
—— Epistola IX *Ad Paulam et Eustochium De Assumptione Beatae Mariae Virginis*: ML 30. (v. 5-9).
—— Epistola XII *Ad Antonium Monachum*: ML 22. (v. 5-7).
—— Epistola XIV *Ad Heliodorum Monachum*: ML 22. (v. 5-7).
—— Epistola XXI *Ad Damasum de duobus Filiis*: ML 22. (v. 1).
—— Epistola XXI *Ad Damasum Papam*: ML 22. (v. 5-7).
—— Epistola XXII *Ad Eustochium Paulae Filiam De Custodia Virginitatis*: ML 22. (v. 1, 5-7).
—— Epistola XXXIII *Ad Paulam Pars Quaedam*: ML 22. (v. 5-7).
—— Epistola LII *Ad Nepotianum. De Vita Clericorum et Monachorum*: ML 22. (v. 5-7).
—— Epistola LIII *Ad Paulinum. De Studio Scripturarum*: ML 22. (v. 2, 5-7).
—— Epistola LV *Ad Amandum Presbyterum*: ML 22. (v. 5-7).
—— Epistola LVIII *Ad Paulinum*: ML 22. (v. 5-7).
—— Epistola LX *Ad Heliodorum. Epitaphium Nepotiani*: ML 22. (v. 5-7).
—— Epistola LXIX *Ad Oceanum*: ML 22. (v. 8, 9).
—— Epistola LXX *Ad Magnum Oratorem Urbis Romae*: ML 22. (v. 1).
—— Epistola LXXI *Ad Lucinium*: ML 22. (v. 5-7).
—— Epistola LXXVII *Ad Oceanum. De Morte Fabiolae*: ML 22. (v. 5-7).
—— Epistola LXXVIII seu *Liber exegeticus ad Fabiolam*: ML 22. (v. 8, 9).
—— Epistola CVII *Ad Laetam. De Institutione Filiae*: ML 22. (v. 5-7).

—— Epistola CIX *Ad Riparium Presbyterum*: ML 22. (v. 8, 9).
—— Epistola CXII *Ad Augustinum*: ML 22. (v. 4-7).
—— Epistola CXIX *Ad Minervium et Alexandrum Monachos*: ML 22. (v. 4).
—— Epistola CXX *Ad Hedibiam*: ML 22. (v. 8, 9).
—— Epistola CXXIII *Ad Ageruchiam De Monogamia*: ML 22. (v. 5-7).
—— Epistola CXXIV *Ad Avitum*: ML 22. (v. 4).
—— Epistola CXXV *Ad Rusticum Monachum*: ML 22. (v. 5-7).
—— Epistola CXXX *Ad Demetriadem De servanda virginitate*: ML 22. (v. 8, 9).
—— Epistola CXLVI *Ad Evangelum*: ML 22. (v. 5-7).
—— Epistola CXLVIII *Ad Celantiam Matronam. De Ratione Pie Vivendi*: ML 22. (v. 5-7).
—— *Expositio Catholicae Fidei, in Pelagii epist. I ad Demetr.*: ML 30. (v. 4).
—— *Liber de nominibus hebraicis*: ML 23. (v. 8, 9).
—— *Liber Psalmorum iuxta Hebraicam Veritatem*: ML 28. (v. 5-7).
—— *Liber unus Commentariorum in Danielem Prophetam*: ML 25. (v. 2).
—— *Liber unus Commentariorum in Epistolam ad Titum*: ML 26. (v. 2).
—— *Libri Commentariorum in Epistolam ad Galatas*: ML 33. (v. 4).
—— *Libri duodeviginti Commentariorum in Isaiam Prophetam*: ML 24. (v. 1).
—— *Libri quatuor Commentariorum in Evangelium Matthaei*: ML 26; SC 242-259. (v. 2).
—— *Libri quatuor Commentariorum in Evangelium Matthaei, ad Eusebium*: ML 26. (v. 3, 4).
—— *Libri quatordecim Commentariorum in Ezechielem Prophetam*: ML 25. (v. 1, 4).
—— *Libri tres Commentariorum in Epistolam Ephesios*: ML 26. (v. 2).
—— *Libri tres Commentariorum in Oseam Prophetam*: ML 25. (v. 4).
—— *Praefatio in Danielem Prophetam*: ML 28. (v. 5-7).
—— *Praefatio in Libros Samuel et Malachim*: ML 28. (v. 5-7).

JERÔNIMO (?)
—— Epistola XLII *Ad Oceanum de vita clericorum*: ML 30. (v. 8, 9).

PSEUDO-JERÔNIMO
—— *Commentarius in Evangelium secundum Marcum*: ML 30. (v. 8, 9).
—— Epistola XXVIII seu *Sermo in Vigilia Paschae De esu agni*: ML 30. (v. 8, 9).
—— Epistola XXXVIII seu *Homilia de Corpore et Sanguine Christi*: ML 30. (v. 8, 9).

S. JOÃO CRISÓSTOMO
—— *Ad Demetrium Monachum De Compunctione Liber duo*: MG 47. (v. 5-7).
—— *Ad Demetrium Monachum De compunctione Liber primus*: MG 47; *Ad Stelechium et De compunctione Liber secundus*: MG 47. (v. 8, 9).
—— *Adversus Iudaeos et Gentiles demonstratio quod Christus sit Deus ex iis quae multis in locis de Illo dicta sunt apud Prophetas*: MG 48. (v. 8, 9).
—— *Commentarius in Epistolam ad Romanos*: MG 60. (v. 5-7).
—— *Commentarius in Sanctum Ioannem Apostolorum et Evangelistam*: MG 59. (v. 8, 9).
—— *Commentarius in Sanctum Matthaeum Evangelistam*, hom. I-XLIV: MG 57; hom. XLV-XC: MG 58. (v. 3-9).
—— *Commentarius seu Homiliae in Epistolam ad Romanos*: MG 60. (v. 3, 4).
—— *De Incomprehensibili, Contra Anomaeos, Absente Episcopo*: MG 48. (v. 5-7).
—— *De Sacerdotio Libri sex*: MG 48. (v. 5-7).
—— *De sancto et salutari baptismate Salvatoris nostri Iesu Christi*: MG 49. (v. 8, 9).
—— *Eclogae ex Diversis Homiliis*: MG 63. (v. 5-7).
—— *Enarratio in Epistolam ad Hebraeos*: MG 63. (v. 5-9).
—— *Homiliae De Lazaro*: PG 48. (v. 5-7).
—— *Homiliae duae de Cruce et Latrone*: MG 49. (v. 8, 9).
—— *Homiliae duae in illud "Salutate Priscillam et Aquilam"* (Rom. 16,3): MG 51 (*Hom. II in Rom. 16*). (v. 5-7).
—— *Homiliae in Genesim*: hom. I-XLI: MG 57; hom. XLII-XLVII: MG 54. (v. 1, 2, 8, 9).
—— *Homiliae in Joannem*: MG 59. (v. 1).
—— *Homiliae in Matthaeum*, hom. I-XLIV: MG 57; hom. XLV-XC: 58; BAC 1-2. (v. 2).

—— *Homiliae in Sanctum Ioannem Apostolum et Evangelistam*: MG 59. (v. 5-7).
—— *In Ascensionem Domini nostri Iesu Christi et in Principium Actorum II*: MG 52. (v. 8, 9).
—— *In sanctus Macchabaeos et in matrem eorum*: MG 50. (v. 8, 9).
—— *In S. martyrem Ignatium Deiferum laudatio*: MG 50. (v. 8, 9).
—— *Laudatio sancti martyris Barlaam*: MG 50. (v. 8, 9).
—— *Obras de San Juan Crisóstomo*. Ed. bilingue. 3 vols. (Madrid, BAC). (v. 2, 4-9).
—— *Undecim homiliae nunc primum e tenebris erutae*: MG 63. (v. 8, 9).

PSEUDO-JOÃO CRISÓSTOMO
—— *Eruditi commentarii in Evangelium Matthaei* sive *Opus Imperfectum in Matthaeum*: MG 56. (v. 8, 9).

S. JOÃO DAMASCENO
—— *De haeresibus compendium, unde sint et quomodo prodierunt*: MG 94. (v. 8, 9).
—— *Expositio accurata Fidei Orthodoxae*: MG 94. (v. 1-9).
—— Homilia I *In Transfigurationem Domini*: MG 96. (v. 8, 9).

JOÃO DE CARNUALIA
—— *Apologia de Verbo Incarnato*: ML 177. (v. 8, 9).
—— *Eulogium ad Alexandrum III Papam Quod Christus sit aliquis Homo*: ML 199. (v. 8, 9).

JOÃO DE SALISBURY
—— *Polycraticus sive De Nugis Curialium et Vestigiis Philosophorum*: ML 199. (v. 5-7).
—— *Vita Sancti Thomae Cantuariensis Archiepiscopi et Martyris*: ML 190. (v. 5-7).

JOÃO DIÁCONO
—— *Sancti Gregorii Magni vita*: ML 75. (v. 8, 9).

JOÃO SCOTT ERIÚGENA
—— *Commentarius in s. evangelium secundum Ioannem*: ML 122. (v. 8, 9).

JOSEFO FLÁVIO
—— *Antiquities*, t. IV-IX (*Antiqu.*). (v. 4).
—— *Josephus*. Opera translata ab H. Thackeray et R. Marcus, 9 vols. (Harvard University Press 1926) (The Loeb Classical Library) (TK). (v. 4-7).
—— *The Jewish War*, t. II-III (*De Bello Iudaico*). (v. 4-7).

JULIANO POMERIO
—— *De Vita Contemplativa Libri tres*: ML 59. (v. 5-7).

JÚLIO AFRICANO
—— *Epistola ad Aristidem*: MG 10. (v. 8, 9).

JÚLIO CÉSAR
—— *De Bello Gallico*: DD 270 (*De Bello Gal.*). (v. 4).

JUSTINO
—— *Dialogus cum Tryphone Iudaeo*: MG 6. (v. 8, 9).

PSEUDO-JUSTINO
—— *Responsiones ad Orthodoxos de quibusdam necessariis quaestionibus*: MG 6. (v. 8, 9).

LACTÂNCIO
—— *Divinarum Institutionum Libri septem*: ML 6. (v. 8, 9).

LANFRANCO
—— *De Corpore et Sanguine Domini adversus Berengarium Turonensem*: ML 150. (v. 8, 9).

LEÃO IV
—— *Leonis Papae IV. Epistolae*: MANSI, 14,881-890 (Epist. *Ad Ludovicum Augustum*). (v. 5-7).

S. LEÃO MAGNO
—— Epistola IX *Ad Dioscorum Alexandrinum Episcopum*: ML 54. (v. 8, 9).
—— Epistola XVI *Ad universos episcopos per Siciliam constitutos*: ML 54. (v. 8, 9).
—— Epistola XXVIII *Ad Flavianum Episcopum Constantinopolitanum contra Eutychis perfidiam et haeresim*: ML 54. (v. 8, 9).
—— Epistola XXXV *Ad Iulianum Episcopum Coensem*: ML 54. (v. 8, 9).
—— Epistola LXXX *Ad Anatolium Episcopum Constantinopolitanum*: ML 54. (v. 8, 9).
—— Epistola CVIII *Ad Theodorum Foroiuliensem Episcopum*: ML 54. (v. 8, 9).
—— Epistola CXX *Ad Theodoritum Episcopum Cyri. De Fidei Perseverantia*: ML 54. (v. 5-7).
—— Epistola CXXIV *Ad Monachos Palaestinos*: ML 54. (v. 8, 9).
—— Epistola CXXIX *Ad Proterium Episcopum Alexandrinum*: ML 54. (v. 5-7).
—— Epistola CLVI *Ad Leonem Augustum*: ML 54. (v. 8, 9).
—— *Homilías sobre el año litúrgico* (Madrid, BAC). (v. 5-7).
—— *Sermones in Praecipuis Totius Anni Festivitatibus ad Romanam Plebem Habiti*: ML 54. (v. 5-9).

LEGENDA BEATI ANDREAE (ANÔNIMO)
—— *Presbyterum et Diaconorum Achaiae Epistola de Martyrio Sancti Andreae Apostoli*: MG 2. (v. 1).

LEQUIEN, M.
—— *Dissertationes Damascenicae*: MG 94. (v. 8, 9).

Liber de Causis
—— *S. Thomae in Librum De Causis expositio* cura et studio C. Pera (Taurini 1955) (*De Causis.*). (v. 3-7).

LIBER DE DUOBUS PRINCIPIIS, cf. Dondaine, A. (v. 8, 9).

MABILÔNIO
—— *In Ordinem Romanum Commentarius praevius*: ML 78. (v. 8, 9).

MACRÓBIO
—— *Commentarius ex Cicerone in Somnum Scipionis*, en Macrobe-Varron-Pomponius Mela, *Oeuvres Complètes* (Paris, Firmin-Didot, 1875) (Collection des Auteurs Latins avec la traduction en français, publiée sous la direction de M. Nisard) (*In Somn. Scipion.*: DD). (v. 4-7).
—— *Macrobe, Varron, Pomponius Méla* (Paris, Firmin-Didot, 1875), *Commentarius ex Cicerone in Somnium Scripions*, p. 9-113 (*In Somn. Scipion.*). *Saturnalia*, p. 146-417 (*Saturnalia*). (v. 5-9).
—— *In Somnium Scipionis*: DD45b (In Somn. Scipion.). (v. 1).

MAIMÔNIDES OU RABI MOISÉS
—— *Doctor Perplexorum*. Ed. preparada por David Gonzalo Maeso (Madrid, Editora Nacional, 1984) (*Doct. Perplex.*). (v. 1, 2).
—— *Guía de Perplejos*. Ed. preparada por David Gonzalo Maeso (Madrid, Editora Nacional, 1984) (*Doct. Perplex.*). (v. 4-7).

MÁRIO MERCATOR
—— *Dissertatio seu Appendix ad contradictionem XII anathematismi Nestoriani*: ML 48. (v. 8, 9).

MÁRIO VITORINO
—— *Adversus Arium*: ML 8. (v. 8, 9).

MARTENE, E.
—— *De antiquis Ecclesiae ritibus Libri tres*, 4 vol. collegit et exornavit E. Martene (Antuerpiae 1763-1764) (*De Antiquis Eccl. ritibus*). (v. 8, 9).

MARTINHO DE BRAGA
—— *Capitula collecta*: MANSI 9. (v. 8, 9).

S. MARTINHO DE BRAGA
—— *Formula Honestae Vitae. Ad Mironem Regem Galliciae*: ML 72. (v. 5-7).

S. Máximo Confessor
—— *Commentaria in S. Dionysii Aeropagitae Librum de Caelesti Hierarchia*: MG 4. (v. 4).
—— *Quaestiones, interrogationes et responsiones diversorumque difficiliorum capitum electa*: MG 90. (v. 8, 9).

S. Máximo de Turim
—— *Homiliae in quatuor classes distributae*: ML 57. (v. 8, 9).
—— *Sermones in tres classes distributi*: ML 57. (v. 5-9).

Melquíades
—— Epistola *Ad omnes Hispaniae Episcopos*: Mansi 2,428-432 (Epist. *Ad omnes Hispaniae Episc.*). (v. 8, 9).

Mestre Bandino
—— *Sententiarum Libri quatuor*: ML 192. (v. 8, 9).

Missal S. O. P.
—— *Missale Sacri Ordinis Praedicatorum auctoritate Apostolica approbatum*, editionem iussit Revdsmus. P. M. S. Gillet (Romae, in Hospitio Magistri Generalis, 1933) (*Missale S. O. P.*). (v. 8, 9).

Mombritius, B.
—— *Sanctuarium seu Vitae sanctorum*, 2 vol. novam editionem curaverunt duo Monachi Solesmenses (Parisiis, Fontemoing et Sociis, 1910) (*Sanctuarium*). (v. 5-9).

Nemésio de Emesa (Pseudo-Gregório de Nissa). (v. 2).

Nemésio Emeseno (Pseudo-Gregório Niceno)
—— *De Natura Hominis*: MG 40. (v. 5-7).

Nestório
—— *Blasphemiarum Capitula XII* e graeco transtulit Marius Mercator cum contradictionibus Marii Mercatoris: ML 48 (*Anathematismi XII*). (v. 8, 9).
—— Epistola II *Ad Cyrillum*: MG 77. (v. 8, 9).
—— *Exemplum epistolae Nestorii ad Cyrillum Episcopum, quae omnibus in sancta Synodo displicuit*: Mansi 4,891-1000 (Epist. II *Ad Cyrillum*). (v. 8, 9).
—— *Impii Nestorii Sermones* e graeco transtulit Marius Mercator: ML 48 (*Sermones XIII*). (v. 8, 9).
—— *Secunda Nestorii Epistola ad S. Cyrillum Alexandrinum rescribentis* e graeco transtulit Marius Mercator: ML 48 (*Epist. II Ad Cyrillum*). (v. 8, 9).

Nicolau I
—— *Decreta seu Rescripta*: Mansi 15,434-448 (*Decreta*). (v. 8, 9).
—— *Fragmentum Epistolae Ad Huntfridum Moriensem Episcopum*: Mansi, 15,399-400 (*Ad Huntfridum Episc.*). (v. 5-7).
—— *Responsa ad consulta Bulgarorum*: Mansi 15,401-434 (*Ad Consulta Bulgarorum*). (v. 8, 9).

Novaciano
—— *De Trinitate Liber*: ML 3. (v. 8, 9).

Odão de Cambrais
—— *Expositio in Canonem Missae*: ML 160. (v. 8, 9).

Odão Rigaldo
—— Fr. *Odonis Rigaldi Quaestio inedita de motivo Incarnationis*, edidit I. M. Bissen: "Antonianum" 7 (1932) 334-336 (*Quaest. inedita de Motivo Incarn.*). (v. 8, 9).
—— *Excerptum a quaestionibus controversis*, editado por A. Dondaine, *Un catalogue des dissensions doctrinales entre les Maîtres Parisiens de la fin du XIIIe siècle*: Recherches de Théologie ancienne et médiévale 10 (1938) 378-394 (Text. cit. por Dondaine).

Orígenes
—— *Commentaria in Epistolam ad Romanos*: MG 14. (v. 1, 2).
—— *Commentaria in Epistolas S. Pauli*: MG 14 (*In Rom.*). (v. 8, 9).

—— *Commentaria in Evangelium Ioannis*: MG 14; SC 120-157-222-290. (v. 1, 2).
—— *Commentaria in Evangelium secundum Matthaeum*: MG 13. (v. 2, 5-9).
—— *Commentaria in Evangelium Ioannis*, 23 t.: MG 14; SC 120, 157, 222, 290. (v. 8, 9).
—— *Commentarii in Epistolam B. Pauli ad Romanos*: MG 14. (v. 5-7).
—— *Commentarii in Psalmos*: MG 12. (v. 5-7).
—— *Contra Celsum*: MG 11; SC 132, 136, 147, 150, 227. (v. 8, 9).
—— *Fragmenta e Parvo Tomo in Canticum, quem invenis scripserat Origenes*: MG 13; SC 37. (v. 5-7).
—— *Homiliae in Exodum*: MG 12; SC 321. (v. 3-7).
—— *Homiliae in Leviticum*: MG 12; SC 286-287. (v. 5-9).
—— *Homiliae in Librum Iesu Nave*: MG 12. (v. 5-7).
—— *Homiliae in Numeros*: MG 12; SC 29. (v. 2, 3, 5-7).
—— *In Canticum Canticorum* Libri quatuor: MG 13; SC 37. (v. 8, 9).
—— *In Librum Iudicum Homiliae*: MG 12. (v. 5-7).
—— *In Lucam Homiliae*, interprete S. Hieronymo: MG 13; SC 87. (v. 5-9).
—— *Peri Archon Libri quatuor* Interprete Rufino Aquileiensi Presbytero: MG 11; SC 252-253-268-269-312. (v. 1-9).
—— *S. Eusebii Hieronymi Stridomensis Presbyteri translatio homiliarum Origenis in Lucam ad Paulam et Eustochium*: ML 26. (v. 8, 9).
—— *Series Veteris Interpretationis Commentariorum Origenis in Matthaeum*: MG 13. (v. 5-7).

PACIANO
—— *Epistola III Ad Sympronianum Novatianum. Contra Tractatus Novatianorum*: ML 13. (v. 8, 9).

PASCÁSIO DIÁCONO
—— *De Spiritu Sancto Libri duo*: ML 62. (v. 8, 9).

PASCÁSIO RADBERTO
—— *De Corpore et Sanguine Domini Liber*: ML 120. (v. 8, 9).
—— *Expositio in Evangelium Matthaei*: ML 120. (v. 8, 9).

PATÉRIO
—— *Liber de expositione Veteris ac Novi Testamentis, de diversis libris S. Gregorii Magni concinatus*: ML 79. (v. 8, 9).

PAULO DIÁCONO
—— *Homiliarius*: ML 95. (v. 5-7).
—— *Sancti Gregorii Magni vita*: ML 75. (v. 8, 9).

PEDRO CANTOR
—— *Verbum Abbreviatum. Opus Morale*: ML 205. (v. 5-7).

PEDRO COMESTOR
—— *Historia Scholastica. Opus eximium*: ML 198. (v. 2, 4-9).

S. PEDRO CRISÓLOGO
—— *Sermones*: ML 52. (v. 8, 9).

PEDRO DE CELLE
—— *Epistola CLXXI Ad Nicolaum Monachum S. Albani*: ML 202. (v. 8, 9).
—— *Epistola CLXXIII Ad Nicolaum S. Albani Monachum*: ML 202. (v. 8, 9).
—— *Sermones*: ML 202. (v. 8, 9).

PEDRO DE TARANTASIA
—— *Commentarium in quattuor Libros Sententiarum*, manuscr. Bruges, Bibliothèque de la Ville, n. 186-187 (*In Sent.*). (v. 8, 9).
—— *Super IV Libros Sententiarum*, 4 vols. (Tolosae 1652) (*In Sent.*). (v. 4).

PEDRO LOMBARDO
—— *Collectanea in omnes Divi Pauli Apostoli Epistolas*: ML 191 (Rom, I Cor); ML 192 (restantes) (*Glossa Lombardi*). (v. 1-3, 5-9).
—— *Libri IV Sententiarum*, 2 v., editi studio et cura PP. Collegii S. Bonaventurae (Quaracchi 1916) (*Sent.*). (v. 1-4, 8, 9).

PEDRO PICTAVIENSE
—— *Sententiarum Libri quinque*: ML 211. (v. 4-9).

PELÁGIO
—— *Commentarius in Evangelium secundum Marcum*: ML 30. (v. 4).
—— Epistola I *Ad Demetriadem*: ML 30. (v. 4-7).
—— *Libellus Fidei Pelagii ad Innocentium ab ipso missus, Zozimo redditus*: ML 45.48. (v. 4-9).

PELÁGIO I
—— Epistola *Victori et Pancratio illustribus*: MANSI, 9,731-732 (Fragm. epist. *Ad Victorem et Pancratium*). (v. 5-9).

PLATÃO
—— *Meno*, interprete Henrico Aristippo, edidit V. Kordeuter, Londini, The Warburg Institute, 1941 (Corpus Platonicum Medii Acvi, I) (*Meno*, Henrico Aristippo interprete: KO). (v. 4).
—— *Platonis Dialogo translatus et in eundem Commentarius a* CHALCIDIO edidit Mullach (Parisiis 1862) (Fragmenta Philosophorum graecorum, editore Firmin-Didot, v. 2, p. 147-258) (*Timaeus*, CHALCIDIO interprete: DD). (v. 2).
—— *Platonis Opera*, ex recensione R. B. Hirschigii graece et latine, 2 vols. (Parisiis, A. Firmin-Didot 1856) (*Phaedo-Thaeel.-Protag.-Philebus-Symposium-Respublica-Timaeus*). (v. 1-7).
—— *Timaeus ex Platonis Dialogo translatus et in eundem Commentarius a* Chalcidio edidit G. A. Mullachius (Parisiis 1867) (Fragmenta Philosophorum graecorum, edidit G. A. Mullachius. Parisiis, Firmin-Didot, vol. 2, p. 147-258) (*Timaeus*, Chalcidio interprete: DD). (v. 3, 4).

PLAUTO
—— *Théâtre complet des Latins, comprenant Plante, Térence et Sénèque le Tragique* (Paris, Firmin-Didot, 1879) (Collection des Auteurs Latins, avec la traduction en français, publiée sous la direction de M. Nisard) (DD). (v. 5-7).
—— *Cistellaria*, p. 154-165 (*Cistellaria*). (v. 5-7).

PLÍNIO
—— *Histoire naturelle de Pline*, 2 vols. (Paris, Firmin-Didot, 1860-1883) (*Naturalis Hist.*). (v. 8, 9).

PLOTINO
—— *Ennéades*, texte établi et traduit par E. Bréhier, 6 t. (Paris 1924-1938) (Collection des Universités de France, édition Budé, "Les Belles-Lettres") (*Ennead.*). (v. 4-7).

PLUTARCO
—— *Plutarchi Chaeronensis Scripta Moralia, graece et latine*, 2 vols. (Parisiis, Firmin-Didot, 1868-1877) (DD). (v. 5-7).
—— *De Fato* I p. 686-694 (*De Fato*). (v. 5-7).

PORFÍRIO
—— *Isagoge et in Aristotelis Categorias Commentarium*, edidit A. Busse (Berolini 1887) (Commentaria in Aristotelem Graeca, edita consilio et auctoritate Academiae Litterarum Borussicae, vol. 4 pars 1) (*Isagoge*, Boethio interprete). (v. 4, 8, 9).

POSSÍDIO
—— *Vita S. Aurelii Augustini Hipponensis Episcopi*: ML 32. (v. 5-7).

PREPOSITINO
—— *Summa*, MS Turone 142, ff. 53-127. Incipit: *Qui producit ventos... Dominus ille magnus qui imperat ventis*. Explicit: *infirmantes sepe solo timore recipiunt* (*Summa*). (v. 1, 2, 4-9).

PROCLO
—— *Institutio Theologica*, edidit F. Dubner: *Plotini Enneades* (Parisiis, Firmin-Didot, 1855) p. LI-CXVII (*Instit. Theol.*: DD). (v. 2).

PRÓSPERO DE AQUITÂNIA
—— *Pro Augustino Responsiones ad capitula obiectionum Gallorum calumniantium*: ML 45. (v. 8, 9).
—— *Sententiarum ex Operibus S. Augustini Delibatarum Liber unus*: ML 45. (v. 3-9).

PTOLOMEU
—— *Liber Ptholomei quattuor tractuum (Quadripartitum) cum Centiloquio eiusdem Ptholomei et commento Haly* (Venetiis 1484) (*Centiloquium Quadripartitum*). (v. 3).
—— *Opera quae exstant omnia*, cura et studio J. L. Heiberg et aliorum (Lipsiae, B.C. Teubneri, 1898-1907), v. I: *Syntaxis Mathematica*, edidit J. L. Heiberg (*Syntaxis Mathematica* (Almagestum): HB). (v. 2).

RABANO MAURO
—— *Allegoriae in Universam Sacram Scripturam*: ML 112. (v. 4).
—— *Commentariorum in Exodum Libri quatuor*: ML 108. (v. 1, 2).
—— *Commentariorum in Ecclesiasticum Libri decem*: ML 109. (v. 4).
—— *Commentariorum in Matthaeum Libri octo*: ML 107. (v. 3, 8, 9).
—— *De clericorum institutione ad Heistulphum Archiepiscopum Libri tres*: ML 107. (v. 8, 9).
—— *De Ecclesiastica Disciplina Libri tres Ad Reginbaldum Episcopum*: ML 112. (v. 5-7).
—— *De Universo Libri viginti duo*: ML 111. (v. 5-7).
—— *Enarrationum in Epistolas Beati Pauli Libri triginta* (viginti novem): Ad Rom: ML 111; aliae: ML 112. (v. 1, 5-9).
—— *Enarrationum in Librum Numerorum Libri quatuor*: ML 108. (v. 5-7).
—— *Expositio in Proverbia Salomonis*: ML 111. (v. 5-7).
—— *Poenitentiale*: ML 110. (v. 8, 9).

RAHLFS, A.
—— *Septuaginta id est Vetus Testamentum graece iuxta LXX interpretes*, 2 vol., edidit A. Rahlfs (Stuttgart, Privilegierte Württembergische Bibelanstalt, 1935) (*Oratio Manasse*). (v. 8, 9).

S. RAIMUNDO DE PEÑAFORT
—— *Summa*, iuxta editionem quam Lugduni 1718... H. V. Laget procuravit (Veronae, A. Carattonius, 1744) (*Summa*). (v. 8, 9).
—— *Summa Sancti Raymundi de Pennafort Textu Sacrorum Canonum, Quos laudat, Aucta et Locupletata*, iuxta editionem 1720 quam Parisiis et Lugduni procuravit H. V. LAGET (Veronae, a. Carattonium, 1744) (*Summa*). (v. 5-7).

RATRAMNO DE CORBIE
—— *De Corpore et Sanguine Domini Liber*: ML 121. (v. 8, 9).

REMÍGIO DE AUXÈRRE
—— Homilia IV *In illud Matthaei: cum esset desponsata...*: ML 131. (v. 8, 9).
—— Homilia VII *In illud Matthaei: cum natus esset Iesus...*: ML 131. (v. 8, 9).

RICARDO DE SÃO VÍTOR
—— *De Gratia Contemplationis Libri quinque Occasione Accepta ab Arca Moysis et ob eam Rem hactenus Dictum Beniamin Maior*: ML 196. (v. 5-7).
—— *De Trinitate Libri sex*: ML 196. (v. 1).
—— *Tractatus de potestate ligandi et solvendi*: ML 196. (v. 8, 9).
—— *Tractatus de Spiritu Blasphemiae*: ML 196. (v. 5-7).

ROBERTO
—— *Hymni et Responsoria*: ML 141. (v. 5-7).

ROBERTO DE COURSON
—— *Summa de sacramentis*, manuscr. Troyes, Bibliothèque Publique, n. 1175 (*Summa*). (v. 8, 9).

ROBERTO PULO
—— *Sententiarum Libri octo*: ML 186. (v. 8, 9).

ROLANDO BANDINELLI (ALEJANDRO III)
—— *Die Sentenzen-Rolands nachmals Papstes Alexander III*, edidit A. M. Gielt (Freiburg i. B., Herder'sche Verlagshandlung, 1891) (*De Trin*.). (v. 8, 9).

RUFINO
—— *Commentarius in Symbolum Apostolorum Auctore tyranno Rufino Aquileiensi Presbytero*: ML 21. (v. 5-7).

RUPERTO, ABADE TUITIENSE
—— *De gloria et honore Filii Hominis super Matthaeum*: ML 168. (v. 8, 9).
—— *De Trinitate et Operibus Eius Libri XLII*: ML 167. (v. 5-7).

SALÚSTIO
—— *Conjuration de Catilina-Guerre de Jugurtha*, texte établi et traduit par J. Roman (Paris 1924) (Collection des Universités de France, édition Budé, "Les Belles-Lettres") (*In Coniurat. Catil*.). (v. 3-7).
—— *Conjuration de Catilina* p. 1-69 (*In Coniurat*.). (v. 5-7).
—— *Guerre de Jugurtha* p. 75-220 (*Iugurth*.). (v. 5-7).

SÊNECA
—— *De la Colère* p. 1-64 (*De ira*). (v. 5-7).
—— *Des Bienfaits* p. 137-263 (*De Benef*.). (v. 5-7).
—— *De la Clémence* p. 329-352 (*De Clem*.). (v. 5-7).
—— *De Vita Beata* p. 353-374 (*De Vita Beata*). (v. 5-7).
—— *Lettres à Lucilius*. Texte établi par F. Prechach et traduit par H. Noblot (Paris 1958-1965), 5 v. (Collection des Universités de France, éditions Budé, "Les Belles Lettres") (*Ad Lucilium*: BU). (v. 1, 3, 4).
—— *Oeuvres Complètes de Sénèque* (Paris, Firmin-Didot, 1877) (Collection des Auteurs Latins, avec la traduction en français, publiée sous la direction de M. Nisard) (DD). (v. 5-7).

SEPTUAGINTA, cf. Rahlfs, A. (v. 8, 9).

SEXTO PITAGÓRICO
—— *Enchiridion Latine Versum a Rufino* I p. 522-531 (*Enchir*.). (v. 5-7).
—— *Fragmenta Philosophorum Graecorum*, 3 vols., edidit G. A. MULLACHIUS (Parisiis, Firmin-Didot, 1867-1879) (DD). (v. 5-7).

SÍMACO
—— Epistola V *Ad Caesarium Episcopum Arelatensem*: MANSI, 8,211-213 (Epist. V *Ad Caesarium Episc*.). (v. 5-7).

SÍMBOLO NICENO
—— *Fides apud Nicaeam conscripta ab episcopis credentibus CCCXVIII*: MANSI 2,665-668 (*Symb. Nicaenum*). (v. 8, 9).

SIMEÃO LOGOTETA
—— *Sermones viginti quatuor De Moribus per Symeonem Magistrum et Logothetam selecti ex omnibus operibus S. Patris nostri Basilii Archiepiscopi Caesareae Capadociae*: MG 32,1115-1382 (Sermo VI *De Avaritia*). (v. 5-7).

SIMPLÍCIO
—— *In Aristotelis Categorias Commentarium*, edidit C. Kalbfleisch (Berolini 1907) (Commentaria in Aristotelem Graeca, edita consilio et auctoritate Academiae Litterarum Borussicae, vol. VIII) (*In Cat*.). (v. 4).

SIRÍCIO
—— Epistola VII *Ad Diversos Episcopos Missa Adversus Iovinianum Haereticum eiusque Socios ab Ecclesiae Unitate Removendo*: ML 13. (v. 5-7).

SÓCRATES ESCOLÁSTICO
—— *Historia Ecclesiastica*: MG 67. (v. 8, 9).

SOTERO
—— *Vita, epistolae et decreta*: MANSI 1,687-692 (*Decreta*). (v. 8, 9).

SOZÓMENO DE CONSTANTINOPLA
—— *Historia Ecclesiastica*: MG 67. (v. 8, 9).

TEMÍSTIO
—— *In Libros Aristotelis De Anima Paraphrasis*, edidit R. HEINZE (Berolini 1899) (*In De An.*: CG). (v. 2).

TEODORETO DE CIRO
—— *Incipit Epistola, ut aiunt, Theodoreti Episcopi ad Ioannem Antiochiae*: Mansi 5,876-878 (epist. *Ad Ioannem Antioch.*: Mansi). Cf. MG 83. (v. 1).

TEODORETO NESTORIANO
—— *Haereticarum fabularum compendium*: MG 83. (v. 8, 9).
—— *Interpretatio XIV Epistolarum Sancti Pauli Apostoli*: MG 82. (v. 8, 9).

TEODORO DE CANTERBURY
—— *Poenitentiale*: ML 99. (v. 8, 9).

TEODORO DE MOPSUÉSTIA
—— *Ex epistola ad Domum fragmenta*: MG 66. (v. 8, 9).
—— *Fragmenta ex libris de Incarnatione Filii Dei*: MG 66. (v. 8, 9).

TEODORO DE ANCIRA
—— Homilia I *In die Nativitatis Salvatoris Nostri Iesu Christi*: MG 77. (v. 8, 9).
—— Homilia II *In Natalem Salvatoris*: MG 77. (v. 8, 9).

TEODULFO
—— *Capitulare Theodulfi Episcopi Aurelianensis ad Parochiae Suae Sacerdote*: MANSI, 13,993-1006 (*Capitulare*). (v. 5-7).

TEÓFANES
—— *Chronographia Annorum DXXVIII, ab anno Diocletiani Primo ad Michaëlis et Theophylacti eius F. Annum Secundum*: MG 108. (v. 5-7).

TEOFILATO
—— *Enarratio in Evangelium Ioannis*: MG 123.124. (v. 8, 9).
—— *Enarratio in Evangelium Lucae*: MG 123. (v. 8, 9).
—— *Expositio in epistolam primam S. Petri*: MG 125. (v. 8, 9).

TEÓFILO DE ALEXANDRIA
—— *Epistola altera Paschalis anni 402. Ad totius Aegypti episcopos S. Hieronymo interprete*: ML 22. (v. 8, 9).

TERÊNCIO
—— *Théâtre complet des Latins, comprenant Plaute, Térence et Sénèque le Tragique* (Paris, Firmin-Didot, 1879) (Collection des Auteurs Latin avec la traduction en français, publiée sous la direction de M. Nisard) (DD). (v. 5-7).
—— *Eunuchus* p. 30-58 (*Eunuch.*). (v. 5-7).

TERTULIANO
—— *Adversus Valentinianos Liber*: ML 2. (v. 8, 9).
—— *De Baptismo adversus Quintillam Liber*: ML 1. (v. 8, 9).
—— *Liber de anima*: ML 2. (v. 8, 9).
—— *Liber de Carne Christi*: ML 2. (v. 8, 9).
—— *Liber de Ieiuniis*: ML 2. (v. 5-7).

—— *Liber de poenitentiae*: ML 1. (v. 8, 9).
—— *Liber de praescriptionibus adversus haereticos*: ML 2. (v. 8, 9).

THIEL, A.
—— *A S. Hilario usque ad S. Hormisdam* I (*Epist. Fragmenta*). (v. 5-7).
—— *Epistolae Romanorum Pontificum Genuinae et Quae ad Eos Scriptae sunt a S. Hilario usque ad Pelagium II*, ex schedis Clar. P. CONSTANTII aliique editis, adhibitis praestantissimis codicibus Italiae et Germaniae, recensuit et edidit A. THIEL. (Brunsbergae, E. Peter) (TL). (v. 5-9).
—— Gelasio I: Epistola XXXVII *Ad Maioricum et Ioannem* (A. Thiel, o.c., p. 450-452); *Epistolarum Fragmenta* (A. Thiel, o.c., p. 483-510). (v. 8, 9).

TIAGO DE VORÁGINE
—— *Legenda Aurea*, recensuit T. Graesse, 2ª ed. (Lipsiae, Impensis Libreriae Amoldianae, 1850) (*Legenda Aurea*). (v. 8, 9).

TICÔNIO AFRICANO
—— *Liber de septem Regulis*: ML 18. (v. 8, 9).

TITO LÍVIO
—— *Oeuvres de Tite-Live (Histoire Romaine)*, 2 vols. (Paris, Firmin-Didot, 1877) (Collection des Auteurs Latins, avec la traduction en français, publiée sous la direction de M. NISARD) (DD) (*Hist. Rom.*). (v. 5-7).

TRISMEGISTO (HERMES TRISMEGISTO)
—— *Libri XXIV Philosophorum*: BK 31. (v. 1).

URBANO I
—— Epistola *Ad omnes christianos*: MANSI 1,748-752 (Epist. *Ad omnes Christ.*). (v. 8, 9).

URBANO II
—— *Epistolae et privilegia*: ML 151. (v. 8, 9).

VALÉRIO MÁXIMO
—— *Cornélius Népos, Quinte-Curce, Justin, Valère Maxime, Julius Obsequens, Oeuvres complètes* (Paris, Dubochet-Firmin-Didot, 1841) (Collection des Auteurs Latins avec la traduction en français, publièe sous la direction de M. Nisard) (DD). (v. 4-7).
—— *Factorum et Dictorum Memorabilium Libri novem, ad Tiberium Caesarem Augustun* p. 562-807 (*Factor. Dictor. Memorab.*). (v. 4-7).

VARRÃO
—— *De Lingua Latina ad Ciceronem*, en MACROBE-VARRON-POMPONIUS MELA, *Oeuvres Complètes* (Paris, Firmin-Didot, 1875) (*De Lingua Lat.*: DD). (v. 2).

VEGÉCIO RENATO
—— *Ammien Marcellin, Jornandès, Frontin, Végèce, Modestus* (Paris, Firmin-Didot, 1878) (Collection des Auteurs Latins, avec la traduction en français, publiée sous la direction de M. Nisard) (DD). (v. 5-7).
—— *Ad Valentinianum Augustum Institutorum Rei Militaris ex Commentariis Catonis, Celsi, Traiani, Hadriani et Frontini* p. 639-734 (*Instit. Rei Militar.*). (v. 3, 5-7).

VIRGÍLIO
—— *Énéide*. Texte établi par J. Perret (Paris 1794) 3 vols. (Collection des Universités de France, éditions Budé, "Les Belles-Lettres") (*Aeneidos*: BU). (v. 3).

VIRGÍLIO DE TAPSO (CF. PSEUDO-AGOSTINHO).
—— *Contra arianos, etc. Dialogus, Athanasio, Ario, Sabellio, Photino et Probo Iudice interlocutoribus*: ML 62. (v. 8, 9).
—— *De unitate Trinitates*: ML 62,344 (*De Unit. Trin.*).

VITAE PATRUM
—— *Vitae Patrum sive Historiae Eremiticae Libri decem*: ML 73.74. (v. 5-7).

VÍTOR ANTIOQUENO, cf. Cramer, J. A. (v. 8, 9).

VOLUSIANO
—— Inter epistolas Augustini, epistola CXXXV *Ad Augustinum Episcopum: ML 33. (v. 8, 9)*.

ÍNDICE ALFABÉTICO

As referências indicam o seguinte:
 I – Primeira Parte = Tomos I (Questões 1 a 43) e II (Questões 44 a 119)
 I-II – Primeira Seção da Segunda Parte = Tomos III (Questões 1 a 49) e IV (Questões 49 a 114)
 II-II – Segunda Seção da Segunda Parte = Tomos V (Questões 1 a 56), VI (Questões 57 a 122), VII (Questões 123 a 189)
 III – Terceira Parte = Tomos VIII (Questões 1 a 59) e IX (Questões 60 a 90)
 Q = Questão e a = artigo
 Por exemplo I-II, Q. 18, a. 6 =primeira seção da segunda Parte, Questão 18, artigo 6 (Tomo III desta edição)

A

ABATIMENTO: I-II, Q. 37, a. 2. → ACÍDIA, TRISTEZA.

ABRAÃO: I-II, Q. 66, a. 2; Q. 98, a. 4, 6; Q. 103, a. 3; II-II, Q. 1, a. 3, 6; Q. 2, a. 5; Q. 171, a. 5; Q. 174, a. 6; III, Q. 31, a. 8.

ABSOLVIÇÃO: III, Q. 84, a. 1, 3.

ABSTENÇÃO: I-II, Q. 6, a. 3, 4. → OMISSÃO.

ABSTINÊNCIA: I-II, Q. 60, a. 5; II-II, Q. 3, a. 1; Q. 15, a. 3; Q. 88, a. 11; Q. 146; Q. 147, a. 2; Q. 151, a. 3.

ABSTRAÇÃO: I, Q. 84, a. 6; Q. 85, a. 1; Q. 89, a. 4; II-II (dos sentidos): Q. 172, a. 1; Q. 173, a. 3; Q. 175, a. 1; III, Q. 3, a. 3; Q. 4, a. 4.

AÇÃO, ATIVIDADE: I, Q. 18, a. 3; Q. 19, a. 4, 12; Q. 44, a. 2; Q. 80, a. 2; I-II, Q. 1, a. 1-3, 5; Q. 22, a. 2; Q. 32, a. 1, 5; Q. 33, a. 4; Q. 37, a. 3; Q. 40, a. 8; Q. 44, a. 4; II-II, Q. 8, a. 3; Q. 9, a. 3; Q. 17, a. 1; Q. 47, a. 3; Q. 54, a. 2; Q. 153, a. 5; Q. 179, a. 2; III, Q. 19, a. 1.
— de graças (reconhecimento): → GRATIDÃO.

ACEPÇÃO DE PESSOAS: II-II, Q. 63.

ACIDENTE: I, Q. 44, a. 2; Q. 45, a. 3, 4; Q. 77, a. 1; Q. 104, a. 4; I-II, Q. 22, a. 1; Q. 63, a. 4; II-II, Q. 95, a. 5; III, Q. 2, a. 6; Q. 75, a. 5; Q. 77.

ACÍDIA: I-II, Q. 84, a. 4; II-II, Q. 20, a. 4; Q. 35; → TRISTEZA.

ACUSADOR, ACUSAÇÃO, ACUSADO: II-II, Q. 67, a. 3; Q. 68, 69.

ADÃO: I-II, Q. 81; II-II, Q. 2, a. 7; Q. 5, a. 1; III, Q. 4, a. 6; Q. 13, a. 3; Q. 15, a. 1; Q. 31, a. 5-7; Q. 46, a. 6.

ADESÃO: II-II, Q. 2, a. 9; Q. 4, a. 1; Q. 6, a. 1; Q. 8, a. 5; Q. 9, a. 1; Q. 11, a. 1.

ADIVINHAÇÃO
— do futuro: I, Q. 86, a. 4.
— magia: II-II, Q. 95. → MAGIA, SONHOS.

ADJURAÇÃO: II-II, Q. 90; → EXORCISMO.

ADMIRAÇÃO: I-II, Q. 3, a. 8; II-II, Q. 180, a. 3. → ESTUPOR.

ADOÇÃO: III, Q. 23 (adocionismo).

ADORAÇÃO: II-II, Q. 81, a. 3; Q. 84; III, Q. 25, a. 1, 2; Q. 74, a. 8; Q. 75, a. 2; Q. 76, a. 8; Q. 78, a. 6.

ADULAÇÃO: II-II, Q. 114; Q. 115, a. 1, 2.

ADULTÉRIO: I-II, Q. 73, a. 5; Q. 77, a. 8; Q. 88, a. 2, 5; Q. 107, a. 2; II-II, Q. 64, a. 7; Q. 65, a. 4; Q. 66, a. 3; Q. 154, a. 8.

ADVOGADO: II-II, Q. 71.

AFABILIDADE: I-II, Q. 60, a. 6; II-II, Q. 80, 114-116; → AMIZADE.

AFASTAMENTO (AVERSÃO): I-II, Q. 73, a. 7; Q. 77, a. 8.

AFEIÇÃO, AFETIVIDADE: I, Q. 77, a. 5; Q. 78, a. 1; Q. 80, a. 2; II-II, Q. 180, a. 7; → APETITE.

AGENTE: I, Q. 6 a. 1; Q. 13, a. 5; Q. 44, a. 4; Q. 45, a. 8; Q. 46, a. 1; Q. 47, a. 1; II-II, Q. 1, a. 2-4; Q. 5, a. 6.
— infinito: III, Q. 75, a. 4, 7.

AGILIDADE (corpos gloriosos): III, Q. 54, a. 1; Q. 81, a. 3.

AGONIA DE CRISTO: III, Q. 18, a. 6; Q. 50, a. 2.

ÁGUA: I, Q. 68, a. 2, 3; Q. 69, a. 1; III, Q. 66, a. 3, 4; Q. 74, a. 6-8. → BATISMO, EUCARISTIA.

ALEGORIA: 1, Q. 1, a. 10; I-II, Q. 102, a. 2, 4.

ALEGRIA: I-II, Q. 22, a. 3; Q. 25, a. 2-4; Q. 31, a. 3; Q. 70, a. 3, 4; II-II, Q. 20, a. 4; Q. 28; Q. 82, a. 4; III, Q. 46, a. 8.

ALIANÇA (lei)
— antiga: I-II, Q. 101-105, 107; III, Q. 78, a. 3. → DECÁLOGO.
— nova: I-II, Q. 106-108; II-II, Q. 140, a. 1; III, Q. 78, a. 3. → TESTAMENTO.

ALIMENTO: I, Q. 97, a. 3; III, Q. 73, a. 1; Q. 79, a. 1, 4.

ALIMENTOS: I, Q. 51, a. 3; Q. 119, a. 1; I-II, Q. 101, a. 1, 4; Q. 102, a. 6; Q. 107, a. 2; II-II, Q. 146, a. 1; Q. 148, a. 1, 5; Q. 149, a. 2; III, Q. 73, a. 3, 7.

ALMA: I, Q. 12, a. 11; Q. 16, a. 3; Q. 75, 76; Q. 77, a. 1; Q. 90, 118; I-II, Q. 2, a. 7; Q. 4, a. 5, 6; Q. 50, a. 2; Q. 110, a. 4; II-II; Q. 95, a. 5; Q. 168, a. 2; Q. 175, a. 5; Q. 180, a. 5, 6.
— de Cristo: III, Q. 5, a. 3; Q. 6, a. 2-4; Q. 13; Q. 46, a. 7; Q. 50, a. 2-4, Q. 52, a. 3; Q. 76, a. 1.

ALTERIDADE: III, Q. 2, a. 3; Q. 17, a. 1.

AMIGO, AMIZADE: I-II, Q. 4, a. 8; Q. 53, a. 3; II-II, Q. 25, a. 1, 2, 5, 7; Q. 26, a. 3, 7, 8; Q. 27, a. 1, 2; Q. 28, a. 1; Q. 29, a. 3; Q. 30, a. 2; Q. 31, a. 1; Q. 74, a. 2; Q. 80; Q. 106, a. 1; Q. 114-116; Q. 168, a. 1. → AFABILIDADE.

AMOR: I, Q. 20; I-II, Q. 26; Q. 65, a. 1. → CARIDADE, ESPÍRITO SANTO, DILEÇÃO.
— causa do amor: I-II, Q. 27.
— nos anjos: I, Q. 60.
— nos bem-aventurados: I-II, Q. 2, a. 7.
— concupiscível: I-II, Q. 25, a. 2; Q. 26, a. 4; Q. 77, a. 4, 5.
— do próximo (clemência): II-II, Q. 157, a. 1. → CARIDADE.

ÍNDICE ALFABÉTICO

— efeitos do amor: I-II, Q. 28.
— para com Deus: II-II, Q. 47, a. 1. → CARIDADE.
— e temor: I-II, Q. 43, a. 1; II-II, Q. 126, a. 1.
— e esperança: I-II, Q. 40, a. 7.
— e ódo: I-II, Q. 29, a. 2, 3.

ANALOGIA: I, Q. 13, a. 5; Q. 16, a. 6; III, Q. 60, a. 1, 6.

ANÁTEMA: II-II, Q. 1, a. 10.

ANIMAIS: I, Q. 71, 72; Q. 74, a. 1; Q. 96, a. 1; I-II, Q. 1, a. 2, 8; Q. 3, a. 3; Q. 40, a. 3; Q. 50, a. 3; II-II, Q. 83, a. 10; Q. 85, a. 2; Q. 86, a. 3; III, Q. 44, a. 4.

ANIQUILAÇÃO: I, Q. 104, a. 3, 4; III, Q. 13, a. 2. → NADA.

ANIQUILAMENTO DE CRISTO: III, Q. 75, a. 2, 3.

ANJOS: I, Q. 12, a. 4; Q. 20, a. 4; Q. 23, a. 6; Q. 50-64; Q. 65, a. 3, 4; Q. 90, a. 3; Q. 94, a. 2; Q. 106-114; I-II, Q. 50, a. 6; Q. 59, a. 5; Q. 89, a. 4; Q. 98, a. 4; II-II, Q. 5, a. 1; Q. 24, a. 3; Q. 25, a. 10; Q. 83, a. 10, 11; Q. 84, a. 1; Q. 89, a. 10; Q. 90, a. 2; Q. 94, a. 1; Q. 95, a. 6; Q. 164, a. 2; Q. 172, a. 2; Q. 174, a. 5; Q. 180, a. 6; Q. 181, a. 4; III, Q. 4, a. 1; Q. 6, a. 2; Q. 8, a. 4; Q. 30, a. 2, 3; Q. 55, a. 6; Q. 59, a. 6; Q. 64, a. 7.
— ação natural: I, Q. 111; amor: I, Q. 60; castigo: I, Q. 64; conhecimento: I, Q. 54-58; elevação: I, Q. 62; e eucaristia: III, Q. 76, a. 7; Q. 80, a. 2; guardiães: I, Q. 113; hierarquias e ordens: I, Q. 108; iluminação: I, Q. 106; I-II, Q. 5, a. 6; linguagem: I, Q. 107; mal (pecado): I, Q. 63; mau: I, Q. 109, 114; movimento local: I, Q. 53; natureza: I, Q. 50; primado: I, Q. 110; produção: I, Q. 61; relação com o corpo: I, Q. 51; com o lugar: I, Q. 52; vontade: I, Q. 59.

ANULAÇÃO (voto): II-I1, Q. 88, a. 10; Q. 89, a. 9. ANTICRISTO: III, Q. 8, a. 8; Q. 49, a. 2, 5. → DIABO.

ANUNCIAÇÃO: III, Q. 27, a. 5; Q. 30.

APARIÇÕES: I, Q. 111, a. 3; III, Q. 54, a. 1, 2; Q. 55; Q. 76, a. 8.

APEGO EXCESSIVO A SI (JACTÂNCIA): II-II, Q. 112.

APETITE: I, Q. 19, a. 1; I-II, Q. 1, a. 2; Q. 6, a. 1, 4; Q. 8, a. 1; Q. 10, a. 3; Q. 17, a. 7; Q. 60, a. 1, 5; Q. 89, a. 4; Q. 109, a. 8; II-II, Q. 4, a. 2, 5; Q. 7, a. 2; Q. 141, a. 3; Q. 148, a. 1; Q. 161, a. 2; Q. 175, a. 2. → AFETIVIDADE.

APÓCRIFOS: III, Q. 35, a. 6; Q. 36, a. 4; Q. 43, a. 3.

APOSTASIA: I-II, Q. 84, a. 2; II-II, Q. 10, a. 8, 9; Q. 12, a. 1, 2.

APÓSTOLOS: II-II, Q. 1, a. 7; Q. 6, a. 1; Q. 88, a. 4; III, Q. 64, a. 2; Q. 72, a. 6; Q. 82, a. 2.

APROPRIAÇÃO: I, Q. 39, a. 7, 8; III, Q. 58, a. 2; Q. 59, a. 1.

ARBÍTRIO: II-II, Q. 67, a. 1; Q. 69, a. 3.

ÁRDUO (irascível): I-II, Q. 23, a. 1; Q. 25, a. 3.

ÁRIO: I, Q. 27, a. 1; Q. 31, a. 1, 2; II-II, Q. 1, a. 8; III, Q. 5, a. 3.

ARTE: I, Q. 45, a. 8; Q. 46, a. 2; Q. 87, a. 4; Q. 105, a. 5; I-II, Q. 13, a. 2; Q. 18, a. 3; Q. 21, a. 2; Q. 34, a. 1; Q. 56, a. 3; Q. 57, a. 3-5; Q. 58, a. 1, 5; Q. 65, a. 1; Q. 68, a. 4; Q. 97, a. 2; II-II, Q. 4, a. 8; Q. 47, a. 1, 2, 4, 5, 8; Q. 49, a. 5; Q. 169, a. 2.

ARTIGOS DE FÉ: II-II, Q. 1, a. 6-9; Q. 2, a. 5, 7, 8; Q. 5, a. 3; → PRINCÍPIOS PRIMEIROS.

ASCENSÃO: III, Q. 57.

ASCESE: I-II, Q. 63, a. 1; Q. 66, a. 1. → DISCIPLINA, ENSINAMENTO.

ASSIMILAÇÃO: I, Q. 44, a. 4. → SEMELHANÇA.

ASSUMIR: III, Q. 2, a. 6, 8; Q. 3-6. → VERBO ENCARNADO.

ASSUNÇÃO DE MARIA: III, Q. 27, a. 1.

ASTÚCIA: I-II, Q. 58, a. 4; II-II, Q. 55, a. 3-5.

ASTÚCIA: II-II, Q. 55, a. 3.

ATANÁSIO: II-II, Q. 1, a. 10.

ATENÇÃO: II-II, Q. 48, a. único; Q. 49, a. 8; Q. 53, a. 4; Q. 83, a. 13.

ATITUDE: II-II, Q. 47, a. 15; Q. 49, a. 1, 3.

ATO
— primeiro e segundo: I, Q. 48, a. 5.
— intelectual: I, Q. 76, a. 1; Q. 79, a. 6; Q. 82, a. 4.
— humano: I-II, Q. 6-21; Q. 49, a. 3; Q. 51, a. 1-4; Q. 52, a. 3; Q. 53, a. 3; Q. 71, a. 3-6, Q. 72, a. 3-8; Q. 74, a. 1,7; Q. 86, a. 2.
— interior, exterior: I, Q. 19, 20; I-II, Q. 60, a. 2, 3; Q. 107, a. 2; Q. 108, a. 1-3; Q. 111, a. 2; II-II, Q. 2, 3; Q. 24, a. 6, 8; Q. 180, a. 1.
— indiferente: I-II, Q. 18, a. 6-9.

AUDÁCIA: I-II, Q. 45; II-II, Q. 127, 141, a. 3.

AUGURES: II-II, Q. 95, a. 7. → SUPERSTIÇÃO, ADVINHAÇÃO.

AUMENTO (crescimento da graça): I-II, Q. 114, a. 8; III, Q. 81, a. 1.

AUTORIDADE: I-II, Q. 92, a. 2; Q. 93, a. 3; Q. 96, a. 5, 6; Q. 97, a. 3, 4; Q. 98, a. 3; Q. 100, a. 5; II-II, Q. 1, a. 10; Q. 60, a. 6; Q. 64, a. 3; Q. 65, a. 1, 3; Q. 66, a. 8.

AVAREZA: I-II, Q. 72, a. 2, 9; Q. 75, a. 4; Q. 84, a. 4; II-II, Q. 118; Q. 119, a. 1. → CUPIDEZ.

AVERSÃO: I-II, Q. 73, a. 7; III, Q. 86, a. 4. → AFASTAMENTO.

AZAR: I, Q. 2, a. 3; Q. 22, a. 2; Q. 47, a. 1; Q. 103, a. 5, 7; Q. 116, a. 1; II-II, Q. 64, a. 8; Q. 95, a. 8; Q. 96, a. 3.

B

BAJULAÇÃO: II-II, Q. 115, a. 1, 2. → ADULAÇÃO.

BANDIDOS: III, Q. 46, a. 11. → LADRÃO (bom).

BATISMO
— crianças: I-II, Q. 5, a. 7; Q. 87, a. 7; II-II, Q. 10, a. 12.
— em geral (sacramento): I-II, Q. 81, a. 3; II-II, Q. 88, a. 2; Q. 100, a. 2; III, Q. 63, a. 6; Q. 64, a. 6; Q. 65, a. 3, 4; Q. 66-69; Q. 70, a. 1; Q. 70, a. 1; Q. 71, a. 1, 2, 4; Q. 72, a. 6; Q. 73, a. 1, 3; Q. 79, a. 3, 5, 8; Q. 80, a. 1, 4, 9, 10; Q. 84, a. 10.
— de João Batista: III, Q. 38.
— de Cristo: III, Q. 39.
— de sangue: II-II, Q. 124, a. 1; → MARTÍRIO, INOCENTES.

BEATITUDE
— e esperança: II-II, Q. 17, a. 2, 3, 6; Q. 18, a. 2.
— e fé: II-II, Q. 4, a. 1; Q. 5, a. 1.
— dos anjos: I, Q. 58, a. 1; Q. 62, a. 1; Q. 64, a. 1.
— divina: I, Q. 26.
— em general: I-II, Q. 1, a. 8; Q. 2-5; Q. 57, a. 1; Q. 62, a. 1; Q. 84, a. 4; Q. 98, a. 1 (felicidades); II-II, Q. 83, a. 4, 5, 6, 9, 11; Q. 85, a. 2; Q. 173, a. 1, 9; Q. 182, a. 2; III, Q. 7, a. 1.
— as bem-aventuranças: I-II, Q. 69; Q. 70, a. 2; II-II, Q. 8, a. 7; Q. 19, a. 12; Q. 45, a. 6; Q. 52, a. 4; Q. 121, a. 2; Q. 139, a. 2; Q. 157, a. 2.

ÍNDICE ALFABÉTICO

– visão: I, Q. 12, a. 1, 7, 9; Q. 94, a. 1. → Glória, Vida eterna, Essência.

Belo, Beleza: I, Q. 5, a. 4; I-II, Q. 27, a. 1; Q. 49, a. 2; Q. 50, a. 1; Q. 54, a. 1; Q. 85, a. 4; II-II, Q. 141, a. 2; Q. 145, a. 2; Q. 180, a. 2.

Bem(s)
– o bem: I, Q. 5; Q. 6, a. 2, 3; Q. 16, a. 1, 4; Q. 20, a. 1; Q. 48, a. 36; Q. 49, a. 1, 3; I-II, Q. 1, a. 2, 4; Q. 4, a. 4; Q. 18-21; Q. 24, a. 1, 4; Q. 34, a. 4; Q. 39, a. 2, 3; Q. 54, a. 3; Q. 59, a. 3; Q. 60, a. 5; Q. 87, a. 7; II-II, Q. 89, a. 5; Q. 104, a. 3; Q. 109, a. 2; Q. 141, a. 1; Q. 145, a. 1, 3; Q. 152, a. 2; Q. 180, a. 1; III, Q. 1, a. 1.
– comum: I-II, Q. 90, a. 2-4; Q. 91, a. 5, 6; Q. 92, a. 1; Q. 93, a. 1; Q. 95, a. 4; Q. 96, a. 1, 3; Q. 97, a. 4; Q. 100, a. 2, 11; II-II, Q. 42, a. 2; Q. 47, a. 10, 11; Q. 58, a. 5, 7, 9; Q. 60, a. 1; Q. 64, a. 3; Q. 66, a. 2, 7, 8; Q. 68, a. 1; Q. 87, a. 1; Q. 147, a. 3; Q. 152, a. 4.
– materiais, exteriores, temporários, eclesiásticos: I-II, Q. 2; Q. 4, a. 7; Q. 108, a. 3; Q. 114, a. 10; II-II, Q. 11, a. 4; Q. 104, a. 3; Q. 185, a. 7; Q. 188, a. 7.

Bem-aventurado: II-II, Q. 18, a. 2; Q. 19, a. 11; Q. 174, a. 5; Q. 175, a. 3, 4, 6; → Bem-aventurança.

Bênção: I, Q. 73, a. 3; III, Q. 78.

Benevolência: II-II, Q. 27, a. 2; → Caridade.

Blasfêmia: I-II, Q. 88, a. 2; II-II, Q. 13, 14; Q. 73, a. 2; Q. 76, a. 2; Q. 94, a. 2; Q. 158, a. 7; III, Q. 80, a. 5. → Malícia.

Boa ação, Boas ações: I-II, Q. 32, a. 6; Q. 98, a. 4; II-II, Q. 31; Q. 106, a. 3-5; Q. 107, a. 3, 4; Q. 178, a. 1. → Esmola.

Bodas de Maria: III, Q. 29, a. 1.

Bondade: I, Q. 65, a. 2; Q. 104, a. 3; I-II, Q. 24, a. 3, 4; Q. 34; Q. 70, a. 3, 4; Q. 98, a. 1; Q. 110, a. 3; II-II, Q. 122, a. 2; Q. 181, a. 1.

Bufonaria: II-II, Q. 148, a. 6; Q. 153, a. 5.

C

Canto: II-II, Q. 91, a. 2.

Calor: I, Q. 78, a. 1, 2.

Calúnia: II-II, Q. 69, a. 2.

Caracter: III, Q. 63, 64, a. 9; Q. 66, a. 1, 9; Q. 68, a. 4; Q. 69, a. 9, 10; Q. 72, a. 5, 6; Q. 80, a. 1, 10.

Caridade
– de Cristo: III, Q. 47, a. 2-4. → Paixão de Cristo.
– para com Deus: II-II, Q. 13, a. 2; Q. 14, a. 1; Q. 82, a. 3; Q. 83, a. 1, 14; Q. 172, a. 2; Q. 180, a. 1, 7, 8; Q. 182, a. 2.
– para com o próximo: II-II, Q. 11, a. 4; Q. 83, a. 7, 8, 11; Q. 106, a. 6. → Virtude teologal.
– e eucaristia: III, Q. 73, a. 3; Q. 75, a. 1; Q. 79, a. 1.
– e dons: I-II, Q. 68, a. 1, 5, 8; Q. 70, a. 3, 4; II-II, Q. 8, a. 4; Q. 9, a. 2.
– e fé: II-II, Q. 2, a. 9; Q. 3, a. 2; Q. 4, a. 3, 7; Q. 10, a. 5.
– e graça: I-II, Q. 109, a. 3; Q. 111, a. 3; II-II, Q. 172, a. 4.
– e lei: I-II, Q. 100, a. 10; Q. 107, a. 1; Q. 108, a. 1; II-II, Q. 2, a. 5; Q. 22, a. 2; Q. 83, a. 3.
– e pecado: II-II, Q. 110, a. 4; III, Q. 79, a. 4, 6, 8.
– e penitência: III, Q. 89, a. 4, 6.

– e virtudes: I-II, Q. 56, a. 6; Q. 57, a. 1; Q. 58, a. 3; Q. 61, a. 5; Q. 65, a. 2, 3; Q. 68, a. 2; Q. 84, a. 1; II-II, Q. 3, a. 1; Q. 81, a. 4; Q. 82, a. 2; Q. 83, a. 13, 15.
– perfeição (da): I-II, Q. 4, a. 8; II-II, Q. 184, a. 1, 3, 4; Q. 188, a. 2; Q. 189, a. 1.
– virtude teologal: I-II, Q. 62, a. 3, 4; Q. 64, a. 4; Q. 65, a. 4, 5; Q. 66, a. 6; Q. 67, a. 6; Q. 68, a. 8; II-II, Q. 1, a. 1; Q. 17, a. 6, 8; Q. 18, a. 1; Q. 19, a. 10; Q. 23-46.

Carismas: II-II, Q. 171, 176-178; III, Q. 7, a. 7. → Profecia.

Carne: I-II, Q. 70, a. 4; Q. 72, a. 2; Q. 73, a. 5; Q. 80, a. 3; Q. 109, a. 10; II-II, Q. 11, a. 1; Q. 15, a. 3; Q. 55, a. 1, 2.

Casa: II-II, Q. 48; Q. 50, a. 3. → Governo doméstico, Família.

Casamento: I-II, Q. 70, a. 3; II-II, Q. 88, a. 7, 11; Q. 100, a. 2; III, Q. 61, a. 2; Q. 65, a. 2; Q. 80, a. 7.

Castidade: I-II, Q. 60, a. 5; Q. 65, a. 1; Q. 70, a. 3, 4; II-II, Q. 15, a. 3; Q. 88, a. 6, 11; Q. 151; Q. 180, a. 2. → Continência.

Castigo: II-II, Q. 100, a. 6; Q. 163, a. 3; Q. 164; 111, Q. 49, a. 3.

Catequista, Catecúmenos: III, Q. 68, 71.

Causalidade, Causas
– do amor: I-II, Q. 27.
– da devoção: II-II, Q. 82, a. 3. → Contemplação.
– da fé: II-II, Q. 6.
– da graça: I-II, Q. 112; III, Q. 62, a. 1.
– da encarnação: III, Q. 6, a. 5. → Instrumento (da divindade).
– do mal: I, Q. 49.
– da milagre: I, Q. 105, a. 7.
– da morte: I-II, Q. 85, a. 5.
– do pecado: I-II, Q. 72, a. 3; Q. 73, a. 6; Q. 75; Q. 79, a. 1, 3; Q. 80, a. 1.
– da penitência: III, Q. 85, a. 5.
– da Paixão: III, Q. 47, a. 1.
– da Ressurreição: III, Q. 56.
– dos sacramentos: III, Q. 64.
– das virtudes: I-II, Q. 63.
– eficiente (principal e instrumental) da salvação: III, Q. 48, a. 6; Q. 49, a. 1; Q. 50, a. 6; Q. 57, a. 6.
– eficiente primeira dos seres, das coisas universais: I, Q. 2, a. 3; Q. 3, a. 8; Q. 6, a. 2; Q. 19, a. 4, 5; Q. 44; Q. 45, a. 2, 5; Q. 105, a. 5, 6.
– e fim: I-II, Q. 1, a. 1.
– intermediária ou segunda: I, Q. 19, a. 6; Q. 104, a. 2; Q. 105, a. 3.
– natural: II-II, Q. 83, a. 2; Q. 96, a. 2.
– perfeita (ou imperfeita): II-II, Q. 83, a. 1.
– necessária, contingente, livre: II-II, Q. 95, a. 1.
– ou princípio: I, Q. 33, a. 1. → Pai.

Cegueira: I-II, Q. 5, a. 6; II-II, Q. 15, a. 1.

Cegueira do espírito: I-II, Q. 79, a. 3, 4; II-II, Q. 15; Q. 153, a. 5.

Ceia: III, Q. 73, a. 5; Q. 78, a. 1; Q. 80, a. 8; Q. 81, a. 1-3; Q. 82, a. 1; Q. 83, a. 2-4.

Celebrar: III, Q. 82, a. 10; Q. 83. → Eucaristia.

Cerimônia(s), Cerimonial(is): I-II, Q. 101, 102, 103; III, Q. 83, a. 5. → Preceitos, Lei Antiga.

ÍNDICE ALFABÉTICO

Certeza: I-II, Q. 40, a. 3; II-II, Q. 4, a. 8; Q. 5, a. 4; Q. 8, a. 8; Q. 9, a. 2; Q. 47, a. 3; Q. 49, a. 5; Q. 68, a. 2; Q. 70, a. 2; Q. 171, a. 3, 5.

Céu: I, Q. 45, a. 5; Q. 46, a. 1; Q. 66, a. 3; Q. 67, 68; I-II, Q. 4, a. 7; II-II, Q. 175, a. 3; III, Q. 49, a. 5; Q. 57, a. 4, 6; Q. 69, a. 7. → Ascensão.

Chance: II-II, Q. 96, a. 3. → Adivinhação.

Chefes: I-II, Q. 90, a. 1; Q. 92, a. 1; Q. 93, a. 1; Q. 100, a. 5, 6; II-II, Q. 47, a. 1, 2, 11; Q. 48, a. 1; Q. 50, a. 1, 2, 4. → Governantes, Reis.

Cidade, Cidadãos: I-II, Q. 61, a. 5; Q. 63, a. 4; Q. 68, a. 6; Q. 98, a. 4 (nações); Q. 105, a. 2, 3; II-II, Q. 50, a. 1. → Reino.

Ciência(s)
— de Deus (doutrina sagrada): I, Q. 1; (en Dieu): I, Q. 14.
— angélica: I, Q. 54, a. 4.
— do primeiro homem: I, Q. 94, a. 3, 4.
— habitus: I-II, Q. 53, a. 1, 3; Q. 54, a. 4; Q. 57, a. 2, 3; Q. 67, a. 2, 3; Q. 76, a. 1; Q. 77, a. 2; II-II, Q. 24, a. 4.
— dom: I-II, Q. 68, a. 4-7; Q. 69, a. 3; II-II, Q. 8, a. 6, 8; Q. 9; Q. 16, a. 2; Q. 83, a. 9.
— e fé: II-II, Q. 1, a. 5; Q. 2, a. 1; Q. 4, a. 6, 8; Q. 5, a. 3.
— e religião: II-II, Q. 82, a. 3.
— de Cristo: III, Q. 9-12.

Circuncisão: I-II, Q. 98, a. 6; Q. 102, a. 5; Q. 103, a. 1; III, Q. 37, a. 1; Q. 62, a. 6; Q. 70.

Circunspecção: II-II, Q. 49, a. 7.

Circunstâncias: I-II, Q. 7; Q. 72, a. 9; Q. 73, a. 7; Q. 88, a. 5.

Ciúme (divino): I-II, Q. 28, a. 4; II-II, Q. 36, a. 2, 3; Q. 49, a. 3.

Civilidade: II-II, Q. 106-109, 114, 117. → Honestidade.

Claridade: III, Q. 45, a. 2; Q. 54, a. 1, 2; Q. 55, a. 6; Q. 81, a. 3. → Corpo de Cristo, Glória.

Clemência: II-II, Q. 143; Q. 157. → Mansidão.

Clérigos: II-II, Q. 40, a. 2; Q. 64, a. 4; Q. 71, a. 2; Q. 77, a. 4. → Cônegos, Curas.

Cogitação: II-II, Q. 2, a. 1; Q. 47, a. 4; Q. 180, a. 3. → Especulação.

Cogitativa: I, Q. 78, a. 4; Q. 79, a. 2; Q. 81, a. 1, 3; I-II, Q. 30, a. 3. → Estimativa, Intelecto.

Cólera: I-II, Q. 25, a. 3; Q. 46-48; Q. 66, a. 4; Q. 69, a. 3; Q. 84, a. 4; Q. 87, a. 2; Q. 88, a. 5; II-II, Q. 41, a. 2; Q. 53, a. 5; Q. 72, a. 4; Q. 80, 108; Q. 123, a. 10; Q. 156, a. 4; Q. 157, 158; III, Q. 15, a. 9. → Irascível.

Começo: I, Q. 45, a. 3; Q. 46, a. 1, 3; I-II, Q. 5, a. 4.

Comediantes: II-II, Q. 168, a. 3.

Compensação: II-II, Q. 62, a. 1, 2, 4; Q. 66, a. 5. → Restituição.

Complacência: I-II, Q. 28, a. 2.

Compostos, composição: I, Q. 3, a. 7, 8; Q. 85, a. 5, 6; III, Q. 2, a. 1.

Compreender: I, Q. 12, a. 7; Q. 14, a. 3; Q. 84, a. 3; Q. 85, a. 7; I-II, Q. 4, a. 3.

Compreensor: III, Q. 7, a. 8; Q. 8, a. 4; Q. 9, a. 2. → Bem-aventurado.

Comunhão: III, Q. 80, a. 1, 3; a. 4-6, 10-12; Q. 82, a. 4, 8, 9.

Comunidade: I-II, Q. 100, a. 2; II-II, Q. 66, a. 2.

Comutação (do voto): II-II, Q. 88, a. 10.

Concelebração: III, Q. 82, a. 2.

Concepção
— de Maria: III, Q.27, a. 2.
— de Cristo: III, Q. 31-33.

Concílio: II-II, Q. 1, a. 10.

Concomitância: I-II, Q. 4, a. 8; III, Q. 76, a. 1; Q. 81, a. 3, 4.

Concórdia: II-II, Q. 29, a. 1.

Concupiscível, Concupiscência: I, Q. 81, a. 2, 3; I-II, Q. 6, a. 7; Q. 23; Q. 25, a. 2; Q. 30, a. 1, 2; Q. 56, a. 4; Q. 60, a. 5; Q. 73, a. 6; Q. 77, a. 5; Q. 82, a. 3; Q. 83, a. 2-4; Q. 85, a. 3; Q. 89, a. 5; Q. 91, a. 6; Q. 93, a. 3; Q. 94, a. 2; II-II, Q. 4, a. 2; Q. 141, a. 3; III, Q. 65, a. 1; Q. 69, a. 3, 4; Q. 85, a. 4.

Cônegos (regulares): II-II, Q. 188, a. 2; Q. 189, a. 8. → Clérigos, Curas.

Conexo, Conexão (das virtudes): I-II, Q. 65; Q. 73, a. 1.

Confessar (a fé): I-II, Q. 108, a. 1; II-II, Q. 3, a. 1, 2; Q. 13, a. 1; Q. 16, a. 1.

Confiança: II-11, Q. 5, a. 4; Q. 83, a. 9. → Esperança.

Confirmação: I-II, Q. 102, a. 5; III (sacramento), Q. 65, a. 1; Q. 72; Q. 79, a. 1.

Confissão: III, Q. 68, a. 6; Q. 90, a. 2. → Penitência.

Conhecimento
— angélico: I, Q. 54-58; Q. 62, a. 1; Q. 64, a. 1; Q. 108, a. 1.
— do primeiro homem: I, Q. 94.
— de Deus: I, Q. 2, a. 2, 3; Q. 12, n. 1; Q. 13, a. 7; Q. 16, 17; I-II, Q. 2, a. 3; II-II, Q. 97, a. 2.
— da doutrina sagrada: I, Q. 1, a. 5, 9.
— de fé: 1, Q. 12, a. 13; I-II, Q. 67, a. 3.
— em Deus: I, Q. 14, 15. → Ciência.
— e caridade: II-II, Q. 23, a. 6.
— e faculdades da alma: I, Q.78, a. 5; Q. 84-89; Q. 111, a. 2.
— e paixões da alma: I-II, Q. 22, a. 2; Q. 27, a. 2.
— e profecia: II-II, Q. 171, a. 1, 3; Q. 173; Q. 174, a. 2, 3.
— e temperança: II-II, Q. 166, 167.
— e vontade: I, Q. 19.

Consciência: I, Q. 79, a. 1, 3; I-II, Q. 19, a. 5, 6; Q. 94, a. 1, 6; Q. 96, a. 4; 11-II, Q. 67, a. 3; Q. 171, a. 5; Q. 173, a. 4.

Consagração: II-11, Q. 86, a. 2; Q. 88, a. 7, 11; Q. 100, a. 4; III, Q. 63, a. 5, 6; Q. 66, a. 9; Q. 78; Q. 82, a. 1, 2, 4, 5, 7, 8, 10; Q. 83, a. 3, 4, 6.

Conselho
— deliberação, escolha, razão: I-II, Q. 14; Q. 17, a. 3; Q. 44, a. 2; Q. 100, a. 2; II-II, Q. 47, a. 1, 2, 8; Q. 49, a. 4; Q. 51, a. 1.
— dom: I-II, Q. 68, a. 4, 6, 7; Q. 69, a. 3; II-II, Q. 8, a. 6; Q. 52; Q. 83, a. 9.
— evangélico ou de perfeição: I-II, Q. 107, a. 2; Q. 108, a. 4; II-II, Q. 88, a. 6; Q. 184, a. 3; Q. 186, a. 2.

Consentimento: I-II, Q. 15; Q. 74, a. 7, 8, 9; Q. 77, a. 7.

Conservação (permanente): I, Q. 9, a. 2; Q. 103, a. 4; Q. 104, a. 1, 2; II-II, Q. 2, a. 4, 5.

Constrangimento: I-II, Q. 96, a. 5; Q. 97, a. 2; II-II, Q. 10, a. 8, 9; Q. 89, a. 7; Q. 98, a. 3.

Contato: I, Q. 105, a. 2; Q. 106, a. 1.

Contemplação: I, Q. 18, a. 2; I-II, Q. 3, a. 2, 5; Q. 4, a. 7; Q. 33, a. 3; Q. 35, a. 5; Q. 57, a. 1; Q. 98, a. 3; II-II, Q. 8, a. 3; Q. 9, a. 3, 4; Q. 15, a. 3; Q. 142, a. 1; Q. 147, a. 1; Q. 152, a. 2, 4; Q. 168, a. 2; Q. 173, a. 3; Q. 179, a. 1; Q. 180. → Vida contemplativa.

Contestação: II-II, Q. 116.

Continência: I-II, Q. 58, a. 3; Q. 70, a. 3; Q. 109, a. 10; II-II, Q. 53, a. 5; Q. 88, a. 11; Q. 141, a. único; Q. 155; Q. 186, a. 4, 6, 7; Q. 189, a. 2.

Contingência, Contingente: I, Q. 14, a. 13; Q. 22, a. 2, 4; Q. 86, a. 3; I-II, Q. 93, a. 4, 5; Q. 94, a. 4; Q. 96, a. 1.

Contrariedade: I-II, Q. 23, a. 2; III, Q. 18, a. 6.

Contrários: I, Q. 48, a. 1; Q. 49, a. 3; Q. 75, a. 6, 7; Q. 103, a. 3; I-II, Q. 31, a. 8; Q. 33, a. 3.

Contrição: I-II, Q. 113, a. 5; III, Q. 80, a. 4; Q. 90, a. 2. → Penitência.

Convicção: II-II, Q. 4, a. 1.

Coração: I-II, Q. 24, a. 2; Q. 28, a. 5; II-II, Q. 8, a. 7; Q. 12, a. 1; Q. 13, a. 1.

Cordeiro pascal: I-II, Q. 102, a. 5; III, Q. 46, a. 9; Q. 73, a. 5, 6; Q. 80, a. 10.

Corpo
— angélico: I, Q. 50, a. 1; Q. 51, a. 1-3; Q. 54, a. 5; Q. 115. → Anjos, Corpos celestes.
— humano: I, Q. 75, a. 7; Q. 76; Q. 91, a. 1-3; Q. 99, a. 1; I-II, Q. 4, a. 5, 6; Q. 50, a. 1; Q. 56, a. 4; II-II, Q. 168; III, Q. 5, a. 1; Q. 54, a. 1; Q. 79, a. 1.
— celeste(s): I, Q. 110, a. 1; Q. 115, a. 3, 4, 6; I-II, Q. 9, a. 4-6; III, Q. 44, a. 2.
— de Cristo: III, Q. 31, 33; Q. 50, a. 2, 5; Q. 51, a. 1, 3, 4; Q. 54; Q. 76, a. 1; Q. 81, a. 3.
— místico: III, Q. 8, a. 3; Q. 48, a. 2; Q. 49, a. 1, 3; Q. 80, a. 4; Q. 83, a. 4.

Correção (fraterna): II-II, Q. 33; III, Q. 84, a. 1. → Pena, Penitência.

Corrupção: I-II, Q. 22, a. 1; Q. 53, a. 1; Q. 109, a. 2, 7; III, Q. 50, a. 5; Q. 51, a. 3; Q. 54, a. 3.

Costume: I-II, Q. 91, a. 3; Q. 95, a. 2; Q. 97, a. 3; II-II, Q. 93, a. 2; Q. 100, a. 2.

Costumes: I-II, Q. 58, a. 1; Q. 100, a. 1; Q. 107, a. 1; II-II, Q. 172, a. 4.

Crescimento: I-II, Q. 52; Q. 53, a. 2; Q. 54, a. 4; II-II, Q. 24, a. 2, 4-7, 10. → Aumento.

Criação: I, Q. 5, a. 5; Q. 45, 61; Q. 62, a. 1, 3; (acabamento): Q. 73; III, Q. 75, a. 8; Q. 78, a. 2.

Criança: I, Q. 99, a. 1, 2; Q. 100, a. 1, 2; Q. 101, a. 1, 2; I-II, Q. 87, a. 7, 8; Q. 89, a. 6; II-II, Q. 10, a. 12; Q. 88, a. 9; Q. 89, a. 10; Q. 142, a. 2; Q. 147, a. 4; Q. 189, a. 5, 6; III, Q. 52, a. 7; Q. 68, a. 9-11; Q. 69, a. 6; Q. 80, a. 9.

Criaturas: I, Q. 4, a. 2; Q. 6, a. 3, 4; Q. 18, a. 4; Q. 65; I-II, Q. 79, a. 1; III, Q. 1, a. 1; Q. 6, a. 1; Q. 13, a. 2.

Crisma (santo): III, Q. 66, a. 10; Q. 72, a. 2, 3.

Crisma: II-II, Q. 39.

Cristo → Jesus Cristo.

Crueldade: II-II, Q. 159.

Cruz: II-II, Q. 103, a. 4; III, Q. 25, a. 4; Q. 46, a. 4. → Jesus Cristo.

Culpabilidade: III, Q. 84, a. 2; Q. 88, a. 3; Q. 89, a. 4. → Penitência.

Culpas → Correção e Sacramento de penitência.

Culto: I-II, Q. 99, a. 3; Q. 100, a. 4, 5; Q. 101, a. 2; Q. 103, a. 3; II-II, Q. 81, a. 1, 3, 5, 7; Q. 83, a. 12; Q. 84, a. 2, 3; Q. 85, a. 1, 2; Q. 92, a. 2; Q. 93, a. 1; III, Q. 60, a. 5; Q. 62, a. 5; Q. 63. → Religião.

Cupidez: I-II, Q. 84, a. 1, 2, 4; II-II, Q. 11, a. 1.

Curas: II-II, Q. 184, a. 6, 8; Q. 189, a. 7. → Cônegos, Clérigos.

Curiosidade: II-II, Q. 167.

D

Dano, Condenados: I-II, Q. 67, a. 4; Q. 85, a. 2; Q. 87, a. 3; Q. 109, a. 7; II-II, Q. 13, a. 4; Q. 18, a. 3; Q. 20, a. 1; III, Q. 49, a. 3; Q. 52, a. 2, 6. → Inferno, Pena.

Davi: II-II, Q. 174, a. 4; Q. 175, a. 3.

Decálogo: I-II, Q. 94, a. 5; Q. 100, a. 1, 3-8, 10, 11; II-II, Q. 170. → Lei, Preceito, Mandamento.

Decrescimento: I-II, Q. 53, a. 2, 3.

Deleite: I-II, Q. 2, a. 6; Q. 4, a. 1, 2; Q. 31, a. 4; Q. 72, a. 2; Q. 74, a. 6; Q. 77, a. 5; Q. 88, a. 5; II-II, Q. 141, a. 3-5; Q. 145, a. 3; Q. 180, a. 7. III, Q. 83, a. 3.→ Prazer.

Deliberação, Deliberar: I, Q. 46, a. 2; I-II, Q. 1, a. 1; Q. 6, a. 6; Q. 14; II-II, Q. 51, a. 1; Q. 189, a. 10. → Conselho, Escolha.

Demônios (anjos maus): I, Q. 8, a. 1; Q. 58, a. 5; Q. 63, 64, 109, 114; I-II, Q. 89, a. 4; II-II, Q. 5, a. 2; Q. 25, a. 11; Q. 90, a. 2, 3; Q. 95, a. 3, 4, 7; Q. 96, a. 1, 2; Q. 172, a. 5, 6; Q. 178, a. 2; III, Q. 43, a. 2; Q. 44, a. 1; Q. 59, a. 6; Q. 76, a. 7; Q. 80, a. 7. → Diabo, Anticristo.

Demonstração, Demonstrar: I, Q. 1, a. 7; Q. 2, a. 2; Q. 46, a. 2.

Denúncia pública: II-II, Q. 33, a. 7, 8; Q. 67, a. 3; Q. 73, a. 2.

Depósito: II-II, Q. 66, a. 3, 5.

Descida aos infernos: III, Q. 52.

Desejo: I-II, Q. 23, a. 4; Q. 25, a. 2; Q. 26, a. 4; Q. 28, a. 4; Q. 30; Q. 91, a. 6; Q. 93, a. 3; Q. 98, a. 1; Q. 99, a. 6; Q. 100, a. 4; II-II, Q. 53, a. 5; Q. 141, a. 3; Q. 142, a. 2; Q. 143; Q. 155, a. 4. → Concupiscência, Deleite.

Desespero: I-II, Q. 23, a. 2; Q. 40, a. 4, 8; II-II, Q. 14, a. 2; Q. 20.

Desigualdade: I, Q. 47, a. 2; III, Q. 65, a. 3, 4.

Desobediência: II-II, Q. 105.

Despesas: II-II, Q. 117, a. 3, 6; Q. 119, a. 3.

Desprezo: I-II, Q. 47; II-II, Q. 75, a. 2; Q. 184, a. 5; Q. 186, a. 2, 9.

Destino: I, Q. 22, a. 4; Q. 116.

DETERMINAÇÃO: I-II, Q. 101, a. 1; Q. 102, a. 2; Q. 104, a. 1.

DEUS: (→ plano da Suma, t. I)
— sua essência: I, Q. 2-26.
— em três pessoas: I, Q. 27-43.
— criação, governo: I, Q. 44-119.
— o repouso de: I, Q. 73, a. 2.
— princípio e fim dos atos humanos: I-II, Q. 1-5; 49-79.
— instrui pela lei: I-II, Q. 90-108.
— ajuda pela graça: I-II, Q. 109-114.
— vive em nós, virtudes teologais: II-II, Q. 1-5.
— honrado pela virtude da religião: Q. 80-100.
— feito homem, encarnação: III, Q. 1-26.
— Salvador (sofrimento-morte-ressurreição): III, Q. 27- 59.
— nos sacramentos: III, Q. 60-90.

DEVER: II-II, Q. 152, a. 2; Q. 189, a. 6. → OBRIGAÇÃO, PRECEITOS.

DEVIR: I, Q. 22, a. 2; Q. 44, a. 2; Q. 45, a. 2; Q. 46, a. 3; 111, Q. 16, a. 6.

DEVOÇÃO: II-II, Q. 5, a. 4; Q. 82; Q. 88, a. 6; Q. 89, a. 3; Q. 91, a. 2.

DIA: I, Q. 73 (sétimo); Q. 74, a. 2.

DIABO (SATANÁS, ANTICRISTO): I, Q. 63, 64; Q. 65, a. 1; Q. 110, a. 1; Q. 114, a. 2-5; I-II, Q. 75; Q. 80; II-II, Q. 36, a. 4; Q. 76, a. 1; Q. 165, a. 1; Q. 178, a. 1; III, Q. 8, a. 7, 8; Q. 41; Q. 43, a. 2; Q. 44, a. 1; Q. 46, a. 3; Q. 48, a. 4; Q. 49, a. 2; Q. 64, a. 7; Q. 80, a. 4.

DIÁCONO: III, Q. 67, a. 1; Q. 82, a. 3.

DIALÉTICA: II-II, Q. 48, 51, a. 4.

DIFAMAÇÃO: II-II, Q. 73.

DIGNIDADE: III, Q. 89, a. 3.

DILEÇÃO: II-II, Q. 4, a. 1; Q. 27. → AMOR-UNIÃO-AMIZADE.

DIMENSÃO: III, Q. 76, a. 1; Q. 77, a. 2. → SUBSTÂNCIA, ACIDENTE, QUANTIDADE.

DINHEIRO (moeda, preço, empréstimo, usura): I-II, Q. 2, a. 1; Q. 4, a. 7; Q. 60, a. 5; Q. 97, a. 1; Q. 105, a. 2, 3; II-II, Q. 63, a. 3; Q. 71, a. 4; Q. 77, 78; Q. 99, a. 4; Q. 100, a. 2-3.

DIREITO: I-II, Q. 91, a. 3; Q. 94, a. 4, 5; Q. 95, a. 4; Q. 96, a. 1; Q. 97, a. 2; II-II, Q. 10, a. 10; Q. 12, a. 2; Q. 57; Q. 58, a. 7; Q. 81, a. 2; Q. 85, a. 1; Q. 86, a. 4; Q. 87, a. 1; Q. 88, a. 10.

DIREITO DO PAI: III, Q. 58. → PODER JUDICIÁRIO DO CRISTO.

DISCERNIMENTO: III, Q. 61, a. 4. → PRUDÊNCIA.

DISCIPLINA: II-II, Q. 16, a. 2. → ASCESE, ENSINO.

DISCÓRDIA: II-II, Q. 37.

DISCURSO: II-II, Q. 171, a. 1; Q. 176, a. 3; Q. 177, a. 1, 2. → PROFECIA.

DISPENSA: I-II, Q. 96, a. 6; Q. 97, a. 4; II-II, Q. 63, a. 2; Q. 88, a. 10-12; Q. 89, a. 7, 9; Q. 98, a. 3; Q. 147, a. 4.

DISPOSIÇÕES: I-II, Q. 49, a. 1, 2; II-II, Q. 24, a. 3; Q. 172, a. 3, 4; Q. 180, a. 2; III, Q. 7, a. 13; Q. 9, a. 3; Q. 63, a. 4. → CARISMA.

DISPUTA: II-II, Q. 10, a. 7; Q. 38.

DISTINÇÃO: I, Q. 28, a. 3; Q. 47, a. 1; Q. 70, a. 1; Q. 74, a. 1.

DISTRAÇÕES: II-II, Q. 83, a. 13. → ATENÇÃO.

DIVERSIDADE: I, Q. 31, a. 2; II-II, Q. 183, a. 2-4; Q. 188, a. 1. → ESTADO.

DÍVIDA: I-II, Q. 87, a. 1, 6; Q. 109, a. 7; II-II, Q. 102, a. 2; Q. 106, a. 4; III, Q. 86, a. 3, 4. → OBRIGAÇÃO, PENA.

DIVINDADE DE CRISTO: III, Q. 43, a. 4; Q. 46, a. 12; Q. 50, a. 2, 3; Q. 80, a. 5. → VERBO.

DIVÓRCIO: I-II, Q. 105, a. 4, 5, 8; Q. 107, a. 2.

DIZER: I, Q. 34, a. 1; Q. 37, a. 1; III, Q. 31, a. 8.

DOCILIDADE: I-II, Q. 57, a. 6; II-II, Q. 49, a. 3.

DOÇURA: I-II, Q. 68, a. 1; Q. 69, a. 1; III, Q. 79, a. 1, 8; Q. 81, a. 1. → MANSIDÃO.

DOENTE, DOENÇA: I-II, Q. 88, a. 1; III, Q. 65, a. 1, 2.

DOMINAÇÃO (domínio, propriedade, posse): I, Q. 96; II-II, Q. 66, a. 1.

DOMINAÇÕES: I, Q. 108, a. 6. → POTÊNCIAS.

DOMINGO: II-11, Q. 122, a. 4. → SÁBADO.

DONS
— e o Espírito Santo: I, Q. 38; Q. 43, a. 3, 5.
— os: I-II, Q. 68-70; II-II, Q. 4, a. 8; Q. 8, 9; Q. 19, a. 9; Q. 45, 52; Q. 81, a. 2; Q. 83, a. 9; Q. 121.
— e a graça: I-II, Q. 109-111; III, Q. 7; Q. 62, a. 2.

DOR: I-II, Q. 35-39; III, Q. 15, a. 5; Q. 46, a. 6. → PAIXÃO DE CRISTO, SOFRIMENTO.

DOTE: II-II, Q. 100, a. 2, 3.

DOUTRINA: I-II, Q. 111, a. 4; II-II, Q. 16, a. 2. → ENSINO, DISCIPLINA.

DUELO: II-II, Q. 95, a. 8.

DULIA: II-II, Q. 84, a. 1; Q. 103; III, Q. 25, a. 2. → ADORAÇÃO, CULTO, HIPERDULIA, LATRIA, RELIGIÃO.

DURAÇÃO: I, Q. 10, a. 5; Q. 46, a. 2; I-II, Q. 67; Q. 68, a. 6; Q. 106, a. 3, 4: II-II, Q. 180, a. 8. → TEMPO, ETERNIDADE.

DÚVIDA: II-II, Q. 4, a. 1; Q. 10, a. 7; Q. 60, a. 4. → INFIDELIDADE.

E

ECONOMIA (da salvação): → BENEFÍCIO, SALVAÇÃO.

EDUCAÇÃO (ensino): I-II, Q. 95, a. 1, 3; II-II, Q. 16, a. 2; Q. 181, a. 3; Q. 187, a. 1; Q. 188, a. 4, 6; III, Q. 42; Q. 43, a. 1.

EFEITOS: I, Q. 2, a. 2; Q. 45, a. 7; Q.104, a. 1, 2; I-II, Q. 85-87; III, Q. 48, 49; Q. 57, a. 6; Q. 69; Q. 70, a. 4; Q. 79.

EFICÁCIA: II-II, Q. 83, a. 16.

ELEIÇÃO: II-II, Q. 63, a. 2; Q. 95, a. 8.

ELEITOS: I, Q. 19, a. 6; Q. 23, a. 7.

ELEMENTOS: I, Q. 66, a. 2; Q. 76, a. 4; I-II, Q. 49, a. 4.

EMBOTAMENTO: II-II, Q. 8, a. 6; Q. 15, a. 2, 3; Q. 148, a. 6.

EMBRIAGUEZ, BEBEDEIRA: I-II, Q. 40, a. 6; Q. 45, a. 3; Q. 55, a. 3; Q. 70, a. 4; Q. 76, a. 4; Q. 88, a. 5; Q. 150.

EMPRÉSTIMO: I-II, Q. 105, a. 2.

ENCARCERAÇÃO: II-II, Q. 65, a. 3.

ENCARCERAMENTO: II-II, Q. 65, a. 3.

ENCARNAÇÃO: III, Q. 1, 2; Q. 3, a. 8; Q. 5, a. 3; Q. 16, a. 5. → VERBO ENCARNADO.

ENFERMIDADE: I-II, Q. 55, a 3; III, Q. 14.

ENGANO: II-II, Q. 55, a. 4.

ENJOO: I-II, Q. 84, a. 4. → ACÍDIA, TRISTEZA.

ENSINAMENTO: II-II, Q. 16, a. 2. → DOUTRINA, DISCIPLINA, EDUCAÇÃO.
— de Cristo: III, Q. 42.

ENTRADA
— no céu: III, Q. 27, a. 1.
— na vida religiosa: II-II, Q. 189.

ÉPIKEIA: I-II, Q. 96, a. 6; Q. 97, a. 4; II-II, Q. 120; Q. 157, a. 2. → DIREITO, JUSTIÇA, EQUIDADE.

EPISCOPADO, BISPO: II-II, Q. 98, a. 11; Q. 100, a. 2, 6; Q. 184, a. 7; Q. 185; III, Q. 72, a. 3, 11; Q. 82, a. 1.

ÉQUIDADE: I-II, Q. 57, a. 6; II-II, Q. 80. → EPIKEIA.

ERRO: I, Q. 17; Q. 85, a. 6; Q. 94, a. 4; I-II, Q. 53, a. 1, 3; II-II, Q. 171, a. 6; III, Q. 75, a. 5. → CONHECIMENTO, VERDADE.

ESCÂNDALO: II-II, Q. 43.

ESCOLHA: I, Q. 82, a. 1; Q. 83; I-II, Q. 13; Q. 16, a. 4; Q. 56, a. 4; Q. 58, a. 1, 4.

ESCRAVIDÃO, ESCRAVO: I-II, Q. 105, a. 4; II-II, Q. 10, a. 10; Q. 57, a. 4; Q. 58, a. 7.

ESMOLA: I-II, Q. 108, a. 4; II-II, Q. 32; Q. 83, a. 14; Q. 85, a. 3; Q. 86, a. 2; Q. 87, a. 1, 3; Q. 100, a. 3; Q. 187, a. 4.

ESPÉCIE(S): I, Q. 47, a. 2; Q. 50, a. 4; I-II, Q. 1, a. 3; II-II, Q. 92, a. 2; Q. 95, a. 2, 3.
— eucarísticas: III, Q. 73, a. 4; Q. 76, a. 2, 3; Q. 77, a. 3-7; Q. 79, a. 1.
— inteligíveis: → INTELECTO, INTELIGENCE.

ESPÉCIES: I, Q. 45, a. 1-3; Q. 4; Q. 57, a. 1; Q. 58, a. 2; Q. 70, a. 3; II-II, Q. 173, a. 2; Q. 174, a. 2, 3. → MENTE, REPRESENTAÇÃO, VISÃO.

ESPECULATIVO, ESPECULAÇÃO: I-II, Q. 57, a. 1; II-II, Q. 9, a. 3, 4; Q. 180, a. 3.

ESPERANÇA: I-II, Q. 58, a. 3; Q. 60, a. 5; Q. 62, a. 3, 4; Q. 64, a. 4; Q. 65, a. 4, 5; Q. 66, a. 6; Q. 67, a. 4, 5; Q. 69, a. 2; II-II, Q. 4, a. 1; a. 7; Q. 17-22; Q. 23, a. 6; Q. 24, a. 12; a. 27; Q. 3; Q. 28, a. 4; Q. 81, a. 5; Q. 82, a. 4; II I, Q. 7, a. 4.

ESPERAR: I-II, Q. 25, a. 3; Q. 32, a. 3; Q. 40.

ESPIRAÇÃO: I, Q. 27, a. 4; Q. 28, a. 4; Q. 30, a. 2; Q. 32, a. 3; Q. 36, a. 1, 3, 4; Q. 37, a. 2; Q. 41, a. 1.

ESPÍRITO
— mente: I, Q. 93, a. 6.
— vital: I, Q. 76, a. 7; I-II, Q. 40, a. 6; Q. 44, a. 1.
— os espíritos: I, Q. 10, a. 6.

ESPÍRITO SANTO
— e batismo: III, Q. 66, a. 3, 10, 11; Q. 68, a. 9.
— e blasfêmia (ou pecado contra): II-II, Q. 14; Q. 36, a. 4. → MALÍCIA.
— e caridade: II-II, Q. 1, a. 9; Q. 23, a. 2; Q. 24, a. 2, 3, 5, 7, 11.
— e concepção de Cristo: III, Q. 32, a. 1-3; → VERBO ENCARNADO.
— e confirmação: III, Q. 72, a. 1, 2, 7.

— e dons, bem-aventurança, frutos: I-II, Q. 68-70; II-II, Q. 4, a. 8; Q. 8, 9; Q. 19, a. 9; Q. 45; Q. 49, a. 2; Q. 52, 121.
— e Igreja: III, Q. 8, a. 1.
— e graça: I-II, Q. 98, a. 1; Q. 106, a. 1; Q. 108, a. 1; Q. 109, a. 9; Q. 112, a. 1; Q. 114, a. 3; II-II, Q. 171, a. 1; Q. 172, a. 2.
— e liberdade: II-II, Q. 147, a. 5.
— e profecia: II-II, Q. 176, a. 1, 2; Q. 177, a. 1; Q. 178, a. 1.
— e verdade: II-II, Q. 172, a. 6.
— pessoa divina: I, Q. 27, a. 3, 4; Q. 36-38; Q. 43, a. 5; Q. 74, a. 3.

ESPIRITUAL: I, Q. 78, a. 3; I-II, Q. 31, a. 5; II-II, Q. 100, a. 1; a. 3, 4; III, Q. 75, a. 1; Q. 80, a. 1, 2.

ESPOSO: II-II, Q. 57, a. 4; Q. 58, a. 7.

ESSÊNCIA: 1, Q. 28, a. 2; Q. 29, a. 2; Q. 39, a. 1, 2; Q. 54, a. 2, 3; Q. 59, a. 2; I-II, Q. 98, a. 3; II-II, Q. 173, a. 1; Q. 174, a. 2; Q. 175, a. 3; Q. 180, a. 5.
— da alma: I, Q. 77, a. 1, 6, 7; Q. 84, a. 2; Q. 87, a. 1; Q. 110, a. 4.

ESTADO
— episcopal: II-II, Q. 184, a. 7; Q. 185.
— religioso: II-II, Q. 88, a. 7, 11; Q. 183-189.
— governo: I-II, Q. 90, a. 3. → CIDADE, NAÇÕES.

ESTIMATIVA: I, Q. 78, a. 4; Q. 83, a. 1. → COGITATIVA, INTELECTO.

ESTRANGEIRO: I-II, Q. 105, a. 3. → PRECEITOS.

ESTUDO: II-II, Q. 180, a. 3; Q. 188, a. 5.

ETERNIDADE: I, Q. 10; Q. 13, a. 1; Q. 42, a. 2; Q. 46, a. 1; Q. 61, a. 2; I-II, Q. 67, a. 4.

ETIMOLOGIA: I-II, Q. 101, a. 1; II-II, Q. 92, a. 1.

EUCARISTIA: I-II, Q. 101, a. 4; II-II, Q. 1, a. 3; a. 8; Q. 83, a. 9; III, Q. 63, a. 6; Q. 65, a. 3, 4; Q. 73-78; Q. 79, a. 5; Q. 82, a. 6, 10; Q. 83.

EVANGELHO: I-II, Q. 106, a. 2, 4; II-II, Q. 89, a. 6; Q. 96, a. 4; III, Q. 78, a. 1, 3. → SAGRADA ESCRITURA.

EVIDÊNCIA: I, Q. 2, a. 1.

EXCOMUNHÃO: II-II, Q. 10, a. 9; Q. 11, a. 3; Q. 99, a. 4.

EXECRAÇÃO: II-II, Q. 89, a. 1, 6. → ÓDIO.

EXISTÊNCIA: I, Q. 104, a. 1, 4; III, Q. 2, a. 2; Q. 35, a. 1; Q. 76. → MODA.

EXORCISMO: II-II, Q. 90, a. 3; III, Q. 71. → ADJURAÇÃO.

EXPERIÊNCIA: I, Q. 43, a. 5; I-II, Q. 40, a. 5; Q. 42, a. 5; II-II, Q. 6, a. 2.

EXPIAÇÃO: III, Q. 1, a. 4; Q. 46, a. 1; Q. 52, a. 8. → SATISFAÇÃO.

ÊXTASE: I-II, Q. 28, a. 3; II-II, Q. 175, a. 2.

F

FACULDADES: I, Q. 76, a. 8; Q. 77, a. 1, 3, 4, 6, 8; Q. 78, a. 1; Q. 83, a. 2, 3. → ALMA.

FALSIDADE: I, Q. 17.

FALTA: I, Q. 49, a. 1; I-II, Q. 98, a. 1, 4; III, Q. 86, a. 6.

FAMÍLIA: I-II, Q. 105, a. 4; II-II, Q. 48; Q. 50, a. 3. → GOVERNO DOMÉSTICO, CASA.

FASCINAÇÃO (mau olhado): I, Q. 117, a. 3.

Fé
— artigo de: I, Q. 46, a. 2; I-II, Q. 99, a. 2.
— definição: I-II, Q. 55, a. 1. → Objeto, Virtude.
— de Cristo: III, Q. 7.
— e decálogo: I-II, Q. 100, a. 3, 4. → Decálogo, Lei Antiga, Preceitos.
— e graça: I-II, Q. 110, a. 3; Q. 112, a. 5; Q. 113, a. 1, 4.
— e Lei Nova: I-II, Q. 106, a. 1, 2; Q. 107, a. 1; Q. 108, a. 1, 2.
— e milagres: II-II, Q. 178, a. 1, 2.
— e profecia: II-II, Q. 171, a. 3, 5; Q. 174, a. 6.
— habitus: I-II, Q. 52, a. 1; Q. 56, a. 3; II-II, Q. 175, a. 3.
— virtude teologal: I-II, Q. 58, a. 3; Q. 62, a. 3; Q. 64, a. 4; Q. 65, a. 4, 5; Q. 66, a. 6; Q. 67, a. 3, 5; Q. 70, a. 3; II-II, Q. 1-16; Q. 17, a. 6, 7; Q. 20, a. 2, 3; Q. 23, a. 6; Q. 24, a. 12; Q. 81, a. 5; Q. 83, a. 15; III, Q. 48, a. 6; Q. 49, a. 1, 3, 5; Q. 62, a. 6; Q. 64, a. 2, 9; Q. 66, a. 1; Q. 68, a. 4, 8; Q. 69, a. 5; Q. 71, a. 1; Q. 73, a. 3; Q. 75, a. 1.

Fecundidade espiritual: III, Q. 69, a. 5.

Feridas: I-II, Q. 85, a. 3; III, Q. 46, a. 5; Q. 54, a. 4.

Ferocidade: II-II, Q. 157, a. 3; Q. 159, a. 2. → Loucura.

Festas judias: I-II, Q. 101, a. 4; Q. 102, a. 4. → Lei Antiga.

Fidelidade: I-II, Q. 70, a. 3; II-II, Q. 88, a. 3, 10; Q. 110, a. 3.

Figura: I-II, Q. 49, a. 2; Q. 102, a. 2, 5; III, Q. 73, a. 6; Q. 75, a. 1; Q. 80, a. 1.

Filhos: I, Q. 27, a. 2; Q. 35, a. 2; Q. 42; Q. 43, a. 5; III, Q. 3-5. → Verbo, Geração.

Filiação: III, Q. 23, a. 4; Q. 35, a. 5.

Filioque: I, Q. 36, a. 2.

Filósofo(s), Filosofia: I, Q. 9, a. 1; Q. 32, a. 1; Q. 44, a. 2; Q. 75, a. 1; II-II, Q. 167, a. 1.

Fim, Finalidade: I, Q. 5, a. 2; Q. 19, a. 5; Q. 23, a. 1; Q. 44, a. 4; Q. 103, a. 1-4; I-II, Q. 1, 8, a. 2, 3; Q. 10, a. 1; Q. 16, a. 3; Q. 18, a. 4, 6-9; Q. 19, a. 7; Q. 20, a. 1. → Bem-aventurança, Objeto.
— do mundo: I-II, Q. 106, a. 4.
— da vida religiosa: II-II, Q. 186, a. 1; Q. 188, a. 1.

Firmamento: I, Q. 68, a. 1, 2.

Firmeza: II-II, Q. 5, a. 4; Q. 141, a. 3.

Fogo: III, Q. 66, a. 3; Q. 72, a. 2. → Batismo, Confirmação.

Forma: I, Q. 3, a. 2, 3; Q. 9, a. 2; Q. 13, a. 1; Q. 14, a. 1; Q. 45, a. 5, 7, 8; Q. 51, a. 2; Q. 75, a. 6; Q. 76; Q. 77, a. 1; I-II, Q. 2, a. 6; Q. 62, a. 4; Q. 67, a. 1, 5; Q. 109, a. 1; III, Q. 6, a. 4; Q. 7, a. 12. → Verbo Encarnado.
— dos sacramentos: III, Q. 60, a. 6, 7; Q. 75, a. 2-4, 6-8; Q. 78.
— fórmulas sacramentais: III, Q. 66, a. 5; Q. 72, a. 4.

Fornicação: I-II, Q. 70, a. 4; Q. 73, a. 8; Q. 75, a. 4; Q. 77, a. 2; Q. 88, a. 5, 6; Q. 103, a. 4; II-II, Q. 15 1, a. 2; Q. 154, a. 2, 3, 6.

Fortaleza
— virtude moral: I-II, Q. 56, a. 4; Q. 60, a. 2; Q. 61, a. 2-5; Q. 85, a. 3; II-II, Q. 2, a. 5; Q. 4, a. 7; Q. 58, a. 12; Q. 123-140; Q. 141, a. 2, 3.
— dom: I-II, Q. 68, a. 4-7; Q. 69, a. 3; II-II, Q. 83, a. 9.

Fortuna → Dinheiro.

Foyer de pecado: III, Q. 27, a. 3.

Fração: III, Q. 77, a. 7; Q. 83, a. 5.

Fraqueza: I-II, Q. 85, a. 3.

Fraude: II-II, Q. 55, a. 5; Q. 77.

Frutos do Espírito Santo: I-II, Q. 70; II-II, Q. 8, a. 8; Q. 52, a. 4; Q. 121, a. 2; Q. 139, a. 2; Q. 157, a. 2.

Futuro(s)
— porvir: I, Q. 14, a. 13; Q. 57, a. 3; Q. 86, a. 4.
— contingentes: II-II, Q. 171, a. 3, 6; Q. 172.

G

Genealogia: III, Q. 31, a. 3.

Gênero: I, Q. 3, a. 5; I-II, Q. 1, a. 1.

Geração: I, Q. 27, a. 2; Q. 45, a. 5, 8; Q. 46, a. 2; Q. 98, a. 1, 2; Q. 115, a. 2; Q. 118, a. 1; III, Q. 51, a. 1, 3.

Glória: I, Q. 62, a. 6, 7, 9; I-II, Q. 2, a. 3; Q. 67, a. 4; Q. 69, a. 4; II-II, Q. 1, a. 8; Q. 83, a. 9; Q. 103, a. 1; Q. 132, a. 1; Q. 145, a. 2; III, Q. 60, a. 3; Q. 76, a. 7; Q. 79, a. 2. → Anjos.

Glorificação
— de Maria: III, Q. 27, a. 5.
— de Cristo: III, Q. 49, a. 6; Q. 54, a. 2; Q. 4.

Glutomaria: I-II, Q. 72, a. 9; Q. 82, a. 2; II-II, Q. 10, a. 2; Q. 15, a. 3; Q. 148.

Golpes: II-II, Q. 65, a. 2. → Injustiça.

Gosto: II-II, Q. 141, a. 5.

Governantes: I-II, Q. 105, a. 1; II-II, Q. 80; Q. 102, a. 2; Q. 172, a. 1. → Chefes.

Governo
— divino: I, Q. 69, a. 2; Q. 73, a. 2; Q. 103; Q. 108, a. 1; II-II, Q. 10, a. 11.
— doméstico: II-II, Q. 48; Q. 50, a. 3. → Família.

Graça: I, Q. 23, a. 3; Q. 43, a. 4, 6; Q. 95, a. 1; I-II, Q. 65, a. 2, 3; Q. 66, a. 1, 2; Q. 109-113; II-II, Q. 175, a. 1.
— capital de Cristo: III, Q. 8; Q. 59, a. 2, 3.
— plena de Maria: III, Q. 27, a. 5; Q. 30, a. 1.
— dos anjos: I, Q. 62, a. 2, 3, 6.
— e dons: I-II, Q. 68, a. 2, 5; II-II, Q. 8, a. 4, 5; Q. 9, a. 1; Q. 45, a. 5.
— e fé: II-II, Q. 1, a. 7, 8; Q. 2, a. 5, 9; Q. 4, a. 4, 5; Q. 5, a. 1, 4; Q. 6, a. 1; Q. 8, a. 1; Q. 178, a. 2.
— e Incarnação: III, Q. 2, a. 10-12; Q. 6, a. 6.
— e Lei Antiga: I-II, Q. 98, a. 1, 2, 4; Q. 99, a. 2.
— e Lei Nova: I-II, Q. 106, a. 1, 2; Q. 108, a. 1.
— e pecado: I-II, Q. 79, a. 3; Q. 81, a. 3; Q. 85, a. 5; II-II, Q. 36, a. 4; Q. 86, a. 4.
— e profecia: II-II, Q. 171, a. 2; Q. 172, a. 1, 4; Q. 177, a. 1.
— e sacramentos: I-, Q. 61, a. 2; Q. 62, 63; Q. 69, a. 4, 6; Q. 72, a. 7; Q. 79, a. 1, 3, 7; Q. 87, a. 2, 3; Q. 89, a. 2.
— habitual: I-II, Q. 50, a. 2; Q. 51, a. 4; Q. 63, a. 2.
— pessoal de Cristo: III, Q. 7, 34, a. 1; Q. 50, a. 2, Rép.; Q. 81, a. 1, s. 3.

Grandeza: 1, Q. 42, a. 1; a. 4; I-II, Q. 66. → Crescimento, Aumento.

Gratidão: II-II, Q. 80; Q. 83, a. 17; Q. 86, a. 4; Q. 88, a. 5; Q. 106, 107.

GRAUS: II-II, Q. 183, a. 1, 2.

GRAVIDADE: I-II, Q. 73, a. 3-8.

GUERRA: II-II, Q. 10, a. 8; Q. 40; Q. 66, a. 8; Q. 123, a. 5; Q. 188, a. 3.

H

HABITAÇÃO: I, Q. 43, a. 3-5.

HÁBITOS
— vestes: I-II, Q. 49, a. 8.
— religiosos: II-II, Q. 186, a. 7; Q. 187, a. 6.

HABITUS: I, Q. 84, a. 7; Q. 87, a. 2; Q. 89, a. 5, 6; I-II, Q. 49-54; Q. 55, a. 1-3; Q. 56, a. 3, 5, 6; Q. 57, a. 1-3; Q. 71, a. 3, 4; Q. 85, a. 1; II-II, Q. 1, a. 1; Q. 4, a. 1, 2, 4; Q. 5, a. 4; Q. 109, a. 2; Q. 171, a. 2.

HAGIOGRAFIA: II-II, Q. 174, a. 2.

HERANÇA: II-II, Q. 156, a. 4.

HEREDITARIEDADE: I-II, Q. 105, a. 2; II-II, Q. 62, a. 5; Q. 63, a. 1.

HERESIA, HERÉTICOS: I, Q. 32, a. 4; I-II, Q. 70, a. 4; II-II, Q. 1, a. 9; Q. 2, a. 6; Q. 5, a. 3, 4; Q. 10, a. 5, 6, 8; Q. 11; Q. 94, a. 3; Q. 99, a. 2; Q. 100, a. 1.

HIERARQUIA: I, Q. 108, a. 1, 2, 4; Q. 109, a. 1; II-II, Q. 188, a. 6; III, Q. 65, a. 3.

HIPERDULIA: III, Q. 25, a. 5. → ADORAÇÃO, CULTO, DULIA, LATRIA, RELIGIÃO.

HIPOCRISIA: II-II, Q. 111, a. 2-4.

HIPÓSTASE: I, Q. 29, a. 2, 3; III, Q. 2; Q. 6, a. 1; Q. 17, a. 2; Q. 33, a. 3; Q. 50, a. 2, 3. → SUPÓSITO.

HOLOCAUSTO: I-II, Q. 102, a. 3; II-II, Q. 85, a. 3; III, Q. 46, a. 4.

HOMEM: I, Q. 20, a. 4; Q. 44, a. 3; I-II, Q. 2, a. 2; III, Q. 4, a. 4; Q. 50, a. 3; a. 4.
— primeiro: (sua condição) I, Q. 94; (seu conhecimento) Q. 94; (seu estado de inocência) Q. 95-97.

HOMICIDA: I-II, Q. 73, a. 8; Q. 88, a. 2, 5, 6; Q. 100, a. 1, 4, 5, 8, 11; Q. 107, a. 2, 3; II-II, Q. 13, a. 3; Q. 64.

HOMOSEXUALIDADE: I-II, Q. 94, a. 3; II-II, Q. 142, a. 4; Q. 154, a. 11, 12.

HONESTO, HONESTIDADE: II-II, Q. 141, a. 2; Q. 145.

HONRAS: I-II, Q. 2, a. 2; Q. 60, a. 5; II-II, Q. 63, a. 3; Q. 103, a. 1, 2; Q. 131, a. 1; Q. 144, 145.

HUMANIDADE DE CRISTO: I-II, Q. 112, a. 1; II-II, Q. 1, a. 1; Q. 82, a. 3; III, Q. 3, a. 5; Q. 56, a. 1.

HUMILDADE: I-II, Q. 61, a. 3; Q. 68, a. 1; II-II, Q. 4, a. 7; Q. 82, a. 3; Q. 83, a. 15; Q. 84, a. 2; Q. 161.

HUMILHAÇÃO: I-II, Q. 32, a. 6; Q. 98, a. 2.

I

IAHWE: II-II, Q. 1, a. 7.

IDEIA (platônica): I, Q. 15, a. 1-3; Q. 18, a. 4; Q. 44, a. 3.

ÍDOLO, IDOLATRIA: I-II, Q. 70, a. 4; Q. 98, a. 4; Q. 100, a. 7; Q. 102, a. 3-6; Q. 105, a. 4; II-II, Q. 92, a. 2; Q. 94.

IGNORÂNCIA: I-II, Q. 6, a. 8; Q. 53, a. 1; Q. 74, a. 5; Q. 76; Q. 78, a. 1; Q. 82, a. 3; Q. 84, a. 4; Q. 85, a. 3; Q. 88, a. 6; II-II, Q. 8, a. 6; Q. 156, a. 3.

IGREJA: I-II, Q. 102, a. 4; II-II, Q. 1, a. 9, 10; Q. 2, a. 6, 7; Q. 5, a. 3; Q. 10, a. 5, 8-10; Q. 11, a. 2-4; Q. 12, a. 2; Q. 88, a. 12; Q. 100, a. 1; Q. 147, a. 3; II, Q. 8, a. 1, 3, 6; Q. 62, a. 5; Q. 64; Q. 66, a. 9, 10; Q. 71, a. 1; Q. 82, a. 7, Q. 83, a. 3.

IGUALDADE: I, Q. 42, a. l; Q. 47, a. 2; Q. 92, a. 1-3; Q. 96, a. 3; I-II, Q. 66, a. 1, 2; II-II, Q. 57, a. 1, 2; Q. 58, a. 10; Q. 61, a. 2.

ILUMINAÇÃO: I, Q. 12, a. 5; Q. 106; Q. 107, a. 2, 5; Q. 109, a. 3, 4; Q. 111, a. 1, 2; I-II, Q. 3, a. 7; Q. 109, a. 1, 7; II-II, Q. 96, a. 1; Q. 171, a. 2; III, Q. 69, a. 5.

IMAGEM: I, Q. 35, a. 1, 2; Q. 45, a. 7; Q. 47, a. 1; Q. 75, a. 2; Q. 76, a. 2; Q. 78, a. 4; Q. 79, a. 4; Q. 84, a. 2, 7, 8; Q. 85, a. 1; Q. 86, a. 4; Q. 93; Q. 111, a. 3; I-II, Q. 67, a. 2; Q. 81, a. 3; Q. 94, a. 2; Q. 103, a. 3; II-II, Q. 180, a. 5; III, Q. 4, a. 1; Q. 5, a. 4; Q. 25, a. 3. → SEMELHANÇA, REPRESENTAÇÃO.

IMAGINAÇÃO: I, Q. 12, a. 9; Q. 78, a. 4; Q. 86, a. 4; Q. 111, a. 3; II-II, Q. 11, a. 1; Q. 15, a. 3; Q. 165, a. 2; Q. 172, a. 1, 5; Q. 173, a. 2; Q. 174, a. 2; III, Q. 13, a. 3.

IMERSÃO: III, Q. 66, a. 7, 8. → BATISMO.

IMOLAÇÃO: III, Q. 83, a. 1.

IMORTALIDADE: I, Q. 97, a. 1.

IMPASSIBILIDADE: III, Q. 54, a. 2; Q. 81, a. 3.

IMPENITÊNCIA: II-II, Q. 14, a. 1, 2, 3, 4.

IMPERFEIÇÃO: I, Q. 44, a. 2; II-II, Q. 14, a. 4; Q. 171, 173.

IMPOSIÇÃO DAS MÃOS: III, Q. 84, a. 4.

IMPRECAÇÃO: II-II, Q. 83, a. 8.

IMPRUDÊNCIA: II-II, Q. 53; Q. 54, a. 2. → PRUDÊNCIA.

IMPUREZA: I-II, Q. 70, a. 4; II-II, Q. 7, a. 2; III, Q. 80, a. 5; a. 7.

IMUTABILIDADE: I-II, Q. 5, a. 4.

INASCIBILIDADE: I, Q. 32, a. 3.

INCESTO: II-II, Q. 154, a. 9.

INCLINAÇÃO: I-II, Q. 8, a. 1; Q. 10, a. 1. → APETITE.

INCLUSO: I-II, Q. 102, a. 3; III, Q. 83, a. 5.

INCONSIDERAÇÃO: II-II, Q. 53, a. 4.

INCONSTÂNCIA: II-II, Q. 53, a. 5.

INCORPORAÇÃO: III, Q. 49, a. 3; Q. 69, a. 5.

INCORPÓREO: I, Q. 8, a. 2. → ANJOS.

INCORRUPTIBILIDADE: I, Q. 46, a. 1; Q. 50, a. 5.

INDIVIDUAÇÃO, INDIVÍDUO: I, Q. 3, a. 3; Q. 23, a. 7; Q. 29, a. 1, 4; Q. 44, a. 3; III, Q. 2, a. 3; Q. 4, a. 4, 5; Q. 77, a. 2.

INDIVISÍVEL: I, Q. 8, a. 2; Q. 85, a. 8.

INDOLÊNCIA (timidez): II-II, Q. 142, a. 3.

INDOLÊNCIA: II-II, Q. 138, a. 1.

INERÊNCIA: I-II, Q. 28, a. 2.

INERRÂNCIA: II-II, Q. 171, a. 6.

INFALIBILIDADE: I-II, Q. 112, a. 3.

INFÂMIA: II-II, Q. 68, a. 4; Q. 98, a. 3; Q. 100, a. 6.

Inferno: I-II, Q.73, a. 8; Q. 89, a. 6; III, Q. 52, a. 2. → Dano, Condenados.

Infernos: III, Q. 52. → Descida aos infernos.

Infidelidade: I-II, Q. 88, a. 2; II-II, Q. 6, a. 2; Q. 10; Q. 11, a. 1, 4; Q. 12, a. 2; Q. 13, a. 3; Q. 89, a. 8; Q. 100, a. 1; III, Q. 80, a. 5.

Infiéis: II-II, Q. 1, a. 5; Q. 66, a. 8; III, Q. 8, a. 3; Q. 47, a. 4, 6; Q. 80, a. 3. → Pagãos.

Infinito: I, Q. 7; Q. 12, a. 1; Q. 14, a. 12; Q. 25, a. 2; Q. 45, a. 2; Q. 46, a. 2; Q. 47, a. 3; Q. 86, a. 2; III, Q. 1, a. 4; III, Q. 10, a. 3.

Infusão: I-II, Q. 51, a. 4; Q. 55, a. 4.

Ingênito: I, Q. 33, a. 4.

Ingratidão: II-II, Q. 107; III, Q. 88, a. 2, 4.

Inimigo: I-II, Q. 107, a. 2; Q. 108, a. 3, 4; II-II, Q. 23, a. 1; Q. 25, a. 8, 9; Q. 27, a. 7; Q. 83, a. 8.

Inimizade: I-II, Q. 70, a. 4.

Injúria: II-II, Q. 72.

Injustiça: I-II, Q. 96, a. 4; II-II, Q. 59, 67-79; Q. 86, a. 3; Q. 87, a. 2.

Inocência, Inocentes, Santos Inocentes
— justiça original: I-II, Q. 89, a. 3; Q. 109, a. 10; II-II, Q. 163, a. 1; Q. 164, a. 1; III, Q. 61, a. 2.
— virtude: II-II, Q. 106, a. 2.
— santos Inocentes: II-II, Q. 124, a. 1; III, Q. 36, a. 2.

Inquisição: II-II, Q. 11, a. 3.

Insensibilidade: II-II, Q. 142, a. 1.

Insinuação: II-II, Q. 83, a. 17.

Inspiração: I-II, Q. 68, a. 1, 2; II-II, Q. 171, a. 1.

Instinto Profético: II-II, Q. 171, a. 5; Q. 173, a. 4. → Profecia.

Instituições: III, Q. 60, a. 5; Q. 65, a. 2; Q. 66, a. 2; Q. 72, a. 1; Q. 73, a. 5; Q. 78, a. 1; Q. 84, a. 7.

Instrumento: I, Q. 45; II-II, Q. 173, a. 4; Q. 178, a. 1, 2; III, Q. 18, a. 1; Q. 19, a. 1; Q. 48, a. 6; Q. 49, a. 1; Q. 62, a. 1, 4, 5; Q. 63, a. 5; Q. 64, a. 2-5, 8; Q. 65, a. 1; Q. 77, a. 3; Q. 78, a. 1, 4; Q. 79, a. 2.

Intelecto, Inteligência, Inteligível
— angélico: I, Q. 54, 58; Q. 59, a. 2; Q. 106, a. 1; Q. 107, a. 1, 4; Q. 111, a.1.
— dom: I-II, Q. 68, a. 4, 7; II-II, Q. 8, 15; Q. 16, a. 2; Q. 49, a. 2; Q. 83, a. 9.
— e profecia: II-II, Q. 171, a. 1-3; Q. 172, a. 2, 4-6; Q. 173, a. 2, 3.
— faculdade da alma (potência): I, Q. 12-14; Q. 16-18; Q. 79; Q. 82, a. 3, 4; Q. 84-86, 89; Q. 105, a. 3; I-II, Q. 3, a. 3-8; Q. 4, a. 2, 3; Q. 50, a. 4; Q. 5; Q. 51, a. 1, 3; Q. 53, a. 1; Q. 56, a. 3; Q. 57, 58; Q. 63, a. 3; Q. 66, a. 3, 5; Q. 67, a. 2; Q. 68, a. 4-7; Q. 69, a. 2, 3; II-II, Q. 1, a. 2; Q. 4, a. 2, 5, 8; Q. 5, a. 4; Q. 7, a. 2; Q. 179, 180; III, Q. 63, a. 5.
— ciência de Deus: I, Q. 14.
— ciência de Cristo: III, Q. 9-12.
— do primeiro homem: I, Q. 94.

Intemperança: II-II, Q. 142 a. 2-4; Q. 150, a. 3; Q. 156, a. 3.

Intenção: I-II, Q. 12; Q. 13, a. 1; Q. 25, a. 4; II-II, Q. 83, a. 13; III, Q. 60, a. 8; Q. 64, a. 8, 10; Q. 67, a. 5; Q. 68, a. 7, 8; Q. 69, a. 6; Q. 74, a. 2; Q. 78, a. 1, 2.

Intrepidez: II-II, Q. 126.

Intuição: II-II, Q. 180, a. 3.

Inveja: I-II, Q. 70, a. 4; Q. 87, a. 2; II-II, Q. 14, a. 2; Q. 36; Q. 53, a. 5; Q. 73, a. 3.

Inveja: II-II, Q. 36, a. 2, 3. → Ciúme.

Invocação: II-II, Q. 91. → Louvor.

Involuntário: I-II, Q. 6, a. 5-8.

Irascível: I, Q. 81, a. 2, 3; I-II, Q. 23, a. 1, 2, 4; Q. 25, a. 1, 3; Q. 40-48; Q. 56, a. 4, 6; Q. 60, a. 5; Q. 94, a. 2; II-II, Q. 158; Q. 162, a. 3; III, Q. 85, a. 4. → Cólera.

Irmãos de Jesus: III, Q. 28, a. 3.

Ironia: II-II, Q. 113.

J

Jactância: I-II, Q. 72, a. 8; II-II, Q. 112, 113, a. 2.

Jejum: II-II, Q. 147; III, Q. 40, a. 2; Q. 41, a. 3; Q. 80, a. 8.

Jesus Cristo
— e a lei: I-II, Q. 98, a. 1-4; Q. 102, a. 2, 6; Q. 103, a. 3, 4; Q. 106, a. 4; Q. 108, a. 1
— Filho (Verbo): I, Q. 93, a. 1, 5; I-II, Q. 93, a. 1, 4. → Trindade.
— Salvador: I-II, Q. 5, a. 7; Q. 59, a. 3; Q. 65, a. 5; Q. 66, a. 1; Q. 85, a. 5; Q. 87, a. 7; Q. 91, a. 5; Q. 98, a. 2; Q. 101, a. 4; III, Q. 68, a. 1; Q. 79, a. 1, 2; Q. 83, a. 1; Q. 84, a. 10. → Graça, Mérito, Caridade, Virtude.
— Verbo, Pessoa divina: I, Q. 27, 34, 35; I-II, Q. 93, a. 1; II-II, Q. 1, a. 8; Q. 2, a. 8; Q. 14, a. 1. → Trindade.
— Verbo encarnado: I, Q. 20, a. 4; II-II, Q. 1, a. 1, 6, 7, 8; Q. 2, a. 3, 7; Q. 11, a. 1; Q. 14, a. 1, 2; Q. 18, a. 2; Q. 88, a. 4; Q. 103, a. 4; Q. 152, a. 5; Q. 174, a. 5; Q. 175, a. 4; Q. 176, a. 1; III, Q. 1-59. → Encarnação.

Jó: I-II, Q. 66, a. 2; Q. 68, a. 1.

João Batista: II-II, Q. 1, a. 7; Q. 2, a. 7; Q. 174, a. 4.
— batismo de: III, Q. 38.

Jogo: I-II, Q. 1, a. 6; Q. 32, a. 1; II-II, Q. 138; a. 1; Q. 168, a. 2-4.

José (são): III, Q. 28-31.

Judas: III, Q. 46, a. 6; Q. 80, a. 5; Q. 81, a. 2.

Judeus: II-II, Q. 10, a. 5, 6, 10-12; III, Q. 42, a. 1, 2; Q. 47, a. 5; Q. 68, a. 10.

Juízes: I-II, Q. 95, a. 1; Q. 105, a. 2; II-II, Q. 60, a. 1; Q. 67.

Julgamento: I-II, Q. 57, a. 2, 6; II-II, Q. 9, a. 1, 2; Q. 47, a. 8; Q. 48; Q. 51, a. 3, 4; Q. 60; Q. 63; a. 4; Q. 89, a. 3; Q. 161, a. 2; Q. 173, a. 2; Q. 174, a. 2; III, Q. 58. a. 4; Q. 59.

Juramento: II-II, Q. 89.

Jurisdição: I-II, Q. 96, a. 5; II-II, Q. 67, a. 1.

Jus Gentium (direito natural dos povos): I-II, Q. 94, a. 5; Q. 95, a. 4.

Justiça
— comutativa: II-II, Q. 61.
— distributiva: II-II, Q. 32, a. 1; Q. 61.
— divina: I, Q. 21; Q. 49, a. 2; III, Q. 46, a. 1.
— legal: I-II, Q. 96, a. 4; Q. 99, a. 4; Q. 100, a. 2, 12; Q. 108, a. 2, 3; II-II, Q. 47, a. 10. → Lei humana, Preceitos.
— original: I, Q. 95; Q. 100; I-II, Q. 81, a. 2; Q. 82, a. 4; Q. 83, a. 2; Q. 89 a. 3.
— virtude (de): I-II, Q. 56, a. 6; Q. 60, a. 2, 3; Q. 61, a. 2-5; Q. 64, a. 2; Q. 66, a. 4; Q. 67, a. 1; Q. 68, a. 4; Q. 69, a. 3; II-II, Q. 32, a. 1; Q. 42, a. 2; Q. 57-66; Q. 80; Q. 89, a. 3; Q. 114, a. 2; Q. 120, a. 2; Q. 122; Q. 181, a. 1; III, Q. 80, a. 3, Q. 85, a. 3.

Justificar, Justificação: I-II, Q. 106, a. 2; Q. 113; III, Q. 56, a. 2; Q. 86, a. 6.

L

Ladrão (Bom): III, Q. 52, a. 4. → Bandidos.

Lágrimas: II-II, Q. 9, a. 4; Q. 82, a. 4.

Latria: II-II, Q. 81, a. 1, 7; Q. 87, a. 1; Q. 103, a. 3. → Culto, Religião.

Lei
— essência: I-II, Q. 90; (diversidade): I-II, Q. 91; (efeitos): I-II, Q. 92-97.
— antiga: I-II, Q. 98-105; II-II, Q. 16, a. 1, 2; Q. 122, a. 2; III, Q. 38, a. 1, 6; Q. 39, a. 1; Q. 40, a. 4; Q. 47, a. 2; Q. 60, a. 2; Q. 61, a. 3; Q. 62, a. 6; Q. 63, a. 1. → Preceitos.
— divina: I-II, Q. 62, a. 1; Q. 71, a. 2, 6; Q. 72, a. 1, 4; Q. 88, a. 1; Q. 91, a. 4; II-II, Q. 140, a. 1; Q. 141, a. 2; Q. 170, a. 2.
— escrita: II-II, Q. 50, a. 1; Q. 57, a. 1; Q. 58, a. 5, 6; Q. 60, a. 5; Q. 120, a. 1; Q. 147, a. 3, 4. → Instituição, Direito, Bem comum.
— eterna: I-II, Q. 93.
— humana: I-II, Q. 91, a. 3; Q. 95-97.
— natural: I-II, Q. 91, a. 2; Q. 94; II-II, Q. 152, a. 2; III, Q. 60, a. 5.
— nova: I-II, Q. 106-108; III, Q. 38, a. 2; Q. 60, a. 6; Q. 61, a. 4; Q. 62, a. 1; Q. 84, a. 3, 7.

Leigos: III, Q. 67, a. 3; Q. 82, a. 1.

Liberalidade: I-II, Q. 60, a. 5; Q. 66, a. 4; Q. 67, a. 5; Q. 72, a. 8; II-II, Q. 31, a. 1; Q. 32, a. 1; Q. 58, a. 12; Q. 80, 117-119.

Liberdade: I, Q. 59, a. 3; Q. 62, a. 8; Q. 103, a. 5; Q. 105, a. 5; Q. 115, a. 4, 6; I-II, Q. 4, a. 4; Q. 9, a. 6; Q. 10, a. 1, 2, 4; Q. 13, a. 6; Q. 108, a. 1; II-II, Q. 88, a. 4; Q. 95, a. 5. → Livre-arbítrio.

Lícito
— guerra: II-II, Q. 40, a. 1.
— vingança: II-II, Q. 108, a. 1.

Limbo: I-II, Q. 89, a. 6; III, Q. 52.

Linguagem, Línguas
— anjos: I, Q. 107; péchés de langue: II-II, Q. 153, a. 5.
— dom: I-II, Q. 51, a. 4; II-II, Q. 176, a. 1, 2; III, Q. 7, a. 7.

Livre-arbítrio: I, Q. 19, a. 10; Q. 23, a. 5; Q. 83; Q. 115, a. 4, 6; I-II, Q. 79, a. 1; Q. 80, a. 1, 4; Q. 109, a. 2, 6, 7; Q. 112, a. 2, 3; Q. 113, a. 4; II-II, Q. 2, a. 9; Q. 10, a. 8, 12; Q. 14, a. 3; Q. 95, a. 5; Q. 165, a. 1; III, Q. 18, a. 4; Q. 27, a. 6; Q. 34, a. 2, 3; Q. 47, a. 2; Q. 79, a. 7; Q. 84, a. 10; Q. 89, a. 2. → Liberdade.

Livro da Vida: I, Q. 24.

Longanimidade: I-II, Q. 70, a. 3, 4; II-II, Q. 136, a. 5.

Loucura: II-II, Q. 46; Q. 153, a. 54.

Loucura, Loucos: II-II, Q. 8, a. 6; Q. 157, a. 3; Q. 159, a. 2; III, Q. 68, a. 12; Q. 80, a. 9. → Ferocidade.

Louvor: I-II, Q. 21, a. 2; II-II, Q. 91; Q. 92, a. 2; Q. 103, a. 1. → Glória.

Lugar: I, Q. 8, a. 1, 2; Q. 46; Q. 64, a. 4; Q. 110, a. 3; I-II, Q. 4, a. 7; II-II, Q. 84, a. 3; III, Q. 75, a. 1; Q. 76, a. 5.

Luxúria: II-II, Q. 10, a. 2; Q. 15, a. 1, 3; Q. 148, a. 3, 6; Q. 153, 154; Q. 167, a. 2.

Luz: I, Q. 45, a. 2; Q. 67; II-II, Q. 1, a. 1; Q. 15, a. 1; III, Q. 11, a. 6; Q. 45, a. 2.
— profética: II-II, Q. 171, a. 2, 3; Q. 173, a. 2.

M

Magia: I, Q. 117, a. 4; I-II, Q. 102, a. 3; II-II, Q. 77, a. 2; Q. 95; Q. 96, a. 2-4. → Adivinhação, Sonhos.

Magnanimidade: I-II, Q. 60, a. 4, 5; Q. 64, a. 1; II-II, Q. 17, a. 5; Q. 21, a. 1; Q. 47, a. 9; Q. 58, a. 12; Q. 129.

Magnificência: I-II, Q. 60, a. 5; Q. 64, a. 1; Q. 65, a. 1; Q. 66, a. 4; II-II, Q. 134, 135.

Mal, Males
— (privação do ser): I, Q. 2, a. 3; Q. 5, a. 2; Q. 18, a. 4; Q. 48, 49; Q. 103, a. 7; I-II, Q. 87, a. 1.
— de falta (pecado-pena): I, Q. 17, a. 1; a. 4; Q. 19, a. 9; I-II, Q. 73, a. 2, 3; Q. 75, a. 1; Q. 79, a. 1.
— e temor: I-II, Q. 42, a. 1-3, 5, 6.
— e providência (males): I, Q. 22, a. 2; Q. 23, a. 5; II-II, Q. 10, a. 11; Q. 83, a. 8.
— e virtude: I-II, Q. 55, a. 3; Q. 59, a. 3; Q. 60, a. 5; Q. 64, a. 1; Q. 70, a. 4.

Maldição: II-II, Q. 76; III, Q. 46, a. 4.

Maledicência: II-II, Q. 74.

Malícia: I-II, Q. 34, a. 1; Q. 39, a. 1, 4; Q. 53, a. 1; Q. 71, a. 1; Q. 78; Q. 85, a. 3; III, Q. 1, a. 1, 3.

Maná: III, Q. 73, a. 6.

Mancha: I-II, Q. 86; Q. 87, a. 6; Q. 89, a. 1.

Mancha do pecado: I-II, Q. 109, a. 7.

Mandamento: I-II, Q. 17; II-II, Q. 44, a. 7; Q. 83, a. 1; Q. 122. → Preceitos.

Manifestar, Manifestação: I, Q. 32, a. 1; III, Q. 36.

Mansidão: I-II, Q. 60, a. 5; Q. 66, a. 4; Q. 70, a. 4; II-II, Q. 157. → Clemência.

Maria: I-II, Q. 81, a. 4, 5; II-II, Q. 152, a. 2, 4; Q. 164, a. 2; III, Q. 7, a. 10; Q. 14, a. 3; Q. 25, a. 5; Q. 27-32; Q. 35, a. 4, 6; Q. 37, a. 3.

Martírio: II-II, Q. 85, a. 3; Q. 124; III, Q. 66, a. 11, 12.

Matéria
— criada, corpórea, primeira: I, Q. 7, a. 2; Q. 14, a. 2; Q. 15, a. 3; Q. 16, a. 7; Q. 44, a. 2; Q. 110, a. 1, 2; Q. 115, a. 1, 3; Q. 117, a. 3; II-II, Q. 15, a. 3.

— oposta à forma: I, Q. 5, a. 2; Q. 46, a. 1; Q. 47, a. 1; Q. 50, a. 2; Q. 66; Q. 67, a. 4; Q. 105, a. 1; III, Q. 6, a. 4; Q. 60, a. 6; Q. 84, a. 2.

MEDIADOR, MEDIAÇÃO: I-II, Q. 98, a. 2; a. 6; III, Q. 7, a. 1; Q. 26, a. 1.

MÉDICO: II-II, Q. 71, a. 1; Q. 95, a. 6; Q. 97, a. 1.

MEDIDA: I-II, Q. 31, a. 5; Q. 34, a. 4, 9; II-II, Q. 24, a. 3; Q. 27, a. 6; Q. 169, a. 2. → MODO.

MEDITAÇÃO: II-II, Q. 16, a. 2; Q. 82, a. 3; Q. 180, a. 3.

MEIO: I-II, Q. 64; Q. 66, a. 1; II-II, Q. 47, a. 7; Q. 61, a. 2; III, Q. 84, a. 9. → VIRTUDES.

MEIOS: I-II, Q. 8, a. 2, 3; Q. 12, a. 4; Q. 13, a. 3, 4; Q. 16, a. 3.

MELHOR: II-II, Q. 88, a. 2; Q. 185, a. 3.

MELQUISEDEC: III, Q. 31, a. 8; Q. 61, a. 3; Q. 73, a. 6.

MEMBROS
— corpóreos: I-II, Q. 74, a. 2.
— do Corpo Místico: III, Q. 8, a. 3; Q. 48, a. 2; Q. 49, a. 1, 3; Q. 80, a. 4; Q. 83, a. 4.

MEMÓRIA: I, Q. 78, a. 4; Q. 79, a. 6, 7; I-II, Q. 32, a. 3; Q. 53, a. 1, 3; Q. 57, a. 6; II-II, Q. 16, a. 2; Q. 47, a. 16; Q. 49, a. 1; III, Q. 85, a. 4.

MENDIGAR: II-II, Q. 187, a. 5; Q. 188, a. 7.

MENTE: I-II, Q. 55, a. 4; Q. 70, a. 3. → REPRESENTAÇÃO.

MENTIRA: II-II, Q. 69, a. 1, 2; Q. 93, a. 1; Q. 94, a. 3; Q. 97, a. 3; Q. 98, a. 1; Q. 110; Q. 172, a. 6. → ver HIPOCRISIA, APEGO A SI, IRONIA.

MÉRITO, MERITÓRIO
— dos atos humanos: I-II, Q. 21, a. 3, 4.
— de Cristo: III, Q. 2, a. 11; Q. 4, a. 4; Q. 19, a. 3, 4; Q. 34, a. 3; Q. 48, a. 1, 6; Q. 49, a. 6; Q. 59, a. 3.
— do primeiro homem: I, Q. 95, a. 4.
— sobrenatural: I-II, Q. 55, a. 1; Q. 62, a. 4; Q. 69, a. 3; Q. 109, a. 5; Q. 110, a. 4; Q. 111, a. 2, 3; Q. 114; II-II, Q. 2, a. 9, 10; Q. 17, a. 1; Q. 24, a. 6; Q. 27, a. 7, 8; Q. 81, a. 6; Q. 83, a. 7; Q. 88, a. 6; Q. 182, a. 2; III, Q. 89, a. 5.

MESQUINHARIA: II-II, Q. 135.

MÉTODO: I, Q. 79. → JULGAMENTO, ORDEM.

MILAGRE: I, Q. 105, a. 6-8; Q. 110, a. 4; Q. 114, a. 4; II-II, Q. 90, a. 3; Q. 97, a. 1, 2.
— dom dos: II-II, Q. 171, a. 1; Q. 178, a. 1, 2.
— de Cristo: III, Q. 13, a. 2; Q. 27, a. 5; Q. 31, a. 1; Q. 44; Q. 77, a. 5; Q. 82, a. 4.

MILITAR (arte): II-II, Q. 48; Q. 50, a. 4; Q. 188, a. 3.

MINISTRO DOS SACRAMENTOS: III, Q. 64, 67; Q. 71, a. 4; Q. 72, a. 11; Q. 78, a. 1; Q. 82.

MISERICÓRDIA: I-II, Q. 59, a. 1; Q. 69, a. 3; II-II, Q. 21, a. 2; Q. 30; Q. 31, a. 1; Q. 52, a. 4; Q. 71, a. 1, 2; III, Q. 1, a. 6; Q. 46, a. 1; (em Deus): I, Q. 21, a. 3, 4.

MISSÕES: I, Q. 43; III, Q. 3, a. 5.

MISTÉRIO: I, Q. 32, a. 1; II-II, Q. 1, a. 6, 7, 8; Q. 2, a. 7; Q. 171, a. 1; III, Q. 60, a. 1.
— de fé: III, Q. 78, a. 3; Q. 83, a. 4.

MÍSTICA: I-II, Q. 68, a. 8; Q. 69, a. 3.

MOÇÃO (divina): I, Q. 105; I-II, Q. 6, a. 1; Q. 9, a. 6; Q. 10; Q. 21, a. 4; Q. 109, a. 3, 9; Q. 111, a. 2. → SOCORRO, GRAÇA, CAUSA.

MODERAÇÃO: II-II, Q. 141, a. 1; a. 4; Q. 146, a. 1; Q. 160, a. 1, 2.

MODÉSTIA: I-II, Q. 70, a. 3; II-II, Q. 143, a. único; Q. 160, 168, 169.

MODIFICAÇÃO (transmutação): I-II, Q. 22, a. 3; Q. 26, a. 2.

MODO: II-II, Q. 27, a. 6; Q. 169, a. 2. → MEDIDA.

Moisés: I-II, Q. 66, a. 2; Q. 98, a. 1, 3, 6; II-II, Q. 174, a. 4, 5; Q. 175, a. 3.

MONOTELISMO: III, Q. 18; Q. 19, a. 1.

MORALIDADE: I-II, Q. 24, a. 3; Q. 34, a. 1; II-II, Q. 172, a. 4. → COSTUMES.

MORTE, MORIBUNDOS: I-II, Q. 85, a. 5, 6; II-II, Q. 164, a. 1; III, Q. 72, a. 8; Q. 80, a. 9.
— de Jesus: III, Q. 46, 47, 50; Q. 81, a. 4.

MORTIFICAÇÃO: II-II, Q. 88, a. 2, 12. → PENITÊNCIA.

MOVIMENTO, FACULDADE MOTRIZ: I, Q. 2, a. 3; Q. 18, a. 1, 3; Q. 53; Q. 75, a. 3; Q. 76, a. 3; Q. 81, a. 3, I-II, Q. 22, a. 1; Q. 23, a. 2; Q. 31, a. 1, 2; Q. 32, a. 2; Q. 109, a. 1; II-II, Q. 24, a. 6; Q. 168; Q. 180, a. 6; III, Q. 21, a. 1; Q. 75, a. 2.

MULHERES: I, Q. 92, a. 1-3; Q. 99, a. 2; II-II, Q. 156, a. 1; Q. 164, a. 2; Q. 169, a. 2.
— as santas: III, Q. 55, a. 1.
— e sacramentos: III, Q. 67, a. 4; Q. 72, a. 8.

MUNDO (Universo): I, Q. 22, a. 4; Q. 25, a. 6; Q. 46, a. 1, 2; Q. 47, a. 1; Q. 103; I-II, Q. 75, a. 3; III, Q. 1, a. 6.

MUTABILIDADE: I-II, Q. 5, a. 4.

MUTILAÇÃO: II-II, Q. 65, a. 1.

MUTISMO: I-II, Q. 48, a. 4.

N

NAÇÕES: I-II, Q. 98, a. 4. → CIDADES.

NADA: I, Q. 45, a. 2; Q. 104, a. 3, 4. → FIM, ANIQUILAMENTO.

NÃO REITERAÇÃO: III, Q. 66, a. 9; Q. 72, a. 5. → BATISMO e CONFIRMAÇÃO.

NASCIMENTO
— de Cristo: III, Q. 35, 36.
— de Maria: III, Q. 27, a. 1.

NATURAL (O): bem: II-II, Q. 10, a. 4; cobiça: I-II, Q. 30, a. 3; disposição: I-II, Q. 81, a. 2; faculdade: I-II, Q. 75, a. 2; habitus: I-II, Q. 51, a. 1; lei: I-II, Q. 94; Q. 106, a. 1; Ordem: I, Q. 105, a. 6, 7; prazer: I-II, Q. 31, a. 7; razão: II-II, Q. 2, a. 3, 4; virtude: I-II, Q. 63, a. 1.

NATUREZA
— essência: I, Q. 29, a. 1; Q. 31, a. 1; Q. 49, a. 3; Q. 76, a. 5; I-II, Q. 50, a. 2. → FORMA.
— de Cristo (duas): III, Q. 2, a. 1, 12; Q. 3, a. 7; Q. 4, a. 6; Q. 14, 15; Q. 17, a. 1; Q. 50, a. 2, 5; Q. 57, a. 2, 3.
— humana: I-II, Q. 1, a. 5; Q. 5, a. 5; Q. 56, a. 6; Q. 71, a. 2; Q. 83, a. 2; Q. 85, a. 1; Q. 109, a. 2, 5; II-II, Q. 5, a. 4; Q. 6, a. 1.
— contra: II-II, Q. 142, a. 4; Q. 154, a. 11. → VÍCIO.

NECESSIDADE: I, Q. 19, a. 3; Q. 22, a. 2; Q. 44, a. 1; Q. 103, a. 1; II-II, Q. 31, a. 3; Q. 32, a. 6; Q. 66, a. 7; Q. 141, a. 6; III,

Q. 1, a. 2; Q. 14, a. 2; Q. 46, a. 1, 3; Q. 61, a. 1; Q. 65, a. 4; Q. 67, a. 3; Q. 72, a. 1; Q. 73, a. 3; Q. 84, a. 5.

Nestório: III, Q. 2, a. 6; Q. 35, a. 4.

Noção, Nocional: I, Q. 32, a. 2-4; Q. 41, a. 1, 2, 4-6.

Nome(s): I, Q. 13; Q. 29, a. 3; Q. 33, a. 2, 3; Q. 39, a. 3-8; III, Q. 37, a. 2; Q. 73, a. 4.

O

Obediência: I-II, Q. 96, a. 4, 6; Q. 97, a. 3; II-II, Q. 2, a. 5; Q. 4, a. 4, 7; Q. 80; Q. 88, a. 8; Q. 104; Q. 161, a. 6; Q. 169, a. 2; Q. 186, a. 5-9; III, Q. 47, a. 2; Q. 49, a. 1.

Objeto
— da caridade: II-II, Q. 25.
— das faculdades intelectuais (potências): I, Q. 76, a. 2; Q. 77, a. 3; Q. 84, a. 7, 8; Q. 85, a. 1, 5, 6, 8; Q. 86, a. 2; Q. 87, a. 2, 3; Q. 88, a. 1, 3.
— da fé: II-II, Q. 1, a. 1, 2.
— do habitus: I-II, Q. 54, a. 2.
— das potências não espirituais da alma: I, Q. 78, a. 1, 2.
— da virtude: I-II, Q. 55, a. 4.
— da vontade: I, Q. 82, a. 2, 4; I-II, Q. 10, a. 2; Q. 80, a. 1.
— do pecado: I-II, Q. 72, a. 1-5, 9; Q. 73, a. 3.

Obras: II-II, Q. 16, a. 1; Q. 180, a. 3, 4; III, Q. 89, a. 4-6.

Obrigação: I-II, Q. 87, a. 1, 3; Q. 96, a. 4, 6; Q. 98, a. 5; II-II, Q. 88, a. 1-3, 7-10; Q. 89, a. 7, 8; Q. 98, a. 1.

Observância(s): I-II, Q. 98, a. 5; Q. 99, a. 4-6; Q. 100, a. 2; Q. 102, a. 6; Q. 103, a. 4; II-II, Q. 80, 102-105; Q. 185, a. 8; Q. 186, a. 7, 9; Q. 188, a. 6; Q. 189, a. 8.

Ódio: I-II, Q. 29; Q. 66, a. 4; II-II, Q. 34. → Execração.

Oferenda: II-II, Q. 85, 86; Q. 88, a. 5. → Sacrifício.

Óleos (Santos): III, Q. 66, a. 10; Q. 72, a. 2, 12.

Omissão: I-II, Q. 71, a. 5; Q. 72, a. 6; Q. 76, a. 2; II-II, Q. 79, a. 3, 4.

Operações: I, Q. 27, a. 3, 5; Q. 30, a. 2; I-II, Q. 3, a. 2; Q. 7, a. 4. → Ato, Ação.

Opinião: I-II, Q. 57, a. 2, 4; Q. 67, a. 3; II-II, Q. 1, a. 2, 4, 5; Q. 2, a. 9.

Oposição: I, Q. 28, a. 3; II-II, Q. 14, a. 2.

Oração (bem-aventurança contemplativa): I-II, Q. 69, a. 3; (oração dominical): II-II, Q. 83, a. 9, 16.

Orações
— dos santos: I, Q. 23, a. 8.
— de petição: II-II, Q. 17, a. 2, 4; Q. 83; Q. 90, a. 1; Q. 97, a. 3.
— contemplativa: II-II, Q. 180, a. 3.
— de Cristo: III, Q. 21; Q. 64, a. 1.

Ordem
— divina: I, Q. 11, a. 3; Q. 21, a. 1; Q. 42, a. 3; Q. 47, a. 3.
— angélicas: I, Q. 108.
— nos atos humanos (de razão): I-II, Q. 18, a. 5-7, 10; Q. 25, a. 2; Q. 49, a. 2; Q. 55, a. 1; Q. 57, a. 2.
— social: I-II, Q. 104, a. 4.
— da caridade: II-II, Q. 26; Q. 44, a. 8.
— religiosas: II-II, Q. 183, a. 3; Q. 188.
— de tempo e de natureza (ordem de dignidade e de causalidade: Encarnação): III, Q. 6, a. 1.

— (sacramento): III, Q. 65, a. 1; Q. 82, a. 1, 2.

Orgulho (vanglória): I-II, Q. 82, a. 2; Q. 84, a. 2-4; Q. 88, a. 5; II-II, Q. 4, a. 7; Q. 11, a. 1; Q. 19, a. 12; Q. 21, a. 4; Q. 38, a. 2; Q. 72, a. 4; Q. 132; Q. 153, a. 4; Q. 162; Q. 170, a. 2.

P

Paciência: I-II, Q. 66, a. 4; Q. 70, a. 3; II-II, Q. 136.

Padre: II-II, Q. 16, a. 2; III, Q. 22, a. 1, 2; Q. 67, a. 2; Q. 73, a. 3; Q. 80, a. 11; Q. 82, a. 1-7, 10; Q. 83, a. 1, 3, 6, 17.

Pagãos: I-II, Q. 98, a. 1; a. 5; II-II, Q. 10, a. 5, 6, 8-10. → Infiéis.

Pai (pessoa divina): I, Q. 33, a. 2, 3; III, Q. 45, a. 4; Q. 47, a. 3; Q. 48, a. 2; II-II, Q. 26, a. 9-11; Q. 65, a. 2.

Pais (assistência aos): II-II, Q. 189, a. 6.

Paixão de Cristo: II-II, Q. 1, a. 6-8; Q. 2, a. 7; Q. 82, a. 4; III, Q. 7, a. 2; Q. 12, a. 4; Q. 15, 27, a. 4; Q. 46-49; Q. 61, a. 1; Q. 62, a. 5, 6; Q. 63, a. 1; Q. 66, a. 9, 11; Q. 69, a. 2; Q. 79, a. 1-3, 6, 7; Q. 83, a. 1, 3, 5.

Paixões da alma
— inocência: I, Q. 95, a. 2-4; Q. 97, a. 2.
— em geral e em particular: I-II, Q. 22-48; Q. 53, a. 1; Q. 59; Q. 60, a. 2-5; Q. 65, a. 1.
— e virtude: II-II, Q. 47, a. 15, 16; Q. 129, a. 2; Q. 141, a. 3; Q. 155, a. 2; Q. 156, a. 1; Q. 169, a. 1; Q. 182, a. 3, 4.
— e razão: II-II, Q. 53, a. 5; Q. 123, a. 10.
— e profecia: II-II, Q. 171, a. 2.
— e pecado: I-II, Q. 77; Q. 78, a. 1, 4; Q. 84, a. 4; II-II, Q. 158, a. 2.

Palavras (linguagem)
— angélica: I, Q. 51, a. 3; Q. 107.
— pecados de: II-II, Q. 38; Q. 153, a. 5.
— sacramentais: III, Q. 60, a. 6-8.

Papa: II-II, Q. 1, a. 10; Q. 88, a. 12; Q. 100, a. 1; III, Q. 72, a. 11.

Paraíso: I, Q. 102.

Participação: I, Q. 44, a. 1.

Páscoa: I-II, Q. 102, a. 2, 5; III, Q. 46, a. 9.

Pasmo: I-II, Q. 32, a. 8; Q. 41, a. 4. → Admiração.

Passibilidade: I-II, Q. 49, a. 2; Q. 50, a. 1; Q. 52, a. 1; III, Q. 14, a. 1, 2; Q. 15, a. 4; Q. 81, a. 3.

Pátria (glória, via futura): I-II, Q. 67; II-II, Q. 26, a. 13.

Paulo: II-II, Q. 175, a. 3-6; Q. 176, a. 1 et passim.

Pavor: II-II, Q. 141, a. 4. → Temor.

Paz: I-II, Q. 3, a. 4; Q. 70, a. 3, 4; II-II, Q. 29; Q. 123, a. 5; Q. 180, a. 2.

Pecado(s)
— em geral, contra a fé: I-II, Q. 21, a. 1, 2; Q. 42, a. 3; Q. 59, a. 3; Q. 63, a. 2; Q. 65, a. 3; Q. 71-89; Q. 100, a. 6; Q. 109, a. 4, 7, 8; Q. 113, a. 2; II-II, Q. 2, a. 5, 7; Q. 6, 10-15, 20, 21; Q. 24, a. 8, 10-12; Q. 26, a. 6; Q. 28, a. 2; Q. 29, a. 3.
— contra a caridade: II-II, Q. 34-45, 46, 88, 94, 98, 105, 107, 116, 118, 125, 130, 142, 148, 150, 153, 154, 156, 158, 162, 168, 169; III, Q. 15, 22, 46, 48, 62, 79, 84, 86, 87, 89.
— dos anjos: I, Q. 62, a. 8; Q. 63.
— original: I-II, Q. 74, 81-83; II-II, Q. 163-165; III, Q. 1, 8, 14, 27, 52, 61, 66.

- capitais: I-II, Q. 84; II-II, Q. 158, a. 6; Q. 162, a. 8.
- efeitos do pecado: I-II, Q. 85.
- causas exteriores do pecado: I-II, Q. 79, 80.
- venial (e mortal): I-II, Q. 88-89; III, Q. 87.
- contra o Espírito Santo: II-II, Q. 14; Q. 105, a. 2; Q. 118, a. 5; Q. 156, a. 3; Q. 163, a. 4.

PECADORES: I, Q. 20, a. 4; Q. 103, a. 8; I-II, Q. 1, a. 7; Q. 47, a. 1; Q. 73, a. 10; Q. 78, a. 2; II-II, Q. 25, a. 6, 7; Q. 30, a. 1; Q. 31, a. 2; Q. 32, a. 2; Q. 33, a. 5; Q. 47, a. 13; Q. 83, a. 7, 8, 16; Q. 99, a. 4; Q. 100, a. 6; Q. 185, a. 7; Q. 186, a. 9, 10; III, Q. 64, a. 10; Q. 68, a. 4, 9; Q. 69, a. 1-3; Q. 80, a. 3-7.

PEDRO (São): II-II, Q. 175, a. 3; Q. 178, a. 1.

PELAGIANISMO: II-II, Q. 6, a. 1.

PENA: I, Q. 48, a. 6; I-II, Q. 72, a. 5; Q. 73, a. 8; Q. 87-89; Q. 99, a. 6; Q. 100, a. 7, 9; Q. 105, a. 2; II-II, Q. 66, a. 6; Q. 83, a. 12; Q. 94, a. 3; Q. 108, a. 4; III, Q. 48, a. 4; Q. 49, a. 3; Q. 69, a. 2, 3; Q. 84, a. 1; Q. 86, a. 4.
- de morte: I-II, Q. 105, a. 2; II-II, Q. 11, a. 3; Q. 65, a. 2; Q. 66, a. 6; Q. 69, a. 4; Q. 108, a. 3.

PENITÊNCIA, PENITENTES: II-II, Q. 83, a. 12; Q. 85, a. 3; Q. 88, a. 3; Q. 106, a. 2; Q. 152, a. 3; III, Q. 65, a. 2, 4; Q. 68, a. 5, 6; Q. 69, a. 10; Q. 84, 85, 86, a. 2, 6; Q. 87, a. 1; Q. 89; Q. 90, a. 4.

PERDA: I-II, Q. 73, a. 8; Q. 78, a. 2.

PERFEIÇÃO, APERFEIÇOAR: I, Q. 6, a. 1; Q. 44, a. 4; Q. 45, a. 5; Q. 47, a. 2; Q. 48, a. 2; I-II, Q. 3, a. 6, 7; Q. 61, a. 5; Q. 107, a. 2; II-II, Q. 24, a. 8, 9; Q. 161, a. 1; Q. 184; Q. 185, a. 4; Q. 186, a. 2, 9; III, Q. 1, a. 3, 5, 6; Q. 34; Q. 73, a. 1.

PERJÚRIO: I-II, Q. 88, a. 2; Q. 107, a. 2; II-II, Q. 13, a. 3; Q. 89, a. 10; Q. 98. → BLASFÊMIA.

PERSEVERANÇA: I-II, Q. 58, a. 3; Q. 109, a. 10; Q. 114, a. 9; II-II, Q. 53, a. 5; Q. 137; III, Q. 68, a. 9.

PERSPICÁCIA: I-II, Q. 66, a. 1; II-II, Q. 47, a. 1; Q. 51, a. 4; Q. 80, a. único.

PESSOA, PERSONALIDADE: I, Q. 29, a. 1-4; Q. 39, a. 1, 3; Q. 40, a. 1, 2, 4; I-II, Q. 90, a. 2; Q. 96, a. 1; III, Q. 2, a. 2, 3; Q. 3, a. 1.

PESSOAS DIVINAS: I, Q. 29, a. 3, 4; Q. 30, a. 1, 2, 4; Q. 42, 43; II-II, Q. 81, a. 3; Q. 83, a. 10; Q. 84, a. 1; III, Q. 2, 3; Q. 4, a. 2.

PIEDADE: I-II, Q. 68, a. 4, 6, 7; Q. 69, a. 3; II-II, Q. 80.
- dons de: II-II, Q. 83, a. 9; 121.
- filial: II-II, Q. 101; Q. 102, a. 3; Q. 106, a. 6.

PLANO DIVINO (economia da salvação): III, Q. 46, a. 1, 2.

PLURALIDADE: I, Q. 30, a. 3; Q. 32, a. 3; Q. 50, a. 3.

POBRES, POBREZA: I-II, Q. 64, a. 1; Q. 69, a. 3; II-II, Q. 66, a. 7; Q. 71, a. 1; Q. 83, a. 1, 14; Q. 86, a. 2; Q. 87, a. 1, 4; III, Q. 40, a. 3.
- voto de pobreza: II-II, Q. 186, a. 3, 6, 7; Q. 188, a. 7.

PODER DIVINO: I, Q. 25.

PODER JUDICIÁRIO DE CRISTO: III, Q. 58, 59. → JULGAMENTO.

POSSÍVEIS: I, Q. 47, a. 2; III, Q. 46, a. 2. → FUTURAS.

POSTULAÇÃO: II-II, Q. 83, a. 17.

POTÊNCIAS: I, Q. 108, a. 6; I-II, Q. 2, a. 4; Q. 49, a. 2, 3; Q. 110, a. 4; II-II, Q. 10, a. 1; Q. 130, a. 1; Q. 175, a. 5; III, Q. 1, a. 3; Q. 13; Q. 57, a. 3.

PRÁTICO
- intelecto: I, Q. 79, a. 11.
- não especulativo: I-II, Q. 57, a. 1.
- (a): II-II, Q. 10, a. 12.
- supersticiosas: II-II, Q. 92, a. 3; Q. 96.

PRAZER: I-II, Q. 2, a. 6; Q. 31-34; Q. 35, a. 6; Q. 48, a. 1; Q. 108, a. 3; II-II, Q. 141, a. 3-6; Q. 142, a. 1; Q. 168, a. 2-4; Q. 179, a. 2; Q. 180, a. 7.

PRAZERES: I-II, Q. 11; II-II, Q. 141, a. 1; a. 4.

PRECEITOS
- judiciários: I-II, Q. 104-105.
- e *lei* natural: I-II, Q. 90-94.
- e *lei* antiga: I-II, Q. 98-105.
- e *lei* nova: I-II, Q. 107-109, a. 4.
- e fé: II-II, Q. 3, a. 2; Q. 5, a. 3; Q. 16.
- e caridade: II-II, Q. 32, a. 5; Q. 33, a. 2-4; Q. 44.
- esperança: II-II, Q. 22.
- e virtudes: prudência: II-II, Q. 56; religião: II-II, Q. 81, a. 1; Q. 86, a. 4; Q. 87, a. 1; justiça: II-II, Q. 122; fortaleza: II-II, Q. 140; temperança: II-II, Q. 147, a. 3, 4; Q. 170.
- e estado de perfeição: II-II, Q. 184, a. 3; Q. 189, a. 1.

PREDESTINAÇÃO: I, Q. 23; III, Q. 1, a. 3; Q. 24, a. 1, 2.

PREGAÇÃO: II-II, Q. 6, a. 1; Q. 91, a. 2; Q. 97, a. 1; Q. 100, a. 3; Q. 181, a. 3; Q. 187, a. 1; Q. 188, a. 4.

PRESUNÇÃO: II-II, Q. 14, a. 2; Q. 21, 130; Q. 162, a. 3.

PREVIDÊNCIA: I-II, Q. 57, a. 6; II-II, Q. 48; Q. 49, a. 6, 8.

PRINCÍPIOS
- de vida: I, Q. 18, a. 3; Q. 33, a. 1; Q. 36, a. 4.
- primeiros: I-II, Q. 51, a. 1; Q. 57, a. 2; Q. 58, a. 2.
- específicos: I, Q. 85, a. 3; I-II, Q. 51, a. 1.
- do apetite racional: I-II, Q. 1, a. 5.

PRIVAÇÃO: I, Q. 11, a. 4.

PROCEDER, PROCESSÃO: I, Q. 27, n. 1-20; Q. 28, a. 4; Q. 36, a. 2-4; Q. 37, a. 1; Q. 43, a. 2.

PROFETA, PROFECIA: I-II, Q. 68, a. 3; II-II, Q. 6, a. 1, 2; Q. 8, a. 5; Q. 95, a. 2; Q. 171-178; III, Q. 7, a. 8; Q. 27, a. 5.

PROGRESSO
- do conhecimento: I, Q. 87, a. 3.
- da caridade: II-II, Q. 24, a. 9.

PROMESSAS: I-II, Q. 98, a. 4, 6; II-II, Q. 86, a. 1; Q. 88, a. 1, 35; Q. 89, a. 1; Q. 110, a. 3.

PROPICIAÇÃO: III, Q. 47, a. 3; Q. 48, a. 2.

PROPRIEDADE: I, Q. 30, a. 2; Q. 32, a. 2, 3; Q. 40, a. 1, 2, 4; Q. 108, a. 5.
- pessoal: I, Q. 30, a. 2; Q. 32, a. 3; I-II, Q. 94, a. 5; Q. 95, a. 4; Q. 105, a. 2; II-II, Q. 66, a. 2; Q. 185, a. 6; Q. 188, a. 7.

PROVIDÊNCIA: I, Q. 8, a. 3; Q. 22; Q. 103, a. 6; I-II, Q. 91, a. 1; Q. 93, a. 1, 5; Q. 96, a. 2; II-II, Q. 1, a. 8; Q. 66, a. 1; Q. 83, a. 2; Q. 95, a. 3, 5, 7.

PRÓXIMOS: I-II, Q. 108, a. 3; II-II, Q. 25, a. 1; Q. 26, a. 2, 4, 5-13; Q. 34, a. 3-6; Q. 44, a. 2, 3, 7; Q. 167, a. 2.

PRUDÊNCIA: I-II, Q. 56, a. 2, 4; II-II, Q. 4, a. 2, 8; Q. 24, a. 6; Q. 31, a. 3; Q. 47-56.
— virtude intelectual, moral, cardeal: I-II, Q. 57, a. 4-6; Q. 58, a. 2-5; Q. 61; Q. 65, a. 1-4; Q. 67, a. 1; Q. 74, a. 4.
— e bem-aventuranças: I-II, Q. 69, a. 3.
— e pecado e lei: I-II, Q. 85, a. 3; Q. 93, a. 6.
— e temperança: II-II, Q. 141, a. 1.
— e vida ativa: II-II, Q. 181, a. 2.

PUDOR: II-II, Q. 144; Q. 151, a. 4.

PUREZA: I-II, Q. 69, a. 2, 3; II-II, Q. 8, a. 7; Q. 27, a. 3; Q. 81, a. 8; Q. 180, a. 2.

PURGATÓRIO: I-II, Q. 89, a. 2; II-II, Q. 18, a. 3; Q. 83, a. 4, 11; III, Q. 52, a. 8.

PURIFICAÇÃO(ÕES): I-II, Q. 102, a. 2.
— do coração: II-II, Q. 7, a. 2.
— de Maria: III, Q. 37, a. 3, 4.

Q

QUALIDADES
— sensíveis: 1, Q. 77, a. 3; I-II, Q. 49, a. 1, 2; Q. 110, a. 2.
— do corpo glorioso: III, Q. 45, a. 1; Q. 54; Q. 63, a. 2.

QUANTIDADE: I, Q. 7, a. 3; II-II, Q. 24, a. 3, 5; 111, Q. 77, a. 2.

QUERUBINS: I, Q. 63, a. 7; I-II, Q. 102, a. 4. → ANJOS.

QUIDIDADE: I, Q. 85, a. 6, 8; III, Q. 77, a. 1.

R

RAPINA: II-II, Q. 66, a. 4, 8, 9.

RAZÃO: I, Q. 2, a. 2, 8, cf. introdução; III, Q. 49, a. 3; Q. 79, a. 8, 9; I-II, Q. 1, a. 4.
— natural: I, Q. 32, a. 1; I-II, Q. 98, a. 6; Q. 100, a. 3; II-II, Q. 2, a. 3, 4, 10; Q. 8, a. 1; Q. 10, a. 4.
— e actos humanos: I-II, Q. 19, a. 3-5; Q. 33, a. 3.
— e escolha: I-II, Q. 13, a. 1.
— e apetite sensivel: I-II, Q. 56, a. 4; II-II, Q. 141, a. 1; Q. 162, a. 1.
— e virtudes: I-II, Q. 58, a. 2; Q. 60, a. 4, 5; Q. 62, a. 2; Q. 63, a. 2; Q. 108, a. 2; II-II, Q. 49, a. 2, 5; Q. 83, a. 1; Q. 88, a. 1.
— e pecado: I-II, Q. 71, a. 2, 6; Q. 74, a. 5-10; Q. 77, a. 2; Q. 89, a. 3, 6; Q. 99, a. 2; Q. 109, a. 7; III, Q. 80, a. 9.
— e vida sexual: II-II, Q. 153, a. 5.
— e profecia: II-II, Q. 173, a. 2.
— e paixão de Cristo: III, Q. 46, a. 7, 8.

REALEZA DE CRISTO: III, Q. 8, a. 6; Q. 22, a. 1; Q. 49, a. 5; Q. 58, 59; Q. 69, a. 7.

REALIZAÇÃO: I-II, Q. 1, a. 6; Q. 107, a. 2.

RECOMPENSA: I, Q. 48, a. 6; I-II, Q. 69, a. 2, 4; Q. 99, a. 6; II-II, Q. 182, a. 2; III, Q. 89, a. 4, 5.

RECONHECIMENTO: II-II, Q. 106.

REDENTOR, REDENÇÃO: II-II, Q. 1, a. 7; Q. 2, a. 7; III, Q. 46, a. 1; Q. 48, a. 4, 5.

REGRA
— (medida): I-II, Q. 63, a. 2; I-II, Q. 141, a. 2, 6.
— religiosa: II-II, Q. 186, a. 9.

REI, REINO: I-II, Q. 106, a. 4; Q. 108, a. 1; II-II, Q. 16, a. 2.

RELAÇÃO: I, Q. 28, a. 1-3; Q. 45, a. 3; III, Q. 2, a. 7, 8; Q. 63, a. 2.

RELAÇÕES DIVINAS: I, Q. 28, a. 1-4; Q. 29, a. 4.

RELIGIÃO: II-II, Q. 81-100; Q. 122, a. 2-4; Q. 186, a. 1.

RELIGIOSO: II-II, Q. 101, a. 4; Q. 104, a. 5; Q. 184, a. 5, 7, 8; Q. 189.

RELÍQUIAS: II-II, Q. 96, a. 4; III, Q. 25, a. 6.

REMISSÃO: I-II, Q. 110, a. 1; II-II, Q. 11, a. 4; Q. 14, a. 3; III, Q. 86-88, a. 1.

REMORSO: I-II, Q. 85, a. 2; Q. 87, a. 1.

REPARAÇÃO: I-II, Q. 109, a. 10.

REPRESENTAÇÃO → MENTE, ESPÉCIES.

RESGATE → REDENÇÃO.

RESPEITO: II-II, Q. 102.

RESSURREIÇÃO: II-II, Q. 1, a. 6, 8; Q. 2, a. 7; Q. 13, a. 4; III, Q. 53-56.

RESTITUIÇÃO: II-II, Q. 62; Q. 63, a. 3-7; Q. 78, a. 3; Q. 87, a. 2.

RETIDÃO: II-II, Q. 79, a. 1.

REVELAÇÃO: II-II, Q. 1, a. 7; Q. 2, a. 6, 7; Q. 171, a. 1, 3-5; Q. 172, a. 2; Q. 174, a. 6.

REVIVISSÊNCIA DAS VIRTUDES: III, Q. 89, a. 5, 6.

RIXA: II-II, Q. 41.

S

SÁBADO: I-II, Q. 100, a. 3, 4; Q. 102, a. 4; Q. 107, a. 2; II-II, Q. 122, a. 4; III, Q. 40, a. 4.

SABEDORIA
— doutrina sagrada: I, Q. 1, a. 6.
— divina: I, Q. 39, a. 8; Q. 43, a. 5; I-II; Q. 91, a. 1; II-II, Q. 5, a. 1.
— virtude intelectual: I-II, Q. 57, a. 2; Q. 62, a. 2; Q. 66, a. 5.
— dom do Espírito Santo: I-II, Q. 68; Q. 69, a. 3; II-II; Q. 1, a. 8; Q. 4, a. 6, 8; Q. 8, a. 8; Q. 9, a. 2, 4; Q. 45; Q. 83, a. 9; Q. 171, a. 3; III, Q. 27, a. 5.

SABÉLIO (modalismo): I, Q. 27, a. 1; Q. 31, a. 1.

SACERDÓCIO: II-II, Q. 85, a. 4; Q. 86, a. 2; Q. 87, a. 1, 3.
— de Cristo: III, Q. 22, 31, a. 8; Q. 63, a. 3, 5.

SACRAMENTAIS: III, Q. 60, a. 2; Q. 65, a. 1; Q. 87, a. 3.

SACRAMENTO(S)
— da lei antiga: I-II, Q. 102, a. 5; Q. 107, a. 1; Q. 108, a. 1, 2.
— da fé: II-II, Q. 100, a. 2; III, Q. 48, a. 6; Q. 49, a. 1, 3, 5; Q. 60-65.
— do batismo: III, Q. 66-69.
— da confirmação: III, Q. 72
— da eucaristia: III, Q. 73-83.
— da penitência: III, Q. 84.

SACRIFÍCIO(S)
— da lei antiga: I-II, Q. 101, a. 4; Q. 102, a. 3.
— e religião: II-II, Q. 81, a. 4; Q. 84, a. 1; Q. 85; Q. 86, a. 1.
— de Cristo: III, Q. 22; Q. 48, a. 3, 6; Q. 49, a. 4; Q. 73, a. 4, 6; Q. 79, a. 5; Q. 82, a. 10; Q. 83, a. 1, 4.

SACRILÉGIO: II-II, Q. 66, a. 6; Q. 99; Q. 154, a. 10.

SAGACIDADE: II-II, Q. 49, a. 4.

SAGRADA ESCRITURA: I, Q. 1, a. 10; I-II, Q. 51, a. 4; II-II, Q. 1, a. 1, 6, 9; Q. 5, a. 3; Q. 11, a. 2; Q. 12, a. 2; Q. 110, a. 3. → EVANGELHO.

SAGRADO: II-II, Q. 88, a. 10, 11; Q. 99, a. 1, 3; III, Q. 37, a. 1.

SALVAÇÃO: I-II, Q. 98, a. 2, 3; III, Q. 48, a. 6; Q. 50, a. 6; Q. 51, a. 1; Q. 60, a. 5; Q. 61, a. 3, 4; Q. 84, a. 5.

SANGUE: I-II, Q. 102, a. 6; Q. 103, a. 4.
— de Cristo: III, Q. 54, a. 3; Q. 80, a. 12; Q. 82, a. 3; Q. 83, a. 6.

SANTIFICAÇÃO: II-II, Q. 1, a. 8; III, Q. 27, 34; Q. 60, a. 5.

SANTOS, SANTIDADE: I, Q. 108, a. 8; I-II, Q. 98, a. 5; II-II, Q. 81, a. 8; Q. 83, a. 11; Q. 178, a. 2; Q. 180, a. 2; III, Q. 7.

SATISFAÇÃO: III, Q. 1; a. 2, 4; Q. 14, a. 1, 2; Q. 35, a. 6; Q. 46, a. 1, 3, 6; Q. 48, a. 2, 4; Q. 52, a. 8; Q. 90, a. 2. → EXPIAÇÃO.

SECULAR
— (poder): II-I, Q. 11, a. 4; Q. 104, a. 6.
— (estado): Q. 186, a. 10; Q. 187, a. 2.

SEDIÇÃO: II-II, Q. 42.

SEMELHANÇA: I-II, Q. 27, a. 3; Q. 32, a. 7; III, Q. 4, a. 1.

SEMENTE HUMANA: I, Q. 119, a. 2; I-II, Q. 81, a. 1; Q. 83, a. 1.

SENSIBILIDADE: I, Q. 81; I-II, Q. 50, a. 3; Q. 56, a. 5; II-II, Q. 141, a. 3; III, Q. 18, a. 2.

SENSUALIDADE: I-II, Q. 74, a. 3; Q. 89, a. 3, 5; II-II, Q. 156, a. 3.

SENTAR-SE O CRISTO À DIREITA: III, Q. 58. → PODER JUDICIÁRIO DE CRISTO.

SENTIDO
— da Escritura: I, Q. 68, a. 1, 3; III, Q. 77, a. 4, 5, 8.
— profecia: II-II, Q. 173, a. 2.
— (comum/próprio): I, Q. 14, a. 2; Q. 17, a. 2; Q. 76, a. 2; Q. 78, a. 3, 4; Q. 81; Q. 84, a. 3, 6, 8; Q. 85, a. 6, 7; Q. 87, a. 3.
— os: → PRAZER, EMBOTAMENTO, TOCAR, LUXÚRIA, et passim.

SEPULTAMENTO DE CRISTO: III, Q. 51.

SER/EXISTIR: I, Q. 3, a. 4; Q. 4, a. 1; Q. 5, a. 2; Q. 7, a. 2; Q. 8; Q. 11, a. 2; Q. 44, a. 1; Q. 45, a. 4, 5, 8; Q. 48, a. 2; Q. 104, a. 1; III, Q. 17, a. 2.

SEXUAL (prazer): II-II, Q. 141, a. 4; Q. 151, a. 3, 4; Q. 152, a. 2, 3; Q. 153, a. 1; Q. 155, a. 2.

SIGNO, SIGNIFICAÇÃO: III, Q. 60-63; Q. 73, a. 4; Q. 75, a. 1; Q. 78, a. 1. → SACRAMENTOS.

SILÊNCIO: I-II, Q. 47, a. 1; Q. 48, a. 4; II-II, Q. 72, a. 3.

SILOGISMO: I-II, Q. 76, a. 1; Q. 77, a. 2.

SÍMBOLO: II-II, Q. 1, a. 8-10; Q. 174, a. 3; III, Q. 50, a. 2, 3.

SIMILITUDE: I, Q. 6, a. 1; Q. 27, a. 1, 2, 4; Q. 30, a. 2; Q. 32, a. 1; II-II, Q. 173, a. 1, 2. → ANALOGIA, REPRESENTAÇÃO, ESPÉCIES.

SIMONIA: I-II, Q. 75, a. 4; II-II, Q. 100.

SIMPLES (voto): II-II, Q. 88, a. 7, 9.

SIMPLICIDADE (verdade): II-II, Q. 109, a. 2; Q. 111, a. 3.

SINDÉRESE: I, Q. 79, a. 12; I-II, Q. 94, a. 1; II-II, Q. 47, a. 6.

SINGULIER(S): I, Q. 29, a. 1; Q. 31, a. 2; III, Q. 11, a. 1.

SOBERANIA: II-II, Q. 10, a. 10. → AUTORIDADE.

SOBRENATURAL: III, Q. 76, a. 7.

SOBRIEDADE: II-II, Q. 149.

SOCIABILIDADE: I-II, Q. 60, a. 5; Q. 61, a. 5.

SOFRIMENTO(S):
— dos demônios: I, Q. 64, a. 3.
— de Cristo: III, Q. 46, a. 5-7; Q. 48, a. 5; Q. 49, a. 3. → DOR.

SOLENE (voto): II-II, Q. 88, a. 7, 11.

SOLICITUDE: II-II, Q. 47, a. 9; Q. 48, a. 5.

SOLITÁRIO(S)
— (Deus): I, Q. 31, a. 1, 2; Q. 3.
— (eremitas): II-II, Q. 188, a. 8.

SONHO(S): I, Q. 111, a. 3; II-II, Q. 95, a. 3, 6; Q. 154, a. 5; Q. 172, a. 1.

SUBSISTÊNCIA, SUBSISTIR: I, Q. 29, a. 2; Q. 31, a. 1; Q. 75, a. 2, 3, 5, 6.

SUBSTÂNCIA: I, Q. 3, a. 5; Q. 29, a. 1-3; Q. 30, a. 1; Q. 46, a. 3; Q. 54, a. 1; Q. 55, a. 1; Q. 75, a. 7; Q. 84, a. 4; Q. 86, a. 4; Q. 88, a. 1, 2; I-II, Q. 110, a. 2; II-II; Q. 4, a. 1; III, Q. 2, a. 6; Q. 16, a. 12; Q. 75, a. 2; Q. 76, a. 4.

SUICÍDIO: I-II, Q. 73, a. 8, 9; II-II, Q. 64, a. 5.

SUJEITO: III, Q. 75, a. 5.

SUPERIOR(ES): II-II, Q. 103, a. 2; Q. 105, a. 1.

SUPERSTIÇÃO: II-II, Q. 92, 93-96; Q. 122, a. 3; III, Q. 61, a. 1.

SUPÓSITO: I, Q. 29, a. 2; Q. 31, a. 1; III, Q. 2, a. 2, 3; Q. 50, a. 5. → HIPÓSTASE, PESSOA.

SUSPEITA: I-II, Q. 57, a. 2; II-II, Q. 4, a. 1; Q. 60, a. 1, 3.

SUTILEZA (corpos gloriosos): III, Q. 81, a. 3.

T

TALIÃO: I-II, Q. 105, a. 2; Q. 107, a. 2; II-II, Q. 68, a. 4.

TEMOR: I-II, Q. 6, a. 6; Q. 25, a. 3, 4; Q. 41-45; Q. 67, a. 4; Q. 68, a. 4, 6, 7; Q. 69, a. 3; II-II, Q. 4, a. 7; Q. 7, a. 1; Q. 19, Q. 22, a. 2; Q. 81, a. 2; Q. 83, a. 9; Q. 125; Q. 141 (dom), a. 1; III, Q. 7, a. 6; Q. 15, a. 7; Q. 85, a. 5.

TEMPERAMENTO: II-II, Q. 155, a. 4; Q. 156, a. 1.

TEMPERANÇA
— virtude moral cardeal: I-II, Q. 56, a. 4; Q. 60, a. 2, 4, 5; Q. 61, a. 2-5; Q. 63, a. 4; Q. 67, a. 1; II-II, Q. 4, a. 2; Q. 141-170.
— e dons: I-II, Q. 68, a. 4; Q. 69, a. 3.
— e pecado: I-II, Q. 72, a. 8; Q. 85, a. 3.
— e santidade: II-II, Q. 81, a. 8; Q. 180, a. 2.

TEMPO: I, Q. 10, a. 4-6; Q. 46, a. 1-3; Q. 53, a. 3; Q. 66, a. 4; I-II, Q. 53, a. 3; Q. 106, a. 3.

TENTAÇÃO: I, Q. 48, a. 5; I-II, Q. 68, a. 1, 6; II-II, Q. 89, a. 2; Q. 97, 165; III, Q. 41.

TEOLOGIA (doutrina sagrada): I, Q. 1; II-II, Q. 1, a. 5.

TESTEMUNHO, TESTEMUNHA(S): I-II, Q. 105, a. 2; II-II, Q. 70; Q. 89, a. 1; Q. 124, a. 4.

TIMIDEZ → INDOLÊNCIA.

TIRANICIDO, TIRANIA: II-II, Q. 42, a. 2; Q. 64, a. 2, 3.

TOCAR: I-II, Q. 31, a. 6; Q. 60, a. 5; II-II, Q. 141, a. 4, 5; Q. 155, a. 2; Q. 167, a. 2.

TOLERÂNCIA: I-II, Q. 96, a. 2; II-II, Q. 108, a. 1.

TRADIÇÃO (símbolo, profissão de fé): II-II, Q. 1, a. 7, 9, 10; III, Q. 64, a. 2; Q. 78, a. 2, 3.

TRANSCENDENTAIS: I, Q. 11, a. 2; Q. 16, a. 4, 5; Q. 93, a. 9.

TRANSFIGURAÇÃO: III, Q. 45.

TRANSUBSTANCIAÇÃO: III, Q. 75, a. 4, 8.

TRIGO: III, Q. 74, a. 3. → EUCARISTIA.

TRINDADE: I, Q. 30, a. 1; Q. 31, a. 1-4; Q. 32, a. 1, 2; Q. 45, a. 7; Q. 74, a. 3; Q. 93, a. 5, 7; II-II, Q. 1, a. 8; Q. 2, a. 8; Q. 14, a. 1; Q. 180, a. 4; XII, Q. 66, a. 5, 8.

TRISTEZA: I-II, Q. 23, a. 4; Q. 25, a. 3, 4; Q. 32, a. 4; Q. 35-39; Q. 41, a. 1, 2; Q. 59, a. 3; Q. 66; II-II, Q. 28, a. 2, 4; Q. 30, a. 1; Q. 36, a. 1; Q. 53, a. 5; Q. 84, a. 4; III, Q. 15, a. 6; Q. 17, a. 2; Q. 46, a. 6, 8. → ACÍDIA.

TROCAS: II-II, Q. 61, a. 2, 3; Q. 62, 77, 78. → RESTITUIÇÃO.

U

ULTRAJES (injustiças por palavra): II-II, Q. 72-76; (ofensa): II-II, Q. 72, a. 1; Q. 75, a. 2.

UNIÃO: I-II, Q. 25, a. 2; Q. 28, a. 1.
— a Deus: II-II, Q. 12, a. 1; Q. 27, a. 2; Q. 83, a. 1; Q. 85, a. 3.
— hipostática: III, Q. 2, 6, a. 6; Q. 50, a. 2.

UNIDADE: I, Q. 11, a. 2, 3; Q. 30, a. 1, 3; III, Q. 2, a. 1, 9; Q. 17, a. 2; Q. 73, a. 2-4; Q. 74, a. 1, 6, 7.

UNIVERSAL: I, Q. 84, a. 1; Q. 85, a. 2, 3; Q. 86, a. 1.

USO: I-II, Q. 16; Q. 105, a. 2; II-II, Q. 66, a. 1, 2; Q. 169, a. 1; III, Q. 78, a. 1.

USURPAÇÃO: I-II, Q. 88, a. 5; II-II, Q. 60, a. 6; Q. 64, a. 7; Q. 66.

V

VERBO
— Filho de Deus: I, Q. 27, a. 1; Q. 34, 37; Q. 74, a. 3; I-II, Q. 93, a. 1; II-II, Q. 2, a. 1.
— Encarnado: III, Q. 3, a. 8; Q. 50, a. 2, 3; Q. 60, a. 6; Q. 62, a. 5; Q. 64, a. 3, 4, 7.

VERDADE
— divina: I, Q. 16; Q. 17, a. 4; I-II, Q. 109, a. 1; II-II, Q. 167, a. 1; Q. 180, a. 4.
— primeira: II-II, Q. 1, a. 1, 2, 6, 9; Q. 5, a. 4; Q. 9, a. 3.
— do juramento: II-II, Q. 89, a. 3, 7; Q. 98, a. 1.
— virtude social: II-II, Q. 109-113; Q. 162, a. 3; Q. 168, a. 1.
— e profecia: II-II, Q. 171, a. 3, 4; Q. 172, a. 6; Q. 173, a. 1; Q. 174, a. 2.

VERDADEIRO: I-II, Q. 57, a. 5; Q. 60, a. 5; Q. 64, a. 3; Q. 68, a. 4; II-II, Q. 109, a. 2; Q. 167, a. 1.

VERGONHA: II-II, Q. 144. → PUDOR.

VESTÍGIO: I, Q. 45, a. 7; Q. 93, a. 2, 6; III, Q. 4, a. 1. → IMAGEM.

VESTUÁRIO (preceitos), VESTE: I-II, Q. 102, a. 5, 6; II-II, Q. 146, a. 2; Q. 164, a. 2; Q. 169; Q. 187, a. 6. → HÁBITOS.

VÍCIO: I-II, Q. 49, Pról.; Q. 53, a. 1; Q. 54, a. 3; Q. 55, Prol.; Q. 68, a. 1; Q. 70, a. 4; Q. 71, 73; Q. 84, a. 4; Q. 94, a. 3; II-II, Q. 10-15; Q. 29, a. 4; Q. 34-43; Q. 46, a. 3; Q. 92, a. 1, 2; Q. 141, 148, 153, 158, 162; Q. 169, a. 1.

VIDA: I, Q. 18; I-II, Q. 55, a. 4; Q. 56, a. 1; Q. 67; Q. 68, a. 6; Q. 69, a. 3; II-II, Q. 1, a. 8; Q. 169, a. 2.
— ativa: II-II, Q. 179, 181, 182; Q. 188, a. 2.
— contemplativa: II-II, Q. 179, 180, 182; Q. 188, a. 6; III, Q. 40, a. 1.
— comum: II-II, Q. 188, a. 8; mista: II-II, Q. 188, a. 6; solitária: II-II, Q. 188, a. 8.
— por Cristo: III, Q. 50, a. 1, 2.
— corporal: III, Q. 2, a. 5; Q. 46, a. 6.
— espiritual: III, Q. 65, a. 1.
— eterna: III, Q. 79, a. 2.

VINGANÇA: II-II, Q. 64, a. 7; Q. 65, a. 2; Q. 108, 158.

VIOLÊNCIA: I-II, Q. 6, a. 4, 5; II-II, Q. 64, a. 7; Q. 65; Q. 66, a. 2, 4; Q. 69, a. 4; Q. 154, a. 6, 7.

VIRGINDADE: I-II, Q. 64, a. 1; Q. 70, a. 3; II-II, Q. 81, a. 8; Q. 88, a. 6; Q. 152; III (de Maria) Q. 28, a. 1; Q. 29, a. 2.

VIRTUDE(S)
— do primeiro homem: I, Q. 95, a. 3.
— angélicas: I, Q. 108, a. 5.
— habitus: I-II, Q. 54, a. 3; Q. 55-67; Q. 68, n. 1, 2, 6, 7, 9, 10, 12, 16.
— morais: I, Q. 21, a. 1; Q. 94, a. 9; I-II, Q. 58-67; II-II, Q. 180, a. 2; Q. 181, a. 1.
— teologais: I-II, Q. 62; Q. 109, a. 2; Q. 110, a. 3; II-II, Q. 146.
— e o pecado: I-II, Q. 71, a. 1, 4; Q. 73, a. 1, 4. → VÍCIO.
— e a lei
— e a lei natural: I-II, Q. 94, a. 3.
— e a lei humana: I-II, Q. 96, a. 3.
— e a lei antiga: I-II, Q. 99, a. 2; Q. 100, a. 2, 9.
— e a lei nova: I-II, Q. 107, a. 2, 4; Q. 108, a. 3.
— cardiais: I-II, Q. 61; II-II, Q. 47-170.
— de Cristo: III, Q. 7, a. 2-4, 9; Q. 46, a. 6.
— e os sacramentos: III, Q. 62, a. 2, 4; Q. 65, a. 1; Q. 69, a. 6.
— de penitência: III, Q. 85, 89.

VISÃO: I, Q. 94, a. 1; I-II, Q. 3, a. 8; Q. 5, a. 4; Q. 67, a. 3, 5; II-II, Q. 1, a. 2; Q. 4, a. 1; Q. 5, a. 1; Q. 8, a. 7; Q. 15, a. 1; Q. 180, a. 5; III, Q. 9; Q. 10, a. 1, 4; Q. 14; Q. 15, a. 10; Q. 34; Q. 36, a. 8.
— profética: II-II, Q. 172, a. 5; Q. 173, a. 1-3; Q. 174, a. 2, 3; Q. 175, a. 3.

VISTA: I-II, Q. 31, a. 6; II-II, Q. 1, a. 4; Q. 141, a. 4; III, Q. 76, a. 7; Q. 80, a. 4.

VOLUPTUOSIDADE: I-II, Q. 2, a. 6; II-II, Q. 153, a. 1; Q. 167, a. 2.

VONTADE
— de Deus: I, Q. 19.
— dos anjos: I, Q. 59; Q. 64, a. 2; Q. 106, a. 2.
— humana: I, Q. 82; Q. 83, a. 3, 4; Q. 87, a. 4; Q. 105, a. 4; III, Q. 1, a. 1-5.
— do primeiro homem: I, Q. 94, a. 1.
— e bem-aventurança: I-II, Q. 3, a. 4; Q. 4, a. 4.
— atos voluntários: I-II, Q. 6, a. 1-4; Q. 8-17.
— habitus: I-II, Q. 50, a. 5; Q. 56, a. 3, 6; Q. 62, a. 3; III, Q. 85, a. 4.
— e pecado: I-II, Q. 71, a. 5, 6; Q. 72, a. 1; Q. 74, a. 1, 2, 5; Q. 75, a. 1-3; Q. 78; Q. 80, a. 1, 3; IIII, Q. 15, a. 1.

— e lei: I-II; Q. 90, a. 1.
— e graça: I-II, Q. 109, a. 2, 8.
— e dom: II-II, Q. 8, a. 1, 8.
— e voto: II-II, Q. 88, a. 4, 6.
— e vida contemplativa: II-II, Q. 180, a. 1.
— de Cristo: III, Q. 18.

Voto: II-II, Q. 88, 89, a. 8; Q. 186, a. 6-8; Q. 189, a. 2-4.

Z

Zodíaco: I, Q. 44, a. 2; Q. 104, a. 2.
Zombaria: II-II, Q. 75.

ÍNDICE DO VOLUME 1 DA SUMA TEOLÓGICA

I Parte — Questões 1 a 43

Nota dos Superiores Gerais da Ordem dos Pregadores e da Companhia de Jesus	9
Apresentação da Editora	11
Prefácio à Versão Brasileira	13
Siglas e Abreviaturas	19
Introdução à Suma Teológica (Marie-Joseph Nicolas)	21
I. A vida e a obra de Tomás de Aquino	23
II. Santo Tomás e o pensamento de seu tempo	31
III. Razão e fé na Suma Teológica	34
IV. Teses características de Tomás de Aquino	39
V. Gênero literário da Suma Teológica	60
VI. Antitomismo, tomismo e tomismos	63
Vocabulário da Suma Teológica (Marie-Joseph Nicolas)	69
Autores citados por Sto. Tomás na parte I – Questões 1 a 43	103
Fontes usadas por Sto. Tomás na parte I – Questões 1 a 43	119

A TEOLOGIA COMO CIÊNCIA

INTRODUÇÃO E NOTAS POR CLAUDE GEFFRÉ		125
Prólogo		135
Questão 1	**A doutrina sagrada o que é? Qual seu alcance?**	137
Artigo 1	É necessária outra doutrina, além das disciplinas filosóficas?	137
Artigo 2	A doutrina sagrada é uma ciência?	139
Artigo 3	A doutrina sagrada é uma ciência una?	140
Artigo 4	A doutrina sagrada é uma ciência prática?	142
Artigo 5	A doutrina sagrada é mais excelente que outras ciências?	143
Artigo 6	É essa doutrina uma sabedoria?	144
Artigo 7	Deus é o assunto desta ciência?	147
Artigo 8	Esta doutrina se vale de argumentos?	148
Artigo 9	A Sagrada Escritura deve se utilizar de metáforas?	151
Artigo 10	O texto das Escrituras encerra vários sentidos?	153

O DEUS ÚNICO

INTRODUÇÃO E NOTAS POR JEAN-HERVÉ NICOLAS		157
Questão 2	**A existência de Deus**	161
Artigo 1	A existência de Deus é evidente por si mesma?	161
Artigo 2	É possível demonstrar a existência de Deus?	164
Artigo 3	Deus existe?	165
Questão 3	**A simplicidade de Deus**	169
Artigo 1	Seria Deus um corpo?	170
Artigo 2	Existe em Deus composição de forma e matéria?	172
Artigo 3	Deus é o mesmo que sua essência ou natureza?	174
Artigo 4	Em Deus são o mesmo a essência e o ser?	176
Artigo 5	Deus está em algum gênero?	178
Artigo 6	Em Deus há acidentes?	180
Artigo 7	Deus é totalmente simples?	182
Artigo 8	Entraria Deus na composição de outras coisas?	183

Questão 4	**A perfeição de Deus**		185
Artigo 1	Deus é perfeito?		186
Artigo 2	Estão em Deus as perfeições de todas as coisas?		187
Artigo 3	As criaturas podem assemelhar-se a Deus?		189
Questão 5	**O bem em geral**		192
Artigo 1	O bem se diferencia do ente na realidade?		193
Artigo 2	O bem segundo a razão tem prioridade sobre o ente?		195
Artigo 3	Todo ente é bom?		197
Artigo 4	Tem o bem razão de causa final?		198
Artigo 5	A razão de bem consiste no modo, na espécie e na ordem?		200
Artigo 6	Convém dividir o bem em honesto, útil e agradável?		202
Questão 6	**A bondade de Deus**		204
Artigo 1	Ser bom convém a Deus?		204
Artigo 2	Será Deus o sumo bem?		206
Artigo 3	Ser bom por essência é próprio de Deus?		207
Artigo 4	Todas as coisas são boas pela bondade divina?		209
Questão 7	**A infinidade de Deus**		211
Artigo 1	Deus é infinito?		211
Artigo 2	Além de Deus, existe algum outro infinito em sua essência?		213
Artigo 3	Algo pode ser infinito em ato quanto à grandeza?		214
Artigo 4	É possível haver nas coisas o infinito quanto à multidão?		217
Questão 8	**A existência de Deus nas coisas**		219
Artigo 1	Deus está em todas as coisas?		220
Artigo 2	Está Deus em toda parte?		221
Artigo 3	Deus está em toda a parte por sua essência, presença e poder?		223
Artigo 4	Estar em toda a parte é próprio de Deus?		226
Questão 9	**A imutabilidade de Deus**		228
Artigo 1	Deus é totalmente imutável?		229
Artigo 2	Ser imutável é próprio de Deus?		230
Questão 10	**A eternidade de Deus**		234
Artigo 1	Convém definir eternidade como a posse inteiramente simultânea e perfeita de uma vida interminável?		234
Artigo 2	Deus é eterno?		236
Artigo 3	Ser eterno é próprio de Deus?		237
Artigo 4	A eternidade difere do tempo?		239
Artigo 5	O *evo* difere do tempo?		241
Artigo 6	Existe apenas um único evo?		244
Questão 11	**A unidade de Deus**		247
Artigo 1	O uno acrescenta algo ao ente?		247
Artigo 2	Existe oposição entre o uno e o múltiplo?		249
Artigo 3	Deus é uno?		252
Artigo 4	Deus é ao máximo uno?		253
Questão 12	**Como conhecemos Deus**		255
Artigo 1	Um intelecto criado pode ver a Deus em sua essência?		256
Artigo 2	A essência de Deus é vista pelo intelecto criado mediante alguma semelhança?		258
Artigo 3	A essência de Deus pode ser vista pelos olhos do corpo?		260
Artigo 4	Um intelecto criado pode ver a essência divina pelas próprias faculdades naturais?		262
Artigo 5	Para ver a essência de Deus, o intelecto criado necessita de uma luz criada?		265
Artigo 6	Entre os que veem a essência de Deus, alguns a veem mais perfeitamente do que outros?		267

Artigo 7	Os que veem a Deus em sua essência O compreendem?................................	269
Artigo 8	Quem vê a Deus em sua essência vê tudo em Deus?..................................	272
Artigo 9	As coisas vistas em Deus por aqueles que veem a essência divina são vistas por intermédio de certas semelhanças?........................	274
Artigo 10	Os que veem a Deus em sua essência veem simultaneamente tudo o que nele veem?..	276
Artigo 11	Pode alguém nesta vida ver a Deus em sua essência?....................	277
Artigo 12	Nesta vida, podemos conhecer a Deus pela razão natural?...........	280
Artigo 13	Pela graça, se tem um conhecimento mais elevado de Deus do que pela razão natural?..	281
Questão 13	**Os nomes divinos**	283
Artigo 1	A Deus pode convir algum nome?...	284
Artigo 2	Algum nome é atribuído a Deus de maneira substancial?...........	286
Artigo 3	Algum nome é atribuído a Deus em sentido próprio?.................	289
Artigo 4	Os nomes atribuídos a Deus são sinônimos?...............................	291
Artigo 5	Os nomes são atribuídos a Deus e às criaturas de maneira unívoca?............	293
Artigo 6	Esses nomes são atribuídos por primeiro às criaturas e não a Deus?............	296
Artigo 7	Os nomes que implicam relação com as criaturas são atribuídos a Deus no sentido temporal?....................................	299
Artigo 8	O nome *Deus* significa a natureza de Deus?.............................	303
Artigo 9	O nome *Deus* é comunicável?...	305
Artigo 10	O nome *Deus* é atribuído de maneira unívoca para significar Deus por participação, segundo a natureza e a opinião?.........................	308
Artigo 11	O nome *Aquele que é* seria o nome mais próprio de Deus?......	310
Artigo 12	Podemos formar a respeito de Deus proposições afirmativas?....	312
Questão 14	**A ciência de Deus**	314
Artigo 1	Existe ciência em Deus?...	315
Artigo 2	Deus conhece a si próprio?...	317
Artigo 3	Deus compreende a si mesmo?..	320
Artigo 4	O conhecer de Deus é sua própria substância?............................	321
Artigo 5	Deus conhece o que é distinto de si?...	323
Artigo 6	Deus tem conhecimento próprio do que é distinto de si?............	325
Artigo 7	A ciência de Deus é discursiva?...	329
Artigo 8	A ciência de Deus é causa das coisas?...	330
Artigo 9	Deus tem a ciência dos não-entes?...	332
Artigo 10	Deus conhece os males?...	334
Artigo 11	Deus conhece os singulares?..	335
Artigo 12	Deus pode conhecer coisas infinitas?..	338
Artigo 13	Deus conhece os futuros contingentes?.......................................	340
Artigo 14	Deus conhece os enunciados?..	345
Artigo 15	A ciência de Deus é mutável?..	346
Artigo 16	Deus tem das coisas uma ciência especulativa?..........................	348
Questão 15	**As ideias**	350
Artigo 1	Existem ideias em Deus?..	350
Artigo 2	Existem muitas ideias?...	352
Artigo 3	Existem ideias de tudo o que Deus conhece?..............................	355
Questão 16	**A verdade**	357
Artigo 1	A verdade está apenas no intelecto?...	357
Artigo 2	A verdade está no intelecto que compõe e divide?......................	360
Artigo 3	O verdadeiro e o ente são entre si convertíveis?.........................	362
Artigo 4	O bem, segundo a razão, é anterior ao verdadeiro?.....................	364

Artigo 5	Deus é a verdade?	366
Artigo 6	Todas as coisas são verdadeiras em razão de uma única verdade?	367
Artigo 7	A verdade criada é eterna?	369
Artigo 8	A verdade é imutável?	371
Questão 17	**A falsidade**	373
Artigo 1	Há falsidade nas coisas?	374
Artigo 2	A falsidade está nos sentidos?	376
Artigo 3	A falsidade está no intelecto?	379
Artigo 4	O verdadeiro e o falso são contrários?	381
Questão 18	**A vida de Deus**	383
Artigo 1	A vida é comum a todas as coisas naturais?	383
Artigo 2	A vida é uma operação?	386
Artigo 3	A vida convém a Deus?	388
Artigo 4	Tudo é vida em Deus?	391
Questão 19	**A vontade de Deus**	393
Artigo 1	Há vontade em Deus?	394
Artigo 2	Deus quer algo distinto de si mesmo?	395
Artigo 3	Tudo o que Deus quer, Ele o quer por necessidade?	397
Artigo 4	A vontade de Deus é causa das coisas?	400
Artigo 5	Pode-se indicar uma causa à vontade divina?	402
Artigo 6	A vontade de Deus se cumpre sempre?	404
Artigo 7	A vontade de Deus é mutável?	408
Artigo 8	A vontade de Deus impõe necessidade às coisas que Ele quer?	410
Artigo 9	Existe em Deus a vontade do mal?	412
Artigo 10	Deus tem livre-arbítrio?	415
Artigo 11	Deve-se distinguir em Deus uma "vontade de sinal"?	416
Artigo 12	Convém afirmar cinco sinais da vontade de Deus?	417
Questão 20	**O amor de Deus**	419
Artigo 1	Existe amor em Deus?	420
Artigo 2	Deus ama todas as coisas?	423
Artigo 3	Deus ama igualmente a todos?	425
Artigo 4	Deus ama mais os melhores?	426
Questão 21	**A justiça e a misericórdia de Deus**	429
Artigo 1	Em Deus há justiça?	430
Artigo 2	A justiça de Deus é a verdade?	432
Artigo 3	A misericórdia convém a Deus?	433
Artigo 4	Há justiça e misericórdia em todas as obras de Deus?	435
Questão 22	**A providência de Deus**	437
Artigo 1	A providência convém a Deus?	438
Artigo 2	Todas as coisas estão sujeitas à providência divina?	440
Artigo 3	Deus provê imediatamente todas as coisas?	445
Artigo 4	A providência divina impõe necessidade às coisas que lhe estão submetidas?	447
Questão 23	**A predestinação**	448
Artigo 1	Os homens são predestinados por Deus?	449
Artigo 2	A predestinação acrescenta algo ao predestinado?	452
Artigo 3	Deus reprova algum homem?	454
Artigo 4	Os predestinados são eleitos por Deus?	455
Artigo 5	A presciência dos méritos é a causa da predestinação?	457
Artigo 6	A predestinação é certa?	462
Artigo 7	O número dos predestinados é certo?	464
Artigo 8	A predestinação pode ser ajudada pelas preces dos santos?	467

Questão 24	**O livro da vida**	469
Artigo 1	O livro da vida é o mesmo que a predestinação?	469
Artigo 2	O livro da vida refere-se apenas à vida gloriosa dos predestinados?	471
Artigo 3	Alguém pode ser apagado do livro da vida?	472
Questão 25	**A potência divina**	474
Artigo 1	Existe potência em Deus?	475
Artigo 2	A potência de Deus é infinita?	476
Artigo 3	Deus é onipotente?	478
Artigo 4	Deus pode fazer que coisas passadas não tenham existido?	482
Artigo 5	Deus pode fazer as coisas que não faz?	483
Artigo 6	Deus poderia fazer melhores as coisas que faz?	486
Questão 26	**A bem-aventurança divina**	488
Artigo 1	A bem-aventurança convém a Deus?	489
Artigo 2	Deus se diz bem-aventurado segundo o intelecto?	490
Artigo 3	Deus é a bem-aventurança de todo bem-aventurado?	491
Artigo 4	A bem-aventurança divina inclui toda bem-aventurança?	492

OS TRÊS QUE SÃO O DEUS ÚNICO

INTRODUÇÃO E NOTAS POR JEAN-HERVÉ NICOLAS		497
Questão 27	**A processão das pessoas divinas**	499
Artigo 1	Há processão em Deus?	499
Artigo 2	Há em Deus uma processão que se possa chamar geração?	502
Artigo 3	Há em Deus outra processão além da geração do verbo?	504
Artigo 4	A processão do amor em Deus é geração?	506
Artigo 5	Há em Deus mais de duas processões?	508
Questão 28	**As relações divinas**	510
Artigo 1	Há em Deus relações reais?	510
Artigo 2	Em Deus a relação é o mesmo que a essência?	513
Artigo 3	As relações que existem em Deus se distinguem realmente umas das outras?	517
Artigo 4	Há em Deus somente quatro relações reais: paternidade, filiação, espiração e processão?	519
Questão 29	**As pessoas divinas**	521
Artigo 1	A definição de pessoa	522
Artigo 2	Pessoa é o mesmo que hipóstase, subsistência e essência?	525
Artigo 3	Deve-se dar o nome de *pessoa* a Deus?	527
Artigo 4	Em Deus, o termo *pessoa* significa relação?	530
Questão 30	**A pluralidade de pessoas em Deus**	534
Artigo 1	É preciso afirmar várias pessoas em Deus?	534
Artigo 2	Há mais que três pessoas em Deus?	536
Artigo 3	Os numerais acrescentam algo em Deus?	539
Artigo 4	O nome *pessoa* pode ser comum às três pessoas?	542
Questão 31	**Unidade e pluralidade em Deus**	544
Artigo 1	Há trindade em Deus?	545
Artigo 2	É o Filho distinto do Pai?	547
Artigo 3	Pode-se, em Deus, unir a expressão exclusiva *só* a um termo essencial?	550
Artigo 4	Pode-se unir uma expressão exclusiva a um nome pessoal?	552
Questão 32	**O conhecimento das pessoas divinas**	554
Artigo 1	A Trindade das Pessoas divinas pode ser conhecida pela razão natural?	555
Artigo 2	Devem-se afirmar noções em Deus?	560
Artigo 3	Há cinco noções?	563

Artigo 4	É permitido ter opiniões contrárias sobre as noções?	566
Questão 33	**A pessoa do Pai**	567
Artigo 1	Convém ao Pai ser princípio?	567
Artigo 2	O nome *Pai* é um nome próprio de pessoa divina?	569
Artigo 3	O nome *Pai* atribui-se a Deus mais em sentido pessoal?	571
Artigo 4	É próprio do Pai ser ingênito?	574
Questão 34	**O Verbo**	577
Artigo 1	O Verbo é um nome pessoal em Deus?	578
Artigo 2	Verbo é o nome próprio do Filho?	582
Artigo 3	O nome Verbo implica uma relação com a criatura?	584
Questão 35	**A imagem**	587
Artigo 1	Em Deus, Imagem é dita em sentido pessoal?	587
Artigo 2	O nome Imagem é próprio do Filho?	588
Questão 36	**A pessoa do Espírito Santo**	590
Artigo 1	O nome *Espírito Santo* é o nome próprio de uma pessoa divina?	591
Artigo 2	O Espírito Santo procede do Filho?	593
Artigo 3	O Espírito Santo procede do Pai pelo Filho?	598
Artigo 4	O Pai e o Filho são um só princípio do Espírito Santo?	601
Questão 37	**O nome amor dado ao Espírito Santo**	605
Artigo 1	Amor é o nome próprio do Espírito Santo?	605
Artigo 2	O Pai e o Filho se amam pelo Espírito Santo?	608
Questão 38	**O dom**	611
Artigo 1	Dom é um nome pessoal?	612
Artigo 2	Dom é nome próprio do Espírito Santo?	614
Questão 39	**Relação das pessoas com a essência**	615
Artigo 1	Em Deus, a essência é o mesmo que a pessoa?	616
Artigo 2	Deve-se dizer que há três Pessoas de uma *única essência*?	618
Artigo 3	Os nomes essenciais são atribuídos às três Pessoas no singular?	621
Artigo 4	Os nomes essenciais concretos podem designar a pessoa?	623
Artigo 5	Os nomes essenciais, expressos abstratamente, podem designar a pessoa?	627
Artigo 6	As pessoas podem ser predicadas dos nomes essenciais?	630
Artigo 7	Os nomes essenciais se devem atribuir como próprios às Pessoas?	631
Artigo 8	Os nomes essenciais foram convenientemente atribuídos às Pessoas pelos santos Doutores?	633
Questão 40	**As pessoas em comparação com as relações ou propriedades**	640
Artigo 1	Relação é o mesmo que pessoa?	640
Artigo 2	As pessoas distinguem-se pelas relações?	642
Artigo 3	Se pelo intelecto se abstraem das pessoas as relações, permanecem as hipóstases?	645
Artigo 4	As propriedades pressupõem os atos nocionais?	648
Questão 41	**As pessoas em comparação com os atos nocionais**	650
Artigo 1	Devem-se atribuir às pessoas atos nocionais?	650
Artigo 2	Os atos nocionais são voluntários?	652
Artigo 3	Os atos nocionais procedem de algo?	655
Artigo 4	Em Deus há uma potência em relação aos atos nocionais?	658
Artigo 5	A potência de gerar e espirar significa a relação e não a essência?	660
Artigo 6	Os atos nocionais podem ter como termos várias pessoas?	662
Questão 42	**Igualdade e semelhança das pessoas divinas**	664
Artigo 1	Há igualdade entre as pessoas divinas?	664
Artigo 2	A pessoa que procede é coeterna com seu princípio, como o Filho com o Pai	668
Artigo 3	Há uma ordem de natureza nas pessoas divinas?	670

Artigo 4	O Filho é igual ao Pai em grandeza?...	672
Artigo 5	O Filho está no Pai e o Pai no Filho?...	674
Artigo 6	O Filho é igual ao Pai em potência?...	675
Questão 43	**A missão das pessoas divinas**	677
Artigo 1	Convém a uma Pessoa divina ser enviada?.......................................	678
Artigo 2	A missão é eterna ou apenas temporal?...	679
Artigo 3	A missão invisível de uma Pessoa divina só se realiza pelo dom da graça santificante?...	680
Artigo 4	Também ao Pai convém ser enviado?...	683
Artigo 5	Convém ao Filho ser enviado invisivelmente?.................................	684
Artigo 6	A missão invisível se realiza em todos os participantes da graça?.....	686
Artigo 7	Convém ao Espírito Santo ser visivelmente enviado?......................	688
Artigo 8	Uma Pessoa divina só é enviada pela Pessoa da qual procede eternamente?.............	692

ÍNDICE DO VOLUME 2 DA SUMA TEOLÓGICA
I Parte – Questões 44 a 119

Siglas e Abreviaturas...	9
Autores e obras citados por Sto. Tomás na I parte – Questões 44 a 119.............	11
Fontes usadas por Sto. Tomás na I parte – Questões 44 a 119...........................	27

O DEUS CRIADOR

INTRODUÇÃO E NOTAS POR JEAN-MICHEL MALDAMÉ		33
Introdução		35
Questão 44	**A processão das criaturas a partir de Deus e a causa primeira de todos os entes**	37
Artigo 1	É necessário que todo ente seja criado por Deus?...........................	37
Artigo 2	A matéria primeira é criada por Deus?...	40
Artigo 3	É a causa exemplar algo além de Deus?...	42
Artigo 4	Deus é a causa final de tudo?...	44
Questão 45	**O modo como as coisas emanam do primeiro princípio**	45
Artigo 1	Criar é fazer alguma coisa do nada?...	46
Artigo 2	Deus pode criar alguma coisa?...	48
Artigo 3	A criação é alguma coisa nas criaturas?...	50
Artigo 4	Ser criado é próprio do que é composto e subsistente?	52
Artigo 5	Criar é próprio só de Deus?..	53
Artigo 6	Criar é próprio de uma das Pessoas?..	57
Artigo 7	É necessário encontrar algum vestígio da Trindade nas criaturas?......	60
Artigo 8	A criação se mescla às obras da natureza e da arte?......................	62
Questão 46	**O princípio de duração das criaturas**	63
Artigo 1	O universo criado existiu sempre?...	64
Artigo 2	Que o mundo tenha começado, é artigo de fé?...............................	70
Artigo 3	A criação das coisas teve lugar no princípio do tempo?.................	74
Questão 47	**A diferença entre as coisas em geral**	76
Artigo 1	A multiplicidade das coisas e a distinção entre elas provêm de Deus?.....	76
Artigo 2	A desigualdade das coisas vem de Deus?.......................................	79
Artigo 3	Há um único mundo?...	82

Questão 48	**A distinção das coisas em particular**	83
Artigo 1	O mal é uma natureza?	84
Artigo 2	O mal se encontra nas coisas?	87
Artigo 3	O mal está no bem como em seu sujeito?	89
Artigo 4	O mal destrói totalmente o bem?	91
Artigo 5	Divide-se o mal suficientemente em pena e culpa?	93
Artigo 6	Tem mais razão de mal a pena ou a culpa?	95
Questão 49	**A causa do mal**	97
Artigo 1	O bem pode ser a causa do mal?	97
Artigo 2	O supremo bem, que é Deus, é causa do mal?	100
Artigo 3	Há um supremo mal que seja a causa primeira de todos os males?	102

O ANJO

INTRODUÇÃO E NOTAS POR JEAN-HERVÉ NICOLAS		107
Introdução		109
Questão 50	**A natureza dos anjos de modo absoluto**	113
Artigo 1	O anjo é totalmente incorpóreo?	113
Artigo 2	O anjo é composto de matéria e forma?	115
Artigo 3	Os anjos são em grande número?	119
Artigo 4	Os anjos diferem pela espécie?	122
Artigo 5	Os anjos são incorruptíveis?	124
Questão 51	**A comparação dos anjos com os corpos**	126
Artigo 1	Os anjos têm corpos unidos a eles naturalmente?	126
Artigo 2	Os anjos assumem os corpos?	128
Artigo 3	Os anjos exercem as operações vitais nos corpos que assumem?	130
Questão 52	**A comparação dos anjos com o lugar**	134
Artigo 1	O anjo está em um lugar?	134
Artigo 2	O anjo pode estar em muitos lugares ao mesmo tempo?	135
Artigo 3	Muitos anjos podem estar simultaneamente no mesmo lugar?	137
Questão 53	**O movimento local dos anjos**	138
Artigo 1	O anjo pode mover-se localmente?	138
Artigo 2	O anjo atravessa o espaço intermediário?	141
Artigo 3	O movimento do anjo é instantâneo?	143
Questão 54	**O conhecimento dos anjos**	146
Artigo 1	É a intelecção do anjo sua substância?	147
Artigo 2	A intelecção do anjo é seu existir?	149
Artigo 3	A potência intelectiva do anjo é sua essência?	150
Artigo 4	Há no anjo intelecto agente e intelecto possível?	152
Artigo 5	Há nos anjos somente conhecimento intelectivo?	153
Questão 55	**O meio do conhecimento angélico**	155
Artigo 1	Os anjos conhecem todas as coisas por sua substância?	155
Artigo 2	Os anjos conhecem mediante as espécies recebidas das coisas?	158
Artigo 3	Conhecem os anjos superiores por espécies mais universais que os inferiores?	160
Questão 56	**O conhecimento dos anjos quanto às coisas imateriais**	162
Artigo 1	O anjo conhece a si mesmo?	162
Artigo 2	Um anjo conhece outro anjo?	164
Artigo 3	Podem os anjos por suas faculdades naturais conhecer Deus?	167
Questão 57	**O conhecimento que os anjos têm das coisas materiais**	169
Artigo 1	Os anjos conhecem as coisas materiais?	169
Artigo 2	Os anjos conhecem as coisas singulares?	171
Artigo 3	Os anjos conhecem o futuro?	174
Artigo 4	Os anjos conhecem os pensamentos dos corações?	176

Artigo 5	Os anjos conhecem os mistérios da graça?..	178
Questão 58	**O modo do conhecimento angélico**	**181**
Artigo 1	O intelecto dos anjos está às vezes em potência, às vezes em ato?.......	181
Artigo 2	O anjo pode conhecer simultaneamente muitas coisas?........................	183
Artigo 3	O anjo conhece por discurso?...	184
Artigo 4	Os anjos conhecem por composição e divisão?.....................................	186
Artigo 5	Poderá haver falsidade no intelecto dos anjos?.....................................	188
Artigo 6	Há no anjo conhecimento matutino e vespertino?................................	190
Artigo 7	É um só o conhecimento matutino e o vespertino?..............................	192
Questão 59	**A vontade dos anjos**	**194**
Artigo 1	Os anjos têm vontade?...	195
Artigo 2	Diferencia-se nos anjos a vontade do intelecto e da natureza?.............	197
Artigo 3	Os anjos têm livre-arbítrio?...	199
Artigo 4	Têm os anjos o irascível e o concupiscível?...	200
Questão 60	**O amor ou dileção dos anjos**	**202**
Artigo 1	Tem o anjo o amor natural?...	203
Artigo 2	Têm os anjos amor eletivo?...	205
Artigo 3	O anjo ama a si mesmo com amor natural e eletivo?...........................	207
Artigo 4	Ama um anjo a outro como a si mesmo com amor natural?.................	208
Artigo 5	O anjo ama a Deus com amor natural mais do que a si mesmo?..........	210
Questão 61	**A produção dos anjos em seu ser natural**	**213**
Artigo 1	Têm os anjos uma causa de seu existir?..	214
Artigo 2	Foi o anjo criado por Deus desde toda a eternidade?...........................	215
Artigo 3	Foram os anjos criados antes do mundo corpóreo?..............................	216
Artigo 4	Foram os anjos criados no céu empíreo?..	218
Questão 62	**A perfeição dos anjos no estado de graça e de glória**	**219**
Artigo 1	Foram os anjos bem-aventurados em sua criação?...............................	220
Artigo 2	Necessitou o anjo da graça para converter-se para Deus?.....................	222
Artigo 3	Foram os anjos criados em estado de graça?..	224
Artigo 4	O anjo bem-aventurado mereceu sua bem-aventurança?......................	225
Artigo 5	O anjo, após um só ato meritório, teve de imediato a bem-aventurança?......	227
Artigo 6	Conseguiram os anjos a graça e a glória segundo a quantidade de seus dotes naturais?..	229
Artigo 7	Permanecem nos anjos bem-aventurados o conhecimento e o amor naturais?......	231
Artigo 8	Pode pecar o anjo bem-aventurado?...	232
Artigo 9	Podem progredir em bem-aventurança os anjos bem-aventurados?......	234
Questão 63	**O mal dos anjos quanto à culpa**	**236**
Artigo 1	Nos anjos pode haver o mal da culpa?..	237
Artigo 2	Há nos anjos só pecado de soberba e de inveja?...................................	239
Artigo 3	O diabo desejou ser como Deus?..	241
Artigo 4	Alguns demônios são naturalmente maus?...	243
Artigo 5	Tornou-se mau, o diabo, no instante de sua criação, por culpa de sua vontade?......	245
Artigo 6	Houve um espaço de tempo entre a criação e a queda do anjo?...........	248
Artigo 7	O anjo maior entre os que pecaram era o maior entre todos os anjos?......	250
Artigo 8	O pecado do primeiro anjo foi causa de pecar para os outros?.............	252
Artigo 9	Foram tantos os que pecaram quanto os que permaneceram?...............	254
Questão 64	**A pena dos demônios**	**255**
Artigo 1	Está o intelecto do demônio obscurecido pela privação do conhecimento de toda a verdade?...	256
Artigo 2	A vontade do demônio está obstinada no mal?.....................................	259
Artigo 3	Há dor nos demônios?...	262
Artigo 4	Nossa atmosfera é o lugar da pena dos demônios?...............................	264

A OBRA DOS SEIS DIAS

INTRODUÇÃO E NOTAS POR ANDRÉ-MARIE DUBARLE 267
Introdução 269

Questão 65 A obra da criação da criatura corporal 273
  Artigo 1   A criatura corporal foi criada por Deus? 273
  Artigo 2   A criatura corporal foi criada por causa da bondade de Deus? 275
  Artigo 3   Criou Deus a criatura corporal mediante os anjos? 277
  Artigo 4   Procedem dos anjos as formas dos corpos? 279

Questão 66 A ordem da criação quanto à distinção 282
  Artigo 1   O estado informe da matéria precedeu no tempo à sua formação? 282
  Artigo 2   É uma só a matéria informe de todos os corpos? 286
  Artigo 3   O céu empíreo foi concriado com a matéria informe? 289
  Artigo 4   O tempo foi concriado com a matéria informe? 293

Questão 67 A obra da distinção em si mesma 294
  Artigo 1   Atribui-se a luz, em sentido próprio, às coisas espirituais? 295
  Artigo 2   A luz é corpo? 296
  Artigo 3   A luz é qualidade? 297
  Artigo 4   Foi conveniente afirmar a produção da luz no primeiro dia? 299

Questão 68 A obra do segundo dia 303
  Artigo 1   O firmamento foi feito no segundo dia? 303
  Artigo 2   Estavam as águas acima do firmamento? 306
  Artigo 3   O firmamento divide as águas das águas? 309
  Artigo 4   Há um único céu? 311

Questão 69 A obra do terceiro dia 313
  Artigo 1   É correto dizer que a reunião das águas foi feita no terceiro dia? 313
  Artigo 2   É correto ler que a produção das plantas aconteceu no terceiro dia? 317

Questão 70 A obra de ornamentação do quarto dia 319
  Artigo 1   Deveriam os astros luminosos ser produzidos no quarto dia? 320
  Artigo 2   A causa da produção dos astros luminosos está convenientemente descrita? ... 323
  Artigo 3   São animados os astros luminosos do céu? 325

Questão 71 Sobre a obra do quinto dia 329

Questão 72 Sobre a obra do sexto dia 331

Questão 73 Sobre o que pertence ao sétimo dia 334
  Artigo 1   Devia-se registrar o acabamento das obras divinas no sétimo dia? 334
  Artigo 2   Deus repousou no sétimo dia de todas as suas obras? 337
  Artigo 3   Devem estar no sétimo dia a bênção e a santificação? 338

Questão 74 Os sete dias em conjunto 340
  Artigo 1   São suficientes os sete dias mencionados? 340
  Artigo 2   Todos estes dias são um só dia? 342
  Artigo 3   São convenientes os termos da Escritura que designam as obras dos seis dias? ... 345

O HOMEM

INTRODUÇÃO E NOTAS POR MARIE-JOSEPH NICOLAS 351
Introdução geral 353

Questão 75 O homem composto de substância espiritual e corporal. A essência da alma ... 355
  Artigo 1   A alma é corpo? 355
  Artigo 2   A alma humana é algo subsistente? 358
  Artigo 3   As almas dos animais irracionais são subsistentes? 360
  Artigo 4   A alma é o homem? 362
  Artigo 5   A alma é composta de matéria e forma? 363
  Artigo 6   A alma humana é corruptível? 366
  Artigo 7   A alma e o anjo são de uma só espécie? 369

Questão 76	**A união da alma com o corpo**	371
Artigo 1	O princípio intelectivo se une ao corpo como forma?	372
Artigo 2	O princípio intelectivo se multiplica com a multiplicação dos corpos?	378
Artigo 3	Há no homem, além da alma intelectiva, outras almas essencialmente diferentes?	383
Artigo 4	Há no homem outra forma além da alma intelectiva?	387
Artigo 5	Une-se a alma intelectiva de modo conveniente a este corpo?	391
Artigo 6	A alma intelectiva está unida ao corpo por meio de disposições acidentais?	394
Artigo 7	A alma está unida ao corpo do animal mediante outro corpo?	396
Artigo 8	A alma está toda em cada parte do corpo?	398
Questão 77	**As potências da alma em geral**	402
Artigo 1	A essência da alma é sua potência?	402
Artigo 2	Há muitas potências na alma?	406
Artigo 3	As potências se distinguem pelos atos e objetos?	408
Artigo 4	Existe ordem entre as potências da alma?	410
Artigo 5	Todas as potências da alma estão na alma como em seu sujeito?	412
Artigo 6	As potências da alma emanam de sua essência?	414
Artigo 7	Uma potência da alma procede de outra?	416
Artigo 8	Todas as potências da alma permanecem na alma separada do corpo?	417
Questão 78	**As potências da alma em particular**	419
Artigo 1	Devem-se distinguir cinco gêneros de potências da alma?	420
Artigo 2	Convém distinguir as partes vegetativas como de nutrição, de crescimento e de geração?	423
Artigo 3	Convém distinguir cinco sentidos externos?	426
Artigo 4	Convém distinguir os sentidos internos?	430
Questão 79	**As potências intelectivas**	434
Artigo 1	O intelecto é uma potência da alma?	435
Artigo 2	O intelecto é uma potência passiva?	436
Artigo 3	Deve-se afirmar um intelecto agente?	439
Artigo 4	O intelecto agente é parte da alma?	441
Artigo 5	O intelecto agente é um só em todos?	445
Artigo 6	Está a memória na parte intelectiva da alma?	446
Artigo 7	A memória intelectiva é uma potência distinta do intelecto?	450
Artigo 8	A razão é uma potência distinta do intelecto?	451
Artigo 9	A razão superior e a razão inferior são potências diferentes?	453
Artigo 10	A inteligência é uma potência distinta do intelecto?	456
Artigo 11	O intelecto especulativo e o intelecto prático são potências diferentes?	458
Artigo 12	A sindérese é uma potência especial distinta das outras?	460
Artigo 13	A consciência é uma potência?	462
Questão 80	**As potências apetitivas em geral**	464
Artigo 1	O apetite é uma potência especial da alma?	464
Artigo 2	O apetite sensitivo e o apetite intelectivo são potências diferentes?	466
Questão 81	**A sensibilidade**	468
Artigo 1	A sensibilidade é apenas apetitiva?	468
Artigo 2	O apetite sensitivo se distingue em irascível e concupiscível como sendo potências diferentes?	469
Artigo 3	A potência irascível e a concupiscível obedecem à razão?	471
Questão 82	**A vontade**	474
Artigo 1	A vontade deseja alguma coisa de maneira necessária?	475
Artigo 2	A vontade quer necessariamente tudo o que ela quer?	477
Artigo 3	A vontade é uma potência superior ao intelecto?	479
Artigo 4	A vontade move o intelecto?	481
Artigo 5	Devem-se distinguir a potência irascível e a concupiscível no apetite superior?	483

Questão 83	O livre-arbítrio	485
Artigo 1	O homem é dotado de livre-arbítrio?	486
Artigo 2	O livre-arbítrio é uma potência?	489
Artigo 3	O livre-arbítrio é uma potência apetitiva?	491
Artigo 4	O livre-arbítrio é uma potência distinta da vontade?	492

O PENSAMENTO HUMANO 495

Questão 84	Como a alma, unida ao corpo, conhece as coisas corporais que lhe são inferiores?	497
Artigo 1	A alma conhece os corpos pelo intelecto?	498
Artigo 2	A alma conhece as coisas corporais por sua essência?	500
Artigo 3	A alma conhece todas as coisas por meio de espécies naturalmente inatas?	504
Artigo 4	As espécies inteligíveis chegam à alma a partir de algumas formas separadas?	506
Artigo 5	A alma intelectiva conhece as coisas materiais nas razões eternas?	510
Artigo 6	O conhecimento intelectual é adquirido a partir das coisas sensíveis?	512
Artigo 7	O intelecto pode conhecer em ato pelas espécies inteligíveis que possui em si, não se voltando para as representações imaginárias?	516
Artigo 8	O juízo do intelecto é impedido pelo impedimento do sentido?	519
Questão 85	O modo e a ordem de conhecer	521
Artigo 1	Nosso intelecto conhece as coisas corpóreas e materiais por meio de abstração das representações imaginárias?	521
Artigo 2	As espécies inteligíveis abstraídas das representações imaginárias se referem a nosso intelecto como aquilo que é conhecido?	526
Artigo 3	O que é mais universal é anterior em nosso conhecimento intelectual?	530
Artigo 4	Podemos conhecer muitas coisas ao mesmo tempo?	534
Artigo 5	Nosso intelecto conhece compondo e dividindo?	536
Artigo 6	O intelecto pode errar?	538
Artigo 7	Pode alguém conhecer uma só e mesma coisa melhor do que outro?	540
Artigo 8	O intelecto conhece o indivisível antes do divisível?	542
Questão 86	O que nosso intelecto conhece nas realidades materiais	544
Artigo 1	Nosso intelecto conhece os singulares?	544
Artigo 2	Pode nosso intelecto conhecer coisas infinitas?	546
Artigo 3	Nosso intelecto conhece o que é contingente?	548
Artigo 4	Nosso intelecto conhece o futuro?	550
Questão 87	Como a alma intelectiva conhece a si mesma e ao que nela se encontra?	552
Artigo 1	A alma intelectiva conhece a si mesma por sua essência?	553
Artigo 2	Nosso intelecto conhece os hábitos da alma pela essência deles?	556
Artigo 3	O intelecto conhece seu próprio ato?	558
Artigo 4	O intelecto conhece o ato da vontade?	560
Questão 88	Como a alma humana conhece o que está acima de si?	562
Artigo 1	Pode a alma humana, segundo o estado da vida presente, conhecer as substâncias imateriais por si mesmas?	562
Artigo 2	Nosso intelecto pode chegar a conhecer as substâncias imateriais pelo conhecimento das coisas materiais?	568
Artigo 3	Deus é o primeiro objeto conhecido pelo espírito humano?	570
Questão 89	Do conhecimento da alma separada	571
Artigo 1	A alma separada pode compreender alguma coisa?	572
Artigo 2	A alma separada conhece as substâncias separadas?	576
Artigo 3	A alma separada conhece todas as coisas naturais?	578
Artigo 4	A alma separada conhece as coisas singulares?	579
Artigo 5	O *habitus* da ciência aqui adquirido permanece na alma separada?	581
Artigo 6	O ato de ciência aqui adquirida permanece na alma separada?	583
Artigo 7	A distância local impede o conhecimento da alma separada?	585
Artigo 8	As almas separadas conhecem o que se faz aqui no mundo?	586

AS ORIGENS DO HOMEM

Questão 90	**A primeira produção da alma do homem**	593
Artigo 1	A alma humana é feita ou é da substância de Deus?	593
Artigo 2	A alma tem o existir produzido por criação?	595
Artigo 3	A alma racional foi produzida imediatamente por Deus?	597
Artigo 4	A alma humana foi produzida antes do corpo?	598
Questão 91	**A produção do corpo do primeiro homem**	600
Artigo 1	O corpo do primeiro homem foi feito do barro da terra?	600
Artigo 2	O corpo humano foi produzido imediatamente por Deus?	603
Artigo 3	O corpo humano teve uma disposição conveniente?	605
Artigo 4	A produção do corpo humano está descrita convenientemente na Escritura?	609
Questão 92	**A produção da mulher**	611
Artigo 1	A mulher deveria ser produzida na primeira produção das coisas?	611
Artigo 2	A mulher deveria ter sido feita do homem?	613
Artigo 3	A mulher deveria ser formada da costela do homem?	615
Artigo 4	A mulher foi imediatamente formada por Deus?	617
Questão 93	**O fim ou o termo da produção do homem**	618
Artigo 1	Há imagem de Deus no homem?	619
Artigo 2	A imagem de Deus se encontra nas criaturas irracionais?	621
Artigo 3	O anjo é mais à imagem de Deus que o homem?	623
Artigo 4	A imagem de Deus se encontra em todo homem?	625
Artigo 5	Há no homem a imagem de Deus quanto à Trindade das Pessoas?	626
Artigo 6	A imagem de Deus está no homem somente segundo a mente?	629
Artigo 7	A imagem de Deus se encontra na alma segundo os atos?	633
Artigo 8	A imagem da Trindade divina está na alma somente por comparação com o objeto que é Deus?	636
Artigo 9	A *semelhança* se distingue convenientemente da *imagem*?	639
Questão 94	**Estado e condição do primeiro homem quanto ao intelecto**	641
Artigo 1	O primeiro homem via Deus em sua essência?	642
Artigo 2	Adão, no estado de inocência, via os anjos em sua essência?	645
Artigo 3	O primeiro homem teve ciência de todas as coisas?	647
Artigo 4	O homem em seu primeiro estado poderia se enganar?	649
Questão 95	**O que se refere à vontade do primeiro homem, a saber, a graça e a justiça**	652
Artigo 1	O primeiro homem foi criado na graça?	652
Artigo 2	No primeiro homem havia paixões da alma?	655
Artigo 3	Adão tinha todas as virtudes?	657
Artigo 4	As obras do primeiro homem eram menos eficazes para merecer do que as nossas obras?	659
Questão 96	**O domínio que cabia ao homem no estado de inocência**	661
Artigo 1	Adão no estado de inocência dominava os animais?	662
Artigo 2	O homem tinha domínio sobre todas as outras criaturas?	664
Artigo 3	Os homens eram iguais no estado de inocência?	665
Artigo 4	O homem dominava, no estado de inocência, outro homem?	667
Questão 97	**O que pertence ao estado do primeiro homem quanto à conservação do indivíduo**	669
Artigo 1	O homem no estado de inocência seria imortal?	669
Artigo 2	O homem no estado de inocência era passível?	671
Artigo 3	O homem no estado de inocência tinha necessidade de alimentos?	673
Artigo 4	O homem no estado de inocência teria conseguido a imortalidade pela árvore da vida?	675
Questão 98	**O que pertence à conservação da espécie**	677
Artigo 1	No estado de inocência teria havido geração?	677

Artigo 2	No estado de inocência teria havido geração pela união carnal?...........................	679
Questão 99	**A condição da geração da prole quanto ao corpo**	682
Artigo 1	No estado de inocência, as crianças, recém-nascidas, teriam a força perfeita para movimento dos membros?...	683
Artigo 2	No primeiro estado, teriam nascido mulheres?...	685
Questão 100	**A condição da geração da prole quanto à justiça**	686
Artigo 1	Os homens teriam nascido com a justiça?..	686
Artigo 2	As crianças nascidas no estado de inocência teriam sido confirmadas na justiça?..........	688
Questão 101	**A condição da geração da prole quanto à ciência**	690
Artigo 1	No estado de inocência as crianças teriam nascido perfeitas na ciência?.......	690
Artigo 2	As crianças recém-nascidas teriam o uso perfeito da razão?............................	691
Questão 102	**O lugar do homem: o paraíso**	693
Artigo 1	O Paraíso é um lugar corpóreo?..	693
Artigo 2	O paraíso era um lugar conveniente à habitação humana?...............................	696
Artigo 3	O homem foi posto no paraíso para trabalhar e guardá-lo?.............................	698
Artigo 4	O homem teria sido feito no paraíso?...	699

O GOVERNO DIVINO

INTRODUÇÃO E NOTAS POR MARIE-JOSEPH NICOLAS		701
Introdução		703
Questão 103	**O governo das coisas em geral**	705
Artigo 1	O mundo é governado por algo?..	705
Artigo 2	O fim do governo do mundo é algo exterior ao mundo?................................	707
Artigo 3	O mundo é governado por um único?..	709
Artigo 4	O efeito do governo é um só, e não múltiplo?...	711
Artigo 5	Todas as coisas são submetidas ao governo divino?.......................................	712
Artigo 6	Todas as coisas são governadas imediatamente por Deus?.............................	715
Artigo 7	Alguma coisa pode acontecer fora da ordem do governo divino?..................	716
Artigo 8	Alguma coisa pode se opor à ordem do governo divino?...............................	718
Questão 104	**Os efeitos do governo divino em particular**	719
Artigo 1	As criaturas precisam ser conservadas por Deus?...	720
Artigo 2	Deus conserva toda criatura de modo imediato?..	724
Artigo 3	Deus pode reduzir uma coisa ao nada?..	726
Artigo 4	Alguma coisa é reduzida ao nada?...	728
Questão 105	**A mutação das criaturas por Deus**	730
Artigo 1	Deus pode mover de maneira imediata a matéria para a forma?.....................	730
Artigo 2	Deus pode mover um corpo de maneira imediata?...	732
Artigo 3	Deus move o intelecto criado de maneira imediata?......................................	734
Artigo 4	Deus pode mover a vontade criada?...	736
Artigo 5	Deus opera em tudo o que opera?..	738
Artigo 6	Deus pode fazer algo fora da ordem impressa nas coisas?.............................	741
Artigo 7	Tudo o que Deus faz fora da ordem natural das coisas é milagre?.................	743
Artigo 8	Um milagre é maior que outro?..	745
Questão 106	**Como uma criatura move a outra**	746
Artigo 1	Um anjo ilumina outro anjo?..	747
Artigo 2	Um anjo pode mover a vontade de outro anjo?..	749
Artigo 3	Um anjo inferior pode iluminar um anjo superior?..	752
Artigo 4	O anjo superior ilumina o inferior sobre tudo aquilo que ele próprio conhece?.........	753
Questão 107	**A linguagem dos anjos**	755
Artigo 1	Um anjo fala a outro?...	756
Artigo 2	Um anjo inferior fala a um superior?...	758
Artigo 3	O anjo fala a Deus?..	760

Artigo 4	A distância local intervém na linguagem angélica?	761
Artigo 5	A linguagem entre dois anjos é conhecida de todos?	762
Questão 108	**A organização dos anjos em hierarquias e ordens**	**763**
Artigo 1	Todos os anjos pertencem a uma única hierarquia?	764
Artigo 2	Em uma hierarquia há várias ordens?	766
Artigo 3	Em uma ordem há muitos anjos?	768
Artigo 4	A distinção entre hierarquias e ordens é natural nos anjos?	770
Artigo 5	As ordens angélicas são convenientemente denominadas?	771
Artigo 6	Os graus das ordens são de modo conveniente classificadas?	776
Artigo 7	As ordens permanecerão após o dia do juízo?	781
Artigo 8	Os homens são elevados às ordens angélicas?	783
Questão 109	**A classificação dos anjos maus**	**785**
Artigo 1	Há ordens entre os demônios?	785
Artigo 2	Há precedência entre os demônios?	786
Artigo 3	Um demônio ilumina o outro?	788
Artigo 4	Os anjos bons têm precedência sobre os anjos maus?	789
Questão 110	**O poder dos anjos sobre a criatura corporal**	**790**
Artigo 1	A criatura corporal é governada pelos anjos?	791
Artigo 2	A matéria corporal obedece à vontade dos anjos?	794
Artigo 3	Os corpos obedecem aos anjos quanto ao movimento local?	796
Artigo 4	Os anjos podem fazer milagres?	798
Questão 111	**A ação dos anjos sobre os homens**	**800**
Artigo 1	O anjo pode iluminar o homem?	800
Artigo 2	Os anjos podem agir sobre a vontade do homem?	803
Artigo 3	O anjo pode agir sobre a imaginação do homem?	804
Artigo 4	O anjo pode agir sobre os sentidos humanos?	807
Questão 112	**A missão dos anjos**	**808**
Artigo 1	Há anjos que são enviados a serviço?	808
Artigo 2	Todos os anjos são enviados a serviço?	811
Artigo 3	Os anjos que são enviados mantêm-se na presença de Deus?	814
Artigo 4	Todos os anjos da segunda hierarquia são enviados?	815
Questão 113	**A guarda dos anjos bons**	**818**
Artigo 1	Os homens são guardados por anjos?	818
Artigo 2	Cada homem é guardado por um anjo?	820
Artigo 3	A guarda dos homens cabe somente à ordem inferior dos anjos?	822
Artigo 4	A todos os homens são delegados anjos para guardá-los?	824
Artigo 5	O anjo é delegado à guarda do homem desde o seu nascimento?	825
Artigo 6	O anjo da guarda abandona às vezes o homem?	827
Artigo 7	Os anjos sofrem pelos males dos que guardam?	828
Artigo 8	Pode haver entre os anjos lutas e discórdias?	830
Questão 114	**Os combates dos demônios**	**831**
Artigo 1	Os homens são combatidos pelos demônios?	832
Artigo 2	Tentar é próprio do diabo?	833
Artigo 3	Todos os pecados procedem da tentação do diabo?	835
Artigo 4	Os demônios podem seduzir os homens por meio de milagres verdadeiros?	837
Artigo 5	O demônio, vencido por alguém, desiste de combatê-lo por isso?	840
Questão 115	**A ação da criatura corporal**	**841**
Artigo 1	Algum corpo é ativo?	841
Artigo 2	Na matéria corporal existem razões seminais?	845
Artigo 3	Os corpos celestes são a causa do que acontece nos corpos inferiores?	847
Artigo 4	Os corpos celestes são causa dos atos humanos?	850
Artigo 5	Os corpos celestes podem influir sobre os demônios?	853
Artigo 6	Os corpos celestes impõem necessidade àqueles que estão sob sua ação?	855

Questão 116	O destino	857
Artigo 1	Existe destino?	857
Artigo 2	O destino está nas coisas criadas?	860
Artigo 3	O destino é imutável?	861
Artigo 4	Todas as coisas estão sob o destino?	863
Questão 117	O que se refere à ação do homem	864
Artigo 1	Um homem pode ensinar a outro?	865
Artigo 2	Os homens podem ensinar aos anjos?	869
Artigo 3	O homem pode, pelo poder da alma, agir sobre a matéria corporal?	871
Artigo 4	A alma humana separada pode mover os corpos ao menos localmente?	873
Questão 118	A geração do homem pelo homem, quanto à alma	874
Artigo 1	A alma sensitiva é transmitida com o sêmen?	875
Artigo 2	A alma intelectiva é causada pelo sêmen?	878
Artigo 3	As almas humanas foram criadas simultaneamente desde o começo do mundo?	882
Questão 119	O desenvolvimento do homem quanto ao corpo	885
Artigo 1	Uma parte dos alimentos se transforma verdadeiramente na natureza humana?	885
Artigo 2	O sêmen provém do supérfluo dos alimentos?	891

ÍNDICE DO VOLUME 3 DA SUMA TEOLÓGICA
I Seção da II Parte — Questões 1 a 48

Siglas e Abreviaturas	9
Autores e obras citados por Sto. Tomás na parte II – seção I – Questões 1 a 48	11
Fontes usadas por Sto. Tomás na parte II – seção I – Questões 1 a 48	21

A BEM-AVENTURANÇA

INTRODUÇÃO E NOTAS POR JEAN-LOUIS BRUGUÈS		25
Introdução		27
Prólogo		29
Questão 1	O último fim do homem	31
Artigo 1	Convém ao homem agir em vista do fim?	31
Artigo 2	Agir em vista do fim é próprio da natureza racional?	33
Artigo 3	O ato do homem recebe a espécie do fim?	35
Artigo 4	Há um último fim para a vida humana?	37
Artigo 5	Poderá haver muitos últimos fins para um só homem?	40
Artigo 6	Tudo aquilo que o homem quer é em vista do último fim?	42
Artigo 7	Há um só último fim para todos os homens?	43
Artigo 8	As outras criaturas têm como próprio esse último fim?	45
Questão 2	Em que consiste a bem-aventurança do homem	46
Artigo 1	A bem-aventurança do homem consiste nas riquezas?	46
Artigo 2	A bem-aventurança do homem consiste nas honras?	48
Artigo 3	A bem-aventurança do homem consiste na fama ou na glória?	50
Artigo 4	A bem-aventurança do homem consiste no poder?	52
Artigo 5	A bem-aventurança do homem consiste em algum bem do corpo?	53
Artigo 6	A bem-aventurança do homem consiste no prazer?	55

Artigo 7	A bem-aventurança consiste em algum bem da alma?	58
Artigo 8	A bem-aventurança consiste em algum bem criado?	60
Questão 3	**O que é a bem-aventurança**	**62**
Artigo 1	A bem-aventurança é algo criado?	62
Artigo 2	A bem-aventurança é uma ação?	64
Artigo 3	A bem-aventurança é ação da parte sensitiva ou somente da intelectiva?	66
Artigo 4	A bem-aventurança da parte intelectiva é ação do intelecto ou da vontade?	68
Artigo 5	A bem-aventurança é ação do intelecto especulativo ou do intelecto prático?	71
Artigo 6	A bem-aventurança consiste na consideração das ciências especulativas?	73
Artigo 7	A bem-aventurança consiste no conhecimento das substâncias separadas, isto é, dos anjos?	75
Artigo 8	A bem-aventurança do homem está na visão da essência divina?	77
Questão 4	**O que se requer para a bem-aventurança**	**79**
Artigo 1	Requer-se o prazer para a bem-aventurança?	79
Artigo 2	Na bem-aventurança é mais importante a visão do que o prazer?	81
Artigo 3	Para a bem-aventurança requer-se a compreensão?	82
Artigo 4	Requer-se para a bem-aventurança a retidão da vontade?	84
Artigo 5	Requer-se para a bem-aventurança do homem o corpo?	86
Artigo 6	Requer-se para a bem-aventurança alguma perfeição do corpo?	90
Artigo 7	Requerem-se alguns bens exteriores para a bem-aventurança?	92
Artigo 8	Requer-se companhia de amigos para a bem-aventurança?	94
Questão 5	**A aquisição da bem-aventurança**	**95**
Artigo 1	O homem pode conseguir a bem-aventurança?	96
Artigo 2	Pode um homem ser mais bem-aventurado do que outro?	97
Artigo 3	Alguém pode nesta vida ser bem-aventurado?	99
Artigo 4	Pode-se perder a bem-aventurança adquirida?	101
Artigo 5	O homem pode por seus dons naturais adquirir a bem-aventurança?	104
Artigo 6	O homem consegue a bem-aventurança pela ação de uma criatura superior?	106
Artigo 7	Algumas boas obras são exigidas para que o homem consiga de Deus a bem-aventurança?	108
Artigo 8	Todo homem deseja a bem-aventurança?	110

OS ATOS HUMANOS: SUA NATUREZA, ESTRUTURA E DINAMISMO

INTRODUÇÃO E NOTAS POR SERVAIS PINCKAERS		**113**
Introdução		115
Questão 6	**O voluntário e o involuntário**	**117**
Artigo 1	O voluntário se encontra nos atos humanos?	118
Artigo 2	Encontra-se o voluntário nos animais?	121
Artigo 3	O voluntário pode ser sem ato?	123
Artigo 4	Pode a vontade sofrer violência?	124
Artigo 5	A violência causa o involuntário?	126
Artigo 6	O medo causa o involuntário de modo absoluto?	128
Artigo 7	A concupiscência causa o involuntário?	130
Artigo 8	A ignorância causa o involuntário?	132
Questão 7	**As circunstâncias dos atos humanos**	**134**
Artigo 1	A circunstância é acidente do ato humano?	134
Artigo 2	O teólogo deve considerar as circunstâncias dos atos humanos?	136
Artigo 3	As circunstâncias estão convenientemente enumeradas no livro III da *Ética*?	138
Artigo 4	As circunstâncias *por quê* e *em que consta a ação* são as principais?	140
Questão 8	**A vontade e seu objeto**	**141**
Artigo 1	A vontade é somente do bem?	142

Artigo 2	A vontade é somente do fim ou também daquilo que é para o fim?	144
Artigo 3	Move-se a vontade pelo mesmo ato para o fim e para aquilo que é para o fim?	147
Questão 9	**O que move a vontade**	**148**
Artigo 1	A vontade é movida pelo intelecto?	149
Artigo 2	A vontade é movida pelo apetite sensitivo?	151
Artigo 3	Move-se a vontade a si mesma?	153
Artigo 4	A vontade se move por um princípio exterior?	154
Artigo 5	A vontade é movida por corpo celeste?	156
Artigo 6	A vontade é movida só por Deus como princípio exterior?	159
Questão 10	**O modo de mover-se da vontade**	**161**
Artigo 1	A vontade é movida naturalmente para alguma coisa?	161
Artigo 2	A vontade é movida necessariamente por seu objeto?	163
Artigo 3	A vontade é movida necessariamente pelo apetite sensitivo?	166
Artigo 4	A vontade é movida necessariamente pelo princípio exterior que é Deus?	168
Questão 11	**A fruição que é ato da vontade**	**169**
Artigo 1	Fruir é ato da potência apetitiva?	170
Artigo 2	Fruir convém à criatura racional ou também aos animais irracionais?	171
Artigo 3	Há fruição somente do fim último?	173
Artigo 4	Há fruição somente do fim possuído?	175
Questão 12	**A intenção**	**176**
Artigo 1	A intenção é ato do intelecto ou da vontade?	176
Artigo 2	A intenção é só do último fim?	178
Artigo 3	Alguém pode ter simultaneamente intenção de duas coisas?	180
Artigo 4	A intenção do fim é o mesmo ato que a volição do que é para o fim?	181
Artigo 5	A intenção convém aos animais irracionais?	183
Questão 13	**A eleição do que é para o fim pela vontade**	**184**
Artigo 1	A eleição é ato da vontade ou da razão?	185
Artigo 2	A eleição convém aos animais irracionais?	187
Artigo 3	A eleição é só do que é para o fim ou também, às vezes, do mesmo fim?	189
Artigo 4	A eleição é só daquilo que podemos fazer?	190
Artigo 5	A eleição é só das coisas possíveis?	191
Artigo 6	O homem elege necessária ou livremente?	193
Questão 14	**A deliberação que precede a eleição**	**195**
Artigo 1	A deliberação é uma investigação?	195
Artigo 2	A deliberação é somente sobre o fim, ou também sobre o que é para o fim?	197
Artigo 3	A deliberação é somente sobre nossas ações?	198
Artigo 4	A deliberação é sobre todas as nossas ações?	200
Artigo 5	A deliberação procede de modo resolutório?	201
Artigo 6	A deliberação procede ao infinito?	203
Questão 15	**O consentimento, que é ato da vontade, comparado com aquilo que é para o fim**	**204**
Artigo 1	O consentimento é ato da potência apetitiva ou da potência apreensiva?	205
Artigo 2	O consentimento convém aos animais irracionais?	206
Artigo 3	O consentimento é sobre o fim ou sobre o que é para o fim?	207
Artigo 4	O consentimento ao ato pertence só à parte superior da alma?	209
Questão 16	**O uso, que é ato da vontade, comparado com as coisas que são para o fim**	**211**
Artigo 1	O uso é ato da vontade?	211
Artigo 2	Convém o uso aos animais irracionais?	213
Artigo 3	O uso pode ser também do último fim?	214
Artigo 4	O uso precede a eleição?	215
Questão 17	**Os atos imperados pela vontade**	**217**
Artigo 1	Imperar é ato da razão ou da vontade?	217

Artigo 2	Imperar pertence aos animais irracionais?	219
Artigo 3	O uso precede o império?	220
Artigo 4	O império e o ato imperado são um só ato, ou são diversos?	222
Artigo 5	O ato da vontade é imperado?	224
Artigo 6	O ato da razão é imperado?	225
Artigo 7	O ato do apetite sensitivo é imperado?	227
Artigo 8	Os atos da alma vegetativa são imperados?	229
Artigo 9	Os atos dos membros externos são imperados?	230

OS ATOS HUMANOS: SUA DIFERENCIAÇÃO MORAL, BOA OU MÁ

INTRODUÇÃO E NOTAS POR SERVAIS PINCKAERS		233
Introdução		235
Questão 18	**A bondade e a malícia dos atos humanos em geral**	237
Artigo 1	Toda ação humana é boa ou alguma é má?	237
Artigo 2	O ato humano é bom ou mau pelo objeto?	240
Artigo 3	A ação humana é boa ou má pelas circunstâncias?	242
Artigo 4	A ação humana é boa ou má pelo fim?	243
Artigo 5	A ação humana é boa ou má em sua espécie?	245
Artigo 6	O ato tem a espécie de bem ou de mal pelo fim?	247
Artigo 7	A espécie que é pelo fim está contida na espécie que é pelo objeto, como em seu gênero, ou ao contrário?	249
Artigo 8	Algum ato é indiferente segundo sua espécie?	251
Artigo 9	Algum ato é indiferente segundo o indivíduo?	253
Artigo 10	Uma circunstância constitui o ato moral na espécie de bem ou de mal?	255
Artigo 11	Toda circunstância que aumenta a bondade ou a malícia constitui o ato moral na espécie de bem ou mal?	257
Questão 19	**A bondade e a malícia do ato interior da vontade**	259
Artigo 1	A bondade da vontade depende do objeto?	259
Artigo 2	A bondade da vontade depende só do objeto?	261
Artigo 3	A bondade da vontade depende da razão?	263
Artigo 4	A bondade da vontade depende da lei eterna?	264
Artigo 5	A vontade que discorda da razão errônea é má?	265
Artigo 6	A vontade que concorda com a razão errônea é boa?	268
Artigo 7	A bondade da vontade no que é para o fim depende da intenção do fim?	270
Artigo 8	A medida da bondade e da malícia na vontade é consequência da medida do bem ou do mal na intenção?	272
Artigo 9	A bondade da vontade depende da conformidade com a vontade divina?	274
Artigo 10	Para que a vontade humana seja boa é necessário que ela esteja em conformidade com a vontade divina no que quer?	276
Questão 20	**A bondade e a malícia dos atos humanos exteriores**	279
Artigo 1	A bondade ou a malícia da vontade está por primeiro no ato da vontade ou no ato exterior?	280
Artigo 2	Toda bondade e malícia do ato exterior depende da bondade da vontade?	281
Artigo 3	Uma só é a bondade e a malícia do ato exterior e do ato interior da vontade?	283
Artigo 4	O ato exterior acrescenta bondade ou malícia ao ato interior?	285
Artigo 5	O acontecimento subsequente acrescenta bondade ou malícia ao ato exterior?	287
Artigo 6	O mesmo ato exterior pode ser bom ou mau?	289
Questão 21	**As consequências dos atos humanos em razão da bondade e malícia**	290
Artigo 1	O ato humano enquanto bom ou mau tem razão de retidão ou de pecado?	291
Artigo 2	O ato humano, enquanto bom ou mau, tem razão de louvável ou culpável?	293
Artigo 3	O ato humano enquanto bom ou mau tem razão de mérito ou de demérito?	295
Artigo 4	O ato humano enquanto bom ou mau tem razão de mérito ou demérito diante de Deus?	297

AS PAIXÕES DA ALMA

INTRODUÇÃO E NOTAS POR ALBERT PLÉ 299
Introdução 301

Questão 22 O sujeito das paixões da alma 303
   Artigo 1   Existe alguma paixão na alma? 303
   Artigo 2   Encontra-se a paixão mais na parte apetitiva do que na apreensiva? 305
   Artigo 3   A paixão reside mais no apetite sensitivo do que no intelectivo, chamado vontade?... 308

Questão 23 Diferença das paixões entre si 309
   Artigo 1   As paixões do concupiscível e do irascível são diferentes? 310
   Artigo 2   A contrariedade entre as paixões do irascível
          é uma contrariedade segundo o bem e o mal? 312
   Artigo 3   Existe paixão da alma que não tenha o seu contrário? 314
   Artigo 4   Uma mesma potência pode ter paixões especificamente
          diferentes e não contrárias entre si? 316

Questão 24 O bem e o mal nas paixões da alma 318
   Artigo 1   Pode haver bem e mal moral nas paixões da alma? 318
   Artigo 2   Toda paixão da alma é moralmente má? 320
   Artigo 3   A paixão aumenta ou diminui a bondade ou a malícia do ato? 322
   Artigo 4   Alguma paixão é boa ou má por sua espécie? 325

Questão 25 A ordem das paixões entre si 326
   Artigo 1   As paixões do irascível têm prioridade sobre as paixões do concupiscível ou vice-versa? 327
   Artigo 2   O amor é a primeira das paixões do concupiscível? 329
   Artigo 3   A esperança é a primeira entre as paixões do irascível? 331
   Artigo 4   As principais paixões são as quatro seguintes:
          a alegria e a tristeza, a esperança e o temor? 333

Questão 26 O amor 335
   Artigo 1   O amor está no concupiscível? 335
   Artigo 2   O amor é paixão? 337
   Artigo 3   Amor é o mesmo que dileção? 339
   Artigo 4   O amor se divide convenientemente em amor de amizade e amor de concupiscência? ... 341

Questão 27 A causa do amor 342
   Artigo 1   O bem é a causa única do amor? 343
   Artigo 2   O conhecimento é causa do amor? 344
   Artigo 3   A semelhança é causa do amor? 346
   Artigo 4   Alguma outra paixão da alma é causa do amor? 348

Questão 28 Os efeitos do amor 349
   Artigo 1   A união é efeito do amor? 350
   Artigo 2   A mútua inerência é efeito do amor? 352
   Artigo 3   O êxtase é efeito do amor? 354
   Artigo 4   O ciúme é efeito do amor? 356
   Artigo 5   O amor é paixão que fere o amante? 357
   Artigo 6   O amor é causa de tudo o que o amante faz? 359

Questão 29 O ódio 360
   Artigo 1   O mal é causa e objeto do ódio? 361
   Artigo 2   O ódio é causado pelo amor? 362
   Artigo 3   O ódio é mais forte que o amor? 363
   Artigo 4   Alguém pode odiar a si mesmo? 365
   Artigo 5   Alguém pode odiar a verdade? 367
   Artigo 6   Pode-se ter ódio a alguma coisa em geral? 368

Questão 30	**A concupiscência**	370
Artigo 1	A concupiscência está só no apetite sensitivo?	370
Artigo 2	A concupiscência é uma paixão especial?	372
Artigo 3	Algumas concupiscências são naturais e outras não o são?	374
Artigo 4	A concupiscência é infinita?	376
Questão 31	**O deleite ou prazer em si mesmo**	378
Artigo 1	O prazer é paixão?	378
Artigo 2	O prazer está no tempo?	380
Artigo 3	O prazer difere da alegria?	382
Artigo 4	O prazer está no apetite intelectual?	383
Artigo 5	Os prazeres corporais e sensíveis são maiores do que os prazeres espirituais e inteligíveis?	385
Artigo 6	Os prazeres do tato são maiores que os prazeres dos outros sentidos?	388
Artigo 7	Algum prazer não é natural?	390
Artigo 8	O prazer pode ser contrário ao prazer?	392
Questão 32	**A causa do prazer**	393
Artigo 1	A ação é causa própria do prazer?	394
Artigo 2	O movimento é causa de prazer?	395
Artigo 3	A esperança e a memória são causa do prazer?	397
Artigo 4	A tristeza é causa de prazer?	399
Artigo 5	As ações dos outros são para nós causa de prazer?	400
Artigo 6	Fazer o bem a outro é causa de prazer?	402
Artigo 7	A semelhança é causa de prazer?	404
Artigo 8	A admiração é causa do prazer?	406
Questão 33	**Os efeitos do prazer**	408
Artigo 1	O prazer causa dilatação?	408
Artigo 2	O prazer causa a sede ou o desejo de si mesmo?	409
Artigo 3	O prazer impede o uso da razão?	412
Artigo 4	O prazer aperfeiçoa a ação?	413
Questão 34	**Bondade e malícia dos prazeres**	415
Artigo 1	Todo prazer é mau?	415
Artigo 2	Todo prazer é bom?	419
Artigo 3	Algum prazer é o melhor?	420
Artigo 4	O prazer é a medida ou a regra para julgar o bem ou o mal moral?	422
Questão 35	**A dor ou tristeza em si mesma**	424
Artigo 1	A dor é paixão da alma?	424
Artigo 2	Tristeza é o mesmo que dor?	426
Artigo 3	A tristeza ou dor é contrária ao prazer?	428
Artigo 4	Toda tristeza é contrária a todo prazer?	429
Artigo 5	Alguma tristeza é contrária ao prazer da contemplação?	432
Artigo 6	Deve-se evitar mais a tristeza do que desejar o prazer?	435
Artigo 7	A dor exterior é maior que a interior?	438
Artigo 8	Há somente quatro espécies de tristeza?	440
Questão 36	**As causas da tristeza ou dor**	442
Artigo 1	A causa da dor é o bem perdido, ou o mal presente?	442
Artigo 2	A concupiscência é causa de dor?	444
Artigo 3	O desejo de unidade é causa de dor?	446
Artigo 4	O poder a que não se pode resistir é causa de dor?	447
Questão 37	**Os efeitos da dor ou tristeza**	449
Artigo 1	A dor suprime a faculdade de aprender?	449
Artigo 2	O acabrunhamento do espírito é efeito da tristeza ou da dor?	451

Artigo 3	A tristeza ou a dor enfraquece toda ação?	453
Artigo 4	A tristeza prejudica mais o corpo que as outras paixões da alma?	454
Questão 38	**Os remédios da tristeza ou da dor**	**456**
Artigo 1	A dor ou tristeza é aliviada por qualquer prazer?	456
Artigo 2	A dor ou tristeza é aliviada pelas lágrimas?	458
Artigo 3	A tristeza ou dor é aliviada pela compaixão dos amigos?	459
Artigo 4	A dor e a tristeza são aliviadas pela contemplação da verdade?	461
Artigo 5	A dor e a tristeza são aliviadas pelo sono e pelos banhos?	462
Questão 39	**A bondade e a malícia da tristeza ou da dor**	**463**
Artigo 1	Toda tristeza é má?	464
Artigo 2	A tristeza pode ser um bem honesto?	465
Artigo 3	A tristeza pode ser um bem útil?	467
Artigo 4	A dor corporal pode ser o pior dos males?	468
Questão 40	**A esperança e o desespero**	**470**
Artigo 1	A esperança é o mesmo que desejo ou cupidez?	471
Artigo 2	A esperança está na potência apreensiva ou na apetitiva?	472
Artigo 3	Há esperança nos animais irracionais?	474
Artigo 4	O desespero é contrário à esperança?	476
Artigo 5	A experiência é causa de esperança?	477
Artigo 6	A esperança é abundante nos jovens e nos ébrios?	479
Artigo 7	A esperança é causa do amor?	480
Artigo 8	A esperança ajuda a ação, ou antes a impede?	481
Questão 41	**O temor em si mesmo**	**482**
Artigo 1	O temor é paixão da alma?	483
Artigo 2	O temor é uma paixão especial?	484
Artigo 3	Há um temor natural?	486
Artigo 4	As espécies do temor?	487
Questão 42	**O objeto do temor**	**489**
Artigo 1	O objeto do temor é o bem ou o mal?	490
Artigo 2	O mal da natureza é objeto de temor?	491
Artigo 3	O objeto do temor é o mal de culpa?	493
Artigo 4	Pode-se temer o próprio temor?	495
Artigo 5	Os males imprevistos são mais temidos?	496
Artigo 6	O que é irremediável é mais temido?	498
Questão 43	**A causa do temor**	**499**
Artigo 1	O amor causa o temor?	499
Artigo 2	A deficiência é causa de temor?	501
Questão 44	**Os efeitos do temor**	**502**
Artigo 1	O temor tem por efeito contrair?	502
Artigo 2	O temor leva a deliberar?	505
Artigo 3	O temor faz tremer?	506
Artigo 4	O temor impede a ação?	508
Questão 45	**A audácia**	**509**
Artigo 1	A audácia é contrária ao temor?	509
Artigo 2	A audácia é consequência da esperança?	510
Artigo 3	Alguma deficiência é causa da audácia?	512
Artigo 4	Os audaciosos estão mais dispostos no começo ou no meio do perigo?	514
Questão 46	**A ira em si mesma**	**516**
Artigo 1	A ira é uma paixão especial?	516
Artigo 2	O objeto da ira é o bem ou o mal?	518

Artigo 3	A ira está no concupiscível?	519
Artigo 4	A ira acompanha a razão?	521
Artigo 5	A ira é mais natural que a concupiscência?	522
Artigo 6	A ira é mais grave que o ódio?	524
Artigo 7	A ira se refere só aqueles aos quais a justiça se refere?	526
Artigo 8	As espécies da ira	528
Questão 47	**A causa efetiva da ira e seus remédios**	530
Artigo 1	O motivo da ira é sempre alguma coisa feita contra quem fica irado?	530
Artigo 2	Só o menoscabo ou o desprezo é motivo da ira?	532
Artigo 3	O valor do que fica irado é causa da ira?	534
Artigo 4	A deficiência de alguém é a causa de que contra ele mais facilmente nos irritemos?	535
Questão 48	**Os efeitos da ira**	536
Artigo 1	A ira causa prazer?	537
Artigo 2	A ira causa sobretudo calor no coração?	538
Artigo 3	A ira impede sobretudo o uso da razão?	541
Artigo 4	A ira causa sobretudo o silêncio?	542

ÍNDICE DO VOLUME 4 DA SUMA TEOLÓGICA
I Seção da II Parte – Questões 49 a 114

Siglas e Abreviaturas	9
Autores citados por Sto. Tomás na I Seção da II Parte – Questões 49 a 114	11
Fontes usadas por Sto. Tomás na I Seção da II Parte – Questões 49 a 114	25

OS HÁBITOS E AS VIRTUDES

INTRODUÇÃO E NOTAS POR ALBERT PLÉ		33
Introdução		35
Questão 49	**Os hábitos em geral quanto à sua substância**	37
Artigo 1	O hábito é uma qualidade?	37
Artigo 2	O hábito é uma espécie determinada de qualidade?	39
Artigo 3	O hábito implica ordenação ao ato?	43
Artigo 4	É necessário haver hábitos?	45
Questão 50	**O sujeito dos hábitos**	47
Artigo 1	Existe algum hábito no corpo?	48
Artigo 2	A alma é sujeito de hábitos segundo sua essência ou segundo sua potência?	51
Artigo 3	Nas potências da parte sensitiva pode existir algum hábito?	52
Artigo 4	Existem hábitos no intelecto?	54
Artigo 5	Existe algum hábito na vontade?	57
Artigo 6	Existem hábitos nos anjos?	59
Questão 51	**A causa dos hábitos quanto à sua geração**	61
Artigo 1	Existem hábitos provenientes da natureza?	61
Artigo 2	Existem hábitos causados por atos?	65
Artigo 3	Pode o hábito ser gerado por um só ato?	66
Artigo 4	Existem nos homens hábitos infundidos por Deus?	68

Questão 52	**O aumento dos hábitos**	70
Artigo 1	Os hábitos aumentam?	70
Artigo 2	Aumentam os hábitos por adição?	75
Artigo 3	Qualquer ato aumenta um hábito?	77
Questão 53	**A destruição e a diminuição dos hábitos**	79
Artigo 1	Pode o hábito desaparecer?	79
Artigo 2	Pode o hábito diminuir?	82
Artigo 3	Desaparece ou diminui um hábito pelo simples cessar dos atos?	84
Questão 54	**A distinção dos hábitos**	86
Artigo 1	Podem existir muitos hábitos numa só potência?	86
Artigo 2	Distinguem-se os hábitos pelos objetos?	88
Artigo 3	Distinguem-se os hábitos pelo bem e pelo mal?	90
Artigo 4	Um único hábito é constituído por muitos?	92
Questão 55	**A essência da virtude**	93
Artigo 1	A virtude humana é um hábito?	94
Artigo 2	A virtude humana é um hábito de ação?	96
Artigo 3	A virtude humana é um hábito bom?	98
Artigo 4	A virtude é definida convenientemente?	99
Questão 56	**O sujeito da virtude**	102
Artigo 1	A virtude está na potência da alma como em seu sujeito?	102
Artigo 2	Uma só virtude pode existir em várias potências?	104
Artigo 3	O intelecto pode ser sujeito da virtude?	105
Artigo 4	O irascível e o concupiscível são sujeito de virtude?	108
Artigo 5	As potências apreensivas sensitivas são sujeito de virtude?	110
Artigo 6	A vontade pode ser sujeito da virtude?	112
Questão 57	**A distinção das virtudes intelectuais**	114
Artigo 1	Os hábitos intelectuais especulativos são virtudes?	115
Artigo 2	São apenas três os hábitos intelectuais especulativos, a saber: a sabedoria, a ciência e o intelecto?	117
Artigo 3	A arte, como hábito intelectual, é uma virtude?	119
Artigo 4	A prudência é uma virtude distinta da arte?	121
Artigo 5	A prudência é uma virtude necessária ao homem?	124
Artigo 6	Bom conselho, bom senso e equidade são virtudes ligadas à prudência?	126
Questão 58	**A distinção entre virtudes morais e intelectuais**	128
Artigo 1	Toda virtude é uma virtude moral?	128
Artigo 2	A virtude moral distingue-se da intelectual?	130
Artigo 3	É suficiente dividir a virtude em moral e intelectual?	133
Artigo 4	A virtude moral pode existir sem a virtude intelectual?	135
Artigo 5	A virtude intelectual pode existir sem a virtude moral?	137
Questão 59	**Comparação da virtude moral com a paixão**	139
Artigo 1	A virtude moral é uma paixão?	139
Artigo 2	A virtude moral pode existir com a paixão?	141
Artigo 3	A virtude moral pode existir com a tristeza?	143
Artigo 4	Toda virtude moral diz respeito às paixões?	145
Artigo 5	Uma virtude moral pode existir sem paixão?	147
Questão 60	**A distinção das virtudes morais entre si**	148
Artigo 1	Existe uma só virtude moral?	149
Artigo 2	Distinguem-se as virtudes morais que dizem respeito às ações das que dizem respeito às paixões?	151
Artigo 3	Com respeito às ações, há uma só virtude moral?	152
Artigo 4	Com respeito a diferentes paixões, há diferentes virtudes morais?	154
Artigo 5	As virtudes morais distinguem-se pelos objetos das paixões?	156

Questão 61	**As virtudes cardeais**	160
Artigo 1	As virtudes morais devem ser chamadas de cardeais ou principais?................	161
Artigo 2	As virtudes cardeais são quatro?..	162
Artigo 3	As demais virtudes, mais que as mencionadas, devem chamar-se principais?............	164
Artigo 4	Distinguem-se entre si as quatro virtudes cardeais?................................	166
Artigo 5	Dividem-se convenientemente as virtudes cardeais em virtudes políticas, purificadoras, virtudes da alma purificada e exemplares?............................	169
Questão 62	**As virtudes teologais**	172
Artigo 1	Existem algumas virtudes teologais?..	172
Artigo 2	Distinguem-se as virtudes teologais das virtudes intelectuais e morais?............	174
Artigo 3	É conveniente afirmar três virtudes teologais, a saber, a fé, a esperança e a caridade?..	176
Artigo 4	É a fé anterior à esperança e a esperança anterior à caridade?................	178
Questão 63	**A causa das virtudes**	179
Artigo 1	A virtude existe em nós por natureza?..	180
Artigo 2	Alguma virtude é causada em nós pela repetição das ações?................	182
Artigo 3	Existem em nós virtudes morais infusas?..	185
Artigo 4	A virtude adquirida pela repetição das ações é da mesma espécie que a virtude infusa?	186
Questão 64	**O meio-termo das virtudes**	188
Artigo 1	As virtudes morais estão no meio-termo?..	188
Artigo 2	O meio-termo da virtude moral é real ou de razão?...........................	191
Artigo 3	As virtudes intelectuais consistem no meio-termo?...........................	192
Artigo 4	As virtudes teologais consistem num meio-termo?...........................	194
Questão 65	**A conexão das virtudes**	196
Artigo 1	As virtudes morais estão ligadas entre si?..	197
Artigo 2	As virtudes morais podem existir sem a caridade?...........................	201
Artigo 3	A caridade pode existir sem as outras virtudes morais?...................	203
Artigo 4	A fé e a esperança podem existir sem a caridade?...........................	205
Artigo 5	A caridade pode existir sem a fé e a esperança?...............................	207
Questão 66	**A igualdade das virtudes**	208
Artigo 1	Uma virtude pode ser maior ou menor?..	209
Artigo 2	Todas as virtudes simultaneamente existentes no mesmo sujeito são iguais?............	211
Artigo 3	As virtudes morais são superiores às intelectuais?...........................	214
Artigo 4	A justiça é a principal entre as virtudes morais?...............................	216
Artigo 5	A sabedoria é a maior das virtudes intelectuais?...............................	218
Artigo 6	A caridade é a maior das virtudes teologais?...................................	221
Questão 67	**A permanência das virtudes depois desta vida**	223
Artigo 1	As virtudes morais permanecem depois desta vida?.......................	223
Artigo 2	As virtudes intelectuais permanecem depois desta vida?................	225
Artigo 3	A fé permanece depois desta vida?...	227
Artigo 4	A esperança permanece na glória após a morte?...............................	231
Artigo 5	Algo da fé ou da esperança permanece na glória?...........................	233
Artigo 6	A caridade permanece depois desta vida na glória?.......................	235

OS DONS DO ESPÍRITO SANTO

INTRODUÇÃO E NOTAS POR ALBERT RAULIN		237
Introdução		239
Questão 68	**Os dons**	241
Artigo 1	Os dons distinguem-se das virtudes?..	241
Artigo 2	Os dons são necessários à salvação do homem?...............................	245
Artigo 3	Os dons são hábitos do Espírito Santo?..	248

Artigo 4	Os sete dons do Espírito Santo são convenientemente enumerados?.....................	250
Artigo 5	Os dons do Espírito Santo estão ligados entre si?..	253
Artigo 6	Os dons do Espírito Santo permanecem na pátria?..	255
Artigo 7	Considera-se a dignidade dos dons segundo a enumeração do livro de Isaías?..........	258
Artigo 8	As virtudes têm prioridade sobre os dons?...	260
Questão 69	**As bem-aventuranças**	262
Artigo 1	As bem-aventuranças distinguem-se das virtudes e dos dons?...............................	263
Artigo 2	Os prêmios atribuídos às bem-aventuranças pertencem a esta vida?.......................	265
Artigo 3	As bem-aventuranças são convenientemente enumeradas?.....................................	267
Artigo 4	Os prêmios das bem-aventuranças estão convenientemente enumerados?................	272
Questão 70	**Os frutos do Espírito Santo**	275
Artigo 1	Os frutos do Espírito Santo mencionados pelo Apóstolo na Carta aos Gálatas são atos?	275
Artigo 2	Os frutos diferem das bem-aventuranças?...	277
Artigo 3	Os frutos são enumerados convenientemente pelo Apóstolo?.................................	278
Artigo 4	Os frutos do Espírito Santo opõem-se às obras da carne?.....................................	282

OS VÍCIOS E OS PECADOS

INTRODUÇÃO E NOTAS POR DALMAZIO MONGILLO		285
Introdução		287
Questão 71	**Os vícios e os pecados em si mesmos**	289
Artigo 1	O vício é contrário à virtude?...	289
Artigo 2	O vício é contra a natureza?...	292
Artigo 3	O vício é pior do que o ato vicioso?...	294
Artigo 4	O pecado pode existir ao mesmo tempo com a virtude?.......................................	295
Artigo 5	Há um ato em todo pecado?..	297
Artigo 6	É boa a definição "o pecado é o dito, ou o feito, ou o desejado contra a lei eterna"?.	300
Questão 72	**Distinção dos pecados**	302
Artigo 1	Os pecados se distinguem especificamente pelos objetos?....................................	303
Artigo 2	É conveniente distinguir os pecados espirituais dos carnais?.................................	304
Artigo 3	Os pecados distinguem-se especificamente pelas causas?.....................................	307
Artigo 4	O pecado se distingue convenientemente em pecado contra Deus, contra si mesmo e contra o próximo?...	309
Artigo 5	A divisão dos pecados segundo o reato distingue especificamente?.......................	311
Artigo 6	O pecado de cometimento e de omissão são de espécies diferentes?......................	313
Artigo 7	É conveniente dividir o pecado em pecado do coração, de palavra e de ação?.........	315
Artigo 8	O excesso e a deficiência diversificam as espécies de pecados?............................	317
Artigo 9	Os pecados diversificam-se especificamente segundo divesas circunstâncias?........	319
Questão 73	**A comparação dos pecados entre si**	321
Artigo 1	Todos os pecados são conexos?..	321
Artigo 2	Todos os pecados são iguais?...	324
Artigo 3	A gravidade dos pecados varia segundo os objetos?..	326
Artigo 4	A gravidade dos pecados difere segundo a dignidade das virtudes às quais se opõem?	328
Artigo 5	Os pecados da carne são menos culpáveis do que os do espírito?..........................	329
Artigo 6	Considera-se a gravidade dos pecados por sua causa?..	331
Artigo 7	A circunstância agrava o pecado?...	333
Artigo 8	Um dano maior aumenta a gravidade do pecado?...	335
Artigo 9	O pecado torna-se mais grave em razão da pessoa contra a qual é cometido?.........	338
Artigo 10	A grandeza pessoal do pecador agrava o pecado?..	340
Questão 74	**O sujeito dos vícios ou dos pecados**	342
Artigo 1	A vontade pode ser sujeito do pecado?...	343
Artigo 2	Somente a vontade é o sujeito do pecado?..	345

Artigo 3	Na sensualidade pode haver pecado?	346
Artigo 4	Pode haver pecado mortal na sensualidade?	348
Artigo 5	Pode haver pecado na razão?	350
Artigo 6	O pecado da deleitação morosa está na razão?	351
Artigo 7	O pecado de consentimento no ato está na razão superior?	353
Artigo 8	O consentimento na deleitação é pecado mortal?	355
Artigo 9	Pode haver pecado venial na razão superior quando se trata da direção das potências inferiores?	359
Artigo 10	Pode haver pecado venial na razão superior, enquanto tal?	361
Questão 75	**As causas do pecado consideradas em geral**	363
Artigo 1	O pecado tem uma causa?	363
Artigo 2	O pecado tem uma causa interior?	365
Artigo 3	O pecado tem uma causa exterior?	367
Artigo 4	O pecado é causa do pecado?	368
Questão 76	**As causas do pecado em especial**	370
Artigo 1	A ignorância pode ser causa do pecado?	371
Artigo 2	A ignorância é um pecado?	372
Artigo 3	A ignorância escusa totalmente o pecado?	375
Artigo 4	A ignorância diminui o pecado?	377
Questão 77	**A causa do pecado da parte do apetite sensitivo**	379
Artigo 1	A vontade é movida pela paixão do apetite sensitivo?	380
Artigo 2	A razão pode ser superada pela paixão contra a sua ciência?	381
Artigo 3	O pecado de paixão deve ser chamado pecado de fraqueza?	385
Artigo 4	O amor de si é o princípio de todo pecado?	387
Artigo 5	É conveniente afirmar que as causas dos pecados são a concupiscência da carne, a concupiscência dos olhos e a soberba da vida?	389
Artigo 6	A paixão atenua o pecado?	391
Artigo 7	A paixão escusa completamente o pecado?	393
Artigo 8	O pecado de paixão pode ser mortal?	395
Questão 78	**O pecado de malícia**	396
Artigo 1	Alguém peca por verdadeira malícia?	397
Artigo 2	Quem peca por hábito peca por verdadeira malícia?	399
Artigo 3	O que peca por verdadeira malícia, peca por hábito?	401
Artigo 4	O que peca por verdadeira malícia peca mais gravemente do que o que peca por paixão?	403
Questão 79	**Deus e o pecado**	405
Artigo 1	Deus é causa do pecado?	405
Artigo 2	O ato do pecado vem de Deus?	408
Artigo 3	Deus é causa da cegueira e do endurecimento?	409
Artigo 4	A cegueira e o endurecimento são sempre ordenados à salvação daquele que é obcecado e endurecido?	411
Questão 80	**A causa do pecado da parte do diabo**	413
Artigo 1	O diabo é para o homem uma causa direta de pecado?	413
Artigo 2	O diabo pode ser instigação interior induzir ao pecado?	415
Artigo 3	O diabo pode levar à necessidade de pecar?	418
Artigo 4	Todos os pecados humanos vêm da sugestão do diabo?	419
Questão 81	**A causa do pecado da parte do homem**	421
Artigo 1	O primeiro pecado do primeiro pai é transmitido aos descendentes por geração?	421
Artigo 2	Os outros pecados do primeiro pai ou dos antepassados próximos são também transmitidos aos descendentes?	425
Artigo 3	O pecado do primeiro pai passa para todos os homens por geração?	427
Artigo 4	Se alguém fosse formado da carne humana milagrosamente contrairia o pecado original?	429

Artigo 5	Se Adão não tivesse pecado, mas somente Eva, os filhos contrairiam o pecado original?	431
Questão 82	**A essência do pecado original**	**433**
Artigo 1	O pecado original é um hábito?	433
Artigo 2	Há em um só homem muitos pecados originais?	435
Artigo 3	O pecado original é a concupiscência?	437
Artigo 4	O pecado original existe em todos igualmente?	439
Questão 83	**O sujeito do pecado original**	**440**
Artigo 1	O pecado original está mais na carne do que na alma?	441
Artigo 2	O pecado original está antes na essência da alma que nas potências?	444
Artigo 3	O pecado original infecta mais a vontade que as outras potências?	445
Artigo 4	As potências mencionadas são mais infectadas do que as outras?	447
Questão 84	**Os pecados capitais**	**448**
Artigo 1	A avareza é a raiz de todos os pecados?	449
Artigo 2	A soberba é o início de todos os pecados?	450
Artigo 3	Além da soberba e da avareza existem outros pecados especiais que devem ser ditos capitais?	452
Artigo 4	É exato dizer que são sete pecados capitais?	454
Questão 85	**Os efeitos do pecado. A corrupção dos bens da natureza**	**457**
Artigo 1	O pecado diminui o bem da natureza?	458
Artigo 2	O pecado pode tirar todo o bem da natureza humana?	460
Artigo 3	É exato afirmar que são feridas da natureza, como sequelas do pecado, a fraqueza, a ignorância, a malícia e a concupiscência?	462
Artigo 4	A privação de medida, de beleza e de ordem é efeito do pecado?	465
Artigo 5	A morte e outras deficiências corporais são efeitos do pecado?	466
Artigo 6	A morte e as outras deficiências são naturais ao homem?	468
Questão 86	**A mácula do pecado**	**471**
Artigo 1	O pecado causa alguma mancha na alma?	471
Artigo 2	A mancha permanece na alma depois do ato do pecado?	473
Questão 87	**O reato da pena**	**475**
Artigo 1	O reato da pena é efeito do pecado?	475
Artigo 2	O pecado pode ser pena do pecado?	477
Artigo 3	O pecado causa o reato de uma pena eterna?	479
Artigo 4	Uma pena infinita em grandeza é devida ao pecado?	481
Artigo 5	Todo pecado causa o reato de uma pena eterna?	483
Artigo 6	O reato da pena permanece depois do pecado?	484
Artigo 7	Toda pena é por uma culpa?	486
Artigo 8	Alguém é punido pelo pecado de um outro?	489
Questão 88	**Os pecados venial e mortal**	**491**
Artigo 1	O pecado venial se distingue convenientemente do mortal?	492
Artigo 2	O pecado mortal e venial distinguem-se pelo gênero?	495
Artigo 3	O pecado venial é disposição para o mortal?	497
Artigo 4	O pecado venial pode tornar-se mortal?	499
Artigo 5	A circunstância pode tornar mortal o pecado venial?	501
Artigo 6	O pecado mortal pode tornar-se venial?	503
Questão 89	**O pecado venial em si mesmo**	**505**
Artigo 1	O pecado venial causa uma mancha na alma?	506
Artigo 2	Os pecados veniais são designados convenientemente por *madeira, feno e palha*?	507
Artigo 3	O homem, no estado de inocência, podia pecar venialmente?	510
Artigo 4	O anjo bom ou mau pode pecar venialmente?	512

| Artigo 5 | Nos infiéis os primeiros movimentos de sensualidade são pecados mortais?................ | 513 |
| Artigo 6 | O pecado venial pode coexistir em alguém com apenas o original?.......................... | 515 |

A PEDAGOGIA DIVINA PELA LEI

INTRODUÇÃO E NOTAS POR JEAN-MARIE AUBERT 517
Introdução 519

Questão 90	**A essência da lei**	521
Artigo 1	A lei é algo da razão?...	521
Artigo 2	A lei ordena-se sempre ao bem comum?...	523
Artigo 3	A razão de qualquer um pode fazer leis?..	525
Artigo 4	A promulgação é da razão de lei?...	527
Questão 91	**A diversidade das leis**	528
Artigo 1	Há uma lei eterna?...	528
Artigo 2	Há em nós uma lei natural?...	530
Artigo 3	Há uma lei humana?..	532
Artigo 4	Foi necessário haver uma lei divina?..	534
Artigo 5	Há uma única lei divina?..	537
Artigo 6	Há uma lei da concupiscência?...	539
Questão 92	**Os efeitos da lei**	541
Artigo 1	É efeito da lei tornar os homens bons?...	541
Artigo 2	Os atos da lei são convenientemente enumerados?..................................	544
Questão 93	**A lei eterna**	546
Artigo 1	A lei eterna é a suma razão existente em Deus?......................................	546
Artigo 2	A lei eterna é conhecida por todos?...	549
Artigo 3	Toda lei deriva da lei eterna?...	550
Artigo 4	Sujeitam-se à lei eterna as coisas necessárias e eternas?.........................	552
Artigo 5	Sujeitam-se à lei eterna os contingentes naturais?..................................	554
Artigo 6	Todas as coisas humanas submetem-se à lei eterna?...............................	556
Questão 94	**A lei natural**	559
Artigo 1	A lei natural é um hábito?..	559
Artigo 2	A lei natural contém vários preceitos ou apenas um?.............................	561
Artigo 3	Todos os atos das virtudes pertencem à lei da natureza?........................	564
Artigo 4	A lei da natureza é uma em todos?...	566
Artigo 5	A lei da natureza pode ser mudada?...	569
Artigo 6	A lei da natureza pode ser abolida do coração dos homens?...................	571
Questão 95	**A lei humana**	572
Artigo 1	Foi útil que algumas leis tenham sido impostas pelos homens?...............	573
Artigo 2	Toda lei imposta humanamente deriva da lei natural?.............................	575
Artigo 3	Isidoro descreve convenientemente a qualidade da lei positiva?............	578
Artigo 4	Isidoro estabeleceu convenientemente a divisão das leis humanas?......	580
Questão 96	**O poder da lei humana**	582
Artigo 1	A lei humana deve ser imposta em geral mais que em particular?..........	583
Artigo 2	Pertence à lei humana coibir todos os vícios?...	585
Artigo 3	A lei humana preceitua os atos de todas as virtudes?..............................	587
Artigo 4	A lei humana impõe ao homem a necessidade no foro da consciência?...	589
Artigo 5	Todos se submetem à lei?...	591
Artigo 6	É lícito àquele que está sujeito à lei agir fora das palavras da lei?.........	593
Questão 97	**A mudança das leis**	595
Artigo 1	A lei humana deve de algum modo ser mudada?.....................................	596
Artigo 2	A lei humana deve ser sempre mudada quando ocorre algo melhor?.....	598

Artigo 3	O costume pode adquirir força de lei?..	599
Artigo 4	Os chefes da multidão podem dispensar nas leis humanas?........................	601

A LEI ANTIGA

INTRODUÇÃO E NOTAS POR PIERRE GRELOT	605
Introdução	607

Questão 98	**A antiga lei**	609
Artigo 1	A lei antiga foi boa?...	609
Artigo 2	A lei antiga procedia de Deus?..	612
Artigo 3	A lei antiga foi dada pelos anjos?..	614
Artigo 4	A lei devia ser dada só ao povo judeu?.....................................	616
Artigo 5	Todos os homens estavam obrigados a observar a lei antiga?......	619
Artigo 6	A lei antiga foi dada convenientemente no tempo a Moisés?......	621
Questão 99	**Os preceitos da lei antiga**	623
Artigo 1	A lei antiga continha só um preceito?.......................................	624
Artigo 2	A lei antiga continha preceitos morais?....................................	626
Artigo 3	A lei antiga continha preceitos cerimoniais, além dos morais?......	628
Artigo 4	Além dos preceitos morais e cerimoniais há também preceitos judiciais?............	630
Artigo 5	A lei antiga continha outros preceitos, além dos morais, judiciais e cerimoniais?.......	632
Artigo 6	A lei antiga devia induzir à observância dos preceitos por meio de promessas e cominações temporais?.............................	634
Questão 100	**Os preceitos morais da lei antiga**	637
Artigo 1	Todos os preceitos morais pertencem à lei da natureza?...........	638
Artigo 2	Os preceitos morais da lei são sobre todos os atos das virtudes?......	640
Artigo 3	Todos os preceitos morais da lei antiga reduzem-se aos dez preceitos do decálogo?..	642
Artigo 4	Os preceitos do decálogo distinguem-se convenientemente?........	644
Artigo 5	Os preceitos do decálogo estão convenientemente enumerados?........	647
Artigo 6	Os dez preceitos do decálogo estão convenientemente ordenados?........	652
Artigo 7	Os preceitos do decálogo são convenientemente transmitidos?........	655
Artigo 8	Os preceitos do decálogo são dispensáveis?.............................	657
Artigo 9	O modo da virtude cai sob o preceito da lei?...........................	661
Artigo 10	O modo da caridade cai sob o preceito da lei divina?...............	664
Artigo 11	Distinguem-se convenientemente outros preceitos morais da lei, além do decálogo?..	666
Artigo 12	Os preceitos morais da lei antiga justificavam?.......................	669
Questão 101	**Os preceitos cerimoniais em si mesmos**	672
Artigo 1	A razão dos preceitos cerimoniais consiste em que pertencem ao culto de Deus?......	672
Artigo 2	Os preceitos cerimoniais são figurativos?.................................	675
Artigo 3	Os preceitos cerimoniais deveriam ser muitos?........................	677
Artigo 4	As cerimônias da lei antiga dividiam-se convenientemente em sacrifícios, coisas sagradas, sacramentos e observâncias?....................	680
Questão 102	**Causas dos preceitos cerimoniais**	682
Artigo 1	Os preceitos cerimoniais têm causa?...	683
Artigo 2	Os preceitos cerimoniais têm uma causa literal, ou apenas figurada?........	685
Artigo 3	Pode-se assinalar uma razão conveniente das cerimônias que pertencem aos sacrifícios?...	687
Artigo 4	Pode-se assinalar uma razão suficiente das cerimônias que pertencem às coisas sagradas?....................................	697
Artigo 5	Pode haver uma causa conveniente dos sacramentos da lei antiga?........	712
Artigo 6	Houve alguma causa racional das observâncias cerimoniais?........	731
Questão 103	**Duração dos preceitos cerimoniais**	743
Artigo 1	Houve cerimônias da lei antes da lei?.......................................	743

Artigo 2	As cerimônias da lei antiga tinham algum poder de justificar?	745
Artigo 3	As cerimônias da lei antiga cessaram com a vinda de Cristo?	748
Artigo 4	Depois da paixão de Cristo podem os preceitos legais ser observados sem pecado mortal?	751
Questão 104	**Os preceitos judiciais**	756
Artigo 1	A razão dos preceitos judiciais consiste em que sejam ordenados ao próximo?	756
Artigo 2	Os preceitos judiciais são figuras de algo?	758
Artigo 3	Os preceitos judiciais da lei antiga têm obrigação perpétua?	760
Artigo 4	Os preceitos judiciais podem ter divisão certa?	762
Questão 105	**A razão dos preceitos judiciais**	764
Artigo 1	A lei antiga ordenou convenientemente a respeito dos príncipes?	765
Artigo 2	Os preceitos judiciais quanto ao convívio social foram transmitidos convenientemente?	769
Artigo 3	Os preceitos judiciais quanto aos estrangeiros foram convenientemente transmitidos?	782
Artigo 4	A lei antiga estabeleceu preceitos, convenientemente, a respeito das pessoas domésticas?	787

A LEI NOVA

INTRODUÇÃO E NOTAS POR SERVAIS PINCKAERS		793
Introdução		795
Questão 106	**A lei do Evangelho, que se diz lei nova, em si mesma considerada**	797
Artigo 1	A lei nova é lei escrita?	797
Artigo 2	A lei nova justifica?	799
Artigo 3	A lei nova devia ter sido dada desde o princípio do mundo?	801
Artigo 4	A lei nova durará até o fim do mundo?	803
Questão 107	**Comparação da lei nova com a antiga**	807
Artigo 1	A lei nova é diferente da lei antiga?	807
Artigo 2	A lei nova realiza a lei antiga?	811
Artigo 3	A lei nova está contida na lei antiga?	815
Artigo 4	A lei nova é mais rigorosa que a antiga?	816
Questão 108	**O que a lei nova contém**	819
Artigo 1	A lei nova deve preceituar ou proibir alguns atos exteriores?	819
Artigo 2	A lei nova ordenou suficientemente os atos exteriores?	822
Artigo 3	A lei nova ordenou suficientemente acerca dos atos interiores?	826
Artigo 4	Foram convenientemente propostos, na lei nova, alguns novos conselhos determinados?	831

A GRAÇA

INTRODUÇÃO E NOTAS POR JEAN-HERVÉ NICOLAS		837
Introdução		839
Questão 109	**A necessidade da graça**	841
Artigo 1	Sem a graça pode o homem conhecer alguma verdade?	841
Artigo 2	Sem a graça pode o homem querer e fazer o bem?	844
Artigo 3	Sem a graça pode o homem amar a Deus sobre todas as coisas somente com suas forças naturais?	847
Artigo 4	Sem a graça pode o homem cumprir os preceitos da lei só com suas forças naturais?	849
Artigo 5	Pode alguém merecer a vida eterna sem a graça?	851
Artigo 6	Pode o homem predispor-se para a graça por si mesmo sem o auxílio exterior dela?	853
Artigo 7	Pode o homem resurgir do pecado sem o auxílio da graça?	855
Artigo 8	Sem a graça pode o homem não pecar?	858
Artigo 9	Aquele que já possui a graça pode, por si mesmo e sem outro auxílio da graça, fazer o bem e evitar o pecado?	861

Artigo 10	Se o homem, constituído em graça, precisa do seu auxílio para preservar?	863
Questão 110	**A essência da graça de Deus**	865
Artigo 1	A graça acrescenta algo à alma?	865
Artigo 2	A graça é uma qualidade da alma?	868
Artigo 3	A graça é a mesma coisa que a virtude?	870
Artigo 4	A graça tem por sujeito a essência da alma ou alguma de suas potências?	873
Questão 111	**As divisões da graça**	875
Artigo 1	É correto dividir a graça em graça que torna agradável a Deus e graça dada gratuitamente?	875
Artigo 2	É conveniente dividir a graça em operante e cooperante?	877
Artigo 3	A graça divide-se convenientemente em graça preveniente e subsequente?	880
Artigo 4	O Apóstolo divide convenientemente a graça gratuitamente dada?	881
Artigo 5	A graça gratuitamente dada é mais digna do que a graça que torna agradável a Deus?	885
Questão 112	**A causa da graça**	887
Artigo 1	Somente Deus é causa da graça?	887
Artigo 2	Uma preparação ou uma disposição para a graça é requerida da parte do homem?	888
Artigo 3	A graça é dada necessariamente a quem se prepara ou fazer o que está em seu poder?	890
Artigo 4	A graça é maior em um do que em outro?	892
Artigo 5	O homem pode saber que possui a graça?	894
Questão 113	**Os efeitos da graça**	897
Artigo 1	A justificação é a remissão dos pecados?	897
Artigo 2	A remissão da culpa que é a justificação do ímpio requer a infusão da graça?	899
Artigo 3	A justificação do ímpio requer o exercício do livre-arbítrio?	901
Artigo 4	A justificação do ímpio exige um ato de fé?	903
Artigo 5	A justificação do ímpio exige um ato do livre-arbítrio contra o pecado?	905
Artigo 6	A remissão dos pecados deve ser enumerada entre os requisitos para a justificação do ímpio?	907
Artigo 7	A justificação do ímpio é instantânea ou sucessiva?	909
Artigo 8	A infusão da graça é, na ordem da natureza, o primeiro requisito para a justificação do ímpio?	913
Artigo 9	A justificação do ímpio é a máxima obra de Deus?	915
Artigo 10	A justificação do ímpio é obra milagrosa?	917
Questão 114	**O mérito**	919
Artigo 1	O homem pode merecer alguma coisa de Deus?	919
Artigo 2	Alguém pode sem a graça merecer a vida eterna?	922
Artigo 3	O homem constituído em graça pode merecer a vida eterna de pleno direito?	924
Artigo 4	A graça é o princípio do mérito, mais pela caridade do que pelas outras virtudes?	926
Artigo 5	O homem pode merecer para si a primeira graça?	928
Artigo 6	O homem pode merecer para outro a primeira graça?	929
Artigo 7	O homem pode merecer para si a reparação depois da queda?	931
Artigo 8	O homem pode merecer o aumento da graça ou da caridade?	933
Artigo 9	O homem pode merecer a perseverança?	934
Artigo 10	Os bens temporais podem ser merecidos?	936

ÍNDICE DO VOLUME 5 DA SUMA TEOLÓGICA
II Seção da II Parte – Questões 1 a 56

Siglas e Abreviaturas..	9
Autores citados na Suma Teológica – II Seção da II Parte – Questões 1 a 56..........	11
Fontes usadas por Sto. Tomás na II Seção da II Parte – Questões 1 a 56...............	29

A FÉ

INTRODUÇÃO E NOTAS POR ANTONIN-MARCEL HENRY		41
Introdução..		43
Prólogo...		45
Questão 1	**O objeto da fé**...	47
Artigo 1	O objeto da fé é a verdade primeira?.................................	47
Artigo 2	O objeto da fé é algo complexo, à maneira de um enunciado?....	49
Artigo 3	A fé é susceptível de falsidade?..	50
Artigo 4	O objeto da fé pode ser alguma coisa vista?......................	53
Artigo 5	O objeto da fé pode ser o que se sabe?.............................	54
Artigo 6	As verdades da fé devem ser apresentadas em artigos precisos?....	57
Artigo 7	Os artigos de fé aumentaram ao correr do tempo?............	59
Artigo 8	A enumeração dos artigos de fé é exata?..........................	63
Artigo 9	A afirmação dos artigos da fé no símbolo seria conveniente?....	66
Artigo 10	Cabe ao Sumo Pontífice estabelecer o símbolo da fé?........	69
Questão 2	**O ato interior da fé**..	71
Artigo 1	Crer é cogitar com assentimento?.....................................	71
Artigo 2	É adequado distinguir o ato de fé pelas expressões crer por Deus, crer Deus e crer em Deus?................................	73
Artigo 3	É necessário para a salvação crer em algo que supera a razão natural?.....	75
Artigo 4	É necessário crer no que a razão natural pode provar?......	77
Artigo 5	É necessário crer explicitamente algumas verdades?.........	79
Artigo 6	Todos são igualmente obrigados a ter fé explícita?............	81
Artigo 7	É sempre necessário para a salvação de todos crer explicitamente o mistério de Cristo?.....	83
Artigo 8	Para a salvação é necessário crer explicitamente na Trindade?....	86
Artigo 9	O ato de fé é meritório?...	88
Artigo 10	A razão induzida a favor das verdades da fé diminui o mérito da fé?....	89
Questão 3	**O ato exterior da fé**...	92
Artigo 1	A confissão é um ato de fé?...	92
Artigo 2	A confissão da fé é necessária para a salvação?................	93
Questão 4	**A virtude da fé**...	95
Artigo 1	É adequada a seguinte definição da fé: "substância das coisas que se devem esperar e prova do que não se vê"?....	96
Artigo 2	A fé está no intelecto como em seu sujeito?......................	99
Artigo 3	A caridade é a forma da fé?...	101
Artigo 4	Se a fé informe pode vir a ser fé formada e inversamente....	102
Artigo 5	A fé é uma virtude?...	105
Artigo 6	Se a fé é uma só..	107
Artigo 7	A fé é a primeira das virtudes?...	108
Artigo 8	Há mais certeza na fé do que na ciência e nas outras virtudes intelectuais?....	111

Questão 5	**Os que têm fé**	113
Artigo 1	Na sua condição primeira, o anjo ou o homem tinham fé?	114
Artigo 2	Os demônios têm fé?	117
Artigo 3	O herege, que não crê em um artigo da fé, pode ter fé informe nos outros artigos?..	118
Artigo 4	A fé pode ser maior em um do que em outro?	120
Questão 6	**A causa da fé**	122
Artigo 1	A fé é infundida no homem por Deus?	122
Artigo 2	A fé informe é dom de Deus?	124
Questão 7	**Os efeitos da fé**	126
Artigo 1	O temor é efeito da fé?	126
Artigo 2	A purificação do coração é efeito da fé?	128
Questão 8	**O dom da inteligência**	129
Artigo 1	A inteligência é um dom do Espírito Santo?	130
Artigo 2	O dom da inteligência pode existir simultaneamente com a fé?	132
Artigo 3	A inteligência que é dom é somente especulativa ou é também prática? ..	133
Artigo 4	Os que estão em estado de graça têm o dom da inteligência?	135
Artigo 5	O dom da inteligência existe também nos que não têm a graça santificante?.....	137
Artigo 6	Se o dom da inteligência se distingue dos outros dons	138
Artigo 7	O dom da inteligência corresponde à sexta bem-aventurança, a saber: Bem-aventurados os limpos de coração, porque verão a Deus?	141
Artigo 8	Dentre os frutos, a fé corresponde ao dom da inteligência?	142
Questão 9	**O dom da ciência**	144
Artigo 1	A ciência é um dom?	144
Artigo 2	O dom da ciência versa sobre as coisas divinas?	146
Artigo 3	O dom de ciência é ciência prática?	148
Artigo 4	Ao dom da ciência corresponde a terceira bem-aventurança: "Bem-aventurados os que choram, porque serão consolados"?	150
Questão 10	**Da infidelidade em geral**	152
Artigo 1	A infidelidade é pecado?	153
Artigo 2	A infidelidade está no intelecto como em seu sujeito?	154
Artigo 3	A infidelidade é o maior dos pecados?	156
Artigo 4	Qualquer ação do infiel é pecado?	157
Artigo 5	Há várias espécies de infidelidade?	159
Artigo 6	A infidelidade dos gentios ou dos pagãos é mais grave que as outras?	161
Artigo 7	Deve-se disputar publicamente com os infiéis?	163
Artigo 8	Os infiéis devem ser compelidos a aceitar a fé?	165
Artigo 9	Pode-se ter comunhão com os infiéis?	167
Artigo 10	Podem os infiéis ter autoridade ou domínio sobre os fiéis?	169
Artigo 11	Devem-se tolerar os ritos dos infiéis?	172
Artigo 12	Os filhos dos judeus e demais infiéis devem ser batizados contra a vontade dos pais	174
Questão 11	**A heresia**	177
Artigo 1	Seria a heresia uma espécie de infidelidade?	177
Artigo 2	A heresia versa propriamente sobre matéria de fé?	179
Artigo 3	Devem-se tolerar os hereges?	182
Artigo 4	Os convertidos da heresia devem ser recebidos pela Igreja?	184
Questão 12	**A apostasia**	186
Artigo 1	A apostasia se refere à infidelidade?	186
Artigo 2	Por causa da apostasia, um príncipe perde o domínio sobre seus súditos a ponto de não serem obrigados a obedecer-lhe?	189

Questão 13	Da blasfêmia em geral	190
Artigo 1	A blasfêmia se opõe à confissão da fé?	191
Artigo 2	A blasfêmia é sempre pecado mortal?	193
Artigo 3	O pecado da blasfêmia é o maior dos pecados?	194
Artigo 4	Os condenados blasfemam?	196
Questão 14	A blasfêmia contra o Espírito Santo	197
Artigo 1	O pecado contra o Espírito Santo é idêntico ao pecado de malícia caracterizada?	197
Artigo 2	É exato estabelecer que são seis as espécies de pecado contra o Espírito Santo?	200
Artigo 3	O pecado contra o Espírito Santo é irremissível?	203
Artigo 4	O homem pode pecar contra o Espírito Santo, sem ter cometido antes outros pecados?	205
Questão 15	A cegueira da mente e o embotamento do sentido	208
Artigo 1	A cegueira da mente é pecado?	208
Artigo 2	O embotamento do sentido difere da cegueira da mente?	210
Artigo 3	A cegueira da mente e o embotamento do sentido nascem dos pecados carnais?	211
Questão 16	Os preceitos relativos à fé, à ciência e ao intelecto	213
Artigo 1	A lei antiga devia estabelecer preceitos relativos à fé?	214
Artigo 2	A Antiga Lei estabeleceu convenientemente os preceitos relativos à ciência e ao intelecto?	216

A ESPERANÇA

INTRODUÇÃO E NOTAS POR ANTONIN-MARCEL HENRY		219
Introdução		221
Questão 17	A esperança	223
Artigo 1	A esperança é uma virtude?	223
Artigo 2	A bem-aventurança eterna é o objeto próprio da esperança?	225
Artigo 3	Pode-se esperar a bem-aventurança eterna para outrem, pela virtude da esperança?	227
Artigo 4	Pode-se licitamente esperar no homem?	228
Artigo 5	A esperança é uma virtude teologal?	229
Artigo 6	A esperança é virtude distinta das outras virtudes teologais?	231
Artigo 7	A esperança precede a fé?	232
Artigo 8	A caridade é anterior à esperança?	234
Questão 18	O sujeito da esperança	235
Artigo 1	A esperança está na vontade como em seu sujeito?	235
Artigo 2	Os bem-aventurados têm esperança?	237
Artigo 3	A esperança existe nos condenados?	239
Artigo 4	A esperança de quem ainda caminha nesta vida goza da certeza?	241
Questão 19	O dom do temor	242
Artigo 1	Deus pode ser temido?	243
Artigo 2	O temor se divide convenientemente em temor filial, inicial, servil e mundano?	244
Artigo 3	O temor mundano é sempre mau?	247
Artigo 4	O temor servil é bom?	248
Artigo 5	O temor servil é substancialmente o mesmo que o temor filial?	250
Artigo 6	O temor servil coexiste com a caridade?	252
Artigo 7	O temor é o início da sabedoria?	253
Artigo 8	O temor inicial é substancialmente diferente do temor filial?	255
Artigo 9	O temor é dom do Espírito Santo?	256
Artigo 10	O temor diminui com o aumento da caridade?	259
Artigo 11	O temor subsiste na pátria?	260
Artigo 12	A pobreza de espírito é a bem-aventurança correspondente ao dom do temor?	263

Questão 20	**O desespero**	265
Artigo 1	O desespero é pecado?	265
Artigo 2	O desespero pode existir sem a infidelidade?	268
Artigo 3	O desespero é o maior dos pecados?	269
Artigo 4	O desespero nasce da acídia?	271
Questão 21	**A presunção**	273
Artigo 1	A presunção se funda em Deus ou no próprio poder?	273
Artigo 2	Presunção é pecado?	275
Artigo 3	A presunção se opõe mais ao temor do que à esperança?	277
Artigo 4	A presunção é causada pela vanglória?	279
Questão 22	**Os preceitos relativos à esperança e ao temor**	280
Artigo 1	Deve-se estabelecer algum preceito relativo à esperança?	280
Artigo 2	Dever-se-ia dar algum preceito a respeito do temor?	282

A CARIDADE

INTRODUÇÃO E NOTAS POR ANTONIN-MARCEL HENRY		285
Introdução		287
Questão 23	**A caridade em si mesma**	293
Artigo 1	A caridade é uma amizade?	293
Artigo 2	A caridade é algo criado na alma?	296
Artigo 3	A caridade é uma virtude?	298
Artigo 4	A caridade é uma virtude especial?	300
Artigo 5	A caridade é uma única virtude?	302
Artigo 6	A caridade é a virtude mais excelente?	303
Artigo 7	Sem a caridade, pode haver alguma verdadeira virtude?	305
Artigo 8	A caridade é a forma das virtudes?	308
Questão 24	**O sujeito da caridade**	309
Artigo 1	A vontade é o sujeito da caridade?	310
Artigo 2	A caridade é causada em nós por infusão?	311
Artigo 3	A caridade é infundida em nós em proporção das capacidades naturais?	313
Artigo 4	A caridade pode aumentar?	315
Artigo 5	A caridade aumenta por adição?	317
Artigo 6	Cada ato de caridade aumenta a caridade?	320
Artigo 7	A caridade aumenta infinitamente?	321
Artigo 8	A caridade nesta vida pode ser perfeita?	323
Artigo 9	É conveniente distinguir três graus da caridade: incipiente, proficiente e perfeita?	325
Artigo 10	A caridade pode diminuir?	327
Artigo 11	Uma vez possuída, pode-se perder a caridade?	330
Artigo 12	Pode-se perder a caridade por um só ato de pecado mortal?	333
Questão 25	**O objeto da caridade**	336
Artigo 1	O amor de caridade se limita a Deus ou se estende também ao próximo?	337
Artigo 2	A caridade deve ser amada pela caridade?	339
Artigo 3	As criaturas irracionais devem ser amadas pela caridade?	340
Artigo 4	Deve-se amar a si mesmo pela caridade?	342
Artigo 5	Deve-se amar seu corpo pela caridade?	343
Artigo 6	Os pecadores devem ser amados pela caridade?	345
Artigo 7	Os pecadores amam-se a si mesmos?	347
Artigo 8	É exigência da caridade amar os inimigos?	350
Artigo 9	É exigência da caridade dar aos inimigos mostras e provas de amizade?	351

Artigo 10	Devemos amar os anjos pela caridade?	353
Artigo 11	Devemos amar os demônios pela caridade?	354
Artigo 12	É exata a enumeração de quatro objetos que se devem amar pela caridade, a saber: Deus, o próximo, nosso corpo e nós mesmos?	356
Questão 26	**A ordem da caridade**	**358**
Artigo 1	Há uma ordem na caridade?	358
Artigo 2	Deve-se amar mais a Deus que ao próximo?	360
Artigo 3	Deve-se amar a Deus mais que a si mesmo?	361
Artigo 4	Pela caridade o homem deve amar mais a si mesmo que ao próximo?	363
Artigo 5	Deve-se amar o próximo mais que seu próprio corpo?	365
Artigo 6	Deve-se amar um próximo mais que outro?	367
Artigo 7	Devemos amar mais os melhores do que os que nos são mais unidos?	369
Artigo 8	Deve-se amar mais aquele a quem somos unidos pelo sangue?	371
Artigo 9	Deve-se amar pela caridade o filho mais que o pai?	374
Artigo 10	Deve-se amar sua mãe mais que seu pai?	375
Artigo 11	O homem deve amar a esposa mais que o pai ou a mãe?	377
Artigo 12	Deve-se amar o benfeitor mais que o beneficiado?	378
Artigo 13	A ordem da caridade permanece na pátria?	380
Questão 27	**O ato principal da caridade: o amor**	**383**
Artigo 1	É mais próprio da caridade ser amado, ou amar?	383
Artigo 2	O amor, enquanto ato da caridade, é idêntico à benevolência?	385
Artigo 3	Deus deve ser amado, pela caridade, por causa de si mesmo?	387
Artigo 4	Deus pode ser amado, nesta vida, sem intermediário?	389
Artigo 5	Deus pode ser amado totalmente?	390
Artigo 6	O amor de Deus deve ter uma medida?	391
Artigo 7	É mais meritório amar um inimigo do que um amigo?	394
Artigo 8	É mais meritório amar o próximo do que a Deus?	396
Questão 28	**A alegria**	**398**
Artigo 1	A alegria é um efeito da caridade?	398
Artigo 2	A alegria espiritual causada pela caridade é compatível com a tristeza?	400
Artigo 3	A alegria espiritual causada pela caridade pode ser plena?	402
Artigo 4	A alegria é uma virtude?	404
Questão 29	**A paz**	**405**
Artigo 1	A paz é idêntica à concórdia?	405
Artigo 2	Todas as coisas desejam a paz?	407
Artigo 3	A paz é o efeito próprio da caridade?	409
Artigo 4	A paz é uma virtude?	411
Questão 30	**A misericórdia**	**412**
Artigo 1	O mal é a causa própria da misericórdia?	413
Artigo 2	A deficiência de quem se compadece é a razão de ser misericordioso?	415
Artigo 3	A misericórdia é uma virtude?	417
Artigo 4	A misericórdia é a maior das virtudes?	420
Questão 31	**A beneficência**	**421**
Artigo 1	A beneficência é um ato da caridade?	422
Artigo 2	Deve-se praticar a beneficência para com todos?	423
Artigo 3	Devemos praticar a beneficência sobretudo para com os que nos são mais próximos?	425
Artigo 4	A beneficência é uma virtude especial?	428
Questão 32	**A esmola**	**429**
Artigo 1	Dar esmolas é um ato da caridade?	429
Artigo 2	É conveniente distinguir gêneros de esmolas?	431

Artigo 3	As esmolas corporais são melhores que as espirituais?........	435
Artigo 4	As esmolas corporais têm um efeito espiritual?...............	437
Artigo 5	Existe um preceito de dar esmolas?...........................	438
Artigo 6	Deve-se dar a esmola do que é necessário?....................	441
Artigo 7	Pode-se dar esmola com um bem adquirido injustamente?........	442
Artigo 8	Quem está sob o poder de outro pode dar esmola?..............	445
Artigo 9	Deve-se dar esmola preferencialmente aos que nos são mais próximos?..	448
Artigo 10	Deve-se dar esmolas abundantemente?..........................	449
Questão 33	**A correção fraterna**	451
Artigo 1	A correção fraterna é um ato da caridade?....................	452
Artigo 2	A correção fraterna é de preceito?...........................	454
Artigo 3	A correção fraterna se refere só aos superiores?.............	457
Artigo 4	Alguém é obrigado a corrigir seu superior?...................	459
Artigo 5	Um pecador deve corrigir um faltoso?.........................	461
Artigo 6	Deve alguém parar de corrigir pelo temor que o outro se torne pior?..	463
Artigo 7	Na correção fraterna a admoestação secreta deve preceder, por necessidade de preceito, a denúncia pública?.............	464
Artigo 8	O recurso a testemunhas deve preceder a denúncia pública?....	469
Questão 34	**O ódio**	471
Artigo 1	É possível odiar a Deus?.....................................	471
Artigo 2	O ódio a Deus é o maior dos pecados?.........................	473
Artigo 3	Todo ódio ao próximo é um pecado?............................	475
Artigo 4	O ódio ao próximo é o maior pecado entre os que se cometem contra ele?..	476
Artigo 5	O ódio é um vício capital?...................................	477
Artigo 6	O ódio nasce da inveja?......................................	479
Questão 35	**A acídia**	481
Artigo 1	A acídia é um pecado?..	481
Artigo 2	A acídia é um vício particular?..............................	484
Artigo 3	A acídia é um pecado mortal?.................................	485
Artigo 4	A acídia deve ser considerada um vício capital?..............	487
Questão 36	**A inveja**	490
Artigo 1	A inveja é uma tristeza?.....................................	490
Artigo 2	A inveja é um pecado?..	493
Artigo 3	A inveja é um pecado mortal?.................................	495
Artigo 4	A inveja é um vício capital?.................................	497
Questão 37	**A discórdia**	499
Artigo 1	A discórdia é um pecado?.....................................	499
Artigo 2	A discórdia é filha da vanglória?............................	502
Questão 38	**A disputa**	503
Artigo 1	A disputa é um pecado mortal?................................	503
Artigo 2	A disputa é filha da vanglória?..............................	506
Questão 39	**O cisma**	507
Artigo 1	O cisma é um pecado especial?................................	508
Artigo 2	O cisma é pecado mais grave do que a infidelidade?...........	510
Artigo 3	Os cismáticos têm algum poder?...............................	513
Artigo 4	É conveniente castigar os cismáticos com a pena da excomunhão?..	514
Questão 40	**A guerra**	516
Artigo 1	Guerrear é sempre um pecado?.................................	516
Artigo 2	É permitido aos clérigos e aos bispos guerrear?..............	519

Artigo 3	É permitido usar estratagemas na guerra?...	522
Artigo 4	É permitido guerrear nos dias de festa?...	524
Questão 41	**A rixa**	525
Artigo 1	A rixa é sempre um pecado?..	525
Artigo 2	A rixa é filha da ira?...	527
Questão 42	**A sedição**	529
Artigo 1	A sedição é um pecado especial distinto de outros?...........................	529
Artigo 2	A sedição é sempre um pecado mortal?..	531
Questão 43	**Escândalo**	533
Artigo 1	É uma definição exata de escândalo dizer que é uma palavra ou um ato menos reto que oferece uma ocasião de queda?................	533
Artigo 2	O escândalo é um pecado?...	536
Artigo 3	O escândalo é um pecado especial?...	538
Artigo 4	O escândalo é um pecado mortal?..	540
Artigo 5	O escândalo passivo pode atingir os perfeitos?..................................	541
Artigo 6	O escândalo ativo pode se encontrar nos homens perfeitos?..............	543
Artigo 7	Deve-se renunciar aos bens espirituais por causa do escândalo?.......	544
Artigo 8	Deve-se renunciar aos bens temporais por causa do escândalo?.......	548
Questão 44	**Os preceitos da caridade**	551
Artigo 1	Devem-se dar preceitos sobre a caridade?...	551
Artigo 2	Era preciso estabelecer dois preceitos sobre a caridade?...................	553
Artigo 3	Dois preceitos da caridade são suficientes?.......................................	555
Artigo 4	Convém prescrever que Deus seja amado de todo o coração?...........	556
Artigo 5	Convém acrescentar: de toda a tua alma e com todas as tuas forças?...	558
Artigo 6	Pode-se cumprir o preceito do amor a Deus nesta vida?....................	560
Artigo 7	Convém estabelecer um preceito do amor ao próximo?.....................	561
Artigo 8	A ordem da caridade cai sob o preceito?..	563
Questão 45	**O dom de sabedoria**	564
Artigo 1	A sabedoria deve ser enumerada entre os dons do Espírito Santo?...	565
Artigo 2	A sabedoria reside no intelecto como em seu sujeito?.......................	567
Artigo 3	A sabedoria é somente especulativa ou também prática?..................	569
Artigo 4	A sabedoria pode coexistir, sem a graça, com o pecado mortal?.......	570
Artigo 5	A sabedoria está em todos os que têm a graça santificante?..............	572
Artigo 6	A sétima bem-aventurança corresponde ao dom da sabedoria?.........	574
Questão 46	**A estultice**	576
Artigo 1	A estultice se opõe à sabedoria?...	576
Artigo 2	A estultice é um pecado?..	578
Artigo 3	A estultice é filha da luxúria?...	579

A PRUDÊNCIA

INTRODUÇÃO E NOTAS POR ALBERT RAULIN		581
Introdução		583
Questão 47	**Da prudência em si mesma**	585
Artigo 1	A prudência reside na razão ou na vontade?......................................	585
Artigo 2	Pertence a prudência somente à razão prática ou também à especulativa?....	587
Artigo 3	A prudência conhece os singulares?...	589
Artigo 4	A prudência é uma virtude?..	590
Artigo 5	A prudência é uma virtude especial?..	592
Artigo 6	A prudência determina o fim para as virtudes morais?......................	594

Artigo 7	A prudência estabelece o meio-termo nas virtudes morais?.............	596
Artigo 8	Comandar é o ato principal da prudência?.............................	598
Artigo 9	A solicitude pertence à prudência?...................................	599
Artigo 10	Estende-se a prudência ao governo da multidão?.......................	601
Artigo 11	A prudência que visa o bem próprio é da mesma espécie daquela que se estende ao bem comum?...............................	602
Artigo 12	A prudência está nos súditos ou somente nos governantes?.............	604
Artigo 13	Pode haver prudência nos pecadores?..................................	606
Artigo 14	Encontra-se a prudência em todos os que têm a graça?.................	608
Artigo 15	Somos prudentes naturalmente?..	609
Artigo 16	Pode-se perder a prudência por esquecimento?.........................	611
Questão 48	**As partes da prudência**	613
Artigo único	Estão bem assinaladas as partes da prudência?........................	613
Questão 49	**As partes como que integrantes da prudência**	617
Artigo 1	A memória é parte da prudência?......................................	617
Artigo 2	O intelecto é parte da prudência?....................................	619
Artigo 3	A docilidade deve ser considerada parte da prudência?................	621
Artigo 4	A sagacidade é parte da prudência?...................................	622
Artigo 5	A razão deve ser considerada como parte da prudência?................	624
Artigo 6	Deve a previdência ser considerada como parte da prudência?..........	626
Artigo 7	A circunspecção deve ser considerada parte da prudência?.............	627
Artigo 8	A precaução deve ser considerada como parte da prudência?............	629
Questão 50	**As partes subjetivas da prudência**	630
Artigo 1	A ciência do governo deve ser considerada parte da prudência?........	630
Artigo 2	A política deve ser considerada parte da prudência?..................	632
Artigo 3	A econômica deve ser considerada espécie de prudência?...............	633
Artigo 4	A arte militar deve ser considerada espécie de prudência?............	635
Questão 51	**As partes potenciais da prudência**	636
Artigo 1	A *eubulia* é uma virtude?...	636
Artigo 2	A *eubulia* é uma virtude distinta da prudência?.....................	638
Artigo 3	A *synesis* é uma virtude?...	640
Artigo 4	A *gnome* é uma virtude especial?....................................	642
Questão 52	**O dom do conselho**	643
Artigo 1	O conselho deve ser considerado entre os dons do Espírito Santo?.....	644
Artigo 2	O dom do conselho corresponde à virtude da prudência?................	646
Artigo 3	O dom do conselho permanece na pátria?...............................	647
Artigo 4	A quinta bem-aventurança, que é a da misericórdia, corresponde ao dom do conselho?	649
Questão 53	**A imprudência**	651
Artigo 1	A imprudência é pecado?..	651
Artigo 2	A imprudência é um pecado especial?..................................	653
Artigo 3	A precipitação é um pecado contido na imprudência?...................	655
Artigo 4	A inconsideração é um pecado especial contido na imprudência?........	657
Artigo 5	A inconstância é um vício contido na imprudência?....................	658
Artigo 6	Todos os vícios procedem da luxúria?.................................	660
Questão 54	**A negligência**	661
Artigo 1	A negligência é um pecado especial?..................................	661
Artigo 2	A negligência se opõe à prudência?...................................	663
Artigo 3	A negligência pode ser pecado mortal?................................	664

Questão 55	Vícios opostos à prudência que têm semelhança com ela	666
Artigo 1	A prudência da carne é pecado?	666
Artigo 2	A prudência da carne é pecado mortal?	668
Artigo 3	A astúcia é um pecado especial?	670
Artigo 4	O dolo é um pecado que pertence à astúcia?	671
Artigo 5	A fraude pertence à astúcia?	673
Artigo 6	É lícita a solicitude pelas coisas temporais?	674
Artigo 7	Deve-se ter solicitude pelo futuro?	676
Artigo 8	Esses vícios nascem da avareza?	677
Questão 56	Os preceitos relativos à prudência	679
Artigo 1	Entre os preceitos do decálogo deveria haver algum preceito sobre a prudência?	679
Artigo 2	Era conveniente que na lei antiga se propusessem preceitos proibitivos dos vícios contrários à prudência?	680

ÍNDICE DO VOLUME 6 DA SUMA TEOLÓGICA
II Seção da II Parte – Questões 57 a 122

Siglas e Abreviaturas	9
Autores e obras citados por Sto. Tomás na II Seção da II Parte – Questões 57 a 122	11
Fontes usadas por Sto. Tomás na II Seção da II Parte – Questões 57 a 122	29

A JUSTIÇA

INTRODUÇÃO E NOTAS POR CARLOS-JOSAPHAT PINTO DE OLIVEIRA		41
Introdução		43
Questão 57	O direito	45
Artigo 1	O direito é o objeto da justiça?	45
Artigo 2	O direito divide-se convenientemente em natural e positivo?	48
Artigo 3	O direito das gentes é o mesmo que o direito natural?	50
Artigo 4	Deve distinguir-se especialmente o direito paterno e senhorial?	52
Questão 58	A justiça	54
Artigo 1	É conveniente a definição: a justiça é a vontade constante e perpétua de dar a cada um o seu direito?	55
Artigo 2	A justiça será sempre relativa a outrem?	58
Artigo 3	A justiça é uma virtude?	60
Artigo 4	A justiça tem sua sede na vontade?	61
Artigo 5	A justiça é uma virtude geral?	63
Artigo 6	Como virtude geral, a justiça se identifica essencialmente com toda virtude?	64
Artigo 7	Além da justiça geral, há uma justiça particular?	67
Artigo 8	A justiça particular tem uma matéria própria?	68
Artigo 9	A justiça tem por objeto as paixões?	70
Artigo 10	O meio-termo visado pela justiça é o meio real?	72
Artigo 11	O ato da justiça consiste em dar a cada um o que é seu?	73
Artigo 12	A justiça tem preeminência sobre todas as virtudes morais?	75
Questão 59	A injustiça	76
Artigo 1	A injustiça é um vício especial?	77
Artigo 2	Alguém se diz injusto por praticar algo de injusto?	78

Artigo 3	Pode-se sofrer a injustiça voluntariamente?...	80
Artigo 4	Todo aquele que pratica injustiça peca mortalmente?.................................	82
Questão 60	**O julgamento**	83
Artigo 1	O julgamento é um ato de justiça?...	84
Artigo 2	É lícito julgar?...	86
Artigo 3	O julgamento fundado em suspeita é ilícito?...	88
Artigo 4	A dúvida deve ser interpretada favoravelmente?.......................................	90
Artigo 5	Deve-se julgar sempre segundo as leis escritas?..	92
Artigo 6	O julgamento se torna perverso pela usurpação?.......................................	93
Questão 61	**As partes da justiça**	95
Artigo 1	É adequado afirmar duas espécies de justiça, a distributiva e a comutativa?....	96
Artigo 2	O meio-termo se considera do mesmo modo na justiça distributiva e na comutativa?	99
Artigo 3	A matéria de ambas as justiças é diversa?..	101
Artigo 4	A justiça se identifica absolutamente com a contrapartida?......................	103
Questão 62	**A restituição**	106
Artigo 1	A restituição é um ato da justiça comutativa?..	106
Artigo 2	É necessário para a salvação restituir o que foi tirado?.............................	108
Artigo 3	Basta restituir apenas o que foi tirado?...	110
Artigo 4	Deve-se restituir o que não foi tirado?...	111
Artigo 5	Deve-se restituir sempre àquele de quem se recebeu algo?......................	113
Artigo 6	Aquele que recebeu está sempre obrigado a restituir?...............................	115
Artigo 7	Aqueles que não receberam são obrigados a restituir?..............................	117
Artigo 8	Há obrigação de restituir logo ou é lícito diferi-la?...................................	119
Questão 63	**A discriminação das pessoas**	121
Artigo 1	A discriminação das pessoas é pecado?..	121
Artigo 2	Pode ocorrer discriminação de pessoas na dispensação dos bens espirituais?....	123
Artigo 3	Pode haver pecado de discriminação de pessoas em manifestar honra e respeito?...	126
Artigo 4	Há lugar para o pecado de discriminação de pessoas nos julgamentos?....	128
Questão 64	**O homicídio**	129
Artigo 1	Matar quaisquer seres vivos é ilícito?...	131
Artigo 2	É lícito matar os pecadores?..	132
Artigo 3	É lícito a um particular matar um pecador?...	134
Artigo 4	É permitido aos clérigos matar um pecador?...	136
Artigo 5	É permitido matar-se a si mesmo?..	137
Artigo 6	É lícito em algum caso matar um inocente?..	140
Artigo 7	É lícito matar para se defender?..	142
Artigo 8	Quem mata alguém casualmente é culpado de homicídio?.......................	145
Questão 65	**Outras injustiças que se cometem contra a pessoa**	146
Artigo 1	Pode ser lícito em algum caso mutilar o membro de alguém?..................	147
Artigo 2	É permitido aos pais bater nos filhos, e aos senhores, nos escravos?......	149
Artigo 3	É lícito encarcerar alguém?...	151
Artigo 4	O pecado se agrava, quando as injustiças são cometidas contra pessoas ligadas a outras?...	152
Questão 66	**O furto e a rapina**	154
Artigo 1	A posse dos bens exteriores é natural ao homem?.....................................	155
Artigo 2	É lícito possuir algo como próprio?..	156
Artigo 3	A razão de furto está em tomar ocultamente o bem alheio?......................	159
Artigo 4	O furto e a rapina são pecados especificamente diferentes?.....................	160
Artigo 5	O furto é sempre pecado?..	162
Artigo 6	O furto é pecado mortal?...	163

Artigo 7	É lícito furtar por necessidade?	165
Artigo 8	Pode haver rapina sem pecado?	167
Artigo 9	O furto é pecado mais grave que a rapina?	169
Questão 67	**Injustiças cometidas pelo juiz**	**170**
Artigo 1	Pode o juiz sem injustiça julgar a quem não lhe seja súdito?	171
Artigo 2	Pode o juiz julgar contra a verdade que conhece, baseando-se naquilo que é proposto em contrário?	172
Artigo 3	Pode o juiz julgar alguém, mesmo que não haja acusador?	174
Artigo 4	Pode o juiz licitamente relaxar a pena?	176
Questão 68	**Injustiças cometidas na acusação**	**178**
Artigo 1	Há obrigação de acusar?	178
Artigo 2	A acusação deve ser feita por escrito?	180
Artigo 3	A acusação se torna injusta pela calúnia, pela prevaricação e pela tergiversação?	181
Artigo 4	O acusador que falha na prova da acusação está sujeito à pena de talião?	183
Questão 69	**Pecados contra justiça cometidos pelo réu**	**185**
Artigo 1	Pode o acusado negar a verdade que o condenaria sem cometer pecado mortal?	185
Artigo 2	É lícito ao acusado defender-se pela calúnia?	187
Artigo 3	É lícito ao réu esquivar-se ao julgamento, fazendo apelo?	189
Artigo 4	É lícito ao condenado à morte defender-se, se pode?	191
Questão 70	**Injustiças cometidas pela testemunha**	**193**
Artigo 1	Há obrigação de testemunhar?	193
Artigo 2	Basta o testemunho de dois ou três?	195
Artigo 3	O testemunho de alguém deve ser recusado sem que haja culpa sua?	198
Artigo 4	O falso testemunho é sempre pecado mortal?	199
Questão 71	**Injustiças cometidas em juízo pelos advogados**	**201**
Artigo 1	O advogado está obrigado a patrocinar a causa dos pobres?	201
Artigo 2	É conveniente, de acordo com o direito, afastar alguns do ofício de advogado?	203
Artigo 3	Peca o advogado defendendo causa injusta?	205
Artigo 4	É lícito ao advogado receber dinheiro pelo seu patrocínio?	206
Questão 72	**A contumélia**	**208**
Artigo 1	A contumélia consiste em palavras?	209
Artigo 2	A contumélia ou o convício é pecado mortal?	211
Artigo 3	Devem-se suportar as contumélias proferidas contra si?	213
Artigo 4	A contumélia nasce da ira?	215
Questão 73	**A difamação**	**216**
Artigo 1	A difamação consiste em denegrir, em segredo, a reputação alheia?	216
Artigo 2	A difamação é pecado mortal?	218
Artigo 3	A difamação é o mais grave dos pecados cometidos contra o próximo?	220
Artigo 4	Será pecado grave ouvir com tolerância a detração?	223
Questão 74	**A murmuração**	**225**
Artigo 1	A murmuração é pecado distinto da difamação?	225
Artigo 2	A difamação é pecado mais grave do que a murmuração?	227
Questão 75	**A zombaria**	**228**
Artigo 1	A zombaria vem a ser pecado especial?	228
Artigo 2	A zombaria pode ser pecado mortal?	230
Questão 76	**A maldição**	**232**
Artigo 1	Pode-se amaldiçoar alguém?	233
Artigo 2	É lícito amaldiçoar uma criatura irracional?	235
Artigo 3	Amaldiçoar é pecado mortal?	236
Artigo 4	A maldição é mais grave do que a difamação?	237

Questão 77	**A fraude que se comete nas compras e vendas**	239
Artigo 1	Pode-se vender licitamente algo mais caro do que vale?	240
Artigo 2	A venda se torna injusta e ilícita por causa de um defeito da coisa vendida?	243
Artigo 3	O vendedor está obrigado a revelar os defeitos da sua mercadoria?	245
Artigo 4	É permitido no comércio vender algo mais caro do que se comprou?	248
Questão 78	**O pecado de usura**	251
Artigo 1	É pecado receber juros pelo dinheiro emprestado?	251
Artigo 2	Pode-se pedir uma outra vantagem pelo dinheiro emprestado?	255
Artigo 3	Há obrigação de restituir tudo o que se lucrou com o dinheiro usurário?	258
Artigo 4	É lícito receber dinheiro emprestado pagando juros?	260
Questão 79	**Partes por assim dizer integrantes da justiça**	262
Artigo 1	Evitar o mal e fazer o bem são partes da justiça?	263
Artigo 2	A transgressão é um pecado especial?	265
Artigo 3	A omissão é um pecado especial?	266
Artigo 4	O pecado de omissão é mais grave do que o de transgressão?	268
Questão 80	**As partes potenciais da justiça**	270
Artigo único	Estão convenientemente assinaladas as virtudes anexas à justiça?	271

A RELIGIÃO

Introdução		279
Questão 81	**A religião**	281
Artigo 1	A religião ordena o homem só para Deus?	281
Artigo 2	A religião é uma virtude?	284
Artigo 3	A religião é uma só virtude?	286
Artigo 4	A religião é uma virtude especial?	287
Artigo 5	A religião é uma virtude teológica?	288
Artigo 6	A religião é superior às outras virtudes morais?	290
Artigo 7	O culto de *latria* possui algum ato exterior?	291
Artigo 8	Identificam-se religião e santidade?	293
Questão 82	**A devoção**	295
Artigo 1	A devoção é um ato especial?	296
Artigo 2	A devoção é ato da religião?	297
Artigo 3	A contemplação ou a meditação é a causa da devoção?	299
Artigo 4	A alegria é efeito da devoção?	301
Questão 83	**A oração**	302
Artigo 1	A oração é ato da potência apetitiva?	304
Artigo 2	É conveniente orar?	306
Artigo 3	A oração é ato da virtude da religião?	308
Artigo 4	Deve-se orar só a Deus?	310
Artigo 5	Na oração devemos pedir a Deus algo determinado?	311
Artigo 6	Na oração devem ser pedidos a Deus bens temporais?	313
Artigo 7	Devemos orar pelos outros?	314
Artigo 8	Devemos orar pelos inimigos?	316
Artigo 9	Estão convenientemente consignados os sete pedidos da Oração Dominical?	318
Artigo 10	Orar é próprio da criatura racional?	322
Artigo 11	Os santos que estão no céu oram por nós?	323
Artigo 12	A oração deve ser vocal?	325
Artigo 13	É necessário que a oração seja atenta?	327
Artigo 14	A oração deve ser diuturna?	329
Artigo 15	A oração é meritória?	331
Artigo 16	A oração dos pecadores é atendida por Deus?	334

Artigo 17	É exato dizer que as partes da oração são: obsecração, oração, pedidos e ação de graças?...	336
Questão 84	**A adoração**	338
Artigo 1	A adoração é ato de latria ou de religião?...	338
Artigo 2	A adoração implica expressões corpóreas?..	340
Artigo 3	A adoração exige um determinado lugar?..	341
Questão 85	**Os sacrifícios**	343
Artigo 1	Oferecer sacrifício a Deus é de lei natural?...	344
Artigo 2	Deve-se oferecer sacrifício só ao Deus supremo?...................................	345
Artigo 3	Oferecer sacrifício é um ato especial de virtude?...................................	347
Artigo 4	Todos estão obrigados a oferecer sacrifícios?...	349
Questão 86	**As oblações e as primícias**	351
Artigo 1	Os homens estão obrigados por preceito a fazer oblações?....................	351
Artigo 2	As oblações são devidas só aos sacerdotes?..	353
Artigo 3	O homem pode fazer oblações de todos os seus bens legítimos?...........	355
Artigo 4	Todos estão obrigados a pagar as primícias?...	357
Questão 87	**Os dízimos**	359
Artigo 1	Os homens são obrigados a dar os dízimos por força do preceito?........	359
Artigo 2	Os homens devem dar os dízimos de tudo?..	364
Artigo 3	Deve-se pagar o dízimo aos clérigos?...	367
Artigo 4	Os clérigos devem pagar os dízimos?...	369
Questão 88	**O voto**	370
Artigo 1	O voto consiste só no propósito da vontade?..	372
Artigo 2	O voto deve sempre ser feito de um bem melhor?.................................	373
Artigo 3	Todo voto deve ser cumprido?..	376
Artigo 4	Convém fazer voto de alguma coisa?...	378
Artigo 5	O voto é ato da virtude de latria ou de religião?....................................	380
Artigo 6	Será mais louvável e meritório fazer alguma coisa sem o voto do que com ele?.......	381
Artigo 7	O voto se torna solene pela recepção das ordens sacras e pela profissão religiosa?....	384
Artigo 8	Os que estão submetidos a outrem estão impedidos de fazer voto?......	386
Artigo 9	As crianças, mediante voto, podem se obrigar a ingressar na vida religiosa?............	388
Artigo 10	O voto pode ser dispensado?...	390
Artigo 11	O voto solene de continência pode ser dispensada?...............................	392
Artigo 12	Requer-se a autorização de um prelado para a comutação ou a dispensa de um voto?	396
Questão 89	**O julgamento**	399
Artigo 1	Jurar é invocar Deus por testemunha?..	400
Artigo 2	É lícito jurar?...	402
Artigo 3	São companheiros do juramento a justiça, o juízo e a verdade?............	404
Artigo 4	Jurar é ato de religião ou de latria?...	406
Artigo 5	O juramento deve ser desejado e repetido por ser útil e bom?...............	407
Artigo 6	É lícito jurar pelas criaturas?...	409
Artigo 7	O juramento tem poder de obrigar?..	410
Artigo 8	A obrigação do juramento é maior que a do voto?.................................	414
Artigo 9	Alguém pode dispensar do juramento?...	415
Artigo 10	O juramento é impedido por alguma condição de pessoa ou de tempo?..	417
Questão 90	**A adjuração**	420
Artigo 1	É lícito adjurar os homens?...	420
Artigo 2	É lícito adjurar os demônios?..	422
Artigo 3	É lícito adjurar as criaturas irracionais?..	424
Questão 91	**O uso do nome de Deus para a invocação pelo louvor**	425
Artigo 1	Deve-se louvar a Deus oralmente?...	425

Artigo 2	Deve-se usar canto no louvor a Deus?	427
Questão 92	**A superstição**	**430**
Artigo 1	A superstição é um vício oposto à religião?	431
Artigo 2	Há diversas espécies de superstição?	433
Questão 93	**A superstição do culto indevido ao Deus verdadeiro**	**435**
Artigo 1	No culto do Deus verdadeiro pode haver algo pernicioso?	435
Artigo 2	Poderá haver algo supérfluo no culto divino?	437
Questão 94	**A idolatria**	**439**
Artigo 1	É certo considerar a idolatria como uma espécie de superstição?	440
Artigo 2	A idolatria é pecado?	443
Artigo 3	A idolatria é o maior dos pecados?	445
Artigo 4	O homem é a causa da idolatria?	447
Questão 95	**A superstição divinatória**	**450**
Artigo 1	É pecado a adivinhação?	451
Artigo 2	A adivinhação é uma espécie de superstição?	453
Artigo 3	Devem-se determinar muitas espécies de adivinhação?	455
Artigo 4	A adivinhação feita pela invocação dos demônios é ilícita?	458
Artigo 5	A adivinhação feita por meio dos astros é ilícita?	460
Artigo 6	A adivinhação feita mediante sonhos é ilícita?	463
Artigo 7	A adivinhação feita por augúrios e presságios e outras semelhantes observações das coisas exteriores é lícita?	465
Artigo 8	A adivinhação por sorteios é ilícita?	467
Questão 96	**As práticas supersticiosas**	**471**
Artigo 1	Praticar a arte "notória" é ilícito?	471
Artigo 2	As práticas para conservação dos corpos, por exemplo, para a saúde ou coisa semelhante são lícitas?	474
Artigo 3	São lícitas as práticas usadas para a previsão da boa ou má sorte?	476
Artigo 4	Pendurar no pescoço palavras sagradas é ilícito?	478
Questão 97	**A tentação de Deus**	**480**
Artigo 1	A tentação de Deus consiste em alguns fatos cujos efeitos só podem vir de Deus?	481
Artigo 2	Tentar a Deus é pecado?	484
Artigo 3	A tentação de Deus opõe-se à virtude de religião?	486
Artigo 4	A tentação de Deus é pecado mais grave que a superstição?	487
Questão 98	**O perjúrio**	**489**
Artigo 1	É necessário ao perjúrio a falsidade do juramento?	489
Artigo 2	Todo perjúrio é pecado?	491
Artigo 3	Todo perjúrio é pecado mortal?	493
Artigo 4	É pecado pedir juramento a um perjuro?	495
Questão 99	**O sacrilégio**	**497**
Artigo 1	Sacrilégio é a violação de uma coisa sagrada?	498
Artigo 2	O sacrilégio é pecado especial?	499
Artigo 3	As espécies de sacrilégio se distinguem conforme as coisas sagradas?	501
Artigo 4	A pena do sacrilégio deve ser pecuniária?	503
Questão 100	**A simonia**	**504**
Artigo 1	A simonia deve ser definida como: "A vontade deliberada de comprar ou vender um bem espiritual ou um bem anexo a ele"?	505
Artigo 2	É sempre ilícito dar dinheiro pelos sacramentos?	509
Artigo 3	É lícito dar e receber dinheiro por atos espirituais?	512
Artigo 4	É lícito receber dinheiro pelo que está unido às coisas espirituais?	515
Artigo 5	É lícito doar bens espirituais por um serviço de favor ou verbal?	518
Artigo 6	É pena justa para o simoníaco ser privado daquilo que mediante a simonia adquiriu?	520

AS VIRTUDES SOCIAIS

Introdução 527

Questão 101 A piedade 529
Artigo 1 A piedade se estende a algumas pessoas determinadas? 529
Artigo 2 A piedade assegura o sustento aos pais? 531
Artigo 3 A piedade é uma virtude especial distinta das outras? 533
Artigo 4 Sob pretexto de religião, devem-se preterir os deveres da piedade filial? 534

Questão 102 O respeito 538
Artigo 1 O respeito é uma virtude especial, distinta das outras? 538
Artigo 2 Cabe ao respeito prestar culto e honra às pessoas constituídas em dignidade? ... 540
Artigo 3 O respeito é uma virtude superior à piedade? 542

Questão 103 A dulia 544
Artigo 1 A honra importa algo corporal? 545
Artigo 2 A honra se deve propriamente aos superiores? 547
Artigo 3 A dulia é uma virtude especial, distinta da latria? 549
Artigo 4 A dulia tem diversas espécies? 551

Questão 104 A obediência 552
Artigo 1 Um homem deve obedecer a outro homem? 553
Artigo 2 A obediência é uma virtude especial? 555
Artigo 3 A obediência é a maior das virtudes? 558
Artigo 4 Deve-se obedecer a Deus em tudo? 561
Artigo 5 Os inferiores devem obedecer em tudo a seus superiores? 563
Artigo 6 Devem os fiéis obedecer aos poderes seculares? 566

Questão 105 A desobediência 568
Artigo 1 A desobediência é um pecado mortal? 568
Artigo 2 A desobediência é o mais grave de todos os pecados? 569

Questão 106 O agradecimento ou gratidão 572
Artigo 1 A gratidão é uma virtude especial, distinta das outras? 572
Artigo 2 O inocente deve a Deus mais ação de graças do que o penitente? 574
Artigo 3 Devem-se render ações de graças a todo benfeitor? 576
Artigo 4 Deve-se retribuir logo o benefício? 579
Artigo 5 A retribuição dos benefícios deve ter em conta o sentimento
        do benfeitor ou o próprio bem recebido? 581
Artigo 6 A retribuição deve ser maior do que o benefício recebido? 582

Questão 107 A ingratidão 584
Artigo 1 A ingratidão é sempre pecado? 584
Artigo 2 A ingratidão é um pecado especial? 586
Artigo 3 A ingratidão é sempre pecado mortal? 587
Artigo 4 Devem-se privar os ingratos de benefícios? 589

Questão 108 A vingança 590
Artigo 1 A vingança é lícita? 591
Artigo 2 A vingança é uma virtude especial distinta das outras? 594
Artigo 3 A vingança deve recorrer aos castigos habituais entre os homens? 596
Artigo 4 Deve-se exercer a vingança contra os que pecaram involuntariamente? 598

Questão 109 A verdade 602
Artigo 1 A verdade é uma virtude? 603
Artigo 2 A verdade é uma virtude especial? 605
Artigo 3 A verdade faz parte da justiça? 607
Artigo 4 A virtude da verdade tende a dizer menos do que é? 609

Questão 110 A mentira 611
Artigo 1 A mentira sempre se opõe à verdade? 611

Artigo 2	A mentira se divide suficientemente em oficiosa, jocosa e perniciosa?	614
Artigo 3	A mentira é sempre pecado?	617
Artigo 4	Toda mentira é pecado mortal?	621
Questão 111	**A simulação e a hipocrisia**	624
Artigo 1	Toda simulação é sempre um pecado?	625
Artigo 2	A hipocrisia é a mesma coisa que a simulação?	628
Artigo 3	A hipocrisia se opõe à virtude da verdade?	630
Artigo 4	A hipocrisia é sempre pecado mortal?	632
Questão 112	**A jactância**	634
Artigo 1	A jactância se opõe à virtude da verdade?	634
Artigo 2	A jactância é pecado mortal?	636
Questão 113	**A ironia**	638
Artigo 1	A ironia pela qual alguém finge ser menos do que é, é pecado?	639
Artigo 2	A ironia é um pecado menor que a jactância?	640
Questão 114	**A amizade ou afabilidade**	642
Artigo 1	A amizade é uma virtude especial?	643
Artigo 2	Esta amizade é parte da justiça?	645
Questão 115	**A adulação**	647
Artigo 1	A adulação é pecado?	647
Artigo 2	A adulação é pecado mortal?	649
Questão 116	**A contestação**	651
Artigo 1	A contestação é contrária à virtude da amizade ou afabilidade?	651
Artigo 2	A contestação é um pecado mais grave que a adulação?	652
Questão 117	**A liberalidade**	654
Artigo 1	A liberalidade é uma virtude?	655
Artigo 2	A liberalidade tem por objeto o dinheiro?	657
Artigo 3	Usar do dinheiro é ato da liberalidade?	658
Artigo 4	O ato principal da liberalidade é dar?	660
Artigo 5	A liberalidade é parte da justiça?	663
Artigo 6	A liberalidade é a maior das virtudes?	664
Questão 118	**A avareza**	666
Artigo 1	A avareza é um pecado?	666
Artigo 2	A avareza é um pecado especial?	668
Artigo 3	A avareza se opõe à liberalidade?	670
Artigo 4	A avareza é sempre pecado mortal?	672
Artigo 5	A avareza é o mais grave dos pecados?	674
Artigo 6	A avareza é um pecado espiritual?	676
Artigo 7	A avareza é um vício capital?	677
Artigo 8	É correta a enumeração que se faz das filhas da avareza?	679
Questão 119	**A prodigalidade**	682
Artigo 1	A prodigalidade se opõe à avareza?	682
Artigo 2	A prodigalidade é pecado?	684
Artigo 3	A prodigalidade é um pecado mais grave que a avareza?	685
Questão 120	**A epiqueia**	688
Artigo 1	A epiqueia é uma virtude?	688
Artigo 2	A epiqueia é parte da justiça?	690
Questão 121	**O dom da piedade**	692
Artigo 1	A piedade é um dom?	692

Artigo 2	A segunda bem-aventurança, a saber, bem-aventurados os mansos corresponde ao dom da piedade?.	694
Questão 122	Os preceitos relativos à justiça	695
Artigo 1	Os preceitos do decálogo são preceitos da justiça?	696
Artigo 2	O primeiro preceito do Decálogo está formulado convenientemente?	698
Artigo 3	O segundo preceito do Decálogo está formulado convenientemente?	700
Artigo 4	O terceiro preceito do Decálogo é formulado convenientemente?	702
Artigo 5	O quarto preceito do Decálogo é formulado convenientemente?	707
Artigo 6	Os outros seis preceitos do Decálogo são formulados convenientemente?	709

ÍNDICE DO VOLUME 7 DA SUMA TEOLÓGICA
II Seção da II Parte – Questões 123 a 189

Siglas e Abreviaturas	9
Autores e obras citados por Sto. Tomás na II Seção da II Parte – Questões 123 a 189	11
Fontes usadas por Sto. Tomás na II Seção da II Parte – Questões 123 a 189	29

A FORTALEZA

INTRODUÇÃO E NOTAS POR ALBERT RAULIN		41
Introdução		43
Questão 123	A fortaleza	45
Artigo 1	A fortaleza é uma virtude?	45
Artigo 2	A fortaleza é uma virtude especial?	48
Artigo 3	A fortaleza tem por objeto o medo e a audácia?	50
Artigo 4	A fortaleza tem por objeto apenas o medo da morte?	52
Artigo 5	O objeto próprio da fortaleza é o medo de morrer em combate?	53
Artigo 6	Resistir, será o ato principal da fortaleza?	55
Artigo 7	O forte age em vista de seu próprio bem?	57
Artigo 8	O forte encontra prazer no seu ato?	58
Artigo 9	A fortaleza se manifesta principalmente nos casos repentinos?	60
Artigo 10	O forte emprega a ira em seu ato?	62
Artigo 11	A fortaleza é uma virtude cardeal?	64
Artigo 12	A fortaleza é a mais excelente de todas as virtudes?	66
Questão 124	O martírio	68
Artigo 1	O martírio é um ato de virtude?	68
Artigo 2	O martírio é um ato da fortaleza?	70
Artigo 3	O martírio é um ato de perfeição máxima?	72
Artigo 4	A morte pertence à razão de martírio?	74
Artigo 5	Só a fé é causa do martírio?	77
Questão 125	O temor	79
Artigo 1	O temor é pecado?	79
Artigo 2	O pecado de temor se opõe à fortaleza?	81
Artigo 3	O temor é pecado mortal?	82
Artigo 4	O temor escusa o pecado?	84
Questão 126	A intrepidez	86
Artigo 1	A intrepidez é pecado?	86

Artigo 2	A intrepidez se opõe à fortaleza?	88
Questão 127	**A audácia**	89
Artigo 1	A audácia é pecado?	90
Artigo 2	A audácia é contrária à fortaleza?	91
Questão 128	**As partes da fortaleza**	92
Artigo único	As partes da fortaleza são convenientemente enumeradas?	93
Questão 129	**A magnanimidade**	98
Artigo 1	A magnanimidade tem as honras como objeto?	98
Artigo 2	A razão da magnanimidade tem por objeto as honras consideráveis?	100
Artigo 3	A magnanimidade é uma virtude?	103
Artigo 4	A magnanimidade é uma virtude especial?	107
Artigo 5	A magnanimidade é parte da fortaleza?	108
Artigo 6	A confiança pertence à magnanimidade?	111
Artigo 7	A segurança diz respeito à magnanimidade?	113
Artigo 8	As riquezas contribuem para a magnanimidade?	115
Questão 130	**A presunção**	116
Artigo 1	A presunção é pecado?	117
Artigo 2	A presunção se opõe à magnanimidade por excesso?	119
Questão 131	**A ambição**	121
Artigo 1	A ambição é pecado?	121
Artigo 2	A ambição se opõe à magnanimidade por excesso?	124
Questão 132	**A vanglória**	125
Artigo 1	O desejo da glória é pecado?	125
Artigo 2	A vanglória se opõe à magnanimidade?	128
Artigo 3	A vanglória é pecado mortal?	130
Artigo 4	A vanglória é um vício capital?	133
Artigo 5	É correta a enumeração das filhas da vanglória?	134
Questão 133	**A pusilanimidade**	136
Artigo 1	A pusilanimidade é pecado?	136
Artigo 2	A pusilanimidade se opõe à magnanimidade?	138
Questão 134	**A magnificência**	141
Artigo 1	A magnificência é uma virtude?	141
Artigo 2	A magnificência é uma virtude especial?	143
Artigo 3	A matéria da magnificência são as grandes despesas?	145
Artigo 4	A magnificência faz parte da fortaleza?	147
Questão 135	**Vícios opostos à magnificência**	149
Artigo 1	A parcimônia é um vício?	149
Artigo 2	Algum vício se opõe à parcimônia?	151
Questão 136	**A paciência**	153
Artigo 1	A paciência é uma virtude?	153
Artigo 2	A paciência é a maior das virtudes?	155
Artigo 3	É possível ter a paciência sem a graça?	157
Artigo 4	A paciência faz parte da fortaleza?	158
Artigo 5	A paciência é a mesma coisa que a longanimidade?	160
Questão 137	**A perseverança**	163
Artigo 1	A perseverança é uma virtude?	163
Artigo 2	A perseverança é parte da fortaleza?	166
Artigo 3	A constância pertence à perseverança?	168
Artigo 4	A perseverança precisa do auxílio da graça?	169

Questão 138	**Os vícios opostos à perseverança**	171
Artigo 1	A moleza se opõe à perseverança?	171
Artigo 2	A teimosia se opõe à perseverança?	173
Questão 139	**O dom da fortaleza**	175
Artigo 1	A fortaleza é um dom?	175
Artigo 2	A quarta bem-aventurança, bem-aventurados os que têm fome e sede de justiça, corresponde ao dom da fortaleza?	176
Questão 140	**Os preceitos da fortaleza**	178
Artigo 1	Na lei divina os preceitos da fortaleza estão apresentados de modo conveniente?	178
Artigo 2	Os preceitos concernentes às partes da fortaleza são apresentados de modo conveniente na lei divina?	180

A TEMPERANÇA

INTRODUÇÃO E NOTAS POR ALBERT RAULIN		183
Introdução		185
Questão 141	**A temperança**	187
Artigo 1	A temperança é uma virtude?	187
Artigo 2	A temperança é uma virtude especial?	189
Artigo 3	A temperança envolve somente os desejos e prazeres?	191
Artigo 4	A temperança ocupa-se somente com os desejos e os prazeres do tato?	193
Artigo 5	A temperança ocupa-se com os prazeres próprios do gosto?	196
Artigo 6	A temperança deve nortear-se pelas necessidades da vida presente?	198
Artigo 7	A temperança é uma virtude cardeal?	200
Artigo 8	A temperança é a maior das virtudes?	201
Questão 142	**Os vícios contrários à temperança**	203
Artigo 1	A insensibilidade é um vício?	203
Artigo 2	A intemperança é um pecado infantil?	205
Artigo 3	A timidez é vício maior que a intemperança?	207
Artigo 4	O pecado da intemperança é o mais reprovável?	210
Questão 143	**As partes da temperança em geral**	212
Artigo único	As partes da temperança foram estabelecidas de modo correto?	212
Questão 144	**A vergonha**	215
Artigo 1	A vergonha é uma virtude?	215
Artigo 2	O ato desonesto é o objeto da vergonha?	218
Artigo 3	O homem envergonha-se mais das pessoas que lhe são mais próximas?	221
Artigo 4	A vergonha pode existir também nos virtuosos?	223
Questão 145	**A honestidade**	225
Artigo 1	A honestidade e a virtude são a mesma coisa?	225
Artigo 2	O honesto é o mesmo que o belo?	228
Artigo 3	O honesto difere do útil e deleitável?	229
Artigo 4	A honestidade deve ser considerada como parte da temperança?	231
Questão 146	**A abstinência**	232
Artigo 1	A abstinência é uma virtude?	233
Artigo 2	A abstinência é uma virtude especial?	235
Questão 147	**O jejum**	236
Artigo 1	O jejum é ato de virtude?	237
Artigo 2	O jejum é ato de abstinência?	239
Artigo 3	O jejum é objeto de preceito?	240
Artigo 4	Os jejuns prescritos pela Igreja obrigam a todos?	242

Artigo 5	Os tempos do jejum da Igreja estão convenientemente determinados?	245
Artigo 6	O jejum exige que se coma uma só vez?	249
Artigo 7	A hora nona para a refeição de quem jejua está convenientemente fixada?	250
Artigo 8	A abstinência de carne, ovos e laticínios para os que jejuam está convenientemente indicada?	252
Questão 148	**A gula**	253
Artigo 1	A gula é um pecado?	254
Artigo 2	A gula é pecado mortal?	255
Artigo 3	A gula é o maior dos pecados?	257
Artigo 4	As espécies da gula se distinguem convenientemente?	258
Artigo 5	A gula é um vício capital?	260
Artigo 6	Cinco filhas são convenientemente atribuídas à gula?	261
Questão 149	**A sobriedade**	264
Artigo 1	A bebida é a matéria própria da sobriedade?	264
Artigo 2	A sobriedade, é, em si mesma, uma virtude especial?	266
Artigo 3	O uso do vinho é totalmente ilícito?	267
Artigo 4	A sobriedade é mais necessária nas pessoas mais dignas?	268
Questão 150	**A embriaguez**	270
Artigo 1	A embriaguez é um pecado?	270
Artigo 2	A embriaguez é pecado mortal?	272
Artigo 3	A embriaguez é o maior dos pecados?	274
Artigo 4	A embriaguez exime de pecado?	275
Questão 151	**A castidade**	276
Artigo 1	A castidade é uma virtude?	277
Artigo 2	A castidade é uma virtude geral?	278
Artigo 3	A castidade é uma virtude distinta da abstinência?	280
Artigo 4	A pudicícia pertence de um modo especial à castidade?	282
Questão 152	**A virgindade**	283
Artigo 1	A virgindade consiste na integridade física?	283
Artigo 2	A virgindade é ilícita?	286
Artigo 3	A virgindade é uma virtude?	289
Artigo 4	A virgindade é superior ao matrimônio?	292
Artigo 5	A virgindade é a maior das virtudes?	294
Questão 153	**O vício da luxúria**	296
Artigo 1	A matéria da luxúria são apenas os desejos e os prazeres sexuais?	296
Artigo 2	O ato sexual pode existir sem pecado?	297
Artigo 3	A luxúria, que se ocupa com os atos sexuais, pode ser pecado?	300
Artigo 4	A luxúria é um vício capital?	301
Artigo 5	As filhas da luxúria estão corretamente enumeradas?	303
Questão 154	**As espécies da luxúria**	306
Artigo 1	A divisão da luxúria em seis espécies é correta?	306
Artigo 2	A simples fornicação é um pecado mortal?	309
Artigo 3	A fornicação é o mais grave dos pecados?	313
Artigo 4	Nos toques e beijos há pecado mortal?	315
Artigo 5	A polução noturna é pecado?	317
Artigo 6	O estupro deve ser afirmado como uma espécie de luxúria?	320
Artigo 7	O rapto é uma espécie de luxúria distinta do estupro?	322
Artigo 8	O adultério é uma espécie determinada de luxúria, distinta das outras?	324
Artigo 9	O incesto é uma espécie determinada de luxúria?	326
Artigo 10	O sacrilégio pode ser uma espécie de luxúria?	329
Artigo 11	O pecado contra a natureza é uma espécie de luxúria?	331
Artigo 12	O vício contra a natureza é o pecado maior nas espécies de luxúria?	332

Questão 155	**A continência**	335
Artigo 1	A continência é uma virtude?	335
Artigo 2	A matéria da continência são os desejos dos prazeres do tato?	337
Artigo 3	O sujeito da continência é a potência concupiscível?	340
Artigo 4	A continência é superior à temperança?	342
Questão 156	**A incontinência**	344
Artigo 1	A incontinência pertence à alma ou ao corpo?	344
Artigo 2	A incontinência é um pecado?	346
Artigo 3	O pecado do incontinente é mais grave que o do intemperante?	348
Artigo 4	O incontinente pela ira é pior do que o incontinente pela concupiscência?	351
Questão 157	**A clemência e a mansidão**	353
Artigo 1	Clemência e mansidão são, exatamente, a mesma coisa?	353
Artigo 2	A clemência e a mansidão são virtudes?	355
Artigo 3	A clemência e a mansidão são partes da temperança?	357
Artigo 4	A clemência e a mansidão são as virtudes mais importantes?	359
Questão 158	**A ira**	361
Artigo 1	Pode ser lícito irar-se?	362
Artigo 2	A ira é pecado?	365
Artigo 3	Toda ira é pecado mortal?	367
Artigo 4	A ira é o pecado mais grave?	368
Artigo 5	As espécies de ira foram convenientemente definidas pelo Filósofo?	370
Artigo 6	A ira deve figurar entre os vícios capitais?	373
Artigo 7	Seis filhas são convenientemente atribuídas à ira?	374
Artigo 8	Algum vício oposto à ira é proveniente da falta de ira?	375
Questão 159	**A crueldade**	377
Artigo 1	A crueldade opõe-se à clemência?	377
Artigo 2	A crueldade distingue-se da sevícia ou ferocidade?	378
Questão 160	**A modéstia**	380
Artigo 1	A modéstia é parte da temperança?	380
Artigo 2	O objeto da modéstia são apenas as ações exteriores?	382
Questão 161	**A humildade**	383
Artigo 1	A humildade é uma virtude?	384
Artigo 2	A humildade está no apetite?	387
Artigo 3	O homem deve, por humildade, sujeitar-se a todos?	389
Artigo 4	A humildade é parte da modéstia ou da temperança?	392
Artigo 5	A humildade é a mais importante das virtudes?	394
Artigo 6	É correta a classificação da humildade nos doze graus discriminados na Regra de S. Bento?	396
Questão 162	**A soberba**	400
Artigo 1	A soberba é um pecado?	400
Artigo 2	A soberba é um pecado especial?	403
Artigo 3	A soberba tem como sujeito o irascível?	405
Artigo 4	Estão corretamente apontadas as quatro espécies de soberba, propostas por Gregório?	408
Artigo 5	A soberba é um pecado mortal?	411
Artigo 6	A soberba é o mais grave dos pecados?	413
Artigo 7	A soberba é o primeiro de todos os pecados?	416
Artigo 8	A soberba deve ser considerada como vício capital?	418
Questão 163	**O pecado do primeiro homem**	420
Artigo 1	A soberba foi o pecado do primeiro homem?	420

Artigo 2	A soberba do primeiro homem consistiu no desejo de ser semelhante a Deus?	422
Artigo 3	O pecado dos primeiros pais foi mais grave que os outros?	425
Artigo 4	O pecado de Adão foi mais grave que o de Eva?	426
Questão 164	**A pena do primeiro pecado**	**428**
Artigo 1	A morte é a pena do pecado dos primeiros pais?	429
Artigo 2	As penas particulares dos primeiros pais estão convenientemente indicadas na Escritura?	433
Questão 165	**A tentação dos primeiros pais**	**439**
Artigo 1	Foi conveniente o homem ter sido tentado pelo diabo?	439
Artigo 2	O modo e a ordem da primeira tentação foram corretos?	441
Questão 166	**A estudiosidade**	**444**
Artigo 1	A matéria da estudiosidade é propriamente o conhecimento?	444
Artigo 2	A estudiosidade é parte da temperança?	445
Questão 167	**A curiosidade**	**448**
Artigo 1	A curiosidade pode existir no conhecimento intelectual?	448
Artigo 2	O objeto do vício da curiosidade é o conhecimento sensível?	452
Questão 168	**A modéstia nos movimentos exteriores do corpo**	**454**
Artigo 1	Há alguma virtude nos movimentos exteriores do corpo?	454
Artigo 2	Pode haver alguma virtude nas atividades lúdicas?	457
Artigo 3	Pode haver pecado no divertimento excessivo?	461
Artigo 4	Pode ser pecado a falta de atividade lúdica?	463
Questão 169	**A modéstia na apresentação exterior**	**465**
Artigo 1	Pode haver virtude e vício na apresentação exterior?	465
Artigo 2	Os adornos das mulheres estão isentos de pecado mortal?	469
Questão 170	**Os preceitos da temperança**	**472**
Artigo 1	Os preceitos da temperança estão bem indicados na lei divina?	473
Artigo 2	Os preceitos relativos às virtudes anexas à temperança estão bem indicados na lei divina?	474

OS CARISMAS A SERVIÇO DA REVELAÇÃO

INTRODUÇÃO E NOTAS POR JEAN-PIERRE TORRELL		**477**
Introdução		479
Questão 171	**A essência da profecia**	**481**
Artigo 1	A profecia pertence à ordem do conhecimento?	482
Artigo 2	A profecia é um hábito?	485
Artigo 3	A profecia só tem por objeto os futuros contingentes?	488
Artigo 4	O profeta conhece por inspiração divina tudo o que se pode conhecer profeticamente?	491
Artigo 5	O profeta distingue sempre o que ele diz por inspiração divina do que diz por seu próprio espírito?	493
Artigo 6	Pode ser falso o que é conhecido ou anunciado profeticamente?	495
Questão 172	**A causa da profecia**	**497**
Artigo 1	A profecia pode ser natural?	498
Artigo 2	A revelação profética se realiza por intermédio dos anjos?	501
Artigo 3	A profecia requer disposições naturais?	502
Artigo 4	A profecia requer a pureza de costumes?	505
Artigo 5	A profecia pode vir dos demônios?	507
Artigo 6	Os profetas dos demônios falam, às vezes, a verdade?	509
Questão 173	**O modo do conhecimento profético**	**512**
Artigo 1	Os profetas veem a própria essência de Deus?	512
Artigo 2	Na revelação profética, pela ação divina, se imprimem na mente do profeta novas imagens inteligíveis das coisas ou só uma nova luz?	514
Artigo 3	A visão profética se realiza sempre com alienação dos sentidos?	518
Artigo 4	Os profetas conhecem sempre o que profetizam?	521

Questão 174	**As divisões da profecia**	523
Artigo 1	É conveniente dividir a profecia em profecia de predestinação, de presciência e de ameaça?..	523
Artigo 2	A profecia que comporta uma visão intelectual e imaginária é mais excelente do que aquela que comporta apenas uma visão intelectual?.........................	526
Artigo 3	Podem-se distinguir graus de profecia pela visão imaginária?......................................	529
Artigo 4	Moisés foi o maior dos profetas?..	532
Artigo 5	Existe nos bem-aventurados algum grau de profecia?..	533
Artigo 6	Os graus de profecia variam ao longo dos tempos?..	536
Questão 175	**O arrebatamento**	539
Artigo 1	A alma humana é arrebatada às coisas divinas?..	540
Artigo 2	O arrebatamento pertence mais à potência apetitiva que à cognoscitiva?....................	542
Artigo 3	Paulo, quando foi arrebatado, viu a essência de Deus?..	545
Artigo 4	Paulo, quando foi arrebatado, esteve alienado dos sentidos?.......................................	548
Artigo 5	Neste estado, a alma de Paulo esteve totalmente separada do corpo?..........................	550
Artigo 6	Paulo ignorou se sua alma esteve separada do corpo?..	551
Questão 176	**O dom das línguas**	555
Artigo 1	Os que possuíam o dom das línguas falavam todas as línguas?....................................	555
Artigo 2	O dom das línguas é mais excelente do que a graça da profecia?.................................	558
Questão 177	**A graça grátis dada da palavra**	561
Artigo 1	Na palavra há uma graça grátis dada?...	561
Artigo 2	A graça da palavra de sabedoria e de ciência diz respeito, também, às mulheres?......	563
Questão 178	**A graça dos milagres**	565
Artigo 1	Alguma graça grátis dada se ordena a realizar milagres?...	565
Artigo 2	Os maus podem fazer milagres?..	568

ESTADOS E FORMAS DE VIDA

INTRODUÇÃO E NOTAS POR ALBERT RAULIN		573
Introdução		575
Questão 179	**A divisão da vida em ativa e contemplativa**	577
Artigo 1	A divisão da vida em ativa e contemplativa é correta?...	577
Artigo 2	A divisão da vida em ativa e contemplativa é suficiente?..	579
Questão 180	**A vida contemplativa**	581
Artigo 1	A vida contemplativa nada tem com a vontade, mas só com o intelecto?...................	581
Artigo 2	As virtudes morais pertencem à vida contemplativa?...	583
Artigo 3	A vida contemplativa consiste em vários atos?..	585
Artigo 4	A vida contemplativa consiste só na contemplação de Deus ou também na consideração de qualquer verdade?...	588
Artigo 5	A vida contemplativa, no estado da vida presente, pode chegar à visão da essência divina?...	591
Artigo 6	É conveniente distinguir no ato da contemplação um tríplice movimento: "circular, retilíneo e espiral"?..	593
Artigo 7	Há prazer na contemplação?...	597
Artigo 8	A vida contemplativa dura sempre?..	600
Questão 181	**A vida ativa**	602
Artigo 1	Todos os atos das virtudes morais pertencem à vida ativa?...	602
Artigo 2	A prudência pertence à vida ativa?...	604
Artigo 3	O ato de ensinar pertence à vida ativa?..	606
Artigo 4	A vida ativa permanece após esta vida?...	607

Questão 182	**Comparação entre a vida ativa e a contemplativa**	610
Artigo 1	A vida ativa é mais excelente que a contemplativa?...	610
Artigo 2	A vida ativa é mais meritória que a contemplativa?...	613
Artigo 3	A vida ativa é um obstáculo para a contemplativa?...	616
Artigo 4	A vida ativa tem prioridade sobre a contemplativa?...	617
Questão 183	**Os ofícios e os estados dos homens em geral**	620
Artigo 1	A razão de estado implica por si a condição de liberdade ou de servidão?................	620
Artigo 2	Deve haver na Igreja diversidade de ofícios ou de estados?...................................	623
Artigo 3	Os ofícios se distinguem por seus atos?...	625
Artigo 4	A distinção entre principiantes, avançados e perfeitos faz uma diferença de estados?	627
Questão 184	**O estado de perfeição em geral**	629
Artigo 1	A perfeição da vida cristã se define principalmente pela caridade?........................	630
Artigo 2	Alguém pode ser perfeito nesta vida?...	632
Artigo 3	A perfeição da vida presente consiste na observância dos preceitos ou dos conselhos?.	634
Artigo 4	Todo aquele que é perfeito se acha no estado de perfeição?...................................	638
Artigo 5	Os prelados e os religiosos estão no estado de perfeição?...................................	640
Artigo 6	Todos os prelados eclesiásticos estão no estado de perfeição?................................	642
Artigo 7	O estado religioso é mais perfeito que o estado episcopal?...................................	646
Artigo 8	Os presbíteros com cura de almas e os arquidiáconos têm maior perfeição que os religiosos?...	648
Questão 185	**O estado episcopal**	653
Artigo 1	É lícito desejar o episcopado?...	654
Artigo 2	É lícito recusar terminantemente o episcopado imposto?...................................	658
Artigo 3	O que é escolhido para o episcopado deve ser melhor que os outros?....................	661
Artigo 4	O bispo pode abandonar o dever episcopal para entrar na vida religiosa?...............	663
Artigo 5	Um bispo pode abandonar materialmente o rebanho a ele confiado por causa de alguma perseguição?...	666
Artigo 6	O bispo pode ter bens próprios?...	668
Artigo 7	O bispo peca mortalmente quando não distribui aos pobres os bens eclesiásticos que administra?...	671
Artigo 8	Os religiosos elevados ao episcopado ficam obrigados às observâncias regulares?.....	674
Questão 186	**Os elementos principais do estado religioso**	677
Artigo 1	A vida religiosa é um estado de perfeição?...	677
Artigo 2	Todo religioso está obrigado à prática de todos os conselhos?.............................	680
Artigo 3	A perfeição da vida religiosa exige a pobreza?...	682
Artigo 4	A perfeição da vida religiosa exige a continência perpétua?................................	688
Artigo 5	A obediência pertence à perfeição da vida religiosa?...................................	690
Artigo 6	A perfeição da vida religiosa requer os votos de pobreza, continência e obediência?...	693
Artigo 7	É conveniente afirmar que nestes três votos consiste a perfeição da vida religiosa?...	695
Artigo 8	O voto de obediência é o mais importante dos três votos da vida religiosa?............	698
Artigo 9	O religioso sempre peca mortalmente quando transgride as prescrições da sua regra?	701
Artigo 10	O religioso, num mesmo gênero de pecado, peca mais gravemente que o secular?....	703
Questão 187	**Ofícios que convêm aos religiosos**	706
Artigo 1	Os religiosos podem ensinar, pregar e exercer outros ofícios semelhantes?.............	706
Artigo 2	Os religiosos podem ocupar-se com negócios seculares?...................................	709
Artigo 3	Os religiosos são obrigados ao trabalho manual?...	711
Artigo 4	Os religiosos têm o direito de viver de esmolas?...	717
Artigo 5	É lícito aos religiosos pedir esmolas?...	723
Artigo 6	Os religiosos podem usar roupas piores que os demais?...................................	726

Questão 188	**A diversidade de vidas religiosas**	729
Artigo 1	Há uma só vida religiosa?	730
Artigo 2	Deve-se fundar uma vida religiosa para as obras da vida ativa?	732
Artigo 3	Uma vida religiosa pode ter como fim a vida militar?	735
Artigo 4	A vida religiosa pode ser fundada para pregar ou para ouvir confissões?	737
Artigo 5	Uma vida religiosa deve ser fundada para o estudo?	740
Artigo 6	A vida religiosa dedicada à vida contemplativa é superior àquela dedicada à vida ativa?	744
Artigo 7	Possuir alguma coisa em comum diminui a perfeição da vida religiosa?	746
Artigo 8	A vida religiosa em comunidade é mais perfeita que a vida solitária?	753
Questão 189	**A entrada na vida religiosa**	757
Artigo 1	Não devem entrar na vida religiosa senão os exercitados na observância dos preceitos?	757
Artigo 2	Alguém deve obrigar-se por voto a entrar na vida religiosa?	762
Artigo 3	Quem se comprometeu por voto a entrar na vida religiosa está obrigado a entrar?	764
Artigo 4	Quem fez voto de entrar na vida religiosa está obrigado a nela permanecer perpetuamente?	767
Artigo 5	As crianças devem ser recebidas na religião?	769
Artigo 6	Deve-se desistir de entrar na vida religiosa em razão da assistência aos pais?	772
Artigo 7	Os párocos podem licitamente entrar na vida religiosa?	774
Artigo 8	Pode-se passar de uma vida religiosa para outra?	776
Artigo 9	Deve-se induzir os outros a entrar na vida religiosa?	779
Artigo 10	É louvável entrar na vida religiosa sem o conselho de muitos e sem uma deliberação precedente diuturna?	781

ÍNDICE DO VOLUME 8 DA SUMA TEOLÓGICA
III Parte — Questões 1 a 59

Siglas e Abreviaturas	9
Autores e obras citados por Sto. Tomás na parte III – Questões 1 a 59	11
Fontes usadas por Sto. Tomás na parte III – Questões 1 a 59	31

O MISTÉRIO DA ENCARNAÇÃO

INTRODUÇÃO E NOTAS POR JEAN-PIERRE TORREL COM A COLABORAÇÃO DE BERNADEANE CARR		51
Introdução		53
Prólogo		55
Questão 1	**A conveniência da encarnação**	57
Artigo 1	Foi conveniente que Deus se encarnasse?	57
Artigo 2	Era necessário que o Verbo de Deus se encarnasse para a restauração do gênero humano?	60
Artigo 3	Deus teria se encarnado, mesmo se o homem não tivesse pecado?	64
Artigo 4	Deus se encarnou mais para remédio dos pecados atuais do que para remédio do pecado original?	67
Artigo 5	Teria sido conveniente que Deus se encarnasse desde o princípio da humanidade?	69
Artigo 6	A obra da encarnação deveria ter sido adiada até o fim do mundo?	72

Questão 2	**O modo de união do Verbo encarnado com respeito à própria união**	74
Artigo 1	A união do Verbo encarnado foi feita em uma natureza?	75
Artigo 2	A união do Verbo encarnado foi feita na pessoa?	79
Artigo 3	A união do Verbo encarnado foi feita no supósito, ou seja, na hipóstase?	82
Artigo 4	A pessoa de Cristo é composta?	85
Artigo 5	Em Cristo houve união da alma e do corpo?	86
Artigo 6	A natureza humana foi unida ao Verbo acidentalmente?	89
Artigo 7	A união das naturezas divina e humana é algo criado?	93
Artigo 8	A união é o mesmo que assunção?	95
Artigo 9	A união das duas naturezas é a maior de todas as uniões?	97
Artigo 10	A união da encarnação foi feita pela graça?	99
Artigo 11	A união da encarnação foi precedida por alguns méritos?	101
Artigo 12	A graça da união foi natural ao homem Cristo?	103
Questão 3	**A união, da parte da pessoa que assume**	105
Artigo 1	Convinha à pessoa divina assumir a natureza criada?	105
Artigo 2	Convinha à natureza divina assumir?	107
Artigo 3	A natureza poderia assumir, abstraindo-se a personalidade pelo intelecto?	109
Artigo 4	Uma só pessoa poderia assumir a natureza criada, sem que outra a assumisse?	111
Artigo 5	Além da pessoa do Filho, outra pessoa divina poderia assumir a natureza humana? ..	112
Artigo 6	Duas pessoas divinas poderiam assumir uma única e mesma natureza?	114
Artigo 7	Uma só pessoa divina poderia assumir duas naturezas humanas?	117
Artigo 8	Foi mais conveniente que se tenha encarnado o Filho de Deus do que o Pai ou o Espírito Santo?	119
Questão 4	**A união da parte do que foi assumido**	122
Artigo 1	A natureza humana foi mais apta a ser assumida pelo Filho de Deus do que qualquer outra natureza?	123
Artigo 2	O Filho de Deus assumiu a pessoa?	125
Artigo 3	A pessoa divina assumiu o homem?	127
Artigo 4	Deveria o Filho de Deus assumir a natureza humana abstraída de todos os indivíduos?	129
Artigo 5	O Filho de Deus deveria assumir a natureza humana em todos os indivíduos?	131
Artigo 6	Foi conveniente que o Filho de Deus assumisse a natureza humana da descendência de Adão?	133
Questão 5	**A assunção das partes da natureza humana**	134
Artigo 1	O Filho de Deus assumiu um corpo verdadeiro?	135
Artigo 2	Cristo teve um corpo de carne ou terrestre?	137
Artigo 3	O Filho de Deus assumiu uma alma?	139
Artigo 4	O Filho de Deus assumiu a mente humana, ou o intelecto?	142
Questão 6	**A ordem da assunção**	145
Artigo 1	O Filho de Deus assumiu a carne mediante a alma?	145
Artigo 2	O Filho de Deus assumiu a alma mediante o espírito?	148
Artigo 3	A alma de Cristo foi assumida pelo Verbo antes da carne?	150
Artigo 4	A carne de Cristo foi assumida pelo Verbo antes de ser unida à alma?	152
Artigo 5	O Filho de Deus assumiu toda a natureza humana por meio das partes?	154
Artigo 6	O Filho de Deus assumiu a natureza humana mediante a graça?	155
Questão 7	**A graça de Cristo enquanto homem singular**	157
Artigo 1	Na alma assumida pelo Verbo houve a graça habitual?	158
Artigo 2	Em Cristo houve virtudes?	160
Artigo 3	Em Cristo houve fé?	162
Artigo 4	Em Cristo houve esperança?	164
Artigo 5	Em Cristo houve dons?	165
Artigo 6	Em Cristo houve o dom do temor?	167

Artigo 7	Em Cristo houve graças gratuitamente dadas?	168
Artigo 8	Em Cristo houve profecia?	170
Artigo 9	Em Cristo houve a plenitude da graça?	172
Artigo 10	A plenitude da graça é própria de Cristo?	174
Artigo 11	A graça de Cristo é infinita?	177
Artigo 12	A graça de Cristo pôde ser aumentada?	179
Artigo 13	A graça habitual em Cristo é uma consequência da união?	181
Questão 8	**Da graça de Cristo enquanto cabeça da Igreja**	184
Artigo 1	Compete a Cristo, enquanto homem, ser cabeça da Igreja?	184
Artigo 2	Cristo é a cabeça dos homens quanto aos corpos?	187
Artigo 3	Cristo é a cabeça de todos os homens?	188
Artigo 4	Cristo, enquanto homem, é cabeça dos anjos?	190
Artigo 5	A graça pela qual Cristo é cabeça da Igreja é a mesma que ele tem como homem individual?	192
Artigo 6	Ser cabeça da Igreja é próprio de Cristo?	194
Artigo 7	O demônio é cabeça dos maus?	196
Artigo 8	O Anticristo é cabeça de todos os maus?	198
Questão 9	**A ciência de Cristo em geral**	200
Artigo 1	Houve em Cristo alguma ciência além da divina?	201
Artigo 2	Houve em Cristo a ciência dos bem-aventurados ou dos que gozam a visão de Deus?	203
Artigo 3	Há em Cristo outra ciência infusa além da ciência bem-aventurada?	205
Artigo 4	Houve em Cristo alguma ciência experimental adquirida?	207
Questão 10	**A ciência bem-aventurada da alma de Cristo**	210
Artigo 1	A alma de Cristo compreendeu e compreende o Verbo, ou a essência divina?	210
Artigo 2	A alma de Cristo conhece todas as coisas no Verbo?	212
Artigo 3	A alma de Cristo pode conhecer no Verbo coisas infinitas?	215
Artigo 4	A alma de Cristo vê o Verbo mais perfeitamente do que qualquer outra criatura?	219
Questão 11	**A ciência infusa da alma de Cristo**	221
Artigo 1	Cristo conheceu todas as coisas por ciência infusa?	221
Artigo 2	A alma de Cristo podia conhecer em virtude da ciência infusa sem recorrer às representações imaginárias?	224
Artigo 3	A alma de Cristo possuiu a ciência infusa segundo o modo discursivo?	225
Artigo 4	A ciência infusa em Cristo foi menor do que nos anjos?	227
Artigo 5	A ciência infusa em Cristo foi uma ciência habitual?	228
Artigo 6	A ciência infusa da alma de Cristo se distinguiu segundo diversos hábitos?	230
Questão 12	**A ciência adquirida ou experimental da alma de Cristo**	231
Artigo 1	Cristo conheceu tudo por ciência adquirida ou experimental?	232
Artigo 2	Cristo progrediu na ciência adquirida ou experimental?	234
Artigo 3	Cristo aprendeu alguma coisa dos homens?	236
Artigo 4	Cristo recebeu ciência dos anjos?	238
Questão 13	**O poder da alma de Cristo**	240
Artigo 1	A alma de Cristo foi onipotente?	240
Artigo 2	A alma de Cristo foi onipotente com respeito à mudança nas criaturas?	243
Artigo 3	A alma de Cristo foi onipotente com respeito ao próprio corpo?	246
Artigo 4	A alma de Cristo foi onipotente com respeito à execução da própria virtude?	248
Questão 14	**As deficiências corporais que Cristo assumiu na natureza humana**	250
Artigo 1	O Filho de Deus deveria assumir a natureza humana com as deficiências corporais?	250
Artigo 2	Cristo esteve necessariamente submetido às deficiências do corpo?	254
Artigo 3	Cristo contraiu deficiências corporais?	255
Artigo 4	Cristo deveria assumir todas as deficiências corporais do homem?	257

Questão 15	**Deficiências da alma que Cristo assumiu na natureza humana**	259
Artigo 1	Em Cristo houve pecado?	260
Artigo 2	Em Cristo houve inclinação ao pecado?	262
Artigo 3	Em Cristo houve ignorância?	264
Artigo 4	A alma de Cristo foi sujeita à paixão?	266
Artigo 5	Houve em Cristo verdadeira dor sensível?	269
Artigo 6	Em Cristo houve tristeza?	271
Artigo 7	Em Cristo houve temor?	273
Artigo 8	Em Cristo houve admiração?	275
Artigo 9	Em Cristo houve ira?	276
Artigo 10	Cristo, foi, ao mesmo tempo, peregrino e possuidor da visão beatífica?	278
Questão 16	**O que convém a Cristo segundo o ser e o vir-a-ser**	280
Artigo 1	É verdadeira a proposição: *Deus é homem*?	281
Artigo 2	É verdadeira a proposição: *O homem é Deus*?	284
Artigo 3	Cristo pode ser chamado homem do Senhor?	286
Artigo 4	Pode-se dizer de Deus o que pertence à natureza humana?	288
Artigo 5	Pode-se dizer da natureza divina o que pertence à natureza humana?	290
Artigo 6	É verdadeira a proposição: *Deus se fez homem*?	292
Artigo 7	É verdadeira a proposição: *o homem foi feito Deus*?	293
Artigo 8	É verdadeira a proposição: *Cristo é criatura*?	296
Artigo 9	Designando Cristo, pode-se dizer: este homem começou a existir?	298
Artigo 10	É verdadeira a proposição: Cristo, enquanto homem, é criatura ou começou a existir?.	300
Artigo 11	Cristo, enquanto homem, é Deus?	301
Artigo 12	Cristo, enquanto homem, é hipóstase ou pessoa?	303
Questão 17	**A unidade de Cristo quanto ao existir**	305
Artigo 1	Cristo é um ou dois?	305
Artigo 2	Em Cristo há somente um ato de existir?	309
Questão 18	**A unidade de Cristo quanto à vontade**	312
Artigo 1	Houve em Cristo duas vontades, uma divina e outra humana?	313
Artigo 2	Houve em Cristo um apetite sensível além do apetite racional?	316
Artigo 3	Houve em Cristo duas vontades racionais?	318
Artigo 4	Houve em Cristo livre-arbítrio?	320
Artigo 5	A vontade humana de Cristo queria algo diferente do que Deus quer?	322
Artigo 6	Houve contrariedade de vontades em Cristo?	324
Questão 19	**A unidade de operação de Cristo**	327
Artigo 1	Há em Cristo só uma única operação, divina e humana?.......	327
Artigo 2	Há em Cristo várias operações humanas?	333
Artigo 3	Cristo mereceu algo com sua ação humana?	335
Artigo 4	Pôde Cristo merecer para os outros?	337
Questão 20	**A submissão de Cristo ao Pai**	339
Artigo 1	Pode-se dizer que Cristo esteve submetido ao Pai?	339
Artigo 2	Esteve Cristo submetido a si mesmo?	342
Questão 21	**A oração de Cristo**	345
Artigo 1	Cabia a Cristo orar?	345
Artigo 2	Convinha a Cristo rezar segundo seu apetite sensível?	347
Artigo 3	Foi conveniente que Cristo orasse por si mesmo?	349
Artigo 4	Foi sempre atendida a oração de Cristo?	351
Questão 22	**O sacerdócio de Cristo**	353
Artigo 1	Convinha a Cristo ser sacerdote?	354
Artigo 2	Cristo foi sacerdote e vítima ao mesmo tempo?	356
Artigo 3	O sacerdócio de Cristo tem como efeito a expiação dos pecados?	358

Artigo 4	O efeito do sacerdócio de Cristo concernia aos outros ou somente a ele?	360
Artigo 5	Permanece para sempre o sacerdócio de Cristo?	363
Artigo 6	O sacerdócio de Cristo foi segundo a ordem de Melquiseque?	364
Questão 23	**A conveniência de Cristo ser adotado**	366
Artigo 1	Compete a Deus adotar filhos?	367
Artigo 2	Adotar filhos convém a toda a Trindade?	368
Artigo 3	Ser adotado é próprio da criatura racional?	370
Artigo 4	Cristo, enquanto homem, é filho adotivo de Deus?	372
Questão 24	**A predestinação de Cristo**	373
Artigo 1	Convinha a Cristo ser predestinado?	374
Artigo 2	Cristo, enquanto homem, foi predestinado a ser Filho de Deus. É falsa essa proposição?	377
Artigo 3	A predestinação de Cristo é modelo da nossa predestinação?	379
Artigo 4	A predestinação de Cristo é causa da nossa predestinação?	381
Questão 25	**A adoração de Cristo**	382
Artigo 1	Deve-se adorar, com a mesma adoração, a humanidade de Cristo e sua divindade?	382
Artigo 2	Deve-se adorar a humanidade de Cristo com adoração de latria?	385
Artigo 3	Deve-se adorar a imagem de Cristo com adoração de latria?	387
Artigo 4	Deve-se adorar a cruz de Cristo com adoração de latria?	390
Artigo 5	Deve-se adorar a mãe de Deus com adoração de latria?	392
Artigo 6	Devem ser adoradas de algum modo as relíquias dos santos?	393
Questão 26	**Cristo mediador entre Deus e os homens**	395
Artigo 1	É próprio de Cristo ser mediador entre Deus e os homens?	395
Artigo 2	Cristo é mediador entre Deus e os homens enquanto homem?	397

VIDA, MORTE E RESSURREIÇÃO DE CRISTO

INTRODUÇÃO E NOTAS POR MARIE-JOSEPH NICOLAS		401
Introdução		403
Questão 27	**A santificação da bem-aventurada virgem**	407
Artigo 1	A Bem-aventurada Virgem foi santificada no seio materno antes de nascer?	408
Artigo 2	A Bem-aventurada Virgem foi santificada antes de receber a alma?	410
Artigo 3	A Bem-aventurada Virgem foi purificada da inclinação ao pecado?	413
Artigo 4	Pela santificação no seio materno a Bem-aventurada Virgem foi preservada de todo pecado atual?	417
Artigo 5	A Bem-aventurada Virgem alcançou a plenitude de graça pela santificação no seio materno?	420
Artigo 6	Além de Cristo, foi próprio da Bem-aventurada Virgem ser santificada no seio materno?	423
Questão 28	**A virgindade da Mãe de Cristo**	426
Artigo 1	A Mãe de Deus foi virgem ao conceber Cristo?	426
Artigo 2	Foi a mãe de Cristo virgem no parto?	430
Artigo 3	A mãe de Cristo permaneceu virgem depois do parto?	432
Artigo 4	Terá feito voto de virgindade a Mãe de Deus?	437
Questão 29	**Os esponsais da Mãe de Deus**	438
Artigo 1	Cristo devia nascer de uma virgem desposada?	439
Artigo 2	Houve um verdadeiro matrimônio entre Maria e José?	443
Questão 30	**A anunciação da bem-aventurada Virgem**	446
Artigo 1	Era necessário que fosse anunciado à Bem-aventurada Virgem o que iria realizar-se nela?	446

Artigo 2	A anunciação à Bem-aventurada Virgem deveria ser feita por um anjo?.........	448
Artigo 3	O anjo da Anunciação devia aparecer à Virgem numa visão corporal?.........	451
Artigo 4	A anunciação se realizou segundo uma ordem conveniente?.........	454
Questão 31	**A matéria da qual foi concebido o corpo do salvador**.........	456
Artigo 1	A carne de Cristo foi tomada de Adão?.........	456
Artigo 2	Cristo tomou a carne da descendência de Davi?.........	458
Artigo 3	A genealogia de Cristo nos evangelhos está convenientemente elaborada?.........	460
Artigo 4	A matéria do corpo de Cristo devia ser tomada de uma mulher?.........	466
Artigo 5	A carne de Cristo foi concebida do sangue puríssimo da Virgem?.........	469
Artigo 6	Existiu o corpo de Cristo segundo uma forma determinada em Adão e nos outros patriarcas?	472
Artigo 7	A carne de Cristo foi contaminada pelo pecado nos antigos patriarcas?.........	474
Artigo 8	Cristo pagou o dízimo como descendente de Abraão?.........	476
Questão 32	**O princípio ativo na concepção de Cristo**.........	478
Artigo 1	Deve-se atribuir ao Espírito Santo a realização da concepção de Cristo?.........	478
Artigo 2	Deve-se dizer que Cristo foi concebido do Espírito Santo?.........	481
Artigo 3	Deve-se dizer que o Espírito Santo é o pai de Cristo segundo a humanidade?.........	483
Artigo 4	Teve a Bem-aventurança Virgem papel ativo na concepção do corpo de Cristo?.........	486
Questão 33	**O modo e a ordem da concepção de Cristo**.........	488
Artigo 1	Formou-se o corpo de Cristo no primeiro instante da concepção?.........	489
Artigo 2	O corpo de Cristo recebeu uma alma no primeiro instante da concepção?.........	491
Artigo 3	A carne de Cristo foi concebida primeiro e depois assumida?.........	494
Artigo 4	A concepção de Cristo foi natural?.........	495
Questão 34	**A perfeição da prole concebida**.........	497
Artigo 1	Cristo foi santificado no primeiro instante de sua concepção?.........	497
Artigo 2	Cristo, enquanto homem, teve o uso do livre-arbítrio no primeiro instante de sua concepção?.........	499
Artigo 3	Pôde Cristo merecer no primeiro instante de sua concepção?.........	501
Artigo 4	Cristo foi perfeitamente possuidor da visão beatífica no primeiro instante de sua concepção?	503
Questão 35	**O nascimento de Cristo**.........	505
Artigo 1	O nascimento cabe antes à natureza ou à pessoa?.........	505
Artigo 2	Deve-se atribuir a Cristo um nascimento corporal?.........	507
Artigo 3	A Bem-aventurada Virgem pode ser chamada mãe de Cristo por causa do nascimento temporal?.........	509
Artigo 4	A Bem-aventurada Virgem deve ser chamada mãe de Deus?.........	511
Artigo 5	Existem duas filiações em Cristo?.........	513
Artigo 6	Cristo nasceu sem dor da mãe?.........	517
Artigo 7	Cristo deveria nascer em Belém?.........	518
Artigo 8	Cristo nasceu no tempo oportuno?.........	520
Questão 36	**A manifestação de Cristo em seu nascimento**.........	522
Artigo 1	O nascimento de Cristo devia ser manifestado a todos?.........	523
Artigo 2	O nascimento de Cristo devia ser manifestado a alguns?.........	524
Artigo 3	Foram bem escolhidos aqueles aos quais o nascimento de Cristo foi manifestado?.....	527
Artigo 4	Cristo devia manifestar por si mesmo seu nascimento?.........	529
Artigo 5	O nascimento de Cristo devia ser manifestado por meio dos anjos e da estrela?.........	531
Artigo 6	O nascimento de Cristo foi manifestado na ordem conveniente?.........	534
Artigo 7	A estrela que apareceu aos magos era uma estrela do céu?.........	537
Artigo 8	Foi conveniente que os magos viessem adorar e venerar a Cristo?.........	539
Questão 37	**A circuncisão de Cristo e as outras prescrições legais observadas com Cristo menino**.........	542
Artigo 1	Cristo devia ser circuncidado?.........	542

Artigo 2	Convinha a Cristo o nome que lhe foi imposto?..	544
Artigo 3	Convinha que Cristo fosse oferecido no templo?..	547
Artigo 4	Foi conveniente que a Mãe de Deus se apresentasse no templo para ser purificada?..	550
Questão 38	**O batismo de João**	551
Artigo 1	Era conveniente que João batizasse?..	551
Artigo 2	O batismo de João era de Deus?...	553
Artigo 3	O batismo de João conferia a graça?..	555
Artigo 4	Somente Cristo devia ser batizado com o batismo de João?.............................	557
Artigo 5	O batismo de João devia cessar, uma vez batizado Cristo?...............................	558
Artigo 6	Os batizados com o batismo de João deviam ser batizados com o batismo de Cristo?	560
Questão 39	**O batismo de Cristo**	563
Artigo 1	Era conveniente que Cristo fosse batizado?...	563
Artigo 2	Convinha que Cristo fosse batizado com o batismo de João?...........................	565
Artigo 3	Cristo foi batizado no momento conveniente?...	567
Artigo 4	Cristo devia ser batizado no Jordão?..	569
Artigo 5	Deviam abrir-se os céus depois do batismo de Cristo?.....................................	570
Artigo 6	Convém dizer que o Espírito Santo desceu em forma de pomba sobre o Cristo batizado?..	573
Artigo 7	A pomba na qual apareceu o Espírito Santo era verdadeiro animal?................	577
Artigo 8	Foi conveniente que, uma vez batizado Cristo, se deixasse ouvir a voz do Pai dando testemunho do Filho?..	579
Questão 40	**O modo de viver de Cristo**	581
Artigo 1	Cristo devia conviver com as pessoas, ou levar uma vida solitária?.................	582
Artigo 2	Cristo devia levar neste mundo uma vida austera?..	584
Artigo 3	Cristo devia levar neste mundo uma vida pobre?..	587
Artigo 4	Cristo viveu segundo a lei?...	589
Questão 41	**A tentação de Cristo**	591
Artigo 1	Era conveniente que Cristo fosse tentado?...	592
Artigo 2	Cristo devia ser tentado no deserto?...	594
Artigo 3	Cristo devia ser tentado depois do jejum?..	596
Artigo 4	Foram convenientes o modo e a ordem da tentação?..	599
Questão 42	**O ensinamento de Cristo**	603
Artigo 1	Cristo devia pregar só aos judeus, ou também aos gentios?..............................	603
Artigo 2	Cristo devia pregar aos judeus sem escandalizá-los?..	606
Artigo 3	Cristo devia ensinar tudo publicamente?...	607
Artigo 4	Cristo devia expor seu ensinamento por escrito?..	610
Questão 43	**Os milagres de Cristo em geral**	612
Artigo 1	Cristo devia fazer milagres?...	613
Artigo 2	Cristo fez milagres pelo poder divino?..	614
Artigo 3	Cristo começou a fazer milagres nas bodas de Caná, mudando a água em vinho?.....	616
Artigo 4	Os milagres que Cristo fez foram suficientes para manifestar sua divindade?............	618
Questão 44	**As diversas espécies de milagres**	621
Artigo 1	Foram convenientes os milagres que Cristo fez em relação às substâncias espirituais?...	622
Artigo 2	Foi conveniente que Cristo fosse milagres em relação aos corpos celestes?................	625
Artigo 3	Foram convenientes os milagres que Cristo fez em relação aos homens?...................	630
Artigo 4	Foram convenientes os milagres que Cristo fez em relação às criaturas irracionais?..	635
Questão 45	**A transfiguração de Cristo**	637
Artigo 1	Era conveniente que Cristo se transfigurasse?...	637
Artigo 2	A claridade da transfiguração foi a claridade da glória?...................................	639

Artigo 3	Foram convenientes as testemunhas escolhidas para a transfiguração?	642
Artigo 4	Foi conveniente que se acrescentasse o testemunho da voz do Pai dizendo: Este é o meu Filho dileto?	644
Questão 46	**A paixão de Cristo**	**646**
Artigo 1	Era necessário Cristo ter sofrido pela libertação do gênero humano?	647
Artigo 2	Haveria outro modo possível de libertar a natureza humana que não fosse a paixão de Cristo?	649
Artigo 3	Haveria outro modo mais conveniente de libertação humana do que a paixão de Cristo?	652
Artigo 4	Cristo deveria sofrer na cruz?	654
Artigo 5	Cristo suportou todos os sofrimentos?	657
Artigo 6	A dor da paixão de Cristo foi maior que todas as outras dores?	659
Artigo 7	Cristo sofreu em toda a sua alma?	664
Artigo 8	No momento da paixão, a alma toda de Cristo gozava da bem-aventurança?	666
Artigo 9	Cristo sofreu no tempo oportuno?	668
Artigo 10	Cristo sofreu no lugar conveniente?	672
Artigo 11	Foi conveniente Cristo ter sido crucificado com os ladrões?	674
Artigo 12	A paixão de Cristo deve ser atribuída à sua divindade?	676
Questão 47	**A causa eficiente da paixão de Cristo**	**678**
Artigo 1	Foram outros que mataram Cristo, ou foi ele próprio?	678
Artigo 2	Cristo morreu por obediência?	680
Artigo 3	Deus Pai entregou Cristo à paixão?	682
Artigo 4	Foi conveniente ter Cristo sofrido nas mãos dos gentios?	684
Artigo 5	Os perseguidores de Cristo sabiam quem ele era?	686
Artigo 6	Os que crucificaram a Cristo cometeram o mais grave dos pecados?	688
Questão 48	**O modo da paixão de Cristo**	**690**
Artigo 1	Foi por mérito que a paixão de Cristo causou a nossa salvação?	691
Artigo 2	A paixão de Cristo causou a nossa salvação como satisfação?	692
Artigo 3	A paixão de Cristo se efetuou como um sacrifício?	694
Artigo 4	Foi como redenção que a paixão de Cristo efetuou a nossa salvação?	696
Artigo 5	É próprio de Cristo ser redentor?	699
Artigo 6	A paixão de Cristo efetuou a nossa salvação de modo eficiente?	700
Questão 49	**Os efeitos da paixão de Cristo**	**702**
Artigo 1	Foram libertados do pecado pela paixão de Cristo?	702
Artigo 2	Pela paixão de Cristo, somos libertados do poder do diabo?	704
Artigo 3	Pela paixão de Cristo, os homens ficaram livres da pena do pecado?	707
Artigo 4	Pela paixão de Cristo, fomos reconciliados com Deus?	708
Artigo 5	Por sua paixão, Cristo nos abriu as portas do céu?	710
Artigo 6	Por sua paixão, Cristo mereceu ser exaltado?	712
Questão 50	**A morte de Cristo**	**714**
Artigo 1	Foi conveniente Cristo ter morrido?	714
Artigo 2	Quando Cristo morreu, a divindade se separou da carne?	716
Artigo 3	Quando Cristo morreu, a divindade se separou da alma?	718
Artigo 4	Cristo continuou sendo homem nos três dias de sua morte?	721
Artigo 5	O corpo de Cristo, vivo e morto, foi numericamente o mesmo?	722
Artigo 6	A morte de Cristo teve algum efeito para nossa salvação?	725
Questão 51	**O sepultamento de Cristo**	**726**
Artigo 1	Foi conveniente que Cristo tenha sido sepultado?	727
Artigo 2	Cristo foi sepultado de modo conveniente?	728
Artigo 3	O corpo de Cristo no sepulcro foi reduzido a pó?	731
Artigo 4	Cristo ficou no sepulcro somente por um dia e duas noites?	733

Questão 52	**A descida de Cristo aos infernos**	735
Artigo 1	Foi conveniente que Cristo tenha descido aos infernos?	735
Artigo 2	Cristo desceu também ao inferno dos condenados?	737
Artigo 3	Cristo esteve inteiro nos infernos?	741
Artigo 4	Cristo demorou algum tempo nos infernos?	742
Artigo 5	Cristo, ao descer aos infernos, libertou de lá os santos patriarcas?	744
Artigo 6	Cristo libertou do inferno algum condenado?	746
Artigo 7	Com a descida de Cristo, as crianças que morreram com o pecado original foram libertadas?	748
Artigo 8	Com sua descida aos infernos, Cristo libertou as almas do purgatório?	750
Questão 53	**A ressurreição de Cristo**	752
Artigo 1	Havia necessidade de Cristo ressurgir?	752
Artigo 2	Foi conveniente ter Cristo ressurgido no terceiro dia?	754
Artigo 3	Cristo foi o primeiro a ressuscitar?	757
Artigo 4	Cristo foi a causa de sua ressurreição?	759
Questão 54	**A qualidade do Cristo ressuscitado**	761
Artigo 1	Depois da ressurreição, Cristo tinha um corpo verdadeiro?	761
Artigo 2	O corpo de Cristo ressuscitou glorioso?	764
Artigo 3	O corpo de Cristo ressuscitou inteiro?	767
Artigo 4	O corpo de Cristo deveria ressurgir com cicatrizes?	769
Questão 55	**A manifestação da ressurreição**	771
Artigo 1	A ressurreição de Cristo deveria ser manifestada a todos?	772
Artigo 2	Era conveniente que os discípulos vissem Cristo ressurgir?	774
Artigo 3	Cristo, após a ressurreição, deveria conviver continuamente com os discípulos?	776
Artigo 4	Cristo deveria se manifestar a seus discípulos com outra aparência?	779
Artigo 5	Cristo deveria demonstrar com provas a verdade da ressurreição?	782
Artigo 6	As provas que Cristo apresentou demonstraram suficientemente a verdade de sua ressurreição?	784
Questão 56	**A causalidade da ressurreição de Cristo**	789
Artigo 1	A ressurreição de Cristo é a causa da ressurreição dos corpos?	789
Artigo 2	A ressurreição de Cristo é a causa da ressurreição das almas?	793
Questão 57	**A ascensão de Cristo**	795
Artigo 1	Foi conveniente ter Cristo subido ao céu?	795
Artigo 2	Subir ao céu convém a Cristo segundo a natureza divina?	798
Artigo 3	Cristo subiu ao céu por seu próprio poder?	800
Artigo 4	Cristo subiu acima de todos os céus?	803
Artigo 5	O corpo de Cristo subiu acima de todas as criaturas espirituais?	804
Artigo 6	A ascensão de Cristo é a causa de nossa salvação?	806
Questão 58	**O assento de Cristo à direita do Pai**	808
Artigo 1	Compete a Cristo sentar-se à direita de Deus Pai?	809
Artigo 2	Sentar-se à direita do Pai compete a Cristo enquanto Deus?	810
Artigo 3	Sentar-se à direita do Pai compete a Cristo enquanto homem?	812
Artigo 4	Sentar-se à direita do Pai é próprio de Cristo?	814
Questão 59	**O poder judiciário de Cristo**	816
Artigo 1	O poder de julgar deve ser atribuído especialmente a Cristo?	817
Artigo 2	O poder de julgar compete a Cristo enquanto homem?	819
Artigo 3	Foi por seus méritos que Cristo adquiriu o poder de julgar?	822
Artigo 4	Pertence a Cristo o poder de julgar todas as coisas humanas?	823
Artigo 5	Depois do julgamento que se verifica nesta vida, haverá um juízo universal?	825
Artigo 6	O poder de julgar de Cristo se estende aos anjos?	828

ÍNDICE DO VOLUME 9 DA SUMA TEOLÓGICA
III Parte — questões 60 a 90

Siglas e Abreviaturas 9

OS SACRAMENTOS DA FÉ
INTRODUÇÃO E NOTAS POR AIMON-MARIE ROGUET 11
Introdução 13

Questão 60	**O que é sacramento**	15
Artigo 1	O sacramento pertence ao gênero de sinal?	15
Artigo 2	Todo sinal de uma realidade sagrada é sacramento?	17
Artigo 3	O sacramento é sinal só de uma realidade ou de várias?	19
Artigo 4	O sinal sacramental é uma realidade sensível?	20
Artigo 5	O sacramento requer determinada realidade sensível?	22
Artigo 6	Para expressar o significado dos sacramentos são necessárias palavras?	24
Artigo 7	Nos sacramentos requerem-se palavras determinadas?	27
Artigo 8	Pode-se acrescentar ou subtrair algo às palavras que constituem a forma dos sacramentos?	29
Questão 61	**A necessidade dos sacramentos**	32
Artigo 1	Os sacramentos são necessários à salvação humana?	32
Artigo 2	Antes do pecado os sacramentos eram necessários ao homem? ...	34
Artigo 3	Depois do pecado, antes de Cristo, devia haver sacramentos?	35
Artigo 4	Depois de Cristo deveria haver alguns sacramentos?	38
Questão 62	**O efeito principal dos sacramentos que é a graça**	39
Artigo 1	Os sacramentos são causa da graça?	40
Artigo 2	A graça sacramental acrescenta algo à graça das virtudes e dos dons?	42
Artigo 3	Os sacramentos da Nova Lei contêm a graça?	44
Artigo 4	Nos sacramentos há uma força que causa a graça?	46
Artigo 5	A força dos sacramentos da Nova Lei deriva da paixão de Cristo?	48
Artigo 6	Os sacramentos da Antiga Lei causavam a graça?	50
Questão 63	**O outro efeito dos sacramentos que é o caráter**	53
Artigo 1	O sacramento imprime caráter na alma?	53
Artigo 2	O caráter é uma potência espiritual?	55
Artigo 3	O caráter sacramental é caráter de Cristo?	57
Artigo 4	O sujeito do caráter são as potências da alma?	60
Artigo 5	O caráter se imprime na alma de forma indelével?	61
Artigo 6	Todos os sacramentos da Nova Lei imprimem caráter?	63
Questão 64	**As causas dos sacramentos**	65
Artigo 1	Só Deus atua interiormente para produzir o efeito do sacramento, ou também o ministro?	66
Artigo 2	Os sacramentos existem só por instituição divina?	68
Artigo 3	Cristo, enquanto homem, tinha poder de produzir o efeito interior dos sacramentos?.	70
Artigo 4	Cristo podia transmitir a ministros o poder que tinha sobre os sacramentos?	72
Artigo 5	Maus ministros podem conferir sacramentos?	74
Artigo 6	Os maus ministros pecam administrando os sacramentos?	76
Artigo 7	Os anjos podem administrar os sacramentos?	78
Artigo 8	A intenção do ministro é exigida para que se realize um sacramento?	79

Artigo 9	A fé do ministro é necessária para o sacramento?.............................	82
Artigo 10	A reta intenção do ministro é exigida para que um sacramento se realize?................	84
Questão 65	**O número dos sacramentos**	**86**
Artigo 1	Os sacramentos devem ser sete?..	86
Artigo 2	Os sacramentos se ordenam convenientemente segundo a ordem acima dita?............	91
Artigo 3	A eucaristia é o principal sacramento?......................................	93
Artigo 4	São todos os sacramentos necessários à salvação?.............................	96

O BATISMO

INTRODUÇÃO E NOTAS POR PIERRE-THOMAS CAMELOT		**99**
Introdução		101
Questão 66	**O sacramento do batismo**	**103**
Artigo 1	O batismo é a própria ablução?..	103
Artigo 2	O batismo foi instituído depois da paixão de Cristo?........................	106
Artigo 3	A água é a matéria própria do batismo?....................................	108
Artigo 4	Requer-se água sem mistura para o batismo?................................	110
Artigo 5	"Eu te batizo em nome do Pai e do Filho e do Espírito Santo" é a forma adequada do batismo?.................................	113
Artigo 6	Pode-se batizar em nome de Cristo?..	116
Artigo 7	A imersão na água é necessária para o batismo?............................	118
Artigo 8	Uma tríplice imersão é necessária para o batismo?.........................	120
Artigo 9	Pode-se repetir o batismo?..	123
Artigo 10	O rito usado pela Igreja ao batizar é adequado?...........................	126
Artigo 11	A distinção de três batismos: de água, de sangue e de desejo é adequada?......	128
Artigo 12	O batismo de sangue é o mais importante?..................................	130
Questão 67	**Os ministros pelos quais se confere o batismo**	**132**
Artigo 1	Batizar é função do diácono?..	132
Artigo 2	Batizar é função dos presbíteros ou só do bispo?...........................	134
Artigo 3	Um leigo pode batizar?..	136
Artigo 4	Uma mulher pode batizar?..	137
Artigo 5	Um não batizado pode batizar?...	139
Artigo 6	Vários ministros podem ao mesmo tempo batizar uma única pessoa?............	141
Artigo 7	Requer-se no batismo que alguém recolha o batizado da fonte batismal?.......	143
Artigo 8	Quem recolhe o batizado da fonte batismal está obrigado a instruí-lo?.......	145
Questão 68	**Os que recebem o batismo**	**146**
Artigo 1	Todos estão obrigados a receber o batismo?................................	147
Artigo 2	Alguém pode salvar-se sem o batismo?......................................	149
Artigo 3	Deve-se diferir o batismo?..	150
Artigo 4	Devem-se batizar os pecadores?..	153
Artigo 5	Devem-se impor obras de satisfação aos pecadores que recebem o batismo?....	155
Artigo 6	Os pecadores que se aproximam do batismo têm que confessar seus pecados?...	156
Artigo 7	Requer-se do batizando a intenção de receber o sacramento do batismo?......	158
Artigo 8	Requer-se do batizando a fé?..	159
Artigo 9	As crianças devem ser batizadas?..	161
Artigo 10	Os filhos de judeus ou de outros infiéis devem ser batizados mesmo contra a vontade dos pais?........................	164
Artigo 11	Quem ainda está no seio materno pode ser batizado?........................	165
Artigo 12	Os loucos e dementes devem ser batizados?.................................	168
Questão 69	**Os efeitos do batismo**	**169**
Artigo 1	O batismo tira todos os pecados?..	170
Artigo 2	O batismo livra de todo reato do pecado?..................................	171

Artigo 3	O batismo tira as penalidades desta vida?	173
Artigo 4	O batismo confere ao homem a graça e as virtudes?	175
Artigo 5	Alguns atos das virtudes, como a incorporação a Cristo, a iluminação, a fecundidade são atribuídas convenientemente ao batismo como seus efeitos?	177
Artigo 6	As crianças alcançam no batismo a graça e as virtudes?	178
Artigo 7	Abrir as portas do reino dos céus é efeito do batismo?	181
Artigo 8	O batismo tem efeito igual para todos?	182
Artigo 9	A simulação impede o efeito do batismo?	184
Artigo 10	Desaparecendo a simulação, o batismo obtém seu efeito?	186
Questão 70	**A circuncisão**	**187**
Artigo 1	A circuncisão preparou e prefigurou o batismo?	188
Artigo 2	A circuncisão foi convenientemente instituída?	189
Artigo 3	O rito da circuncisão era adequado?	191
Artigo 4	A circuncisão confereria a graça santificante?	193
Questão 71	**A catequese e o exorcismo**	**197**
Artigo 1	A catequese deve preceder o batismo?	197
Artigo 2	O exorcismo deve preceder o batismo?	199
Artigo 3	Os ritos do exorcismo têm eficácia ou são meros sinais?	200
Artigo 4	Cabe ao sacerdote catequizar e exorcizar?	203

A CONFIRMAÇÃO

INTRODUÇÃO E NOTAS POR PIERRE-THOMAS CAMELOT		**205**
Introdução		207
Questão 72	**O sacramento da confirmação**	**209**
Artigo 1	A confirmação é um sacramento?	209
Artigo 2	O crisma é a matéria adequada deste sacramento?	211
Artigo 3	É necessário para este sacramento que o crisma, sua matéria, tenha sido antes consagrado pelo bispo?	215
Artigo 4	A forma deste sacramento: "Selo-te com o sinal da cruz" etc. é adequada?	216
Artigo 5	O sacramento da confirmação imprime caráter?	219
Artigo 6	O caráter da confirmação pressupõe necessariamente o caráter batismal?	221
Artigo 7	Este sacramento confere a graça que faz o homem agradável a Deus?	222
Artigo 8	Este sacramento deve ser administrado a todos?	224
Artigo 9	Este sacramento deve ser conferido na fronte?	226
Artigo 10	Quem é confirmado deve ser segurado por outro?	228
Artigo 11	Só o bispo pode conferir este sacramento?	229
Artigo 12	O rito deste sacramento é adequado?	232

A EUCARISTIA

INTRODUÇÃO E NOTAS POR ALBERT RAULIN		**235**
Introdução		237
Questão 73	**O sacramento da eucaristia**	**239**
Artigo 1	A eucaristia é sacramento?	239
Artigo 2	A eucaristia é um só ou vários sacramentos?	242
Artigo 3	Este sacramento é necessário à salvação?	243
Artigo 4	Convém que este sacramento seja denominado com vários nomes?	246
Artigo 5	Foi conveniente a instituição deste sacramento?	247
Artigo 6	O cordeiro pascal foi a principal figura deste sacramento?	250
Questão 74	**A matéria do sacramento da eucaristia**	**251**
Artigo 1	A matéria deste sacramento é pão e vinho?	252
Artigo 2	Requer-se determinada quantidade de pão e vinho para a matéria deste sacramento?	254

Artigo 3	Requer-se que a matéria deste sacramento seja pão de trigo?	256
Artigo 4	Este sacramento deve ser feito com pão ázimo?	258
Artigo 5	O vinho da videira é a matéria adequada a este sacramento?	260
Artigo 6	Deve-se misturar água ao vinho?	262
Artigo 7	A mistura de água é necessária para este sacramento?	264
Artigo 8	Deve-se acrescentar água em grande quantidade?	266
Questão 75	**A conversão do pão e do vinho no Corpo e no sangue de Cristo**	267
Artigo 1	Está o Corpo de Cristo neste sacramento em verdade, ou a modo de figura, ou como num sinal?	268
Artigo 2	Permanece neste sacramento a substância do pão e do vinho depois da consagração?	271
Artigo 3	A substância do pão, após a consagração deste sacramento, é aniquilada ou se reduz à matéria anterior?	274
Artigo 4	O pão pode converter-se no corpo de Cristo?	276
Artigo 5	Os acidentes do pão e do vinho permanecem neste sacramento?	279
Artigo 6	A forma substancial do pão permanece neste sacramento após a consagração?	280
Artigo 7	Esta conversão é instantânea ou sucessiva?	283
Artigo 8	É verdadeira esta afirmação: "Do pão se faz o corpo de Cristo"?	285
Questão 76	**O modo de existência de Cristo no sacramento da eucaristia**	289
Artigo 1	Cristo está todo neste sacramento?	290
Artigo 2	Cristo está todo sob ambas as espécies do sacramento?	292
Artigo 3	Cristo está todo sob qualquer parte das espécies?	294
Artigo 4	Todas as dimensões do corpo de Cristo estão neste sacramento?	296
Artigo 5	O corpo de Cristo está neste sacramento como num lugar?	298
Artigo 6	O corpo de Cristo move-se com o movimento da hóstia ou do cálice depois da consagração?	300
Artigo 7	O corpo de Cristo neste sacramento pode ser visto por algum olho, ao menos glorificado?	303
Artigo 8	O verdadeiro corpo de Cristo está neste sacramento quando milagrosamente aparece a carne ou uma criança?	305
Questão 77	**Os acidentes que permanecem neste sacramento**	307
Artigo 1	Neste sacramento, os acidentes permanecem sem sujeito?	308
Artigo 2	Neste sacramento, a quantidade dimensível do pão e do vinho é sujeito dos outros acidentes?	311
Artigo 3	As espécies, que permanecem neste sacramento podem modificar algum corpo externo?	314
Artigo 4	As espécies sacramentais podem corromper-se?	316
Artigo 5	As espécies sacramentais podem gerar alguma coisa?	318
Artigo 6	As espécies sacramentais podem alimentar?	321
Artigo 7	As espécies sacramentais partem-se no sacramento da Eucaristia?	323
Artigo 8	Ao vinho consagrado pode-se misturar outro líquido?	325
Questão 78	**A forma do sacramento da eucaristia**	328
Artigo 1	A forma deste sacramento é "Isto é o meu corpo" e "Este é cálice de meu sangue"?	329
Artigo 2	É esta a forma adequada da consagração do pão: "Isto é o meu corpo'?	333
Artigo 3	É esta a forma adequada da consagração do vinho: "Este é o cálice do meu sangue" etc.?	335
Artigo 4	As palavras das formas têm em si um poder criado que realiza a consagração?	340
Artigo 5	As palavras das formas são verdadeiras?	342
Artigo 6	A forma da consagração do pão obtém o seu efeito antes que se realize a forma da consagração do vinho?	345
Questão 79	**Os efeitos do sacramento da Eucaristia**	347
Artigo 1	Este sacramento confere a graça?	348

Artigo 2	A obtenção da glória é efeito deste sacramento?	351
Artigo 3	A remissão do pecado mortal é efeito do sacramento da Eucaristia?	353
Artigo 4	Pelo sacramento da Eucaristia perdoam-se os pecados veniais?	355
Artigo 5	Pelo sacramento da Eucaristia perdoa-se toda a pena do pecado?	356
Artigo 6	Este sacramento preserva dos pecados futuros?	358
Artigo 7	Este sacramento aproveita a outras pessoas além das que o recebem?	360
Artigo 8	O pecado venial impede o efeito deste sacramento?	362
Questão 80	**Uso ou recepção deste sacramento**	364
Artigo 1	Existem duas maneiras de receber o corpo de Cristo, a saber sacramental e espiritualmente?	365
Artigo 2	Só o homem pode receber espiritualmente este sacramento, ou também os anjos?	367
Artigo 3	Só quem é justo pode comungar sacramentalmente?	369
Artigo 4	Peca o pecador que comunga o corpo de Cristo sacramentalmente?	371
Artigo 5	É o mais grave de todos os pecados aproximar-se da Eucaristia com a consciência de pecado?	375
Artigo 6	O sacerdote deve negar o corpo de Cristo ao pecador que o solicita?	378
Artigo 7	A polução noturna impede de comungar?	381
Artigo 8	Alimento ou bebida tomados antes impedem de receber este sacramento?	385
Artigo 9	Quem não tem uso da razão pode comungar?	389
Artigo 10	Pode-se comungar todos os dias?	391
Artigo 11	Pode-se deixar totalmente de comungar?	395
Artigo 12	Pode-se receber o corpo do Senhor sem o sangue?	396
Questão 81	**A respeito do uso que Cristo fez da Eucaristia na sua primeira instituição**	398
Artigo 1	Tomou Cristo o seu próprio corpo e sangue?	399
Artigo 2	Deu Cristo o seu corpo a Judas?	401
Artigo 3	Cristo tomou e entregou aos discípulos o seu corpo impassível?	403
Artigo 4	Se este sacramento estivesse conservado numa âmbula ou fosse consagrado por algum dos apóstolos no tempo de sua morte, Cristo morreria também aí?	405
Questão 82	**O ministro da Eucaristia**	406
Artigo 1	É próprio do sacerdote consagrar a Eucaristia?	407
Artigo 2	Podem vários sacerdotes consagrar juntos a mesma hóstia?	409
Artigo 3	Pertence unicamente ao sacerdote distribuir a Eucaristia?	410
Artigo 4	O sacerdote celebrante deve receber este sacramento?	412
Artigo 5	Pode um mau sacerdote celebrar a Eucaristia?	414
Artigo 6	A missa de um sacerdote mau vale menos que a de um sacerdote bom?	416
Artigo 7	Os hereges, cismáticos e excomungados podem celebrar a Eucaristia?	418
Artigo 8	Pode um sacerdote degradado celebrar a Eucaristia?	420
Artigo 9	Pode alguém licitamente comungar das mãos de sacerdotes hereges ou excomungados ou pecadores e ouvir missas celebradas por eles?	422
Artigo 10	Pode o sacerdote abster-se totalmente de celebrar a Eucaristia?	424
Questão 83	**O rito do sacramento da Eucaristia**	426
Artigo 1	Cristo é imolado na celebração deste sacramento?	426
Artigo 2	Está determinado, de maneira adequada, o tempo da celebração deste mistério?	428
Artigo 3	Deve-se celebrar este sacramento dentro de casa e com vasos sagrados?	432
Artigo 4	As palavras proferidas na celebração deste sacramento são adequadas?	439
Artigo 5	São adequadas as ações que se realizam na celebração deste mistério?	446
Artigo 6	Pode-se remediar, de maneira apropriada, os defeitos que ocorrem na celebração deste sacramento, observando as prescrições da Igreja?	454

A PENITÊNCIA

INTRODUÇÃO E NOTAS POR JEAN-LOUIS BRUGUÈS	461
Introdução	463

Questão 84	**A penitência enquanto sacramento**	467
Artigo 1	É a penitência um sacramento?	467
Artigo 2	A matéria própria deste sacramento	469
Artigo 3	A forma da penitência	471
Artigo 4	É requerida a imposição das mãos do sacerdote neste sacramento?	475
Artigo 5	É este sacramento necessário para a salvação?	477
Artigo 6	O sacramento da penitência é a "segunda tábua depois do naufrágio"?	479
Artigo 7	A instituição deste sacramento na Nova Lei foi adequada?	481
Artigo 8	Duração da penitência	484
Artigo 9	A penitência pode ser contínua?	486
Artigo 10	Pode-se repetir o sacramento da penitência?	488
Questão 85	**A penitência enquanto virtude**	492
Artigo 1	A penitência é uma virtude?	492
Artigo 2	A penitência é uma virtude especial?	494
Artigo 3	A virtude da penitência é uma espécie da justiça?	496
Artigo 4	A vontade é o sujeito próprio da penitência?	499
Artigo 5	O temor é o princípio da penitência?	500
Artigo 6	A penitência é a primeira das virtudes?	502
Questão 86	**Efeito da penitência quanto à remissão dos pecados mortais**	504
Artigo 1	A penitência apaga todos os pecados?	504
Artigo 2	Pode o pecado ser perdoado sem a penitência?	507
Artigo 3	Pela penitência podem os pecados ser perdoados um sem o outro?	508
Artigo 4	Permanece o reato da pena uma vez perdoada a culpa pela penitência?	511
Artigo 5	Desaparecem todos os resquícios do pecado, uma vez perdoada a culpa mortal?	514
Artigo 6	A remissão da culpa é efeito da penitência, enquanto virtude?	515
Questão 87	**A remissão dos pecados veniais**	518
Artigo 1	O pecado venial pode ser perdoado sem a penitência?	518
Artigo 2	Para a remissão dos pecados veniais é necessária a infusão da graça?	520
Artigo 3	Os pecados veniais são perdoados pela aspersão da água benta, pela bênção episcopal, e por outras práticas semelhantes?	522
Artigo 4	Um pecado venial pode ser perdoado sem que o pecado mortal o seja?	524
Questão 88	**O retorno dos pecados perdoados pela penitência**	525
Artigo 1	Pelo fato de um pecado posterior, retornam os pecados perdoados?	525
Artigo 2	Retornam os pecados perdoados por causa da ingratidão que afeta especialmente quatro gêneros de pecados?	529
Artigo 3	Pela ingratidão do pecado posterior, retornam com o mesmo reato os pecados anteriormente perdoados?	531
Artigo 4	A ingratidão que faz voltar os pecados anteriores é um pecado especial?	534
Questão 89	**A recuperação das virtudes pela penitência**	535
Artigo 1	Pela penitência, se recuperam as virtudes?	535
Artigo 2	Depois da penitência, ressurge o homem no mesmo grau de virtude?	537
Artigo 3	Pela penitência, o homem é restabelecido em sua dignidade anterior?	540
Artigo 4	Podem as obras de virtude, feitas na caridade, se tornar mortas pelo pecado?	543
Artigo 5	As obras de virtude tornadas mortas pelo pecado revivem pela penitência?	544
Artigo 6	Revivem pela penitência subsequente também as obras mortas, isto é, feitas sem a caridade?	546
Questão 90	**As partes da penitência em geral**	548
Artigo 1	Devem-se assinalar partes à penitência?	549
Artigo 2	A divisão das partes da penitência em contrição, confissão e satisfação é adequada?.	550
Artigo 3	As três partes supramencionadas são as partes integrantes da penitência?	552
Artigo 4	É adequada a divisão da penitência em penitência antes do batismo, dos pecados mortais e dos pecados veniais?	554

Edições Loyola

editoração impressão acabamento
rua 1822 nº 341
04216-000 são paulo sp
T 55 11 3385 8500/8501 • 2063 4275
www.loyola.com.br